Droit matériel de l'Union européenne

Domat droit public

Droit matériel de l'Union européenne

LOUIS DUBOUIS
Professeur émérite de l'Université Paul-Cézanne Aix-Marseille
Chaire Jean Monnet de droit européen

CLAUDE BLUMANN
Professeur émérite de l'Université Panthéon-Assas (Paris II)
Chaire Jean Monnet de droit européen

Montchrestien

lextenso éditions

6e édition

33, rue du Mail, 75081 Paris Cedex 02
ISBN : 978-2-7076-1720-0
ISSN : 0767-4309

AVANT-PROPOS

Cet ouvrage a pour objet de présenter le droit matériel de l'Union européenne à ceux qui s'initient à son étude, en premier lieu aux étudiants. Il n'a pas l'ambition de donner de ce droit en prodigieux développement l'analyse détaillée qui relève de traités ou répertoires d'une tout autre dimension. Il se propose de faciliter la compréhension des notions et règles fondamentales.

Dans cette perspective, la bibliographie, placée à la fin de l'introduction, puis de chaque chapitre, a été volontairement limitée aux ouvrages fondamentaux et à des articles récents, essentiellement de langue française. Répertoires et informatique aidant, il est aujourd'hui aisé d'accéder à un nombre considérable de références.

Les articles des traités sont cités selon la numérotation qui résulte de la version issue du traité de Lisbonne. Cependant, pour faciliter la compréhension des textes en vigueur et de la jurisprudence, la correspondance avec la numérotation ancienne est indiquée lorsque cela a paru souhaitable : en pareil cas la numérotation actuelle précède la numérotation ancienne, par exemple : art. 101 TFUE (ex art. 81 CE).

LISTE DES ABRÉVIATIONS ET SIGLES

ACP	Afrique, Caraïbes, Pacifique (pays d')
ADE	*Annuaire de droit européen*
AELE	Association européenne de libre-échange
AESA	Autorité européenne de la sécurité alimentaire
AFDI	*Annuaire français de droit international*
Aff.	affaire
AJDA	*Actualité juridique droit administratif*
ALENA	Accord de libre-échange nord-américain
ANASE (ou ASEAN)	Association des nations du sud-est asiatique
AOP	Appellation d'origine protégée
APE	Accord de partenariat économique
ARN	Autorité de régulation nationale
ASE	Agence spatiale européenne
AUE	Acte unique européen
BEI	Banque européenne d'investissement
BERD	Banque européenne pour la reconstruction et le développement
CDE	*Cahiers de droit européen*
CE	Communauté européenne
CEE	Communauté économique européenne
CECA	Communauté européenne du charbon et de l'acier
CEDECE	Commission pour l'étude des Communautés européennes
CEEA	Communauté européenne de l'énergie atomique
CEN	comité européen de normalisation
CENELEC	Comité européen de normalisation (électricité)
CJAI	Coopération en matière de justice et d'affaires intérieures
CJCE	Cour de justice des Communautés européennes
CJUE	Cour de justice de l'Union européenne
CMLR	*Common Market Law Review*
CNUCED	Conférence des Nations unies pour le commerce et le développement
COST	Coopération scientifique et technique
D.	*Recueil Dalloz*
DOM	Département d'Outre-mer
EEE	Espace économique européen
EuR	*EuropaRecht*
Euratom	Voir CEEA
Feader	Fonds européen agricole de développement rural
FED	Fonds européen de développement
Feder	Fonds européen de développement régional
Feoga	Fonds européen d'orientation et de garantie agricoles
FSE	Fonds social européen
GA	Grands arrêts

GATS	Accord général sur les services
GATT	Accord général sur les tarifs douaniers et le commerce
IFOP	Instrument financier d'orientation de la pêche
IGP	Indication géographique protégée
INAO	Institut national des appellations d'origine
ISO	Organisation internationale de normalisation
J.Cl.	*Juris-Classeur*
JOCE	*Journal officiel de la Communauté européenne*
JOUE	*Journal officiel de l'Union européenne*
LCM	Libre circulation des marchandises
MEERQ	Mesure d'effet équivalent
Mercosur	Marché commun sud-américain
NC	Nomenclature combinée
NCM	Négociations commerciales mondiales
NEPR	Non encore publié au Recueil
NPI	Nouveaux pays industrialisés
NTI	Nouvelles technologies de l'information
OCM	Organisations communes de marchés
OCDE	Organisation de coopération et de développement économique
OMC	Organisation Mondiale du Commerce
OPOCE	Office des Publications officielles de Communautés européennes
ORD	Organe de règlement des différends
PAC	Politique agricole commune
PE	Parlement européen
PECO	Pays d'Europe centrale et orientale
PEV	Politique européenne de voisinage
PMA	Pays les moins avancés
PTM	Pays tiers méditerranéens
PTOM	Pays et territoires d'Outre-mer
PUF	Presses universitaires de France
PVD	Pays en voie de développement
QE	Question écrite
RAE	*Revue des affaires européennes*
RCADI	*Recueil des cours de l'Académie de droit international*
Rec.	*Recueil des arrêts de la Cour de justice*
RDT	Recherche et développement technologique
RDUE	*Revue du droit de l'Union européenne* (ex *RMUE)*
Rép.	Répertoire
RFDA	*Revue française de droit administratif*
RGDIP	*Revue générale de droit international public*
RMC	*Revue du Marché Commun*
RMCUE	*Revue du Marché Commun et de l'Union européenne* (ex *RMC)*
RMUE	*Revue du marché unique européen*
RTDE	*Revue trimestrielle de droit européen*
SIEG	Service d'intérêt économique général
SPG	Système des préférences généralisées
TARIC	Tarif intégré des Communautés européennes
TDC	Tarif douanier commun
TEC	Tarif extérieur commun
TEE	Taxe d'effet équivalent
TFUE	Traité sur le fonctionnement de l'Union européenne
TOM	Territoire d'Outre-mer
TPIUE	Tribunal de première instance de l'Union européenne
TRIPS	Accord OMC sur la propriété intellectuelle
TUE	Traité sur l'Union européenne
TVA	Taxe sur la valeur ajoutée
UD	Union douanière
UE	Union européenne
UEM	Union économique et monétaire
ZLE	Zone de libre échange

BIBLIOGRAPHIE GÉNÉRALE

I. Manuels

A — En langue française

C. Boutayeb, *Droit matériel de l'Union européenne*, Paris, LGDJ, 2009.

J.- L. Clergerie, A. Gruber et P. Rambaud, *L'Union européenne*, Paris, Précis Dalloz, 8e éd., 2010.

P. Dollat, *Droit européen et droit de l'Union européenne*, Paris, Sirey, 3e éd., 2010.

M. Dony, *Droit de l'Union européenne*, Bruxelles, Éditions de l'Université de Bruxelles, 3e éd., 2010.

G. Druesne, *Droit de l'Union européenne et politiques communautaires*, Paris, coll. Droit fondamental, PUF, 8e éd., 2006.

J. Dutheil de la Rochère, *Droit matériel de l'Union européenne*, coll. Les fondamentaux, 3e éd., Hachette, 2006.

M. Fallon, *Droit matériel général de l'Union européenne*, Bruxelles, Bruylant, 2e éd., 2002.

G. Parléani, *Droit des affaires de l'Union européenne*, Litec, Manuel, 2e éd., 2010.

J.-M. Favret, *Droit communautaire du marché intérieur*, Mémentos, Gualino éditeur, 2001.

J.-C. Gautron, *Droit européen*, Paris, Mémento Dalloz, 13e éd., 2009.

P. Icart, *Droit matériel et Politiques communautaires*, Paris, Eska, 2001.

P. Le Mire, *Droit de L'Union européenne et politiques communes*, Paris, Mémento Dalloz, 4e éd., 2005.

A. Mattera, *Le marché unique européen : ses règles son fonctionnement*, Paris, Éd. Jupiter, 1990.

J. Molinier, N. de Grove-Valdeyron, *Droit du marché intérieur européen*, Paris, LGDJ, 3e éd., 2011.

J. Pertek, *Droit matériel de l'Union européenne*, Paris, coll. Thémis, PUF, 2005.

J. Schapira, G. Le Tallec, J.-B. Blaise et L. Idot, *Droit européen des affaires*, 2 vol., Thémis, PUF, 5e éd. 1999.

B — En langue étrangère

C. Barnard, *The Substantive Law of the European Union – The four Freedoms*, Oxford University Press, Oxford, 3e éd., 2010.

P. Craig et G. de Burca, *European Union Law, Text, Cases and materials*, Oxford University Press, Oxford, 5e éd., 2011.

L. Danièle, *Il Diritto materiale della Communita Europea*, Milan, Giuffre, 3e éd., 2000.
J. Diez Hochleitner et C. Martinez Capdevila, *Derecho de la Union Europea*, Madrid, Mac Graw Hill, 2001.
G. Monti et D. Chalmers, *European Union law: texts and material : updating supplement*, Cambridge University Press, 2008.
J. Hanlon, *European Community Law*, Londres, Sweet et Maxwell, 3e éd., 2003.
G.F.E. Kalavros et Th. G. Georgopoulos, *To dikaiotis, Europaikis Enosis*, t. 2, *Ousiastiko dikaio (Droit materiel)*, Nomiki Vivliothiki, Athènes, 2010.
M. Lopez-Escudero et J. Perez de Nanclares (dir.), *Derecho Comunitario Material*, Madrid, McGraw-Hill, 2000.
P.S.R.F. Mathijsen, *A guide to European Union Law*, Londres, Sweet et Maxwell, 10e éd., 2010.
T. Oppermann, CD Classen, M. Nettecheim, *Europarecht*, Münich, Beck, 4e ed., 2009.
S. Weatherill et P. Beaumont, *EU Law*, Londres, Penguin Books, 1999.
D. Wyatt et A. Dashwood, *European Union Law*, Sweet et Maxwell, Londres, 5e éd., 2006.

II. Commentaires, Dictionnaires, Répertoires et traités

A. Barav et C. Philip (dir.), *Dictionnaire Juridique des Communautés européennes*, PUF, 1993.
Collection Jupiter, *Le droit des affaires dans les pays de la CEE*, LGDJ.
Commentaire Mégret (ex-droit de la CEE), 15 volumes, Éditions de l'Université de Bruxelles, notamment volumes 1 à 8.
V. Constantinesco, R. Kovar, J.-P. Jacque et D. Simon, *Commentaire par article du traité CEE*, Economica, 1992.
V. Constantinesco, R. Kovar et D. Simon, *Commentaire par article du traité sur l'Union européenne*, Economica, 1995.
Dictionnaire permanent – droit européen des affaires, Éditions législatives.
Dictionnaire permanent – droit des étrangers, Éditions législatives.
T. Debard, B. le Baut-Ferrarese et C. Nourissat, *Dictionnaire du droit de l'Union européenne*, Ellipses, 2e éd., 2007.
C. Degryse, *Dictionnaire de l'Union européenne. Politiques. Institutions. Programmes*, Bruxelles, De Boeck, 3e éd., 2007.
Dictionnaire JOLY communautaire (depuis 1995 ex-*Dictionnaire du Marché Commun*).
Juris-Classeur Europe, Éditions techniques (9 volumes depuis 1989).
I. Pingel (dir.), *Commentaire par article des traités UE et CE*, Dalloz, Bruylant, 2e éd., 2010.
Répertoire Dalloz, Droit communautaire (4 volumes depuis 1992).
J. Ziller (dir.), *L'Union européenne*, coll. Les notices, La Documentation française, 2008.

III. Documents officiels

A — Sources informatiques

Celex : http://www.eu.int/celex (accès gratuit)
Europa (site officiel) de l'Union européenne : http://www.europa.eu.int dont Eur-Lex (accès au droit de l'Union européenne) et Curia (site officiel de la Cour de justice de l'Union européenne).
Jurifrance (droit français en ligne ; les modèles juridiques depuis 2004) : http://www.jurifrance.com
Légifrance (le service public de la diffusion du droit) : http://www.legifrance.gouv.fr
Sources d'Europe : http://www.info-europe.fr

B — Sources classiques

Bulletin de l'Union européenne (ex-*Bulletin de la CE*) (mensuel), OPOCE, Luxembourg, (exclusivement sur site internet Europa depuis 2006).

Journal officiel des Communautés européennes (de l'Union européenne depuis l'entrée en vigueur du traité de Nice), série législation (L), série communication (C), débats du Parlement européen, Luxembourg, OPOCE.

Rapport général sur l'activité de l'Union européenne (annuel), Luxembourg, OPOCE.

Recueil de Jurisprudence de la Cour de justice et du Tribunal, Luxembourg, OPOCE.

IV. Recueil de textes

J. Boulouis, R.-M. Chevallier, M. Blanquet et D. Fasquelle, *Grands arrêts de la Cour de justice des Communautés européennes*, t. II, Dalloz, 5e éd., 2002.

L. Dubouis et C. Gueydan, *Grands textes du droit de l'Union européenne*, Dalloz, 8e éd., 2010.

C. Kaddous et F. Picod, *Union européenne Communauté européenne, Recueil de textes*, 9e éd., Stämpfli éditions Berne, Bruylant, Bruxelles, LGDJ, 2011.

C. Kaddous et F. Picod, *traité sur l'Union européenne, traité sur le fonctionnement de l'Union européenne, tels qu'ils résultent du traité de Lisbonne du 13 décembre 2007*, Stämpfli éditions Berne, Bruylant, LGDJ, Bruxelles, 2e éd., 2010.

M. Karpenshif, C. Nourissat, *Les grands arrêts de la jurisprudence de l'Union européenne*, Paris, PUF, 2010.

B. Teyssié, *Code de droit social européen*, Litec, 7e éd., 2008.

A. Tizzano et D. Vignes, *Code de l'Union européenne*, Bruylant, Bruxelles, 2e éd., 2001.

V. Revues

A — Langue française

Actualités communautaires (Joly).
Annuaire de droit européen, Bruylant.
Cahiers de droit européen (bimestrielle).
Europe éd. Juris-Classeur (mensuelle).
Journal de droit international (Clunet) (trimestrielle).
Journal des Tribunaux – droit européen (mensuelle).
Revue des affaires européennes (trimestrielle).
Revue du droit de l'Union européenne (ex-*Revue du marché unique européen*) (trimestrielle).
Revue du marché commun et de l'Union européenne (mensuelle).
Revue trimestrielle de droit européen.

B — Langue étrangère

Common Market Law Review.
Europarecht.
European law review.
Noticias de la Union Europea.
Rivista di diritto europeo.

INTRODUCTION

1 Le temps n'est plus où l'étude des normes matérielles du droit de l'Union européenne impliquait de présenter l'histoire de la construction européenne et les institutions de la Communauté. Celles-ci sont aujourd'hui connues et leur examen relève des ouvrages consacrés au droit institutionnel de l'Union européenne. Il est, en revanche, nécessaire de définir ce qu'est le droit matériel de l'Union européenne et d'en rappeler quelques traits liés à l'intégration communautaire.

§ 1. DÉFINITION DU DROIT MATÉRIEL DE L'UNION EUROPÉENNE

A. Droit matériel et droit institutionnel de l'Union européenne

2 L'analyse du droit matériel porte sur le fond du droit (on dit aussi sur le droit substantiel). Appliquée à l'Union européenne, l'expression droit matériel signifie que l'étude a pour objet le contenu des règles applicables aux activités régies par le droit de l'Union. Elle exclut, parce qu'il relève du droit institutionnel, le régime juridique de ces règles – procédure d'élaboration, nature, autorité – et des institutions qui les édictent. Cela ne saurait pour autant interdire les rappels de droit institutionnel nécessaires à la compréhension des caractéristiques des règles matérielles ou de leur évolution.

B. Droit communautaire et droit de l'Union européenne

3 Le droit communautaire a précédé le droit de l'Union, puis a coexisté avec lui avant de lui céder la place, formellement tout au moins.

Avant le 1er novembre 1993, ce que l'on appelait couramment Communauté européenne se composait de trois organisations : la CECA, la CEE et la CEEA (ou

Euratom). Le traité de Paris du 18 avril 1951, entré en vigueur le 1er janvier 1952, avait institué la Communauté européenne du charbon et de l'acier ; les traités de Rome du 25 mars 1957, entrés en vigueur le 1er janvier 1958, donnèrent naissance à la Communauté économique européenne et à la Communauté européenne de l'énergie atomique. Bien que distinctes, ces trois organisations n'en étaient pas moins complémentaires et dotées d'institutions communes, partiellement depuis l'origine, totalement depuis l'entrée en vigueur du traité de Bruxelles du 1er avril 1965, dit de « fusion des Exécutifs ».

Le traité sur l'Union européenne, signé à Maastricht le 7 février 1992, a dessiné une nouvelle architecture de la construction européenne qui a eu des incidences sur le système juridique. L'Union européenne qu'il institue comprend trois piliers. Le premier pilier est le pilier communautaire, composé des trois Communautés, au sein duquel l'ex Communauté économique européenne, rebaptisée Communauté européenne, s'affirme comme l'organisation la plus puissante d'autant que c'est à elle que se rattachent toutes les extensions de compétence y compris celles qui résultent de l'expiration du traité CECA le 23 juillet 2002. Le second pilier concerne la politique étrangère et de sécurité commune (PESC), le troisième la coopération dans les domaines de la justice et des affaires intérieures. Ces deux derniers piliers relèvent du droit de l'Union, droit de coopération intergouvernementale qui diffère du droit communautaire, « droit de l'intégration », selon la formule du juge Pescatore. La spécificité du droit communautaire se manifeste dans les caractéristiques de l'ordre juridique communautaire et dans le contenu des normes auxquelles il a donné naissance.

Le traité de Lisbonne supprime les piliers et la Communauté européenne à laquelle il substitue l'Union européenne. À l'exception près de la Communauté européenne de l'énergie atomique (Euratom), le droit de l'Union se substitue donc au droit communautaire, mais au prix d'une métamorphose qui le conduit à adopter les caractéristiques de ce dernier.

Dans cet ouvrage on se référera en principe au droit de l'Union. Toute référence au droit communautaire ne saurait pour autant être exclue en particulier lorsque sont en cause des réglementations ou des arrêts antérieurs à l'entrée en vigueur du traité de Lisbonne.

C. Droit de l'Union européenne et Espace économique européen (EEE)

4 L'accord sur l'Espace économique européen (EEE) signé à Porto le 2 mai 1992, entré en vigueur le 1er janvier 1994, et le droit qui en est issu concernent les relations extérieures de l'Union (voir *infra*, Cinquième partie).

Ils régissent actuellement les relations entre la Communauté et ses États membres d'une part, l'Islande, le Liechtenstein et la Norvège, d'autre part, la mise en œuvre de l'Accord étant confiée à des institutions spécifiques.

Il convient de rappeler dès à présent que l'accord EEE a pour conséquence pratique d'étendre le champ d'application des règles communautaires, notamment concernant la libre circulation des marchandises, des personnes, des services et des capitaux et le droit de la concurrence (1).

(1) V. O. Jacod Guillarmot (dir.), *Accord EEE, commentaires et réflexions*, Zurich Verlag, 1992 et le dossier réuni par J. Ziller et J.-P. Brouant, « L'Espace économique européen : une Europe à dix-sept », Paris, La Documentation française, *Problèmes politiques et sociaux*, no 728, 1994.

§ 2. DROIT DE L'UNION ET INTÉGRATION EUROPÉENNE

5 Le traité sur l'Union européenne se présente comme « une nouvelle étape dans le processus d'intégration européenne engagé par la création des Communautés européennes » (Préambule, alinéa 1er). Cette intégration est un « processus créant une union sans cesse plus étroite entre les peuples de l'Europe » (Préambule, alinéa 12) qui va très au-delà de la simple coopération, aussi bien quant aux méthodes qu'il utilise qu'aux domaines qu'il concerne. Le droit communautaire matériel demeure, on l'a vu, l'instrument essentiel de l'intégration européenne à raison des spécificités de l'ordre juridique communautaire (A) et du rôle qui lui revient dans la mise en œuvre des politiques de l'Union (B) que l'on rappelle brièvement avant d'évoquer l'évolution du droit de l'Union (C).

A. Droit matériel de l'Union européenne et ordre juridique de l'Union européenne

6 Le droit matériel de l'Union trouve ses sources formelles dans l'ordre juridique de l'Union. On renvoie aux ouvrages consacrés au droit institutionnel pour l'analyse des diverses catégories de sources : traités constitutifs qui sont la source primaire, droit dérivé – règlements, directives, décisions, actes atypiques ou « hors nomenclature » – conventions conclues par l'Union et/ou par les États membres, Principes généraux du droit. Et l'on rappelle simplement les deux principes cardinaux, primauté sur les droits nationaux (2) et effet direct (3), sans l'appui desquels le droit communautaire matériel n'aurait vraisemblablement pas atteint le degré d'effectivité et de développement qui sont les siens. C'est s'associer à l'hommage rendu à l'œuvre que le juge communautaire a accomplie, souvent en coopération avec les juridictions nationales.

L'intégration du droit de l'Union dans les droits des États membres est aujourd'hui comprise et acceptée au point que les ouvrages consacrés aux différentes branches du droit national font coexister l'analyse du droit communautaire matériel avec celle du droit national. On ne saurait pour autant conclure que se référer à des ouvrages offrant une présentation d'ensemble du droit matériel de l'Union serait devenu inutile. Tout comme le droit constitutionnel matériel ou le droit international matériel, le droit matériel de l'Union a sa logique interne propre que seule une analyse globale permet de dégager.

B. Droit matériel et politiques de l'Union

7 Si l'on se réfère à la présentation qu'en donne à présent le TUE, le processus d'union repose sur l'élaboration et la mise en œuvre des politiques et actions de l'Union régies par le TFUE, auxquelles il faut joindre la politique concernant le marché de l'énergie nucléaire.

De toute évidence, les normes juridiques constituent un instrument important de mise en œuvre de ces politiques, mais non le seul. Pas plus que les actions conduites

(2) CJCE, 15 juill. 1964, *Costa/ENEL*, n° 6/64, *Rec.* 1141.
(3) CJCE, 5 févr. 1963, *Van Gend & Loos*, n° 26/62, *Rec.* 1.

au niveau national, celles que les autorités communautaires mènent sur la base des traités ne se limitent à l'édiction de règles juridiques. Cela vaut déjà lorsque le législateur communautaire se propose d'assurer la pleine réalisation d'une liberté : les actions d'incitation, de contrôle s'avèrent souvent un complément utile des réglementations. *A fortiori* en est-il ainsi lorsque l'action communautaire a pour finalité la protection ou le développement de certaines activités ou de certains intérêts. Elle comprend alors nécessairement des mesures positives visant à promouvoir ces actions ou intérêts, au premier rang desquelles prennent place les incitations financières que l'on retrouve dans tous les programmes d'action. Cela fait qu'existe parfois un écart considérable entre l'importance que les institutions de l'Union européenne attachent à une politique et l'intensité de la réglementation communautaire applicable.

Deux séries de facteurs, souvent liés, peuvent contribuer à accroître cet écart. Dans certains domaines l'action de l'Union est marquée par une forte subsidiarité par rapport à celle des États, par exemple en ce qui concerne la culture ou la protection de la santé publique. Ce sont autant de terres d'élection de ce que l'on pourrait qualifier de *Soft Law* communautaire, – revêtant la forme de déclarations d'intentions, détermination d'objectifs, programmes… –, qui ne constitue pas par elle-même un véritable encadrement juridique, même si elle contribue à orienter l'action des institutions communautaires, des autorités étatiques et des personnes privées.

Le présent ouvrage a pour objet le droit de l'Union et non les politiques de l'Union. Il analysera ces dernières uniquement dans la mesure nécessaire à la compréhension de la formation et de la signification de la règle juridique. Pareille exigence se présente tout de même assez souvent.

C. Évolution du droit de l'Union

8 Elle suit les étapes de l'évolution qui a conduit en un demi siècle du traité CECA à l'Union européenne telle qu'elle a été retouchée – remodelée serait un terme trop fort – par le traité d'Amsterdam du 2 octobre 1997, entré en vigueur le 1er mai 1999 et – mais fort peu – par le traité de Nice du 26 février 2001. Sur ce point également il semble permis de renvoyer, outre les études spécialisées qui ne font pas défaut, aux ouvrages consacrés au droit institutionnel de l'Union européenne pour se limiter à trois brefs rappels.

1. Le droit de l'Union a connu un prodigieux développement.

Dans l'espace, tout d'abord, puisqu'il est aujourd'hui le droit d'une Communauté de vingt-sept États, et non plus des six États fondateurs que l'on tournait parfois en dérision en désignant leur communauté comme la « petite Europe ».

En ce qui concerne, ensuite, l'intensité de la réglementation. Au commencement étaient les traités fondateurs auxquels on accorde aujourd'hui un caractère constitutionnel quand on ne les qualifie pas purement et simplement de constitution de la Communauté et de l'Union. Sur leur base, et jurisprudence aidant si nécessaire, s'est progressivement développé un droit dérivé parfois foisonnant.

Le phénomène revêt une ampleur et une importance d'autant plus considérable que le champ du droit communautaire n'a cessé de s'élargir. Au début, il n'y a qu'une Communauté sectorielle, limitée au marché charbon-acier, la CECA. Tout comme Euratom, autre communauté sectorielle créée en 1957, elle sera quelque peu éclipsée par l'expansion de la Communauté européenne (CE, ex CEE). Dans le cadre de cette dernière naîtront et se développeront les politiques nouvelles de la Communauté, souvent sans attendre la consécration du traité.

L'Acte unique européen, des 14 et 28 février 1986 entré en vigueur le 1er juillet 1987, constitue une étape majeure du développement du droit communautaire aussi bien par les mesures qu'il implique pour la réalisation du grand marché intérieur à l'échéance du 31 décembre 1992 que par les politiques nouvelles qu'il consacre. Le traité de Maastricht du 7 février 1992 appelle un jugement analogue ne serait-ce que pour avoir introduit dans le processus d'unification la citoyenneté européenne ainsi que l'unification monétaire qui conduira à l'adoption de la monnaie unique à compter du 1er janvier 1999. Les traités d'Amsterdam et de Nice ont une portée plus limitée. Il en va de même du traité établissant une constitution pour l'Europe et du traité de Lisbonne.

2. Ce développement a engendré une large diversification du droit de l'Union européenne. On peut en prendre la mesure en consultant les titres du traité TFUE, pour n'envisager que lui, qui énoncent les politiques de l'Union, mais tout autant en se reportant à l'empreinte que le droit de l'Union a laissée sur les différentes branches du droit national. Comment présenter un ensemble aussi vaste et hétérogène ?

3. Souvent analysée, l'évolution de l'orientation du droit de l'Union constitue elle aussi une donnée d'importance majeure. Le droit de l'Union n'est plus seulement ce droit économique, centré sur la régulation de l'activité des entreprises de production et de distribution, que certains ont dénoncé comme le droit du marché, s'intéressant aux travailleurs seulement en tant qu'agents de production. Il s'affirme aussi comme le droit des personnes, s'attachant non seulement à respecter les libertés fondamentales de la personne humaine mais encore à développer ses droits économiques et sociaux et, plus récemment, la citoyenneté européenne.

D. Principes fondamentaux du droit de l'Union

9 En dépit de son caractère hétérogène, que la consécration de la flexibilité ne risque pas d'atténuer, le droit matériel de l'Union repose, sur un certain nombre de principes fondamentaux ou fondateurs (4). Aujourd'hui ces principes sont énoncés dans les traités et, pour certains d'entre eux, précisés et développés dans la Charte des droits fondamentaux de l'Union.

La pierre angulaire de l'édifice est que les États membres et leurs citoyens constituent une Union c'est-à-dire un ensemble doté d'une certaine unité. L'unité joue entre les États membres, l'élaboration des règles communes en étant l'un des instruments. Elle s'impose également à l'égard des États tiers. Les partenaires de l'Union éprouvent parfois quelque peine à accepter les implications de l'unité telles que l'union douanière, la politique commerciale commune ou la citoyenneté européenne.

L'Union se présente comme « fondée sur les principes de la liberté, de la démocratie, du respect des droits de l'Homme et des libertés fondamentales, ainsi que de l'État de droit » (traité UE art. 6 § 1). Ces principes régissent l'élaboration et le contenu des

(4) V. J. Molinier (dir.), *Les principes fondateurs de l'Union européenne*, PUF, 2005.

règles de l'Union tout comme l'application de ces règles. Ils découlent du respect de la dignité humaine que la Charte des droits fondamentaux (art. 1) place au premier rang de l'ensemble des valeurs sur lesquelles l'Union est fondée. De cet ensemble se détachent par leur rayonnement, le nombre et l'importance de leurs applications pratiques, les principes de liberté et d'égalité.

Le principe de liberté figure dans les traités depuis l'origine. Le marché commun que vise à établir le traité CEE repose avant tout sur la libre circulation des marchandises, des travailleurs, des services et des capitaux, la liberté d'établissement ainsi que la libre concurrence entre les entreprises. Le marché intérieur se présente toujours comme celui d'« une économie de marché ouverte où la concurrence est libre » (art. 119 § 2 TFUE), ce que ne contredit pas le fait qu'elle œuvre pour le développement durable et pour « une économie sociale de marché hautement compétitive » (art. 3 § 3 TFUE). Mais la liberté a conquis d'autres domaines, à commencer par la libre circulation des personnes dans l'espace de liberté, de sécurité et de justice, et trouve ample consécration dans la Charte des droits fondamentaux.

L'égalité est l'autre principe cardinal du droit de l'Union. Son dynamisme égale, voire dépasse, celui du principe de liberté. Le temps n'est plus où seules étaient bannies la discrimination exercée en raison de la nationalité (CE art. 12 ex art. 16 devenu art. 18 TFUE) et la différence de rémunération entre les hommes et les femmes (art. 141 ex art. 119). Du traité d'Amsterdam les institutions de l'Union ont reçu mission de combattre « toute discrimination fondée sur le sexe, la race ou l'origine ethnique, la religion ou les convictions, un handicap, l'âge ou l'orientation sexuelle » (CE art. 13 § 1 devenu art. 19 TFUE).

Liberté, égalité... qu'en est-il de la solidarité sous la bannière de laquelle la Charte range les droits sociaux ? Même si on le regrette, on peut comprendre que ce principe ait grand peine à s'imposer tant les États de l'Union demeurent divisés en ce domaine.

PLAN DE L'OUVRAGE

Première partie : Les personnes.
Deuxième partie : Les marchandises.
Troisième partie : Les services : secteurs soumis à règles particulières.
Quatrième partie : La concurrence.
Cinquième partie : Les relations extérieures.

PREMIÈRE PARTIE
LES PERSONNES

10 **La personne humaine au centre du droit de l'Union.** Dans la langue juridique il est peu de termes d'un usage plus courant que celui de personne. Voilà sans doute une raison supplémentaire de définir la notion telle qu'elle se présente dans le droit de l'Union. Ce dernier n'ignore en rien que la personnalité juridique, aptitude à être titulaire de droits et assujetti à des obligations, appartient, en plus des personnes physiques, à toute une gamme de personnes morales privées ou publiques. Cependant, lorsqu'on se réfère en droit de l'Union à la notion de personne sans autre qualification, c'est pour désigner les personnes physiques. Les personnes morales sont qualifiées à partir de leur nature et leur fonction comme entreprises, sociétés, États… Les dispositions du traité CE relatives à la libre circulation des personnes ont marqué le droit communautaire de leur empreinte. La création de personnes morales constitue une technique à laquelle les personnes physiques recourent pour augmenter leur capacité d'action. En conséquence, les personnes morales se voient accorder le bénéfice de certains droits reconnus aux personnes physiques, notamment en ce qui concerne l'exercice de la liberté professionnelle – libre prestation de services, liberté d'établissement – et la protection de leurs droits dont les particularités seront signalées lorsqu'il y a lieu.

Cette conception nous paraît devoir être maintenue puisque le droit de l'Union place de plus en plus au centre de ses règles la prise en considération de la personne humaine, ainsi que l'a confirmé la Charte des droits fondamentaux de l'Union européenne proclamée par le Parlement européen, le Conseil et la Commission. Aujourd'hui la finalité politique de l'Union s'affiche clairement au travers de la citoyenneté européenne naissante (titre I) qui vient s'ajouter à un système déjà développé de libertés (titre II) et de protections (titre III) de la personne.

TITRE I
LA CITOYENNETÉ EUROPÉENNE

11 **Le traité de Maastricht, fondateur de la citoyenneté européenne.** La logique de l'intégration européenne commande qu'à un stade suffisamment avancé de l'évolution de l'Union européenne une citoyenneté européenne se superpose à la citoyenneté nationale. Le traité de Maastricht marque une étape importante en ce sens. Le préambule du traité sur l'Union européenne affirme la volonté qu'ont les États membres de l'Union européenne « d'établir une citoyenneté commune aux ressortissants de leurs pays » et l'article 8 du traité CE institue une « citoyenneté de l'Union ». Le traité d'Amsterdam (CE, art. 17 à 22) n'apporte pas d'innovation substantielle. **Le traité de Nice**, signé le 26 février 2001, supprime l'exigence de l'unanimité pour les décisions qu'arrête le Conseil, sauf en ce qui concerne les passeports, cartes d'identité, titres de séjour et les dispositions qui ont trait à la sécurité sociale ou à la protection sociale (CE, art. 18 § 2 et 3). La charte des droits fondamentaux de l'Union européenne consacre dans le chapitre V « citoyenneté » le droit à une bonne administration et le droit d'accès aux documents. Aussi **la Cour de justice** a-t-elle estimé que « le statut de citoyen de l'Union a vocation d'être le statut fondamental des ressortissants des États membres » dans le domaine d'application du droit communautaire : principe posé par l'arrêt, *Grzelczyk*, du 20 septembre 2001 (1) et confirmé par l'arrêt d'*Hoop* du 11 juillet 2002 (2). La conséquence majeure qu'en tire la Cour réside dans l'absence de discrimination entre citoyens européens. Ce lien entre citoyenneté européenne et non discrimination se retrouve dans le traité de Lisbonne aussi bien dans l'article 9 TUE que dans la deuxième partie du TFUE intitulée non-discrimination et citoyenneté de l'Union.

Cependant, pour l'instant, la citoyenneté européenne se présente encore comme empreinte d'empirisme et se caractérise par une ambiguïté et des limites qui affectent aussi bien la notion (chapitre 1) elle-même que, corrélativement, le statut du citoyen européen (chapitre 2).

(1) C 184/99, *Rec.* I-6193, point 31.
(2) C 224/98, *Rec.* I-6191.

CHAPITRE 1
LA NOTION DE CITOYENNETÉ EUROPÉENNE

12 On ne pouvait s'attendre à ce que la citoyenneté européenne fût aisée à définir.

Si la notion de citoyenneté trouve son origine dans le droit interne, elle a passablement évolué depuis la cité grecque ou romaine à laquelle on continue à se référer lorsque l'on veut en dégager l'essence (1). La mutation semble s'accélérer à notre époque. Après une longue période d'assoupissement, la notion de citoyenneté pénètre de nouveaux domaines puisqu'à côté de la citoyenneté politique on se réfère à la citoyenneté économique ou sociale : c'est la « nouvelle citoyenneté », qui place le citoyen au centre de toute vie sociale. Cette conception a trouvé écho dans la notion d'Europe des citoyens qui a précédé celle de citoyenneté européenne et dont les liens avec cette dernière doivent être précisés (§ 1).

L'élévation du concept de citoyenneté au niveau européen pose d'autre part le problème des relations existant entre les deux citoyennetés, européenne et nationale (§ 2).

§ 1. CITOYENNETÉ EUROPÉENNE ET EUROPE DES CITOYENS

A. De la citoyenneté à la citoyenneté européenne

13 La notion de citoyenneté trouve son origine dans le droit interne. Le juriste qui se réfère au droit positif des États est fondé à penser que la citoyenneté relève du domaine politique, demeurant en cela fidèle à la conception proposée par Aristote pour qui le citoyen se définissait par la participation aux fonctions judiciaires et aux fonctions publiques en général. En droit positif, la citoyenneté continue de désigner la qualité juridique qui autorise une personne à prendre part à la vie de l'État en jouissant des droits civiques et politiques et en étant assujettie, en contrepartie, à certaines obligations telles que le vote obligatoire ou le service national. En règle générale, la citoyenneté est réservée par l'État à ses nationaux qui, membres de la Cité,

(1) V. A. Mattera, *Civis europaeus sum*, *RMUE* 1998, n° 3, p. 15.

participent au gouvernement de la Cité. Mais il y a des exceptions comme, par exemple, la « citoyenneté britannique d'outre-mer » (2), mais celle-ci ne donne pas accès à la citoyenneté européenne (3). Le droit international reconnaît ce statut privilégié, conditionné par la nationalité, qui comporte principalement le droit de séjour sur le territoire national, la participation à la vie politique (droit de vote et d'éligibilité), l'accès aux emplois publics, le droit à la protection diplomatique.

La notion de citoyenneté européenne devrait normalement être centrée sur ces droits et les sujétions correspondantes. Elle impliquerait que les citoyens de l'Union européenne bénéficient en cette qualité de droits analogues à ceux qui sont traditionnellement réservés aux nationaux dans l'ordre juridique interne. Ces droits correspondent à peu près à ce que l'on qualifiait dans les années 1975-1985 de « droits spéciaux » réservés aux ressortissants des États membres de la Communauté (Sommet de Paris des 9 et 10 décembre 1974 qui se prononce pour l'attribution de droits spéciaux à ces ressortissants).

On doit retenir dès à présent que la structure de l'Union implique que certains droits s'exercent au niveau de l'Union elle-même et d'autres au niveau des États membres.

B. De l'Europe des citoyens à la citoyenneté européenne

14 Surtout depuis le Conseil européen de Fontainebleau de 1984, une autre notion s'est développée, celle d'Europe des citoyens. On la distingue parfois difficilement de la précédente, d'autant plus qu'elle s'avère elle-même malaisée à définir (4). L'idée maîtresse est que le citoyen européen doit être placé au centre de la construction européenne, de manière à ce que se développe son sentiment d'appartenance à l'Union européenne. C'est ainsi que le comité *ad hoc* sur l'Europe des citoyens, dit comité Adonnino, créé à l'instigation du Conseil européen de Fontainebleau des 25 et 26 juin 1984, proposa « des mesures propres à renforcer et promouvoir l'identité et l'image de la Communauté auprès de ses citoyens dans le monde ».

Parmi les droits spéciaux reconnus dans la perspective d'une Europe des citoyens figurent sans doute les droits spéciaux inhérents à la citoyenneté européenne et qui instituent une véritable citoyenneté politique. Mais on y trouve également les droits qui résultent de l'intégration économique, tels que le libre accès à l'emploi dans le pays de son choix, et des droits nouveaux qui consacrent l'élargissement du domaine de l'intégration tels que le droit à la culture ou à la protection de l'environnement. Ceci correspond davantage à la conception la plus large – moderne – de la citoyenneté. Mais cette conception dénie au concept une large part de sa spécificité car les droits du citoyen ne se distinguent plus guère des droits de la personne humaine.

La confusion entre les deux perspectives, celle de la citoyenneté européenne et celle de l'Europe des citoyens, est très courante. Ainsi, dans sa résolution sur le fonctionnement du traité sur l'Union européenne dans la perspective de la conférence intergouvernementale de 1996, du 17 mai 1995, le Parlement européen demande-t-il que la citoyenneté de l'Union européenne soit renforcée notamment par l'adhésion de

(2) V. TPI, 21 mars 1996, *Farrugia*, T 230/94, *Rec.* II-195.
(3) CJCE, 20 févr. 2001, *Kaur*, C 192/99, v. *infra*, n° 18.
(4) Cl. BLUMANN, « L'Europe des citoyens », *RMC* 1991, p. 284.

l'Union à la Convention européenne des droits de l'homme, l'interdiction de la peine de mort, la protection des minorités, l'égalité entre les hommes et les femmes en même temps que le renforcement de la citoyenneté politique. De toute évidence, ces droits, s'ils sont reconnus dans le droit de l'Union, seront des droits de la personne humaine en tant que telle, donc non réservés aux ressortissants des États membres, et non pas des droits inhérents à la qualité de citoyen européen. C'est aller au-delà même de l'Europe des citoyens.

À l'heure actuelle, si la notion consacrée par les traités est celle de citoyenneté européenne, l'ambiguïté ne semble pas totalement levée.

C. La citoyenneté européenne d'après les traités

15 Le traité de Maastricht introduit la citoyenneté européenne afin de renforcer la relation existant entre l'Union européenne et les citoyens des États membres, mais ne définit pas la notion. Il se borne à déclarer qu'« est citoyen de l'Union toute personne ayant la nationalité d'un État membre » et que « les citoyens de l'Union jouissent des droits et sont soumis aux devoirs prévus par le présent traité » (traité CE, art. 17, ex art. 8). Et, paradoxalement, il insère les dispositions consacrées à la citoyenneté de l'Union dans le traité CE, dont elles constituent la deuxième partie, et non dans le traité sur l'Union européenne !

Cette rédaction que certains ont qualifiée « d'embrouillée et hâtive » (5) n'a guère été modifiée par les traités successifs, le traité de Lisbonne continuant à disperser les dispositions relatives à la citoyenneté européenne entre TUE (art. 9) et TFUE (art. 20 à 25).

En réalité, les traités s'ils puisent dans les deux conceptions, consacrent un ensemble de droits qui se rapprochent plus de la notion de citoyenneté prise dans son sens traditionnel que de celle d'Europe des citoyens (*infra*, chapitre II). Cette tendance se reflète dans la jurisprudence. Pour la Cour les traités confèrent aux citoyens de l'Union un statut qui a « vocation à être le statut fondamental des ressortissants des États membres » en ce qu'il leur donne le droit de se voir reconnaître dans le domaine d'application du traité le « même traitement juridique que celui qui est accordé » aux nationaux (6). Il reste que la citoyenneté européenne, telle que la dessinent actuellement les traités, se présente comme une construction largement empirique, marquée par la volonté d'ajouter des droits nouveaux aux droits déjà antérieurement reconnus aux ressortissants des États membres, et qui manque quelque peu de cohérence.

§ 2. CITOYENNETÉ EUROPÉENNE ET CITOYENNETÉ NATIONALE

16 La citoyenneté européenne est par essence distincte de la citoyenneté nationale. Elle est une citoyenneté **additionnelle** qui « s'ajoute » à la citoyenneté nationale et « ne la remplace pas » (art. 9 TUE et 20 § 1 TFUE). Cependant, par ses

(5) J. H. H. Weiler, « Les droits des citoyens européens », *RMUE* 1996, 3, p. 36.
(6) CJCE, 20 sept. 2001, *Grzelczyck*, C 184/99, préc. ; 11 juill. 2002, d'*Hoop*, C 224/98, *Rec.* I-6191.

conditions d'attribution elle dérive, comme la citoyenneté nationale, de la nationalité accordée par les États membres.

A. La citoyenneté européenne, citoyenneté additionnelle à la citoyenneté nationale

17 Loin de supprimer les citoyennetés nationales, la citoyenneté européenne « s'ajoute » à elles. Initialement les traités disposaient qu'elle « complète » la citoyenneté nationale (art. 17 TCE), ce qui semblait lui conférer un caractère subsidiaire par rapport à cette dernière, caractère que les rédacteurs du traité de Lisbonne ont, semble-t-il, entendu supprimer. Les ressortissants des États membres de l'Union européenne bénéficient de la sorte d'une double citoyenneté. Ainsi un ressortissant français est-il à la fois citoyen français et citoyen européen.

Dans le principe, les deux citoyennetés ne sauraient se confondre. La citoyenneté européenne est régie par le droit de l'Union, dans lequel elle trouve sa source ; la citoyenneté nationale relève du seul droit national. La citoyenneté européenne ne supprime aucun des droits inhérents à la citoyenneté nationale. Simplement confère-t-elle des droits supplémentaires qui s'exercent soit au niveau de l'Union (par exemple, le vote et l'éligibilité au Parlement européen) soit au niveau des États membres (par exemple, le vote et l'éligibilité aux élections municipales).

Mais, certains éléments de la citoyenneté européenne peuvent être parfois ressentis comme de nature à affaiblir la citoyenneté nationale dans la mesure où le ressortissant d'un autre État membre se voit reconnaître des droits qui ont été longtemps tenus pour réservés aux citoyens. La citoyenneté européenne est alors perçue comme menaçant ou concurrençant la citoyenneté nationale. C'est particulièrement manifeste en ce qui concerne le droit de séjour sur le territoire ou le droit de vote et d'éligibilité non seulement au Parlement européen mais encore aux élections municipales. D'où les réticences de plusieurs États à l'encontre du développement de la citoyenneté européenne. Ainsi le Danemark a-t-il tenu à déclarer que la citoyenneté de l'Union n'octroyait en aucune manière le droit d'acquérir la nationalité danoise, ce qui va de soi.

B. La citoyenneté européenne, corollaire de la nationalité d'un État membre

18 D'après les articles 9 TUE et 20 § 1 TFUE (ex. art. 17 § 1 TCE), « est citoyen de l'Union toute personne ayant la nationalité d'un État membre ».

La qualité de citoyen européen est donc subordonnée à la possession ou l'acquisition de la nationalité d'un État membre. Il en résulte qu'il appartient au droit national de chaque État de déterminer si une personne a ou non sa nationalité, d'octroyer ou refuser celle-ci. Cette solution a été expressément confirmée dans la Déclaration relative à la nationalité d'un État membre annexée au traité de Maastricht selon laquelle « chaque fois que le traité instituant la Communauté européenne fait référence aux ressortissants des États membres, la question de savoir si une personne a la nationalité de tel ou tel État membre est réglée uniquement par référence au droit national de l'État concerné ». Et dans une jurisprudence constante depuis l'arrêt *Micheletti* du 7 juillet 1992 (7), la Cour relève que, conformément au droit international, la définition des conditions d'acquisition et de perte de la nationalité relève de la compétence de chaque État membre.

Pour être conforme au droit international, ce principe n'en est pas moins susceptible de soulever des difficultés dans l'hypothèse où une personne possède plusieurs nationalités dont l'une serait celle d'un État non membre de l'Union. Dans l'ordre juridique international, l'opposabilité de la nationalité aux États tiers est subordonnée à l'existence d'« un lien effectif de la personne avec l'État » (8). Mais, si elle demande que l'État exerce sa compétence dans le respect du droit communautaire, la Cour de justice des Communautés a récusé l'exigence d'effectivité dans l'arrêt *Micheletti*, du 7 juillet 1992 (9), qui concernait, il est vrai, la liberté d'établissement (10). M. Micheletti, argentin d'origine, mais possédant également la nationalité italienne en tant que fils de parents italiens, est titulaire d'un diplôme d'odontologie obtenu en Argentine mais homologué en Espagne en application d'une convention bilatérale entre ces deux pays. Il ne peut se voir refuser le droit de s'installer en Espagne pour exercer sa profession au motif que sa résidence habituelle était en Argentine. La Cour dénie à un État membre « le droit de restreindre les effets de l'attribution de la nationalité d'un autre État membre en exigeant une condition supplémentaire pour la reconnaissance de cette nationalité en vue de l'exercice des libertés fondamentales prévues par le traité ».

La logique de ce raisonnement a conduit la Cour à reconnaître à chaque État la faculté de définir plusieurs catégories de citoyens ainsi que les droits qui correspondent à chacune, ce qui peut entraîner pour certaines l'exclusion de la qualité de ressortissant au sens du droit de l'Union donc les prive du bénéfice de la citoyenneté européenne : deux catégories des trois catégories de citoyens consacrées par le British Nationality Act de 1981, n'étant pas « citoyens britanniques », ne bénéficient pas de droit de libre circulation inhérent à la citoyenneté européenne (11).

Il se peut que l'arrêt *Rottmann*, C 135/08, du 2 mars 2010 (12) témoigne d'une prise de conscience des limites de cette conception. L'affaire concernait le retrait par l'Allemagne de la naturalisation qu'elle avait accordée à l'intéressé au motif que celui-ci l'avait obtenue de manière frauduleuse. Ce retrait avait pour conséquence que M. Rottmann devenait apatride, donc perdait la citoyenneté européenne, car l'acquisition de la nationalité allemande avait entraîné la perte de sa nationalité d'origine (autrichienne). Si elle ne conteste pas la légitimité de principe du retrait de naturalisation, la Cour n'en affirme pas moins que cette décision est susceptible d'un contrôle juridictionnel opéré au regard du droit de l'Union et, en l'occurrence, invite le juge national à apprécier si « le respect du principe de proportionnalité exige que, avant qu'une telle décision de retrait de la naturalisation prenne effet, il soit accordé à l'intéressé un délai raisonnable afin qu'il puisse essayer de recouvrer la nationalité

(7) CJCE, 7 juill. 1992, C 369/90, *Rec.* I-4239. Également 19 oct. 2004, *Zhu et Chen*, C 200/02, *Rec.* I-9925.

(8) Cour internationale de justice, 6 avr. 1955, *Nottebohm*, *Rec. CIJ*, p. 4.

(9) (C 369/90), *Rec.* I-4239.

(10) Pour une réponse très différente dès lors que la libre circulation des personnes n'est pas en cause, mais simplement l'octroi d'un avantage social, CJCE, 11 nov. 1999, *Belgique c. Mesbah*, C 179/98, *Rec.* I-7955.

(11) CJCE, 20 févr. 2001, *Kaur*, C 192/99, *Rec.* I-1237.

(12) *Europe*, juin 2010, p. 5, note J. HEYMANN.

de son État membre d'origine » et indique que la décision que prend ce dernier est passible du même contrôle.

Ce qui vaut pour la perte de la nationalité ne devrait-il pas également s'appliquer à son acquisition ? Cela conduirait dans l'état actuel du droit à accorder plus de poids au principe d'effectivité. Et à se demander si la citoyenneté européenne n'invite pas logiquement à un minimum d'harmonisation des législations concernant l'octroi de la nationalité, si irréalisable présentement semble pareille entreprise à raison du haut degré de sensibilité de la question. N'est-il pas en effet à craindre que les États qui restreignent l'accès à leur nationalité se montrent réticents à accepter des nationaux provenant d'autres États membres plus libéraux en matière de naturalisation ?

N°s 19 à 29 réservés.

CHAPITRE 2
LE STATUT DU CITOYEN EUROPÉEN

30 Les dispositions insérées dans la deuxième partie du traité TFUE sous l'intitulé « Non discrimination et citoyenneté de l'Union » doivent servir de guide à l'étude du statut du citoyen européen. Force est de rappeler qu'elles ne présentent pas une parfaite cohérence. Après une présentation générale du statut, on examinera de façon plus approfondie les droits nouveaux reconnus aux citoyens européens par les traités.

SECTION I PRÉSENTATION GÉNÉRALE

31 La citoyenneté européenne est, pour les ressortissants des États membres de l'Union, un statut susceptible de conférer des droits et devoirs qui s'ajoutent à ceux qui découlent de la citoyenneté nationale. Dès lors comme cette dernière la citoyenneté européenne a pour effet d'engendrer une distinction entre la condition des citoyens européens et celle des ressortissants des pays tiers (v. *infra*, n°s 78, 112 et s.).

Si l'énonciation des devoirs est, pour l'heure, de pur principe, celle des droits que reconnaît le traité doit être complétée par l'élévation jurisprudentielle de la citoyenneté au rang de statut fondamental des ressortissants des États membres dans le domaine d'application du droit communautaire.

§ 1. LES DEVOIRS

32 D'abord, si l'article 20 § 2 TFUE (ex art. 17 § 2 TCE) déclare logiquement que les citoyens de l'Union n'ont pas que des droits mais sont également soumis à des devoirs, il se borne quant à ces derniers à renvoyer « aux devoirs prévus par le présent traité » sans en préciser le contenu. Faut-il, par exemple, considérer comme l'un de ces devoirs le respect de l'égalité hommes/femmes en matière de rémunération (art. 157) ou l'interdiction de toute discrimination fondée sur la nationalité (art. 18) ?

Pour l'heure, la reconnaissance de la citoyenneté européenne apparaît dépourvue de tout contenu spécifique en ce qui concerne les devoirs. C'est peut-être la manifestation de ce que la solidarité entre les citoyens de l'Union n'a pas encore atteint un degré suffisant pour constituer le fondement d'obligations. Ou plus simplement la conséquence du déclin du service militaire qui était l'obligation classique du citoyen dans le cadre national, service auquel on n'envisage pas pour l'heure de substituer au niveau européen un service social.

§ 2. LES DROITS ÉNONCÉS PAR LE TRAITÉ

33 Ensuite, s'agissant des droits, le traité, d'une part réaffirme le droit déjà reconnu antérieurement, le droit de libre circulation et de libre séjour, d'autre part innove en consacrant des droits nouveaux, droits politiques (droit de vote et d'éligibilité aux élections européennes et aux élections municipales), protections (protection diplomatique et consulaire, droit de pétition, plainte au médiateur, droit de communication avec les institutions).

Il y a fort longtemps que la liberté de circulation et de séjour constitue l'un des fondements de la Communauté européenne. Son rattachement à la citoyenneté européenne présente un caractère non négligeable certes, mais un peu symbolique même si la jurisprudence de la Cour lui attache des effets importants (v. *infra*, n° 34). Aussi ce droit sera-t-il étudié dans le titre II consacré aux libertés. À l'heure actuelle il continue de constituer un rameau qui se détache de la citoyenneté à raison du rôle qu'il a joué dans le développement de l'intégration communautaire.

Quant aux autres droits, ils s'inspirent, on l'a vu (*supra*, n° 16 et s.), de deux logiques : celle de la citoyenneté européenne et celle de l'Europe des citoyens.

Mais le traité ne respecte pleinement aucune de ces deux logiques. La citoyenneté, au sens traditionnel, concerne un statut qui est essentiellement politique (section II). Les protections (section III) que prévoit le traité relèvent d'une Europe des citoyens qui ne se limite pas aux ressortissants des États membres de l'Union. Ces garanties présentent une forte complémentarité avec la protection juridictionnelle et l'accès aux documents que les traités consacrent par ailleurs.

§ 3. LA CITOYENNETÉ EUROPÉENNE, STATUT FONDAMENTAL DES RESSORTISSANTS DES ÉTATS MEMBRES

34 Après un temps d'hésitation sur les incidences que l'on pouvait tirer des dispositions des traités, la Cour a développé une jurisprudence remarquable dont on mentionne ici les arrêts fondateurs.

Elle confère à la citoyenneté européenne une forte valeur symbolique en lui reconnaissant « vocation à être le statut fondamental des ressortissants des États membres permettant à ceux parmi ces derniers qui se trouvent dans la même situation d'obtenir dans le domaine d'application *materiae* du traité, indépendamment de leur nationalité et sans préjudice des exceptions expressément prévues à cet égard le même traitement juridique » (1).

(1) CJCE, 20 sept. 2001, *Grzelczyk* ; 11 juill. 2002, d'*Hoop*, préc.

La citoyenneté européenne vient aussi renforcer le principe d'égalité entre ressortissants des États membres consacré depuis l'origine par les traités (traité TFUE art. 18, ex art. 12 TCE) et reconnu comme principe général du droit communautaire. La Cour en a tiré des conséquences non négligeables particulièrement en ce qui concerne l'exercice des libertés fondamentales que reconnaissent les traités :

– droit pour un ressortissant d'un État membre qui réside légalement sur le territoire d'un autre État membre de bénéficier d'une allocation d'éducation pour son enfant sans avoir à fournir un document qui n'est pas demandé aux nationaux (la carte de séjour) (2) ;

– droit pour un ressortissant d'un pays tiers qui assume la charge de ses enfants, citoyens de l'Union, à séjourner dans l'État membre de résidence de ces derniers et à y travailler afin que ses enfants ne soient pas obligés de quitter le territoire de l'Union pour suivre leur ascendant (3) ;

– égalité d'accès aux études – sous réserve, s'agissant des études médicales et paramédicales, de restrictions justifiées par l'objectif de protection de la santé publique (4) ;

– droit à une allocation garantissant un minimum de moyens d'existence (minimex prévu par la législation belge) dans les mêmes conditions que les nationaux (5) ; (voir *infra*, n° 211 l'importante jurisprudence concernant les étudiants) ;

– droit pour le citoyen européen de bénéficier dans l'État membre dont il est ressortissant d'une allocation d'attente d'emploi dans les mêmes conditions que les nationaux qui n'ont pas exercé la libre circulation pour accomplir une partie de leurs études à l'étranger (6) ;

– droit de séjour dans un autre État membre, même s'il ne peut plus invoquer la qualité de travailleur migrant ; l'arrêt *Baumbast* (7) consacre l'effet direct de l'article 18 § 1 CE devenu art. 21 § 1 TFUE ;

– droit pour les enfants disposant de la double nationalité de l'État de résidence (Belgique) et d'un autre État membre (Espagne) d'avoir un nom patronymique conforme à la tradition et au droit de ce second État (nom du père suivi du nom de la mère) (8). Selon la Cour, la discrimination résulte en ce cas de ce que contrairement aux personnes possédant seulement la nationalité belge, les enfants Garcia Avello portent des noms de famille différents en Espagne et en Belgique. Cet arrêt pousse fort loin le champ d'application du droit communautaire ! En revanche un État peut ne pas reconnaître le nom patronymique qui comporte un titre nobiliaire, tel qu'il a été déterminé dans un autre État membre, si la Constitution l'interdit (application du principe de respect de l'identité nationale) (9) ;

(2) CJCE, 12 mai 1998, *Martinez Sala*, C 85/96, *Rec.* I-2691.

(3) CJUE, 8 mars 2011, *Zambrano*, C 34/09.

(4) CJUE, 13 avr. 2010, *Bressol e.a.*, C 73/08.

(5) CJCE, 20 sept. 2001, *Grzelczyk*, préc.

(6) CJCE, 11 juill. 2002, d'*Hoop*, préc. ; 23 mars 2004, *Collins,* C 138/02 ; 15 sept. 2005, *Ioannidis,* C-758/04.

(7) CJCE, 17 sept. 2002, *Baumbast*, C 413/99, *Rec.* I-7091.

(8) CJCE, 2 oct. 2003, *Garcia Avello*, C 148/02, *Rec.* I-11613.

(9) CJUE, 22 déc. 2010, C 208/09, *Europe* févr. 2011, n° 40, note D. SIMON.

– droit à l'égalité en matière de fiscalité (10) ;

– caractère illicite d'un dispositif de traitement systématique de données à caractère personnel dans le but de lutter contre la criminalité dès lors qu'il se limite aux citoyens de l'Union non ressortissants de l'État membre concerné (11) ;

– droit pour un enfant possédant la nationalité allemande, mais qui est né et réside au Danemark, de se voir reconnaître en RFA le nom double (patronymes des père et mère) sous lequel il est enregistré au Danemark, même si la législation allemande ne permet pas de porter un nom double. Dans l'arrêt *Grunkin* du 14 octobre 2008 (C 353/06) la Cour confirme qu'une question relative au nom peut relever du droit communautaire et juge que la diversité de noms constitue une entrave disproportionnée à la libre circulation et au libre séjour.

SECTION II **LA CITOYENNETÉ POLITIQUE**

35 La citoyenneté politique réside dans la faculté reconnue aux citoyens européens de participer à l'exercice du pouvoir soit, le plus souvent, en désignant les membres des autorités appelées à les représenter dans la gestion des affaires publiques, soit, plus exceptionnellement, en intervenant directement dans le processus d'édiction des normes. Ainsi que le droit international l'autorise, cette participation est très généralement réservée aux nationaux. L'ouverture aux ressortissants d'autres États constitue donc un progrès significatif vers la réalisation de l'Union, une composante importante de la citoyenneté européenne. Elle se manifeste dans une double direction : vis-à-vis des institutions de l'Union, par la participation à l'élection du Parlement européen et, depuis le traité de Lisbonne, l'initiative citoyenne ; vis-à-vis des États membres, par la participation aux élections municipales.

§ 1. PARTICIPATION AUX ÉLECTIONS AU PARLEMENT EUROPÉEN

36 Cette participation est de nature à améliorer la qualité de la représentation des citoyens européens par les institutions de la Communauté, donc à contribuer à réduire le « déficit démocratique » dont celles-ci souffrent. Encore faut-il souligner que l'apport du traité de Maastricht ne constitue que le couronnement d'une longue évolution.

A. L'évolution antérieure au traité sur l'Union européenne

37 La donnée majeure de la citoyenneté européenne s'est en effet réalisée lors de l'entrée en vigueur de la décision du Conseil du 20 septembre 1976 portant élection des

(10) CJCE, 23 avr. 2009, *Füffler*, C 544/07, *Rec.* I-3389.
(11) CJCE, 16 déc. 2008, *Huber*, C 524/06, *Rec.* I-9705.

représentants de l'Assemblée au suffrage universel direct. Le fait que les membres du Parlement européen soient, tous les cinq ans depuis juin 1979, élus directement par les citoyens a entamé le principe traditionnel de la société internationale selon lequel les institutions n'assurent qu'une représentation indirecte des citoyens, donc ne sont pas politiquement responsables de la politique européenne devant ces derniers. Entamé seulement : de là vient peut-être, pour une part, que le pouvoir communautaire soit perçu comme encore plus lointain, plus étranger que ne l'est déjà le pouvoir étatique.

L'élection du Parlement européen mérite donc le qualificatif d'avancée démocratique, même si la faiblesse – en passe d'être surmontée – des pouvoirs de l'assemblée et les nombreuses imperfections du système de représentation font qu'elle n'a pas encore permis d'intégrer suffisamment les citoyens au processus d'investiture du pouvoir communautaire. Le traité sur l'Union européenne apporte précisément une amélioration qui seule sera examinée puisque l'analyse du mécanisme d'élection au Parlement européen relève usuellement des ouvrages consacrés aux institutions de l'Union.

Jusqu'au traité sur l'Union européenne les ressortissants communautaires qui résidaient hors de leur pays d'origine n'avaient guère la possibilité pratique de prendre part à l'élection des parlementaires européens. En effet, sauf l'Irlande, les Pays-Bas et la Belgique (mais sous certaines conditions), la Grande-Bretagne en ce qui concerne les seuls ressortissants irlandais, les États n'autorisaient pas les ressortissants d'autres États membres à voter. De même, l'éligibilité était réservée aux nationaux, à l'exception de l'Italie. Seul demeurait le recours, incommode, au vote par procuration ou par correspondance.

B. Le traité sur l'Union et la directive du 6 décembre 1993

38 Réclamés depuis longtemps par le Parlement européen, les droits de vote et d'éligibilité sont accordés par le traité de Maastricht. Le traité CE, dans son article 19 § 2 (ex art. 8 B § 2) prévoit que « tout citoyen de l'Union résidant dans un État membre dont il n'est pas ressortissant a le droit de vote et d'éligibilité aux élections au Parlement européen dans l'État membre où il réside, dans les mêmes conditions que les ressortissants de cet État ». La directive n° 93/109 du 6 décembre 1993 (12), adoptée par le Conseil à l'unanimité ainsi que le prévoyait le traité, a défini les modalités d'exercice de ces droits.

Le principe est que tout citoyen de l'Union dispose dans l'État dans lequel il réside du droit de vote et d'éligibilité dans les mêmes conditions que les nationaux. Il peut donc exercer ce droit s'il réunit « les conditions auxquelles la législation de l'État membre de résidence subordonne le droit de vote et d'éligibilité de ses ressortissants » (art. 3), notamment la condition de résidence (art. 6) à condition que soit respectée l'égalité de traitement. Dans l'arrêt *Esman et Sevinger*, du 12 septembre 2006, la Cour a estimé que les Pays-Bas ne pouvaient refuser le droit de vote à leurs nationaux installés dans les PTOM alors qu'ils l'accordaient à ceux qui résidaient dans un pays tiers (13) En conséquence, le ressortissant communautaire dispose du choix de l'État

(12) *JOCE* L 329, 30 déc. 1993.
(13) 300/04, *Rec.* I-8055.

– État de résidence ou État d'origine – dans lequel il vote ou se porte candidat. Mais il ne peut exercer ce droit que dans un seul État (art. 4) : des précautions ainsi qu'une coopération entre les États membres sont prévues afin d'éviter les votes ou les candidatures multiples. La déchéance du droit de vote dans l'État d'origine peut être retenue par l'État de résidence à l'encontre du ressortissant communautaire (art. 7) et la déchéance du droit d'éligibilité dans l'État d'origine interdit de se faire élire dans l'État de résidence (art. 6). Le but de ces dispositions est d'empêcher qu'un citoyen européen ne recouvre ses droits civiques en se déplaçant d'un État à un autre.

L'exercice du droit de vote est rendu possible par l'inscription du ressortissant communautaire sur la liste électorale de l'État de résidence qui s'accompagne du renoncement au vote dans tout autre État. Le vote devient même alors obligatoire si telle est la législation en vigueur dans l'État de résidence.

La possibilité d'un régime dérogatoire a été prévue pour le cas où, dans un État membre, « la proportion de citoyens de l'Union, qui y résident sans en avoir la nationalité et qui ont atteint l'âge de voter, dépasse 20 % de l'ensemble des citoyens de l'Union en âge de voter et qui y résident » (art. 14). L'État concerné – le Luxembourg – est en droit de subordonner le vote à cinq ans et l'éligibilité à dix ans de résidence, au maximum.

Inversement, un État peut accorder le droit de vote et d'éligibilité à des ressortissants de pays tiers à condition que ces derniers aient un lien étroit avec lui. C'est ce qu'a fait le Royaume-Uni pour les ressortissants du Commonwealth résidant à Gibraltar, afin de se conformer à l'arrêt *Mathews* rendu par la Cour EDH le 18 février 1999, et validé la Cour de justice dans l'arrêt *Espagne contre Royaume-Uni* du 12 septembre 2006 (14).

§ 2. L'INITIATIVE CITOYENNE

39 L'initiative citoyenne constitue une innovation que le traité de Lisbonne a reprise du traité constitutionnel et place sous le double signe de la démocratie (TUE art. 11 § 4) et de la citoyenneté européenne (TFUE art. 24 al. 1). Elle vise à accorder aux citoyens européens l'initiative du processus d'élaboration des décisions mais selon un schéma très différent de celui que l'on trouve dans les États qui connaissent l'initiative populaire car le pouvoir des citoyens est plus limité. L'initiative citoyenne a seulement pour objet « d'inviter la Commission européenne, dans le cadre de ses attributions, à soumettre une proposition appropriée sur des questions pour lesquelles ces citoyens considèrent qu'un acte juridique de l'Union est nécessaire aux fins de l'application du traité » (TUE art. 11 § 4). Dès lors que les traités n'instituent pas un referendum européen sur lequel l'initiative populaire aurait pu déboucher, il est très logique que le mécanisme soit greffé sur le pouvoir d'initiative dont dispose la Commission. Le règlement n° 211/ 2011 du 16 février 2011, applicable à partir du 1er avril 2012, précise les conditions requises pour l'initiative populaire et la procédure d'application.

A. Conditions

40 L'article 11 § 4 TFUE énonce deux séries de conditions pour que l'initiative citoyenne soit à l'origine du processus d'élaboration d'une décision, en particulier d'une norme.

(14) 145/04, *Rec.* I-7917.

Il faut que la décision proposée relève du champ d'application des traités et entre dans le cadre des attributions de la Commission à qui il reviendra de déterminer quelle suite elle entend donner à l'initiative qui lui a été présentée.

Il faut que l'initiative citoyenne recueille au moins un million de déclarations de soutien émanant de citoyens de l'Union provenant d'un nombre significatif d'États membres. Selon le règlement n° 211/2011 (art. 3 § 4) pour être habilité à signer il faut être en âge de voter aux élections au Parlement européen, et l'on rappelle que la détermination de cet âge relève de chaque législation nationale. La représentativité suffisante des signataires a été établie à partir d'un double critère : les signataires doivent provenir d'au moins un quart des États membres et, dans chacun de ces États, être en nombre supérieur à un seuil minimal. Ce seuil a été déterminé en reprenant le principe de proportionnalité dégressive qui régit la répartition des sièges au sein du Parlement européen : le nombre minimal de signataires correspond au nombre de députés au Parlement européen dont dispose l'État considéré, multiplié par 750 (règlement n° 211/2011 art. 7 § 2). Par rapport à la population le pourcentage est donc plus élevé pour les petits États puisque ceux-ci sont surreprésentés au Parlement européen. Ainsi, présentement, le nombre de signatures exigées s'étage-t-il de 3 750 pour Malte à 74 250 pour l'Allemagne, passant, par exemple, par 9 750 pour le Danemark, la Slovaquie, la Finlande, 16 500 pour la Belgique, la République Tchèque, la Grèce, la Hongrie, le Portugal, 54 000 pour la France, l'Italie, le Royaume-Uni.

B. Procédure

41 La procédure qui régit l'initiative populaire doit être suffisamment encadrée afin de couper court aux débordements et contestations, tout en n'altérant pas le pouvoir conféré aux citoyens. À la première exigence répond l'obligation pour les organisateurs de l'initiative de constituer un comité des citoyens composé d'au moins sept membres résidant dans au moins sept États membres différents (règl. 211/2011, art. 3) et d'enregistrer la proposition d'initiative auprès de la Commission. Ainsi celle-ci peut-elle exercer un contrôle sur la proposition et refuser l'enregistrement si le comité des citoyens n'a pas été constitué, si la proposition sort du cadre des attributions de la Commission ou encore est manifestement abusive, fantaisiste, vexatoire ou contraire aux valeurs de l'Union (règl. 211/2011 art. 4). À la seconde exigence correspond le fait que la proposition est enregistrée sur un registre mis en ligne, que la collecte des déclarations de soutien peut ensuite s'effectuer pendant un délai de douze mois soit sur papier, soit en ligne, en remplissant un formulaire dont le règlement donne le modèle, les États ayant la charge de certifier l'authenticité de ces déclarations.

Si l'initiative obtient le nombre de soutiens requis, elle est présentée à la Commission. S'ouvre alors une phase d'examen et de débat. Les organisateurs doivent être reçus par la Commission « à un niveau approprié » afin de lui exposer dans le détail les questions que l'initiative soulève et peuvent demander une audition publique organisée au Parlement européen en présence de représentants de la Commission et, le cas échéant, d'autres institutions ou organes de l'Union.

La Commission dispose d'un délai de trois mois à compter de la réception de l'initiative pour prendre position sur la suite qu'elle entend donner par une communication motivée, notifiée aux organisateurs au Parlement et au Conseil et rendue publique.

§ 3. PARTICIPATION AUX ÉLECTIONS MUNICIPALES

42 Ses partisans attachaient une grande importance à cette participation, soutenant, non sans raisons, qu'elle accélérerait l'intégration des ressortissants communautaires qui se sont installés dans un autre État membre.

A. Le principe : une avancée importante de la citoyenneté européenne

43 L'enjeu de la participation aux élections municipales dépasse encore celui de la participation aux élections européennes dans l'État de résidence. D'une part, le droit communautaire passe souvent pour préfigurer ce que pourrait être la condition accordée aux ressortissants étrangers à l'Union européenne. D'autre part, les élections municipales diffèrent fondamentalement des élections au Parlement européen. Ces dernières concernent une institution qui relève de l'ordre juridique communautaire, donc extérieure à l'État ; les premières une institution qui constitue un élément du pouvoir étatique.

Sans doute, les partisans de la participation de non-nationaux aux élections municipales arguent-ils de ce que les élections locales seraient de nature essentiellement administrative et non politique, ce qui devrait atténuer les oppositions à l'encontre de la participation d'étrangers. L'expérience de l'intégration européenne ne permet pas de souscrire sans réserves à cette vision. On se rappellera qu'avant le traité de Maastricht, seuls le Danemark, l'Irlande et les Pays-Bas accordaient – après un certain délai de résidence – le droit de participation aux étrangers dans des conditions qui en ouvraient l'accès aux ressortissants communautaires. Dans la très grande majorité des États, la Constitution elle-même réservait aux nationaux la participation aux élections municipales, d'où, par exemple, la modification de la Constitution française préalable à la ratification du traité de Maastricht.

La participation des ressortissants des autres États membres de l'Union que consacre l'article 19 § 1 (ex art. 8 B § 1) du traité CE marque donc une avancée importante de la citoyenneté européenne. La contrepartie est que non seulement les modalités de mise en œuvre ont été plus laborieuses à élaborer (le traité avait, du reste, prévu une année supplémentaire) mais que la directive n° 94/80 du 19 décembre 1994 (15) (mod. par la directive n° 96/30 du 13 mai 1996 pour ajouter l'indication des collectivités locales de base des trois nouveaux États membres) qui les a arrêtées, s'est heurtée à de nombreuses difficultés de transposition. La Belgique, l'Espagne, la France, la Grèce, la Suède ont tardé à la transposer. Et cependant la directive contient d'amples dispositions dérogatoires.

B. Modalités d'exercice de la participation

44 **Principe.** Après avoir déterminé à quelles collectivités correspondent les élections municipales (pour la France, les communes), la directive n° 94/80 du 19 décembre 1994 reprend le schéma général qui avait été retenu pour l'élection au Parlement

(15) *JOCE* L 122, 31 déc. 1994.

européen. Elle offre aux citoyens européens la possibilité de voter dans l'État membre de résidence s'ils en ont manifesté la volonté (art. 7) et de se porter candidat (art. 9) dans les mêmes conditions que les nationaux, y compris concernant la durée de résidence dans la collectivité locale. À la différence de ce qui a été prévu pour les élections du Parlement européen, l'exercice du droit de vote dans l'État membre de résidence n'entraîne la perte du droit de vote et d'éligibilité dans l'État membre d'origine que si ce dernier en a décidé ainsi.

45 **Dérogations.** Mais les exceptions à la règle commune s'élargissent d'une élection à l'autre ainsi que le laissait, du reste, présager la proposition de directive élaborée en juin 1988 par la Commission qui avait facilité l'accord lors de la négociation du traité de Maastricht. D'une part, à la dérogation « luxembourgeoise » s'est ajoutée une dérogation visant nommément la Belgique et permettant à cet État également d'imposer des conditions de durée de résidence particulières aux ressortissants communautaires dans certaines communes. D'autre part, et surtout, s'y ajoute une exception « française », permanente dans la mesure où elle consacre les deux limites apportées à l'éligibilité des ressortissants communautaires lors de la révision constitutionnelle du 25 juin 1992 qu'a nécessité la ratification du traité sur l'Union européenne. Les États peuvent réserver à leurs nationaux les fonctions de chef, d'adjoint ou de suppléant ou de membre du collège directeur de l'exécutif communal, ce qui se justifie parce qu'il s'agit de fonctions d'autorité publique que le traité permet de réserver aux nationaux (CE, art. 39 et 45 ; ex art. 48 et 55). Ils peuvent également disposer que les élus ressortissants d'un autre État membre « ne peuvent participer à la désignation des électeurs d'une assemblée parlementaire ni à la désignation des membres de cette assemblée ». Cela concerne, au premier chef, les élections au Sénat, « grand conseil des communes françaises », selon la formule de Gambetta. Aussi bien la loi organique du 25 mai 1998 interdit-elle au conseiller municipal qui n'a pas la nationalité française d'être élu maire ou adjoint, d'en exercer même temporairement les fonctions et de participer au collège électoral des sénateurs.

D'après les indications, très partielles, dont on dispose, la participation des ressortissants des autres États membres serait sensiblement plus forte aux élections municipales qu'aux élections européennes.

SECTION III LES PROTECTIONS

46 **Diversité.** Le traité sur l'Union européenne insère dans la citoyenneté européenne quatre protections. Trois étaient prévues par le traité de Maastricht : la protection par les autorités diplomatiques et consulaires des États membres, le droit de pétition et le recours au médiateur. Le traité d'Amsterdam a ajouté le droit de communiquer avec les institutions et certains organes des Communautés (CE, art. 21 al. 3 devenu 24 al. 4 TFUE).

Ces protections sont de nature très différente. La première est mise en œuvre par les États membres vis-à-vis ou sur le territoire d'États tiers. Les trois autres impliquent une action d'institutions ou organes de l'Union.

Avant de les étudier, on doit observer que l'œuvre des rédacteurs des traités ne brille pas par sa logique. S'agissant de la protection assurée par les institutions de l'Union, elle relève plus de l'Europe des citoyens que de la citoyenneté européenne. Dans ces conditions, il eût été souhaitable de faire référence aux autres dispositions qui ouvrent aux particuliers un accès direct ou indirect au juge communautaire. Les recours juridictionnels ne constituent-ils pas un élément du statut des personnes au moins aussi important que les modes de protection non juridictionnels ? De plus, ces derniers ne sont pas réservés aux seuls citoyens européens, donc débordent le cadre de la citoyenneté européenne.

§ 1. PROTECTION PAR LES AUTORITÉS DIPLOMATIQUES ET CONSULAIRES DES ÉTATS MEMBRES

A. Principe

47 L'article 23 TFUE (ex art. 20 TCE) prévoit que « tout citoyen de l'Union bénéficie sur le territoire d'un pays tiers où l'État membre dont il est le ressortissant n'est pas représenté, de la protection de la part des autorités diplomatiques et consulaires de tout État membre, dans les mêmes conditions que les nationaux ». Il s'agit d'une disposition de portée non négligeable puisque la totalité des États membres n'est représentée que dans cinq pays (Chine, États-Unis, Japon, Russie et Suisse) et que les ressortissants communautaires sont nombreux à se déplacer hors de l'Union.

La protection prévue par le traité ne peut être exercée que par les autorités d'un État membre. Elle ne saurait donc se confondre avec celle qu'un ressortissant communautaire demanderait à une institution de la Communauté. Et si, dans l'affaire *Odigitria*, ni le TPI, ni la Cour n'ont expressément exclu l'éventualité de démarches effectuées par la Commission et qu'en l'occurrence celle-ci s'était refusé à accomplir (16), le traité manifeste clairement l'intention des États de ne pas se dessaisir d'une compétence aussi régalienne que traditionnelle.

48 S'agit-il de protection diplomatique et consulaire ou seulement de protection consulaire ? La question a été évoquée mais non tranchée lors de la CIG.

En ce qui concerne la protection des intérêts et des droits des nationaux, le droit international semble ne faire d'autre distinction entre ces deux types de protection que celle qui tient à la nature de l'autorité qui intervient : les deux protections auraient le même objet, la protection consulaire étant celle qui est mise en œuvre par le consul et non d'autres représentants de l'État. Les conventions de Vienne du 18 avril 1961 sur les relations diplomatiques (art. 3, *b*) et du 24 avril 1963 sur les relations consulaires (art. 5, *a*) se réfèrent à la fonction qui consiste à protéger… les intérêts des ressortissants (de l'État accréditaire ou de l'État d'envoi) dans les limites admises par le droit international. La décision des représentants des gouvernements des États membres réunis au sein du Conseil du 19 décembre 1995 (17) qualifie la protection auprès de la représentation diplomatique ou consulaire de « protection consulaire » (art. 1er).

(16) TPI, 6 juill. 1995, T 572/93, *Rec.* II-2025 ; CJCE, 28 nov. 1996, C 293/95 P, *Rec.* I-6129.
(17) Décision n° 95/553, *JOCE* L 314/73, 28 déc. 1995.

Une protection de ce type est conforme aux principes du droit international, la convention de Vienne sur les relations consulaires prévoyant qu'un État peut exercer des fonctions consulaires pour le compte d'un État tiers (art. 8). Mais l'État vis-à-vis duquel la protection est exercée n'est pas lié par cette décision et peut y faire opposition. Aussi l'article 23 TFUE dispose-t-il que les États membres de l'Union engageront les négociations internationales requises en vue d'assurer la protection.

B. Mise en œuvre

49 La mise en œuvre de ces dispositions n'apparaît pas aisée. Pour l'instant aucune négociation internationale d'envergure n'a été entreprise, même si des échanges de vues ont eu lieu avec les États-Unis. Les États membres ont pour l'essentiel décidé que tout citoyen de l'Union pourra bénéficier de la protection consulaire, c'est-à-dire d'une assistance en cas de décès, accident ou maladie grave, arrestation-détention ou violence ainsi que d'une aide et d'un rapatriement en cas de difficulté. En contrepartie, le bénéficiaire s'engage à rembourser à son propre État les frais que ce dernier doit lui-même régler à l'État qui a prêté assistance (décision précitée des représentants des gouvernements des États membres réunis au sein du Conseil du 19 décembre 1995). Dans le même ordre d'idées s'inscrit la décision n° 96/409/PESC des représentants des États membres réunis au sein du Conseil, du 25 juin 1996 (18), permettant au citoyen européen qui a perdu son passeport d'obtenir des autorités d'un autre État membre, lorsque le sien n'est pas représenté, un titre de voyage provisoire, établi selon un modèle uniforme. Ce document n'est délivré qu'avec l'autorisation des autorités de l'État membre d'origine et uniquement pour la durée minimale du voyage que l'intéressé doit effectuer.

Un certain nombre de questions concernant la coordination de l'action des États membres ne semblent pas encore complètement résolues. L'octroi de la protection consulaire est-il subordonné à l'accord de l'État d'origine ? Que faire si un citoyen européen s'adresse simultanément ou successivement à plusieurs États membres ? Enfin, on peut se demander s'il n'aurait pas été souhaitable d'étendre la protection aux personnes morales à l'instar de ce qui a été admis pour les autres protections.

§ 2. LE DROIT DE PÉTITION

50 La pétition est une demande présentée à une institution politique par une ou plusieurs personnes en vue de prévenir ce qu'elles estiment être une injustice ou une situation non satisfaisante ou d'obtenir la cessation de cette situation.

A. Origine

51 Le droit de présenter des pétitions au Parlement est très généralement reconnu dans les États membres mais très inégalement utilisé. En revanche, le droit de pétition s'est affirmé comme une technique très utile de protection des droits de l'homme dans l'ordre

(18) *JOCE* L 168/4, 6 juill. 1996.

international (19). En l'absence de toute disposition dans les traités, ce droit a été introduit par le Parlement européen (à l'époque l'Assemblée de la CECA) dans son règlement dès 1953 mais consacré seulement en 1989 par les autres institutions (20). Il avait rencontré une audience croissante (20 pétitions pour la session 1977-78, 785 pour la session 1990-91).

Le traité sur l'Union européenne ne fait donc que donner une base « constitutionnelle » à cette pratique : traité CE, art. 21 (ex art. 8 D) et 194 (ex art. 138 D) devenus 24 et 227 TFUE. Il renforce de la sorte la position du Parlement européen fondé à demander tant aux autres institutions de la Communauté qu'aux États membres de lui prêter leur concours. Mais le droit de pétition conserve les caractéristiques que le Parlement lui avait conférées antérieurement et l'essentiel de la réglementation est déterminé par le règlement de l'Assemblée.

La Commission des pétitions du Parlement, instituée le 21 janvier 1987, joue un rôle majeur en ce qui concerne aussi bien l'examen de la recevabilité que le traitement au fond de la pétition.

B. Recevabilité de la pétition

52 **1. Conditions de forme et de procédure.** Elles sont peu rigoureuses. La pétition peut être adressée par courrier postal ou via internet, être écrite, rédigée dans une des langues officielles de l'Union, signée par l'ensemble des pétitionnaires et doit identifier clairement chacun d'eux. Les personnes physiques doivent mentionner leurs nom, qualité, nationalité et domicile ; les personnes morales leurs titre, activité, siège statutaire et adresse.

La pétition peut être individuelle ou collective. Si, en pratique, les pétitions individuelles sont la grande majorité, un nombre non négligeable de pétitions portent de nombreuses signatures. Ainsi au cours de l'année parlementaire 1997-1998 six pétitions avaient-elles été signées par 10 000 personnes ou plus. Le record est détenu par la pétition n° 1034/94 sur le transport des chevaux à l'abattoir, avec 3 286 647 signatures !

Si les pétitionnaires en font la demande, la pétition sera traitée de façon confidentielle.

53 **2. Qualité pour présenter une pétition.** Elle est accordée à « tout citoyen de l'Union, ainsi que toute personne physique ou morale résidant ou ayant son siège dans un État membre » (CE, art. 138 D, 194 nouveau).

Le cercle des requérants ne se limite pas aux ressortissants de l'Union européenne. Le droit de pétition n'est donc pas un attribut de la citoyenneté européenne. Cette solution est cependant préférable à la restriction qui a existé un temps, avant le traité de Maastricht, car, protectrice des droits des intéressés, elle s'inscrit dans la logique de celle qui a été depuis l'origine admise pour l'accès aux recours juridictionnels. Le Parlement européen s'est même réservé la possibilité d'examiner les pétitions adres-

(19) Protocole facultatif se rapportant au Pacte international sur les droits civils et politiques de 1966 ; Charte de l'OIT, art. 26 et s.

(20) Accord interinstitutionnel du Parlement européen, du Conseil et de la Commission du 12 avr. 1989 sur le droit de pétition, *JOCE* C 120, 16 mai 1989.

sées par des personnes étrangères à l'Union européenne et qui ne résident pas dans un État membre, lorsqu'il le juge opportun, par exemple lorsqu'elles portent sur la libre circulation des personnes ou la protection des droits des étrangers.

De ce que le droit de pétition est ouvert à tous les citoyens de la Communauté, le Parlement a déduit qu'un parlementaire européen était recevable à adresser une pétition (par exemple, pétition n° 249/94 concernant une décharge dans une commune d'Italie présentée par un parlementaire européen de nationalité italienne). Et, s'agissant des personnes morales, le même droit semble devoir être reconnu aux collectivités territoriales mais non aux États.

54 **3. Compétence *ratione materiae*.** D'après le traité, le sujet de la pétition doit relever des « domaines d'activité de l'Union » (art. 227 TFUE). Le Parlement a élargi cette formule, se référant dans son règlement intérieur aux « domaines d'activité de l'Union européenne », ce qui inclut les questions relevant des deuxième et troisième piliers. Et la Commission des pétitions continue de faire prévaloir une interprétation large. Elle déclare recevables non seulement les pétitions dont le sujet concerne les traités et le droit dérivé, mais encore celles qui portent sur des sujets pertinents compte tenu de l'évolution prévisible du droit communautaire ou sur des sujets ayant un lien avec l'action d'une institution ou d'un organe de l'Union.

Les pétitions portant sur la protection des droits de l'homme à l'intérieur des États membres – par exemple, condition des personnes – sont généralement jugées recevables mais en pareil cas le pétitionnaire sera informé de la position du Parlement européen et recevra le conseil de s'adresser aux organes de la Convention européenne des droits de l'homme. Les pétitions qui portent sur des questions relevant du seul droit interne des États membres sont déclarées irrecevables : litige entre un employé et son employeur, condamnation pour recel de biens volés…

Environnement, droits fondamentaux, questions sociales, santé sont ces dernières années les sujets les plus abordés par les pétitionnaires.

55 **4. Intérêt du pétitionnaire.** Le sujet de la pétition doit « concerner directement le pétitionnaire ». Cette condition, innovation du traité de Maastricht, donne lieu à une interprétation très extensive, dans la ligne de la pratique antérieure, et n'impose pas au pétitionnaire d'établir qu'il a un intérêt individuel et personnel au succès de sa démarche mais simplement que la question soumise est pour lui l'objet d'une préoccupation effective.

En dépit de ce libéralisme, un pourcentage élevé de pétitions est jugé irrecevable. Ainsi, au cours de l'année 2009 sur 1 924 pétitions reçues, 1 108 ont été jugées recevables, 818 irrecevables.

C. Examen au fond et suites données à la pétition

56 La Commission des pétitions a la charge d'établir les faits avancés dans la pétition. Elle peut procéder à des auditions, des enquêtes sur place Elle peut transmettre pour information, avis ou attribution la pétition à d'autres Commissions du Parlement. Mais la plupart des pétitions sont transmises à la Commission européenne qui joue un rôle essentiel pour l'instruction des affaires. En revanche, la coopération s'avère beaucoup moins satisfaisante de la part du Conseil et des États membres.

La suite donnée à la pétition, lorsque celle-ci est jugée fondée, dépend largement de la nature de la demande présentée. Si la pétition fait apparaître une violation du droit communautaire par un État, le Parlement peut inciter la Commission à intenter le recours en constatation de manquement (par exemple discrimination entre nationaux et ressortissants communautaires quant au montant du droit d'entrée dans les musées grecs). Si la défaillance est imputable à la Commission ou au Conseil, le Parlement utilisera les pouvoirs que lui reconnaissent les traités à l'égard de ces institutions, tels que questions, vote de résolution. Il peut chercher également à favoriser un règlement politique de l'affaire (nomination d'un médiateur dans l'affaire de l'enlèvement par leur père d'enfants algériens).

Le droit de pétition connaît un réel succès avec pour contrepartie l'allongement de la durée d'examen.

§ 3. LA « PLAINTE » AU MÉDIATEUR EUROPÉEN

57 Introduit par le traité sur l'Union européenne – traité CE, art. 21 (ex art. 8 D) et 195 (ex art. 138 E) devenus 24 et 228 TFUE – ce recours non juridictionnel a impliqué la création d'une nouvelle institution, le médiateur européen qui a pour mission de statuer sur les cas de mauvaise administration imputables à l'une des institutions ou l'un des organes de l'Union. La Charte des droits fondamentaux confirme le droit de saisir le médiateur (art. 43) dans la foulée de la consécration du droit à une bonne administration (art. 41).

A. L'institution du médiateur

58 Si l'institution est – sous l'appellation d'*ombudsman*, médiateur ou *Parliamentary Commissioner* – très répandue dans les États membres, elle n'avait connu que des applications fort limitées au niveau communautaire (par exemple, médiateur institué par la Commission pour examiner les plaintes des fonctionnaires).

Du reste, elle ne suscitait pas l'enthousiasme du Parlement européen qui estimait que le recours au médiateur faisait double emploi avec le droit de pétition, bien qu'il eût adopté en 1979 une résolution favorable à la désignation d'un *ombudsman*.

Le profil de l'institution rappelle plus celui de l'*ombudsman* que celui du médiateur français, car le médiateur européen apparaît un peu comme auxiliaire du Parlement. Le Parlement nomme le médiateur pour la durée de la législature et peut renouveler ce mandat. Il peut demander à la Cour de justice de déclarer le médiateur démissionnaire mais seulement si celui-ci ne remplit plus les conditions nécessaires à l'exercice de ces fonctions ou a commis une faute grave. Il fixe le statut (avec l'approbation du Conseil à la majorité qualifiée et l'avis de la Commission) et les conditions générales d'exercice des fonctions du médiateur. Le médiateur présente chaque année un rapport d'activité au Parlement et son budget est annexé à celui de l'Assemblée.

Cependant, « le médiateur exerce ses fonctions en pleine indépendance, dans l'intérêt général des Communautés et des citoyens de l'Union. Il ne sollicite ni n'accepte d'instructions d'aucun gouvernement ni d'aucun organisme » (Statut du médiateur, art. 9 § 1). Le choix – par ailleurs laborieux – comme premier médiateur de M. Söderman, ancien médiateur parlementaire de Finlande, n'a pu que contribuer à enraciner cette indépendance. Mais ni cette indépendance ni la large marge d'appréciation dont dispose le médiateur n'excluent un contrôle juridictionnel de l'activité du médiateur, selon l'arrêt *Lambert* du 23 mars 2004 (en l'occurrence recours en responsabilité non contractuelle de la Communauté, fondé sur l'illégalité du comportement du médiateur, jugé recevable et rejeté au fond) (21).

Ainsi que le prévoit le traité (art. 225 § 1 TFUE), dans sa lutte contre la « mauvaise administration » le médiateur dispose du pouvoir d'agir de sa propre initiative. Il a utilisé ce pouvoir, par exemple pour lancer une enquête, suivie de projets de recommandations, sur l'accès public aux documents détenus par les institutions et organes communautaires ou sur l'attitude de la Commission face aux plaintes portant sur la violation du droit communautaire. L'essentiel de la fonction du médiateur demeure cependant consacré à l'examen des plaintes qui lui sont adressées.

B. Recevabilité des plaintes

59 1. Les personnes qui ont qualité pour adresser une plainte au médiateur sont les mêmes que celles qui peuvent présenter une pétition au Parlement : « tout citoyen de l'Union ou… toute personne physique ou morale résidant ou ayant son siège statutaire dans un État membre ». L'identité du plaignant doit être clairement indiquée.

2. Les règles de forme ne sont pas plus contraignantes qu'en matière de pétition. La plainte peut être adressée au médiateur, par courrier postal ou via internet soit directement, soit par l'intermédiaire d'un membre du Parlement européen. Elle doit spécifier son objet.

3. En revanche, la compétence *ratione materiae* du médiateur obéit à des règles tout à fait spécifiques. D'après le traité, le médiateur est compétent pour statuer « sur les plaintes… relatives à des cas de mauvaise administration dans l'action des institutions ou organes communautaires à l'exclusion de la Cour de justice de l'Union européenne dans l'exercice de ses fonctions juridictionnelles » (TFUE art. 228 § 1er).

Le champ d'intervention est donc plus étroit que celui du Parlement au regard du droit de pétition puisqu'il exclut la mise en cause des États membres, de personnes privées ou d'États tiers. Or un très grand nombre de plaintes sont déclarées irrecevables parce qu'elles concernent la mauvaise application du droit communautaire par les États membres (en 2009, 1 704 sur 3 119 traitées soit 55 %). En pareil cas conseil est donné au plaignant de prendre contact avec un médiateur national ou régional et, lorsque cela s'avère possible, l'affaire est transférée directement à l'un de ces médiateurs avec lesquels a été mis en place le réseau européen des médiateurs.

La notion de « mauvaise administration » n'étant définie ni par le traité, ni par son statut, le médiateur a dû préciser la conception qu'il s'en fait. L'idée générale est qu'« il y a mauvaise administration lorsqu'un organisme public n'agit pas en conformité avec une règle ou un principe ayant pour lui force obligatoire » (22). Le médiateur en donne pour exemples : une irrégularité administrative, une omission, un abus de pouvoir, une négligence, une procédure illégale, une iniquité, un dysfonctionnement ou un défaut de

(21) C 234/02 P, *Rec.* I-2803.

(22) Rapport annuel du Médiateur européen 1996, avr. 1997, p. 105. Cette conception a reçu l'aval du Parlement européen et de la Commission.

compétence, une discrimination, un retard évitable, défaut de transparence. Illégalité et comportement inopportun ou injustifié se mêlent dans cette liste car le médiateur considère que les principes de bonne administration vont au-delà de la loi. La notion de mauvaise administration s'avère en droit européen comme en droit interne rebelle à toute définition trop précise. Elle exclut en tout cas la recevabilité des plaintes contre les décisions politiques telles que la position prise par le Parlement européen au sujet des essais nucléaires français dans le Pacifique.

Le médiateur ne saurait intervenir dans une procédure engagée devant une juridiction, ni remettre en cause le bien-fondé d'une décision de justice. Il n'intervient pas non plus lorsque la Commission des pétitions examine ou a traité une pétition portant sur le même sujet que la plainte. Mais il arrive que la Commission des pétitions lui renvoie une pétition dont elle a été saisie.

4. La recevabilité de la plainte est assujettie à des conditions concernant le comportement du plaignant. Celui-ci doit introduire la plainte dans les deux ans suivant la date à laquelle il a eu connaissance des faits incriminés. Il doit avoir entrepris auparavant les démarches administratives appropriées auprès des institutions et organes concernés. Contrairement à la solution retenue en droit français, les agents de l'Union européenne peuvent saisir le médiateur de plaintes concernant leurs relations de travail mais après avoir épuisé les possibilités de réclamations administratives internes.

Le pourcentage de plaintes écartées pour irrecevabilité est très élevé (près de 80 %).

C. Rôle du médiateur

60 S'il juge la plainte recevable, le médiateur procède à une étude de l'affaire. Il dispose de pouvoirs d'enquête auprès des institutions et organes communautaires ainsi que de leurs agents qui sont tenus de témoigner à sa demande (Statut, art. 3 § 2). Les États membres sont tenus de lui fournir les informations demandées concernant la mauvaise administration des institutions ou organes communautaires : cela reflète l'imbrication fréquente entre l'action des autorités communautaires et celle des autorités nationales chargées d'appliquer les règles communautaires. Et une coopération s'est établie avec les médiateurs nationaux, ainsi que le prévoit le statut du médiateur.

Au cas où il décèle une mauvaise administration, le médiateur a d'abord pour but de rechercher une solution amiable qui élimine la mauvaise administration et donne satisfaction à l'auteur de la plainte. À défaut, il saisit l'institution ou l'organe concerné en formulant éventuellement un projet de recommandation pour la solution du problème (lorsque le cas de mauvaise administration est grave ou a des implications générales). L'institution, ou l'organe, doit répondre dans les trois mois par un « avis circonstancié ». Après quoi le médiateur établit son rapport, avec éventuellement des recommandations, qu'il transmet à l'institution concernée ainsi qu'au Parlement européen. À ce dernier incombe donc d'entreprendre, le cas échéant, les actions qu'il juge opportunes pour faire cesser une mauvaise administration persistante ce qu'il peut faire notamment en adoptant une résolution rappelant l'organe concerné au respect de ses obligations. Bien entendu, le plaignant est informé du déroulement et du résultat de l'intervention du médiateur.

Le recours au médiateur est une institution susceptible d'évoluer. Certaines questions se posent encore, par exemple concernant l'opportunité de permettre la saisine du juge par le médiateur. L'essentiel est que les débuts de l'institution paraissent prometteurs ainsi qu'en témoignent le nombre croissant de plaintes qui lui sont adressées (1 732 en 2000, 2 436 en 2003, 3 726 en 2004, 3 830 en 2006, 3 090 en 2009) et l'impact positif des recommandations formulées en 1997 concernant l'accès du public aux documents ou l'élaboration d'un Code européen de bonne conduite administrative qui a servi de modèle aux codes établis par les institutions et organes de l'Union.

§ 4. LE DROIT DE COMMUNICATION AVEC LES INSTITUTIONS ET ORGANES COMMUNAUTAIRES

61 Singulière innovation du traité d'Amsterdam, la disposition de l'article 21 al. 3 CE devenu article 24 al. 4 TFUE, selon laquelle tout citoyen de l'Union peut écrire à toute institution ou organe dans l'une des langues officielles de l'Union et recevoir une réponse « rédigée dans la même langue » ! Les correspondants sont les sept institutions, le comité économique et social, et le comité des régions : le juge est inclus (TUE art. 13).

Singulière car non seulement une fois encore on voit mal que ce droit puisse ne bénéficier qu'aux seuls citoyens européens mais, de plus, on en discerne mal le contenu. Il s'agit non d'un simple droit d'écrire – liberté qui n'a pas besoin d'autorisation pour s'exercer – mais plutôt d'un droit à la réponse, donc d'un droit de communication avec les institutions communautaires. Cette communication peut porter sur des objets très divers : demande d'informations, communication d'informations à l'appui d'une demande – par exemple signalant une infraction au droit communautaire –, réclamation. Il eut été bienvenu d'en rapprocher le droit d'accès aux documents des « institutions, organes et organismes de l'Union » que consacre l'article 15 TUE, droit qui a connu un important développement et que la Charte des droits fondamentaux consacre au titre de la citoyenneté (art. 42). Et peut-être eut-il été opportun d'institutionnaliser dans les traités la pratique des « plaintes ou demandes à la Commission » concernant le non-respect du droit communautaire qui joue un rôle important en matière de concurrence (v. *infra*, n° 1181) mais ne se limite pas à ce domaine.

La charte des droits fondamentaux reconnaît elle aussi le droit d'accès aux documents (art. 42) et le droit de communication (art. 41). Ce dernier est inséré dans un article fourre-tout qui sous l'intitulé « droit à une bonne administration » consacre également le respect des droits de la défense, le droit à un traitement équitable et le droit à réparation.

CONCLUSION

62 La citoyenneté européenne se cherche encore. Peut-être un jour le droit aux recours non juridictionnels sera-t-il mieux organisé et le partage se fera-t-il entre droits que l'on doit reconnaître à toute personne – y compris les citoyens européens ! – dans ses relations avec les institutions de l'Union et droits spécifiques du statut des citoyens des États membres. Il conviendra alors de repenser cette seconde catégorie de droits et de

prendre la mesure de toute son ampleur. Qu'elle englobe nécessairement le principe de non-discrimination en fonction de la nationalité confirme que l'analyse de la citoyenneté ne constituera que le préalable de l'étude des libertés et des protections que le droit de l'Union garantit aux personnes.

BIBLIOGRAPHIE

I. Ouvrages

P. Dollat, *Libre circulation des personnes et citoyenneté européenne : enjeux et perspectives*, Bruxelles, Bruylant, 1998 ; « Citoyenneté européenne. Théorie et statuts », Bruxelles, Bruylant, 2008 ■ A. Iliopoulou, *Libre circulation et non discrimination, éléments du statut de citoyen de l'Union européenne*, Bruylant, 2008 ■ S. Karagiannis et Y. Petit (éd), *Le médiateur européen : bilan et perspectives*, Bruxelles, Bruylant, 2007 ■ P. Magnette, *La citoyenneté européenne*, Bruxelles, ULB, 1999 ■ C. Philip et P. Soldatos (dir.), *La citoyenneté européenne*, Université de Montréal, 2000.

II. Articles, etudes et documents

C. Blumann, « Les mécanismes non juridictionnels de protection des droits du citoyen européen », *in Vers l'Europe des citoyens*, *Revue juridique du Centre ouest*, n° spécial, avril 1992, p. 233 ; « Une ébauche de communautarisation de la protection diplomatique », *ibidem*, p. 257 ■ « Médiateur européen », *Juris-Classeur Europe*, fasc. 212 ■ M. Fallon, « La citoyenneté européenne », *Journal des Tribunaux, Droit européen*, n° 8, 22 avril 1995, p. 1 ■ R. Kovar et D. Simon, « La citoyenneté européenne », *CDE*, 1993, p. 285 ■ T. Margurey, « La citoyenneté européenne joue-t-elle un rôle dans l'espace pénal de liberté, de sécurité et de justice ? », *CDE* 2010, p. 387 ■ J. Pertek, « La citoyenneté de l'Union », *Juris-Classeur Europe,* fasc. 185 ■ A. Pliakos, « Le médiateur de l'Union européenne », *CDE*, 1994, p. 563 ■ « Citoyenneté », *Rép. Dalloz Droit communautaire* ■ J. Verhoeven, « Les citoyens de l'Europe », *Annales de droit de Louvain*, 1993, n° 2, p. 165 ■ J.-H.-H. Weiler, « Les droits des citoyens européens », *RMUE* 1996, n° 3, p. 35 ■ W. Yeng-Song, « Premier bilan de l'activité du médiateur européen », *RMCUE* mai 2003, p. 326. ■ n° spécial Y. Jorens et S. Rodrigues, « Citoyenneté européenne et droits sociaux », *CDE* ■ E. Pataut, « Citoyenneté de l'Union », *RTDE*.

N°s 63 à 74 réservés.

TITRE II
LES LIBERTÉS

75 Les libertés dont il s'agit ici sont deux libertés spécifiques de l'intégration communautaire : la liberté de circulation et de séjour ; la liberté professionnelle. Elles ont joué un très grand rôle dans le développement de cette intégration et dans le développement du droit communautaire. Cela explique que, si elles font partie des droits fondamentaux que reconnaît la Charte des droits fondamentaux, elles continuent à constituer un îlot tout à fait particulier.

76 **Les rapports entre la liberté de circulation et de séjour et la liberté professionnelle.** Avant l'Union européenne était la Communauté économique européenne ; la libre circulation des personnes figurait au nombre de ses « fondements » (2e partie, titre III, La libre circulation des personnes, des services, des capitaux). Sous cette appellation se rangeaient en réalité deux libertés étroitement unies l'une à l'autre, celle de se déplacer et de séjourner sur le territoire d'un autre État membre et celle d'y exercer une activité professionnelle. En effet, dans les traités originaires la libre circulation des personnes se présente essentiellement comme le complément indispensable de la mobilité professionnelle des agents économiques, la condition du libre exercice d'une activité salariée ou indépendante. C'est pourquoi les dispositions du titre troisième du traité CE concernant la libre circulation des personnes portent sur la libre circulation des travailleurs et sur la liberté d'établissement. D'où la conception que l'article 39 § 3 CE (ex art. 48 § 3) retient de la libre circulation des travailleurs : « Elle comporte le droit, sous réserve des limitations justifiées par des raisons d'ordre public, de sécurité publique et de santé publique :

a) de répondre à des emplois effectivement offerts ;

b) de se déplacer à cet effet librement sur le territoire des États membres ;

c) de séjourner dans un des États membres afin d'y exercer un emploi conformément aux dispositions législatives, réglementaires et administratives régissant l'emploi des travailleurs nationaux ;

d) de demeurer, dans des conditions qui feront l'objet de règlements d'application établis par la Commission, sur le territoire d'un État membre après y avoir occupé un emploi ».

Dans ces conditions on s'explique pourquoi la libre circulation des personnes est traditionnellement présentée comme comprenant, d'une part le droit de se déplacer et de séjourner, d'autre part le libre exercice d'une activité professionnelle.

Bien qu'il reprenne intégralement les termes de l'article 39 § 3 CE dans l'article 45 § 3 TFUE, le Traité sur le fonctionnement de l'Union européenne impose aujourd'hui de dissocier ces deux éléments. Il fait de la liberté de circulation et de séjour le droit qu'a tout citoyen de l'Union de se déplacer librement à l'intérieur de la Communauté et de vivre dans le pays de son choix, indépendamment de toute activité professionnelle (art. 20 § 2 TFUE). Cette vision est confirmée par la Charte des droits fondamentaux qui sépare nettement la liberté de circulation et de séjour (art. 45), accordée au titre de la citoyenneté européenne, des « liberté professionnelle et droit de travailler » (art. 15) qui relèvent du chapitre consacré aux libertés. On ne saurait pour autant n'accorder aucune considération à l'empreinte que la conception antérieure a laissé sur le droit actuel. En effet, l'article 21 § 1 TFUE (ex art. 18 § 1 CE) ne reconnaît le droit de circuler et de séjourner que « sous réserve des limitations et conditions prévues par les traités et par les dispositions prises pour leur application ».

77 La liberté de circulation et de séjour (chapitre 1) n'est plus le simple corollaire de la liberté professionnelle (chapitre 2) mais n'en conserve donc pas moins des liens importants avec cette dernière. Au reste, les problèmes que pose la condition des étrangers dans notre société confirment que ces deux libertés ne sauraient être totalement dissociés l'une de l'autre.

CHAPITRE 1
LA LIBERTÉ DE CIRCULATION ET DE SÉJOUR

78 **Évolution de la liberté de circulation et de séjour.** Les règles régissant la liberté de circulation et de séjour ont connu une très profonde évolution.

À l'origine, la libre circulation se présente dans les traités comme étant un droit du travailleur communautaire, permettant à celui-ci d'exercer une activité salariée ou indépendante sur le territoire d'un autre État membre. La mobilité des travailleurs est un instrument de l'intégration économique qui bénéficie à titre accessoire aux membres de leur famille. Contrairement à ce qu'ont soutenu certains auteurs (1), les dispositions des traités n'accordent le bénéfice de la libre circulation qu'aux seuls ressortissants des États membres, ainsi que l'ont confirmé le droit dérivé et la jurisprudence.

L'évolution s'est accomplie dans une triple direction.

1) En ce qui concerne les ressortissants des États membres (section II), on est passé progressivement de la libre circulation des travailleurs à la libre circulation des citoyens européens. Cette dernière bénéficie à un plus grand nombre de personnes et comporte des droits plus nombreux.

2) L'évolution économique et démographique de l'Union et celle des pays en développement ont fait que le nombre des ressortissants des pays tiers s'installant sur le territoire des États membres est allé croissant. Le traité d'Amsterdam a pris acte de cette situation et conféré à la Communauté européenne des compétences pour déterminer les droits des ressortissants de ces pays (section III).

3) À partir des accords de Schengen s'est développé un processus fort complexe, mêlant coopération et méthode communautaire, qui a conduit à faire de l'Union un espace de liberté sans frontières intérieures. Le traité d'Amsterdam impartit à l'Union européenne de mettre en place un « espace de liberté, de sécurité et de justice » qui concerne au premier chef, même s'il la dépasse, la liberté de circulation et de séjour et le traité de Lisbonne en fait l'un des objectifs de l'Union. La liberté de circulation et de séjour a pour garantie et contrepartie l'obligation d'assurer la sécurité au sein de l'Union (section IV).

(1) En ce sens, M.-P. LANFRANCHI, *L'entrée et la circulation des travailleurs migrants ressortissants d'États tiers dans la Communauté*, thèse Aix-Marseille, 1992 ; B. SUNDBERG-WEITMAN, *Discriminations on ground of nationality – Free movement of workers and freedom of establishment under EEC treaty*, Amsterdam, North Holland, 1977, p. 99 et s.

L'analyse de ces trois dimensions de la liberté de circulation et de séjour implique pour une bonne compréhension le rappel de la dynamique qui a conduit de la libre circulation des travailleurs à l'espace de liberté, de sécurité et de justice (section I).

SECTION I DE LA LIBRE CIRCULATION DES TRAVAILLEURS À L'ESPACE DE LIBERTÉ, DE SÉCURITÉ ET DE JUSTICE

79 À l'origine le traité CEE (art. 48 devenu art. 39 CE) réserve la liberté de circuler et de séjourner au sein de la Communauté aux travailleurs ressortissants des États membres et, pour faciliter la libre circulation, aux membres de leur famille. Aujourd'hui, l'Union se donne pour objectif d'offrir à ses citoyens un espace de liberté, de sécurité et de justice sans frontières intérieures au sein duquel est assurée la libre circulation des personnes (TUE art. 3 § 2). Et l'absence de contrôles aux frontières intérieures que, comme le rappelle l'article 67 § 2 TFUE, implique cet espace de liberté a pour conséquence que la liberté de circulation bénéficie également aux ressortissants de pays tiers admis dans l'Union.

La réalisation d'un objectif de cette ampleur ne pouvait pas ne pas poser problème. Les États membres avaient pris soin de conserver le droit d'apporter à la libre circulation des ressortissants communautaires « les limitations justifiées par des raisons d'ordre public, de sécurité publique et de santé publique » (art. 39 § 3 CE, devenu 45 § 3 TFUE). *A fortiori* n'étaient-ils guère enclins à abandonner tout pouvoir à l'égard des ressortissants des pays tiers, à la fois pour des raisons de sécurité et pour des motifs de politique économique. La Cour a, du reste, reconnu que la police des étrangers à la Communauté relevait de leur seule responsabilité (2). Certains États se fondaient sur cette compétence pour maintenir aux frontières intérieures de la Communauté des contrôles sur les ressortissants des pays tiers et, par voie de conséquence, sur les ressortissants communautaires.

L'approfondissement de l'unification et le développement de l'immigration, qui est devenu un phénomène majeur, ont conduit à une nouvelle perspective, celle d'un espace sans frontières intérieures pour les personnes, comme il l'est pour les marchandises. Mais les progrès ont été lents, très largement réalisés hors du cadre communautaire par voie de coopération intergouvernementale jusqu'au traité d'Amsterdam qui consacre la notion d'espace de liberté, de sécurité et de justice.

§ 1. L'ÉVOLUTION ANTÉRIEURE AU TRAITÉ D'AMSTERDAM

80 **Le primat de la coopération intergouvernementale.** Mis à part la circulation et le séjour des ressortissants des États membres, la compétence communautaire se limite à la réglementation des visas des ressortissants des pays tiers. Sur la base de l'article 100 CE, tel qu'il résultait du traité de Maastricht, le Conseil a adopté à

(2) CJCE, 9 juill. 1987, *RFA c. Commission*, 281, 283 à 285, 287/85, *Rec.* 3203.

l'unanimité le règlement n° 1683/95 du 29 mai 1995 qui établissait un modèle type de visa pour un séjour n'excédant pas trois mois ou pour un simple transit et le règlement n° 2317/95 qui, régulièrement mis à jour, détermine les pays tiers dont les ressortissants doivent être munis d'un visa lorsqu'ils franchissent les frontières d'un État membre. Le reste relève de la coopération intergouvernementale.

Se sont développées essentiellement la coopération policière jugée nécessaire pour que la libre circulation des personnes ne constitue pas une menace pour la sécurité et la coordination des politiques suivies à l'égard des « étrangers », c'est-à-dire les ressortissants d'États tiers. Cette coopération a revêtu les modalités les plus variées, allant de la coordination plus ou moins informelle entre services de police et ministres de l'Intérieur – groupes Trevi, Celad (comité européen de lutte contre la drogue créé en 1989) – à l'institutionnalisation sous forme de convention conclue entre les États membres. La complexité est encore accrue par le fait qu'à côté de coopérations associant tous les États membres de l'Union se sont développées des coopérations bilatérales (par exemple entre la France et l'Allemagne) et des coopérations multilatérales dans un cadre qui dépasse celui de l'Union (par exemple, Interpol créé en 1956 ou le groupe de travail Ruantico créé en 1979 à l'initiative des États-Unis pour coordonner la lutte contre le terrorisme).

Le traité de Maastricht a, en ce qui concerne les États membres de l'Union européenne, apporté un début de mise en ordre en instituant la coopération dans les domaines de la justice et des affaires intérieures (JAI), troisième pilier de l'Union européenne dont l'un des domaines est la libre circulation des personnes : franchissement des frontières intérieures et extérieures, politique d'asile, politique d'immigration et politique à l'égard des ressortissants des États tiers.

Un certain nombre de textes adoptés dans le cadre de cette coopération présentent une importance particulière. Il en va ainsi de la convention créant un office européen de la police ou convention Europol signée le 26 juillet 1995. Sont également adoptées des décisions en matière d'asile, au premier chef desquelles la convention de Dublin du 15 juin 1990 relative à la détermination de l'État membre responsable de l'examen d'une demande d'asile.

Entre tous ces textes les accords de Schengen se détachent en raison du rôle qu'ils ont joué dans la genèse de l'espace de liberté, de sécurité et de justice, espace dont ils demeurent une composante essentielle.

81 **Les accords de Schengen.** Ces accords constituent des normes qui ne relèvent ni du droit communautaire ni même du droit de l'Union, mais du droit international. Il s'agit de conventions, conclues à l'origine entre les États du Benelux, l'Allemagne et la France, et liant aujourd'hui vingt-trois États membres (sur l'extension de l'espace Schengen, v. *infra*, n° 85). L'accord signé le 14 juin 1985 a été complété par une convention d'application signée le 19 juin 1990 mais entrée en vigueur seulement le 26 mars 1995, dont les 142 articles déterminent le régime juridique de la circulation des personnes dans les États parties. Les accords de Schengen sont souvent présentés comme des normes paracommunautaires ou un « laboratoire du droit communautaire » dans la mesure où ils s'efforcent de réaliser, en anticipant sur le droit de l'Union, une complète liberté de circulation dans l'espace Schengen liée au maintien d'une complète sécurité.

L'espace Schengen se présente comme un espace de liberté : les frontières intérieures peuvent être franchies sans qu'un contrôle des personnes soit effectué, que l'on soit ou non ressortissant d'un État partie aux accords. La différence demeure cependant entre les citoyens de l'Union et les ressortissants des États tiers puisque ces derniers ne bénéficient pas du droit de séjour mais seulement du droit de circuler pendant une durée de trois mois à l'intérieur de l'espace Schengen (sauf s'ils sont titulaires d'un visa pour un séjour de longue durée). Pour autant, l'espace Schengen n'est pas l'« Europe-passoire » que l'on prétend souvent mais un espace de sécurité. D'abord, l'État demeure libre de rétablir les contrôles aux frontières intérieures, en concertation avec les autres États, si l'ordre public l'exige. Surtout, la convention d'application prévoit toute une panoplie de garanties.

La liberté de circulation à l'intérieur a pour contrepartie que les contrôles sont reportés aux frontières extérieures. Chaque État devient en quelque sorte le délégataire des autres. Ce faisant, il doit notamment appliquer la politique uniforme en matière de visas dont les règles ont été reprises par la réglementation. Il incombe de plus à un État de décider pour tous s'il accorde le droit d'asile : l'État responsable est en principe celui qui a accordé un visa ou un titre de séjour au demandeur, ou laissé entrer le demandeur sur son territoire. À la différence de la convention de Dublin, le critère territorial l'emporte sur les liens familiaux.

La convention de Schengen institue, en outre, une coopération judiciaire, douanière et policière très développée. C'est particulièrement le cas de la coopération policière qui englobe un droit d'observation (sans autorisation préalable, art. 40) et de poursuite au cas de flagrant délit (sans autorisation préalable mais en ayant l'obligation de faire appel aux autorités nationales compétentes, art. 41) sur le territoire d'un autre État et repose sur un échange permanent d'informations grâce au SIS, système d'information Schengen, qui est un système de données informatisées consultables en permanence par les services de chaque État.

La suppression des contrôles aux frontières intérieures ne peut donc s'opérer sans une harmonisation de la condition des ressortissants étrangers et une coopération policière poussée. Elle implique une confiance mutuelle des États dans la qualité des contrôles exercés par les autres États. Même au sein du groupe de Schengen ces conditions ne semblent pas toujours aisées à réaliser.

§ 2. LE TRAITÉ D'AMSTERDAM

82 **Les dispositions du traité d'Amsterdam.** Le traité d'Amsterdam, signé le 2 octobre 1997, ne modifie pas le contenu des règles relatives à la liberté de circulation et de séjour, tout au contraire, il réaffirme les principes consacrés antérieurement. Mais cette réaffirmation et la réorganisation de ces règles autour de la notion d'espace de liberté, de sécurité et de justice sont susceptibles d'avoir des incidences – dans l'ensemble favorables – sur la solution des problèmes que l'on vient d'analyser.

Le traité d'Amsterdam « communautarise » la matière à l'exception de la coopération policière et judiciaire en matière pénale – complémentaire de la libre circulation et du libre séjour – qui demeure dans le « troisième pilier ». La communautarisation concerne les visas, l'asile, la politique d'immigration mais aussi le franchissement des frontières intérieures et extérieures des États membres (traité CE, titre IV, art. 61 à 69). Elle s'applique également aux accords de Schengen, le protocole n° 2 intégrant l'acquis de Schengen dans le cadre de l'Union européenne et imposant de faire le délicat partage entre ce qui relève du traité CE et ce qui demeure dans le troisième pilier. Cette opération a été réalisée sur la base de deux décisions adoptées par le Conseil le 20 mai 1999 et l'ensemble des textes constituant l'acquis de Schengen au 1er mai 1999 a été publié (3).

Les conséquences favorables sont que les décisions seront prises non plus par accord entre les États mais selon les procédures communautaires et que la Cour de justice sera compétente pour veiller au respect du droit communautaire. De plus, le Conseil doit arrêter dans les cinq ans les mesures visant à assurer la suppression de tout contrôle lors du franchissement des frontières intérieures (CE, art. 62).

Cependant, les contreparties sont de nature à tempérer un optimisme excessif. Même dans le cadre communautaire et même après l'entrée en vigueur du traité de Nice, l'unanimité demeure de rigueur concernant le régime des passeports, cartes d'identité et titres de séjour (CE, art. 18 § 3). Les dispositions concernant l'espace de liberté, de sécurité et de justice sont particulièrement complexes, or la compétence de la Cour de justice a reçu une limitation sensible en ce qui concerne les questions préjudicielles. La Cour ne pourra être saisie que par une juridiction nationale dont les décisions ne sont pas susceptibles de recours, amputation qui est loin de compenser la faculté offerte au Conseil, à la Commission et aux États de lui poser une question d'interprétation. Plus préoccupante encore est l'exclusion de la compétence de la Cour pour statuer sur les mesures de contrôle aux frontières, prises pour le maintien de l'ordre public et la sauvegarde de la sécurité intérieure (art. 68 § 2 CE). Enfin, les protocoles accompagnant le traité d'Amsterdam assurent au Royaume-Uni, à l'Irlande et au Danemark le droit de demeurer à l'écart aussi bien des dispositions du titre IV consacré à l'espace de liberté, de sécurité et de justice, que de l'intégration de l'acquis de Schengen.

83 **Mise en œuvre du traité d'Amsterdam.** Le traité d'Amsterdam a incontestablement donné un nouvel élan. Les initiatives visant à l'adoption des mesures permettant de réaliser l'espace de liberté, de sécurité et de justice ont été nombreuses, émanant tant des institutions de l'Union que des États membres. Le Conseil européen qui s'est tenu à Tampere les 15 et 16 octobre 1999 a permis de dégager les orientations et les priorités en matière d'asile et de migration.

Les conseils européens de Laeken (décembre 2001) et Séville (juin 2002) ont relancé l'action de l'Union dont la nécessité n'est plus contestée depuis le 11 septembre 2001, mais qui demeure infiniment complexe même si l'on s'en tient aux règles édictées et aux institutions créées… dont l'effet sur le terrain tarde parfois à se faire sentir. Le conseil européen de La Haye a, le 5 novembre 2004, doté l'Union d'un programme couvrant la période 2005-2009.

§ 3. LE TRAITÉ DE LISBONNE

84 Le traité de Lisbonne, outre qu'il fait de l'espace de liberté, de sécurité et de justice (ELSJ) l'un des objectifs de l'Union (art. 3 § 2 TFUE) apporte plusieurs modifications importantes (4) à la procédure de décision et au fond.

(3) *JOCE* L 239, 22 sept. 2000.

(4) Sur ces points voir F.-X. Priollaud et D. Siritzky, *Le traité de Lisbonne, Commentaire article par article*, Paris, La Documentation française, 2008, p. 198 et s.

Conséquence de la suppression des piliers, l'ELSJ voit toutes les dispositions le concernant regroupées dans le titre V du TFUE et, surtout, devient un domaine dans lequel le vote à la majorité qualifiée est le principe. Des exceptions demeurent cependant, notamment concernant les passeports, cartes d'identité, titres de séjour, l'établissement d'un Parquet européen, la coopération opérationnelle entre les services répressifs des États. En matière de coopération policière et judiciaire est instauré un mécanisme de frein d'urgence (*emergency brake*) qui permet à tout État membre de faire appel au Conseil européen et débouche, le cas échéant, sur une coopération renforcée. De même Royaume-Uni, Irlande et Danemark bénéficient d'un large régime « *opt-out* » et d' « *opt-in* » dans ces deux domaines. Enfin le traité consacre le pouvoir du Conseil européen de définir les orientations stratégiques de la programmation législative et opérationnelle ; ce qu'à fait le Conseil européen en décembre 2009 en adoptant le programme de Stockolm valable pour les cinq années à venir.

Sur le fond, le traité de Lisbonne renforce certaines dispositions antérieures, par exemple concernant le régime commun d'asile, Europol, Eurojust, dont il permet la transformation en Parquet européen.

À cela s'ajoute l'extension des compétences de la Cour de justice.

§ 4. LES TROIS DIMENSIONS DE L'ESPACE EUROPÉEN

85 **Liberté (et sécurité).** Elles ne sont guère dissociables dans nombre de mesures édictées, fort heureusement ! On conçoit cependant aisément que l'espace de liberté est avant tout l'espace intérieur de l'Union, espace qui se veut sans frontières intérieures. Les règles qui définissent et réglementent cette liberté seront étudiées dans les sections II et III de ce chapitre. On rappelle qu'elles alignent le statut des ressortissants des autres États membres sur celui des nationaux et rapprochent sensiblement le statut des ressortissants des pays tiers de celui du citoyen européen.

Il est à noter qu'une dimension importante de cet espace, celle qui résulte des accords de Schengen, s'est étendue. L'espace de Schengen couvre vingt-trois États membres de l'Union. Solidarité nordique oblige, l'Islande et la Norvège ont le statut de membre associé depuis 1999. Le même statut a été accordé à la Suisse en 2008, au Liechtenstein en 2011. La décision d'intégrer la Bulgarie et la Roumanie n'a pas encore été prise par le Conseil. Le Royaume-Uni et l'Irlande ont choisi de demeurer à l'écart mais ont utilisé leur faculté de demander à participer à une partie de l'acquis de Schengen, demande sur laquelle le Conseil statue à l'unanimité (5), et d'acquérir aussi le droit de participer à l'adoption des mesures prises dans les domaines concernés (6). Le Danemark est partie aux accords de Schengen mais a obtenu de pouvoir choisir d'appliquer ou non les mesures adoptées en matière de visas, asile, immigration.

86 **Justice.** L'espace de justice s'édifie sur la base d'une coopération judiciaire qui, amorcée par le traité de Maastricht, n'a cessé de se développer. Elle comprend deux volets

(5) Décision du Conseil n° 2000/365, du 29 mai 2000, *JOCE* L 131, 1er juin 2000.

(6) L'exclusion du Royaume-Uni de la procédure d'adoption du règlement n° 2007/2004 du 26 oct. 2004 créant l'agence européenne pour la gestion de la coopération aux frontières extérieures des États membres de l'Union européenne a été validée par un arrêt du 18 déc. 2007, *Royaume-Uni c. Conseil*, C 137/05.

que le traité de Lisbonne renforce sensiblement, la coopération judiciaire en matière civile et la coopération judiciaire en matière pénale. Cette dernière constitue un élément important de l'action menée pour la protection de la sécurité et sera étudiée dans la section IV.

87 **La coopération judiciaire en matière civile** se développe dans les matières civiles et commerciales qui ont une incidence transfrontière et est fondée sur le principe de la reconnaissance mutuelle des décisions judiciaires et extrajudiciaires (art. 81 TFUE). Elle englobe de plus des actions opérationnelles telles qu'un soutien à la formation des magistrats et personnels de justice (art. 81 § 2, h TFUE) et la création d'un réseau judiciaire européen en matière civile et commerciale (7).

Sur le plan normatif, la coopération judiciaire en matière civile a donné naissance à ce qui constitue une nouvelle source du droit international privé relatif aux conflits de lois et de juridictions dont l'étude prend place dans les ouvrages consacrés au droit international privé (8). Parmi les textes qui visent à déterminer les règles de compétence des juridictions nationales et de reconnaissance des décisions par les autorités des autres États membres, le règlement Bruxelles I, n° 44/2001 du 22 décembre 2000 (9) occupe une place à part, parce qu'il remplace la convention de Bruxelles du 27 janvier 1968, conclue sur la base de l'article 220 CE devenu article 293 (aujourd'hui abrogé) et à raison de son importance. Il concerne la compétence judiciaire – le principe étant qu'est compétente la juridiction de l'État du domicile du défendeur – et l'exécution des décisions en matière civile et commerciale et il a suscité un abondant contentieux. On en retiendra l'allègement très sensible de la procédure de reconnaissance des décisions de justice, la décision étant exécutoire à la suite du simple examen formel de son authenticité. Le règlement n° 2201/2003 du 27 novembre 2003 (10), Bruxelles II, qui a remplacé le règlement n° 1347/2000, reprend et adapte ces règles aux litiges intervenant en matière matrimoniale et de responsabilité parentale (dans ce dernier cas la juridiction compétente est en principe celle de la résidence habituelle de l'enfant). On retrouve la même logique dans d'autres textes tels que le règlement n° 1346/2000 du 29 mai 2000 relatif aux procédures d'insolvabilité ou le règlement n° 4/2009 du 18 décembre 2008 relatif à la compétence, la loi applicable, la reconnaissance et l'exécution des décisions et la coopération en matière alimentaire et, s'agissant des créances incontestées, le règlement n° 805/2004 qui porte création d'un titre exécutoire européen dont la reconnaissance est, en principe, automatique.

D'autres réglementations, qui s'inspirent des mêmes principes, visent, de plus, à simplifier la procédure et réduire le coût des litiges transfrontaliers. Tel est notamment le cas du règlement n° 1896/2006 du 12 décembre 2006 qui institue une procédure eu-

(7) Action commune 98/428 JAI, *JOCE* L 191, 7 juill. 1998.

(8) V. B. Audit et L. d'Avout, *Droit international privé*, Economica, 6e éd., 2010 ; D. Bureau et H. Muir Watt, *Droit international privé*, PUF, 2010 ; S. Clavel, *Droit international privé*, Dalloz ; P. Mayer et V. Heuzé, *Droit international privé*, Montchrestien, 10e éd., 2010 (voir page 32 une bibliographie sur les relations entre droit international privé et droit communautaire) ; M.-L. Niboyet et G. de Geouffre de la Pradelle, *Droit international privé*, LGDJ, 3e éd., 2011. Également, dans la revue *Europe*, la rubrique « Droit international privé de l'Union ».

(9) *JOCE* L 12, 16 janv. 2001, v. *Juris-Classeur Europe*, fasc. 2290 à 3060 ; D. Alexandre et A. Huet, *Rép. Dalloz communautaire, Compétence, Reconnaissance, Exécution* (matières civiles et commerciales).

(10) *JOCE* L 338, 23 déc. 2003, v. E. Gallant, *Rép. Dalloz communautaire, Compétence, Reconnaissance, Exécution* (matières matrimoniale et de responsabilité familiale).

ropéenne d'injonction de payer exécutoire dans tous les États membres et du règlement nº 861/2007 du 11 juillet 2007 qui institue une procédure européenne de règlement des petits litiges, dont le montant ne dépasse pas 2 000 euros. La directive nº 2003/8 du 27 janvier 2003 vise à améliorer l'accès à la justice dans les litiges transfrontaliers, notamment en garantissant un niveau approprié d'aide judiciaire.

Un troisième type de règlements a pour objectif de faciliter, pour le bénéfice des justiciables, la coopération entre les États membres, s'agissant de l'obtention des preuves dans un autre État membre (règlement nº 1206/2001 relatif à la coopération entre les juridictions des États membres dans le domaine de l'obtention des preuves en matière civile ou commerciale) ou de la transmission des actes judiciaires ou extrajudiciaires (règlement nº 1393/2007 du 13 novembre 2007 relatif à la signification et à la notification dans les États membres des actes judiciaires et extrajudiciaires en matière civile et commerciale, abrogeant le règlement nº 1348/2000).

88 **Sécurité (et liberté).** La sécurité constitue peut-être le domaine majeur des mesures arrêtées au titre de l'espace de liberté, sécurité et justice. Il s'agit, en tout cas, d'un domaine relativement nouveau de compétences dévolues à l'Union sans pour autant que celle-ci porte « atteinte à l'exercice des responsabilités qui incombent aux États membres pour le maintien de l'ordre public et la sauvegarde de la sécurité intérieure » (art. 72 TFUE). Ces compétences sont largement utilisées, ce qui fait que l'Union passe fréquemment, en particulier auprès des pays d'immigration, pour adepte d'une politique rigoureuse. L'évolution de la situation internationale depuis le début du XXIe siècle constitue un des facteurs d'explication. Au surplus, la sécurité est de plus en plus considérée comme un droit du citoyen et le support nécessaire à l'exercice des libertés, dès lors que mesure est gardée.

SECTION II — LA CONDITION DES CITOYENS EUROPÉENS

89 « Tout citoyen de l'Union a le droit de circuler et de séjourner librement sur le territoire des États membres ». Mais l'article 21 TFUE, comme l'article 18 CE, ne manque pas de préciser que c'est « sous réserve des limitations et conditions prévues par les traités et par les dispositions prises pour leur application ». Aussi la réglementation édictée sur la base du traité détermine-t-elle l'étendue et les conditions d'exercice de la liberté de circulation et de séjour dont jouissent les citoyens européens. Cette réglementation a profondément évolué, accompagnant la métamorphose de la liberté de circulation et de séjour qui de droit accessoire à la liberté professionnelle s'est muée en droit fondamental du citoyen européen, ce qui s'est traduit par une extension du cercle des bénéficiaires (s/section I), un statut de plus en plus favorable quant aux droits reconnus (s/section II), un encadrement étroit des pouvoirs de police dont les États demeurent titulaires (s/section III).

La réglementation qui comprenait un règlement et neuf directives a été refondue en un acte législatif unique, la directive nº 2004/38 du 29 avril 2004 relative au droit des citoyens de l'Union et aux membres de leurs familles de circuler et de séjourner librement sur le territoire des États membres (11). La directive ne se borne pas à codifier le droit existant mais contient des innovations non négligeables allant dans le sens de l'extension de la liberté de circulation et de séjour.

S/SECTION I L'EXTENSION DU CERCLE DES BÉNÉFICIAIRES

90 **Le lien entre libre circulation et citoyenneté européenne.** Attribut de la citoyenneté européenne, la libre circulation demeure, en ce qui concerne son octroi, conditionnée à la volonté des États puisque chaque État membre est, on l'a vu, libre de déterminer quels sont ses nationaux. Cela a donné lieu à des situations particulières. Ainsi les traités d'adhésion ont-ils exclu du bénéfice de la libre circulation les ressortissants danois résidant dans les îles Féroé ainsi que les ressortissants des îles anglo-normandes (12) et de l'île de Man.

Les ressortissants des Pays et Territoires d'Outre-Mer (PTOM) qui ont la nationalité d'un État membre (pour la France cela concerne la Nouvelle-Calédonie, la Polynésie française, Wallis et Futuna, Mayotte, Saint-Pierre-et-Miquelon, les Terres australes et antarctiques françaises étant inhabitées) se trouvent dans une situation plus complexe. En application des articles 183 devenu art. 199 TFUE et 186 CE devenu art. 202 TFUE, ils ne peuvent se prévaloir du droit d'entrée et de séjourner pour exercer une activité salariée mais seulement pour exercer une activité indépendante (13). Cela peut avoir une incidence sur leur séjour de longue durée.

§ 1. L'ÉVOLUTION ANTÉRIEURE À LA CONSÉCRATION DE LA CITOYENNETÉ EUROPÉENNE

91 Réservés à l'origine au travailleur communautaire et à sa famille, libre circulation et libre séjour se sont progressivement étendus à presque tous les ressortissants des États membres. Il importe aujourd'hui encore de comprendre le déroulement de cette évolution.

A. Le premier cercle : les travailleurs et leur famille

92 Le principe posé par l'article 39 CE, devenu 45 TFUE, en ce qui concerne les travailleurs salariés et les articles 43 CE et 49 CE, devenus 49 et 56 TFUE, en ce qui concerne le droit d'établissement et la prestation de service, sera mis en œuvre par une importante réglementation dérivée. Le socle de cette réglementation fut longtemps le

(11) *JOUE* L 58, 30 avr. 2004 et rectification *JOUE* L 229, 29 juin 2004.
(12) V. CJCE, 16 juill. 1998, *Rui Alberto Pereira Roque*, C 171/196, *Rec.* I-4607.
(13) CJCE, 12 déc. 1990, *Kaefer et Procacci*, C 100 et 101/89, *Rec.* I-4647. Cela faute de ce que les conventions prévues par l'article 186 CE aient été adoptées.

règlement n° 1612/68 du 15 octobre 1968 (14) relatif à la libre circulation des travailleurs à l'intérieur de la Communauté, fondement logique de la directive n° 68/360 du même jour relative à la suppression des restrictions au déplacement et au séjour des travailleurs des États membres et de leur famille à l'intérieur de la Communauté (15) ainsi que de la directive n° 73/148 du 21 mai 1973 relative à la suppression des restrictions au déplacement et au séjour des ressortissants des États membres à l'intérieur de la Communauté en matière d'établissement et de prestation de service (16) largement calquée sur la précédente.

Cette réglementation a pour logique de ne pouvoir être invoquée que si la situation n'est pas purement interne à l'État membre concerné. Ainsi l'épouse étrangère d'un ressortissant belge ne peut se prévaloir du droit de séjour en Belgique si son mari n'a jamais travaillé dans un autre État membre (17). Il en irait autrement si le conjoint s'était installé dans un autre pays membre puis revenait dans son pays d'origine (ressortissant indien époux d'une Britannique qui, après avoir travaillé en RFA, décide de revenir au Royaume-Uni (18)). Dans l'arrêt *Carpenter* du 11 juillet 2002 (19) la Cour accepte une interprétation très souple de cette condition qu'elle déclare remplie par M. Carpenter qui, établi au Royaume-Uni, dirige une entreprise qui vend des espaces publicitaires dans des revues médicales et scientifiques, au motif que certains des annonceurs sont établis dans d'autres États membres ce qui relève de la libre prestation de services.

1. La notion de travailleur

93 Le travailleur est celui qui exerce effectivement une activité économique. Cette notion a présenté une très grande importance et joue encore un rôle concernant le séjour de plus de trois mois (*infra*, n° 102). Elle a été interprétée de manière extensive afin de donner plein effet à la libre circulation des personnes qui constitue une des libertés fondamentales garanties par le droit communautaire.

Le mode d'exercice de l'activité importe peu. Le travailleur est, au sens propre, celui qui exerce une activité salariée (20), c'est-à-dire opère sous la direction d'une autre personne et reçoit une rémunération en contrepartie même si la Cour a relevé à juste titre que la notion de travailleur en droit communautaire variait selon le domaine d'application envisagé et que celle qui est utilisée dans le cadre de l'article 39 CE ne coïncide pas nécessairement avec celle qui a cours dans le domaine de l'article 42 relatif à la sécurité sociale (21). Mais c'est aussi le travailleur indépendant, ainsi que cela résulte notamment de la directive n° 73/148 du 21 mai 1973 (art. 1er).

Sans doute faut-il que l'activité exercée soit économique, c'est-à-dire s'effectue contre rémunération ; mais ce peut être une activité effectuée au sein d'une communauté religieuse qui, en retour, pourvoit aux besoins matériels de ses membres (22). Et si elle doit être réelle

(14) *JOCE* L 257/2, 19 oct. 1968.
(15) *JOCE* L 257/13 du 19 oct. 1968.
(16) *JOCE* L 172/14 du 28 juin 1973.
(17) CJCE, 18 oct. 1990, C 297/88 et C 197/89, *Dzodzi, Rec.* I-3763.
(18) CJCE, 7 juill. 1992, *Singh*, C 370/90, *Rec.* I-4265.
(19) C 60/00, *Rec.* I-6279.
(20) Règlement n° 1612/68, art. 1er, CJCE, 3 juill. 1986, *Lawrie-Blum,* 56/85, *Rec.* 2121.
(21) CJCE, 12 mai 1998, *Martinez Sala, C* 85/96, *Rec.* I-2691, point 31.
(22) CJCE, 5 oct. 1988, *Steymann,* 196/87, *Rec.* 6159.

et effective et non purement marginale et accessoire, elle peut ne s'exercer qu'à temps partiel et ne procurer qu'un revenu insuffisant qui contraint l'intéressé à solliciter l'assistance de sa famille (23) ou de fonds publics (professeur de musique donnant une douzaine d'heures de cours par semaine (24)). La participation d'un athlète de haut niveau à des compétitions internationales peut constituer une activité économique relevant de la prestation de service si l'athlète, bien que qualifié d'amateur, reçoit la possibilité de se mesurer à d'autres compétiteurs (sponsorisation) et fournit à ses sponsors le support de prestations publicitaires (25). En revanche, une activité, même rémunérée, confiée comme moyen de réinsertion à une personne qui n'est pas en état d'occuper un emploi dans des conditions normales ne confère pas la qualité de travailleur (26).

L'activité peut même n'être que potentielle. Telle est la situation de celui qui est à la recherche d'un emploi, ce que n'imposait pas l'interprétation littérale de l'article 39 § 3 du traité CE mais découle du règlement n° 1612/68 qui reconnaît un droit à l'accès à l'emploi. L'intéressé doit disposer d'un « délai raisonnable » (27). *A fortiori,* celui qui a exercé un emploi dans le passé conserve-t-il le droit de demeurer sur le territoire de l'État dans lequel il a travaillé, s'il est retraité ou frappé d'une incapacité permanente de travail (28) et – pour une durée limitée seulement – s'il est chômeur involontaire ou affecté d'une incapacité temporaire de travail. Ces principes sont largement repris par la directive n° 2004/38 du 29 avril 2004.

2. Les membres de la famille

94 Un véritable droit au regroupement familial avait été institué en faveur du ressortissant communautaire qui se rend pour exercer son activité dans un autre État membre, par le règlement n° 1612/68 (art. 10) et la directive n° 73/148 (art. 1er). Le but est en effet – et heureusement – moins de favoriser la mobilité des travailleurs que de respecter le droit fondamental de toute personne à une vie familiale normale, droit que reconnaît par ailleurs l'article 8 de la Convention européenne des droits de l'homme, ainsi que la Cour le rappelle souvent.

Sont concernés, qu'ils soient ou non ressortissants d'un État membre de la Communauté (29) :

a) Le conjoint. Cela implique l'existence du lien du mariage, la Cour ayant estimé que l'évolution des mœurs n'avait pas atteint le degré permettant d'élargir la notion de conjoint au point d'y englober le « partenaire non marié » (mais un ressortissant

(23) CJCE, 23 mars 1982, *Levin,* 53/81, *Rec.* 1035.

(24) CJCE, 3 juin 1986, *Kempf,* 139/85, *Rec.* 1741.

(25) CJCE, 11 avr. 2000, *Deliège, C* 51/96 et C 191/97, *Rec.* I-2549.

(26) CJCE, 31 mai 1989, *Bettray,* 344/87, *Rec.* 1621 et pour une situation un peu différente – d'où une solution différente –, 7 sept. 2004, *Trojani,* C 4 56/02, *Rec.* I-7572.

(27) CJCE, 26 févr. 1991, *Antonissen,* C 292/89, *Rec.* I-745 : en l'espèce un délai de 6 mois est jugé raisonnable mais le demandeur d'emploi a le droit de demeurer plus longtemps s'il prouve qu'il continue à chercher et a des chances réelles d'être engagé.

(28) Règlement n° 1251/70 de la Commission du 29 juin 1970 relatif au droit des travailleurs de demeurer sur le territoire d'un État membre après y avoir occupé un emploi, art. 2, *JOCE* L 142/24 du 30 juin 1970 et dir. n° 75/34 du 17 déc. 1974 concernant les non salariés.

(29) CJCE, 7 juill. 1992, *Singh,* préc.

communautaire a le droit de faire venir son partenaire non marié si ce droit est accordé aux nationaux (30)). En revanche, s'il n'est pas exigé que les époux fassent vie commune (31), encore faut-il qu'il n'y ait pas mariage de complaisance mais « mariage authentique » (32).

b) Les descendants du travailleur ou de son conjoint s'ils ont moins de 21 ans, ou s'ils sont « à charge ».

c) Les ascendants du travailleur ou de son conjoint qui sont à charge, condition remplie dès lorsque l'ascendant peut prouver qu'il a besoin d'un soutien matériel pour vivre dans son pays d'origine (33).

d) Quant aux autres membres de la famille à charge ou vivant sous le toit du travailleur, les États se sont seulement engagés à favoriser leur admission (règlement n° 1612/68 art. 10 § 2).

La directive n° 2004/38 apporte en ce domaine des modifications importantes.

B. La généralisation du droit de séjour

95 **Les directives du 28 juin 1990.** Envisagée depuis le sommet de Paris des 9-10 décembre 1974, la généralisation du droit de séjour à tous les ressortissants des États membres a marqué un progrès important par l'adoption de trois directives le 28 juin 1990. Cependant les États ont entendu se prémunir contre le risque d'une assistance pesant sur l'État d'accueil. Aussi le droit de séjour est-il subordonné à ce que ses bénéficiaires disposent de ressources suffisantes « pour éviter qu'ils ne deviennent une charge pour l'assistance sociale de l'État membre d'accueil » et d'« une assurance-maladie couvrant l'ensemble des risques dans l'État membre d'accueil ». Ce dernier dispose d'une certaine liberté pour apprécier les justifications présentées mais ne doit pas en faire un usage de nature à priver d'effet utile les directives et la liberté de séjour : ainsi l'Italie a-t-elle été condamnée pour imposer aux étudiants des conditions de preuve trop rigoureuses (34). De même doit-il prendre en compte dans l'évaluation des ressources celles qui proviennent de la famille (35) ou du partenaire du citoyen européen (36).

La directive n° 90/365 accorde le droit de séjour aux travailleurs, salariés ou non, qui ont cessé leur activité professionnelle. La directive n° 90/366 relative au droit de séjour des étudiants, annulée, parce que non fondée sur la base juridique appropriée, a été remplacée par la directive n° 93/96 du 29 octobre 1993 qui en reprend les dispositions. Le droit de séjour est limité à la durée de la formation poursuivie et les ascendants n'en bénéficient pas. La directive n° 90/364, relative au droit de séjour accorde ce droit « aux ressortissants des États membres qui n'en bénéficient pas en vertu d'autres dispositions du droit communautaire ». Il s'agit donc d'une sorte de « directive balai ».

(30) CJCE, 17 avr. 1986, *Reed*, 59/85, *Rec.* 1283.
(31) CJCE, 13 févr. 1985, *Diatta*, 267/83, *Rec.* 567.
(32) CJCE, 23 sept. 2003, *Akrich*, C 109/91, *Rec.* I-9607.
(33) CJCE, 9 janv. 2007, *Jia*, C 1/05, *Rec.* I-1.
(34) CJCE, 25 mai 2000, *Commission c. Italie*, C 424/98, *Rec.* I-4001.
(35) CJCE, 19 oct. 2004, *Zhu et chen*, C 200/02, *Rec.* I-9925.
(36) CJCE, 23 mars 2006, *Commission c. Belgique*, C 408/03, *Rec.* I-2647.

Cependant, certaines catégories de personnes demeurent encore exclues du droit de séjour. C'est notamment le cas de celles qui, n'exerçant pas d'activité professionnelle, n'ont pas le minimum de ressources requis ou l'assurance-maladie.

§ 2. LA DIRECTIVE N° 2004/38 DU 29 AVRIL 2004

96 La directive n° 2004/38 consacre la liberté de circulation et de séjour en tant que droit inhérent à la qualité de citoyen européen. On verra, cependant, qu'elle ne supprime pas la condition afférente aux ressources et à l'assurance-maladie pour le séjour de plus de trois mois (*infra*, n° 102).

La directive reprend, s'agissant des ascendants ou des descendants, les dispositions antérieures. Elle innove, en revanche, en ajoutant au conjoint le partenaire – fût-il de même sexe – avec lequel le citoyen européen a « contracté un partenariat enregistré, sur la base de la législation d'un État membre, si, conformément à la législation de l'État membre d'accueil, les partenariats enregistrés sont équivalents au mariage » (art. 2). Hors ce cas, les États doivent favoriser l'entrée et le séjour du partenaire avec lequel le citoyen de l'Union a une relation durable dûment attestée (art. 3 § 2). Le même engagement vaut à l'égard de tout membre de la famille – autres que les descendants directs de moins de 21 ans et les ascendants directs du citoyen européen et de son conjoint ou de son partenaire assimilé au conjoint et qui sont à charge – qui est à charge ou fait partie du ménage du citoyen de l'Union ou dont l'état de santé impose à ce dernier de s'occuper. Ainsi la directive tient-elle compte de l'évolution des mœurs, moins sans doute que le souhaiterait le Parlement européen, mais dans le respect de la diversité des conceptions nationales.

La Cour fait prévaloir une interprétation large de la directive. Elle estime que le conjoint d'un citoyen de l'Union qui séjourne dans un État membre autre que celui dont il a la nationalité – par exemple un citoyen britannique séjournant et travaillant en Irlande – bénéficie du droit au séjour même s'il n'a pas au préalable séjourné légalement dans un autre État membre, quelle que soit la manière dont il est entré dans l'État d'accueil et quels que soient le lieu et la date du mariage (37). Le juge est compréhensif au point de permettre à l'enfant en bas âge, né de parents chinois, de nationalité irlandaise parce que né à Belfast, d'avoir le droit de séjourner au Royaume-Uni, ce droit impliquant celui d'être accompagné par sa mère (38). Dans l'arrêt *Zambrano* (39), dans lequel la directive n° 2004/38 n'était pas applicable car la situation était purement interne faute pour les intéressés d'avoir circulé d'un État à l'autre, la Cour s'est fondée sur l'article 20 TFUE pour reconnaître à un ressortissant d'un pays tiers qui assume la charge de ses enfants en bas âge, citoyens de l'Union parce que nés en Belgique, le droit de séjour – et de travail – dans l'État de résidence de ces derniers. La raison est, pour la Cour, qu'à défaut les enfants seraient obligés de quitter le territoire de l'Union pour accompagner leurs parents ce qui leur interdirait d'« exercer l'essentiel des droits conférés par leur statut de citoyen de l'Union ». Il est vrai que la jurisprudence n'est peut-être pas encore entièrement fixée (40).

(37) CJCE, 25 juill. 2008, *Metock e.a.*, C 127/08.

(38) CJCE, 19 oct. 2004, *Zhu et Cheng*, C 200/02, *Rec.* 1-9925.

(39) CJUE, 8 juin 2011, C 34/09, *Europe* 2011, n° 149 ; A. Rigaux, *Revue de droit sanitaire et social* 2011, p. 449, comm. C. Boutayeb et A. Raccah.

(40) CJUE, 5 mai 2011, *Mc Carthy*, C 434/09, *Europe* 2011, 239, A. Rigaux.

S/SECTION II LES DROITS GARANTIS

97 En même temps que s'élargissait le cercle de ses bénéficiaires, le contenu des droits que confère la liberté de circulation et de séjour ne cessait de s'enrichir. La convergence de ces deux évolutions s'explique par la même raison : le passage d'un droit à finalité socio-économique à un droit fondamental de la personne qui superpose à la liberté de déplacement et au droit de séjour le droit à des conditions de vie normale, c'est-à-dire identiques à celles dont bénéficient les nationaux.

La directive n° 2004/38 (41) reprend largement les règles résultant de la réglementation antérieure et de la jurisprudence, fort libérale, tout en améliorant encore sur certains points la condition du citoyen européen résidant dans un autre État membre. Il est important de noter que les droits conférés par la directive ne peuvent être invoqués que par un citoyen qui se rend ou séjourne dans un État membre autre que celui dont il a nationalité et séjourne légalement dans cet État.

§ 1. LA LIBERTÉ DE DÉPLACEMENT

Elle comporte deux éléments : le droit d'entrer dans un État et le droit de sortir d'un État.

A. Le droit de sortie

98 Ce droit peut s'exercer aussi bien à l'égard de l'État d'origine que d'un autre État membre. Il trouve son fondement au-delà du droit de l'Union : ainsi, d'après l'article 2 § 1 du protocole n° 4 additionnel à la Convention européenne des droits de l'homme, « toute personne est libre de quitter n'importe quel pays y compris le sien ». Il est de plus la conséquence du droit de se rendre dans un autre État membre de l'Union inhérent au statut de citoyen européen et ne peut être restreint que pour des raisons graves d'ordre public lorsque le comportement personnel de l'intéressé « constitue une menace réelle, actuelle et suffisamment grave pour un intérêt fondamental de la société » (42).

Reprenant la réglementation antérieure, la directive n° 2004/38 impose aux États de délivrer à leurs citoyens une carte d'identité ou un passeport, et interdit tout visa de sortie ou obligation équivalente pour quitter le territoire d'un État membre (art. 4).

B. Le droit d'entrée sur le territoire d'un autre État

99 Avant même l'entrée en vigueur du traité sur l'Union européenne, les ressortissants des États membres trouvaient dans l'article 39 § 3 du traité CE et dans les directives

(41) La Commission a publié des *Lignes directrices destinées à améliorer la transposition et l'application de la dir. n° 2004/38*, 2 juill. 2009, COM(2009) 313 final.

(42) CJCE, 10 juill. 2008, *JIPA*, C 33/07 : le seul fait que M. Jipa, citoyen roumain, a été rapatrié de Belgique parce qu'il s'y trouvait en situation irrégulière ne justifie pas l'interdiction pour une durée de 3 ans de se rendre en Belgique que lui imposerait la Roumanie.

qui se sont succédé à compter de 1968 un statut tout à fait dérogatoire au droit commun de la condition des étrangers. Dans l'arrêt *Royer* du 8 avril 1976 (43) la Cour a jugé que « le droit des ressortissants d'un État membre d'entrer sur le territoire d'un autre État membre et d'y séjourner aux fins voulues par le traité… constitue un droit directement conféré par le traité ou, selon le cas, les dispositions prises pour la mise en œuvre de celui-ci ». La conséquence est que « ce droit est acquis indépendamment de la délivrance d'un titre de séjour par l'autorité compétente d'un État membre ».

Cela ne signifie pas que les autorités de police de l'État d'entrée soient dépourvues de tout pouvoir. Les directives n°s 68/360 et 73/148 prévoyaient que l'entrée sur le territoire se fait sur « simple présentation d'une carte d'identité ou d'un passeport ». La possession de ce document peut être contrôlée et sa non-présentation assortie de sanctions à condition que celles-ci ne soient pas plus lourdes pour les ressortissants communautaires que pour les nationaux et ne prévoient pas « une sanction disproportionnée qui créerait une entrave à la libre circulation des travailleurs » (44). Mais les directives interdisaient d'imposer tout visa d'entrée ou obligation équivalente, ce qui s'applique à toute formalité qui vise à autoriser l'entrée sur le territoire et s'ajoute au contrôle du passeport ou de la carte d'identité, telle que l'apposition d'un cachet sur le passeport (45) ou à l'obligation de fournir des renseignements sur le but et les conditions du séjour (46). La directive n° 2004/38 confirme ce régime (art. 5).

En revanche, la jurisprudence tient pour licites certaines obligations qui ne conditionnent pas l'entrée mais sont liées au séjour du ressortissant communautaire. Il en est ainsi de l'obligation de signaler sa présence sur le territoire si elle est assortie d'un délai raisonnable et de sanctions proportionnées ne pouvant en aucun cas conduire à l'expulsion (47) ou la soumission à des contrôles sporadiques portant sur la validité du titre de séjour pratiqués à l'occasion de l'entrée sur le territoire (48). La nouvelle directive reprend cette jurisprudence (art. 5 § 5).

Les membres de la famille qui sont ressortissants d'un État tiers relèvent d'un régime différent. Ils doivent être munis d'un passeport en cours de validité et peuvent être soumis à l'obligation d'obtenir un visa d'entrée mais les États se sont engagés à leur accorder toute facilité à cet effet (directive n° 2004/38 art. 5 § 2), donc ont l'obligation de leur délivrer un visa de court séjour sans frais et dans les meilleurs délais. Et s'ils sont en possession d'une « carte de séjour de membre de la famille d'un citoyen de l'Union » ils sont dispensés de tout visa ou de cachet d'entrée sur leur passeport (la dispense de cachet vaut également pour la sortie).

À cela s'ajoute qu'à l'intérieur de l'espace Schengen n'existe plus de contrôles systématiques lors du franchissement des frontières nationales.

(43) 48/75, *Rec.* 497.

(44) CJCE, 30 avr. 1998, *Commission c. RFA,* C 24/97, *Rec.* I-2133.

(45) CJCE, 3 juill. 1989, *Pieck,* 157/99, *Rec.* 2171.

(46) CJCE, 30 mai 1991, *Commission c. Pays-Bas,* C 68/89, *Rec.* I-2637.

(47) CJCE, 7 juill. 1976, *Watson et Belmann,* 118/75, *Rec.* 1185 ; 12 déc. 1989, *Messner,* C 265/88, *Rec.* I-4209 : un délai de 3 jours n'est pas raisonnable et l'emprisonnement constitue une sanction disproportionnée.

(48) CJCE, 27 avr. 1989, *Commission c. Belgique,* 321/87, *Rec.* 997.

§ 2. LE DROIT DE SÉJOUR

A. Le droit de séjour n'est pas inconditionnel

100 Ce principe, dégagé par l'arrêt *Kaba* du 11 avril 2000 (49) et que l'arrêt *Baumbast* du 17 septembre 2002 (50) confirme bien qu'il consacre l'effet direct de l'article 18 § 1 CE (devenu art. 21 TFUE), a pour conséquence que les États sont en droit de soumettre les ressortissants des autres États membres à des conditions différentes de celles régissant les nationaux, mais dans la mesure seulement où la différence de traitement correspond à une différence objective de situations.

À la vérité la réglementation communautaire avait, bien avant l'arrêt *Kaba,* pris en considération les différences existant entre nationaux et ressortissants communautaires mais de manière libérale puisque le régime particulier ne s'applique qu'aux séjours d'une durée supérieure à trois mois et que les États ne disposent dans ce dernier cas que d'une compétence étroitement encadrée.

B. Le séjour d'une durée n'excédant pas trois mois

101 Le régime qui s'applique est alors simplement celui du droit d'entrée : il suffit d'être en possession de la carte d'identité ou du passeport en cours de validité (directive n° 2004/38, art. 6). C'est pourquoi, du reste, l'expression droit de séjour est couramment réservée au séjour de plus de trois mois. Tout citoyen européen bénéficie de ce droit. La directive n° 2004/38 apporte cependant une restriction dans le cas où le citoyen de l'Union ou le membre de sa famille devient « une charge déraisonnable pour le système d'assurance sociale de l'État membre d'accueil » (art. 14 § 1).

C. Le séjour d'une durée supérieure à trois mois

102 Le droit au séjour de plus de trois mois que l'on peut qualifier de séjour de longue durée, s'il est comme le droit d'entrée directement conféré par le droit de l'Union, n'en est pas moins soumis à une réglementation contraignante, de nature à surprendre plus d'un citoyen européen (directive n° 2004/38, art. 7).

La crise de financement des systèmes de protection sociale explique que les États continuent à refuser d'accepter la généralisation absolue du droit de séjour de longue durée. Trois catégories de personnes en sont bénéficiaires, ainsi que les membres de leur famille :

1) Le travailleur salarié, ou non salarié, y compris s'il a été frappé d'une incapacité de travail et se trouve en situation de chômage involontaire (pendant une durée d'au moins six mois) ou s'il entreprend une formation professionnelle.

2) L'inactif – qui n'exerce pas de profession – n'est admis à séjourner pour plus de trois mois que s'il établit qu'il dispose pour lui et sa famille de ressources suffisantes « afin de ne pas devenir une charge pour le système d'assistance sociale de l'État

(49) C 356/98, *Rec.* I-2623.

(50) C 413/99, *Rec.* I-7091. Dans le même sens CJCE, 7 sept. 2004, *Trojani*, C 4 56/2, *Rec.* I-7573.

d'accueil » et d'une assurance-maladie complète. Cependant, même s'il ne satisfait pas à ces conditions, il peut, s'il se trouve en séjour régulier, prétendre à une prestation d'assistance qui se fonde sur le principe de non-discrimination (51).

3) L'étudiant, inscrit dans un établissement privé ou public, agréé ou financé par l'État, s'il remplit les mêmes conditions que l'inactif. Au surplus seuls le conjoint, le partenaire enregistré et les enfants à charge bénéficient du regroupement familial.

L'État ne peut exiger un montant de ressources supérieur au niveau en dessous duquel il accorde à ses ressortissants une assistance sociale (le RMI pour la France).

Il peut imposer au citoyen européen et aux membres de sa famille l'obligation de se faire enregistrer dans les trois mois – ou plus – à compter de leur arrivée.

Les membres de la famille qui ne sont pas ressortissants d'un État membre sont soumis à un régime particulier. Ils doivent, dans un délai qui ne peut être inférieur à trois mois à compter de leur arrivée, demander une « carte de séjour de membre de la famille d'un citoyen de l'Union ». La délivrance de celle-ci n'est pas un acte constitutif de droits mais un acte destiné à constater leur situation individuelle au regard du droit communautaire (52). Elle doit s'effectuer au plus tard dans les six mois (directive n° 2004/38, art. 10 qui énumère limitativement les documents que l'État peut exiger). La carte est valable cinq ans ou pour la durée du séjour, si celle-ci est moindre.

Le décès ou le départ du citoyen de l'Union, ainsi que la rupture du lien matrimonial ou du partenariat, n'empêche pas le maintien du droit de séjour des membres de la famille eux-mêmes citoyens européens, ni, sous certaines conditions, des nationaux d'un État tiers (directive n° 2004/38 art. 11 et 12).

D. Le droit de séjour permanent (directive n° 2004/38 art. 16 et s.)

103 Les citoyens de l'Union et les membres de leur famille, citoyens européens ou non, qui ont séjourné légalement pendant une période ininterrompue de cinq ans dans l'État membre d'accueil acquièrent un droit de séjour permanent. Ce droit n'est subordonné à aucune condition d'activité, ressources ou assurance-maladie. Il ne se perd que par des absences de l'État d'accueil d'une durée supérieure à deux ans consécutifs. Pour les membres de la famille qui n'ont pas la nationalité d'un État membre, il donne lieu à la délivrance de la carte de séjour permanent renouvelable de plein droit tous les dix ans.

Cette innovation de la directive n° 2004/38 s'ajoute au droit de séjour permanent accordé aux travailleurs cessant leur activité après un délai de séjour de deux ou trois ans (art. 17). Elle atteste du lien existant entre libre circulation et citoyenneté européenne et du rapprochement entre la condition des citoyens européens et celle des nationaux.

§ 3. LE DROIT À DES CONDITIONS DE VIE NORMALES

104 C'est le droit pour le citoyen européen et pour les membres de sa famille de bénéficier dans l'État de conditions d'existence comparables à celles qui sont

(51) CJCE, 7 sept. 2004, *Trojani*, C 456/02, préc.

(52) CJCE, 25 juill. 2005, *MRAX*, C 459/99, *Rec.* I-6591 ; 14 avr. 2005, *Commission c. Espagne*, C 157/03, *Rec.* I-2911.

offertes aux nationaux, ainsi que l'exige le principe de non-discrimination. Selon la jurisprudence, le ressortissant d'un « État membre résidant légalement sur le territoire d'un autre État membre... relève du domaine d'application *ratione personae* des dispositions du traité consacrées à la citoyenneté européenne », ce qui lui confère « le droit de ne pas subir de discrimination en raison de la nationalité dans le champ d'application *ratione personae* du traité » (53).

La directive n° 2004/38 (art. 24) consacre cette égalité de traitement tout en lui apportant deux dérogations : les États ne sont pas obligés d'accorder une prestation sociale pendant les trois premiers mois de séjour, non plus que d'accorder des aides d'entretien aux études sous forme de bourses d'études ou de prêts à des étudiants qui n'ont pas le statut de travailleurs ou de membre de la famille de ce dernier. Cette dernière dérogation doit être lue à la lumière de la jurisprudence *Bidar* du 15 mars 2003 qui, si elle autorise un État à poser des conditions telles qu'un certain degré d'intégration, afin de ne pas supporter des charges déraisonnables, encadre ce pouvoir notamment par le jeu du principe de proportionnalité (54).

Bien entendu, ont une incidence importante sur les conditions de vie, d'une part l'accès à une activité professionnelle qui a été à l'origine de la raison d'être du droit de séjour, d'autre part, bien que dans une moindre mesure, l'exercice de droits politiques. Dans ce dernier domaine les progrès sont encore limités en ce qui concerne le droit de vote et d'éligibilité – restreint, on l'a vu, aux élections au Parlement européen et aux élections municipales – et la libre expression des opinions politiques. Le développement du droit de l'Union a été marqué principalement par la reconnaissance de droits de caractère social. Il est vrai que nombre de ces droits ont été reconnus aux seuls travailleurs sur la base du règlement n° 1612/68 du 15 octobre 1968 relatif à la libre circulation des travailleurs, auquel s'est substitué le règlement de codification n° 492/2011 du 5 avril 2011 (55) qui reprend sensiblement les mêmes règles, mais on peut penser que le principe d'égalité de traitement conduira le plus souvent à reconnaître les mêmes droits aux autres catégories de citoyens européens bénéficiaires du droit de séjour :

– droit à un logement normal, c'est-à-dire « considéré comme normal pour les travailleurs nationaux dans la région » d'emploi (R. n° 1612/68, art. 9 et 10). Cette exigence ne saurait être retournée contre le ressortissant communautaire pour lui refuser la venue de sa famille (56) ;

– accès à une profession pour les membres de la famille (R. n° 1612/68, art. 11 : directive n° 2004/38, art. 23) (57) ;

– droit aux études pour les enfants (R. n° 1612/68, art. 12) qui inclut le droit aux aides financières dans les mêmes conditions qu'aux nationaux (58). Dans l'arrêt *Martinez Sala* du 12 mai 1998, précité, la Cour a admis que le versement de l'allocation ne pouvait être subordonné à la détention d'une carte de séjour alors qu'aucun document

(53) CJCE, 12 mai 1998, *Martinez Sala*, C 85/96, *Rec.* I-2691, points 61 et 62 et jurisprudence confirmée par la suite notamment par l'arrêt *Grzelczyc* du 20 sept. 2001, C 184/99 *Rec.* I-6193.

(54) C 299/03, p. I-2119.

(55) *JOUE* L 141, 27 mai 2011.

(56) CJCE, 18 mai 1989, *Commission c. RFA*, 249/86, *Rec.* 1286.

(57) CJCE, 7 mai 1986, *Gül*, 131/85, *Rec.* 1573.

(58) CJCE, 3 juill. 1974, *Casagrande*, 9/74, *Rec.* 773 ; 29 janv. 1975, *Alamo*, 68/74, *Rec.* 109.

de ce type n'est demandé aux nationaux. Dans l'arrêt *Teixeira* (59), elle affirme que le droit de l'enfant aux études implique le droit de séjour du parent qui en a la garde, si nécessaire, même au-delà de la majorité de l'étudiant et sans que ce séjour soit soumis à la justification de ressources suffisantes ;

– droit à la protection sociale (R n° 1612/68, art. 7 § 2), s'étendant jusqu'à l'attribution des cartes de famille nombreuse qui assurent des réductions sur le prix des transports (60) (voir *infra*, n° 257 et s.) ;

– accès aux avantages fiscaux accordés aux nationaux pour lui-même et les membres de sa famille (61) ;

– droit à une allocation garantissant un minimum de moyens d'existence (62) où à une allocation d'attente de premier emploi (63) ;

– absence d'obligation de verser une *cautio judicatum solvi* si cette exigence n'est pas imposée aux nationaux (64).

Même s'il ne concerne qu'un problème très particulier, l'arrêt *Cowan* (65) a fort bien symbolisé l'ampleur du principe de non-discrimination. Le citoyen européen a droit au même titre que les nationaux à la protection contre le risque d'agression et à être indemnisé par le Trésor public au cas où il est victime d'une agression commise par des personnes non identifiées (touriste britannique en visite à Paris).

S/SECTION III — L'ENCADREMENT DE LA RÉSERVE D'ORDRE PUBLIC

105 Libre accès et libre séjour ne s'exercent que « sous réserve des limitations justifiées par des raisons d'ordre public, de sécurité publique et de santé publique ». Inscrite dans les articles 39 § 3 et 46 § 1 du traité CE devenus 45 § 3 et 52 § 1 TFUE, cette restriction est reprise par le droit dérivé (directive n° 2004/38, art. 27 et s.). Elle rappelle au ressortissant d'un autre État membre qu'il n'est pas un national, ce qui permet à l'État d'accueil d'user d'un mode de protection traditionnel en droit international, le refus d'accueil ou l'expulsion. Mais la condition du citoyen européen diffère tout autant de celle de l'étranger dans la mesure où il peut faire valoir son droit d'entrée et de séjour. La réserve d'ordre public pouvait menacer l'exercice de ce droit à raison de son caractère imprécis susceptible de favoriser une application abusive : pour cette raison elle a été encadrée par le droit communautaire dans son champ d'application et dans ses effets.

(59) CJUE, 23 févr. 2010, C 480/08.
(60) CJCE, 30 sept. 1975, *Cristini*, 32/75, *Rec.* 1085.
(61) CJCE, 9 juill. 1987, *Frascogna*, 256/86, *Rec.* 3431, solution implicite ; CJUE, 20 janv. 2011, *Commission c. Grèce*, C 155/09.
(62) CJCE, 20 sept. 2001, *Grzelczyk*, C 184/99, *Rec.* I-6193 ; 7 sept. 2004, *Trojani*, C 456/02, *Rec.* I-7573.
(63) CJCE, 11 juill. 2002, *D'Hoop*, C 224/98, *Rec.* I-6191.
(64) CJCE, 20 mars 1997, *Hayes*, C 323/95, *Rec.* I-1711.
(65) CJCE, 2 févr. 1989, 186/87, *Rec.* 195.

§ 1. ENCADREMENT DU CHAMP D'APPLICATION DES LIMITATIONS

A. Affirmation du caractère mixte de la notion d'ordre public

106 L'ordre public s'avère d'autant plus indéfinissable qu'il est propre à chaque État. Il consiste dans la défense d'intérêts que l'État tient pour essentiels à la sauvegarde de la société. Il n'existe donc pas – en tout cas au stade actuel – un ordre public communautaire unitaire. Chaque État demeure en principe libre d'arrêter les décisions que lui paraît commander la protection de la sécurité publique (66) la moralité publique et la santé (67).

Mais dans les arrêts mêmes qui proclament ce principe la Cour de justice se reconnaît compétente pour contrôler la validité des mesures nationales au regard du droit communautaire parce que la « portée (de la notion d'ordre public) ne saurait être déterminée unilatéralement par chacun des États membres sans contrôle des institutions de la Communauté » (68).

Le résultat est que la notion d'ordre public présente un caractère mixte. Elle relève à la fois du droit de l'État et du droit de l'Union.

B. L'interprétation des pouvoirs de l'État

107 Elle apparaît, dans la ligne de ce qui précède, comme le résultat d'un compromis. D'une part, le juge communautaire considère que la notion d'ordre public doit être interprétée strictement parce qu'elle apporte une restriction au principe fondamental de libre circulation. D'autre part, il se doit de reconnaître aux autorités nationales une marge d'appréciation des situations de fait. La synthèse se trouve peut-être dans l'arrêt *Bouchereau* du 27 octobre 1977 (69), qui juge fondé le recours à la notion d'ordre public au cas de « menace réelle et suffisamment grave, affectant un intérêt fondamental de la société », disposition que reprend la directive n° 2004/38 (art. 27 § 2). Encore faut-il ajouter que la réserve d'ordre public autorise l'État seulement à restreindre l'exercice du droit de séjour dans des cas individuels mais non à édicter des réglementations générales posant des conditions autres que celles prévues par la réglementation communautaire (impossibilité de refuser le droit de séjour pour non-respect de la législation sociale (70)). La marge d'appréciation demeure cependant telle en une matière aussi délicate qu'il s'avère heureux qu'un texte adopté par le Conseil, la directive n° 64/221, ait fixé des points de repère importants sur lesquels la Cour s'est largement appuyée.

La directive n° 2004/38 intègre l'acquis jurisprudentiel et renforce encore la protection de la libre circulation et du libre séjour.

(66) CJCE, 4 déc. 1974, *Van Duyn*, 41/74, *Rec.* 1337.
(67) CJCE, 18 mai 1992, *Adoui et Cornuaille,* 115 et 116/81, *Rec.* 1665.
(68) CJCE, 4 déc. 1974, *Van Duyn,* préc.
(69) 30/77, *Rec.* 1997.
(70) CJCE, 5 févr. 1991, *Roux,* C 3631/89, *Rec.* I-273.

C. L'encadrement des pouvoirs de l'État par le droit dérivé

108 Relative à la « coordination des mesures spéciales aux étrangers en matière de déplacement et de séjour justifiés par des raisons d'ordre public, de sécurité publique et de santé publique », la directive n° 64/221 constituait une charte de la protection que le droit communautaire offre contre l'abus des pouvoirs de police de l'État. À cette fin, elle encadre la possibilité d'invoquer des motifs d'ordre public pour restreindre la libre circulation des ressortissants communautaires. La directive n° 2004/38 reprend et précise en tenant compte de la jurisprudence cette réglementation dans son article 27.

Les raisons d'ordre public ne sauraient être détournées à des fins économiques, par exemple pour protéger l'emploi des travailleurs nationaux (71).

Les mesures d'ordre public doivent être fondées « exclusivement sur le comportement personnel de l'individu concerné » et le seul fait d'avoir fait l'objet d'une condamnation pénale ne peut les motiver automatiquement (72).

S'agissant de la protection de la santé publique, la directive n° 64/221 donnait la liste des maladies qui sont seules susceptibles de justifier l'interdiction d'entrée sur le territoire : maladies contagieuses telles que celles retenues par l'OMS, la tuberculose, la syphilis, maladies présentant un danger pour la sécurité publique, toxicomanie et certaines formes de maladie mentale. Les États de l'Union se sont refusés à ajouter le SIDA à cette liste. La directive n° 2004/38 se réfère uniquement aux maladies potentiellement épidémiques telles que définies par l'OMS et prévoit, en outre, que l'État d'accueil peut ajouter les maladies infectieuses ou parasitaires contagieuses qui font l'objet de dispositions de protection à l'égard de ses ressortissants pour justifier des mesures restrictives de la libre circulation. La survenance de maladies plus de trois mois après l'arrivée ne peut justifier une mesure d'éloignement du territoire mais avant l'expiration de ce délai le migrant peut se voir imposer un examen médical gratuit.

§ 2. ENCADREMENT DES MESURES QUE L'ÉTAT PEUT PRENDRE POUR PROTÉGER L'ORDRE PUBLIC

109 Quand bien même l'existence d'une menace à l'ordre public est établie, les mesures que peut prendre l'État doivent tenir compte de ce que le droit communautaire apporte un certain nombre de garanties aux titulaires de la liberté de séjour et de déplacement.

A. Garanties de procédure

110 Elles constituent, au vrai, l'application du principe du respect des droits de la défense et ont été renforcées par la directive n° 2004/38.

(71) CJCE, 28 oct. 1975, *Rutili*, 36/75, *Rec.* 1219 ; dir. n° 2004/38, art. 27 § 1.

(72) V. CJCE, 4 déc. 1974, *Van Duyn*, préc. ; 26 févr. 1975, *Bonsignore*, 67/74, *Rec.* 297 ; dir. n° 2004/38, art. 27 § 2.

– obligation de notifier par écrit à l'intéressé les raisons de la décision prise à son égard, sauf si la sûreté de l'État s'y oppose. Cette notification doit avoir lieu en même temps que la notification de la mesure et être suffisamment précise et détaillée pour permettre au ressortissant communautaire de « défendre ses intérêts » (73) ;

– droit aux recours juridictionnels et administratifs (74) et en principe droit de présenter en personne ses moyens de défense ;

– sauf urgence, délai d'au moins un mois pour quitter le territoire ; au cas de demande de sursis à exécution accompagnant un recours, droit de rester sur le territoire jusqu'au prononcé du référé, sauf motif impérieux de sécurité publique ;

– en 2004 a été introduite la possibilité de demander la levée de l'interdiction d'accès au territoire, après un délai raisonnable et en tous cas après trois ans (art. 32).

B. Garanties de fond

111 Les principes de non-discrimination et de proportionnalité commandent les garanties de fond. La directive nº 2004/38 y a ajouté la prise en considération de la situation personnelle de l'intéressé.

Le principe de non-discrimination n'a été consacré par la Cour qu'après quelque flottement, bien qu'il ne soit que l'application de la règle posée par le traité, largement reprise par le droit dérivé et qu'il s'impose lorsqu'est en jeu la libre circulation des marchandises ! Il faut attendre l'arrêt *Adoui et Cornuaille* du 18 mai 1982, précité, pour que la Cour admette qu'un ressortissant communautaire ne saurait se voir refuser l'accès du territoire en raison d'un comportement – en l'espèce la prostitution – que l'État ne combat pas par des « mesures répressives ou autres mesures réelles et effectives » lorsqu'il est le fait de ses ressortissants. Une fois cette condition remplie, la Cour admet que l'État peut prendre à l'égard du ressortissant d'un autre État membre des mesures qui ne sont pas prévues à l'encontre des nationaux dès lors qu'il aurait la possibilité d'en adopter de plus sévères : dans l'arrêt *Olazabal,* du 26 novembre 2002 (75) elle accepte la limitation du droit de séjour à une partie du territoire national, en l'absence de laquelle l'intéressé serait susceptible d'être interdit de séjour sur tout le territoire, revenant ainsi sur la jurisprudence qui résultait de l'arrêt *Rutili* (76).

Le principe de proportionnalité des mesures à la menace de trouble à l'ordre public que représente le ressortissant communautaire a été formulé dans l'arrêt *Rutili* du 28 octobre 1975, précité, en tant que principe général du droit communautaire dégagé de la Convention européenne des droits de l'homme. Il trouve à s'appliquer tout particulièrement en ce qui concerne les mesures de refus d'entrée sur le territoire ou d'expulsion qui portent l'atteinte la plus grave à la libre circulation. Ainsi, ni l'omission d'une formalité administrative (77) ni le défaut de carte de séjour (78) ne justifient

(73) CJCE, 18 mai 1982, *Adoui et Cornuaille,* 115 et 116/81, *Rec.* 1665.
(74) V. CJCE, 18 oct. 1990, *Dzodzi,* aff. j. C 297/88 et C 197/89, *Rec.* I-3763, dir. 2004/38, art. 31.
(75) C 100/01, *Rec.* I-10981.
(76) 28 oct. 1975, 36/75, *Rec.* 1219.
(77) CJCE, 8 avr. 1975, *Royer,* préc.
(78) CJCE, 3 juill. 1976, *Pieck,* 155/79, *Rec.* 2171.

de telles mesures, non plus, du reste, qu'une mesure de détention (79). De même une condamnation pénale pour détention de stupéfiants ne saurait justifier l'expulsion à vie du territoire prononcée de manière automatique sans tenir compte du comportement personnel de l'intéressé ni du danger qu'il présente pour l'ordre public (80).

Les membres de la famille du citoyen européen bénéficient des mêmes garanties : le défaut pour le conjoint étranger de quitter le territoire après expiration de l'autorisation de séjourner qui lui avait été accordée avant son mariage ne justifie pas une mesure d'expulsion (81). Le défaut de document d'identité ou de visa valable n'autorise pas une mesure de refoulement (82). Le fait d'être signalé dans le système d'information Schengen aux fins de non-admission ne justifie pas un refus d'entrée s'il n'a pas été vérifié que l'intéressé (en l'occurrence conjointe d'un ressortissant communautaire) constituait une menace réelle, actuelle et suffisamment grave (83).

La directive n° 2004/38 ajoute à ces principes l'obligation de prendre en compte la situation personnelle de l'intéressé, notamment la durée du séjour sur le territoire, son âge, sa situation familiale, économique, son degré d'intégration, ainsi que la Cour l'avait prescrit dans l'arrêt *Orfanopoulos* (84). Elle interdit de prononcer une décision d'éloignement si l'intéressé a séjourné pendant les dix années précédentes dans l'État d'accueil ou, en principe, s'il est mineur (art. 28).

En septembre 2010 de vifs échanges ont opposé la Commission et la France au sujet des mesures de renvoi de plusieurs centaines de Roms par les autorités françaises vers la Roumanie et la Bulgarie (85).

SECTION III — LA CONDITION DES RESSORTISSANTS DES PAYS TIERS

112 **Une problématique complexe.** Longtemps le droit de circuler et de séjourner des ressortissants des pays tiers est demeuré très largement en dehors de l'emprise du droit communautaire. La raison en est qu'il appartient à chaque État de déterminer le sort qu'il entend réserver aux ressortissants des pays tiers aussi bien quant à leur admission sur son territoire que quant au statut qu'il accorde à ceux qui ont été admis, cela sous réserve du droit international. Aussi, dans un premier temps, est-ce simplement à titre accessoire de l'accès à l'emploi des ressortissants communautaires que la libre circulation de ces ressortissants a donné lieu à l'application de règles communautaires. Cette composante du droit de l'Union demeure présente. Mais l'immigration en provenance de pays tiers n'a cessé de progresser et s'est imposée

(79) CJCE, 17 févr. 2005, *Salah Oulane,* C 215/03, *Rec.* I-1215.

(80) CJCE, 19 janv. 1999, *Calfa,* C 348/96, *Rec.* I-11.

(81) CJCE, 11 juill. 2002, *Carpenter,* C 60/00, *Rec.* I-6279.

(82) CJCE, 25 juill. 2002, *MRAX,* C 455/99, *Rec.* I-6591, d'où illégalité d'une circulaire du ministre de l'Intérieur belge.

(83) CJCE, 31 janv. 2006, *Commission c. Espagne,* C 503/03.

(84) CJCE, 29 avr. 2004, *Orfanopoulos et Oliveri,* C 482/01 et C 493/01, *Rec.* I-5257.

(85) V. A. Iliopoulou, « "Le temps des gitans" : à propos de la libre circulation des Roms dans l'Union », *Europe* 2011, étude n° 1.

comme un phénomène majeur. Aujourd'hui les ressortissants de pays tiers sont beaucoup plus nombreux à résider dans l'Union européenne que les ressortissants d'un autre État membre. Un minimum de coordination au niveau européen concernant l'admission était d'autant plus nécessaire que se développait le processus, amorcé par les accords de Schengen, conduisant à la suppression des contrôles aux frontières intérieures et à leur report aux frontières extérieures de l'Union. Le traité d'Amsterdam en tire la conséquence dans le titre IV de la troisième partie du traité CE. Il attribue compétence aux institutions communautaires, en principe le Conseil, en matière de « visas, asile, immigration et autres politiques liées à la libre circulation des personnes ».
Le traité de Lisbonne confirme l'intégration des politiques relatives à l'asile et à l'immigration dans l'espace de liberté, de sécurité et de justice et leur association à la politique relative aux contrôles aux frontières (titre V, chap 2, art. 77 à 80 TFUE).
Le Conseil européen de Tampere (15 et 16 octobre 1999) a décidé de rapprocher le statut des ressortissants des pays tiers en séjour régulier dans un État membre de celui du citoyen européen, afin de faciliter leur intégration. Cette orientation, confirmée par l'article 79 § 1 TFUE qui prévoit un traitement équitable des ressortissants des pays tiers en séjour régulier, se poursuit.
Ces évolutions ont engendré un régime très diversifié distinguant plusieurs catégories de ressortissants de pays tiers aussi bien en ce qui concerne l'admission dans l'Union que l'étendue des droits de circulation et de séjour.

§ 1. L'ADMISSION DANS L'UNION

113 La décision d'admettre un ressortissant d'un pays tiers continue de relever largement de la compétence de chaque État membre. Cependant comme elle a des incidences sur les autres États de l'Union à raison de la libre circulation et de la suppression des frontières intérieures dans l'espace Schengen elle est de plus en plus encadreé par le droit de l'Union.

A. Le régime général

114 Si l'Union entend développer une politique commune de l'immigration son action n'affecte pas le droit des États membres de « fixer les volumes d'entrée des ressortissants de pays tiers, en provenance de pays tiers, sur leur territoire dans le but d'y rechercher un emploi salarié ou non salarié » (art. 79 § 5 TFUE). La liberté reconnue aux États n'en connaît pas moins deux séries de restrictions.

Les États doivent respecter les règles concernant l'obligation de soumettre l'entrée des ressortissants des pays tiers à un visa et d'adopter un modèle type de visa (ces dispositions, étroitement liées au franchissement des frontières, sont analysées section IV). Ils doivent, de plus, respecter le droit d'entrée et de séjour que le ressortissant d'un pays tiers tire en tant qu'accessoire d'un autre droit reconnu par le droit de l'Union.

Ce droit d'entrée et de séjour à titre accessoire peut être accordé à trois titres différents :

1) Pour les membres de la famille du citoyen européen, en tant qu'accessoire du droit dont bénéficie le ressortissant d'un État membre de l'Union (*supra*, n° 94).

2) En tant qu'accessoire du droit à l'accès à l'emploi reconnu par une convention conclue entre la Communauté et un État tiers. Ces conventions sont prudentes en ce qui concerne le droit essentiel, le droit de séjour. Même les plus favorables laissent en règle générale aux États membres un large pouvoir d'appréciation (86). L'accord d'association avec la Turquie et son protocole additionnel de 1970 sont plus accueillants car rédigés dans la perspective de la réalisation progressive de la libre circulation des travailleurs selon les modalités décidées par le Conseil d'association. Mais la Cour a refusé de reconnaître un effet direct à un grand nombre de ses dispositions (87), ce qui interdit aux travailleurs turcs de se prévaloir d'un libre accès aux territoires des États membres (88). En revanche, la décision n° 1/80 adoptée par le Conseil d'association produit effet direct et confère aux ressortissants turcs un droit de séjour dérivé du droit à l'emploi qu'elle leur reconnaît (89). Ce droit comprend pour les travailleurs turcs qui ont été occupés régulièrement plus de quatre ans sur le territoire d'un État membre un délai raisonnable pour rechercher un nouveau travail (90) (solution parallèle à celle de l'arrêt *Antonissen* pour les travailleurs communautaires, v. *supra*, n° 93). Et les membres de la famille ont, en application de l'article 7 de la décision n° 1/80, le droit de rejoindre le travailleur (91). En outre, la Cour a déduit de la décision n° 3/80 que s'impose le principe de non-discrimination entre travailleurs et ressortissants communautaires en matière de sécurité sociale (92), ce qui est de nature à rendre plus effective la liberté de circulation.

L'accord sur l'Espace économique européen (EEE) du 2 mai 1992 est le plus favorable aux ressortissants d'États tiers puisque l'article 28 prévoit la libre circulation entre les États membres de la CE et les États de l'AELE, mais revêt une importance pratique moins grande. Depuis 2002 le même régime s'applique entre l'Union européenne et la Suisse.

Les accords pré-adhésion avec les PECO accordaient l'accès à une activité indépendante, d'où la Cour a déduit le droit de séjour dans l'arrêt *Jany* du 20 novembre 2001 (en l'affaire l'activité exercée était la prostitution !) (93).

3) En tant qu'accessoire de la libre prestation de service pour les employés d'une entreprise communautaire qui effectue une prestation de service dans un autre État membre, mais que pour le temps nécessaire à l'exécution de cette prestation, selon l'arrêt *Vander Elst* rendu au sujet d'ouvriers marocains employés par une entreprise belge effectuant des travaux sur un chantier en France (94).

B. Demande d'asile et octroi du statut de réfugié

115 Les demandes d'asile affluent : elles n'émanent plus seulement de personnes qui fuient la persécution mais également de celles qui cherchent à échapper à la détresse

(86) CJCE, 2 mars 1999, *El-Yassini*, C 416/96.

(87) CJCE, 30 sept. 1987, *Demirel*, 12/86, *Rec.* 3719. Pour l'effet direct d'une clause de *standstill*, CJCE, 11 mai 2000, *Savas*, C 37/98, *Rec.* I-2927.

(88) CJCE, 16 déc. 1992, *Kuss*, C 237/91, *Rec.* I-6781.

(89) V. CJCE, 20 sept. 1990, *Sevince*, C 192/89, *Rec.* I-3641 ; 6 juin 1995, C 434/93, *Bozkurt*, *Rec.* I-1475.

(90) CJCE, 23 janv. 1997, *Tetik*, C 171/95, *Rec.* I-329.

(91) CJCE, 5 oct. 1994, *Eroglu*, C 355/93, *Rec.* I-5113.

(92) CJCE, 4 mai 1999, *Sürül*, C 262/96, *Rec.* I-2685.

(93) 268/99, *Rec.* I-8615.

(94) CJCE, 9 août 1994, C 43/93, *Rec.* I-3803.

économique. L'on évoque de plus en plus les réfugiés climatiques. L'Union s'efforce de faire face aux problèmes que suscite cet afflux en développant une politique commune en matière d'asile. Cette politique implique une étroite coopération entre les États membres, à laquelle devraient contribuer la création du Bureau européen d'appui en matière d'asile (95) et une solidarité face au coût de l'accueil et de l'intégration des réfugiés, d'où la création du Fonds européen pour les réfugiés. Si en ces domaines les imperfections demeurent nombreuses, les réalisations présentes apparaissent loin d'être négligeables et une assez large harmonisation des règles régissant l'octroi du statut de réfugié a déjà été réalisée.

116 **Conditions de l'octroi du statut de réfugié.** Les États de l'Union se sont accordés sur la notion de réfugié en se référant à la définition que donne la convention de Genève du 28 juillet 1951, modifiée par le protocole de New York du 31 janvier 1967, à laquelle ils sont parties. A donc prévalu la conception classique, parfois contestée parce qu'elle ne prend pas en compte les migrations pour raison de pauvreté. Selon l'article 1er de la directive nº 2004/83 du 29 janvier 2004 (96), il convient d'entendre par réfugié tout ressortissant d'un pays tiers qui « craint avec raison d'être persécuté du fait de sa race, de sa religion, de sa nationalité, de ses opinions politiques ou de son appartenance à un certain groupe social » et pour cela ne peut se réclamer de la protection de ce pays, ou tout apatride dans la même situation vis-à-vis de son pays de résidence. Au nombre des actes de persécution redoutés la directive retient notamment les violences physiques ou mentales, les mesures légales, administratives, de police ou judiciaires discriminatoires, les sanctions disproportionnées, ou discriminatoires et le refus de recours juridictionnels pouvant y conduire. Les acteurs de la persécution peuvent être les États mais également les partis qui les contrôlent ou des acteurs non étatiques.

Une personne qui ne peut être considérée comme un réfugié mais pour laquelle existent des motifs sérieux et avérés de croire que son retour dans son pays d'origine risquerait de l'exposer à la mort, la torture ou des traitements inhumains ou dégradants, cela y compris à raison d'une situation de conflit armé et même s'il n'est pas personnellement visé à raison d'éléments qui lui seraient propres (97), se verra accorder le bénéfice de ce que la directive qualifie de « **protection subsidiaire** ». Ce statut est un peu moins favorable que le statut de réfugié.

Le statut de réfugié cesse lorsque la personne concernée n'apparaît plus exposée dans son pays d'origine à des actes de persécution, ce changement devant être apprécié au regard de la situation personnelle du réfugié (98).

117 **Demande d'asile.** Succédant, sauf en ce qui concerne le Danemark, à la convention de Dublin du 15 juin 1990 dont il reprend les principes, le règlement nº 393/2003 du

(95) Règlement nº 439/2010 du 19 mai 2010, *JO* L 132, 29 mai 2010 ; F. Conte, « Une nouvelle agence dans le paysage institutionnel européen : le Bureau européen d'appui en matière d'asile », *RDUE* 2010, p. 287.

(96) Dir. concernant les normes minimales relatives aux conditions que doivent remplir les ressortissants des pays tiers ou les apatrides pour pouvoir prétendre au statut de réfugié ou les personnes qui, pour d'autres raisons, ont besoin d'une protection internationale, et relative au contenu de ces statuts, *JOUE* L 304, 30 sept. 2004.

(97) CJCE, 17 févr. 2009, *Elgafaji*, C 465/07, *Rec.* I-921.

(98) CJCE, 2 mars 2010, *Salahadin*, C 175 à C 179/08.

18 février 2003 (99) détermine l'État membre responsable de l'examen d'une demande d'asile. Afin de prévenir les demandes multiples, le principe de base est que toute demande est examinée par un État mais par un seul État, celui que les critères de détermination désignent comme responsable. Si un État entend examiner une demande alors même qu'il n'y serait pas tenu il devient alors l'État responsable. Les critères de détermination de l'État responsable de l'examen prennent en considération les liens familiaux du demandeur d'asile et ses conditions d'entrée sur le territoire des États membres. Est responsable, en première ligne, l'État où résident déjà en qualité de réfugiés des membres de la famille du demandeur, puis, dans l'ordre, l'État qui a délivré au demandeur un titre de séjour ou un visa, l'État par lequel le demandeur est entré, régulièrement ou non, sur le territoire communautaire, à défaut celui auprès duquel la demande d'asile a été présentée en premier. L'État responsable est tenu non seulement de mener à son terme l'examen de la demande l'asile mais aussi d'accueillir le demandeur sur son territoire pendant ce temps. Les États procèdent aux échanges d'informations nécessaires pour statuer sur les demandes d'asile, en particulier pour détecter les demandes d'asile multiples.

La directive n° 2005/85 du 1er décembre 2005 (100) réglemente la procédure d'octroi et de retrait du statut de réfugié. S'agissant du premier, elle apporte au demandeur un minimum de garanties pour plaider sa cause : droit de rester sur le territoire, service d'un interprète, entretien personnel avant la décision, droit de communiquer avec le Haut commissariat des Nations unies pour les réfugiés, droit à l'assistance d'un conseil juridique, droit à un recours juridictionnel effectif. En revanche, elle autorise l'État à déclarer la demande d'asile irrecevable si le demandeur vient d'un « pays sûr » (c'est-à-dire où il n'y a pas de risque de persécution) dont elle charge le Conseil de dresser une liste commune minimale, ce qui peut justifier un examen moins complet ou même un rejet sans examen s'il s'agit d'un pays européen sûr. Dans un arrêt du 6 mai 2008, *Parlement c. Conseil* (C 133/06), la Cour a jugé que la liste commune devait être déterminée non par le Conseil après simple avis du Parlement mais selon la procédure de codécision.

Tant qu'il n'a pas été statué sur son sort, le demandeur d'asile bénéficie, en cette qualité, du droit d'être informé sur son statut, du droit au logement, aux soins médicaux, à l'éducation pour ses enfants mineurs. Il reçoit un titre de séjour, mais sa liberté de circuler peut être restreinte à une zone déterminée et l'accès au marché du travail lui être refusé pendant une certaine période (directive n° 2003/9 du 27 janvier 2003) (101).

118 **Protection temporaire pour les personnes déplacées.** Elle a été instituée par la directive n° 2001/55 du 20 juillet 2001 (102) pour le cas d'afflux massif de personnes déplacées. Mise en œuvre sur décision du Conseil, elle assure aux bénéficiaires droit de séjour, accès au logement, à l'emploi, à la protection sociale et, sous certaines conditions, au regroupement familial et à l'éducation. Sa durée est d'une année, susceptible de prolongation. Le Fonds européen pour les réfugiés doit contribuer au financement de la prise en charge de ces réfugiés.

(99) *JOUE* L 50, 25 févr. 2003, complété par le règlement d'application n° 1560/2003 de la Commission du 2 sept. 2003, *JOUE* L 222, 5 sept. 2003.

(100) *JOUE* L 326, 13 déc. 2005.

(101) Dir. relative à des normes minimales pour l'accueil des demandeurs d'asile dans les États membres, *JOUE* L 31, 6 févr. 2003.

(102) *JOCE* L 212, 7 août 2003.

§ 2. LES DROITS DES RESSORTISSANTS DES PAYS TIERS RÉGULIÈREMENT ADMIS DANS UN ÉTAT MEMBRE DE L'UNION

A. Le principe

119 Le principe est que les ressortissants des pays tiers régulièrement admis dans un État membre peuvent circuler librement dans l'espace Schengen pendant une période de trois mois. Pour ce faire ils doivent signaler leur présence sur le territoire et être en possession d'un titre de séjour établi selon un modèle uniforme (règlement n° 1030/2002 du 13 juin 2002) (103). En revanche, ils ne disposent pas du droit à un séjour de longue durée dans les autres États membres de l'Union.

Mais ce principe reçoit une foule d'exceptions. Il ne s'applique pas aux ressortissants de pays tiers qui disposent du droit d'entrée et de séjour à titre accessoire d'un autre droit reconnu par le droit de l'Union (*supra*, n° 114). En outre, plusieurs catégories d'étrangers bénéficient d'un régime plus favorable, en sorte que l'on se trouve en présence d'un large éventail de statuts dont la spécificité se fonde soit sur la qualité du ressortissant étranger, soit sur la durée de son séjour.

B. Régimes fondés sur la qualité du ressortissant étranger

120 **Le statut de réfugié.** Le réfugié et les membres de sa famille bénéficient d'un statut tout à fait particulier que détermine la directive n° 2004/83 du 29 avril 2004 concernant les normes minimales relatives aux conditions que doivent remplir les ressortissants des pays tiers ou les apatrides pour pouvoir prétendre au statut de réfugié ou les personnes qui, pour d'autres raisons, ont besoin d'une protection internationale et relatives au contenu de ces statuts (104). Outre le droit au non-refoulement, l'octroi d'un titre de séjour valable trois ans au moins et renouvelables ainsi que de titres de voyage, il s'agit de droits destinés à permettre l'intégration sociale : accès à l'emploi, à l'éducation, protection sociale et accès aux soins de santé dans les mêmes conditions que les nationaux ; accès au logement dans les mêmes conditions que celles dont bénéficient les ressortissants d'autres pays tiers.

121 **Étudiants et chercheurs**. Selon la directive n° 2004/114 du 13 décembre 2004 (105), une fois admis dans un État membre, les premiers ont le droit d'effectuer une partie des études dans lesquelles ils sont engagés ou de compléter celles-ci par un cycle d'études apparenté dans un autre État membre. Les chercheurs sont autorisés à mener une partie de leurs travaux dans un autre État membre, ce dernier ne pouvant exiger la conclusion d'une nouvelle convention d'accueil que si le séjour doit durer plus de trois mois (directive n° 2005/71 du 12 octobre 2005 (106)). Le Conseil a recommandé aux

(103) *JO* L 157, 15 juin 2002. Le règlement a été modifié le 19 mai 2008 par le règlement n° 380/2008.

(104) *JOUE* L 304, 30 sept. 2004.

(105) Dir. relative aux conditions d'admission des ressortissants des pays tiers à des fins d'études, d'échange d'élèves, de formation non rémunérée ou de volontariat, *JOUE* L 375, 23 déc. 2004.

(106) Dir. relative à une procédure d'admission spécifique des ressortissants des pays tiers aux fins de recherche scientifique, *JOUE* L 289, 3 nov. 2005.

États de faciliter la délivrance et le renouvellement de leur titre de séjour ainsi que le regroupement familial. L'Union souhaite attirer des chercheurs tout en évitant la fuite des cerveaux au détriment du pays d'origine.

122 **Travailleurs hautement qualifiés**. L'Union recherche tout autant une main-d'œuvre hautement qualifiée afin de soutenir sa compétitivité et sa croissance économique tout en manifestant sa volonté de respecter « les principes de recrutement éthique ». Aussi la directive n° 2009/50 du 25 mai 2009 (107) facilite-t-elle l'admission et améliore-t-elle la condition des ressortissants des pays tiers qui souhaitent séjourner plus de trois mois dans des États membres afin d'occuper un emploi hautement qualifié. Cette qualification s'applique aux emplois pour lesquels le salaire annuel brut est au moins égal à une fois et demie le salaire annuel brut moyen dans l'État concerné (ce seuil pouvant être abaissé à 1,2 fois pour les professions affectées par une pénurie de main-d'œuvre). Le demandeur doit présenter un contrat de travail valide ou une offre ferme d'emploi d'une durée d'au moins un an.

Le ressortissant du pays tiers admis à ce titre se voit délivrer une carte bleue européenne, d'une validité comprise entre un et quatre ans, qui constitue une sorte de permis unique de séjour et de travail (système que la Commission souhaite étendre aux autres ressortissants des pays tiers). Cette carte lui ouvre, ainsi qu'aux membres de sa famille, le droit d'entrer, séjourner dans l'État membre et d'y accéder au marché du travail concerné (au bout de deux ans il peut bénéficier de l'égalité de traitement avec les nationaux en ce qui concerne l'accès à tout emploi hautement qualifié). Il bénéficie de l'égalité de traitement avec les nationaux s'agissant des conditions de travail, de l'éducation et la formation professionnelle, de la sécurité sociale, de l'accès au logement.

La libre circulation dans les autres États membres est ouverte au titulaire de la carte bleue européenne et aux membres de sa famille dès le début, mais pour une durée inférieure à trois mois seulement. Il leur faut attendre dix-huit mois de séjour dans le premier État membre pour un séjour de plus longue durée, lié à l'accès à un emploi hautement qualifié.

Enfin, le passage au statut de résident de longue durée est facilité.

C. Les ressortissants de pays tiers en séjour de longue durée

123 La ligne arrêtée par le Conseil européen de Tampere (15 et 16 octobre 1999) est qu'il convient de rapprocher le statut des ressortissants des pays tiers de celui des ressortissants des États membres afin de faciliter leur intégration. Deux directives particulièrement importantes ont été adoptées en 2003. Très logiquement, puisqu'est en cause un séjour de longue durée, elles contiennent des dispositions relatives au statut social et familial des personnes concernées.

124 **Le statut de résident de longue durée.** La directive n° 2003/109 du 25 novembre 2003 (108) détermine le statut général des résidents de longue durée, ceux « qui ont résidé de manière légale et ininterrompue » pendant cinq ans sur le territoire d'un État

(107) *JOUE* L 155, 18 juin 2009.
(108) *JOUE* L 16, 23 janv. 2004.

membre. Les étudiants, les travailleurs saisonniers ou transfrontaliers, les diplomates ne peuvent invoquer leur séjour pour obtenir ce statut. En revanche la directive n° 2011/51 du 11 mai 2011 (109) en ouvre le bénéfice aux personnes qui ont obtenu le statut de réfugié.

L'octroi du statut est matérialisé par la délivrance du permis de séjour de « résident de longue durée – CE », valable au moins cinq ans et renouvelable de plein droit. Le refus ne peut être opposé que pour des motifs d'ordre public ou de sécurité publique (art. 6) dès lors que l'intéressé justifie de ressources stables régulières et suffisantes (hors aide sociale) et d'une assurance-maladie pour lui-même et les membres de sa famille. Les États peuvent cependant ajouter l'exigence de satisfaire aux conditions d'intégration qui sont prévues par le droit national (art. 5 § 2).

Le statut offre deux séries d'avantages. Dans l'État d'accueil le résident bénéficie d'une large égalité de traitement avec les nationaux en ce qui concerne les droits économiques et sociaux (art. 11). Sa condition est donc proche de celle du ressortissant d'un autre État membre, sous la réserve cependant que les États peuvent maintenir les restrictions à l'accès à l'emploi, à l'éducation ou à la formation, et à l'aide et à la protection sociale. À l'égard des autres États membres le résident de longue durée bénéficie du droit d'entrée et de séjour dépassant trois mois. S'il doit présenter une demande en ce sens au « deuxième État membre », les conditions à remplir sont les mêmes que pour la demande présentée au premier État.

Bien entendu le résident de longue durée bénéficie du droit au regroupement familial, tel qu'il est réglementé par la directive n° 2003/86.

125 **Le droit au regroupement familial.** La directive n° 2003/86 du 22 septembre 2003 (110) le reconnaît à tout ressortissant d'un pays tiers « titulaire d'un titre de séjour délivré par un État membre d'une durée de validité supérieure ou égale à un an, ayant une perspective fondée d'obtenir un droit de séjour permanent » (art. 1er § 1).

Les conditions et la procédure d'obtention du regroupement familial sont très proches de celles appliquées lorsque le « regroupant » (celui qui demande à faire venir sa famille) est un ressortissant de l'Union (*supra*, nos 94 et 96), notamment en ce qui concerne l'exigence de ressources et d'assurance-maladie. En revanche l'accès à l'emploi est moins largement ouvert (art. 14). Surtout, seuls le conjoint et les enfants mineurs du regroupant ou/et de son conjoint se voient reconnaître le droit au regroupement, ce dernier étant laissé à l'appréciation des États en ce qui concerne les ascendants et le partenaire non marié. Par ailleurs, la directive ouvre aux États la possibilité d'introduire nombre de restrictions telles que subordonner l'admission d'un enfant de plus de 12 ans, arrivé séparément du reste de la famille, à son intégration, refuser l'admission des mineurs âgés de 15 ans et plus, imposer un délai de 2 ans avant d'autoriser le regroupement, restrictions que la Cour n'a pas jugé constituer des atteintes excessives au droit au respect de la vie familiale (111).

(109) *JOUE* L 132, 19 mai 2011.
(110) *JOCE* L 251, 3 oct. 2003.
(111) CJCE, 27 juin 2006, *Parlement c. Conseil*, C 540/03, *Rec.* I-5769.

SECTION IV GARANTIE ET CONTREPARTIE DE LA LIBERTÉ DE CIRCULATION ET DE SÉJOUR : LA SÉCURITÉ

126 L'Union entend assurer à l'intérieur des États membres un « niveau élevé de sécurité » (art. 67 § 3 TFUE). C'est une nécessité absolue. La sécurité garantit aux citoyens européens et aux ressortissants des pays tiers l'exercice des libertés qui leur sont reconnues par le droit de l'Union et les droits nationaux. Elle constitue également une contrepartie de la liberté de circulation et de séjour qui résulte de l'abolition des contrôles aux frontières intérieures de l'espace Schengen. Mais il ne se conçoit guère tâche plus complexe et délicate qu'assurer la satisfaction de cet objectif. L'action de l'Union doit concilier au mieux des exigences contradictoires : assurer la sécurité tout en respectant les droits fondamentaux des personnes (art. 67 § 1 TFUE), au risque de passer soit pour laxiste, soit pour trop rigoureuse, agir au niveau collectif tout en ne portant pas atteinte aux responsabilités qui incombent aux États membres pour le maintien de l'ordre public et la sauvegarde de la sécurité intérieure (art. 72 TFUE). Elle implique, de plus, nécessairement une coopération avec des États tiers par exemple dans la lutte contre la grande délinquance, la cybercriminalité, le terrorisme. Elle doit en tout cela conjuguer la grande diversité d'actions que la protection de la sécurité comme la protection de la santé impliquent.

L'analyse de cette action prendra pour axe les politiques visant à assurer la sécurité qu'égrène le traité FUE dans son titre V consacré à l'espace de liberté, de sécurité et de justice. Si elle est centrée sur les réglementations, l'on ne saurait négliger le rôle irremplaçable des instruments opérationnels à commencer par le SIS, système d'information, devenu SIS II à la suite de son renforcement, Schengen, dont la consultation par les autorités douanières, policières et judiciaires constitue l'un des pivots de la coopération en matière de sécurité. La création le 25 février 2010 du comité permanent de coopération opérationnelle en matière de sécurité intérieure vise à renforcer la coopération opérationnelle.

§ 1. LE CONTRÔLE AUX FRONTIÈRES

127 L'espace de référence est ici l'espace Schengen dont on sait qu'il ne correspond pas aux frontières de l'Union. C'est à lui que s'applique pleinement la règle posée par les articles 67 et 77 TFUE d'absence de contrôle des personnes aux frontières intérieures et de contrôle aux frontières extérieures. Les conditions d'application de cette règle sont précisées par la convention d'application de l'accord Schengen (CAAS) et le Code communautaire relatif au régime de franchissement des frontières par les personnes, dit code frontières Schengen (112).

A. Le franchissement des frontières intérieures

128 « Absence de tout contrôle des personnes, quelle que soit leur nationalité lorsqu'elles franchissent les frontières intérieures », tel est le principe catégorique que pose l'article

(112) Règlement n° 562/2006 du 15 mars 2006, *JOUE* L 105, 13 avr. 2006, pour la dernière modification, v. règlement n° 81/2009 du 14 janv. 2009, *JOUE* L 35, 4 févr. 2009.

77 TFUE. Outre les frontières terrestres, sont concernés les ports et aéroports pour des trajets reliant deux États parties à l'espace Schengen. Ainsi qu'il résulte de l'article 2 CAAS ce qui est interdit est le contrôle automatique déclenché par le seul fait de franchir la frontière. Les États conservent, en revanche, le droit d'effectuer sur tout leur territoire, y compris à proximité de la frontière, des contrôles de police, par exemple pour vérifier l'identité de la personne et la régularité des documents qu'elle présente. Mais cela à condition que ces contrôles n'aient ni pour objectif de contrôler le passage aux frontières, ni un effet équivalent à ce contrôle (113) et soient réalisés sur la base de vérifications réalisées à l'improviste (Code frontières Schengen art. 21).

Le principe connaît une exception. En cas de menace grave pour l'ordre public ou la sécurité intérieure, un État peut exceptionnellement réintroduire le contrôle à ses frontières intérieures durant une période limitée d'une durée maximale de trente jours ou pour la durée prévisible de la menace grave si elle est supérieure à trente jours » (Code frontières Schengen art. 23). Cette période est, si nécessaire, renouvelable. Mais l'exercice de ce pouvoir est encadré, l'État ayant, notamment, l'obligation de prévenir les autres États membres, la Commission ainsi que le Parlement européen et d'informer le public.

Cette faculté a été utilisée à plusieurs reprises sans susciter énormément de difficultés. Tel n'a pas été le cas à propos des mesures prises par la France au début de l'année 2011 pour contrôler l'entrée de réfugiés tunisiens auxquels l'Italie a accordé un titre de séjour temporaire qui leur permet de circuler dans toute l'Union. Encore moins à l'égard de la décision prise par le Danemark de rétablir des contrôles à la frontière avec l'Allemagne – décision mise à exécution en juillet 2011 – même si le gouvernement proclame qu'elle n'a pas pour objet d'instituer un contrôle systématique du franchissement de la frontière par les personnes. À l'initiative de la France et de l'Italie qui demandent que le contrôle temporaire puisse être également établi au cas d'afflux massif et soudain de migrants ou de « défaillance » d'un pays dans l'exercice du contrôle de ses frontières extérieures à l'espace Schengen, une révision du Code frontières Schengen est envisagée.

B. Le franchissement des frontières extérieures

129 Contrepartie de la suppression du contrôle aux frontières intérieures, le contrôle aux frontières extérieures – terrestres, maritimes, aéroportuaires – qui incombe aux États doit être efficace, de haut niveau et uniforme (Code frontières Schengen, art. 14). Il porte aussi bien sur les citoyens européens (pour lesquels le dispositif a été renforcé par une protection des passeports contre la falsification (114)) que sur les ressortissants des pays tiers. Ce contrôle va de pair avec une coopération poussée que permettent l'utilisation du SIS et la création le 26 octobre 2004 de l'agence européenne pour la gestion de la coopération opérationnelle aux frontières extérieures (Frontex) qui a pour mission de coordonner la coopération entre les États membres et d'assister ces derniers y compris en déployant des équipes d'intervention rapide aux frontières à la demande de ces derniers (Rabit (115)). De plus, les États peuvent bénéficier de

(113) CJUE, 22 juin 2010, *Melki*, C 188 et 189/10.
(114) Règlement n° 2252/2004 du 13 déc. 2004, *JOUE* L 385, 29 déc. 2004.
(115) Règlement n° 863/268 du 11 juill. 2007, *JO* L 199, 31 juill. 2007.

concours financiers du Fonds européen pour les frontières extérieures, créé le 23 mai 2007, doté de 1 820 millions d'euros pour la période 2007-2013.

Les États ont l'obligation d'effectuer le contrôle de toute personne qui franchit, à l'entrée ou à la sortie de l'Espace Schengen, une frontière extérieure. Ce contrôle inclut la vérification des moyens de transport et des objets en possession de la personne concernée.

S'agissant des citoyens européens (ainsi que des ressortissants de pays tiers qui jouissent de droits équivalents en matière de libre circulation), il se limite à une vérification minimale d'identité. Au contraire, les ressortissants des pays tiers – à l'exception de ceux qui à un titre ou à un autre bénéficient du droit à la libre circulation sur le territoire de l'Union – sont, dans le respect de la dignité humaine, soumis à vérification approfondie lors de l'entrée et de la sortie. À l'entrée la vérification porte, sur l'identité, la régularité de documents de voyage, l'absence de menace pour l'ordre public, la sécurité intérieure, la santé publique, les relations internationales d'un État membre, ainsi que sur les moyens de subsistance (art. 7 § 3). Le même contrôle est exercé à la sortie. L'existence de ces deux contrôles doit être attestée par l'apposition de cachets d'entrée et de sortie sur les documents de voyage du ressortissant du pays tiers. Le défaut de cachet d'entrée autorise les autorités nationales à présumer que l'intéressé n'est pas en séjour régulier et peut être expulsé. Le refus d'entrée doit être opposé à tout ressortissant d'un pays tiers qui ne satisfait pas à l'ensemble des conditions exigées par le droit de l'Union : possession d'un document en cours de validité permettant le franchissement de la frontière, possession d'un visa lorsque celui-ci est requis, disposition de ressources suffisantes, non-signalement aux fins de non-admission dans le SIS, absence de menace pour l'ordre public, la sécurité intérieure, la santé publique et les relations internationales de l'un des États membres (Code frontières Schengen, art. 5).

On s'est inquiété de la compatibilité entre un tel système et le respect des droits fondamentaux de la personne. La Cour de justice entend assurer le respect de ces droits, tel le principe *non bis in idem* (116))que consacre d'ailleurs la convention d'application), à l'égard des ressortissants des pays tiers, comme elle le fait pour les étrangers membres de la famille d'un citoyen européen (117).

Le SIS pose un problème particulier dans la mesure où il contient des données relatives aux personnes qui y sont signalées. Le remplacement du système originaire par un système dit de deuxième génération (SIS II) qu'opère le règlement n° 1987/2006 du 20 décembre 2006 (118) en tient compte. Sans doute vise-t-il également, et peut être prioritairement, à renforcer l'efficacité du système d'information en l'adaptant à l'élargissement de l'Union, aux évolutions technologiques, et au renforcement des exigences de sécurité. Sont signalés dans le SIS II les ressortissants de pays tiers dont la présence peut constituer une menace pour l'ordre public ou la sécurité publique ou la sécurité nationale ainsi que ceux qui ont fait l'objet d'une mesure d'éloignement ou d'expulsion pour violation des réglementations nationales relatives à l'entrée ou au séjour. Au nombre des données peuvent figurer photographies et empreintes digitales. Mais la gestion du système sera assurée dorénavant par une agence européenne indépendante des États et des précautions sont prises concernant la confidentialité des

(116) CJCE, 11 févr. 2003, *Gözütok* et *Brügge*, C 187/01, *Rec.* I-1345 ; 9 mars 2006, *Van Esbroeck*, C 436/04 ; 28 sept. 2006, *Gasparani*, C 467/04 ; 28 sept. 2006, *Van Straaten*, C 150/05, *Europe* nov. 2006, n° 308, F. Kauff-Gazin ; 11 déc. 2008, *Bourquain*, C 297/08, *Rec.* I-9425.

(117) CJCE, 31 janv. 2006, *Commission c. Espagne*, C 503/03, *supra*, n° 111.

(118) *JOUE* L 381, 28 déc. 2006.

données. Par ailleurs s'appliquent au SIS les garanties équivalentes à celles que prévoit la directive n° 95/46 du 24 octobre 1995 relative à la protection des personnes physiques à l'égard du traitement des données à caractère personnel : information de la personne, droit d'accès, de rectification des données inexactes et d'effacement des données stockées illégalement.

Une agence européenne pour la gestion des systèmes d'information au sein de l'espace de liberté, de sécurité et de justice a été utilisée par le règlement n° 1077/2011 du 25 octobre 2011 (*JOUE* L 286, 1er novembre 2011). Elle est en particulier chargée de la gestion du SIS II et du système d'information sur les visas (VIS).

Visas. La politique des visas est étroitement liée à celle du contrôle.

Le règlement n° 539/2001 du 15 mars 2001 (119), qui a remplacé le règlement n° 2317/95, détermine la liste des États tiers dont les ressortissants sont assujettis à l'obligation de visa ainsi que ceux pour lesquels le visa n'est requis que si le séjour envisagé excède trois mois. Il demeure loisible aux États d'imposer l'obligation de visa aux ressortissants d'un État tiers qui ne figure pas sur la liste. L'une des modifications du règlement n° 539/2001 a pour but de faire prévaloir la réciprocité entre tous les États membres et les États tiers (120).

Le modèle type de visa a été perfectionné pour renforcer la lutte contre les fraudes (121). Les procédures et conditions de délivrance des visas pour les transits ou les séjours d'une durée maximale de trois mois sur une période de six mois sont définies dans le code des visas de l'Union européenne (122). Les visas de long séjour (supérieur à trois mois mais inférieur à un an) permettent au titulaire de circuler dans l'espace Schengen pendant leur durée de validité (123). Un système d'échange de données sur les visas entre les États membres a été mis en place afin de prévenir le « visa shopping » et de renforcer la coopération dans le contrôle et la lutte contre la fraude, le système d'information sur les visas (VIS). Sa consultation est ouverte aux autorités nationales désignées par les États et aux agents d'Europol (décision n° 2008/633 JAI du 23 juin 2008) (124).

§ 2. POLITIQUE D'IMMIGRATION

130 Mener une politique commune d'immigration constitue depuis des années une des tâches majeures de l'Union européenne. C'est l'une des tâches les plus difficiles tant, même après l'adoption du Pacte européen sur l'immigration et l'asile

(119) *JOUE* L 81, 21 mars 2001, mod. par les règlements n° 2414/2001 du 7 déc. 2001 453/2003 du 6 mars 2003, *1932/2006 du 19 janv. 2007.*

(120) Règlement n° 851/2005 du 2 juin 2005, *JOUE* L 141/3, 4 juin 2005.

(121) Dir. n° 1683/95 du 22 mai 1995 modifié en dernier lieu par le règlement n° 856/2008, *JO* L 235, 2 sept. 2008 ; règlement n° 333/2002 du 18 févr. 2002 établissant un modèle uniforme de feuillets pour l'apposition du visa, *JOCE* L 53, 23 févr. 2002.

(122) Règlement n° 810/2009 du 13 juill. 2009, *JOUE* L 243, 15 sept. 2009 qui définit également le régime du transit aéroportuaire.

(123) Règlement n° 265/2010 concernant la circulation des personnes titulaires d'un visa de long séjour, *JOUE* L 85, 31 mars 2010.

(124) Décision n° 2004-512 du 8 juin 2004, *JOUE* L 213 du 15 juin 2004 et règlement n° 767/2008 du 9 juill. 2008, *JOUE* L 218, 13 juill. 2008.

en octobre 2008, les États membres demeurent divisés sur beaucoup de points. C'est aussi l'une des plus complexes car elle comprend plusieurs volets. L'action de l'Union se déroule dans de multiples directions.

La coopération entre les pays d'où proviennent, ou bien par où transitent, les immigrants afin de prévenir l'immigration illégale et de faciliter la réadmission dans le pays d'origine (125) constitue un premier volet fort important. Elle se traduit sur le plan normatif par la signature de conventions avec les pays concernés lorsque l'Union parvient à surmonter les réticences de ces derniers.

Le statut que l'Union accorde aux migrants régulièrement admis sur le territoire d'un État membre constitue le second volet. Il a été examiné précédemment (*supra*, n° 119 et s.). On rappellera simplement que la condition des résidents de longue durée s'est rapprochée de celle des migrants communautaires. Beaucoup reste à faire pour la définition d'une politique commune d'intégration des immigrés.

131 **Immigration clandestine.** Le troisième volet concerne la lutte contre l'immigration clandestine et le séjour irrégulier, le nombre de ressortissants de pays tiers en séjour irrégulier étant évalué entre 3 et 5 millions. La coopération policière, notamment dans le cadre du SIS, en est l'instrument indispensable. Encore a-t-il fallu définir des règles communes, ce qui n'était pas aisé compte tenu des divergences entre les politiques nationales d'immigration.

Les États membres se sont accordés sur la définition de l'aide à l'entrée, au transit et au séjour irrégulier (126) ainsi que sur la répression pénale de ces pratiques (127), afin de lutter plus efficacement contre les réseaux qui exploitent la condition des candidats à l'immigration. La directive n° 2001/40 du 28 mai 2001 (128) impose la reconnaissance mutuelle d'une décision d'éloignement prise par un État membre (« État membre auteur ») à l'encontre d'un ressortissant d'un pays tiers, ce qui conduit l'État sur le territoire duquel réside ce ressortissant (« État membre d'exécution ») à en assurer l'exécution, tout en veillant au respect des droits de l'homme et des libertés fondamentales. La directive n° 2003/110 du 25 novembre 2003 (129) détermine les modalités de l'assistance qu'un État qui a pris ou exécute une décision d'éloignement par voie aérienne peut demander à un autre État membre lorsque le vol demande le transit sur un aéroport situé sur le territoire de ce dernier. Si l'on en juge par les motifs légitimes de refus énumérés à l'article 3, rien n'est moins automatique que l'acceptation de cet État ! Cela n'a pas empêché l'adoption le 29 avril 2004 d'une décision relative à l'organisation de vols communs pour l'éloignement (130). Le même jour était arrêtée une directive définissant les informations que les transporteurs aériens ont l'obligation de transmettre aux autorités de contrôle (131).

Enfin, un statut particulier a été élaboré à l'intention des personnes victimes de la traite des êtres humains, même si elles sont entrées clandestinement, ou qui ont fait l'objet

(125) V. par exemple, règlement n° 491/2004 du 10 mars 2004 établissant un programme d'assistance technique et financière dans le domaine des migrations et de l'asile, *JOUE* L 80, 18 mars 2004.

(126) Dir. n° 2002/90 du 28 nov. 2002, *JOCE* L 328, 5 déc. 2002.

(127) Décision-cadre du 28 nov. 2002, 2002/946 *JAI*, *JOCE* L 328, 5 déc. 2002.

(128) *JOCE* L 149, 2 juin 2001.

(129) *JOCE* L 321, 6 déc. 2003.

(130) Décision n° 2004/573 du Conseil du 29 avr. 2004, *JOUE* L 261, 6 août 2004.

(131) Dir. n° 2004/82, *JOUE* L 261, 6 août 2004.

d'une aide à l'immigration clandestine et qui coopèrent avec les autorités compétentes. La directive n° 2004/81 (132), du 29 avril 2004, offre à ces personnes la possibilité d'obtenir un titre de séjour d'une durée de six mois, éventuellement renouvelable, assorti d'une assistance matérielle et médicale et permettant l'accès au marché du travail ainsi qu'à la formation professionnelle et à l'enseignement. Les intéressés bénéficient d'un délai de réflexion pour décider s'ils acceptent de coopérer. Volonté de démanteler les filières de passeurs et protection des victimes se mêlent étroitement dans ce dispositif.

La gestion du retour des ressortissants des pays tiers en séjour irrégulier présente des difficultés particulières. Les États membres se sont assez rapidement entendus pour créer un Fonds européen pour le retour (133) destiné à financer pour une part leur coopération, les retours volontaires, ainsi que la mise en place d'une gestion intégrée des retours. Mais cette dernière implique l'adoption de normes communes réalisant un équilibre délicat entre efficacité de la politique de retour et protection des droits de l'homme notamment au cas de « retour forcé » au sujet duquel Conseil et Parlement ont eu du mal à s'accorder.

La directive « retour » n° 2008/115, du 16 décembre 2008 (134) établit des normes et procédures communes applicables au retour des ressortissants des pays tiers en séjour irrégulier sur le territoire d'un État membre. Les États membres ont l'obligation de prendre une décision de retour à l'encontre de tout ressortissant d'un pays tiers en séjour irrégulier sur leur territoire. Ils peuvent cependant accorder un titre de séjour pour des motifs charitables, humanitaires ou autres. Et ils doivent, lorsqu'ils mettent la directive respecter le principe de non-refoulement et tenir compte de l'intérêt supérieur de l'enfant, de la vie familiale, de l'état de santé de l'intéressé, leur décision devant être prise au cas par cas. Le retour se fait dans le pays d'origine ou un pays de transit sur la base d'accords internationaux ou un pays tiers avec l'accord de celui-ci et de l'intéressé. La décision doit offrir un délai, compris en principe entre sept et trente jours, pour un départ « volontaire ». À défaut est prise une décision d'éloignement qui, dans le respect du principe de proportionnalité (135), peut être assortie de mesures coercitives y compris, si nécessaire, la rétention d'une durée maximale de six mois pouvant être prolongé de douze mois si l'opération d'éloignement ne peut s'effectuer plus tôt (136). La décision de retour peut être assortie d'une interdiction d'entrée.

Toutes ces décisions doivent être écrites, motivées, susceptibles de recours administratif ou judiciaire dont elles doivent mentionner l'existence.

§ 3. COOPÉRATION POLICIÈRE

132 Elle se réalise avant tout par des actions de terrain sur l'efficacité présente desquelles des doutes sont parfois émis (137). Les progrès sont cependant réels et les actions multiples (138).

(132) *JOUE* L 261, 6 août 2004.

(133) Décision n° 575/2007 du 23 mai 2007 portant création du Fonds européen pour le retour pour la période 2008-2013 dans le cadre du programme général Solidarité et gestion des flux migratoires, *JOUE* L 144, 8 juin 2007.

(134) *JO* L 348, 24 déc. 2008.

(135) CJUE, 28 avr. 2011, *El Dridi*, C 61/11 PPU.

(136) Sur le caractère absolu du délai de rétention, CJCE, 30 nov. 2009, *Shamilovich Kadzoev*, C 357/09 PPU.

(137) H. Labayle, « Instruments et procédures de l'espace de liberté, sécurité et justice : quelques réflexions critiques », *Europe*, janv. 2003, p. 3.

(138) V. S. de Biolley, Coopération policière dans l'Union européenne, *J.-Cl. Europe* fasc. 2680.

La convention créant un office européen de police, ou convention Europol signée après une âpre négociation le 26 juillet 1995 et complétée par un protocole additionnel du 23 juillet 1996, qui détermine la compétence de la Cour de justice des Communautés européennes, est entrée en vigueur le 1er octobre 1998. Le 6 avril 2009 la convention a été remplacée par la décision 2009/371 JAI qui confère à Europol le statut d'agence européenne.

La compétence d'Europol s'étend à la criminalité organisée, au terrorisme, au trafic illicite de drogue et autres formes de criminalité grave. Europol n'est pas une véritable police criminelle mais un organisme d'assistance aux polices nationales qui désignent une unité nationale chargée d'assurer la liaison entre Europol et les autorités compétentes de l'État membre et détache un officier de liaison auprès d'Europol. S'agissant de la prévention de la criminalité, Europol collecte, stocke et traite des informations qui sont mises à la disposition des États grâce au système d'information Europol. Mais Europol participe également à la répression en transmettant aux États les informations de nature à faciliter leurs enquêtes et même en participant à des équipes d'enquêtes communes à plusieurs États. Il peut en outre demander aux États d'ouvrir des enquêtes.

Le système de Schengen s'est également renforcé et sur le plan opérationnel, par le passage au SIS II, et par l'extension du droit d'observation au-delà des frontières qui est reconnu pour de nouvelles infractions telles que l'escroquerie grave, la participation à une filière d'immigration clandestine ou à des actes de terrorisme, ou encore une infraction grave de nature sexuelle (139).

§ 4. COOPÉRATION JUDICIAIRE EN MATIÈRE PÉNALE

133 La coopération judiciaire pénale vise à réaliser un véritable espace pénal européen allant très au-delà des dispositions classiques d'entraide pénale. Bien que son développement soit entravé par la répugnance des États à se dessaisir de leurs compétences dans une matière qui touche de près aux prérogatives de souveraineté, la coopération judiciaire pénale progresse. L'entrée en vigueur du traité de Lisbonne qui en étend le domaine et permet l'adoption des décisions à la majorité qualifiée (TFUE art. 82 et 83) ne peut que favoriser la progression de l'espace pénal européen dans ses trois composantes : la coopération opérationnelle, la reconnaissance mutuelle des décisions pénales et le rapprochement des législations pénales.

A. La coopération opérationnelle et Eurojust

134 Eurojust constitue la mesure phare de la coopération opérationnelle, allant au-delà du réseau judiciaire européen en matière pénale qui amène chaque État à désigner des points de contact judiciaires chargés de faciliter la coopération entre États membres ainsi que des magistrats de liaison. Précédée par une unité provisoire dite Pro-eurojust, Eurojust a été instituée par la décision n° 2002/187/JAI du 28 février 2002 (140). Elle

(139) Décision n° 2003/725/JAI du Conseil, 2 oct. 2003, *JOUE* L 260, 11 oct. 2003.
(140) *JOCE* L 63, 2 mars 2002.

fait à bien des égards figure de pendant judiciaire d'Europol ; aussi bien avait-on critiqué le déséquilibre qui existait entre la coopération judiciaire et la coopération policière. Pour autant, Eurojust n'a pas pour fonction de contrôler Europol mais collabore avec celui-ci lorsque l'utilité s'en fait sentir. Organe de l'Union, doté de la personnalité juridique, Eurojust se compose d'« un membre national, détaché par chaque État membre ayant la qualité de procureur, de juge ou d'officier de police ayant des prérogatives équivalentes » (art. 2) qui pourra être assisté par une ou plusieurs personnes. Elle est compétente au moins pour toutes les infractions qui relèvent de la compétence d'Europol, avec lequel la lie un accord de coopération signé le 9 juin 2004. L'objectif poursuivi est de renforcer la coordination entre les États membres en ce qui concerne les enquêtes et poursuites judiciaires tout particulièrement, non de dessaisir ces derniers.

Une des originalités est que l'action d'Eurojust peut être conduite à un double niveau. Elle est normalement l'œuvre des magistrats nationaux qui demandent ou apportent leur concours aux États concernés, par exemple demandent l'ouverture d'une enquête. Mais si l'enquête ou la poursuite concerne des États autres que ceux directement impliqués ou si se pose une question générale relative à la réalisation des objectifs d'Eurojust, ou si un ou plusieurs membres nationaux le demandent, Eurojust agit en tant que collège. C'est particulièrement le cas lorsqu'un État se montre réticent à fournir des informations ou accepter la coordination qui peut aller jusqu'à la mise en place d'une équipe d'enquête commune : en pareille hypothèse le refus opposé à Eurojust doit être motivé (art. 8).

La coopération entre les États membres reposant très largement sur des échanges d'informations, la décision qui institue Eurojust contient une réglementation minutieuse visant à assurer un niveau de protection des données à caractère personnel conforme à celui qui résulte de la convention du Conseil de l'Europe du 28 janvier 1981.

Par une formule quelque peu ambiguë le traité de Lisbonne prévoit que le Conseil peut « instituer un parquet européen à partir d'Eurojust » (TFUE art. 86).

B. La reconnaissance mutuelle des décisions pénales : l'exemple du mandat d'arrêt européen

135 La reconnaissance mutuelle des décisions pénales constitue, selon le Conseil européen de Tempere des 15 et 16 octobre 1999, « la pierre angulaire » de la coopération judiciaire. Elle concerne les décisions infligeant à titre définitif une sanction pécuniaire (décision-cadre 2005/14 JAI du 24 février 2005), les décisions relatives à la confiscation des produits, des instruments et des biens en rapport avec le crime (décision-cadre 2006-787 JAI du 6 octobre 2006), les décisions prononçant des peines ou mesures privatives de liberté (décision-cadre 2008/909 JAI du 27 novembre 2008) et celles qui infligent seulement des mesures de probation ou des peines de substitution à l'emprisonnement (décision-cadre 2008/947 du 27 novembre 2008). Mais elle porte également sur des décisions présentencielles telles celles relatives au gel de biens ou d'éléments de preuve (décision-cadre 2003/577 JAI du 22 juillet 2003) ou à la reconnaissance mutuelle des mesures de contrôle de la personne au cours d'une procédure pénale (décision-cadre 2009/829 JAI du 23 octobre 2009), celle relative au mandat européen d'obtention de preuves (décision-cadre 2008/978 JAI du 18 décembre 2008) et celle relative au mandat d'arrêt et aux procédures de remise entre les États membres qu'institue le mandat d'arrêt européen. Un point commun à ces décisions-cadres : si elles posent le principe de la reconnaissance, elles n'en laissent pas moins subsister des motifs de refus d'exécution mais ceux-ci sont limitativement énumérés.

136 **Le mandat d'arrêt européen.** Le but poursuivi est de substituer à la procédure d'extradition complexe et lente, un système de reconnaissance mutuelle accélérant l'arrestation et la remise de la personne recherchée à l'État membre qui la poursuit. La décision-cadre du 13 juin 2002 (141) qui l'institue définit le mandat d'arrêt européen comme « une décision judiciaire émise par un État membre en vue de l'arrestation et de la remise par un autre État membre d'une personne recherchée pour l'exercice de poursuites pénales (142) ou pour l'exécution d'une peine ou d'une mesure de sûreté privatives de liberté » (art. 1er § 1). Les autres États sont tenus d'exécuter ce mandat, dans le respect des droits fondamentaux de la personne. L'exécution relève nécessairement de l'autorité judiciaire (art. 6 § 2), ce qui constitue une garantie non négligeable pour les intéressés, même si le délai imparti est bref, au plus 60 jours à compter de l'arrestation (art. 17 § 3), 10 jours à compter de l'émission du mandat d'arrêt si la personne est consentante.

Malgré des difficultés et retards de transposition, tels l'annulation par La Cour constitutionnelle allemande de la loi de transposition pour non-respect des droits fondamentaux, le mandat d'arrêt est entré progressivement en application (143).

Le mandat d'arrêt européen ne concerne que les infractions graves, celles passibles dans l'État d'émission d'une privation de liberté d'au moins douze mois ou ayant abouti à une condamnation d'au moins quatre mois de privation de liberté (art. 2 § 1er). En revanche, l'exigence de double incrimination – dans l'État émetteur et dans l'État requis d'arrêter et remettre la personne poursuivie –, qui est traditionnelle dans le droit de l'extradition, est supprimée pour 32 infractions graves telles que racisme et xénophobie, coups et blessures graves, trafic de véhicules volés, corruption, exploitation sexuelle des enfants, terrorisme, liste qui est proche de celle des infractions qui relèvent de la compétence d'Europol et Eurojust (art. § 2), à condition qu'elles soient punies dans l'État d'émission d'une peine supérieure à trois ans de prison. Dans l'arrêt *Advocaten voor de Wereld VZW*, C 303/04, rendu le 3 mai 2007 (144), la Cour a jugé que la suppression de la double incrimination n'enfreignait ni le principe de légalité des délits et des peines ni celui d'égalité et de non-discrimination.

À cela s'ajoute que l'État requis ne peut opposer l'exception d'infraction politique, ni refuser de livrer un de ses ressortissants ou résidents à moins qu'il ne prenne l'engagement d'exécuter la peine (mais il peut demander que son ressortissant lui soit renvoyé après condamnation pour exécuter la peine sur son territoire). La décision-cadre 2009/209 JAI du 26 février 2009 (145) sanctionne par la possibilité de refuser l'exécution du mandat d'arrêt le non-respect les garanties fondamentales du procès équitable.

(141) 2002/584/JAI, *JOUE* L 190, 18 juill. 2002.

(142) Une personne qui a été condamnée par défaut et qui dispose de la possibilité de demander une nouvelle procédure est assimilée à une personne qui a fait l'objet d'un mandat d'arrêt à des fins de poursuites, CJUE, 21 oct. 2010, *I.B.*, C 306/09.

(143) V. S. Combeaud, « Premier bilan du mandat d'arrêt européen », *RMCUE* févr. 2006, p. 114.

(144) *RDUE* 2007, chronique de jurisprudence, p. 472.

(145) *JOUE* L 81, 27 mars 2009.

C. Le rapprochement des législations pénales

137 **Rapprochement**, car il s'agit seulement d'établir des règles minimales communes – et non d'une harmonisation –, telle est la notion consacrée par les traités et que confirme le traité de Lisbonne. Elle symbolise la prudence qui s'impose en ce domaine face aux réticences des États mais n'empêche pas la coopération de progresser. Les textes ont tendance à se multiplier même s'agissant de la procédure pénale, domaine dans lequel l'évolution a été plus tardive.

Deux concernent les garanties accordées aux victimes d'infractions. La décision-cadre 2001/220 JAI du 15 mars 2001 (146) relative au statut des victimes prévoit que celles-ci doivent jouer un rôle réel et approprié dans le système pénal, ce qui leur confère un droit à l'information, à la fourniture d'éléments de preuve et à être entendues. Mais elle demeure le plus souvent imprécise concernant les modalités d'exercice de ces droits et subordonne l'effectivité d'autres droits tels que celui d'obtenir la réparation du préjudice dans le cadre de la procédure pénale à la volonté des législateurs nationaux. La directive n° 2004/80 du 29 avril 2004 (147) relative à l'indemnisation des victimes de la criminalité concerne essentiellement le règlement des affaires transfrontalières et prévoit que s'il incombe à l'État du lieu de l'infraction de traiter la demande d'indemnisation et, le cas échéant, de verser l'indemnité, la victime peut présenter sa demande dans l'État dans lequel elle réside. Pour les autres affaires elle se borne à imposer aux États de veiller à prévoir un régime d'indemnisation juste et approprié pour les victimes de la criminalité intentionnelle violente. La décision-cadre 2005/212 JAI du 24 février 2005 (148) relative à la confiscation des produits, des instruments et des biens en rapport avec le crime reconnaît aux États la faculté d'étendre la confiscation aux biens appartenant aux proches ou aux associés de la personne condamnée. La décision-cadre 2000/948 JAI du 30 novembre 2009 vise à prévenir les procédures parallèles concernant une même personne pour les mêmes faits, par voie de consultation directe entre les autorités nationales compétentes ou, à défaut d'accord, par renvoi à Eurojust si l'affaire relève de son domaine de compétence. La directive n° 2010/64 du 20 octobre 2010 confère aux suspects et aux personnes poursuivies qui ne comprennent pas la langue de la procédure pénale un droit à bénéficier des services d'un interprète et à la traduction des documents essentiels. Enfin il est demandé aux juridictions pénales de tenir compte des condamnations prononcées antérieurement pour d'autres faits dans d'autres États membres afin de leur accorder un effet équivalent à celui qui s'attacherait à une décision nationale (directive-cadre n° 2008/675 JAI du 24 juillet 2008).

Le bilan est encore plus riche concernant le rapprochement des normes pénales substantielles. Nombreux sont en effet les textes sectoriels – le plus souvent des décisions-cadres – qui contiennent des dispositions définissant les éléments constitutifs d'une infraction et la détermination des peines applicables. Ils sont intervenus dans les domaines expressément prévus par les articles 29 et 31 § 1 TUE : traite des êtres humains (décision-cadre 2002/629 JAI du 19 juillet 2002), exploitation sexuelle des enfants (décision-cadre 2004/68 JAI du 22 décembre 2003), corruption (décision-cadre 2003/568 JAI du 22 juillet 2003 relative à la lutte contre la corruption dans le secteur privé), fraude (149) contre l'euro (décision-cadre

(146) *JOCE* L 82, 22 mars 2001.
(147) *JOUE* L 262, 6 août 2004.
(148) *JOUE* L 68, 15 mars 2005.
(149) La protection des intérêts financiers des Communautés européennes a fait l'objet d'une importante convention adoptée le 26 juill. 1995 et complétée par des protocoles.

2000/383 JAI du 29 mai 2000), contrefaçon des moyens de paiement autres que les espèces (décision-cadre 2001/41 du 2 juin 2001), criminalité organisée (décision-cadre 2008/841 JAI du 24 octobre 2008), trafic de drogue (décision-cadre 2004/757 JAI du 25 octobre 2004), terrorisme (v. *infra*, n° 138). Mais également dans d'autres domaines : blanchiment d'argent (décision-cadre 2001/500 JAI du 5 juillet 2001), cybercriminalité (décision-cadre 2005/222 JAI du 24 février 2005), environnement (v. *infra*, n° 372). Et cette liste, qui n'est pas exhaustive, est appelée à s'allonger.

Il reste que si ces textes sont assez précis sur la définition des infractions, ils laissent en revanche aux États une très grande latitude en ce qui concerne la détermination des peines applicables. Certains se limitent à imposer aux États d'édicter des sanctions pénales effectives, proportionnées et dissuasives. Les plus ambitieux ne vont pas au-delà de la fixation du « socle minimal de la peine maximale » – par exemple s'agissant de l'exploitation sexuelle des enfants une privation de liberté d'une durée maximale d'au moins un à trois ans, cinq à dix ans en cas de circonstances aggravantes – et ne prévoient rien concernant la peine minimale.

§ 5. LUTTE CONTRE LE TERRORISME

138 Précédée par une position commune adoptée dans le cadre de la PESC dès le 27 décembre 2001 (150), position complétée par un gel des fonds finançant des activités terroristes (151), la décision-cadre du 13 juin 2002, n° 2002/475 JAI (152) constitue le pivot de l'arsenal législatif dont s'est dotée l'Union.

Elle innove par rapport au droit international alors en vigueur (153) en ce qu'elle contient une définition des actes terroristes, « actes… qui, par leur nature ou leur contexte, peuvent porter gravement atteinte à un pays ou à une organisation internationale lorsque l'auteur les commet dans le but de :

– gravement intimider une population ou,

– contraindre indûment des pouvoirs publics ou une organisation internationale à accomplir ou à s'abstenir d'accomplir un acte quelconque ou,

– gravement déstabiliser ou détruire les structures fondamentales politiques, constitutionnelles, économiques ou sociales d'un pays ou d'une organisation internationale ».

Suit une liste des actes concernés que l'on serait tenté de qualifier d'habituels en la matière tels que les atteintes à la vie ou à l'intégrité physique d'une personne, la prise d'otages, les destructions massives d'une installation gouvernementale, la mise en danger de vies humaines, le recours à des armes notamment atomiques, biologiques ou chimiques (ou la simple recherche concernant ces deux dernières), la perturbation de l'approvisionnement en eau ou électricité mettant en danger des vies humaines, la capture d'aéronef, navire ou autre mode de transport, ou la menace de recourir à l'un de ces actes.

(150) 2001/931/PESC, *JOCE* L 344, 28 déc. 2001.

(151) Règlement n° 2580/2001, du 27 déc. 2001, *JOCE* L 344, 28 déc. 2001.

(152) *JOCE* L 164, 22 juin 2002.

(153) À l'exception de la convention des Nations unies pour la suppression du financement du terrorisme, du 9 déc. 1999.

Les États membres s'engagent à punir de peines effectives et dissuasives la participation aux activités d'un groupe terroriste, *a fortiori* la direction d'un tel groupe, également l'incitation à accomplir un acte terroriste ou la complicité et à sanctionner les personnes morales tenues pour responsables de l'une de ces infractions.

Des mesures spécifiques de coopération policière, par l'intermédiaire d'Europol, et judiciaire, par l'intermédiaire d'Eurojust, ont été instituées par la suite (154), des mesures financières ainsi que des restrictions de circulation sont prises à l'encontre de groupes ou de personnes suspects de participer à des actions terroristes qui sont inscrits sur une liste tenue à jour (155). Des mesures particulières ont été prises pour assurer la mise en œuvre des résolutions arrêtées par le Conseil de sécurité de l'ONU à l'encontre d'Oussama Ben Laden, l'organisation Al Quaida et les Taliban, notamment le gel des fonds et autres ressources financières mais qui ne s'étend pas aux ressources nécessaires aux dépenses de base telles que les prestations d'assistance sociale versées au conjoint (156). Le règlement n° 467/2001 du 6 mars 2001 prévoit le gel des fonds appartenant aux personnes désignées par le comité des sanctions de l'ONU, personnes dont les noms sont portés en annexe I sur une liste régulièrement mise à jour. Dans l'arrêt *Kadi et Al Barakaat International Fondation*, du 3 septembre 2008 (C 402/05 P et C 415/05 P) la Cour de justice, contrairement au TPI, a admis que bien que pris pour assurer l'exécution d'une résolution du Conseil de sécurité, ce règlement était assujetti au plein contrôle du respect des droits fondamentaux (contrôle que le TPI limitait au respect des droits relevant du jus cogens). Elle a annulé le règlement, en particulier pour violation du droit à un recours juridictionnel effectif (car ce dernier n'est pas assuré devant le comité des sanctions), tout en laissant subsister ses effets jusqu'à l'édiction du nouveau règlement. Et un abondant contentieux permet, entre autres, que se poursuive le dialogue entre la Cour et le Tribunal (157).

Enfin, l'Union se dote des règles harmonisant les législations pénales relatives à des infractions qui peuvent être liés au terrorisme, telles que les attaques visant les systèmes d'information (158) ou le blanchiment de capitaux (159) et impose la traçabilité des virements de fonds (160). Cela sans préjudice de la coopération internationale notamment avec les États-Unis, coopération qui a parfois soulevé des problèmes délicats concernant la communication d'informations relatives aux passagers aériens.

BIBLIOGRAPHIE

I. Ouvrages

J. Auvret-Finck (dir), *L'Union européenne et la lutte contre le terrorisme*, Bruxelles, Larcier, 2010.

A. Bailleux, *Les interactions entre libre circulation et droits fondamentaux dans la jurisprudence communautaire. Essai sur la figure du juge traducteur*, Bruxelles, Bruylant, 2009 ▪ A. Berramdane et

(154) Décision n° 2003/48/JAI du 19 déc. 2002, *JOCE* L 16, 22 janv. 2003.

(155) Position commune 2001/931 PESC du 27 déc. 2001 relative à l'application de mesures spécifiques en vue de lutter contre le terrorisme, *JOUE* L 344 du 28 déc. 2001.

(156) CJUE, 29 avr. 2010, *M e.a.*, C 340/08.

(157) Par exemple, TPIUE, 30 sept. 2010, *Kadi*, T 85/09, *Europe* 2010, n° 354, D. Simon.

(158) Décision-cadre n° 2005/222 JAI du 24 févr. 2005, *JOUE* L 69, 16 mars 2005.

(159) Dir. n° 2005/60 du 26 oct. 2006 relative à la prévention de l'utilisation du système financier aux fins du blanchiment de capitaux et de financement du terrorisme, *JOUE* L 309, 25 nov. 2005 qui refond la législation antérieure modifiée par la dir. 2008/20 du 11 mars 2008, *JOUE* L 76 du 19 mars 2008.

(160) Règlement n° 1781/2006 du 15 nov. 2006, relatif aux informations concernant le donneur d'ordre accompagnant les virements de fonds, *JO* L 345, 8 déc. 2006.

J. ROSSETTO (dir.), *La politique européenne d'immigration*, Paris, Éditions Karthala, 2009 ■ N. BERGER, *La politique européenne d'asile et d'immigration. Enjeux et perspectives*, Bruxelles, Bruylant, 2000 ■ C. BERTRAND (dir.), *L'immigration dans l'Union européenne*, Paris, L'Harmattan, 2008 (notamment les études de C. BERTRAND et F. MAZERON) ■ M. BONNECHÈRE (dir.), *Trente ans de libre circulation des travailleurs*, Colloque CEDECE, Paris, 10 octobre 1997, La Documentation française, 1998 ■ D. BOUTEILLET-PAQUET, *L'Europe et le droit d'asile*, L'Harmattan, Paris, 2001 ■ D. BOUTEILLET-PAQUET (dir.), *La protection subsidiaire des réfugiés dans l'Union européenne : un complément à la convention de Genève ?*, Bruxelles, Bruylant, 2002 ■ P. DE BRUYCKER (dir.), *L'émergence d'une politique européenne d'immigration*, Bruxelles, Bruylant, 2003 ■ J.-Y. CARLIER, *La condition des personnes dans l'Union européenne*, Bruxelles, Larcier, 2007 ■ J.-Y. CARLIER et P. DE BRUYCKER (dir.), *Actualité du droit européen de l'immigration et de l'asile*, Bruxelles, Bruylant, 2005 ■ M.-E. CARTIER (dir.), *Le mandat d'arrêt européen*, Bruxelles, Bruylant, 2005 ■ D. DOLLAT, *Libre circulation des personnes et citoyenneté européenne : enjeux et perspectives*, Bruxelles, Bruylant, 1998 ■ P. GARRONE, *La libre circulation des personnes*, Verlag, Zurich, 1993 ■ N. GUIZEMANES, *La circulation et l'activité économique des étrangers dans la Communauté européenne*, Paris, 1990 ■ V. HREBLAY, *Les accords de Schengen*, Bruxelles, Bruylant, 1998 ■ A. ILIOPOULOU, *Libre circulation et non discrimination, éléments du statut du citoyen européen*, Bruylant, 2008 ■ G. DE KERKHOVE et A. WEYEMBEREH (dir.), *La reconnaissance mutuelle des décisions judiciaires pénales dans l'Union européenne*, éd. de l'Université de Bruxelles, 2001 ■ H. LABAYLE et F. JULIEN-LAFERRIÈRE (dir.), *La politique européenne d'immigration et d'asile*, éd. ULB, Bruylant, 2005 ■ S. LECLERC, *La libre circulation des personnes dans l'Union européenne*, Bruxelles, Bruylant, 2009 ■ D. MARTIN, *La libre circulation des personnes dans l'Union européenne*, Bruylant, 1995 ■ A.-S. MILLET-DEVALLE (dir.), L'Union *européenne et la protection des migrants et des réfugiés*, Paris, Pedone, 2010 ■ J. MONAR, R. MORGAN (éd.), *The third Pillar of the European Union*, Colloque de Bruges, Bruxelles, 1994 ■ A. PAULY, *Les accords de Schengen : dissolution des frontières intérieures ou menace pour les libertés publiques ?*, IEAP, 1993 ■ J. PRADEL, G. COASTENS, G. VERMEULEN, *Droit pénal européen*, Dalloz, 3e éd., 2009 ■ C. DE SOUSA et Ph. DE BRUYCKER, *L'émergence d'une politique d'asile*, Bruxelles, Bruylant, 2004.

II. ARTICLES, ÉTUDES ET DOCUMENTS

J.-F. AKANDJI-KOMBÉ, « Accords de Schengen » ; « Étranger », *Rép. Dalloz droit communautaire* ■ E. BARBE, « Une triple étape pour le troisième pilier de l'Union européenne : mandat d'arrêt européen, terrorisme et Eurojust », *RMCUE* janvier 2002, p. 5 ■ L. BENOÎT, « Le mandat d'arrêt européen », *RMCUE* février 2003, p. 106 ■ J.-P. et M.-J. BERAUDO, « Injonction de payer européenne et procédure de règlement des petits litiges », *Juris-Classeur Europe*, fasc. 2820 ; « convention de Bruxelles, convention de Lugano, règlement nº 44/2001 du Conseil du 22 décembre 2000 », *Juris-Classeur Europe*, fasc. 2990, 3000, 3001, 3010, 3011, 3020, 3021, 3022, 3023, 3030, 3031, 3040, 3050 et 3060 ■ S. DE BIOLLEY, « Coopération policière dans l'Union européenne », *Juris-Classeur Europe* fasc. 2680 ; « Eurojust », « Europol », fasc. 2690 ■ H. BRIBOSIA, « Liberté, sécurité, justice : l'imbroglio d'un nouvel espace », *RMUE* 1998-1, p. 27 ■ V. CHETAIL, « Le code communautaire relatif au franchissement des frontières : une nouvelle étape dans la consolidation de l'acquis Schengen », *Europe* août septembre 2006, p. 4 ■ J.-M. CORTÉS MARTIN, « Immigration et regroupement familial dans l'Union européenne : un droit à géométrie variable ? », *RDUE* 2005, p. 721 ■ Y. GAUTIER, « Accords de Schengen », *Juris-Classeur Europe*, fasc. 2630 ■ T.-H. Groud, « Obtention des preuves en matière civile et commerciale », *Juris-Classeur Europe*, fasc. 2800 ■ Groupe de Haut-Niveau (présidé par Mme S. Veil), *Rapport sur la libre circulation des personnes*, Commission européenne, 1997 ■ A. ILIOPOULOU, « Le nouveau droit de séjour de citoyens de l'Union et des membres de leur famille : la directive nº 2004/38 CE », *RDUE* 2004, p. 523 ■ H. LABAYLE, « « Espace de liberté, de sécurité et justice », *Juris-Classeur Europe*, fasc. 2620 ; « Un espace de liberté, de sécurité et de justice », *RTDE* 1997, p. 813 ; « Instruments et procédures de l'espace de liberté, sécurité et justice : quelques réflexions critiques », *Europe* janvier 2003, p. 5 ■ A. MARMISSE-D'ABADIE D'ARRAST, « Coopérations civile et pénale », *Rép. Dalloz, Dr. communautaire* ■ D. Martin, « Libre circulation des travailleurs » *Juris-Classeur Europe*, fasc. 186 ■ A. Mattera, « *Civis europaeus sum* », *RMUE* 1998-3, p. 5 ■ C. Nourissat, « Le règlement n° 1896/2006 du 12 décembre 2006 instituant une procédure européenne d'injonction de payer », *Europe* mai 2007, p. 4 ■ H. Péroz, « Titre exécutoire européen », *Juris-Classeur Europe*, fasc. 2810 ■ J. Pertek et E. Sleiman, *Les étudiants et la Communauté, l'esquisse d'un statut de l'étudiant en mobilité, RMC* 1998, p. 306 ■ L.-E. Petiti, « Les accords de Schengen », *Rép. Dalloz droit communautaire* ■ P. Prevel, « L'application du mandat d'arrêt européen », *CDE* 2007, p. 695 ■ J.-C. Séché, « L'entrée et le séjour », *Commentaire Mégret,* 2e éd., volume 3, p. 81 ■ D. Siritsky, « Mandat d'arrêt européen », *Juris-Classeur Europe*, fasc. 2730 ■ P. Weckquel, « La convention additionnelle à l'accord de Schengen », *Revue générale de droit international public,* 1991, p. 405 ■ A. Weyembergh, « Coopération judiciaire pénale », *Juris-Classeur Europe*, fasc. 2700 ; « Reconnaissance mutuelle en matière pénale dans l'Union européenne », *Juris-Classeur Europe*, fasc. 2720.

III. Chronique

S. de Briolley et A. Weyembergh, « Chronique relative à l'espace de liberté, sécurité et justice », *CDE.*

Nos 139 à 149 réservés.

CHAPITRE 2
LA LIBERTÉ PROFESSIONNELLE

150 **La liberté professionnelle, droit de la personne.** Le droit d'exercer librement une activité professionnelle a, dans le droit de l'Union comme dans les droits nationaux, acquis aujourd'hui le statut de droit fondamental de la personne. Le traité d'Amsterdam consacre et parachève cette évolution. Il fait de la promotion d'un niveau d'emploi élevé l'un des objectifs de l'Union (TUE, art. 2) et renvoie à deux Chartes sociales qui ont inscrit ce droit en tête de leurs dispositions (CE, art. 136 devenu art. 151 TFUE). D'après la Charte sociale européenne, signée à Turin le 18 octobre 1961, « toute personne doit avoir la possibilité de gagner sa vie par un travail librement entrepris » (Partie I, 1°). La Charte communautaire des droits sociaux fondamentaux des travailleurs des 8 et 9 décembre 1989 proclame, quant à elle, le droit de « tout travailleur d'exercer toute profession ou tout métier dans la Communauté », droit dont la libre circulation constitue un moyen de réalisation (art. 2). Enfin la Charte des droits fondamentaux reconnaît à « toute personne le droit de travailler et d'exercer une profession librement choisie ou acceptée » (art. 15 § 1), les citoyens de l'Union pouvant chercher un emploi, travailler, s'établir ou fournir des services « dans tout État membre » (art. 15 § 2). Mais depuis fort longtemps déjà les dispositions des traités relatives à la libre circulation des travailleurs, à la liberté d'établissement et à la libre prestation de services constituent un socle permettant la réalisation de la liberté professionnelle. Le traité de Lisbonne n'a pas apporté de modifications au régime de la liberté professionnelle.

Il reste que dans les traités constitutifs la liberté professionnelle apparaissait moins comme un droit de la personne que comme un instrument de mobilité des acteurs économiques, de la main-d'œuvre tout particulièrement. Si elle conserve une part de vérité, cette optique, on le sait, s'avère à présent largement dépassée en ce qui concerne les citoyens de l'Union européenne. Au contraire, elle continue à dominer la condition juridique des personnes morales. Le libre exercice de l'activité professionnelle que peut revendiquer une société désireuse de s'implanter dans un autre État membre bénéficie certes aux actionnaires ou autres catégories d'associés ; il n'en demeure pas moins plus un élément d'accès au marché des services qu'un droit fondamental de la personne. Même si les sociétés bénéficient de ce droit dans l'ordre juridique communautaire, elles sont un instrument d'action économique. On peut donc étudier dans le présent chapitre essentiellement les règles concernant les personnes physiques : leur champ d'application (section I), les droits reconnus (section II) et les règles concernant la qualification professionnelle (section III), tout en signalant les spécificités du régime des personnes morales.

SECTION I CHAMP D'APPLICATION DE LA LIBERTÉ PROFESSIONNELLE : DU LIBRE ACCÈS DES PERSONNES À LA PROFESSION

151 C'est au travers de la trinité des libertés consacrées par le traité (§ 1) que le droit de l'Union a progressivement déterminé non seulement le principe du libre accès à la profession mais également ses bénéficiaires (§ 2) et les emplois ou services exclus (§ 3). Cette présentation mérite d'être conservée comme point de départ de l'analyse, bien qu'elle soit partiellement dépassée dans la mesure où le régime des travailleurs indépendants est sur beaucoup de points très proche de celui des travailleurs salariés.

§ 1. LES LIBERTÉS CONSACRÉES PAR LE DROIT COMMUNAUTAIRE

152 Le traité TFUE (art. 45 à 62 ex. art. 39 à 55 CE) distingue trois libertés : libre circulation des travailleurs qui concerne uniquement les personnes physiques, liberté d'établissement et libre prestation de services qui concernent également les sociétés et ont fait l'objet de l'importante directive n° 2006/123 du 12 décembre 2006 relative aux services dans le marché intérieur (1), dite directive services. Cette directive établit les dispositions générales visant à faciliter l'établissement des prestataires de services et la libre circulation des services.

A. Libre circulation des travailleurs et libre accès aux emplois salariés

153 La libre circulation des travailleurs, telle que la présente l'article 45 TFUE (ex art. 48, puis 39 CE) comporte deux séries d'éléments :

1) « L'abolition de toute discrimination fondée sur la nationalité… en ce qui concerne l'emploi, la rémunération et les autres conditions de travail », d'où la reconnaissance du droit de « répondre à des emplois effectivement offerts » ;

2) la liberté de circuler et de séjourner sur le territoire des États membres. Condition première de réalisation de la liberté d'accès à l'emploi, le droit de séjour n'en est pas moins autonome tant par sa finalité que quant à son domaine d'application. L'article 1er du règlement n° 1612/68 confirme que la liberté professionnelle se compose

(1) *JOUE* L 376, 27 déc. 2006.

bien de deux éléments, « le droit d'accéder à une activité salariée et de l'exercer sur le territoire d'un autre État membre ».

B. Liberté d'établissement

154 Aux termes de l'article 49 al. 2 TFUE (ex art. 43 al. 2 CE), « la liberté d'établissement comporte l'accès aux activités non salariées et leur exercice, ainsi que la constitution et la gestion d'entreprises » dans un autre État membre. Elle implique l'installation dans le pays d'accueil pour y exercer une activité, donc la création d'une entreprise. Comme la libre circulation des travailleurs, la liberté d'établissement comprend deux éléments : le droit d'accéder à la profession et celui d'exercer la profession.

En principe, l'activité non salariée est exercée à titre permanent ; cela distingue l'établissement de la libre prestation de services. Cependant, dans certains cas, il peut s'avérer difficile de tracer la frontière entre liberté d'établissement et libre prestation de services (*infra*, n° 155 et s.).

L'établissement peut être un établissement principal ou un établissement secondaire. L'établissement principal peut être créé, soit directement dans l'État membre concerné par l'implantation d'une structure stable à partir de laquelle les services seront fournis, par exemple ouverture d'un cabinet d'architecte ou d'avocat, soit par transfert dans un État membre de la structure qui préexistait dans un autre État membre, par exemple cabinet d'avocat transféré de Paris à Bruxelles. L'ouverture d'un établissement secondaire présuppose l'existence dans un autre État membre d'un établissement principal et se réalise sous forme de création d'agence, succursale ou filiale (art. 49 TFUE), bureau, cabinet secondaire…

C. Libre prestation de services

1. Notion de services

155 Même si on se limite à son sens matériel et exclue le sens organique, la notion de service est susceptible de plusieurs acceptions. Largement entendue, elle couvre toute prestation fournie par une personne à une autre, contre rémunération. À ce titre, les prestations qu'un salarié effectue au profit de l'entreprise dans laquelle il travaille constituent des prestations de service. Aussi bien le Code civil français (art. 1780) continue-t-il à se référer à la notion de louages de services. Mais il s'agit d'une terminologie désuète à laquelle s'est substituée aujourd'hui celle de contrat de travail. Le droit communautaire a confirmé cette évolution en rangeant les relations entre le salarié et l'entreprise dans la libre circulation des travailleurs.

Le traité (art. 57 TFUE) considère comme services les prestations fournies contre rémunération par des acteurs économiques indépendants. En l'absence de rémunération il n'y a pas prestation de services (par exemple, pour l'enseignement public financé par des fonds publics (2), solution contraire pour l'enseignement privé payant (3)).

(2) CJCE, 27 sept. 1988, *Humbel*, C 263/86, *Rec.* 5365.
(3) CJCE, 7 déc. 1993, *Wirth*, C 109-92, *Rec.* I-6447.

Mais dans l'arrêt *Smits et Peerbooms*, du 12 juillet 2001 (4) la Cour a admis que la délivrance de soins par un hôpital sans que le patient ait à les rémunérer constituait une prestation de service car l'hôpital était rémunéré par un tiers, la caisse d'assurance-maladie : cette solution marque un infléchissement de la jurisprudence parce que la caisse d'assurance-maladie ne remboursait pas le coût des prestations mais assurait à l'hôpital un financement sur une base forfaitaire.

Ainsi qu'il l'a été souvent remarqué, le traité donne à la notion de services un caractère « résiduel » (5), considérant comme services les prestations « dans la mesure où elles ne sont pas régies par les dispositions relatives à la libre circulation des marchandises, des capitaux et des personnes » (art. 57 TFUE). Cette conception, que reprend la directive services (art. 4) puisqu'elle se borne à renvoyer aux dispositions du traité, engendre de délicats problèmes de délimitation.

1. Bien que soumis par le traité à des dispositions particulières, les mouvements de capitaux relèvent logiquement du domaine des services tout comme les activités de caractère industriel, commercial, les activités artisanales et les activités des professions libérales que le traité range dans le chapitre consacré aux services. Mais ils sont soumis à des règles spécifiques. L'article 63 TFUE (ex art. 56 CE) prohibe toutes les restrictions aux mouvements entre les États membres et entre les États membres et les pays tiers. Lorsqu'un mouvement de capitaux concerne également la liberté d'établissement ou de services, par exemple la prise de participation dans le capital d'une société établie dans un autre État membre, la Cour examine laquelle des deux libertés est concernée à titre principal et, en principe, examine la question au regard de celle-ci seulement (6).

2. Au sein d'une même entreprise, il importe de distinguer les activités qui relèvent de la production des services de celles qui relèvent de la libre circulation des marchandises. L'exemple classique est celui des activités audiovisuelles : la production des émissions est une activité de service, les films vidéocassettes constituent des marchandises (7). Ici encore la Cour examine en principe l'affaire au regard de la liberté qui est affectée à titre principal ou premier ; ainsi, le monopole des chirurgiens-dentistes concernant la pose de prothèses dentaires affecte-t-il à titre principal la fourniture de services.

3. Une entreprise peut fort bien fournir des prestations de service dans un autre État en faisant venir temporairement dans cet État son propre personnel salarié. La société Rush Portugesa a fait venir du Portugal en France des travailleurs portugais pour effectuer des travaux sur des chantiers du TGV atlantique. En pareil cas, l'entreprise peut se prévaloir de la libre prestation de services, mais l'État d'accueil a le droit d'étendre sa législation ou les conventions collectives de travail aux salariés de l'entreprise concernée (8).

2. Contenu de la libre prestation de services

156 Le contenu de la libre prestation de services n'est que très incomplètement défini par le traité.

(4) CJCE, C 157/99, *Rec.* I-5473.

(5) V. O. Loy, *Traité instituant la CEE. Commentaire article par article*, art. 60, p. 325 ; J. Schapira, G. Le Tallec, J.-B. Blaise, L. Idot, *Droit européen des affaires*, 5e éd., 1999, p. 561.

(6) CJCE, 3 oct. 2006, *Fidium Finanz*, C 452/04, *Rec.* I-9252. Pour, ce qui est exceptionnel, un examen cumulatif CJCE, 22 janv. 2002, *Canal Satellite Digital*, C390/99, *Rec.* I-607.

(7) CJCE, 30 avr. 1974, *Sacchi*, 155/73, *Rec.* 409.

(8) CJCE, 27 mars 1990, *Rush Portugesa Lda*, C 133/89, *Rec.* I-1417 ; v. *infra*, nº 192.

Selon l'article 57 TFUE (ex art. 50 CE), la libre prestation de services permet au prestataire d'exercer à titre temporaire son activité dans le pays où la prestation est fournie. L'application du droit de l'Union implique que le prestataire et le destinataire du service ne soient pas dans le même État. Le plus souvent c'est le prestataire de service qui franchit la frontière, par exemple l'avocat qui se déplace pour représenter son client et plaider devant le tribunal d'un autre État membre. Mais le déplacement peut être le fait du destinataire de la prestation, par exemple le touriste ou le malade qui se rend dans un autre État membre pour y recevoir des soins (9). Il existe enfin une troisième forme dans laquelle c'est la prestation elle-même, ou son support, qui franchit la frontière : tel est le cas de la consultation adressée par un avocat à son client situé dans un autre État ou des émissions de télévision (10). La prestation de service concerne donc l'exercice d'une profession.

157 Dans l'hypothèse – la plus fréquente – du déplacement du prestataire, encore faut-il distinguer la prestation de service de l'établissement. L'intérêt de la distinction est important. En principe, celui qui s'établit dans un autre État membre est soumis aux mêmes règles que celles qui sont appliquées aux ressortissants alors que, selon une jurisprudence établie, la législation nationale ne s'applique pas intégralement au prestataire de services (*infra*, n° 192).

Le critère de distinction repose sur l'opposition entre le caractère permanent, continu, de l'établissement et le caractère provisoire que présente l'activité de prestation de services. Selon l'article 4 de la directive services, l'établissement implique « l'exercice effectif d'une activité économique… par le prestataire pour une durée indéterminée et au moyen d'une infrastructure stable à partir de laquelle la fourniture de services est réellement assurée ». Les situations de fait sont parfois délicates à trancher. Qu'en est-il, non pas de la filiale ou de la succursale, mais du simple bureau établi par une société d'assurances ou, encore, du cabinet secondaire installé dans un autre État par un médecin ou un avocat ? Soucieuse d'éviter des fraudes, la Cour a admis qu'une « entreprise… qui maintient, dans l'État membre en cause, une présence permanente, « crée un établissement » même si cette présence n'a pas pris la forme d'une succursale ou d'une agence, mais s'exerce par le moyen d'un simple bureau géré par le propre personnel de l'entreprise, ou d'une personne indépendante mais mandatée pour agir en permanence » (11).

Cependant, « le caractère temporaire de la prestation n'exclut pas la possibilité pour le prestataire de services… de se doter, dans l'État d'accueil, d'une certaine infrastructure (y compris un bureau, cabinet ou étude) dans la mesure où cette infrastructure est nécessaire aux fins de l'accomplissement de l'activité en cause » (pour un cabinet d'avocat reconnu en l'espèce comme relevant de l'établissement (12) ; pour une société de leasing mettant des voitures particulières à la disposition de clients établis dans un autre État membre (13)).

(9) CJCE, 31 janv. 1984, *Luisi et Carbone,* aff. j. 286/82 et 26/83, *Rec.* 377.
(10) CJCE, 30 avr. 1974, *Sacchi,* préc.
(11) CJCE, 4 déc. 1986, *Commission c. Allemagne*, 220/83, *Rec.* 3663 concernant une compagnie d'assurance.
(12) CJCE, 30 nov. 1995, *Gebhard*, C 55/44, *Rec.* I-4165.
(13) CJCE, 17 juill. 1997, *ARO Lease B. V.*, C 190/95, *Rec.* I-4383.

D. Règles applicables aux sociétés (14)

158 Les articles 54 et 62 TFUE (ex art. 48 et 55 CE) étendent aux sociétés le bénéfice des libertés d'établissement et de services. Selon l'article 54 alinéa 2, il convient d'entendre par société « les sociétés de droit civil ou commercial, y compris les sociétés coopératives, et les autres personnes morales relevant du droit public ou privé, à l'exception des sociétés qui ne poursuivent pas de but lucratif ». Une société peut parfaitement être constituée par un seul « associé » si le droit interne en offre la possibilité.

Mais pour bénéficier des libertés communautaires, encore faut-il que la société présente un lien avec l'Union. Un peu à l'image de ce qui se passe pour la citoyenneté européenne, ce lien s'effectue par le rattachement à l'ordre juridique d'un État membre : on dit que la société a la nationalité de cet État. L'article 54 TFUE ne tranche pas entre les différents critères de rattachement et admet que les « sociétés constituées en conformité de la législation d'un État membre et ayant leur siège statutaire, leur administration centrale ou leur principal établissement à l'intérieur de l'Union sont… assimilées aux personnes physiques ressortissantes des États membres ». Cela peut poser problème au cas où une société qui peut être qualifiée d'étrangère, parce que son siège réel se trouve en dehors de l'Union, établit son siège statutaire à l'intérieur de celle-ci uniquement pour bénéficier des libertés communautaires.

§ 2. LES BÉNÉFICIAIRES DE LA LIBERTÉ PROFESSIONNELLE

159 S'agissant des personnes morales, la détermination des bénéficiaires de la liberté professionnelle a été déterminée lors de l'examen des règles applicables aux sociétés et, s'agissant des personnes physiques, elle a déjà été largement opérée lors de l'étude de la libre circulation et du libre séjour (*supra*, n°s 90 et s.) puisque le droit de l'Union a longtemps lié très fortement ces deux libertés sous l'appellation de libre circulation des travailleurs salariés ou indépendants. Rappelons simplement que les bénéficiaires sont en principe les citoyens européens – c'est-à-dire les personnes ayant la nationalité d'un État membre – et les membres étrangers de leur famille, ces derniers ne bénéficiant jamais, selon la formule d'Antoine Lyon-Caen que d'un titre « accessoire » de celui du travailleur (15). Quelques particularités méritent d'être signalées.

A. Libre circulation ou séjour et liberté professionnelle ne coïncident pas entièrement

160 Ainsi, le droit de séjour dont ils bénéficient permet normalement aux étudiants de se préparer à l'exercice d'une profession plus que d'y accéder. Aussi bien se limite-t-il à

(14) Pour une analyse détaillée v. J.-G. Huglo, « Reconnaissance, établissement et libre prestation des services des sociétés », *Juris-Classeur* Europe, fasc. 800 ; C. Gavalda et G. Parléani, *Droit des affaires de l'Union européenne*, Litec, 4e éd., 2010.

(15) A. Lyon-Caen, « Les bénéficiaires de la libre circulation », *in Trente ans de libre circulation des travailleurs*, Colloque CEDECE, Paris, 1997, sous la direction de M. Bonnechère, Paris, La Documentation française, 1998, p. 14.

la durée des études. En revanche, rien n'interdit qu'un étudiant possède également la qualité de travailleur et bénéficie alors du régime de ce dernier ; il suffit qu'il accomplisse à temps partiel des activités réelles et effectives et non simplement marginales et accessoires (16).

B. Les nationaux peuvent-ils revendiquer la liberté professionnelle vis-à-vis de leur propre État ?

161 La question se présente lorsque le ressortissant d'un État membre se plaint de ce que le traitement que lui impose son droit national est moins favorable que celui dont bénéficient dans cet État les ressortissants des autres États membres qui invoquent le bénéfice des règles communautaires. Cette situation est souvent qualifiée de « **discrimination à rebours** » car le national ne bénéficie pas de l'égalité de traitement avec les ressortissants des autres États membres. La jurisprudence en a restreint les hypothèses.

Le principe demeure que le national ne saurait se prévaloir du droit de l'Union s'il se trouve dans une « situation purement interne ». Tel est le cas de l'agent public (17) et du biothérapeute ou pranothérapeute (18) qui, ni n'a acquis sa formation professionnelle, ni n'a exercé sa profession dans un autre État membre.

Mais le champ d'application de ce principe s'est progressivement rétréci. Les directives de reconnaissance mutuelle des diplômes imposent à chaque État de reconnaître les « diplômes délivrés aux ressortissants des États membres par les autres États membres ». Un médecin néerlandais remplissant cette double condition peut donc se prévaloir du diplôme qu'il a obtenu en Belgique pour s'installer dans son propre pays, les Pays-Bas (19). D'autre part, en dehors même du champ d'application des directives, tout ressortissant d'un État membre qui a acquis des qualifications professionnelles (20) ou exercé une activité professionnelle (21) dans un autre État membre est dans une situation qui est « régie par le droit communautaire même en ce qui concerne les rapports de ce ressortissant à l'égard de l'État membre dont il est le ressortissant » (22). En pareil cas c'est l'entrave à l'exercice de la liberté professionnelle et non la discrimination qui est sanctionnée ; simplement les nationaux ont droit à bénéficier de cette liberté tout autant que les ressortissants des autres États membres (23).

Ainsi, dans l'arrêt *Gouvernement de la Communauté française et Gouvernement wallon*, C212/06, du 1er avril 2008, la Cour admet que des ressortissants belges ayant fait usage de leur droit de circuler à l'intérieur de la Communauté peuvent, au même titre que les ressortissants d'autres États membres, se prévaloir de la libre circulation des travailleurs ou de la liberté d'établissement à l'encontre du décret du Parlement flamand qui exclut du régime de l'assurance de soins toutes les personnes exerçant une activité professionnelle dans la région de langue néerlandophone ou dans la région

(16) CJCE, 26 févr. 1992, *Raulin*, C 357/89, *Rec.* I-1027.
(17) CJCE, 28 juin 1984, *Moser*, 180/83, *Rec.* 2539.
(18) CJCE, 3 oct. 1990, *Nino et autres*, C 54/88, C 91/88 et C 14/89, *Rec.* I-3537.
(19) CJCE, 6 oct. 1981, *Broekmeulen*, 246/80, *Rec.* 2311.
(20) CJCE, 31 mars 1993, *Kraus*, C 19/92, *Rec.* I-1663.
(21) CJCE, 23 févr. 1994, *Scholz*, C 419/92, *Rec.* I-505.
(22) CJCE, 31 mars 1993, *Kraus*, préc.
(23) CJCE, 31 mars 1993, *Kraus*, préc., point 32 ; 26 janv. 1999, *Terhoeve*, C 18/95, *Rec.* I-345, point 41.

bilingue de Bruxelles Capitale mais résidant dans une autre partie du territoire belge. Elle juge que cette condition de résidence porte une atteinte injustifiée à ces libertés. Il reste que la Cour reconnaît aux États le droit de se prémunir contre le recours abusif de leurs nationaux à la reconnaissance des diplômes acquis dans un autre État membre (24).

C. Les ressortissants d'États tiers

162 **Le régime général.** La base est que chaque État demeure assez largement maître de sa politique d'immigration malgré le développement de la réglementation communautaire (cf. *supra*, n°s 130 et s.).

Le principe demeure que les ressortissants d'États tiers bénéficient de la liberté professionnelle uniquement sur la base des accords internationaux auxquels l'Union est partie. Nombre de ces accords prévoient soit un « traitement non discriminatoire », soit « un traitement non moins favorable » que celui accordé aux ressortissants communautaires (accords PECO). Leur portée est cependant limitée par le fait que les dispositions concernées ne bénéficient pas aisément de la reconnaissance de l'effet direct par le juge communautaire (25). Il en va différemment de l'accord EEE en vigueur depuis le 1er janvier 1994 (art. 4, et 28 et s.).

En revanche, les ressortissants d'États tiers qui sont membres de la famille d'un travailleur – salarié ou indépendant – communautaire bénéficient de l'égalité de traitement en matière de liberté professionnelle comme pour le droit de séjour. Un Chypriote, d'origine turque, marié à une Britannique résidant en Allemagne peut ainsi accéder à la profession de médecin en Allemagne dans les mêmes conditions que les nationaux (26). Mais pour que le conjoint bénéficie de ce droit, que lui conférait l'article 11 du règlement n° 1408/71 et que confirme l'article 23 de la directive n° 2004/38 du 29 avril 2004, encore faut-il que le citoyen européen ait fait usage de son droit à la libre circulation et exerce ou ait exercé une activité salariée (27).

Une autre exception importante concerne les ressortissants d'États tiers, résidant de façon régulière dans un État membre, qui se déplacent temporairement dans un autre État membre dans le cadre d'une prestation de services. Dans l'arrêt *Vander Elst* (28), la Cour a reconnu à l'entreprise qui les emploie de façon régulière et habituelle le droit de les utiliser lorsqu'elle effectue des prestations de services sur le territoire d'un autre État membre. En l'espèce, une entreprise belge pouvait envoyer des ouvriers marocains effectuer des travaux de démolition en France, sans avoir à obtenir une autorisation de travail et payer les frais qu'elle implique. La libre prestation de services qu'exerce l'entreprise bénéficie donc par ricochet aux travailleurs qu'elle emploie (29). Ce droit est à présent consacré par la directive n° 2003/109, s'agissant des résidents de longue durée (art. 14 § 5).

(24) CJCE, 7 févr. 1979, *Knoors*, 119/78, *Rec.* 399.
(25) CJCE, 30 sept. 1987, *Demirel*, 12/86, *Rec.* 3719, accord Turquie-CEE.
(26) CJCE, 7 mai 1986, *Gül*, 131/85, *Rec.* 1585.
(27) CJCE, 30 mars 2006, *Mattern et Cikovic*, C 10/05, *Rec.* I-3145.
(28) CJCE, 9 août 1994, C 43/93, *Rec.* I-3803.
(29) V. également la célèbre affaire *Rush Portugesa,* 27 mars 1990, C 113/89, préc.

163 **La condition des ressortissants de pays tiers résidents de longue durée.** Le droit permanent de séjourner sur le territoire d'un État membre lorsqu'il est accordé au résident de plus de cinq ans sur la base de la directive n° 2003/109 du 25 novembre 2003 (*supra*, n° 124) entraîne logiquement pour le bénéficiaire – et, par voie de conséquence, les membres de sa famille – un droit d'accès à l'emploi. Le principe est que dans l'État d'accueil le ressortissant du pays tiers bénéficie du même accès à l'emploi que les citoyens de l'Union, à savoir l'accès aux emplois et activités qui ne sont pas liés à l'exercice de l'autorité publique (*infra*, n° 165 et s.). Mais la directive prévoit que l'État membre peut réserver certains emplois ou activités à ses nationaux et aux citoyens européens (art. 11 § 3, a). Et s'il a le droit de circuler et séjourner sur le territoire des autres États membres de l'Union le résident de longue durée pourra se voir opposer des limitations fondées sur la situation du marché du travail (art. 14 § 3).

164 **La condition de ressortissants de pays tiers hautement qualifiés**. Les ressortissants de pays tiers admis sur la base de la directive n° 2009/50 du 25 mai 2009 pour exercer un emploi hautement qualifié et à qui a été délivrée la carte bleue européenne (*supra*, n° 122) bénéficient dès le début de leur séjour de l'égalité de traitement avec les nationaux s'agissant des conditions de travail y compris la rémunération, de la sécurité sociale, de la liberté d'adhérer à une association ou organisation professionnelle, de la reconnaissance des qualifications professionnelles quant à l'égal accès aux emplois hautement qualifiés il peut leur être accordé après deux années. Les membres de la famille bénéficient du régime résultant de l'article 14 de la directive n° 2003/86 relative au regroupement familial, à cela près que les États n'ont pas le droit de leur imposer un délai avant d'autoriser l'accès à l'emploi.

§ 3. LES EMPLOIS ET LES SERVICES EXCLUS

165 De longue date le droit international a reconnu aux États la faculté d'exclure les étrangers de la fonction publique, tout comme ils étaient exclus de l'exercice des droits qualifiés de « politiques », tels que le droit de vote, l'éligibilité et même la participation à la direction des syndicats. Domat dans ses *Lois civiles* en avait donné la raison : « on exclut les étrangers des charges publiques parce qu'ils ne sont pas du corps de la société qui compose l'État d'une nation, et que ces charges demandent une fidélité et une affection au prince et aux lois de l'État qu'on ne présume pas dans un étranger ».

Le traité CE semblait avoir largement accepté cette conception en excluant du champ d'application de la liberté professionnelle « les emplois dans l'administration publique » (art. 39 § 4, ex art. 48 § 4 devenu 45 § 4 TFUE) ainsi que, pour les travailleurs indépendants, « les activités participant…, même à titre occasionnel, à l'exercice de l'autorité publique » (art. 45 al. 1er, ex art. 55 al. 1er, devenu art. 51 al. 1er TFUE).

Mais bien avant même que s'impose la citoyenneté européenne, la Cour de justice a, au nom de la libre circulation des travailleurs salariés et indépendants, interprété de façon stricte la réserve contenue dans ces deux articles, démontrant ainsi que le ressortissant communautaire ne pouvait être un étranger comme les autres.

A. Les emplois salariés

166 D'après l'article 48 § 4 CEE, devenu art. 39 § 4 CE puis 45 § 4 TFUE, « les dispositions du présent article ne sont pas applicables aux emplois dans l'administration publique ». Cette limitation de la libre circulation concerne un nombre considérable d'emplois. Elle semblait ne poser aucun problème dans la mesure où le droit communautaire consacrait une règle traditionnelle du droit international que tous les droits des États membres de la Communauté – sauf l'Espagne (mais il semble que le refus d'autorisation de séjour permettre d'écarter les étrangers candidats aux emplois publics), reprenaient soit dans la Constitution, soit dans la loi. L'accès à la fonction publique fait partie des droits politiques réservés aux nationaux. L'interprétation restrictive que la Cour a donnée de la réserve contenue dans l'article 48 § 4 a suscité un débat d'une grande ampleur, d'autant plus qu'elle concerne un nombre considérable d'emploi, plusieurs dizaines de millions.

1. Interprétation jurisprudentielle de la notion d'emplois dans l'administration publique

167 Dans l'arrêt de principe du 17 décembre 1980, *Commission c. Belgique* (149/79, *Rec.*, p. 3881), la Cour a écarté le renvoi de la détermination de la notion d'emploi dans l'administration publique à la libre détermination des États. Elle a, en outre, écarté l'interprétation institutionnelle de la notion, pour faire prévaloir l'interprétation fonctionnelle basée sur les caractéristiques de la fonction exercée et non sur la qualité de l'employeur. Sont des emplois dans l'administration publique seulement les emplois « qui comportent une participation, directe ou indirecte, à l'exercice de la puissance publique *et* aux fonctions qui ont pour objet la sauvegarde des intérêts généraux de l'État ou des autres collectivités publiques ».

Si l'arrêt du 16 juin 1987, *Commission c. Italie* (30) a pu donner à penser que ces deux conditions étaient alternatives, qu'il suffirait donc qu'un emploi, soit participe à l'exercice de la puissance publique, soit participe à la défense des intérêts généraux de l'État, ce ne semble pas la position de la Cour telle qu'elle résulte des autres décisions.

Cette jurisprudence a pour conséquence qu'un nombre non négligeable (bien que variable selon les États) d'emplois que les droits nationaux avaient jusqu'alors réservé aux nationaux devrait être accessible aux ressortissants communautaires, ainsi que l'ont confirmé la jurisprudence postérieure et l'action menée par la Commission. Cela notamment parce que le droit communautaire est indifférent à la nature juridique du lien qui unit l'employeur à l'agent (qui peut être aussi bien de droit public que de droit privé). Par contre, ce qui n'est peut-être pas tout à fait logique avec la conception fonctionnelle est que la Cour ait par la suite exclu que des emplois au service d'une personne privée, quelles que soient les tâches qui incombent à l'employé, puissent être qualifiés d'emplois dans l'administration publique (dans l'affaire *Commission c. Italie* jugée le 31 mai 2001 (31), cela concernait des gardes assermentés, employés d'entreprises privées de sécurité). Il en irait autrement si,

(30) CJCE, 16 juin 1987, 225/85, *Rec.*, p. 1625.
(31) C 283/99, *Rec.* I-4363.

bien qu'au service de personnes privées, les employés agissaient en qualité de représentants de la puissance publique, ce qui n'est pas le cas de capitaines de navires marchands ou de navires de pêche parce qu'ils n'exercent de telles prérogatives que de façon sporadique ainsi que la Cour l'a décidé dans deux arrêts du 30 septembre 2003 qui ont conduit la Cour de cassation française à modifier sa jurisprudence (32) mais n'ont pas empêché que la législation française ne soit condamnée par la Cour (33).

168 Outre son opportunité, la conformité de cette jurisprudence aux dispositions du traité a été contestée notamment pour les motifs suivants :

– la disposition du traité est claire, elle se réfère à l'administration publique conçue comme une institution ;

– la conception institutionnelle correspond aux droits nationaux de tous les États fondateurs de la Communauté, donc aux intentions des rédacteurs du traité ;

– la conception retenue par la Cour introduit une discrimination à l'encontre des ressortissants communautaires faisant carrière dans des fonctions publiques d'un autre État ; en effet, l'accès aux postes élevés peut leur être interdit dans la mesure où ces postes, que l'on trouve en plus grande proportion au sommet de la hiérarchie, font participer leurs titulaires à l'exercice de la puissance publique.

L'interprétation retenue par la Cour repose néanmoins sur de solides arguments :

– la réserve des emplois dans l'administration publique constituant une restriction au principe de libre circulation, doit recevoir une interprétation stricte ;

– la notion d'administration publique, fausse notion claire, requiert une interprétation uniforme pour que soit préservé l'effet utile du traité ; si, par contre, la Cour avait exclu de la libre circulation tous les agents au service de l'État et des autres personnes publiques, le domaine ainsi réservé aux nationaux aurait différé considérablement d'un État à l'autre ;

– l'exclusion traditionnelle des étrangers était justifiée pour toutes les tâches de l'administration traditionnelle centrée sur les fonctions « régaliennes » de l'État, telles que le maintien de l'ordre, la justice, la défense ; elle ne l'est plus pour toutes celles de l'administration moderne dont les compétences se sont considérablement étendues avec la multiplication des interventions des personnes publiques dans le domaine économique et social ;

– la discrimination que pourront subir les ressortissants communautaires, si à un stade ultérieur de leur carrière certains postes leur sont refusés, est strictement proportionnée à la protection des intérêts nationaux, contrairement à l'exclusion de tout emploi public (34).

(32) CJCE, *Anker*, C 47/02 ; *Colegio de Oficiales de la Marina Mercante Espanola*, C 405/01, *Europe* 2003, 357, L. Idot ; Cass. crim., 23 juin 2004, X. Elion, *Bulletin* n° 69, p. 620 revenant sur la solution adoptée le 4 juin 2003, X. Elion, *Bulletin* n° 117, p. 449.

(33) CJCE, 11 mars 2008, *Commission c. France*, C 89/07.

(34) CJCE, 17 déc. 1980, *Commission c. Belgique*, préc., attendu 22.

2. Incidences sur les droits nationaux des fonctions publiques

169 La mise en œuvre de la notion d'emplois dans l'administration publique, telle que l'interprète la Cour, entraîne une large ouverture des fonctions publiques et des secteurs publics d'emplois au profit des ressortissants d'autres États membres.

La détermination des emplois concernés n'est pas aisée, notamment en raison de l'imprécision de la notion de participation directe ou indirecte à l'exercice de la puissance publique. Elle implique la combinaison d'une double approche : analyse par secteurs aboutissant à une présomption qui sera confirmée ou infirmée par l'analyse portant sur les fonctions propres à un emploi déterminé.

Il ressort de la jurisprudence qu'un certain nombre de secteurs peuvent être présumés ouverts à la libre circulation, sauf en ce qui concerne les fonctions de direction, contrôle ou de sécurité :

- emplois dans les chemins de fer, emplois ouvriers dans les administrations (35),
- eau, gaz, électricité (36),
- radiotélévision, orchestre, opéra (37),
- santé (38),
- recherche civile (39),
- postes et télécommunications (40).

De son côté, la Commission a, dans une communication du 5 janvier 1988 adressée aux gouvernements, indiqué qu'elle estimait couverts par l'exception de l'article 39 § 4 CE tous les emplois dans les forces armées, la police, la magistrature, l'administration fiscale et la diplomatie, ainsi que des emplois des administrations des personnes publiques dans la mesure où ils comportent « des activités ordonnées autour d'un pouvoir juridique public de l'État ou d'une autre personne morale de droit public telle que l'élaboration des actes juridiques, la mise en exécution de ces actes, le contrôle de leur application et la tutelle des organismes dépendants ». En revanche, seraient – sauf rare exception – soumis à la libre circulation les emplois des organismes chargés de gérer un service commercial, des services opérationnels de santé publique, de l'enseignement et de la recherche civile.

170 Le régime d'accès aux emplois pose problème en ce qui concerne, sinon les procédures, du moins les conditions d'accès. Deux exigences, licites dès lors qu'elles ne sont pas discriminatoires, sont de nature à freiner considérablement l'ouverture des emplois publics. La première concerne la possession de diplômes nationaux,

(35) 26 mai 1982, *Commission c. Belgique,* 149/79, *Rec.* 1845 (2e arrêt sur l'affaire 149/79).

(36) 2 juill. 1986, *Lawrie Blum,* 66/85, *Rec.* 2121 ; 30 mai 1989, *Allié et Coonan,* 33/88, *Rec.* 1591 ; 27 nov. 1981, *Bleis,* C 4/91, *Rec.* 5627.

(37) 2 juill. 1996, *Commission c. Grèce,* C 290/94, *Rec.* I-3317.

(38) 3 juin 1986, *Commission c. France,* 307/84, *Rec.* 17 (infirmiers) ; 2 juill. 1996, *Commission c. Luxembourg,* C 473/93, préc.

(39) 16 juill. 1987, *Commission c. Italie,* 225/85, *Rec.* 2625.

(40) 2 juill. 1996, *Commission c. Luxembourg,* C 47/93, *Rec.* I-3207.

d'un certain niveau, d'où l'importance considérable qui s'attache aux directives assurant la reconnaissance mutuelle des diplômes. La seconde est l'exigence linguistique dont la validité au regard du droit communautaire a été affirmée par la Cour dans un arrêt du 28 novembre 1989, *Groener* (41) dès lors qu'elle correspond aux connaissances requises « en raison de la nature de l'emploi à pourvoir », ainsi que le prévoit le règlement n° 1612/68 (art. 3 § 1) et n'est pas disproportionnée.

Enfin, il serait contraire au droit communautaire de cantonner les ressortissants des autres États membres dans un régime d'agent contractuel et de leur refuser le statut de fonctionnaire titulaire (42).

171 Certains États comme les Pays-Bas, en 1988, la France en 1991 puis en 2005 (43), ont modifié leur législation pour permettre l'accès à la fonction publique aux ressortissants communautaires. Même si persistent certaines imperfections et résistances dans l'ouverture de la fonction publique aux ressortissants des autres États membres on peut se féliciter de cette avancée de la liberté professionnelle. D'autres États, au contraire, ont jusqu'à présent largement ignoré l'interprétation de l'article 39 § 4 consacrée par la Cour. La Commission a montré qu'elle entendait poursuivre son action et la Cour a confirmé avec éclat sa jurisprudence dans les trois arrêts en constatation de manquement rendus le 2 juillet 1996 contre le Grand Duché du Luxembourg, la Belgique et la Grèce (précités) en dépit des dispositions constitutionnelles qu'invoquaient les défendeurs.

Les obstacles qu'il reste à surmonter pour que la liberté professionnelle joue à plein dans les emplois du secteur public qui ne sont pas couverts par la réserve de l'article 45 § 4 TFUE sont d'autant plus nombreux qu'ils peuvent se présenter non seulement au début de la carrière professionnelle, lors du recrutement initial, mais également en cours de carrière. Le principe de non-discrimination impose de prendre en compte pour le recrutement et le classement les qualifications et activités professionnelles exercées antérieurement au sein de l'administration d'un autre État membre de la même manière que si elles avaient été accomplies dans l'État d'accueil. Ainsi en a décidé la Cour dans l'arrêt *Scholz* du 23 février 1994 (44) avant d'en faire une application remarquée dans l'arrêt *Burbaud* rendu le 9 septembre 2003 (C 285/01) (45) : au cas d'équivalence reconnue au diplôme qu'elle a obtenu à l'École nationale de la santé publique portugaise, et à ses six années d'exercice, Isabelle Burbaud aura accès à des fonctions de direction sans avoir à passer le concours d'entrée à l'École nationale de la

(41) CJCE, 28 nov. 1989, 379/87, *Rec.*, p. 3967.

(42) CJCE, 16 juill. 1987, *Commission c. Italie,* 225/85, préc.

(43) Loi du 26 juill. 1991 jugée conforme à la Constitution par le Conseil constitutionnel, le 23 juill. 1991 : L. Dubouis, « L'ouverture de la fonction publique aux ressortissants des autres États membres de la Communauté européenne », *RFDA* 1991, p. 903 ; T. Larzul, « Droit communautaire et fonction publique », *AJDA*, numéro spécial 20 juin 1996, p. 28 ; Lemoyne de Forges, *L'adaptation de la fonction publique française au droit communautaire,* Rapport au ministre de la Fonction Publique, avr. 2003, Dalloz ; Loi du 26 juill. 2005 portant diverses mesures de transposition du droit communautaire à la fonction publique, *JO* 27 juill. 2005, p. 12183, J.-M. Lemoyne de Forges, *AJDA* 2005, p. 2285. V. également le décret n° 2010-311 du 22 mars 2010.

(44) C 441/92, *Rec.* I-505 ; 15 janv. 1998, *Schöning-Kougebetopoulou*, C 15/96, *Rec.* I-47.

(45) *AJDA*, 29 sept. 2003, p. 1734, S. Gervasoni ; *Europe* 2003 n° 356, H. Pongérard Payet. V. l'arrêt rendu par le Conseil d'État, après jugement de la question préjudicielle, le 16 mars 2005, *AJDA* 2005, p. 1465, concl. T. Olson.

santé publique et suivre la formation dispensée par cette école ! Et il n'est pas assuré que la réforme introduite par la loi française du 26 juillet 2005 réponde pleinement à l'exigence communautaire.

B. Les activités non salariées

172 On trouve, les concernant, le pendant de la réserve formulée pour l'accès aux emplois salariés. L'article 45 al. 1er CE, devenu art. 51 al. 1er TFUE, soustrait aux dispositions relatives au droit d'établissement « les activités participant, même à titre occasionnel, à l'exercice de l'autorité publique ». La même restriction s'applique à la libre prestation de service à raison du renvoi qu'opère l'article 55 CE, devenu art. 62 TFUE, à la disposition précédente.

La différence de formulation n'a aucune incidence sur l'étendue de la restriction dès lors que, on l'a vu, la Cour se réfère à la notion de participation à l'exercice de la puissance publique. Et cet alignement est à la fois tout à fait volontaire de la part du juge et logique.

La jurisprudence relative au droit des activités indépendantes présente cependant une double spécificité. Elle est beaucoup plus réduite qu'en ce qui concerne les activités salariées, ce qui confirme que le problème ne présente pas la même ampleur. Elle a d'emblée affirmé que l'exclusion des ressortissants communautaires ne porte pas sur l'accès à la profession elle-même lorsque seules certaines activités de cette profession impliquent l'exercice de l'autorité publique. Selon la formule de l'arrêt *Reyners,* (21 juin 1974, 2/74, *Rec.,* p. 631), « l'exclusion… est limitée à celles des activités qui, prises en elles-mêmes, constituent une participation directe et spécifique à l'exercice de l'autorité publique ». Cette interprétation, donnée à propos de la profession d'avocat, a été confirmée par le droit dérivé et par la pratique des États, la France notamment. Ainsi en France et en Belgique l'exigence de nationalité demeure-t-elle imposée pour l'élection aux conseils de l'Ordre des médecins au motif que ces instances exercent la fonction disciplinaire (ce qui, du reste, est inexact en ce qui concerne les conseils départementaux de l'Ordre en France).

Ni l'ouverture d'un établissement de l'enseignement privé (46), ni l'activité de commissaire agréé auprès des entreprises d'assurance en Belgique (47) ni l'activité des entreprises de gardiennage ou de sécurité (48) ni l'activité d'expert judiciaire traducteur (49) n'ont été jugées pouvoir être réservées aux nationaux. Et la Commission, soutenue par le Royaume-Uni, a eu gain de cause contre quinze États dans les affaires jugées par la Grande Chambre le 24 mai 2011, dont l'une concernant la France (50), obtenant de la sorte l'ouverture de l'accès à la profession de notaire dont aucune activité n'a été jugée de nature à constituer une participation directe et spécifique à l'exercice de l'autorité publique.

(46) CJCE, 15 mars 1988, *Commission c. Grèce,* 147/86, *Rec.* 1637.

(47) CJCE, 13 juill. 1993, *Thijsen,* C 42/92, *Rec.* I-4048.

(48) CJCE, 9 mars 2000, *Commission c. Belgique,* C 355/98, *Rec.* I-4048 ; 13 déc. 2007, *Commission c. Italie*, C 465/05, *Rec.* I-11095.

(49) CJUE, 17 mars 2011, *Peñarroja Fa*, C 372 et 373/09.

(50) CJUE, 24 mai 2011, C 50/08 et du même jour les arrêts rendus contre la Belgique C 47/08, le Luxembourg C 51/08, l'Autriche C 53/08, l'Allemagne C 54/08, la Grèce C 61/08.

SECTION II LES DROITS RECONNUS

173 La liberté professionnelle comprend deux éléments essentiels, l'accès à la profession (§ 2) et l'exercice de la profession (§ 3). Très logiquement le droit communautaire y a ajouté les droits complémentaires (§ 4) sans le bénéfice desquels la profession ne pourrait être exercée, par exemple le droit au logement.

Avant d'étudier ces droits, il convient de dégager le principe de base qui commande le droit de l'Union (§ 1).

§ 1. LE PRINCIPE : DE LA NON-DISCRIMINATION À LA PROHIBITION DES RESTRICTIONS NON DISCRIMINATOIRES

174 Afin de donner son plein effet à la liberté professionnelle, la jurisprudence a condamné toutes les restrictions qui lui sont apportées autres que celles justifiées par une raison impérieuse d'intérêt général. La directive services (art. 9 et 16) réaffirme ce principe.

A. Le principe de non-discrimination : la règle du traitement national

175 Règle cardinale du droit communautaire, le principe de non-discrimination est inscrit par le traité CE en tête des trois libertés qui concrétisent la liberté professionnelle. La libre circulation des travailleurs implique « l'abolition de toute discrimination fondée sur la nationalité » (art. 45 § 2 TFUE ex art. 39 § 2 CE). L'établissement (art. 49 al. 2 TFUE ex art. 43 al. 2 CE) et la prestation de services (art. 57 TFUE ex art. 50 CE) s'effectuent dans le pays d'accueil « dans les mêmes conditions que celles que ce pays impose à ses propres ressortissants ». La non-discrimination implique que le ressortissant communautaire bénéficie du même traitement que le national.

Fort logiquement, le droit dérivé reprend la règle pour en expliciter les conséquences. C'est le cas des articles 1 à 6 du règlement n° 1612/68 concernant les travailleurs salariés (règlement auquel s'est substitué le règlement de codification n° 492/2011 du 5 avril 2011) (51), également celui des directives visant à la reconnaissance mutuelle des diplômes ou du règlement n° 883/2004 (art. 4) relatif à la sécurité sociale qui s'appliquent aux travailleurs indépendants et salariés.

La Cour de justice tient le principe du traitement national pour l'une des dispositions juridiques fondamentales de la Communauté et reconnaît que les articles du traité produisent effet direct, depuis l'arrêt *Reyners* du 21 juin 1974, 2/74 (52), affaire concernant l'accès à la

(51) *JOUE* L 141 du 27 mai 2011.
(52) *Rec.* 631.

profession d'avocat ; voir, par exemple 20 novembre 1997, *Pétrie* (53). La discrimination est illicite, qu'elle émane des pouvoirs publics ou d'un organisme privé (54).

B. Portée du principe : discriminations directes et indirectes

176 La liberté professionnelle reçoit une protection identique à celle qui est accordée à la libre circulation des marchandises ou à l'égalité entre hommes et femmes et s'étend donc aux discriminations indirectes. Le principe de non-discrimination prohibe « non seulement les discriminations ostensibles fondées sur la nationalité, mais encore toutes formes dissimulées de discrimination qui, par application d'autres critères de distinction, aboutissent en fait au même résultat » (55).

La réserve de certains emplois aux nationaux constitue une discrimination directe aisée à censurer (l'accès à des emplois permanents dans les hôpitaux était réservé aux citoyens français (56)).

Il est plus délicat de déceler la discrimination indirecte puisque, par définition, elle se dissimule dans une réglementation indistinctement applicable aux nationaux et aux ressortissants des autres États membres. Après quelque flottement, la jurisprudence semble s'être ralliée à une conception extensive que reflète l'arrêt *O'Flynn* du 23 mai 1996 (57). Selon cet arrêt, « une disposition du droit national doit être considérée comme indirectement discriminatoire dès lors qu'elle est susceptible, par sa nature même, d'affecter davantage les travailleurs migrants que les travailleurs nationaux et qu'elle risque, par conséquent, de défavoriser plus particulièrement les premiers. Il n'est pas nécessaire, à cet égard, de constater que la disposition en cause affecte, en pratique, une proportion substantiellement plus importante de travailleurs migrants. Il suffit de constater que cette disposition est susceptible de produire un tel effet ».

Des exigences relatives à la résidence sur le territoire de l'État d'accueil (58) ou à l'accomplissement d'activités antérieures sur le territoire de cet État (un jury de concours italien refusait d'accorder les points de bonification pour l'expérience professionnelle acquise antérieurement au sein d'un service public si l'intéressé avait exercé ses fonctions dans un autre État membre que l'Italie (59)) sont susceptibles de désavantager les ressortissants des États tiers.

Cette jurisprudence comporte cependant une limite. Dans certains arrêts la Cour admet que, bien qu'indirectement discriminatoires, les réglementations sont licites si elles « sont justifiées par des considérations objectives, indépendantes de la nationalité des travailleurs

(53) *Rec.* I-6527.

(54) CJCE, 12 déc. 1974, *Walrave,* 36/74, *Rec.* 405, règlement d'une fédération de cyclisme ; 15 déc. 1995, *Bosman*, C 415/93 *Rec.* I-4921, règlements des Fédérations de football.

(55) CJCE, 15 févr. 1974, *Sotgiu,* 152/73, *Rec.* 753 : cette formule sera constamment reprise par la suite, par exemple, 23 févr. 1994, *Scholz,* C 419/92, *Rec.* I-505.

(56) CJCE, 3 juin 1986, *Commission c. France,* 307/84, préc.

(57) C 237/94, *Rec.* I-2617 rendu aux conclusions fort explicites de l'Avocat général Lenz.

(58) CJCE, 14 janv. 1988, *Commission c. Italie,* 63/86, *Rec.* 29.

(59) CJCE, 23 févr. 1994, *Scholz,* préc.

concernés, et si elles sont proportionnées à l'objectif légitimement poursuivi par le droit national ». Tel serait le cas, par exemple, de la protection de la santé publique (60).

Cette jurisprudence, qui présente une certaine parenté d'inspiration avec la jurisprudence relative à la libre circulation des marchandises, ne conduit-elle pas à aller plus loin encore dans le refus des entraves à la liberté professionnelle ?

C. Prohibition de toute entrave, même non-discriminatoire, à la liberté professionnelle

177 Cette conception marque une avancée importante de la liberté professionnelle, cela même si les restrictions objectivement justifiées et proportionnées à leur objectif demeurent comme limite à la libre circulation des travailleurs salariés ou indépendants.

Approuvée par une large doctrine (61), elle a été consacrée par l'arrêt *Säger et Dennemeyer* du 25 juillet 1991 (62) et par l'arrêt *Kraus* du 31 mars 1993 (63) dans lequel il est affirmé que « les articles 48 et 52 s'opposent à toute mesure nationale relative aux conditions d'application d'un titre universitaire, acquis dans un autre État membre qui, même applicable sans discrimination tenant à la nationalité, est susceptible de gêner ou de rendre moins attrayant, l'exercice par les ressortissants communautaires, y compris ceux de l'État membre auteur de la mesure, des libertés fondamentales garanties par le traité ». De même, dans l'arrêt *Gebhard* du 30 novembre 1995 (64) la Cour condamne-t-elle en principe les mesures nationales susceptibles d'entraver la libre circulation d'un ressortissant (avocat) d'un autre État membre vers l'État d'accueil, dans l'arrêt *Terhoere* du 26 janvier 1999 (65) toute disposition qui empêche ou dissuade un ressortissant d'un État membre de quitter son État d'origine pour exercer son droit à la libre circulation, et dans l'arrêt *Bosman,* précité, les mesures nationales qui dissuadent un footballeur de quitter son pays d'origine même si ces mesures sont indistinctement applicables aux nationaux et aux autres ressortissants communautaires. Les nationaux bénéficient largement de cette jurisprudence puisque l'invocation de la liberté communautaire les protège contre les discriminations à rebours (66).

La liberté professionnelle trouve cependant une limite dans le droit, consacré par une jurisprudence constante, des États d'imposer les restrictions non discriminatoires qui se justifient par des raisons impérieuses d'intérêt général, sont propres à garantir la réalisation de l'objectif qu'elles poursuivent et proportionnées à ce dernier. Cette jurisprudence a connu un développement particulièrement intense s'agissant des entraves à la liber-

(60) CJCE, 10 mars 1993, *Commission c. Luxembourg,* C 111/91, *Rec.* I-817 ; en l'espèce illicéité d'une condition de résidence qui n'était ni nécessaire ni appropriée ; 4 juill. 2000, *Haïm,* C 424/97, *Rec.* I-5123, licéité de l'exigence linguistique pour l'exercice de la profession de dentiste.

(61) A. Mattera, « Les principes de proportionnalité et de la reconnaissance mutuelle dans la jurisprudence de la Cour en matière de libre circulation des personnes et de services », *RMUE* 1991, p. 1991 ; L. Daniele, « Non discriminatory restrictions to the free movement of persons », *European Law Review* 1997, p. 291 et s. ; J.-C. Séché, « Quand les juges tirent au but : l'arrêt *Bosman* du 15 déc. 1995 », *CDE* 1996, p. 355.

(62) C 76/90, *Rec.* I-4221 ; du même jour, dans le même sens C 288/89 *Gouda* et C 385/89 *Commission c. Pays-Bas.*

(63) C 19/92, *Rec.* I-1663.

(64) C 55/94, *Rec.* I-4165.

(65) C 18/95, *Rec.* I-345 : en l'occurrence protection contre le paiement de cotisations sociales plus lourdes.

(66) CJCE, 31 mars 1993, *Kraus* ; v. *supra*, n° 161.

té d'établissement et à la libre prestation de services. Les solutions d'espèce tiennent compte non seulement des circonstances de fait mais également de la nature de l'activité professionnelle en cause. On conçoit que le juge ne traite pas de la même manière distribution de carburant, organisation de jeux de hasard, exercice des professions de santé. Il prend également en considération l'étendue des compétences que le traité réserve aux États, celles-ci étant, par exemple, particulièrement larges en ce qui concerne la protection de la santé et l'organisation des systèmes de soins (v. *infra*, n° 239). Au nombre des raisons impérieuses d'intérêt général souvent invoquées on notera :

– la protection de la santé publique (67) ;

– l'équilibre financier de la sécurité sociale et la qualité et l'accessibilité du système de soins (68) ;

– la protection de la sécurité (69) ;

– la protection de l'environnement souvent associée à la protection de la santé (70) ;

– la protection des travailleurs (71) ;

– la protection des consommateurs (72) ;

– la protection des consommateurs et de l'ordre social (73).

D. La directive services, directive n° 2006/123 du 12 décembre 2006

178 **Genèse.** La directive services est issue de la proposition présentée par la Commission le 13 janvier 2004, proposition qui deviendra célèbre sous le nom de directive Bolkenstein à raison de la contestation qu'elle a suscitée, notamment en France, lors de la campagne référendaire portant sur la ratification du traité constitutionnel. L'objectif initial était l'adoption d'une directive transversale applicable à presque tous les services économiques (les services non économiques ne relevant pas du champ d'application du traité) et posant les principes de base permettant une libéralisation effective du secteur des services. À cette fin la proposition mêlait consolidation des solutions jurisprudentielles que l'on vient d'examiner et innovations. Au nombre de celles-ci figuraient des

(67) CJCE, 11 déc. 2003, *Deutscher Apothekeaverband*, C 322/01, *Rec.* I-14887 ; CJUE, 19 mai 2009, *Commission c. Italie*, C 531/06 et *Apotheker Kammer das Saarlandes*, C 171/07 et C 172/07 ; CJUE, 1er juin 2010, *Pérez et Gomez*, C 570/07 et C 571/07, v. *infra*, n° 345.

(68) V. la jurisprudence citée n° 333.

(69) Par exemple, sécurité routière, CJCE, 15 mars 2007, *Commission c. Finlande*, C 54/05, *Rec.* I-2743 ; CJUE, 11 mars 2010, *Attanasio*, C 384/08.

(70) CJCE, 20 sept. 1988, *Commission c. Danemark*, 302/86, *Rec.* I-4607, 15 nov. 2005, *Commission c. Autriche*, C 320/03, *Rec.* I-9871.

(71) CJCE, 20 mars 1990, *Rush Portugesa*, C 113/89, *Rec.* I-1417 ; 12 oct. 2004, *Wolff et Müller*, C 60/03, *Rec.* I-9553.

(72) CJCE, 4 nov.1986, *Commission c. France*, 220/83, Rec. 3663 ; 22 janv. 2002, *Canal Satelite Digital*, C 390/99, *Rec.* I-607.

(73) Abondante jurisprudence relative à l'organisation des jeux de hasard et des paris, de l'arrêt *Schindler* du 25 mars 1994, C 275/92, *Rec.* I-1039 aux arrêts du 8 sept. 2010, *Stoß e.a.*, C 316/07, C 358/07 à C 360/07, C 409 et C 410/07, *Carmen Media Group*, C 46/08 et du 9 sept. 2010, *Engelmann*, C 64/08.

mesures administratives propres à faciliter l'établissement dans un autre État membre, des droits spécifiques pour les destinataires de services et, pour la libre prestation de services, la consécration du principe du pays d'origine en vertu duquel tout opérateur régulièrement établi dans un État membre doit en règle générale pouvoir offrir ses services dans tout autre pays membre sans être soumis à la réglementation de cet État.

C'est sur le principe du pays d'origine, que la Commission tenait pour la « quintessence » (74) de sa proposition, que se sont focalisées controverse et contestation. Il constitue une variété d'application du principe de reconnaissance mutuelle permettant à chaque prestataire de services d'exporter son « *business model* » (c'est-à-dire sa méthode commerciale). En dépit des dérogations concernant certains secteurs et du maintien des règles nationales relatives aux conditions de travail et au salaire minimum, les opposants ont dénoncé les risques de dumping social et d'abaissement de la qualité des services d'autant que le contrôle du prestataire relevait du seul État d'origine.

Après des débats mouvementés le Parlement européen se prononça en première lecture, le 16 février 2006, pour un texte nettement moins ambitieux limitant le champ d'application de la directive, supprimant le principe du pays d'origine. Cette position devait être très largement suivie par la Commission et par le Conseil aboutissant à l'élaboration d'un texte complexe dont la transposition devait être effectuée avant le 28 décembre 2009, ce qui est loin d'avoir été toujours le cas.

1. Champ d'application de la directive

179 Si la directive services demeure une directive-cadre horizontale, son champ d'application est limité par deux séries de restrictions.

La première est posée dans l'article 2 qui énumère treize « activités » auxquelles la directive ne s'applique pas.

Un premier groupe d'exclusions tient à l'existence de réglementations communautaires spécifiques en ce domaine : services financiers, transports, services audiovisuels, communications électroniques. Un second groupe se justifie par la nature de l'activité concernée : services d'intérêt général non économique (ils ne relèvent du reste pas du champ d'application du traité CE), activités participant à l'exercice de l'autorité publique, service de sécurité privée, services fournis par les notaires et huissiers de justice nommés par les pouvoirs publics, matière fiscale, jeux de hasard, tous domaines sensibles intéressant les compétences régaliennes. Pour désarmer une partie des critiques les services de soins de santé, les services sociaux relatifs au logement social et à l'aide sociale ainsi que les agences de travail intérimaires ont également été exclus.

Sous l'appellation de « dérogations supplémentaires à la libre prestation de services », l'article 17 présente ce qui s'apparente fort à des exceptions puisque le principe de la libre prestation de services ne « s'applique pas » dans les domaines concernés. Or ceux-ci sont importants : services d'intérêt économique général, secteurs faisant l'objet d'une réglementation communautaire au nombre desquels figure notamment le détachement des travailleurs régi par la directive n° 96/71 et si souvent évoqué par les adversaires de la « directive Bolkenstein », plus une série assez disparate de secteurs

(74) Selon la formule de S. D'ACUNTO, chef adjoint d'unité à la Commission européenne, DG marché intérieur, « la proposition de dir. sur les services dans le marché intérieur », *RDUE* 2004, p. 220.

(recouvrement judiciaire des créances, immatriculation des véhicules pris en leasing, actes qui requièrent l'intervention d'un notaire).

2. Liberté d'établissement

180 La directive renforce la liberté d'établissement. Non seulement elle confirme la jurisprudence de la Cour concernant les conditions de licéité d'imposition d'un régime d'autorisation et les « exigences interdites » (par exemple exigence de résidence ou interdiction d'avoir un établissement dans plus d'un État membre) (art. 14) mais elle invite les États à évaluer la licéité d'autres exigences telles le *numerus clausus* ou l'obligation de respecter des tarifs minimaux ou maximaux (art. 15). La directive prévoit, en outre, des mesures de simplification administrative : simplification du nombre et du régime des procédures d'autorisation, principe de la durée illimitée des autorisations, institution du guichet unique pour toutes les démarches effectuées auprès des autorités (art. 6 et 7), obligation pour les administrations nationales d'instaurer des procédures électroniques (art. 8).

3. Libre prestation de services

181 Pour la prestation de services, le principe du pays d'origine n'ayant pas été retenu, la directive pose le principe de libre prestation qui confère au prestataire établi dans un État membre le droit de fournir librement ses services dans un autre État membre lequel garantit le libre accès à l'activité de service et son libre exercice (art. 16). Cette réaffirmation d'un principe consacré par le traité s'accompagne de deux séries de précisions importantes.

En premier lieu, on l'a vu, la directive indique les domaines dans lesquels elle ne s'applique pas (dérogations prévues à l'article 17) ainsi que les restrictions que les États peuvent apporter à la libre prestation de services. Elle reconnaît aux États le droit d'imposer des exigences non discriminatoires nécessaires et proportionnées à l'objectif poursuivi mais seulement pour quatre raisons possibles : protection de l'ordre public, la sécurité publique, la santé publique ou l'environnement (art. 16 § 1). Cette liste des motifs légitimes est beaucoup moins large que celle retenue pour la liberté d'établissement qui se réfère à l'ensemble des raisons impérieuses d'intérêt général que retient la Cour au nombre desquelles figurent en plus, notamment, la protection des consommateurs, des travailleurs, la lutte contre la fraude, des objectifs de politique sociale ou culturelle (directive art. 4 ; point 8). En outre, dans des circonstances exceptionnelles, un État peut prendre à l'encontre du prestataire des mesures relatives à la sécurité des services mais seulement après échec de la demande d'intervention adressée au pays d'établissement (art. 18).

En second lieu, la directive répartit les fonctions de contrôle entre l'État membre d'établissement et l'État où les services sont effectués. Le contrôle du prestataire incombe en principe à l'État d'établissement (art. 30). L'État dans lequel le service est fourni ne peut procéder à des vérifications, inspections et enquêtes qu'à la demande de l'État d'établissement ou, s'il agit de sa propre initiative, si ces mesures sont non discriminatoires et proportionnées (art. 31). En revanche, il lui revient de contrôler le respect des exigences d'intérêt général prévues par l'article 16 et des dérogations énumérées à l'article 17.

4. Protection des destinataires de services

182 La libre circulation des services a pour pendant un renforcement des garanties reconnues aux destinataires de service. Outre l'interdiction de toute discrimination fondée sur la nationalité ou la résidence (art. 20), la directive prévoit des mesures visant essentiellement à renforcer la loyauté des opérations et la sécurité des destinataires de service. Aussi soumet-elle le prestataire à une obligation de transparence concernant sa personne, les caractéristiques et le prix du service, les clauses applicables au contrat, le code de conduite éventuellement applicable (art. 22). Elle permet aux États d'imposer aux prestataires de services qui présentent un risque direct et particulier pour la santé, la sécurité ou la sécurité financière du destinataire, une assurance ou de disposer d'une garantie professionnelle équivalente (art. 23). Elle leur impartit de fournir des informations sur les voies de recours disponibles, les associations de consommateurs, les centres européens des consommateurs ainsi que sur les règles applicables dans les autres États en particulier concernant la protection des consommateurs (art. 21). Enfin elle les invite à promouvoir une politique de qualité des services (art. 26). Qui dira que l'Union ne se préoccupe pas de la condition des citoyens !

§ 2. L'ACCÈS À LA PROFESSION

183 La présentation qu'en font les traités conduit à distinguer l'activité salariée et l'activité indépendante. Mais nombre de problèmes se posent en termes identiques ainsi que l'attesteront par la suite et le droit dérivé et la jurisprudence. Cela vaut particulièrement pour la qualification professionnelle, question qui a suscité le développement d'une importante réglementation communautaire (v. section III).

A. L'accès des travailleurs salariés à l'emploi

184 En ce domaine le principe du traitement national ou égalité de traitement constitue la règle la plus importante en pratique. Le règlement n° 1612/68, comme le règlement n° 492/2011 qui l'a remplacé, reconnaît au ressortissant des États membres le droit de bénéficier de la même priorité que les ressortissants de l'État d'accueil dans l'accès aux emplois disponibles. Toutes discriminations sont abolies, aussi bien le recours aux procédures de recrutement imposées aux étrangers (art. 3 § 2) que les quotas d'emplois accessibles (art. 4) ou la soumission à des critères médicaux ou professionnels discriminatoires (art. 6). Le conjoint et les enfants de moins de 21 ans, ou à charge, bénéficient du même droit même s'ils n'ont pas la nationalité d'un État membre (art. 23 de la directive n° 2004/38 du 29 avril 2004 relative au droit des citoyens de l'Union et des membres de leurs familles de circuler et de séjourner librement sur le territoire des États membres qui reprend la règle formulée par l'article 11 du règlement n° 1612/68).

La seule exception concerne « les conditions relatives aux connaissances linguistiques requises en raison de la nature de l'emploi à pourvoir » (art. 3 § 1 al. 2). À la condition de respecter le principe de proportionnalité, la Cour a jugé que l'Irlande était en droit d'imposer à une enseignante la connaissance de l'irlandais, même si cette langue n'était pas celle dans laquelle l'enseignement était dispensé, dans le cadre d'une politique de promotion de la langue nationale (75).

Au titre de dispositions transitoires, les traités d'adhésion d'Athènes du 16 avril 2003 et de Luxembourg du 25 avril 2007 autorisent les anciens États membres à apporter des restrictions à l'accès à l'emploi des travailleurs provenant des nouveaux États membres, pendant une durée maximale de sept ans divisée en périodes de deux, trois et deux ans. Pour la première période, seules l'Irlande, la Grande-Bretagne et la Suède n'ont pas utilisé cette possibilité.

B. *L'accès à une activité indépendante*

185 Le droit d'accès à une activité indépendante est assuré par la liberté d'établissement (TFUE art. 49 et s., ex art. 43 et s. CE). Dans l'arrêt *Reyners* du 21 juin 1974 (2/74, *Rec.*, p. 631) la Cour a jugé que les dispositions du traité étaient directement applicables depuis la fin de la période de transition. Ce droit couvre aussi bien l'accès individuel à une profession non salariée (exploitant agricole, artisan, profession libérale) que la constitution et la gestion d'une entreprise, notamment d'une société civile ou commerciale poursuivant un but lucratif. Le principe du traitement national interdit d'imposer des règles directement ou indirectement discriminatoires telles que l'exigence de réciprocité de la part de l'État d'origine (76), l'inégalité fiscale (77) ou, encore, des conditions de résidence (78). La directive n° 2005/36 du 7 septembre 2005 relative à la reconnaissance des qualifications professionnelle (*infra*, n° 207) confirme, le caractère illicite de ces discriminations, en particulier de la condition de résidence et, en revanche, la validité de l'exigence concernant les connaissances linguistiques nécessaires à l'exercice de la profession dans l'État d'accueil. En outre sont en principe prohibées toutes les mesures susceptibles de gêner ou rendre moins attrayant l'établissement dans un autre État membre (*supra*, n° 180).

L'application de ces principes s'accompagne d'un certain nombre de spécificités :

186 1. Le régime de l'établissement secondaire diffère de celui de l'établissement principal.

Pour l'établissement à titre principal, c'est-à-dire la création ou le transfert dans un État membre du siège principal de l'activité professionnelle, le bénéfice du droit communautaire est acquis dès lors que le créateur de l'entreprise a la nationalité d'un État membre. Il lui suffit donc d'être ressortissant d'un État membre, s'il est une personne physique. S'il s'agit d'une société elle doit être constituée en conformité de la législation d'un État membre et ayant son siège statutaire, son administration centrale ou son principal établissement à l'intérieur de la Communauté (TFUE art. 54 al. 1, ex art. 48 al. 1 CE).

(75) CJCE, 28 nov. 1989, *Groener,* 379/87, *Rec.* 3967.

(76) CJCE, 15 oct. 1986, *Commission c. Italie,* 168/85, *Rec.* 2945.

(77) CJCE, 28 janv. 1986, *Commission c. France,* 270/83, *Rec.* 273, CJUE, 18 juin 2009, *Aberdeen Property Fininvest Alpha,* C 303/07, *Rec.* I-5145.

(78) CJCE, 28 janv. 1986, *Commission c. Luxembourg,* C 351/90, *Rec.* I-3945.

L'établissement secondaire réside dans la création d'une agence, succursale, filiale ou d'un bureau sur le territoire d'un État membre. L'application du droit communautaire est subordonnée à la condition que le ressortissant communautaire ou la société soit déjà établi dans un autre État membre soit à titre principal, soit à titre secondaire (TFUE art. 49 al. 1). D'où l'intérêt pour une société américaine ou japonaise d'implanter une filiale dans un État membre de la Communauté afin de bénéficier ensuite de la liberté d'établissement.

Malgré cette condition supplémentaire, il demeure plus difficile pour une société de transférer son siège social (établissement principal) dans un autre État membre que d'y implanter une agence ou filiale ; cela à raison de l'absence d'accord sur le transfert de siège social que prévoit l'article 293 CE (abrogé par le TFUE). (79).

La création d'établissements secondaires est, d'autre part, facilitée par le fait que la Cour de justice la tient pour une composante fondamentale de la liberté d'établissement, ainsi qu'il résulte de la lettre même de l'article 43 CE. Ainsi a-t-elle écarté les arguments que la France faisait valoir à l'encontre de l'installation d'un cabinet secondaire pour les avocats (80) ou les médecins (81). De même reconnaît-elle à une société le droit de créer une succursale dans un autre État membre pour bénéficier d'une législation moins contraignante (82). La directive services va dans le même sens. En particulier elle prohibe les limites à la liberté de choisir entre un établissement à titre secondaire et les limites à choisir entre l'établissement sous forme d'agence, de succursale ou de filiale (art. 14).

187 2. Le traité CE prévoyait l'adoption de mesures destinées à permettre la mise en œuvre de la liberté d'établissement au cours de la période de transition. Une série de directives « de libération », dites « transitoires », a été adoptée concernant l'agriculture, le commerce de détail et de gros, l'industrie, le cinéma, les banques, les assurances… (83). Ces directives aujourd'hui remplacées par la directive n° 1999/42 du 7 juin 1999 puis par la directive n° 2005/36 du 7 septembre 2005 (*infra,* n° 205 et 207) précisaient les restrictions – très répandues – que les États doivent supprimer et amorcent une harmonisation des conditions de compétence, de capacité financière d'exercice de ces activités.

188 3. En fonction du régime qui leur est applicable on peut distinguer trois catégories de services : les services qui entrent dans le champ d'application de la directive n° 2006/123 du 12 décembre 2006, directive services qui est une directive horizontale ; les services soumis à une réglementation spécifique, par exemple services financiers, audiovisuels ou services de transport ; les services régis par les règles du traité telles que la Cour les interprète, par exemple services de soins de santé transfrontaliers dans la mesure où ils ne sont régis ni par la directive n° 2006/123 ni par le règlement de

(79) CJCE, 16 déc. 2008, *Cartesio Oktató*, C 210/06, *Rec.* I-9641.

(80) CJCE, 12 juill. 1984, *Klopp*, 107/83, *Rec.* 2971.

(81) CJCE, 30 avr. 1986, *Commission c. France, Rec.* 1475, confirmé par CJCE, 16 juin 1992, *Commission c. Luxembourg,* C 351/90, *Rec.* I-3945.

(82) CJCE, 9 mars 1999, *Centros* C212/97, *Rec.* I-1459.

(83) V. la liste dans N. Guimezanes, *La circulation et l'activité économique des étrangers dans la Communauté européenne,* Paris, Nouvelles éditions fiduciaires, 1990, p. 232 et s.

sécurité sociale n° 883/2004 ni par la directive n° 2011/24 du 9 mars 2011 relative aux droits des patients en ce domaine (v. *infra*, n° 333).

§ 3. L'EXERCICE DE LA PROFESSION

189 Dans l'exercice de la profession, le citoyen européen est soumis au droit de l'État d'accueil. Il a droit à être traité de la même manière que les nationaux, toute discrimination directe ou indirecte à son encontre étant prohibée.

A. Exercice d'une activité salariée

190 Il est le plus souvent régi par un contrat de travail soumis lui-même à la législation et aux conventions collectives applicables dans le pays d'accueil. Le droit qu'ont les parties au contrat de choisir la loi applicable aux obligations contractuelles est susceptible de poser des problèmes particuliers. Ce droit est confirmé par la convention de Rome, signée par les États membres de l'Union le 19 juin 1980, qui s'applique aux contrats de travail, convention qui a été remplacée par le règlement n° 593/2008 du 17 juin 2008, dit règlement Rome I (84). Mais le choix opéré par les parties ne saurait avoir pour résultat de priver le travailleur de la protection que lui assurent les règles d'ordre public du pays dans lequel il accomplit habituellement son travail (art. 8 § 1) ou de soustraire le contrat aux « lois de police » du juge saisi, c'est-à-dire aux dispositions impératives dont le respect est jugé crucial par le pays du juge pour la sauvegarde de ses intérêts publics tels que son organisation politique, sociale ou économique (art. 9) ces dernières ne pouvant pour autant déroger aux règles du droit de l'Union (85). On peut tenir pour impératives les dispositions du règlement n° 1612/68 qui précisent les droits du travailleur salarié en ce qui concerne les conditions d'emploi et de travail et lui assurent un traitement non discriminatoire.

L'égalité joue en matière de :

– rémunération : prise en compte des services antérieurement effectués dans un autre État membre (86) : de la période de temps de passée sous les drapeaux (87), aux compléments de rémunération versés aux nationaux (88) ;

– stabilité d'emploi et perspectives de promotion (statut des chercheurs du Centre national de la recherche italien, les ressortissants communautaires ont le droit d'être intégrés dans le cadre du personnel permanent (89)) ;

– licenciement (90), réintégration professionnelle et réemploi.

(84) *JOUE* L 177, 4 juill. 2008.
(85) CJCE, 23 nov. 1999, *Arblade,* C 369/96 et C 376/96, *Rec.* I-8453.
(86) CJCE, 15 janv. 1998, *Schöning-Kougebetopoulou,* C 15/96, *Rec.* 1, 30 sept. 2003, *Kobler,* C 224/01, *Rec.* I-10239.
(87) CJCE, 15 oct. 1969, *Ugliola,* 15/69, *Rec.* 363.
(88) 12 févr., *Sotgiu,* 152/73, préc., indemnité d'éloignement du foyer familial.
(89) CJCE, 16 juin 1987, *Commission c. Italie,* 22/85, *Rec.* 2625.
(90) CJCE, 13 déc. 1972, *Marson,* 44/72, *Rec.* 1255. Également CJCE, 16 sept. 2004, *Mérida,* C 400/02, *Rec.* I-8471.

L'article 8 du règlement n° 1612/78 étend en outre l'égalité au droit syndical : droit de s'affilier à une organisation syndicale, de voter et d'être élu à un poste d'administration, de direction d'un syndicat, droit complémentaire d'être élu aux organes qui assurent la représentation des travailleurs dans l'entreprise ou à des chambres professionnelles (91). Une limite cependant : le ressortissant d'un autre État membre peut être « exclu de la participation à la gestion d'organismes de droit public et de l'exercice d'une fonction de droit public », limite que la Cour interprète de façon stricte (92).

Pour prendre l'exacte mesure de l'égalité de traitement sur la condition du travailleur il faut également tenir compte de l'incidence des droits et avantages sociaux et fiscaux que lui reconnaît le droit communautaire (*infra*, n° 193 et s.).

B. Exercice d'une activité non salariée

191 **Principe.** Il met en jeu, selon les cas, l'exercice de la liberté d'établissement ou de la libre prestation de services. Celles-ci déterminent, non plus comme dans le cas de l'exercice salarié une relation essentiellement interne à l'entreprise, mais les relations entre l'entreprise et les tiers, au premier rang desquels les clients.

Le principe de base est à nouveau celui du traitement national. Il implique que chaque État demeure maître de sa législation pourvu que celle-ci ne comporte aucune discrimination directe ou indirecte à l'encontre des ressortissants des autres États membres. Ainsi a-t-il le droit d'imposer le respect des règles déontologiques, telles que l'indépendance, la mobilité, la disponibilité, qui jouent un rôle particulièrement important dans de nombreuses professions libérales ou financières (93). Mais ce droit connaît deux séries de limitations.

En premier lieu, le pouvoir de l'État peut être limité par une réglementation communautaire. Longtemps le droit de l'Union s'est limité à des mesures d'harmonisation des législations nationales, pas toujours très poussée, concernant un secteur d'activités déterminé. Tel est l'objet des directives de libéralisation concernant l'assurance, la banque, la bourse, la télévision. En revanche, les directives de reconnaissance mutuelle des diplômes permettant l'accès aux professions réglementées n'ont guère utilisé cette faculté pourtant inscrite dans le traité et même posée comme un préalable pour les professions de santé (art. 47 § 3 CE devenu art. 53 § 2 TFUE, voir *infra*, n° 201). Et « en l'absence de réglementation communautaire chaque État membre est libre de régler l'exercice (d'une) activité sur son territoire sans discrimination entre ses propres ressortissants et ceux des autres membres » (94). Ceci ne saurait évidemment pas jouer concernant l'exigence des diplômes ou qualifications professionnelles puisque ceux-ci font l'objet d'une réglementation visant à leur reconnaissance mutuelle (*infra*, n° 200 et s.). Même si elle ne s'applique pas à tous les services, la directive services n° 2006/123 du 12 décembre 2006 constitue un texte de large portée et contenant nombre d'innovations (*supra*, n° 178 et s.). Elle repose sur le principe selon lequel l'État dans lequel le

(91) CJCE, 4 juill. 1991, *Asti,* C 213/90, *Rec.* I-3507.

(92) CJCE, 16 sept. 2004, *Commission c. Autriche*, C 465/01, *Rec.* I-8291.

(93) CJCE, 20 mai 1992, *Ramrath,* C 106/91, *Rec.* I-3351, CJUE, 2 déc. 2010, *Jacubowska*, C 225/09, concernant l'exercice de la profession d'avocat.

(94) CJCE, 3 oct. 1990, *Bouchoucha,* C 61/89, *Rec.* I-3551 à propos de la profession d'ostéopathe.

service est fourni garantit au prestataire établi dans un autre État membre le libre accès à l'activité de service ainsi que son libre exercice.

Une seconde limite intervient cependant même en ce cas, lorsque l'État peut invoquer des considérations d'intérêt général. Ainsi qu'on l'a vu (*supra*, nº 178 et s.), la jurisprudence relative à la libre circulation des services s'inspire de plus en plus des principes directeurs qui ont été dégagés concernant les restrictions à la libre circulation des marchandises, de manière à limiter les entraves étatiques. Ainsi la Cour n'admet-elle que les restrictions justifiées par des considérations objectives d'intérêt général et proportionnées à cet objectif. L'arrêt *Gebhard* du 30 novembre 1995 (95), concernant la profession d'avocat, expose cette doctrine : « il résulte… de la jurisprudence de la Cour que les mesures nationales susceptibles de gêner ou de rendre moins attrayant l'exercice des libertés fondamentales garanties par le traité doivent remplir quatre conditions : qu'elles s'appliquent de manière non discriminatoire, qu'elles se justifient par des raisons impérieuses d'intérêt général, qu'elles soient propres à garantir la réalisation de l'objectif qu'elles poursuivent et qu'elles n'aillent pas au-delà de ce qui est nécessaire pour l'atteindre » (96).

Cette limite s'avère particulièrement contraignante lorsqu'est en cause l'exercice de libertés qui, comme la liberté d'établissement ou la libre prestation de services, supposent que le professionnel soit déjà installé dans un autre État membre sur le territoire duquel il a été autorisé à exercer. La Cour estime en effet, comme pour les marchandises, que l'État d'accueil doit s'assurer que l'État d'origine n'a pas déjà veillé à la protection de l'intérêt général concerné, qu'il s'agisse d'une exigence déontologique (20 mai 1992, *Ramrath,* précité) ou d'une exigence de qualification (affaire *Gebhard,* précitée).

La directive services est venue, s'agissant de la prestation de services, restreindre les motifs d'intérêt général qui peuvent être invoqués (*supra*, nº 181).

192 **Libre prestation de services et détachement de travailleurs.** L'incidence de cette jurisprudence s'avère de grande importance concernant la situation des travailleurs qu'une entreprise établie sur le territoire d'un État membre détache dans un autre État membre pour y réaliser des prestations de service. En effet, en application du règlement Rome I, la loi régissant les relations entre l'entreprise et les travailleurs détachés sera très généralement la loi du pays d'origine de l'entreprise, ce qui assure à cette dernière un avantage considérable si, comme il est fréquent, elle exécute un marché dans un autre État membre dont la législation sociale est plus protectrice des intérêts des travailleurs. Sans doute, la directive nº 96/71 du 16 décembre 1996 concernant le détachement de travailleurs effectué dans le cadre d'une prestation de services (97), dont les dispositions prévalent sur celles de la directive services, prévoit-elle que s'appliquent les règles du droit social de l'État d'accueil relatives aux périodes de travail et de repos, aux congés, à la protection de la santé et de la sécurité ainsi qu'au salaire minimum si elles sont d'application générale, condition que le juge communautaire applique à la lettre (98). L'entreprise n'en bénéficie pas moins d'un avantage non négligeable. Elle peut même, en application de la jurisprudence *Vander Elst* (*supra*, nº 162), utiliser des services de ressortissants de pays tiers. La Cour condamne comme attentatoire à la libre prestation de services l'imposition d'un

(95) C 55/94, *Rec.* I-4165.
(96) Voir *supra*, nº 177.
(97) *JOCE* L 18, 21 janv. 1997.
(98) CJCE, 3 avr. 2008, *Ruffert*, C 346/06.

contrôle préalable du respect des exigences requises par la législation nationale (99) ou d'une procédure d'autorisation (100). Cependant l'État conserve la possibilité d'imposer aux ressortissants des États membres l'enregistrement pour les séjours de plus de trois mois, et pour les membres de leur famille qui ne sont pas citoyens européens la demande d'une carte de séjour (101) ainsi que des dispositions d'ordre public mais sous le contrôle rigoureux de la Cour qui veille à limiter les atteintes à la libre prestation de services (102).

Le Parlement européen et la Confédération européenne des syndicats ont demandé une révision de la directive afin d'assurer une meilleure protection des travailleurs et de lutter contre les abus auxquels son application donne lieu.

§ 4. LES DROITS COMPLÉMENTAIRES

193 Ces droits constituent l'accessoire indispensable de la liberté professionnelle. Sans eux, le ressortissant d'un autre État membre demeurerait victime de discriminations dans son statut social et fiscal et serait dans l'impossibilité de disposer de conditions de vie normale : autant d'entraves au libre accès et au libre exercice de la profession.

Le statut du travailleur salarié a servi de modèle, étendu par la suite aux travailleurs indépendants. Selon l'article 7 du règlement n° 1612/68 le ressortissant d'un État membre bénéficie, outre l'égalité en matière de formation professionnelle, des mêmes avantages fiscaux et sociaux que les travailleurs nationaux. Et, selon la jurisprudence, ce principe bénéficie également aux membres de la famille (103).

A. Égalité fiscale

194 Si les systèmes fiscaux divergent sensiblement selon les États, du moins toute discrimination fiscale directe ou indirecte à l'encontre des ressortissants ou entreprises d'autres États membres est-elle illicite. L'article 45 § 3 TFUE (ex art. 39 § 2 CE) y fait obstacle pour les travailleurs salariés (remboursement d'un trop perçu subordonné à une condition de résidence (104) ; calcul désavantageux des abattements d'impôts liés à la situation personnelle et familiale (105)). Les articles 49 et 65 TFUE (ex art. 43 et 58 CE) s'y opposent pour les entreprises (condition de résidence fiscale et leur application a donné lieu à une abondante jurisprudence (106) ainsi que pour les travailleurs indépendants (107).

(99) CJCE, 19 janv. 2006, *Commission c. République Fédérale d'Allemagne*, C 244/04, *Rec.* I-885.

(100) CJCE, 21 févr. 2006, *Commission c. Autriche,* C 168/04, *Rec.* I-9041.

(101) Dir. n° 2004/38 du 29 avr. 2004 relative au droit des citoyens de l'Union et des membres de leur famille de circuler et séjourner librement.

(102) CJCE, 19 juin 2008, *Commission c. Luxembourg*, *Rec.* I-4323 C 319/06.

(103) CJCE, 20 juin 1985, *Deak*, 94/84, *Rec.* 1873.

(104) CJCE, 8 mai 1990, *Biehl,* C 175/88, *Rec.* I-1779.

(105) CJCE, 12 déc. 2002, *de Groot,* C 385/00, *Rec.* I-11819.

(106) CJCE, 13 juill. 1993, *Inland Revenue Commissioners, ex. parte : Commerzbank AG,* C 330/91, *Rec.* I-4017. V. également CJCE, 8 mars 2001, *Metallgesellschaft*, C 397/98 et C 410/98, *Rec.* I-1727 et la jurisprudence analysée par J.G. HUGLO, *Juris-Classeur Europe*, fasc. 800, n°s 38 et s.

(107) CJUE, 18 mars 2010, *Gielen*, C 440/08.

B. Avantages sociaux

195 Ces droits bénéficient en principe au travailleur migrant ainsi qu'aux membres de sa famille qui séjournent avec lui sur le territoire d'accueil. C'est l'application des règles du volet social de la libre circulation des travailleurs, encore que la liberté d'établissement puisse, à l'occasion, être invoquée par une entreprise au profit de son personnel dirigeant une succursale établie dans un autre État membre (108).

Le travailleur migrant relève du système de protection sociale de l'État sur le territoire duquel il s'est installé : l'application du règlement n° 1408/711 concernant les travailleurs salariés a été étendue par le règlement n° 1390/81 aux travailleurs indépendants (v. *infra,* titre II, chap. I, section II).

Les travailleurs ressortissant d'un autre État membre sont également assimilés aux nationaux pour les avantages accordés en matière de logement et d'accès à la propriété (règl. n° 1612/68 art. 9) (109). Le droit à un « logement normal » pour le travailleur et sa famille (règl. n° 1612/68 art. 10 § 3) ne saurait être retourné contre les intéressés pour permettre de leur refuser le séjour sur le territoire s'ils ne justifient pas de conditions de logement décentes (110).

La Cour de justice estime que le principe de non-discrimination a pour conséquence que tous les avantages sociaux reconnus aux nationaux à raison de leur qualité de travailleur salarié ou indépendant ou du fait de leur résidence sur le territoire de l'État doivent normalement bénéficier aux ressortissants des autres États membres. Ainsi l'a-t-elle décidé pour les réductions sur le prix des transports en faveur des familles nombreuses (111), les prestations sociales garantissant un revenu minimum (revenu minimum prévu par la loi belge (112) ; revenu garanti aux personnes âgées en l'espèce ascendants du travailleur (113)), le financement d'études pour les enfants alors même que ces études ont lieu dans un autre État membre (114).

196 Par une jurisprudence très prétorienne, mais qui mérite approbation, la Cour a, en outre, admis que tout ressortissant de l'Union a droit à la protection de l'intégrité de sa personne au même titre que les nationaux, donc aux mêmes indemnisations par le Trésor public pour le cas où il est victime d'une agression (115). On peut, en revanche, se montrer plus réservé envers le lien qu'elle établit entre l'accès au loisir comme corollaire de la liberté de circulation des travailleurs et l'égalité de traitement poussée jusqu'au droit d'immatriculer des bateaux de plaisance (116).

(108) CJCE, 10 juill. 1986, *Segers*, 79/85, *Rec.* 2375.
(109) V. CJCE, 14 janv. 1968, *Commission c. Italie,* 63/86, *Rec.* 29.
(110) CJCE, 18 mai 1989, *Commission c. RFA,* 249/86, *Rec.* 1286.
(111) CJCE, 30 sept. 1975, *Cristini,* 32/75, *Rec.* 1085.
(112) CJCE, 27 mars 1985, 249/83, *Hoeckx*, *Rec.* 1985.
(113) CJCE, 12 juill. 1984, *Castelli,* 261/83, *Rec.* 3199.
(114) CJCE, 26 févr. 1992, *Bernini*, C 3/90, *Rec.* I-1071.
(115) CJCE, 2 févr. 1968, *Cowan,* 186/87, *Rec.* 195.
(116) CJCE, *Commission c. France*, 7 mars 1996, C 334/94, *Rec.* I-1307, points 21 et s.

SECTION III LA QUALIFICATION PROFESSIONNELLE

197 La possession d'une compétence démontrant l'aptitude à exercer la profession s'avère une condition de plus en plus inhérente aux caractéristiques des sociétés développées. Aussi est-elle exigée par un très grand nombre de conventions collectives et de réglementations émanant d'organismes professionnels ou, le plus souvent, des autorités publiques.

Le droit de l'Union continue à reconnaître le droit qu'ont les États d'édicter ce type de réglementations, même si elles entravent l'accès à la liberté professionnelle, dès lors qu'elles répondent à cet objectif d'intérêt général et sont proportionnées à cet objectif (117). En outre, chaque État demeure maître de l'organisation de son système d'éducation et de formation. Mais une double évolution s'est produite en faveur de l'émergence d'une Europe des professions. En premier lieu s'est développé un système de reconnaissance mutuelle des diplômes et qualifications professionnelles de nature à faciliter la mobilité des travailleurs salariés ou indépendants. En second lieu, l'enseignement et la formation professionnelle ont été dans une mesure non négligeable progressivement marqués par l'influence du droit communautaire.

§ 1. LA RECONNAISSANCE MUTUELLE DES QUALIFICATIONS À DES FINS PROFESSIONNELLES

198 La reconnaissance mutuelle des diplômes constitue la modalité la plus significative, et la plus importante en pratique, de reconnaissance mutuelle des qualifications professionnelles. Elle n'est pas la seule : dans certains cas l'accès à la profession est subordonné à la preuve d'une certaine qualification résultant avant tout de l'expérience professionnelle.

A. Problématique générale

199 L'exigence d'un diplôme (ou d'une qualification professionnelle déterminée) pour exercer une activité ou accéder à une profession constitue ce que Jacques Pertek qualifie de « barrière invisible ». La tendance naturelle des États est, en effet, d'exiger la possession du « diplôme national », diplôme dont ils ont contrôlé le niveau et les conditions d'obtention, ce qui désavantage considérablement les ressortissants des autres États membres et de plus empêche les nationaux d'aller faire leurs études dans un autre État membre.

Les auteurs du traité ont eu conscience de ce problème en ce qui concerne l'exercice des professions indépendantes. L'article 57 CEE (devenu 47 CE puis 53 TFUE) auquel renvoie l'article 66 CEE (devenu 55 CE puis 62 TFUE) prévoit qu'« afin de faciliter l'accès aux activités non salariées et leur exercice,… le Conseil arrête… des directives visant à la reconnaissance mutuelle des diplômes, certificats et autres titres », parallè-

(117) CJCE, 30 nov. 1995, *Gebhard, supra,* n° 177.

lement à des directives visant à la coordination des législations nationales concernant l'accès à ces activités et leur exercice. À juste titre les directives qui sont intervenues incluront les activités salariées dans leur champ d'application : le même diplôme est exigé pour l'exercice libéral ou de salarié de la médecine, de la profession d'infirmier ou de celle d'avocat.

La reconnaissance ainsi prévue est une reconnaissance des diplômes à des fins professionnelles qui diffère de la reconnaissance académique (118). La reconnaissance professionnelle confère au ressortissant d'un État membre qui détient un diplôme délivré dans un autre État membre le droit d'accéder dans n'importe quel État de l'Union aux professions dont l'accès est subordonné à une qualification. L'idée de base est que si l'on est qualifié pour exercer une profession dans un État – qui sera le plus souvent, mais pas nécessairement, l'État dont on est le national – on l'est également pour l'exercer dans n'importe quel État de l'Union européenne. La reconnaissance académique est une reconnaissance du diplôme au titre de formation acquis dans un autre État comme étant équivalent au diplôme national pour la poursuite des études. Elle a pour objet direct d'assurer la mobilité des étudiants et non des professionnels, même si elle contribue à favoriser cette dernière (*infra*, n° 212).

Deux types de directives visant à la reconnaissance des diplômes à des fins professionnelles ont vu successivement le jour, les directives sectorielles et les directives générales. La directive n° 99/42 est un peu intermédiaire : elle s'applique à des professions spécifiées, comme les directives sectorielles, mais la reconnaissance des diplômes s'effectue selon un mécanisme proche de celui des directives générales ne serait-ce que parce que les professions et les diplômes concernés sont infiniment nombreux.

Mais la directive n° 2001/19 du 14 mai 2001 apporta une certaine harmonisation entre ces deux séries de directives. Elle impose à l'État membre d'accueil, dans le cadre des directives générales de tenir compte de l'expérience professionnelle acquise par le demandeur (application du principe posé, hors le cadre des directives, par la jurisprudence *Vlassopoulou,* voir *infra*, n° 208). Et, concernant les professions de santé et la profession d'architecte, elle impose la même exigence pour le cas où l'intéressé a acquis hors de l'Union européenne un diplôme reconnu par un État membre mais qui en tant que tel ne bénéficie pas de la reconnaissance mutuelle : la formation et l'expérience professionnelle acquises dans un État membre doivent être prises en considération. Ce principe avait été posé par la Cour dans l'arrêt *Haïm* du 9 février 1994 (119), et étendu aux diplômes qui sont hors du champ d'application des directives de reconnaissance mutuelle dans l'arrêt *Hocsman* du 14 septembre 2000 (120).

(118) « Communication de la Commission sur la reconnaissance des diplômes à des fins académiques et à des fins professionnelles du 13 déc. 1994 », *in* J. PERTEK et *al.*, *La reconnaissance des qualifications dans un espace européen des formations et des professions,* Bruylant, Bruxelles, 1994, p. 243 et s. Et dans le même ouvrage, p. 119 et s., J. PERTEK, « Une dynamique de la reconnaissance des diplômes à des fins professionnelles et à des fins académiques : réalisations et nouvelles réflexions ».

(119) C 319/92, *Rec.* I-425.

(120) C 238/98, *Rec.* I-6623.

La révision de ces directives a abouti à leur refonte dans un texte unique, la directive n° 2005/36 du 7 septembre 2005 relative à la reconnaissance des qualifications professionnelles (121). Sur nombre de points cette directive reprend les dispositions précédentes.

B. Les directives sectorielles de reconnaissance mutuelle des diplômes

200 Régissant spécifiquement une profession, elles concernent trois secteurs : les professions de santé, la profession d'architecte et la profession d'avocat. Elles instituent un mécanisme de reconnaissance mutuelle automatique des diplômes dont elles comportent l'indication pour chacun des États membres. Cette reconnaissance s'impose même si un État membre a délivré son diplôme alors que la formation a été accomplie pour l'essentiel hors de l'Union : dans l'affaire *Tennah-Durez* (122), le diplôme de médecin délivré par la Belgique sanctionnait 6 années d'études à la faculté d'Alger suivies d'une année à l'Université de Gand.

1. Les professions de santé

201 Si elles ont été les principales bénéficiaires de la reconnaissance mutuelle des diplômes par les directives sectorielles c'est que la formation présente d'importantes similitudes : « le corps humain est le même partout ». Le schéma type se compose de deux directives – modifiées par la suite – l'une visant à la reconnaissance mutuelle automatique des diplômes pour l'exercice de la profession, l'autre, qui en est la condition, prévoyant une harmonisation minimale des régimes de formation :

– médecins : dir. nos 75/362 et 75/363 du 16 juin 1975 codifiées et fusionnées par la dir. n° 93/16 du 5 avril 1993 (123) ;

– infirmiers des soins généraux : dir. nos 77/452 et 77/453 du 25 juin 1977 (124) ;

– dentistes (praticiens de l'art dentaire) dir. nos 78/686 et 78/687 du 25 juillet 1978 (125) ;

– vétérinaires : dir. nos 78/1026 et 78/1027 du 18 décembre 1978 (126) ;

– sages-femmes : dir. nos 80/154 et 80/156 du 21 janvier 1980 (127) ;

– pharmaciens : dir. nos 85/432 et 85/433 du 24 septembre 1985 (128).

La reconnaissance vaut aussi bien pour l'accès à la profession à titre salarié ou indépendant (établissement) que pour la simple prestation de service, à l'exception pour cette dernière de la profession pharmaceutique.

(121) *JOUE* L 255, 30 sept. 2005.
(122) CJCE, 19 juin 2003, C 110/01, *Revue de droit sanitaire et social*, 2004, p. 92, L. Dubouis.
(123) *JOCE L* 165, 7 juill. 1993.
(124) *JOCE L* 176, 15 juill. 1977.
(125) *JOCE L* 233, 24 août 1978.
(126) *JOCE L* 362, 23 déc. 1978.
(127) *JOCE L* 33, 11 févr. 1980.
(128) *JOCE L* 253 du 24 sept. 1985.

202 La directive médecins constitue une sorte de prototype. En ce qui concerne la formation, elle impose des normes de durée : 6 ans ou 5 500 heures d'enseignement théorique et pratique pour la formation de base, une formation complémentaire de 3 à 5 ans pour les spécialistes (par exemple 5 ans pour la chirurgie) et de 2 ans pour la formation spécifique en médecine générale. La directive met l'accent sur la nécessité d'une expérience clinique hospitalière.

La directive énumère d'autre part les diplômes ou certificats qui sont communs à tous les États et pour lesquels la reconnaissance mutuelle est automatique. Mais il est d'autres titres qui ne sont délivrés que dans certains États. En pareil cas, l'État d'accueil peut, si c'est justifié, imposer un complément de formation au ressortissant communautaire qui a fait ses études dans un État ne dispensant pas ce diplôme (art. 8), logique qui se retrouve dans le système généralisé.

La reconnaissance du diplôme permet au ressortissant communautaire de bénéficier du droit de s'établir dans l'État d'accueil. Mais c'est à la condition de se soumettre à la procédure d'admission qui s'impose aux nationaux et qui incombe soit à l'administration soit à l'organisation professionnelle, la Cour ayant reconnu que l'obligation d'inscription à un ordre professionnel était en elle-même licite (129). Cela permet à l'autorité compétente d'exercer un contrôle sur la santé physique et psychique (art. 13) et sur la moralité ou l'honorabilité en coopération avec les autorités du pays d'origine (art. 11 et 12).

En revanche, le simple prestataire de services est dispensé de cette inscription. Il doit cependant respecter la déontologie de l'État d'accueil sous peine d'encourir les mêmes sanctions disciplinaires que les nationaux (art. 17). Et une déclaration préalable peut lui être imposée au cas où sa prestation entraîne un séjour temporaire sur le territoire.

Il est important d'observer qu'un national peut invoquer à l'encontre de son propre État la reconnaissance du diplôme qu'il a acquis dans un autre État membre. Cette solution était fondée à l'origine sur les dispositions mêmes des directives aux termes desquelles « chaque État membre reconnaît les diplômes… délivrés aux ressortissants des États membres pour les autres États membres » (130). Elle semble être considérée à présent par la Cour comme l'application d'une exigence du traité (131).

2. La profession d'architecte

203 Elle est régie par une seule directive (dir. n° 85/384 du 10 juin 1985 (132)). Cette directive préfigure quelque peu les directives générales en ce qu'elle n'harmonise pas les conditions minimales de formation et prévoit la reconnaissance par les autres États membres des seuls diplômes qui sanctionnent des formations de niveau universitaire, d'une durée minimale et portant sur un certain nombre de matières. Mais les diplômes qui répondent à ces exigences sont mentionnés dans une liste publiée au *JOCE* sous la responsabilité de la Commission et doivent être automatiquement reconnus.

(129) CJCE, 22 sept. 1983, *Auer*, 271/82, *Rec.* 2727.
(130) CJCE, 6 oct. 1981, *Broekmeulen*, 246/80, *Rec.* 2311.
(131) CJCE, 31 mars 1993, *Kraus*, C 19/92, *Rec.* I-1663.
(132) *JOCE L* 233 du 21 août 1985.

3. La profession d'avocat

204 Elle a fait l'objet de deux directives, séparées par 21 ans, et qui continuent à régir la profession après l'entrée en vigueur de la directive n° 2005/36.

La directive n° 77/249 du 22 mars 1977 ne concerne que la prestation de services et institue une reconnaissance mutuelle, non pas du diplôme, mais de la qualité d'avocat. L'avocat habilité à exercer dans un État membre peut assurer la représentation et la défense en justice d'un client dans un autre État membre sans être tenu d'y avoir une résidence ou d'être inscrit à l'organisation professionnelle. Il doit respecter la double déontologie de l'État d'origine et de l'État d'accueil. Ce dernier peut en outre lui imposer l'obligation d'agir de concert avec un avocat local, mais seulement si l'assistance obligatoire d'un avocat est imposée (133).

Longuement et âprement débattue, la directive n° 98/5 du 16 février 1998 (134) vient, concernant l'établissement, combler une lacune que la directive générale n° 89/48 du 21 décembre 1988 ne corrigeait qu'insuffisamment. Elle autorise l'avocat à exercer d'une manière permanente, sous son titre professionnel d'origine (art. 12), dès lors qu'il s'est inscrit auprès de l'autorité compétente de l'État d'accueil (art. 3). Il demeure alors soumis à la double déontologie. L'État d'accueil peut, du reste, lui imposer d'agir de concert avec un avocat local et exclure l'exercice d'activités réservées à d'autres professions (en pratique celle de notaire). Au bout de trois ans d'activité effective et régulière, l'avocat peut demander son intégration dans la profession d'avocat de l'État membre d'accueil sans se voir imposer une épreuve d'aptitude ou un stage démontrant sa connaissance du droit national. Il pourra alors faire usage de ses deux titres professionnels et, mais sur le fondement de la directive générale 89/48, cela même s'il n'est pas inscrit au tableau de l'ordre des avocats de l'État d'accueil (135). La Cour a estimé que l'avantage ainsi accordé au migrant par rapport au national assujetti à une obligation de formation n'était pas contraire au principe d'égalité et a validé la directive (136).

C. La directive n° 99/42 du 7 juin 1999 (137)

205 Cette directive s'applique à un ensemble de professions relevant d'un ensemble très varié d'activités qu'elle énumère dans son annexe A : industrie (textile, papier, chimie, pétrole, bois...), bijouterie, industries alimentaires, commerce de détail, coiffure, restauration, hôtellerie, vente de voyages et séjours... Elle abroge 35 directives sectorielles, au nombre desquelles les 18 directives « transitoires » de la libéralisation (*supra*, n° 187) et à ce titre apparaît un peu comme un système intermédiaire entre ceux des directives sectorielles et des directives générales.

Le système de reconnaissance mutuelle institué par la directive est complexe. Si une part est faite à la reconnaissance des diplômes sur la base d'un examen comparatif (art. 3), celle-ci n'aboutit pas à une reconnaissance automatique (un stage ou

(133) CJCE, 10 juill. 1989, *Commission c. France*, 294/89, *Rec.* 3591.
(134) *JOCE L* 77, 14 mars 1998.
(135) CJUE, 3 févr. 2011, *Ebert*, C 359/09 ; *Europe* 2011 n° 125, A. Bouveresse.
(136) CJCE, 7 nov. 2000, *Luxembourg c. PE* et Conseil, C 168/98, *Rec.* I-9131.
(137) *JOCE L* 201, 31 juill. 1999, 77.

une épreuve d'aptitude pouvant être imposé au cas de différence substantielle entre les diplômes) et ne joue qu'un rôle secondaire au regard des professions concernées. L'essentiel est donc la reconnaissance des qualifications professionnelles acquises sur la base de l'expérience professionnelle, pour laquelle six dispositifs distincts sont institués, chacun correspondant à un groupe particulier d'activités (art. 4).

D. Les directives générales de reconnaissance mutuelle des diplômes

206 La lenteur de l'élaboration des directives sectorielles rendait indispensable l'institution d'un système généralisé de reconnaissance mutuelle des diplômes, entendus comme tous titres sanctionnant le succès à un cycle d'études ou de formation professionnelle. La directive n° 89/48 du 21 décembre 1988 concerne les professions réglementées dont l'accès à l'exercice est subordonné à la possession d'un diplôme sanctionnant un cycle d'études post secondaires d'au moins trois ans (directive « bac + 3 »), par exemple, pour la France, la profession d'expert-comptable et la plupart des professions paramédicales. La directive n° 92/51 du 18 juin 1992 la complète visant les diplômes sanctionnant au moins une année d'études post secondaires, par exemple pour la France les diplômes donnant accès aux professions d'aide-soignant, agent de voyage ou chauffeur de taxi.

Les professions concernées sont uniquement les professions « réglementées » (autres que celles régies par les directives sectorielles) que les directives conçoivent comme étant celles dont l'accès où l'exercice est subordonné directement ou indirectement par des dispositions législatives réglementaires ou administratives, à la possession de qualifications professionnelles déterminées attestées soit par un diplôme soit par une attestation de compétence ou un certificat (138). La directive n° 2005/36 assimile à une profession réglementée celles dont l'exercice est (en Irlande ou au Royaume-Uni) conditionné par l'admission dans une association ou organisation professionnelle. D'après l'arrêt *Aranatis* du 1er février 1996 (139) cette condition est remplie dès lors que la législation établit un régime qui a pour effet de réserver expressément une activité professionnelle aux personnes qui remplissent certaines conditions et d'en interdire l'accès à celles qui ne les remplissent pas. Cela concerne les diplômes et titres qui sanctionnent une formation qui prépare spécifiquement à l'exercice de la profession concernée, mais non les diplômes qui sanctionnent un certain niveau d'études (par exemple, maîtrise en droit ou en économie). Contrairement aux autorités françaises, la Cour a jugé que tel est le cas pour l'accès aux emplois publics par la voie du concours dans l'arrêt *Burbaud* du 9 septembre 2003 (C 285/01), précité, concernant les directeurs de la fonction publique hospitalière qui sont recrutés après leur admission sur concours à l'École nationale de Santé publique (ENSP) parce qu'on est alors en présence d'un titre spécifique.

À la différence du régime institué par les directives sectorielles, la reconnaissance mutuelle des diplômes n'est plus automatique dans le système des directives géné-

(138) CJUE, 17 déc. 2009, *Rubino*, C 586/08, interprétant la dir. n° 2005/36 qui sur ce point ne s'écarte pas des dir. générales précédentes.

(139) C 164/94, *Rec.* I-135. La réglementation peut résulter des dispositions d'une convention collective, CJCE, 8 juill. 1999, *Fernandez de Bobadilla*, C 234/97, *Rec.* I-4773, recrutement d'un restaurateur d'œuvres d'art pour le musée du Prado.

rales. Ces directives reposent sur la présomption selon laquelle les formations reçues sont comparables d'un État à l'autre. Mais, s'il établit qu'il n'en va pas ainsi, l'État d'accueil a le droit d'exiger soit une expérience professionnelle complémentaire pour compenser la moindre durée des études, soit un stage d'adaptation ou une épreuve d'aptitude pour le cas où la formation a porté sur des matières substantiellement différentes de celles qu'il requiert lui-même. Le choix entre le stage et l'épreuve d'aptitude est laissé au ressortissant communautaire, sauf en ce qui concerne les professions de conseil ou d'assistance concernant le droit national (professions juridiques). La Cour a, en outre, jugé que l'État d'accueil devait, en principe, accorder un accès partiel à une profession, se limitant aux activités pour lesquelles le demandeur a obtenu une qualification, si ces activités sont dissociables de l'ensemble de la profession (140).

L'article 3 de la directive n° 92/51 établit une passerelle entre les deux systèmes. Il permet en effet, malgré la différence de durée d'études, au titulaire d'un « diplôme de niveau 92/51 » (selon le jargon communautaire) de bénéficier de la reconnaissance pour l'accès à une profession qui dans l'État d'accueil exige la possession d'un « diplôme de niveau 89/48 », dès lors qu'il remplit certaines conditions particulières. Cependant ce mécanisme de reconnaissance ne s'impose pas à l'État d'accueil si l'accès à la profession est subordonné à la possession d'un diplôme sanctionnant des études post secondaires d'une durée supérieure à 4 ans.

E. La directive n° 2005/36 du 7 septembre 2005

207 La directive n° 2005/36 régit la reconnaissance des qualifications professionnelles exigées pour l'exercice permanent, soit à titre indépendant, soit en qualité de salarié, bien qu'elle ne se réfère qu'à la liberté d'établissement.

Elle reprend les trois grands systèmes de reconnaissance antérieurement mis en place et couvre plus de 800 professions réglementées.

1) Le système sectoriel de reconnaissance automatique s'applique aux professions de santé et à la profession d'architecte (art. 21 et s.). La profession d'avocat demeure à l'écart, régie par les deux directives spécifiques.

2) Le système de « reconnaissance de l'expérience professionnelle » (art. 16 et s.) reprend le schéma mis en place par la directive n° 99/42, tout en ramenant de six à trois les groupes d'activités. Pour chacun de ces groupes la durée de l'expérience professionnelle exigée est réduite si le bénéficiaire a suivi une formation préalable sanctionnée par un certificat.

3) Le « régime général de reconnaissance des titres de formation » (art. 10 et s.) s'applique à toutes les autres professions et, même, aux précédentes lorsque pour un motif spécifique et exceptionnel le demandeur ne satisfait pas aux conditions qu'elles prévoient.

Les qualifications sont réparties en cinq niveaux (art. 11) :

a) attestation de compétence sur la base d'une formation générale du niveau de l'enseignement primaire ou secondaire.

(140) CJCE, 19 janv. 2006, *Colegio de Ingenieros de Caminos*, C 330/03, *Rec.* I-801, exercice partiel en Espagne de la profession d'ingénieur des ponts et chaussées par le titulaire du diplôme italien d'ingénieur en hydraulique.

b) certificat sanctionnant un cycle d'études secondaires.

c) diplôme sanctionnant une formation d'enseignement post secondaire d'une durée minimale d'un an et inférieure à trois ans.

d) diplôme sanctionnant une formation d'enseignement post secondaire de trois ans minimum et inférieure à quatre ans.

e) diplôme sanctionnant une formation d'enseignement post secondaire de quatre ans ou plus.

La reconnaissance mutuelle des qualifications joue si le niveau possédé par le demandeur est au moins équivalent au niveau immédiatement inférieur à celui exigé dans l'État d'accueil (mais également entre les niveaux e et c).

Des mesures de compensation peuvent être exigées au cas de différence de durée de formation d'au moins une année ou lorsque la formation du demandeur porte sur des « matières substantiellement différentes » de celles couvertes par le titre de formation requis dans l'État d'accueil. Il appartient au demandeur de choisir entre stage d'adaptation et épreuve d'aptitude, sauf en ce qui concerne les professions juridiques ou par dérogation admise par la Commission. Avant d'imposer une compensation, l'État d'accueil est tenu de vérifier si l'expérience professionnelle acquise par l'intéressé ne la rend pas superflue (principe issu de la jurisprudence *Vlassopoulou*). La directive prévoit, en outre, l'élaboration par les États ou les organisations professionnelles de « plateformes communes » qui présentent un ensemble de critères de qualification aptes à combler des différences substantielles entre les formations pour l'exercice d'une profession déterminée : le demandeur qui remplit ces critères est dispensé de toute mesure de compensation (art. 15).

L'exercice de la profession s'effectue sous le titre professionnel de l'État d'accueil mais avec le titre de formation conféré dans l'État d'origine.

S'agissant de la libre prestation de services la directive n° 2005/36 ajoute à la directive services : elle précise que l'État d'accueil ne peut subordonner cette prestation non seulement à une autorisation mais encore à une inscription ou affiliation – autre qu'automatique et gratuite – à un organisme professionnel (non plus qu'à un organisme de sécurité sociale pour les professionnels de santé).

Il est prévu que la Commission propose en 2012 une modernisation de la directive.

F. La reconnaissance des diplômes et qualifications en l'absence de directives

208 Lorsqu'on se trouve hors du domaine des directives, la reconnaissance perd tout caractère automatique ou semi automatique. Les autorités nationales n'en demeurent pas moins tenues à l'obligation d'apprécier de façon objective la correspondance entre les connaissances et les qualifications requises par la législation nationale et celles qui ont été acquises dans un autre État membre ou un pays tiers. C'est seulement si la correspondance n'est que partielle que l'État d'accueil est en droit d'exiger que l'intéressé démontre qu'il a acquis les connaissances et qualifications manquantes en statuant par une décision motivée et susceptible de recours juridictionnel (141).

(141) CJCE, 15 oct. 1987, *Heylens*, 22/86, *Rec.* 4097 confirmé et précisé par 7 mai 1991, *Vlassopoulou*, C 340/89, *Rec.* I-2357 : accès à la profession d'avocat ; voir également, 31 mars 1993, *Kraus*, 19/92, préc. ; CJUE, 10 déc. 2009, *Pesla*, C 345/08.

Pareille situation ne devrait plus guère se rencontrer après l'entrée en application de la directive nº 2005/36.

209 **Conclusion : incidence de la reconnaissance de diplômes et qualifications professionnelles.** Contrairement aux inquiétudes parfois manifestées, la reconnaissance mutuelle des diplômes et qualifications professionnelles n'a pas entraîné de raz de marée bouleversant l'équilibre démographique des professions dans certains États. Sauf situations très spéciales, telle que la relation entre le Royaume-Uni et l'Irlande, les mouvements sont demeurés très limités et le plus souvent liés à des considérations d'ordre conjugal ou familial. Ils témoignent cependant qu'un processus de mobilité professionnelle est engagé notamment en ce qui concerne un grand nombre de professions : l'enseignement et la formation professionnelle participent à cette évolution.

§ 2. L'ENSEIGNEMENT ET LA FORMATION PROFESSIONNELLE

A. Enseignement et intégration européenne

210 Ce qui pourrait être l'Europe de l'éducation déborde incontestablement le cadre de la mobilité professionnelle pour constituer un élément d'une communauté de culture et même de la citoyenneté européenne. Au stade présent, force est cependant d'observer qu'en ce domaine la construction européenne demeure fortement marquée par le lien établi entre enseignement et mobilité des personnes et que l'emprise du droit de l'Union conserve une étendue limitée.

Ce dernier caractère était particulièrement accusé dans les traités originaires qui ne reconnaissaient guère de compétence communautaire qu'en matière de formation professionnelle : CECA art. 56 ; CEE art. 41 (35 nouveau) pour les agriculteurs, 118 pour les travailleurs salariés, (art. 140 nouveau) ; CEEA art. 9. Si la Cour de justice retient une acception large de cette notion et y englobe toute forme d'enseignement qui prépare à une qualification pour une profession (142), le traité sur l'Union européenne élargit le domaine d'intervention de la Communauté et facilite son action en autorisant la Communauté à agir en faveur du développement d'une éducation de qualité et de la politique de formation professionnelle (CE, art. 149 et 150 devenus art. 165 et 166 TFUE). Mais si une base juridique incontestable est ainsi établie, le traité n'en marque pas moins avec beaucoup de force le caractère subsidiaire de l'action de l'Union en ces domaines ainsi que dans le domaine du sport qui leur est associé par le traité de Lisbonne.

Ainsi s'explique l'inégale ampleur du développement du droit communautaire selon que la politique d'éducation est plus ou moins étroitement liée au libre accès à l'activité professionnelle.

(142) CJCE, 13 févr. 1985, *Gravier*, 293/83, *Rec*. 593.

B. L'accès aux études

211 Le principe fondamental est l'égalité de traitement de tous les citoyens européens. S'il constitue une application de la règle générale de non-discrimination, ce principe a été posé d'abord comme l'un des droits du travailleur migrant. D'où sa consécration dans l'article 7 du règlement n° 1612/68 en ce qui concerne l'enseignement des écoles professionnelles et des centres de réadaptation ou de rééducation. Ce droit a été étendu au conjoint, au partenaire du citoyen européen ainsi qu'à leurs enfants bénéficiaires du droit de séjour de plus de trois mois (*supra*, n° 102) et élargi à toutes les formes d'enseignement. Pour cette catégorie de bénéficiaires, l'égalité de traitement s'étend non seulement aux règles relatives à l'admission mais également aux aides financières accordées aux nationaux (143) et cela même si l'enfant suit une formation dispensée dans son pays d'origine (144).

Les autres citoyens de l'Union constituent un second cercle de bénéficiaires. Ils disposent du droit de séjour mais moins large puisque limité à la durée de leurs études et subordonné à la condition de disposer de ressources suffisantes et d'une assurance-maladie (145). Ils ont droit dans les mêmes conditions que les nationaux à des allocations assurant un minimum de moyens d'existence (minimax) (146), à des aides d'entretien aux études sauf si celles-ci sont susceptibles de faire peser sur l'État d'accueil une charge déraisonnable (147). L'égalité de traitement, interdit à un État un traitement discriminatoire quant aux droits d'inscription (148) ou aux quotas d'admission (149). Même l'engorgement de certaines filières provoqué par l'afflux d'étudiants en provenance d'autres États membres ne saurait justifier des mesures indirectement discriminatoires : à l'État de s'adapter ou d'adopter des restrictions s'imposant également aux nationaux (150), ce qui peut n'être pas très aisé. La Cour a cependant admis une exception : l'accès aux études médicales peut être limité si un afflux excessif d'étudiants provenant d'autres États membres est susceptible de porter atteinte à la qualité de la formation donc, à terme, à la qualité des soins (151).

Les ressortissants de pays tiers résidents de longue durée bénéficient également de l'accès à l'éducation et à la formation professionnelle mais leur accès aux études universitaires peut être subordonné à des conditions particulières (152).

(143) CJCE, 3 juill. 1974, *Casagrande*, 9/74, *Rec.* 773.
(144) CJCE, 13 nov. 1974, *Di Léo*, C 308/89, *Rec.* I-4185.
(145) *Supra*, n° 102.
(146) CJCE, 20 sept. 2001, *Grzelczyck*, C 184/99, *Rec.* I-6193, v. *supra*, n° 104.
(147) Dir. n° 2004/38, art. 24 et CJCE, 15 mars 2003, *Bidar*, C 299/03, *Rec.* I-2119, v. *supra*, n° 68. Mais, validant une condition de résidence de cinq ans, CJCE, 18 nov. 2008, *Förster*, C 158/08, *Rec.* I-8507, *Europe* 2009, 3, note F. Kauff-Gazin.
(148) CJCE, 13 févr. 1985, *Gravier,* préc.
(149) CJCE, 27 sept. 1985, *Commission c. Belgique,* 42/87, *Rec.* 5445 ; sur le séjour des étudiants et chercheurs originaires de pays tiers, v. *supra*, n° 121.
(150) CJCE, 7 juill. 2005, *Commission c. Autriche*, C 147/03, *Rec.* I-5969.
(151) CJUE, 13 avr. 2010, *Brissol e.a., Chaverot e.a.*, C 73/08.
(152) Dir. n° 2003/109 du 23 nov. 2003, préc., art. 11.

C. La mobilité au cours des études

212 La reconnaissance mutuelle des diplômes à des fins professionnelles facilite la mobilité en ce qu'elle permet à un ressortissant communautaire d'accomplir ses études dans n'importe quel autre État membre y compris son État d'origine. Elle ne permet pas de fractionner un cycle d'études entre des formations suivies dans plusieurs États. Il faut pour cela la reconnaissance académique afin que le titre de formation acquis dans un autre État membre soit reconnu comme équivalent au diplôme national pour la poursuite des études. Selon les cas, il y a reconnaissance par accumulation, le diplôme obtenu dans un État permettant d'accéder au cycle d'études supérieur dans un autre État, ou par substitution, la période d'études accomplies dans un autre État étant reconnue pour équivalente à celle de l'État d'origine. Une reconnaissance de ce type implique un minimum d'harmonisation entre les formations dispensées et une large coopération entre les institutions d'enseignement.

Avant même l'entrée en vigueur du traité sur l'Union européenne, les institutions communautaires se sont engagées dans cette voie. L'action communautaire consiste principalement en des incitations financières accordées aux coopérations engagées par les établissements d'enseignement et de formation. D'où une série de programmes, dont les très célèbres programmes Comett arrêtés par le Conseil le 24 juillet 1986 pour favoriser la coopération entre universités et entreprises, Erasmus adopté par le Conseil le 15 juin 1987 pour favoriser la mobilité des étudiants (reconnaissance académique par substitution) et des enseignants, Tempus concernant les Peco et les États issus de l'URSS qui en est à sa quatrième phase (Tempus IV). Ces programmes ont été regroupés en programme Socrates (4 mars 1995) concernant l'enseignement et Leonardo Da Vinci concernant la formation professionnelle. Depuis la décision 1720/2006 du 15 novembre 2006 établissant un programme d'action dans le domaine de l'éducation et de la formation tout au long de la vie six de ces programmes sont regroupés dans un programme dit « intégré » doté de 6,970 milliards d'euros pour la période 2007-2013 : programmes Comenius (enseignement Jean Monnet (étude de l'intégration européenne), Grundtvig (formation des adultes), Programme transversal (153)).

S'y ajoute le programme Erasmus Mundus créé en 2003, et doté de 950 millions d'euros pour la période 2009-2013, qui vise à promouvoir la qualité de l'enseignement supérieur et encourager la mobilité – dans les deux sens – entre États membres et pays tiers.

L'action menée par l'Union est donc tout sauf négligeable et son succès est notoire.

Le succès de ces programmes a été considérable et soulève des problèmes d'ordre financier d'autant que l'Union souhaite encourager la mobilité vers les pays tiers (programme Erasmus Mundus adopté le 5 décembre 2003).

(153) Un tableau de ces programmes est présenté par J. Pertek, *Rép. Dalloz droit communautaire* v° « Éducation, Formation professionnelle et jeunesse ».

D. Vers une action sur la nature de la formation dispensée ?

213 Chaque État demeure maître du contenu des enseignements ainsi que des procédures d'attribution des diplômes : la règle est réaffirmée dans l'article 165 TFUE. Il n'empêche ! L'intégration européenne semble déployer quelques effets même en ce domaine. D'une part, le développement de la mobilité des étudiants impose parfois de modifier les rythmes et structures d'enseignement. La mise en œuvre du « processus de Bologne », issu de la déclaration des ministres européens de l'Éducation du 19 juin 1999, qui vise à créer un espace européen de l'enseignement supérieur (lequel regroupe en 2010 47 États) en apporte la confirmation. Elle a entraîné dans nombre d'États, dont la France, un nouveau découpage en semestres et unités de valeur et une harmonisation des trois niveaux de cursus universitaires – LMD – qui a une incidence sur la nature de l'enseignement dispensé. D'autre part, le traité prévoit que la Communauté contribue au développement d'une éducation de qualité : par exemple il autorise l'action de la Communauté en faveur du développement de la dimension européenne dans l'éducation, notamment pour l'apprentissage et la diffusion des langues des États membres (CE, art. 149 § 2). Le programme Lingua (décision du 28 juillet 1989), dont l'acquis a été repris dans les programmes Erasmus et Leonardo visant à promouvoir la connaissance des langues étrangères, concerne bien le contenu des enseignements.

BIBLIOGRAPHIE

I. Ouvrages

F. Baron, *Marché intérieur et droit social dans l'Union européenne,* thèse Paris IX, Presses d'Aix-Marseille, 1998 ■ M. Bonnechère (dir.), *Trente ans de libre circulation des travailleurs*, Colloque CEDECE, Paris, La Documentation française, 1998 ■ A. Bousquet, *Éducation et formation dans l'Union européenne,* Paris, La Documentation française, 1998 ■ S. Cals, *La discrimination à rebours et le droit communautaire*, th. Toulouse, 2001 ■ J.-Y. Carlier, *La condition des personnes dans l'Union européenne*, Bruxelles, Larcier 2007 ■ C. Frazier, *L'éducation et la Communauté européenne,* Paris, CNRS, 1995 ■ N. Guizemanes, *La circulation et l'activité économique des étrangers dans la Communauté européenne*, Paris, Nouvelles éditions fiduciaires, 1990 ■ V. Hatzopoulos, *Le principe communautaire d'équivalence et de reconnaissance mutuelle dans la libre prestation de services,* Bruxelles, Bruylant, Athènes, Sakkoulas, 1999. S. Hennion, M. Le Barbier-Le Bris, M. Del Sol, *Droit social européen et international*, PUF, 2010 ■ J.-M. Lemoyne de Forges, *L'adaptation de la fonction publique française au droit communautaire,* Rapport au ministre de la Fonction publique, Paris, Dalloz, 2003 ■ J. Pertek, *Diplômes et professions en Europe,* Bruxelles, Bruylant, 2008 ■ *Libre circulation des personnes, in Commentaire Mégret, Libre circulation des personnes et des capitaux. Rapprochement des législations*, Éditions de l'Université de Bruxelles, 3e ed. 2006 ■ J. Pertek (dir), *La reconnaissance des qualifications dans un espace européen des formations et des professions,* Bruxelles, Bruylant, 1998 ■ P. Rodière, *Droit social de l'Union européenne*, Paris, LGDJ, 2008 ■ J.-C. Séché, *Guide des professions dans l'optique du grand marché,* Bruxelles, OPOCE, 2e éd., 1994 ■ H.-G. Schermers (dir.), *Free movement of persons in Europe,* Dordrecht, Nijhoff, 1993. B. Teyssié, *Droit européen du travail*, Paris, Litec, 4e éd., 2010.

II. Articles, études et documents

S. d'Acunto, « Directive Services (2006/123 CE) : radiographie juridique en dix points », *RDUE* 2007, p. 261 ■ G. Alberton, « L'ouverture de la fonction publique française aux ressortissants de la Communauté européenne », *RFDA* 2003, p. 1194 ■ D. Barthélémy, « Éducation, formation professionnelle et jeunesse », *Commentaire Mégret,* 2e éd., volume 7, p. 305 ■ Commission européenne, communication du 11 décembre 2002 (COM (2002) 694). Libre circulation des travailleurs – en tirer pleinement les avantages et les potentialités ■ Colloque CRUE (Paris I) – Cour de Cassation, « La directive du 12 décembre 2006 relative aux services dans le marché intérieur » (12 communications), *Europe* juin 2007, p. 4 ■ L. Dubouis, « La notion d'emplois dans l'administration publique (art. 48 § 4 traité CEE) et l'accès des ressortissants communautaires aux emplois publics », *RFDA* 1987, p. 949 ■ « L'influence de la jurisprudence de la Cour de justice des Communautés européennes sur l'ouverture de la fonction publique française en cours de mandat », *RFDA* 1998, p. 107 ■ J.-M. Favret, « Le système général de reconnaissance des diplômes et des formations professionnelles en droit communautaire : esprit et méthode », *RTDE* 1996, p. 259 ■ C. Fouassier, « Une tentative de simplification et d'amélioration de la législation communautaire, la directive nº 1999/42 CE relative à la reconnaissance mutuelle des qualifications professionnelles », *RMCUE* 2000, p. 601 ■ Ch. Gavalda, *Rép. Dalloz droit communautaire,* vº « Établissement » ■ V. Hatzopoulos, « Que reste-t-il de la directive sur les services ? », *CDE* 2007, p. 299 ■ J. G. Huglo, « Droit d'établissement et libre prestation de services », *Juris-Classeur Europe*, fasc. 710 ; « Reconnaissance, établissement et libre prestation des services des sociétés », *Juris-Classeur Europe*, fasc. 800 ■ A. Mattera, « La libre circulation des travailleurs à l'intérieur de la Communauté européenne », *RMUE* 4/1993, p. 47 ■ G. Parléani, *Rép. Dalloz droit communautaire,* vº « Prestation de services » ■ J. Pertek, « Une dynamique de la reconnaissance des diplômes à des fins professionnelles et à des fins académiques réalisations et nouvelles réflexions », *RMUE* 3/1996, p. 89 ; « Nouvelle étape vers l'Europe des avocats. La directive CE nº 98-5 du 16 février 1998 », *D.* 1998, chr. 30 ; « Reconnaissance des diplômes », *Juris-Classeur Europe*, fasc. 720 et 721 ; « Professions juridiques et judiciaires », *Juris-Classeur Europe*, fasc. 731. « Éducation et Communauté », *Juris-Classeur Europe*, fasc. 750 ; « Éducation, formation professionnelle et jeunesse », *Rép. Dalloz droit communautaire* ; « La reconnaissance des diplômes, un acquis original rationalisé et développé par la directive nº 2005/36 du 7 octobre 2005 », *Europe* mars 2006, p. 4 ■ J. Pertek et E. Sleiman, « Les étudiants et la Communauté : l'esquisse d'un statut de l'étudiant en mobilité », *RMUE* 1998, p. 306 ■ B. Rentmeister et D. Voillemot, « Profession d'avocat », *Juris-Classeur Europe*, fasc. 732 ■ N. Schoebel, « Le nouveau programme intégré communautaire en matière d'éducation et de formation post 2006 », *RAE* 2005/1, p. 15 ■ J.-C. Séché, « La libre circulation des personnes et des services », *Comm. Mégret*, 2e éd., 1990, p. 1 à 80 ■ F. Zampini, « La jurisprudence de la Cour et les étudiants », *RAE* 2005/1, p. 63.

III. Chroniques

C. Prieto, « Liberté d'établissement et de prestation de services », *RTDE* ■ S. Rodrigues (dir.), « Marché intérieur – Marchandises, services et capitaux », *CDE* ■ A.-L. Sibony et A. Defossez, « Marché intérieur – marchandises, capitaux, établissement, services », *RTDE.*

Nos 214 à 224 réservés.

TITRE III
LES PROTECTIONS

DE LA PROTECTION DES DROITS FONDAMENTAUX DE LA PERSONNE AUX PROTECTIONS SPÉCIFIQUES

225 **L'évolution du droit de l'Union.** Le système juridique de tous les États membres de l'Union européenne est de plus en plus centré sur la protection des droits des personnes. L'ordre juridique communautaire est demeuré longtemps en retrait à cet égard, la protection des droits des personnes relevant essentiellement de la responsabilité des autorités nationales, donc de la compétence des États. Le développement concomitant des compétences de l'Union et du renforcement de la protection juridique des droits fondamentaux de la personne a amené à dépasser cette séparation de compétences.

Une première manifestation de ce dépassement réside dans la reconnaissance de ce que l'action communautaire n'est légale que si elle respecte les droits fondamentaux de la personne. Initiée par la Cour de justice qui, dans le célèbre arrêt du 17 décembre 1970, *Internationale Handelsgesellschaaft* (11/70, *Rec.*, p. 1125) consacre les droits fondamentaux de la personne en tant que principes généraux du droit communautaire, cette consécration sera confirmée par les autres institutions puis par les traités (préambule de l'AUE ; traité d'Amsterdam, art. 6 § 2 ; TUE art. 6 § 3). On sait que les droits fondamentaux ainsi garantis sont ceux qui « sont garantis par la Convention européenne de sauvegarde des droits de l'homme et des libertés fondamentales… » et qui « résultent des traditions constitutionnelles communes aux États membres » (TUE). Le rôle important que joua la Convention européenne des droits de l'homme, quand bien même les Communautés n'y étaient pas parties, n'est plus à souligner : on en trouvera une illustration, parmi d'autres, dans le droit de la concurrence. Il ne pourra que se renforcer après l'adhésion de l'Union à la convention que prévoit l'article 6 § 3 TUE.

Ce type de protection des droits de la personne est essentiellement étudié dans les ouvrages consacrés aux institutions et au système juridique communautaire auxquels on renvoie. On se reportera également à l'étude de référence que constitue le cours professé par Joël Rideau à l'Académie de droit international sur « Le rôle de l'Union européenne en matière de protection des droits de l'homme » (*Recueil des Cours de l'Académie de droit international*, 1997, tome 265, p. 76 et s.) ainsi qu'aux ouvrages consacrés à la protection européenne des droits de l'homme (1).

(1) J.-F. Renucci, *Traité de droit européen des droits de l'homme*, LGDJ, 2007 ; F. Sudre, *Droit européen et international des droits de l'homme*, PUF, 8e éd. 2007. V. également F. Sudre (dir.) et R. Tinière, *Droit communautaire des droits fondamentaux*, 2e éd., Bruylant, 2007 (extraits de décisions de la CJCE).

226 **La Charte des droits fondamentaux de l'Union européenne.** L'ensemble de ces droits figure aujourd'hui dans la Charte des droits fondamentaux de l'Union européenne proclamée par le Parlement, le Conseil et la Commission le 7 décembre 2000 et confirmée le 12 décembre 2007 laquelle dispose depuis l'entrée en vigueur du traité de Lisbonne de la même valeur juridique que les traités (TUE art. 6 § 1). Les droits sont regroupés sous six chapitres : dignité, libertés, égalité, solidarité, citoyenneté et justice. Il s'agit d'une protection générale qui s'inspire largement de la Convention européenne en ce qui concerne les libertés classiques mais ajoute à cette dernière par la reconnaissance des droits économiques et sociaux et le rappel des droits qui découlent de la citoyenneté européenne.

227 **Les protections spécifiques.** À côté de cette protection générale, le droit communautaire, comme les droits nationaux, entend assurer une protection spécifique des personnes contre certains risques particuliers. La Charte des droits fondamentaux confirme la reconnaissance de ces protections. Si l'on se réfère au traité CE – que le traité CEEA complète utilement sur de nombreux points – le terme protection est utilisé pour consacrer des droits de nature fort diverse face à des risques eux-mêmes très divers : droits sociaux (art. 136, devenu 151 TFUE), santé (art. 152, devenu 168 TFUE), protection des consommateurs (art. 153, devenu 169 TFUE), et protection de l'environnement (art. 174, devenu 191 TFUE). Un chapitre sera consacré à l'étude de chacune de ces protections et le chapitre 5 à la protection de la culture (art. 151, devenu 167 TFUE).

CHAPITRE 1
LA PROTECTION SOCIALE : LES DROITS SOCIAUX

228 La protection sociale comprend d'une part les règles qui visent à assurer la protection du travailleur salarié dans la relation de travail (droit du travail), d'autre part celles qui assurent la protection de toute personne contre certains risques sociaux (Sécurité sociale). Ces deux branches, bien que ne concernant pas tout à fait les mêmes bénéficiaires, conservent assez de liens pour être rangées sous l'appellation commune de droit social et être l'expression de la politique sociale, ainsi que l'atteste l'article 156 TFUE, ex art. 140 TCE. Leur étude doit être complétée par celle des droits que l'on tend à reconnaître à des personnes que leur situation de fragilité particulière exclut d'une vie sociale normale : les exclus sociaux et les handicapés.

Sur tous ces sujets l'Union européenne est l'objet d'une vive et permanente critique dénonçant l'insuffisance de sa dimension sociale. Le social demeure-t-il la faille de l'unification européenne ou, au contraire, marché intérieur et protection sociale ont-ils progressé d'un pas sensiblement égal ne serait-ce que parce que la réalisation du marché intérieur impose le minimum d'harmonisation sociale nécessaire à la prévention du dumping social ? Le Conseil européen de Nice (7-10 décembre 2000) a illustré à la fois la persistance de profondes divergences entre les États membres au sujet de la politique sociale et la capacité qu'a l'Union de progresser quelque peu. Les chefs d'État et de gouvernement ont adopté l'Agenda social européen qui recense les actions à mener dans les cinq ans à venir mais ne prévoit guère de développement législatif. La Charte des droits fondamentaux contient, sous la qualification de solidarité, un chapitre consacré aux droits sociaux qui était loin d'être accepté par tous les États au début des travaux de la convention. En revanche on ne saurait attendre du traité de Lisbonne un progrès dans la protection des droits sociaux. Diversité des systèmes nationaux de protection sociale et coût élevé de cette protection (en 2005, 27,2 % du PIB des 27 États membres de l'Union était consacré aux dépenses sociales) se liguent pour entraver le développement du droit de l'Union. L'élargissement intervenu en 2004 a, pour un temps au moins, accusé les divergences entre les États, ainsi que l'a montré la place qu'a tenue dans la campagne référendaire française de 2005 la crainte du dumping social. La crise économique et financière a malheureusement toutes les chances de prolonger cette tendance.

SECTION I LES DROITS DES TRAVAILLEURS SALARIÉS

§ 1. HEURS ET MALHEURS DE LA POLITIQUE EUROPÉENNE

229 Cette branche du droit reflète au niveau européen un certain nombre de particularismes analogues à ceux que l'on relève dans les droits nationaux.

230 **1) Divergences entre les États membres.** De vives discussions opposent les États membres concernant la compatibilité entre une politique sociale ambitieuse et le développement de l'économie de marché. Les oppositions ont été longtemps symbolisées par la position particulière du Royaume-Uni souhaitant demeurer le plus possible à l'écart des exigences de la politique sociale.

Ces divergences ainsi que la pluralité des traditions nationales et l'importance des enjeux économiques et politiques en cause expliquent la lente progression de l'Europe sociale. On a souvent relevé combien, comparées à celles relatives à la libre circulation des travailleurs, les compétences communautaires étaient de bien faible ampleur, à l'origine surtout. Si les spécificités des industries concernées se traduisent par des règles concernant la protection de la santé et de la sécurité dans les traités CECA et CEEA (*infra*, n° 241) et d'aide à la reconversion dans le traité CECA (*infra*, n° 234), les auteurs du traité CEE se sont satisfaits de créer un Fonds social européen destiné à améliorer les possibilités d'emploi dans le marché commun et de contribuer ainsi au relèvement du niveau de vie des travailleurs (art. 123), d'envisager une politique commune de formation professionnelle (art. 128) et l'égale rémunération entre hommes et femmes (art. 119). En revanche, ils ont refusé de donner au Conseil la compétence pour arrêter les décisions de nature à « promouvoir l'amélioration des conditions de vie et de travail de la main-d'œuvre », affirmée comme une nécessité par l'article 117.

Il faudra l'Acte unique européen et l'article 118 A CEE (art. 119 nouveau) pour que cette lacune soit comblée. Les lents progrès de l'Europe sociale seront par la suite illustrés par la Charte communautaire des droits sociaux fondamentaux du 9 décembre 1989 qui servira de guide à la Commission dans l'exercice de son pouvoir de proposition, le protocole et l'accord sur la politique sociale annexés au traité de Maastricht, bases de progrès du droit social au prix de l'acceptation de la non-participation du Royaume-Uni. Le nouveau titre XI du traité CE, notamment les dispositions sociales des articles 136 à 145, ainsi que les dispositions sur l'emploi (titre VIII, art. 125 à 130) marquent à la fois une plus grande ambition, notamment l'élargissement de la compétence communautaire, et l'adhésion du Royaume-Uni. Si les articles 27 à 33 de la Charte des droits fondamentaux proclament des droits des travailleurs, déjà reconnus, il est vrai par la législation communautaire, en revanche, aucun des traités subséquents n'a apporté de progrès majeur en ces domaines. Le traité de Lisbonne consacre certes une « clause sociale horizontale » qui impartit à l'Union de prendre en compte dans l'ensemble de ses politiques la promotion d'un niveau d'emploi élevé, la garantie d'une protection sociale adéquate et la lutte contre l'exclusion sociale (art. 9 TFUE) mais il conserve une large place au vote à l'unanimité des membres du Conseil et n'élargit pas la compétence de l'Union. Le résultat est que perdure une forte hétérogénéité des systèmes nationaux de protection sociale qui, au travers, notamment, de la détermination de la loi applicable à la relation de travail (*infra* n° 233) suscite de vives tensions au sein de l'Union, certains États se plaignant d'être victimes d'un véritable dumping social.

En une période marquée par la stagnation économique et l'élargissement, s'opposent tenants d'un modèle social protecteur et partisans de la flexibilité. Ces derniers dénoncent le coût économique que la protection du travailleur fait peser sur l'entreprise et les entraves qu'elle apporte à l'accès à l'emploi. Autant dire que la période actuelle ne semble pas très favorable au développement des règles communautaires. À cela s'ajoute la question de l'immigration en provenance de pays tiers.

231 **2) Élaboration des règles.** Au niveau de l'Union comme à celui des États le législateur n'est pas l'auteur exclusif des règles.

Les institutions communautaires, au sein desquelles la Cour de justice a une fois encore exercé un rôle important, doivent tenir compte des conventions élaborées sous l'égide de l'OIT (Organisation internationale du Travail) lorsque les États membres y sont parties (voir, par exemple, pour le travail de nuit des femmes *infra*, n° 255). La Charte sociale européenne, élaborée par le Conseil de l'Europe, signée à Turin le 18 octobre 1961 et révisée en 1996, constitue une source d'inspiration à laquelle se réfèrent parfois les traités (art. 151 TFUE) ou la jurisprudence (1).

Les partenaires sociaux – syndicats d'employeurs et d'employés – jouent un rôle important dans l'élaboration des normes sociales. Ce rôle, encouragé par la Commission (dialogue social dit « de Val-Duchesse »), s'est développé. Le 31 octobre 1991 l'UNICE (Union des confédérations de l'industrie et des employeurs d'Europe), la CES (Confédération européenne des syndicats) et le CEEP (Centre européen de l'entreprise publique) ont conclu un accord qui a été repris dans le protocole et l'accord sur la Politique sociale annexés au traité sur l'Union européenne. Dorénavant la Commission doit consulter les partenaires sociaux et ces derniers peuvent même conclure un accord (par ex., accords sur le congé parental du 14 décembre 1995 et sur le travail à temps partiel du 19 juin 1997). Une fois signé, l'accord peut être intégré dans le droit communautaire soit par voie conventionnelle, soit par décision du Conseil prise sur proposition de la Commission. Cette seconde procédure, que consacre l'article 139 CE, est la plus utilisée. Ainsi l'accord-cadre sur le travail à temps partiel a-t-il été repris par la directive n° 97/81 du 5 décembre 1997 (*JOCE* L 14, 20 janvier 1998) et un accord du 18 mars 1999 sur le travail à durée déterminée, dans le but d'en éviter les abus, repris par la directive n° 99/70 du 28 juin 1999 (*JOCE* L 175, 10 juillet 1999). De plus, lorsqu'une directive est adoptée par le Conseil, les partenaires sociaux peuvent la mettre en œuvre par voie d'accords collectifs sans pour autant se substituer à l'État à qui incombe la transposition.

Le comité de la protection sociale (art. 160 TFUE) est chargé de promouvoir la coopération entre les États membres et avec la Commission et d'établir les « contacts appropriés avec les partenaires sociaux ».

Le traité de Lisbonne (art. 152 TFUE) invite l'Union à reconnaître et promouvoir le rôle des partenaires sociaux, à faciliter leur dialogue et « constitutionnalise » le sommet social tripartite pour la croissance et l'emploi qui, réunissant représentants des partenaires sociaux, du Conseil et de la Commission, se tient avant la tenue des Conseils européens.

(1) CJCE, 15 juin 1978, *Defrenne*, 149/77, *Rec.* 1365 : égalité des sexes.

232 **3) Reconnaissance et limites de l'action syndicale.** L'action syndicale peut se définir comme l'ensemble des actions menées par les syndicats c'est-à-dire les associations constituées pour assurer la défense des intérêts professionnels des travailleurs et des employeurs. Le rôle reconnu aux partenaires sociaux dans les procédures d'élaboration des normes constitue de toute évidence une forme de reconnaissance de la légitimité de l'action syndicale. Il se prolonge du reste très logiquement par la promotion par le droit dérivé de l'implication des travailleurs dans l'entreprise (*infra*, n° 247 et s.). Mais les droits conférés aux représentants des travailleurs – en fait les syndicats – se limitent à la participation à des procédures « pacifiques », information, consultation, négociation. Or les actions collectives que mènent les syndicats, particulièrement les syndicats de travailleurs, revêtent souvent un caractère plus conflictuel. La question se pose donc de savoir quel est leur statut au regard du droit de l'Union.

Si l'on se réfère à l'article 153 TFUE, ex art. 137 CE, l'Union ne dispose en ce domaine que d'une compétence subsidiaire et des plus limitées. Elle peut soutenir et compléter l'action des États en ce qui concerne l'information, la consultation des travailleurs. Mais, s'agissant de la représentation et de la défense des intérêts collectifs des travailleurs et des employeurs, l'article 153§ 5 lui dénie toute compétence dès lors que sont en cause les rémunérations, le droit d'association, le droit de grève, le *lock-out*. Ce que contredit quelque peu l'article 28 de la Charte des droits fondamentaux qui reconnaît aux organisations de travailleurs et d'employeurs le droit de recourir à des actions collectives pour la défense de leurs intérêts, y compris la grève conformément au droit communautaire et aux législations et pratiques nationales.

Se fondant sur la charte sociale européenne, la convention 87 de l'OIT, la charte communautaire des droits sociaux des travailleurs et la charte des droits fondamentaux, la Cour a reconnu au droit de mener une action collective, y compris le droit de grève, le caractère de droit fondamental, consacré au titre de principe général du droit communautaire, dans les arrêts rendus le 11 décembre 2007 dans les affaires *International Transport Workers' Fédération* (affaire *Viking*) et *Laval Partneri Ltd* (2).

Pour autant les syndicats n'ont que fort peu apprécié cette jurisprudence. C'est qu'elle impose une conciliation entre ce droit et les libertés communautaires, en l'occurrence la liberté d'établissement et la libre prestation de services, qui tourne plutôt à l'avantage de ces dernières car la restriction que peut leur apporter l'action collective n'est conforme au droit communautaire que si se justifie par une raison impérieuse d'intérêt général et est proportionnée à cet objectif. La lutte pour l'emploi et les conditions de travail menacées par le changement de pavillon d'un navire, dans l'affaire Viking, la lutte contre le dumping social, dans l'affaire Laval, sont certes reconnues comme objectifs légitimes. Mais, s'il revient au juge national de se prononcer sur la proportionnalité, les doutes de la Cour sont aisément perceptibles en tout cas dans la seconde affaire.

De manière analogue, la Cour a reconnu le droit de négociation collective, consacré notamment par l'article 28 de la Charte des droits fondamentaux, et le qualifie de « droit fondamental » tout en spécifiant que son exercice doit être concilié avec les exigences découlant des libertés protégées par les traités (3).

(2) Affaires C 438/05 et C 341/05, *Rec.* I-10779 et p. I-11767.

(3) CJCE, 15 juill. 2010, *Commission c. Allemagne*, C 271/08, en l'occurrence avec la liberté d'établissement et la libre prestation des services dans le domaine des marchés publics.

233 **Loi applicable à la relation de travail au cas de mobilité du travailleur**. Déterminer la loi applicable ne soulève guère de difficultés lorsque la relation de travail ne comporte aucun élément d'extranéité. Ainsi le contrat d'un travailleur, serait-il ressortissant d'un autre État membre, engagé en France pour effectuer son travail en France, relève de la seule loi française. Mais qu'adviendra-t-il si ce travailleur est envoyé par son employeur dans un autre État membre pour y exercer ses fonctions pour une période plus ou moins longue ? Demeure-t-il régi par le droit français du travail (loi du pays d'origine) ou par la loi de l'État dans lequel il effectue sa prestation (loi du pays d'accueil) ? Diversité des législations faisant, il sera, selon la réponse, plus ou moins rémunéré et protégé. Le même problème se pose, d'ailleurs, concernant la détermination du régime de sécurité sociale applicable, mais est résolu de manière différente (*infra*, n° 263) ; s'agissant de la relation de travail la réponse varie selon que la mobilité se situe ou non dans le cadre d'un détachement temporaire.

Au cas où la mission à l'étranger ne constitue pas un simple détachement, s'applique le règlement Rome I (4) qui, en réalité, n'est que la transformation en instrument communautaire d'une convention internationale, la convention de Rome du 19 juin 1980 sur la loi applicable aux obligations contractuelles. Selon le règlement, la loi applicable au « contrat de travail » (il est possible que la Cour interprète cette notion largement comme couvrant toute relation de travail salarié) est, en principe, la loi choisie par les parties. À défaut s'applique la loi du pays où le travailleur accomplit habituellement son travail (en l'absence de lieu habituel, c'est la loi du pays où se trouve l'établissement qui a embauché le travailleur) sauf si le contrat de travail présente des liens plus étroits avec un autre pays. Le règlement prévoit cependant que s'appliquent en toute hypothèse les lois du pays d'exécution du travail qui présentent un caractère d'ordre public et les lois visant à la sauvegarde des intérêts publics tels que l'organisation politique sociale ou économique (lois de police).

Au sein de l'Union le détachement constitue la situation qui pose le plus de problèmes. Il consiste en ce que le travailleur est envoyé par son employeur pour une période limitée exécuter son travail sur le territoire d'un État membre autre que l'État sur le territoire duquel il travaille habituellement (ainsi dans l'affaire *Laval* une entreprise lettone avait détaché plusieurs dizaines de travailleurs en Suède pour effectuer des travaux de construction d'un établissement scolaire). Or, cette faculté constitue pour l'entreprise l'exercice de la libre prestation de services, ce qui va conduire la Cour à accepter avec parcimonie les restrictions que la législation de l'État d'accueil pourrait imposer à l'exercice de cette liberté, notamment dans l'arrêt *Rush Portugesa* (5). Cette jurisprudence n'a guère été freinée, on l'a vu (6), par l'adoption de la directive « détachement » n° 96/71 du 16 décembre 1996, et impose le respect d'un certain nombre de garanties assurées par le droit social du pays d'accueil. À cela s'ajoute la difficulté d'assurer le contrôle du respect des protections prévues par la directive. D'où la pratique d'un dumping social par des entreprises originaires de pays dans lesquels la législation est moins protection pour les salariés, donc la main-d'œuvre moins onéreuse. Face aux protestations des syndicats, relayées par la Confédération européenne

(4) Règlement n° 593/2008 du 17 juin 2008, *JOUE* L 177 du 4 juill. 2008.
(5) CJCE, 27 mars 1990, C 111/89, *Rec*. I-1417, v. *supra*, n° 113.
(6) V. *supra*, n° 192.

des syndicats, la Commission a entrepris une évaluation susceptible de déboucher sur une révision de la directive.

§ 2. ACCÈS À L'EMPLOI

234 L'accès à l'emploi constitue en un sens le premier droit du travailleur ; sa réalisation est complexe. Le développement du chômage a imposé la prise de conscience de ce que la promotion de l'emploi devait constituer l'un des objectifs majeurs de la politique sociale (art. 125 et s., CE devenu 145 et s. TFUE). Les Conseils européens ont porté, ces dernières années, une attention particulière aux politiques communautaires et nationales en matière d'emploi. En ce domaine le traité CECA apparaissait du reste comme précurseur par ses dispositions relatives à la réadaptation et au réemploi de la main-d'œuvre (art. 56 et convention relative aux dispositions transitoires § 23). L'action aujourd'hui menée comporte deux volets. Le premier réside dans la coordination souple des plans d'action nationaux dans le cadre de la stratégie européenne pour l'emploi (SEE), notamment sur la base de lignes directrices adoptées par le Conseil (par ex., décision n° 2010/707 du 21 octobre 2010). S'y ajoute l'intervention des fonds structurels, indispensable pour la réalisation des objectifs de la SEE : Feoga, FEDER et tout particulièrement Fonds social européen (FSE) qui a pour mission de promouvoir « les facilités d'emploi et la mobilité géographique et professionnelle des travailleurs, ainsi que de faciliter l'adaptation aux mutations industrielles et à l'évolution des systèmes de production, notamment par la formation et la reconversion professionnelles » (art. 146, CE, devenu 162 TFUE). Le FSE participe au cofinancement de projets sélectionnés par les États et acceptés par la Commission et dispose d'un budget annuel s'élevant à plus de 10 milliards d'euros. Un Fonds européen d'ajustement à la mondialisation a été mis en place en 2007 pour faciliter la réinsertion professionnelle de ceux qui ont perdu leur emploi du fait d'une hausse massive des importations dans l'Union ou d'une délocalisation dans un pays tiers.

Le régime juridique de l'accès à l'emploi est également susceptible d'exercer une influence sur le niveau d'emploi. S'il a été essentiellement conçu dans l'optique de mobilité de la main-d'œuvre (libre circulation des travailleurs), il n'en comporte pas moins d'autres règles importantes par les droits qu'elles consacrent.

A. Le principe d'égalité de traitement

235 En ce domaine plus encore qu'en d'autres ce principe se présente comme l'un des fondements de la Communauté sous ses diverses applications :

– l'égalité de traitement entre nationaux et ressortissants communautaires que l'on présente souvent comme l'un des éléments de l'Europe sociale bien qu'elle déborde le domaine social et réponde à d'autres finalités ;

– l'accès à l'emploi a été étendu à certaines catégories de ressortissants de pays tiers : bénéficiaires du regroupement familial (dir. n° 2003/86 du 22 septembre 2003, art. 14), résidents de longue durée (dir. n° 2003/109 25 novembre 2003, art. 11), bénéficiaires du statut de réfugié (dir. n° 2004/83 du 29 avril 2004, art. 26) et, sous certaines limites, aux demandeurs d'asile (dir. n° 2003/9 du 27 janvier 2003, art. 11). Il est subordonné à la condition de séjour régulier

– l'égalité de traitement entre hommes et femmes (*infra*, § 6), tout aussi essentielle ;

– l'absence de discrimination directe ou indirecte fondée sur la race ou l'origine ethnique (directive n° 2000/43 du 29 juin 2000) (7), sur des raisons touchant à la religion ou aux convictions, au handicap, à l'âge ou à l'orientation sexuelle (directive n° 2000/78 du 27 novembre 2000) (8) du demandeur d'emploi. Ces directives ont un champ d'application très large – étendue à laquelle contribue l'interprétation qu'en donne la Cour – (9) même si elles prévoient la possibilité de dérogations fondées sur la nature de l'emploi. Elles autorisent des « actions positives », imposent aux États d'instituer des procédures judiciaires et/ou administratives ouvertes aux associations et, sauf en matière pénale, prévoient le renversement de la charge de la preuve dès lors que le plaignant a établi des faits qui permettent de présumer de l'existence d'une discrimination.

– L'absence de discrimination entre salariés à temps plein et salariés à temps partiel (directive n° 97/81 du 15 décembre 1997 concernant l'accord cadre sur le travail à temps partiel conclu par l'UNICE, le CEEP et la CES (10)).

La non-discrimination en raison de l'âge pose des problèmes particuliers, parce qu'elle doit se concilier avec la protection des jeunes et dans certains cas la fixation d'un âge maximum pour le recrutement, ainsi que le reconnaît l'article 6 de la directive n° 2000/78. Elle ne remet pas en cause l'interdiction du travail des enfants – jeune de moins de 15 ans ou qui est soumis à l'obligation scolaire à temps plein – que formule la directive n° 94/33 du 22 juin 1994 (11) relative à la protection des jeunes au travail. Mais, dans l'arrêt *Mangold* (12), la Cour a montré l'importance qu'elle attachait à la non-discrimination en fonction de l'âge en l'élevant au rang de principe général du droit communautaire ce qui, en l'affaire, permit d'en assurer le respect alors même que le délai de transposition de la directive n'était pas expiré. Cependant les clauses de mise à la retraite d'office peuvent être justifiées si elles visent à réguler le marché national de l'emploi notamment pour enrayer le chômage (13), favoriser l'emploi de professionnels plus jeunes (par exemple, au sein de l'université) (14), ce qui, malgré l'exigence que les mesures considérées soient nécessaires et appropriées, conduit à une jurisprudence généralement plutôt compréhensive à l'égard des États.

B. Le contrat de travail

236 La directive n° 91/533 du 14 octobre 1991 (15) impose à l'employeur d'informer le travailleur sur les éléments essentiels du contrat de travail : identité des parties,

(7) *JOCE* L 180, 19 juill. 2000.

(8) *JOCE* L 303, 3 déc. 2000.

(9) CJCE, 1er avr. 2008, *Maruko*, C 267/06, concernant l'octroi d'une prestation de survie au partenaire de vie de même sexe.

(10) *JOCE* L 14 1998 ; v. CJUE, 10 juin 2010, *INPS*, C 395/08 et C 396/08.

(11) *JOCE* L 216, 20 août 1994.

(12) CJCE, 22 nov. 2005, C 144/04, *Rec.* I-9981 ; CJUE, 19 janv. 2010, *Kücükdeveci*, C 255/07, *Europe* mars 2010, p. 4, D. Simon.

(13) CJCE, 16 oct. 2007, *Palacios de la Villa*, C 411/05.

(14) CJUE, 18 nov. 2010, *Georgiev*, C 250/09 et 268/09.

(15) *JOCE* L 288, 18 oct. 1991.

lieux de travail, qualité de l'emploi ou durée journalière ou hebdomadaire du travail, montant de la rémunération et de ses accessoires, durée des congés payés, date de début du contrat, durée prévisible, durée des délais de préavis, conventions collectives applicables. Cette information doit se faire par écrit – contrat, lettre d'engagement ou déclaration – remis dans les deux mois à compter de l'embauche. La même obligation d'information – cette fois dans un délai d'un mois – s'impose si le contrat est modifié, sauf si la modification trouve son origine dans un changement de la réglementation ou des conventions collectives.

Le travailleur doit disposer d'un recours juridictionnel, le cas échéant après recours à d'autres autorités.

Les États peuvent exclure de l'application de la directive les contrats d'une durée inférieure ou égale à un mois ou ceux qui prévoient une durée hebdomadaire de travail n'excédant pas huit heures.

L'accord-cadre du 18 mars 1999 sur les contrats à durée déterminée contient des dispositions visant à éviter l'abus résultant du renouvellement successif de ce type de contrats et pose le principe d'égalité avec les travailleurs à durée indéterminée pour ce qui concerne les conditions d'emploi, et ces clauses ont été reconnues comme produisant effet direct (16). Il a été consacré par la directive n° 99/70 du 28 juin 1999 (17). Cette directive s'est révélée d'une grande importance d'autant qu'elle concerne aussi bien le secteur public que le secteur privé (18). Si les États disposent du pouvoir de choisir entre les mesures qu'elle leur propose pour lutter contre l'abus du CDD (19), l'une d'elles, la conversion des CDD en CDI (contrat à durée indéterminée) a été retenue par le législateur français pour introduire le CDI dans le droit de la fonction publique au grand dam des syndicats (20). La directive n° 97/81 du 15 décembre 1997 (21) reprend les dispositions de l'accord-cadre sur le travail à temps partiel signé le 6 juin 1997, notamment le principe de non-discrimination entre travailleurs à temps partiel et travailleurs à plein temps. Elle se propose également de favoriser le développement du travail à temps partiel et invite les États à éliminer les obstacles à ce développement (22).

C. Le travail intérimaire

237 Le travail intérimaire requiert une réglementation spéciale qui, comme l'indique la directive n° 2008/104 du 19 novembre 2008 (23) qui lui est consacrée, poursuit un double objectif : faciliter le développement du travail intérimaire susceptible par sa flexibilité de contribuer à la création d'emplois et favoriser l'insertion sur le marché du travail tout en assurant une meilleure protection des travailleurs intérimaires.

(16) CJCE, 15 avr. 2008, *Impact*, C 268/06. Sur la portée du principe, CJCE, 13 sept. 2007, *Del Cerro Alonso*, C 307/05, *Europe* nov. 2007, n° 300, L. Idot.
(17) *JOCE* L 175, 10 juill. 1999.
(18) CJCE, 4 juill. 2006, *Adeneler*, C 212/04, *Rec.* I-6057.
(19) CJCE, 7 sept. 2006, *Marrosu et Sardino*, C 53/04, *Rec.* I-7213, C 180/04 *Vassallo*, *Rec.* I-7251.
(20) Loi n° 2005-843 du 26 juill. 2005. V. L. Dubouis, « L'intrusion du CDI dans la fonction publique ou de l'art de transposer les dir. communautaires », *Mélanges Jean Gicquel*, Montchrestien, 2008, p. 175.
(21) *JOCE* L 14, 20 janv. 1998.
(22) CJUE, 24 avr. 2008, *Michelaer e.a.*, C 55/07, *Rec.* I-3135.
(23) *JOUE*, L 327, 5 déc. 2008.

L'adoption de la directive a été difficile, marquée par l'échec de la négociation entre les partenaires sociaux, ce qui explique l'insertion de la possibilité de dérogations.

Le travail intérimaire est celui qu'effectuent des travailleurs ayant un contrat de travail ou une relation de travail avec une entreprise de travail intérimaire et qui sont mis à la disposition d'entreprises utilisatrices afin de travailler de manière temporaire sous leur contrôle et leur direction. Cette modalité assure une grande flexibilité au marché du travail, aussi la directive impartit aux États de réexaminer avant le 5 décembre 2011 les interdictions ou restrictions qu'ils lui ont imposées et de maintenir uniquement celles que justifient des raisons d'intérêt général telles que les exigences de santé et sécurité au travail, le bon fonctionnement du marché du travail, la prévention des abus.

L'essentiel des dispositions de la directive est précisément consacré à la lutte contre l'exploitation de la position de faiblesse dans laquelle se trouvent très souvent les travailleurs intérimaires, cela à partir de deux principes essentiels. Le premier est le principe d'égalité de traitement, en application duquel le travailleur intérimaire doit « bénéficier des conditions essentielles de travail et d'emploi » (art. 5) – sous réserve des possibilités de dérogations prévues – ainsi que d'accès aux équipements collectifs, à la formation professionnelle et à l'emploi permanent (art. 6) au moins aussi favorables que celles dont il aurait bénéficié s'il avait été recruté directement par l'entreprise utilisatrice. Le second principe réside en ce que l'entreprise de travail intérimaire est tenue pour être l'employeur intérimaire (art. 2), ce qui lui confère la responsabilité de veiller au respect des droits de ce dernier.

§ 3. LES CONDITIONS DE TRAVAIL

238 La réglementation communautaire vise avant tout à protéger la santé des travailleurs, rejoignant de la sorte une des plus anciennes préoccupations des législations nationales.

A. L'aménagement du temps de travail

239 **Régime général.** On s'est un temps demandé si le droit communautaire n'irait pas à l'encontre des législations nationales qui dans l'intérêt des travailleurs imposent le repos hebdomadaire. Mais avant même l'avènement de la jurisprudence *Keck* et *Mithouard* qui a pour conséquence qu'une telle réglementation, dès lors qu'elle n'est pas discriminatoire, ne saurait constituer une MEERQ (24), la Cour de justice s'était fondée sur la légitimité du but poursuivi pour déclarer non contraire au droit communautaire la fermeture des magasins qui est liée au repos hebdomadaire (25).

Puis la réglementation communautaire a pénétré dans ce champ du droit social avec la directive n° 93/104 du 23 novembre 1993 concernant certains aspects de l'aménagement du temps de travail – modifiée par la directive n° 2000/34 du 22 juin 2000 – (26) que la Cour a déclaré fondée à juste titre sur l'article 137 CE (devenu 153 TFUE)

(24) CJCE, 2 juin 1994, *Tankstation*, C 401/92 et C 402/92, *Rec.* I-2199.
(25) CJCE, 23 nov. 1989, *Torfaen Borough Council*, C 145/88, *Rec.* I-3851.
(26) *JOCE* L 307, 13 déc. 1993 et *JOCE* L 195, 1er août 2000.

parce que son objectif essentiel est la protection de la santé des travailleurs (27). Cette directive, remplacée aujourd'hui par la directive codifiée n° 2003/88 du 4 novembre 2003 (28), fixe des prescriptions minimales concernant les périodes de repos et de pause ainsi que le travail de nuit et les rythmes de travail. S'appliquant, en principe, à tous les secteurs d'activité, en particulier lorsque l'État est l'employeur (29), (l'article 2 renvoie à la directive n° 89/391, *infra*, n° 242), elle impose notamment un repos journalier de onze heures consécutives au cours de chaque période de vingt-quatre heures (art. 3), un temps de pause au cas de travail journalier excédant six heures (art. 4), un repos hebdomadaire – en principe le dimanche – de vingt-quatre heures sans interruption auxquelles s'ajoutent les onze heures de repos journaliers (art. 5) et quatre semaines de congé payé annuel (art. 7). La directive fixe, d'autre part, à quarante-huit heures, en moyenne, la durée maximale de travail hebdomadaire (art. 6) et prévoit des garanties particulières pour les travailleurs de nuit, outre la limitation à huit heures par vingt-quatre heures (art. 8). Les périodes de garde au cours desquelles les médecins et autres personnels de soins doivent être présents et disponibles dans l'établissement de soins sont considérées dans leur totalité comme du temps de travail, à la différence des gardes à domicile (30) ce qui, pour autant, n'interdit pas que la rémunération diffère selon qu'est ou non accompli un travail effectif (31). Cette jurisprudence a eu une incidence considérable sur l'organisation du travail hospitalier, bouleversant une tradition bien ancrée. Or la Cour la maintient fermement, estimant que la directive ne prévoit pas de catégorie intermédiaire entre les périodes de travail et celles de repos, et n'acceptant aucun mécanisme de « pondération » dans la prise en compte des heures de garde (32).

Mais la directive permet aux États de déroger à ces règles, si les caractéristiques particulières de l'activité exercée le justifient, et aux partenaires sociaux d'y apporter des aménagements dès lors que le travailleur bénéficie d'un repos équivalent ou d'une « protection appropriée ». Le Royaume-Uni a fait une utilisation systématique de cette faculté, notamment de l'*opt-out*, possibilité de dépasser la durée maximale de travail hebdomadaire avec le consentement individuel des salariés concernés (33), révélant les faiblesses de ce dispositif, relevée dans la communication adoptée par la Commission le 30 décembre 2003, qui constitue la première phase du processus de révision de la directive, révision qui piétine en raison de profondes divergences entre les États. Ces divergences expliquent peut-être pour une part que la Cour ne fasse pas preuve de sa rigueur coutumière lorsqu'il s'agit de définir les obligations qui pèsent sur les États dans l'exécution de la directive (34).

En 2009 le Parlement européen s'est opposé au Conseil et à la Commission et a rejeté la proposition de révision car elle maintenait, bien que l'encadrant un peu plus,

(27) CJCE, 12 nov. 1996, *Royaume-Uni c. Conseil*, C 84/94, *Rec.* I-5755.

(28) *JOCE* L 299, 18 nov. 2003.

(29) CJUE, 25 nov. 2010, *Günter Fuß*, C 429/09, *Europe* janv. 2011, 3, note D. Simon, retenant la responsabilité de l'État.

(30) CJCE, 3 oct. 2000, *Simap, C* 305/98, *Rec.* I-7963. Également CJCE, 9 sept. 2003, *Landeshaunstadt Kiel*, C 151/12.

(31) CJCE, 11 janv. 2007, *Vorel*, C 437/05, *Rec.* I-333.

(32) CJCE, 1er déc. 2005, *Dellas*, C 14/04.

(33) CJCE, 3 oct. 2000, *Simaps*, préc.

(34) CJCE, 27 sept. 2006, *Commission c. Royaume-Uni*, C 484/04 rendu contrairement aux conclusions de l'Avocat général.

l'*opt-out*. Par ailleurs, la directive n° 2003/88 prévoit que ses dispositions peuvent être remplacées par des prescriptions plus spécifiques à certains secteurs. C'est le cas, par exemple, pour le transport routier, le personnel mobile dans l'aviation civile, le travail des gens de mer.

240 **Congé de maternité et congé parental.** Ces congés marquent un élargissement des objectifs poursuivis par l'aménagement du temps de travail. Le premier vise à protéger la santé de la mère et de l'enfant, le second la vie familiale ; l'un et l'autre ont également pour objectif la promotion de l'égalité entre hommes et femmes.

La directive n° 92/85 du 19 octobre 1992 (35) impose d'accorder aux travailleurs un congé de maternité d'au moins quatorze semaines continues réparties avant ou après l'accouchement. En 2010 la Commission et le Parlement n'ont pas été suivis par le Conseil dans leur proposition d'allonger la durée à vingt semaines. Cette protection s'ajoute à la dispense de travail de nuit pendant la grossesse et la période qui suit l'accouchement, à l'interdiction d'exposition à des agents dangereux ainsi qu'à l'interdiction de licenciement du début de la grossesse au terme du congé de maternité. La Cour a développé une jurisprudence favorable aux travailleuses, par exemple en considérant comme telle une femme membre du conseil d'administration d'une société de capitaux, chargée il est vrai de fonctions d'administration rémunérées (36), et veillant au strict respect des obligations des employeurs.

Le congé parental a pour origine un accord conclu par les organisations syndicales le 14 décembre 1995, mis en œuvre par la directive n° 94/36 du 3 juin 1996, puis révisé le 18 juin 2009 et dont la directive n° 2010/18 du 8 mars 2010 (37) assure à présent l'application. Il s'agit d'un droit individuel reconnu à tout travailleur, homme ou femme, en raison de la naissance ou de l'adoption d'un enfant, d'une durée au moins égale à quatre mois (trois mois seulement avant la révision de la directive). À son retour au travail le travailleur peut demander l'aménagement de son horaire ou de son rythme de travail.

La naissance de jumeaux ne donne pas droit à deux congés mais la Cour invite les États à prendre des mesures supplémentaires en faveur des parents (38) !

B. Protection de la sécurité et de la santé des travailleurs

241 En dépit d'une diminution des risques, la sécurité et la santé des travailleurs continuent de poser problème. Les maladies professionnelles n'ont pas disparu. Les accidents du travail causent chaque année plusieurs milliers de décès et engendrent de nombreux jours d'incapacité de travail. Il convient donc d'aller au-delà de la réglementation du temps de travail et de prévoir des réglementations visant spécifiquement à protéger les travailleurs contre certains risques menaçant leur sécurité et leur santé.

(35) *JOCE* L 348, 28 nov. 1992.
(36) CJUE, 11 nov. 2010, *Danosa*, C 232/09.
(37) *JOUE* L 68, 18 mars 2010.
(38) CJUE, 16 sept. 2010, *Chatzi*, C 149/10, *Europe* nov. 2010, 382, note L. DRIGUEZ.

242 Cette protection trouve une base dans les trois traités. L'article 55 du traité CECA imposait de développer la « sécurité du travail » dans les industries charbonnière et sidérurgique. Mais il n'a guère donné lieu qu'à la création d'institutions de concertation, tels l'Organe permanent pour la sécurité et la salubrité des mines de houille (1957) et la Commission générale de la sécurité et de la salubrité dans la sidérurgie (1965), et à la participation financière aux programmes de recherche. Le traité CEEA consacre un chapitre à la protection des travailleurs et de la population contre les radiations ionisantes (art. 30 à 39) et a permis l'élaboration d'une réglementation très spécifique (*infra*, n° 349). Sur la base des articles 117, 118 et surtout 118 A CE (qui permet de décider à la majorité qualifiée ; art. 136 et 137 nouveaux devenus art. 151 et 153 TFUE), le Conseil a pu adopter une abondante législation.

Dans un premier temps sont intervenues une série de directives concernant des risques particuliers tels l'amiante (directive n° 83/477). Aujourd'hui le texte fondamental est la directive-cadre n° 89/391 du 12 juin 1989 concernant la mise en œuvre des mesures visant à promouvoir l'amélioration de la sécurité et de la santé des travailleurs au travail (39). De portée très générale puisqu'elle s'applique en principe à tous les secteurs d'activité, publics comme privés, la directive impose à l'employeur de prendre et mettre en œuvre les mesures nécessaires à la santé des travailleurs (art. 5 et 6) (40). La directive innove en prévoyant une obligation d'information de consultation et de participation des travailleurs (art. 10 à 12), tout en imposant à ceux-ci de veiller eux-mêmes à leur protection (art. 13). En principe les travailleurs indépendants ne sont donc pas couverts par cette protection. En revanche, la Cour interprète restrictivement les exceptions prévues pour les forces armées, la police ou les services de protection civile (41).

Dans la lignée de la directive-cadre le Conseil a adopté une série de directives particulières adaptant et précisant la protection dans des domaines spécifiques tels que : équipements de travail (n° 89/655 du 30 novembre 1989 codifié par la directive n° 2009/104 du 16 septembre 2009 (42)), utilisation des protections individuelles (n° 89/656 du 30 novembre 1989), travail sur écran (n° 90/270 du 29 mai 1990), exposition à des substances carcinogènes (n° 90/394 du 29 mai 1990 codifiée par la directive n° 2004/37 du 29 avril 2004 (43)), exposition à des agents biologiques (n° 90/679 du 26 novembre 1990, codifiée par la directive n° 2000/54 du 18 septembre 2000), système d'alerte (n° 92/58 du 24 juin 1992), protection des femmes enceintes (n° 92/85 du 19 octobre 1992, qui, outre les mesures de protection au travail institue une dispense de travail de nuit et le congé de maternité (v. *supra*, n° 239) (44), exposition aux vibrations (n° 2002/14 du 25 juin 2002), au bruit (n° 2003/10 du 6 février 2003) aux champs électromagnétiques (n° 2004/40 du 29 avril 2004, amiante (n° 2009/148 du 30 novembre 2009). Les directives font l'objet de révisions régulières. Elles fixent notamment des seuils d'exposition maximale au risque concerné.

(39) *JOCE* L 183/1, 29 juin 1989.

(40) CJCE, 14 juin 2007, *Commission c. Royaume-Uni*, C 127/05, *Rec.* I-4619.

(41) CJCE, 14 juill. 2005, *Personalrat der Feuerwehr Hamburg*, C 52/04 (sapeurs-pompiers), 12 janv. 2006, *Commission c. Espagne*, C 132/04 (forces armées et police).

(42) *JO* L 260, 13 oct. 2009.

(43) *JOUE* L 158/50, 30 avr. 2004.

(44) Sur la non application de la dir. à une femme engagée dans une démarche de fécondation *in vitro* antérieurement à l'implantation de l'œuf et la protection assurée par l'égalité de traitement entre hommes et femmes, CJCE, 26 févr. 2008, *Mayr*, C 506/06.

La directive n° 94/33 du 22 juin 1994, précitée, sur la protection des jeunes de moins de 18 ans poursuit un objectif comparable et vise également à prévenir l'exploitation économique. Elle prohibe tout travail pour les jeunes de moins de quinze ans ou soumis à une obligation légale d'enseignement, impose la protection contre les risques particuliers inhérents au jeune âge et des limitations de la durée de travail.

L'agence européenne pour la sécurité et la santé au travail, instituée le 18 juillet 1994 (règlement n° 2062/94 du Conseil), assiste la Commission et les États dans la connaissance des informations relatives à la santé et à la sécurité des travailleurs. Les États ont l'obligation de présenter tous les 5 ans un rapport sur la mise en œuvre pratique de la directive cadre et de certaines directives particulières (directive n° 2007/30 du 20 juin 2007).

§ 4. PROTECTION DE L'EMPLOI ET DES REVENUS DU TRAVAILLEUR

243 Même si elle demeure à un niveau modeste, la protection qu'assure le droit communautaire n'a été acquise qu'après de délicates négociations au sein du Conseil, tous les États n'ayant pas la même politique face aux mutations d'entreprises. Pour la protection de l'emploi le législateur communautaire accorde un rôle important à l'information et à la consultation des représentants des travailleurs dont le cadre général est fixé par la directive n° 2002/14 du 11 mars 2002 (*infra*, n° 248), sans préjudice des dispositions des directives spécifiques étudiées ci-après.

A. Protection au cas de licenciements collectifs

244 Elle est l'œuvre de la directive n° 75/129 du 17 février 1975, remplacée par la directive n° 98/59 du 20 juillet 1998 (45) qui concerne les cessations de contrat de travail à la fois économiques et collectifs, intervenues à l'initiative de l'employeur. Ce dernier a l'obligation d'informer et de consulter en temps utile – avant toute décision de résilier les contrats de travail (46) – les représentants du personnel en vue d'aboutir à un accord sur les possibilités d'éviter ou réduire les licenciements et sur les mesures sociales d'accompagnement : c'est donc une véritable obligation de négociation. Il doit, de plus, notifier par écrit le projet de licenciement à l'administration du travail. Les licenciements ne peuvent prendre effet qu'au terme d'un délai de 30 jours suivant cette notification.

La directive ne s'applique ni aux contrats à durée déterminée lorsque le licenciement intervient à leur terme, ni aux administrations publiques et aux établissements de droit public (art. 1er § 2). Elle s'applique en revanche dans le cas où une entreprise cesse son activité car le licenciement intervient du fait de l'employeur (47), et il incombe alors au liquidateur de s'acquitter de l'obligation de consultation (48), mais non au cas de

(45) *JOCE* L 225, 18 août 1998.
(46) CJCE, 27 janv. 2005, *Junk et Kühnel*, C 188/03, *Rec.* I-885.
(47) CJCE, 7 sept. 2006, *Agorastoudis*, C 187/05 à C 190/05, *Rec.* I-7775.
(48) CJUE, 3 mars 2011, *Claes*, C 235/10.

décès de l'employeur car c'est sur ce dernier seul que pèse l'obligation (49). Au sein d'un groupe de sociétés le débiteur de l'obligation est la filiale dont dépend l'établissement qui sera touché par le licenciement collectif, même si la décision émane de la société mère (50). Encore faut-il pour qu'il y ait licenciement collectif qu'un certain seuil soit atteint (plus de 20 licenciements sur une période de 90 jours ou un nombre qui varie en fonction de la taille de l'entreprise sur une période de 30 jours). Contrairement à ce qu'avait fait le législateur français on ne peut exclure certaines catégories de travailleurs – en l'occurrence, ceux qui ont moins de 26 ans – du calcul de ces seuils (51).

B. Maintien des droits des travailleurs au cas de transfert d'entreprise

245 La directive n° 77/187 du 14 février 1977, mise à jour par la directive n° 98/50 du 29 juin 1998 (52) puis codifiée par la directive n° 2001/23 du 12 mars 2001 (53) s'applique aux transferts d'entreprises, d'établissements ou de parties d'établissement à un autre chef d'entreprise consécutifs à une cession conventionnelle ou une fusion. Encore faut-il que l'entreprise subsiste en tant qu'entité économique dont l'exploitation se poursuit (54) : « est considéré comme transfert… celui d'une entité économique maintenant son identité » (art. 1er). Mais le transfert implique qu'il y ait à la fois cession d'éléments d'actifs significatifs et reprise d'une partie essentielle des effectifs (55). Le transfert d'une entreprise publique, mais non celui d'un service d'une autorité administrative, est assujetti à la directive. Le cessionnaire, lui, peut être un organisme de droit public, par exemple une commune (56).

Cédant et cessionnaire sont tenus d'informer et de consulter les représentants des travailleurs. Surtout, les salariés de l'entreprise transférée sont protégés contre tout licenciement car le cessionnaire, sur le chef de qui sont transférés les droits et obligations résultant du contrat de travail, est tenu de les maintenir dans leur emploi le transfert ne constituant pas en soi un motif légitime de licenciement. Si, à la suite d'une modification désavantageuse des conditions de travail, le salarié rompt le contrat, cette résiliation est considérée comme intervenue du fait de l'employeur donc comme un licenciement. Dans les autres cas le salarié demeure toujours libre de démissionner.

L'application de la directive a suscité de nombreux débats concernant la notion de transfert particulièrement lorsque l'on se trouve en présence d'entreprises de prestations de services sans locaux et – presque – de matériels particuliers, telles que les entreprises de nettoyage. La Cour a retenu une interprétation large admettant qu'il y a transfert d'entreprise dès lors que le nouveau chef d'entreprise poursuit l'activité de son prédécesseur en reprenant une partie essentielle des effectifs (57) et que le transfert

(49) CJUE, 10 déc. 2009, *Ovidio Rodriguez Mayor e.a.*, C 323/08, *Rec.* I-11621, *Europe* févr. 2010, 87, L. Driguez.
(50) CJUE, 10 sept. 2009, *Akavan Erityisalojen Keskuslütt*, C 44/08, *Rec.* I.-8163.
(51) CJCE, 18 janv. 2007, *Confédération générale du travail*, C 385/05, *Rec.* I-611.
(52) *JOCE* L 201, 17 juill. 1998.
(53) *JOCE* L 82, 22 mars 2001.
(54) CJCE, 15 juin 1988, *P. Bork International*, n° 101/87, *Rec.* 3057.
(55) CJCE, 11 mars 1997, *Süzen*, C 13/95, *Rec.* I-1259.
(56) CJCE, 26 sept. 2000, *Mayeur*, 175/99, *Rec.* I-7755.
(57) CJCE, 10 déc. 1998, *Hernandez Vidal e.a.*, C 127/96 et C 74/97, *Rec.* I-8/79 ; CJUE, 20 janv. 2011, *Clece S.A.*, C 463/09.

d'entreprise peut jouer entre deux entreprises de travail intérimaire (58). Et elle admet que même en l'absence de contrat passé entre le cédant et le cessionnaire un faisceau de relations contractuelles successives nouées par le cédant et le cessionnaire avec des entreprises tierces peut être qualifié de transfert conventionnel (59). En revanche, la protection du travailleur est moindre lorsqu'il y a transfert à une personne morale de droit public, ou à l'État, ce dernier pouvant, par exemple, réduire la rémunération pour se conformer aux règles régissant les emplois publics (60).

Dans le même esprit, favorable au travailleur, la Cour interprète l'exception au maintien des droits concernant les prestations de vieillesse comme ne couvrant pas les droits liés au licenciement ou à une retraite anticipée (61).

C. Protection au cas d'insolvabilité de l'employeur

246 La directive n° 80/97 du 20 octobre 1980, modifiée par la directive n° 2002/74 du 23 septembre 2002 (62) prescrit aux États d'instituer un système de garantie assurant le paiement des créances de rémunération des salariés et des indemnités complémentaires restées impayées y compris l'indemnité pour licenciement irrégulier si le législateur national en décide ainsi (63). L'état d'insolvabilité est attesté par l'ouverture d'une procédure collective visant à désintéresser les créanciers. L'obligation de garantie peut être plafonnée à condition d'assurer le paiement d'un minimum (en général les trois derniers mois de salaire) ; elle s'étend aux cotisations légales de Sécurité sociale sauf si la législation nationale en dispose autrement et peut couvrir les cotisations à des régimes professionnels complémentaires. L'institution garante des paiements doit avoir un patrimoine indépendant de celui de l'employeur.

La directive n° 2002/74 étend la protection à toute procédure collective qui entraîne le dessaisissement partiel ou total de l'employeur ainsi que la désignation d'un syndic. Elle couvre les dédommagements pour cessation de la relation de travail et peut être invoquée même par les salariés à temps partiel, intérimaires ou titulaires d'un simple contrat à durée déterminée (CDD).

Si les dispositions concernant l'institution garante du paiement ne produisent pas effet direct, à raison de la liberté laissée à l'État notamment en ce qui concerne le financement, le régime juridique applicable à la créance dès lors qu'il respecte les deux principes classiques d'équivalence et d'effectivité (64), le défaut de transposition correcte autorise les salariés à se retourner contre l'État pour mettre en jeu sa responsabilité ainsi que l'a montré la célèbre jurisprudence *Francovitch* (65).

(58) CJCE, 13 sept. 2007, *Jouini*, C 458/05, *Rec.* I-7301.

(59) CJCE, 24 janv. 2002, *Temco service Industrie S.A.*, C 51/00, *Rec.* I-969.

(60) CJCE, 11 nov. 2004, *Delahaye épouse Boor*, C 425/02, *Rec.* I-10823.

(61) CJCE, 4 juin 2002, *Beckmann*, C 164/00, *Rec.* I-4893 ; 6 nov. 2003, *Martin*, C 4/01, *Rec.* I-12859.

(62) *JOCE* L 270, 2 oct. 2002.

(63) Le législateur a en ce cas le droit de prendre les mesures nécessaires pour éviter les abus CJCE, 21 févr. 2008, *Nünez* C 498/06, *Europe* avr. 2008, L. DRIGUEZ.

(64) CJUE, 16 juill. 2009, *Visciano*, C 69/08, *Rec.* I.-6741.

(65) CJCE, 19 nov. 1991, C 6/90 et 9/90, *Rec.* I-5357. Sur l'étendue de cette responsabilité, CJCE, 25 janv. 2007, *Robins e.a.*, C 278/05.

Arrêtée le 22 octobre 2008, la directive n° 2008/94 (66) codifie ces règles et précise qu'au cas où l'entreprise en état d'insolvabilité avait des activités sur le territoire de plusieurs États membres l'institution compétente est celle de l'État sur le territoire duquel les travailleurs exercent habituellement leur travail.

§ 5. L'IMPLICATION DES TRAVAILLEURS DANS LA VIE DE L'ENTREPRISE

247 L'implication – terme que le droit communautaire semble préférer à celui de participation – des travailleurs dans la vie de l'entreprise est susceptible de se réaliser selon des modalités très différentes.

L'information et la consultation des représentants des travailleurs constituent le niveau minimal d'implication. Il est consacré par une batterie de directives (A). L'adoption d'un statut de la société européenne permet d'aller plus loin (B), de même que la fusion transfrontalière (C). La participation aux résultats, au capital et aux bénéfices n'est l'objet que d'une simple recommandation (n° 92/443 du 27 juillet 1992 (67)).

A. L'information et la consultation des représentants des travailleurs

248 Elle est assurée par trois séries de directives.

1) Les directives spécifiques relatives à la protection de la santé et de la sécurité des travailleurs (*supra*, n° 242), à la protection au cas de licenciement collectif (*supra*, n° 244), au transfert d'entreprise (*supra*, n° 245).

2) La directive n° 2001/14 du 11 mars 2002, souvent appelée, « post-Vilvorde » (68) établit un cadre général relatif à l'information et à la consultation des travailleurs dans la Communauté européenne. Elle s'applique, selon le choix fait par les États, aux entreprises employant au moins 50 travailleurs et aux établissements employant au moins 20 travailleurs.

Selon les modalités définies par la législation nationale ou un accord entre partenaires sociaux, l'employeur doit informer les représentants des travailleurs sur l'évolution des activités et de la situation de l'entreprise, les informer et les consulter sur l'évolution de l'emploi, et les mesures envisagées ainsi que sur les décisions susceptibles d'entraîner des modifications importantes dans l'organisation du travail ou dans les contrats de travail. Le secret des affaires est protégé, selon le cas, par la dispense de communiquer l'information ou l'obligation de ne révéler l'information ni aux travailleurs ni à des tiers (art. 6).

3) Le comité d'entreprise européen est une institution qui a pour but de renforcer l'effectivité de l'information et de la consultation dans les entreprises de dimension

(66) *JOUE* L 283, 28 oct. 2008.

(67) *JOCE* C 245, 26 août 1992.

(68) *JO* L 80, 23 mars 2002. La non-consultation de la représentation des travailleurs, en l'occurrence le comité d'entreprise européen, lors de la fermeture de l'usine Renault de Vilvorde avait suscité une profonde émotion.

communautaire. Près de deux décennies après le dépôt de la « proposition Vredeling » le Conseil a adopté le 22 septembre 1994 la directive n° 94/45 (69) concernant l'institution d'un comité d'entreprise européen ou, à défaut, d'une procédure d'information et de consultation dans les entreprises ou groupes d'entreprises de dimension communautaire, directive modifiée par la directive n° 97/74 du 17 décembre 1997 qui en étend l'application au Royaume-Uni.

L'entreprise ou le groupe doit occuper au moins 1 000 personnes et dans au moins deux États membres avoir un établissement occupant 150 personnes. Le comité est constitué par négociation entre les représentants des travailleurs (70) et la direction centrale de l'entreprise, selon la procédure du groupe spécial de négociation, que reprendra la directive concernant la société européenne (*infra*, n° 249). Il doit se réunir au moins une fois par an avec la direction centrale afin d'être informé de l'évolution des activités et des perspectives de l'entreprise ou du groupe. Il doit également être informé des délocalisations, fermetures et des licenciements collectifs. Mais sa compétence se limite aux questions transnationales. La protection des informations confidentielles est assurée comme dans la directive n° 2001/14.

Le réexamen de la directive prévu au plus tard pour le 22 septembre 1999 a abouti, après des années de débats, à la directive... n° 2009/38 du 6 mai 2009 (71) qui doit être transposée au plus tard le 5 juin 2011. La nouvelle directive se propose d'accélérer la constitution des comités d'entreprise européens, dont le nombre ne progresse que lentement, et de renforcer l'effectivité des droits d'information et de consultation transnationale des travailleurs. Pour autant elle maintient en vigueur les accords conclus sous le régime antérieur avant l'expiration du délai de transposition et s'inscrit dans le prolongement de la directive n° 94/95. Au nombre des innovations on retiendra le renforcement de l'information et de la consultation. La première doit mettre les représentants des travailleurs en mesure de procéder à une évaluation en profondeur de l'incidence éventuelle des mesures projetées afin de préparer le cas échéant des consultations avec l'organe compétent de l'entreprise. La seconde doit leur permettre d'exprimer un avis sur ces mesures. S'agissant de la procédure, il est prévu que le nombre des membres du groupe spécial de négociation est proportionnel au nombre de travailleurs employés dans chaque État et qu'une renégociation de l'accord doit s'engager au cas de modifications intervenant dans la structure de l'entreprise ou du groupe. Cela suffira-t-il à accroître l'influence des comités, en particulier au cas de fusion dont, par exemple, le précédent de la fusion Gaz de France-Suez a montré les limites (72) ?

B. L'implication des travailleurs dans la société européenne (SE)

249 Durant plus de deux décennies, les divergences sur le rôle des travailleurs ont empêché l'accord des États sur le statut de la société européenne qui leur a été proposé dès... 1970 !

(69) *JOCE* L 254, 22 sept. 1994.

(70) Sur les informations aux représentants des travailleurs concernant le nombre total des travailleurs et leur répartition, CJCE, 13 janv. 2004, *Kühne Nagel*, C 440/00, *Rec.* I-787 : l'État doit veiller à ce que les informations soient fournies même si la société mère a son siège dans un État tiers (en l'occurrence, la Suisse).

(71) *JOUE* L 122 16 mai 2009.

(72) Le défaut de consultation du CEE a entraîné l'invalidation de la décision du conseil d'administration de GDF (CA Paris, 21 nov. 2006) et le report de la réalisation de la fusion à 2008.

Pour la société (anonyme) européenne, les statuts édictés par le règlement n° 2157/2001 du 8 octobre 2001 (73) se complètent de la directive n° 2000/86 (74), du même jour, « complétant le statut de la société européenne pour ce qui concerne l'implication des travailleurs », règlement et directive étant indissociables. Le même schéma se retrouve pour la coopérative européenne, la mutuelle européenne et l'association européenne.

Une société européenne peut être constituée à la suite d'une fusion d'au moins deux SA (cas d'Allianz après sa fusion avec sa filiale italienne RAS en 2006), de la constitution d'une société holding, de la constitution d'une filiale commune, ou de la transformation d'une SA. Elle est régie, outre le règlement et la directive communautaires, par ses statuts et la loi de l'État de siège. Dès la publication du projet de constitution les organes de direction des sociétés concernées doivent engager des négociations avec les représentants des travailleurs de ces sociétés réunies au sein d'un « groupe spécial de négociations » (art. 3). Les parties disposent d'un délai de 6 mois – qui peut être prolongé au maximum 6 autres mois – pour parvenir à un accord sur le rôle des travailleurs au sein de la société européenne.

Faute d'accord, ou si les parties en conviennent ainsi, s'appliquera le statut déterminé par la directive dans ses dispositions dites de référence qui sont intégrées dans les législations nationales (art. 7 et annexe 3). Au sein de la Société européenne, les travailleurs de la SE, de ses filiales et établissements seront représentés par un « organe de représentation ». Cet organe de représentation sera informé et consulté au sujet de l'évolution des activités de la SE et de ses perspectives, les modalités retenues étant très proches de celles qui s'appliquent au comité d'entreprise européen. Enfin sera mis en place un système de participation des travailleurs dans l'organe d'administration ou de surveillance de la SE lorsque tout ou partie des travailleurs bénéficiaient de la participation avant la constitution de la SE (art. 7, § 2 et 3) à savoir 25 % au cas de fusion, 50 % au cas de création d'une société holding ou constitution d'une filiale. Allianz a choisi en 2006 la formule du conseil de surveillance paritaire.

Un schéma analogue a été retenu pour les types de sociétés européennes autres que la société anonyme, telle que la société coopérative (75).

C. Participation des travailleurs au cas de fusion transfrontalière

250 La directive n° 2005/56 du 26 octobre sur les fusions transfrontalières des sociétés de capitaux (76) vise à favoriser les fusions de PMI, ces dernières n'ayant guère accès au statut de société européenne. Le point clé de la longue négociation qui, après l'échec d'un premier projet, a marqué son élaboration, concernait la participation des travailleurs. La directive n° 2001/86 relative à l'implication des travailleurs dans la Société européenne a servi de précédent. La loi de l'État de siège qui régit en principe la nouvelle société ne s'applique pas si elle implique une perte ou baisse de la participation des travailleurs. En ce cas, s'ouvre la procédure du Groupe de négociation et,

(73) Règlement relatif au statut de la société européenne (SE), *JOCE* L 294, 10 nov. 2001.

(74) *JOCE* L 294, 10 nov. 2001.

(75) Règlement n° 1435/2003 relatif au statut de la société coopérative européenne et dir. n° 2003/72 du 22 juill. 2003, relative à l'implication des travailleurs, *JOCE* L 207, 18 août 2003.

(76) *JOUE* L 310, 25 nov. 2005.

faute d'accord, s'appliquent les dispositions de référence de l'annexe 3 de la directive n° 2001/86, si, du moins, un tiers des travailleurs des sociétés participant à la fusion bénéficiaient d'un régime de participation.

§ 6. L'ÉGALITÉ DE TRAITEMENT ENTRE HOMMES ET FEMMES

A. Consécration du principe

251 Si l'égalité de traitement entre hommes et femmes ne s'applique pas seulement dans le droit des relations du travail, ainsi qu'en témoigne, par exemple, la directive n° 2004/13 du 13 décembre 2004 mettant en œuvre le principe d'égalité de traitement entre les femmes et les hommes dans l'accès aux biens et services et la fourniture de biens et services (77), elle n'en est pas moins unie à ce dernier par des liens très étroits car elle trouve en lui non seulement son principal champ d'application mais encore ses origines.

La seule reconnaissance du principe par les traités fondateurs réside dans l'article 119 CE (art. 141 nouveau, puis 157 TFUE) qui impose l'égalité de rémunération. Les affaires *Defrenne* donneront à la Cour l'occasion de reconnaître l'effet direct de l'article 119 (78), ce qui contribuera à briser l'inertie des États, avant d'ériger l'élimination des discriminations fondées sur le sexe en droit fondamental de la personne ayant valeur de principe général du droit communautaire (79).

Les progrès de l'égalité de traitement entre hommes et femmes reposeront par la suite sur une combinaison d'actions. D'abord s'élaborera une législation communautaire par voie de directives concernant et les relations de travail et la Sécurité sociale (*infra*, section II), directives interprétées libéralement par la Cour. Ensuite interviendra le pouvoir constituant, en 1992, sous la forme du protocole sur la politique sociale consacrant l'accord sur la politique sociale (art. 2 § 2) annexé au TUE, puis en 1997 – lors du traité d'Amsterdam – par l'insertion de la lutte contre des discriminations fondées sur le sexe dans les articles 3 § 2 et 13. Le traité de Lisbonne fait une large place au principe (TUE art. 2 et 3 § 3 ; TFUE art. 8 et 157) qui se trouve également consacré par l'article 23 de la Charte des droits fondamentaux.

252 Si les développements qui suivent sont exclusivement consacrés à l'analyse des directives et de la jurisprudence de la Cour, il convient de mentionner deux autres instruments de lutte contre les discriminations sexuelles. Le Conseil a adressé aux États deux recommandations : le 24 novembre 1991 pour lutter contre le harcèlement sexuel, le 31 mars 1992 concernant la garde des enfants. La Commission a invité les États à promouvoir une participation équilibrée dans la prise de décision. En outre, l'action normative est complétée par la mise en œuvre de programmes d'action et de nombreuses initiatives qui voient la Commission jouer un rôle très actif dans l'élaboration et la mise en œuvre d'une « stratégie pour l'égalité entre les hommes et les femmes »

(77) *JO* L 373, du 12 déc. 2004.
(78) *Defrenne II*, 8 avr. 1976, n° 43/75, *Rec.* 455.
(79) *Defrenne III*, 15 juin 1978, n° 149/77, *Rec.* 1365.

(actuellement stratégie 2010-2015) (80) et rendre compte des progrès de l'égalité dans un rapport annuel.

B. Étendue du principe d'égalité

253 1) Le champ d'application matériel est défini par les directives : outre la Sécurité sociale, il concerne les rémunérations (dir. n° 75/117 du 10 février 1975), l'accès à l'emploi, à la formation et à la promotion professionnelles et les conditions de travail (dir. n° 76/207 du 9 février 1976 modifiée par la directive n° 2002/73 du 23 septembre 2002 (81)). Ces directives sont aujourd'hui remplacées par la directive n° 2006/54, du 5 juillet 2006, relative à la mise en œuvre du principe d'égalité des chances et de l'égalité de traitement entre hommes et femmes en matière d'emploi et de travail (refonte) (82).

La notion de rémunération est entendue de manière large comme incluant toutes les prestations versées au travailleur en raison de la relation de travail (83), ce qui peut couvrir des prestations versées après la cessation d'activité et permet d'échapper aux dérogations à l'égalité prévues en matière de Sécurité sociale (*infra*, Section II, § 3 B). De même, les conditions de licenciement sont incluses dans les conditions de travail interdisant, par exemple, le licenciement fondé essentiellement sur le fait qu'une employée se trouve à un stade avancé d'un traitement de fécondation *in vitro*, à savoir avant le transfert trois jours plus tard des ovules fécondés (84).

2) Les bénéficiaires sont les travailleurs, y compris les personnes qui sont à la recherche d'un emploi, qu'il s'agisse du secteur privé ou du secteur public (85).

3) Les discriminations interdites.

S'agissant de la rémunération, la directive impose l'égalité pour « un même travail ou un travail auquel est attribuée une valeur égale » et le critère du travail de même valeur a été repris dans l'article 141 nouveau CE devenu 157 TFUE. L'évaluation doit se faire par une prise en considération objective de la nature du travail à accomplir (86). Il n'y a violation du principe d'égalité que si les différences de rémunération peuvent « être attribuées à une source unique » responsable de l'inégalité et qui pourrait rétablir l'égalité. Cette entité unique est le plus souvent l'employeur, ce qui ne permet pas de se plaindre d'un traitement moins favorable que celui accordé dans d'autres entreprises (87). Plus exceptionnellement, elle sera le législateur – ou les partenaires d'une convention collective – responsable d'une réglementation discriminatoire (88).

Le droit de l'Union prohibe non seulement les discriminations directes, tel le licenciement ou le non-recrutement d'une femme en raison de sa grossesse (89), mais

(80) Communication de la Commission du 21 sept. 2010 COM (2010) 491 final.
(81) *JOCE* L 269/15, 5 oct. 2002.
(82) *JOUE* L 2004, 26 juill. 2006
(83) CJCE, 28 sept. 1994, *Beune*, C 7/93, *Rec.* I-4471.
(84) CJCE, 26 févr. 2008, *Mayr*, C 506/06.
(85) CJCE, 21 mai 1985, *Commission c. Allemagne*, n° 248/83, *Rec.* 1459
(86) CJCE, 1er juill. 1986, *Rummler*, 237/85, *Rec.* 2101.
(87) CJCE, 17 sept. 2002, *Lawrence*, C 320/00, *Rec.* I-7325.
(88) CJCE, 13 janv. 2003, *Allonby*, C 256/01.
(89) CJCE, 8 nov. 1990, *Hertz*, C 179/88, *Rec.* I-3979 : licenciement ; CJCE, 3 févr. 2000, *Mahlburg*, C 207/98, *Rec.* I-549 : refus d'engagement.

encore les discriminations indirectes. Ainsi la Cour censure-t-elle toute situation désavantageuse qui affecte un pourcentage de femmes sensiblement supérieur à celui des hommes sauf si l'employeur peut se prévaloir de « facteurs objectivement justifiés et étrangers à toute discrimination fondée sur le sexe ». L'exemple classique est celui du travail à temps partiel, proportionnellement moins rémunéré, et essentiellement féminin (90). La directive n° 2006/54 offre une bonne synthèse de cette jurisprudence dans les définitions qu'elle propose. On entend par « discrimination directe : la situation dans laquelle une personne est traitée de manière moins favorable en raison de son sexe qu'une autre ne l'est, ne l'a été ou ne le serait dans une situation comparable ; par discrimination indirecte : la situation dans laquelle une disposition, un critère ou une pratique apparemment neutre désavantagerait particulièrement des personnes d'un sexe par rapport à des personnes de l'autre sexe, à moins que cette disposition, ce critère ou cette pratique ne soit objectivement justifié par un but légitime et que les moyens pour parvenir à ce but soient appropriés et nécessaires ».

Le harcèlement et le harcèlement sexuel (qui n'est pas simplement lié au sexe mais comporte une connotation sexuelle) sont considérés comme une discrimination.

Cette jurisprudence se trouve renforcée par la directive n° 97/80 du 15 décembre 1997 relative à la charge de la preuve dans les cas de discrimination fondée sur le sexe dont les dispositions sont reprises dans l'article 14 de la directive n° 2006/54. La directive, outre qu'elle reprend la définition jurisprudentielle de la discrimination indirecte (art. 3), impose au défendeur de prouver qu'il n'y a pas eu violation du principe de l'égalité de traitement dès lors que le demandeur a établi des faits qui permettent de présumer l'existence d'une discrimination directe ou indirecte (art. 4) (91). L'employeur est cependant dispensé de cette charge lorsque les disparités de rémunération résultent du recours au critère de l'ancienneté, celui-ci ayant pour but de récompenser l'expérience acquise, à moins de doutes sérieux à cet égard (92).

On notera enfin que si, en fait, les femmes sont les principales victimes de discriminations fondées sur le sexe, le principe d'égalité de traitement peut être revendiqué à leur profit par les hommes (93). Ainsi le fait que la législation française réserve aux fonctionnaires féminins les bonifications de retraite accordées en fonction du nombre d'enfants élevés a-t-il été jugé contraire à l'égalité de rémunération parce que les situations d'un fonctionnaire masculin et d'une fonctionnaire féminin sont comparables en ce qui concerne l'éducation des enfants (94). En revanche, le refus d'accorder à un couple homosexuel la réduction sur le prix des transports prévue pour la personne avec laquelle le travailleur vit ou est marié n'a pas été jugée discriminatoire parce qu'il s'applique de même manière aux travailleurs de sexe masculin et à ceux de sexe féminin (95). À l'inverse, le « partenaire de vie », de même sexe, peut prétendre à la prestation de survie dont bénéficie l'époux survivant s'il est dans une situation comparable à celui-ci (96). Mais le principe d'égalité de traitement s'oppose aux discriminations qui

(90) CJCE, 13 mai 1986, *Bilka*, 170/84, *Rec.* 1607 ; 4 juin 1992, *Bötel*, C 360/90, *Rec.* I-3589.

(91) Par ex., CJCE, 10 mars 2005, *Nikoloudi*, C 196/02, *Rec.* I-1789.

(92) CJCE, 3 oct. 2006, *Cadman*, C 17/05, *Rec.* I-9583.

(93) CJCE, 28 sept. 1994, *Beune*, C 7/93. *Rec.* I-2143, CJUE, 30 sept. 2010, *Alvarez*, C 104/09, *Europe* nov. 2010, 383.

(94) CJCE, 29 nov. 2001, *Griesmar, C* 366/99, *Rec.* I-9383.

(95) CJCE, 17 févr. 1998, *Grant*, C 249/96, *Rec.* I-621.

(96) CJCE, 1er avr. 2008, *Maruko*, C 267/706.

trouvent leur origine dans le changement de sexe : ainsi une personne passée, conformément aux conditions déterminées par le droit national, du sexe masculin au sexe féminin a droit à bénéficier de la retraite au même âge que les femmes (97).

C. Dérogations à l'égalité de traitement

Il existe deux séries de dérogations à l'égalité de traitement.

254 **Activités professionnelles exclues.** La première concerne les exclusions du champ d'application du principe d'égalité que les États sont autorisés à maintenir. Elles sont moins nombreuses en ce qui concerne les relations de travail qu'en ce qui concerne la Sécurité sociale, notamment parce que d'après l'article 141 CE, elles ne peuvent porter sur les rémunérations (*infra*, n° 264). La directive n° 76/207 autorisait les États à exclure les activités professionnelles pour lesquelles, en raison de leur nature ou de leurs conditions d'exercice, le sexe constitue une condition déterminante (art. 2 § 2), par exemple les emplois dans l'administration pénitentiaire ou la police. Mais la Cour interpréta strictement cette disposition (98) jugeant, par exemple, disproportionnée l'interdiction générale faite aux femmes en Allemagne de servir dans un emploi de la Bundeswehr qui comporte l'utilisation des armes (99) tout en jugeant plus tard que la limitation aux hommes du service militaire obligatoire dans le même pays résultait d'un choix d'organisation militaire auquel le droit communautaire n'était pas applicable (100). La nouvelle rédaction qui résulte de l'article 2 § 6 requiert que la caractéristique liée au sexe « constitue une exigence professionnelle véritable et déterminante, pour autant que l'objectif soit légitime et que l'exigence soit proportionnée ».

Au-delà des directives ce principe s'applique également aux institutions communautaires : ainsi l'exigence d'une période de formation à plein temps pour la formation médicale qui désavantage en fait les femmes n'est légale que parce qu'elle remplit ces conditions (101).

255 **Protection de la femme et discriminations positives.** Une seconde série de dérogations, établies essentiellement en faveur des femmes, pose des problèmes plus délicats encore car elle met à nu la complexité de la notion d'égalité de traitement.

La directive n° 76/207 « ne fait pas obstacle aux dispositions relatives à la protection de la femme, notamment en ce qui concerne la grossesse et la maternité » (ex art. 2 § 3 devenu art. 2 § 7) ainsi qu'aux mesures visant à « assurer concrètement une pleine égalité entre hommes et femmes » (art. 2 § 8 nouveau). La jurisprudence n'exclut pas que la compensation puisse jouer en faveur des hommes, ainsi pour compenser le désavantage que leur impose l'obligation de service militaire ou civil (102), mais pareille situation ne se rencontre que très exceptionnellement.

(97) CJCE, 27 avr. 2006, *Richards*, C 423/04. V. déjà CJCE, 7 janv. 2004, *K.B.*, C 117/01, *Rec.* I-541.
(98) CJCE, 30 juin 1988, *Commission c. France*, 318/86, *Rec.* 3559.
(99) CJCE, 11 janv. 2000, *Kreil*, C 285/98, *Rec.* I-69.
(100) CJCE, 11 mars 2003, *Dory*, C 186/01, *Rec.* I-2479.
(101) CJCE, 9 sept. 2003, *Rinke*, C 25/02.
(102) CJCE, 7 déc. 2000, *Schnorbus*, C 79/99, *Rec.* 10997.

La protection de la grossesse et de la maternité, d'ailleurs renforcée par la directive nº 92/85 du 19 octobre 1992 (103), constitue une dérogation qui, selon la jurisprudence, autorise le législateur national à interdire le travail de nuit aux femmes enceintes (104) mais non à poser en principe l'interdiction du travail de nuit pour toutes les femmes (105). Cette jurisprudence intervenue au sujet de la législation française a suscité un vif débat. Ses critiques ont regretté que la Cour abaisse le seuil de protection des femmes, d'autant plus que la législation française était intervenue en application de la convention nº 89 de l'OIT. Et si la Cour convient que le juge national doit faire prévaloir cette convention sur la règle communautaire (106), sa jurisprudence a conduit les États membres de l'Union à dénoncer la convention nº 89. Les partisans de cette jurisprudence arguent de ce que l'interdiction du travail de nuit se retourne contre les femmes en dissuadant les employeurs de les embaucher.

256 **Les discriminations positives.** La promotion de « l'égalité des chances » ou de « la pleine égalité entre hommes et femmes » conduit très clairement à des discriminations positives visant à remédier aux inégalités de fait qui, au-delà de l'égalité formelle, entravent l'égalité réelle entre les femmes et les hommes. L'arrêt *Kalanke* (107) a suscité une tempête parce que le juge estimait qu'une réglementation nationale qui, à qualification égale, accorde automatiquement la priorité aux candidats féminins dans les secteurs où les femmes sont sous-représentées instituait une priorité absolue quant au résultat qui allait au-delà de l'égalité des chances qu'autorise l'article 2 § 4 de la directive. Aussi la Cour a-t-elle mis à profit la présence d'une clause autorisant à écarter la priorité aux candidats féminins lorsqu'un ou plusieurs critères font pencher la balance en faveur du candidat masculin pour battre quelque peu en retraite dans l'arrêt *Marshall* du 11 novembre 1997 (108). La jurisprudence semble à présent fixée en ce sens qu'une priorité automatique accordée au sexe sous-représenté n'est pas compatible avec l'égalité de traitement (109), au contraire des mesures de priorité qui ne sont ni inconditionnelles ni absolues et font une place à « une appréciation objective qui tient compte des situations particulières d'ordre personnel de tous les candidats » (110).

Ainsi le juge communautaire peut-il se prévaloir de l'harmonie entre la jurisprudence et les dispositions vigoureuses des traités, la discrimination positive y compris (TFUE art. 157 § 4 qui fait référence à des « avantages spécifiques » en faveur du sexe désavantagé), qui ne dérogent formellement au principe d'égalité que pour promouvoir une égalité réelle.

(103) *JOCE* L 348, 28 nov. 1992.

(104) CJCE, 5 mai 1994, *Habermann*, C 421/92, *Rec.* I-1657.

(105) CJCE, 25 juill. 1991, *Stoeckel*, C 345/89, *Rec.* I-4047.

(106) CICE, 2 août 1993, *Levy*, C 158/91, *Rec.* 4827.

(107) CJCE, 17 oct. 1995, C 4507/93, *Rec.* I-1051.

(108) C 409/95, *Rec.* I-6363.

(109) CJCE, 6 juill. 2000, *Abrahamsson,* C 407/98, *Rec.* I ; également 30 sept. 2004, *Briheche*, C 319/03, *Rec.* I-8807.

(110) CJCE, 28 mars 2000, *Badeck*, C 158/97, *Rec.* I-1875. Pour la réserve des places de garderies d'enfants aux fonctionnaires féminins sauf cas d'urgence relevant de l'appréciation de l'employeur, CJCE, 19 mars 2002, *Lommers*, C 476/99, *Rec.* I-2891.

SECTION II LA PROTECTION SOCIALE : LA COORDINATION DES RÉGIMES DE SÉCURITÉ SOCIALE

§ 1. PRÉSENTATION GÉNÉRALE

257 **Compétence communautaire et compétence nationale.** Les systèmes de Sécurité sociale assurent la protection des personnes contre certains risques sociaux tels que la maladie, la vieillesse, le chômage, la maternité, les accidents du travail. Il s'agit d'un droit fondamental, que la Charte des droits fondamentaux consacre dans son article 34. D'une manière générale les États membres de l'Union européenne se caractérisent par un haut niveau de protection sociale. Mais leurs systèmes de Sécurité sociale, dont le financement fait peser une lourde charge sur l'économie, sont en crise : les charges liées à la maladie, au poids des retraites, au chômage, ne cessent de s'élever alors que l'affaiblissement, voire la disparition, de la croissance rend le financement de plus en plus difficile. Ce contexte a empêché tout élargissement notable de la compétence communautaire qui demeure sensiblement identique à ce qu'elle était en 1958.

Le principe demeure que la Sécurité sociale relève avant tout de la compétence des États, la compétence de l'Union restant complémentaire et, au vrai, très subsidiaire. La charte communautaire des droits sociaux fondamentaux des travailleurs de 1989 fixe bien comme objectif l'établissement d'une protection sociale adéquate, mais cet objectif doit être réalisé « selon les modalités propres à chaque pays » (art. 100). Il appartient donc aux « États membres de fixer les principes et l'organisation de leurs propres systèmes » (111). Même après l'entrée en vigueur du traité de Nice la Communauté n'a de compétence que pour soutenir et compléter l'action des États membres (CE, art. 137 § 1). Et si le Conseil peut édicter des directives celles-ci devront être prises à l'unanimité, ne pourront contenir que des « prescriptions minimales applicables progressivement » (art. 137 § 2) et de plus ne devront pas porter « atteinte à la faculté reconnue aux États membres de définir les principes fondamentaux de leur système de sécurité sociale » ni « en affecter sensiblement l'équilibre financier » (art. 137 § 4), ces règles étant maintenues dans le traité de Lisbonne (art. 153 TFUE). Si, d'après l'article 34 de la Charte des droits fondamentaux, l'accès aux prestations de sécurité sociale et à l'aide sociale s'effectue « selon les modalités établies par le droit communautaire et les législations et pratiques nationales » ces dernières continuent à jouer un rôle prépondérant bien que non exclusif. Au demeurant, les systèmes de Sécurité sociale diffèrent tellement quant au montant des prestations servies, à la nature du financement (impôts ou cotisations) et à leur organisation, qu'une harmonisation semble pour longtemps irréaliste.

258 **Incidence de l'intégration européenne sur les systèmes nationaux de sécurité sociale.** Cela n'empêche pas le développement de l'intégration européenne d'influencer l'évolution des systèmes nationaux de Sécurité sociale. Ainsi la France a-t-elle dû

(111) *Rec.* Conseil n° 92/442 du 27 juill. 1992, *JOCE* L 245/49 ; v. déjà art. 68 § 1 CECA.

supprimer en 1985 la contribution qu'elle prélevait sur le tabac en contradiction avec la directive relative à l'harmonisation des législations sur les droits spécifiques sur le tabac. De même, la licéité du monopole conféré aux caisses d'assurance-maladie a-t-elle été discutée avant d'être admise par la Cour (112). Ou, encore, le fait que les patients bénéficient de la libre prestation de services suscite-t-il quelque appréhension chez les responsables des systèmes de soins et de sécurité sociale (*infra*, n° 333). Enfin le principe d'égalité entre ressortissants des États membres, encore renforcé par la citoyenneté européenne, fait-il largement sentir ses effets dans le domaine de la sécurité sociale et de l'aide sociale (v. *supra*, n°s 34, 104), ce qui n'empêche pas le droit de l'Union d'assurer la protection des ressortissants de pays tiers (*infra*, n° 261).

Mais s'agissant de la réglementation, le droit de l'Union se limite présentement pour l'essentiel (voir en sens inverse les recommandations n° 66/462 du 20 juillet 1966 et n° 90/326 du 22 mai 1990 de la Commission invitant à une harmonisation de l'indemnisation des maladies professionnelles) à assurer la **coordination** des régimes applicables aux migrants de manière à ce que ces derniers conservent les droits acquis ou en cours d'acquisition, étant entendu qu'il n'y a aucune harmonisation donc que chaque régime national présente ses caractéristiques propres. C'est dire qu'il a été envisagé plus comme moyen d'assurer la libre circulation des personnes que comme élément de politique sociale ou de politique de santé.

L'article 42 CE (ex art. 51) qui fait obligation au Conseil « statuant à l'unanimité » (alors que le traité de Lisbonne prévoit le passage à la majorité qualifiée mais avec possibilité de saisine du Conseil européen, TFUE art. 48) d'adopter dans le domaine de la Sécurité sociale les mesures nécessaires pour l'établissement de la « libre circulation des travailleurs » a constitué la base juridique fondamentale sur laquelle s'est élaboré le droit dérivé : règlements 3 et 4 de 1958 auxquels ont succédé les règlements n° 1408/71 du 14 juin 1971 et n° 574/72 du 21 mars 1972, maintes fois révisés (113) dont le bénéfice a été étendu aux travailleurs non salariés en 1981 (114), aux étudiants en 1999 (115) et aux ressortissants de pays tiers en situation de résidence légale par le règlement n° 859/2003 du 14 mai 2003. Ces textes ont donné lieu à un très abondant contentieux : plusieurs centaines de décisions ont été rendues à leur sujet par le juge communautaire et le flux ne semble pas se tarir !

La révision d'ensemble entreprise en 1999 a abouti au règlement n° 883/2004 du 29 avril 2004 portant sur la coordination des systèmes de sécurité sociale qui incorpore l'acquis jurisprudentiel (116). Ce règlement est applicable seulement depuis le 1er mai 2010, date de l'entrée en vigueur de son règlement d'application, le règlement n° 987/2009 du 16 septembre (117). Et le 20 décembre 2010 la Commission a présenté une proposition de modification de ces deux règlements (118).

(112) CJCE, 17 févr. 1993, *Poucet et Pistre*, aff. J. C 158/91 et C 160/91, *Rec.* I-637.
(113) Récemment par le règlement n° 647/2005 du 13 avr. 2005, *JOUE* L 117 du 4 mai 2005.
(114) Règl. n° 1390/81 du 12 mai et 3795/81 du 8 déc. 1981.
(115) Règl. n° 307/99 du 8 févr. 1999.
(116) *JOUE* L 166 du 30 avr. 2004 et rectificatif publié au *JOUE* L 200 du 7 juin 2004.
(117) *JOUE* L 284, 30 oct. 2009.
(118) V. J.-Ph. LHERMOULD, *Liaisons sociales Europe*, 2011, n° 271, p. 2.

§ 2. CHAMP D'APPLICATION DES RÈGLEMENTS DE COORDINATION

A. Personnes bénéficiaires

259 Le champ d'application personnel de la réglementation de l'Union n'a cessé de s'élargir, s'agissant aussi bien des ressortissants des États membres que des ressortissants de pays tiers ou des apatrides.

1. Ressortissants des États membres

260 Le droit de l'Union s'est construit à partir du noyau dur que constituent les travailleurs migrants (salariés ou non salariés) et les membres de leur famille (ressortissants ou non d'un État membre) et leurs survivants. Le cercle des bénéficiaires a successivement englobé les fonctionnaires et agents assimilés relevant d'un régime spécial (règlement n° 1606/98 du 29 juin 1998 intervenu à la suite blâme adressé par la Cour au Conseil pour n'avoir pas intégré ces régimes) (119), les étudiants (règlement n° 307/99 du 8 février 1999), enfin, selon la jurisprudence de la Cour, les citoyens européens (120) dès lorsqu'ils se trouvent dans la même situation que les nationaux.

Le règlement n° 883/2004 rend compte de cette évolution. Il élargit la formulation du règlement n° 1408/71 – en déclarant s'appliquer « aux ressortissants de l'un des États membres… qui sont ou ont été soumis à la législation d'un ou de plusieurs États membres, ainsi qu'aux membres de leur famille et à leurs survivants » (art. 2 § 1). Il s'applique, en outre, aux survivants d'une personne qui a été soumise à la législation d'un ou plusieurs États membres, quelle que soit la nationalité de cette personne, lorsqu'ils sont ressortissants d'un État membre ou apatrides ou réfugiés (art. 2 § 2). Bien entendu le règlement ne s'applique que s'il y a déplacement d'un État membre à un autre, ce déplacement pouvant être de courte durée, tel un voyage touristique.

2. Ressortissants de pays tiers et apatrides

261 Le règlement n° 1408/71 et le règlement n° 883/2004 s'appliquent aux apatrides et aux réfugiés résidant dans un État membre ainsi qu'aux membres de leur famille et à leurs survivants.

Selon le règlement n° 859/2003 du 14 mai 2003, précité, les dispositions du règlement n° 1408/71 sont étendues aux ressortissants de pays tiers qui en seraient exclus à raison de leur nationalité ainsi que les membres de leur famille et leurs survivants, à la double condition qu'ils résident légalement dans un État membre et que leur situation présente des éléments de rattachement avec plusieurs États membres. Cette extension

(119) CJCE, 22 nov. 1995, *Vougioukas*, C 443/93, *Rec.* I-4033.

(120) CJCE, 20 sept. 2001, *Grzelczyk*, C 184/99, *Rec.* I-6193, appliquant le principe d'égalité de traitement à une prestation sociale qui ne relève pas de la sécurité sociale ; également CJCE, 7 sept. 2004, *Trojani*, C 456/02, *Rec.* I-7573.

a aujourd'hui pour base le règlement n° 1231/2010 (121) du 24 novembre 2010 qui étend à ces catégories de personnes les règlements n° 888/2004 et 987/2009.

B. Prestations concernées

262 La coordination concerne les législations relatives aux branches de Sécurité sociale qui concernent les prestations de maladie et de maternité, d'invalidité, de vieillesse, de survivants, d'accidents du travail ou de maladies professionnelles, de décès, de chômage de préretraite et les prestations familiales (règl. 883/2004 art. 3). Les régimes établis par disposition conventionnelle sont en principe exclus mais cette exclusion est levée concernant les dispositions conventionnelles qui servent à la mise en œuvre d'une obligation d'assurance résultant des lois et règlements ou d'une décision des pouvoirs publics les rendant obligatoires ou étendant leur champ d'application si l'État fait une déclaration en ce sens notifiée aux présidents du Parlement européen et du Conseil (règl. 883/2004, art. 1).

Le terme législation s'entend de manière large. Il ne se limite pas aux législations qui ont fait l'objet de la déclaration des États prévue par l'article 9 du règlement. Il couvre les règlements, mesures d'application et dispositions statutaires, mais non les dispositions purement conventionnelles sauf l'exception que l'on vient de voir.

À la différence des prestations de Sécurité sociale, les prestations d'assistance sociale et médicale ne sont pas couvertes par le règlement n° 1408/71 (art. 4 § 4) ni par le règlement n° 883/2004 (art. 3 § 5). La distinction entre ces deux catégories de prestations repose non sur la qualification attribuée par le législateur mais sur les finalités et les conditions d'octroi de la prestation. Par une jurisprudence favorable à l'extension du champ du règlement n° 1408/71, la Cour considère comme prestation de Sécurité sociale une prestation qui n'a pas un caractère absolument extraordinaire et exceptionnel et n'est pas motivée par des considérations étrangères à la nécessité d'assurer la couverture d'un risque de la Sécurité sociale (122) et confère aux bénéficiaires « une position légalement définie, en dehors de toute appréciation individuelle et discrétionnaire des besoins ou situations personnels » (123). Il importe peu que la prestation soit non contributive, par exemple allocation supplémentaire du Fonds national de solidarité (124), ainsi que le précise à présent le règlement n° 883/2004, qui, comme le règlement n° 1408/71, inclut expressément dans le champ couvert les prestations spéciales en espèce à caractère non contributif présentant à la fois des caractéristiques de sécurité sociale et d'assistance sociale (art. 3 § 3) (125). En règle générale l'interprétation donnée par la Cour est favorable aux bénéficiaires. Ainsi une allocation de garde d'enfant à domicile a-t-elle été considérée comme prestation familiale et la condition de résidence de l'enfant sur le territoire de l'État membre comme remplie lorsque l'enfant réside sur le territoire d'un autre État membre (126).

(121) *JO* L 334, 29 déc. 2010.

(122) CJCE, 31 mars 1977, *Fossi*, 79/78, *Rec.* 667.

(123) CJCE, 5 mai 1983, *Piscirello*, 139/82, *Rec.* 1427.

(124) CJCE, 9 oct. 1974, *Biason*, 24/74, *Rec.* 999, allocation devenue l'allocation du fonds de solidarité vieillesse.

(125) Ce qui exclut du champ d'application du règlement une prestation à caractère non contributif qui présente le caractère d'une aide sociale, CJCE, 6 juill. 2006, *Kerbergen-Laps*, C 154/05, *Europe* oct. 2006, n° 278.

(126) CJCE, 7 nov. 2002, *Maaheimo*, C 333/00, *Rec.* I-10087.

§ 3. PRINCIPES DIRECTEURS DE LA COORDINATION

Les règles de la coordination sont fort complexes et varient selon les différentes catégories de prestations ; il est cependant possible d'en dégager les principes directeurs.

A. Détermination de la loi nationale applicable

263 Afin d'éviter tout conflit de lois, une seule législation est applicable au bénéficiaire (principe de l'unicité de législation, règl. n° 883/2004 art. 11). La détermination de cette législation est faite par le règlement de coordination et présente un caractère obligatoire. Ceci peut avoir pour conséquence que comme les régimes nationaux diffèrent les uns des autres le droit de l'Union ne garantit pas à un assuré que son déplacement dans un autre État membre soit neutre en matière de sécurité sociale. La disparité entre les régimes nationaux fait que selon les cas un déplacement sera, à cet égard, avantageux ou désavantageux (127).

C'est en principe la législation de l'État sur le territoire duquel la personne concernée exerce son activité. Peu importe, donc, que l'intéressé réside dans un autre État ou que l'entreprise qui l'emploie ait son siège dans un autre État. Cela vaut même pour le travailleur à temps partiel y compris pendant les jours de non-activité (128). À défaut d'exercice d'une activité, selon le règlement n° 883/2004, la législation de rattachement est celle de l'État membre de résidence. Dans l'arrêt *Bosmann*, du 20 mai 2008 (C352/06), la Cour a jugé que l'unicité de législation n'empêchait cependant pas qu'un travailleur relevant du régime de sécurité sociale de l'État d'emploi perçoive des prestations familiales dans l'État de résidence en application de la législation nationale de ce dernier, celui-ci n'étant cependant pas obligé au regard du droit communautaire d'octroyer cette prestation. Encore faut-il préciser que dans l'affaire en question cela n'entraîne pas un cumul de prestations mais permet à une Belge résidant en Allemagne de continuer à percevoir les allocations familiales allemandes lorsqu'elle prend un emploi au Pays-Bas dont la législation lui refuse cette prestation parce que ses enfants ont plus de 18 ans.

Le principe de la législation de l'État d'emploi souffre cependant d'exceptions. Les travailleurs détachés demeurent soumis à la loi de l'État dans lequel ils étaient employés auparavant, dès lors que leur détachement n'excède pas douze mois et qu'ils ne sont pas envoyés en remplacement d'un autre travailleur parvenu au terme de son détachement (règl. n° 1408/71 art. 14-1-a) ; ce délai est porté à vingt-quatre mois par le règlement n° 883/2004 (art. 12). Les fonctionnaires sont soumis à la législation de l'État membre dont relève l'administration qui les emploie. La loi de l'État de résidence s'applique au travailleur qui exerce son activité dans deux ou plusieurs États membres, s'il exerce dans cet État une part substantielle de son activité, dans l'État du siège de l'entreprise au cas contraire.

(127) CJCE, 19 mars 2002, *Hervein e.a.*, C 393/99 et C 394/99, *Rec.* I-2829, 16 juill. 2009, *Chamier-Glisczinski*, C 208/07, *Rec.* I-6095.

(128) CJCE, 3 mai 1990, *Kits Van Heijningen*, C 2/89, *Rec.* I-1755.

Les prestations familiales sont versées selon la législation de l'État dans lequel est employé le travailleur même si les membres de sa famille résident sur le territoire d'un État membre, ainsi que l'a admis la Cour dans l'arrêt *Pinna* (129).

B. Égalité de traitement

264 Toutes les discriminations fondées sur la nationalité sont interdites (règl. n° 883/2004, art. 4), qu'elles soient directes ou indirectes (130) telles que les clauses de résidence ou le fait de subordonner l'octroi d'une allocation à la nationalité des enfants (131). Cette exigence s'impose non seulement aux États, mais également aux autorités communautaires. Elle a entraîné l'invalidité du décret du Parlement flamand excluant de l'affiliation à la sécurité sociale les personnes occupant un emploi en région de langue néerlandaise ou dans la région bilingue de Bruxelles-Capitale mais résidant en région wallonne (132). En revanche, un État peut subordonner le bénéfice d'une allocation-chômage à la condition de résidence sur son territoire : le règlement ne l'interdit pas et la nécessité de contrôler la situation professionnelle et familiale du chômeur le justifie (133). Mais il faut noter que l'allocation-chômage constitue, au côté des prestations spéciales à caractère non contributif (règl. art. 70), l'une des exceptions au principe, posé par l'article 7 du règlement, de la prohibition des clauses de résidence subordonnant le versement d'une prestation à la résidence du bénéficiaire ou de membre de sa famille dans l'État où se trouve l'institution débitrice.

S'y ajoute l'obligation de non-discrimination entre hommes et femmes, application d'un principe général du droit communautaire repris dans la directive n° 79/7 du 19 décembre 1978 (134) relative à la mise en œuvre progressive du principe de l'égalité de traitement entre hommes et femmes en matière de Sécurité sociale, à laquelle la Cour a reconnu effet direct (135), puis dans la directive n° 86/378 du 24 juillet 1986 (136) relative aux régimes professionnels c'est-à-dire aux régimes couvrant les travailleurs d'une entreprise d'un groupement d'entreprises ou d'un secteur d'activités, et la directive n° 86/613 du 11 décembre 1986 concernant l'activité indépendante y compris agricole, directive aujourd'hui remplacée par la directive générale n° 2006/54 du 5 juillet 2006 (137).

Ces directives qui visent à assurer l'égalité de l'accès aux régimes de Sécurité sociale, des cotisations et des prestations, ont suscité un contentieux important d'autant plus qu'elles reconnaissent aux États un pouvoir de dérogation non négligeable, ainsi concernant la fixation de l'âge de la retraite. Sur ce point, il résulte de l'arrêt *Barber* du 17 mai 1990 (C 262/88, *Rec.*, p. I-1889) que les pensions de retraite versées par un régime privé constituent des rémunérations, ce qui exclut toute condition d'âge différente selon le sexe car cet article ne contient aucune dérogation.

(129) CJCE, 15 janv. 1986, 41/84, *Rec.* 1. D'où la suppression de la dérogation prévue en faveur de la France dans le règlement n° 1408/71.

(130) CJCE, 30 mai 1989, *Allué*, 33/88, *Rec.* 1591.

(131) CJCE, 12 juill. 1979, *CRAM/Toia*, 237/7, *Rec.* 2645.

(132) CJCE, 1er avr. 2008, *Gouvernement de la Communauté française*, C 212/06.

(133) CJCE, 18 juill. 2006, *De Cuyper*, C 406/04, *Europe* oct. 2006, n° 265.

(134) *JOCE* L 6, 10 janv. 1979.

(135) CJCE, 19 janv. 1982, *Becker*, 8/8, *Rec.* 53.

(136) *JOCE* L 225, 12 août 1986.

(137) *JOUE* L 204, 26 juill. 2006 ; art 4 et s.

C. Maintien des droits et avantages acquis ou en cours d'acquisition

265 Le migrant ne doit pas perdre le bénéfice des droits qu'il a acquis au cours des périodes d'emploi, de cotisation ou de résidence accomplies sous la législation d'autres États membres, voire même sous celle d'un pays tiers si ce droit résulte, pour les nationaux de l'État membre à qui il incombe d'établir les droits, d'une convention internationale conclue avec ce pays tiers (138) ! Aussi ces périodes sont-elles *totalisées* lorsqu'il s'agit de déterminer l'ouverture, le maintien du droit à la prestation ou du montant de la prestation (par exemple prise en compte des années effectuées dans les autres États pour calculer le montant de la pension de retraite et cela même si le travailleur réside dans un État tiers lors de sa demande de pension (139)). S'agissant des pensions, le mécanisme est complété par la *proratarisation*, c'est-à-dire la répartition de la charge des prestations entre les États membres au prorata des périodes passées sous les diverses législations.

A fortiori le droit à prestation ne se perd pas du fait que le bénéficiaire se déplace dans un État autre que l'État de rattachement : l'exemple-type est fourni par le droit aux prestations d'assurance-maladie (*infra*, n°s 332 et s.).

Mais le migrant ne saurait tirer avantage de sa situation pour cumuler les prestations de même nature afférentes à la même période au cas où elles sont prises en compte par plusieurs législations nationales. D'où la reconnaissance des règles nationales qui interdisent le cumul de prestations et l'insertion de règles anticumul (règl. n° 1408/71 art. 12 ; règl. n° 883/2004, art. 10) dont l'application est souvent délicate (140).

La mise en œuvre de mécanismes aussi complexes explique l'accent mis par le législateur communautaire sur la collaboration entre les institutions des États membres et la création de la Commission administrative et du comité consultatif tripartite (art. 80 et s.).

SECTION III LA LUTTE CONTRE LES EXCLUSIONS

266 Tout comme autrefois les travailleurs salariés, les exclus sont en situation de précarité qui leur interdit de bénéficier d'une qualité de vie minimale, parce qu'ils ne peuvent « participer convenablement à la vie économique et sociale de la société dans laquelle ils vivent, ni... s'inscrire avec succès dans un processus d'intégration économique et sociale » (*Rec. Conseil* n° 92/441, 24 juin 1992 portant sur les critères communs relatifs à des ressources et prestations suffisantes dans les systèmes de protection sociale).

(138) CJCE, 15 janv. 2002, *Gottardo*, C 55/00, *Rec.* I-413 : une Française ayant travaillé en France, en Suisse et en Italie peut faire valoir les périodes accomplies en Suisse pour le calcul de sa pension de vieillesse italienne parce qu'une convention conclue entre l'Italie et la Suisse reconnaît ce droit aux ressortissants italiens.

(139) CJCE, 3 avr. 2008, *Chuk*, C 331/106 ; CJUE, 3 mars 2011, *Tomaszewska*, C 440/09.

(140) CJCE, 7 juin 2005, *Dodl*, C 543/03, *Europe* août-sept. 2005, n° 295, L. Idot ; CJUE, 14 oct. 2010, *Schwemmer*, C 16/09, *Europe* déc. 2010, n° 412, note L. Driguez.

§ 1. L'EXCLUSION SOCIALE

267 La lutte contre l'exclusion sociale est devenue un axe majeur des politiques sociales des États de l'Union. Les trois dernières décennies du XXe siècle ont vu s'accroître le nombre des personnes qui, vivant au dessous du seuil de pauvreté, se trouvent exclues d'une vie sociale et professionnelle normale. L'apport du droit social européen reste mineur pour deux raisons.

En premier lieu, il a fallu attendre l'Accord sur la politique sociale de 1992 pour que la lutte contre les exclusions figure au nombre des objectifs de la Communauté européenne. Depuis le traité d'Amsterdam la lutte contre l'exclusion sociale figure cependant au nombre des domaines de la politique sociale de l'Union (art. 153, j) TFUE, ex. art. 137 CE), mais l'Union ne dispose que d'une compétence d'appui et de complément à l'action des États membres. Aussi l'article 34 § 3 de la Charte des droits fondamentaux qui reconnaît le droit à une aide sociale et à une aide au logement opère-t-il un renvoi aux règles établies par le droit de l'Union et les législations et pratiques nationales.

En second lieu, la lutte contre l'exclusion relève moins des réglementations juridiques que des actions. Or l'action que l'Union mène en ce domaine demeure d'intensité modeste si l'on en juge par le montant des crédits engagés, bien que le Conseil européen de Lisbonne des 23 et 24 mars 2000 ait jugé nécessaire que soient prises des mesures pour donner un élan décisif à la lutte contre la pauvreté. Après le programme d'action communautaire pour encourager la coopération entre les États membres visant à lutter contre l'exclusion sociale adopté le 7 décembre 2001 et couvrant la période 2002-2006, cette action s'inscrit dans le cadre du programme communautaire pour l'emploi-solidarité-PROGRESS (2007-2013) (141). Or pour sept ans le programme dispose d'un budget se limitant à 683 250 000 euros dont seulement 30 % sont affectés à la lutte contre l'exclusion.

§ 2. LES PERSONNES HANDICAPÉES

268 Les handicapés, qui seraient près de 10 % de la population, constituent à bien des égards un groupe particulier d'exclus. Ils souffrent d'un désavantage social provoqué par la déficience ou l'incapacité physique ou psychique qui limite ou interdit l'accomplissement d'un rôle normal dans la société tout particulièrement en ce qui concerne leur intégration à l'école et au travail. Aussi la Charte communautaire des droits sociaux fondamentaux des travailleurs prévoit-elle que « toute personne handicapée… doit pouvoir bénéficier de mesures additionnelles concrètes visant à favoriser son intégration professionnelle et sociale ». Et, selon l'article 26 de la Charte des droits fondamentaux, « l'Union reconnaît et respecte le droit des personnes handicapées à bénéficier de mesures visant à assurer leur autonomie, leur intégration sociale et professionnelle et leur participation à la vie de la communauté » (142).

(141) Décision 1672/2006 du 24 oct. 2006, *JOUE* L 315 du 15 nov. 2006.

(142) Premier programme d'action, 27 juin 1974 ; deuxième programme, Helios I, 1988 ; troisième programme, Helio II, 1993 ; Égalité des chances pour les personnes handicapées : un plan d'action européen (2004-2010).

Si l'action de l'Union consiste pour une part importante en déclarations de caractère programmatoire (143) et programmes visant à soutenir et coordonner l'action des États, à ces mesures s'ajoutent cependant quelques réglementations. Ainsi la directive n° 89/654 du 30 novembre 1989, concernant les prescriptions minimales de sécurité et de santé pour les lieux de travail, impose-t-elle l'aménagement des postes de travail occupés par des travailleurs handicapés et des locaux annexes qu'ils utilisent. La directive n° 2000/78 du 27 novembre 2000 portant création d'un cadre général en faveur de l'égalité (*supra*, n° 235) constitue le texte le plus important. Elle a posé le principe que le handicap ne constituait pas un motif de discrimination pour l'accès à l'emploi et les conditions d'emploi tout en prévoyant des exceptions fondées sur les caractéristiques de l'emploi. Selon la jurisprudence, le handicap se distingue de la maladie et se présente comme une « limitation résultant notamment d'atteintes physiques, mentales ou psychiques et entraînant la participation de la personne concernée à la vie professionnelle » (144). Interprétant de manière particulièrement extensive la directive, la Cour a jugé que l'interdiction de discrimination s'applique également à un employé victime d'un traitement défavorable à raison du handicap dont il ne souffre pas lui-même mais dont souffre son enfant (145). L'employeur doit prévoir les aménagements raisonnables pour permettre aux personnes handicapées d'exercer un emploi (art. 5) sauf si ces mesures lui imposent une charge disproportionnée et qui ne serait pas suffisamment compensée par la législation nationale. La Cour de justice, quant à elle, a jugé que les allocations aux handicapés prévues par les législations nationales relevaient « du domaine de la Sécurité sociale » (146) et pouvaient être assimilées à une pension d'invalidité (147), jurisprudence qui a conduit le Conseil à inclure expressément ces prestations dans le règlement n° 1408/71 (art. 4 § 2 *bis*). La Cour a cependant jugé qu'il en allait autrement pour l'indemnité prévue par la loi hollandaise au profit des jeunes handicapés car celle-ci présentait le caractère d'aide sociale venant en complément d'une prestation de sécurité sociale (148).

La sollicitude du juge s'est manifestée de façon éclatante dans l'arrêt *Gottwald* (149) qui fait prévaloir la promotion de la mobilité et de l'intégration des personnes handicapées sur l'égalité entre citoyens européens (législation autrichienne réservant la gratuité de la vignette automobile aux personnes handicapées ayant leur domicile ou résidant en Autriche).

(143) Voir par exemple résolution du Conseil du 15 juill. 2003 relative à la promotion de l'emploi et de l'intégration sociale des personnes handicapées, *JOCE* C 175, 24 juill. 2003 ; résolution du 17 mars 2008 sur la situation des personnes handicapées dans l'Union européenne, *JOUE* C 75, 26 mars 2008.

(144) CJCE, 11 juill. 2006, *Chacon Navas*, 13/05, *Europe* oct. 2006, n° 275, L. Idot.

(145) CJCE, 17 juill. 2008, *Coleman*, C303/06.

(146) CJCE, 16 déc. 1976, *Inzirillo*, 63/76, *Rec.* 2057.

(147) CJCE, 20 juin 1991, *Newton,* C 356/8, *Rec.* I-3017.

(148) CJCE, 6 juill. 2006, *Kerbergen-Lap*, C 154/05, *Europe* oct. 2006, n° 278.

(149) CJCE, 1er oct. 2009, C 103/08, *Rec.* I-9117.

BIBLIOGRAPHIE

I. Ouvrages

F. Baron, *Marché intérieur et droit social dans l'Union européenne*, Presses Universitaires d'Aix Marseille, 1998 ■ R. Blanpain et J.-C. Javillier, *Droit du travail communautaire*, LGDJ, 2e éd., 1995 ■ R. Blanpain et C. Engels, *European Labour Law*, Kluwer, 4e éd., 1997 ■ ■ J. Bourrinet et D. Nazet-Allouche (dir.), *Union européenne et protection sociale*, La Documentation française, 2002 ■ J.-J. Dupeyroux, M. Borgetto, R. Lafore, *Droit de la sécurité sociale*, Dalloz 17e éd. 2011 ■ B. Favarel-Dapas et O. Quintin, *L'Europe sociale*, La Documentation française, 2e éd., 2007 ■ S. Hennion, M. Le Barbier-Le Bris, M. Del Sol, *Droit social européen et international*, Paris, PUF, 2010 ■ L. Gay, E. Mazuyer, D. Nazet-Allouche (dir.), *Les droits sociaux fondamentaux*, Bruylant, 2006 ■ G. et A. Lyon-Caen, *Droit social international et européen*, Dalloz, 8e éd., 1993 ■ E. Mazoyer, *L'harmonisation sociale européenne. Processus et modèle*, Bruxelles, Bruylant, 2007 ■ F. Pennings, *Introduction to European Social Security Law,* Deventer, Kluwer, 1994 ■ X. Prétot, *Le Droit social européen,* PUF, Que sais-je ?, 2e éd., 1993 ■ P. Rodière, *Droit social de l'Union européenne,* Paris, LGDJ, 2008 ■ J.-M. Servais, *Droit social de l'Union européenne*, Bruxelles Bruylant 2008 ■ *Trente ans de libre circulation des* travailleurs, Colloque CEDECE, Paris, 10 octobre 1997, Paris, La Documentation française, 1998 ■ S. van Raepenbuch, *La Sécurité sociale des personnes qui circulent à l'intérieur de la Communauté européenne*, Bruxelles, Story Scientia, 1991 ■ B. Teyssié, *Code de droit social européen,* 6e éd., Litec, 2006, *Droit européen du travail,* Litec, 4e éd., 2010.

II. Articles, études et documents

– Études Générales

D. Nazet-Allouche, « Droits sociaux » ; « Politique sociale », *Rép. Dalloz droit communautaire* ; P. Rodière, « Sources du droit social de l'Union européenne », *Juris-Classeur Europe*, fasc. 600.

– Droit du Travail

N. Berger, « La directive sur les fusions transfrontalières », *RMCUE* octobre-novembre, 2005, 597 ■ M. Jamouille, « Les relations de travail », *Commentaire Mégret,* 2e éd., volume 7, p. 193 ■ N. Moizard « Formation du contrat de travail » ; « Exécution du contrat de travail » ; « Modification et cessation du contrat de travail » ; *Juris-Classeur Europe* fasc. 605, 605-1, 607 ■ M.-A. Moreau, « L'implication des travailleurs dans la société européenne », *Dr. soc.* 2001, p. 967 ■ P. Rodière, *Les arrêts Viking et Laval, Le droit de grève et le droit de négociation collective*, *RTDE* 2008, p. 47 ■ B. Teyssié, « Mise à disposition des salariés », *Juris-Classeur Europe*, fasc. 606 ; « Extinction des relations de travail », *Juris-Classeur Europe*, fasc. 610 ; « Représentation collective des salariés », *Juris-Classeur Europe* fasc. 611 ■ F. Vasquez, « Commentaires sur la directive sur l'implication des travailleurs dans la société européenne », *Liaisons Sociales Europe*, supplément septembre 2003, p. 25.

– Égalité de Traitement entre Hommes et Femmes

J.-L. Carpentier, « Panorama de jurisprudence de la Cour de justice sur l'égalité de traitement entre hommes et femmes dans les régimes légaux de Sécurité sociale », *Europe* 1995, chr. 1 ■ L. Charpentier, « L'arrêt *Kalanke.* Expression du discours dualiste de l'égalité », *RTDE* 1996, p. 281

■ J.-G. HUGLO, « Égalité de traitement entre les hommes et les femmes », *Juris-Classeur Europe*, fasc. 602-1 ; D. MARTIN, « Article 13 du traité CE et lutte contre les discriminations », *Juris-Classeur Europe*, fasc. 602 ■ M. WOLFCARUS et T. MARGELLOS, « L'égalité des sexes », *Commentaire Mégret*, 2e éd., volume 7, p. 83.

– SÉCURITÉ SOCIALE

F. KESSLER, « Sécurité sociale », *Rép. Dalloz droit communautaire* ■ J.-P. LHERNOULD, « Coordination communautaire des systèmes nationaux de sécurité sociale », *Juris-Classeur Europe*, fasc. 630, « Droit communautaire et protection sociale », *Juris-Classeur Europe*, fasc. 631.

III. CHRONIQUES

Liaisons sociales Europe, Wolters Kluwer, Paris.

S. ROBIN-OLIVIER, « Politique sociale de l'Union européenne », *RTDE*.

Nos 269 à 279 réservés.

CHAPITRE 2
LA PROTECTION DES CONSOMMATEURS

280 Longtemps le droit communautaire a offert le paradoxe d'être le droit d'un marché de consommation qui ignorait presque totalement le consommateur. Cette lacune est aujourd'hui comblée : la réorganisation des services de la Commission en témoigne tout autant que l'activité normative (section I). La protection des consommateurs s'est imposée comme une politique communautaire d'autant plus importante que la crise de « la vache folle » a attiré, non sans excès, de vives critiques à l'encontre des insuffisances du droit et de l'action communautaire. Elle vise à assurer et la protection des intérêts économiques (section II) et la protection de la santé et de la sécurité du consommateur (section III).

SECTION I — LE DROIT DE L'UNION EN QUÊTE DES DROITS DU CONSOMMATEUR

§ 1. MARCHÉ INTÉRIEUR ET CONSOMMATEURS

281 Dans les traités fondateurs le consommateur, fort peu présent, fait figure d'instrument révélateur des entraves à la non-discrimination (art. 34 § 2, CE relatif à la politique agricole, ex art. 40 § 3), au non-respect de la concurrence entre entreprises (art. 81 et 82, CE, ex art. 85 et 86) à la libre circulation des produits et des services (art. 30 et 46, CE, ex art. 36 et 56). Une lecture plus positive révèle cependant que la défense des intérêts du consommateur a été acceptée comme justifiant certaines ententes entre entreprises (art. 81 § 3) ou les restrictions que les États peuvent apporter à la libre circulation des marchandises (art. 30). Ce pouvoir des États sera, du reste, élargi par la célèbre jurisprudence *Cassis de Dijon* dans laquelle la Cour accepte que des exigences impératives tenant à la loyauté des transactions commerciales et à la défense des consommateurs légitiment les entraves à la libre circulation des marchandises imposées par les États (1). Cette jurisprudence a été étendue à la libre prestation

(1) CJCE, 20 févr. 1979, *Rewe-Zentral* AC, 120/78, *Rec.* 64.

de services en 1986 (2) et il est encore trop tôt pour déterminer l'incidence qu'aura sur elle la directive services (directive n° 2006/123, du 12 novembre 2006) (3). Sans doute faut-il également rappeler que l'unification du marché stimule la concurrence entre les fournisseurs, ce qui permet aux consommateurs de disposer à de meilleurs prix d'un plus large choix de produits ou services. Mais cet effet bénéfique n'est pas automatique ; la disproportion des forces joue souvent au détriment du consommateur.

Si le consommateur a besoin d'être protégé, l'édification du marché unique gagne à ce que cette protection soit le fait non des États mais d'une réglementation communautaire harmonisant les législations nationales, cela quand bien même la jurisprudence *Cassis de Dijon* impose aux États d'admettre en principe les produits légalement fabriqués et commercialisés dans un autre État membre.

§ 2. LA RECONNAISSANCE D'UNE PROTECTION SPÉCIALE DES DROITS DES CONSOMMATEURS

282 Comme pour l'environnement, la volonté politique de développer la protection des consommateurs s'exprima au Sommet de Paris des 7 et 8 octobre 1972. Elle prendra corps dans le cadre de programmes et plans d'action que la Commission élabore et le Conseil adopte depuis 1975 grâce à des directives fondées sur l'article 94 CE (ex art. 100) relatif au rapprochement des législations. L'Acte unique européen se contentera d'élargir cette base par le recours à l'article 95 (ex art. 100 A) – auquel correspond l'article 114 TFUE – qui impose de prendre un niveau de protection élevé des consommateurs pour base des directives permettant l'établissement du marché intérieur.

La pleine consécration de la protection du consommateur au rang des politiques communautaires ne viendra qu'avec le traité sur l'Union européenne. Sur le fond, cependant, l'article 153 CE (ex art. 129 A) innove peu. Il se réfère à l'article 95 en ce qui concerne l'harmonisation des législations nécessaire à la réalisation du marché intérieur. Et il donne au Conseil le pouvoir d'arrêter « des actions spécifiques qui appuient et complètent la politique menée par les États membres », ces derniers conservant le droit dédicter des mesures de protection plus strictes à condition qu'elles soient compatibles avec le traité CE. Le traité d'Amsterdam ne modifie guère ce schéma, même s'il impose que les exigences de protection des consommateurs soient prises en considération dans toutes les politiques et actions de la Communauté et s'il élargit les droits reconnus aux consommateurs en se référant à l'éducation et au droit de s'organiser. La Charte des droits fondamentaux se borne à rappeler qu'« un niveau élevé de protection des consommateurs est assuré dans l'Union » (art. 38). Le traité de Lisbonne maintient ce double fondement juridique de la protection des consommateurs : l'article 169 TFUE, qui a succédé à l'article 153 CE, renvoie à l'article114 TFUE (ex art. 95 CE) relatif au rapprochement des législations. L'obligation de prendre en considération la protection des consommateurs dans toutes les politiques et actions de l'Union se retrouve à l'article 12 TFUE.

(2) CJCE, 4 déc. 1986, *Commission c. France*, 220/83, *Rec.* 3663 ; et *Commission c. Allemagne* 205/84, *Rec.* 3755.

(3) V. sur ce sujet A. Jeanne, « La libre prestation de services et la protection des consommateurs : une conciliation délicate », *Europe* juin 2007, p. 44.

Au résultat, le consommateur apparaît comme un être difficile à définir, puisque son profil a longtemps varié de directive à directive, mais titulaire d'un certain nombre de droits. Selon l'article 169 § 1 TFUE, le consommateur a droit à la protection de la santé et de la sécurité ainsi que de ses intérêts économiques, cette protection reposant notamment sur le droit à l'information, à l'éducation et le droit à s'organiser afin de préserver ses intérêts. Il convient d'ajouter le droit à la réparation des dommages subis. Le développement des nouvelles technologies de communication, internet notamment, ne fait que renforcer la nécessité de cette protection.

Une étroite coopération entre les autorités nationales est de nature à renforcer l'efficacité de la législation communautaire (4). Un réseau des centres européens des consommateurs (CEC), disposant d'au moins un point de contact dans chaque État, a été mis en place pour informer les consommateurs et les aider au cas de difficultés ou litiges avec des commerçants.

SECTION II LA PROTECTION DES INTÉRÊTS ÉCONOMIQUES DU CONSOMMATEUR

283 Cette protection est assurée, outre les actions menées en faveur de l'éducation des consommateurs (5), par une série de techniques qui constituent le cadre général de la protection car elles sont susceptibles de s'appliquer également à la protection de la santé et de la sécurité.

L'introduction de l'euro a pour conséquence particulière et fort importante la mise en place d'un espace unique de paiement (au sein de la zone euro) qui, en principe, devrait être favorable au consommateur.

§ 1. ÉVOLUTION DES TECHNIQUES DE PROTECTION

284 **Les techniques traditionnelles.** Traditionnellement, outre les actions menées en faveur de l'éducation des consommateurs, la protection des intérêts économiques du consommateur est assurée par des directives sectorielles. Celles-ci régissent soit des techniques particulières d'information du consommateur, soit des modes de conclusion des contrats, soit des contrats spécifiques. On ne trouve guère de réglementation générale qu'en ce qui concerne la garantie pour défaut de conformité du bien qui permet au consommateur d'exiger la réparation du bien ou son remplacement sans frais instituée par la directive n° 1999/44 (6), les recours ouverts au consommateur et la mise en place de l'espace monétaire unique.

(4) Règlement n° 2006/2004 du 27 oct. 2004 relatif à la coopération en matière de protection des consommateurs, *JOUE* L 364, 9 déc. 2004.

(5) Ces actions constituent actuellement la mise en œuvre de la décision n° 283/1999 du 25 janv. 1999, *JOCE* L 34, 9 févr. 1999, qui établit un cadre général des activités en faveur des consommateurs.

(6) Dir. 1999/44 du 25 mai 1999 sur certains aspects de la vente et des garanties des biens de consommation, *JOCE* L 171. V., par exemple CJCE, 17 avr. 2008, *Quelle AG*, C 404/46.

285 **La directive nº 2005/29 relative aux pratiques commerciales déloyales.** Ainsi que l'a observé Monique Luby (7), cette directive, adoptée le 11 mai 2005 (8), « participe d'une orientation nouvelle du droit communautaire de la consommation ».

Elle est une **directive générale** applicable dès lors qu'il n'existe pas de dispositions communautaires spécifiques régissant un aspect particulier des pratiques commerciales déloyales et, de plus, modifie des directives antérieures particulièrement la directive nº 84/450 relative à la publicité trompeuse (*infra*, nº 289). À ce titre il convient de prêter attention au fait qu'elle vise à assurer la protection du « consommateur moyen », présenté comme celui qui est « normalement informé et raisonnablement attentif et avisé » (ce qui ne l'empêche pas de considérer le cas du consommateur particulièrement vulnérable).

Contrairement aux directives qui l'ont précédée, la directive nº 2005/29 est une directive d'harmonisation totale et non pas minimale. Cela interdit aux États d'instituer une protection supérieure des intérêts du consommateur et confirme que l'objectif poursuivi est tout autant la libre circulation des marchandises et services que la protection du consommateur.

La directive interdit les pratiques commerciales déloyales. Elle tient pour déloyale une pratique qui est contraire aux exigences de la diligence professionnelle et qui altère ou est susceptible d'altérer le comportement économique du consommateur. Cela couvre les pratiques trompeuses par action (fausse information) ou par omission (omission d'une information substantielle) et les pratiques commerciales agressives (harcèlement ou contrainte). La directive donne une liste de pratiques commerciales réputées déloyales en toutes circonstances, par exemple l'affichage d'une certification de qualité pour lequel on n'a pas obtenu l'autorisation ou des sollicitations répétées alors qu'elles ne sont pas souhaitées.

Au nombre des moyens de lutte contre les pratiques déloyales les États doivent prévoir des sanctions dissuasives et des recours à la disposition des consommateurs (*infra*, nº 297 et 298).

286 **Proposition de directive relative aux droits des consommateurs.** Le 8 octobre 2008 (9) la Commission a tenté d'aller plus avant en proposant une directive de grande portée révisant et réunissant dans un seul texte, outre la directive nº 1999/44 sur la vente et les garanties des biens de consommation, trois autres directives : directive nº 85/577 concernant les contrats négociés en dehors des établissements commerciaux, directive nº 93/113 concernant les clauses abusives et directive nº 97/7 concernant la vente à distance (*infra*, nº 291 et s.). Réforme d'autant plus importante que la Commission propose d'abandonner le principe d'harmonisation minimale pour lui substituer une harmonisation complète des dispositions nationales interdisant aux États de s'écarter de la directive. Cette proposition a suscité de nombreuses réserves et, selon toute probabilité, c'est un texte beaucoup moins ambitieux qui sera adopté.

A fortiori l'éventualité d'un règlement instituant un **instrument facultatif de droit européen des contrats**, que les parties pourraient choisir au lieu du droit national, le « 28ᵉ régime », suscite de vives oppositions.

(7) « La dir. nº 2005/29 sur les pratiques commerciales déloyales (une illustration de la nouvelle approche prônée par la Commission européenne) », *Europe* nov. 2005, p. 6.
(8) *JOUE*, L 149, 11 juin 2005.
(9) COM/2008/0614 final.

§ 2. INFORMATION DU CONSOMMATEUR

287 Droit reconnu par le traité, l'information voit son efficacité renforcée par le droit complémentaire à l'éducation du consommateur en faveur duquel la Communauté mène une politique active.

A. Étiquetage

288 L'étiquetage constitue la technique la plus adaptée pour que le consommateur dispose des informations nécessaires concernant les caractéristiques, l'origine et le prix des produits.

S'agissant des denrées alimentaires, la directive n° 79/112 du 18 décembre 1978 relative à l'étiquetage et à la présentation ainsi qu'à la publicité, à laquelle se substitue à présent la directive codifiée n° 2000/13 du 20 mars 2000 (10) modifiée à plusieurs reprises impose, d'une part de ne pas induire l'acheteur en erreur, d'autre part d'indiquer la dénomination du produit ainsi que certaines caractéristiques telles que la quantité du contenu, la durabilité du produit, les ingrédients qu'il contient. Elle interdit toutes les indications relatives à la prévention, au traitement et à la guérison d'une maladie humaine, même si elles ne sont pas de nature à induire l'acheteur en erreur, ainsi que les indications trompeuses relatives à la santé (ce qui ne justifie pas pour autant l'interdiction générale de toutes les indications ayant trait à la santé sauf autorisation préalable du ministre de la Santé) (11). Une réglementation du même ordre s'applique aux produits textiles (dir. n° 71/307 du 26 juillet 1971) (12).

La directive n° 98/6 du 16 février 1998 (13), unifie le régime des produits alimentaires et des produits non alimentaires en ce qui concerne l'indication du prix. Elle impose en principe la double indication du prix de vente du produit et de son prix dans une unité de mesure déclarée conformément aux dispositions nationales ou communautaires (litre, kilogramme, mètre).

Certains produits font l'objet d'une réglementation particulière, par exemple les produits biologiques (règlement n° 834/2007 du 28 juin 2007) ou les produits liés à l'énergie et ayant une incidence sur la consommation d'énergie (directive n° 2010/30 du 19 mai 2010).

B. Publicité

289 Forme de communication qui a pour but de promouvoir la fourniture de biens ou de services, la publicité pose au regard du droit communautaire des problèmes complexes. D'une part, l'activité publicitaire peut se prévaloir de la libre prestation de services (14), de l'impact qu'elle a sur la libre circulation des marchandises même si la

(10) *JOCE L* 109, 6 mai 2000, dir. modifiée par la dir. n° 2001/101 de la Commission, du 26 nov. 2001, *JOCE L* 310, 28 nov. 2001.

(11) CJCE, 23 janv. 2003, *Commission c. Autriche*, C 221/00, *Rec.* I-1007 ; *Sterbenz et Haug*, C 421/00, C 426/00 et C 16/01, *Rec.* I-1065.

(12) *JOCE* L 235, 28 juill. 1971.

(13) *JOCE* L 80, 18 mars 1998.

(14) CJCE, 18 mars 1980, *Debauve*, 52/79, *Rec.* 833.

jurisprudence *Keck et Mithouard* l'exclut du champ d'application de l'article 28 CE (ex art. 30), et, enfin de la liberté d'expression (15). D'autre part, la publicité est parfois utilisée comme un moyen déloyal d'incitation à l'achat contre lequel le droit communautaire, à l'instar des droits nationaux et pour harmoniser ceux-ci, doit protéger les consommateurs. Le régime général est défini par la directive n° 84/450 du 10 septembre 1984, telle que modifiée par la directive n° 97/55 du 6 octobre 1997 puis par la directive de codification n° 2006/114 du 12 décembre 2006 (16) de manière à couvrir, outre la publicité trompeuse, la publicité comparative, et par la directive n° 2005/29 du 11 mai 2005 relative aux pratiques commerciales déloyales qui interdit les pratiques commerciales susceptibles d'altérer de manière substantielle le comportement économique du consommateur ou contraires aux exigences de la diligence professionnelle et énumère 31 pratiques réputées déloyales en toutes circonstances.

La publicité trompeuse est celle qui, d'une manière quelconque, y compris sa présentation, induit ou est susceptible d'induire en erreur les personnes auxquelles elle s'adresse ou qu'elle touche et qui en raison de ce caractère est susceptible d'affecter leur comportement économique, ce que le juge national doit apprécier en prenant en considération le type de consommateur concerné (17) ou qui pour ces raisons porte préjudice ou est susceptible de porter préjudice à un concurrent (directive n° 2006/114, art. 2). Les États ont l'obligation de permettre aux victimes d'intenter un recours devant un organe judiciaire ou administratif ayant compétence pour ordonner la cessation ou l'interdiction de cette publicité trompeuse ou engager des poursuites en ce sens. La charge de la preuve est renversée puisque le juge peut imposer à l'annonceur d'apporter les preuves concernant l'exactitude des données de fait contenues dans la publicité.

La publicité comparative est celle qui, explicitement ou implicitement, identifie un concurrent ou des biens ou services offerts par un concurrent. Elle n'est licite que si elle n'est pas trompeuse, notamment au sens de la directive n° 2005/29, et, en outre, compare des biens ou services répondant aux mêmes besoins ou ayant le même objectif en se fondant sur des caractéristiques essentielles pertinentes, vérifiables et représentatives de ces biens ou services, ces caractéristiques pouvant inclure le prix. Elle ne doit ni discréditer un concurrent ni introduire de confusion avec lui ; elle ne doit pas non plus tirer indûment profit de la notoriété attachée à sa marque ou son nom commercial, ni être source de confusion entre l'annonceur et un ou plusieurs concurrents identifiés (18). Un annonceur peut comparer des produits n'ayant pas d'appellation d'origine à des produits qui bénéficient d'une telle appellation s'il ne cherche pas à tirer indument profit de cette dernière (19).

Les États ont le droit de prévoir une protection plus étendue que celle instituée par la directive en ce qui concerne la publicité trompeuse, non en ce qui concerne la publicité comparative (20) et les pratiques déloyales (21).

(15) CJCE, 18 juin 1991, *ERT*, C 260/89, *Rec.* I-2925.

(16) *JOUE* L 376, 27 déc. 2006

(17) CJUE, 18 nov. 2010, *Lidl*, C 159/09, *Europe* janv. 2011, n° 31, A. RIGAUX.

(18) CJCE, 19 avr. 2007, *De Landtsheer Emmanuel SA*, C 381/05, comparaison entre une bière produite selon la méthode champenoise et le champagne, *Rec.* I-3115.

(19) CJCE, 19 avr. 2007, C 381/05, préc.

(20) CJCE, 8 avr. 2003, *Pippig Augenoptik GmbHe C°*, C 44/01, *Rec.* I-3095.

(21) CJUE, 9 nov. 2010, *Mediaprint Zeitungs*, C 540/08.

290 À côté du régime général prennent place des réglementations particulières à certains produits tels que le tabac (voir *infra*, nº 346) et les médicaments (voir *infra*, nº 346) ou à certains vecteurs de publicité tels que la publicité électronique (directive nº 2000/31 du 8 juin 2000, v. *infra*, nº 346) et surtout la télévision ce que justifie l'importance et la spécificité de ce média. La directive nº 97/36 du 30 juin 1997 (22) élargit le champ d'application et complète les dispositions de la directive nº 89/552 du 3 octobre 1989 dite Télévision sans frontières. Elle définit la publicité télévisée comme toute forme de message télévisé contre rémunération ou paiement similaire ou à des fins d'autopromotion dans le but de promouvoir la fourniture, moyennant paiement, de biens ou de services. Le téléachat qui consiste en une diffusion d'offre directe d'achat entre dans le champ de la directive.

La publicité doit être identifiable, ce qui exclut la publicité clandestine, laquelle consiste dans une présentation faite de façon intentionnelle dans un but publicitaire, qu'elle soit ou non rémunérée (23), et les techniques subliminales. Elle est assujettie à des quotas de durée et ne doit pas porter atteinte à l'intégrité et à la valeur des émissions. Elle doit respecter les valeurs fondamentales : dignité humaine, non-discrimination, liberté des convictions religieuses ou politiques. Elle ne saurait encourager des comportements préjudiciables à la santé (le tabac et les médicaments obéissent à un régime particulier), à la sécurité ou à l'environnement. Le parrainage, qui doit être identifiable, fait l'objet d'un encadrement particulier. Les mineurs font l'objet d'une protection spéciale.

L'application de la nouvelle directive, directive SMA (« services de médias audiovisuels sans frontières », du 11 décembre 2007), n'apporte pas de changement notable sur ces points (*infra*, nº 417).

§ 3. RÉGLEMENTATION CONTRACTUELLE

A. Techniques particulières de conclusion

291 Certaines techniques de conclusion des contrats constituent des pratiques de persuasion très efficaces contre l'abus desquelles le consommateur doit être protégé.

La directive nº 85/577 du 20 décembre 1985 (24) établit pour les contrats négociés en dehors des établissements commerciaux, par exemple grâce au démarchage à domicile ou à des ventes organisées lors d'une excursion, un régime de protection minimale que les États peuvent aggraver (25). Elle s'applique aux contrats conclus entre un commerçant et un consommateur, personne agissant pour un usage étranger à son activité professionnelle, sauf aux contrats portant sur la location ou la vente de biens immobiliers (ce qui ne s'étend pas à un placement financier consistant dans l'adhésion à un fonds immobilier (26)) ou sur un objet de valeur inférieure à 60 euros (si les États en décident ainsi).

(22) *JOCE* L 202/60, 30 juill. 1997.
(23) CJUE, 9 juin 2011, *Eleftheri Tileorasi AE « Altea Channel »*, C 52/10.
(24) *JOCE* L 372, 31 déc. 1985.
(25) CJCE, 16 mai 1989, 382/87, *Buet, Rec.* 1248.
(26) CJUE, 15 avr. 2010, *Friz*, C 215/08.

L'élément essentiel de protection réside dans le droit de renonciation dont dispose le consommateur (art. 5) par simple notification expédiée dans un délai qui ne saurait être inférieur à sept jours à compter de l'information écrite qui lui a été donnée à ce sujet (art. 4). Ce droit est d'ordre public ; le consommateur ne peut y renoncer (art. 6) et le législateur ne peut fixer une limite à l'exercice du droit de révocation si le consommateur n'a pas été informé de l'existence de celui-ci (27). En outre, le législateur doit protéger le consommateur des risques inhérents aux conséquences de cette révocation (28).

Les contrats à distance concernant des biens et services, c'est-à-dire ceux qui sont conclus grâce à des techniques de communication à distance, sont eux aussi soumis à un régime minimal. La réglementation qu'impose la directive n° 97/7 du 20 mai 1997 (29), ne s'applique pas aux contrats conclus par le moyen de distributeurs automatiques ou portant sur des services financiers ou des droits immobiliers (à l'exception de la location) ces derniers étant régis par la directive n° 2002/65 du 23 septembre 2002 (30) dont l'une des spécificités est de prévoir un délai de réflexion d'au moins quatorze jours. En revanche, elle est fort précise et d'ordre public, le consommateur ne pouvant renoncer aux droits qu'elle lui confère.

Avant toute conclusion le consommateur doit être informé de l'identité du fournisseur, des caractéristiques essentielles du bien ou service, du prix, des frais de livraison, des modalités de paiement et de l'existence d'un droit de rétractation (art. 4). Ces informations doivent être confirmées par écrit en temps utile. L'acquéreur bénéficie d'un droit de rétractation dans un délai d'au moins sept jours ouvrables à compter du jour de la réception des biens ou, pour les services, du jour de la conclusion du contrat (art. 7) et, s'il l'exerce, doit être intégralement remboursé, seuls les frais de renvoi de la marchandise pouvant être mis à sa charge (31). Il doit être remboursé au cas de défaut d'exécution du contrat (art. 8). La directive prévoit également que le consommateur est dispensé du paiement s'il reçoit un bien ou service qu'il n'a pas demandé (art. 9). Enfin, les États sont tenus d'ouvrir aux organismes publics, aux organisations de consommateurs et aux organisations professionnelles les recours judiciaires ou administratifs qu'ils instituent (art. 11).

La directive n° 1999/93 du 13 décembre 1999, sur un cadre communautaire pour les signatures électroniques (32) peut contribuer à la protection des consommateurs dans la mesure où elle prévoit un encadrement et un contrôle des services de certification. Une observation analogue peut être formulée à l'égard de « la directive sur le commerce électronique », n° 2000/31, du 8 juin 2000 (33), puisqu'elle prévoit que le « pays d'origine » veille au respect d'un certain nombre d'exigence d'intérêt général y compris l'information des consommateurs.

(27) CJCE, 13 déc. 2001, *Heininger*, C 481/99, *Rec.* I-9945.

(28) CJCE, 25 oct. 2005, *Schulte*, L 350/03 : s'agissant d'un contrat de prêt lié à un investissement immobilier, le législateur doit protéger l'emprunteur des risques que font peser sur lui l'obligation de rembourser immédiatement le prêt et les intérêts.

(29) *JOCE* L 144, 4 juin 1997, modifiée par la dir. n° 2007/64 du 13 nov. 2007/64 du 13 nov. 2007, *JOUE* L 319, 5 déc. 2007.

(30) *JOUE* L 271 du 9 oct. 2002, modifiée par la dir. n° 2007/64 du 13 nov. 2007 préc.

(31) CJUE, 15 avr. 2010, *Henrich Heine*, C 511/08.

(32) *JOCE* L 13, 19 janv. 2000.

(33) *JOCE* L 178, 17 juill. 2000, dir. relative à certains aspects juridiques des services de la société de l'information, et notamment du commerce électronique, dans le marché intérieur.

B. Clauses abusives

292 Directive minimale (34), la directive n° 93/13 du 5 avril 1993 (35) s'applique à tout contrat conclu entre un professionnel et un consommateur quels que soient sa forme et son objet. Elle ne porte ni sur les clauses qui ont été négociées individuellement, ni sur celles qui concernent le prix ou l'objet principal du contrat, encore moins sur celles qui reflètent des dispositions législatives impératives.

La clause abusive est celle qui crée au détriment du consommateur un déséquilibre significatif entre les droits et obligations des parties (art. 4 § 1), par exemple concernant la limitation de la responsabilité du professionnel ou le pouvoir de modification unilatérale du contrat au profit de ce dernier. Le caractère abusif s'apprécie en tenant compte de la nature des biens ou des services qui font l'objet du contrat et des circonstances qui ont entouré la conclusion (36). La clause abusive ne lie pas le consommateur mais les autres clauses demeurent en principe valides (art. 6). En outre, les clauses doivent être rédigées de manière claire et compréhensible, le doute bénéficiant au consommateur (art. 5).

La directive impose aux États d'ouvrir aux organisations de consommateurs les recours judiciaires ou administratifs (art. 7). Et la Cour a reconnu au juge compétent le pouvoir d'apprécier d'office le caractère abusif d'une clause (37), cela nonobstant tout délai de forclusion fixé par la législation nationale, afin d'éviter que le professionnel n'attende l'expiration du délai pour demander l'exécution de la clause abusive (38).

C. Réglementation spécifique de certains contrats

293 **Voyages à forfait.** Les voyages à forfait, qui combinent transport et logement ou autres services touristiques – y compris ceux organisés à la demande d'un ou quelques consommateurs (39) – sont régis par la directive n° 90/314 du 13 juin 1990 (40). Leur régime est caractérisé par l'adaptation des obligations d'information – particulièrement au cas de délivrance d'une brochure –, de rédaction des clauses et de forme du contrat, à ce type de contrat. Le consommateur bénéficie de garanties particulières au cas où l'organisateur modifie de façon substantielle ou annule le contrat : il a droit, soit à bénéficier d'un autre forfait de qualité équivalent, soit à être remboursé avec le cas échéant un dédommagement. L'organisateur ou le détaillant est responsable au cas d'exécution défectueuse du contrat, l'article 7 de la directive exigeant que l'un comme l'autre justifient de garanties suffisantes pour assurer le remboursement des fonds déposés et le rapatriement du voyageur (41). Enfin l'acquéreur dispose, au cas d'empêchement, du droit de céder son forfait. Le juge communautaire lui reconnaît même le droit d'être indemnisé du « préjudice moral » résidant dans la

(34) CJUE, 3 juin 2010, *Caja de Ahorros y Monte de Piedad de Madrid*, C 484/08.

(35) *JOCE* L 95, 21 avr. 1993.

(36) CJUE, 9 nov. 2010, *VB Pénzügyi Lízing*, C 137/08.

(37) CJCE, 27 juin 2000, *Océano Grupo Editorial SA*, C 240/98 à C 244/98, *Rec.* I-4941 ; 4 juin 2009, *Pannon*, C 243/08, *Rec.* I-4713.

(38) CJCE, 21 nov. 2002, *Cofidis SA*, C 473/00, *Rec.* I-10875 ; *Europe* janv. 2003, n° 4, obs. A. Rigaux.

(39) CJCE, 30 avr. 2002, *Club-Tour, Viageres e Turismo SA*, C 400/00, *Rec.* I-4051.

(40) *JOCE* L 158, 23 juin 1990.

(41) V. CJCE, 14 mai 1998, *Verein für Konsumeurinformation*, C 364/96, *Rec.* I-2949.

perte de l'agrément de vacances imputable à l'inexécution ou à la mauvaise exécution du contrat (42).

294 **Transports.** Le règlement n° 261/2004 du 11 février 2004 (43) étend très sensiblement la protection que le règlement n° 295/91 du 4 février 1991 assurait aux passagers aériens. Il s'applique à tous les vols, réguliers ou non réguliers, inclus dans un forfait, et la Cour a rejeté le grief de traitement discriminatoire invoqué par les compagnies *low-cost* (tarif réduit) dans un arrêt du 10 janvier 2006, *IATA et European Low Fares Airline Association*, C 344/04 (ainsi, du reste, que les autres griefs).

Le refus d'embarquement donne lieu à des mesures de compensation d'un montant élevé, allant de 250 à 600 euros selon la distance, de nature à inciter les compagnies à négocier des reports, ainsi qu'à une assistance et au droit à réacheminement dans les meilleurs délais, ou à remboursement. Il en va de même pour les annulations de vol dont les passagers n'ont pas été prévenus à l'avance. Les retards donnent également lieu à assistance et, s'ils dépassent cinq heures, au droit d'être remboursé.

Ces principes se retrouvent, avec des modalités d'application différentes, dans le règlement n° 1177/2010 du 24 novembre 2010 concernant les droits des passagers voyageant par mer ou par voie de navigation intérieure (44) et le règlement n° 181/2011 du 16 février 2011 concernant les droits des passagers dans le transport par autobus et autocar (45).

295 **Crédit à la consommation.** Les contrats de crédit à la consommation sont ceux par lesquels un prêteur consent ou s'engage à consentir à un consommateur un crédit sous la forme d'un délai de paiement d'un prêt ou de toute autre facilité de paiement. Très répandus, ils amènent souvent les consommateurs à accepter des conditions de crédit désavantageuses, voire à se surendetter. Outre les garanties concernant l'information donnée à l'emprunteur, la directive n° 87/102 du 22 décembre 1986, modifiée en 1990 puis par la directive n° 98/7 du 16 février 1998 (46), impose un mode de calcul uniforme du taux annuel effectif global (TAEG) qui est le coût total du crédit exprimé en pourcentage annuel du crédit accordé. Ceci permet au consommateur d'évaluer la réalité du poids du crédit et de comparer les différentes offres. La directive oblige, par ailleurs, les États à instituer un contrôle des prêteurs et intermédiaires.

À compter du 12 mai 2010 la directive n° 2008/48 du 23 avril 2008 concernant les contrats de crédit aux consommateurs (47) a substitué ses dispositions à celles de la directive n° 87/102. La nouvelle directive crédit entend moderniser la législation communautaire. Elle vise également à mettre fin aux divergences subsistant entre les législations nationales et à cette fin constitue, dans son domaine d'application, une directive d'harmonisation totale. Les contrats qui relèvent de la directive sont ceux que l'on peut qualifier de contrats courants de crédit, d'un montant compris entre 200 et 75 000 euros. Demeurent, en revanche, hors du champ de la directive les contrats destinés à permettre l'acquisition d'un terrain ou d'un immeuble, ceux qui ont pour

(42) CJCE, 12 mars 2002, *Leitner, C* 168/00, *Rec.* I-2631.
(43) *JOUE* L 46, 17 févr. 2004.
(44) *JOUE* L 334, 17 déc. 2010.
(45) *JOUE* L 55, 28 févr. 2011.
(46) *JOCE* L 101, 1er avr. 1998.
(47) *JOUE* L 133, 22 mai 2008.

objet l'octroi d'un crédit garanti par une hypothèque, les contrats d'assurance avec paiement par mensualité ainsi que différents types de contrats ne portant pas intérêt ou remboursables dans les trois mois. La directive renforce les garanties accordées aux emprunteurs. Elle établit un maillage rigoureux d'exigences concernant la transparence et le caractère exhaustif de l'information donnée dans la publicité, des informations précontractuelles et des informations à inclure dans le contrat. Ces dernières doivent le cas échéant inclure jusqu'à vingt-deux données et au nombre de celles-ci figure bien évidemment, outre le taux d'intérêt, le TAEG, le droit pour le consommateur de se rétracter sans avoir à donner de motifs dans un délai de quatorze jours à compter de la conclusion du contrat ou de la réception des informations que celui-ci doit comprendre, ce qui constitue une protection non négligeable. Et une autre garantie consiste en l'obligation imposée au prêteur d'évaluer de manière suffisante la solvabilité du consommateur (art. 7).

296 Pour les contrats de « multi-propriété » (ou « *timeshare* ») les contrats de produits de vacances à long terme, les contrats de revente et d'échange l'acquéreur bénéficie notamment du droit à une information précise et du droit de rétractation dans un délai de quatorze jours (48), pendant lequel aucun versement d'argent ne peut être effectué.

Les contrats de vente de biens de consommation ont été réglementés par la directive n° 1999/44 du 25 mai 1999 (49) qui impose au vendeur de répondre de tout défaut de conformité entre la description et la qualité habituelle du produit vendu et les caractéristiques réelles du bien. L'acquéreur a droit soit d'exiger du vendeur la réparation ou le remplacement du bien, sans frais (50), soit de demander une réduction du prix ou la résolution du contrat.

§ 4. PROTECTION JUDICIAIRE

297 Comme en matière de marchés publics, le droit de l'Union se préoccupe de la possibilité qu'a le contractant d'accéder à la justice pour obtenir la sanction de la violation de ses droits.

La directive n° 1998/27 du 19 mai 1998 (51), relative aux actions en cessation en matière de protection des intérêts des consommateurs, vise à renforcer les garanties conférées notamment par la réglementation communautaire de la publicité (*supra*, n°s 289 et s.) et des contrats qui présentent des risques particuliers (*supra*, n°s 293 et s.). Elle prévoit que les tribunaux ou les autorités administratives compétentes peuvent être saisis par des organismes, soit publics, soit privés, ayant un intérêt légitime à assurer la défense des intérêts des consommateurs. Ces organismes, appelés « entités qualifiées », pourront obtenir, outre des dommages-intérêts, une décision imposant la cessation de l'infraction, le cas échéant dans le cadre d'une procédure d'urgence. La directive n° 2005/29 relative aux pratiques commerciales déloyales reprend ce schéma

(48) Dir. n° 2008/122 du 14 janv. 2009, *JOUE* L 33, 3 févr. 2009, qui élargit et renforce la protection qui assurait la dir. n° 94/47 du 26 oct. 1994.

(49) *JOCE* L 171, 7 juill. 1999.

(50) V. par exemple CJUE, 16 juin 2011, *Gebr. Weber*, C 65/09 et *Putz*, C 87/09.

(51) *JOCE* L 166, 11 juin 1998.

et prévoit, comme la directive relative à la publicité trompeuse et à la publicité comparative, la possibilité pour les tribunaux ou autorités administratives de faire peser sur le professionnel la charge de prouver l'exactitude de ses allégations.

Parallèlement, la Commission s'efforce de promouvoir le règlement à l'amiable des problèmes de consommation (recommandation n° 98/257 du 30 mars 1998 qui définit les principes applicables aux organes de règlement amiable des litiges et propose un formulaire de recommandation) (52).

Demeure pendante la question de l'instauration de recours collectifs qu'une moitié seulement des législations nationales consacre.

298 Les contrats qui donnent naissance à des litiges transfrontaliers suscitent une difficulté particulière, celle de la détermination de la juridiction compétente. Le règlement n° 44/2001 du 22 décembre 2000, concernant la compétence judiciaire, la reconnaissance et l'exécution des décisions en matière civile et commerciale (53), dit règlement « Bruxelles I », reprend les principes posés par la convention de Bruxelles de 1968 tout en élargissant le champ d'application à tous les contrats, conclus entre un consommateur et un professionnel, autres que les contrats de transport et les contrats portant sur la propriété d'immeubles ou les baux d'immeubles. Lorsque l'action est intentée par le consommateur, ce dernier a le choix de saisir soit les tribunaux de l'État membre où il est domicilié, soit ceux de l'État membre où est domicilié le professionnel. Lorsque l'action est intentée par l'autre partie, elle ne peut être intentée que devant les tribunaux de l'État membre où est domicilié le consommateur. Les dérogations conventionnelles à ces règles de compétence sont strictement encadrées de manière à ne pas préjudicier au consommateur (art. 17). Le règlement n° 861/2007 du 11 juillet 2007 (54) institue une procédure simplifiée de règlement des litiges transfrontaliers de faible importance, d'un montant ne dépassant pas 2 000 euros.

§ 5. INCIDENCES DE LA CRÉATION DE L'EURO

La création de la monnaie unique, l'euro, a des incidences importantes sur les consommateurs : elle leur impose de recourir à une nouvelle unité monétaire et conduit à la mise en place d'un espace unique de paiement. Cela, sans compter les répercussions économiques et financières de la substitution de l'euro aux monnaies nationales auxquelles la crise qui s'est développée depuis 2008 confère un poids particulier.

A. L'euro, nouvelle unité monétaire des États membres de l'Union

299 L'euro a été introduit le 1er janvier 1999 comme monnaie unique (décision du Conseil européen de Madrid des 15-16 décembre 1995 puis règlement n° 974/98 du

(52) *JOCE* C 115, 17 avr. 1998.
(53) *JOCE* L 12, 16 janv. 2001.
(54) *JOCE* L 199, 31 juill. 2007.

3 mai 1998) (55). Cependant le Royaume-Uni, le Danemark et la Suède demeurent aujourd'hui encore hors de la zone euro. Les nouveaux adhérents intègrent progressivement la zone euro qui comptera 16 États membres le 1er janvier 2009. Pendant une période transitoire l'euro a coexisté avec les monnaies nationales. Le 1er janvier 2002 billets et pièces en euros ont été introduits dans les douze pays de la zone euro et depuis le 1er mars 2002 l'euro est la seule monnaie ayant cours légal. Le taux de conversion des monnaies nationales en euros avait été irrévocablement arrêté le 31 décembre 1998.

Le taux de conversion s'applique à tous les contrats en cours d'exécution. En revanche, l'introduction de l'euro ne porte pas atteinte à la continuité de l'exécution du contrat. En effet, sauf convention contraire, elle ne modifie pas les termes du contrat et ne dispense pas de son exécution, ce qui interdit à une partie de modifier le contrat ou de prétendre y mettre fin unilatéralement (règlement n° 1103/97 du 17 juin 1997, qui prévoit la conversion des montants libellés en monnaie nationale avec arrondissage au cent supérieur ou inférieur le plus proche) (56).

B. La mise en place d'un espace unique de paiement

300 Grâce à la monnaie unique le consommateur peut comparer les prix des produits et des services au sein de la zone euro et préférer des offres les plus avantageuses d'autant qu'il n'a plus à supporter les frais inhérents aux opérations de change entre les monnaies. L'euro est donc susceptible de favoriser le développement des échanges au sein du marché intérieur. La Commission, saisie de nombreuses plaintes, a cependant constaté que, malgré la directive n° 97/5 du 27 janvier 1997 (57) concernant les virements transfrontaliers, le coût moyen des virements transfrontaliers demeurait très élevé (24 euros pour un virement de 100 euros).

Le règlement n° 2560/2001 du 19 décembre 2001 (58), adopté dans un délai record de moins de six mois, a pour objectif d'améliorer le régime des paiements transfrontaliers en euros et de permettre l'édification d'un espace unique de paiement en édictant trois règles essentielles applicables aux paiements transfrontaliers d'un montant ne dépassant pas 50 000 euros (depuis le 1er janvier 2006) traités électroniquement. La plus importante est l'égalité des frais applicables aux paiements transfrontaliers et aux parlements nationaux. Le règlement impose également aux établissements bancaires de favoriser l'automatisation des virements en communiquant gratuitement à leurs clients leur numéro international de compte bancaire (IBAN) et le code d'identification de l'établissement (BIC) ainsi que d'informer au préalable les clients du montant des frais.

On retrouve aujourd'hui ces règles formulées dans un cadre juridique qui comprend deux textes essentiels. La directive n° 2007/64 du 13 novembre 2007 concernant les services de paiement dans le marché intérieur (59) organise l'espace unique de paiement en

(55) *JOCE* L 139, 19 mai 1998, modifié notamment par le règlement n° 2169/2005 du 21 déc. 2005, *JOUE* L 346, 29 déc. 2005.

(56) *JOCE* L 162, 19 juin 1997, sur l'arrondissage v. CJCE, 14 sept. 2004, *Verbraucher-Zendrale Hamburg*, C 19/03, *Rec.* I-8183.

(57) *JOCE* L 43, 14 févr. 1997.

(58) *JOCE* L 344, 28 déc. 2001.

(59) *JOUE* L 319, 5 déc. 2007, modifié par la dir. n° 2009/111 du 16 sept. 2009.

euros (SEPA, *Single Euro Payment Area*). L'information préalable figure au nombre des mesures de protection des donneurs d'ordre à côté de la vérification des ordres, de l'obligation d'exécuter l'ordre dans le délai d'un jour ouvrable et de créditer le bénéficiaire de l'intégralité du montant indiqué. Le règlement n° 924/2009 du 16 septembre 2009 (60) remplace le règlement n° 2560 et reprend les deux autres règles contenues dans ce dernier.

La lutte contre le blanchiment des capitaux et le financement du terrorisme a entraîné un resserrement des contrôles portant sur les virements de fonds. Le règlement n° 1781/2006 du 15 novembre 2006 impose aux prestataires de service de veiller à ce que les virements soient accompagnés du nom, de l'adresse et du numéro de compte (ou un identifiant) du donneur d'ordre. Mais cette obligation ne concerne pas les cartes de crédit, les retraits dans les distributeurs automatiques, les prélèvements automatiques et un régime plus souple s'applique aux virements effectués à partir d'un compte ainsi qu'aux virements dont le montant n'excède pas 1 000 euros (61).

SECTION III LA PROTECTION DE LA SANTÉ ET DE LA SÉCURITÉ DU CONSOMMATEUR

301 Il est encore plus impérieux de protéger la santé et la sécurité des consommateurs que de protéger les intérêts économiques. Le droit communautaire, même s'il a tardé, ne pouvait se soustraire à cette exigence sous peine de laisser se développer les entraves nationales aux échanges et négliger les droits fondamentaux de la personne. Bien entendu les techniques employées pour la protection des intérêts économiques, par exemple l'information du consommateur, ou la responsabilité du fournisseur, conservent ici leur utilité. Elles n'en doivent pas moins être adaptées et complétées dans ce domaine qui relève au moins autant de la politique de la santé que de la politique de protection des consommateurs, ainsi que l'a confirmé l'évolution des questions de sécurité alimentaire. D'où des règles très spécifiques, de portée générale (directives « horizontales ») ou sectorielle.

§ 1. LA SÉCURITÉ GÉNÉRALE DES PRODUITS

302 Deux directives jouent un rôle complémentaire, la première assurant la réparation des préjudices causés par des produits défectueux, la seconde visant à prévenir la mise sur le marché de produits susceptibles de causer des dommages aux consommateurs.

A. Responsabilité du fait des produits défectueux (directive n° 85/374)

303 La directive n° 85/374 du 25 juillet 1985 (62) a suscité de nombreuses controverses et de vives résistances. Ainsi, malgré une condamnation pour manquement, la France ne

(60) *JOUE* L 266, 9 oct. 2009.
(61) *JOUE* L 1781, 15 nov. 2006.
(62) *JOCE* L 120, 7 août 1985.

l'a-t-elle transposée que par une loi du 19 mai 1998 et encore de manière incorrecte car elle a adopté sur certains points un régime plus rigoureux (par exemple, distributeur placé sur le même pied que le producteur) que la directive n'autorise pas, en sorte qu'il faudra attendre qu'intervienne une condamnation (63) pour inexécution de l'arrêt en manquement pour que la loi du 5 avril 2006 mette notre droit en conformité avec la directive. La directive – modifiée par la directive n° 99/34 du 10 mai 1998 – définit le régime de responsabilité du dommage causé aux personnes ou aux choses par un produit, à savoir tout meuble incorporé ou non dans un autre meuble ou immeuble, ainsi que l'électricité. L'exception relative aux produits agricoles et de la chasse a été supprimée par la directive n° 99/14 du 10 mai 1999 (*JOCE* L 141, 4 juin 1999).

Le système retenu est celui de la responsabilité sans faute du producteur, qualifié comme étant le fabricant du produit ou, à défaut, mais seulement si le producteur ne peut être identifié (64) – par exemple si le fournisseur n'a pas communiqué à la victime, de sa propre initiative et de manière diligente, l'identité du producteurs (65), le fournisseur. Le producteur est « responsable du dommage causé par un défaut de son produit » (art. 1er), la victime n'ayant à prouver que « le dommage, le défaut et le lien de causalité entre le défaut et le dommage » (art. 4). Le défaut tient à ce que le produit « n'offre pas la sécurité à laquelle on peut légitimement s'attendre », compte tenu de sa présentation, de son usage raisonnable et du moment de sa mise en circulation (art. 6).

C'est un système, sinon de responsabilité objective, du moins de présomption de responsabilité, rigoureux pour le producteur qui ne peut s'exonérer en établissant que le dommage a été causé par un tiers mais seulement en démontrant qu'il est dû à la faute de la victime (art. 8) ou que le défaut est postérieur à la mise en circulation ou encore dû à la conformité du produit avec la réglementation en vigueur. Quant au risque de développement, c'est-à-dire le défaut indécelable en l'« état des connaissances scientifiques et techniques au moment de la mise en circulation du produit », les États peuvent accepter ou refuser de le considérer comme cause exonératrice.

La responsabilité du producteur est limitée à dix ans à compter de la date de mise en circulation du produit et l'action en réparation à trois ans à compter de la connaissance par la victime du dommage, du défaut et de l'identité du producteur.

La directive (art. 13) n'interdit pas d'appliquer un régime plus favorable à la victime, mais seulement s'il résulte soit d'un contrat, soit d'un régime spécial de responsabilité antérieur à son édiction.

304 La Commission avait proposé le 9 novembre 1990 un régime assez proche de responsabilité pour faute présumée du prestataire de services lorsqu'il porte atteinte à la santé et à l'intégrité physique des personnes mais a retiré cette proposition face aux oppositions qu'elle avait suscitées.

(63) CJCE, 14 mars 2006, *Commission c. France*, C 177/04, condamnant la France à une astreinte pour inexécution de l'arrêt du 25 avr. 2002, *Commission c. France*, C 52/00, *Rec.* I-3827, dans le même sens CJCE, 5 juill. 2007, *Commission c. Danemark*, C 327/05.

(64) CJCE, 25 avr. 2002, *Commission c. France*, préc., condamnant la France pour transposition incorrecte. Cette jurisprudence a été confirmée par l'arrêt *Skov Acq* du 10 janv. 2006, C 402/03. Mais elle ne vaut que sous la responsabilité sans faute instituée par la dir., donc n'interdit pas, le cas échéant, l'application d'autres régimes reposant sur la faute et la garantie des vices cachés et prévoyant la responsabilité du fournisseur.

(65) CJCE, 2 déc. 2009, *Aventis Pasteur*, C 358/08, *Rec.* I-11305.

B. Obligation de ne mettre sur le marché que des produits sûrs (directive n° 2001/95)

305 La directive n° 2001/95 du 3 décembre 2001 (66) a remplacé la directive n° 92/59 du 29 juin 1992. Bien que moins connue que la directive n° 85/374, cette disposition est importante d'autant plus que le champ d'application de la règle communautaire a été étendu et couvre en principe tout produit destiné aux consommateurs ou susceptible dans des conditions normalement prévisibles d'être utilisé par eux et qui est mis à leur disposition dans le cadre d'une activité commerciale, y compris une prestation de services, à titre onéreux ou gratuit, qu'il soit neuf, d'occasion ou reconditionné.

La directive impose aux producteurs de ne mettre sur le marché que des produits sûrs et joue au cas où n'existe pas une réglementation communautaire spécifique de la sécurité du produit concerné. Selon l'article 3, un produit est considéré comme sûr quand il est conforme aux réglementations nationales de l'État membre sur le territoire duquel est commercialisé, ce qui constitue une application du principe de la confiance mutuelle entre les États membres. Il est présumé sûr quand il est conforme aux normes nationales non obligatoires transposant des normes européennes.

Les producteurs sont tenus de fournir au consommateur les informations utiles leur permettant d'évaluer les risques inhérents aux produits (art. 5). Les distributeurs ont l'obligation de ne pas fournir de produits qu'ils savent n'être pas sûrs et de participer au suivi de la sécurité des produits.

Le respect de ces obligations incombe aux États qui doivent prendre les mesures de contrôle et les sanctions nécessaires, notamment instituer des autorités chargées du contrôle ainsi que les procédures de prévention et interdiction appropriées (art. 8).

Toute interdiction de mise sur le marché doit être notifiée à la Commission qui, après consultation, décide si la mesure est ou non justifiée. Un système d'alerte rapide est prévu pour les situations d'urgence. Lorsque le danger risque de dépasser ses frontières, l'État doit notifier les mesures qu'il a prises à la Commission. Celle-ci informe les autres États membres afin qu'ils adoptent les mesures nécessaire (système communautaire d'information rapide, RAPEX). En outre, si elle a connaissance d'un risque grave, la Commission peut, après consultation des États et du comité scientifique compétent, imposer aux États de prendre les mesures appropriées (art. 15) (67).

§ 2. RÉGLEMENTATIONS SECTORIELLES

306 La législation communautaire est de grande ampleur, mêlant directives cadres et directives spéciales qui combinent les techniques de protection : information du consommateur sur les caractéristiques du produit, références à des normes techniques qui, le plus souvent, sont élaborées par les instituts européens de normalisation (le CEN et le CENELEC). Si on laisse de côté les médicaments et les produits cosmétiques ainsi que les substances chimiques (*infra*, n° 356) qui relèvent plus de la politique de santé publique, quatre secteurs présentent une importance particulière :

(66) *JOCE* L 11, 15 janv. 2002.

(67) V. les lignes directrices pour la gestion du système Rapex et de la procédure de notification, dernière version décision de la Commission du 16 déc. 2009, *JOUE* L 22, 26 janv. 2010.

les produits alimentaires (*infra*, nos 351 et s.), les jouets, les véhicules automobiles, les préparations dangereuses.

Les normes concernant les dangers physiques que peuvent présenter les jouets sont revues périodiquement. L'apposition de la marque CE atteste de leur respect (68). Succédant à la directive no 88/378 du 3 mai 1988, la directive no 2009/48 du 18 juin 2009 (69) détermine les obligations des fabriquants et, également, des importateurs et distributeurs relatives aux jouets destinés aux enfants de moins de 14 ans. Les jouets, y compris les produits chimiques qu'ils contiennent, ne doivent pas mettre en danger la sécurité ou la santé des utilisateurs ou des tiers. Ils doivent être conçus et fabriqués de manière à ne présenter, notamment, aucun risque d'étranglement ou d'asphyxie, ne doivent pas être inflammables et ne pas présenter de risque inhérent à leur composition chimique.

La réglementation des caractéristiques techniques des véhicules automobiles a engendré plusieurs dizaines de directives !

La sécurité alimentaire constitue à présent un véritable continent à part, les crises récentes de la vache folle, des poulets contaminés, des OGM et l'épidémie de fièvre aphteuse ayant montré que les préoccupations de prévention sanitaire le rattacheraient encore plus étroitement à la protection de la santé (*infra*, nos 351 et s.) qu'à celle des consommateurs ou à la politique agricole commune.

En vigueur jusqu'au 1er juin 2015, date à laquelle elle sera remplacée par le règlement no 1272/2008 du 31 décembre 2008, la directive no 1999/45 du 31 mai 1999 (70) impose non seulement une évaluation des dangers que certaines préparations peuvent présenter pour la santé ou l'environnement et le recours à des emballages sûrs mais également une information des consommateurs. Celle-ci se réalise par l'étiquetage qui doit comporter des conseils de prudence et le cas échéant des symboles de danger. La directive no 76/769 du 27 juillet 1976 (71), modifiée à quarante-neuf reprises, assujettit la mise sur le marché et l'emploi de certaines substances et préparations dangereuses à des conditions visant à prévenir tout danger pour les consommateurs.

BIBLIOGRAPHIE

I. Ouvrages

S. Chillon, *Le droit communautaire de la consommation après les traités de Maastricht et d'Amsterdam*, Bruxelles, Bruylant, 2000 ■ M. Fallon et F. Maniet (éd.), *Sécurité des produits et mécanismes de contrôle dans la Communauté européenne*, Bruxelles, Story Scientia, 1990 ■ V. Kendall,

(68) La réglementation actuelle du marquage CE est fixée par la décision no 768/2008 du 9 juill. 2008 relative à un cadre commun pour la commercialisation des produits et le règlement qui la complète no 765/2008 du 9 juill. 2008, *JOUE* L 218, 13 août 2008.

(69) *JOUE* L 170, 30 juin 2009.

(70) *JOCE* L 200, 30 juill. 1999, La dir. no 1999/45 a été modifiée à plusieurs reprises et notamment par la dir. no 2000/66 du 26 avr. 2004, *JOUE* L 168, 1er mai 2004.

(71) *JOCE* L 262, 27 déc. 1976.

E.C. Consumer Law, Londres, Wiley Chancery, 1994 ■ L. KRÄMER, *La CEE et la protection du consommateur*, Bruxelles, Story Scientia, 1998 ■ J.-V. LOUIS, « L'Union européenne et sa monnaie », *Commentaire Mégret*, Éditions de l'Université de Bruxelles, 3e éd., 2009 ■ A.-M. DE MATOS, *Les contrats transfrontières conclus par les consommateurs au sein de l'Union européenne*, Aix-Marseille, Presses Universitaires de l'Université d'Aix-Marseille, 2001 ■ Y. MARKOVITS, *La directive CEE du 25 juillet 1985 sur la responsabilité des produits défectueux*, Paris, LGDJ, 1990 ■ F. OSMAN (dir.), *Vers un code européen de la consommation*, Bruxelles, Bruylant, 1998.

II. ARTICLES, ÉTUDES ET DOCUMENTS

J. ALLIX, « La directive nº 97/7 CE : Contrats à distance et protection des consommateurs », *RAE* 1998, p. 117 ■ T. BOURGOGNIE, « Vers un droit européen de la consommation ? Possibilités et limites », *RTDE* 1982, p. 17 ■ « Droit et politique communautaires de la consommation : de Rome à Amsterdam », *Revue européenne de droit de la consommation,* 1998, nº 1, p. 194 ■ L. BERNARDEAU, « La directive communautaire en matière de contrats à distance », *CDE* 2000, p. 117 ■ V. CHRISTIANOS et F. PICOD, vº « Consommateurs », *Rép. Dalloz droit communautaire* ■ R. GIELISSE, « La nouvelle directive relative à la sécurité générale des produits », *RMUE* 1992, nº 3, p. 65 ■ L. GONZALES VAQUE, « La notion de "consommateur moyen" selon la jurisprudence de la CJCE », *RDUE* 2004, p. 69 ; « La directive nº 2005/29 CE relative aux pratiques commerciales déloyales : entre l'objectif d'une harmonisation totale et l'approche d'une harmonisation complète », *RDUE* 2005, p. 803 ■ J. HUET, « Responsabilité du fait des produits défectueux », *Juris-Classeur Europe*, fasc. 2020 ■ M. LUBY, « Politique communautaire de protection des consommateurs », *Juris-Classeur Europe*, fasc. 2000 ■ « Protection des intérêts économiques des consommateurs », *Juris-Classeur Europe*, fasc. 2011 et 2012 ■ « Protection des consommateurs. Sécurité et commercialisation des produits », *Juris-Classeur Europe*, fasc. 2013 ; « La directive nº 2005/29 sur les pratiques commerciales déloyales », *Europe* novembre 2005, p. 6 ■ S. RAMET, « Protection des intérêts économiques des consommateurs. Le droit des contrats », *Juris-Classeur Europe*, fasc. 2010 ■ P. RENAUDIÈRE, « La directive nº 84/450 CEE sur la publicité trompeuse », *Rev. europ. du droit de la consommation* 1989, nº 1, p. 3 ■ M. SOLA et N. JEUNIAUX, « La politique communautaire en faveur des consommateurs », *RMUE* 1992, nº 1, p. 65 ■ M.-P. TENREIRO et S. GOMEZ, « La directive nº 1999/44 sur certains aspects de la vente et des garanties des biens de consommation », *Rev. europ. du droit de la consommation* 2000, nº 1, p. 5.

– SUR L'EURO :

J. ALLIX, « Euros et consommateurs : le cadre juridique », *RAE* 1998, nº 3, p. 324 ■ « Le règlement sur les paiements transfrontaliers en euros : les bases de l'espace unique de paiement », *RDUE* 2002, nº 3, p. 485 ■ B. ANGEL, « Vers un espace de paiement unique au sein de la zone euro ? », *RMCUE* 2002, p. 505 ■ J.-V. LOUIS, « Euro », *Rép. Dalloz droit communautaire* ■ F. MARTUCCI, « Union monétaire », *Juris-Classeur Europe*, fasc. 1035.

III. CHRONIQUES

Revue européenne de droit de la consommation. European Journal of Consumer Law, Bruxelles, Larcier.

Nos 307 à 319 réservés.

CHAPITRE 3
LA PROTECTION DE LA SANTÉ

320 La protection de la santé constitue un secteur d'action, publique ou privée, très particulier. Le droit de l'Union, tout comme le droit national et le droit international, est profondément marqué par cette spécificité.

SECTION I SPÉCIFICITÉ DU DROIT EUROPÉEN DE LA SANTÉ

§ 1. DÉFINITION DE LA SANTÉ

321 La protection de la santé couvre un domaine à proprement parler indéfinissable. La définition de la santé que l'on retient le plus souvent, celle que propose la constitution de l'Organisation mondiale de la santé (OMS), est, en effet, extrêmement large : « la santé est un état de complet bien-être physique, mental et social et ne consiste pas seulement en une absence de maladie ou d'infirmité ».

La conséquence en est que très nombreuses sont les actions susceptibles d'avoir une incidence sur l'état de santé des personnes. Cela contribue sans doute à justifier le parti retenu dans le traité CE selon lequel « toutes les politiques et actions de la Communauté » concourent à assurer la protection de la santé (art. 152, ex art. 129), parti que confirme l'article 168 TFUE. La protection de la santé se trouve écartelée entre les autres politiques de l'Union.

Certaines politiques, comme celles de l'environnement, la protection des consommateurs et la protection sociale, jouent un rôle particulièrement important en ce sens. Mais les préoccupations de protection de la santé se retrouvent dans la libre circulation des personnes et des marchandises ou la PAC.

§ 2. IMPORTANCE DU DROIT À LA SANTÉ : DE LA SANTÉ À LA SANTÉ PUBLIQUE

322 Le droit international et les droits nationaux, en particulier ceux des États membres de l'Union, s'accordent à ériger le droit à la santé en droit fondamental de la personne humaine. Selon la constitution de l'OMS, « la possession du meilleur état de santé qu'il est capable d'atteindre constitue l'un des droits fondamentaux de tout être humain, quelles que soient sa race, sa religion, ses opinions politiques, sa condition économique et sociale ». Si la constitution française se borne à déclarer que « la Nation garantit à tous, notamment à l'enfant, à la mère et aux vieux travailleurs la protection de la santé » (1), d'autres chartes constitutionnelles sont plus précises. Ainsi, après avoir proclamé que « le droit à la protection de la santé est reconnu », l'article 43 de la constitution espagnole du 27 décembre 1978 reconnaît-il qu'il « incombe aux pouvoirs publics d'organiser et de protéger la santé publique par des mesures préventives et les prestations et services nécessaires ».

L'implication des pouvoirs publics est donc d'ampleur considérable puisqu'elle concerne non seulement les services de santé mais encore la prise en charge financière des prestations de soins. Elle explique que le droit communautaire, à l'instar de nombreux droits nationaux, se réfère à la notion de « santé publique » (TFUE titre XIV art. 168). Cette notion marque en effet le passage d'une conception individuelle, selon laquelle la santé est le bien de chaque personne, à une conception plus collective érigeant la santé également en bien commun des citoyens, ce qui implique et justifie l'intervention des pouvoirs publics nationaux ou internationaux.

À sa manière, la Charte des droits fondamentaux s'inscrit dans cette perspective (art. 35). Elle reconnaît certes à « toute personne… le droit d'accéder à la prévention en matière de santé et de bénéficier de soins médicaux » mais c'est « dans les conditions établies par les législations et pratiques nationales » auxquelles s'ajoutent, subsidiairement, « les politiques et actions de l'Union ».

§ 3. LA PROTECTION DE LA SANTÉ ET LES TRAITÉS COMMUNAUTAIRES

A. L'irréductible compétence étatique

323 L'importance que revêt le droit à la santé n'a que médiocrement favorisé la consécration de la protection de la santé au rang des politiques communautaires. Tout au contraire, le principe originaire était que la protection de la santé relève de la compétence des États. Ce principe demeure largement valable. D'une part, les États disposent d'une véritable réserve de compétence nationale qui les autorise, pour protéger la santé publique, à apporter des limites à la libre circulation des marchandises (TFUE 36 ex art. 30 CE et jurisprudence *Cassis de Dijon* (2)) et des personnes (TFUE art. 45 § ex art. 39 § 3 CE). D'autre part, non seulement la politique de santé publique n'a été consacrée que très tardivement, mais aujourd'hui encore

(1) Préambule de la Constitution de 1946 réaffirmé par la Constitution du 4 oct. 1958.
(2) CJCE, 20 févr. 1979, *Rewe-Zentral*, 120/78, *Rec.* 649, *v. infra*, n° 583 et s.

l'action de l'Union demeure très fortement marquée par le principe de subsidiarité. Elle se présente comme simplement complémentaire des politiques nationales (TFUE art. 168 § 1er al. 2 et § 5 ex art. 152 CE).

B. Le développement du droit européen de la santé

324 **1) Les traités originaires et leur évolution.** Les traités originaires marquent un recul très sensible par rapport à l'avant-projet de Communauté européenne proposé en 1952 par le ministre français de la Santé, Paul Ribeyre. Ce texte visait à réaliser, en plus d'un marché commun des professions et des produits de santé, une très large coopération dans les domaines de la formation, de la recherche et de l'action sanitaire, ainsi qu'une unification progressive des régimes de Sécurité sociale.

Les traités constitutifs, eux, ne donnent de compétence aux instances communautaires que pour assurer la protection de la sécurité et de la santé des travailleurs (CECA art. 46, 55 ; CEE art. 117-118 ; CEEA art. 30 et s.). Seul le traité Euratom y ajoute la protection des populations contre les radiations ionisantes (art. 30 et s.), les risques de contamination radioactive que présente l'industrie nucléaire expliquant ce particularisme. Autrement la santé n'apparaît guère que comme un domaine d'activité promis lui aussi au libre exercice professionnel (CEE, art. 57 § 2 et § 3).

Le dynamisme de l'intégration a fait qu'en ce domaine comme en bien d'autres le droit communautaire s'est déployé très au-delà de ce que prévoyait cette base « constitutionnelle » fort étroite, l'action communautaire trouvant souvent consécration *a posteriori* dans les traités. La nécessité, et non le hasard (3), explique que la libre circulation des personnes et des produits engendre un minimum d'harmonisation des règles nationales protectrices de la santé. La mutation de la Communauté, d'une union économique en une communauté de personnes, ne peut que renforcer cette tendance.

Dans un premier temps, les articles 100 (art. 94 nouveau) et 235 (art. 308 nouveau) CEE constituèrent les instruments juridiques essentiels de l'édiction des normes communautaires.

L'Acte unique européen ne cite la santé qu'en tant que composante de la politique de l'environnement (CEE art. 100 R, § 1). Mais l'article 100 A CEE (art. 95 nouveau) invite la Commission à prendre pour base des directives concernant l'établissement du marché intérieur un niveau élevé de protection de la santé afin d'éviter que les États ne réclament l'insertion de clauses de sauvegarde, et il autorise l'adoption à la majorité qualifiée.

Le traité sur l'Union européenne est le premier à accorder à la Communauté une compétence spécifique en matière de santé en insérant dans le traité CE le titre XII relatif à la santé publique (art. 129 ; art. 152 nouveau), après avoir affirmé que l'action de la Communauté comporte « une contribution à la réalisation d'un niveau élevé de protection de la santé » (art. 3 lettre O). Mais s'il fait des « exigences en matière de protection de la santé... une composante des autres politiques de la Communauté » et entend favoriser la coopération avec les pays tiers et les organisations internationales, le traité de Maastricht n'en assujettit pas moins lourdement la politique de santé publique au principe de subsidiarité.

(3) F. Massart et autres, *L'Europe de la santé hasard et/ou nécessité ?*, Louvain la Neuve Europerspectives, Academia, 1988.

325 **2) Le droit communautaire récent et le droit de l'Union.** Le traité d'Amsterdam s'inscrit dans cette conception d'une Communauté vouée à encourager la coopération entre les États membres et, si nécessaire, à appuyer leurs actions (art. 152 § 2 CE). En particulier, l'action communautaire doit « respecter pleinement les responsabilités des États membres en matière d'organisation et de fourniture de services de santé et de soins médicaux » (art. 152 § 5) et exclut en principe l'harmonisation des législations visant à protéger la santé. Aussi les programmes d'action communautaire demeurent-ils d'importance relativement modeste : le programme 2008-2013 ne mobilise que 321 500 000 euros.

Le traité apporte, cependant, deux innovations non négligeables. Il élargit le champ d'action de la Communauté qui ne se limite plus à la prévention des maladies, notamment la lutte contre les grands fléaux, mais s'étend à toutes les actions visant à protéger et améliorer la santé humaine. En outre, crise de la transfusion sanguine et crise de la « vache folle » obligeant, le traité donne pouvoir au Conseil pour arrêter « normes élevées de qualité et de sécurité des organes et substances d'origine humaine, du sang et des dérivés du sang » ainsi que « des mesures dans les domaines vétérinaire et phytosanitaire ayant directement pour objectif la protection de la santé publique » (CE, art. 152 § 4 *a* et *b*).

La Charte des droits fondamentaux, on l'a vu (*supra*, n° 322) ne contredit pas cette vision. Le cadre national demeure la référence prioritaire même si « toutes les politiques et actions de l'Union » doivent contribuer à assurer un « niveau élevé de protection de la santé humaine » (art. 35). Il n'en va guère autrement pour l'accès aux prestations de maternité, maladie, accidents du travail (Charte art. 34, v. *supra*, n° 257). Traité de Nice, Constitution européenne et traité de Lisbonne n'ont fait que confirmer cette perspective. Même si ce dernier élargit quelque peu le champ de compétence de l'Union en l'étendant à la lutte contre les menaces transfrontalières, le tabagisme et l'alcoolisme, il exclut toute harmonisation des législations nationales et renforce la compétence des États en ce qui concerne la définition de leur politique de santé, l'organisation, la fourniture et le financement des services de santé et de soins médicaux (art. 168 § 7 TFUE). L'agence exécutive pour le programme de santé publique créée par la Commission le 15 décembre 2004 (4) s'inscrit dans le cadre de ces principes.

C. Droit européen de la santé et bioéthique

326 Le droit de la santé est de plus en plus profondément marqué par la consécration juridique d'exigences éthiques. Le droit communautaire n'échappe pas à cette évolution, le droit de l'Union non plus. Si les institutions communautaires ne disposent guère de compétences pour édicter elles-mêmes des normes consacrant des principes éthiques, elles sont fort attentives à ce que leurs réglementations respectent les principes communs aux États membres. Au premier rang de ceux-ci figurent les principes affirmés dans des conventions ou résolutions émanant du Conseil d'Europe. Un exemple significatif de cette attitude réside dans la part prise par la Communauté européenne à l'élaboration de la convention sur les droits de l'homme et la biomédecine, adoptée par le comité des Ministres du Conseil de l'Europe et ouverte à la signature le 4 avril

(4) *JOUE L* 369, 16 déc. 2004.

1997 à Oviedo et le fait que cette convention soit ouverte à l'adhésion de la Communauté (art. 33), adhésion empêchée par l'interprétation stricte des compétences reconnues à la Communauté en matière de protection des droits fondamentaux qu'a donnée la Cour dans son avis n° 2/94 du 28 mars 1996 (5).

Le Parlement européen a voté de nombreuses résolutions en ce domaine et l'intérêt que la Commission porte au respect des exigences éthiques se manifeste notamment, par la création le 20 novembre 1991 d'un groupe de conseillers pour l'éthique de la biotechnologie qui depuis 1998 s'appelle Groupe européen pour l'Éthique de la science et des nouvelles technologies (GEE), et se compose de personnalités indépendantes nommées *intuitu personae* par le Président de la Commission. Soit à la demande de la Commission (celle-ci pouvant agir à l'instigation du Conseil ou du Parlement européen), soit sur autosaisine, le Groupe a rendu des avis qui ont porté essentiellement sur des questions de bioéthique, telles que le diagnostic prénatal (avis n° 6 du 20 février 1996), la recherche sur les embryons humains (avis n° 12 du 23 novembre 1998), les aspects éthiques des tests génétiques dans le cadre du travail (avis n° 18 du 28 juillet 2003).

L'examen des droits des patients (*infra*, n° 334), de la réglementation des essais de médicaments (*infra*, n° 339), du régime des médicaments orphelins (*infra*, n° 342) et de l'encadrement juridique de la recherche (*infra*, n° 335) montrera l'importance grandissante du droit communautaire en ce domaine.

Aussi bien le respect des exigences éthiques a-t-il bénéficié récemment d'une double consécration. La Charte des droits fondamentaux a placé en tête des droits (art. 1er) le respect de la dignité humaine qui, s'il ne se limite pas à elle, constitue le principe fondateur de tout le droit de la bioéthique ainsi que le confirment les droits rangés sous la qualification de droit à l'intégrité de la personne (art. 3, v. *infra*, n° 339). Et dans l'arrêt *Pays-Bas c. Parlement européen et Conseil* (6), concernant la brevetabilité des inventions biotechnologiques, la Cour a élevé le « droit fondamental à la dignité humaine » au rang des principes généraux du droit communautaire.

Enfin, l'éthique inspire l'action – sans doute insuffisante – menée pour aider les pays en développement à lutter contre « les maladies dues à la pauvreté VIH/sida, tuberculose, paludisme » (7).

SECTION II **L'EUROPE DES PATIENTS**

§ 1. LES SYSTÈMES DE SANTÉ : DE L'IMPOSSIBLE HARMONISATION À LA COORDINATION

327 Une véritable Communauté européenne de la santé suppose une harmonisation des systèmes de santé. De plus, ainsi que l'avait fort bien perçu

(5) *Rec.* I-1763.
(6) CJCE, 9 oct. 2001, C 337/98, *Rec.* I-7079. Cette affaire portant sur la légalité de la dir. n° 98/44 du 6 juill. 1998, relative à la protection juridique des inventions biotechnologiques.
(7) dir. n° 1568/2003 du 15 juill. 2003, *JOUE* L 224, 6 sept. 2003.

Robert Schuman lorsqu'il présentait le projet français de Communauté européenne de la santé, cette conception implique un certain degré de « mise en commun des ressources destinées à prévenir la maladie, à soulager les malades ou les infirmes » (8). L'hétérogénéité des systèmes de santé des États membres de l'Union rend illusoire la réalisation d'une semblable vision de l'Europe de la santé.

Il ne suffit pas en effet de constater que les États de l'Union ont en commun de présenter un niveau généralement satisfaisant d'état sanitaire reposant sur un nombre élevé de professionnels de santé et de lits d'hôpitaux, des équipements de qualité et un très large accès aux soins, ce qui explique l'augmentation des dépenses de santé. D'importantes disparités subsistent, qui se reflètent dans l'importance en valeur absolue (de 1 à 4) comme en pourcentage du PNB des dépenses de santé. De plus, pour le patient l'accès aux soins et le coût des soins diffèrent selon qu'il doit s'adresser ou non à un service national de santé. Enfin, les systèmes d'assurance-maladie divergent eux-mêmes sensiblement en ce qui concerne leur gestion, leur financement – cotisation ou fiscalisation – la part des dépenses laissées à la charge du patient (9).

Les deux éléments clés d'un système de santé, les services de soins et le financement des dépenses, étant aussi différents et constituant des points extrêmement sensibles de toute action gouvernementale, l'harmonisation doit laisser place à la coordination dont le principe de base est que les ressortissants des autres États membres bénéficient de l'égalité de traitement.

Ces principes inspirent la Recommandation du Conseil du 27 juillet 1992 relative à la convergence des objectifs et politiques de protection sociale (10) qui recommande aux États de veiller au maintien et au développement d'un système de soins de qualité, d'assurer, dans les conditions déterminées par chacun, aux personnes qui résident légalement sur le territoire de l'État membre l'accès aux soins nécessaires de santé, enfin de prendre des mesures pour prévenir les maladies. On les retrouve également dans les conclusions du Conseil sur les valeurs et principes communs aux systèmes de santé de l'Union européenne du 22 juin 2006 (11). Universalité, accès à des soins de qualité, équité et solidarité, sécurité, respect de l'éthique et de la vie privée, participation du patient s'affichent comme valeurs ou principes communs mais il est reconnu que « la manière dont ils se traduisent en pratique… varie considérablement d'un État à l'autre, ce qui continuera à être le cas ».

§ 2. ACCÈS DES PATIENTS AUX SERVICES DE SOINS

328 Tout citoyen européen a le droit de se faire soigner dans le pays de son choix. Il peut en effet se prévaloir de sa qualité de destinataire d'une prestation de soins, donc invoquer le bénéfice de la libre prestation de services (CE, art. 59 et 60 CE, art. 49 et 50 nouveaux). Le régime admis pour le touriste dans l'arrêt *Luisi et*

(8) *Notes et études documentaires*, n° 1718 du 18 mars 1953, Paris, La Documentation française, p. 15.

(9) V. Berthod-Wurmser (coordinateur), *La santé en Europe*, Paris, La Documentation française, 1994, chapitres 3 et 4 ; *Les systèmes de santé dans les États membres de la Communauté européenne*, Direction des Études du Parlement européen, 1993.

(10) *JOCE* L 245, 26 avr. 1992.

(11) *JOUE* C 146 du 22 juin 2006.

Carbone (12) s'applique de toute évidence au patient ainsi que la Cour l'a reconnu dans cet arrêt, puis dans l'arrêt *Grogan* du 4 octobre 1991 (13), avant d'en tirer d'importantes conséquences dans l'arrêt *Kohll* et *Union des Caisses de maladie*, du 28 avril 1998, C 158/96 (*infra*, n° 333). Il convient d'ajouter qu'en cas d'urgence les actes de soins eux-mêmes ne sauraient non plus être refusés aux ressortissants d'États tiers. Cela résulte d'un principe d'éthique médicale généralement admis dans le droit des États membres et que renforcent certains textes internationaux (14).

Ce qui dans les autres cas peut faire obstacle à l'accès aux soins est la prise en charge du coût des soins.

§ 3. LA PRISE EN CHARGE DU COÛT DES SOINS

329 C'est le problème essentiel. Sans doute est-il acquis depuis l'arrêt *Luisi et Carbone* que le patient, à l'instar du touriste, a, en sa qualité de destinataire de services, le droit d'emmener avec lui l'argent nécessaire. Mais dès lors que l'état de santé nécessite une hospitalisation ou des soins onéreux, l'accès effectif aux soins dépend largement de la prise en charge des dépenses par un organisme de Sécurité sociale. En effet, l'établissement prestataire de soins s'enquiert légitimement de la solvabilité du patient. Les règlements n°s 1408/71 du 14 juin 1971 et 574/72 du 21 mars 1972, dont le bénéfice a été étendu aux travailleurs non salariés (règl. n°s 1390/81 du 12 mai et 3795/81 du 8 décembre 1981), constituent les textes de base en la matière. Le règlement n° 883/2004, applicable depuis le 1er mai 2010, reprend sensiblement les mêmes règles, sauf en ce qui concerne les soins pour lesquels le patient décide de se rendre dans un État membre autre que celui dans lequel il réside, soins que l'on qualifie couramment de « soins programmés » à l'étranger.

A. **Les règles générales** (15)

330 **Soins reçus dans l'État membre compétent.** La réglementation communautaire détermine, on l'a vu, (*supra*, n° 263) l'État à la législation duquel le patient est soumis, État qu'elle qualifie d'« État compétent ». C'est normalement l'État dans lequel la personne assurée exerce son activité.

Lorsque l'assuré ou les membres de sa famille résident dans cet État et y reçoivent des soins ils sont pris en charge dans les conditions prévues par la législation nationale. Il en va bien entendu de même dans le cas où l'État compétent est l'État de résidence.

Un régime différent s'applique dans les hypothèses où les soins sont reçus dans un État autre que l'État compétent.

331 **Soins reçus dans un État membre autre que l'État membre compétent.** Il peut en aller ainsi parce que l'assuré réside dans un État membre autre que l'État compétent

(12) Arrêt *Luisi et Carbone* du 31 janvier 1984, aff. j. 286/82 et 26/83, *Rec.* 377.

(13) C 159/90, *Rec.* I-4685.

(14) Par exemple, rés. 45/148 de l'AG de l'ONU du 18 déc. 1990, portant convention internationale sur la protection des droits de tous les travailleurs migrants et des membres de leur famille, art. 28.

(15) Un régime spécial s'applique aux titulaires de pension et aux membres de leur famille.

(règl. nº 1408/71 art. 19 ; règl. nº 883/2004 art. 17) ou parce qu'il y séjourne, par exemple pour un voyage touristique et que des soins s'avèrent nécessaires au cours de ce séjour (règl. nº 1408/71 art. 22 ; règl. nº 883/2004 art. 19). En pareil cas, les prestations en nature, qui couvrent le remboursement des frais médicaux et paramédicaux, sont versées par l'institution d'assurance-maladie du lieu de résidence ou de séjour, selon la législation qu'elle applique, comme si le patient y était affilié, pour le compte de l'institution d'affiliation. En revanche, sauf convention, les indemnités journalières (prestations en espèces) sont versées par l'institution d'affiliation.

Le patient sera même dispensé de régler le coût du traitement avant se faire rembourser s'il bénéficie d'un système de tiers payant et peut attester de son affiliation à un organisme de sécurité sociale. Nul touriste n'ignore que le formulaire E111 qui attestait de cette affiliation est depuis le 1er juin 2004 remplacé par la carte européenne d'assurance-maladie (16). Pour certains types de traitements continus et qui nécessitent une infrastructure spéciale, par exemple la dialyse, il faut de plus avoir obtenu l'accord préalable de l'institution qui dispense les soins (17).

B. Déplacement effectué pour recevoir des soins dans un État membre autre que l'État compétent

332 **Le règlement nº 1408/71 et la libre circulation des patients.** Il se peut qu'un patient désire se rendre dans un autre État spécialement pour consulter ou recevoir des soins. Le droit communautaire n'était, à l'origine, que modérément favorable à la mobilité des patients. D'après l'article 22 § 1 c du règlement nº 1408/71, ce dernier a droit aux prestations en nature versées par l'institution de l'État où il sera soigné, selon les dispositions de la législation qu'elle applique, seulement à la condition d'avoir été autorisé par l'organisme de l'État d'affiliation qui sera appelé à rembourser. En revanche, le versement des prestations en espèces (jours de maladie) ne pose pas les mêmes problèmes puisqu'il est en principe effectué par l'institution de l'État d'affiliation (État compétent) selon les dispositions de sa législation.

L'autorisation de se rendre dans un autre État membre pour recevoir des soins se fait par la délivrance d'un formulaire E 112. Elle est de droit si le patient ne peut recevoir dans son pays d'origine les soins que son état exige. Mais l'application de cette règle a suscité des difficultés. Certains organismes de Sécurité sociale ont accumulé des dettes importantes envers les institutions des États dans lesquels les soins avaient été prodigués. Et les demandeurs d'autorisation se sont parfois heurtés à des refus injustifiés les contraignant à s'adresser aux tribunaux nationaux ou même, de présenter une pétition au Parlement européen (pétition nº 223/91 concernant la Grèce).

333 **Le juge communautaire et la libre circulation des patients.** La jurisprudence a toujours été favorable à la prise en charge du coût des soins reçus dans un autre État membre. En un premier temps la Cour a veillé à ce que soit respectée la disposition de l'article 22 du règlement nº 1408/71 selon laquelle l'autorisation d'aller se faire

(16) Commission administrative des Communautés européennes pour la sécurité sociale des travailleurs migrants, décision nº 189 du 18 juin 2003, *JOUE* L 276, 27 oct. 2003 et règlement nº 631/2004 du 31 mars 2004, *JOUE* L 100, 6 avr. 2004, art. 2.

(17) dir. nº 1408/71, art. 22 § 1 *bis*, la liste de ces traitements est dressée par la Commission administrative.

soigner dans un autre État ne soit pas refusée au patient dès lors que celui-ci ne pourrait recevoir dans son État les soins appropriés à son état de santé, ce dans un délai raisonnable (18). Depuis 1998 s'est développée une jurisprudence qui n'a cessé d'élargir le droit des patients à la libre circulation.

Les arrêts *Kohll* (19) et *Decker* (20) du 28 avril 1998 ont posé les principes de base. La Cour a mis à profit la circonstance particulière que les intéressés demandaient le remboursement, le premier d'un traitement orthodontique pour sa fille, le second d'une paire de lunettes, sur la base non de l'État dans lequel les soins avaient été délivrés et les lunettes achetées, mais de l'État d'affiliation, alors que l'article 22 du règlement n° 1408/71 prévoit le remboursement sur la base du tarif en vigueur dans l'État dans lequel la prestation ou le produit a été fourni. Elle a jugé que le règlement n° 1408/71 ne s'appliquait pas et qu'il importait de se référer aux dispositions du traité, c'est-à-dire selon le cas à la libre prestation de services ou à la libre circulation des marchandises.

L'acte de soins étant une prestation de services, c'est essentiellement la libre prestation de services (CE, art. 49 et 50 devenus 56 et 57 TFUE) qui servira de base à la jurisprudence, les dispositions du règlement n° 1408/71 important dans la mesure où elles facilitent la libre circulation des patients en les dispensant de faire l'avance des frais. En dehors de leur champ d'application s'applique l'article 49 CE qui permet au patient de bénéficier de la prise en charge des frais en étant le plus souvent dispensé d'obtenir l'autorisation préalable mais, en revanche, en devant payer puis se faire rembourser par l'organisme de l'État d'affiliation qui applique alors sa législation nationale. Pour la Cour, l'autorisation préalable au remboursement des frais constitue une entrave à la libre prestation de services dont le principe ne saurait être justifié que pour « risque d'atteinte grave à l'équilibre financier de la sécurité sociale » ou pour des motifs de santé publique, à savoir la nécessité de « maintenir un service médical et hospitalier de qualité, équilibré et accessible à tous » et une « capacité de soins ou d'une compétence médicale » suffisante sur le territoire national (21). La Cour admet que tel est le cas pour les traitements hospitaliers, mais non pour la simple consultation d'un praticien à son cabinet (22) sauf si les soins dispensés nécessitent le recours à des équipements lourds (23). Mais elle exige que la réponse soit donnée dans un délai raisonnable, avec objectivité et impartialité, ce qui implique notamment une appréciation de la qualité du traitement disponible dans l'État d'affiliation par rapport aux critères posés par la science médicale internationale et non par la seule médecine nationale, et que le refus d'autorisation soit motivé et susceptible de recours (24). *A fortiori* l'exclusion de tout remboursement pour les soins dispensés à l'étranger est-elle illicite (25).

La volonté du juge d'élargir au maximum la libre circulation s'est manifestée en particulier par la qualification de prestation de service reconnue aux soins dispensés dans un hôpital non rémunéré par le patient mais pris en charge dans le cadre du

(18) CJCE, 16 mars 1978, *Pierick, 117/77, Rec.* 825.

(19) C 1158/96, *Rec.* I-1931.

(20) C 120/95, *Rec.* I-1831.

(21) CJCE, 28 avr. 1998, *Kohll*, préc. ; 12 juill. 2001, *Smits et Peerbooms, C* 157/99, *Rec.* I-5473 ; 13 mai 2003, *Müller-Fauré, C* 385/99, *Rec.* I-4509.

(22) CJCE, 13 mai 2003, *Müller-Fauré*, préc.

(23) CJUE, 5 oct. 2010, *Commission c. France*, C 512/08.

(24) CJCE, 12 juill. 2001, *Smits et Peerbooms*, préc.

(25) CJCE, 19 avr. 2007, *Stamatelaki*, C 444/05, *Rec.* I-3185 ; CJUE, 5 oct. 2010, *Elchinov*, C 173/09.

financement global assuré à l'établissement par les caisses d'assurance-maladie (26). Le cas du service national de santé anglais financé par l'État n'a pas eu à être tranché dans l'affaire *Watts* jugée le 16 mai 2006 (27).

Également, en ce qui concerne la portée de l'autorisation, une fois celle-ci accordée, si cela est médicalement nécessaire, les soins peuvent être prodigués dans un État autre que celui pour lequel l'autorisation avait été demandée, y compris un État non-membre de l'Union (28). Il y a cependant une limite : les frais de séjour extra hospitalier et de transport ne sont pas pris en charge sauf si la législation nationale accorde ce droit aux nationaux (29).

C'est à la lumière de cette jurisprudence que doit être interprété l'article 20 § 2 du règlement n° 883/2004, selon lequel l'autorisation est accordée lorsque les soins dont il s'agit figurent parmi les prestations prévues par la législation de l'État membre sur lequel réside l'intéressé et que ces soins ne peuvent lui être dispensés dans un délai acceptable sur le plan médical, compte tenu de son état actuel de santé et de l'évolution probable de la maladie. Dans l'arrêt *Watts*, la Cour a indiqué que l'intérêt du patient l'emportait sur la gestion des listes d'attente que la planification hospitalière entraîne dans un système national de santé.

La directive n° 2011/24 du 9 mars 2011 (30) reprend les règles posées par la Cour et maintient la dualité de régimes. Elle leur apporte certaines précisions, par exemple, concernant l'autorisation préalable qui peut également être imposée pour les soins qui impliquent des traitements exposant le patient ou la population à un risque particulier ou qui sont dispensés par un prestataire suscitant des inquiétudes graves concernant la qualité ou la sécurité des soins. Elle prévoit la reconnaissance, et le remboursement, des prescriptions médicales délivrées dans un autre État. Elle impartit aux États de mettre en place un système de points de contacts nationaux permettant aux patients de disposer des informations qui faciliteront leur choix du médecin ou de l'établissement auquel ils s'adresseront. Elle invite enfin les États à créer des réseaux européens de référence entre prestataires de soins et centres d'expertise. Ces mesures devraient favoriser la mobilité des patients et le développement de la qualité des soins.

§ 4. LES DROITS DES PATIENTS

334 La réglementation communautaire a été longtemps des plus restreintes, ne concernant que le domaine – important, il est vrai – de la sécurité des produits de santé (voir *infra*, n° 337 et s.). La Commission a dû retirer une proposition de directive relative à la responsabilité des prestataires de services qui faisait reposer la responsabilité médicale sur la faute présumée du médecin (31). Le Parlement européen, en revanche, a multiplié les résolutions : Charte européenne des droits des patients (résol. 19 janvier 1984), Charte européenne des enfants hospitalisés (résol. 13 mai 1986), Charte des droits de la parturiente (résol. 8 juillet 1988), Résolution sur

(26) CJCE, 12 juill. 2001, *Smits et Peerbooms*, préc.

(27) CJCE, 16 mai 2006, C 372/4 ; la patiente s'étant rendue en France et y ayant payé son intervention, elle pouvait se prévaloir de la libre prestation de services.

(28) CJCE, 12 avr. 2005, *Héritiers d'Annette Keller*, C 145/03, *Rec.* I-2529, *Rev. droit sanitaire et social* 2005, 586, L. Dubouis.

(29) CJCE, 15 juin 2006, *Herrera* C 466/04, *Rec.* I-5341.

(30) *JOUE*, L 88 du 4 avr. 2011.

(31) Com. (90) 482 final, *JOCE* C 12 du 18 janv. 1991.

la fécondation artificielle « *in vivo* » et « *in vitro* » (résol. 16 mars 1989). Résolution condamnant le clonage des êtres humains (12 mars 1997). Cette situation s'expliquait par le fait que, outre les législations nationales, les États de l'Union s'en remettaient largement pour ce qui concerne l'éthique médicale au Conseil de l'Europe (v. *supra*, n° 326) et aux organismes professionnels (par exemple, Charte du malade usager de l'hôpital de 1979 adoptée par le comité hospitalier des Communautés européennes).

L'impact du droit communautaire pouvait être cependant important. Ainsi l'attitude du Conseil des ministres a-t-elle véritablement contribué à ce que les personnes atteintes de l'infection par le VIH ou malades du SIDA ne soient l'objet d'aucune discrimination : non-inscription du SIDA sur la liste des maladies autorisant les restrictions à la libre circulation (32), et affirmation renouvelée du refus de toute discrimination sur les lieux de travail (33) ou en matière d'embauche, de logement, de dépistage (34).

Le développement du droit de l'éthique biomédicale (*supra*, n° 326) est en passe d'accroître sensiblement l'incidence du droit de l'Union sur la condition des patients. Il ne se limite pas à la *Soft Law*, dont les avis du GEE permettent, du reste, de mesurer l'importance (35). La directive n° 95/46 du 24 octobre 1996 (36), relative à la protection des personnes physiques à l'égard du traitement de données à caractère personnel et à la libre circulation de ces données, institue une protection spéciale pour les données de santé (art. 8). La directive n° 2001/20 du 4 avril 2001 (37) relative aux bonnes pratiques cliniques dans la conduite d'essais de médicaments à usage humain constitue une véritable charte des essais cliniques (*infra*, n° 339). La réglementation relative au don de sang, de tissus ou cellules d'origine humaine ou au don d'organes mêle exigences éthiques et techniques (38). Le droit communautaire se développe sur la base du respect de la dignité humaine consacré par la charte des droits fondamentaux (art. 1er) et par la jurisprudence (*supra*, n° 326). Dans son article 3 la Charte explicite les conséquences les plus importantes : respect du consentement libre et éclairé du patient, interdiction des pratiques eugéniques du clonage reproductif des êtres humains, de la commercialisation des corps humains et ses parties. Un vaste chantier attend en ce domaine le droit de l'Union.

SECTION III **L'UNIFICATION DU MARCHÉ DES SOINS**

§ 1. NÉCESSITÉ DE L'UNIFICATION ET DIVERSITÉ DU MARCHÉ DES SOINS

335 Le marché des soins constitue un secteur d'activités des plus importants, représentant plus de 7 % du PIB des États membres de l'Union. Il est en expansion continue, malgré les politiques de maîtrise des dépenses de santé, à raison de l'augmentation de la demande de soins, qui favorise la prise en charge des dépenses par

(32) Dir. n° 24/65 du 2 févr. 1965, Annexe.
(33) Concl. du Conseil des ministres de la Santé, 89/C 28/02 du 15 déc. 1988.
(34) Résol. du Conseil et des ministres de la Santé, 90/C 10/02 du 22 déc. 1989.
(35) V. également l'avis du CES sur les droits des patients, du 26 sept. 2007.
(36) *JOCE* L 281, 23 nov. 1995.
(37) *JOCE* L 121, 1er mars 2001.
(38) V. *infra*, section III § 3.

les institutions de protection sociale, et du progrès technique. L'édification du marché intérieur commandait donc nécessairement l'unification du marché des soins.

Sur ce marché complexe, l'intervention de l'Union est multiforme. À côté de la réglementation, l'incitation financière joue un rôle non négligeable notamment en ce qui concerne la recherche, particulièrement la recherche fondamentale, pour stimuler les coopérations et les synergies entre les recherches conduites au niveau national. Le programme spécifique de recherche, de développement technologique et de démonstration dans le domaine de la biomédecine et de la santé (1994-1998), dit programme « Biomed », arrêté par le Conseil le 15 décembre 1994 constitue un exemple significatif. Au regard du droit communautaire, il offrait le double intérêt de comprendre des recherches en éthique biomédicale et en santé publique et de rappeler constamment « au respect des aspects éthiques, sociaux et juridiques de la recherche médicale ». Le programme « Qualité de la vie et ressources du vivant », actuellement en cours d'exécution, requiert les mêmes exigences.

En revanche, la directive n° 98/44 du 6 juillet 1998 (39) relative à la protection juridique des inventions biotechnologiques a suscité des inquiétudes en France tout particulièrement où sa transposition s'est effectuée avec retard. Si elle exclut que le corps humain ainsi que la simple découverte d'un de ses éléments, y compris la séquence d'un gène, puisse constituer une invention brevetable, elle fait exception pour les éléments isolés, y compris la séquence d'un gêne, produits par un procédé technique, même si leur structure est identique à celle d'un élément naturel (art. 5 § 2). Malgré les limitations énumérées par l'article 6, notamment concernant les procédés de clonage de l'être humain ou de modification de l'identité génétique germinale de l'être humain, le comité consultatif national d'éthique français a jugé cette disposition dangereuse pour le libre accès au domaine de la découverte (40). Mais la Cour de justice a jugé que cette directive était légale, en particulier qu'elle ne portait pas atteinte à la dignité de la personne humaine et à l'intégrité de la personne (41). Dans l'arrêt *Brüstle* du 18 octobre 2011, C34/10, elle estime que l'exclusion de toute possibilité de brevetabilité susceptible d'affecter la dignité humaine conduit à retenir une interprétation large de la notion d'embryon humain couvrant tout ovule humain dès le stade de la fécondation ainsi que tout ovule humain non fécondé dans lequel le noyau d'une cellule humaine a été implanté et tout ovule humain non fécondé qui, par voie de parthénogenèse, a été induit à se diviser et à se développer, tout en renvoyant au juge national la qualification qu'il convient de porter sur les cellules souches obtenues à partir d'un embryon humain.

Le régime juridique auquel sont soumis certains secteurs ne présente parfois en lui-même qu'une faible spécificité par rapport au droit commun du marché intérieur. Ainsi en va-t-il de l'application aux établissements de soins de la liberté d'établissement et de la libre circulation des capitaux, quand bien même les États conservent compétence pour imposer les réglementations non discriminatoires qui sont inhérentes à leur système de santé (par exemple autorisation d'implantation ou d'agrandissement). *A fortiori*, cette absence de spécificité se retrouve-t-elle en ce qui concerne l'application aux établissements publics hospitaliers des directives marchés publics

(39) *JOCE* L 213, 30 juill. 1998.
(40) Avis n° 64 du 8 juin 2000.
(41) CJCE, 9 oct. 2001, *Pays-Bas c. P.E. et Conseil*, préc.

ou des règles régissant la relation de travail (42). En revanche, une réglementation très importante et spécifique s'est développée concernant la libre circulation des professionnels de santé et des produits nécessaires pour le traitement des maladies.

§ 2. LA LIBRE CIRCULATION DES PROFESSIONNELS DE SANTÉ

336 La libre circulation des professionnels de santé constitue l'une des composantes importantes de l'Europe de la santé. Elle est également une de celles à l'égard desquelles la réglementation communautaire s'est développée plus rapidement que dans bien d'autres domaines concernant la santé.

Cependant, l'édification progressive de ce que l'on a parfois appelé l'Europe des blouses blanches demeure actuellement un phénomène qui se rattache plus à la liberté professionnelle – donc est analysé avec celle-ci, *supra*, n°s 201 et s. – qu'à la protection de la santé. Il en va ainsi parce que, contrairement, d'ailleurs, aux dispositions de l'article 47 § 3 CE, devenu 53 § 2 TFUE qui subordonne la reconnaissance mutuelle des diplômes à la coordination des conditions d'exercice des professions dans les différents États membres, aucune harmonisation des conditions d'exercice des professions de santé n'est pour l'heure intervenue. La Cour n'a pu que prendre acte de l'absence de réglementation communautaire et en déduire que chaque État demeurait libre de régler l'exercice des activités de santé sur son territoire dès lors qu'il n'opérait aucune discrimination entre ses ressortissants et ceux des autres États membres (43) ou ne porte pas une atteinte injustifiée à la liberté d'établissement (44). Ainsi, en principe, un État a-t-il le droit de réserver aux ophtalmologues le droit d'effectuer des examens à l'aide d'instruments sophistiqués (45). La compétence étatique a trouvé confirmation dans l'exclusion des services de soins de santé et pharmaceutiques du champ d'application de la directive services n° 2006/123.

La situation est différente lorsque l'on se trouve en présence d'une réglementation communautaire qui régit les conditions d'exercice de la profession, comme tel est le cas pour la profession pharmaceutique en ce qui concerne certains aspects de la distribution du médicament (*infra,* n° 345). Mais les tentatives que la Commission a parfois déployées dans cette direction se heurtent à de fortes réticences des États et des milieux professionnels ainsi que l'a montré l'échec de la proposition de directive visant à établir un système de responsabilité objective du prestataire de services, y compris des professionnels de santé, basé sur la faute présumée (46). Aussi la Commission semble-t-elle plutôt avoir pris le parti d'essayer de faire prévaloir une conception très rigoureuse de la liberté d'établissement ce qui la conduit, par exemple, à contester plusieurs réglementations nationales – dont la réglementation française – régissant le nombre, l'implantation et le régime de propriété des pharmacies quitte à être désavoué par la Cour.

(42) Sur ces points, v. A. MAKAROUNI, *L'hôpital public français et le droit communautaire*, Economica, Paris-Aix-en-Provence, 1997.

(43) CJCE, 3 oct. 1990, *Bouchoucha*, C 61/89, *Rec.* I-3551, concernant la profession d'ostéopathe.

(44) CJCE, 16 juin 1992, *Commission c. Luxembourg,* C 351/90, *Rec.* I-3945, l'*intuitus personae* inhérent à la relation médicale ne justifie pas l'interdiction absolue de l'exercice médical en cabinet secondaire.

(45) CJCE, 1er févr. 2001, *Mac Queen,* C 108/96, *Rec.* I-837.

(46) Proposition du 9 nov. 1990, *JOCE* C 12/18, 18 janv. 1991. L. DUBOUIS, « L'indemnisation de l'aléa thérapeutique et le droit européen », *in* TRUCHET et autres, *L'indemnisation de l'aléa thérapeutique,* Paris, Sirey, 1995, p. 26.

§ 3. L'UNIFICATION DU MARCHÉ DES PRODUITS NÉCESSAIRES À LA SANTÉ : LE MARCHÉ DES MÉDICAMENTS

A. Problématique

337 Les produits utilisés dans le traitement et la prévention des maladies impliquent une haute qualification technologique, donc font l'objet de brevets. L'utilisation de ces produits est très étroitement surveillée par les autorités nationales à la fois parce qu'elle peut présenter des risques graves pour la santé et en raison du coût élevé des médicaments et des dispositifs médicaux. Dans ces conditions, l'harmonisation des législations nationales s'avère le préalable indispensable de la libre circulation. Elle s'effectue parfois sur la base des principes retenus en ce qui concerne la nouvelle approche d'harmonisation technique et de normalisation. Tel est le cas pour les dispositifs médicaux (47) qui sont simplement soumis à l'exigence d'une certification, matérialisée par le marquage CE, leur assurant la libre circulation, ce qui n'exclut pas que la réglementation communautaire les soumette à des exigences rigoureuses de protection de la sécurité des patients. Mais, s'agissant des médicaments, qui constituent le secteur le plus important, et depuis longtemps le plus fortement réglementé dans les États membres, une harmonisation plus poussée a été nécessaire donnant naissance à une législation communautaire très développée et à une abondante jurisprudence. Bien entendu le don et la transplantation d'organes humains sont également soumis à un régime très contraignant mais tout à fait spécifique (48).

338 Le champ d'application de la législation relative aux médicaments est vaste. La directive n° 65/65, du 26 juillet 1965 (modifiée à plusieurs reprises), qui constitua le premier grand texte communautaire en la matière, définissait le médicament comme « toute substance ou composition présentée comme possédant des propriétés curatives à l'égard des maladies humaines ou animales (ou) toute substance ou composition pouvant être administrée à l'homme ou à l'animal en vue d'établir un diagnostic médical ou de restaurer, corriger ou modifier des fonctions organiques ». Un produit peut être ainsi qualifié de médicament soit par sa présentation, soit par sa fonction. La Cour de justice a interprété largement cette définition, considérant comme médicament par présentation tout produit que son conditionnement ou sa forme extérieure (tablette, pilule, cachet, mais non gélule !) (49) incite un consommateur moyennement avisé à tenir pour avoir des propriétés curatives (50).

Ces directives, ainsi que les directives n°s 75/318 et 75/319 concernant les essais et les directives de 1992 relatives à la distribution (*infra*, n° 345), ont été abrogées et remplacées par la directive n° 2001/83 du 6 novembre 2001 (51) instituant un Code

(47) Dir. n° 90/385 du 20 juin 1990 relative aux dispositifs médicaux implantables actifs, *JOUE* L 189, 20 juill. 1990, modifiée notamment par la dir. 2007/47 du 5 sept. 2007 30 août 1993 ; dir. n° 93/42 du 14 juin 1993, relative aux dispositifs médicaux, *JOCE* L 169 du 12 juill. 1993, modifiée à différentes reprises, notamment par la dir. 2007/47 du 5 sept. 2007 ; dir. n° 98/79 du 27 oct. 1998, relative aux dispositifs médicaux de diagnostic *in vitro*, *JOUE* L 331, 7 déc. 1998, modifiée par le règlement n° 1882/2003 du 29 sept. 2003.

(48) Dir. 2010/45 du 7 juill. 2010, *JOUE* L 207 du 6 avr. 2010.

(49) CJCE, 15 nov. 2007, *Commission c. Allemagne*, C 319/05, concernant des gélules de poudre d'extrait d'ail.

(50) CJCE, 3 nov. 1983, *Van Bennekom*, 227/82, *Rec.* 3883.

(51) *JOCE* L 311, 28 nov. 2001.

communautaire relatif aux médicaments à usage humain, elle-même modifiée déjà à plusieurs reprises, le 25 juin 2003 (52), le 31 mars 2004 (directive n° 2004/27), le 15 décembre 2010 (53) !

Le médicament est à présent défini comme :

« a) toute substance ou composition présentée comme possédant des propriétés curatives ou préventives à l'égard des maladies humaines ; ou ;

b) toute substance ou composition pouvant être utilisée chez l'homme ou pouvant lui être administrée en vue soit de restaurer, de corriger ou de modifier des fonctions physiologiques en exerçant une action pharmacologique, immunologique ou métabolique, soit d'établir un diagnostic médical ».

Le législateur communautaire a adopté une définition très large, que le juge interprète extensivement, dans un but de protection de la santé publique car le médicament obéit à un régime juridique très rigoureux. Ces dernières années la réglementation de l'Union tend à renforcer les normes et les contrôles. Cette évolution s'impose à raison de ce qu'aujourd'hui 80 % des produits actifs que contiennent les médicaments sont fabriqués hors de l'Union dans les pays où le coût de fabrication est moins élevé et de ce que l'on assiste au développement inquiétant, en particulier sur internet, du marché de médicaments falsifiés.

Le sang humain et les composants sanguins font l'objet d'une réglementation particulière, très rigoureuse, instituée par la directive n° 2002/98 du 27 janvier 2003 (54). Il en va de même des médicaments à usage pédiatrique (*infra*, n° 339) (55).

Le régime des médicaments vétérinaires est largement calqué sur celui des médicaments à usage humain (directive n° 2001/82 du 6 novembre 2001 et règlement n° 726/2004 du 31 mars 2004).

B. Réglementation des essais

339 La directive n° 2001/83, modifiée, pose un certain nombre de règles concernant les essais. Elle conserve la division classique en trois phases (bien qu'utilisant une autre terminologie et une autre présentation) :

– essais chimiques, pharmaceutiques et biologiques ;

– essais toxicologiques et pharmacologiques qui permettent de tester la toxicité, le processus d'absorption et l'éventuelle altération des fonctions organiques ;

– essais cliniques qui sont les investigations effectuées sur des êtres humains afin de contrôler l'efficacité et l'innocuité du médicament lorsqu'il est administré à un organisme humain ainsi que l'absorption le métabolisme et l'excrétion.

(52) Dir. n° 2003/63, *JOUE* L 159, 27 juin 2003.

(53) Dir. n° 2010/84, *JOUE* L 348, 31 déc. 2010 ; v. *infra*, n° 347.

(54) Dir. établissant des normes de qualité et de sécurité pour la collecte, le contrôle, la transformation, la conservation et la distribution du sang humain, *JOUE* L 33, 8 févr. 2003. La Commission a arrêté le 22 mars 2004 la dir. n° 2004/33 d'application, *JOUE* L 91, 30 mars 2004, le 30 sept. 2005 la dir. 2005/62 concernant les normes et spécifications communautaires relatives à un système de qualité dans les établissements de transfusion sanguine, *JOUE* L 256, 1er oct. 2005.

(55) Règlement n° 1901/2006 du 12 déc. 2006.

Cette dernière phase d'essais s'avère déterminante pour l'obtention de l'AMM. Mais elle présente des risques particuliers d'où sa soumission à des règles strictes au niveau national (France, loi Huriet-Sérusclat du 20 décembre 1988). Aussi doit-on se féliciter de l'adoption de la directive n° 2001/00 du 4 avril 2001 (56) relative à l'application de bonnes pratiques cliniques dans la conduite d'essais cliniques de médicaments à usage humain qui vise à l'harmonisation des réglementations nationales, que complète la directive d'application n° 2005/28 du 8 avril 2005 (57).

Aucun essai clinique ne pourra être entrepris sans une autorisation donnée après l'avis favorable émis par un comité d'éthique qui se prononcera sur la pertinence de l'essai, le rapport bénéfice-risques et les garanties accordées aux sujets de l'expérimentation. La participation est subordonnée au consentement éclairé et donné par écrit par l'intéressé ou son représentant légal, et peut être interrompue à tout moment par le sujet. Une protection renforcée est prévue pour les mineurs et les incapables majeurs.

Un régime particulier s'applique aux médicaments à usage pédiatrique, destinés aux enfants de moins de 18 ans, subordonnant les essais au plan d'investigation pédiatrique approuvé par le comité pédiatrique de l'agence des médicaments (58).

C. Fabrication du médicament

340 Le fabricant ou l'importateur de médicaments doit être titulaire d'une autorisation de fabriquer qui est soumise à des conditions concernant la qualité des locaux, des équipements, du personnel et à des contrôles portant sur la fabrication (dir. n° 2001/83, art. 40 et s.). En particulier il doit disposer d'au moins une personne titulaire d'un diplôme ou autre titre sanctionnant une formation d'au moins quatre années d'enseignement théorique ou pratique en pharmacie, ou médecine, chimie, biologie. Il doit respecter les principes et lignes directrices de bonnes pratiques de fabrication des médicaments prévus par le droit communautaire (art. 40).

D. Autorisation de mise sur le marché (AMM)

341 À l'origine l'AMM était donnée par chaque État, garant de la protection de la santé des personnes qui vivent sur son territoire. L'harmonisation des règles de fabrication a conduit en 1993, au terme d'une longue évolution jalonnée par plusieurs directives importantes, à l'institution de deux procédures communautaires d'autorisation des médicaments, la « procédure centralisée » et la « procédure décentralisée », les médicaments homéopathiques et les médicaments essentiellement similaires à des médicaments déjà autorisés, bénéficiant d'une procédure particulière « simplifiée ».

342 **La procédure centralisée.** Le principe de la procédure centralisée est que l'autorisation de mettre le médicament sur le marché est donnée par la Commission européenne et vaut pour tous les États de l'Union. Cette procédure a été instituée par le règlement

(56) *JOCE* L 121, 1er mars 2001.

(57) Dir. de la Commission fixant des principes et des lignes directrices détaillées relatifs à l'application de bonnes pratiques cliniques en ce qui concerne les médicaments expérimentaux à usage humain, *JOUE* L 91, 9 avr. 2005.

(58) dir. n° 1901/2006 du 12 déc. 2006, art. 11.

n° 2309/93 du 22 juillet 1993 (59) et est entrée en vigueur le 1er janvier 1995. Le règlement n° 2309/93 a créé une agence européenne pour l'évaluation des médicaments (dont le siège est à Londres) chargée de procéder à des évaluations scientifiques qu'élabore son comité des spécialités pharmaceutiques (CSP).

Le règlement n° 230/93 a été abrogé par le règlement n° 726/2004 du 31 mars 2004 (60) qui introduit un certain nombre de modifications. Les unes sont de pure forme : aussi l'agence s'appelle désormais agence européenne des médicaments et le CSP devient le comité des médicaments à usage humain. Les autres, plus importantes, concernent l'élargissement du champ d'application de la procédure centralisée. Cette dernière demeure obligatoire pour les médicaments de haute technologie et pour les médicaments orphelins ; elle le devient pour les médicaments contenant une nouvelle substance active destinés à traiter le sida, le cancer, les maladies neurodégénératives, le diabète, ou, depuis le 20 mai 2008, les maladies auto-immunes et les maladies virales. Elle a été étendue aux médicaments orphelins, médicaments qui concernent le traitement de maladies très rares (ne touchant pas plus de 5 personnes sur 10 000 dans la Communauté) par la directive n° 141/2000 du 16 décembre 1999. Ces médicaments, qui risquent d'être de faible rentabilité, bénéficient d'une procédure d'AMM plus favorable (assistance de l'agence, exonération totale ou partielle de la redevance due à l'agence) et d'une exclusivité commerciale d'une durée de 10 ans en principe. C'est l'un des aspects de l'action de la Communauté contre les maladies rares, auquel s'ajoute le programme d'action pour 1999-2003 arrêté le 29 avril 1999 visant à mettre en place un réseau européen d'information et à développer la coopération transnationale (61).

Le règlement n° 1394/2007 du 13 novembre 2007 a institué le comité des thérapies innovantes qui donne son avis au comité des médicaments à usage humain pour les médicaments de thérapie innovante (thérapie génique, cellulaire, ingénierie tubulaire). L'octroi de l'AMM peut être subordonné à la mise en place d'un système de gestion des risques.

343 **La procédure décentralisée.** La procédure décentralisée s'applique aux autres médicaments, pour lesquels l'AMM continue de relever de la compétence de chaque État qui doit se prononcer dans les 210 jours suivant la présentation de la demande.

La liberté d'appréciation des États se trouve néanmoins limitée par application du principe de la reconnaissance mutuelle. En effet, dès lors qu'un premier État a accordé l'AMM pour un médicament, tout autre État qui reçoit par la suite une demande d'AMM est tenu de se prononcer sur le vu du rapport d'évaluation que lui fournit, sur la demande du titulaire de l'autorisation, le premier État. Si, d'autre part, un médicament ne dispose pas de l'AMM et que son fabricant sollicite celle-ci auprès de plusieurs États, un État sera l'État membre de référence et instruira le dossier. Tous les États concernés s'efforcent de parvenir à un accord au sein du groupe de coordination et au cas de désaccord la Commission arrête, après avis du comité des médicaments à usage humain, une décision qui s'impose à tous les États dans leur décision d'AMM.

344 Quelle que soit la procédure suivie, l'AMM est accordée pour 5 ans. Elle est renouvelable, et cette fois en principe pour une durée illimitée. Mais il incombe aux États

(59) *JOCE* L 214, 4 août 1993.
(60) *JOUE* L 136, 30 avr. 2004.
(61) Décision n° 1295/99 du 29 avr. 1999, *JOCE* L 155, 22 juin 1999.

agissant en coopération avec l'agence d'assurer la pharmacovigilance susceptible d'aboutir à la suspension ou au retrait des médicaments qui produisent des effets indésirables (v. *infra*, nº 347).

E. Commercialisation des médicaments : prix et conditions de distribution

345 **Prix des médicaments.** En l'absence de réglementation communautaire, les États demeurent compétents pour fixer le prix de vente des médicaments ainsi que les conditions de remboursement par les organismes de Sécurité sociale. Cela fait que des disparités considérables existent, les prix allant du simple au double pour des produits analogues. La Cour juge ces réglementations licites dès lors qu'elles ne sont pas discriminatoires (62). Mais elle estime également que les importations de médicaments autorisés dans un autre État auxquelles se livre pour son propre compte un patient ne sauraient être interdites (63). Il en va de même des « importations parallèles » par des distributeurs s'approvisionnant dans un autre État membre (64).

La directive nº 89/105 du 21 décembre 1988 (65) vise à assujettir les États à un minimum de transparence dans la fixation du prix et le remboursement des médicaments. À cette fin elle impose un traitement correct des entreprises (délai de réponse impératif (66), motivation) et la communication des décisions et réglementations nationales à la Commission. La Cour a déduit de la directive nº 89/105 que médicaments remboursables par la sécurité sociale et médicaments non remboursables constituent deux catégories de marchandises et que les premiers peuvent être soumis à un taux de TVA inférieur à celui qui s'applique aux seconds (67).

Les différences de prix pour un même médicament ont suscité le développement d'« importations parallèles », importations d'un médicament en provenance d'un autre État membre dans lequel il a obtenu l'AMM et qui peut être acheté à un prix beaucoup moins élevé que celui fixé dans l'État d'importation, ce qui assure à l'importateur un bénéfice commercial. L'importation parallèle, étant tout à fait conforme à la règle de libre circulation des marchandises, les États ne peuvent y apporter que des entraves objectivement justifiées par la protection de la santé et proportionnelles à cet objectif (68). La conciliation entre la libre circulation – qui demeure le principe – et les droits du titulaire d'un brevet ou d'un droit de marque a donné lieu à une jurisprudence fort complexe, le juge essayant de définir les situations dans lesquelles le titulaire peut s'opposer à la diffusion du médicament (69).

(62) CJCE, 7 févr. 1984, *Duphar*, 238/82, *Rec.* 52.

(63) CJCE, 7 mai 1989, *Schumacher*, 215/87, *Rec.* 613.

(64) CJCE, 20 mai 1976, *de Peijper*, 104/75, *Rec.* 613, aff. dite *Centrafarm*.

(65) *JOCE* L 40, du 11 févr. 1989.

(66) CJCE, 20 janv. 2005, C 245/03, *Merck, Sharp et Dohme*, BV, *Rec.* I-637, *Europe* mars 2005, nº 82, E. Bernard.

(67) CJCE, 3 mai 2001, *Commission c. France*, C 481/98.

(68) CJCE, 20 mai 1976, *de Peijper* (aff. *Centrafarm*), 104/75, *Rec.* 613.

(69) C. Hénin, « Le médicament à usage humain », *Juris-Classeur Europe*, fasc. 570, nºs 314 et s. ; C. le Gal, « Le mécanisme des importations parallèles à travers le prisme de la jurisprudence communautaire », *Rev. droit sanitaire et social* 2005, p. 732.

346 **Régime de distribution.** Le régime de distribution des médicaments est tout aussi réglementé par les États. On a pu penser un temps que le monopole de vente des pharmaciens – en France notamment – pourrait être partiellement remis en cause dans la mesure où la Cour l'avait qualifié de MEERQ (70). La jurisprudence *Keck et Mithouard* est venue dissiper l'inquiétude des pharmaciens, le monopole suédois de vente au détail des médicaments, étant susceptible de désavantager les médicaments en provenance des autres États membres, a été jugé illégal (71). En outre, la protection de la santé publique justifie que les États réservent aux pharmaciens le droit de détenir ou exploiter des pharmacies (72) et réglementent la répartition géographique des officines (73) dès lors que ces mesures ne sont ni disproportionnées ni discriminatoires.

Mais le droit communautaire, lui aussi, réglemente la délivrance des médicaments afin de protéger les utilisateurs. Quatre directives du 31 mars 1992 (74) ont eu pour objectif d'assurer un usage rationnel des médicaments. Leurs dispositions ont été reprises par la directive n° 2001/83 du 6 novembre 2001, modifiée. La distribution de gros est soumise à des conditions minimales et à une autorisation (dir. n° 2001/83 titre VII). La directive prévoit une classification des médicaments au regard de l'obligation de prescription médicale préalable à la délivrance (titre VI). Elle impose aux États de soumettre à prescription médicale les médicaments susceptibles de présenter un danger s'ils sont utilisés sans surveillance médicale ou utilisés souvent dans des conditions anormales d'emploi, et, s'ils le désirent, de soumettre à prescription médicale spéciale les substances classées comme stupéfiant ou psychotrope et même de réserver à la prescription hospitalière certains médicaments. Les listes concernant ces médicaments doivent être communiquées à la Commission et, s'ils le demandent, aux autres États membres. Le titre V est consacré à l'étiquetage et à la notice. Il précise utilement les indications qui doivent figurer sur la notice et sur l'emballage des médicaments pour l'information du patient concernant notamment les effets indésirables et les précautions à prendre.

La directive interdit la publicité faite auprès du public pour certains médicaments, par exemple ceux qui ne peuvent être délivrés que sur prescription médicale, et réglemente la publicité des autres médicaments ainsi que la publicité qui s'adresse aux professionnels de santé (titre VIII) interdisant les incitations financières dispensées à ces derniers dans un but de promotion commerciale (ce qui, en principe, ne vise pas celles qui sont accordées par les autorités nationales (75)). Elle interdit également toute publicité pour un médicament se référant de manière abusive, effrayante ou trompeuse à des attestations de guérison (76). Ces prescriptions s'ajoutent aux réglementations générales des produits concernant la publicité trompeuse (*supra*, n° 289) ou la publicité télévisée (*supra*, n° 290). Elles ne permettent pas à un État d'interdire toute vente par correspondance (sur internet, en l'occurrence), et toute publicité pour ce mode de vente, concernant les médicaments dont la vente est réservée aux pharmacies,

(70) CJCE, 21 mars 1991, *Delattre*, C 369/88, *Rec.* I-1487.

(71) CJCE, 31 mai 2005, *Hanner*, C 438/02, *Rec.* I-4551.

(72) CJUE, 2 arrêts du 19 mai 2009, *Commission c. Italie*, C 531/06, *Rec.* I-4103, *Apothekerkammer dees Saarlandes*, C 171/07 et C 172/07, *Rec.* I-4171.

(73) CJUE, 1er juin 2010, *Pérez et Gomez*, C 570/07 et C 571/07.

(74) Dir. n° 92/95, 92/96, 92/97, 92/28.

(75) CJUE, 22 avr. 2010, *Association of the British Pharmaceutical Industry*, C 62/09.

(76) Art. 90. V. CJCE, 8 nov. 2007, *Ginkec*.

dans le cas où ces mesures concernent des médicaments non soumis à prescription médicale (77).

347 **Pharmacovigilance**. Elle consiste dans la surveillance et la notification des effets indésirables, c'est-à-dire des réactions nocives et non voulues, susceptibles d'apparaître à l'usage, après que le médicament a reçu l'AMM et qui peuvent conduire à la suspension ou au retrait de l'AMM. La directive n° 2010/84 et le règlement n° 1235/2010 du 15 décembre 2010 (78) renforcent sensiblement le système antérieur.

L'autorité qui délivre l'AMM peut assortir celle-ci de conditions au nombre desquelles figure l'obligation d'effectuer des études de sécurité et d'efficacité. Les médicaments qui contiennent une nouvelle substance active et les médicaments soumis à conditions particulières ne sont autorisés que sous réserve d'une surveillance supplémentaire et cette particularité doit, notamment, être signalée sur la notice.

Les effets indésirables peuvent être notifiés non seulement par les professionnels de santé mais aussi par les patients. La gestion de la pharmacovigilance s'opère à trois niveaux. Le titulaire de l'AMM est tenu de gérer le dossier des incidents survenus dans l'Union ou des pays tiers et de soumettre des rapports périodiques de sécurité. Les autorités nationales doivent enregistrer les effets indésirables et les diffuser sur le réseau européen Eudravigilance, éventuellement de prendre les mesures d'urgence. L'Union joue un rôle important et pas seulement concernant les médicaments pour lesquels elle a donné l'AMM (procédure centralisée). Un comité pour l'évaluation des risques en matière de pharmacovigilance assiste l'agence et les États. Et, au cas d'urgence, s'ouvre une procédure qui, même concernant les médicaments autorisés selon la procédure décentralisée, est susceptible d'aboutir à une décision de la Commission s'imposant aux États.

Dans le même esprit de renforcement de la sécurité, l'Union s'est dotée d'une réglementation visant à protéger les patients contre les risques que génèrent les médicaments falsifiés. La directive n° 2011/62 du 8 juin 2011 (79) prévoit que les médicaments soumis à prescription, et éventuellement les autres, doivent comporter des dispositifs de sécurité permettant d'en vérifier l'authenticité, de déceler toute manipulation et d'assurer la traçabilité. Le fabricant de médicament doit veiller à ce que les fabricants de substance active et les distributeurs respectent les bonnes pratiques de fabrication. Un contrôle particulier des sites internet qui proposent des médicaments est institué.

SECTION IV LA PRÉVENTION SANITAIRE

§ 1. LIMITES ET COMPLEXITÉ DU DROIT COMMUNAUTAIRE DE LA PRÉVENTION SANITAIRE

348 Même limitée à la prévention primaire, au sens où l'entend l'OMS, la prévention sanitaire occupe un champ illimité. Selon l'article 168 TFUE, elle vise à prévenir les maladies et les affections humaines et les causes de danger pour la santé physique et mentale. On conçoit que cela fasse de la prévention sanitaire

(77) CJCE, 11 déc. 2003, *Deutscher Apothekerverband e V*, C 322/01, *Rec.* I-14887.
(78) *JO* L 348, 31 déc. 2010.
(79) *JO* L 174, 1er juill. 2011.

une composante des autres politiques de la Communauté, pour reprendre la formule de l'ancien article 129 CE. Aussi bien retrouvons-nous la prévention sanitaire dans la protection de la santé et de la sécurité des travailleurs (protection sociale), des consommateurs, ou dans la protection de l'environnement. Le lien entre protection de la santé et de l'environnement apparaît particulièrement étroit ainsi qu'en témoignant la réglementation des OGM (*infra*, n°s 391 et s.) ou le règlement REACH (Registration, Evaluation and Authorisation of Chemicals). Ce dernier confirme de plus la difficulté que suscite l'élaboration de compromis satisfaisants entre protection de la santé et maintien de la compétitivité des entreprises (*infra*, n° 356).

Dans ces conditions, il s'avère impossible de déterminer quelles règles relèvent d'une politique autonome de prévention sanitaire. Et cela d'autant plus que l'Union n'intervient qu'à titre tout à fait subsidiaire. On doit également observer que nombre d'interventions communautaires reposent plus sur la recommandation (par ex., recommandation du Conseil du 2 décembre 2003 relative au dépistage du cancer) (80) l'action, ou le financement d'actions, que sur la réglementation. Un exemple significatif est donné par les programmes de lutte contre le cancer (programmes 1987-1989, 1990-1994, 1996-2000). Mis en œuvre dans le cadre de plans d'action quadriennaux, ces programmes combinaient actions pour l'amélioration de la formation des personnels de santé, participation communautaire au financement de la recherche, campagne d'information du public (81) et élaboration d'une législation antitabac. Les programmes d'action de la Communauté sont à présent inclus dans le Programme de santé publique (actuellement est en cours d'exécution le programme 2003-2008). La prévention de la toxicomanie, une des priorités clairement affichées dans le traité, est encore plus complexe puisqu'au programme d'action communautaire reposant sur des plans quadriennaux d'action drogue insérés dans une stratégie de lutte contre la drogue (82) s'ajoutent la création d'institutions spécialisées tels le comité européen de lutte antidrogue (Celad crée en 1990) ou l'observatoire européen des drogues et de la toxicomanie (83), la coopération policière et judiciaire (Unité « drogues » Europol), l'adhésion à des conventions internationales (84), enfin l'élaboration d'une réglementation (par exemple dir. n° 92/109 du 14 décembre 1992, relative à la fabrication et à la mise sur le marché de certaines substances utilisées pour la fabrication illicite de stupéfiants et de substances psychotropes (85) ; règl. n° 273/2004 du 11 février 2004, relatif aux précurseurs de drogues (86) ; décision-cadre n° 2004/757/JAI du 25 octobre 2004 relative aux sanctions applicables au trafic de drogues (87)). Les stupéfiants, à l'exception de ceux qui relèvent d'un courant strictement commercial, sont interdits d'importation et d'exportation dans tous les États membres et leur commerce ne saurait se prévaloir des libertés communautaires (88).

(80) *JOUE* L 327, 16 déc. 2003.

(81) Code européen contre le cancer comprenant dix commandements à respecter.

(82) La stratégie 2005.2010 comprenant deux plans d'action a été adoptée par le Conseil européen lors de sa réunion des 16-17 déc. 2004.

(83) Règl. n° 302/93 du 8 févr. 1993, *JOCE* L 36, 12 févr. 1993, remplacé par le règlement n° 1920/2006 du 12 déc. 2006, *JOUE* L 376, 27 déc. 2006.

(84) Convention de Vienne du 19 déc. 1988 sur le trafic illicite des stupéfiants et des substances psychotropes.

(85) *JOCE* L 370, 19 déc. 1992.

(86) *JO L* 47, 18 févr. 2004.

(87) *JO* L 335, 11 nov. 2004.

(88) CJUE, 16 déc. 2010, *Josemans*, C 137/09.

La résurgence du risque de pandémies, telles que le SRAS (syndrome respiratoire aigu sévère) ou la grippe aviaire, a conduit l'Union à renforcer la coordination des réseaux nationaux de surveillance en instituant le Centre européen de prévention et de contrôle des maladies (89) et la réglementation applicable à l'influenza (grippe) aviaire (90). Les épidémies récentes dues au virus H1N1 (2009) et à la bactérie Escheria Coli (2011) ont confirmé et la nécessité et la difficulté de cette coordination.

On analysera quatre exemples caractéristiques des réglementations visant à prévenir les maladies et affections humaines et du rapport que ces réglementations ont avec la politique de santé publique.

§ 2. LA PROTECTION CONTRE LES RADIATIONS IONISANTES

349 Elle offre la particularité de trouver sa base juridique non pas dans le traité TFUE, mais dans le traité CEEA (dont le chapitre 3 du titre II est consacré à la protection sanitaire – art. 30 à 39). L'article 31 donne compétence au Conseil pour arrêter des normes de base élaborées par la Commission au vu d'un avis scientifique. Ces normes fixent des seuils maxima d'exposition différents pour la population et pour les travailleurs de l'industrie nucléaire. La directive n° 359/59 Euratom qui a défini ces seuils pour la première fois a été régulièrement révisée et remplacée par la directive n° 96/29 du 13 mai 1996 (91). Elle a également été complétée par des directives spécifiques de la protection radiologique des personnes soumises à des examens et traitements médicaux (92) ou de la protection contre les risques résultant du transfert de déchets radioactifs.

La circulation de substances radioactives est très réglementée. Les transferts de substances radioactives entre les États membres sont soumis à déclaration préalable afin de permettre le contrôle du respect des seuils d'exposition (93). Une réglementation spécifique s'applique aux déchets radioactifs : le système d'autorisation préalable à tout mouvement de déchets radioactifs, initié par la directive n° 92/3 Euratom du 3 février 1992, a été renforcé par la directive n° 2006/117 Euratom du 20 novembre 2006 relative à la surveillance et au contrôle des transferts de déchets radioactifs et de combustible nucléaire usé (94). Le transfert implique le consentement de l'État d'origine, de l'État de destination et des États de transit. La directive interdit le transfert vers les destinations situées au sud du 60e parallèle de l'hémisphère sud et vers les États ACP. La Commission a également proposé une directive relative à la gestion du combustible usé et des déchets radioactifs (95).

La Commission dispose de pouvoirs importants. Elle est informée non seulement de l'état des législations nationales mais encore des contrôles effectués par les États. Elle peut adresser à ces derniers des recommandations, voire en cas d'urgence, des injonctions

(89) Règlement n° 851/2004 du 21 avr. 2004, *JOUE* L 142, 30 avr. 2004.

(90) Dir. 2005/94 du 20 déc. 2005, *JOUE* L 10, 14 janv. 2006.

(91) *JO* L 159 du 29 juin 1996.

(92) Dir. n° 84/466 du 3 sept. 1984, modifiée par la dir. n° 97/43 Euratom du 30 juin 1997, *JOCE* L 180, 9 juill. 1997.

(93) Règlement (Euratom) n° 1493/1993 du 8 juin 1993, concernant les transferts de substances radioactives entre les États membres, *JOCE* L 148 du 19 juin 1993.

(94) *JOCE* L 337 du 20 nov. 2006.

(95) Proposition du 3 nov. 2010 COM (2010) 618 final.

par voie de directive. En outre, elle doit donner son *avis préalable* à la réalisation de toute installation susceptible de rejeter des effluents radioactifs (96). La question de l'extension du contrôle de la Commission sur le respect des normes de protection lorsque le rejet d'effluents radioactifs provient d'installations militaires a suscité une vive controverse. Lors de la campagne d'essais nucléaires effectuée dans le Pacifique en 1995-1996, le gouvernement français fournit les informations qui lui étaient demandées et accepta la visite des installations autres que celles militairement sensibles, tout en exprimant de réserves sur la compétence de la Commission. Mais la Cour de justice a admis dans un arrêt du 12 avril 2005, *Commission c. Royaume Uni*, que « les activités relevant du domaine militaire échappent au champ d'application » du traité Euratom, afin que ne soient pas compromis « des intérêts essentiels de la défense nationale des États membres » (97).

La catastrophe de Tchernobyl (avril 1986) a conduit à un élargissement du système de prévention. Outre les mesures provisoires d'interdiction d'importer les produits qui risquaient d'être contaminés (98), elle a incité le Conseil à renforcer l'information concernant les mesures d'urgence : création d'un système communautaire d'échange rapide d'informations en cas de situation d'urgence (99), renforcement de l'information de la population (100) sur les mesures à prendre en cas de situation de ce type. De plus, la hantise d'accidents nucléaires survenant en Europe de l'Est a poussé l'Union à intensifier sa vigilance et sa coopération avec les États concernés.

La catastrophe de Fukushima (11 mars 2011) a également suscité l'édiction de mesures provisoires concernant l'importation des denrées alimentaires et des aliments pour animaux originaires ou en provenance du Japon (101). Elle a surtout conduit à s'interroger sur la sûreté nucléaire des installations nucléaires. L'Union européenne dispose du plus grand parc mondial de centrales nucléaires, 143 au début de l'année 2011. Si le principe fondamental demeure que la sûreté nucléaire des installations relève de la responsabilité nationale de chaque État – ce qui conduit à des autoévaluations, en liaison, il est vrai, avec l'Association internationale de l'énergie atomique (AIEA) –, l'Union européenne n'est pas pour autant absente. Outre les pouvoirs de la Commission, précédemment rappelés, l'Union a défini un cadre communautaire pour la sûreté nucléaire des installations nucléaires (directive n° 2009/71 Euratom du 25 juin 2009) (102). Elle a institué le groupe des régulateurs européens dans le domaine de la sûreté nucléaire (ENSREG) qui réunit les autorités nationales compétentes et la Commission. Donnant suite à l'invitation formulée par le Conseil européen des 24 et 25 mars 2011, l'ENSREG a arrêté le 26 mai 2011 les modalités des évaluations de sûreté (« *stress tests* ») auxquelles l'ensemble des installations nucléaires vont être soumises à partir du 1er juin. Ce qui n'empêche pas chaque État de demeurer maître de sa politique nucléaire, ainsi qu'en témoigne la décision allemande de fermer les centrales nucléaires d'ici 2022.

(96) CJCE, 22 sept. 1988, *Land de Sarre*, 187/87, *Rec.* 5013, affaire de la centrale de Cattenom.

(97) C-61/03, *Rec.* I-2477. La France était intervenue au soutien du Royaume-Uni de même que dans l'affaire *Commission c. Royaume Uni*, C 65/04 tranchée dans le même sens par un arrêt du 9 mars 2006.

(98) Règlement n° 616/2000, du 20 mars 2000, *JOCE* L 75, 24 mars 2000.

(99) Déc. n° 87/600, *Euratom* du 14 déc. 1987, *JOCE* L 371, 30 déc. 1987.

(100) Dir. n° 89/618, *Euratom* du 4 déc. 1990, *JOCE* L 349, 13 déc. 1990, incorrectement transposée par la France (CJCE, 9 déc. 2004, *Commission c. France*, C 177/03, *Rec.* I-11671).

(101) Règlement d'exécution n° 297/2011 de la Commission du 25 mars 2011, *JO* L 80 du 26 mars 2011 modifié par le règlement n° 2011/576.

(102) *JOUE* L 172 du 2 juill. 2009.

§ 3. LA RÉGLEMENTATION « ANTI-TABAC »

350 Responsable de troubles cardiovasculaires et, surtout, produit cancérigène, le tabac fait l'objet, de la part des institutions communautaires, non seulement de campagnes de prévention et de résolutions par exemple concernant l'interdiction de fumer dans les lieux accueillant du public (103), mais également de mesures de dissuasion. Cette action mérite d'être soulignée compte tenu de l'importance des intérêts économiques des producteurs, des fabricants et des distributeurs de tabac, même si elle n'est pas toujours exempte de contradictions (soutien de la production de tabac, franchises de droits).

Se fondant sur la nécessité de supprimer les entraves aux échanges (CE 100 A ancien, 95 nouveau), la directive n° 89/622 du 13 novembre 1989, modifiée par la directive n° 92/41 du 15 mai 1992, et la directive n° 90/239 du 17 mai 1990 (104) constituèrent la première étape d'une « réglementation antitabac ». Elles sont aujourd'hui remplacées par la directive n° 2001/37 du 5 juin 2001 (105) qui confirme la limitation de la teneur en goudron et nicotine et aggrave l'obligation de faire figurer sur les paquets un avertissement dissuasif du type : Fumer tue ou nuit gravement à votre santé et à celle de votre entourage. L'interdiction de la mise sur marché de tabacs à usage oral, autres que ceux destinés à être fumés ou mâchés, a été validée par la Cour (106).

Sur le plan fiscal, trois directives ont été adoptées, après bien des difficultés, le 19 octobre 1992 (107). Elles harmonisent – très imparfaitement – les taxes frappant les cigarettes (dir. n° 92/79) les autres tabacs (dir. n° 92/80) ainsi que les impôts autres que les taxes sur le chiffre d'affaires (directive n° 92/78 aujourd'hui remplacée par la directive n° 95/59 du 27 novembre 1995 (108)). Sans doute l'objectif affiché est-il l'harmonisation fiscale fondée sur l'article 99 ancien CE ; le but réellement poursuivi est tout autant d'empêcher que des législations nationales trop clémentes ne constituent un encouragement à la consommation. À cela près que cette réglementation a pour conséquence d'interdire la fixation d'un prix minimal de vente pour les cigarettes ainsi que la Cour l'a jugé dans trois arrêts rendus le 4 mars 2010, dont l'un condamnant la France (109).

C'est précisément la distorsion entre l'objectif retenu pour déterminer la base juridique – suppression des entraves à la libre circulation des produits du tabac – et le contenu – interdiction générale de la publicité et du parrainage en faveur de ces produits – qui a entraîné l'annulation de la directive n° 98/43 du 6 juillet 1998 (110). Aussi la directive n° 2003/33, adoptée en remplacement le 26 mai 2003 (111) et cette fois validée par la Cour, est-elle de portée plus limitée. La publicité et le parrainage ne sont prohibés de façon absolue que dans les émissions radiodiffusées (le même régime

(103) Résolution du Conseil et des ministres de la santé réunis au sein du Conseil, 18 juill. 1989, *JOCE* C 189 du 26 juill. 1989.

(104) *JOCE* L 158, 11 juin 1992 ; L 137, 30 mai 1990.

(105) *JOCE* L 194, 18 juill. 2001.

(106) CJCE, 14 déc. 2004, *Arnold*, C 434/02, *Rec.* I-11825 : *Sweedish Match AB,* 210/03, *Rec.* I-11893.

(107) *JOCE* L 316, 31 oct. 1992.

(108) *JO* L 291, dir. modifiée à plusieurs reprises.

(109) Arrêts rendus dans les affaires *Commission c. France*, C 197/08, *Commission c. Autriche*, C 198/08, *Commission c. Irlande*, C 221/08.

(110) CJCE, 5 oct. 2000, *RFA c. Parlement et Conseil*, C 376/98, *Rec.* I-8419.

(111) *JOUE* L 152, 20 juin 2003.

s'appliquant pour les émissions télévisées en application des directives n° 89/552 et n° 2007/65, v. n°s 220 et 305). La publicité est autorisée dans la presse spécialisée destinée aux professionnels du commerce du tabac et dans les publications imprimées dans des pays tiers et non destinées principalement au marché communautaire. Surtout, seul le parrainage des manifestations ayant des effets transfrontaliers est interdit (112).

§ 4. LA SÉCURITÉ ALIMENTAIRE, DE LA PRÉVENTION À LA PRÉCAUTION

A. Sécurité alimentaire et prévention

351 Il y a fort longtemps que le droit communautaire se préoccupe de la santé des consommateurs de produits alimentaires. La prévention sanitaire a engendré une réglementation contraignante et florissante qui joue de tous les moyens d'action à la disposition des autorités publiques.

Ainsi les fabricants et les distributeurs de produits alimentaires ont-ils l'obligation d'informer les consommateurs sur les composantes et caractéristiques du produit, ainsi que sur sa date limite de consommation (113). Les additifs ont fait l'objet d'une attention particulière concernant la liste des produits autorisés et les conditions de leur utilisation, sur la base d'une directive-cadre du 21 décembre 1988 (114). Il en va de même de la composition des emballages (115).

Des règles spéciales s'appliquent à certains secteurs. Il en va ainsi pour les denrées destinées aux nourrissons, enfants en bas âge ou autres personnes en situation particulière (116) et pour les produits surgelés (117) ainsi que les compléments alimentaires (118). Et une importante législation s'est développée concernant l'alimentation animale qui a une incidence décisive sur la qualité du produit mis à la disposition des consommateurs (voir *infra*, n°s 864 et s.).

À cela s'ajoute l'obligation d'un double contrôle exercé l'un par le fabricant (119), l'autre par les autorités nationales (120) dont l'action est susceptible d'être évaluée par les institutions communautaires.

B. La crise de la « vache folle » et le principe de précaution

352 L'épidémie d'encéphalopathie spongiforme bovine (ESB) et la probabilité de transmission à l'homme d'une forme de la maladie de Creutzfeldt-Jakobs, relayée par

(112) CJCE, 10 déc. 2002, *British American Tabacco*, C 491/01, *Rec.* I-11453.

(113) Dir. n° 79/112 du 18 déc. 1978.

(114) Dir. cadre n° 89/107, *JOCE* L 4, 11 févr. 1989, modifiée à plusieurs reprises, dont le 9 août 2001 par la dir. n° 2001/62, *JOCE* L 221, 17 août 2001.

(115) Dir. cadre n° 89/109 du 21 déc. 1988, *JOCE* L 40, 11 févr. 1989.

(116) Dir. n° 89/398 du 3 mai 1989, *JOCE* L, 30 juin 1989, modifiée par la dir. n° 99/41 du 7 juin 1999.

(117) Dir. n° 89/108 du 21 déc. 1988, *JOCE* L, 11 févr. 1989.

(118) Dir. n° 2002/46 du 10 juin 2002, *JOUE* L 183, 12 juill. 2002.

(119) Dir. n° 93/43 du 14 juin 1993, *JOCE* L 175, 19 juill. 1993.

(120) Dir. n° 89/397 du 14 juin 1989, *JOCE* L 186, 30 juin 1989.

l'affaire des poulets contaminés par des toxines provenant de la graisse animale contenue dans leur alimentation (Belgique, mai 1999) puis par l'épidémie de fièvre aphteuse qui a décimé les troupeaux britanniques et affecté d'autres pays, ont profondément modifié les exigences en matière de sécurité alimentaire.

La crise de la sécurité alimentaire a contraint les Européens à se rappeler que si la protection de la santé des consommateurs incombe d'abord aux États, la Communauté avait également un rôle à jouer. La Commission, on le sait, a payé cher son insuffisante diligence dans la gestion de la crise de la vache folle, en particulier le fait qu'elle eut attendu le 27 mars 1996 pour interdire l'expédition de la viande bovine et des produits obtenus à partir de la viande bovine du Royaume-Uni vers les États tiers, embargo partiellement levé le 23 juillet 1999.

Pour autant ce dysfonctionnement n'a pas abouti à une restriction des compétences communautaires, au contraire. Le traité d'Amsterdam octroie au Conseil le pouvoir d'arrêter des mesures dans les domaines vétérinaire et phytosanitaire ayant directement pour objectif la protection de la santé publique » (CE, art. 152, § 4, b). Et l'action communautaire a redoublé de vigueur. Les services de la Commission ont été réorganisés, une importante réglementation adoptée (121). On en retiendra particulièrement la directive n° 2002/99 du 16 décembre 2002 (122) relative aux règles et aux contrôles sur la production, la transformation, la distribution et l'importation de produits d'origine animale, le règlement n° 178/2002 du 28 janvier 2002, ainsi que la réglementation de l'importation et du transit des animaux (123). Dans la mesure où cette réglementation n'est pas exhaustive les États ont la faculté d'édicter des dispositions plus contraignantes dès lors qu'elles ont pour objectif de protéger la santé publique et ne sont pas disproportionnées (124).

De plus deux principes consacrés par la Cour dans les arrêts *National Farmers* et *Royaume Uni c. Commission* du 5 mai 1998 (125) se sont imposés. Le premier pourrait être qualifié de primat de la protection de la santé et de la vie des personnes, exigence dont les institutions communautaires doivent tenir compte lorsqu'elles exercent leurs pouvoirs. La Cour ajoute, non sans raison, que la protection de la santé contribue au développement de l'agriculture. Le second est le principe de précaution.

353 Certes le principe de précaution ne se limite pas au droit de la santé. Tout au contraire, puisqu'il a été consacré par le traité à propos de la politique de l'environnement qui constitue en droit international sa terre d'origine. Mais dans les arrêts du 5 mai 1998 la Cour en a fait une claire application en jugeant qu'il doit être admis que, « lorsque des incertitudes subsistent quant à l'existence ou à la portée de risques pour la santé des personnes, les institutions peuvent prendre des mesures de protection sans avoir à attendre que la réalité et la gravité des risques soient pleinement démontrées ».

Même si le juge communautaire se montre prudent dans son usage, particulièrement lorsqu'il est invoqué par les États comme justifiant des restrictions à la libre circula-

(121) Cette réglementation est particulièrement abondante en ce qui concerne l'alimentation animale et les contrôles qui s'y exercent, voir *infra*, n° 864 et s. et Commission européenne, Rapport général, 1999, n°s 572 et s. ; 2000, n°s 669 et s.

(122) *JOCE* L 18, 23 janv. 2003.

(123) Dir. 2004/68 du 26 avr. 2004 établissant les règles de police sanitaire relatives à l'importation et au transit, dans la Communauté, de certains ongulés vivants, *JOUE* L 139, 30 avr. 2004.

(124) CJUE, 25 févr. 2010, *Müller Fleisch*, C 562/08.

(125) Affaires C-157/46, *Rec.* 1-2211 et C 180/96, *Rec.* I-2265.

tion des produits alimentaires (126), le principe de précaution s'est imposé au rang des principes fondamentaux qui guident l'action des institutions, ainsi que l'a admis le Conseil européen de Nice (C 7-11 décembre 2000). Il le doit largement à la crainte suscitée par la propagation de l'ESB. Il demeure que ce principe s'avère d'un maniement délicat, source d'inépuisables controverses, par exemple avec les États-Unis dans l'affaire du bœuf aux hormones.

D'où son encadrement par la législation de l'Union, à commencer par le règlement n° 178/2002 du 28 janvier 2002.

354 **La charte de la législation alimentaire et la création de l'autorité européenne de sécurité des aliments (règlement n° 178/2002).** Le 28 janvier 2002 a été adopté le règlement n° 78/2002 (127) établissant les principes généraux et les prescriptions générales de la législation alimentaire, instituant l'Autorité européenne de sécurité des aliments et fixant des procédures relatives à la sécurité des denrées alimentaires. Ce texte constitue la charte de la sécurité alimentaire et s'applique aussi bien à l'alimentation animale qu'à l'alimentation humaine, de la production primaire à la consommation.

Il pose un certain nombre de principes généraux de la législation alimentaire :

– l'analyse et la gestion des risques (art. 6) ;

– le principe de précaution (art. 7), dont les limites sont également clairement posées ;

– la protection des intérêts des consommateurs contre toute fraude ou tromperie (art. 8) ;

– la transparence assurée par l'information et la consultation des citoyens.

Le règlement définit également les prescriptions générales de la législation alimentaire qui génèrent autant d'obligations :

– interdiction de mettre sur le marché des denrées dangereuses, c'est-à-dire préjudiciables à la santé ou impropres à la consommation (art. 14 et 15) ;

– exactitude de l'information dispensée au consommateur (art. 16) ;

– principe de traçabilité (art. 18) ;

– responsabilité des exploitants du secteur alimentaire tenus de veiller au respect des règles de sécurité alimentaire.

Au niveau de l'Union est instituée l'Autorité européenne de sécurité des aliments, agence indépendante. Elle a pour mission de fournir des avis scientifiques indépendants qui serviront de base à l'élaboration de législation communautaire, de veiller à l'information du public et de coopérer avec la Commission et les États au fonctionnement du système d'alerte rapide et de gestion des crises que le règlement institue.

On retiendra qu'en cas d'urgence la Commission se voit reconnaître le droit de prendre des mesures de suspension de mise sur le marché ou d'importation des denrées concernées (art. 53).

(126) Par ex., CJCE, 13 déc. 2001, *Commission c. France*, C 1/00, *Rec.* I-9989, à propos du refus français de mettre fin à l'embargo sur la viande bovine britannique ; CJCE, 5 févr. 2004, *Commission c. France*, C 24/00, *Rec.* I-1277.

(127) *JOCE* L 31, 28 janv. 2002.

355 **L'hygiène alimentaire**. La législation de l'Union a connu une importante rénovation le 29 avril 2004 (128).

Le règlement n° 852/2004 pose les règles générales relatives à l'hygiène des denrées alimentaires et remplace la directive n° 93/43 du 14 juin 1993. Il impose aux exploitants du secteur alimentaire de veiller au respect des règles d'hygiène à toutes les étapes de la production, transformation et distribution des denrées alimentaires. Cela doit s'effectuer par application des principes HACCP concernant l'analyse des risques et la maîtrise des points critiques (art. 5), notamment sur la base de guides nationaux et communautaires de bonnes pratiques, et sous le contrôle des autorités nationales.

Les denrées alimentaires d'origine animale font l'objet d'une réglementation spécifique. Le règlement n° 853/2004 définit les obligations qui s'imposent au commerce de gros : agrément des établissements, marquage de salubrité et d'identification du produit s'imposent, bien que selon des modalités un peu différentes, pour les produits d'origine animale en provenance de la Communauté comme pour ceux qui sont importés de pays tiers. Les États ont l'obligation d'assurer un contrôle rigoureux du respect de ces exigences (règlement n° 854/2004, fixant les règles spécifiques d'organisation des contrôles officiels concernant les produits d'origine animale destinés à la consommation humaine).

§ 5. LA RÉGLEMENTATION DES SUBSTANCES CHIMIQUES : LE RÈGLEMENT REACH

356 Il est totalement inconcevable que nous puissions nous passer des substances chimiques. Mais si celles-ci sont quasiment omniprésentes dans notre mode de vie actuel, certaines d'entre elles peuvent affecter gravement la santé des consommateurs, plus encore celle des travailleurs, et l'environnement. Le législateur communautaire en a pris conscience depuis longtemps. Mais la réglementation se caractérisait jusqu'alors par sa complexité (une quarantaine de directives et règlements) et son caractère lacunaire en tout cas s'agissant de l'information et des contrôles préalables à la mise sur le marché. En particulier, l'obligation d'effectuer des tests sur la sécurité chimique ne concernait que les produits mis sur le marché depuis 1981 et il revenait aux autorités nationales d'établir le caractère dangereux d'un produit avant d'édicter une réglementation restrictive (129). Le règlement n° 1907/2006, adopté le 18 décembre 2006, dit règlement REACH (*Registration, Evaluation and Autorisation of Chemicals*) (130) que complètent une directive (131) et un règlement d'application (132), unifie la législation communautaire et, surtout, renforce considérablement la protection de la santé et de l'environnement. C'est au prix d'un alourdissement des obligations imposées aux producteurs et importateurs de produits chimiques, le principe étant qu'il leur incombe d'évaluer les risques que ces produits présentent. Le coût financier élevé imposé à l'in-

(128) *JOUE* L 139, 30 avr. 2004.

(129) V. M. Heikkila, « Une nouvelle ère en matière de réglementation sur les substances chimiques : le règlement REACH est entré en vigueur », *RDUE* 2007, p. 839.

(130) Règlement concernant l'enregistrement, l'évaluation et l'autorisation des substances chimiques, ainsi que les restrictions applicables à ces substances, instituant une agence européenne des produits chimiques, *JOUE* L 136, 29 mai 2007.

(131) Dir. 2006/121 du 18 déc. 2006, *JOUE* L 396, 30 déc. 2006.

(132) Règlement comm. 771/2008 du 1er août 2008, *JOUE* L 206 2 août 2008.

dustrie européenne – fabricants de produits chimiques et utilisateurs en aval – explique l'intensité des débats que l'élaboration du texte a suscités.

Le règlement REACH impose aux entreprises qui fabriquent ou importent des substances chimiques l'obligation de les enregistrer auprès de l'agence européenne des produits chimiques qu'il institue et qui est basée à Helsinki, obligation dont le principe a été validé par la Cour dans l'arrêt *SPCM. SA* (133). À défaut d'enregistrement une substance ne pourra plus être fabriquée ou importée dans l'Union européenne. Lors de l'enregistrement, le déclarant est tenu d'indiquer les propriétés et les risques que présente l'utilisation du produit, ce qui dans nombre de cas implique la réalisation de tests coûteux, d'où l'allègement des exigences d'information consenti aux PME.

En principe, cette obligation couvre toute fabrication ou importation supérieure à une tonne par an par l'entreprise concernée même si la mise sur le marché est antérieure à 1981 (d'où l'existence de délais d'enregistrement pour les substances « anciennes »). Cependant, demeurent exclues du champ d'application du règlement les substances qui sont régies par d'autres réglementations (par exemple, les substances radioactives ou les substances utilisées pour la fabrication des médicaments) ou considérées comme non dangereuses (par exemple le dioxyde de carbone, l'hydrogène, l'oxygène, les gaz rares, l'azote) ou encore celles qui sont présentes dans la nature et non tenues pour dangereuses (par exemple, les minéraux, le pétrole brut, le charbon). En revanche, doivent également être enregistrées les substances contenues dans des produits déjà mis sur le marché si elles sont destinées à être rejetées lors de l'utilisation normale du produit ou s'avèrent particulièrement dangereuses.

Il appartient à l'agence européenne des produits chimiques de vérifier la conformité des dossiers d'enregistrement et de coordonner l'évaluation des substances qui demeure assurée par les États membres. Ces derniers conservent la compétence pour interdire ou restreindre la mise sur le marché des produits qu'ils estiment dangereux. Il en va cependant différemment en ce qui concerne les substances particulièrement dangereuses, telles les substances cancérigènes ou celles qui sont susceptibles d'avoir des effets irréversibles sur l'être humain ou l'environnement, qui figureront sur une liste établie par l'agence. Leur mise sur le marché est subordonnée à une autorisation accordée par la Commission après avis de l'agence. L'autorisation ne sera délivrée que s'il est démontré que les risques peuvent être suffisamment contrôlés ou sont plus que contrebalancés par les avantages socio-économiques que présente l'utilisation du produit, après examen des solutions de remplacement qui doivent obligatoirement figurer dans le dossier.

BIBLIOGRAPHIE

I. Ouvrages

M. Berthod-Wurmser (sous la coordination de), *La santé en Europe*, La Documentation française, 1994 ■ M. Blanquet et N. de Grove-Valdeyron (dir), *La création de l'Autorité européenne de sécurité des aliments*, Presses de l'Université des Sciences Sociales de Toulouse, 2005 ■ G. Bossis,

(133) CJCE, 7 juill. 2009, C 558/07, *Rec.* I-5783.

La sécurité sanitaire des aliments en droit international et communautaire, Bruxelles, Bruylant, 2005 ■ J. Bourrinet et F. Snyder, *La sécurité alimentaire dans l'Union européenne*, Bruxelles, Bruylant, 2003 ■ M. Cassan, *L'Europe communautaire de la santé*, Economica, Aix-Marseille, Paris, 1989 ■ L. Dubouis (dir.), *Progrès médical et droit européen*, Paris, La Documentation française, 1999 ■ C. Hénin, *Le médicament en droit communautaire*, th. Paris II, Édition de Santé, 1997 ■ E. Massialos, G. Permanond, R. Baeten, T. Hervey, *Health systems governance in Europe. The role of E.U. Law and policy*, Cambridge University press, 2010 ■ F. Massart (dir.), *L'Europe de la santé : hasard et/ou nécessité*, Louvain, 1993 ■ P. Nihoul et A.-C. Simon (dir.), *L'Europe et les soins de santé*, Bruxelles, Larcier, 2005 ■ R. Ouellet (dir.) *Sécurité alimentaire et OGM*, Presses de l'Université des Sciences sociales de Toulouse, 2007.

II. Articles, études et documents

A. Alemano, « L'AESA souffle ses cinq premières bougies », *RDUE* 2007, 588 ■ M. Bélanger, *Union européenne et droit médical. Structures, Droit médical et hospitalier*, Litec, fasc. 250 ; Union européenne et droit médical, Activités, fasc. 251 ; *Union européenne et droit hospitalier,* fasc. 255 ■ D. Byrne, « La stratégie communautaire en matière de santé publique et la création d'un Centre européen de prévention et de contrôle des maladies », *RAE* 2003-2004/2, p. 185 ■ M.-D. Campion et G. Viala, « Vers la libre circulation des médicaments en Europe », *Revue de droit sanitaire et social* 1993, p. 80 ■ M.-D. Campion, v° « Médicament », *Rép. Dalloz droit communautaire* ■ Commission des Communautés européennes, *La réglementation des médicaments dans la Communauté européenne*, 6 volumes ; *Le principe de précaution* (communication du 2 février 2000) ■ L. Dubouis, « L'Europe de la santé », *Annales de droit de Louvain* 1993, n° 2, p. 143 ; « La politique de santé », *Commentaire Mégret*, 2e éd., volume 8, p. 13 ■ « La Cour de justice, régulatrice du marché de la santé ? » *in Une communauté de droit, Mélanges Iglesias,* BWR Berliner Wissenschaftes-Verlag, Berlin 2003, p. 423 ; « Le droit de l'Union européenne et l'éthique biomédicale », *RAE* 2003-2004/2, p. 203 ; « Les avancées régionales : le droit européen de la bioéthique », *in* S. Maljean-Dubois (dir.), *La société internationale et les enjeux bioéthiques*, Paris, Pédone 2006, p. 65 ; « Soins de santé », *Juris-Classeur Europe*, fasc. 1996 ■ N. Ferrand-Ciandet, « L'Union européenne et la télésanté », *RTDE* 2010, p. 537 ■ J.-L. Gal, « Le droit communautaire en matière de procédés de clonage et de brevetabilité, des inventions portant sur le génome et certaines cellules d'"être humain" », *RDUE* 2000, p. 835 ■ L. Gonzalez Vaqué, L. Ehring et C. Jacquet, « Le principe de précaution dans la législation communautaire et nationale relative à la protection de la santé », *RMUE* 1999, p. 79 ■ N. de Grove-Valdeyron, « Le principe de précaution, nouvel instrument du droit communautaire de la santé », *RAE* 2003-2004/2, p. 265 ■ M. Heikkila, « Une nouvelle ère en matière de réglementation sur les substances chimiques : le règlement REACH est entré en vigueur », *RDUE* 2007, p. 839 ■ S. Hennette-Vauchez, « L'émergence d'un droit communautaire de la biomédecine », *RTDE* 2009, p. 21 ■ C. Hénin, « Le médicament à usage humain », *Juris-Classeur Europe*, fasc. 570 ■ A. Laude et D. Tabuteau (dir.), *Code européen de la santé*, Éditions de santé, Paris, 2009 ■ J. Pertek, « Professions médicales et paramédicales », *Juris-Classeur Europe*, fasc. 740 ; « L'Europe des professionnels de la santé », *RAE* 2003-2004/2, p. 221.

III. Chronique

M. Bélanger, « Droit européen général de la santé », *Revue générale de droit médical.*

Nos 357 à 369 réservés.

CHAPITRE 4
LA PROTECTION DE L'ENVIRONNEMENT

370 Si l'environnement demeure un concept imprécis, une « notion caméléon » (1), le droit de l'environnement a connu depuis les années 1970 un intense développement auquel le droit communautaire participa pleinement. Progressivement se mettent en place les éléments d'un droit à l'environnement, droit de la « troisième génération », axé sur la qualité des conditions de vie de l'homme en relation avec le milieu ambiant.

SECTION I — CARACTÉRISTIQUES GÉNÉRALES DE LA PROTECTION EUROPÉENNE DE L'ENVIRONNEMENT

§ 1. L'ESSOR DE LA POLITIQUE EUROPÉENNE DE L'ENVIRONNEMENT

A. Bases juridiques

371 Si l'on excepte la protection contre les radiations ionisantes (CEEA, art. 30 à 39), les traités originaires ne contiennent aucune disposition habilitant les Communautés à intervenir pour protéger l'environnement. Au contraire, l'article 36 CE (art. 30 nouveau) réservait aux États le droit de restreindre la libre circulation des marchandises pour des « raisons de protection de la santé et de la vie des personnes et des animaux ou de préservation des végétaux ».

La naissance d'une action communautaire est liée d'abord à la prise de conscience des dangers qui menacent l'environnement, dangers que des catastrophes affectant les États membres rendront encore plus présents : émission de dioxine, Seveso, 10 juillet 1976, destruction du réacteur nucléaire de la centrale de Tchernobyl, 26 avril 1986,

(1) M. Prieur, *Droit de l'environnement*, Paris, Dalloz, 5e éd. 2004, nº 1.

incendie des usines Sandoz à Bâle, 1er novembre 1986. La nécessité d'une meilleure protection de l'environnement, vigoureusement prônée par les écologistes (les « Verts »), devient un credo au niveau national comme international. Ainsi, l'année 1972 est-elle à la fois celle de la première conférence des Nations Unies sur l'environnement (Stockholm, 5 au 6 juin) et de la reconnaissance par les chefs d'États et de gouvernement de la Communauté (Sommet de Paris, 20 octobre) de ce que la croissance économique doit s'accompagner d'une amélioration du niveau et de la qualité de la vie ainsi que d'une protection de l'environnement et des ressources naturelles. L'action de la Communauté s'avérait d'autant plus nécessaire que les atteintes portées à l'environnement ne s'arrêtent pas aux frontières nationales et que les mesures de protection ont un coût élevé susceptible d'altérer les conditions de concurrence au sein du marché commun si elles n'étaient pas harmonisées. La volonté politique aidant, les articles 100 (harmonisation) et 235 CE servirent de base juridique à une législation importante. Et, à partir de 1985, une jurisprudence constante ne cesse d'affirmer que la protection de l'environnement constitue l'un des objectifs essentiels de la Communauté (2).

L'Acte unique européen reconnaît explicitement la compétence communautaire dans les articles 130 R, S, T qui constituent le titre consacré à l'environnement, mais introduit une interaction notamment avec l'article 100 À concernant les mesures d'harmonisation visant à la réalisation du marché intérieur. D'où la question de la pluralité des bases juridiques qui doit être tranchée en fonction du but et du contenu de l'acte car les procédures d'élaboration diffèrent (3).

372 Pas plus sur le fond que s'agissant des compétences de la Communauté, les traités sur l'Union européenne et le traité d'Amsterdam (CE, art. 174-176) n'apportent de modification sensible. Cependant, le traité d'Amsterdam, dans l'article 6 CE, intègre plus fortement la protection de l'environnement dans la définition et la mise en œuvre des politiques et actions de la Communauté et incorpore dans le traité le principe du développement durable, consacré par la Conférence des Nations Unies qui s'est tenue à Rio de Janeiro en 1992, selon lequel le développement économique ne doit pas compromettre les intérêts des générations futures. Et l'article 37 de la Charte des droits fondamentaux hisse, à peu près dans les mêmes termes, la protection de l'environnement au nombre des principes consacrés au titre de la solidarité. La protection de l'environnement s'impose ainsi comme un objectif « transversal et fondamental », selon la formule de l'arrêt *Commission contre Autriche* (C 320/03), du 15 novembre 2005, ce qui autorise même les autorités nationales à apporter des restrictions aux libertés communautaires pourvu que soit respecté le principe de proportionnalité (en l'occurrence, les restrictions apportées par l'Autriche à la libre circulation des camions de plus de 7,5 tonnes transportant certains déchets ont été jugées excessives) et, dans certaines limites, accorder des aides pour la protection de l'environnement (4).

La contrepartie réside en ce que les divergences de sensibilités nationales en matière d'environnement s'ajoutent au coût économique de la protection de l'environnement

(2) CJCE, 7 févr. 1985, *ADBHU*, 240/83, *Rec.* 531 ; 20 sept. 1988, *Commission c. Danemark*, 302/86, *Rec.* 4607 ; 2 avr. 1998, *Outokumpu*, C 213/96, *Rec.* I-1777 ; 13 sept. 2005, *Commission c. Conseil*, C 176/03 (voir paragraphe suivant).

(3) CJCE, 17 mars 1993, *Commission c. Conseil*, C 155/91, *Rec.* I-939, à propos de la dir. déchets.

(4) V. Commission, 23 janv. 2008, Encadrement communautaire des aides d'État pour la protection de l'environnement.

pour freiner tant l'action de la Communauté (d'autant que la protection de l'environnement risque d'entraver l'exercice des libertés économiques) que le respect des normes communautaires, cela en dépit de la persistance de sinistres tels que le naufrage des pétroliers Erika et Prestige ou l'explosion de l'usine AZF de Toulouse, pour n'évoquer que ceux qui ont particulièrement concerné la France.

Cela se traduit, outre les retards et insuffisances dans la transposition des directives, par des déficiences dans le contrôle et la sanction de leur application. Pour rendre plus effectif l'accomplissement du devoir de coopération loyale qui incombe aux États membres, la Commission a proposé l'adoption de deux directives, l'une relative à la réparation des dommages environnementaux (v. *infra*, n° 376), l'autre à la protection de l'environnement par le droit pénal. L'élaboration de cette dernière, transformée en un premier temps en décision cadre JAI (décision 2003/80) (5), a donné à la Cour l'occasion d'affirmer que le législateur communautaire était compétent pour prendre les mesures en relation avec le droit pénal des États qu'il estime nécessaires pour garantir la pleine efficacité des normes qu'il édicte en matière de protection de l'environnement, les États conservant cependant la compétence pour déterminer le type et le niveau des sanctions applicables (6). Ainsi, la directive n° 2008/99 du 19 novembre 2008 (7) impose aux États de sanctionner les violations commises intentionnellement ou par négligence grave. Les sanctions doivent être effectives, proportionnées et dissuasives. La responsabilité des personnes morales doit être prévue mais peut être de nature pénale ou administrative.

Le contentieux de l'environnement demeure particulièrement nourri, tant au niveau national qu'au niveau de l'Union (8).

Le traité de Lisbonne n'apporte pas de modifications importantes sur le fond, se bornant à mentionner expressément la lutte contre le changement climatique dans les objectifs poursuivis au niveau international. En revanche, s'agissant de la procédure d'adoption des décisions, il élargit la possibilité de passer de l'unanimité à la majorité pour les questions, telles les dispositions de nature fiscale ou les mesures affectant l'aménagement des territoires ou, la gestion des ressources hydrauliques ou le choix des sources d'énergie, qui demeurent soumises au vote unanime (art. 192 TFUE). L'environnement relève du domaine des compétences partagées.

B. Actions

373 L'action de la Communauté est multiforme. Définie et encadrée depuis 1973 par des programmes d'action (le sixième programme, d'une durée de dix ans, a été adopté le 22 juillet 2002) et par des stratégies thématiques (par exemple, stratégie thématique sur la pollution atmosphérique), elle revêt, outre les réglementations qui seront étudiées par la suite, la forme de :

(5) *JOCE* L 29, 5 févr. 2003.

(6) CJCE, 13 sept. 2005, *Commission c. Conseil*, C 176/03, *Rec.* I-7879, *Europe* nov. 2005, n° 369, D. Simon. Également concernant la décision cadre relative à la répression de la pollution causée par les navires, CJCE, 23 oct. 2007, C 440/05.

(7) *JOUE* L 328, 6 déc. 2008.

(8) V. *Juris-Classeur Europe*, fasc. 1903.

– soutiens financiers accordés aux projets contribuant à la protection de l'environnement soit par les Fonds structurels, soit dans le cadre des programmes LIFE ;

– attribution d'un label, « écolabel », par les organismes nationaux aux produits qui répondent aux normes communautaires (9) ;

– création de l'agence européenne pour l'environnement et du réseau européen d'information et d'observation pour l'environnement (10) ;

– participation à des conférences et actions internationales : elle débouche sur la participation de la Communauté à la conclusion de conventions internationales qui constituent aujourd'hui un réseau qui encadre le droit communautaire.

La sixième conférence des parties à la convention-cadre des Nations Unies sur les changements climatiques (La Haye, 13-24 novembre 2000) a confirmé que l'Union européenne avait des positions beaucoup plus favorables que celles des États-Unis envers la protection de l'environnement, en l'occurrence concernant la réduction des émulsions de gaz à effet de serre en application du protocole de Kyoto. Malgré ses insuffisances l'Union apparaît au niveau international comme l'un des acteurs majeurs de la politique de protection de l'environnement. Mais elle peine à entraîner les autres États, développés ou en développement, sur cette voie et, ce, encore plus depuis qu'a éclaté la crise économique et financière en 2008 ainsi que l'échec de la conférence de Copenhague en décembre 2009 et les incertitudes qui pèsent sur le renouvellement du protocole de Kyoto l'ont montré.

§ 2. PRINCIPES DE BASE DU DROIT DE L'UNION

Fixés à présent dans les traités, ils déterminent les objectifs et le cadre juridique des règles communautaires.

A. Les objectifs et principes

374 Ayant pour objectifs de contribuer à un niveau élevé de protection de la qualité de l'environnement, à la protection de la santé, à l'utilisation prudente et rationnelle des ressources naturelles et de participer à l'action internationale, l'Union développe une législation qui repose sur un certain nombre de principes (191 § 2 TFUE), en plus du principe du développement durable qui exprime la philosophie de l'action menée par la Communauté.

Les principes de « précaution et d'action préventive » répondent à l'idée de bon sens que mieux vaut prévenir les atteintes à l'environnement que d'avoir à les combattre. Le principe de « correction par priorité à la source » constitue une application particulière du précédent. Le principe du « pollueur-payeur » vise à faire prendre en charge par le pollueur les coûts liés à la protection de l'environnement. Le principe de participation-information du public confirme que la protection de l'environnement incombe

(9) Règl. n° 880/92, du 23 mars 1992, *JOCE* L 99, 11 avr. 1992.
(10) Règl. n° 1210/90 du 7 mai 1990, *JOCE* L 120, 11 mai 1990.

également aux citoyens. Comme le principe de précaution, deux principes viennent de connaître des développements importants.

375 **Le principe de précaution.** De sa terre natale, le droit international de l'environnement (déclaration de Rio 1992), le principe de précaution a gagné le droit de l'Union au sein duquel il se manifeste avec une intensité particulière lorsqu'est en cause la santé publique, ce qui est souvent le cas dans le droit de l'environnement. Il est expressément consacré par l'article 191 TFUE, sous-tend nombre de réglementations (11) et la jurisprudence l'invoque souvent (12). Comme en droit de la santé, il implique que lorsque des incertitudes subsistent quant à l'existence ou à la portée de risques de dommages graves les institutions de l'Union et les États membres puissent prendre des mesures de précaution sans avoir à attendre que la réalité et la gravité de ces risques soient pleinement démontrés.

376 **Le principe du « pollueur-payeur ».** Inscrit dans le traité, ce principe trouve dans la directive n° 2004/35 du 21 avril 2004 (13) sur la responsabilité environnementale en ce qui concerne la prévention et la réparation des dommages environnementaux un cadre général de mise en œuvre.

Il s'applique à ceux qui exercent une activité professionnelle, les « exploitants », et causent ou menacent de causer un dommage environnemental. Si l'activité professionnelle est de celles qui présentent des risques pour la santé humaine ou l'environnement (la liste en est donnée par l'annexe III de la directive) (14), la responsabilité de l'exploitant est engagée pour tout dommage. Au cas contraire, la responsabilité n'est engagée que pour faute ou négligence et seulement en ce qui concerne les dommages causés aux espèces et habitats naturels protégés (art. 3). La première obligation est de prévenir le dommage, à défaut, de le traiter et de prévenir son renouvellement, voire de remettre en l'état initial pour les dommages affectant les eaux ou les espèces et habitats naturels protégés. Les mesures à prendre sont arrêtées avec l'approbation de l'autorité compétente et, en principe, à la charge de l'exploitant.

Les particuliers et les organisations qui œuvrent en faveur de la protection de l'environnement sont habilités à demander à l'autorité publique d'agir. Mais il importe de retenir que la directive ne concerne pas la réparation des dommages corporels ou matériels que peuvent subir les personnes privées.

377 **Le principe de participation et information du public.** Il a été consacré par de nombreux textes notamment les directives n° 85/337 du 27 juin 1985, que la Cour interprète de façon extensive (15), n° 90/313 du 7 juin 1990, n° 96/62 du 27 septembre 1996.

(11) V. par ex, CJCE, 21 mars 2000, *Greenpeace*, C 6/99, *Rec.* I-1676.

(12) CJCE, 9 sept. 2003, *Monsanto*, C 236/01, *Rec.* I-8105 ; TPI, 21 oct. 2003, *Solvay*, T 382/02, *Rec.* II-4555 ; CJCE, 7 sept. 2004, *Waddenvereniging*, C 127/02, *Rec.* I-7405 ; CJCE, 1er avr. 2008, *Parlement et Danemark c. Commission*, C 14/06 et C 295/06, *Rec.* I-1649.

(13) *JOUE* L 143, 30 avr. 2004.

(14) Sur la mise en œuvre de ce régime par les autorités nationales et la marge d'appréciation dont disposent ces dernières, v. les deux arrêts rendus le 9 mars 2010 C 378/08 ERG et C 379 et C 380/08 ERG, *Europe* mai 2010, n° 178, note V. Michel.

(15) Dir. concernant l'évaluation des incidences de certains projets publics et privés sur l'environnement, *JOCE* L 175, 5 juill. 1985. Voir CJCE, 28 févr. 2008, Abraham ea, C 2/07 *Rec.* I-1197.

La mise en œuvre de la convention d'Aarhus, du 25 juin 1998, approuvée par le Conseil le 17 février 2005, a conduit par anticipation à la modification de la directive n° 85/337 par la directive n° 2003/35 du 26 mai 2003 (16) élargissant la participation du public à l'élaboration des plans et programmes relatifs à l'environnement. Elle a entraîné également le remplacement de la directive n° 90/13 par la directive n° 2003/4 du 28 janvier 2003 (17) concernant l'accès du public à l'information en matière d'environnement qui, tout en laissant la place à des réglementations particulières, définit le régime général de communication au public. Toute personne qui en fait la demande a droit, sans même avoir à justifier d'un intérêt, à ce que les autorités publiques mettent à sa disposition les informations environnementales qu'elles détiennent, sous réserve bien entendu des informations confidentielles (défense nationale, sécurité publique, justice, secret commercial ou industriel, protection des données personnelles). Le refus est passible de recours administratif et de recours juridictionnel. S'agissant de la mise en balance avec le secret industriel ou commercial, la Cour a jugé le 16 décembre 2010, dans l'arrêt *Stichting Natuur en Milieu*, C 266/09, que le refus n'est pas justifié si l'intérêt public servi par la divulgation apparaît supérieur à l'intérêt servi par le refus de divulguer, l'évaluation devant s'opérer cas par cas. Les États s'engagent en outre à assurer une large diffusion des informations environnementales auprès du public. Les institutions et organes communautaires ont été assujettis au même régime par le règlement n° 1367/2006 du 6 septembre 2006 (18). La Cour de justice, quant à elle, fait prévaloir une interprétation extensive du champ d'application de cette réglementation (19).

La convention d'Aarhus ajoute à ce principe celui d'accès effectif à des actions judiciaires et administratives (art. 9 § 3). Même si cette disposition est dénuée d'effet direct, elle s'accorde si pleinement avec la jurisprudence communautaire relative à la protection juridictionnelle des droits conférés par le droit de l'Union que la Cour invite le juge national à interpréter son droit national dans toute la mesure du possible de manière à permettre l'exercice de ces recours (20).

B. Le cadre juridique

378 Il demeure compliqué par le jeu de deux principes. Le premier est le principe de subsidiarité de l'action communautaire par rapport à celle des États qu'énonçait l'article 130 R qualifié de « banc d'essai de la subsidiarité » (21) avant de se dissoudre dans la formule générale de l'article 5 CE puis de l'article 5 TUE. Le second est le principe de l'intégration des exigences de protection de l'environnement dans toutes les politiques de l'Union (CE, art. 6, ex art. 130 R, devenu art. 11 TFUE). Cela souligne

(16) *JOUE* L 156, 25 juin 2003.

(17) *JOUE* L 41, 14 févr. 2003.

(18) *JOUE* L 264, 25 sept. 2006.

(19) 24 oct. 1996, *Kraaijaveld e.a.*, C 72/95, *Rec.* I-5403 ; 28 févr. 2008 *Abraham e.a.*, C 2/07.

(20) CJUE, 8 mars 2011, *Lesoochranárske Zoskupenie*, C 240/09, concernant le recours d'organisations de défense de l'environnement. V. également, concernant la dir. n° 85/337, CJUE, 12 mai 2011, C 115/09.

(21) C. Blumann, « Compétence communautaire et compétence nationale sur la Communauté européenne et l'environnement », Colloque CEDECE d'Angers, *La Communauté européenne et l'environnement*, Paris, La Documentation française, 1997, p. 71.

les liens entre la politique de l'environnement et les autres politiques, non seulement la santé mais encore la libre circulation des marchandises, la PAC, la politique des marchés publics (v. *infra*, n° 1380), mais pourrait inciter à se demander si le droit de l'environnement n'est pas lui-même subsidiaire par rapport aux autres branches du droit communautaire.

SECTION II LA RÉGLEMENTATION

379 Le droit communautaire de l'environnement comprend aujourd'hui plusieurs centaines de textes, dont une forte majorité de directives régulièrement modifiées qui ont pour objet, tantôt de protéger un milieu déterminé, tantôt d'encadrer une activité particulièrement polluante.

§ 1. LES MILIEUX PROTÉGÉS

A. L'air

380 La lutte contre la pollution atmosphérique présente une grande importance pour la protection de la santé et de la nature (pluies acides). Elle a pour base la fixation de normes de qualité qui déterminent les seuils de rejets à ne pas dépasser concernant les polluants. La réglementation communautaire s'est développée à partir de l'année 1980, dans un premier temps sur la base de directives sectorielles relatives aux développements. Vint ensuite l'ère de directives de plus large portée. La directive relative à la prévention et à la réduction intégrées de la pollution (directive IPPC) n° 1996/61 du 24 septembre 1996, que remplacera la directive IPPC n° 2008/1 du 15 janvier 2008 (22), soumet à autorisation les activités industrielles et agricoles fortement polluantes et leur impose de prendre des mesures destinées à réduire autant que possible la pollution. La directive n° 96/62 du 27 septembre 1996 (23) définit les objectifs de qualité à atteindre, renforce l'information du public et pose l'exigence d'un contrôle de la qualité de l'air. Dans ce cadre, une nouvelle série de directives fixe les valeurs limites et les seuils d'alerte concernant notamment l'anhydride sulfureux, le dioxyde d'azote et les oxydes d'azote (24), la benzine et le monoxyde de carbone (25), l'ozone (26), l'arsenic, le cadmium, le mercure, le nickel (27). La pollution automobile fait l'objet d'une réglementation complexe qui combine normes limites d'émissions (28), qualité des carburants, mesures fiscales (taxation des produits énergétiques

(22) *JOUE* L 24 du 29 janv. 2008.
(23) *JOCE* L 296, 21 nov. 1996.
(24) Dir. n° 1999/30 du 22 avr. 1999, *JOCE* L 163, 29 juin 1999.
(25) Dir. n° 2000/69 du 16 nov. 2000, *JOCE* L 313, 13 déc. 2000.
(26) Dir. n° 2002/3 du 12 févr. 2002, *JOCE* L 67, 9 mars 2002.
(27) Dir. n° 2004/107 du 15 déc. 2004, *JOUE* L 23, 26 janv. 2005.
(28) Règlement n° 443/2009 du 23 avr. 2009 relatif à l'émission de CO2 par les voitures particulières neuves, *JOUE* L 140 du 5 juin 2009.

tels l'essence et l'électricité) (29) et contrôles (30). À cela s'ajoute le droit qu'ont les États de prendre des mesures plus rigoureuses, même au détriment des libertés communautaires, au titre de la satisfaction des exigences impératives d'intérêt général. La Cour l'a rappelé dans l'arrêt *Commission c. Autriche*, C 320/03, du 15 novembre 2005, tout en jugeant que l'interdiction de circuler sur une portion d'autoroute imposée aux véhicules de plus de 7,5 tonnes transportant certaines marchandises portait une entrave excessive à la libre circulation des marchandises.

En outre, la Communauté est partie à diverses conventions internationales dont la convention de Genève du 13 novembre 1979. Elle a pris des engagements afin que soient stabilisées puis réduites les émissions de gaz à effet de serre qui appauvrissent la couche d'ozone (31), faisant parfois un peu cavalier seul au sein des pays développés (*supra*, n° 373), même si les États membres ont quelque peine à tenir ces engagements. Pour respecter ceux qui résultent du protocole de Kyoto, la directive n° 2003/87 du 13 octobre 2003 (32) établit un système d'échange de quotas d'émission de gaz à effet de serre. Aucune installation ne pourra émettre des gaz à effet de serre si son exploitant n'a pas obtenu une autorisation à cet effet. Les autorisations seront délivrées dans le cadre d'un plan national pluriannuel d'allocation de quotas que chaque État doit notifier à la Commission. Les quotas alloués pourront être transférés soit à des personnes établies dans la Communauté soit à des personnes établies dans des pays tiers participant au système des quotas.

La directive n° 2003/87 a été modifiée à plusieurs reprises en particulier par la directive n° 2009/29 du 23 avril 2009 qui renforce le système afin que l'Union parvienne à réaliser l'engagement qu'elle a pris (Conseil européen de mars 2007) de réduire, d'ici à 2020, les émissions de gaz à effet de serre de l'Union d'au moins 20 % par rapport à leur niveau de 1990, voire de 30 %... si les autres pays développés s'engagent à un effort comparable et les pays en développement à apporter leur contribution, ce qui, on le sait, est tout sauf acquis.

Depuis le 11 juin 2010, la directive n° 96/62 et les directives anhydride sulfureux et oxyde d'azote, benzine et monoxyde de carbone, ozone sont remplacées par les dispositions de la directive n° 2008/50 du 21 mai 2008 concernant la qualité de l'air ambiant et un air pur en Europe (33). Outre la simplification des normes, la nouvelle directive se caractérise par un souci de plus grande efficacité. On retiendra le renforcement des procédures d'évaluation de la qualité de l'air, l'application de critères d'évaluation communs à tous les États membres, l'obligation d'établir des plans relatifs à la qualité de l'air et même des plans d'action à court terme pour les zones particulièrement exposées à la pollution ainsi que l'obligation d'informer « de manière adéquate et en temps utile » le public.

Le 24 novembre 2010 a été adoptée la directive n° 2010/75 relative aux émissions industrielles (prévention et réduction intégrées de la pollution) (34) qui se substitue à la directive IPPC n° 2008/1 et à six autres directives ; elle régira les émissions dans l'air, l'eau et le sol, la gestion des déchets, l'efficacité énergétique et la prévention des

(29) Dir. 2003/96 du 27 oct. 2003, *JOCE* L 283 du 31 oct. 2003.
(30) S. Rousseaux, « Pollution atmosphérique », *Juris-Classeur Europe*, fasc. 1932, n°s 76 et s.
(31) Règl. n° 3093/94 du 15 déc. 1994.
(32) *JOCE* L 275 du 25 oct. 2003.
(33) *JOUE* L 152, 11 juin 2008.
(34) *JOUE* L 334 du 17 déc. 2010.

accidents des activités industrielles autres que de recherche et développement ou se consacrant à l'expérimentation de nouveaux produits et procédés. L'exploitation est soumise à autorisation conditionnée par le respect de normes fixées par les États mais compatibles avec les exigences résultant du droit de l'Union. Les installations concernées devront, notamment, réduire au minimum les pollutions et ne causer aucune pollution importante, prévenir les accidents et limiter leur impact. Les dispositions de la directive s'appliqueront à compter du 7 janvier 2014, et du 1er janvier 2016 seulement pour les grandes installations de combustion.

B. L'eau

381 L'eau constitue un domaine particulièrement réglementé.

La lutte contre la pollution des eaux douces, y compris l'eau potable reposait sur la fixation de normes de qualité posées par 21 directives sectorielles. Ces normes varient selon la nature de l'utilisation : eaux superficielles destinées à la production d'eau alimentaire (35), eaux destinées à la consommation humaine (36), eaux de baignade (37). Et une directive-cadre réglemente le déversement de substances dangereuses (38). Un système d'échanges d'informations par l'intermédiaire de la Commission a été institué pour l'eau (39).

382 Cette réglementation est profondément modifiée par l'adoption de la directive n° 2000/60 du 23 octobre 2000 établissant un cadre pour une politique communautaire dans le domaine de l'eau (40). La directive-cadre prévoit l'abrogation à terme de certaines directives sectorielles. Elle constitue elle-même un texte fort complexe à raison et de sa rédaction et de ce que les règles consacrées reçoivent de nombreuses exceptions ou assouplissements, ce qui témoigne de l'âpreté de la négociation. L'objectif assigné aux États est d'« assurer un approvisionnement en eau de surface et en eau souterraine de bonne qualité pour les besoins d'une utilisation durable, équilibrée et équitable de l'eau », la directive s'appliquant aux eaux de surface intérieures, de transition, côtières et aux eaux souterraines. Un des points remarqués est l'obligation pour les États d'instituer des autorités chargées de gérer la ressource en eau dans le cadre de districts hydrographiques (une cinquantaine dans l'Union actuelle), système inspiré du droit français. Les règles concernant la tarification de l'eau ont été fort discutées : la directive se borne à poser le principe d'une incitation des usagers à utiliser les ressources d'une façon efficace et le principe de la récupération des coûts et services liés à l'utilisation de l'eau.

(35) Dir. n° 75/440 du 16 juin 1975, *JOCE* L 194/75, 27 juill. 1975. Cette directive est abrogée à compter du 31 déc. 2014 (!) par la dir. 2006/7 du 15 févr. 2006, *JOUE* L 64, 4 mars 2006.

(36) Dir. n° 80/778 du 15 juill. 1980, *JOCE* L 229/80, 30 août 1980, remplacée par la dir. n° 98/83 du 3 nov. 1998, *JOCE* L 330 du 5 déc. 1998.

(37) Dir. n° 76/160 du 8 déc. 1975, *JOCE* L 31, 5 févr. 1976, remplacée par la dir. n° 2006/7 du 15 févr. 2006, *JOUE* L 64 du 3 mars 2006.

(38) Dir. n° 76/404 concernant la pollution causée par certaines substances dangereuses dans le milieu aquatique de la Communauté, codifié par la dir. 2006/11 du 15 févr. 2006, *JOUE* L 64, 4 mars 2006.

(39) Déc. du Conseil 77/795 du 12 déc. 1977.

(40) *JOCE* L 327, 22 déc. 2000.

La directive n° 2000/60 est complétée par une nouvelle directive relative aux eaux de surface (fleuves, lacs, eaux côtières). Adoptée le 20 octobre 2008, la directive n° 2008/105 se substitue à certaines des directives sectorielles (41). Elle fixe des seuils limites pour plus de trente substances polluantes, limites portant aussi bien sur les valeurs moyennes annuelles que sur les pics de pollution.

383 Les engagements internationaux de la Communauté tiennent une place importante. La Communauté est concernée par la pollution du Rhin, d'où son adhésion à l'accord signé à Berne le 29 avril 1963 qui lui permet de participer à la Commission internationale pour la protection du Rhin, et sa participation à la convention de Bonn, du 3 décembre 1976, dite « convention chimie ». De même, la Communauté est-elle fortement engagée dans la lutte contre la pollution marine. Cela implique, à côté de directives anti-pollution comme la directive n° 76/464 du 4 mai 1976 (42), la participation aux accords internationaux qui visent à assurer la protection des mers, particulièrement la Baltique, la mer du Nord et la Méditerranée (43). Le naufrage du pétrolier Prestige a conduit L'Union à renforcer la répression, en particulier en obligeant les États à se doter de sanctions pénales dissuasives (44). Cela pose le problème de la compatibilité entre les règles internationales et les règles communautaires, ces dernières étant plus rigoureuses que les premières. Dans l'arrêt rendu le 3 juin 2008, dans l'affaire C 308/06 *The Queen c. Secretary of state for transport*, qui a soulevé une vive émotion chez les transporteurs maritimes, la Cour a jugé que la légalité de la directive n° 2005/35 (45) n'avait pas à être appréciée au regard des conventions Marpol de 1978 et Montego Bay, n'étant pas liée par la première et la seconde ne comportant pas de règles s'appliquant directement et immédiatement aux particuliers, et que l'engagement de la responsabilité pénale pour rejet de substance polluante consécutif à une négligence grave ne violait pas le principe de sécurité juridique.

C. La faune et la flore sauvages

384 La protection de la faune et de la flore donne lieu, en plus des réglementations précédentes visant à prévenir la pollution de l'air et de l'eau, à des mesures spécifiques. Le texte le plus connu est sans doute la directive n° 79/409 du 2 avril 1979 concernant la conservation des oiseaux sauvages (46) à laquelle s'est substituée, mais sans apporter de changement sur le fond, la directive n° 2009/147 du 30 novembre 2009 (47).

(41) Par exemple concernant les eaux douces piscicoles (dir. n° 2006/44 du 6 sept. 2006) ou conchylicoles (dir. n° 2006/113 du 16 janv. 2007), à compter du 1er janv. 2013, *JOUE* L 348 du 24 déc. 2008.

(42) *JOCE* L 129/76, 18 mai 1976.

(43) convention de Barcelone du 16 févr. 1976 (Méditerranée) ; convention de Paris du 22 sept. 1992 (Atlantique Nord) ; convention « Hydrocarbures de soute » du 23 mars 2001.

(44) Dir. 2005/35 du 7 sept. 2005 relative à la pollution causée par les navires et à l'introduction de sanctions en cas d'infraction, *JOUE* L 255, 30 sept. 2005 ; Décision-cadre n° 2005/667/JAI du 12 juill. 2005, visant à renforcer le cadre pénal pour la répression de la pollution causée par les navires, *JOUE* L 255, 30 sept. 2005. Cette dernière a été annulée par l'arrêt du 23 oct. 2007, *Commission c. Conseil*, C 440/05, car certaines de ses dispositions relevaient de la compétence de la CE (art. 80 § 2).

(45) V. note précédente.

(46) *JOCE* L 103, 25 avr. 1979.

(47) *JOUE* L 20 du 26 janv. 2010.

Il doit cette célébrité aussi bien au fait qu'il a joué un rôle moteur qu'à raison des très vives résistances que son application continue de susciter (48) particulièrement en France où le Parlement a voté en 1998 une loi contredisant les dispositions de la directive concernant les périodes d'interdiction de la chasse. Les chasseurs acceptent mal les limitations qui leur sont imposées pour assurer la protection de certaines espèces, en particulier les espèces migratrices (limitation de la période de chasse, interdiction de vente, création de zones de protection). La directive n° 92/43 du 21 mai 1992 (49) « directive Habitats » vise à favoriser le maintien de la biodiversité par la conservation des habitats naturels grâce à la constitution d'un réseau européen de sites écologiques d'importance communautaire, le réseau Natura 2000 (50) qui couvre environ 18 % du territoire des États membres et la Cour n'hésite pas à sanctionner l'insuffisance des mesures de protection adoptées (51).

En ce domaine également, la Communauté est partie à de nombreuses conventions internationales : convention de Washington du 3 mars 1973 sur le commerce international des espèces de faune et de flore menacées d'interdiction, convention de Bonn du 23 juin 1979 sur la conservation des espèces migratrices, convention de Berne relative à la conservation de la vie sauvage et du milieu naturel en Europe du 19 septembre 1979, convention de Rio de Janeiro sur la biodiversité de juin 1992.

§ 2. LES ACTIVITÉS ENCADRÉES

385 Les activités susceptibles d'entraîner des nuisances graves font l'objet d'un encadrement juridique destiné à prévenir les atteintes à l'environnement. Cette réglementation est très diverse. Certaines normes concernent de larges secteurs d'activité, telle la directive n° 2010/75 relative aux émissions industrielles (v. *supra*, § 1 A). D'autres s'appliquent à un secteur plus spécifique. C'est le cas du règlement REACH applicable aux substances chimiques (v. *supra*, n° 356) et de réglementations régissant quatre types d'activités.

A. Prévention des risques industriels majeurs

386 L'intoxication accidentelle par la dioxine survenue en Italie le 10 juillet 1976 a conduit à l'adoption de la directive « Seveso » du 24 juin 1982, substantiellement modifiée par la directive « Seveso II » n° 96/82 du 9 décembre 1996 (52), et dont le champ d'application a été étendu à de nouveaux risques (par exemple risque cancérigène, stockage de nitrate d'ammonium) par la directive n° 2003/15 du 16 décembre 2003 (53). Les installations qui présentent ce risque d'accidents – plus de 300 en France – sont assujetties à l'obligation de prévention des risques. Les industriels doivent notifier aux

(48) Pour un exemple récent, CJUE, 3 mars 2011, *Commission c. Italie*, C 508/09.

(49) *JOCE* L 206, 22 juill. 1992.

(50) V. CJCE, 7 nov. 2000, *First Corporate Stripping*, C 371/98, *Rec.* I-9235.

(51) CJUE, 9 juin 2011, *Commission c. France*, C 383/09, protection du grand hamster en Alsace.

(52) *JOCE* L 10, 14 janv. 1997.

(53) *JOUE* L 345, 31 déc. 2003. La directive a été modifiée par le dir. n° 1137/2008 du 22 oct. 2008, *JOUE* L 311 du 21 nov. 2008.

autorités toutes informations concernant les risques ainsi que les mesures prévues pour les prévenir et y parer en cas d'accident. Les personnes susceptibles d'être touchées doivent également être informées. La survenance d'accidents doit être notifiée à la Commission.

Un régime particulier s'applique à l'industrie nucléaire (v. *supra*, n° 349).

B. Déchets

387 Depuis 1975 s'est développée une importante et complexe réglementation. S'il y a longtemps que la Communauté a pris conscience de la menace sans cesse croissante que les déchets font peser sur l'environnement, elle doit tenir compte des enjeux économiques sous-jacents : imposer des contraintes trop lourdes risque de pénaliser les entreprises qui devront en supporter la charge et, par ailleurs, nombre de déchets ont une valeur car ils peuvent faire l'objet de recyclage ou de récupération. Le droit de l'Union n'a cessé d'évoluer pour satisfaire au mieux ces intérêts quelque peu contradictoires, s'agissant aussi bien de son cadre général que des réglementations spécifiques de certaines catégories particulières de déchets ou d'activités concernant les déchets.

1. Cadre général

388 Il est donné par la directive cadre n° 2008/98 du 19 novembre 2008 (54) qui a abrogé la directive n° 2006/12 du 5 avril 2006 relative aux déchets, laquelle opérait codification de la directive n° 75/442 du 15 juillet 1975 modifiée à plusieurs reprises.

La directive n° 2008/98 définit le déchet comme étant « toute substance ou tout objet dont le détenteur se défait ou dont il a l'intention ou l'obligation de se défaire » (art. 3). Cette définition s'inscrit dans la ligne de la jurisprudence qui avait opté pour une définition large, notamment ne tenant pas compte des catégories de déchet figurant à l'annexe des directives, et se fondait sur l'intention (ou l'obligation) du détenteur de l'objet (55). Ne sont pas considérés comme déchets les sous-produits c'est-à-dire des substances ou objets issus d'un processus de production dont le but premier n'est pas de le produire mais dont l'utilisation ultérieure est certaine sans impliquer de traitement supplémentaire autre que les pratiques industrielles courantes et qui font partie intégrante d'un processus de production (art. 5). Dans l'arrêt *Commune de Mesquer* (56), concernant la pollution provoquée par le naufrage de l'Erika, la Cour a jugé que le fioul lourd que transportait le navire ne constituait pas un déchet mais le devenait lorsqu'à la suite d'un déversement accidentel il se trouve mélangé à l'eau de mer et à des sédiments, ce qui le rend inutilisable.

Pour autant la directive cadre ne couvre pas toutes les catégories de déchets et exclut de son champ d'application, outre ceux qui sont couverts par d'autres normes – telles les eaux usées ou les déchets miniers – des déchets tels qu'effluents gazeux, déchets radioactifs, sols pollués et bâtiments reliés au sol… (art. 2).

(54) *JOUE* L 312 du 22 nov.2008.
(55) CJCE, 7 sept. 2004, *Van de Walle e.a.*, C 1/03, *Rec.* I-7613.
(56) CJCE, 24 juin 2008, C 188/07, *Rec.* I-4501.

La directive impose aux États l'obligation d'édicter des mesures qui en priorité assurent la prévention des déchets, à défaut leur réemploi, recyclage ou autre méthode de valorisation et seulement en dernier ressort leur élimination, le tout sans nuire à la santé et à l'environnement. Les entreprises qui procèdent au traitement de déchets sont soumises à autorisation et inspection. Les opérations portant sur des déchets dangereux doivent être l'objet de contrôles. Les États ont également l'obligation de se doter de plan de gestion et de programmes de prévention des déchets.

2. Réglementations spécifiques

389 Certaines catégories de déchets relèvent de réglementations particulières ainsi que l'indique l'article 2 de la directive-cadre. Tel est, par exemple, le cas des déchets radioactifs (v. supra, n° 349), des déchets de l'industrie extractive (57), des emballages et déchets d'emballage (58), des déchets des piles et accumulateurs (59) des véhicules à moteur (60). La réglementation applicable à ces déchets demeure fidèle dans son esprit aux principes énoncés dans la directive cadre en ce qu'elle privilégie la prévention, puis le réemploi, sur l'élimination. Dans d'autres cas la réglementation ne prévoit que la prévention et l'élimination faute de possibilité de réemploi (industrie du dioxyde de titane) (61) ou des normes de qualité car il s'agit de déchets utiles (boues d'épuration utilisées comme fertilisant en agriculture) (62).

Il est tout aussi compréhensible que les activités liées aux déchets fassent l'objet d'une réglementation particulière. Tel est le cas des activités d'incinération (63) et de mise en décharge (64) des déchets. Le transfert des déchets constitue l'activité qui pose les problèmes les plus complexes car elle implique souvent des mouvements transfrontières à l'intérieur de l'Union ou concernant des pays tiers et doit tenir compte de normes internationales au premier rang desquelles la convention de Bâle du 22 mars 1989 sur le contrôle des mouvements transfrontières de déchets dangereux et de leur élimination à laquelle la Communauté est partie. Modifiée à maintes reprises depuis 1984, la législation de l'Union s'incarne aujourd'hui dans le règlement n° 1013/2006 du 14 juin 2006 (65) qui impose aux États de strictes obligations de contrôle. Le transfert est subordonné au consentement écrit des États de destination, d'expédition et, le cas échéant, de transit, consentement donné au vu de la notification écrite de toutes les informations nécessaires concernant la nature des déchets, l'itinéraire, les mesures de sécurité la garantie financière ou l'assurance. Quant aux exportations de déchets vers des pays tiers, elles ne peuvent être effectuées à la seule fin d'élimination, sauf vers

(57) Dir. 2006/21 du 15 mars 2006, *JOUE* L 102 du 12 avr. 2006.
(58) Dir. 94/62 du 20 déc. 1994, *JOCE* L 365 du 31 déc. 1994.
(59) Dir. 2006/66 du 6 sept. 2006, *JOUE* L 266 du 26 sept. 2006.
(60) Dir. 2005/64 du 26 oct. 2005, *JOUE* L 310 du 25 nov. 2005.
(61) Dir. 2010/75 du 24 nov. 2010, *JOUE* L 334 du 17 déc. 2010, qui abroge les trois dir. dioxyde de titane 78/176, 82/883, 92/112.
(62) Dir. 82/278 du 12 juin 1986, *JOCE* L 181 du 4 juill. 1986 modifiée à plusieurs reprises.
(63) Dir. 1999/31 du 26 avr. 1999, *JOCE* L 182 du 16 juill. 1999 modifiée à plusieurs reprises.
(64) Dir. 2000/76 du 4 déc. 2000 à laquelle se substitue la dir. n° 2010/75 du 24 nov. 2010 préc.
(65) *JOUE* L 190 du 12 juill. 2006.

les pays de l'AELE, et si elles sont effectuées à fin de valorisation elles demeurent interdites à destination des pays en développement lorsqu'elles portent sur des produits dangereux.

C. Transport

390 Parce qu'il ne cesse de s'intensifier, le transport constitue une source de plus en plus sérieuse de menaces pour l'environnement.

Des normes limites ont dû être fixées concernant le bruit émis par les véhicules à moteur (directive n° 70/157 du 6 février 1970 maintes fois modifiée : 74 décibels pour les voitures, 80 pour les camions ; directive n° 78/1015 du 23 novembre 1978 pour les motos : de 75 à 80 décibels) et les avions (directive n° 80/51 du 20 décembre 1979 et n° 89/269 du 4 décembre 1989 concernant les avions ; et n° 92/14 du 2 mars 1994, concernant l'accès des avions aux aéroports).

Mais la réglementation communautaire la plus développée concerne la pollution provoquée par les véhicules à moteur. D'une part, des valeurs limites ont été fixées pour les émissions de rejets polluants : directive-cadre n° 70/220 du 20 mars 1970, périodiquement modifiée, puis remplacée par le règlement n° 715/2007 relatif aux émissions des véhicules particuliers et utilitaires légers (66) qui fixe de nouvelles normes (Euro 5 et Euro 6), règlement n° 443/2009 du 23 avril 2009 fixant les limites d'émission de CO2 par les voitures particulières neuves (67) et directives particulières aux différents types de véhicules. D'autre part, la teneur en plomb de l'essence a été abaissée (68), avant d'être interdite par la directive n° 98/70 du 13 octobre 1998 (69) qui, de plus, réglemente les teneurs en benzène et en soufre et a été modifiée à plusieurs reprises (70). (71). Mais si l'Europe de l'essence sans plomb a gagné du terrain, la lutte contre la pollution automobile appelle à d'autres combats encore.

D. Biotechnologie (MGM et OGM)

391 De plus en plus fréquentes, les manipulations du matériel génétique présentent des risques pour la santé humaine et pour l'environnement que deux directives du 23 avril 1990 (72) s'efforçaient de circonscrire.

La directive n° 90/219, modifiée en 1994 et 1998 (73), et que remplace, sans modification substantielle, la directive n° 2009/41 du 6 mai 2009 classe les microorganismes génétiquement modifies (MGM) en quatre catégories en fonction des risques que leur utilisation présente. À chaque catégorie doivent correspondre les mesures de confinement et autres mesures appropriées. L'utilisateur doit notifier à l'autorité nationale

(66) *JOUE* L 171 du 29 juin 2007.
(67) *JOUE* L 140 du 5 juin 2009.
(68) Dir. n° 78/64 du 29 juin 1978 puis 85/210 du 20 mars 1985, *JOCE* L 96, 3 avr. 1985.
(69) *JOCE* L 350 du 28 déc. 1998.
(70) Notamment par la dir. n° 2003/17 du 3 mars 2003, *JOUE* L 140 du 5 juin 2009.
(71) Dir. n° 93/12 du 23 mars 1993, *JOCE* L 74, 27 mars 1993, dir. n° 2003/17 du 3 mars 2003, *JOUE* L 76, 22 mars 2003.
(72) *JOCE* L 117, 8 mai 1990.
(73) *JOUE* L 125 du 21 mai 2009.

compétente toute première utilisation ainsi que toutes les utilisations de risque 3 ou 4 afin d'obtenir l'autorisation d'y procéder.

392 La directive n° 90/220 concernait la dissémination d'organismes génétiquement modifiés (OGM), notamment leur mise sur le marché. Celle-ci est soumise à autorisation de l'autorité nationale compétente qui, si son avis est favorable, transmet le dossier à la Commission laquelle informe les autres États et donne son consentement en l'absence d'opposition de l'un d'eux ou, au cas contraire, décide. La position prise par la Commission lie l'État, ainsi que l'a indiqué la Cour dans l'arrêt *Greenpeace* rendu le 21 mars 2000 (74), sur question préjudicielle posée par le Conseil d'État français, après avoir contrôlé que le principe de précaution était bien respecté. Une fois l'autorisation accordée le produit peut circuler librement dans toute l'Union sauf mise en jeu de la clause de sauvegarde fondée sur la protection de la santé humaine, de l'environnement, ce qui n'autorise pas une interdiction générale fondée sur des motifs d'ordre éthique et religieux (75).

La directive n° 90/220 a été remplacée par la directive n° 2001/18 du 12 mars 2001 relative à la dissémination volontaire d'OGM dans l'environnement (76) dont il est précisé qu'elle ne s'applique pas aux médicaments. Se plaçant sous l'égide du principe de précaution, la nouvelle directive renforce les exigences relatives à l'évaluation des effets néfastes potentiels des OGM et impose une consultation du public dont la Cour a jugé qu'elle portait également sur la localisation des sites de dissémination même si cela exposait à un risque accru de destruction (faucheurs d'OGM) (77). S'agissant de la mise sur le marché d'OGM en tant que produits ou éléments de produits, les exigences de traçabilité et d'étiquetage transparent pour les acheteurs ont été précisées par le règlement n° 1830/2003 du 22 septembre 2003 (78) pour les produits destinés à l'alimentation humaine ou animale, dès lorsque le seuil de 0,9 % d'ingrédients contenant des OGM est dépassé. La traçabilité s'appuie sur l'indicateur unique qui, pour chaque OGM, constitue une clé donnant accès à une fiche d'identité (79). Au cas d'objection à la mise sur le marché émanant d'un État ou de la Commission, la décision est arrêtée selon la procédure du comité de réglementation. Après avoir observé un moratoire de cinq ans sur les nouveaux OGM, la Commission a autorisé le 19 mai 2005 la commercialisation du maïs transgénique Bt 11, le 29 octobre 2008 celle d'un coton génétiquement modifié (Liberty Link 25) et de son huile.

L'exportation d'OGM hors de l'Union est soumise à un régime de notification et information (80) sur les risques conformes aux dispositions du protocole de Carthagène du 29 janvier 2000 auquel l'Union est partie. Elle est subordonnée à l'accord préalable du pays importateur. Au cas de dissémination involontaire les citoyens, les

(74) *Association Greenpeace France*, C 6/99, *Rec.* I-1651 : cette affaire concernait l'introduction de maïs génétiquement modifié par la société Novartis. En conséquence, le Conseil d'État a jugé que l'autorisation était légale : CE, 22 nov. 2000, *Europe* févr. 2001, n° 71, obs. P. Cassia.

(75) CJCE, 16 juill. 2009, *Commission c. Pologne*, C 165/08.

(76) *JOCE* L 106, 17 avr. 2001. Dir. modifiée par la dir. n° 2008/27 du 11 mars 2008, *JOUE* L 81, 20 mars 2008.

(77) CJCE, 17 févr. 2009, *Azelvandre*, C 552/07, *Rec.* I-987.

(78) *JOCE* L 268, 18 oct. 2003, le règlement modifie la dir. n° 1830/2003.

(79) V. règlement n° 65/2004 Commission du 14 janv. 2004, *JOUE* L 10, 16 janv. 2004.

(80) Dir. n° 1946/2003 du 15 juill. 2003, *JOUE* L 287, 5 nov. 2003.

États membres, la Commission et les organismes internationaux compétents ainsi que les États affectés doivent être informés.

Une réglementation spécifique s'applique aux denrées alimentaires et aliments pour animaux, la procédure d'autorisation faisant intervenir l'Autorité européenne de sécurité des aliments (81). Et l'utilisation d'OGM et de produits obtenus à partir d'OGM ou par des OGM est interdite dans la production biologique d'aliments destinés à l'homme ou à l'animal (82).

Pour autant l'opposition d'une grande partie de l'opinion à l'introduction des OGM dans la culture ne désarme pas. Et le Conseil a refusé de condamner le recours aux clauses de sauvegarde.

BIBLIOGRAPHIE

I. Ouvrages

J. Charpentier (dir.), *La protection de l'environnement dans les Communautés européennes*, Paris, Pedone, 1988 ■ M. Clément, *Droit européen de l'environnement - Jurisprudence commentée*, Larcier, Bruxelles, 2010 ■ J.-M. Février et C. Deves (dir.), *Le réseau européen Natura 2000*, Paris, Lexis Nexis, 2004 ■ J.-H Jans, H. H. B. Vedder, *European Environmental Law*, 3e éd., Groningen, Europa Law Publishing, 2008 ■ A. Kiss et D. Shelton, *traité de droit européen de l'environnement*, Paris, Frison Roche-AUPELF, 1995 ■ L. Kramer, *EC Environmental Law,* Londres, Sweet et Maxwell 4e éd., 2000 ■ M. Lee, *European Union Regulation of GMOS*, Edward Elgar Publishing Inc., Northampton, USA, 2008 ■ S. Maljean-Dubois (dir.), *L'effectivité du droit européen de l'environnement, contrôle de la mise en œuvre et sanction du non-respect*, La Documentation française, Paris 2000 ■ J.-C. Masclet (dir.), *La Communauté européenne et l'environnement*, Colloque CEDECE, 1994, La Documentation française, 1997 ■ S. Oberthür et M. Pallemaerts (ed), *The new climate policies of the European Union*, Brussels University Press, 2010 ■ L. Pasquali, *Le régime juridique des mouvements transfrontières de déchets en droit communautaire et en droit international*, Presses Universitaires d'Aix-Marseille, 2005 ■ R. Romi, G. Bossis, S. Rousseaux, *Droit international et européen de l'environnement*, Paris, Montchrestien, 2005 ■ N. de Sadeleer, *Le droit communautaire et les déchets*, LGDJ, Bruylant, 1995, « Environnement et marché intérieur », *Commentaire Mégret*, 3e ed., Éditions de l'Université de Bruxelles, 2010 ■ P. Thieffry, *Droit européen de l'environnement*, Bruylant, 2008 ■ Université de Limoges, Institut national de recherche sur l'espace rural, « Les difficultés de mise en œuvre de la directive Habitats », *Actes et communications* no 19, 2002.

II. Articles, études et documents

B. Drobenko, « Directive eau : un cadre en trompe l'œil », *Revue européenne de droit de l'environnement* 2000, p. 381 ■ D. Grimeaud, « Reforming EU Water Law : Towards Sustainibility », *European environmental law review,* 2001, nos 2 et s. ■ A. Kiss, vo « Environnement », *Rép. Dalloz*

■ (81) Règlement no 1829/2003 du 22 sept. 2003, concernant les denrées alimentaires et les aliments pour animaux génétiquement modifiés. Le 31 oct. 2008 cette autorité a jugé non fondé l'embargo français sur le maïs MON 810.

■ (82) Règlement no 834/2007 du 28 juin 2007, art. 9, *JOUE* L 189, 20 juill. 2007.

droit communautaire ▪ C. LONDON, *Juris-Classeur Europe,* fasc. 1930, 1931 (produits chimiques) ▪ J. DE MALAFOSSE, *Juris-Classeur Europe,* fasc. 1990 (chasse) ▪ E. MORGAN DE RIVERY, *Juris-Classeur Europe,* fasc. 1934 (déchets) ▪ C. NOIVILLE, M.-A. HERMITTE, E. BROSSET, *Juris-Classeur Europe,* fasc. 1980 (OGM) ▪ S. ROUSSEAUX, *Juris-Classeur Europe,* fasc. 1932 (air) ▪ J. SEGURA-CARISSIMI, « Protection de l'animal », *Juris-Classeur Europe*, fasc. 1991 ▪ P. THIEFFRY, « Le nouveau cadre de la politique communautaire de l'eau », *Europe* février 2001, p. 4 ; *Juris-Classeur Europe,* n°s 1900, 1903, 1910, 1920, 1950.

III. CHRONIQUES

Revue européenne de droit de l'environnement ▪ P. THIEFFRY, « Droit de l'environnement », *RTDE.*

N°s 393 à 404 réservés.

CHAPITRE 5
LA PROTECTION DE LA CULTURE

405 La notion de culture s'avère encore plus imprécise que celle de santé ou d'environnement. Cette caractéristique fort connue est fâcheuse au regard de l'intégration européenne qui érige la culture en « valeur fondatrice pour l'Europe » (1). Mais l'action que mène l'Union européenne dans le domaine de la culture (section I) conduit le juriste à s'intéresser plus particulièrement à certains des aspects de l'ensemble intellectuel et artistique que constitue la civilisation européenne et à avoir la sagesse de retenir une conception opérationnelle centrée sur les objets culturels (section II) et les services culturels (section III). Le droit de l'Union ne se limite pas à la protection de la culture : il vise à assurer la liberté et le développement de la culture. Mais la réalisation de ces objectifs repose largement sur des réglementations de protection.

SECTION I CULTURE ET UNION EUROPÉENNE

406 Comme bien d'autres secteurs de l'action communautaire, la culture a fait l'objet d'une consécration tardive par les traités constitutifs. La politique culturelle demeure aujourd'hui un domaine aux contours imprécis, complexe, dans lequel l'action l'emporte sur la réglementation.

§ 1. LA CULTURE DANS LES TRAITÉS

Il faudra attendre le traité sur l'Union européenne pour que la culture soit consacrée comme objectif et politique de la Communauté.

(1) Communication de la Commission européenne au Parlement européen, au Conseil et au comité des régions. Com. (1998) 266 final du 6 mai 1998, Premier programme-cadre de la Communauté européenne en faveur de la culture (2000-2004), p. 10.

A. Le traité CEE

407 Le traité CEE ne reçoit en effet expressément la culture que comme une valeur nationale dont il appartient à chaque État d'assurer la protection. Cette conception découle de la disposition de l'article 36 (art. 30 nouveau) qui reconnaît aux États le droit d'apporter des restrictions à la libre circulation des marchandises pour assurer la « protection des trésors nationaux ayant une valeur artistique, historique ou archéologique ». Mais en même temps, dans la mesure où il vise à instituer la libre circulation des personnes et des services, le traité favorise le développement de la coopération culturelle au sein de la Communauté. Ainsi s'affirme la dialectique du national et du communautaire, plus complexe dans le domaine de la culture qu'en tout autre puisqu'une part de la spécificité culturelle de l'Europe réside précisément dans la rencontre des diversités culturelles des États – voire des régions – qui la composent.

B. Le traité sur l'Union européenne

408 Il traduit parfaitement cette spécificité de la culture européenne. Le Préambule affirme le désir « d'approfondir la solidarité entre (les peuples européens) dans le respect de leur histoire, de leur culture et de leurs traditions ». L'article 151 § 1 CE (ex art. 128 § 1) se montre encore plus explicite, assignant pour tâche à la Communauté de contribuer « à l'épanouissement des cultures des États membres dans le respect de leur diversité nationale et régionale, tout en mettant en évidence l'héritage culturel commun ».

Dans cette perspective il est logique que le traité consacre une forte complémentarité d'action entre la Communauté et ses États membres, conformément aux exigences du principe de subsidiarité. La compétence de la Communauté se limite à « encourager la coopération entre États membres et, si nécessaire, à appuyer et compléter leur action » (art. 151 § 2). Les pouvoirs sont limités : dans le domaine spécifique de l'action culturelle le Conseil peut seulement décider des actions d'encouragement, à l'exclusion de toute harmonisation des législations, ou émettre des recommandations. Cette répartition des compétences et des pouvoirs présente une similitude accusée avec le schéma retenu en matière de santé publique. Sauf à observer que la réticence envers l'action communautaire s'avère encore plus forte dans le domaine de la culture puisque le Conseil ne peut statuer qu'à l'unanimité.

Le traité d'Amsterdam ne modifie pas ce schéma. Tout au contraire, il renforce l'exigence de respect et de promotion de la diversité culturelle (CE, art. 151 § 4), tout comme la Charte des droits fondamentaux selon laquelle « l'Union respecte la diversité culturelle, religieuse et linguistique » (art. 22). Le traité constitutionnel (art. III-280 et II-82), de même que le traité de Lisbonne (art. 167 TFUE) reprennent ces dispositions, mais substituent la majorité qualifiée à l'unanimité dans le cadre de la procédure de codécision.

§ 2. LA POLITIQUE CULTURELLE DE L'UNION EUROPÉENNE

409 Appréhendée dans une perspective juridique, la politique culturelle de l'Union présente quatre caractéristiques.

1) La politique culturelle, nous l'avons vu, est subsidiaire par rapport à celle des États. Ces derniers ont même reçu du traité sur l'Union européenne le droit d'accorder des « aides destinées à promouvoir la culture et la conservation du patrimoine » (107 § 3 TFUE, ex art. 87 § 3 CE). Bien entendu, la compatibilité avec le marché commun est subordonnée à ce que les aides « n'altèrent pas les conditions des échanges et de la concurrence dans la Communauté dans une mesure contraire à l'intérêt commun ».

2) La politique culturelle comporte une composante internationale importante. D'où les coopérations que l'Union noue avec les États tiers et avec les organisations internationales. Au premier rang de celles-ci figurent l'UNESCO et le Conseil de l'Europe. Les relations avec le Conseil de l'Europe posent un problème particulier, cette organisation considérant, elle aussi, que la coopération culturelle constitue l'un des fondements de son action et disposant d'une compétence dont la légitimité est incontestable puisque l'identité européenne en matière de culture déborde incontestablement les frontières de l'Union. Une coopération s'est établie entre la Communauté et le Conseil de l'Europe. Certaines actions constituent des succès incontestables, ainsi l'Année européenne de la musique en 1985, la désignation chaque année d'une (ou plusieurs) Ville européenne de la culture (par exemple en 2000 ont figuré à côté de villes d'États membres de l'Union, Bergen, Cracovie et Prague) ou le Mois culturel européen accueilli en alternance dans une ville d'un État membre et dans une ville d'un des autres États européens. Il est plus malaisé de porter un jugement sur l'opportunité de l'élaboration séparée de conventions ayant le même objet, par exemple l'audiovisuel (*infra*, section III).

3) La protection de la culture, tout comme celle de la santé ou des consommateurs, est à la fois une exigence qui s'impose dans la définition et la mise en œuvre des autres politiques et actions de la Communauté (par exemple la libre circulation des étudiants et des enseignants ou le tourisme) et une action qui bénéficie de la reconnaissance d'un domaine spécifique mais dans lequel toute harmonisation des législations est interdite (*supra*, n° 408). D'après l'article 167 § 2 TFUE, ce domaine spécifique comprend : l'amélioration de la connaissance et de la diffusion de la culture et de l'histoire des peuples européens, la conservation et la sauvegarde du patrimoine, les échanges culturels non commerciaux, la création artistique et littéraire, y compris dans le secteur de l'audiovisuel. À ce titre on signalera l'initiative « Netd@ys Europe » pour la promotion de l'utilisation de nouvelles technologies, en particulier l'internet, dans l'éducation et la culture.

4) La politique culturelle s'exprime plus dans des actions que dans des réglementations. Outre les actions emblématiques auxquelles elle apporte une contribution financière, telles « la capitale européenne de la culture » qui, depuis 1985, désigne deux villes chaque année et s'intitule aujourd'hui « ville européenne de la culture » (2012 Guimarães et Maribor, 2013 Marseille et Košice) l'Union apporte son appui financier à certains projets d'action culturelle, particulièrement s'ils rassemblent des opérateurs de plusieurs États membres. L'action communautaire s'inscrit dans le cadre de programmes pluriannuels. La première formule retenue a été celle de la pluralité des programmes : Kaléidoscope (pour les arts du spectacle, les arts visuels et les arts appliqués), Ariane (pour le livre et la lecture), Raphaël (pour la protection du patrimoine sous toutes ses formes). Ainsi que la Commission l'avait proposé, ces trois programmes ont été réunis

au sein d'un programme unique, « Culture 2000 », adopté par le Conseil le 24 janvier 2000. Le programme Culture 2006-2013 est doté de 400 millions d'euros.

Les réglementations, quant à elles, témoignent de l'existence d'un marché de la culture, composante non négligeable du marché intérieur. Le droit de l'Union participe à la régulation de ce marché qui présente une spécificité accusée car la liberté de circulation des biens et des services ne favorise le développement de la culture européenne que si elle compose avec l'exigence de protection de celle-ci.

SECTION II RÉGLEMENTATION DES OBJETS CULTURELS

410 Certains objets peuvent être qualifiés de culturels. Il en va ainsi non seulement des œuvres d'art elles-mêmes mais également des supports matériels de l'expression intellectuelle ou artistique tels que les négatifs de films ou le livre. Les objets culturels étant des marchandises, puisque susceptibles d'être l'objet de transactions commerciales, la question essentielle qui se pose est de savoir si le caractère culturel justifie un régime protecteur dérogeant pour partie à la libre circulation des marchandises. L'article 36 TFUE, ex art. 30 CE, apporte lui-même une réponse positive dans la mesure où il autorise les entraves étatiques à la libre circulation qui ont pour objet de protéger les trésors nationaux ayant une valeur artistique, historique ou archéologique. Si dans l'affaire 7/68, *Commission c. Italie*, jugée le 10 décembre 1968 (*Rec.*, p. 617), la Cour a jugé que la taxe à l'exportation des objets d'intérêt artistique, historique ou archéologique imposée par la réglementation italienne était illicite, c'est parce que cette imposition poursuivait un but autre que celui que vise le traité.

Le régime spécifique des objets culturels s'affirme ainsi, plus que dans la fiscalité (la 7e directive TVA n° 94/5 du 14 février 1994, si elle établit le système de la taxation sur la marge, rend applicable le taux normal sauf en ce qui concerne la première vente de l'œuvre par son créateur et les importations en présence des États tiers), dans la protection des biens culturels et le régime du livre.

§ 1. LA PROTECTION DES BIENS CULTURELS

411 Le « marché de l'art » présente une grande importance économique. Mais il donne lieu à des trafics illicites de nature à porter atteinte au patrimoine culturel des États membres, ce qui a suscité une réglementation de protection.

A. Champ d'application

412 Concernant les biens culturels – objets culturels autres que les livres courants – l'Union se devait d'autant plus de ne pas se limiter au principe de libre circulation que s'il existe une réglementation internationale, certains États membres, particulièrement le

Royaume-Uni, ne la jugent pas satisfaisante et ne semblent guère disposés à y adhérer. La convention de l'UNESCO du 14 novembre 1970 détermine les mesures à prendre pour interdire et empêcher l'importation et le transfert de propriété illicite de biens culturels. La convention Unidroit du 24 juin 1995 organise le régime juridique de la restitution de biens culturels volés ou illicitement exportés (2). On retrouve ces deux types de réglementations en droit communautaire.

Les biens et les seuils de valeur à partir desquels ces biens sont soumis à cette réglementation sont déterminés dans les mêmes termes par l'annexe I du règlement n° 3911/92 relatif à l'exportation de biens culturels vers les pays tiers, remplacé par le règlement de codification n° 116/2009 du 18 décembre 2008 (3), et de la directive n° 93/7 relative à la restitution de biens culturels ayant quitté illicitement le territoire d'un État membre. Il s'agit principalement des objets archéologiques ou des éléments de monuments artistiques, historiques, religieux ayant plus de 100 ans, des œuvres d'art (tableaux, mosaïques, gravures, statues), des photographies, films, incunables et manuscrits ayant plus de 50 ans et n'appartenant pas à leur auteur, des livres ayant plus de 100 ans, des archives ayant plus de 50 ans, des cartes géographiques imprimées ayant plus de 200 ans et des collections autres que philatéliques. Mais, exception faite des objets archéologiques, des incunables et manuscrits, encore faut-il que ces biens présentent une valeur minimale qui va de 15 000 euros pour les mosaïques ou photographies à 150 000 euros pour les tableaux en passant par 50 000 euros pour les statues.

B. Restitution des biens culturels ayant quitté illicitement le territoire d'un État membre

413 La directive n° 93/7 du 15 mars 1993 relative à la restitution des biens culturels ayant quitté illicitement le territoire d'un État membre (4) institue un système de restitution susceptible de jouer lorsque le bien est sorti du territoire d'un État membre, soit en violation de la législation de cet État, soit en violation du règlement n° 3911/92 qui régit les exportations à destination d'un État tiers (v. *infra*, n° 414). En pareil cas, l'État membre concerné – mais non le propriétaire du bien volé – dispose d'une action en restitution contre le possesseur ou le détenteur (celui qui détient pour le compte d'autrui) du bien auprès du tribunal compétent de l'État sur le territoire duquel se trouve le bien (art. 5).

Cette action doit être intentée dans un délai d'un an à compter de la date à laquelle l'État requérant a connaissance de l'État tiers où se trouve le bien et de l'identité de son détenteur et se prescrit dans un délai de trente ans à compter de la sortie illicite du territoire. L'État requérant doit, en contrepartie, indemniser équitablement le possesseur ou le détenteur que le tribunal jugera avoir été de bonne foi (art. 9), règle reprise par la convention Unidroit. Après la restitution, la propriété du bien culturel est déterminée conformément à la législation de l'État requérant.

Ce système de restitution implique une étroite coopération entre les États membres ainsi que la directive en fait obligation à ces derniers.

(2) Sur cette convention, v. F. Francioni, « Le commerce illicite d'objets d'art et son contrôle : la convention Unidroit de 1995 », *RMUE* 1998, n° 2, p. 69.

(3) *JOUE* L 39, 10 févr. 2009.

(4) *JOCE* L 74, 27 mars 1993.

C. Exportation de biens culturels dans un État tiers

414 La réglementation communautaire vise à assurer un contrôle uniforme à l'exportation des biens culturels à l'extérieur de la Communauté. Elle complète la directive « restitution » en garantissant aux États membres que la suppression des contrôles aux frontières intracommunautaires n'a pas pour conséquence l'exportation illicite d'objets d'art et d'antiquités hors de l'Union européenne. Aussi, bien qu'adopté avant la directive n° 93/7, le règlement communautaire n'est-il entré en vigueur que le troisième jour suivant la publication de celle-ci au *JOCE*. Le règlement du Conseil n° 3911/92 du 9 décembre 1992 (5), aujourd'hui remplacé par le règlement de codification n° 116/2009 du 18 décembre 2008 (6), subordonne l'exportation hors du territoire communautaire à la présentation d'une autorisation d'exportation lors de l'accomplissement des formalités douanières. L'autorisation d'exportation est délivrée sur demande de l'intéressé par l'autorité compétente de l'État membre sur lequel le bien culturel se trouve légalement, en particulier après importation. Le règlement n° 752/93 de la Commission du 30 mars 1993 (7) détermine les modalités de mise en œuvre, notamment les justifications à fournir et la durée de validité de l'autorisation qui ne saurait excéder douze mois.

L'État peut refuser l'autorisation d'exportation lorsque les biens sont couverts par sa législation nationale assurant la protection des biens nationaux ayant une valeur artistique, historique ou archéologique au sens de l'article 30 TFUE ex art. 36 CE. Il peut choisir de ne pas exiger de licence d'exportation pour les objets archéologiques lorsqu'ils offrent un intérêt archéologique ou scientifique limité, à condition qu'ils ne soient pas le produit direct de fouilles ou découvertes, par exemple pièces de monnaie anciennes.

§ 2. LE RÉGIME DU LIVRE

415 Bien que fortement concurrencé, le livre demeure un vecteur essentiel de la culture. Il est à la fois un support de valeurs économiques et une marchandise sur le régime juridique de laquelle le droit communautaire a des incidences de nature très diverse.

L'exigence première du marché intérieur demeure celle de libre circulation et de libre concurrence. Elle n'est guère entravée par la protection d'une durée de 70 ans qu'accorde au droit d'auteur la directive n° 93/98 du 29 octobre 1993 (8). Elle est cependant contrebalancée par la nécessité d'aider le développement de la création littéraire et de l'accès à la lecture que la Communauté elle-même prend en compte ainsi qu'en témoigne le programme Ariane, programme de soutien, y compris à la traduction, dans le domaine du livre et de la lecture (9). L'équilibre entre ces deux exigences a donné lieu à une jurisprudence importante relative à la distribution du livre dont l'élément clé a été la fixation du prix de vente. Cette jurisprudence fait application des règles du traité concernant les ententes et les mesures étatiques qui restreignent la libre circulation.

Les particularités du marché du livre n'autorisent pas les éditeurs et les libraires à conclure des ententes contraires à l'article 81 § 1 CE (devenu 101 § 1 TFUE) en ce

(5) *JOCE* L 395, 31 déc. 1992.
(6) *JOUE* L 39 du 10 févr. 2009.
(7) *JOCE* L 77, 31 mars 1993.
(8) *JOCE* L 290, 24 nov. 1993.
(9) Décision n° 2085/97 du PE et du Conseil du 6 oct. 1997, *JOCE* L 291, 24 oct. 1997.

qu'elles comprennent la fixation du prix de vente des livres (accord entre deux associations représentant la grande majorité des éditeurs et libraires flamands et néerlandais (10)). En revanche, en l'absence de réglementation communautaire, le législateur national ne porte pas atteinte aux dispositions de l'article 81 s'il rend inutiles les accords que cette disposition proscrit en accordant aux éditeurs ou importateurs de livres le droit de fixer le prix de vente au détail (11). Cette décision, concernant la loi française, a permis de sauvegarder l'essentiel du système visant à assurer la protection des librairies spécialisées face à la concurrence des grandes surfaces, puisque le détaillant ne peut, en règle générale, accorder une remise supérieure à 5 % du prix fixé par l'éditeur.

416 La protection du livre en tant que support culturel ne constitue pas une des justifications prévues par l'article 30 CE – devenu 36 TFUE – pour autoriser un État à imposer des mesures d'effet équivalant à une restriction quantitative (sur cette question, v. *infra*, n°s 566 et s.) ce qui a amené la Cour, dans la même affaire Leclerc, à juger contraires au traité les dispositions de la loi française qui confiaient à l'importateur le droit de fixer le prix de vente au détail des livres importés (instituant par là un régime distinct de celui des livres édités en France) et à l'éditeur celui des livres édités en France et réimportés après avoir été exportés dans un autre État membre. La législation française – « loi Lang » – a été modifiée pour tenir compte de cette décision. Mais, postérieurement, dans un arrêt du 30 avril 2009 concernant la législation autrichienne (12), la Cour a admis qu'en revanche la protection du livre en tant que bien culturel pouvait être considérée comme une exigence impérative d'intérêt public susceptible de justifier des mesures de restriction à la libre circulation des marchandises pourvu qu'elles soient propres à atteindre l'objectif fixé et proportionnées, ce qui constitue un développement de la jurisprudence *Cassis de Dijon* (13).

Dans une résolution du 12 février 2001 (14) le Conseil invite la Commission à tenir compte de la valeur culturelle particulière du livre et des conséquences du développement du numérique lorsqu'elle contrôle l'application des règles de concurrence et de libre circulation des marchandises en particulier en présence de réglementations imposant un prix fixe. Se pose également avec une acuité croissante la conciliation des intérêts des auteurs et des éditeurs avec la numérisation de masse et la diffusion en ligne des œuvres (15).

SECTION III — RÉGLEMENTATION DES SERVICES CULTURELS

417 **Importance et évolution des services culturels.** Les services culturels constituent un marché en très forte croissance même si certains secteurs comme

(10) CJCE, 17 janv. 1984, *VBVB* et *VBBB c. Commission*, 46 et 63/82, *Rec.* 19.

(11) CJCE, 10 janv. 1985, *Leclerc*, 229/83, *Rec.* 1.

(12) CJCE, *Fachverband der Buch – und Medienwirtschaft*, C 531/07, *Rec.* I-3717.

(13) V. *infra*, n[o] et s.

(14) Résolution concernant l'application des systèmes nationaux de fixation du prix du livre, *JOCE* C 73, 6 mars 2001.

(15) Communication de la Commission, *Le droit d'auteur dans l'économie de la connaissance*, COM/2009/0532 final.

le cinéma connaissent une régression. Ils sont fort diversifiés, allant des représentations musicales ou théâtrales à la visite des musées, monuments et autres « lieux culturels » et à l'audiovisuel. Inutile d'insister sur la révolution technologique quasi permanente qui bouleverse ce dernier secteur ; elle fait tomber les frontières non seulement entre pays européens mais à l'échelle du globe et engendre une augmentation impressionnante de la consommation. On avance qu'en 1996 déjà les Européens auraient passé en moyenne près de trois heures par jour devant leur téléviseur, voyant 50 films par an contre 2 au cinéma.

Dans ce domaine le droit communautaire est avant tout un droit de services même si les supports matériels – cassettes, films, récepteurs – constituent des marchandises (16).

La problématique demeure ce qu'elle est dans les autres domaines de la culture : assurer la liberté favorable aux échanges culturels tout en aidant et protégeant la diffusion de la culture européenne. On sait combien, face à la puissance de l'industrie audiovisuelle américaine et à l'attraction pour la culture américaine que cette puissance favorise, la sauvegarde de ce qui constitue de plus en plus une exception culturelle, non simplement française mais européenne, s'avère difficile à réaliser d'autant que les États membres de l'Union ne partagent pas les mêmes vues sur ce sujet.

Le développement de la technique a en ces domaines un impact considérable qui impose une évolution de la réglementation. C'est particulièrement le cas pour l'audiovisuel. En un premier temps la Communauté s'est dotée de la directive dite « télévision sans frontières » (directive TSF), adoptée le 3 octobre 1989 (17) puis modifiée par la directive n° 97/36 du 10 juin 1997. Cette directive concernait seulement la radiodiffusion télévisuelle. Le développement de nouveaux services audiovisuels a conduit à élargir le champ d'application du droit communautaire à l'ensemble du secteur audiovisuel. C'est ce que réalise la révision d'envergure opérée par la directive n° 2007/65 du 11 décembre 2007 (18), dite « services de médias audiovisuels sans frontières » (directive SMA), elle-même remplacée par la directive de codification n° 2000/13 du 10 mars 2010 (19). La directive SMA couvre l'ensemble des services de médias audiovisuels définis comme ceux « qui relèvent de la responsabilité éditoriale d'un fournisseur de services et dont l'objet principal est la fourniture de programmes dans le but d'informer, de divertir ou d'éduquer le grand public par des réseaux de communication électronique », c'est-à-dire des systèmes de transmission d'information à distance quelle que soit la technique utilisée (radioélectricité, câble, internet, satellite ainsi que les communications commerciales audiovisuelles). Seuls font exception, à la demande de certains États, les services radiophoniques.

La nouvelle directive distingue deux catégories de services de médias audiovisuels : les services linéaires, qui offrent le « visionnage simultané de programmes sur la base d'une grille de programmes », et les services à la demande qui permettent « le visionnage de programmes au moment choisi par l'utilisateur et sur demande individuelle sur la base d'un catalogue de programmes sélectionnés par le fournisseur de services ». Ces deux catégories de services ne sont pas totalement soumises au même régime juridique. Les obligations imposées aux services non linéaires sont moins rigoureuses,

(16) CJCE, 30 avr. 1974, *Sacchi*, 155/73, *Rec.* 409.
(17) *JOCE* L 298, 17 oct. 1989.
(18) *JOUE* L 332, 18 déc. 2007.
(19) *JO* L 95 du 15 avr. 2010.

notamment en ce qui concerne la promotion de la culture européenne, mais s'efforcent d'assurer la protection des consommateurs.

§ 1. LA LIBERTÉ

A. Règles générales

418 La liberté est d'abord celle dont peuvent se prévaloir les prestataires de services culturels : liberté d'établissement et libre prestation de services ou, pour les salariés, libre circulation des travailleurs. Ce droit a été reconnu aux artistes (20), aux guides touristiques (21), au diffuseur de films (22) ou l'accès est subordonné à un paiement de la part de l'usager, ainsi que des services vidéo et de l'édition électronique, la directive n° 98/84 du 20 novembre 1998 (23) organise leur protection contre le « piratage ».

La liberté est aussi celle du destinataire de services, ainsi que l'exemple de la télévision le démontre. En ce domaine, la Communauté a été précédée de peu par le Conseil de l'Europe. Ce dernier a arrêté le 15 mars 1989 les dispositions de la convention « Télévision transfrontière » fondée sur la liberté de réception et de retransmission des émissions qui implique « la liberté de recevoir ou de communiquer des informations ou des idées… sans considération de frontière », consacrée par l'article 10 de la Convention européenne des droits de l'homme. Le droit communautaire reprend ce principe dans la directive SMA (art. 3 § 1).

Il n'est d'exception qu'au cas de violation manifeste, grave et répétée de la protection des mineurs, de la dignité humaine et de l'interdiction d'inciter à la haine pour des raisons de race, de sexe, de religion ou de nationalité. La directive renforce le droit du public en autorisant les États à prendre, en en informant la Commission, des mesures visant à ce qu'une partie importante du public ne soit pas privée de la possibilité de suivre en direct ou en différé sur une télévision à accès libre les événements qu'ils jugent d'une importance majeure pour la société (art. 14) et ait accès aux reportages d'actualité consacrés à des événements présentant un grand intérêt pour elle (art. 15).

419 Cette liberté a pour contrepartie le droit de réponse susceptible d'être exercé par toute personne physique ou morale mise en cause dans une émission télévisée. La réponse doit être diffusée dans un délai raisonnable, « à un moment et d'une manière appropriés en fonction de la mission » à laquelle elle se rapporte (art. 28 § 1). La directive SMA entend renforcer la protection du public en imposant aux fournisseurs une obligation de transparence concernant leur identification et en invitant les États à encourager la mise en place de régimes de corégulation ou d'autorégulation (art. 5).

Contribue également au respect de la liberté des prestataires et des destinataires des émissions le contrôle exercé sur le respect par les médias des règles de concurrence ;

(20) CJCE, 18 juin 1985, *Steinhauser,* 197/84, *Rec.* 1819.

(21) CJCE, 26 févr. 1991, *Commission c. France*, C 154/89 *Rec.* I-3591 ; *Commission c. Italie*, C 180/89, *Rec.* I-709 ; *Commission c. Grèce,* C 198/89, *Rec.* I-727.

(22) CJCE, 11 juill. 1985, *Cinéthèque*, préc.

(23) *JOCE* L 320, 28 nov. 1998.

qu'il s'agisse des ententes ou des concentrations, la Commission veille particulièrement à ce qu'un groupe ne domine pas le marché et ne ferme pas ce dernier en imposant des barrières financières ou technologiques à l'entrée (24).

B. Droits d'auteur et droits voisins

420 Il s'agit des droits reconnus à l'auteur d'une œuvre – par exemple, compositeur d'une œuvre musicale, auteur d'un livre ou d'un logiciel – et des droits voisins, ceux des artistes interprètes ou exécutants, des producteurs – par exemple producteur des premières fixations d'un film – des diffuseurs de l'œuvre – par exemple, organismes de radiodiffusion.

Le problème majeur qui se pose est la conciliation entre la libre circulation de l'œuvre et la protection accordée aux titulaires de ces droits qui présentent, outre un aspect moral, une valeur économique considérable. La difficulté de parvenir à des solutions s'explique par l'évolution rapide des techniques de communication et sur le plan juridique, par l'imbrication entre les droits concernés ainsi que par la diversité des législations nationales et l'existence de conventions internationales que le droit communautaire doit prendre en compte : convention de Berne pour la protection des œuvres littéraires et artistiques – à laquelle l'adhésion des États membres est obligatoire (25) – et de Genève sur le droit d'auteur, convention de Rome de 1961 sur la protection des artistes interprètes ou exécutants, des producteurs de phonogrammes et des organismes de radiodiffusion, convention de Genève, dite convention Phonogrammes de 1971, convention de Bruxelles, dite Satellites, de 1974, Accord relatif aux aspects des droits de propriété intellectuelle qui touchent au commerce (ADPIC) inclus dans l'accord OMC de Marrakech du 15 avril 1994. Le résultat est que le droit communautaire, s'il s'élabore avec difficulté, n'en est pas moins en constante évolution et d'une grande complexité.

421 **Les directives sectorielles.** On en retiendra d'abord la reconnaissance du droit d'auteur et des droits voisins : directive n° 91/250 du 14 mai 1991, concernant la protection juridique des programmes d'ordinateur (26) ; directive n° 92/100 du 19 novembre 1992 relative au droit de location et de prêt et à certains droits voisins du droit d'auteur dans le domaine de la propriété intellectuelle remplacée par la directive de codification n° 2006/115 du 12 décembre 2006 (27) ; directive n° 93/83 du 27 septembre 1993 qui concerne la radiodiffusion par satellite et la retransmission par câble (28). La durée de protection, telle qu'elle résulte de la directive n° 93/98 du 29 octobre 1993 à laquelle s'est substituée la directive de codification n° 2006/116 du 12 décembre 2006 (29), est de soixante-dix ans après la mort de l'auteur ou après que l'œuvre a été licitement rendue accessible au public pour le droit d'auteur (deux générations), cinquante

(24) V. J.-P. Guther, « Politique communautaire de concurrence et audiovisuel : état des lieux », *RTDE* 1998, p. 1.

(25) CJCE, 19 mars 2002, *Commission c. Irlande*, C 13/00, *Rec.* I-2943, cela en application de l'article 5 du protocole 28 de l'accord EEE.

(26) *JOCE* L 122, 17 mai 1991 ; v. *infra*, n° 1036.

(27) *JOUE* L 376, 27 déc. 2006.

(28) *JOCE* L 208, 6 oct. 1993.

(29) *JOUE* L 376, 27 déc. 2006.

ans après la première exécution pour les artistes interprètes (délai porté à soixante-dix ans pour les interprètes ou exécutants d'une oeuvre dont l'exécution est fixée dans un phonogramme par la directive 2011/77 du 27 septembre 2011) (29 bis), la première fixation pour les producteurs de films, la première diffusion pour les organismes de radiodiffusion. La directive n° 2001/84 du 27 septembre 2001 (30) concerne le droit de suite de l'auteur d'une œuvre d'art graphique ou plastique originale après qu'il l'ait lui-même cédée. Elle fixe le pourcentage du prix auquel l'auteur a droit pour chaque revente de son œuvre pendant la période de protection du droit d'auteur, par exemple 4 % (en principe) pour un prix hors taxe ne dépassant pas 50 000 €, 0,25 % pour un prix hors taxe supérieur à 500 000 €, le montant total du droit perçu ne pouvant dépasser 12 500 €.

Mais les droits d'auteur et les droits voisins sont soumis aux règles du traité. Le principe de non-discrimination en raison de la nationalité (CE, art. 12 TFUE, art. 18) s'applique à eux interdisant un traitement défavorable des œuvres créées, interprétées ou diffusées dans un autre État membre (31). Il en va de même des règles relatives aux ententes ou à l'abus de position dominante (32).

En revanche, les droits d'auteurs et droits voisins bénéficient d'un régime particulier en ce qui concerne la libre circulation des marchandises et la libre prestation de services. Leur protection est consacrée par le traité seulement à propos de la libre circulation des marchandises (art. 30 CE devenu art. 36 TFUE) mais a été étendue par la jurisprudence à la protection des services. En principe, le titulaire du droit dans le pays d'importation peut s'opposer à la diffusion de l'œuvre (33) ou la subordonner au versement d'une rémunération, sauf s'il a épuisé son droit en donnant son accord à la commercialisation dans ce pays (34). La protection des bases de données fait l'objet d'un régime particulier déterminé par la directive n° 96/9 du 11 mars 1996 (35).

422 **La directive n° 2001/29 du 22 mai 2001** (36). Cette directive qui a pour objet « l'harmonisation de certains aspects du droit d'auteur et des droits voisins dans la société de l'information » établit en réalité un cadre juridique très général (37) mais qui n'affecte pas en principe les règles contenues dans les directives sectorielles. On y a vu « la colonne vertébrale de l'édifice législatif communautaire en matière de droits d'auteur et de droits voisins » (38).

(29 bis) *JOUE* L 265, 11 octobre 2011.

(30) *JO* n° 272, 13 oct. 2001.

(31) CJCE, 20 oct. 1993, *Phil Collins,* C 92/92 et C 326/92, *Rec.* I-5145.

(32) CJCE, 13 juill. 1989, *Tournier,* 395/87, *Rec.* 2521, redevances imposées par la SACEM ; TPI, 11 juill. 1996, *Métropole télévision SA,* T 528/93 e.a., *Rec.* II-649, concernant l'Eurovision.

(33) CJCE, 18 mars 1980, *Coditel,* C 2/79, *Rec.* 881.

(34) CJCE, 22 janv. 1981 *Dansk Supermarked*, 55/80, *Rec.* 182.

(35) *JOCE* L 77, 27 mars 1996. V. D. Richard, « La protection européenne des bases de données », *RMC* 1997, p. 111 et Commission, Communication sur le droit d'auteur et les droits voisins dans la société de l'information, 20 nov. 1996.

(36) *JOCE* L 167/10, 22 juin 2001.

(37) Pour son application à un article de presse, CJCE, 16 juill. 2009, *Infopaq International*, C 5/08, *Europe* oct. 2009, note L. Idot ; pour son application à l'interface utilisateur d'un programme d'ordinateur dès lors qu'elle constitue une création intellectuelle CJUE, 22 déc. 2010, *Bezpecnostini softwarova associace*, C 343/09, *Europe* févr. 2011, n° 86.

(38) V. L. Bénabou, « La directive droit d'auteur, droits voisins et société d'information : valse à trois temps avec l'acquis communautaire », *Europe* août-sept. 2001, p. 4.

Elle consacre trois droits essentiels au profit des auteurs, des artistes interprètes, des producteurs de phonogrammes, de films ou d'émissions de radiodiffusion. Le droit de reproduction est le droit exclusif d'autoriser ou interdire la reproduction directe ou indirecte de l'œuvre (art. 2 qui modifie sur ce point la directive n° 92/00). La même exclusivité est reconnue à l'auteur concernant la communication des œuvres au public (art. 3) et la distribution au public, par vente ou autrement, de l'œuvre ou de copies de celle-ci (art. 4), la Cour interprétant de manière extensive ces notions (39).

L'harmonisation des droits nationaux risque cependant de demeurer très imparfaite car la directive autorise les États à apporter un grand nombre d'exceptions ou limitations à ces droits (art. 5) et le régime de compensation équitable versée au titulaire du droit prévu dans certains cas, par exemple les copies à usage privé, suscite de nombreuses difficultés d'application (40).

Ici encore la conciliation avec le développement de la société de l'information s'avère délicate à assurer.

§ 2. LA SAUVEGARDE DE LA CULTURE

423 La protection de la culture peut justifier des restrictions à la libre prestation des services ou à la libre circulation des travailleurs.

Ces restrictions sont en général le fait des États : elles sont licites à condition de respecter le principe de proportionnalité. C'est ce que la Cour a jugé dans les affaires concernant les « guides touristiques ». Elle relève, par exemple, dans l'affaire *Commission c. République française* (précitée), que « l'intérêt général lié à la valorisation des richesses historiques et à la meilleure diffusion possible des connaissances relatives au patrimoine artistique et culturel d'un pays peut constituer une raison impérative justifiant une restriction à la libre prestation de services ». Elle estimera en l'occurrence que le principe de proportionnalité n'était respecté par aucun des trois États concernés. Le même raisonnement s'appliquera à l'accès des ressortissants communautaires à l'enseignement dans l'affaire *Groener,* la Cour acceptant l'exigence de l'usage de la langue nationale irlandaise « comme moyen d'expression de l'identité et de la culture nationale » (41), dès lors qu'il n'y a ni discrimination ni disproportion par rapport au but poursuivi.

424 Mais les restrictions peuvent être imposées par la réglementation communautaire elle-même. Les directives TSF et SMA en offrent une illustration caractéristique s'agissant des services linéaires (télévision).

L'incitation à la haine pour raisons de race, sexe, religion ou nationalité est, on l'a vu, prohibée. Les émissions ne doivent pas nuire à l'épanouissement physique, mental ou moral des mineurs, ce qui impose soit des contraintes concernant les heures de diffusion de certains programmes, soit un codage et à tout le moins un avertissement. Le régime de la « communication commerciale » a fait l'objet de nombreux débats et la directive SMA se caractérise dans l'ensemble par un assouplissement des règles insti-

(39) Pour la notion de communication au public de signaux sonores ou visuels par l'intermédiaire d'appareils de télévision installés dans des chambres d'hôtel, CJCE, 7 déc. 2006, *SGAE*, C 306/05.

(40) CJUE, 21 oct. 2010, *Padawan St*, C 467/08 ; 16 juin 2011, *Stichting de Thinskopie*, C 462/09.

(41) CJCE, 28 nov. 1989, C 379/87, *Rec.* I-3967.

tuées par la directive TSF. Sans doute certaines restrictions de la publicité sont maintenues : prohibition de la publicité clandestine, du recours aux techniques subliminales, de la promotion des produits du tabac et des médicaments uniquement délivrables sur ordonnance, limitation de la publicité des boissons alcoolisées (42), protection des mineurs. Mais la limitation à 15 % du temps quotidien est supprimée (en revanche est maintenue celle de 12 minutes par tranche horaire) ; les possibilités d'interruption des programmes sont sensiblement augmentées (coupure publicitaire possible par tranche de 30 minutes au lieu de 45 minutes lors de la transmission de longs métrages, suppression de l'intervalle de 20 minutes entre deux coupures). Par ailleurs, si la directive pose le principe de l'interdiction du placement de produits, elle apporte, sauf en ce qui concerne les programmes pour enfants, les plus larges dérogations à cette interdiction, autorisant les États à s'y opposer. Le régime du parrainage, autre technique de communication commerciale, demeure peu modifié : les téléspectateurs doivent être informés de l'accord de parrainage.

La sauvegarde de la culture européenne face à la domination des programmes reflétant une autre culture, en l'occurrence la culture américaine, divise les États de l'Union européenne.

Le problème s'est posé avec acuité pour la télévision en ce qui concerne non pas les œuvres nationales mais les œuvres européennes, celles qui sont originaires d'États membres de la Communauté ou d'États tiers parties à la convention Télévision transfrontière élaborée par le Conseil de l'Europe ou sont réalisées en coopération. La directive TSF imposait aux États membres de veiller chaque fois que cela est réalisable à ce qu'une proportion majoritaire du temps de diffusion soit réservée à des œuvres européennes (cela à l'exclusion du temps consacré aux informations, au sport, aux jeux, à la publicité ou aux services de télétexte). Et un quota de 10 % du temps de diffusion du budget de programmation devait être consacré à la diffusion d'œuvres européennes émanant de producteurs indépendants. Cette promotion des œuvres européennes, bien que formulée en des termes peu contraignants et reconduite dans la directive n° 97/36, est à l'origine de très vives controverses entre partisans et adversaires de l'« exception culturelle européenne » (43), exception fortement contestée au sein de l'OMC. La directive SMA maintient ces objectifs… mais seulement « chaque fois que c'est réalisable » et en laissant le choix des moyens aux États : on ne peut plus parler d'obligation.

À cela s'ajoute que tant les États que la Communauté elle-même (programme Media regroupés en un seul depuis 2007 et doté pour la période 2007-2013 de 755 millions d'euros) soutiennent financièrement la production la distribution et la promotion des œuvres européennes. Malgré cette aide, et malgré celle qui a été apportée au développement de nouvelles technologies, l'industrie européenne de l'audiovisuel peine à soutenir la concurrence avec l'industrie américaine. L'organisation du marché européen, même si elle est aidée par l'adoption de réglementations concernant la technique (par exemple, la directive n° 95/47 facilitant l'introduction de la télévision numérique) ne garantit pas la pérennité de la culture européenne.

(42) Exemple, CJCE, 13 juill. 2004, *Commission France*, C 262/02, *Rec.* I-6569 ; et *Bacardi France*, C 429/02, *Rec.* I-6613, validant la suppression des panneaux portant la publicité pour des boissons alcooliques imposée comme condition de retransmission de manifestations sportives ayant lieu sur le territoire d'autres États membres – loi Evin.

(43) V. N. Charbit, « Une nouvelle télévision sans frontières », *Europe* nov. 1997, p. 3 et s.

BIBLIOGRAPHIE

I. Ouvrages

O. Amiel, *Le financement public du cinéma dans l'Union européenne*, Paris, LGDJ, 2007 ■ C. Caron, *Droit d'auteur et droits voisins*, Paris, Litec, 2e éd., 2009 ■ P. Marchetti, *La production d'œuvres audiovisuelles dans l'Union européenne*, Paris, Economica, 1997 ■ C. Doutrele-Pont, *Le droit moral de l'auteur et le droit communautaire*, Bruxelles, Bruylant, 1997 ■ A. Meyer-Heine, *Le droit européen des émissions de télévisions,* Paris, Economica, 1996 ■ G. Vandersanden (sous la direction de), *L'espace audiovisuel européen*, Éd. de l'Université libre de Bruxelles, 1991.

II. Articles, études et documents

P. Achilleas, « La nouvelle directive services de médias audiovisuels sans frontières », *Europe* mars 2008, p. 4 ; J.-C. Barbato, « La directive services de médias audiovisuels (SMA) : vers un renouvellement du modèle audiovisuel européen », *RMCUE* janvier 2008, p. 53 ■ V.-L. Bénabou, « La directive droit d'auteur, droits voisins et société d'information : valse à trois temps avec l'acquis communautaire », *Europe* août-septembre 2001, p. 3 ; « Droit d'auteur », *Rép. Dalloz droit communautaire* ■ M. Candela Soriano, « Le traité CE et la fixation des prix dans le secteur du livre », *RDUE* 2000, p. 245 ■ J. de Ceuster, « Les règles communautaires en matière de restitution de biens culturels ayant quitté illicitement le territoire d'un État membre », *RMUE* 1993-2, p. 33 ■ P. Chesnais, v° « Droit d'auteur (droits voisins) », *Rép. Dalloz droit communautaire* ■ Commission européenne, *Politique audiovisuelle : les prochaines étapes*, communication en date du 14 juillet 1998 ■ « L'avenir de la politique de réglementation européenne dans le domaine de l'audiovisuel », communication du 15 décembre 2003, Com (2003) 784 ■ J.-P. Guther, « Politique communautaire de concurrence et audiovisuel état des lieux », *RTDE* 1998, p. 1 ■ G.-S. Karydis, « Le juge communautaire et la préservation de l'identité culturelle nationale », *RTDE* 1994, p. 551 ■ J. Lang et A. Riou, v° « Culture », *Rép. Dalloz droit communautaire* ■ T.-L. Margue, « L'exportation des biens culturels dans le cadre du grand marché », *RMUE*, 1993-2, p. 89 ■ A. Mattera, « La libre circulation des œuvres d'art à l'intérieur de la Communauté et la protection des trésors nationaux ayant une valeur artistique historique ou archéologique », *RMUE* 1993-2, p. 9 ■ L. Mayer-Robitaille, « Le statut ambivalent au regard de la politique communautaire de concurrence des accords de nature culturelle et des aides d'État relatives à la culture » *RTDE* 2004, p. 477 ■ A. Meyer-Heine, « Les apports de la nouvelle directive "Télévision sans frontières" du 30 juin 1997 », *RTDE* 1999, p. 95 ■ A. M. Oliva, v° « Audiovisuel », *Rép. Dalloz droit communautaire* ■ J. F. Poli, « Droit communautaire, compétences culturelles des États membres en matière de protection du patrimoine national et convention Unidroit », *RMCUE* février 1998, p. 89 ■ G. Vandersanden, « La culture », *Commentaire Mégret*, tome 8, 2e éd., p. 1.

III. Chronique

E. Treppoz, « Droit européen de la propriété intellectuelle », *RTDE*.

Nos 425 à 434 réservés.

DEUXIÈME PARTIE
LES MARCHANDISES

435 Avec les personnes, les marchandises ou produits forment la seconde composante essentielle du marché intérieur européen, peut-être même la première si l'on en croit l'article 26 § 2 TFUE, qui dans la définition qu'il donne du marché intérieur place les marchandises devant les personnes. Il n'y a d'ailleurs là rien de très étonnant, car les États membres – souveraineté oblige – se sont longtemps montrés plus soucieux d'assurer la libre circulation des marchandises plutôt que celle des personnes. Le traité établissant une Constitution pour l'Europe signé à Rome le 29 octobre 2004 abandonnait cette présentation classique souhaitant consacrer la prévalence au moins intellectuelle des personnes sur les marchandises (art. III – 130). Il fallait y voir l'aboutissement de l'évolution tendant à placer l'individu, la personne humaine au centre de la construction européenne (1). Le traité de Lisbonne en revanche conserve la présentation ancienne.

436 **Notion de marchandise.** Le traité de Rome n'a pas vraiment pris soin de définir la notion de marchandise. Celle-ci apparaît aujourd'hui à l'article 28 § 1er TFUE selon lequel l'union douanière « s'étend à l'ensemble des échanges de marchandises ». En revanche, l'article 38 § 1er TFUE donne une définition précise des produits agricoles, ce qui se comprend puisque ceux-ci bénéficient d'un régime particulier. Pour sa part, le traité CEEA renvoie à des listes pour identifier les produits qui entrent dans son champ d'application (art. 92 et annexe IV CEEA).

Il appartenait au juge de combler ces lacunes. Ainsi, dans une affaire mettant en cause le gouvernement italien, concernant des œuvres d'art, et contrairement aux allégations de celui-ci qui entendait limiter la notion de marchandise, aux seuls biens de consommation ou d'usage courant, elle en a donné une signification très large y englobant « tous produits appréciables en argent et susceptibles de former comme tels l'objet de transactions commerciales » (2). Ceci englobe donc les déchets, qui alimen-

(1) V. *supra*, nº 10.
(2) CJCE, 10 déc. 1968, *Commission c. Italie*, aff. 7/68, *Rec.* 617.

tent un contentieux abondant (3). Peu importe donc la nature du produit, sa plus ou moins grande sophistication, sa valeur marchande, sa destination. Dès lors qu'il possède une valeur vénale, un produit entre dans le champ d'application du traité. Ainsi la Cour a-t-elle confirmé récemment que les animaux – domestiques ou sauvages – faisaient bien partie de la catégorie des marchandises (4). Il en va de même pour le sang humain (5). Ceci ne préjuge pas nécessairement du régime juridique applicable. Ainsi y a-t-il quelque intérêt à distinguer une denrée alimentaire d'un médicament (6). Plus globalement, le régime juridique des marchandises ne se réduit pas à la seule libre circulation (titre I). Le traité lui-même présente un régime spécifique pour les produits agricoles. Les produits industriels pour leur part font l'objet de réglementations de plus en plus sophistiquées (titre II).

(3) CJCE, 9 juill. 1992, *Commission c. Belgique*, aff. C-2/90, *Rec.* I-4431, obs. SADELEER, *CDE* 1993, p. 672 ; les déchets font l'objet d'une conception extensive : CJCE, 11 nov. 2004, *Procédure pénale c. Antonio Niselli*, aff. C-457/02, *Rec.* I-10853 ; N. DE SADELLER, « Les déchets, les résidus et les sous-produits une trilogie ambiguë », *RDUE* 3/2004, p. 457 et s. ; 8 nov. 2007, *Stadtgemeinde Frohleiten*, aff. C-221/06, *Rec.* I-9643.

(4) CJCE, 19 juin 2008, *Nationale Raad*, aff. C-219/07, *Rec.* I-4475 ; 10 sept. 2009, *Commission c. Belgique*, aff. C-100/08, *Rec.* I-140*, pub. somm.

(5) CJUE, 9 déc. 2010, *Humanplasma GmbH*, aff. C-421/09, NEPR ; *Europe* févr. 2011, n° 48, note A. RIGAUX.

(6) CJCE, 15 nov. 2007, *Commission c. Allemagne*, aff. C-319/05, *Rec.* I-9811 (à propos de « gélules de poudre d'extrait d'ail »), *Europe* janv. 2008, n° 11, note E. BERNARD.

TITRE I
LA LIBRE CIRCULATION DES MARCHANDISES

437 **Libre circulation des marchandises et autres libertés**. En droit de l'Union européenne, la libre circulation des marchandises, qualifiée au demeurant par la Cour de justice de liberté fondamentale (1), ce qui conduit à refuser tout décrochage avec la libre circulation des personnes, s'étend à l'ensemble des facteurs de production, ce qui recouvre – outre les marchandises – les personnes, les services et les capitaux. Dans ces conditions, l'acception large de la notion de marchandise peut conduire à des chevauchements avec les trois autres libertés, et notamment celle des services et des capitaux dont les régimes juridiques sont différents.

La Cour de justice a réglé ces problèmes de frontière. Ainsi s'agissant des capitaux, elle a considéré que les pièces de monnaie ayant cours légal (2) relevaient de la libre circulation des capitaux. En revanche, lorsqu'elles n'ont plus cours légal (3). Leur nature physique reprend le dessus et elles reviennent dans le droit commun des marchandises, bien que les États conservent quelques pouvoirs régaliens à leur égard. Pour les services, la difficulté provient de ce que nombre de prestations de service s'accompagnent de la fourniture de biens. À propos des produits audiovisuels – films, disques, supports de son, vidéocassettes – qui alimentent une abondante jurisprudence, la Cour fait une distinction entre le support matériel, qui, en tant que tel, relève de la libre circulation des marchandises (4) et le message lui-même qui relève de la libre prestation de services. De la même manière, la Cour considère que des activités comme la pêche au lancer (5) ou l'exploitation de machines à sous (6) relèvent de la libre prestation de services et non de la libre circulation des marchandises, et ce malgré l'importance décisive qu'occupent les produits en cause dans ces activités.

(1) CJUE, 17 novembre 2009, *Regione Sardegna*, aff. C-169/08, *Rec.* I, *Rec* I-10821 ; note C. Blumann, *JCP* G ; 9 déc. 2010, *Humansplasma GmbH*, aff. C-421/09, NEPR.

(2) Sur cette notion : B. Angel et A. Margerit, « Quelle est la portée du cours légal de l'euro ? », *RMCUE* n° 532 oct.-nov. 2009, p. 587 et s.

(3) CJCE, 23 nov. 1978, *Regina-Thompson*, aff. 7/78, *Rec.* 2247.

(4) CJCE, 30 avr. 1974, *Sacchi*, aff. 155/73, *Rec.* 409 ; 20 oct. 1993, *Phil Collins*, aff. C-92/92 et C-326/92, *Rec.* I-5145.

(5) CJCE, 21 oct. 1999, *P. Jägerskjöld*, aff. C-97/98, *Rec.* I-7319.

(6) CJCE, 21 sept. 1999, *Läärä*, aff. C-124/97, *Rec.* I-6067.

De plus en plus souvent, les deux libertés sont affectées simultanément par des comportements restrictifs. La Cour applique en principe la théorie du principal et de l'accessoire ou du centre de gravité pour déterminer le régime applicable. Ainsi une mesure nationale restrictive touchant à la fois à la libre circulation des marchandises et à celle des services n'a pas à être examinée au regard des deux régimes juridiques dès lors que l'un d'entre eux est prédominant (7). Dans cet ordre d'idées, la Cour estime dans une jurisprudence récente (8), qu'une vente ambulante de contrats d'abonnement à des périodiques relève de la libre circulation des marchandises. La prestation de services paraît en effet secondaire par rapport à l'objet même de la vente (périodiques, livres) constitué de marchandises au sens du traité. En revanche, la Cour considère que l'exploitation d'un jeu de tir au laser sur des cibles humaines (activité au demeurant illicite) relève de la libre prestation de services, nonobstant l'utilisation d'appareils sophistiqués (9). Il en va de même de la vente de drogues douces dans certains cafés et restaurants des Pays-Bas (10).

Mais parfois les deux libertés s'avèrent indissociables, ce qui conduit à une sorte d'unification des régimes juridiques qui contribue d'ailleurs grandement au rapprochement des libertés fondamentales reconnues par les traités (en matière de télécommunications par exemple) (11). Dans une jurisprudence récente, la Cour de justice, s'agissant de la commercialisation de jeux électroniques, applique successivement les deux régimes sans s'interroger sur la prévalence de l'un ou de l'autre (12).

438 **Importance de la libre circulation des marchandises.** La libre circulation des marchandises prend place au cœur du projet européen. Rien d'étonnant alors que le traité de Rome, dans sa version originaire, lui octroyait une place de premier choix en lui réservant le titre premier de sa deuxième partie – la plus normativement lourde – consacrée aux « fondements » de la Communauté.

Le traité de Lisbonne insère les marchandises dans la troisième partie du TFUE intitulée « politiques et actions internes de l'Union ». Le marché intérieur, qui constitue formellement une subdivision nouvelle, se voit consacrer le titre premier (art. 26-27 du TFUE qui reprennent les ex-art. 14 et 15 CE). En revanche la libre circulation des marchandises, qui se voit attribuer le titre II, se trouve placée sur un pied d'égalité avec le marché intérieur, ce qui paraît très contestable puisqu'elle n'en représente qu'une composante.

439 **Division de la matière.** Ainsi, malgré l'écoulement du temps et les nombreuses avancées de la construction européenne dans les secteurs les plus variés, l'Union douanière

(7) CJCE, 25 mars 2004, *Herbert Karner*, aff. C-71/02 (interdiction de mentionner et d'indiquer dans la publicité qu'une marchandise provient d'une faillite, dès lors qu'elle ne fait plus partie de la masse de celle-ci), *Rec.* I-3025 ; 14 oct. 2004, *Omega Spielhallen*, aff. C-36/02, *Rec.* I-9609.

(8) CJCE, 26 mai 2005, *Burmanjer, Van der Linden et de Jong*, aff. C-20/03, *Rec.* I-4133.

(9) CJCE, 14 oct. 2004, *Omega Spielhallen*, aff. C-36/02, *Rec.* I-9609.

(10) CJUE, 16 déc. 2010, *Josemans*, aff. C-137-09, NEPR.

(11) CJCE, 22 janv. 2002, *Canal satellite digital*, aff. C-390/99, *Rec.* I-607 (à propos de décodeurs pour la télévision à péage), *Europe* mars 2002, n° 102, note A. Rigaux.

(12) CJCE, 26 oct. 2006, *Commission c. Grèce*, aff. C-65/05, *Rec.* I-10344.

demeure le socle de l'édifice (13) (chapitre 1). La preuve en est que toute atteinte à la libre circulation provoque toujours de vives réactions. Mais entendue strictement comme l'élimination des droits de douane et des restrictions quantitatives entre les États membres, l'Union douanière ne permet pas de poursuivre les autres comportements étatiques attentatoires à la libre circulation, qui se sont au demeurant multipliés après l'expiration de la période de transition. Le juge a dû puiser dans tout l'arsenal communautaire, et notamment dans la notion de mesure d'effet équivalent, pour découvrir des instruments de lutte contre de tels agissements (chapitre 2). Cependant, une chose est de sanctionner, une autre d'anticiper. Le législateur européen est entré en lice à son tour pour créer des conditions propices à la libre circulation et notamment pour harmoniser des législations nationales susceptibles de générer de nouvelles distorsions (chapitre 3).

(13) C. Soulard (dir.), « Les douanes », *RAE* 4/2005, p. 549-649 ; C.-J. Berr, « L'avenir de l'Union douanière », préc., *RAE* 4/2005, p. 575 ; C.-J. Berr et E. Natarel, « Union douanière », Chronique, *RTDE* 3/2006, p. 463 et s., et 4/2007, p. 665 et s.

CHAPITRE 1
L'UNION DOUANIÈRE

440 Celle-ci ne s'est pas réalisée instantanément (1). Il a fallu attendre l'expiration de la période de transition, même avec dix-huit mois d'avance sur le calendrier pour qu'elle voie le jour (section I). Aujourd'hui, elle appartient à l'acquis de l'Union, bien que son fonctionnement harmonieux suppose une gestion au quotidien, à laquelle les États membres doivent pourvoir au nom du principe d'administration indirecte, sous la direction et le contrôle de la Commission (section II). Cette gestion se fait plus complexe, lorsqu'il faut tenir compte de certains régimes douaniers préférentiels ou lorsque les marchandises obéissent à un régime particulier (section III).

SECTION I LA RÉALISATION DE L'UNION DOUANIÈRE

§ 1. NOTION D'UNION DOUANIÈRE

441 **Éléments constitutifs de l'UD.** La présentation qu'effectue le TFUE de la libre circulation des marchandises peut prêter à confusion dans la mesure où l'union douanière (chapitre 1) se situe sur un pied d'égalité avec l'interdiction des restrictions quantitatives (chapitre 3). Or, en règle générale, la doctrine et la pratique englobent l'élimination des restrictions quantitatives parmi les éléments constitutifs de l'Union douanière. En effet, cette forme d'organisation économique internationale vise à faire disparaître entre les pays participants l'ensemble des entraves aux échanges commerciaux, qu'il s'agisse des droits de douane ou bien des restrictions quantitatives. Ces dernières s'avèrent au demeurant d'une efficacité redoutable, ce qui peut expliquer que le traité ait entendu leur réserver un développement particulier. Le traité de Lisbonne innove cependant en intercalant entre l'union douanière et l'interdiction des restrictions quantitatives un nouveau chapitre consacré à la coopération douanière (chapitre 2, rapatrié de l'ex-article 135 CE).

(1) P. Kearney, « Quarante ans d'union douanière », *RMCUE* n° 522, oct.-nov. 2008, p. 581 et s.

442 **Union douanière et zone de libre-échange.** L'union douanière se distingue de la zone de libre-échange en ce que la seconde limite le processus de désarmement douanier aux seuls échanges *inter-se*, chacun des États membres conservant son autonomie vis-à-vis des tiers. En revanche, dans le cadre de l'UD, les partenaires abandonnent l'essentiel de leur souveraineté douanière, puisqu'ils conviennent de constituer une seule entité commerciale par rapport au reste du monde, ce qui se traduit dans la mise en place d'un tarif extérieur commun. L'UD évite ainsi les difficultés inhérentes aux zones de libre-échange, qui doivent toujours faire le départ entre les produits originaires et ceux mis en libre pratique. En effet, une fois entrés dans l'UD, les produits étrangers bénéficient de la libre circulation au même titre que les produits originaires. Bien qu'en apparence secondaire, cette caractéristique de l'UD se révèle un puissant levier pour une intégration économique plus poussée. L'inutilité de nouveaux contrôles aux frontières porte en effet, en germe, le marché unique européen qui verra le jour en 1993.

443 **Union douanière et Politique commerciale commune.** Par l'unification du tarif douanier extérieur, l'Union douanière conduit inéluctablement à une harmonisation voire une unification des relations commerciales avec les pays tiers. Le TFUE prévoit d'ailleurs une politique commerciale commune au titre II de sa cinquième partie (art. 206-207, ex-art. 131 et 133 CE) (2). Ces deux régimes entretiennent de nombreuses affinités. En particulier l'un et l'autre relèvent clairement de la compétence exclusive de l'Union européenne. Cet apport de la jurisprudence se voit au demeurant confirmé et par le traité constitutionnel et par celui de Lisbonne (art. 3 du TFUE).

Dans le prolongement l'une de l'autre, les deux notions ne sauraient cependant se confondre. Outre la localisation distincte dans les traités, on relève deux différences majeures : d'objet tout d'abord puisque l'UD concerne principalement les rapports entre l'Union et les opérateurs privés européens et étrangers, alors que la politique commerciale commune régit les rapports entre l'Union et des États tiers. D'instrument juridique ensuite dans la mesure où l'union douanière se matérialise dans des législations unilatérales alors que la politique commerciale s'inscrit dans des accords avec les pays tiers ou des organisations internationales. Schématiquement l'union douanière est un concept de droit interne et la politique commerciale un concept de droit international.

§ 2. LE CHAMP D'APPLICATION DE L'UD EUROPÉENNE

444 **Traité Euratom et CECA.** À l'origine du moins, l'UD ne présente pas le caractère général qu'on lui prête volontiers. Il importe en effet de distinguer entre les trois traités, et à l'intérieur du traité CE entre diverses catégories de produits. Le traité Euratom constitue certes une UD puisque le chapitre 9 de la deuxième partie confirme bien les deux volets interne (art. 93) et externe (art. 94) de ce type d'institution, mais les dispositions normatives qui lui sont consacrées s'avèrent très secondaires dans une Communauté dont l'objet est beaucoup plus le développement de l'énergie nucléaire que la libre circulation des produits.

(2) V. *infra*, n° 1420 et s.

Plus intéressant encore s'avérait le cas du traité CECA : celui-ci mettait en place une zone de libre échange (ZLE) renforcée, mais certainement pas une UD. En effet, alors que l'article 4 point a prévoit bien l'abolition des droits de douane et restrictions quantitatives à l'intérieur de la Communauté, l'article 71 précise lui que « la compétence des États membres en matière de politique commerciale n'est pas affectée par l'application du présent traité ». Cette situation d'intégration partielle s'expliquait par le souci des États membres de conserver leur autonomie vis-à-vis des pays tiers et surtout par la relative minceur – à l'origine de la CECA – des échanges extérieurs de charbon et d'acier. Compte tenu de la caducité du traité CECA depuis le 23 juillet 2002, les produits en relevant ont intégré le droit commun de l'union douanière européenne.

445 **Traité FUE.** La qualité d'union douanière de l'Union européenne ne saurait faire de doute. L'article 28 § 1er soumet, en effet, au régime de libre circulation « l'ensemble des échanges de marchandises ». Ne relèvent expressément d'un régime spécifique que les armes (art. 346-348) dont le particularisme saute aux yeux et les produits agricoles. Le cas des produits agricoles s'avère très intéressant puisqu'il reflète bien les hésitations des auteurs du traité à l'égard de l'agriculture. Après, en effet, avoir énoncé fortement à l'article 38 § 1er al. 2 que « le marché intérieur s'étend à l'agriculture, à la pêche et au commerce des produits agricoles », le même article tempère ce principe en soumettant l'agriculture à un régime particulier (§ 2) et en conditionnant la réalisation du marché intérieur à la mise en place d'une politique agricole commune (§ 4).

Sur ces bases, on aurait pu imaginer un fort particularisme de l'agriculture au regard du principe de libre circulation, comme l'envisage expressément l'article 42 pour les règles de concurrence. Mais dans la pratique, il n'en a rien été. Le législateur européen comme la Cour de justice n'ont eu de cesse que de replacer les produits agricoles dans le droit commun de la libre circulation, partant du principe que les exigences de celle-ci priment sur toute autre considération en droit de l'Union européenne. Ainsi la mise en place des organisations communes de marchés (OCM) s'est toujours accompagnée pour chaque produit considéré de l'élimination des droits de douane et des restrictions quantitatives, et pour les produits restant soumis à une organisation nationale de marché, la Cour de Luxembourg a condamné toutes les règles faisant obstacle à la libre circulation entre les États membres (3).

§ 3. LE PROCESSUS DE RÉALISATION DE L'UNION DOUANIÈRE

A. Concrétisation du processus

446 **Dispositif initial.** Celui-ci, décrit pour l'essentiel aux articles 9 à 35 originaires (en grande partie abrogés par le traité d'Amsterdam), appartient aujourd'hui à l'histoire des Communautés européennes. D'une manière générale, ces dispositions très détaillées, et précises contrastent sensiblement avec la nature de traité-cadre que l'on attribue souvent avec juste raison au traité de Rome.

(3) CJCE, 10 déc. 1974, *Charmasson*, aff. 48/74, *Rec.* 1383 ; 29 mars 1979, *Royaume-Uni c. Commission*, aff. 231/78, *Rec.* 1447, à propos du marché britannique de la pomme de terre.

S'agissant des *droits de douane* tant à l'importation qu'à l'exportation entre les États membres, le traité prévoit trois sortes de dispositions : une clause de *standstill* visant à geler les situations existantes, en second lieu un échéancier précis et programmé de l'élimination des droits existants ponctué par les trois étapes de la période de transition, enfin une possibilité d'accélération de ce calendrier selon une procédure communautaire, ce qui n'exclura pas cependant dans la pratique le recours à la technique des « décisions des représentants des gouvernements des États membres réunis au sein du Conseil ».

L'élimination des *restrictions quantitatives* entre les États membres repose sur un dispositif analogue : d'abord, une clause de *standstill*, ensuite l'ouverture progressive des contingents nationaux existants en premier lieu par une multilatéralisation de ceux-ci puis un élargissement des quantités de marchandises libérées, enfin une possibilité d'accélération du rythme de démantèlement.

Pour sa part, le *tarif extérieur ou douanier commun* (TDC), devait se réaliser progressivement par un rapprochement des quatre tarifs douaniers préexistants, les trois États du Benelux formant déjà une union douanière. Au terme du processus, le TDC de la Communauté s'établit à la moyenne arithmétique des quatre tarifs en vigueur.

447 **Mise en œuvre concrète.** Dans la pratique, l'UD a pu se réaliser plus vite que le calendrier initialement prévu, ce qui mérite d'être relevé compte tenu du mauvais climat existant alors entre les six États membres. Les produits agricoles firent l'objet d'un traitement différent de celui des produits industriels. Pour les premiers, on imaginait que l'ouverture des marchés serait difficile compte tenu des cloisonnements nombreux existant dans ce secteur. En pratique, il en alla très différemment. L'institution rapide de la PAC et la mise en place des OCM (4) entraînèrent le démantèlement des barrières douanières et contingentaires au fur et à mesure de la mise sous organisation commune de marchés des différents produits visés à l'ex-annexe II du traité. À cette méthode atomistique, il fut préféré pour les produits industriels une méthode plus globaliste. Mais avec l'accélération du calendrier, on pouvait considérer au 1er juillet 1968 que l'Union douanière dans son double volet interne et externe (TDC) voyait le jour avec dix-huit mois d'avance.

B. Problèmes récurrents

448 **Obstacles résiduels.** L'élimination des droits de douane et des restrictions quantitatives a fait disparaître le gros des obstacles à la libre circulation des marchandises en même temps que les obstacles les plus grossiers. Mais demeurent des entraves beaucoup plus insidieuses qui prennent les formes les plus diverses. Ces refuges discrets du protectionnisme étatique qui se parent souvent des vertus de la défense de la santé publique ou de l'environnement ne peuvent subsister. Le droit de l'Union permet de les atteindre par le truchement des deux principales notions de taxes d'effet équivalent ou de mesures d'effet équivalant à des restrictions quantitatives (5).

449 **Union douanière et élargissement.** Les dispositions de base sur la mise en place de l'Union douanière ont rempli leur fonction et sont devenues pour nombre d'entre elles

(4) V. *infra*, nº 624.
(5) V. *infra*, nºs 361 et s.

obsolètes. Le traité d'Amsterdam en a pris acte dans son œuvre de simplification des textes et il en résulte que les articles 9 à 37 originaires ont laissé place aujourd'hui aux seuls articles 30 à 32 du TFUE. Néanmoins, les principes de base de l'Union douanière, à savoir notamment la clause de *standstill* ou la prévision d'une période transitoire demeurent et se voient revigorés à l'occasion de chaque nouvel élargissement de l'Union européenne. Ces périodes transitoires nécessaires au raccordement des nouveaux États membres à l'Union ont d'ailleurs tendance à s'allonger dans le temps. Alors qu'elles avaient duré en moyenne cinq ans pour l'élargissement vers le nord, elles sont passées à huit ou dix ans pour l'élargissement à l'Espagne et au Portugal. Il en va de même pour le traité d'Athènes du 26 avril 2003, valant élargissement de l'Union européenne à dix nouveaux États membres. En l'occurrence, les périodes transitoires concernent beaucoup plus les dispositions sur la libre circulation des personnes – et notamment des travailleurs – ou l'agriculture. S'agissant des marchandises « ordinaires », les accords d'association préexistants avaient déjà largement préparé le terrain de l'ouverture des frontières.

450 **« Coopération douanière ».** L'union douanière, nonobstant sa nature de compétence exclusive de l'Union, n'a pas supprimé toute compétence étatique en matière douanière. Au nom du principe d'administration indirecte, la gestion concrète du dispositif continue à relever des États membres. Cependant l'Union ne peut se désintéresser complètement des problèmes d'exécution matérielle. Le traité de Maastricht avait accompli un premier pas en la matière en faisant de la coopération entre services de douane un objet de coopération intergouvernementale s'intégrant dans le troisième pilier de l'Union européenne. Dans le cadre du processus de communautarisation du troisième pilier, le traité d'Amsterdam a fait basculer dans le traité CE la « coopération douanière » (titre X, art. 135). Cependant tous les aspects judiciaires *a fortiori* répressifs de la gestion douanière demeuraient de la compétence nationale ou du titre VI ancien du TUE au titre de la coopération policière ou judiciaire en matière pénale. Le traité de Lisbonne supprime cette dernière restriction, compte tenu de la pleine intégration de la coopération policière et judiciaire pénale dans le droit de la nouvelle Union européenne (art. 33 TFUE).

La coopération douanière comprend aussi un volet extérieur. Depuis le 1er juillet 2007, l'Union européenne est devenue membre de l'Organisation mondiale des douanes (OMD), dont la mission essentielle est d'encourager la coopération entre administrations douanières des États signataires, qui sont actuellement au nombre de 176.

SECTION II LE RÉGIME GÉNÉRAL DE LA TAXATION DOUANIÈRE

§ 1. CADRE GÉNÉRAL

451 **Code des douanes communautaire.** Concrètement, tout produit étranger pénétrant dans l'Union doit se soumettre à un certain nombre de formalités d'ordre administratif, statistique sanitaire ou autre et par ailleurs acquitter des droits à l'importation prévus par la réglementation européenne. Cette dernière a fait l'objet de plusieurs codifications successives, notamment celle résultant du Code des douanes communautaires établi par un règlement du Conseil du 12 octobre 1992 (6). Ce texte entré en vigueur le 1er janvier 1994 et complété par un règlement d'application de la Commission du 2 juillet 1993 (7) s'inscrit également dans la politique de transparence et de simplification amorcée par le traité de Maastricht. Plus récemment, le 23 avril 2008 (8), le législateur européen selon la procédure de codécision a adopté un *code modernisé* se substituant au précédent. Selon la Commission, ce texte vise à moderniser et à simplifier les procédures et processus douaniers de façon à les rendre moins contraignants, à rationaliser le commerce international et à réduire les coûts supportés par les entreprises. Il s'agit aussi de satisfaire à l'engagement de « mieux légiférer » contracté dans ce domaine, en proposant des règles moins complexes et mieux structurées et en regroupant plusieurs règlements (9).

452 **Déroulement des opérations.** La taxation douanière en général s'opère au terme d'un processus complexe qui se déroule en plusieurs étapes qu'expose clairement le Code des douanes communautaires dans son titre II. La première consiste à identifier le produit qui entre dans l'Union et à le situer et même à le classifier au regard de la nomenclature douanière (§ 2). Une fois répertorié, il importe de déterminer son origine, celle-ci pouvant entraîner des régimes douaniers distincts (§ 3). Ensuite, il faut établir sa valeur exacte, opération qui prend le nom de valeur en douane (§ 4), de façon à lui appliquer le doit à l'importation correspondant (§ 5). Une fois ces différentes opérations accomplies, le produit pourra être mis en libre pratique (§6) c'est-à-dire bénéficier comme les produits originaires de l'Union de la libre circulation, sans avoir à subir de nouveaux contrôles ou taxations à l'occasion du franchissement des différentes frontières internes de l'Union.

§ 2. LA NOMENCLATURE DOUANIÈRE

453 **Objet de la nomenclature.** La nomenclature douanière résulte principalement d'un règlement du Conseil du 23 juillet 1987 (10). Ce texte reproduit et transpose dans l'ordre juridique de l'Union les dispositions de la convention internationale dite « convention sur le système harmonisé de désignation et de codification des marchandises » signée à Bruxelles le 12 juin 1985, entrée en vigueur le 1er janvier 1988 et qui au début de 1992 comptait déjà soixante-cinq pays signataires dont tous les États membres de l'Union européenne (11). Il vise à uniformiser au niveau mondial la liste de toutes les marchandises sur la base de laquelle chacun déterminera le niveau adéquat de ses droits de douane. Sur ces bases, le règlement du 23 juillet 1987, dont la dernière version révisée remonte à un règlement de la Commission du 5 octobre 2010 (12), et

(6) N° 2193/92, *JOCE* L 302, 19 oct. 1992.

(7) N° 2454/93, *JOCE* L 253, 11 oct. 1993.

(8) Règlement n° 450/2008, *JOUE* L 145, 4 juin 2008.

(9) M. Lux et P.-J. Larrieu, « La réforme du Code des douanes communautaires, tentative réussie de concilier progrès technique et simplification du droit », *RAE* 4/2005, p. 553 et s.

(10) N° 2658/87, *JOCE* L 256, 7 sept. 1987.

(11) Convention amendée en 1999, Rapport général 1999 n° 681 et 2000 n° 814.

(12) N° 861/2010, *JOUE* L 287, 29 oct. 2010.

surtout ses annexes, comprennent deux parties : d'un côté la nomenclature combinée (NC) qui correspond à une liste très complète de toutes les sortes de marchandises susceptibles de pénétrer dans l'Union, et de l'autre en regard, le taux du droit de douane applicable (13).

Chaque produit de la nomenclature fait l'objet d'une codification à huit chiffres. L'ensemble représente environ 13 500 positions ou sous-positions tarifaires. La sous-position permet à l'Union de faire varier le montant des droits de douane à l'intérieur d'une même catégorie de produits, sans pouvoir excéder le montant du droit correspondant à la position puisque celui-ci résulte des accords arrêtés dans le cadre de l'Organisation mondiale du commerce. L'informatisation du tarif douanier commun a conduit à la mise en place du tarif intégré des Communautés européennes (Taric), qui dans la pratique rend d'inestimables services et permet un raccordement automatique et plurilingue des services douaniers des États membres et favorise leur coopération mutuelle ainsi qu'avec les services de la Commission.

454 **Classification des produits.** Malgré le très grand nombre de positions tarifaires dans la nomenclature combinée, certains produits demeurent difficiles à classer. Comment par exemple distinguer une lithographie originale d'une gravure (14) ? Comment distinguer également les « articles pour jeux et sociétés » des jouets (15) ou bien encore un « porte-bébé » d'un simple sac à dos (16) ? Où classer les véhicules tous terrains : tracteurs ou transport de personnes (17) ? Que penser des caméscopes (18) ou des consoles de jeux vidéo (19) ? Il appartient aux administrations nationales de statuer sur ce genre de questions, puisqu'elles ont en charge la gestion au quotidien du TEC. De même, les litiges pouvant naître des opérations de classification d'un produit dans la nomenclature relèvent des juridictions nationales, soit en France les juridictions de l'ordre judiciaire, puisque traditionnellement, les droits de douane font partie des impositions indirectes (20).

Pour sa part, la juridiction de l'Union peut être saisie par le biais de questions préjudicielles, ce qui s'avère relativement fréquent, car malgré la précision de la nomenclature douanière, la sophistication croissante des produits prend à contre-pied les classifications les mieux établies (21). Au fil de sa jurisprudence, la Cour, dans l'intérêt de la sécurité juridique et de la facilité des contrôles, a dégagé un certain nombre de critères. Le plus décisif réside dans les *caractéristiques et propriétés objectives* des

(13) Nomenclature modifiée par un règlement n° 254/2000 du 31 janv. 2000, *JOCE* L 28, 3 févr. 2000.

(14) CJCE, 14 déc. 1988, *Huber*, aff. 291/87, *Rec.* 6449.

(15) CJCE, 28 juin 1989, *Rispal*, aff. 164/88, *Rec.* 2041.

(16) CJCE, 10 mai 2001, *Vau De Sport GmbH*, aff. C-288/99, *Rec.* I-3683.

(17) CJCE, 27 avr. 2006, *Kawasaki Motors Europe NV*, aff. C-15/05, *Rec.* I-3657 ; 6 déc. 2007, *BVBA Van Landeghem*, aff. C-486/06, *Rec.* I-10661 (à propos d'un « pick-up »).

(18) CJCE, 27 sept. 2007, *Medion*, aff. 208-209/06, *Rec.* I-7963 ; 5 juin 2008, *JVC*, aff. C-312/07, *JOCE* C 183.

(19) CJUE, 7 avr. 2011, *Staatsecretaris van Financën*, aff. C-153/10, NEPR.

(20) Une erreur de classification peut entraîner une demande de remboursement de droits de douane indûment versés : TPICE, 30 nov. 2006, *Heuschen c. Commission*, aff. T-382/04, non publié au recueil.

(21) CJCE, 15 janv. 1998, *Quelle*, aff. C-80/96, *Rec.* I-138, *Europe* mars 1998, « Les fantaisies du tarif douanier commun », n° 89 ; CJCE, 28 mars 2000, *Holz Geenen GmbH*, aff. C-309/98, *Rec.* I-1975 (à propos de carrelets en bois destinés à la fabrication de châssis de fenêtres) ; 7 févr. 2002, *Turbon International GmbH*, aff. C-276/00, *Rec.* I-1389 (à propos de cartouches d'encre compatibles avec certains types d'imprimantes).

produits en cause, telles que définies par le libellé de la position de la NC et des notes de section ou de chapitre. Mais la *destination* du produit peut aussi constituer un critère objectif de classification « pour autant qu'elle soit inhérente audit produit, l'inhérence devant pouvoir s'apprécier en fonction des caractéristiques et des propriétés objectives de celui-ci » (22). En outre, les *notes explicatives* élaborées, en ce qui concerne la nomenclature combinée, par la Commission et, en ce qui concerne le SH (la convention internationale sur le système harmonisé de désignation et de codification des marchandises) par l'OMD (Organisation mondiale des douanes v. *supra*, n° 50), contribuent d'une façon importante à l'interprétation de la portée des différentes positions, sans toutefois avoir force obligatoire. Enfin, bien que les avis de l'OMD classant une marchandise dans le SH n'aient pas force obligatoire, ils constituent, dans le cadre de la classification de ce produit dans la NC, des indices qui contribuent de manière importante à l'interprétation de la portée des différentes positions de la NC. Ces difficultés expliquent que la Commission procède chaque année par voie de règlement d'exécution à une mise à jour de TDC.

§ 3. L'ORIGINE DES MARCHANDISES

455 La détermination de l'origine présente le double intérêt, d'abord de distinguer les produits européens qui bénéficient automatiquement de la libre circulation des produits extérieurs qui n'en bénéficient qu'après avoir été mis en libre pratique ; ensuite, s'agissant de ces derniers, de déterminer le lieu exact de fabrication ou de production, en vue d'établir le droit à l'importation applicable dans les relations avec le pays d'origine (B). Mais encore faut-il distinguer l'origine de la provenance (A).

A. Origine et provenance

456 **Sens et intérêt de la distinction.** La provenance est une notion purement géographique correspondant au pays d'où sont acheminées les marchandises. Elle n'a pas en principe d'incidence directe sur la taxation douanière, qui s'applique essentiellement en fonction de l'origine du produit. Néanmoins, la provenance joue un rôle important dans le cadre des régimes douaniers préférentiels que l'Union consent à un certain nombre de pays tiers, notamment en développement.

L'origine correspond au pays dans lequel la marchandise a été produite, composée ou fabriquée. Il s'agit d'une notion plus économique que géographique, bien que dans de nombreux cas origine et provenance coïncident. La difficulté actuelle de détermination de l'origine résulte de la complexité croissante des modes de fabrication des produits, ainsi que de l'intensification des relations commerciales internationales. En conséquence, nombre de produits subissent plusieurs transformations dans plusieurs pays, avant leur fabrication et surtout leur consommation finales. Les clivages de la société économique internationale entre pays producteurs de matières premières, pays sur-industrialisés, pays nouvellement industrialisés (NPI), pays émergents, qui produisent à bas prix grâce au dumping social ne font qu'envenimer la situation.

(22) CJCE, 11 janv. 2007, *B.A.S. Trucks*, C-400/05, *Rec.* I-311 ; 15 févr. 2007, *RUMA*, C-183/06, *Rec.* I-1559.

De même, la multiplication des régimes préférentiels comme la constitution de zones de libre-échange ou d'unions douanières peuvent inciter des pays tiers à tourner les règles d'origine pour mieux pénétrer sur des marchés étrangers. Ainsi en va-t-il par exemple des automobiles de marque japonaise mais entièrement assemblées dans un État membre de l'Union européenne (23).

Les règles d'origine peuvent aussi se trouver altérées voire détournées de leur objectif par le truchement de considérations politiques. Ainsi en va-t-il pour les produits en provenance de Chypre nord, devenue la RTCN (République turque de Chypre Nord) (24), au demeurant non reconnue par l'Union européenne. L'Union refusant les certificats établis par cette entité (25), les produits originaires de cette région doivent *de facto* transiter par la Turquie pour pénétrer en Europe (26). Il en va de même des produits originaires de Cisjordanie, qui ne peuvent être couverts par des certificats d'exportation délivrés par les autorités israéliennes. La Cour estime en effet que l'occupation israélienne de ce territoire ne le fait pas appartenir à Israël et rend donc inapplicable en l'espèce l'accord d'association conclu avec l'Union (27).

B. Détermination de l'origine

457 **Critère de l'ouvraison substantielle.** Selon l'article 36 du Code des douanes communautaires de 2008 : « Les marchandises entièrement obtenues dans un même pays ou territoire sont considérées comme originaires de ce pays ou territoire ». En revanche, « Les marchandises dans la production de laquelle sont intervenus plusieurs pays ou territoires sont considérées comme originaires de celui où elles ont subi leur dernière transformation substantielle ». L'article 24 du Code des douanes de 1992 se montrait plus précis et prolixe sur ce dernier cas en indiquant que cette dernière transformation substantielle devait être économiquement justifiée, effectuée dans une entreprise équipée à cet effet et devait avoir abouti à la fabrication d'un produit nouveau ou représentant un stade de fabrication important.

Ces précisions devaient permettre de serrer au plus près la réalité, tout en offrant des instruments de lutte contre la fraude et les détournements de trafic. La nécessité d'une « transformation économiquement justifiée » effectuée de surcroît dans une « entreprise équipée » à cette fin visait à écarter les transformations de complaisance dans des pays de simple transit, mais qui bénéficiaient peut-être d'un accès préférentiel au marché européen. Le législateur de 2008 n'a pas jugé utile de reproduire ces précautions complémentaires, qui réapparaîtront peut-être dans les règlements d'application adoptés par la Commission ou le Conseil. En tout état de cause, en cas de doute sur

(23) À propos de téléviseurs importés de Turquie et devant bénéficier au titre de l'accord d'association de l'exemption des droits de douane, mais dont les composants provenaient en réalité de pays tiers : TPI, 10 mai 2001, *Kaufring AG et autres*, aff. T-186/97 à T-293/97 et T-147/99, *Rec.* II-1337.

(24) C. Blumann, « Le statut de la partie Nord de Chypre dans l'Union européenne », Colloque de Nicosie, 28-30 oct. 2010, à paraître.

(25) CJCE, 5 juill. 1994, *Anastasiou*, aff. C-432/92, *Rec.* I-3087

(26) CJCE, 4 juill. 2000, *Anastasiou (2)*, aff. C-219/98, *Rec.* I-5241

(27) CJUE, 25 févr. 2010, *Firma Britta GmbH*, aff. C-386/08, NEPR, *Europe* avr. 2010, n° 130, note D. Simon.

l'origine, il appartient à l'opérateur économique d'apporter la preuve de l'origine effective (art. 37) (28).

458 **Problèmes contentieux.** La rédaction simplifiée du nouveau règlement de base ne contribuera certainement pas à résoudre les problèmes d'interprétation nés de la notion de transformation substantielle. Ceci explique l'intervention assez fréquente de la Cour de justice pour clarifier les choses (29). Pour elle, une transformation n'est substantielle que si le produit qui en ressort « présente des propriétés et une composition propres qu'il ne possédait pas avant cette transformation ou ouvraison ». En revanche, des opérations affectant seulement « la présentation d'un produit aux fins de son utilisation, mais n'entraînant pas une modification qualitative importante de ses propriétés » ne constituent pas une transformation ou ouvraison substantielle.

459 **Critères complémentaires.** Mais même interprété et éclairé par la Cour de justice, le critère de la transformation substantielle peut se révéler insuffisant. D'où alors le recours à des critères complémentaires établis initialement par le règlement du 27 juin 1968 (30). Il en va ainsi du critère dit de l'opération centrale, qui consiste à diviser en plusieurs tranches le processus de fabrication d'un produit et de retenir la plus importante ; ou bien du critère de la valeur ajoutée selon lequel l'origine résultera de l'opération qui aura incorporé au produit une part très significative de son coût final ; ou bien encore du critère du changement tarifaire, conduisant à retenir le pays dans lequel une transformation importante aura été accomplie, aboutissant à un changement de position tarifaire dans la nomenclature douanière (31).

§ 4. LA VALEUR EN DOUANE

460 **Nature de la valeur en douane.** Cette opération vise à déterminer la valeur exacte d'une marchandise pour lui appliquer ensuite les droits du TDC. Comme on l'imagine, l'État d'accueil aura tendance à grossir cette valeur et l'importateur au contraire à la minimiser (32). En pratique, l'établissement de la valeur en douane soulève deux problèmes principaux. Le premier a trait au coût de la marchandise elle-même (33). On peut en effet distinguer un coût abstrait ou idéal qui résulte de l'addition de la matière première et des opérations d'ouvraison, et un coût réel, qui est celui effectivement pratiqué sur le marché. Le second a trait à la prise en compte ou non d'éléments accessoires ou complémentaires, tels les frais de transport, d'assurance et de commercialisation.

(28) Sur la réforme des règles d'origine : C. BERR et E. NATAREL, « Union douanière », Chronique, *RTDE* 4/2007, p. 668.

(29) CJCE, 26 janv. 1977, *Gesellschaft für Uberseehandel* (caséine), aff. 49/76, *Rec.* 41 ; 31 janv. 1979, *Yoshida*, aff. 114/78, *Rec.* 1147 ; 13 déc. 2007, *Asda Stores Ltd*, aff. C-372/06, *Rec.* I-11223.

(30) N° 802/68, *JOCE* L 148, 28 juin 1968.

(31) CJCE, 13 déc. 1989, *Brother c. Hauptzollamt Giessen*, aff. C-26/88, *Rec.* 4253.

(32) CJUE, 15 juill. 2010, *Gaston Schul BV*, aff. C-354/09, NEPR.

(33) CJCE, 16 nov. 2006, *CCIC*, aff. C-306-04, *Rec.* I-10993 (à propos de la prise en compte ou non du système d'exploitation dans le coût d'un ordinateur).

En droit de l'Union, la valeur en douane résulte aujourd'hui du Code des douanes du 23 avril 2008 (34). Au terme de son article 41, la valeur en douane est « la valeur transactionnelle, c'est-à-dire le prix effectivement payé ou à payer pour les marchandises lorsqu'elles sont vendues pour l'exportation à destination du territoire douanier de la Communauté ». Figurent également dans la valeur en douane, les frais de commissions (35) et de courtage, les coûts des contenants ainsi que des emballages, dès lors qu'ils doivent être supportés par l'acheteur mais qui n'ont pas été inclus dans le prix effectivement payé ou à payer. Il en va de même des frais engendrés par les analyses des marchandises pour vérifier leur conformité avec la réglementation nationale du pays d'importation (36).

461 **Système CAF.** De même, la valeur en douane est établie sur la base du système CAF (coût, assurance, fret), c'est-à-dire qu'elle inclut les frais de transport et d'assurance des marchandises importées ainsi que les frais de chargement et de manutention connexes au transport de marchandises. En revanche, les frais de transport après l'arrivée de la marchandise, de même que les travaux d'installation, montage, entretien postérieurs à l'entrée de la marchandise sur le territoire douanier de l'Union sont exclus.

462 **Prolongements internationaux.** La question de la détermination de la valeur en douane comporte bien évidemment des aspects internationaux. Au terme du Tokyo round de 1979, le GATT a établi un « code de la valeur en douane » dont s'est d'ailleurs largement inspirée la réglementation européenne puisqu'elle se rallie au système de la valeur transactionnelle. Suite aux accords de Marrakech du 15 avril 1994, ce code a subi un certain nombre de modifications (v. *infra*, n° 1459 et s.).

§ 5. LES DIFFÉRENTES CATÉGORIES DE DROITS À L'IMPORTATION

463 **Nature financière.** Au regard des règles du droit financier, on distingue trois catégories de droits : les droits *ad valorem*, les plus usuels, établis sur la base de la valeur réelle d'un produit et qui frappent celui-ci à un taux fixe prédéterminé, puis les droits dits « spécifiques » qui frappent le produit en fonction de son poids ou de sa longueur (films cinématographiques), enfin le droit mixte qui combine les deux formules, en ce sens qu'un droit ad valorem vient compléter un minimum de perception établi à partir de la nature du produit. Il appartient aux administrations nationales de gérer la perception des droits de douane. Ceci peut donner lieu à de multiples contentieux parmi lesquels celui du remboursement de la dette douanière (37), en cas de perception illicite, occupe une place importante (38).

464 **Qualification au regard du droit international économique.** Sur la base des règles du GATT, on distingue les droits conventionnels des droits autonomes. Les premiers

(34) Règlement n° 450/2008, *JOUE* L 145, 4 juin 2008.
(35) CJCE, 5 déc. 2002, *Overland Footwear Ltd*, aff. C-379/00, *Rec.* I-11133.
(36) CJCE, 19 oct. 2000, *Hans Sommer GmbH*, aff. C-15/99, *Rec.* I-8989.
(37) C. Soulard, « Dette douanière », *J.-Cl. Europe*, vol. 3, Fasc. 506, 2009.
(38) V. par exemple : CJCE, 2 avr. 2009, Elshani, aff. C-459/07, *Rec.* I-2759 ; 29 avr. 2010, *Dansk Transport*, aff. C-230/08, *Rec.* I-3799 ; TPICE, 23 sept. 2009, *Transnautica*, aff. T-385/05, *Rec.* II-163, sommaires.

sont établis au terme des négociations commerciales mondiales (NCM). Ils font l'objet de listes annexées aux accords conclus périodiquement (Tokyo round, Uruguay round) et sont étendus à l'ensemble des Parties Contractantes du GATT/OMC en raison de la clause de la nation la plus favorisée. Ces droits sont en principe intangibles durant une période de trois ans (consolidation triennale). Au-delà, ils peuvent être modifiés, mais sans qu'il en résulte un préjudice pour les autres Parties ou à la condition que leur soit consenti un avantage comparable dans un autre secteur. Les droits autonomes portent sur des produits non réglementés dans le cadre du GATT/OMC ou concernant des échanges avec des pays non-membres de ces organisations. L'Union en fixe librement le montant.

En pratique, l'évolution s'opère dans le sens d'une généralisation des droits conventionnels. Les produits échappant aux disciplines du GATT/OMC (produits agricoles jusqu'à l'Uruguay round) sont de moins en moins nombreux, et la vocation universaliste de l'organisation se confirme à chaque reprise. Dans le même temps, et en raison de la politique de désarmement douanier menée au sein de ces organisations, le niveau moyen des droits de douane diminue fortement. Il n'était plus que de 4,1 % au lendemain des accords de Marrakech.

465 **Nature européenne**. Enfin, au regard des concepts propres au droit de l'Union, on distingue volontiers les droits de douane portant principalement sur les produits industriels et les prélèvements agricoles frappant essentiellement les produits agricoles importés dans l'Union. Le prélèvement agricole constituait une technique originale puisque son montant représentait la différence entre le prix européen et le prix mondial d'un produit considéré. Il avait fait l'objet de vives critiques au sein du GATT, et à l'occasion des accords de Marrakech, la Communauté en a décidé la suppression et le remplacement par des droits de douane classiques, sous réserve néanmoins de la perception de droits additionnels en cas de perturbation du marché européen.

Avec la politique de réduction des obstacles au libre-échange menée au plan mondial, les droits de douane et prélèvements agricoles ont perdu une grande part de leur utilité en tant que mécanismes protecteurs du marché européen. Leur seconde fonction de pourvoyeur de recettes pour le budget de l'Union a pour la même raison périclité, même si l'obligation des États membres de les percevoir et de les transférer vers le budget de l'Union n'a rien perdu de sa portée (39). Ainsi la Cour a-t-elle récemment précisé que les droits de douane perçus sur les matériels de guerre et les biens à double usage (militaire et civil) devaient être transférés au budget de l'Union en qualité de ressources propres, et ce nonobstant le régime particulier de ces produits résultant de l'article 346 TFUE (40).

Néanmoins, alors qu'au début des années 1980, le tandem droits de douane-prélèvements agricoles représentait environ 45 % de l'ensemble des ressources propres communautaires (33 % pour les droits de douane et 12 % pour les produits agricoles), il ne représente plus aujourd'hui, avec au demeurant l'appoint de la cotisation sucre, qu'environ 13 % du total (41).

(39) CJCE, 15 nov. 2005, *Commission c. Danemark*, aff. C-392/02, *Rec.* I-9811 (obligation de verser les droits de douane nonobstant une non-perception due à des erreurs administratives).

(40) CJUE, 15 déc. 2009, *Commission c. Italie, Allemagne, Finlande, et alii*, aff. C-239/06, 284/05, 294/05… *Rec.* I-11913.

(41) 16,7 milliards d'euros sur un total de 141,9 milliards pour le budget 2011 http://www.touteleurope.eu.

§ 6. LIBRE PRATIQUE

466 **Définition.** Celle-ci résulte de l'article 29 du TFUE en vertu duquel « sont considérés comme étant en libre pratique dans un État membre les produits en provenance de pays tiers pour lesquels les formalités d'importation ont été accomplies et les droits de douane et taxes d'effet équivalent exigibles ont été perçus dans cet État membre... ». La libre pratique a donc pour effet de mettre les produits étrangers sur un pied d'égalité avec leurs homologues européens et de les faire bénéficier, dès lors du moins qu'ils sont en conformité avec la réglementation douanière et plus largement commerciale européenne, des possibilités offertes par la libre circulation. La libre pratique doit être distinguée du régime du transit externe selon lequel le produit étranger ne fait que traverser le territoire de l'Union sans y faire l'objet d'une consommation finale. Ce produit se voit dispensé des droits de douane de l'Union, ce qui peut entraîner des fraudes en cas de changement de la destination définitive (42).

467 **Procédure de mise en libre pratique.** Les modalités concrètes de la mise en libre pratique s'effectuent auprès des administrations douanières nationales et supposent l'accomplissement d'un certain nombre de formalités, notamment une déclaration, prévues par le Code des douanes communautaires. Le produit doit également fournir tous documents exigibles sur le plan des normes sanitaires, vétérinaires ou autres. Sauf cas exceptionnel, ces documents doivent avoir été établis dans le pays d'origine de la marchandise (43). Le produit mis en libre pratique ne peut plus en principe faire l'objet de nouveaux contrôles ou de nouvelles exigences douanières lors du franchissement des différentes frontières internes de l'Union. La législation et la jurisprudence de la Cour sur les taxes et mesures d'effet équivalent lui sont applicables (44).

SECTION III LES RÉGIMES PARTICULIERS DE TAXATION DOUANIÈRE

468 Le régime général précédemment décrit s'applique pour l'essentiel dans les rapports commerciaux avec les pays industrialisés ; de même il ne joue que lorsque la marchandise est destinée à la consommation ou à l'utilisation dans l'État membre de destination. En conséquence, dans les rapports avec les pays en voie de développement ou même avec certains pays avancés s'appliquent des régimes particuliers qualifiés de préférentiels (§ 1). Par ailleurs, pour les marchandises qui se bornent à transiter dans l'Union, des règles spécifiques s'appliquent que l'on regroupe souvent sous la dénomination de « régimes douaniers économiques » (§ 2).

(42) CJCE, 23 mars 2000, *Hauptzollamt Neubrandenburg*, aff. C-310/98 et 406/98, *Rec.* I-1797 ; 7 juin 2001, *Spedition Wilhelm Rotermund GmbH*, aff. T-330/99, *Rec.* II-1619.

(43) CJCE, 4 juill. 2000, *Regina et Minister of agriculture*, aff. C-219/98, *Rec.* I-5241.

(44) La mise en libre pratique peut néanmoins se heurter à des exigences propres de commercialisation dans le pays de destination de la marchandise : CJCE, 30 mai 2002, *S. Carbone*, aff. C-296/00, *Rec.* I-4657.

§ 1. LES RÉGIMES PRÉFÉRENTIELS

469 Ceux-ci s'inscrivent directement dans les relations extérieures de l'Union et le plus souvent dans le cadre de sa politique de coopération au développement (45). Ils découlent soit d'actes unilatéraux de l'Union comme le système des préférences généralisées, soit d'actes conventionnels, multilatéraux (convention de Lomé) ou bilatéraux (pays du Maghreb ou du Machrek). En termes douaniers, la préférence consiste en contingent tarifaire, suspension tarifaire, exemption tarifaire ou franchise douanière.

470 **Contingent tarifaire.** Celui-ci s'inspire dans son principe de la technique du contingent quantitatif ou restriction quantitative. Il tient à ce qu'une quantité prédéterminée de marchandises va bénéficier d'une réduction ou d'une suspension totale de droits de douane ou autres droits à l'importation. Au-delà de cette quantité, l'importation demeure possible mais au taux normal fixé par le TDC. La gestion de ces contingents soulève souvent des problèmes pratiques. Initialement, elle était confiée aux États membres, sur la base d'une répartition entre eux des contingents, arrêtée par le Conseil. La Cour de justice a condamné cette pratique jugée contraire à l'idée même d'Union douanière (46). Dorénavant, la Commission gère les contingents, qui s'épuisent au fur et à mesure des demandes présentées par les opérateurs économiques (47). Les États, via leurs services douaniers, se bornent à informer la Commission de l'état d'avancement des demandes.

471 **Suspension tarifaire.** Elle se distingue du contingent en ce sens qu'il n'existe pas de limite quantitative prédéterminée quant aux produits bénéficiaires. Cependant l'une comme l'autre ont le plus souvent un caractère temporaire. En pratique, la suspension tarifaire se présente dans trois hypothèses : le TDC la prévoit formellement pour certaines catégories de marchandises (plates-formes de forage) ; les accords avec les PVD ou le SPG en font une mesure normale des relations commerciales avec l'Union ; enfin d'une manière plus occasionnelle, le Conseil peut décider de la suspension tarifaire pour permettre à certaines industries européennes de transformation de s'approvisionner en matières premières à prix réduit sur le marché international (48).

472 **Exemption tarifaire.** Elle s'apparente à la suspension avec cette importante différence qu'elle est définitive et non pas temporaire. Le TDC a prévu ce cas de figure pour les aéronefs civils et pour les matériels destinés aux aéronefs civils.

473 **Franchise douanière.** Cette technique ressemble de très près à l'exemption tarifaire, mais alors que cette dernière s'applique erga omnes, la franchise douanière présente un caractère relatif, en ce sens qu'elle bénéficie à certains produits en fonction de leur affectation – ainsi en va-t-il des importations de biens à des fins culturelles, artistiques ou scientifiques – ou bien à certaines personnes en particulier. Entrent dans cette

(45) J.-M. Grave, « L'origine dans les régimes commerciaux préférentiels de la Communauté : une réforme impossible ? », *RAE* 4/2005, p. 587 et s.

(46) CJCE, 7 oct. 1985, *Migliorini et Fischl*, aff. 189/84, *Rec.* 3317 ; 27 sept. 1988, *Commission c. Conseil*, aff. 51/87, *Rec.* 5459.

(47) CJUE, 17 févr. 2011, *Bolton Alimentari SpA*, aff. C-494/09, NEPR.

(48) À propos de dattes en provenance des États-Unis : CJCE, 3 mai 2001, *Édouard Balguerie*, aff. C-190/00, *Rec.* I-3448.

catégorie les franchises douanières (exonérations ou réductions de droits) consenties aux particuliers à l'occasion de voyages personnels ou touristiques (49).

§ 2. LES RÉGIMES DOUANIERS ÉCONOMIQUES

474 Il s'agit de régimes douaniers particuliers (art. 132 à 174 du Code des douanes communautaires) destinés à régir des situations de transit ou de transformation d'un produit dans l'Union, mais sans que cette dernière en soit le destinataire final. Ces régimes répondent à trois fonctions précises : stockage (A), utilisation (B) et transformation (C).

A. La fonction de stockage

475 **Entrepôt douanier.** Celui-ci permet d'importer et de stocker des marchandises étrangères en suspension de tout droit de douane. Le stockage s'opère dans des magasins appartenant aux bureaux de douane, spécialement adaptés à cet effet. La durée du stockage n'est pas prédéterminée. Les marchandises ne peuvent faire l'objet d'ouvraison ou de transformation, seuls des travaux d'entretien ordinaire sont admis. À la fin du régime de l'entrepôt, les marchandises peuvent être écoulées dans l'Union moyennant bien sûr acquittement du droit de douane correspondant, soit réexportées vers un pays tiers, ou bien encore détruites ou placées sous un autre régime.

476 **Zones franches.** Le régime des zones franches diffère du précédent, à la fois par son champ d'application géographique, puisque la zone franche peut couvrir des régions entières et par la nécessité d'obtenir une décision d'ordre administratif pour sa mise en place. L'essentiel du régime tient à ce que les produits qui pénètrent dans la zone franche ne subissent aucun droit de douane, ni autre imposition. Néanmoins, la dérogation ne s'applique que pour le stockage, alors que les opérations de transformation ou de mise en consommation restent soumises au droit commun. Ainsi conçue, la zone franche douanière n'offre qu'un intérêt limité. Elle ne doit pas être confondue avec la zone franche « économique » que pratiquent certains pays en voie de développement et qui consiste à exonérer diverses parties du territoire national de toute imposition fiscale, douanière ou autre dans le but principal d'attirer les investisseurs étrangers et de contribuer ainsi au développement économique.

B. La fonction d'utilisation

477 **Admission temporaire.** La fonction d'utilisation s'incarne principalement dans le régime de l'admission temporaire. Celui-ci permet d'importer dans l'Union, en franchise de tout droit de douane ou en exonération partielle, une marchandise étrangère en vue de son utilisation temporaire et de la réexporter ensuite. En règle générale, l'admission ne peut excéder deux ans. Mais en revanche, ce régime peut bénéficier à n'importe quel type de marchandise. Néanmoins dans la pratique, il ne joue que pour certains matériels rares

(49) T. Georgopoulos, « La franchise douanière, le droit douanier communautaire entre cohérence et flexibilité », *RAE* 4/2005, p. 605 et s.

et coûteux (dans le secteur de l'audiovisuel par exemple), pour des matériels destinés aux foires et expositions ou importés à fin d'essai ou de démonstration.

C. La fonction de transformation

478 **Perfectionnement.** Le régime dit de perfectionnement correspond à une opération de transformation d'une marchandise avant sa production finale. Dans l'hypothèse du *perfectionnement actif,* la transformation a lieu dans l'Union au profit d'une marchandise importée depuis un État tiers et réexportée ensuite vers celui-ci (50). Inversement dans le *perfectionnement passif,* la marchandise est originaire de l'Union et transformée dans un pays tiers avant de faire retour en Europe. Dans un cas comme dans l'autre, les entrées comme les retours dans l'Union s'effectuent en franchise de tout droit de douane ou autre prélèvement. Cette exonération vise à soulager financièrement les entreprises européennes de transformation dans le cas du perfectionnement actif, et à ne pas renchérir le coût d'une marchandise européenne et qui y sera finalement consommée, dans le cas du perfectionnement passif.

479 **Transformation sous douane.** Cette dernière technique diffère sensiblement de la précédente par son esprit. Ce régime institué par un règlement du 26 septembre 1983 (51) vise à remédier à certaines anomalies économiques résultant de ce que certaines matières premières acquittent des droits de douane ou autres prélèvements plus élevés que les produits finis dont ils sont issus. Ceci se vérifie en particulier dans le secteur de l'agro-alimentaire où, par exemple, des produits transformés à base de fruits et légumes (conserves) sont beaucoup moins taxés que les fruits et légumes eux-mêmes. Il en résulte un double préjudice pour l'agro-industrie européenne : concurrence exagérée des produits finis étrangers et incitation à effectuer hors de l'Union les travaux de transformation. Le principe de la transformation sous douane consiste donc à exonérer en totalité ou en partie cette matière première étrangère destinée à la fabrication de produits agro-alimentaires européens (52).

BIBLIOGRAPHIE

I. Ouvrages

C.-J. Berr et H. Tremeau, *Le droit douanier*, Economica, 7e éd., 2006 ■ C.-J. Berr, *Introduction au droit douanier*, Economica, 2008 ■ D. Carreau et P. Juillard, *Droit international économique*, LGDJ, 4e éd., 1998 ■ Th. Flory, *L'organisation mondiale du commerce*, Bruylant, 1999 ■ Giffoni,

■ (50) CJCE, 13 mars 2003, *Pays-Bas c. Commission*, aff. C-156/00, *Rec.* I-2527 ; 18 oct. 2007, *Agrover*, aff. C-173/06, *Rec.* I-8783.

■ (51) N° 2763/83, *JOCE* L 272, 5 oct. 1983 ; art. 130-136 du Code des douanes communautaires.

■ (52) Pour un exemple concret : CJCE, 11 mai 2006, *Friesland Coberco Dairy Foods BV*, aff. C-11/05, *Rec.* I-4285.

Droit douanier de l'Union européenne et aspects économiques, OPOCE, 2e éd., 1995, Luxembourg ■ A. MATTERA, *Le marché unique européen*, Jupiter, 2e éd., 1990 ■ J.-R. NASSIER, *La réglementation douanière européenne*, Jupiter, 1988 ■ N. VAULONT, *L'union douanière de la Communauté économique européenne*, Perspectives européennes 1985.

II. ARTICLES, ÉTUDES ET DOCUMENTS

M. AIMÉ, « Douanes, régimes économiques », *Encyclopédie Dalloz droit communautaire*, tome 2 ■ C.-J. BERR, « Union douanière », *Chronique*, *RTDE* 2/2010, p. 389 et s. ■ C. BERR et E. NATAREL, « Union douanière », *Chronique*, *RTDE* 3/2006, p. 463 et s. et 4/2007, p. 665 et s. ■ C. BROVARNIK, « Tarif douanier commun », *Encyclopédie Dalloz de droit communautaire*, vol. 4, 1996 ■ G.-A. GAUTHIER, « Libre pratique », *Encyclopédie Dalloz de droit communautaire*, vol. 2 ■ G.-A. GAUTHIER, « Origine des marchandises », *Encyclopédie Dalloz de droit communautaire*, vol. 3, 1992 ■ T. GEORGOPOULOS, « La franchise douanière, le droit douanier communautaire entre cohérence et flexibilité », *RAE* 4/2005, p. 605 et s. ■ J.-M. GRAVE, « L'origine dans les régimes commerciaux préférentiels de la Communauté : une réforme impossible ? », *RAE* 4/2005, p. 587 et s. ■ P. KEARNEY, « Quarante ans d'union douanière », *RMCUE* no 522, oct.-nov. 2008, p. 581 et s. ■ M. LUX et P.-J. LARRIEU, « La réforme du Code des douanes communautaires, tentative réussie de concilier progrès technique et simplification du droit », *RAE* 4/2005, p. 553 et s. ■ C. SOULARD (dir.), « Les douanes », *Revue des affaires européennes* 4/2005 ■ C. SOULARD, « Union douanière », *Juris-Classeur Europe*, vol. 3, nos 500, 501, 502 ■ C. SOULARD, « Dette douanière », *Juris-Classeur Europe*, vol. 3, no 506.

Nos 480 à 489 réservés.

CHAPITRE 2
LA RÉPRESSION DES ATTEINTES À LA LIBRE CIRCULATION DES MARCHANDISES

490 **Persistance des obstacles résiduels.** Depuis le 1er juillet 1968, les droits de douane et les restrictions quantitatives ont disparu dans les échanges intra-communautaires. La libre circulation devrait donc être totalement réalisée. Mais les choses sont moins simples, car subsistent de nombreux autres obstacles de nature fiscale, commerciale, sanitaire, réglementaire, technique… dont au demeurant, le livre blanc de la Commission (1) s'était efforcé en 1985 de dresser l'inventaire. Ce document classait tous ces obstacles résiduels en trois rubriques : les obstacles techniques résultant notamment des normes de production ou de commercialisation, les obstacles physiques formés principalement des contrôles douaniers aux frontières internes de l'Union et les obstacles fiscaux constitués par les divergences entre les taux de TVA ou les droits d'accises.

Le livre blanc de la Commission représente à cet égard une excellente synthèse. Cependant bien avant lui, la Commission en sa qualité de gardienne des traités, comme la Cour de justice, saisie par le biais de questions préjudicielles ou de recours en manquement avaient déjà pris nombre d'initiatives pour inventer ou dégager des instruments efficaces de lutte contre ces entraves souvent qualifiées de non tarifaires. Ce combat s'avérait d'autant plus nécessaire que l'ouverture théorique du Marché Commun avait poussé les États membres à redoubler d'ardeur dans la découverte de moyens plus ou moins occultes susceptibles de protéger les marchés nationaux contre la concurrence étrangère, même européenne.

491 **Laconisme du traité.** Mais ce combat ne semblait pas gagné d'avance, car les traités se montrent assez laconiques à l'égard des obstacles autres que tarifaires et contingentaires. Les articles 25, 28 et 29 du traité CE (devenus art. 30, 34 et 35 du TFUE) se bornent à évoquer les taxes d'effet équivalant à des droits de douane et les mesures d'effet équivalant à des restrictions quantitatives, sans donner d'autres précisions quant à ces notions nécessairement vagues. Il faudra toute l'opiniâtreté des deux défenseurs de l'ordre juridique de l'Union pour leur donner non seulement un sens concret, mais également leur assurer l'efficacité maximum.

(1) Com. (85) 310 final.

Aujourd'hui, ces deux notions forment l'ossature du dispositif de lutte contre les atteintes à la libre circulation des marchandises. Elles ont en commun de se greffer sur des instruments très ordinaires du droit international économique – droits de douane, restrictions quantitatives – mais de leur donner une portée nouvelle et très extensive, au risque il est vrai de les dénaturer. Ainsi en va-t-il de la notion de mesure d'effet équivalent, car en droit douanier classique, la restriction quantitative représente un quota, à l'intérieur duquel l'importation est théoriquement libre, mais qui une fois dépassé rend toute importation impossible. En revanche, la mesure d'effet équivalent qui, souvent n'a aucune parenté avec une quantité prédéterminée de marchandise aboutit, immédiatement, à une interdiction ou à une forte limitation des importations étrangères.

492 Le champ d'application très vaste de la notion de mesure d'effet équivalent (MEERQ) (section II) lui a donné un caractère attractif considérable, minorant d'autant le rôle que pouvaient jouer d'autres notions, y compris celle de taxe d'effet équivalent (section I). Le traité réserve cependant une place particulière à d'autres comportements attentatoires à la libre circulation. Ainsi en va-t-il des monopoles nationaux de caractère commercial (art. 37 TFUE). Cependant et surtout depuis l'expiration de la période de transition, ces agissements étatiques sont plutôt rangés et étudiés dans la rubrique des atteintes publiques aux règles de concurrence.

SECTION I — LES TAXES D'EFFET ÉQUIVALANT À DES DROITS DE DOUANE

493 Bien que mentionnée à plusieurs reprises par les textes de base, notamment aux articles 28 et 30 du TFUE, et bien que son champ d'application concerne aussi bien les importations que les exportations, la notion de taxe d'effet équivalent, à laquelle la Cour de justice a reconnu très tôt, dans le célèbre arrêt *Van Gend en Loos* l'effet direct (2), ne se voit nullement définie par le traité. Celui-ci distingue d'ailleurs les droits de douane et taxes d'effet équivalent *stricto sensu* des « droits de douane à caractère fiscal » (art. 30 TFUE). Cette dernière notion peut sembler étonnante dans la mesure où l'on s'entend pour reconnaître la nature purement fiscale des droits de douane. Néanmoins on peut estimer que ces droits de douane fiscaux affectent des produits n'ayant pas de concurrents sur le plan interne et que leur perception ne poursuit donc aucun caractère protecteur mais simplement pourvoyeur de recettes pour le trésor public (3). La jurisprudence a confirmé cette conception (4). L'ex-article 17 CEE prévoyait d'ailleurs la suppression progressive de ces droits ou leur transformation en imposition intérieure.

Ces droits de douane de caractère fiscal appartiennent donc à la grande famille des droits de douane à savoir des taxes dont la nature financière ne saurait faire de doute.

(2) CJCE, 5 févr. 193, aff. 46/02, *Rec.* 1.

(3) R. Kovar, « Commentaire de l'article 17 CEE », *in* V. Constantinesco, J.-P. Jacque, R. Kovar, D. Simon, *Commentaire par article du traité CEE*, Economica, 1992, p. 117.

(4) CJCE, 1er juill. 1969, *Commission c. Italie*, aff. 24/68, *Rec.* 201.

S'agissant des taxes d'effet équivalent, et dans le silence des textes, la Cour de justice viendra apporter les précisions nécessaires (§ 1), ce qui permettra de mieux en cerner le domaine (§ 2). Ces données de base établies, le juge interviendra une nouvelle fois pour mettre en œuvre un régime de sanction, en cas de perception illicite de telles taxes. S'inspirant de sa jurisprudence en matière de reversement d'aides nationales incompatibles, il posera le principe du remboursement des taxes indûment perçues (§ 3) (5).

§ 1. LA NOTION DE TAXE D'EFFET ÉQUIVALENT

494 **Définition jurisprudentielle.** Après quelques tâtonnements (6), la Cour s'est ralliée à une définition particulièrement riche, constamment reprise par la suite, d'où il ressort « qu'une charge pécuniaire – fût-elle minime – unilatéralement imposée, quelles que soient son appellation et sa technique et frappant les marchandises nationales ou étrangères en raison du fait qu'elles franchissent la frontière, lorsqu'elle n'est pas un droit de douane proprement dit, constitue une taxe d'effet équivalent, alors même qu'elle ne serait pas perçue au profit de l'État, qu'elle n'exercerait aucun effet discriminatoire ou protecteur et que le produit imposé ne se trouverait pas en concurrence avec une production nationale » (7).

Cette définition, dont chaque mot compte, invite à distinguer des éléments formels (A) et des éléments matériels (B).

A. Les éléments formels

495 **Indifférence des qualifications nationales.** La définition se veut donc très souple, de façon à appréhender le plus grand nombre possible de comportements douteux. Ainsi, la Cour écarte comme à l'accoutumée toute référence aux dénominations ou aux appellations du droit national (8). Peu importe sa nature juridique – impôt, taxe fiscale, ou parafiscale, redevance – au regard du droit national. Peu importe également que le mode de perception soit assuré par les services douaniers, financiers, fiscaux ou autre ou par un organisme autonome droit public (9). En revanche, la Cour voit dans la taxe d'effet équivalent « un droit unilatéralement imposé ». Cet élément permet de bien distinguer la taxe de la mesure d'effet équivalent. La taxe possède un caractère financier, même si le lien avec un droit de douane devient ténu.

Au plan formel, deux éléments ressortent plus particulièrement de la définition donnée par la Cour : l'origine de la taxe (1) et le fait générateur de sa perception (2).

(5) Pour une vision moderne des TEE : J.-M. Grave, « L'interdiction des taxes d'effet équivalant à un droit de douane : un élément fondamental de l'union douanière au service du marché intérieur et de la politique commerciale commune », *RAE* 4/2005, p. 621 et s.

(6) CJCE, 14 déc. 1962, *Commission c. Grand-Duché du Luxembourg*, aff. 2-3/62, *Rec.* 813.

(7) CJCE, 1er juill. 1969, *Commission c. Italie*, aff. 24/68, *Rec.* 193 ; v. aussi 7 juill. 1994, *Lamaire NV*, aff. 130/93, *Rec.* 3215.

(8) CJCE, 15 nov. 1988, *Commission c. Grèce*, aff. 229/87, *Rec.* 6347.

(9) CJCE, 18 juin 1975, *IGAV c. ENCC*, aff. 94/74, *Rec.* 699 ; 22 avr. 1999, *CRT France International*, aff. C-109/98, *Rec.* I-2237.

1. L'origine de la taxe

496 **Origine étatique.** Initialement l'origine essentiellement étatique ne semblait faire le moindre doute dans la mesure où l'ex-article 12 CEE indiquait bien clairement que : « Les États membres s'abstiennent d'introduire entre eux de nouveaux droits de douane... et d'augmenter ceux qu'ils appliquent... ». Cependant, et très rapidement, la Cour de justice va retenir une acception large de la notion d'État, et comme elle le fait en matière d'aide d'État ou de mesure d'effet équivalent, elle étendra la qualification de taxe d'effet équivalent à des mesures adoptées par des collectivités infra-étatiques ou même par des organismes privés mais exerçant des prérogatives de puissance publique. Ce dernier cas de figure se présente assez souvent dans la pratique à propos de taxes parafiscales ou de contributions obligatoires perçues par des organismes professionnels en vue du financement d'opérations d'intérêt général (10).

497 **Origine communautaire.** Reste à se demander si l'origine publique plus qu'étatique de la taxe d'effet équivalent conduit à y englober des taxes ou redevances imposées par la réglementation communautaire ou en résultant. La Cour semble hésitante sur ce point, et aucun arrêt n'évoque explicitement une origine exclusivement nationale des TEE. Confrontée aux montants compensatoires monétaires dans le cadre de la PAC (11), le juge refuse d'y voir une taxe d'effet équivalent, bien que les éléments constitutifs de « l'incrimination » parussent réunis, car il s'agit selon elle d'une mesure simplement correctrice des variations de change monétaire entre les États membres, qui vise au total à maintenir le système des prix uniques et donc à préserver la libre circulation des produits agricoles (12). Mais à aucun moment, la Cour ne se fonde sur l'origine communautaire des MCM pour écarter la qualification de TEE. Plus récemment la Cour s'est montrée plus précise, à propos des redevances perçues par l'Union ou par les États membres sur la base de législations européennes, à l'occasion de contrôles sanitaires ou de qualité sur les produits agricoles. De telles législations peuvent s'avérer constitutives de TEE puisqu'elles constituent une entrave à la libre circulation des marchandises. Néanmoins elles poursuivent un but d'intérêt général et dès lors qu'elles respectent les critères de nécessité et de proportionnalité, elles n'encourent aucune condamnation (13). La nouvelle rédaction de l'ex-article 12 CEE (devenu 30 TFUE) plaide d'ailleurs en faveur de cette extension dans la mesure où il prévoit seulement que « Les droits de douane à l'importation et à l'exportation ou taxes d'effet équivalent sont interdits entre les États membres... ». Cette nouvelle rédaction éclipse quelque peu le rôle actif des États dans l'édiction des mesures prohibées. Les États n'apparaissent plus que comme l'objet spatial d'interdiction des taxes et ce indépendamment de leur origine juridique.

Ainsi semble-t-il nécessaire de dissocier les taxes d'effet équivalent de redevances fondées sur le droit de l'Union. Celles-ci sont licites (14) dès lors du moins qu'elles

(10) CJCE, 27 oct. 1993, *Firma Herber Scharbatke Gmbh*, aff. C-72/92, *Rec.* I-5509.
(11) CJCE, 24 oct. 1973, *Balkan import/export*, aff. 5/73, *Rec.* 1091.
(12) CJCE, 15 oct. 1980, *Providence agricole de la Champagne*, aff. 4/79, *Rec.* 2823.
(13) CJCE, 30 mai 2002, *Stratmann GmbH*, aff. C-284/00, *Rec.* I-4611.
(14) CJCE, 25 janv. 1977, *Bauhuis*, aff. 46/76, *Rec.* 5.

respectent un certain nombre de critères dégagés par la jurisprudence (15) : Elles doivent correspondre à des contrôles justifiés par l'intérêt général de l'Union. Il doit s'agir de contrôles obligatoires. Le montant de ces redevances ne doit pas dépasser le coût réel des contrôles et enfin elles doivent tendre à faciliter l'exercice de la libre circulation en neutralisant d'éventuelles mesures purement unilatérales des États. La différence paraît cependant très tenue avec une taxe d'effet équivalent, dans la mesure où un même comportement peut relever des deux régimes juridiques (16).

2. Fait générateur de la taxe

498 **Franchissement d'une frontière.** Le franchissement d'une frontière « interne » constitue le fait générateur de la taxe d'effet équivalent (17) ; peu importe au demeurant que la taxe concerne les importations – hypothèse la plus fréquente – ou les exportations (18). Il y a là un élément important qui permet en particulier d'opérer la distinction avec les impositions intérieures. Mais la Cour a donné une signification très large à la notion de frontière. Peu importe ainsi le lieu géographique exact de perception de la taxe. La suppression des contrôles physiques lors du franchissement des frontières internes de l'Union a pour résultat que l'imposition ou la perception pourront très bien avoir lieu à l'intérieur de l'État membre concerné. De la même manière, alors qu'en principe l'article 30 TFUE ne s'applique que dans les échanges intra-communautaires, elle a considéré, en raison de la mise en place du tarif extérieur commun, que les taxes d'effet équivalent dans les rapports avec les pays tiers devaient également disparaître, sous réserve toutefois de celles existantes avant la mise en place du TDC, c'est-à-dire avant le 1er juillet 1968 (19). Leur maintien mettrait en effet en cause le principe d'unicité du tarif extérieur commun et pourrait créer des distorsions entre les États membres eux-mêmes.

499 **Frontière locale.** Selon la même logique, la Cour de justice a assimilé une frontière régionale à une frontière nationale, et ce quand bien même tous les produits étrangers ou nationaux pénétrant dans la région considérée devraient acquitter la redevance litigieuse. Ainsi a-t-il été jugé à propos du célèbre « octroi de mer » perçu dans les départements français d'outre-mer, aussi bien sur les produits français

(15) CJCE, 27 sept. 1988, *Commission c. Allemagne*, aff. 18/87, *Rec.* 5427 ; CJCE, 30 mai 2002, *Stratmann GmbH*, aff. C-284 et 288/00, *Rec.* I-4611.

(16) CJCE, 27 févr. 2003, *Commission c. Allemagne*, aff. C-389/00, *Rec.* I-2001 (à propos de taxes à l'exportation de déchets), *Europe* avr. 2003, nº 126, note A. RIGAUX.

(17) Tel n'est pas le cas d'une taxe frappant uniquement des produits agricoles nationaux : CJCE, 22 mai 2003, *Freskot AE*, aff. C-355/00, *Rec.* I-5267 ; J. CAVALLINI, Chronique de jurisprudence, *LCM RMCUE*, déc. 2003, p. 685.

(18) CJCE, 23 avr. 2002, *N. Nygard*, aff. C-234/99, *Rec.* I-3657, *Europe* juin 2002, nº 216, note A. RIGAUX ; 8 juin 2006, *Visserijdrijf D.J. Koornstra*, aff. C-517/04, *Rec.* I-5033, *Europe* août-sept. 2006, nº 237, note D. SIMON ; CJCE, 21 juin 2007, *Commission c. Italie*, aff. C-173/05, *Rec.* I-4917, *Europe* août-sept. 2007, nº 208 note A. RIGAUX.

(19) CJCE, 1er juill. 1969, *Sociaal Fonds voor de Diamantarbeiders*, aff. 2-3/69, *Rec.* 211 ; 7 nov. 1996, *Sté Cadi Surgelés*, aff. C-126/94, *Rec.* I-5647.

qu'européens (20) ainsi que d'une taxe *ad valorem* à l'importation et à l'exportation appliquée dans la région grecque du Dodécanèse (21).

500 **Situation purement intérieure.** Dans une série d'arrêts récents, la Cour de justice confirme l'extension de cette notion de frontière locale et partant la déconnexion avec toute opération d'importation ou d'exportation, laquelle ressort pourtant comme exigence minimale de l'article 30 TFUE « Les droits de douane et taxes… sont interdits entre les États membres… » (22). Dans l'arrêt *Carbonati Apuani* (23), la Cour qualifie de TEE une taxe sur le transport de marbres extraits sur le territoire de la commune de Carrare lorsque celui-ci fait l'objet ensuite d'expéditions en dehors de cette zone de production. Quelque temps après, la cour confirme cette solution à propos de taxes perçues sur les livraisons de pommes de terre produites à Jersey en direction de la Grande-Bretagne « continentale » (24).

Dans tous ces cas, il apparaît que le caractère transfrontière au sens traditionnel du terme perd tout intérêt pour la qualification des taxes ou redevances litigieuses. Certes, on peut estimer que dans la plupart des hypothèses, il existe une certaine séparation géographique entre les lieux de production et ceux de consommation des marchandises ainsi taxées (octroi de mer) on peut aussi alléguer une certaine spécificité de ces territoires qui ont souvent un statut spécial par rapport à leur métropole (Jersey). Dans d'autres cas, c'est l'origine historique de la taxe qui en explique le maintien (marbre de carrare). Mais ces diverses considérations ne sont pas prises en compte en tant que telles par la Cour qui ne voit en définitive que l'entrave à la libre circulation des produits. Dans ce contexte, force est d'admettre que l'élément d'extranéité qui forme la base de tout rattachement d'une situation juridique déterminée au droit de l'Union fait défaut et que la notion de situation purement intérieure déjà battue en brèche dans nombre de secteurs du marché intérieur (25) paraît ici aussi condamnée à disparaître.

B. Les éléments substantiels

501 La Cour se montre à ce stade très vigilante. Il importe de ne pas s'enfermer dans un carcan juridique trop rigide qui pourrait faire échapper nombre de comportements répréhensibles à l'interdiction de l'article 30 TFUE. À elle seule, la perception d'une charge pécuniaire à l'occasion du franchissement d'une frontière suffit à établir la qualification de taxe d'effet équivalent (1). Mais une conception aussi large

(20) CJCE, 16 juill. 1992, *Legros*, aff. C-163/90, *Rec.* I-4625 ; 9 août 1994, *Lancry*, aff. C-363/93, *Rec.* I-3960 ; D. SIMON, « Le nouvel octroi de mer : serpent de mer apprivoisé ou laboratoire de l'ultrapériphéricité », *Europe* juin 2004, chr., n° 7.

(21) CJCE, 14 sept. 1995, *Simitzi*, aff. C-485/93, *Rec.* I-2655.

(22) Formule reprise à l'identique par l'article III-151 § 4 du traité constitutionnel et par l'article 30 du TFUE.

(23) CJCE, 9 sept. 2004, *Carbonati Apuani c. Comune di Carrara*, aff. C-72/03, *Rec.* I-8027 ; *Europe* nov. 2004, n° 350, note A. RIGAUX ; J. CAVALLINI chronique de jurisprudence de la Cour de justice, *RMCUE* n° 491, sept. 2005, p. 535 ; *RDUE* 2/2004, p. 323.

(24) CJCE, 8 nov. 2005, *Jersey produce Marketing*, aff. C-293/02, *Rec.* I-9543 ; Chronique de jurisprudence, *RDUE* 4/2005, p. 831.

(25) Pour les MEE v. *infra*, n° 534 ; pour la libre circulation des personnes, v. *supra*, n° 161.

risque de réduire à néant d'autres notions du droit de l'Union et notamment celle d'imposition intérieure, de laquelle la taxe d'effet équivalent continue pourtant à se démarquer (2).

1. L'objet de la taxe : une charge pécuniaire

502 **Indifférence du montant de la taxe.** La nature pécuniaire de la taxe figure en tête de la définition donnée par la Cour de justice. Elle permet au demeurant de distinguer les taxes d'effet équivalent des mesures du même nom. Mais le juge s'empresse d'ajouter que le montant de la taxe s'avère sans importance. La Cour s'en tient à son effet purement mécanique. La taxe conduit nécessairement à un renchérissement – aussi minime soit-il – du coût du produit sur le marché de consommation (26). Ce point suffit à condamner la taxe litigieuse quand bien même celle-ci n'aurait aucun effet discriminatoire à l'égard du produit ou réciproquement protecteur à l'égard des produits nationaux (27). *A fortiori* en va-t-il de même si le produit étranger n'entre en concurrence avec aucune production nationale (28).

La taxe d'effet équivalent est donc condamnée plus en fonction de son objet que de ses effets. De par sa seule existence, elle constitue un frein au plein épanouissement de la libre circulation des marchandises. En cela peut-on dégager une certaine différence avec la notion de mesure d'effet équivalent, qui elle suppose qu'il y ait un minimum d'incidence restrictive sur les échanges intra-communautaires, à plus forte raison depuis la jurisprudence *Keck* et *Mithouard*, qui a revitalisé ce critère.

503 **Indifférence des justifications avancées.** L'interdiction des TEE présente donc un caractère absolu – et en particulier l'effet direct de l'ex-article 12 CEE a été reconnu très tôt par le célèbre arrêt *Van Gend en Loos* (29) – ou objectif, qui la rend indépendante des justifications susceptibles d'être avancées par les États (30). Ainsi le souci de protection du patrimoine national se révèle inopérant pour justifier une taxe à l'exportation d'objets d'art (31) et ce nonobstant l'article 36 TFUE mais qui ne joue que dans les rapports avec la notion de mesure d'effet équivalent. Il en va de même d'une taxe phytosanitaire à l'exportation pourtant fondée sur une convention internationale (32). De même encore une taxe sur les exportations de tabacs en direction de pays membres ou de pays tiers ne saurait se justifier par des considérations d'ordre social (alimentation d'un fonds social en faveur des travailleurs du secteur du tabac) (33). La protection de l'environnement, pourtant très valorisée par la Cour de justice, ne saurait non plus être retenue (34).

(26) CJCE, 25 janv. 1977, *Bauhuis*, aff. 46/76, *Rec.* 5.
(27) CJCE, 1er juill. 1969, *Commission c. Italie*, aff. 24/28, *Rec.* 193.
(28) CJCE, 7 mai 1987, *Cooperativa frutta*, aff. 193/85, *Rec.* 2085.
(29) CJCE, 5 févr. 1963, aff. 46/62, *Rec.* 1.
(30) CJCE, 19 juin 1973, *Capolongo*, aff. 77/72, *Rec.* 611.
(31) CJCE, 10 déc. 1968, *Commission c. Italie*, aff. 7/68, *Rec.* 617.
(32) CJCE, 2 mai 1990, *P. Bakker Hillegam BV*, aff. 111/89 *Rec.* 1747.
(33) CJCE, 21 sept. 2000, *Kapniki Michaïlidis*, aff. C-441 et 442/98, *Rec.* I-7145, *Europe* nov. 2000, nº 344, obs. A. RIGAUX.
(34) CJCE, 21 juin 2007, *Commission c. Italie*, aff. C-173/05, *Rec.* I-4917, *Europe* août-sept. 2007, nº 208, note A. RIGAUX.

2. Taxe d'effet équivalent et imposition intérieure

504 **Sources des interférences.** Selon la définition donnée par la Cour de justice, le fait générateur de la taxe résulte du franchissement d'une frontière par un produit – aussi bien importé que national, puisque la notion joue dans le sens des importations comme des exportations. En principe, donc, il ne devrait pas y avoir d'interférence avec la notion d'imposition intérieure (35) qui, elle, s'applique indistinctement aux produits nationaux et étrangers et, en tout état de cause, s'avère indépendante des mouvements transfrontaliers (36). De plus la cour a clairement posé que les deux qualifications n'étaient pas cumulatives (37). Cependant les choses ne vont pas aussi simplement car il arrive souvent que la taxe d'effet équivalent ne soit perçue qu'après le franchissement de la frontière par la marchandise étrangère. En ce sens se prononçait la Cour de justice dans la première définition qu'elle donnait de la TEE. Elle y voyait en effet « un droit unilatéralement imposé… soit au moment de l'importation, soit ultérieurement » (38). La confusion avec des mesures fiscales risque de s'accroître encore plus avec l'article 30 TFUE (ex-article 25 CE) en vertu duquel l'interdiction des TEE « s'applique également aux droits de douane à caractère fiscal » (39).

La limite devient alors ténue avec une imposition intérieure. Le régime juridique de ces dernières résulte des articles 110 à 113 TFUE. Le principe général qui en ressort est celui de l'égalité de traitement entre produits nationaux et produits étrangers (40). Dans le cadre de l'exercice de leur compétence fiscale en matière de taxation des marchandises, les États ne peuvent frapper plus lourdement les produits étrangers (41). C'est le principe de prohibition des discriminations fiscales.

505 **Traits distinctifs.** De là résultent les différences essentielles entre les deux notions. En premier lieu, alors que les taxes d'effet équivalent sont par nature illicites sauf cas exceptionnels, les impositions intérieures jouissent d'une présomption de validité sauf lorsqu'elles se révèlent discriminatoires à l'égard des produits étrangers (42). En second lieu (43) alors que la taxe d'effet équivalent frappe un produit à l'occasion du franchissement d'une frontière – même si la perception s'opère ultérieurement et

(35) J. Molinier et N. de Grove-Valdeyron, *Droit du marché intérieur européen*, LGDJ, Systèmes, 3e éd., 2011, p. 34 et s.

(36) CJCE, 5 oct. 2006, *Nadasni et Ilon Németh*, aff. C-290/05 et 333/05, *Rec.* I-10115.

(37) CJCE, 22 mai 2003, *Freskot AE*, aff. C-355/00, *Rec.* I-5267 ; 8 nov. 2007, *Stadtgemeinde Frohnleiten*, aff. C-221/06, *Rec.* I-9643 ; A.-L. Sibony et A. Defossez, « Libre circulation des marchandises », chronique à *RTDE* 4/2008, p. 885 et s. ; S. Rodrigues (dir.), « Chronique de jurisprudence communautaire », *CDE* 1/2-2009, p. 217 et s.

(38) CJCE, 14 déc. 1962, *Commission c. Luxembourg*, aff. 2-3/62, *Rec.* 813.

(39) V. *supra*, n° 493.

(40) Ce qui suppose qu'il y ait une production nationale : CJCE, 17 juin 2003, *De Danske Bilimportorer*, aff. C-383/01, *Rec.* I-6065 ; J. Cavallini, chronique de jurisprudence, *LCM RMCUE* déc. 2003, p. 686.

(41) Directement ou indirectement : CJCE, 27 févr. 2002, *Commission c. France*, aff. C-302/00, *Rec.* I-2055 (taxe française sur les cigarettes blondes ou brunes) ; J. Cavallini, chron., *RMCUE* janv. 2003, p. 53 ; 18 janv. 2007, *Brzezinski*, aff. C-313/05, *Rec.* I-513 (à propos de droits d'accises sur des véhicules importés), *Europe* mars 2007, n° 85, note E. Bernard.

(42) CJCE, 3 févr. 2000, *Charalampos Doumias*, aff. C-228/98, *Rec.* I-577.

(43) CJCE, 22 mars 1977, *Steinicke et Weinlig*, aff. 78/76, *Rec.* 595.

constitue donc une manifestation d'une compétence « externe », des relations économiques internationales – l'imposition intérieure, elle, représente un élément de la politique fiscale intérieure d'un État, et ne s'intéresse donc pas à la provenance d'un produit. Ainsi en va-t-il d'une taxe autrichienne frappant les véhicules automobiles à l'occasion de leur immatriculation en Autriche quelle qu'en soit l'origine (44).

Mais cette relative clarté se heurte forcément à un certain nombre de cas limites. Tout d'abord, lorsqu'une imposition intérieure sous couvert de généralité ne frappe « de facto » que des produits importés parce qu'il n'existe pas de manière significative de production nationale similaire. Ainsi en allait-il d'une taxe italienne sur les bananes (45) alors que ce pays ne produisait que cent vingt tonnes de bananes par an et en importait environ cent vingt mille tonnes ou d'une taxe française sur les fabricants ou importateurs de postes CB (46). C'est encore le cas lorsqu'une taxe intérieure est organisée de manière différente selon qu'elle s'applique aux produits nationaux ou aux produits importés (47). Ainsi une taxe autrichienne prélevée sur des déchets en provenance de l'Italie constitue bien une imposition intérieure dans la mesure où elle frappe tous les déchets nationaux ou non-nationaux. Elle présente cependant un caractère discriminatoire car certaines exonérations de la taxe bénéficient aux seuls déchets nationaux et non à ceux originaires d'autres États membres (48).

506 **Taxes parafiscales.** Un autre cas limite – plus fréquent – se présente lorsqu'une imposition intérieure frappe indistinctement des marchandises nationales et importées mais dont le produit ne bénéficie qu'à des productions nationales. Ainsi en va-t-il de taxes parafiscales perçues par les États ou des organismes professionnels habilités sur des secteurs économiques particuliers et dont sont redevables tant les produits nationaux qu'étrangers mais qui, en réalité, ne sont affectées qu'au soutien ou à l'encouragement de productions locales (49). Dans ce cas, la Cour – au terme d'une jurisprudence bien établie – distingue deux situations : ou bien la totalité du montant de la taxe profite aux seuls produits nationaux et elle y voit une taxe d'effet équivalent, ou bien ce montant n'est affecté qu'en partie aux producteurs nationaux, le reliquat bénéficiant à d'autres activités, et elle opte alors pour une imposition intérieure, mais illicite car discriminatoire (50). Conformément à une attitude de plus en plus souvent retenue, la Cour de justice n'hésite plus, en cas de question préjudicielle, à renvoyer au juge national le point de déterminer dans quel sens la balance doit trancher en fonction du contexte et des textes nationaux applicables. Ainsi en va-t-il d'une taxe néerlandaise sur les

(44) CJCE, 29 avr. 2004, *H. et I. Weigel*, aff. C-387/01, *Rec.* I-4981 ; A. Rigaux, « La taxe autrichienne sur la consommation normale des carburants automobiles au crible du droit communautaire » *Europe* juill. 2004, Étude, p. 6 ; 5 oct. 2006, *Akos Nadasdi*, aff. C-333/05, *Rec.* I-10115 et 18 janv. 2007, *Maciej Brzezinski*, aff. C-313/05, *Rec.* I-513, chr., J. Cavallini, *RMCUE* sept. 2007, n° 511, p. 533.

(45) CJCE, 7 mai 1987, *Cooperativa Co. frutta*, aff. 193/85, *Rec.* 2085.

(46) CJCE, 22 avr. 1999, *CRT France international*, aff. C-109/98, *Rec.* I-2237.

(47) CJCE, *Charalampos Doumias*, *op. cit.*, note n° 20 ; *Europe* avr. 2000, n° 101, obs. A. Rigaux.

(48) CJCE, 8 nov. 2007, *Frohnleiten*, aff. C-221/06, *Rec.* I-9643.

(49) CJCE, 27 oct. 1993, *Firma Herbert Scharbatke Gmbh*, aff. C-72/92, *Rec.* I-5509.

(50) CJCE, 19 févr. 1998, *Conseil régional de la Réunion*, aff. C-212/96 (à propos de l'octroi de mer), *Rec.* I-766 ; 2 avr. 1998, *Outokumpu Oy*, aff. C-213/96, *Rec.* I-1801 ; 23 avr. 2002, *N. Nygard*, aff. C-234/99, *Rec.* I-3657 ; chr., J. Cavallini, *RMCUE* janv. 2003, p. 52 ; 8 juin 2006, *Visserijdrijf D.J. Koornstra*, aff. C-517/04, *Rec.* I-5033, *Europe* août-sept. 2006, n° 237, note D. Simon.

achats d'électricité destinée à couvrir certaines dépenses d'équipement supportées par les seules entreprises nationales (51).

§ 2. LE DOMAINE DES TAXES D'EFFET ÉQUIVALENT

507 La rigueur des critères dégagés par la Cour de justice conduit à condamner un grand nombre de taxes ou redevances perçues par les États (A). Néanmoins, quelques-unes parviennent à passer au travers des mailles du filet (B).

A. Inventaire des comportements prohibés

508 **Frais administratifs.** En dehors des droits de douane classiques, les États recourent à des taxations aux frontières pour assurer la couverture financière d'un certain nombre d'opérations douanières ou de formalités permettant un passage plus aisé. En pratique, il s'agit principalement de redevances correspondant à l'établissement de documents administratifs nécessaires au franchissement de la frontière. Ceux-ci ont été pendant longtemps extrêmement nombreux, les États s'ingéniant à compliquer les choses ne serait-ce que pour bien marquer la trace de leur souveraineté. Une importante simplification a été opérée avec l'introduction du document administratif unique qui a permis la suppression de plus de soixante-dix documents, bordereaux ou formulaires. L'échéance du marché unique européen au 1er janvier 1993 devait entraîner la disparition de tous ces documents, qui, s'ils subsistent même à titre gratuit, tombent alors sous le coup d'une incrimination au titre des mesures d'effet équivalent.

509 **Récolement de données.** Plus neutres apparaissent les taxes nécessaires au récolement et à l'établissement de données statistiques ou économiques. Celles-ci ne paraissent poursuivre aucun objectif protectionniste et s'inspirer de pures raisons d'intérêt général, encore plus quand elles permettent à la Commission de mieux cerner les flux d'échanges entre les États membres. Néanmoins sans mettre en cause la légitimité de telles pratiques, la Cour n'admet pas la perception de taxes, car il incombe aux États membres de se doter des services compétents pour recueillir ces données. En d'autres termes, il s'agit de services publics de l'État dont celui-ci ne saurait faire payer le coût par les usagers.

510 **Contrôles techniques et sanitaires.** La dernière catégorie de taxes d'effet équivalent recouvre les charges générées par les contrôles techniques, sanitaires, vétérinaires ou autres exercés sur les marchandises qui franchissent les frontières (52). Là encore, la légitimité des contrôles en eux-mêmes n'est guère contestable, dès lors du moins qu'ils se conforment à la réglementation européenne. En revanche, les États membres ne peuvent en faire supporter le coût par les opérateurs économiques (53).

(51) CJCE, 17 juill. 2008, *Essent Network Noord BV*, aff. C-206/06, *Rec.* I-5497 ; *Europe* oct. 2008, nº 311, note A. Rigaux.

(52) CJCE, 14 mars 1990, *Commission c. Italie*, aff. C-137/89, *CDE* 1991, p. 143, nº 151.

(53) CJCE, 22 avr. 1999, *CRT France International*, aff. C-109/98, *Rec.* I-2237.

D'une manière générale, la suppression des contrôles aux frontières sur les marchandises depuis l'ouverture du marché unique européen a eu pour résultat de reporter leur exercice à l'intérieur des territoires nationaux, notamment vers des centres spécialisés. Cette évolution n'est pas sans incidences sur la notion même de taxe d'effet équivalent. De plus en plus, en effet, le franchissement d'une frontière ne sera plus le lieu de perception des taxes, mais simplement l'occasion d'une taxation ultérieure. Mais, il reste que même perçues à l'intérieur du territoire d'un État membre, une redevance illicite peut être constitutive d'une taxe d'effet équivalent (54).

B. Les redevances licites

511 Soupçonnés de percevoir des taxes illicites, les États se défendent le plus souvent en avançant l'idée d'un *service* rendu aux opérateurs économiques. La taxe n'en représenterait que la contrepartie financière.

512 **Service effectif.** Dans quelques cas, la Cour de justice a admis la validité de cette défense, mais en entourant cette notion de service de strictes conditions. Il importe en premier lieu que la taxe corresponde à un véritable service, en ce sens qu'il doit y avoir une véritable prestation positive, quantifiable et non pas la simple traduction financière d'une contrainte administrative s'imposant uniformément à tous les redevables. Ainsi, la Cour admet une taxe italienne sur une société gérante d'un oléoduc, qui débarque du pétrole brut dans un port italien et l'achemine ensuite en direction de l'Allemagne et de l'Autriche. En effet, pour procéder au débarquement, la société utilise des installations portuaires. C'est un véritable service (55). À l'inverse, aucune taxe n'est due aux services douaniers italiens pour des opérations effectuées, en dehors certes des heures de travail des douaniers, mais qui se bornent à mettre en œuvre la réglementation européenne (56).

513 **Service facultatif.** En deuxième lieu, le service procuré à l'opérateur ne doit pas découler d'une formalité administrative ou douanière obligatoire. Le service doit demeurer facultatif (57). Ainsi les États éprouvent-ils souvent la tentation de qualifier de services les contrôles techniques, sanitaires ou vétérinaires assurés aux frontières, car il y aurait là une garantie d'immunité de la marchandise étrangère, qui pourrait ensuite bénéficier à plein et sans crainte de la libre circulation. La Cour s'est toujours opposée à cette prétention (58) quand bien même les contrôles découleraient non d'une réglementation nationale ou européenne, mais d'une convention internationale (59).

514 **Service individuel.** En troisième lieu, le service doit procurer un avantage individuel à l'opérateur économique. Tout service d'intérêt général rendu à la cantonade, sans considération de la personne constitue une taxe d'effet équivalent. Entrent dans cette catégorie l'ensemble des contrôles sanitaires ou vétérinaires, ou bien encore les contrôles

(54) CJCE, 15 avr. 1997, *Deutsche Milch-Kontor GmbH*, aff. C-272/95, *Rec.* I-1915 ; *Europe* juin 1997, n° 198, obs. D. SIMON.
(55) CJCE, 16 mars 1983, *Sté italienne pour l'oléoduc transalpin*, aff. 266/81, *Rec.* 731.
(56) CJCE, 30 mai 1989, *Commission c. Italie*, aff. 340/87, *Rec.* 1483.
(57) CJCE, 9 févr. 1994, *Commission c. Italie*, aff. C-119/92, *Rec.* I-395.
(58) CJCE, 5 févr. 1976, *Bresciani*, aff. 88/75, *Rec.* 129.
(59) CJCE, 2 mai 1990, *Bakker Hillegom BV*, aff. C-111/89, *Rec.* I-1747 ; *CDE* 1991, p. 144, n° 152.

de qualité effectués sur des produits agro-alimentaires par des organismes nationaux d'intérêt public et censés octroyer un label de sérieux aux produits étrangers (60). De même, une redevance allemande sur l'exportation de déchets ne correspond à aucun service individuel dès lors qu'elle est perçue à l'occasion de tout transfert de déchet et que son montant est établi de manière forfaitaire en fonction du type de déchet et de la quantité à exporter (61).

515 **Coût proportionné.** Enfin le coût de la redevance doit être strictement proportionné au service rendu. Toute redevance établie forfaitairement ou ad valorem, au poids, à la longueur des marchandises est irrégulière. Ainsi en va-t-il lorsque les services douaniers vont effectuer des opérations de dédouanement dans les locaux mêmes de la société importatrice. Il y a pourtant là une prestation individuelle. Néanmoins, la perception d'une taxe uniforme, en fonction de valeur déclarée de la marchandise et sans lien avec le coût effectif du service, rend la taxe illicite (62). Peu importe même dans une autre espèce, que la somme exigée des opérateurs corresponde à peu près au coût du service rendu : l'imprécision du mode de calcul fait passer la redevance apparemment équitable dans la catégorie des taxes d'effet équivalent (63).

§ 2. LA RESTITUTION DES TAXES INDÛMENT PERÇUES

516 Les articles 28 et 30 du TFUE n'indiquent nullement la nature des sanctions s'imposant aux États contrevenant à leurs dispositions. La Cour de justice a fait œuvre créatrice en posant le principe du remboursement (A) et en en précisant le régime juridique (B).

A. Le principe du remboursement

517 **Voies de droit parallèles.** Certes sur le plan national et d'une manière générale, on peut envisager que l'entreprise victime de la taxation illicite, intente un recours en indemnité. La jurisprudence *Francovich* (64) sur la responsabilité des États du fait de la violation du droit de l'Union devrait d'ailleurs faciliter ce type de recours, bien que les conditions de l'action demeurent encore assez sévères. Mais, il n'est semble-t-il, nul besoin de recourir à cet instrument que le droit européen offre aux justiciables pour obtenir le respect de ses dispositions, car la Cour de justice avait déjà mis au point un dispositif particulier permettant aux opérateurs économiques concernés d'obtenir le remboursement des taxes indûment perçues.

En effet, dans le silence des textes de base, le principe de remboursement s'avérait la seule sanction efficace à l'encontre des États (65). Le recours en manquement, bien sûr imaginable, ne peut comme l'on sait être intenté que par la Commission en sa

(60) CJCE, 26 févr. 1975, *Spa W. Cadsky*, aff. 63/74, *Rec.* 281.

(61) CJCE, 27 févr. 2003, *Commission c. Allemagne*, aff. C-389/00, *Rec.* I-2001 ; J. Cavallini, Chronique de jurisprudence sur la LCM, *RMCUE* déc. 2003, p. 687.

(62) CJCE, 11 juill. 1989, *Ford Espana*, aff. 170/88, *Rec.* 2305.

(63) CJCE, 2 mai 1990, *Bakker Hillegom*, préc.

(64) CJCE, 19 nov. 1991, *Francovich et Bonifaci*, aff. C-6/90 et C-9/90, *Rec.* I.-5357.

(65) CJCE, 27 mars 1980, *Denkavit Italiana*, aff. 61/79, *Rec.* 1205.

qualité de gardienne des traités ou par les autres États membres. À supposer qu'il y ait un recours, celui-ci conduit à une simple déclaration de manquement, insuffisante à réparer le préjudice subi par les importateurs ou les exportateurs. L'institution d'un système de sanctions financières à l'encontre des États fautifs par le traité de Maastricht, renforcées au demeurant par le traité de Lisbonne (art. 260 TFUE) ne change pas en réalité fondamentalement la situation des justiciables privés.

518 **Répétition de l'indu.** Le principe du remboursement posé par la Cour en 1980 participe également de la volonté de donner le maximum d'efficacité au droit de l'Union et d'autorité à ses propres décisions. Le remboursement est « la conséquence et le complément des droits conférés aux justiciables par les dispositions communautaires interdisant les taxes d'effet équivalant aux droits de douane » (66). Est mis tout particulièrement en avant le principe de la répétition de l'indu (67). Il n'est pas inintéressant de relever qu'à la même époque, la Commission comme la Cour de justice se sont accordées sur une obligation identique de restitution à l'égard des aides d'État illégalement versées aux entreprises en violation des articles 107 à 109 du TFUE, alors qu'aucune disposition du régime des aides d'État n'évoque explicitement une telle sanction.

La comparaison des deux situations ne peut pas cependant être poussée trop loin. Dans le régime des aides d'État, le remboursement incombe aux entreprises bénéficiaires, et une telle sanction – que l'État lui-même ne préconise pas – risque de conduire à la disparition de l'entreprise bénéficiaire, qui souvent ne survit que grâce aux aides d'État. Dans le cas des taxes d'effet équivalent, il appartient au contraire à l'État de reverser le montant des taxes à des opérateurs économiques qui, probablement, n'ont pas été menacés dans leur existence par le versement des taxes litigieuses (68).

B. Le régime du remboursement

519 **Remboursement intégral.** L'interdiction des taxes d'effet équivalent étant tout à la fois absolue, inconditionnelle et objective, et en tout cas beaucoup plus forte que celle des aides d'État pour lesquelles l'article 107 TFUE se limite à une proclamation d'incompatibilité avec le marché commun – il en résulte que le remboursement des TEE se veut intégral et général. Ceci ne va pas cependant sans un certain nombre de précisions.

L'obligation de restitution prend naissance non pas à compter de la décision de condamnation prononcée par le juge, mais de celle des faits litigieux, c'est-à-dire le plus souvent dès l'institution de la taxe. La Cour a d'entrée de jeu posé ce principe, dont le fondement juridique paraît peu douteux eu égard aux règles générales de validité dans le temps des règles juridiques. Certains États en ont néanmoins contesté le bien-fondé en invoquant soit l'importance des sommes en cause, soit les difficultés juridiques sérieuses qu'entraîne la reconstitution de faits ou de situations éloignées dans le temps (69). La

(66) CJCE, 21 sept. 2000, *Kapniki Michaïlidis*, aff. C-441 et 442/98, *Rec.* I-7176.

(67) M. Pietri et D. Simon, « La jurisprudence en matière de répétition de l'indu : confirmations, précisions, infléchissements ? », *Europe* nov. 1998, chr., p. 4 ; F. Belaich, « La répétition de l'indu en droit communautaire dans la jurisprudence de la Cour de justice des Communautés européennes », *RMCUE* févr. 2000, p. 100.

(68) V. *infra*, n° 280 et s.

(69) CJCE, 27 mars 1980, *Denkavit Italiana*, aff. 61/79, *Rec.* 1205.

Cour rejette de manière catégorique cette défense, tout en admettant parfois au nom du principe de sécurité juridique que l'obligation de remboursement ne naisse qu'à compter de ses propres arrêts, mais à la condition dès lors que cette solution profite, an nom du principe de non-discrimination, à tous les États et à tous les opérateurs économiques (70).

Dans le même sens, le juge de l'Union admet à propos du montant du remboursement un certain nombre de modulations soit dans le sens de la minoration, s'il apparaît compte tenu de l'ancienneté des faits qu'un reversement intégral procurerait au bénéficiaire un avantage démesuré par rapport à ses concurrents (71) soit au contraire de la hausse, si l'opérateur économique a subi un préjudice particulier du fait de la taxation litigieuse (72).

520 **Rôle du juge national.** En toute hypothèse, il appartient aux juridictions nationales de se prononcer sur ces différents paramètres, puisque c'est à elles qu'incombe, au nom du principe d'autonomie institutionnelle et procédurale des États membres, le soin de statuer sur le remboursement. Cette compétence réservée peut néanmoins provoquer des difficultés d'ordre juridique ou contentieux dans certains États, en raison de principes généraux ou de voies de droit qui en rendent la mise en œuvre malaisée. Ainsi en va-t-il en France, des règles sur l'extinction des dettes de l'État (déchéance quadriennale) ou du principe d'interdiction du retrait des décisions individuelles créatrices de droit, après l'expiration du délai de recours pour excès de pouvoir ; ou bien au Danemark, du principe de l'enrichissement sans cause (73) ; ou bien encore en Italie, des règles de forclusion des délais de remboursement (74).

Dans ce contexte, la Cour de justice a développé une jurisprudence particulièrement fine, visant à concilier le principe du remboursement intégral avec celui d'autonomie institutionnelle et procédurale des États membres, d'où il ressort que si ce dernier principe doit être appliqué dans toute la mesure du possible, les modalités du remboursement ne doivent pas se révéler moins favorables que celles concernant des recours similaires de nature interne et leur aménagement ne doit pas rendre pratiquement impossible l'exercice de droits que les justiciables tirent de l'effet direct de la disposition européenne en cause (75).

SECTION II — LES MESURES D'EFFET ÉQUIVALANT À DES RESTRICTIONS QUANTITATIVES (MEE)

521 **Importance de la notion.** Évoquée aux articles 34 et 35 du TFUE, la notion de mesure d'effet équivalent a progressivement acquis en droit de l'Union un succès retentissant, en même temps qu'elle s'est transformée en puissant moyen de lutte contre les atteintes au principe de libre circulation des marchandises. Pourtant, le traité se montre aussi laconique à son propos (§ 1) qu'à l'égard ce celle de taxe d'effet

(70) CJCE, 16 juill. 1992, *Legros*, aff. C-163/90, *Rec.* I-4625.
(71) CJCE, 9 nov. 1983, *Soc. San Giorgio*, aff. 199/82, *Rec.* 3595.
(72) CJCE, 27 févr. 1980, *Soc. Hans Just*, aff. 68/79, *Rec.* 501.
(73) CJCE, 9 nov. 1983, *San Giorgio*, *op. cit.*
(74) CJCE, 15 sept. 1998, *EDIS*, aff. C-231/96, *Rec.* I-4951 ; *Spac SpA*, aff. C-260/96, *Rec.* I-4997 ; *Ansaldo Energia SpA*, aff. C-279, 280 et 281/96, *Rec.* I-5025.
(75) CJCE, 29 juin 1988, *Deville*, aff. 240/87, *Rec.* 3513.

équivalent. Une différence de taille apparaît néanmoins et bien visible celle-là au vu des textes : alors que l'interdiction des TEE est absolue, celle des MEERQ semble plus relative, ne serait-ce qu'en raison des dérogations potentielles (§ 3) de l'article 36 du TFUE.

La Commission comme la Cour de justice disposaient donc d'un terrain quasiment inexploré pour donner à la notion de mesure d'effet équivalent une orientation et une efficacité plus ou moins grandes. Sa souplesse, l'hermétisme des textes ont permis de la promouvoir au tout premier plan de l'offensive contre le néo-protectionnisme étatique qui se dessine à compter de la fin de la période de transition. Son champ d'application devient, en effet, presque illimité (§ 2) à un point tel qu'une réaction dans le sens de plus de mesure pend corps au début des années 1990 avec la jurisprudence *Keck* et *Mithouard*.

§ 1. LA NOTION DE MESURE D'EFFET ÉQUIVALENT

522 Dans le silence du traité, la pratique et la jurisprudence ont dû combler le vide et proposer une définition (A). Mais celle-ci s'avère tellement large qu'on se demande légitimement si la notion de MEE n'a pas acquis un caractère hégémonique, réduisant à la portion congrue d'autres notions évoquées par le traité et destinées aussi à réprimer les atteintes à la libre circulation (B).

A. Essai de définition

523 **Définition de la Commission.** À l'aube de la période définitive du Marché commun, et alors que l'essentiel des droits de douane et des restrictions quantitatives avaient disparu dans les échanges intra-communautaires, la Commission, désireuse de préparer le terrain à des mouvements transfrontaliers totalement libérés, s'est efforcée de donner une définition dans une directive du 22 décembre 1969 (76) consacrée essentiellement aux mesures d'effet équivalent.

Elle y distingue les mesures qui frappent spécifiquement les produits importés – les seules explicitement évoquées par l'article 34 TFUE – de celles qui sont indistinctement applicables aux produits nationaux et aux produits importés. Les premières subissent une présomption d'illicéité, qu'elles rendent l'importation impossible ou simplement plus difficile, qu'elles renchérissent ou non le prix du produit. Seul compte au total l'effet restrictif sur les échanges. L'invalidité des secondes est moins évidente, puisque en principe, la réglementation s'applique uniformément aux produits importés et nationaux. Néanmoins, elles peuvent le devenir, lorsque sous couvert de généralité et d'égalité de traitement, les produits étrangers se trouvent plus particulièrement affectés ou pénalisés.

524 **Définition jurisprudentielle.** Conscient de son rôle créateur, le juge va franchir le pas décisif en donnant dans l'arrêt *Dassonville* (77) une définition plus synthétique et plus

(76) N° 70/50, *JOCE* L 13, 19 janv. 1970.
(77) CJCE, 11 juill. 1974, aff. 8/74, *Rec.* 837.

extensive que celle de la Commission. Constitue en effet une mesure d'effet équivalent « toute réglementation commerciale des États membres susceptible d'entraver directement ou indirectement, actuellement ou potentiellement le commerce intra-communautaire ». Cette définition « quasi rituelle » puisque revenant systématiquement, s'avère particulièrement large – encore qu'elle ne se soit pas appliquée pendant longtemps dans le sens des exportations (3) – tout en faisant preuve d'une grande souplesse autorisant toutes les évolutions ultérieures. S'en dégagent à la fois des éléments formels (1) et des éléments matériels (2).

1. Éléments formels

a) *Une réglementation*

525 **Nécessité d'une réglementation.** La mesure d'effet équivalent résulte d'abord d'une « réglementation ». Il doit donc s'agir d'un acte juridique à portée normative, c'est-à-dire présentant un caractère général et impersonnel. Cependant, la nature juridique ou le rang hiérarchique de cette réglementation s'avère indifférente. Sont donc visées certes les législations *stricto sensu*, à savoir les actes du pouvoir législatif, mais aussi les réglementations, en tant qu'actes émanant du pouvoir exécutif. Il faut y englober aussi de simples pratiques nationales purement informelles, telles des campagnes publicitaires en faveur de la promotion des produits nationaux, alors que celles-ci sont entreprises par des organismes privés, l'État se bornant à y apporter un soutien moral et financier (78). Parfois une pratique se greffe précisément sur une législation dont elle contribue à durcir les termes. Ainsi en va-t-il, d'une législation néerlandaise qui interdit la vente de denrées alimentaires enrichies sous réserve de dérogation. Mais une pratique des autorités néerlandaises impose une condition supplémentaire en soumettant l'obtention de telles dérogations non seulement à la preuve de leur innocuité pour la santé humaine mais aussi à celle d'un besoin nutritionnel réel (79). Cette pratique constitue une mesure d'effet équivalent, susceptible néanmoins de bénéficier de l'excuse de l'article 36 TFUE.

Cette dernière jurisprudence peut sembler surprenante, alors que dans d'autres domaines, le juge de Luxembourg se montre plus strict et exigeant, au nom du principe de sécurité juridique, en ce qui concerne les actes juridiques applicables dans une situation d'invocabilité du droit de l'Union. On connaît notamment sa rigueur en matière de transposition des directives : de simples circulaires ou pratiques administratives ne suffisent pas à y pourvoir (80). Il est vrai que, bien que très différentes dans leur manifestation, ces deux jurisprudences poursuivent un but identique : donner leur effet maximal aux dispositions du droit de l'Union. De surcroît, ces pratiques, qu'elles soient le fait de la seule puissance publique ou qu'elles viennent conforter des agissements privés, doivent avoir une consistance, une constance et une généralité suffisantes pour acquérir le seuil

(78) CJCE, *Commission c. Irlande*, 24 nov. 1982, aff. 249/81, *Rec.* 4005 ; pour un label de qualité octroyé par un organisme privé : CJCE, 5 nov. 2002, *Commission c. Allemagne*, aff. C-325/00, *Rec.* I-9977 ; J. CAVALLINI, Chronique de jurisprudence, *op. cit.*, *RMCUE* déc. 2003, p. 678.

(79) CJCE, 2 déc. 2004, *Commission c. Pays-Bas*, aff. C-41/02, *Rec.* I-11375 ; Chronique de jurisprudence, *RDUE* 4/2004, p. 839.

(80) CJCE, 6 mai 1980, *Commission c. Belgique*, aff. 102/79, *Rec.* 1473.

minimal de la juridicité. Ainsi une pratique de l'agence espagnole des médicaments et des produits sanitaires conduisant à interdire la mise en marché de plus de deux cents produits au motif qu'il s'agirait de médicaments non autorisés et non de simples produits à base de plantes médicinales, se voit condamnée en raison de son caractère systématique et contraire au principe de l'examen individuel des situations (81).

b) *Origine de la réglementation*

526 **Origine étatique.** Le juge entend également de manière très souple la condition relative à l'origine « étatique » de la réglementation. Comme en matière de taxe d'effet équivalent, l'État prend des dimensions qui vont bien au-delà de sa définition au regard du droit public interne (82). Tombent sous le coup des articles 34 et 35 du TFUE des mesures édictées par les collectivités infra-étatiques, les établissements publics ou toute collectivité publique. Il en va de même d'organismes mixtes ou de droit privé, mais exerçant des prérogatives de puissance publique. Ainsi en va-t-il, en Allemagne, d'une chambre professionnelle de pharmaciens en droit d'imposer des contraintes réglementaires à ses membres, telle l'interdiction de faire de la publicité pour des produits parapharmaceutiques en dehors de leur officine (83). De même, des règles de marquage établies par des organismes professionnels mais régies par actes de l'autorité administrative et placées sous la tutelle de celle-ci constituent des mesures de nature étatique au sens des articles précités (84).

Seuls en définitive des comportements purement privés échappent au champ d'application des articles 34 et 35, sous réserve que de tels comportements pourraient relever des dispositions sur la libre concurrence. De même, la Cour a-t-elle jugé dans une jurisprudence très remarquée que des agissements privés (85) – ceux d'agriculteurs français en colère contre des importations de fruits et légumes en provenance d'Espagne – contraires à la libre circulation des marchandises, mais rendus possibles par l'inaction ou la passivité des autorités françaises constituaient des mesures d'effet équivalent. En l'occurrence, le juge condamne beaucoup plus le manquement de l'État à son obligation de « due diligence » reconnue par le droit international public, que le comportement délictueux de particuliers (86). Inversement, l'Autriche ne commet aucune faute en autorisant une manifestation écologique bloquant la circulation sur l'autoroute du Brenner et destinée à en dénoncer la surutilisation (87).

527 **Réglementations européennes**. De la même manière, la Cour inclut des réglementations de l'Union parmi les sources potentielles de mesures d'effet équivalent, mais

(81) CJCE, 5 mars 2009, *Commission c. Espagne*, aff. C-88/07, *Rec.* I-1353 ; *Europe* mai 2009, n° 185, note A. RIGAUX.

(82) M. HECQUARD-THERON, « La notion d'État en droit communautaire », *RTDE* 1990, p. 693.

(83) CJCE, 15 déc. 1993, *Ruth Hünermunde et autres*, aff. C-292/92, *Rec.* I-6787.

(84) CJCE, 13 mars 2008, *Commission c. Belgique*, aff. C-227/06, *Rec.* I-46, somm.

(85) CJCE, 9 déc. 1997, *Commission c. France*, aff. C-265/95, *Rec.* I-6959.

(86) L. DUBOUIS, « La "guerre de la fraise" l'impuissance publique sous la toise du droit communautaire », *Rev. française dr. adm.*, janv.-févr. 1998, p. 120-134.

(87) CJCE, 12 juin 2003, *Eugen Schmidberger*, aff. C-112/00, *Rec.* I-5659, *Europe* août-sept. 2003, n° 272, note D. SIMON et A. RIGAUX ; *RDUE* 2/2003, jurisprudence, p. 523 ; J. CAVALLINI, *op. cit.*, *RMCUE* déc. 2003, p. 682.

la plupart du temps cependant pour refuser cette qualification. Ainsi a-t-elle souvent jugé que les règles communes instituées dans le cadre des organisations communes de marchés et prévoyant pour certains produits agricoles des limitations de production ou de commercialisation (quotas, gel des terres) ne pouvaient s'analyser en mesure d'effet équivalent (88). Il est vrai que l'article 34 TFUE, à la différence de l'ex-article 12 (dans sa version initiale CEE) n'impose pas explicitement un rattachement à l'État des mesures prohibées (89).

Plus récemment, la soumission des réglementations européennes aux exigences de la libre circulation s'affirme avec une netteté et une insistance croissantes (90). Dans un arrêt *Clinique*, la Cour souligne qu'une directive doit « comme toute réglementation de droit dérivé, être interprétée à la lumière des règles du traité relatives à la libre circulation des marchandises » (91). Allant plus loin que la simple interprétation conforme, la Cour affirme également que « l'interdiction des restrictions quantitatives ainsi que des mesures d'effet équivalent vaut non seulement pour les mesures nationales, mais également pour mesures émanant des institutions communautaires » (92). États membres et institutions de l'Union se retrouvent donc sur un pied d'égalité. Réciproquement, les justifications tirées tant de l'article 36 TFUE que des exigences impératives peuvent être invoquées par le législateur européen, sous réserve du respect du principe de proportionnalité (93). C'est encore le cas pour une directive du 5 juin 2001 (94) qui interdit la commercialisation du tabac dit à usage oral, par opposition au tabac à fumer ou à mâcher. La Suède a obtenu une dérogation à cette interdiction, mais elle ne peut exporter ce tabac dans d'autres États membres du fait de la directive. La Cour examine la légalité de celle-ci au regard des dispositions des ex-articles 28 et 30 CE. Elle juge cette interdiction non disproportionnée par rapport à l'objectif de protection de la santé publique de l'ex-article 30 (devenu 36 TFUE) (95).

528 **Étendue du contrôle juridictionnel.** Néanmoins dans cet arrêt, la Cour reconnaît une très large marge d'appréciation au législateur européen compte tenu des choix politiques, économiques et sociaux qu'il doit effectuer. Il n'y aurait donc que dans l'hypothèse où la mesure serait manifestement disproportionnée par rapport à l'objectif de protection de la santé publique poursuivi qu'elle encourrait le risque d'illégalité. Peut-être y a-t-il là l'esquisse d'une différence de traitement entre les mesures d'effet équivalent d'origine nationale et celles d'origine européenne. Pour les premières, les dérogations tant textuelles (art. 36 TFUE) que jurisprudentielles (exigences impératives d'intérêt général) font l'objet d'une interprétation stricte car il s'agit d'atteintes

(88) CJCE, 17 mai 1984, *Denkavit Nederland*, aff. 15/83, *Rec.* 2173 ; 9 août 1994, *Meyhui NV*, aff. C-51/93, *Rec.* I-3879.

(89) V. *supra*, n° 96.

(90) CJCE, 9 juin 1992, *Delhaize et le Lion*, aff. C-47/90, *Rec.* I-3669.

(91) CJCE, 2 févr. 1994, *Verband Sozialer Wettbewerb*, aff. C-315/92, *Rec.* I-317.

(92) CJCE, 9 août 1994, *Meyhui*, aff. C-51/93, *Rec.* I-3789.

(93) CJCE, 13 sept. 2001, *Hans Scharzkopf*, aff. C-169/99, *Rec.* I-5901 (dir. relative aux langues devant figurer sur l'emballage de produits cosmétiques).

(94) N° 2001/37, *JOCE* L 194, p. 26.

(95) CJCE, 14 déc. 2004, *Swedish Match AB*, aff. C-210/03, *Rec.* I-11893 ; 14 déc. 2004, *Arnold André GmbH*, aff. C-434/02, *Rec.* I-11825 ; J. Cavallini, Chronique de jurisprudence de la Cour de justice, LCM n° 491, sept. 2005, p. 537 ; 4 oct. 2007, *Schutzverband der Spirituosen-Industrie*, aff. C-457/05, *Rec.* I-8075 (dir. 75/016 sur les emballages et préemballages de produits liquides).

même légitimes à des libertés reconnues par le traité. Les secondes feraient l'objet d'une approche plus compréhensive dès lors qu'il s'agit de la défense des mêmes intérêts légitimes mais appréciés au niveau de l'Union. Cet intérêt commun, mentionné à plusieurs reprises dans le droit de la concurrence (96) mais non dans celui de la libre circulation, librement apprécié par le législateur de l'Union ne pourrait se voir mis en cause qu'en cas d'erreur manifeste d'appréciation. Concrètement cependant, la Cour se livre à un contrôle de la proportionnalité de l'interdiction posée par la directive qui ne paraît pas fondamentalement différent de celui qu'elle exerce sur des mesures nationales. La différence de traitement reste donc à confirmer.

2. Les éléments substantiels

529 Ceux-ci s'avèrent essentiels dans la définition donnée par la Cour de justice. La mesure d'effet équivalent se caractérise à la fois par son objet : « toute réglementation de caractère commercial », et par ses effets : « susceptible d'entraver le commerce entre les États membres ».

a) *Objet « commercial » de la réglementation*

530 **Conception extensive.** La réglementation litigieuse doit donc avoir une nature commerciale. Là encore, cette notion a fait l'objet d'une acception de plus en plus large. Cela recouvre bien sûr les législations relatives à la vente, à la mise en marché des produits. Mais peu à peu, la Cour a rangé sous cette rubrique celles se situant en amont de la commercialisation proprement dite et concernant la distribution, les contrôles sanitaires, la publicité (97), les formalités administratives, le régime des prix qui alimente un contentieux extrêmement abondant, qu'il s'agisse notamment du prix du tabac (98) ou du prix du livre (99).

Allant plus loin encore, elle a admis que des réglementations se situant au stade de la production ou de la fabrication, et relatives par exemple aux normes, aux exigences techniques pouvaient constituer des MEE. Il en allait ainsi dans la célèbre affaire des *Cassis de Dijon* (100) qui représente un moment fort dans l'évolution de la jurisprudence. La Cour a considéré, nonobstant la position du gouvernement allemand qui soutenait le nécessaire préalable de l'harmonisation des législations pour toute mesure

(96) Art. 107, 106 § 2 TFUE § 3 points c et d TFUE. Sur ces questions v. quatrième partie du présent ouvrage ; F. Kauff-Gazin, *L'intérêt général en droit communautaire*, thèse Strasbourg III ; A. Met-Domestici, *Le droit communautaire de la concurrence et l'intérêt général*, thèse Aix-Marseille III, 2004 ; D. Pichoustre, *L'intérêt communautaire*, thèse Toulouse I, 2004 ; T. Hamoniaux, *L'intérêt général et le juge communautaire*, coll. Systèmes, LGDJ, 2001.

(97) Qui en matière de médicament n'est pas nécessairement synonyme d'information : CJUE, 5 mai 2011, *Sharp et Dohme*, aff. C-316/09, NEPR.

(98) CJCE, 19 oct. 2000, *Commission c. Grèce*, aff. C-216/98, *Rec.* 8921 ; CJUE, 4 mars 2010, *Commission c. France, Autriche, Irlande*, aff. C-197/08, *Rec* I-1623 ; 24 juin 2010, *Commission c. Italie*, aff. C-571/08, NEPR.

(99) CJCE, 30 avr. 2009, *Fachverband der Buch*, aff. C-531/07, *Rec.* I-3717 ; *Europe* juin 2009, nº 230, note A. Rigaux.

(100) CJCE, 20 févr. 1979, *Rewe-Zentral*, aff. 120/78, *Rec.* 649 ; J. Boulouis et R.-M. Chevallier, *Grands arrêts de la Cour de justice*, tome 2, *op. cit.*, nº 2, p. 12 ; note R. Kovar, *Journal de droit international* 1981, p. 106 ; note A. Mattera, *RMC* 1980, p. 514 ; note J.-C. Masclet, *RTDE* 1980, p. 611.

se situant au stade de la production, que la législation allemande réservant la qualification de liqueur de fruits aux seules boissons alcoolisées titrant au-dessus de 25° et qui, partant, rendait impossible la vente en RFA de liqueurs françaises titrant entre 15 et 25°, constituait une mesure d'effet équivalent. Cette décision a connu dans les années qui ont suivi un grand épanouissement, marqué notamment par les affaires relatives aux pâtes italiennes, l'Italie refusant la vente sur son territoire de pâtes fabriquées à base de blé tendre et non à base de blé dur, comme il convient en Italie (101), par celle concernant les techniques de fabrication des yaourts surgelés très spécifiques en France (102), ou bien la célèbre affaire de la bière allemande, dans laquelle l'Allemagne invoquant une loi de pureté de 1512 refusait la commercialisation sur son territoire de bières fabriquées selon d'autres méthodes (103).

Dans toutes ces affaires, la Cour ne condamne pas en soi les législations nationales concernées, d'autant que celles-ci peuvent être justifiées par des raisons d'intérêt général résultant de l'article 36 TFUE ou des exigences impératives telles celles assez passe-partout de la santé publique ou de la protection des consommateurs ; évoquées notamment dans l'affaire des *Cassis de Dijon* ou dans celle de la bière, sans oublier la protection de l'environnement. Elle estime seulement qu'elles ne peuvent être opposées aux autres États membres, au nom des principes d'équivalence et de reconnaissance mutuelle (104). Il s'agit donc plus d'un problème d'opposabilité que de validité objective. Il en résulte néanmoins deux conséquences relativement pernicieuses. La première tient à ce que ces législations nationales restant valables pour les producteurs et produits nationaux, ces derniers peuvent être ainsi victimes de discriminations à rebours (105). La seconde tient au risque de banalisation et d'alignement des législations nationales exigeantes sur les plus laxistes, ce contre quoi l'Union peut cependant lutter en développant notamment une politique et des réglementations en matière de qualité et de sécurité des produits, notamment sur le plan agricole et alimentaire (106).

531 **Rétractation.** Ces considérations peuvent expliquer le coup d'arrêt porté par la Cour de justice elle-même à cette évolution constante et linéaire avec le célèbre arrêt *Keck et Mithouard* (107). En l'espèce, elle se refuse à qualifier de MEE une législation française interdisant la revente à perte, alors qu'au vu des critères antérieurs, elle serait certainement tombée sous le coup de l'ex-article 28 CE (devenu 34 TFUE). Le juge esquisse une distinction entre deux catégories de réglementations commerciales : celles qui sont « relatives aux *conditions* auxquelles doivent répondre les marchandises »

(101) CJCE, 14 juill. 1988, *Glocken et autres*, aff. 407/85, *Rec.* 42.
(102) CJCE, 14 juill. 1988, *Smanor, aff.*
(103) CJCE, 12 mars 1987, *Commission c. Allemagne*, aff. 178/84, *Rec.*
(104) V. *infra*, n° 655.
(105) V. *infra* n° 534.
(106) V. *infra*, n° 854 et s.
(107) CJCE, 24 nov. 1993, aff. C-267 et 268/91, *Rec.* I-6097 et 15 déc. 1993, *Ruth Hünermund et autres*, aff. C-292/92, *Rec.* I-6787 ; v. notamment A. MATTERA, « De l'arrêt *Dassonville* à l'arrêt *Keck :* l'obscure clarté d'une jurisprudence riche en principes novateurs et en contradictions », *RMUE* 1994, p. 117 ; R. WAINWRIGHT et V. MELGAS, « Bilan de l'article 30 du traité CE après vingt ans de jurisprudence : de *Dassonville* à *Keck et Mithouard* », *RMC* 1994, n° 381, p. 533 ; E. MORGAN DE RIVERY et G. LE BRETON, « Le "retraitement" de l'article 30 du traité CE par la CJCE, : Trois ans après l'arrêt *Keck et Mithouard* », *Dalloz affaires* 1997, 5.

telles la forme, la composition, le poids, etc. (108) et celles « qui limitent ou interdisent certaines *modalités* de vente » telle en l'occurrence la revente à perte, mais aussi celles relatives aux horaires et lieux de vente, celles relatives à la publicité ou à certaines méthodes de commercialisation (109), celles concernant des produits bien particuliers comme les médicaments (110). Les premières continuent à représenter des mesures d'effet équivalent potentielles, alors que les secondes échappent à l'incrimination dès lors du moins « qu'elles affectent de la même manière… la commercialisation des produits nationaux et ceux en provenance d'autres États membres ».

Cette nouvelle jurisprudence aboutit ainsi au résultat assez paradoxal par rapport au développement historique de la notion de MEE, que dorénavant les législations de nature purement commerciale peuvent échapper à condamnation de l'article 34 TFUE, alors que celles relatives aux règles de production ou de fabrication continuent à se voir sanctionnées. La différence de traitement pourrait s'expliquer par le fait que les législations concernant les conditions relatives aux produits s'avèrent plus restrictives pour la libre circulation que celles touchant aux modalités de vente. Les premières imposent aux produits importés de se mettre aux normes du pays d'accueil, ce qui implique nécessairement des coûts assez élevés. En revanche les secondes, en particulier lorsqu'elles s'appliquent indistinctement, ne préjudicient pas spécifiquement aux produits importés, guère plus en tout cas qu'aux produits nationaux.

532 **Hésitations.** La Cour semble avoir éprouvé quelques craintes quant aux suites données à sa jurisprudence. Celle-ci n'aboutissait-elle pas à conférer un label de validité à nombre de réglementations qui sous l'empire de l'arrêt Dassonville eussent été à coup sûr considérées comme des mesures d'effet équivalent (111). Aussi a-t-on assisté à de nombreuses hésitations quant à l'effet neutralisant des législations portant sur les modalités de vente (112). À propos d'une réglementation autrichienne (113) qui subordonnait la vente ambulante de produits alimentaires à la condition que les vendeurs disposassent également d'un établissement fixe dans une circonscription administrative déterminée, la Cour bien qu'elle ait constaté que la dite législation s'appliquait (en apparence du moins) indistinctement aux produits nationaux et importés et qu'elle portait indiscutablement sur des modalités de vente, se prononce néanmoins pour la qualification de mesure d'effet équivalent.

(108) Exemples récents : CJCE, 21 juin 2001, *Commission c. Irlande*, aff. C-30/99 (poinçon obligatoire sur des métaux précieux), *Rec.* I-4619 ; 19 juin 2003, *Commission c. Italie*, aff. C-420/01, *Rec.* I-6445 (teneur en caféine de boissons énergétiques), J. Cavallini, *op. cit.*, *RMCUE* déc. 2003, p. 682 ; 6 nov. 2003, *Commission c. Espagne*, aff. C-358/01, *Rec.* I-13145 (taux de chlore de l'eau de javel inférieur à 35 g/l) ; 13 nov. 2003, *Granarola Spa*, aff. C-294/01, *Rec.* I-13429 (délai de consommation du lait UHT) ; 14 oct. 2004, *Commission c. Italie*, aff. 143/03 (marquage de piles alcalines) non publié.

(109) CJCE, 18 nov. 2003, *Morellato*, aff. C-416/00, *Rec.* I-9343.

(110) CJCE, 10 sept. 2008, *Commission c. Allemagne*, aff. C-141/07, *Rec.* I-6935 ; *Europe* nov. 2008, n° 371, note A. Rigaux.

(111) L. Gonzalez Vaque, « La jurisprudence relative à l'article 28 (ex article 30) après l'arrêt *Keck et Mithouard* », *RDUE* 2/2000, p. 395.

(112) A. Rigaux, « Nouvel épisode de la difficile qualification des mesures d'effet équivalent : le sort des abeilles brunes de Laeso », *Europe* mars 1999, chr., p. 7.

(113) CJCE, 13 janv. 2000, *Schutzverband*, aff. C-254/98, *Rec.* I-151 ; N. de Grove-Valdeyron, « Un nouvel infléchissement jurisprudentiel dans la notion d'entraves aux échanges – à propos de l'arrêt Schuzverband », *RMCUE* juill.-août 2000, p. 461 ; obs. A. Rigaux, *Europe* mars 2000, n° 73.

On assiste au demeurant à une évolution paradoxale qui consiste à élargir la notion de modalités de vente mais dans le même temps à réduire la portée de la présomption de validité qui résulte de cette qualification. Plusieurs arrêts récents sont très révélateurs de ces hésitations. Ainsi dans l'arrêt *Morellato* (114), la Cour de justice se prononce sur des opérations de cuisson de pain surgelé et de reconditionnement de pain précuit importé de l'étranger. Elle se livre à un exercice de haute voltige laissant l'observateur relativement perplexe. Elle semble en effet retenir comme critère de la distinction entre conditions relatives aux produits et modalités de vente les opérations conduisant à une modification ou une transformation physique du produit. Dans ce contexte, il va de soi que « la nécessité de modifier l'emballage ou l'étiquette des produits exclut qu'il s'agisse de modalités de vente ». La réglementation italienne en cause concernerait donc les conditions relatives aux produits (115). Mais elle l'examine ensuite comme s'il s'agissait d'une modalité de vente, sans toutefois retenir les critères propres à ce genre de mesures. De même, dans l'affaire de la gestion des emballages et déchets d'emballages de boissons (116), la Cour considère sans le reconnaître clairement que la réglementation allemande en cause affecte les « conditions » relatives aux produits, puisqu'il y a modification de la nature du produit. Il s'agit donc bien d'une mesure d'effet équivalent soumise au régime Dassonville. Mais la Cour condamne cette législation en se référant au traitement discriminatoire qui en résulterait pour les déchets non allemands, ce qui constitue un argument utilisé dans le cadre des modalités de vente et non des conditions relatives aux produits…

Mais la vérité ressort peut-être de l'arrêt *Deutscher Apothekerverbrand* (117), où la Cour voit bien dans une législation nationale sur la vente de médicament et la publicité en faveur de celle-ci via internet une modalité de vente, mais celle-ci malgré son caractère indistinctement applicable ne franchit pas le test de l'entrave aux échanges. D'où il résulte qu'en définitive, indépendamment de la nature de la législation en cause, son effet restrictif sur les échanges redevient le critère central (118). En ce sens, plaide une jurisprudence récente et assez étonnante, relative la vente par correspondance de vidéogramme à des mineurs, où la Cour refuse la qualification pourtant assez vraisemblable de modalité de vente, sans toutefois trancher clairement en faveur des conditions relatives aux produits. Elle se borne en effet à constater que cette réglementation comporte des effets restrictifs sur les échanges ce qui suffit à établir la qualification de MEERQ (119). Cette évolution se confirme dans la jurisprudence la plus récente avec notamment une réglementation hongroise sur la vente obligatoire de lentilles de contacts dans des officines spécialisées, qui constitue bien une modalité de vente, apparemment indistinctement applicable aux produits nationaux et importés,

(114) CJCE, 18 sept. 2003, aff. C-416/00, *Rec.* I-9343, *Europe* nov. 2003, chr. A. Rigaux.

(115) Dans le même sens : CJCE, 14 sept. 2006, *Alfa Vita Vassilopoulos AE*, aff. C-158 et 159/04, *Rec.* I-8135 ; 14 sept. 2006, *Commission c. Grèce*, aff. C-82/05, non publié.

(116) CJCE, 14 déc. 2004, *Commission c. Allemagne*, aff. C-463/01 et C-309/02, *Radbelger Getränkegesellschaft mbH*, *Rec.* I-11705, note N. Bringmann, *RAE* 2003/2004, n° 4, p. 694 et s. ; *RDUE*, Chronique de jurisprudence, n° 3/2004, p. 596.

(117) CJCE, 11 déc. 2003, aff. C-322/01, *Rec.* 14887.

(118) Pour une application récente de la notion de modalité de vente dans sa configuration originaire : CJCE, 25 mars 2004, *Herbert Karner*, aff. C-71/02, *Rec.* 3025 (interdiction d'indiquer lors d'une vente qu'une marchandise provient d'une faillite, dès lors que la marchandise ne fait plus partie de la masse de celle-ci).

(119) CJCE, 14 févr. 2008, *Dynamic Mediem Vertriebs GmbH*, aff. C-244/06, *Rec.* I-505, *Europe* avr. 2008, note A. Rigaux.

mais qui dessert indiscutablement les opérateurs étrangers qui ne peuvent écouler leurs produits via internet et doivent aussi supporter des coûts importants pour accéder au marché hongrois (120). Il s'agit donc bien d'une mesure d'effet équivalent, le critère de l'entrave devenant ainsi dominant.

b) *L'entrave aux échanges (121)*

533 **Exclusion du commerce extérieur.** La condition relative aux effets occupe dans la définition de l'arrêt Dassonville la place la plus importante. C'est parce qu'elle est « susceptible d'entraver… le commerce intra-communautaire » qu'une réglementation constitue une MEERQ. Il en résulte en premier lieu, que le commerce extérieur n'est pas touché. Ce dernier échappe aux articles 34 et 35 TFUE pour relever de la politique commerciale commune et plus précisément des articles 206 et 207 TFUE. Cependant, les produits mis en libre pratique dans la Communauté bénéficient de l'égalité de traitement avec les produits originaires, et dès lors dans les échanges intra-communautaires, le régime des mesures d'effet équivalent leur est applicable (122).

534 **Situation purement interne.** En principe, les législations qui n'ont d'influence que sur le commerce purement interne (123) d'un État membre échappent à l'emprise du droit de l'Union (124). Il n'y a là au demeurant que la mise en œuvre d'un principe de base qui commande l'applicabilité du droit de l'Union, à savoir qu'un minimum de rattachement (d'extranéité) avec une situation extra-nationale s'avère nécessaire (125). Cependant la Cour n'aura de cesse que de réduire à la portion congrue ces situations purement intérieures (126). Ainsi estime-t-elle qu'une législation française relative à l'emploi du label « montagne » pour des produits fabriqués et commercialisés uniquement dans des régions montagneuses françaises n'échappe pas à la qualification de mesure d'effet équivalent (127). Il en va de même d'une législation toujours française concernant la fabrication de l'emmenthal français (128) et d'une législation autrichienne interdisant d'indiquer qu'une marchandise provient d'une faillite, dès lors que ladite marchandise ne fait plus partie de la masse de celle-ci (129).

Dans tous ces cas, la Cour estime que des produits importés pourraient se voir affectés – même de façon minime – par de telles législations. Cette jurisprudence, si elle devait se confirmer, aurait entre autres pour effet d'écarter dans le droit de la libre cir-

(120) CJUE, 2 déc. 2010, *Ker-Optika*, aff. C-108/09, NEPR ; *Europe* févr. 2010, n° 51, note A. Rigaux.

(121) L. Azoulai (dir.), *L'entrave en droit de l'Union européenne*, actes du colloque de Paris II, nov. 2009, à paraître.

(122) CJCE, 15 déc. 1976, *Donckerwolcke*, aff. 41/76, *Rec.* 1921 ; 10 avr. 2008, *Commission c. Portugal*, aff. C-265/06, *Rec.* I-2245.

(123) R.-E. Papadopoulou, « Situations purement internes et droit communautaire : un instrument jurisprudentiel à double fonction ou une arme à double tranchant ? », *CDE* n° 1/2, 2002, p. 95.

(124) CJCE, 13 mars 1979, *Peureux*, aff. 86/78, *Rec.* 907.

(125) Solution identique dans le droit des personnes, v. *supra*, n° 161.

(126) D. Simon et M. Pietri, « Libre circulation des marchandises et situations purement internes : chronique d'une mort annoncée », *Europe* juill. 1997, chr., n° 9.

(127) CJCE, 7 mai 1997, *Pistre*, aff. C-321 et 324/94, *Rec.* I-2343.

(128) CJCE, 5 déc. 2000, *Guimont*, aff. C-448/98, *Rec.* I-10663 ; *RDUE* 1/2001, p. 25.

(129) CJCE, 25 mars 2004, *Herbert Karner*, aff. C-71/02, *Rec.* I-3025.

culation des marchandises l'éventualité de discriminations à rebours (130) et surtout elle marquerait la persistance d'une importante différence avec la libre circulation des personnes pour lesquelles l'exigence d'un lien d'extranéité, même s'il se réduit progressivement, reste une condition d'application du droit de l'Union (131).

535 **Degré de gravité de l'entrave.** Dans le commerce intérieur, l'effet restrictif est donc entendu d'une manière très large. Peu importe que cet effet soit actuel ou simplement potentiel (132). Peu importe encore que la réglementation en cause ne s'applique qu'aux produits importés ou indistinctement aux produits nationaux ou en provenance des États membres, quand bien même n'existerait pas de production nationale concurrente (133). Peu importe enfin l'ampleur de l'affectation du commerce intra-communautaire. Un effet même minime suffit (134). Ainsi un régime de licence d'importation ou d'exportation constitue une mesure d'effet équivalent, même si celles-ci sont automatiquement octroyées (135). Encore faut-il que cette incidence ne soit pas purement hypothétique ou aléatoire (136).

La récente jurisprudence *Keck et Mithouard* vient fortement tempérer le critère de l'effet restrictif sur les échanges. Déjà auparavant, la Cour avait admis certains assouplissements pour des législations d'intérêt public ou de caractère social. Elle avait ainsi refusé la qualification de MEE pour des mesures d'interdiction de l'ouverture des magasins le dimanche (137) ou d'interdiction du travail dans les boulangeries à certaines heures de la nuit (138).

536 **Incidence de la jurisprudence *Keck et Mithouard*.** Avec *Keck et Mithouard*, la Cour franchit un pas supplémentaire, d'abord en constatant qu'une réglementation comme celle relative à la revente à perte n'a pas pour objet de régir les échanges de marchandises entre les États membres, ce qui s'avère probablement fondé mais qui introduit dans la notion de mesure d'effet équivalent un élément finaliste voire intentionnel, qui en réduit fortement la portée. Peu importait en effet, jusqu'alors « l'intention du législateur », ce qui comptait essentiellement, c'était l'effet objectif, l'incidence effective sur les échanges entre les États membres.

Ensuite – et cette seconde considération paraît essentielle dans son raisonnement – la Cour observe que ce type de réglementation, à supposer qu'il comportât un effet restrictif sur les échanges, ne frappe pas plus lourdement – en droit comme en fait – les produits importés que les produits nationaux. En d'autres termes, il s'agit de contraintes d'intérêt public, que tous les opérateurs économiques doivent supporter. Ces mesures ne tomberaient alors sous le coup de l'ex-article 28 CE (devenu 34 TFUE)

(130) V. *supra*, n° 161 ; P. VAN ELSUWEGE et S. ADAM, « Situations purement internes, discriminations à rebours et collectivités autonomes après l'arrêt sur l'assurance soins flamande », *CDE* 5/6-2008, p. 655 et s., spéc. p. 669.

(131) S. CALS, *La discrimination à rebours et le droit communautaire*, thèse Toulouse I, févr. 2001.

(132) CJCE, 16 déc. 1986, *Commission c. Grèce*, aff. 124/85, *Rec.* 3935.

(133) CJCE, 29 juin 1995, *Commission c. Grèce*, aff. C-391/92, *Rec.* I-1621 ; 11 août 1995, *Belgapom*, aff. C-63/94, *Rec.* I-2467.

(134) CJCE, 14 juill. 1981, *Oebel*, aff. 155/80, *Rec.* 1993.

(135) CJCE, 31 janv. 1984, *Commission c. Irlande*, aff. 74/82, *Rec.* 317.

(136) CJCE, 18 mai 1993, *Yves Rocher*, aff. C-126/91, *Rec.* I-2361.

(137) CJCE, 28 févr. 1991, *Conforama*, aff. C-312/89, *Rec.* I-997.

(138) CJCE, *Oebel*, *op. cit.*

que si elles se révélaient en droit ou en fait discriminatoires, à l'encontre des produits en provenance des autres États membres.

Il devrait donc en résulter que si le critère de l'incidence sur les échanges intracommunautaires demeure entièrement valable pour les réglementations concernant « les *conditions* auxquelles doivent répondre les marchandises », le juge l'ayant au demeurant confirmé dans de nombreuses espèces postérieures aux arrêts *Keck et Mithouard* (139), il perd l'essentiel de son intérêt pour celles relatives aux *modalités de vente*. Dans ce dernier cas, il se voit substituer un double critère tiré d'une part de la finalité de la mesure et d'autre part de son caractère discriminatoire ou non.

537 **Délaissement de *Keck et Mithouard* ?** Néanmoins dans d'autres espèces, également récentes, la Cour semble avoir réintroduit le critère de l'effet restrictif sur les échanges à propos de réglementations portant sur les modalités de vente, dès lors du moins que cette incidence dépasse le seuil de l'aléatoire ou de l'indirect (140). Ce mouvement de retour au critère de l'entrave, même pour les législations relatives aux modalités de vente, semble s'accentuer dans la jurisprudence la plus récente, comme en témoignent les affaires relatives à la vente ambulante de produits alimentaires en Autriche (141) ou à la publicité pour les boissons alcooliques en Suède (142). Ce dernier cas se révèle très topique, puisque la Cour, après avoir clairement constaté que cette législation s'inscrit bien dans celle relative aux modalités de vente (143) s'intéresse presque essentiellement à son effet restrictif sur les échanges. Elle observe en effet que même si apparemment les produits nationaux et importés sont frappés de la même manière par une interdiction de publicité, les seconds n'en subissent pas moins une gêne plus importante dans la mesure où ils sont moins connus du public. Une telle constatation se retrouve à l'identique dans l'affaire de la vente de médicament par l'intermédiaire d'internet. La Cour observe en effet que les pharmacies non allemandes sont plus affectées que leurs homologues établies en Allemagne dans la mesure où ces dernières ont toujours la possibilité de vendre les médicaments concernés dans leur officine ce qui à l'évidence n'est pas le cas pour celles établies dans un autre État membre (144).

538 **Retour à *Dassonville* ?** La jurisprudence (la plus) récente accentue cette évolution. Dans un arrêt très significatif (145) relatif à la vente par démarchage à domicile de

(139) Réglementation sur la dénomination des cosmétiques, CJCE, 2 févr. 1994, *Verband Sozialer Wettbewerb eV*, aff. C-315/92, *Rec.* I-317 ; réglementation sur la teneur en sel du pain, CJCE, 14 juill. 1994, *Van der Veldt*, aff. C-17/93, *Rec.* I-3537 ; réglementation sur le poinçonnage obligatoire des métaux précieux, CJCE, 21 juin 2001, *Commission c. Irlande*, aff. C-30/99, *Rec.* I-4619.

(140) CJCE, 5 oct. 1995, *Centro Servizi Spediporto*, aff. C-96/94, *Rec.* I-2883 ; 30 nov. 1995, *Esso Espanola*, aff. C-134/94, *Rec.* I-4223 ; 9 juill. 1997, *Konsumentombudsmannen*, aff. C-34, 35 et 36/95, *Rec.* I-3895 ; 26 mai 2005, *Burmanjer*, aff. C-20/03, *Rec.* I-4133, Chronique de jurisprudence de la Cour de justice, *DRUE* 2/2005, p. 392 (dans cet arrêt la Cour semble vouloir laisser le soin aux juridictions nationales de se prononcer sur le point de savoir si l'entrave aux échanges comporte une réalité minimale).

(141) CJCE, 13 janv. 2000, *Schutzverband*, aff. C-254/98, *Rec.* I-151.

(142) CJCE, 8 mars 2001, *International Gourmets*, aff. C-405/98, *Rec.* I-1795 ; J. Stuyck, « Gourmet : une nouvelle brèche dans la jurisprudence Keck », *CDE* 2001, p. 683.

(143) V. *infra*, n° 563 sur les règles de publicité.

(144) CJCE, 11 déc. 2003, *Deutscher Apotherkerverbrand*, aff. C-322/01, *Rec.* I-14887.

(145) CJCE, 23 févr. 2006, *A-Punkt Schmukhandels GmbH*, aff. C-441/04, *Rec.* I-2093 ; Note A. Rigaux, « Vers une application apaisée de la jurisprudence Keck et Mithouard », *Europe* avr. 2006, n° 109.

produits de la bijouterie, la Cour semble vouloir recadrer clairement sa doctrine. Elle reconnaît sans équivoque qu'il s'agit bien d'une modalité de vente ce qui ne pouvait guère prêter à discussion. Pour en apprécier la validité, elle relève d'abord le caractère indistinctement applicable de cette législation autrichienne tant aux produits nationaux qu'aux produits importés puis elle examine si ladite réglementation n'est pas discriminatoire en droit ou en fait. Mais en réalité l'examen de la discrimination « en droit » se confond quasiment avec le caractère indistinctement applicable de la législation, ce qui conduit à une confusion du premier critère (mesure indistinctement applicable) et de la première branche du second critère (discrimination *de jure*). L'essentiel se ramène donc ensuite à l'analyse de la discrimination « en fait ». La Cour recherche si concrètement l'accès au marché des produits étrangers n'est pas rendu plus difficile. Autrement dit y a-t-il ou non une entrave au détriment de ces derniers. L'affaire du prix du livre en Autriche s'inspire des mêmes principes (146). La loi nationale interdit des rabais supérieurs à un certain taux pour maintenir la diversité culturelle. Il s'agit bien d'une modalité de vente, apparemment indistinctement applicable aux produits nationaux et importés. Néanmoins la Cour observe que des importateurs allemands sont pénalisés par les très complexes règles de calcul des éventuels rabais et en conséquence leur accès au marché s'avère plus difficile. Le critère de l'entrave, qualifié par l'avocat général Yves Bot dans l'affaire dite des remorques italiennes (147) de critère de l'accès au marché, occupe ainsi une position centrale et semble marquer la fin du revirement, de l'infléchissement, du recentrage, selon les différentes expressions utilisées par la doctrine, opéré par *Keck* et *Mithouard* par rapport à *Dassonville* (148).

Néanmoins les choses ne paraissent pas si évidentes dans la mesure où la Cour – du moins au niveau du vocabulaire – ne semble pas vouloir abandonner toute référence à la distinction entre modalités de vente et conditions relatives aux produits (149). La controverse ne semble pas totalement close. On peut se demander d'abord s'il importe de totalement assimiler discrimination de fait et entrave (150). La confrontation de ces deux notions paraît extrêmement difficile dès lors du moins que la Cour de justice a toujours estimé que la discrimination de droit ou de fait constituait une notion objective indépendante de tout caractère intentionnel (151). Supposer que l'entrave se situerait dans les effets d'une réglementation et la discrimination dans son objet ne mène à aucun résultat tangible, dès lors que la Cour a toujours estimé qu'une discrimination « indirecte » pouvait se manifester comme conséquence d'une législation

(146) CJCE, 30 avr. 2009, *Fachverband der Buch*, aff. C-531/07, *Rec.* I-3717 ; J. Molinier et N. de Grove-Valdeyron, *Droit du marché intérieur européen*, LGDJ, Systèmes, 3e éd., 2011, p. 63.

(147) CJCE, 10 févr. 2009, *Commission c. Italie*, aff. C-110/05, *Rec.* I-1519 ; sur cet arrêt et celui du 4 juin 2009, *Aklägaren* (v. *infra*) : A.-L. Sibony et A. Defossez, « Marché intérieur », Chronique de jurisprudence sur la libre circulation des marchandises, *RTDE* 1/2010, p. 131.

(148) v. aussi dans le même sens : CJCE, 10 févr. 2009, *Commission c. Italie*, aff. C-110/05, *Rec.* I-1519 ; *Europe* avr. 2009, nº 158, note A. Rigaux, qui voit dans cet arrêt, qui pourtant n'opère pas de référence à la distinction entre modalités de vente et conditions relatives aux produits, le test de l'abandon de la jurisprudence *Keck* et *Mithouard* et évoque un critère « re-fédéré » de la mesure d'effet équivalent.

(149) CJCE, 4 juin 2009, *Äklageren*, aff. C-142/05, *Rec.* I-4273 ; *Europe* août-sept. 2009, nº 305, note A. Rigaux qui évoque une « définition pâteuse de la mesure d'effet équivalent ».

(150) L. Azoulai (dir.), *L'entrave en droit de l'Union européenne*, préc.

(151) Notamment à propos des discriminations fondées sur la nationalité (art. 12 CE) : CJCE, 12 févr. 1974, *Sotgiu*, aff. 152/73, *Rec.* 153 ; 13 déc. 1984, *Hang-Adrion*, aff. 251/83, *Rec.* 4277.

apparemment neutre et uniforme (152). Dans ces conditions, il y a fort à penser que discrimination de fait et entrave sont une seule et même chose (du moins dans le droit de la libre circulation des marchandises). L'aboutissement de ce dernier avatar de la jurisprudence *Keck et Mithouard* ramène donc presque inéluctablement à l'arrêt *Dassonville*, donc à la conception initiale de la mesure d'effet équivalent, à ceci près que les législations sur les modalités de vente bénéficieraient d'un préjugé plus favorable de la Cour de justice (153).

Il paraît donc encore difficile d'apprécier la portée exacte de la jurisprudence *Keck et Mithouard*. Que la Cour ait souhaité, comme elle l'affirmait expressément dans le corps même de la décision, endiguer les attaques incessantes contre les législations d'intérêt général édictées par les États, s'avère un objectif tout à fait légitime. Les moyens choisis à cette fin ne semblent pas être parvenus à sécuriser complètement ni les États ni les opérateurs économiques (154). Peut-être comme le souligne Robert Kovar, les critiques à l'encontre de la jurisprudence *Keck et Mithouard* ont-elles été excessives de la même manière que *Dassonville* s'est vu prêter des « mérites exagérés » (155).

Résultat en revanche inattendu, cette évolution facilite le rapprochement de la notion de mesure d'effet équivalent aux importations de son homologue relative aux exportations.

3. Les mesures d'effet équivalent à l'exportation

a) *Consécration d'un régime spécifique*

539 **Conditions.** Malgré l'apparente symétrie des articles 34 et 35 TFUE, la Cour, après l'avoir acceptée dans un premier temps (156) a repoussé l'assimilation entre les deux catégories de mesures d'effet équivalent. Elle a opté pour une définition très restrictive de celles qui jouent à l'exportation (157).

Trois conditions sont requises pour établir cette qualification. La réglementation litigieuse doit avoir pour objet ou pour effet de restreindre spécifiquement les courants d'exportation (158). Ce faisant – et c'est la seconde condition – elle provoque une

(152) Sur le droit des discriminations en général v. les études à la revue des affaires européennes (RAE) sous la direction de S. Robin-Olivier « Le droit des discriminations en Europe : contributions pour une construction en cours » n° 2 /2009/2010 p. 181 et s.

(153) V. une classification de la jurisprudence en matière de modalités de vente, en fonction du degré d'application de la jurisprudence *Keck et Mithouard* : A.-L. Sibony et A. Defossez, « Libre circulation des marchandises », *RTDE* 4/2008, p. 899.

(154) Pour une critique d'ensemble : A. Rigaux, « Symphonie déconcertante ou Keckophonie ? (à propos des dissonances de l'arrêt *Morellato*) », *Europe* nov. 2003, p. 7 ; v. aussi l'intéressante tentative de l'avocat général Maduro de justifier l'ensemble de la jurisprudence, de dégager des critères en vue de rendre plus cohérente la distinction modalités de vente et conditions relatives aux produits : concl. sur 14 sept. 2006, *Alfa vita Vassilopoulos*, aff. C-158 et 159/04, *Rec.* I-8137 (spécialement points 23 à 52).

(155) R. Kovar, « *Dassonville*, *Keck* et les autres : de la mesure avant toute chose », *RTDE* 2-2006, p. 213 et s.

(156) CJCE, 30 oct. 1974, *Van Haaster*, aff. 190/73, *Rec.* 1123.

(157) CJCE, 8 nov. 1979, *Groenveld*, aff. 15/79, *Rec.* 3409.

(158) CJCE, 23 mai 2000, *Kobenhavens Kommune*, aff. C-209/98, *Rec.* I-3743 (restriction aux exportations de déchets).

différence de traitement entre le commerce intérieur d'un État et son commerce extérieur. Enfin doit en résulter un avantage pour une production nationale au détriment de celle d'un autre État membre.

540 **Illustrations.** Sur ces bases, la Cour admet la licéité d'une législation prévoyant des normes minimales pour la production de fromages, sans distinction selon que la production s'écoule sur le marché national ou à l'extérieur (159). À l'importation une telle réglementation pourrait être qualifiée de MEERQ puisqu'elle peut avoir un effet restrictif sur les échanges. Il n'en est rien dans le sens des exportations, quand bien même la compétitivité des produits nationaux se verrait amoindrie, en raison des normes qu'ils doivent respecter. En revanche, constitue une MEE à l'exportation une législation qui limite les quantités de vin susceptibles d'être exportées en vrac vers les autres États membres, alors que la même contrainte ne s'impose pas à l'intérieur de la région de production (160). Le vin de Rioja, en cause dans cette affaire a fait l'objet par la suite d'un retournement jurisprudentiel, puisque plus récemment la Cour a admis une justification de cette MEERQ tirée de l'idée de protection de la qualité des produits ou de la propriété intellectuelle et commerciale (161).

Dans le même ordre d'idées, et s'agissant de documents administratifs, la Cour rejette une réglementation qui impose une déclaration en douane pour l'exportation de pommes de terre, quand bien même l'octroi en serait automatique, car elle enfreint les deux premières conditions découlant de la jurisprudence (162). En revanche, la législation qui exige un agrément administratif pour la commercialisation tant sur le marché intérieur qu'à l'exportation d'émetteurs et émetteurs-récepteurs de radiocommunication est validée, car traitant de la même manière le commerce interne et externe (163). De même, une réglementation relative à l'exportation des déchets n'est pas constitutive d'une MEE, d'autant qu'elle s'appuie sur un règlement communautaire harmonisant la matière dans son intégralité (164).

b) *Évolution de la jurisprudence*

541 **Abandon de la spécificité ?** Le régime particulier des MEE à l'exportation attire souvent les critiques de la doctrine (165). Néanmoins, les explications de la situation ne manquent pas : les entraves aux exportations sont plus rares et il est peu probable qu'un État souhaite pénaliser outre mesure ses ventes à l'étranger. Il reste que la différence de traitement de ces deux catégories que rien ne justifie de manière péremptoire au vu des textes – l'article 35 étant la copie en tout point conforme de l'article 34 et l'article 36, relatif aux justifications, s'appliquant indistinctement aux deux séries de mesures – semblait hautement contestable compte tenu notamment de l'impératif de cohérence en matière de libre circulation des marchandises et même de libre circulation tout court.

(159) CJCE, 7 févr. 1984, *Jongeneel Kaas*, aff. 237/82, *Rec.* 483.

(160) CJCE, 9 juin 1992, *Éts Delhaize et Cie Le Lion*, aff. C-47/90, *Rec.* 3669.

(161) CJCE, 16 mai 2000, *Belgique c. Espagne*, aff. C-388/95, *Rec.* I-3123 ; D. Bianchi, « *In vino veritas* : la mise en bouteille des vins de qualité dans la région de production… », *RMCUE* 2001, nº 448, p. 343.

(162) CJCE, 16 mars 1977, *Commission c. France*, aff. 68/76 p. 515.

(163) CJCE, 24 mars 1994, *Commission c. Belgique*, aff. C-80/92, *Rec.* I-1026.

(164) CJCE, 13 déc. 2001, *DaimlerChrysler*, aff. C-324/99, *Rec.* I-9897.

(165) Concl. Capotorti sous CJCE, 14 juill. 1981, *Oebel*, aff. 155/80, *Rec.* 1993.

On peut aussi évoquer les difficultés pratiques pour les opérateurs économiques qui la plupart du temps sont à la fois importateurs et exportateurs.

Ces arguments l'ont emporté dans un arrêt relatif à une loi belge sur la vente à distance (166). Celle-ci, comme c'est l'usage en général, prévoit un délai de rétractation pour les consommateurs. Néanmoins une interprétation rigoureuse de la loi va jusqu'à refuser aux vendeurs belges le droit de demander à leurs acheteurs localisés dans d'autres États membres, et compte tenu de cet éloignement, de mentionner le numéro de leur carte bancaire sur le bon de commande. La Cour saisie par la voie préjudicielle relève bien dans un premier temps une interférence avec la directive du 20 mai 1997 sur la protection des consommateurs en matière de vente à distance, mais estimant que cette directive n'aboutit pas à une harmonisation exhaustive (167), en appelle aux dispositions générales des traités sur la libre circulation et notamment à l'ex-article 29 CE (devenu 35 TFUE) dans la mesure où la conclusion de contrats à l'exportation peut devenir plus difficile du fait du refus de cette garantie au profit des vendeurs.

La Cour, après avoir rappelé, mais d'une manière purement formelle, les critères classiques en matière de mesure d'effet équivalent à l'exportation, relève ensuite que si ladite loi et son interprétation s'appliquent bien en apparence indistinctement à tous les opérateurs situés en Belgique, elle affecte en réalité plus spécifiquement ceux qui commercent avec l'étranger qui ne pourront exiger l'application d'une garantie contre le non-paiement de leur créance. En résulte donc une mesure d'effet équivalent à une restriction quantitative mais fondé essentiellement sur des éléments de fait, c'est-à-dire sur l'existence d'une entrave. L'identité de solution avec les MEE à l'importation paraît donc avérée (168), d'autant qu'en l'espèce, la Cour admet que s'il y a bien une entrave, celle-ci peut se justifier par le souci de protection des consommateurs. Le régime des exigences impératives d'intérêt général trouve donc également matière à s'appliquer. Les hésitations ne semblent pas totalement levées puisque dans un arrêt récent relatif à une réglementation grecque sur les exportations de raisins secs (169), faisant varier les possibilités d'exportation en fonction de la zone de production, la Cour, alors même que la qualification de restriction quantitative pure et simple eût pu être retenue pour certaines dispositions, alors même également qu'une interrogation sur une situation purement intérieure eût pu être posée, retient celle de mesure d'effet équivalent à l'exportation mais sans faire nullement référence à un quelconque critère pour s'en tenir à l'examen des justifications d'intérêt général susceptibles d'être avancées. Le malaise semble donc assez perceptible sur la pertinence du revirement de jurisprudence (170).

(166) CJCE, 16 déc. 2008, *Lodewijk Gysbrechts*, aff. C-205/07, concl. Mme TRSTENJAK, *Rec.* I-9947 ; *Europe* févr. 2009, n° 77, note A. RIGAUX ; A.-L. SIBONY et A. DEFOSSEZ, « Marché intérieur », Chronique de jurisprudence sur la libre circulation des marchandises, *RTDE* 1/2010, p. 135.

(167) v. *infra*, n° 652.

(168) *Contra* le commentaire d'A. DAWES sur cet arrêt *in RDUE* 1-2009, p. 139 ; v. aussi A. DEFOSSEZ, « L'histoire d'une divergence et d'une possible réconciliation : l'article 29 CE », *CDE* 3/4-2009, p. 409 et s. ; S. RODRIGUES (dir.), « Chronique de jurisprudence communautaire », *CDE* 1/2-2009, p. 230.

(169) CJUE, 3 mars 2011, *Kakavetsos-Fragkopoulos AE*, aff. C-161/09, NEPR ; *Europe* mai 2011 n° 161, note A. RIGAUX.

(170) En ce sens : J. MOLINIER et N. DE GROVE-VALDEYRON, *Droit du marché intérieur européen*, LGDJ, coll. Systèmes, 3e éd., 2011, p. 66.

B. Mesures d'effet équivalent et autres notions restrictives des échanges de marchandises

542 Il importe de situer les mesures d'effet équivalent par rapport aux autres techniques (1), avant d'en déterminer l'autorité respective (2).

1. Inventaire des techniques concurrentes

543 Les concurrents potentiels sont nombreux : les taxes d'effet équivalent, les impositions intérieures, les monopoles nationaux de caractère commercial (art. 37 TFUE), les règles propres aux services d'intérêt économique général (art. 106 § 2 TFUE) les aides d'État et les entraves techniques aux échanges. Sous réserve de quelques rappels concernant les taxes d'effet équivalent et les mesures intérieures et d'un examen ultérieur pour les notions plus spécifiques de monopole national de caractère commercial (171) et de service d'intérêt économique général (172), seuls les deux derniers posent problème.

544 **Taxes d'effet équivalent.** Les rapports entre taxes et mesures d'effet équivalent ont déjà été élucidés : les premières constituent des mesures financières alors que les secondes revêtent un aspect normatif. De surcroît, alors que l'interdiction pesant sur les taxes est absolue, celle affectant les MEERQ est simplement relative, en raison du recours possible aux dérogations de l'article 36 ou aux exigences impératives d'intérêt général.

545 **Impositions intérieures.** Les rapports avec les impositions intérieures ne soulèvent guère plus de difficultés. La différence de nature déjà observée avec les TEE se retrouve ici (173). De plus et surtout, l'imposition intérieure jouit d'une présomption de validité tant qu'elle ne se révèle pas discriminatoire à l'encontre des produits importés, alors que pour les mesures d'effet équivalent, la présomption est inverse sous réserve une nouvelle fois de l'article 36 TFUE ou des exigences impératives. Peut cependant se poser la question d'impositions intérieures frappant exclusivement des produits importés du fait de l'absence de production nationale. Un taux de taxation particulièrement élevé pourrait faire penser à une mesure d'effet équivalent (174).

a) *Aides d'État*

546 **Différences évidentes.** La confrontation avec les aides d'État s'avère autrement redoutable. À première vue, les deux notions semblent se situer sur des plans très différents et ne devoir jamais se rencontrer ni interférer. En effet, bien que toutes deux d'origine étatique – au sens large que recouvre cette expression en droit de l'Union

(171) CJCE, 5 juin 2007, *Rosengren*, aff. C-170/04, *Rec.* I-4071, *Europe* août-sept. 2007, n° 207, note E. Bernard, v. *infra*, n°s 1364 et s.

(172) V. *infra*, n°s 1311 et s.

(173) CJCE, 18 janv. 2007, *Brzezinski*, aff. C-313/05, *Rec.* I-513 (à propos de droits d'accises sur des véhicules importés), *Europe* mars 2007, n° 85, note E. Bernard.

(174) CJCE, 17 juin 2003, *De Danske Bilimportorer*, aff. C-383/01, *Rec.* I-6065, *Europe*, note A. Rigaux ; J. Cavallini, *op. cit.*, *RMCUE* déc. 2003, p. 686.

– l'une s'épanouit dans le droit de la concurrence, l'autre dans celui de la libre circulation. Ensuite, alors que l'aide d'État s'analyse en mesure financière, la MEE résulte d'une norme législative ou réglementaire. Enfin, on observe que l'aide constitue une mesure individuelle à la différence de la MEE qui possède un caractère normatif. Sur ce dernier point cependant, force est de constater que les aides individuelles s'inscrivent le plus souvent dans des régimes d'aide, qui, eux, ont indiscutablement une portée générale.

547 **Rapprochement.** Cependant l'extension constante de ces deux notions les amène nécessairement à se croiser, voire à se heurter. Ainsi, la Cour de justice a admis qu'une aide d'État pouvait découler de mesures très indirectes, telles des réductions ou dégrèvements fiscaux, l'exonération d'une charge sociale, l'octroi d'un tarif préférentiel dans les livraisons de gaz ou d'électricité, voire un régime de commandes publiques préférentielles (175). Dans ces conditions, l'aide demeure un avantage pour son bénéficiaire mais sa nature financière devient de plus en plus floue et difficile à quantifier.

On rejoint ainsi aisément la notion de mesure d'effet équivalent, qui dans son objet ou dans ses effets aboutit au bout du compte à avantager les opérateurs économiques nationaux au détriment de leurs concurrents européens. Comment qualifier juridiquement une législation italienne qui impose à toutes les administrations ou organismes publics situés ans la région du Mezzogiorno de se fournir à concurrence d'au moins trente pour cent de leurs besoins auprès d'entreprises industrielles, agricoles ou artisanales implantées dans cette région (176). La Cour y voit une mesure d'effet équivalent parce que les requérants avaient choisi de plaider sur ce terrain, mais une qualification comme aide d'État aurait pu aboutir.

548 **Irréductibilité des notions.** Cependant, malgré d'indiscutables affinités, les deux notions restent distinctes et ont tout intérêt à le rester. Indépendamment des éléments déjà indiqués, deux considérations les opposent de manière très nette.

En premier lieu, elles n'ont pas la même portée vis-à-vis des particuliers. L'article 34 TFUE bénéficie d'un effet direct que la Cour lui a reconnu au plus tard à la fin de la période de transition (177) alors qu'il en va tout autrement des aides d'État. Seul l'article 109 § 3 TFUE dernière phrase, qui interdit l'institution d'aides nouvelles sans l'accord de la Commission présente ce caractère (178). Il est donc plus facile pour un particulier d'obtenir la condamnation d'un comportement litigieux au titre d'une mesure d'effet équivalent qu'en se référant au régime des aides d'État.

En outre, le contrôle qui s'exerce sur chacune de ces notions s'avère bien différent. S'agissant des aides, l'article 109 met en place un système complet, dont la Commission représente la cheville ouvrière, tant en ce qui concerne les aides existantes (§ 2) que les aides nouvelles (§ 3). En cas de transgression des décisions prises par l'exécutif indépendant, un recours en manquement de type accéléré peut être introduit par celui-ci ou tout autre État membre. En revanche, en présence d'une mesure d'effet équivalent, seul, au plan du contentieux de l'Union bien sûr, le classique recours en manquement des articles 258-260 TFUE peut être actionné.

(175) CJCE, 27 mars 1977, *Iannelli et Volpi*, aff. 74/76, *Rec.* 557.
(176) CJCE, 20 mars 1990, *Du Pont de Nemours Italiana*, aff. C-21/88, *Rec.* I-889.
(177) CJCE, *Iannelli et Volpi*, *op. cit.* ; 15 déc. 1993, *Ligur Carni*, aff. C-277/91, *Rec.* I-6621.
(178) CJCE, 11 déc. 1973, *Lorenz*, aff. 120/73, *Rec.* 1471.

b) *Entraves techniques aux échanges*

549 **Spécificité.** Les entraves techniques occupent dans la panoplie des mesures restrictives une place à part. Le traité ignore cette notion, qu'on peut assimiler à celle de normes techniques. Il s'agit d'exigences spécifiques résultant des législations nationales et relatives aux procédés de production ou de fabrication des produits, principalement industriels, mais également agricoles ou agro-alimentaires (179).

Là encore cette notion paraît devoir se recouper assez largement avec celle de MEE, car elle recouvre des réglementations d'intérêt public poursuivant des objectifs de santé ou de sécurité publique ou de qualité des produits. De plus, elles n'ont en principe aucun caractère discriminatoire puisqu'elles s'appliquent aussi bien aux produits nationaux qu'importés. Dans la pratique, il en va souvent très différemment, car même lorsqu'elles ne poursuivent pas un objectif délibérément protectionniste, ces normes sont évidemment conçues en faveur des produits nationaux, et elles deviennent aisément dissuasives pour les tiers, qui devront faire un effort financier supplémentaire pour s'y adapter et pouvoir écouler leurs marchandises sur le marché du pays d'accueil.

550 **Rapports avec les MEE.** Les normes techniques dégénèrent donc facilement en entraves techniques et se transforment alors en mesures d'effet équivalent. Le problème s'est posé avec une particulière acuité dans l'affaire des *Cassis de Dijon* qui représente un cas de figure idéal (180). En l'espèce, l'Allemagne ne niait pas que sa législation interdisant la commercialisation sur son territoire de liqueur de fruits d'une valeur alcoométrique inférieure à 20 ou 25°, pût pénaliser les produits en provenance d'autres pays. Mais il n'en résultait pas automatiquement la qualification de MEE, ne serait-ce qu'en raison du caractère indistinctement applicable d'une telle réglementation. La seule solution consistait alors à entamer un processus d'harmonisation des législations nationales, conformément à l'ex-article 94 CE (devenu 115 TFUE). En d'autres termes, cette disposition tenait en l'état l'ex-article 28 (devenu 34 TFUE).

La Cour n'a pas suivi l'Allemagne sur ce terrain miné. Car rien n'oblige à entreprendre une procédure d'harmonisation ; et à supposer qu'on s'y résolve, l'exigence d'unanimité au Conseil (alors applicable) rend périlleuse l'issue de l'opération. Dès lors, une entrave technique qui remplit les conditions de l'article 34 TFUE peut se voir qualifiée de mesure d'effet équivalent. En conséquence, l'harmonisation n'est pas un préalable obligé pour éliminer les distorsions résultant des normes techniques. Mais, en revanche, elle peut prévenir une condamnation au titre des MEE ou *a posteriori*, en atténuer les effets.

551 Pour fondée qu'elle soit, cette jurisprudence ne fait qu'accroître l'universalité de la notion de mesure d'effet équivalent. Elle conduit à s'interroger sur le rôle que peuvent encore jouer les notions concurrentes.

2. L'autorité respective des MEE et des notions concurrentes

552 **Critère de la *lex specialis*.** Pendant longtemps, le juge de l'Union a cherché à délimiter de manière précise la place de chacune de ces notions et à attribuer à chacune son rôle

(179) P. Pecho et A. van Waeyenberg, « La normalisation technique européenne vue de Luxembourg », *RMCUE* n° 539, juin 2010, p. 387 et s.

(180) CJCE, 20 févr. 1979, *Rewe-Zentral*, aff. 120/78, *Rec.* 649.

particulier. Le règlement des conflits s'opérait sur la base du principe « lex specialis derogat generali ». En conséquence, la mesure d'effet équivalent, concept le plus large, cédait le pas devant des qualifications plus précises (181).

553 **Théorie du cumul.** Mais cette solution comportait nombre d'inconvénients. Aussi, et sous réserve des mesures de nature tarifaire, douanière ou fiscale qui continuent à relever des notions d'imposition intérieure ou de taxe d'effet équivalent (182), la Cour s'est-elle ralliée à la théorie du cumul, à savoir que lorsqu'une mesure litigieuse peut relever de plusieurs incriminations, l'ensemble des régimes juridiques correspondants ont vocation à s'appliquer (183). Cependant, une telle attitude comporte une part d'hypocrisie, car l'apparente égalité des notions risque rapidement de se transformer en primauté absolue de celle de mesure d'effet équivalent, compte tenu et de son champ d'application et de son efficacité supérieurs. Les concurrentes seraient ainsi vidées de leur substance.

La doctrine est pour sa part partagée sur le sens à donner à la jurisprudence. Certains auteurs l'interprètent de manière très extensive (184) alors que d'autres (185) se montrent plus nuancés et considèrent qu'en cas de pluralité de qualification possible, celle de mesure d'effet équivalent ne devrait être retenue que dans l'hypothèse où les conditions réglementaires de l'autre qualification ne pourraient être toutes remplies.

554 **Théorie du caractère résiduel de la MEE.** Selon cette seconde approche, la notion de MEE apparaîtrait comme un ultime rempart, un garde-fou ou un filet de sécurité, dans l'hypothèse où les autres notions manqueraient à leur mission de lutte contre les atteintes illicites à la libre circulation. Cette conception – qui permet aussi de rééquilibrer l'ensemble du dispositif – correspond assez bien à l'évolution de la jurisprudence sur les mesures d'effet équivalent, initiée par les arrêts *Keck et Mithouard*. Cette dernière vise aussi à gommer certains excès, à maîtriser le développement jusque là débridé de la notion de mesure d'effet équivalent. Il s'agit bien d'un « recentrage » destiné à assouplir les contraintes normatives pesant sur les États. Mais qu'elle s'inspire ou non de l'idée de subsidiarité, cette nouvelle jurisprudence devrait rendre leur attrait aux notions concurrentes.

§ 2. NOMENCLATURE DES MESURES D'EFFET ÉQUIVALENT

555 Dans le vaste conglomérat que forment les MEE il paraît opportun de traiter séparément celles qui correspondent à la vision originaire des articles 34 et 35

(181) CJCE, 3 mars 1988, *Bergandi*, aff. 252/86, *Rec.* 1343.

(182) CJCE, 11 mars 1992, *Compagnie commerciale de l'ouest*, aff. C-78 à 83/90, *Rec.* I-1847 ; 3 févr. 2000, *Charalampos Dounias*, aff. C-228/98, *Rec.* I-577 ; CJCE, 17 juin 2003, *De Danske Bilimportorer*, aff. C-383/01, *Rec.* I-6065.

(183) CJCE, 7 mai 1985, *Commission c. France*, aff. 18/84, *Rec.* 1339 ; sur les rapports avec les services d'intérêt économique général CJCE, 10 juill. 1984, *Campus oil*, aff. 72/83, *Rec.* 2727.

(184) Commentaire Mégret, *Libre circulation des marchandises*, tome 1er, Éditions de l'Université de Bruxelles, 2e éd., 1990, no 247 et s. ; J. C. MASCLET, « Mesures d'effet équivalant à des restrictions quantitatives », *Juris-Classeur Europe*, fasc. no 550, no 87 et s.

(185) A. MATTERA, *Le marché unique européen*, *Jupiter*, 2e éd., 1990, p. 123.

TFUE et qui frappent spécifiquement les produits importés (A) et celles qui résultent d'une extension de la notion, en ce sens qu'elles s'appliquent indistinctement aux produits nationaux et importés (B), mais qui sous couvert de généralité pénalisent plus particulièrement les seconds.

A. Les mesures frappant spécifiquement les produits importés

556 **Sujétions spéciales aux importations.** Les exemples en sont nombreux et classiques. Ainsi en va-t-il de l'exigence d'une licence, d'une autorisation ou d'une formalité administrative quelconque (186) qui ne serait pas formellement prévue par le droit de l'Union, et quand bien même ce genre de document serait automatiquement et gratuitement délivré (187). Les immatriculations de véhicules automobiles représentent un contentieux classique et toujours abondant, les États membres étant enclins à contraindre les véhicules en provenance de leurs partenaires à des exigences complémentaires et souvent excessives. Ainsi en va-t-il d'une réglementation autrichienne qui impose aux véhicules importés de nouveaux contrôles techniques en vue certes de satisfaire à des exigences résultant d'une directive n° 93/59 du 28 juin 1993. Or il s'avère que les véhicules autrichiens pourtant anciens n'ont pas une obligation identique à se mettre aux normes (188).

Sont également prohibées, les législations qui imposent des charges excessives ou simplement particulières aux produits importés, telles l'obligation de constituer des cautions (189), d'obtenir des garanties bancaires ou de devoir se libérer par des paiements comptants (190) ou telles des réglementations qui limitent les points d'entrée des marchandises dans l'Union, qui imposent des horaires spéciaux d'ouverture des bureaux de douane (191) ou qui interdisent aux importateurs d'assurer eux-mêmes le transport et la livraison de leurs marchandises (viandes fraîches) dans les communes de destination car ce service est réservé à des concessionnaires exclusifs locaux (192) sauf aux importateurs s'ils veulent eux-mêmes effectuer ces opérations à leur verser l'équivalent financier ou bien encore qui imposent aux importateurs ou distributeurs de médicaments de présenter une attestation de l'autorisation de mise en marché de médicaments (193).

(186) CJCE, 15 mars 2007, *Commission c. Finlande*, aff. C-54/05, *Rec.* I-2473 (permis de transfert de véhicules immatriculés dans un autre État membre) ; CJCE, 5 juin 2007, *Rosengren*, aff. C-170/04, *Rec.* I-4071 (autorisation d'importation de boissons alcoolisées en Suède), *Europe* août-sept. 2007, n° 207, note E. Bernard.

(187) CJCE, 15 déc. 1971, *International Fruit Company*, aff. 51 à 54/71, *Rec.* 1107 ; 16 mars 1977, *Commission c. France*, aff. 68/76, *Rec.* 515 ; 28 sept. 2006, *Jan-Erik Anders Akohainen*, aff. C-434/04, *Rec.* I-9171 (licences d'importation de vin en Finlande), *Europe* nov. 2006, n° 311, note D. Simon ; 24 avr. 2008, *Commission c. Luxembourg*, aff. C-286/07, *Rec.* I-63 sommaires (document administratif pour les véhicules achetés dans un autre État membre), *Europe* juin 2008, n° 183, note V. Michel.

(188) CJCE, 11 déc. 2008, *Commission c. Autriche*, aff. C-524/07, *Rec.* I-187, somm. ; S. Rodrigues (dir.), « Chronique de jurisprudence communautaire », *CDE* 1/2-2009 p. 228.

(189) À propos de la *cautio judicatum solvi* : CJUE, 7 avr. 2011, *Francesco Guarnieri*, aff. C-291/09, NEPR ; *Europe* juin 2011, n° 216, note D. Simon.

(190) CJCE, 9 juin 1982, *Orlandi*, aff. 206 à 210/80, *Rec.* 2187.

(191) CJCE, 7 avr. 1981, *United foods*, aff. 132/80, *Rec.* 995.

(192) CJCE, 15 déc. 1993, *Ligur Carni*, aff. C-277, 318 et 319/91, *Rec.* I-6621.

(193) CJCE, 11 déc. 2003, *Commission c. France*, aff. C-122/03, *Rec.* I-15093.

557 **Contrôles injustifiés.** Fournissent une abondante moisson de mesures d'effet équivalent, les réglementations visant à soumettre les produits importés à des contrôles sanitaires, vétérinaires ou techniques injustifiés. La licéité de ces contrôles repose grandement sur leur origine juridique. S'ils découlent d'une réglementation européenne, ils sont *a priori* réguliers, étant entendu néanmoins que dans la plupart des cas, les contrôles effectués dans le pays d'origine suffisent. Le pays de destination ne peut donc se livrer à de nouveaux contrôles que lorsque ceux-ci sont expressément autorisés par le droit de l'Union (194) ou en cas de présomption d'irrégularité. En l'absence de réglementation européenne ou en cas de réglementation incomplète (195), un État peut maintenir des contrôles nationaux sur les marchandises en provenance de l'étranger, mais ceux-ci ne peuvent frapper plus lourdement les produits importés, et de plus, ils ne doivent pas devenir systématiques mais s'effectuer de manière exceptionnelle et sporadique (196). Les contrôles effectués sur les véhicules importés d'autres États membres alimentent un abondant contentieux (197). Un contrôle aux fins de l'identification d'un véhicule en vue de son immatriculation est licite, à la différence de contrôles techniques poussés, au demeurant déjà effectués dans l'État membre d'origine (198). En tout état de cause des contrôles exercés par un État membre sur de produits simplement en transit « intra-communautaire » sont douteux (199).

558 **Avantages aux produits nationaux.** Des avantages consentis aux seuls produits nationaux entrent également dans le champ de l'article 34 TFUE bien qu'alors, les interférences avec la notion d'aide d'État soient évidentes. La Cour condamne ainsi des législations proches d'aides indirectes, comme celle relative à l'octroi de prêts pour acquérir du matériel agricole, mais à la condition qu'il soit fabriqué dans le pays « donateur » (200) ou celle qui impose aux administrations nationales de s'approvisionner auprès des entreprises situées dans une région déterminée (201).

Entrent encore dans cette catégorie les régimes nationaux assurant une publicité directe ou indirecte aux seuls produits nationaux, tels des campagnes nationales lancées par des organismes professionnels mais encouragées par les pouvoirs publics (202) ou tel le régime français de publicité des alcools qui privilégie les alcools à base fruits ou de vin (fabriqués en France) alors que la publicité pour les alcools de grain (whisky, genièvre) est interdite (203).

559 **Règles de production et de commercialisation.** D'une manière générale, les législations nationales relatives à la fabrication ou à la commercialisation des produits

(194) CJCE, 22 mars 1983, *Commission c. France*, aff. 42/82, *Rec.* 1013 ; *Ligur Carni*, *op. cit.*

(195) CJCE, 8 mai 2003, *Atral*, aff. C-14/02, *Rec.* I-4431 ; J. Cavallini, *op. cit.*, *RMCUE* déc. 2003, p. 684 ; 5 juin 2008, *Commission c. Pologne*, aff. C-170/07, *Rec.* I-87 sommaires.

(196) CJCE, 8 juill. 1975, *Rewe-Zentral Finanz*, aff. 4/75, *Rec.* 843 ; 19 mars 1991, *Commission c. Grèce*, aff. 205/89, *Rec.* I-1361.

(197) CJCE, 15 mars 2007, *Commission c. Finlande*, aff. C-54/05, *Rec.* I-2473, chr. J. Cavallini, *RMCUE* sept. 2007, n° 511, p. 535.

(198) CJCE, 20 sept. 2007, *Commission c. Pays-Bas*, aff. C-297/05, *Rec.* I-7467.

(199) CJCE, 26 sept. 2000, *Commission c. France*, aff. C-23/99, *Rec.* I-7653.

(200) CJCE, 11 déc. 1985, *Commission c. Grèce*, aff. 192/84, *Rec.* 3967.

(201) CJCE, 20 mars 1990, *Du Pont de Nemours Italiana*, aff. C-21/88, *Rec.* I-889.

(202) CJCE, 24 nov. 1982, *Commission c. Irlande*, aff. 249/81, *Rec.* 4005.

(203) CJCE, 10 juill. 1980, *Commission c. France*, aff. 152/78, *Rec.* 2299, Ch. G. Isaac, *RTDE* 1983, p. 463.

s'appliquent indistinctement aux produits nationaux et aux produits importés (204). Néanmoins il arrive que certains États membres exigent des normes spécifiques de production ou de commercialisation pour les seuls produits importés. Ainsi en allait-il en France de normes de qualité spécifiques pour les vins en provenance de l'étranger (205) ou de l'exigence allemande d'imposer aux apéritifs en provenance de l'étranger une teneur minimale en alcool, alors que cette même exigence ne s'appliquait pas aux produits nationaux (206).

Une réglementation autrichienne sur le prix du livre limitant les possibilités de vente de livres étrangers à un prix inférieur au minimum fixé pour des raisons de préservation de la diversité culturelle se voit également qualifiée de mesure d'effet équivalent (207). Assez curieusement cependant la Cour l'examine au titre des mesures indistinctement applicables aux produits nationaux et étrangers en faisant appel aux justifications tirées des exigences impératives d'intérêt général (208), qui ne sont pas au demeurant retenues en l'espèce. Il y a là semble-t-il une tendance jurisprudentielle en passe de gagner du terrain consistant à étendre les exigences impératives d'intérêt général qui en soi ne devraient s'appliquer qu'aux mesures indistinctement applicables aux produits nationaux et importés aux dérogations de l'article 36 TFUE (209).

B. Les mesures indistinctement applicables aux produits nationaux et importés

560 La généralité leur sert de paravent, encore que fréquemment la discrimination de droit ou de fait se profile sans équivoque (210). Là encore, les exemples abondent et il s'avère très difficile de dresser une typologie.

1. Normes de production

561 **Normes techniques.** Elles représentent une véritable pépinière de MEE. La plupart des grands arrêts relatifs à cette notion ont d'ailleurs été rendus à propos de normes de production ou de fabrication (211) concernant en particulier la composition des produits. Ainsi en va-t-il des célèbres *Cassis de Dijon* (212) relatifs aux boissons spiritueuses, ou bien de l'affaire de la bière allemande (213) sans oublier l'affaire des

(204) V. *infra*, n° 561 et s.

(205) CJCE, 22 mars 1983, *Commission c. France*, *op. cit.*

(206) CJCE, 20 avr. 1983, *Schutzverband*, aff. 59/82, *Rec.* 1217.

(207) CJCE, 30 avr. 2009, *Fachverband der Buch*, aff. C-531/07, *Rec.* I-3717 ; *Europe* juin 2009, n° 230, note A. Rigaux.

(208) V. *infra*, n° 583 et s.

(209) CJCE, 26 nov. 1996, *Graffione c. Fransa*, aff. C-313/94, *Rec.* I-6039 ; 9 juill. 1997, *Konsumenombudsmannen*, aff C-34, 35 et 36/95, *Rec.* I-3843.

(210) CJCE, 14 juill. 2005, *Commission c. Allemagne*, aff. C-114/04, *Rec.* I-6985 (retrait d'une autorisation de mise en marché de produits pharmaceutiques à la demande de son bénéficiaire ayant surtout des effets pour les importateurs concurrents).

(211) CJCE, 14 juill. 1994, *Van der Veldt*, aff. C-17/93, *Rec.* I-3357 ; 13 mars 1997, *Morellato*, aff. C-258/95, *Rec.* I-1444.

(212) CJCE, 2 févr. 1979, *Rewe-Zentral*, aff. 120/78, *Rec.* 649, *RTDE* 1980, note J.-C. Masclet, p. 612.

(213) CJCE, 12 mars 1987, *Commission c. RFA*, aff. 178/84, *Rec.* 1227, *RTDE* 1987, note J.-C. Masclet, p. 357.

pâtes alimentaires en Italie (214) ou la fabrication des yaourts en France (215). Le célèbre foie gras français n'a pas échappé aux foudres des censeurs européens, quand bien même le mode de fabrication fût tel que la concurrence avec des produits étrangers n'existait pas réellement (216). Plus justifiée paraît la condamnation de la France – une nouvelle fois – relative au titrage des ouvrages en or. La réglementation prévoit un titrage en or plus élevé que la moyenne européenne pour bénéficier du label « or ». Au-dessous de la barre, les produits doivent se contenter du label « alliage d'or ». La Cour y voit une mesure d'effet équivalent (217). En revanche l'existence d'un double marché pour le chocolat correspondant à des techniques de fabrication différentes n'est pas constitutive d'une mesure d'effet équivalent (218).

Sous réserve de certaines affaires concernant des produits industriels ou manufacturés, tels le poinçonnage de métaux précieux (219), on relève aussi, non sans intérêt que la plupart d'entre elles portaient sur des produits agricoles et alimentaires. Les compléments alimentaires ou les aliments nouveaux (220) occupent ainsi une place importante dans les contentieux récents. Ainsi en va-t-il d'une réglementation française concernant les minéraux et vitamines susceptibles d'être incorporés dans des compléments alimentaires (221). En l'espèce le Conseil d'État, pourtant assez libre en la matière, pose une question préjudicielle à la Cour portant sur la marge de manœuvre des États membres face à une directive de l'Union. La Cour confirme les pouvoirs des États d'assurer la protection de la santé publique mais en respectant les critères de nécessité et de proportionnalité.

L'attention portée aux produits agricoles et alimentaires n'est pas fortuite. Les États se montrent particulièrement stricts dans ce domaine soit pour préserver la santé des personnes ou des animaux contre les risques de contamination par des produits avariés ou nocifs, les affaires tristement célèbres de l'ESB (222) ou de la fièvre aphteuse en sont un témoignage éloquent, soit pour protéger des produits nationaux de qualité face à des imitations ou contrefaçons en provenance de pays tiers.

2. Règles de commercialisation

562 **Illustrations.** C'est à leur propos que l'arrêt *Dassonville* a posé la célèbre définition des mesures d'effet équivalent. Un très grand nombre de comportements restrictifs ont dès lors fait l'objet de contestation judiciaire, qu'il s'agisse de l'interdiction du

(214) CJCE, 14 juill. 1988, *Commission c. Italie*, aff. 90/86, *Rec.* 4285.

(215) CJCE, 14 juill. 1988, *Smanor*, aff. 298/87, *Rec.* 4489.

(216) CJCE, 22 oct. 1998, aff. C-154/98, *Rec.* I-6917 ; obs. A. Rigaux et D. Simon, *Europe* déc. 1998, nº 399 ; v. aussi note A. Mattera, *RMUE* 1998, p. 113.

(217) CJCE, 8 juill. 2004, *Commission c. France*, aff. C-166/03, *Rec.* I-6535.

(218) CJCE, 16 janv. 2003, *Commission c. Espagne*, aff. C-12/00, *Rec.* I-459 et *Commission c. Italie*, aff. C-14/00, *Rec.* I-513 ; J. Cavallini, *op. cit.*, *RMCUE* déc. 2003, p. 679 ; *RDUE* 1/2003, jurisprudence, p. 288.

(219) CJCE, 21 juin 2001, *Commission c. Irlande*, aff. C-30/99, *Rec.* I-4619 ; 13 mars 2008, *Commission c. Belgique*, aff. C-227/06, *Rec.* I-46, somm.

(220) CJCE, 15 janv. 2009, *M-K Europa GmbH*, aff. C-383/07, *Rec.* I-115.

(221) CJUE, 29 avr. 2010, *Solgar et a.*, aff. C-446/08, *Rec.* I-3973 ; *Europe* juin 2010, nº 200, note J. Dupont-Lassalle.

(222) CJCE, 5 mai 1998, *Royaume-Uni c. Commission*, aff. C-190/98, *Rec.* I-2211 ; pour une application récente relative au « test ESB » : CJUE, 25 févr. 2010, *Müller Fleisch GmbH*, aff. C-562/08, *Rec.* I-1391.

démarchage à domicile (223) ou de celle de la vente de produits parapharmaceutiques dans les grandes surfaces (224). Toutefois, la Cour s'est toujours montrée plus tolérante pour les réglementations concernant la commercialisation en général, en particulier lorsqu'elles comportent un volet social. Ainsi en va-t-il de l'interdiction du travail à certaines heures de la nuit dans les boulangeries (225) ou encore de l'obligation de fermeture des commerces le dimanche (226).

563 **Apport de *Keck* et *Mithouard*.** Dans ce contexte, les arrêts *Keck et Mithouard* et *Ruth Hünermund* (227) accentuent l'évolution antérieure, en opérant une importante distinction entre les législations relatives *aux conditions relatives aux produits et celles qui concernent les modalités de vente.* Les premières, dont la Cour elle-même avait pris soin de donner quelques exemples dans l'affaire *Keck* (dénomination, forme, dimensions, poids, composition, présentation, étiquetage, conditionnement, etc.) se chevauchent au demeurant assez largement avec celles portant sur les techniques de production. Elles demeurent soumises à la conception traditionnelle des mesures d'effet équivalent (228). Dans cette catégorie se range notamment une législation belge qui soumet le remboursement des frais d'acquisition de chaises roulantes à une série de critères techniques que l'appareil doit satisfaire (229). Une telle législation pénalise nécessairement les chaises roulantes fabriquées dans d'autres États membres de l'Union, qui ne retiennent pas nécessairement les mêmes exigences techniques. En revanche, la notion de modalités de vente demeure beaucoup plus floue. La Cour s'est gardée de la définir ou d'en donner des exemples, préférant statuer au coup par coup.

Le problème des règles de publicité s'est d'ailleurs posé avec une particulière acuité. Après quelques hésitations, le juge a tranché dans le sens du rattachement aux modalités de vente, ce qui permet en principe d'échapper à la qualification de mesure d'effet équivalent (230). Ont ainsi été considérées comme telles des réglementations sur l'interdiction de la publicité dans certains secteurs particuliers ou à destination d'un public particulier (231), relative à la vente ambulante de produits alimentaires dans certaines circonscriptions administratives (232) ou bien concernant la publicité

(223) CJCE, 16 mai 1989, *Buet*, aff. 382/87, *Rec.* 1235.

(224) CJCE, 21 mars 1991, *Delattre*, aff. C-369/88, *Rec.* I-1487 ; 29 juin 1995, *Commission c. Grèce*, aff. C-391/92, *Rec.* I-1621.

(225) CJCE, 14 juill. 1981, *Oebel*, aff. 155/80, *Rec.* 1993.

(226) CJCE, 28 févr. 1991, *Conforama*, aff. C-312/89, *Rec.* I-997.

(227) CJCE, 15 déc. 1993, aff. C-292/92, *Rec.* I-6787.

(228) Les mesures de police sanitaire en font également partie : CJCE, 24 oct. 2002, *W. Hahn*, aff. C-121/00, *Rec.* I-9193.

(229) CJCE, 13 janv. 2005, *Commission c. Belgique*, aff. C-38/03 ; J. Cavallini, Chronique de jurisprudence de la Cour de justice (LCM), *RMCUE* n° 491, sept. 2005, p. 539.

(230) Sous réserve que les règles de publicité n'aient pas d'incidence sur les conditions relatives aux produits : CJCE, 6 juill. 1995, *Mars*, aff. C-470/93, *Rec.* I-1923.

(231) CJCE, 9 févr. 1995, *Sté d'importation Édouard Leclerc-Siplec*, aff. C-412/93, *Rec.* I-179.

(232) CJCE, 13 janv. 2000, *Schutzverband*, aff. C-254/98, *Rec.* I-151 ; CJCE, 26 mai 2005, *Marcel Burmanjer*, aff. C-20/03, *Rec.* I-4133 (à propos d'un régime d'autorisation préalable de vente ambulante de journaux et de contrats d'abonnement à des périodiques), J. Cavallini, Chronique de la jurisprudence de la Cour de justice (LCM), *RMCUE* n° 491, sept. 2005, p. 542.

pour des boissons alcooliques (233) ou bien encore la publicité soulignant les vertus amaigrissantes de certaines denrées alimentaires (234) Récemment, la vente de médicament via internet a également été considérée comme modalité de vente (235). On assiste aussi à une extension de la notion de modalité de vente à des opérations qu'on aurait volontiers classé dans la catégorie des conditions relatives aux produits (236), ce qui au demeurant ne conduit pas nécessairement à un assouplissement de la jurisprudence dans la mesure où assez systématiquement, la Cour de justice voit dans ces législations apparemment indistinctement applicables une entrave pour les produits importés, ce qui entraîne leur incompatibilité.

3. Autres réglementations

564 Un certain nombre de points demeurent dans l'ombre. Ainsi la délimitation des deux catégories – conditions relatives aux produits et modalités de vente – se révèle souvent malaisée, comme cela a été le cas pour les règles de publicité et de promotion des produits. Autre élément d'incertitude, une même réglementation, selon l'angle d'approche que l'on retient, peut relever soit des conditions soit des modalités de vente (237). Parfois également le juge évite toute référence à la distinction entre conditions relatives aux produits et modalités de vente. Ainsi en va-t-il d'une réglementation suédoise visant à interdire certains types d'engins nautiques sauf dans certaines parties du territoire national (238).

De la même manière, la *summa divisio* issue de la jurisprudence *Keck et Mithouard* ne semble pas avoir un caractère exhaustif, puisque y échappent par exemple les réglementations en matière de prix (239). D'autres réglementations paraissent difficilement classables. Ainsi, la Cour de justice voit une mesure d'effet équivalent (néanmoins justifiée par l'objectif de protection de la santé publique) sans autre précision dans une législation italienne qui soumet à autorisation préalable la commercialisation en Italie des tablettes en bois de cèdre rouge ayant des propriétés naturelles antimites (240). En l'occurrence, même si la Cour de justice examine la nature des substances dont sont

(233) CJCE, 8 mars 2001, *Gourmet international*, aff. C-405/98, *Rec.* I-1795 ; A. Rigaux, « La jurisprudence *Keck et Mithouard* à l'épreuve des règles nationales de publicité », *Europe* mai 2001, chronique n° 4, *RDUE* 1/2001, p. 254.

(234) CJCE, 15 juill. 2004, *Douwe Egberts/NV Westrom Pharmal/NV*, aff. C-239/02, *Rec.* I-7007 ; J. Cavallini, Chronique de jurisprudence de la CJCE, (LCM), *RMCUE* n° 491, sept. 2005, p. 538.

(235) CJCE, 11 déc. 2003, aff. C-322/01, *Rec.* I-14887.

(236) CJCE, 18 sept. 2003, *Morellato*, aff. C-416/00, *Rec.* I-9343 (conditionnement de pain surgelé), v. *supra*, n° 532.

(237) Dénomination, étiquetage des produits : CJCE, 6 juill. 1995, *Mars*, aff. C-470/93, *Rec.* I-1923 ; CJCE, 14 déc. 2004, *Commission c. Allemagne*, aff. C-463/01 et C-309/02, *Radbelger Getränkegesellschaft mbH*, *Rec.* I-11705 ; M. Bertrand, « La traçabilité des marchandises et le droit communautaire », *RMCUE* n° 479, juin 2004, p. 394 et s.

(238) CJCE, 4 juin 2009, *Äklagaren*, aff. C-142/05, *Rec.* I-4273 ; *Europe* août-sept. 2009, n° 305, note A. Rigaux.

(239) M. Candela Soriano, « Le traité CE et la fixation des prix dans le secteur du livre », *RDUE* 2/2000, p. 361.

(240) CJCE, 15 juill. 2004, *Nicolas Schreiber*, aff. C-443/02, *Rec.* I-7275 ; J. Cavallini, « Chronique de jurisprudence de la Cour de justice (LCM) », *RMCUE* n° 491, sept. 2005, p. 540.

formées ces tablettes, cette analyse s'avère sans incidence sur la qualification de la mesure. Il paraît également difficile d'y voir une modalité de vente, dès lors que cette autorisation préalable se situe en amont de la vente proprement dite. Elle la conditionne mais n'en représente pas une modalité.

Dans le même ordre d'idées, une législation française soumettant à autorisation préalable l'importation de médicaments à des usages purement privés, sauf si le transport est assuré personnellement par le patient se voit qualifiée de MEE, sauf si les médicaments en cause bénéficient d'une autorisation générale de mise sur le marché européen (241). En l'occurrence, la distinction conditions relatives aux produits et modalités de vente n'offre pas un grand intérêt puisqu'il ne s'agit pas de vente commerciale, mais d'achat de médicaments par des particuliers pour leur usage privatif.

565 **Réglementations en matière de prix.** Elles forment une catégorie spécifique de mesures d'effet équivalent. Pourtant, elles échappent à cette qualification, lorsqu'elles revêtent un caractère général (blocage, hausse limitée) (242). Encore faut-il cependant que la réglementation nationale en matière de prix ne se heurte pas à des compétences transférées à l'Union, comme c'est le cas des prix agricoles dans le cadre de la PAC (243).

Si elles ne s'inscrivent pas dans une politique générale en matière de prix, les réglementations nationales peuvent se transformer en mesures d'effet équivalent dès lors qu'elles pénalisent directement ou indirectement les produits importés. Ainsi en va-t-il de celle qui fixe un prix maximum de vente pour certains produits, ce qui oblige des produits importés plus onéreux à vendre à perte (244) ou inversement qui fixe un prix obligatoire pour un produit déterminé, ce qui annule l'avantage concurrentiel de produits importés moins coûteux (245) ou bien encore qui fixe un prix minimum pour la vente au détail (246). La réglementation française sur le prix du livre a fait l'objet de jugements contrastés de la Cour de justice. Imposant des prix différents aux livres édités en France et aux livres importés, elle constitue une mesure d'effet équivalent. Néanmoins le prix unique de vente au détail est confirmé en particulier pour des raisons de protection de la culture (247). Une réglementation autrichienne sur le prix du livre assez voisine dans son esprit ne bénéficie pas en revanche de la même protection (248).

(241) CJCE, 12 oct. 2004, *Commission c. France*, aff. C-263/03 et 26 mai 2005, *Commission c. France*, aff. C-212/03, *Rec.* I-4213 ; J. Cavallini, « Chronique de jurisprudence de la Cour de justice (LCM) », *RMCUE* n° 491, sept. 2005, p. 540 ; v. aussi CJCE, 5 mars 2009, *Commission c. Espagne*, aff. C-88/07, *Rec.* I-1353 ; *Europe* mai 2009, n° 185, note A. Rigaux.

(242) Sur le problème particulier des aires culturelles transfrontalières : D. Pouchard, « Les systèmes de prix fixe du livre dans les zones linguistiques transnationales », *RTDE* 1/2001, p. 63.

(243) V. *infra*, n° 806 et s.

(244) CJCE, 26 févr. 1976, *Ministère Public c. Tasca*, aff. 66/75, *Rec.* 291.

(245) CJCE, 29 janv. 1985, *Cullet c. centres Leclerc*, aff. 231/83, *Rec.* 305.

(246) CJCE, 19 oct. 2000, *Commission c. Grèce*, aff. C-216/98, *Rec.* I-8921 (prix de vente au détail du tabac en Grèce) ; sur l'ensemble de la question : M. Wathelet, « Prix minimaux de vente au détail : protection des fabricants, des recettes fiscales ou de la santé », *RDUE* 4/2006, p. 775 et s.

(247) CJCE, 10 janv. 1985, *Leclerc Livre*, aff. 229/83, *Rec.* 1 ; jurisprudence maintenue nonobstant le passage du marché commun au marché unique : CJCE, 3 oct. 2000, *Échirolles*, aff. C-9/99, *Rec.* I-8207.

(248) CJCE, 30 avr. 2009, *Fachverband der Buch*, aff. C-531/07, *Rec.* I-3717 ; *Europe* juin 2009, n° 230, note A. Rigaux ; A.-L. Sibony et A. Defossez, « Marché intérieur », Chronique de jurisprudence sur la libre circulation des marchandises, *RTDE* 1/2010, p. 141.

§ 3. LES DÉROGATIONS À LA PROHIBITION DES MESURES D'EFFET ÉQUIVALENT

566 Celles-ci résultent à l'origine de l'article 36 CEE (devenu 30 CE puis 36 TFUE), qui permet aux États d'invoquer certaines raisons d'intérêt général susceptibles de faire obstacle au respect intégral du principe de libre circulation des marchandises. Cependant, ces motifs ont paru trop restrictifs, et la Cour a accepté d'en introduire de nouvelles, extérieures à cette disposition, donnant ainsi naissance à la notion d'exigence impérative d'intérêt général (A).

Au fondement juridique incertain, cette seconde catégorie conduit à s'interroger sur sa nature exacte. S'agit-il de comportements répréhensibles, mais tolérés par la Cour de justice, ou bien de normes parfaitement régulières résultant de compétences conservées par les États membres (249), nonobstant la conclusion du traité de Rome. La réponse s'avère d'autant plus délicate que le régime juridique des deux catégories de dérogations demeure très proche, sinon identique (B). En tout état de cause le recours à l'une ou l'autre de ces catégories de mesures se révèle impossible dès lors que dans le champ considéré, l'Union a adopté une norme d'harmonisation totale (250). Dans ce cas, seules les éventuelles mesures protectrices prévues par ladite norme sont utilisables.

A. Le fondement des dérogations à la prohibition des MEE

567 Les développements précédents invitent à distinguer celles qui trouvent leur fondement dans le traité lui-même (1) de celles qui résultent de la jurisprudence (2). Néanmoins, la jurisprudence la plus récente voit se dégager une nouvelle source de dérogations. Il s'agit de principes supérieurs qui ne sauraient totalement s'assimiler à des exigences impératives d'intérêt général (3).

1. Les dérogations fondées sur le traité

568 L'article 36 TFUE constitue le point d'ancrage (a) ; mais en vue du marché unique, l'Acte unique européen a introduit une nouvelle procédure d'harmonisation des législations nationales (art. 95 CE devenu 114 TFUE), qui autorise de nouvelles dérogations (b) que la doctrine a accueillies avec une certaine réserve.

a) *Les dérogations résultant de l'article 36 TFUE (ex-article 30 CE)*

569 **Cadre général.** Cette disposition reconnaît la légitimité d'interdictions, restrictions d'importation, d'exportation ou de transit pour un certain nombre de raisons, qui se

(249) Thèse rejetée par J. Molinier et N. de Grove-Valdeyron, *Droit du marché intérieur européen*, *op. cit.*, p. 66.

(250) CJCE, 12 nov. 1998, *Commission c. Allemagne*, aff. C-102/96, *Rec.* I-6890 ; CJCE, 15 juill. 2004, *Douwe Egberts/NV Westrom Pharmal/NV*, aff. C-239/02, *Rec.* I-7007 ; CJCE, 14 déc. 2004, *Commission c. Allemagne*, aff. C-463/01, *Rec.* I-11705 ; CJUE, 4 mars 2010, *Commission c. France*, aff. C-197/08, *Rec.* I-1623 ; 29 avr. 2010, *Solgar ea*, aff. C-446/08, *Rec.* I-3973 ; *Europe* juin 2010, nº 200, note J. Dupont-Lassalle.

ramènent toutes à l'idée d'ordre public entendu largement, mais en tout état de cause non fondées sur des motifs économiques (251), sous réserve de ne constituer « ni un moyen de discrimination arbitraire ni une restriction dans le commerce entre les États membres ».

Pour éviter des abus par trop faciles, la Cour exerce un contrôle rigoureux sur ces dérogations, en les interprétant, à l'instar de toutes les atteintes à un principe général du droit de l'Union, de manière restrictive (252). Selon la même préoccupation, la Cour s'est rapidement prononcée en faveur du caractère exhaustif de l'article 36 (253), quitte à se déjuger ultérieurement en introduisant la notion d'exigence impérative d'intérêt général.

570 **Contenu.** ***Ratione materiae***, l'article précité évoque huit chefs de dérogations, susceptibles de former quatre catégories distinctes : Se présentent d'abord des raisons qu'on pourrait qualifier de police administrative, puis d'autres s'inspirant de l'idée de police sanitaire. Les deux dernières catégories évoquent des situations plus spécifiques : d'une part « la protection des trésors nationaux ayant une valeur artistique, historique ou archéologique », d'autre part « la protection de la propriété industrielle ou commerciale ».

Si la protection des trésors nationaux n'a guère provoqué de contentieux important (254) bien que le législateur européen ait ressenti la nécessité de doter l'Union d'une réglementation concernant la libre circulation des œuvres d'art (255), en revanche, les trois autres groupes de dérogations ont alimenté une abondante jurisprudence.

571 **Raisons de police – *Police administrative*.** Cette rubrique autorise à englober au terme de l'article 36 TFUE la moralité, la sécurité et l'ordre publics, tous domaines qui touchent au cœur de la souveraineté étatique, et dans lesquels les États membres conservent une grande liberté d'action (256). Ainsi, appartient-il à chaque État de déterminer « selon sa propre échelle de valeur » le niveau auquel il entend fixer les exigences de *moralité publique*, ce qui l'autorise à interdire l'entrée sur son territoire d'articles ou de films pornographiques (257). Mais il doit respecter en ce domaine aussi le principe de non-discrimination, et ne peut donc s'opposer à l'interdiction de ce genre de matériels, s'il en tolère sur son territoire la fabrication et la commercialisation (258).

S'agissant de la *sécurité publique*, la Cour admet une réglementation contraignant tous les distributeurs de produits pétroliers de s'approvisionner à concurrence d'un

(251) CJCE, 28 avr. 1998, *N. Decker*, aff. C-120/95, *Rec.* I-1831.

(252) CJCE, 25 janv. 1977, *Bauhuis*, aff. 46/76, *Rec.* 5.

(253) CJCE, 10 janv. 1985, *Association des centres Édouard Leclerc*, aff. 229/83, *Rec.* 1.

(254) CJCE, 10 déc. 1968, *Œuvre d'art*, aff. 7/68, *Rec.* 617 ; invoqué à propos de la protection du livre, mais sans succès dans CJCE, 30 avr. 2009, *Fachverband der Buch*, aff. C-531/07, *Rec.* I-3717 ; *Europe* juin 2009, n° 230, note A. Rigaux.

(255) Règlement n° 3911/92 du 9 déc. 1992 sur le contrôle des biens culturels à l'exportation, *JOCE* L 395, 31 déc. 1992 ; dir. n° 93/7 du 15 mars 1993 sur la restitution des biens culturels, *JOCE* L 74, 27 mars 1993 ; v. *supra*, n°s 410 et s.

(256) L'ordre public *strico sensu* est rarement invoqué ; v. néanmoins, CJCE, 17 juin 1987, *Commission/ Italie* (154/85, *Rec.* 2717), et du 30 avr. 1991, *Boscher* (C-239/90, *Rec.* I-2023).

(257) CJCE, 14 déc. 1979, *Henn et Darby*, aff. 34/79, *Rec.* 3795.

(258) CJCE, 11 mars 1986, *Conegate*, aff. 121/85, *Rec.* 1007.

certain pourcentage auprès de raffineries installées sur le territoire national (259) ou celle qui permet de lutter efficacement contre le vol de véhicules (260). En ce domaine, la liberté dont jouissent les États se voit renforcée par les articles 346-348 TFUE sur les armes et les situations de crise extrême, d'où il ressort que la production et le commerce des armes sont quasiment exemptés du principe de libre circulation, alors que les mêmes produits, s'ils ne sont pas destinés à des fins spécifiquement militaires, peuvent certes bénéficier d'un régime particulier, mais « sans altérer les conditions de concurrence dans le marché commun » (261).

572 **Santé publique.** Les exigences y afférentes forment le corps central de l'article 36. D'ailleurs, la santé publique – qui englobe au demeurant la santé des animaux (262) – peut aussi être invoquée au titre des exigences impératives d'intérêt général (263). Les dérogations en vue « de la protection de la santé et de la vie des personnes et des animaux (264) ou de la préservation des végétaux » entraînent un contentieux très fourni, car les États y recourent assez systématiquement lorsque leur législation en matière sanitaire, alimentaire, vétérinaire ou autre est suspectée de constituer une mesure d'effet équivalent (265). La tentation est d'autant plus grande, que la santé publique représente une valeur suprême dans les sociétés avancées et que l'écart se révèle très ténu entre protection légitime d'intérêts supérieurs et protectionnisme inavoué. La Cour pour sa part n'a pas hésité à proclamer que « la santé et la vie des personnes occupent le premier rang parmi les biens ou intérêts protégés par l'article 30 CE » (266).

C'est notamment le cas pour ce qui concerne l'organisation des contrôles sur les produits importés. La jurisprudence distingue les contrôles nationaux et les contrôles européens. Pour les premiers, les principes de reconnaissance mutuelle et d'équivalence constituent la principale limite aux pouvoirs des États. Pour les seconds, seule une présomption grave d'irrégularité ou de fraude peut justifier la répétition des contrôles dans le pays de destination (267). La Cour accueille aussi assez largement les législations substantielles destinées à la protection de la santé. Ainsi en va-t-il de celle interdisant la présence d'antibiotiques dans la fabrication de certains fromages, alors que ce même produit est autorisé dans d'autres États membres (268) ou de celle relative à

(259) CJCE, 10 juill. 1984, *Campus oil Limited*, aff. 72/83, *Rec.* 2727 ; v. aussi CJCE, 25 oct. 2001, *Commission c. Grèce*, aff. C-398/98, *Rec.* I-7915 (maintien de stocks de sécurité en matière pétrolière) ; chr., J. CAVALLINI, *RMCUE* janv. 2003, p. 51.

(260) CJCE, 30 avr. 1991, *SCP Boscher c. British Motors Wright*, aff. C-239/90, *Rec.* I-2023.

(261) Sur ce commerce bien particulier : A. COLLET, « Armes », *Encyclopédie Dalloz droit communautaire*, vol. 1.

(262) Y compris les huîtres et les moules aux Pays-Bas : CJCE, 16 déc. 2008, *Commission c. Pays-Bas*, aff. C-524/07, *Rec.* I-187, somm. ; *Europe* févr. 2009, n° 76, note D. SIMON.

(263) v. *infra*, n° 583 et s.

(264) v. par exemple : CJCE, 19 juin 2008, *Nationale Raad et Andibel*, aff. C-219/07, *Rec.* I-4475 ; 10 sept. 2009, *Commission c. Belgique*, aff. C-100/08, *Rec.* I-140, somm.

(265) CJCE, 16 nov. 2000, *Commission c. Belgique*, aff. C-217/99, *Rec.* I-10251 (à propos de l'obligation belge d'indiquer un numéro d'identification sur les nutriments et denrées alimentaires contenant des nutriments). Santé et ordre publics peuvent aller de pair : CJCE, 28 sept. 2006, *Jan-Erik Anders Akohainen*, aff. C-434/04, *Rec.* I-9171 (licences d'importation de vin en Finlande), *Europe* nov. 2006, n° 311, note D. SIMON.

(266) CJCE, 5 juin 2007, *Rosengren*, aff. C-170/04, *Rec.* I-4071.

(267) CJCE, 20 sept. 1988, *Soc. Moormann*, aff. 190/87, *Rec.* 4689.

(268) CJCE, 5 févr. 1981, *Eyssen*, aff. 53/80, *Rec.* 409.

l'interdiction en Suède de l'utilisation du trichloréthylène (269). C'est encore le cas pour une législation autrichienne qui interdit la vente de friandises dans les distributeurs automatiques sans emballage spécifique (270). Les denrées alimentaires enrichies suscitent un contentieux assez abondant (271). Ainsi en va-t-il par exemple d'une législation néerlandaise qui soumet à un régime très strict ce type de produit (272). *A fortiori*, la libre circulation des produits sanguins peut céder le pas devant les exigences de la santé publique (273).

573 **Médicaments.** Les réglementations relatives à la fabrication et à la commercialisation des médicaments (274) bénéficient aussi d'un préjugé favorable (275). Ainsi en va-t-il de celle qui interdit aux pharmaciens de remplacer dans une ordonnance médicale un médicament nommément désigné, par un autre possédant pourtant le même effet thérapeutique (276) ou de celle qui impose une procédure obligatoire d'enregistrement des réactifs médicaux, sous réserve du respect du critère de proportionnalité (277). Dans le même ordre d'idées, la Cour admet le recours à l'article 36 TFUE pour justifier une législation nationale interdisant la vente par correspondance de médicaments soumis par ailleurs à une prescription médicale (278). De tels médicaments ne peuvent être vendus qu'en pharmacie. En revanche, une telle interdiction ne peut se justifier si les médicaments ne sont pas soumis à prescription médiale dans l'État membre concerné. Il en va *a fortiori* de même pour de simples compléments alimentaires dont la vente est en principe libre (279).

En revanche, la vente de lentilles de contacts par internet peut se voir interdite et soumise à une obligation de vente dans un local spécialisé et sous contrôle médical (280).

Les produits phytopharmaceutiques obéissent à un régime plus souple mais proche des médicaments. Leur commercialisation nécessite en effet une autorisation de mise en marché (AMM) octroyée en principe par l'État du lieu de fabrication. L'importation soulève souvent des difficultés. Cette AMM est régie par une directive du 15 juillet 1991, qui prévoit qu'une nouvelle AMM est nécessaire pour toute mise en marché dans un autre État membre. Néanmoins les contrôles déjà effectués dans l'État membre

(269) CJCE, 11 juill. 2000, *Toolex Alpha*, aff. C-73/98, *Rec.* I-5681 ; CJCE, 5 juin 2007, *Rosengren*, aff. C-170/04, *Rec.* I-4071 (autorisation d'importation de boissons alcoolisées en Suède), *Europe* août-sept. 2007, n° 207, note E. Bernard.

(270) CJCE, 24 nov. 2005, *Schwarz*, aff. C-366/04, *Rec.* I-10139.

(271) CJCE, 23 sept. 2003, *Commission c. Danemark*, aff. C-192/01, *Rec.* I-9693 ; CJCE, 5 févr. 2004, *Commission c. France*, aff. C-24/00, *Rec.* I-1277 ; CJUE, 29 avr. 2010, *Solgar ea*, aff. C-446/08, *Rec.* I-3973.

(272) CJCE, 2 déc. 2004, *Commission c. Pays-Bas*, aff. C-44/02, *Rec.* I-11375 ; J. Cavallini, Chronique de jurisprudence de la Cour de justice (LCM), *RMCUE* n° 491, sept. 2005, p. 538 ; Chronique de jurisprudence, *RDUE* 4/2004, p. 839.

(273) CJUE, 9 déc. 2010, *Humansplasma GmbH*, aff. C-421/09, NEPR.

(274) Sur l'ensemble de la question, v. *supra*, n°s 340 et s.

(275) Sur la distinction entre médicament et denrée alimentaire : CJCE, 15 nov. 2007, *Commission c. Allemagne*, aff. C-319/05, *Rec.* I-9811 ; L. Gonzalez Vaque, « L'arrêt *Commission c. Allemagne* du 15 nov. 2007 », *RDUE* 2/2008, p. 325 et s.

(276) CJCE, 18 mai 1989, *Royal Pharmaceuty Society of Great-Britain*, aff. 266/87, *Rec.* 1295.

(277) CJCE, 14 déc. 2000 *Commission c. France*, aff. C-55/99, *Rec.* I-11499.

(278) CJCE, 11 déc. 2003 *Deutscher ApothekerVerband*, aff. C-322/01, *Rec.* I-1277.

(279) CJCE, 28 oct. 2004, *Commission c. Autriche*, aff. C-497/03, non publié ; *Europe* déc. 2004, n° 415.

(280) CJUE, 2 déc. 2010, *Ker-Optika*, aff. C-108/09, NEPR ; Europe févr. 2011, n° 51, note A. Rigaux.

originaire ne doivent pas être dupliqués (281). La directive reste muette sur les importations parallèles, consistant à revendre dans un autre État membre un produit identique bénéficiant déjà d'une AMM dans ce pays. Dans ce cas, une nouvelle AMM n'est pas nécessaire mais l'État d'accueil peut exercer des contrôles de nature sanitaire ou environnementale (282).

574 ***Critères de validité.*** Encore faut-il que les législations protectrices de la santé publique répondent à un certain nombre de critères de validité. En l'absence d'harmonisation européenne, chaque État membre demeure libre, comme en matière de moralité publique ou de sécurité publique, du niveau de protection auquel il entend se fixer, cette appréciation pouvant varier d'un État membre à un autre (283). Une législation soumettant à une autorisation administrative la commercialisation d'aliments enrichis en substances nutritives n'est pas en soi illicite. Elle peut le devenir si elle ne respecte les conditions de clarté, d'accessibilité des opérateurs étrangers et de contrôle juridictionnel. De plus sur le fond, une telle législation doit s'appuyer sur des données scientifiques bien établies et respecter le principe de proportionnalité (284).

575 **Propriété industrielle et commerciale.** Cette notion, telle que visée à l'article 36 TFUE s'avère très large (285). Elle recouvre les droits d'une personne sur une invention, une marque ou un modèle ; elle englobe la propriété littéraire et artistique (286) ainsi que les droits d'obtention végétale, à savoir la découverte et la protection de nouvelles variétés végétales (287). Elle s'étend également aux dénominations particulières (288), aux appellations d'origine ou aux labels nationaux (289). Au total, l'article 36 vise l'ensemble des propriétés intellectuelles. À l'évidence, celles-ci posent problème au regard du principe de libre circulation, car les législations nationales reconnaissant à leurs titulaires des droits exclusifs sur leurs inventions ou leurs œuvres. Mais ces droits ne sont valables et opposables qu'à l'intérieur de l'État membre qui les a formellement attribués ou reconnus (290). On aboutit donc à un recloisonnement du marché, sauf à admettre leur contournement ou des contrefaçons.

(281) CJCE, 21 févr. 2008, *Commission c. France*, aff. C-201/06, *Rec.* I-1735.

(282) CJCE, 8 nov. 2007, *Esaclier et Bonnarel*, aff. C-206 et 261/06, *Rec.* I-9717.

(283) CJUE, 9 déc. 2010, *Humansplasma GmbH*, aff. C-421/09, NEPR ; *Europe* févr. 2011, n° 48, note A. Rigaux.

(284) CJCE, 5 févr. 2004, *Commission c. France*, aff. C-24/00, *Rec.* I-1277.

(285) I. Lorne, *La notion d'harmonisation des législations en droit communautaire*, thèse Paris XII, déc. 2002 ; A.-L. Sibony et A. Defossez, « Marché intérieur », Chronique de jurisprudence sur la libre circulation des marchandises, *RTDE* 4/2008, p. 906.

(286) CJCE, 21 janv. 1989, *GEMA*, aff. 55 à 57/80, *Rec.* 147.

(287) CJCE, 8 juin 1982, *Nungesser et Eisele*, aff. 258/78, *Rec.* 2015.

(288) CJCE, 13 janv. 2000, *Estée Lauder cosmetics*, aff. C-220/98, *Rec.* I-117.

(289) CJCE, 16 mai 2000, *Belgique c. Espagne*, aff. C-388/95, *Rec.* I-3123 ; 20 mai 2003, *Ravil SARL*, aff. C-496/00 et *Prosciutto di Parma*, aff. C-108/01, *Rec.* I-5121 ; F. Chaltiel, « Les appellations protégées en Europe : renforcement de l'identité des produits et de la transparence de l'information », *RMCUE* n° 470, juill.-août 2003, p. 454 ; à propos de la bière « Bud » en République tchèque : 8 sept. 2009, *Budejovicky Budvar*, aff. C-478/07, *Rec.* I-7721 ; *Europe* nov. 2009, n° 408, note A.-L. Mosbrucker.

(290) L'invocation de la propriété intellectuelle pour des marchandises en transit « intra-communautaire » est *a priori* illicite : CJCE, 26 sept. 2000, *Commission c. France*, aff. C-23/99, *Rec.* I-7543 (pièces détachées pour la réparation automobile).

En vue de sauvegarder dans toute la mesure du possible les exigences de la libre circulation, la Cour de justice a développé une jurisprudence subtile, consistant à distinguer entre l'existence des droits de propriété intellectuelle, qui peut bénéficier en soi de la dérogation de l'article 36 et leur exercice – telle la conclusion d'un contrat de licence de brevet – qui doit se soumettre aux conditions de l'article 36 deuxième phrase, et donc ne constituer ni un moyen de discrimination arbitraire ni une restriction déguisée dans le commerce entre les États membres. Dans le même ordre d'idées, les modalités d'exercice du droit de propriété industrielle et commerciale peuvent tomber sous le coup des dispositions du traité relatives à la libre concurrence.

576 **Équilibre des intérêts.** Des considérations semblables expliquent que les restrictions à la libre circulation ne peuvent se justifier que « par la sauvegarde des droits qui constituent l'objet spécifique de cette propriété » (291). D'où il résulte que le monopole reconnu par la loi s'épuise par le premier acte de commercialisation du produit, et qu'ultérieurement, le titulaire du brevet ne puisse plus s'opposer à la commercialisation par un tiers dans un autre État membre. Toutefois, cette règle de l'épuisement des droits au premier usage connaît une atténuation en ce qui concerne le droit de marque. En vue d'éviter des contrefaçons, son titulaire peut en effet s'opposer même après la première commercialisation, à son utilisation par des tiers. Ainsi en va-t-il pour les dénominations des véhicules automobiles (292).

577 **Brevet communautaire.** Le respect de la propriété intellectuelle constitue donc un domaine dans lequel le maintien de législations nationales protectrices s'avère largement justifié, compte tenu des intérêts en cause. Aussi longtemps du moins que des législations européennes ne s'y substituent pas. Car lorsque communautarisation il y a eu, ou à tout le moins harmonisation totale des législations nationales, les États ne peuvent plus intervenir et invoquer l'un des motifs de l'article 36 TFUE (293). En ce domaine l'action du législateur européen peut venir utilement relayer celle de la Cour de justice comme en atteste la directive du 29 avril 2004 visant à harmoniser les régimes nationaux de lutte contre le piratage et la contrefaçon (294).

À cet égard, l'idée d'un brevet communautaire continue de progresser même si elle se heurte à des certaines réticences nationales et professionnelles (295). Des progrès partiels ont pu être accomplis sur le plan contentieux avec notamment l'institution de l'office de l'harmonisation dans le marché intérieur (296) et celle de l'office communautaire des obtentions végétales (297). Les décisions – très techniques – de ces organismes peuvent donner lieu à un recours devant le Tribunal de l'Union européenne (298). Plus récemment l'idée de brevet communautaire et de juridiction spécifique à cette fin a progressé. Depuis 1973 existe une convention sur le brevet européen (CBE), regroupant trente-sept États européens et qui prévoit une procédure unique

(291) CJCE, 8 juin 1971, *Deutsche Gramophon*, aff. 78/80, *Rec.* 487.

(292) CJCE, 30 nov. 1993, *Deutsche Renault*, aff. C-317/91, *Rec.* I-6227.

(293) CJCE, 25 janv. 1977, *Bauhuis*, aff. 46/76, *Rec.* 5 ; 12 oct. 2000, *Cidrerie Ruwet*, aff. C-3/99, *Rec.* I-8749.

(294) *JOUE* L 195, 2 juin 2004 ; *RDUE* 2/2004, p. 309.

(295) Rapport général 2000, n° 178.

(296) Règlement n° 40/94 du 20 déc. 1993, *JOCE* L 11, 14 janv. 1994.

(297) Règlement n° 2100/94 du 27 juill. 1994, *JOCE* L 227, 1er sept. 1994.

(298) Par exemple : TPI, 16 févr. 2000, *The Protecter & Gamble Company*, aff. T-122/99, *Rec.* II-265.

de délivrance d'un brevet européen, mais qui ne représente en réalité qu'un faisceau de brevets nationaux. Le projet de brevet communautaire – qui s'insérerait dans un accord valant adhésion de l'Union européenne à la convention européenne sur le brevet européen – irait plus loin entre les États membres de l'Union en ce sens qu'il s'agirait d'un véritable brevet commun et qui serait opposable dans l'ensemble de l'Union. Une juridiction spécifique aurait à connaître des litiges liés à ce brevet communautaire.

S'agissant d'un accord externe de l'UE, la Cour de justice a été saisie sur la base de l'ex-article 300 § 6 CE (devenu 218 § 11 TFUE) de sa compatibilité avec les traités européens. Elle a rendu – en assemblée plénière – une décision négative le 8 mars 2011 (299). La Cour ne s'est pas fondée sur la question des langues de ce brevet, qui donnait en effet la priorité aux trois langues de base de l'Union que sont l'anglais, le français et l'allemand, mais essentiellement sur une question de compétences. Il apparaît en effet que cette juridiction du brevet se serait substituée dans le champ de ce nouveau dispositif aux juridictions nationales compétentes sur la base de l'ancien droit. Il en résulterait alors selon la Cour de Luxembourg une restriction du droit de ces dernières de la saisir par la voie préjudicielle et donc une limitation du champ de la procédure préjudicielle et ce quand bien même la juridiction du brevet dans le cadre de ses propres compétences aurait pu ou dû selon les hypothèses la saisir en vue de l'interprétation du droit de l'Union. Pour tourner ce blocage contentieux, une coopération renforcée entre certains États membres pourrait être envisagée

b) *Les dérogations résultant de l'Acte unique européen*

578 En vue de réaliser le marché unique, l'AUE instaure une nouvelle procédure d'harmonisation des législations nationales, qui abandonne l'exigence d'unanimité au Conseil et associe plus étroitement le Parlement européen. Or, à la surprise générale, les paragraphes 4 et 5 de l'ex-article 100 A (devenu 95 CE puis 114 TFUE) mettaient en place des mécanismes – proches de l'idée de clause de sauvegarde – permettant à un État de se dispenser de la mesure d'harmonisation pour un certain nombre de raisons qui rappelaient de fort près celles évoquées à l'article 36 TFUE. Le traité d'Amsterdam a profondément remanié ce texte dans le sens d'une importante complexification (art. 114 § 4 à 10 TFUE) (300). Il semble qu'il faille distinguer deux situations.

579 **Dérogations fondées directement sur l'article 114 TFUE.** Le paragraphe 4 autorise un État membre, après l'adoption d'une mesure d'harmonisation à « *maintenir* » une législation nationale différente fondée sur des « exigences importantes (301) visées à l'article 36 » ou relatives à la protection du milieu de travail ou de l'environnement. Le paragraphe 5 répondant à une lacune de la précédente version autorise un État membre à « *introduire* » des dispositions nationales différentes mais uniquement dans les domaines de la protection de l'environnement ou du milieu de travail, si du moins il dispose de preuves scientifiques nouvelles. Ainsi en va-t-il en Allemagne de l'institution d'un système de normes d'étiquetage et d'emballage de substances dange-

(299) CJUE, avis 1/09, NEPR ; D. Simon, « Avis négatif sur le projet de création d'une juridiction des brevets », *Europe* mai 2011, Étude, p. 4.

(300) Pour une analyse plus approfondie de ce texte, v. *infra*, n°s 638 et s.

(301) Le sont-elles toutes pour le seul motif qu'elles sont reconnues par le traité ou faut-il opérer des distinctions au sein de l'article 36 et sur la base de quel critère ?

reuses (302). Dans un cas comme dans l'autre, ces mesures doivent être notifiées à la Commission, qui les valide ou non, étant entendu qu'en cas d'usage abusif, elle peut, ainsi que tout autre État membre intenter un recours en manquement accéléré (art. 114 § 6).

580 **Dérogations prévues par la norme d'harmonisation.** Le paragraphe 10, bien que se référant explicitement à la notion de clause de sauvegarde, s'avère plus proche de l'idée de dérogation, puisque la norme d'harmonisation ouvre elle-même la voie à un régime particulier. Encore faut-il que les États puissent invoquer « une ou plusieurs des raisons non économiques » (303) visées à l'article 36, que les mesures aient un caractère provisoire et qu'elles soient soumises à une procédure de contrôle de l'Union. En ce sens peut-on citer une directive du Conseil du 14 juin 1993 concernant les dispositifs médicaux et qui comporte une clause de sauvegarde spécifique en ce qui concerne la santé et la sécurité des personnes (304).

581 ***Discussion.*** D'une manière générale, ces nouvelles clauses de sauvegarde ont reçu un accueil mitigé de la doctrine. Non seulement une telle notion semblait appartenir à la préhistoire de l'Union, mais elles prennent le contre-pied de la jurisprudence de la Cour, selon laquelle le recours à l'article 36 ou même aux exigences impératives d'intérêt général devient impossible lorsqu'une mesure d'harmonisation a été adoptée au plan européen (305).

Cette critique paraît assez justifiée, néanmoins, il importe d'en atténuer la portée en rappelant que ces nouvelles clauses de sauvegarde ont représenté la contrepartie exigée par les États membres pour accepter le principe du vote à la majorité qualifiée, dans le cadre de l'ex-article 95 CE. De plus, pour éminente que soit la valeur de la jurisprudence de la Cour de justice, rien ne saurait interdire aux États, en leur qualité de « pouvoir constituant » de l'Union de la contredire, quitte ensuite au juge d'interpréter les nouvelles règles dans le sens de ce qui lui paraît conforme à l'intérêt général. De plus, la jurisprudence sur l'inapplicabilité de l'article 36 TFUE après une mesure d'harmonisation, ne s'applique qu'en cas d'harmonisation totale. Or, très souvent, l'harmonisation demeure partielle (306). Enfin, on s'accorde pour constater que les États ont su faire preuve de retenue dans l'usage des nouvelles clauses de sauvegarde (307).

582 **Articulation avec l'article 36 TFUE.** Les deux dispositifs sont différents. L'article 36 joue spontanément et la seule sanction au niveau de l'Union est celle du recours en manquement (art. 258-260 TFUE) qui ne peut jouer qu'*a posteriori*, une fois la dérogation instituée. L'article 114 ouvre formellement des compétences aux États membres pour maintenir (§ 4) ou adopter – mais seulement pour la protection du milieu de travail ou de l'environnement – (§ 5) des mesures protectrices mais en respectant une procédure de contrôle de l'Union, jouant *a priori* et devant en principe conditionner

(302) CJCE, 21 janv. 2003, *Allemagne c. Commission*, aff. C-512/99, *Rec.* I-845.

(303) Formule pour le moins ambiguë, puisque par principe les dérogations de l'article 36 sont motivées par des raisons d'intérêt général non économique. Ou bien faut-il admettre que l'article 36 prévoit certaines raisons non économiques et d'autres qui ne le sont pas ?

(304) CJCE, 19 nov. 2009, *Nordiska Dental AB*, aff. C-288/08, *Rec.* I-11031.

(305) CJCE, 12 nov. 1998, *Commission c. Allemagne*, aff. C-102/96, *Rec.* I-6890.

(306) V. *infra*, n° 653.

(307) Une évolution contraire n'est cependant pas à exclure : M. Pietri, *Europe* févr. 2000, n° 37.

l'entrée en vigueur des mesures envisagées. À l'évidence, le non-respect de la procédure de contrôle de l'Union peut conduire la Commission à intenter le recours en manquement étatique. De plus en l'absence de notification des mesures litigieuses et dans l'hypothèse où la réglementation de l'Union aboutirait à une harmonisation exhaustive, il semble que les justifications de l'article 114 ne pourraient plus être invoquées (308).

2. Les dérogations jurisprudentielles : exigences impératives d'intérêt général

a) *Naissance et fondement juridique*

583 **Développement de la notion.** La notion d'exigence impérative d'intérêt général apparaît dans la célèbre affaire des *Cassis de Dijon* (309). Après avoir posé les principes d'équivalence et de reconnaissance mutuelle, la Cour reconnaît qu'en dehors de l'ex-article 30 CE (devenu 36 TFUE) peuvent subsister d'autres entraves à la libre circulation, dès lors qu'elles sont justifiées par des exigences impératives d'intérêt général « tenant notamment à l'efficacité des contrôles fiscaux, à la protection de la santé publique, à la loyauté des transactions commerciales et à la défense des consommateurs ».

Rapidement, la notion gagne de nouveaux domaines : la protection des travailleurs (310), la défense de la création cinématographique (311) ou bien encore la protection du consommateur (312) sans oublier bien sûr la *protection de l'environnement* (313). Dans ce dernier cas, l'apport jurisprudentiel s'avère particulièrement bienvenu, puisque l'environnement au même titre que la protection des consommateurs figure parmi les grands absents du traité de Rome dans sa version originaire. L'environnement constitue ainsi la plus emblématique des exigences impératives d'intérêt général, qui fait même regretter à certains auteurs que la protection de l'environnement ne soit pas mentionné dans la liste des dérogations explicites de l'article 36 TFUE (314). Dans une seconde version de l'affaire de l'autoroute du Brenner, la Cour y voit cependant un fondement suffisant pour justifier une entrave à la libre circulation des marchandises dans un des points de passage les plus fréquentés d'Europe par les véhicules de toutes sortes et notamment les poids lourds (315). Cependant l'environnement ne saurait nécessairement en soi, et parce qu'il bénéficie d'un préjugé favorable et parce qu'il

(308) CJCE, 21 nov. 2003, *Allemagne c. Commission*, aff. C-512/99, *Rec.* I-845 ; 8 nov. 2007, *Gintec International*, aff. C-374/05, *Rec.* I-9517.

(309) CJCE, 20 févr. 1979, *Rewe-Zentral*, aff. 120/78, *Rec.* 649.

(310) CJCE, 23 nov. 1989, *Torfaen Borough Council*, aff. C-154/88, *Rec.* I-3851.

(311) CJCE, 15 juill. 1985, *Cinéthèque*, aff. 60 et 61/84, *Rec.* 2605.

(312) À propos du foie gras : CJCE, 22 oct. 1998, *Commission c. France*, aff. C-184/96, *Rec.* I-6197, *Europe* déc. 1998, n° 399, obs. A. RIGAUX et D. SIMON ; 13 janv. 2000, *Estée Lauder cosmetics*, aff. C-220/98, *Rec.* I-117 ; 4 oct. 2007, *Schutzverband der Spirituosen-Industrie*, aff. C-457/05, *Rec.* I-8075 (dir. 75/016 sur les emballages et préemballages de produits liquides) ; la protection des consommateurs est souvent couplée avec celle de la santé publique : CJCE, 14 sept. 2006, *Alfa Vita Vassilopoulos AE*, aff. C-158 et 159/04, *Rec.* I-8135 ; 14 sept. 2006, *Commission c. Grèce*, aff. C-82/05, non publié.

(313) CJCE, 7 févr. 1985, *Procureur de la République*, aff. 240/83, *Rec.* 531.

(314) Chronique de jurisprudence *RDUE* 4/2005, p. 835.

(315) CJCE, 15 nov. 2005, *Commission c. Autriche*, aff. C-320/03, *Rec.* I-9871.

s'appuie aussi sur la clause d'intégration de l'article 11 TFUE, primer sur les principes de libre circulation. La Cour applique en la matière le critère de proportionnalité (316).

La protection *des consommateurs* figure aussi parmi les exigences impératives les plus souvent invoquées (317). Ceci explique au demeurant que le législateur de l'Union ait pris soin d'intervenir dans ce domaine très sensible. À cet égard, faisant la synthèse de nombreuses espèces jurisprudentielles, la directive 2000/13 du 20 mars 2000 (318), qui succède à celle du 18 décembre 1978 (319), après avoir présenté l'étiquetage comme recouvrant « les mentions, indications, marques de fabrique ou de commerce, images ou signes se rapportant à une denrée alimentaire et figurant sur tout emballage, document, écriteau, étiquette, bague ou collerette accompagnant ou se référant à cette denrée alimentaire » pose le principe que l'étiquetage ne doit pas induire en erreur le consommateur notamment sur un certain nombre d'indications précises telles la nature, l'identité, les qualités, la composition, la quantité, la durabilité, l'origine ou la provenance, le mode de fabrication ou d'obtention. Dans le même sens, un certain nombre de données élémentaires doivent figurer sur le produit, telles la liste des ingrédients ou la durabilité du produit. Cette directive reste muette sur la question de la responsabilité susceptible de naître du fait d'un étiquetage défectueux, ce qui donne lieu à quelques difficultés pratiques (320).

584 **Extension.** Au total, on a pu dénombrer jusqu'à une douzaine de ces exigences impératives et parmi les dernières nées, la garantie de la sécurité routière (321). La *protection de l'enfance* et des mineurs ne constituerait-elle pas une nouvelle exigence impérative. Ceci semble ressortir d'un arrêt récent de la Cour (322), rendu à propos de la vente de vidéogrammes à des mineurs. Cette innovation laisse cependant quelque peu perplexe car cette préoccupation semble pouvoir se rattacher à des impératifs déjà existants (moralité publique, santé publique) ce que soutenaient en l'espèce la Commission et l'avocat général. Il est vrai que la moralité publique figure parmi les motifs d'intérêt général de l'art. 36 TFUE, en principe applicable aux seuls produits importés, alors qu'en l'occurrence, la réglementation en cause avait un caractère indistinctement applicable. Mais l'on sait aussi, qu'à l'image de la santé publique, les motifs de l'article 36 peuvent aussi constituer des exigences impératives d'intérêt général (323).

La *lutte contre la criminalité* semble devoir se ranger parmi les exigences impératives promises au demeurant à un bel avenir. Cet impératif est avancé dans plusieurs affaires

(316) CJCE, 14 déc. 2004, *Commission c. Allemagne*, aff. C-463/01 et C-309/02, *Radbelger Getränkegesellschaft mbH*, *Rec.* I-11763, note N. Bringmann, *RAE* 2003/2004, nº 4, p. 694 et s. ; CJUE, 15 avr. 2010, *Lars Sandström*, aff. C-433/05, *Rec.* I-2885.

(317) V. Christianos et F. Picod, « Consommateurs », *Rép. Dalloz droit communautaire*, vol. 2.

(318) *JOCE* L 109, 6 mai 2000.

(319) Nº 78/112, *JOCE* L 33, 8 févr. 1979.

(320) CJCE, 23 nov. 2006, *Lidl Italia*, aff. C-315/05, *Rec.* I-11181, note A. Alemanno, *in RDUE* 4/2006, p. 895.

(321) CJCE, 12 oct. 2000, *Snellers auto's*, aff. C-314/98, *Rec.* I-8633 ; CJCE, 20 sept. 2007, *Commission c. Pays-Bas*, aff. C-297/05, *Rec.* I-7467 ; 18 nov. 2010, *Lahousse et Lavichy*, aff. C-142/09, NEPR.

(322) CJCE, 14 févr. 2008, *Dynamic Mediem Vertriebs GmbH*, aff. C-244/06, *Rec.* I-505, *Europe* avr. 2008, note A. Rigaux.

(323) A.-L. Sibony et A. Defossez, « Libre circulation des marchandises », Chronique de jurisprudence sur la libre circulation des marchandises, *RTDE* 4/2008, p. 912.

récentes (324). On peut s'interroger au demeurant sur sa spécificité par rapport à la protection de l'ordre public ou de la sécurité publique, évoquée explicitement par l'article 36 TFUE. Mais outre le fait qu'en principe l'article 36 ne s'applique – du moins de manière directe – qu'aux produits importés alors que les exigences impératives sont indistinctement applicables les conditions de mise en œuvre de l'article 36 paraissent plus strictes – du moins dans les textes – notamment celles d'une discrimination arbitraire ou d'une restriction déguisée dans le commerce intra-communautaire, encore que la Cour de justice ait beaucoup œuvré pour rapprocher le régime juridique des deux formes de limites à la libre circulation des marchandises (v. *infra*, n° 599 et s.). En réalité, outre le fait que la réserve d'ordre public s'avère peu souvent invoquée devant la Cour, le contrôle exercé sur l'exigence de lutte contre la criminalité, eu égard au principe de proportionnalité, paraît plus aisé que sur l'ordre ou la sécurité publique, pour lesquelles la Cour de justice a toujours estimé que les États membres conservaient une grande marge d'appréciation eu égard au niveau où ils veulent placer la « barre » de protection.

La *religion, des principes religieux* ou des règles de vie religieuses pourraient aussi accéder au statut d'exigence impérative d'intérêt général. La question se trouve abordée par la Pologne dans une affaire relative à la commercialisation d'OGM sur son territoire (325). Le commerce de ces produits hautement sensibles est en principe licite sur la base de la réglementation européenne, bien que les États puissent invoquer des clauses de sauvegarde. En l'espèce, la Pologne, sans recourir aux dispositifs prévus par les directives 2001/18 et 2002/53, rejette toute présence d'OGM, en invoquant « une conception chrétienne de la vie qui s'oppose à ce que des organismes vivants créés par Dieu soient manipulés et transformés en matériaux, objets de droit… ». Mais la Cour estime cette justification beaucoup trop générale. Elle pourrait être invoquée en toute circonstance. Il importe à la Pologne de démontrer de manière précise le lien de causalité entre ces principes chrétiens et la mise sur le marché d'organismes génétiquement modifiés. Mais là aussi on peut s'interroger sur la spécificité de cette éventuelle exigence impérative. Ne se confond-elle pas avec certains droits fondamentaux comme la liberté de croyance ou la liberté religieuse ?

585 **Fondement juridique.** La naissance et la prolifération des exigences impératives ont suscité une intense réflexion quant à l'origine et au fondement juridique de ces limites nouvelles à la libre circulation. Certes on pouvait penser à une extension jurisprudentielle des dérogations de l'article 36 TFUE, compte tenu des préoccupations nouvelles plus qualitatives et sophistiquées qui sont celles d'une société post-industrielle avancée. Mais cette thèse se heurtait non seulement à la lettre du texte, mais aussi à la jurisprudence de la Cour, qui, dans le souci de limiter au strict minimum les atteintes tolérables au principe de libre circulation, avait tranché en faveur du caractère exhaustif de l'article 36 (326).

L'article 36 se révélant défaillant, ne restait plus alors que l'article 34. Mais celui-ci se borne à prohiber d'une manière générale les restrictions quantitatives et mesures

(324) CJCE, 24 avr. 2008, *Commission c. Luxembourg*, aff. C-286/07, *Rec.* I-63, somm. ; 10 avr. 2008, *Commission c. Portugal*, aff. C-265/06, *Rec.* I-2245, *Europe* juin 2008, n° 185, note V. Michel ; A.-L. Sibony et A. Defossez, « Marché intérieur », Chronique de jurisprudence sur la libre circulation des marchandises, *RTDE* 4/2008, p. 910.

(325) CJCE, 16 juill. 2009, *Commission c. Pologne*, aff. C-165/08, *Rec.* I-6843 ; *Europe* oct. 2009, n° 360, note V. Michel.

(326) CJCE, 17 juin 1981, *Commission c. Irlande*, aff. 113/80, *Rec.* 1625.

d'effet équivalent. Il ne prévoit aucune restriction, d'autant moins que les limites en question se trouvent mentionnées à l'article 36. La seule marge de manœuvre subsistant consistait à jouer sur le champ d'application de l'article 34 TFUE, en soutenant que toutes les restrictions potentielles au principe de libre circulation ne constituent pas nécessairement des mesures d'effet équivalent et que certaines d'entre elles trouvent leur fondement et leur justification dans des pouvoirs de réglementation de la production et du commerce conservés par les États, nonobstant les importants transferts consentis à l'Union. Au demeurant, ce type de notion n'est pas spécifique à la libre circulation des marchandises. Elle trouve son équivalent ou son correspondant dans le droit des personnes avec la notion de raison impérieuse d'intérêt général (327).

b) *Rapports avec l'article 36 TFUE*

586 **Compatibilité des exigences impératives.** Le fondement juridique des exigences impératives d'intérêt général permet de mieux en cerner les contours par rapport aux dérogations de l'article 36. En premier lieu, alors que ces dernières constituent des atteintes indiscutables mais tolérées au principe de libre circulation, les exigences impératives sont des mesures licites. Le juge confirme cette approche en exerçant son contrôle sur les unes et sur les autres à deux moments différents. Alors que l'analyse d'une dérogation au titre de l'article 36 s'opère logiquement après le constat de l'incompatibilité de la réglementation en cause au regard de l'article 34, la qualification comme exigence impérative s'effectue concomitamment à l'examen de la mesure nationale au regard de la notion de mesure d'effet équivalent. Excuse absolutoire pour les dérogations « formelles » et absence de faits délictueux pour les exigences impératives, ainsi pourrait-on dans un autre système juridique résumer la situation.

587 **Non-exhaustivité des exigences impératives.** En second lieu, alors que les dérogations officielles font l'objet d'une énumération reconnue exhaustive, il n'y a pas de limite *a priori* au champ d'application des exigences impératives. Ceci paraît normal puisque ces dernières découlent d'un pouvoir de réglementation économique résiduel des États, qui ne connaît d'autres bornes que celles du droit national et du droit de l'Union. Le risque est alors évident de voir les États s'engouffrer dans cette brèche généreusement ouverte par le droit de l'Union. Mais la Cour de justice parvient à les contenir en posant deux barrières très efficaces : un régime juridique très strict des exigences impératives et le recours à l'harmonisation des législations nationales pour éviter des distorsions trop marquées d'un pays à l'autre.

588 **Mesures indistinctement applicables.** Enfin, les exigences impératives ne sont acceptables qu'en raison de leur caractère indistinctement applicable tant aux produits nationaux qu'importés. En effet, le pouvoir économique résiduel des États membres dont elles découlent ne saurait se justifier s'il conduisait à discriminer entre les produits nationaux et les autres. En revanche, les dérogations de l'article 36 peuvent très bien ne concerner que les produits importés et ne devraient même concerner que ces derniers, si l'on en était resté à une interprétation purement littérale de cette disposition. Ainsi peut s'expliquer que la protection de la santé publique figure dans les

(327) V. *supra*, n°s 176 et s.

deux catégories. Il n'y a pas là répétition inutile, mais reconnaissance par la Cour de la valeur supérieure de cet objectif, qui sort ainsi de l'illicéité relative (art. 36) pour recevoir un véritable label de validité.

Il reste que toutes ces différences subtiles de nature juridique entre les deux notions sont sujettes à caution, tant leur régime juridique s'avère très proche sinon identique.

3. Les dérogations résultant de principes supérieurs

589 Ces autres dérogations résultent de normes à l'autorité supérieure, qui trouvent leur fondement initial dans le traité mais qui résultent dans une large mesure d'une opération de reconstruction jurisprudentielle. Correspondent à ce schéma le principe de précaution (a) et les droits fondamentaux (b).

a) *Le principe de précaution*

590 **Développement.** Son origine juridique ainsi que son rapide succès témoignent de son impact grandissant en droit de l'Union (328). Issu de la conférence des Nations Unies de Rio de 1992, le principe passe très rapidement en droit de l'Union avec le traité de Maastricht (art. 130R, devenu art. 174 CE puis 191 TFUE). Grâce à la clause d'intégration ou de cohérence, située aujourd'hui à l'article 11 TFUE, le principe de précaution sort rapidement du strict domaine de l'environnement pour acquérir une portée très large notamment dans le domaine de la protection de la santé publique (329). À cet égard, le traité d'Amsterdam avait d'ailleurs pris soin de noter que les exigences en matière d'environnement devaient être prises en compte dans la définition et la mise en œuvre des « politiques et *actions* » de la Communauté. La version maastrichtienne se limitait aux seules politiques de la Communauté, ce qui pouvait laisser un doute quant à l'opposabilité de la clause d'intégration environnementale au marché intérieur.

591 **Affaires de l'ESB.** Car très tôt le principe de précaution s'est trouvé confronté aux exigences de la libre circulation et notamment de la libre circulation des marchandises. C'est en particulier le cas lors des différents épisodes de l'affaire de la vache folle. Dans la première version de l'affaire, centrée sur la décision d'embargo de la Commission sur les exportations de bétail et de viande bovine britannique en direction des autres États membres, la Cour de justice (330) admet sans hésitation cette importante entrave à la libre circulation en se fondant sur les indéniables risques pour la santé publique que faisaient courir les produits britanniques. Néanmoins, les conséquences de l'épizootie tant pour le cheptel bovin que pour la santé humaine sont tellement avérées à ce stade de la procédure que la Cour n'a nul besoin de faire appel en soi au principe de précaution, qui suppose en effet à la différence du principe d'action préventive, que la réalité du risque ne soit pas établie d'une manière formelle et qu'il reste

(328) V. *supra*, n°s 352 et s. et *infra*, n°s 874 et s.

(329) Sur les clauses d'intégration en général, C. BLUMANN et L. DUBOUIS, *Droit institutionnel de l'Union européenne*, Manuel Litec, 4e éd., 2010, n°s 142 et s.

(330) CJCE, 5 mai 1998, *Royaume-Uni c. Commission*, aff. C-180/96, *Rec.* I-2265.

une part importante d'incertitude. La directive du 1989 suffit à fonder juridiquement la décision de la Cour.

Lors de la seconde phase de l'affaire de l'ESB, la France conteste et surtout refuse d'appliquer la décision de la Commission de levée de l'embargo sur certains produits bovins en provenance de Grande-Bretagne. Se fondant sur l'avis d'experts français réunis au sein de l'AFSSA (agence française pour la sécurité sanitaire des aliments), elle estime cette décision encore risquée et contraire au principe de précaution. Sur recours en manquement de la Commission, la Cour de justice (331) rejette la défense française. Elle estime d'abord que la France aurait dû attaquer la décision de la Commission dans les deux mois suivant son édiction et quant au principe de précaution, elle s'appuie sur l'avis d'experts européens ayant conseillé la Commission et qui s'étaient prononcés en faveur d'une levée au moins partielle de l'embargo. Même si l'arrêt paraît juridiquement fondé, on sent une réticence de la Cour à donner au principe de précaution une portée trop grande, qui compte tenu du caractère assez largement flou et subjectif d'un tel principe pourrait conduire à remettre en cause trop facilement des situations juridiques acquises.

592 **Autres illustrations.** Des arrêts plus récents concernant la mise en marché de certains produits ne contredisent pas cette approche (332). Ainsi en va-t-il dans une affaire relative aux aliments pour nourrissons (333), où la Cour se prononce à propos de l'indication sur les étiquettes d'éléments contenant des OGM. Un règlement du Conseil de 26 mai 1998 prévoit que la présence d'OGM doit être signalée sur l'étiquette dès lors que la part d'OGM dépasse 1 % de tous les ingrédients incorporés dans le produit. Le règlement ne serait-il pas illégal en ce qu'il ne tiendrait pas compte d'un éventuel régime encore plus rigoureux lorsqu'il s'agit d'aliments destinés à l'alimentation des nourrissons. Mais la Cour rejette un argument fondé sur le principe de précaution, qui, selon elle ne pourrait plus être allégué dès lors qu'une décision de mise en marché d'un produit a acquis un caractère définitif.

Le conflit avec la libre circulation des marchandises revient clairement dans une affaire concernant des denrées alimentaires enrichies (334). La réglementation néerlandaise se veut très stricte qui interdit la vente de denrées alimentaires enrichies sous réserve de dérogation. De plus, une pratique des autorités néerlandaises impose une condition supplémentaire en soumettant l'obtention de telles dérogations non seulement à la preuve de leur innocuité pour la santé humaine mais aussi à celle d'un besoin nutritionnel réel. Les Pays-Bas justifient cette rigueur par le principe de précaution. Mais la Cour observe que les vitamines en soi ne sont pas nocives pour la santé humaine et les Pays-Bas ne fournissent pas la preuve scientifique que ces vitamines mêlées aux denrées alimentaires rendraient le produit dangereux pour la santé humaine (335).

(331) CJCE, 13 déc. 2001, aff. C-1/00, *Rec.* I-9989.

(332) Qui ressort aussi d'arrêts contemporains de l'affaire de la vache folle : TPI, 16 juill. 1998, *Bergaderm c. Commission*, aff. T-199/96 II-2805 (à propos de l'utilisation dans des produits cosmétiques de la bergamote, substance suspectée d'être cancérigène) ; CJCE, *Bergaderm c. Commission*, aff. C-352/98, *Rec.* I-5291 ; 21 mars 2000, *Greenpeace France*, aff. C-6/99, *Rec.* I-1651 (à propos de la procédure de mise en marché des OGM).

(333) CJCE, 26 mai 2005, *Ministero della Salute*, aff. C-123/09, *Rec.* I-4190.

(334) CJCE, 2 déc. 2004, *Commission c. Pays-Bas*, aff. C-41/02, *Rec.* I-11375 ; J. Cavallini, Chronique de jurisprudence de la Cour de justice (LCM), *RMCUE* n° 491, sept. 2005, p. 538.

(335) Également en matière de denrées alimentaires comportant des ingrédients nouveaux : CJUE, 28 janv. 2010, *Commission c. France*, aff. C-333/08, *Rec.* I-757 ; *Europe* mars 2010, n° 108, note A. Rigaux.

Dans cette affaire, la Cour exerce un contrôle approfondi sur le principe de précaution. Celui-ci au demeurant ne se confond pas exactement avec le contrôle qu'elle exerce sur la dérogation de l'article 36 TFUE, relative à la protection de la santé publique. L'État qui invoque le principe de précaution doit d'abord s'appuyer sur une « évaluation approfondie du risque allégué ». Celui-ci doit être « suffisamment établi sur la base de données scientifiques les plus récentes ». De cette appréciation doit résulter « un grand degré d'incertitude scientifique et pratique à cet égard ». L'originalité tient principalement à l'application du principe de proportionnalité aux mesures prises sur la base du principe de précaution. Compte tenu de l'incertitude du danger, le principe de proportionnalité ne semble pas en état de remplir sa traditionnelle fonction régulatrice. Aussi la Cour va-t-elle placer la barre à un niveau relativement élevé. La proportionnalité va se situer au-delà du simple aléa ou de considérations purement hypothétiques mais en deçà de la certitude scientifique par définition indémontrable. C'est donc en définitive au stade intermédiaire de la probabilité du risque que la proportionnalité de la mesure pourra être appréciée, à la condition bien sûr d'éviter tout subjectivisme et toute discrimination (336).

b) *Droits fondamentaux*

593 Pendant longtemps, l'hypothèse de heurt entre la libre circulation des marchandises et les droits fondamentaux a pu sembler purement théorique. Ces droits et libertés ne se situaient pas sur le même plan. Mais la sophistication croissante des droits fondamentaux en droit de l'Union ne pouvait pas ne pas affecter les libertés de circulation reconnues par le traité. La question apparaît très crûment dans l'affaire de l'autoroute du Brenner (337). Les autorités du Land du Tyrol décident de fermer à la circulation une portion de l'autoroute du Brenner pour une durée limitée afin que puisse se dérouler une manifestation de défenseurs de l'environnement. En résulte une restriction tant à la libre circulation des marchandises que des personnes. La Cour de justice accepte l'argumentation de l'Autriche fondée sur le nécessaire respect des libertés de réunion, d'expression et de manifestation reconnues tant par la Constitution autrichienne que par sa propre jurisprudence sur les droits fondamentaux. La Cour se fonde en particulier sur le caractère non excessif de l'atteinte à la libre circulation. Celle-ci demeure mesurée dans le temps et dans l'espace. Le principe de proportionnalité n'est donc pas enfreint.

Cependant comme pour le principe de précaution, la Cour ne semble pas prête à souscrire à toute invocation des droits fondamentaux, qui risqueraient de constituer une excuse commode pour remettre en cause le marché intérieur. Celui-ci demeure en effet contre vents et marées la base de la construction européenne. Dans l'arrêt *Herbert Karner* (338), la Cour examine une législation autrichienne qui interdit de mentionner au cours d'une vente aux enchères, que tel ou tel bien ou objet provient d'une entreprise en situation de liquidité judiciaire. La société Karner y voit une atteinte à la liber-

(336) V. les observations sous l'arrêt préc. *in* Chronique de jurisprudence, *RDUE* 4/2004, p. 839 et s. ; v. aussi CJUE, 22 déc. 2010, *Gowan Comercio*, aff. C-77/09, NEPR (à propos de la validation d'un produit phytopharmaceutique dénommé Fénarimol).

(337) CJCE, 22 juin 2003, *Schmidberger*, aff. C-112/00, *Rec.* I-5659.

(338) CJCE, 25 mars 2004, aff. C-70/02, *Rec.* I-3025.

té d'expression. Il s'agit d'une législation relative aux modalités de vente, qui, selon la jurisprudence *Keck et Mithouard* jouit d'une certaine présomption de validité. La Cour convient d'une atteinte aux droits fondamentaux, mais limitée. Il importe en effet de procéder à une mise en balance des intérêts. Là encore le principe de proportionnalité constitue le critère permettant de faire la part des choses. La Cour procède de cette manière prudente dans une affaire où la liberté d'expression d'un fonctionnaire finlandais ayant porté publiquement des appréciations négatives sur certaines machines en provenance d'autres États membres pourrait être vue sous l'angle d'une atteinte à libre circulation des marchandises (339).

Cette jurisprudence doit être approuvée car en droit de l'Union, les libertés de circulation ne représentent pas simplement un outil purement utilitaire permettant de développer des activités économiques. Elles figurent au cœur du projet européen. Vouloir dissocier face aux droits fondamentaux la libre circulation des marchandises de celle des personnes, au motif que la seconde serait plus respectable que la première serait au demeurant une tentative vouée à l'échec car derrière les produits se profilent toujours des activités humaines (340). Ces libertés se voient qualifiées au demeurant par la Cour de justice de libertés fondamentales, ce qui s'avère très révélateur de la volonté du juge de Luxembourg de ne pas accorder une prévalence systématique aux droits fondamentaux (341).

B. Le régime juridique des dérogations à l'interdiction des mesures d'effet équivalent

594 Seule référence textuelle, l'article 36 TFUE se borne à indiquer que « ces interdictions ou restrictions ne doivent constituer ni un moyen de discrimination arbitraire ni une restriction déguisée dans le commerce entre les États membres » (2). Comme il se doit, la Cour viendra préciser ce régime juridique largement dominé par le principe de proportionnalité (3). Le juge a aussi largement contribué à élucider la question des rapports entre les pouvoirs conservés par les États membres et les normes d'harmonisation des législations nationales (1).

1. Rapports avec l'harmonisation des législations

595 **Critère de l'intensité de l'harmonisation.** Une norme d'harmonisation adoptée sur la base des articles 114 et 115 TFUE comporte d'importantes conséquences sur les pouvoirs des États au titre de l'article 36 TFUE ou des exigences impératives, en ce sens qu'une harmonisation européenne a pour résultat de réduire considérablement leurs

(339) CJCE, 17 avr. 2007, *A.G.M.-cos.met*, aff. C-470/03, *Rec.* I-2749, note V. Bouhier, *RTDE* 2007, p. 708 et s. A.-L. Sibony et A. Defossez, « Marché intérieur », Chronique de jurisprudence sur la libre circulation des marchandises, *RTDE* 4/2008, p. 922.

(340) Sur les rapports entre droits fondamentaux et libre prestation de services et la question plus générale des réserves dites de constitutionnalité : CJCE, 14 oct. 2004, *Omega Spielhallen*, aff. C-36/02, *Rec.* I-9609.

(341) CJUE, 17 novembre 2009, *Regione Sardegna*, aff. C-169/08, *Rec.* I-10821 ; note C. BLUMANN, JCP G, 18 janv. 2010, n° 68.

facultés d'intervention (342). En effet, une harmonisation totale (343) leur interdit de porter atteinte au principe de libre circulation, alors qu'une harmonisation partielle leur laisse les mains libres, dans la limite bien sûr du respect des dispositions harmonisées (344) et du droit de l'Union en général (345). Il y a là une position relativement hardie dans la mesure où l'article 36 n'opère aucune limitation dans le temps des pouvoirs résiduels des États.

L'entrée en vigueur de l'acte unique européen a conduit à s'interroger sur la pérennité de cette jurisprudence. En effet, l'article 114 instaure deux dispositifs protecteurs des pouvoirs étatiques, proches de l'idée classique de clause de sauvegarde, et qui ont vocation à jouer *après* l'édiction d'une norme d'harmonisation. Mais s'il y a bien remise en cause de la jurisprudence de la Cour, celle-ci demeure doublement limitée, d'une part parce que les États n'ont fait qu'un usage modéré de leurs nouveaux pouvoirs et d'autre part, parce que ces nouvelles clauses de sauvegarde restent étroitement subordonnées au contrôle des institutions de l'Union et notamment de la Commission. La Cour de justice pour sa part s'est efforcée de banaliser ces clauses de sauvegarde et d'appliquer le régime classique des justifications en matière de mesure d'effet équivalent (346).

2. Les conditions de l'article 36 TFUE

596 Les deux conditions posées par cette disposition – discrimination arbitraire et restriction déguisée dans le commerce intra-communautaire – s'appliquent aussi bien aux dérogations textuelles que jurisprudentielles, ce qui confirme bien la quasi-identité de ces notions (347). Au demeurant la Cour place quasiment sur le même plan les dérogations de l'article 36 et les exigences impératives. Comme elle l'indique dans un arrêt récent : « Selon une jurisprudence constante, une mesure d'effet équivalant à une restriction quantitative à l'importation ne peut être justifiée que par l'une des raisons d'intérêt général énumérées à l'article 30 CE ou par l'une des exigences impératives consacrées par la jurisprudence de la Cour, à condition que, dans l'un ou l'autre cas, cette mesure soit propre à garantir la réalisation de l'objectif poursuivi et qu'elle n'aille pas au-delà de ce qui est nécessaire pour atteindre cet objectif » (348).

597 **Discrimination arbitraire.** L'emploi du terme « arbitraire » par l'article 36 se justifie par l'esprit originaire de cette disposition. Celle-ci ne s'appliquant qu'aux produits

(342) V. *infra*, n°s 651 et s.

(343) CJCE, 8 nov. 1979, *Denkavit Futtermittel*, aff. 251/78, *Rec.* 3369 ; 24 oct. 2002, *G. Lonhart et H. Biffl*, aff. C-99/01, *Rec.* I-9375 ; 8 nov. 2007, *Gintec International Import-Export GmbH*, aff. C-374/05, *Rec.* I-9517, *Europe* janv. 2008, n° 10, note A. Rigaux.

(344) CJCE, 13 mars 1986, *Mirepoix*, aff. 54/85, *Rec.* 1067 ; 23 nov. 2006, *Lidl Italia Srl*, aff. C-315/05, *Rec.* I-11181 ; 30 avr. 2009, *Lidl Magyarorszäg*, aff. C-132/08, *Rec.* I-3841 ; 10 sept. 2009, *Commission c. Belgique*, aff. C-100/08, *Rec.* I-140, somm. ; A.-L. Sibony et A. Defossez, « Marché intérieur », Chronique de jurisprudence sur la libre circulation des marchandises, *RTDE* 1/2010, p. 150.

(345) Pour une harmonisation à la fois exhaustive et partielle : CJCE, 12 oct. 2000, *Cidrerie Ruwet*, aff. C-3/99, *Rec.* I-8749 ; 5 juin 2008, *Commission c. Pologne*, aff. C-170/07, *Rec.* I. 87, somm.

(346) CJCE, 21 janv. 2003, *Allemagne c. Commission*, aff. C-512/99, *Rec.* I-845.

(347) CJCE, 8 mai 2003, *Atral*, aff. C-14/02, *Rec.* I-4431.

(348) CJCE, 10 avr. 2008, *Commission c. Portugal*, aff. C-265/06, *Rec.* I-2245.

importés ou exportés a forcément un caractère inégalitaire. Une discrimination ne peut donc se voir condamnée que si elle va au-delà de la simple différence de traitement. Mais très vite, l'édiction de législations indistinctement applicables sur la base de l'article 36 (349) a rendu inutile l'exigence d'une discrimination hors-norme et ce faisant le critère de l'interdiction de discriminations mêmes « simples » a pu non seulement s'appliquer à des réglementations visant spécifiquement des produits importés mais également se voir étendu aux exigences impératives d'autant que l'article 36 sur ce point ne fait que reprendre le principe plus général de non-discrimination qui résulte de l'article 18 TFUE et dont on trouve d'autres illustrations dans divers compartiments des traités (350).

Dans ces conditions de banalisation de la discrimination, celle-ci est établie dès lors que la législation nationale pénalise essentiellement soit directement soit indirectement les produits importés. Ainsi en va-t-il dans le premier cas, d'une législation nationale qui prohibe pour des raisons de moralité publique l'importation de certains articles pornographiques, dont pourtant la fabrication n'est pas interdite sur le territoire national (351) et dans le second, d'un régime de publicité des alcools qui sous couvert de généralité, frappe essentiellement les alcools fabriqués à l'étranger (à base de grains) et non dans l'État d'origine (à base de vins) (352).

598 **Restriction déguisée.** Si la discrimination arbitraire s'évalue à partir de critères objectifs, il semble en aller différemment de la « restriction déguisée dans le commerce entre les États membres ». En l'occurrence, la finalité protectionniste de la mesure nationale, l'intention du législateur priment sur le résultat concret. La restriction déguisée s'apparente à une sorte de détournement de pouvoir. Ceci ressort clairement par exemple de l'affaire des « dindes de Noël » (353) où la Cour condamne un État qui prohibe l'entrée sur son territoire de volailles en provenance de certains de ses partenaires, parce que potentiellement atteintes de la maladie de Newcastle. Or, il apparaît que cette mesure, dépourvue de fondement réel, a été dictée au gouvernement par des syndicats professionnels inquiets de la concurrence étrangère en période de fêtes de fin d'année.

Il en va de même de la répétition des contrôles nationaux sur le lait UHT en provenance d'autres États membres. Or, ces contrôles paraissent manifestement exagérés, d'abord, parce qu'ils ont déjà eu lieu dans le pays d'origine, en second lieu parce que les procédés de fabrication de ce produit laitier sont quasiment identiques dans tous les États membres et enfin parce que les machines nécessaires au traitement sont fabriquées par le même producteur pour tous les pays européens (354).

(349) V. *supra*, nos 583 et s.

(350) Sur la notion de discrimination « arbitraire » au sens de l'article 30 et sa persistance actuelle : *Commentaire Mégret* (ex-droit de la CEE), tome 1er, éditions de l'Université de Bruxelles, 2e éd., 1992, no 317 et s. ; Sur la difficulté de distinguer une discrimination « simple » d'une discrimination arbitraire : 28 sept. 2006, *Jan-Erik Anders Akohainen*, aff. C-434/04, *Rec.* I-9171, *Europe* nov. 2006, no 311, note D. SIMON.

(351) CJCE, 11 mars 1986, *Conegate*, aff. 121/85, *Rec.* 1007.

(352) CJCE, 10 juill. 1980, *Commission c. France*, aff. 152/78, *Rec.* 2299 ; pour un exemple récent relatif à la publicité des boissons alcoolisées en Suède : 8 mars 2001, *International Gourmets*, aff. C-405/98, *Rec.* I-1795.

(353) CJCE, 15 juill. 1982, *Commission c. Royaume-Uni*, aff. 40/82, *Rec.* 2793.

(354) CJCE, 8 févr. 1983, *Commission c. Royaume-Uni*, aff. 124/81, *Rec.* 203 ; restriction « simple » ou restriction déguisée : 28 sept. 2006, *Jan-Erik Anders Akohainen*, aff. C-434/04, *Rec.* I-9171, *Europe* nov. 2006, no 311, note D. SIMON.

3. Les conditions jurisprudentielles

599 Le juge communautaire en a dégagé trois : nécessité, proportionnalité, substitution.

a) *Le critère de nécessité*

600 **Nécessité.** Il faut entendre par nécessité que doit exister une relation étroite de cause à effet entre la réglementation protectrice édictée par l'État membre et l'intérêt général que celui-ci entend protéger. En présence d'un lien trop ténu, la mesure ne pourra être justifiée. Dans la célèbre affaire de la bière allemande (355) l'Allemagne soutient que la loi de pureté de la bière aurait pour principal objet la protection de la santé publique, notamment contre l'utilisation d'additifs. Mais la Cour ne manque pas d'observer que ce pays accepte la présence d'additifs inoffensifs dans la fabrication d'un grand nombre de produits alimentaires. Elle y voit la preuve que la loi de pureté ne poursuit probablement pas un objectif de santé publique, mais d'autres non ouvertement affichés (356).

Il en va de même dans l'affaire récente des OGM, dont la Pologne interdit la commercialisation sur son territoire pour des raisons tirées de la religion chrétienne et des principes de vie religieuse. La justification paraît très générale pour ne pas dire très grossière. La Pologne ne parvient pas à démontrer le lien de causalité entre ces principes et la vente d'OGM. Certes la culture polonaise, toute empreinte de religion, paraît incompatible avec ce type de produits, mais l'argument pourrait être invoqué pour d'autres produits ou pratiques. Aucune analyse juridique ou scientifique précise n'est apportée par le gouvernement polonais pour démontrer en quoi la loi litigieuse a bien été prise en considération du seul cas des OGM et non pour des raisons de politique générale ou d'ordre économique (357). En l'espèce, cette loi paraît aussi contrevenir au principe de proportionnalité.

b) *Le critère de proportionnalité*

601 **Proportionnalité.** Ce critère se trouve bien sûr au centre du contrôle judiciaire. Les atteintes au principe de libre circulation doivent être strictement proportionnées et non excessives par rapport au but recherché. En effet, la libre circulation constitue non seulement un principe général du droit, au sens précis du terme, mais également un droit fondamental du citoyen européen. Il va de soi que toute atteinte qu'elle subit doit être non seulement d'interprétation stricte, motivée par un but d'intérêt général supérieur et se trouver en étroite relation dans son intensité avec celui-ci. D'une manière générale, une interdiction totale a de fortes chances d'encourir le reproche de disproportion. Ainsi en va-t-il d'une législation belge qui interdit toute publicité soulignant le caractère amaigrissant de certaines denrées alimentaires et ceci alors même que les avis

(355) CJCE, 12 mars 1987, *Commission c. RFA*, aff. 178/84, *Rec.* 1227.

(356) À propos de certaines préparations à base de viande : CJCE, 2 févr. 1989, *Commission c. RFA*, aff. 274/87, *Rec.* 229.

(357) CJCE, 16 juill. 2009, *Commission c. Pologne*, aff. C-165/08, *Rec.* I-6843 ; *Europe* oct. 2009, n° 360, note V. MICHEL.

médicaux confirmant cette qualité ne seraient nullement entachés d'une quelconque tromperie (358).

602 **Illustrations.** Ainsi la Cour condamne une législation nationale, qui impose aux importations de produits préparés à base de viande d'avoir été préparés dans le pays même où les animaux ont été abattus (359). Il en va de même de celle qui soumet la commercialisation de pesticides et de produits phytopharmaceutiques à autorisation préalable, laquelle de surcroît ne peut être obtenue que par une personne domiciliée sur le territoire national (360) ; ou bien encore d'une législation française qui soumet à une procédure d'autorisation préalable la commercialisation de denrées alimentaires enrichies en substances nutritives dès lors que cette législation est opaque, non transparente et peu compréhensible ni accessible pour les opérateurs étrangers (361). De même, la Cour de justice a jugé excessive une législation allemande sur les emballages et déchets d'emballage de boissons « à usage unique » consistant dans l'imposition d'une consigne sur ces emballages, ou à défaut la participation à un système intégré de gestion de ces emballages ou déchets d'emballage (362). Une loi belge sur le marquage obligatoire en vue de leur détention et de leur commercialisation d'oiseaux nés et élevés en captivité est jugée trop générale et excessive alors même que d'autres États membres retiennent des pratiques de marquage moins restrictives (363). Dans l'affaire des lentilles de contact en Hongrie, la Cour condamne une réglementation imposant de passer par l'intermédiaire de certaines officines pour effectuer des tests préalables à l'acquisition de tels matériels (364). En revanche, la Cour admet la validité d'une législation qui, dans le souci de protection du consommateur, impose d'indiquer sur l'emballage d'un produit la dénomination ou la numérotation d'un agent conservateur (365) ou qui dans le souci de protection de la santé humaine prohibe l'usage d'un produit chimique hautement nocif (366).. Il en va de même, au nom de la protection de la santé publique, de l'organisation de tests systématiques visant à dépister la survenance de certaines encéphalopathies spongiformes transmissibles sur des populations bovines de plus de vingt-quatre mois (367). De la même manière, la Cour tout en renvoyant au juge national le soin de trancher au final (368) semble admettre la validité d'une loi belge qui interdit de manière générale l'installation de kits de débridage sur

(358) CJCE, 15 juill. 2004, *Douwe Egberts/NV Westrom Pharmal/NV*, aff. C-239/02, *Rec.* I-7007 ; J. Cavallini, Chronique de jurisprudence de la CJCE, (LCM), *RMCUE* n° 491, sept. 2005, p. 538.

(359) CJCE, 12 juill. 1979, *Commission c. RFA*, aff. 153/78, *Rec.* 2555.

(360) CJCE, 2 mars 1983, *Commission c. Belgique*, aff. 155/82, *Rec.* 531.

(361) CJCE, 5 févr. 2004, *Commission c. France*, aff. C-24/00, *Rec.* I-1277.

(362) CJCE, 14 déc. 2004, *Commission c. Allemagne*, aff. C-463/01 et C-309/02, *Radbelger Getränkegesellschaft mbH*, *Rec.* I-11705, note N. Bringmann, *RAE* 2003/2004, n° 4, p. 694 et s. Il existe aussi une législation spécifique sur les emballages : dir. n° 2004/12 du 11 févr. 2004, *JOUE* L 47, 18 févr. 2004 ; *RMCUE* n° 478, mai 2004, p. 340.

(363) CJCE, 10 sept. 2009, *Commission c. Belgique*, aff. C-100/08, *Rec.* I-140, somm. ; *Europe* nov. 2009, n° 409, note A. Rigaux.

(364) CJUE, 2 déc. 2010, *Ker-Optika*, aff. C-108/09, NEPR ; *Europe* févr. 2011, n° 51, note A. Rigaux.

(365) CJCE, 14 juill. 1994, *Van der Veldt*, aff. C-17/93, *Rec.* I-3537 ; 5 avr. 2001, *Bellamy*, aff. C-123/00, *Rec.* I-2795.

(366) CJCE, 11 juill. 2000, *Toolex*, aff. C-473/98, *Rec.* I-5681.

(367) CJUE, 25 févr. 2010, *Müller Fleisch GmbH*, aff. C-562/08, *Rec.* I-1391.

(368) v. *infra*, n° 603.

les motos et cyclomoteurs. Au vu de l'impératif de sécurité routière, le principe de proportionnalité paraît respecté (369).

La question de l'emploi des langues sur l'étiquetage donne lieu à des solutions nuancées. Un État ne peut imposer systématiquement sa langue nationale pour tous les produits commercialisés sur son territoire, mais les informations concernant le produit doivent être compréhensibles pour le consommateur, par le biais linguistique ou tout autre moyen (370). Au nom des exigences de protection de la santé publique, le législateur européen peut aussi imposer des informations claires dans la langue du pays de consommation (371).

603 **Contrôle de la proportionnalité** (372). L'appréciation de l'excessivité ou non d'une mesure suppose des appréciations complexes et reposant largement sur des données purement factuelles. Ce contrôle peut s'opérer en effectuant une comparaison entre plusieurs législations nationales. Si un État est libre de fixer au niveau où il le souhaite les exigences de santé ou de moralité publique, l'appréciation de la validité d'une mesure peut prendre en compte une sorte de standard résultant de législations voisines ou similaires de ses partenaires. Ainsi dans l'affaire de l'affaire de la libre circulation des produits du sang et des dons sanguins, une législation autrichienne va se voir condamnée par la Cour dans la mesure où elle interdit le remboursement de frais de déplacement au profit des donneurs, ce qui pénalise les produits d'autres États membres qui admettent au contraire un défraiement. La législation autrichienne paraît donc excessive par rapport à celle de ses partenaires (373).

D'une manière générale, le contrôle de la proportionnalité se heurte à de nombreuses difficultés et la limitation du contrôle juridictionnel à l'erreur manifeste d'appréciation ne suffit pas à résoudre toutes les questions (374). Une tendance juridictionnelle actuelle se dessine visant dans certains cas à renvoyer l'évaluation de la proportionnalité au juge national. Dans l'affaire *International Gourmet* (375), la Cour a laissé au juge national le soin de se prononcer sur la proportionnalité d'une mesure d'interdiction de la publicité pour des boissons alcoolisées par rapport à l'objectif de protection de la santé publique. Elle a procédé de même plus récemment à propos de l'obligation

(369) CJUE, 18 nov. 2010, *Lahousse et Lavichy*, aff. C-142/09, NEPR ; *Europe* janv. 2011, n° 15, note V. MICHEL.

(370) CJCE, 18 juin 1991, *Piageme*, aff. C-369/89, *Rec.* I-2980 ; 3 juin 1999, *Colim*, aff. C-33/97, *Rec.* I-3175 ; 12 sept. 2000, *Geffroy*, aff. C-366/98, *Rec.* I-6579. Sur cette question v. aussi la dir. n° 2000/13 du 20 mars 2000, *JOCE* L 109, 6 mai 2000 ; v. aussi sur la question des langues, la communication de la Commission du 23 déc. 1993, *JOCE* C 345, 23 déc. 1993 ; M. CANDELA SORIANO, « Les entraves linguistiques : une entrave à la libre circulation ? », *CDE* n° 1-2, 2002, p. 9.

(371) CJCE, 13 sept. 2001, *Hans Scharzkopf*, aff. C-169/99, *Rec.* I-5901, chr., J. CAVALLINI, *RMCUE* janv. 2003 p. 51 ; v. aussi J. VANHAMME, « L'équivalence dans le marché intérieur : l'apport de la Cour de justice », *CDE* 3/4-2007, p. 359 et s.

(372) Sur l'ensemble de la question : M. RIFAT TINC, « Le contrôle de proportionnalité des mesures nationales restrictives des échanges », *RDUE* 4/2010, p. 791 et s.

(373) CJUE, 9 déc. 2010, *Humansplasma GmbH*, aff. C-421/09, NEPR ; *Europe* févr. 2011, n° 48, note A. RIGAUX.

(374) C. BLUMANN et L. DUBOUIS, *Droit institutionnel de l'Union européenne*, Litec, 4e éd., n° 622 et s.

(375) CJCE, 8 mars 2001, *International Gourmets*, aff. C-405/98, *Rec.* I-1795 ; v. aussi 23 févr. 2006, *A-Punkt Schmukhandels GmbH*, aff. C-441/04, *Rec.* I-2093.

d'obtenir une autorisation pour l'importation de vins en Finlande (376). La solution est identique pour une législation belge qui interdit, sauf exceptions, de détenir certains animaux n'appartenant pas aux espèces ou catégories définies par arrêté royal. La Cour estime qu'il appartient au juge national d'apprécier la bonne application des conditions fixées par les textes nationaux (377). Cette évolution ne fait pas l'unanimité. La Cour de justice ne se décharge-t-elle pas sur le juge national, qui plus est de renvoi, d'une mission qui lui incombe en propre ? Ceci risque aussi de retarder la solution au fond de certaines affaires, d'autant que le juge national peut se sentir insuffisamment éclairé par les éléments fournis par la Cour de justice et susciter de nouveaux renvois préjudiciels. Il y a aussi un risque d'inégalité de traitement, dans la mesure où dans certaines espèces, la Cour laisse une importante marge de manœuvre au juge national pour statuer sur la proportionnalité, alors que dans d'autres cas, elle balise le chemin avec beaucoup de précision. On peut voir aussi se dessiner une différence d'approche entre le contrôle exercé par le biais de questions préjudicielles et celui résultant du recours en manquement étatique. Dans ce second cas, la Cour se doit d'effectuer un contrôle total des agissements étatiques, tels du moins qu'ils se voient critiqués par la Commission, alors que s'agissant de questions préjudicielles, le juge peut se montrer plus évasif dans ses réponses. Après la doctrine de l'irrecevabilité préjudicielle, il y aurait là un nouveau moyen pour le juge de l'Union de se débarrasser de questions par trop techniques ou gênantes.

c) *Critère de substitution*

604 **Notion.** Le critère de substitution ou de l'entrave minimale signifie que la mesure nationale restrictive doit être la moins nocive possible pour atteindre le but de protection recherché. Si d'autres moyens, moins attentatoires à la libre circulation, existent, la mesure nationale sera frappée d'illicéité. Ce critère, même s'il s'inspire d'une idée voisine de celle de proportionnalité, ne se confond pas avec ce dernier, car on peut très bien concevoir qu'une mesure soit proportionnée à l'objectif poursuivi mais qu'une autre soit moins pénalisante pour la libre circulation. L'hypothèse classique, qui a permis l'épanouissement de cette condition, concerne les réglementations nationales qui, de manière assez aveugle, interdisent les importations de produits étrangers susceptibles de tromper le consommateur sur la nature exacte ou la composition des dits produits. La plupart du temps, la Cour considère que ces mesures d'interdiction générale sont inadéquates car la protection du consommateur peut se réaliser par des moyens plus simples, notamment un étiquetage suffisamment clair sur le produit.

Ainsi une réglementation belge imposant un emballage en forme cubique pour la vente de margarine est condamnée (378), de même pour une réglementation française imposant certains procédés spécifiques de surgélation pour la fabrication de yaourts (379), sans oublier l'affaire des pâtes alimentaires dans laquelle la Cour condamne une législation italienne qui contraint à l'utilisation de blé dur pour leur

(376) CJCE, 28 sept. 2006, *Jan-Erik Anders Akohainen*, aff. C-434/04, *Rec.* I-9171, *Europe* nov. 2006, n° 311, note D. Simon.

(377) V. aussi CJUE, 29 avr. 2010, *Solgar ea*, aff. C-446/08, Rec. I-3973 : *Europe* juin 2010, n° 200, note J. Dupont-Lassalle.

(378) CJCE, 10 nov. 1982, *Rau*, aff. 261/81, *Rec.* 3961.

(379) CJCE, 14 juill. 1988, *Smanor*, aff. 298/87, *Rec.* 4507.

fabrication, rendant par là même impossible l'importation de pâtes fabriquées avec du blé tendre, ce qui correspond pourtant à la pratique la plus courante dans la plupart des États membres (380). Les réglementations nationales sur un prix minimum du tabac en vue de la protection de la santé publique achoppent souvent sur ce principe de l'entrave minimale ou de substitution. Ainsi la Cour fait-elle remarquer que l'objectif tout à fait légitime et au demeurant non excessif de protection de la santé publique et de la jeunesse peut être atteint par d'autres moyens et notamment par l'utilisation d'une fiscalité adéquate, qui aura un caractère non discriminatoire car frappant de la même manière les produits tabacoles nationaux et importés, alors que le prix minimum défavorise le plus souvent les produits étrangers au départ moins coûteux (381).

605 **Pérennité ?** En définitive, les deux conditions ne se situent pas sur le même plan : la proportionnalité s'attache à l'intensité ou à la gravité d'une mesure déterminée, la substitution met en parallèle plusieurs d'entre elles et se prononce sur leur incidence respective. Parfois cependant, le juge ne marque pas clairement la distinction et considère comme enfreint le principe de proportionnalité dès lors que des mesures moins restrictives de la libre circulation pouvaient être adoptées (382).

Il semble cependant difficile d'assimiler complètement les deux critères même si la frontière qui les sépare s'avère des plus ténues. Ainsi dans l'affaire des raisins de Corinthe (383), la Cour est confrontée à une législation grecque concernant la production et la vente de ce type de produits. À cette fin, le territoire national est divisé en plusieurs parties. La production de certaines variétés – les plus recherchées – se voit limitée à certaines régions et seules les exportations à partir de ces régions sont autorisées. En conséquence, les producteurs et vendeurs d'autres régions sont pénalisés. La Cour décèle dans cette réglementation – dont certains aspects pourraient relever de la notion de situations purement intérieures – une mesure d'effet équivalent à l'exportation (384) dont selon la jurisprudence la plus récente le régime tend à se rapprocher des MEERQ, classiquement plus fréquentes à l'importation. La Cour rejette les justifications avancées par la Grèce, notamment celle de protection des consommateurs. En effet, « il existe d'autres mesures moins attentatoires à la libre circulation des marchandises… » parmi lesquelles pourraient figurer la détermination de lieux de

(380) CJCE, 14 juill. 1988, *Glocken et autres*, aff. 407/85, *Rec.* 4233 ; 14 juill. 1988, *Smanor*, aff. 298/87, *Rec.* 4489 (à propos de yaourts surgelés).

(381) V. par exemple : CJCE, 19 oct. 2000 *Commission c. Grèce*, aff. C-216/98, *Rec.* I-8934 ; CJUE, 4 mars 2010, *Commission c. France*, aff. C-197/08, *Rec.* I-1623 ; 24 juin 2010 *Commission c. Italie*, aff. C-571/08, NEPR.

(382) V. par exemple à propos de réactifs médicaux : CJCE, 14 déc. 2000, *Commission c. France*, aff. C-55/99, *Rec.* I-11499 ; v. aussi à propos d'autorisation parallèle d'importation de médicaments CJCE, 10 sept. 2002, *Ferring Arzneimittel GmbH*, aff. C-172/00, *Rec.* I-6891 ; J. Cavallini, *op. cit.*, *RMCUE* déc. 2003, p. 684 ; à propos d'une réglementation communautaire interdisant le tabac « à usage oral », CJCE, 14 déc. 2004, *Swedish Match AB*, aff. C-210/03, *Rec.* I-11893 et 14 déc. 2004, *Arnold André GmbH*, aff. C-434/02, *Rec.* I-11825 ; J. Cavallini, « Chronique de jurisprudence de la Cour de justice », *RMCUE* n° 491, sept. 2005, p. 537 ; CJCE, 14 déc. 2004, *Swedish Match AB*, aff. C-210/03, *Rec.* I-11893 et 14 déc. 2004, *Arnold André GmbH*, aff. C-434/02, *Rec.* I-11825 ; J. Cavallini, « Chronique de jurisprudence de la Cour de justice », *RMCUE* n° 491, sept. 2005, p. 537 ; CJCE, 14 sept. 2006, *Alfa Vita Vassilopoulos AE*, aff. C-158 et 159/04, *Rec.* I-8135 ; 14 sept. 2006, *Commission c. Grèce*, aff. C-82/05, non publié (à propos de pains précuits de type « *bake off* »).

(383) CJUE, 3 mars 2011, *Kakavetsos-Fragkopoulos*, aff. C-161/09, NEPR ; *Europe* mai 2011, n° 161, note A. Rigaux.

(384) V. *supra* n° 539 et s.

stockages distincts, un étiquetage indiquant la provenance des produits ou la mise en place de contrôles inopinés et de sanctions.

BIBLIOGRAPHIE

1. Ouvrages

J. Boulouis, R.-M. Chevallier, D. Fasquelle et M. Blanquet, *Grands arrêts de la Cour de justice des Communautés européennes*, vol. 2, 5e éd., Dalloz, 2002 ■ Commentaire Megret (L. Delfaque), *Le droit de la CEE*, tome 1, 2e éd., Éditions de l'Université de Bruxelles, 1992 ■ Commentaire Megret (D. Vignes), *Le droit de la CEE*, tome 5, 2e éd., Éditions de l'Université de Bruxelles, 1993 ■ E. Gaillard, D. Carreau et W. L. Lee, *Le marché unique européen*, coll. Études internationales, no 4, Pedone, 1989 ■ I. Lorne, *La notion d'harmonisation des législations en droit communautaire*, thèse Paris XII, décembre 2002 ■ A. Mattera, *Le marché unique européen*, 2e éd., Jupiter, 1990 ■ P. Mercier, *L'Union européenne et la circulation des marchandises*, Bruylant, Bruxelles, 1995 ■ J. Molinier et N. de Grove-Valdeyron, *Droit du marché intérieur européen*, 3e éd., coll. Systèmes, LGDJ, 2011 ■ P. Oliver, *Free movement of goods in the European Community*, London, Sweet et Maxwell, 2010 ■ F. Peraldi-Leneuf, *La politique communautaire d'harmonisation technique et de normalisation*, thèse Strasbourg, 1996 ■ F. Picod, *Réglementations nationales et libre circulation intra-communautaire des marchandises*, Bibl. droit international et communautaire, tome 110, LGDJ, 1997.

2. Articles, études et documents

M. Bertrand, « La traçabilité des marchandises et le droit communautaire », *RMCUE* no 479, juin 2004, p. 394 et s. ■ C. Blumann, « Marché intérieur », « Les notices », La Documentation française, 2008 ■ J. J. Burst, « Marque », *Rép. Dalloz droit communautaire*, vol. 2 ■ M. D. Campion, « Médicament », *Rép. Dalloz droit communautaire*, vol. 2 ■ M. Candela Soriano, « Les entraves linguistiques : une entrave à la libre circulation ? » *CDE* no 1-2, 2002, p. 9 ■ V. Christianos et F. Picod, « Consommateurs », *Rép. Dalloz droit communautaire*, vol. 2 ■ L. Danièle, « Réflexions d'ensemble sur la notion de mesure d'effet équivalant à des restrictions quantitatives », *RMC* 1984, no 281, p. 477 ■ M.-A. Dauses, « The system of the free movement of goods in the E.C. », *AJCL* 1985, p. 209-232 ■ M.-A. Dauses, « Mesures d'effet équivalant à des restrictions quantitatives à la lumière de la jurisprudence de la Cour de justice », *RTDE* 1992, p. 607 ■ A. Defossez, « L'histoire d'une divergence et d'une possible réconciliation : l'article 39 CE », *CDE* 3/4-2009, p. 409 et s. ■ C. Ehlermann, « The internal market following the European single act », *CMLR* 1987, p. 361-410 ■ J. Frowein, « La notion de taxe d'effet équivalant à des droits de douane », *CDE* 1967, p. 301 ■ Galmot et Biancarelli, « Les réglementations nationales en matière de prix au regard du droit communautaire », *RTDE* 1985, p. 269 ■ L. Gonzalez Vaqué, « La jurisprudence relative à l'article 28 CE (ex-article 30) après l'arrêt *Keck et Mithouard* », *RDUE* 2/2000, p. 395 ■ J.-M. Grave, « L'interdiction des taxes d'effet équivalant à un droit de douane : un élément fondamental de l'union douanière au service du marché intérieur et de la politique commerciale commune », *RAE* 4/2005, p. 621 et s. ■ N. de Grove-Valdeyron, « Médicament », *Rép. Dalloz droit communautaire*, vol. 3, 2007 ■ G. Karrydis, « L'ordre public dans l'ordre juridique communautaire : un concept à contenu variable », *RTDE* 1/2001, p. 1 ■ R. Kovar, « *Dassonville*, *Keck* et les autres : de la mesure avant toute chose », *RTDE* 2-2006, p. 213 et s. ■ R. Kovar et J. Larrieu, « Marque », *Rép. Dalloz droit communautaire*, vol 3, 2009 ■ G. Marenco, « Pour une interprétation traditionnelle de la notion de mesure d'effet équivalant à des restrictions quantitatives », *CDE* 1984, p. 291 ■ D. Martin, « Discriminations, entraves, et raisons impérieuses : trois concepts en quête d'identité », *CDE* 1998, nº 3-4, p. 283 ■ A. Mattera, « Le marché intérieur : une brèche dans les dures murailles des souverainetés nationales », *CDE* 5/6, 2002, p. 519 ■ E. Morgan de Rivery et G. Lebreton, « Le retraitement de l'article 30 du traité CE par la Cour de justice après l'arrêt *Keck* », *Dalloz affaires* 1997, p. 5 ■ R.-E. Papadopoulou, « Situations purement internes et droit communautaire : un instrument jurisprudentiel à double fonction ou une arme à double tranchant ? », *CDE* nº 1/2, 2002, p. 95 ■ P. Pecho et A. van Waeyenberge, « La normalisation technique européenne vue de Luxembourg », *RMCUE* nº 539, juin 2010, p. 387 et s. ■ P. Pescatore « Observations critiques sur l'acte unique européen », *Journée d'études Bruxelles* 1986, Publications de l'Institut d'études européennes de l'Université de Bruxelles ■ F. Picod, « La nouvelle approche de la Cour de justice en matière d'entraves aux échanges », *RTDE* 1998, p. 169 ■ M. Pietri et D. Simon, « La jurisprudence en matière de répétition de l'indu : confirmations, précisions, infléchissements ? », *Europe* novembre 1998, ch. nº 8 ■ S. Raepenbusch, « Les taxes d'effet équivalant à des droits de douane », *RMC* 1983, nº 270, p. 492 ■ M. Rifat Tinc, « Le contrôle de proportionnalité des mesures nationales restrictives des échanges », *RDUE* 4/2010, p. 791 et s. ■ S. Robin-Olivier (dir.), « Le droit des discriminations en Europe : contributions pour une construction en cours », *RAE* nº 2/2009/2010, p. 181 et s. ■ S. Rodrigues (dir.), « Chronique de jurisprudence communautaire », *CDE* 1/2-2009, p. 217 et s. ■ A.-L. Sibony et A. Defossez, « Marché intérieur » chronique de jurisprudence sur la libre circulation des marchandises, *RTDE* 4/2008, p. 885 et s. et 1/2010, p. 129 et s. ■ D. Simon, « Restrictions quantitatives et mesures d'effet équivalent », *Rép. Dalloz droit communautaire*, vol. 4, 2004 ■ Schramme, « Rapports entre mesures d'effet équivalent et aides nationales », *RTDE* 1985, p. 487 ■ P. van Elsuwege et S. Adam, « Situations purement internes, discriminations à rebours et collectivités autonomes après l'arrêt sur l'assurance soins flamande », *CDE* 5/6-2008, p. 669 ■ J. Vanhamme, « L'équivalence dans le marché intérieur : l'apport de la Cour de justice », *CDE* 3/4-2007, p. 359 et s. ■ M. Waelbroek, « Le rôle de la Cour de justice dans la mise en œuvre de l'acte unique européen », *CDE* 1989, p. 41 ■ M. Wathelet, « Prix minimaux de vente au détail : protection des fabricants, des recettes fiscales ou de la santé », *RDUE* 4/2006, p. 775 et s. ■ E. White « In search of the limits to article 30 of the EEC Treaty », *CMLR* 1989, p. 235 et s.

Nos 606 à 619 réservés.

CHAPITRE 3

LA PRÉVENTION DES ATTEINTES À LA LIBRE CIRCULATION DES MARCHANDISES

620 Pour efficace qu'elle soit, l'action répressive de la Cour de justice ne suffit pas toujours à éliminer tous les comportements attentatoires à la libre circulation des marchandises. Certes une condamnation de l'État dans le cadre du recours en manquement l'oblige à faire disparaître toutes les traces de l'illicéité. De plus, la reconnaissance de la responsabilité de l'État devant les juridictions nationales pour violation du droit de l'Union devrait inciter les États à la prudence (1). De même, les conséquences d'un arrêt préjudiciel ont une grande portée puisqu'on s'entend pour leur reconnaître une autorité quasi absolue. Mais la sanction juridictionnelle est toujours tardive, et le juge ne doit pas se transformer en législateur. Certaines décisions sont même parfois une invitation adressée au Conseil et à la Commission de légiférer (2) pour réglementer la libre circulation des produits d'une nature particulière.

Le législateur de l'Union dispose d'instruments institutionnels pour prévenir les obstacles à la libre circulation ou pour y remédier d'une manière radicale. L'harmonisation des législations nationales figure parmi les techniques privilégiées et les plus efficaces (section I). Mais il dispose aussi de moyens encore plus affinés pour déceler de manière précoce et étouffer dans l'œuf les divergences potentielles des législations nationales : le système d'information mis en place par la directive n° 83/189 (3) de même que le règlement du 7 décembre 1998 instituant un système d'alerte rapide (4) répondent à cette attente (section II).

SECTION I. L'HARMONISATION DES LÉGISLATIONS NATIONALES

621 Les articles 114 et 115 du TFUE, consacrés spécifiquement au rapprochement des législations nationales se montrent assez diserts sur la procédure à suivre

(1) CJCE, 19 nov. 1991, *Francovich et Bonifaci*, aff. C-6 et 9/90, *Rec.* I-5357.
(2) Ex. en matière de déchets CJCE, 9 juill. 1992, *Commission c. Belgique*, aff. C-2/90, *Rec.* I-4431.
(3) 28 mars 1983, *JOCE* L 109, 26 avr. 1983.
(4) *JOCE* L 337, 12 déc. 1998.

lorsque l'Union entend mener à bien une opération d'harmonisation des législations nationales. L'article 114 issu de l'acte unique européen (ex-article 100 A CEE, devenu ex-article 95 CE) introduit même un régime de sauvegarde fort décrié au moment de son adoption (§ 3). L'une et l'autre de ces dispositions s'efforcent au demeurant de définir leur périmètre respectif (§ 2). En revanche, elles se révèlent beaucoup plus laconiques sur la question des méthodes d'harmonisation (§ 4) et encore plus sur la notion même d'harmonisation (§ 1).

§ 1. NOTION D'HARMONISATION

A. Données de base

622 **Dispositions des traités.** L'harmonisation des législations nationales (5) ou plus précisément « le rapprochement des législations » prend place dans le TFUE aux articles 114 à 118 dans un chapitre 3 du titre VII de la troisième partie du traité. Cette localisation n'a pas changé depuis le traité de Rome originaire. Le traité constitutionnel avait tenté pour sa part de souligner le lien entre harmonisation et marché intérieur en incluant la première dans les dispositions communes relatives au second. Mais cette tentative n'a pas abouti. L'harmonisation reste donc située dans un ensemble assez hétérogène où figurent également la concurrence et la fiscalité, au sein d'un titre (VII) qui lui-même ne possède pas d'intitulé synthétique.

623 **Liens avec la libre circulation des marchandises.** Dans ce contexte, l'harmonisation des législations nationales ne concerne pas seulement la libre circulation des marchandises – ne serait-ce qu'en raison de la situation très différente des deux questions dans le traité – mais en tant que composante essentielle du marché unique, la libre circulation des marchandises se trouve en première ligne du processus d'harmonisation des législations. Au demeurant, si le droit des personnes relève aussi de l'harmonisation des législations, son régime échappe assez grandement au droit commun. Selon l'article 114 § 2 TFUE, la libre circulation des personnes de même que les dispositions relatives aux droits et intérêts des travailleurs salariés relèvent de procédures décisionnelles particulières et plus rigoureuses et nombre de matières sont traitées au travers des dispositions consacrées au droit d'établissement ou à la libre prestation de services, voire de l'espace de liberté de sécurité et de justice (6). Quantitativement, sur les trois cents mesures initialement préconisées par le célèbre livre blanc de la Commission sur le marché intérieur (7), plus des trois-quarts d'entre elles concernaient les marchandises. Ce document marque un véritable tournant de l'évolution, puisqu'il met en avant une « nouvelle approche » relative aux modalités et méthodes d'harmonisation. Il ne s'agit plus de tout harmoniser dans le détail, mais au contraire de se limiter à quelques principes essentiels.

(5) Sur l'ensemble de la question : A. Mattera, « L'harmonisation des législations nationales : un instrument d'intégration et de reconnaissance mutuelle », *RDUE* 4/2010, p. 679 et s.

(6) Coopération judiciaire en matière civile (art. 81 TFUE), coopération judiciaire en matière pénale (art. 82-86 TFUE).

(7) Com. (85) 310 final.

624 **Terminologie.** Le traité de Rome, dans sa version originaire, se montre à cet égard très laconique (8). En attestent, au demeurant, ses hésitations sémantiques sur la dénomination même de l'opération : rapprochement des législations tel que l'indique l'intitulé du chapitre spécifique (9) qui lui est consacré, mais aussi harmonisation selon l'article 113 TFUE (fiscalité), terme qui a la faveur de la doctrine, ou encore coordination, si l'on se réfère aux dispositions sur le droit d'établissement (art. 53 TFUE) (10). Le terme coordination revient encore dans des politiques communes où l'intégration reste assez faible. C'est le cas en matière d'emploi (art. 145, 150 TFUE) ou pour certains volets de la politique sociale (art. 156 TFUE). L'idée d'harmonisation n'est pas inconnue du traité sur l'Union et de la politique étrangère et de sécurité commune. Ainsi l'article 32 TUE prévoit-il que dans la perspective d'une action commune, les États membres assurent la convergence de leurs actions. Cette diversité sémantique pourrait laisser penser à une gradation dans l'intensité de l'opération. La coordination serait ainsi le degré minimum de l'action commune et le rapprochement comme l'harmonisation représenteraient une forme plus élaborée. Dans le premier cas, il s'agirait simplement de rendre les législations nationales compatibles les unes avec les autres en éliminant également les dispositions contraires au droit de l'Union en ce qu'elles généreraient en particulier des discriminations directes ou indirectes, alors que l'harmonisation et le rapprochement – termes que les traités semblent considérer comme synonymes (11) si l'on en croit par exemple leur emploi indifférencié par l'article 114 TFUE – conduiraient à un apport substantiel et à des modifications de fond. Le choix de la directive comme instrument exclusif de la coordination (art. 53 TFUE) irait en ce sens. Parfois même la coordination est présentée comme une alternative à l'interdiction de toute harmonisation des législations nationales. C'est le cas dans le domaine de la politique industrielle (art. 173 § 2 et 3). Dans ce dernier cas, la méthode ouverte de coordination (12), consacrée implicitement par cette disposition ou par l'article 156 TFUE pour la politique sociale, peut aussi apparaître comme une solution de remplacement à l'impossibilité ou la difficulté de toute d'harmonisation.

625 Cependant, en dehors des hypothèses où il est fait interdiction au législateur de l'Union d'entreprendre des processus d'harmonisation des législations nationales, une interdiction au demeurant assez facile à tourner en jouant sur la théorie des bases juridiques (13), l'idée d'un contenu précis derrière chaque terme employé par les traités paraît assez théorique. Non seulement la directive ne s'oppose nullement à une unification poussée, les États membres ne conservant qu'une compétence formelle de transposition, mais de surcroît, l'intensité normative des premières mesures d'harmonisation ou de rapprochement les rendaient plus proches de l'idée d'uniformisation que d'harmonisation. De plus, le recours possible au règlement comme instrument d'harmonisation sur la

(8) I. Lorne, *La notion d'harmonisation des législations en droit communautaire : l'exemple de la propriété intellectuelle*, thèse Paris XII, déc. 2002.

(9) Chapitre 3, titre VII, 3e partie du traité TFUE.

(10) Le Conseil est également chargé d'un rôle de coordination des politiques économiques des États membres (art. 202, 2e tiret).

(11) En ce sens : A. Mattera, « L'harmonisation des législations nationales : un instrument d'intégration et de reconnaissance mutuelle », *RDUE* 4/2010, p. 679 et s.

(12) C. Blumann et L. Dubouis, *Droit institutionnel de l'Union européenne*, Litec, 4e éd., 2010, nos 281 et s.

(13) v. *infra*, no 633.

base de l'article 114 TFUE, alors même que l'article 115 conserve le monopole de la directive, laisse clairement percevoir que la marge de manœuvre résiduelle des États membres s'avère des plus réduites. Le règlement n'exclut certes pas qu'il puisse y avoir des mesures nationales complémentaires mais celles-ci ne peuvent être qu'étroitement limitées et conditionnées. Dans ces conditions qu'il s'agisse de directives lourdes ou de règlements d'harmonisation, les États membres perdent toute liberté quant au *negotium*, seule subsiste celle de l'instrument juridique national, mais qui n'est le plus souvent qu'une copie de l'acte de l'Union.

Dans ce cas de figure, on est assez proche de l'idée d'uniformisation. Au demeurant lorsque l'on se trouve dans une hypothèse d'harmonisation dite « totale », la Cour de justice a posé en principe que les États membres ne pouvaient plus activer les prérogatives défensives qui découlent de l'article 36 TFUE ou des exigences impératives d'intérêt général (14). En définitive, le législateur de l'Union étant le maître de l'intensité normative des actes qu'il édicte, toute une palette de solutions s'offre à lui du maintien pratiquement en l'état des législations nationales jusqu'à leur complet remplacement par une norme entièrement européenne.

B. Harmonisation et compétences de l'Union

626 **Nature de l'harmonisation.** Si les différentes formes de rapprochement des législations prévues par les traités appartiennent finalement au même genre, on peut se demander s'il s'agit d'un genre particulier, qui différerait des compétences normatives ordinaires dont dispose le législateur de l'Union. En réalité, il semble que non. La Cour de justice se prononçant à propos de la politique agricole commune a en effet estimé que les dispositions des ex-articles 33 (objectifs de la PAC) et 37 CE (procédure décisionnelle en matière agricole) pouvaient servir de fondement juridique pour harmoniser des législations nationales dans le champ de la PAC (15). Dans le même ordre d'idées et plus indirectement en matière de coopération judiciaire pénale (art. 82 et 83 TFUE), domaines récemment « communautarisés » par le traité de Lisbonne, le Conseil peut adopter des « règles minimales relatives à la définition des infractions pénales et des sanctions dans des domaines de criminalité particulièrement grave revêtant une dimension transfrontière… ». L'absence dans ce texte de toute référence formelle à une quelconque harmonisation des législations nationales, alors même que telle est bien l'objectif poursuivi montre au passage qu'il peut y avoir harmonisation sans fondement juridique précis. Car tel est en définitive le paradoxe. L'harmonisation des législations nationales ne constitue en dernière analyse qu'une forme de législation de l'Union. L'harmonisation peut constituer l'objet même d'une réglementation de l'Union, comme c'est le cas lorsqu'elle se fonde sur des bases juridiques précises et prévues à cette fin par les traités (art. 114-115 TFUE), mais elle peut aussi résulter d'une réglementation de l'Union, fondée sur d'autres objets (PAC). Elle représente alors une conséquence de cette réglementation. Encore faut-il dans cette hypothèse, que les dispositions de référence ne l'interdisent pas formellement, comme c'est le cas dans certains domaines

(14) CJCE, 8 nov. 1979, *Denkavit Futtermittel*, aff. 251/78, *Rec.* 3369 ; 24 oct. 2002, *G. Lonhart et H. Biffl*, aff. C-99/01, *Rec.* I-9375 ; 8 nov. 2007, *Gintec International Import-Export GmbH*, aff. C-374/05, *Rec.* I-9517, *Europe* janv. 2008, n° 10, note A. Rigaux.

(15) CJCE, 23 févr. 1988, *Royaume-Uni c. Conseil (hormones)*, aff. 68/86, *Rec.* 892.

où l'Union ne possède que des compétences parfois qualifiées de complémentaires (domaines de complément, d'appui et de coordination selon l'article 6 du TFUE). En définitive, l'harmonisation ne constitue qu'une compétence parmi d'autres de l'Union. C'est à l'aune de la théorie des compétences et de son corollaire, la théorie des bases juridiques qu'il faut évaluer l'harmonisation en droit de l'Union.

627 **Étendue de la compétence de l'Union**. Le rattachement à la théorie des compétences a pour première conséquence que le législateur européen lié par le principe de la compétence d'attribution ne possède que les compétences qui lui sont reconnues explicitement ou implicitement par le traité (16). Une législation ayant comme finalité la protection de la santé publique ne peut se fonder sur le marché intérieur. Mais inversement, les bases juridiques d'harmonisation dans le traité de Rome (art. 114 et 115 TFUE) sont très larges et ouvrent un champ normatif potentiellement considérable. Les articles précités forment en effet avec l'article 352 TFUE (ex-308 CE, adaptation) des bases juridiques résiduelles et supplétives, c'est-à-dire susceptibles de s'appliquer si d'autres fondements juridiques font défaut (17). Dans un arrêt remarqué, la Cour de justice a donné une interprétation très large de la notion d'harmonisation, notamment par rapport à l'ex-article 308 CE. L'instauration d'une procédure commune d'autorisation d'arômes de fumées utilisés dans la production de denrées alimentaires peut se fonder sur l'ex-article 95 CE, alors même qu'il n'existe en la matière aucune législation nationale à harmoniser (18). Encore faut-il cependant que l'harmonisation tende à une amélioration des conditions du marché. La simple constatation de disparités entre les réglementations nationales ne suffit pas pour justifier le recours à l'ex-article 95 (devenu 114 TFUE) (19). Sous cette réserve, il importe peu que les disparités à combattre existent effectivement ou bien qu'elles ne soient que potentielles si du moins la probabilité en paraît bien établie (20).

Le principe de la compétence d'attribution ne suffit pas à répondre totalement à la question. Il s'agit aussi de déterminer si l'harmonisation relève de la compétence exclusive ou de la compétence partagée. Les textes antérieurs au traité de Lisbonne laissaient la question dans l'expectative. Mais à aucun moment la Cour de justice n'a rangé globalement l'harmonisation parmi les compétences exclusives de l'Union. Encore faut-il relever le caractère hautement spéculatif de cette question. En effet l'harmonisation en tant qu'opération juridique spécifiquement européenne ne peut être entreprise que par l'Union. En revanche, les matières sur lesquelles porte l'harmonisation peuvent parfaitement relever de la compétence partagée. Relevant de la compétence partagée, l'harmonisation se voit donc soumise aux exigences du principe de subsidiarité (21). Le traité de Lisbonne confirme cette approche en rangeant le marché intérieur parmi les compétences partagées (art. 4 TFUE). Ce constat n'épuise cependant pas la totalité de la question dans la mesure où il existe comme l'on sait des compétences exclusives

(16) CJCE, 5 oct. 2000, *Allemagne c. PE et Conseil*, aff. C-376/98, *Rec.* I-8419.

(17) L. Defalque, *in Libre circulation des personnes et des capitaux. Rapprochement des législations, Commentaire Mégret*, 3e éd., Éditions de l'Université de Bruxelles, 2006, p. 228 et s.

(18) CJCE, 6 déc. 2005, *Royaume-Uni c. Parlement européen et Conseil*, aff. C-66/04, *Rec.* I-10574, *Europe* nº 30.

(19) CJCE, 12 juill. 2005, *Alliance for Natural Health*, aff. C-154 et 155/04, *Rec.* I-6451.

(20) CJCE, 14 déc. 2004, *Arnold André*, aff. C-434/02, *Rec.* I-11869.

(21) CJCE, 9 oct. 2001, *Pays-Bas c. PE et Conseil*, aff. C-377/98, *Rec.* I-70.

par nature mais aussi des compétences exclusives par exercice. Ces dernières résultent d'une activation très forte de sa compétence par le législateur de l'Union ne laissant plus aucune marge de manœuvre aux États membres. Tel est souvent le cas lorsque l'on se trouve en présence d'une harmonisation totale ou exhaustive (22). Dans cette hypothèse, les États membres ne peuvent donc plus intervenir, sous réserve cependant de la déclaration annexe n° 18 au traité de Lisbonne, qui admet la réversibilité dans le domaine des compétences.

§ 2. LE DOMAINE DE L'HARMONISATION

628 Si l'on écarte les dispositions concernant des domaines spécifiques, tel notamment l'espace de liberté, de sécurité et de justice (notamment les articles 82 et 83 TFUE) ou les politiques communes (environnement, art. 191 TFUE, etc.), le domaine général de l'harmonisation se voit fixé aux articles 114 et 115 TFUE (ex-articles 95 et 94 CE). L'article 115 (23) se montre assez laconique en se bornant à évoquer « le rapprochement des dispositions législatives, réglementaires et administratives des États membres qui ont une incidence directe sur l'établissement ou le fonctionnement du marché intérieur ». En revanche, l'article 114 fait preuve de plus de clarté en centrant sons champ d'application sur les dispositions « qui ont pour objet l'établissement et le fonctionnement du marché intérieur ». Il paraît assez difficile de faire le départ entre les deux dispositions, d'autant que l'article 115, se substituant à l'ex-article 94 CE a fait disparaître les références au *marché commun*, qui nonobstant l'acte unique européen de 1986 et la mise en place du *marché intérieur*, avait perduré dans les textes officiels des traités, créant ainsi une inutile complication. Dans les deux cas, le marché intérieur (24) se trouve donc au centre des processus d'harmonisation (A). Dans ce contexte, l'articulation entre les deux dispositions devient sinon plus aisée, du moins plus intellectuellement logique (B).

A. Le marché intérieur

1. Notion de marché intérieur

629 **Définition**. L'article 114 TFUE (ex-article 95 CE), issu de l'acte unique européen, et destiné à la réalisation du marché intérieur, s'explique surtout par le semi-échec de son prédécesseur, qui s'était trouvé largement paralysé non seulement par l'exigence d'unanimité mais également par la lourdeur des méthodes d'harmonisation. Les auteurs de l'acte unique avaient voulu présenter cette nouvelle disposition comme secondaire et dérogatoire par rapport à l'ex-article 94 CE (devenu 115 TFUE) qui était censé demeurer l'article de principe. Cette vision paraissait cependant dès l'origine erronée dans la mesure où le nouvel article se voyait attribuer la tâche capitale de mettre en

(22) V. *infra*, n° 652.

(23) Disposition historiquement la plus ancienne (ex-art. 100 CEE).

(24) J. Molinier et N. de Grove-Valdeyron, *Droit du marché intérieur européen*, LGDJ, coll. Systèmes, 3e éd., 2011.

place le marché intérieur envisagé par le livre blanc de la Commission de 1985 (25) comme le grand œuvre de la décennie à venir et en raison de sa plus grande souplesse d'utilisation. Le marché intérieur constitue donc l'objet central de l'harmonisation que ce soit dans le cadre de l'article 114 ou dans celui de l'article 115. Le traité de Rome dans sa version originaire ne définissait pas le marché commun. La Cour de justice avait cependant pallié cette lacune en indiquant dans un arrêt *Schul* de 1982 que celui-ci visait « à l'élimination de toutes les entraves aux échanges intra-communautaires en vue de la fusion des marchés nationaux dans un marché unique réalisant les conditions aussi proches que possibles de celles d'un véritable marché intérieur » (26). S'inspirant de cette définition, et d'une manière plus sobre, l'acte unique européen définissait à son tour le marché intérieur, selon les termes de l'ex-article 14 § 2 CE, comme « un espace sans frontières intérieures dans lequel la libre circulation des marchandises, des personnes, des services et des capitaux est assurée selon les dispositions du présent traité ». Cette définition permettait enfin de donner une vision synthétique des quatre célèbres libertés de circulation reconnues dès 1957. De plus l'évocation de la disparition des frontières intérieures – même si le terme frontières doit être pris dans son sens économique – permettait de symboliser le projet européen en soulignant qui plus est son caractère dynamique.

Bien sûr les commentateurs ont relevé la relative timidité des termes employés, car ces libertés ne sont pas absolues, elles reposent essentiellement sur les traités et restent encadrées par celui-ci, c'est-à-dire par toutes les restrictions et limitations qu'il comporte. De plus cet article 14 n'est pas destiné à faire naître des droits dans le chef des particuliers. Il se borne à inviter les États membres et le législateur de l'Union à prendre avant la date symbolique du 31 décembre 1992 les mesures nécessaires pour faire tomber toutes les barrières subsistantes. Une déclaration additionnelle à l'Acte unique européen – la déclaration n° 4 précise bien que « la fixation de la date du 31 décembre 1992 ne crée pas d'effets juridiques automatiques ». Pour preuve, l'ex-article 100 B CEE (version issue de l'Acte unique européen) et abrogée par le traité d'Amsterdam, prévoyait qu'au cours de l'année 1992, un recensement serait opéré avec les États membres en vue de faire disparaître, dans la mesure du possible, les entraves résiduelles.

630 **Traité de Lisbonne**. Le traité Constitutionnel se proposait de donner au marché intérieur une place beaucoup plus conséquente dans le texte de base. Celui-ci se voyait consacrer tout le chapitre 1er du titre III (politiques et actions internes) de la troisième partie de la Constitution (art. III-130 à III-176). Les quatre libertés fondamentales étaient présentées et développées à l'intérieur de cet ensemble, de même que les règles de concurrence et celles concernant l'harmonisation des législations nationales. Le traité de Lisbonne n'a pas repris ces vastes ambitions. Certes le marché intérieur sort du relatif anonymat dans lequel l'avait placé le traité CE et il obtient même un titre entier : le titre I de la troisième partie du TFUE. Mais ce titre n'englobe plus les libertés de circulation – ce qui paraît profondément illogique compte tenu de la définition même du marché intérieur – et il se réduit à deux articles (26 et 27 TFUE). Ces deux articles se bornent à reconduire l'existant, dont la définition du marché intérieur reprise sans

(25) Com (85) 310 final.

(26) CJCE, 5 mai 1982, *Schul*, aff. 15/81, *Rec.* 1409 ; v. aussi 17 mai 1994, *Commission c. France*, aff. C-41/93, *Rec.* I-1829.

changement, ainsi que la clause du développement équilibré de l'ensemble des secteurs concernés (art. 26 § 3) et celle de la prise en compte des difficultés que pourraient rencontrer certains États membres pour se hisser aux normes de l'Union (art. 27 TFUE).

2. Réalisation du marché intérieur

631 **Progressivité**. Selon les termes de l'ex-article 14 § 1er CE, le marché intérieur devait être mis en place progressivement au cours d'une période expirant le 31 décembre 1992. La Commission présidée par Jacques Delors misait sur le facteur temps et l'effet d'entraînement pour réaliser son ambitieux projet, reprenant ainsi les recettes qui avaient si bien réussi pour la mise en place de l'Union douanière et de la PAC dans les années 1960. Mais il va de soi que les techniques de réalisation du marché intérieur et notamment la nouvelle procédure d'harmonisation du marché intérieur ne se voyaient pas limitées à cette seule période, ce qu'une interprétation restrictive de l'ex-article 95 CE par rapport à l'ex-article 94 aurait pu laisser penser. En effet, outre qu'à la date précitée, l'ensemble des mesures appropriées n'avaient pu être toutes adoptées, il est évident que le marché intérieur une fois établi suppose une gestion au quotidien comme une actualisation régulière. Celles-ci relèvent de l'ex-article 95 CE d'autant que cette disposition concerne non seulement l'établissement mais aussi le fonctionnement du marché intérieur. D'ailleurs le traité de Lisbonne, tout en reprenant à l'article 26 TFUE l'essentiel de l'ex-article 14 CE, a abrogé son paragraphe premier qui établissait l'échéance de 1992, pour se rallier à une conception intemporelle du marché intérieur (art. 26 § 1er TFUE). Cet article donne compétence à l'Union pour adopter les mesures « destinées à établir ou assurer le fonctionnement du marché intérieur… ».

632 **Pérennité et vitalité du marché intérieur.** Le marché intérieur, souvent qualifié de marché unique par la Commission, n'est pas une construction définitive et figée. Il implique une gestion au quotidien, d'autant que les États membres ou les opérateurs économiques savent faire preuve d'ingéniosité pour instaurer de nouvelles barrières ou entraves aux échanges intra-communautaires. La perspective 2012, marquant le vingtième anniversaire de l'ouverture des frontières, a suscité de nombreux projets et réflexions de la part des institutions de l'Union, notamment de la Commission, porteuse et gardienne de la conception originaire. Ainsi a-t-elle présenté le 20 novembre 2007 une communication dénommée *Un marché unique pour le xxie siècle* (27), puis le 29 juin 2009 une recommandation « concernant les mesures visant à améliorer le fonctionnement du marché unique » (28).

L'ancien commissaire européen Mario Monti a rédigé un rapport à la demande de son institution d'origine en vue d'une initiative visant à relancer le marché unique, présenté le 9 mai 2010 sous le titre *Une nouvelle stratégie pour le marché unique* (29). Le rapport entend lutter contrer une certaine « lassitude de l'intégration » et dénoncer l'appartenance au passé du marché unique. Il propose une stratégie globale autour de trois grands ensembles d'initiatives. Trente-cinq d'entre elles visent à renforcer le mar-

(27) COM (2007) 724 final.

(28) No 2009/524, *JOUE* L 176, 7 juill. 2009.

(29) Sur ce document, L. Idot, « Une nouvelle stratégie pour le marché unique. À propos du rapport Monti », *Europe* août-sept. 2010, p. 3.

ché unique à la fois par des mesures juridiques et économiques. L'accent est mis aussi sur certains domaines novateurs (l'économie numérique, la croissance verte, etc.). Le souci de simplification et d'allègement de la réglementation est également présent de même que celui du renforcement de certains contrôles.

La Commission, sous l'impulsion du nouveau commissaire au marché intérieur Michel Barnier, a ensuite présenté une cinquantaine de propositions dans un document intitulé *Vers un acte pour le marché unique* publié le 27 octobre 2010 (30) et lancé le débat public autour d'elles. Une communication du 13 avril 2011 opère le lien avec la stratégie Lisbonne et les projets de relance économique sous le titre *Douze leviers pour stimuler la croissance et renforcer la confiance* (31). Pour sa part, le Parlement européen a mis l'accent sur la dimension humaine et citoyenne du marché intérieur en adoptant le 20 mai 2010 une résolution intitulée *Donner un marché unique aux citoyens et aux consommateurs* (32).

3. Base juridique marché intérieur

633 **Application.** La pratique comme la jurisprudence confirment la conception large, sinon attractive, tant du marché intérieur que de la procédure d'harmonisation qui lui est associée selon les termes mêmes de l'ex-article 95 CE et aujourd'hui de l'article 114 TFUE (33). L'ex-article 95 CE a servi d'instrument pour la mise en œuvre du livre blanc de la Commission, lequel n'envisageait pas moins (dans sa version initiale) de trois cents mesures pour l'ouverture totale du marché unique européen. De plus, les institutions de l'Union en général, sous réserve peut-être du Conseil, manifestent en cas d'hésitation sur la base juridique d'une mesure une nette préférence pour cette disposition qui, relevant depuis le traité de Lisbonne de la procédure législative ordinaire, cumule les avantages de la légitimité (codécision du Parlement européen) et de l'efficacité (majorité qualifiée au Conseil). Il en va de même pour la Cour de justice, qui, dans les nombreux conflits de base juridique auxquels il lui faut répondre, a souvent tranché en faveur de l'ex-article 95 CE, même si aujourd'hui, on peut considérer sa doctrine bien établie autour du critère du contenu et du but principal de la mesure envisagée (34).

Cette doctrine permet également de trancher les conflits de frontière avec les domaines où le traité refuse toute compétence d'harmonisation aux institutions de l'Union (35). C'est le cas pour certaines politiques « nouvelles » mises en place par le traité de Maastricht, comme la culture (ex-art. 151 § 5 CE devenu 167 § 5 TFUE), l'éducation (ex-art. 149 § 4 CE devenu 165 § 4 TFUE) ou la santé publique (ex-art. 152 § 4 point c CE devenu 168 § 5 TFUE). Ce dernier domaine a provoqué de nombreuses hésitations, surtout confronté à l'ex-article 95 § 3 (devenu 114 § 3 TFUE) qui invite la

(30) COM (2010) 608 final ; D. SIMON, « Marché unique : la grande relance ? », *Europe* déc. 2010, p. 1.

(31) COM (2011) 0206 final.

(32) Doc. P7TA (2010) 186.

(33) «... les dispositions suivantes s'appliquent pour la réalisation des objectifs énoncés à l'article 26 ».

(34) CJCE, 17 mars 1993, *Commission c. Conseil (dir. déchets)*, aff. C-155/91, *Rec.* I-939 ; 4 avr. 2000, *Commission c. Conseil (étiquetage de la viande)*, aff. C-269/97, *Rec.* I-2257.

(35) Le traité constitutionnel (art. I-16) comme le traité de Lisbonne (art. 6 TFUE) confirment le classement à part de ces domaines qui relèvent des compétences d'appui, de coordination ou de complément.

Commission à prendre pour base un niveau de protection élevé pour ses propositions d'harmonisation « en matière de santé, sécurité, etc. ». Dans la première affaire de la publicité pour le tabac, la Cour de justice a annulé, à la demande de certains gouvernements et au grand dam des associations de lutte contre le tabagisme, pour erreur de base juridique, une directive qui avait pour objet essentiel la protection de la santé publique et non la facilitation des échanges intra-communautaires (36). Une seconde version de la directive (n° 31/2001 du 5 juin 2001) plus nettement centrée sur les exigences de libre circulation a recueilli l'approbation de la Cour (37) sur la base du critère du but et de l'objet principal de la mesure (38).

634 **Traité de Lisbonne**. S'inspirant du traité constitutionnel, soucieux sur ce point de prendre en compte les réactions négatives de certains États membres face aux interprétations systématiquement larges à leurs yeux de la jurisprudence de la Cour, le traité de Lisbonne entend lutter contre certaines déviances pouvant résulter d'une utilisation excessive des procédures d'harmonisation. Le garde-fou qu'il met en place ne se situe cependant pas parmi les procédures d'harmonisation, mais dans une modification de la procédure d'adaptation (dénommée clause de flexibilité par le traité constitutionnel – art. I-18) de l'ex-article 308 CE, devenu 352 du TFUE. Ce texte prévoit que ladite procédure ne pourra pas servir de substitut à l'interdiction d'harmoniser qui peut résulter de dispositions précises des traités de l'Union, pour beaucoup regroupées au sein d'une catégorie nouvelle de compétences : les domaines des actions d'appui, de coordination ou de complément (39) (art. I-17 du traité constitutionnel, art. 6 TFUE) (40). Il y a cependant fort à parier, que par le jeu du choix de la base juridique, ces clauses prohibitives n'auront guère plus de succès qu'hier.

635 **Domaines exclus**. Mais pour large que soit son champ d'application, le recours à l'article 114 TFUE n'en demeure pas moins subsidiaire, puisqu'il s'incline lorsque « les traités en disposent autrement ». Plus précisément, l'article 114 apparaît comme une procédure certes générale mais aussi résiduelle qui cède le pas devant deux autres catégories de dispositions. D'abord celles qui lui sont extérieures et qui résultent de dispositions spécifiques des traités, comme celles qui existent en matière d'environnement (art. 191 TFUE), de droit d'établissement (art. 53 TFUE), de fiscalité (art.113 TFUE) ou d'espace de liberté de sécurité et de justice (art. 82 et 83 TFUE) etc., ces dernières

(36) CJCE, 5 oct. 2000, *Allemagne c. Parlement européen et Conseil*, aff. C-376/98, *Rec.* I-8419 ; 5 oct. 2000, *Imperial Tobacco*, aff. C-74/99, *Rec.* I-8599.

(37) CJCE, 10 déc. 2002, *British american tobacco*, aff. C-491/01, *Rec.* I-11453, Chronique de jurisprudence, *RDUE* 4/2002, p. 852 ; v. aussi 12 déc. 2006, *Allemagne c. PE et Conseil*, aff. C-380/03, *Rec.* I-11573 ; E. Muir, « Chronique de jurisprudence CJCE, et TPICE », *RDUE* 1/2007, p. 188 et s.

(38) Pour une application récente dans le rapport harmonisation santé publique : CJCE, 12 juill. 2005, *The Queen c. Secretary for state of Health*, aff. C-154 et 155/04, *Rec.* I-6451, *Europe* oct. 2005, n° 334, note E. Meisse ; B. Guignier, « Le marché commun, un écran de fumée pour la législation communautaire contre le tabagisme », *RMCUE* n° 527, avr. 2009, p. 257 et s.

(39) C. Blumann et L. Dubouis, *Droit institutionnel de l'Union européenne*, Manuel Litec, 4e éd., 2010, p. 424.

(40) Ceux-ci comprennent la protection de la santé humaine (sous réserve de ce qui relève des compétences partagées), l'industrie, la culture, le tourisme, l'éducation la jeunesse le sport et la formation professionnelle, la protection civile, la coopération administrative. L'emploi sans faire partie de la liste se caractérise aussi par l'interdiction d'harmonisation (art. 149 TFUE)

ayant le caractère de *lex specialis* par rapport à la procédure générale. Ensuite d'autres dispositions – internes celles-là – qui résultent de la clause dérogatoire figurant à l'article 114 § 2 TFUE lequel exonère du dispositif général « les dispositions fiscales, la libre circulation des personnes, et celles relatives aux droits et intérêts des travailleurs salariés ».

636 ***Droit des personnes***. S'agissant de la libre circulation des personnes, l'harmonisation s'opère – non pas sur la base de l'article 115 TFUE (ex-article 114 CE) – mais selon les règles propres aux différentes matières qui composent ce compartiment de plus en plus important du droit de l'Union et qui se trouve aujourd'hui éclaté dans nombre de dispositions des traités. Ainsi en va-t-il des classiques droits d'établissement (art. 53 TFUE) et de libre prestation de services (art. 62 TFUE) ou des règles sur la reconnaissance des diplômes (art. 53 TFUE), sans préjudice de l'éventuelle application de l'article 21 TFUE en matière de droit de circulation et de séjour des citoyens européens ou bien encore des dispositions sur l'espace de liberté, de sécurité et de justice. Autrement dit, les domaines exclus visés par les paragraphes 1er et 2 de l'article 114 se recoupent assez largement.

637 ***Fiscalité***. C'est le cas aussi en matière de fiscalité où s'appliquent cumulativement les articles 114 § 2 et 113 TFUE. Ces deux dispositions impliquent le vote à l'unanimité au Conseil, ce qui peut expliquer les résultats assez modestes atteints par l'harmonisation en matière fiscale, y compris pour les marchandises. En effet, si ce n'est la fameuse « sixième directive » (41) consacrée à l'uniformisation de l'assiette de la TVA, la réalisation du marché unique au 1er janvier 1993 n'a pas eu l'effet d'entraînement escompté (42). Les États se sont ralliés à une vision minimaliste se limitant à une certaine harmonisation des taux de TVA (43) autour d'un taux normal et d'un ou plusieurs taux réduits. Dans le même sens, l'harmonisation des droits d'accises se heurte à l'énorme diversité des situations nationales sur des produits aussi sensibles que les tabacs, les alcools ou les combustibles et les résultats portent essentiellement sur des points mineurs (44).

B. Domaines respectifs des articles 114 et 115 TFUE

1. Délimitation théorique (45)

638 Initialement l'ex-article 100 CEE (devenu 94 CE, puis 115 TFUE) constituait le seul dispositif central d'harmonisation. L'introduction de l'article 100 A par l'acte unique (devenu 95 CE puis 114 TFUE) l'a vidé pour une bonne part de sa substance, mais tout en lui conservant son rôle tutélaire puisque la « nouvelle » procédure d'harmonisation

(41) 17 mai 1977, *JOCE* L 145, 13 juin 1977.

(42) V. *supra* la notion d'imposition intérieure, nº 534 ; v. aussi : CJCE, 22 févr. 2001, *Ministerio Publico*, aff. C-393/98, *Rec.* I-1327.

(43) Dir. 16 déc. 1991, *JOCE* L 376, 31 déc. 1991.

(44) Dir. 25 févr. 1992, *JOCE* L 76, 23 mars 1992.

(45) A. MATTERA, « L'harmonisation des législations nationales : un instrument d'intégration et de reconnaissance mutuelle », *RDUE* 4/2010, p. 690.

se présentait comme *dérogatoire* par rapport à sa devancière. Le traité de Lisbonne met fin à cette vision et, même s'il maintient un lien entre les deux procédures, il donne une réelle prévalence à l'article 114 qui au demeurant précède dorénavant dans la numérotation du traité son homologue, lequel d'ailleurs s'applique « sans préjudice de l'article 114 ».

Était-il nécessaire dans ces conditions de maintenir l'article 115 (ex 94 CE) ? Et ce d'autant plus que le domaine de l'article 115 s'est réduit avec le traité de Lisbonne. Initialement cet article s'appliquait pour harmoniser des législations nationales « ayant une incidence directe sur l'établissement ou le fonctionnement du marché commun ». Cette formule ambiguë avait provoqué des commentaires assez fournis (46). Du fait de l'absence de définition du marché commun dans les traités initiaux, on pouvait en déduire que l'article 114 pouvait jouer en dehors des quatre libertés traditionnelles de circulation. Nombre de commentateurs du traité de Rome voyaient d'ailleurs dans l'ex-article 100 CEE, au même titre que dans l'ex-article 235 CEE, l'une des deux dispositions permettant au législateur communautaire de s'aventurer hors des domaines de compétence qui avaient été transférées aux Communautés. L'un et l'autre constituaient les exemples des compétences subsidiaires ou complémentaires qui pouvaient être exercées par la Communauté sans avoir à entreprendre un processus de révision. Or, le traité de Lisbonne, dans le souci tout à fait louable de faire disparaître les références au marché commun dans les traités réformés, substitue le marché intérieur au marché commun dans la formule précitée de l'article 115 TFUE, mais compte tenu de la définition donnée dorénavant par l'article 26 TFUE du marché intérieur, il circonscrit également « l'ancienne » procédure d'harmonisation aux seules libertés traditionnelles.

639 Il y a donc fort à parier que l'article 115, compte tenu de son caractère résiduaire voire secondaire, entre dans une phase de léthargie, d'autant qu'il doit non seulement s'effacer devant l'article 115 mais aussi devant les dispositions spécifiques d'harmonisation prévues par les traités, qu'il s'agisse de dispositions formelles ou de dispositions implicites, puisque dans des domaines comme celui de la PAC, la Cour de justice a estimé que, sans le préciser formellement, les dispositions agricoles du traité pouvaient permettre de réaliser des harmonisations de législations nationales sans recourir à l'ex-article 100 CEE (47). Certes subsistent des différences formelles et procédurales (v. *infra* n° 644) mais celles-ci ne sont pas assez convaincantes pour attribuer à l'article 115 une supériorité technique, d'autant que l'article 114 permet aux États de bénéficier de dispositifs de sauvegarde, ce qui n'est pas le cas de l'article 115.

Les deux dispositifs ont donc bien un seul et même objet : le marché intérieur. La seule différence subsistante tient à la nature des législations nationales qu'il convient d'harmoniser : celles « qui ont pour objet l'établissement et le fonctionnement du marché intérieur » pour l'article 114 et celles « qui ont une incidence directe sur l'établissement et le fonctionnement du marché intérieur » pour l'article 115. Autrement dit, le lien entre la mesure et son objectif paraît plus intense dans le premier que dans le second cas. Dans le premier cas, il s'agit d'harmoniser des législations qui sont au cœur du marché intérieur, qui en constituent le noyau central, le centre de gravité, alors que dans le second, on est en présence de législations plus périphériques, annexes,

(46) Sur l'ensemble de la question : D. VIGNES, « Rapprochement des législations », *in Commentaire Mégret*, tome 5, éditions de l'Université de Bruxelles, 2e éd., 1993, p. 312 et s.

(47) CJCE, 23 févr. 1988, *Royaume-Uni c. Conseil (hormones)*, aff. 68/86, *Rec.* 892.

connexes, voire accessoires. Elles ont cependant une incidence directe, donc un impact immédiat sur le marché intérieur. Elles sont à la périphérie mais dans un voisinage immédiat.

2. Identification des domaines

640 Qu'il s'agisse de l'article 114 ou 115 TFUE, on peut s'interroger sur les législations nationales qu'il incombe d'harmoniser. Le livre blanc de la Commission de 1985 recensait environ trois cents mesures à prendre et aujourd'hui l'essentiel du programme a été réalisé. Ne resterait plus alors qu'à gérer ou à faire fonctionner le marché intérieur, la phase d'établissement étant achevée. Bien sûr, une telle analyse fait preuve d'une grande superficialité. Outre qu'il paraît toujours difficile de distinguer ce qui relève de l'établissement et ce qui relève du fonctionnement, surgissent toujours de nouvelles activités qu'il convient à un moment donné d'encadrer. Les communications électroniques en fournissent un exemple évident.

641 **Liens avec les pouvoirs d'autoprotection des États membres**. Sous un autre angle, on a pu opérer un lien entre les domaines où l'on voit apparaître des restrictions à la liberté de circulation, combattues par la Commission et la Cour de justice au travers de l'article 36 TFUE et des exigences impératives d'intérêt général. C'est en effet dans cette zone grise des pouvoirs conservés par les États, pour faire face à certaines obligations d'intérêt public, que l'harmonisation des législations nationales prend tout son sens. Les articles 114 et 115 TFUE permettent d'harmoniser ou à tout le moins d'encadrer strictement les compétences conservées par les États et partant d'éviter le recours, toujours dangereux en droit de l'Union, à l'unilatéralisme (48). D'ailleurs, très souvent, les mesures d'harmonisation adoptées par le législateur de l'Union, notamment lorsqu'il s'agit d'harmonisation exhaustive, prévoient des dispositions qui reprennent la substance des justifications de l'article 36 TFUE ou des exigences impératives, en particulier lorsque celles-ci entendent assurer des protections aux opérateurs économiques, aux consommateurs ou tout simplement aux citoyens européens. L'harmonisation permet d'encadrer les pouvoirs des États, par des procédures d'information réciproque, des dispositifs d'alerte précoce, des interventions préventives de la Commission, etc., qui permettent de transformer des mesures *a priori* restrictives de libre circulation en compétences exercées dans l'intérêt de tous.

Il reste qu'il paraît abusif de vouloir limiter le domaine de l'harmonisation aux dérogations de l'article 36 ainsi qu'aux exigences impératives d'intérêt général. En effet, les articles 114 et 115 TFUE n'opèrent aucune liaison de ce type et de surcroît l'article 114 lui-même autorise encore les États membres, nonobstant l'adoption d'une mesure d'harmonisation au plan de l'Union, à utiliser certains pouvoirs protecteurs au titre des dérogations et exigences impératives, du moins s'il s'agit d'harmonisation incomplète (49). En outre, on voit mal ce qui pourrait interdire au législateur de l'Union d'engager des processus d'harmonisation des législations nationales en vue de la réalisation du marché intérieur, mais dans des domaines autres que constitutifs d'entraves

(48) F. Aubry-Caillaud, *La libre circulation des marchandises, nouvelle approche et normalisation européenne*, Pedone 1998.

(49) V. *supra*, n° 595 ; CJCE, 11 déc. 2003, *Deutsche Apotherkerverband*, aff. C-322/01, *Rec.* I-1277.

directes à la libre circulation, comme ceux des télécommunications ou des nouvelles technologies (50).

642 **Opportunité de l'harmonisation**. Le législateur européen dispose-t-il d'un pouvoir discrétionnaire ou d'une compétence liée pour engager un processus d'harmonisation ? Les termes des articles 114 et 115 du TFUE semblent faire pencher la balance dans le sens de l'obligation puisque dans un cas comme dans l'autre c'est l'indicatif (qui vaut impératif dans les textes juridiques) qui est employé. Il y aurait donc obligation pour le législateur de passer à l'action du moins lorsque les conditions de fond sont remplies. Dans l'affaire des *Cassis de Dijon* (51), l'Allemagne soutenait même qu'une harmonisation de législation devait précéder la libre circulation lorsque l'on se trouvait en présence d'entraves résultant de normes ou réglementation techniques. La Cour de justice a condamné cette thèse qui aboutissait en réalité à subordonner la libre circulation des produits à l'adoption de normes d'harmonisation, d'autant plus hypothétiques qu'à l'époque l'ex-article 100 CEE requérait l'unanimité au Conseil.

Ainsi donc l'engagement d'un processus d'harmonisation paraît pour une bonne part résulter d'un choix du législateur de l'Union. L'introduction d'un recours en carence (art. 265 TFUE), sanction théorique de l'inaction du législateur semble inadéquate et assez formelle. L'obligation pesant sur le législateur semble des plus vagues tant les conditions prévues par le traité – établissement et fonctionnement du marché intérieur – sont floues. Cela l'est d'autant plus avec l'article 115 qui recourt à la notion d'incidence directe.

§ 3. PROCÉDURES D'HARMONISATION

643 Sur ce plan aussi, les articles114 et 115 TFUE se présentent très différemment, car le second prend presque systématiquement le contre-pied du premier. Non seulement en ce qui concerne la procédure proprement dite (A), mais également par l'introduction de mécanismes de sauvegarde (B).

A. Élaboration des normes d'harmonisation

644 **Procédure de l'article 115**. Sous l'empire de l'ex-article 94 CE, « l'ancienne » procédure d'harmonisation se caractérisait par trois traits : l'exigence de l'unanimité au Conseil dont le caractère paralysant a déjà été relevé, le rôle limité du Parlement européen, qui à l'origine même n'était consulté que pour les directives « dont l'exécution comporterait dans un ou plusieurs États membres une modification de dispositions législatives », mais qui a obtenu avec Maastricht le droit de se voir systématiquement consulté ; et enfin le monopole de la directive, en qualité d'instrument de l'harmonisation, ce qui se comprend compte tenu de la nécessaire souplesse que doit conserver ce genre d'exercice et qui confirme assez bien le rôle d'instrument de « législation indirecte » que la Cour de justice a reconnu à la directive (52). Le traité de Lisbonne retient

(50) La dir. sur le marché intérieur des services postaux (97/67 du 15 déc. 1997, *JOCE* L 015, 21 janv. 1998) se fonde sur l'ex-article 95 CE.

(51) CJCE, 20 févr. 1979, *Rewe-Zentral*, aff. 120/78, *Rec.* 649.

(52) CJCE, 29 juin 1993, *Gouvernement de Gibraltar c. Conseil*, aff. C-298/89, *Rec.* I-3605.

une procédure législative spéciale, mais dans laquelle le Conseil, certes seul décideur final, statue à la majorité qualifiée. Il y a là un nouvel élément de rapprochement avec la procédure de l'article 114 TFUE.

645 **Procédure de l'article 114.** La « nouvelle » procédure se veut tout à la fois plus performante et soucieuse des droits de la représentation démocratique, grâce à l'application de la procédure législative ordinaire, sous réserve cependant des trois domaines sensibles que constituent la fiscalité, la libre circulation des personnes et les droits et intérêts des travailleurs salariés, soumis à d'autres procédures prévues par les traités. Encore faut-il relever le rôle particulier imparti à la Commission. Celle-ci dispose certes du monopole de l'initiative, mais ses propositions « en matière de santé, de sécurité, de protection de l'environnement et de protection des consommateurs... (prennent) pour base un niveau de protection élevé ». Ainsi et indépendamment du rôle particulier que jouent les organismes de normalisation, lorsqu'il s'agit d'élaboration de normes techniques, son pouvoir est-il plus étroitement conditionné que de coutume. Mais en réalité, ce type de prescription relève plus de l'intention politique que de l'obligation juridique, car on voit mal comment sanctionner la Commission au cas où elle s'en affranchirait, compte tenu notamment de la clause « modératrice » de l'article 27 TFUE.

S'agissant des instruments juridiques, l'ex-article 100 A (devenu 114 TFUE) avait été remarqué lors de son introduction par la rupture du monopole de la directive comme vecteur juridique de l'harmonisation. La souplesse attendue de cet instrument n'avait pas atteint le résultat recherché, puisque le législateur européen avait au contraire préféré adopter des normes extrêmement détaillées et précises, contraires à l'esprit de la directive. L'article 114 prend acte de cette réalité en permettant au législateur d'arrêter les « mesures » adéquates, ce qui englobe bien évidemment toutes sortes de catégories d'actes, et notamment des règlements (53). même si la directive demeure l'instrument privilégié en matière d'harmonisation.

B. Le dispositif de sauvegarde

646 Contrepartie de la procédure législative ordinaire, l'article 114 TFUE instaure deux mécanismes de sauvegarde (54). Le premier (ex § 4) a beaucoup retenu l'attention de la doctrine car il multiplie les points d'interrogation, d'où d'ailleurs de nombreuses modifications. Le second (ex § 5) passe plus inaperçu. En revanche, l'article 115, nonobstant le basculement avec le traité de Lisbonne dans la majorité qualifiée au Conseil, ne prévoit pas de clause de sauvegarde.

1. Clause de sauvegarde a posteriori

647 **Régime ancien**. L'ex-article 100 A § 4 CEE est appelé à jouer *a posteriori,* c'est-à-dire après l'adoption par le Conseil, se prononçant à la majorité qualifiée, d'une mesure d'harmonisation ; ce qui semblait exclure son application en cas de décision prise à

(53) La Cour confirme le libre choix de l'acte par le législateur dans l'arrêt du 6 déc. 2005, *Royaume-Uni c. Parlement européen et Conseil*, aff. C-66/04, *Rec.* I-10555, *Europe* n° 30.

(54) N. De Sadeleer, « Les clauses de sauvegarde prévues à l'article 95 du traité CE : l'efficacité du marché intérieur en porte-à-faux avec les intérêts nationaux dignes de protection », *RTDE* 1/2002, p. 53.

l'unanimité. Un État peut y recourir s'il estime nécessaire « d'appliquer » des dispositions nationales, elles-mêmes justifiées par un ou plusieurs motifs de l'article 30 ou par certaines exigences impératives d'intérêt général, non mentionnées par celui-ci : protection du milieu de travail ou de l'environnement (55). Deux équivoques subsistaient à ce stade : le terme « appliquer » doit-il s'entendre comme se limitant à des législations existantes ou autorise-t-il les États à en instituer de nouvelles ? En second lieu, seuls les États ayant voté contre la norme d'harmonisation ou l'ensemble d'entre eux sont-ils autorisés à invoquer le paragraphe 4 ?

Sur le plan procédural, la Commission contrôle les mesures étatiques dérogatoires, dès leur communication. Elle les confirme ou non après vérification de leur caractère non discriminatoire et non protectionniste (56). La Cour de justice peut en connaître par le biais d'un recours en manquement accéléré, ce qui n'exclut pas le classique recours en annulation contre les décisions de confirmation ou d'invalidation prises par la Commission (57).

648 **Régime nouveau.** Le traité d'Amsterdam est venu apporter un certain nombre de modifications à ce dispositif. Le nouveau texte reconnaît clairement le droit aux États d'adopter des mesures nouvelles postérieurement à la norme d'harmonisation, mais à la condition qu'elles soient justifiées par des raisons tirées de la protection du milieu de travail ou de l'environnement, ce qui exclut tout autre motif de l'article 36 TFUE ou exigence impérative d'intérêt général. De plus ces dispositions doivent se fonder « sur des preuves scientifiques nouvelles » (58). Il s'agit donc essentiellement de tenir compte, dans des domaines très sensibles de l'évolution des techniques, et de permettre aux États membres d'aller plus loin que les législations de l'Union si la nécessité s'en fait sentir ou s'ils sont persuadés de pouvoir mieux faire (59).

Le traité d'Amsterdam lève également le doute sur la qualité des États susceptibles d'invoquer le dispositif de sauvegarde. Ce droit appartient à tous les États, qu'ils aient voté contre ou en faveur de la mesure d'harmonisation, ce qui paraît d'autant plus justifié que la Commission se voit reconnaître la capacité d'édicter, sous certaines conditions, de telles normes. Le traité d'Amsterdam renforce également les pouvoirs de contrôle de l'exécutif indépendant. Un contrôle qui peut déboucher sur des propositions de nouveaux textes législatifs au niveau de l'Union (60).

(55) Sur la difficulté de distinguer entre une harmonisation partielle et le maintien d'une législation nationale antérieure : CJCE, 18 mai 2000, *Max Rombi*, aff. C-107/97, *Rec.* I-3367.

(56) Sur l'application du principe du contradictoire à ce stade : CJCE, 20 mars 2003, *Danemark c. Commission*, aff. C-300, *Rec.* I-2643, *Europe* mai 2003, n° 156, note D. Simon ; *RDUE* 2/2003, jurisprudence, p. 510.

(57) CJCE, 17 mai 1994, *Article 100 § 4*, aff. C-41/93, *Rec.* I-1831 ; CJCE, 1er oct. 1998, *W. Burstein*, aff. C-127/97, *Rec.* I-6005 ; 1er juin 1999, *Kortas*, aff. C-319/97, *Rec.* I-3143.

(58) CJCE, 19 nov. 2009, *Nordiska Dental AB*, aff. C-288/08, *Rec.* I-11031.

(59) CJCE, 21 janv. 2003, *Allemagne c. Commission*, aff. C-512/99, *Rec.* I-845, *Europe* mars 2003, note E. Meisse ; TPICE, 5 oct. 2005, aff. T-366/03 et T-235/04. Le Tribunal rejette un recours de l'Autriche et du Land d'Oberöesterreich contre une décision de la Commission refusant une loi dudit Land interdisant toute culture d'OGM contrairement à la dir. du 12 mars 2001. La Commission se fondant sur l'avis des experts réunis dans l'autorité européenne de sécurité des aliments rejette les preuves scientifiques nouvelles apportées par l'Autriche. La même rigueur se relève dans un arrêt du TPICE, 27 juin 2007, *Pays-Bas c. Commission*, aff. T-180/06, *Rec.* II-1983, à propos d'une demande de dérogation à une dir. sur les émissions polluantes des véhicules à moteur diesel.

(60) Sur la nature juridique et contentieuse des actes adoptés par la Commission dans le cadre de l'article 95 § 4 : TPICE, 8 nov. 2007, *Pays-Bas c. Commission*, aff. T-234/04, *Rec.* II-4589.

2. Clause de sauvegarde a priori

649 **Objet.** La clause de sauvegarde de l'article 114 § 10 TFUE se présente dans un contexte différent. Elle s'inspire autant de l'idée de dérogation que de celle de sauvegarde. En effet, un État peut y recourir lorsque la norme d'harmonisation a elle-même prévu, expressément, cette faculté. Le dispositif est donc conçu *a priori,* ce qui explique que les textes se montrent beaucoup plus laconiques quant au régime de la clause. Peu importe que la norme d'harmonisation ait été adoptée à la majorité qualifiée ou à l'unanimité, peu importe encore que l'État membre entende appliquer une législation nationale préexistante ou en édicter une nouvelle, l'article 114 § 10 se borne à préciser qu'il ne pourra agir unilatéralement que « pour une ou plusieurs des raisons non économiques visées à l'article 36 », formule au demeurant contestable puisque justement aucun des motifs évoqués par cette disposition ne comporte de caractère économique.

Sans plus de précisions, les mesures étatiques se voient « soumises à une procédure de contrôle de l'Union ». Il appartient donc à la norme d'harmonisation d'en préciser la nature et le contenu. Néanmoins, on peut imaginer que conformément au schéma classique des clauses de sauvegarde, la Commission surtout, et éventuellement le Conseil saisi en appel, auront à en connaître. Rien n'interdit non plus une application du dispositif prévu pour les mesures de sauvegarde jouant *a posteriori* (61).

§ 4. LES MÉTHODES D'HARMONISATION

650 Le traité se montre très évasif sur cette question. Initialement le législateur européen semble avoir conçu l'harmonisation comme un procédé lourd de législation (A). L'exigence d'unanimité de l'ex-article 100 CEE semblait d'ailleurs placer sur des plans rapprochés l'harmonisation et le dispositif résultant de l'ex-article 293 CE qui permet aux États membres de conclure des conventions dans des domaines complexes à la périphérie directe du droit de l'Union (62). Il a fallu attendre le livre blanc de la Commission, porteur de la nouvelle approche, pour que l'harmonisation corresponde mieux à ce que le sens commun entend par ce vocable (B).

A. Les méthodes initiales

651 La période antérieure au livre blanc et à l'acte unique européen aura permis d'expérimenter toutes les méthodes d'harmonisation. La pratique montre qu'elles sont au nombre de quatre : harmonisation totale, optionnelle, partielle et reconnaissance mutuelle. En tout état de cause, le législateur dispose d'une large marge d'appréciation dans le choix de la méthode d'interprétation (63).

(61) Le nouveau dispositif sur la comitologie, issu du traité de Lisbonne et fondé sur l'article 291 TFUE, pourrait éventuellement trouver matière à s'appliquer : règlement n° 182/2011 du 16 févr. 2011, *JOUE* L 55, 28 févr. 2011.

(62) Abrogé par le traité de Lisbonne.

(63) CJCE, 6 déc. 2005, *Royaume-Uni c. Parlement européen et Conseil*, aff. C-66/04, *Rec.* I-10553, *Europe* n° 30.

652 **Harmonisation totale.** Selon A. Mattera, « on est en présence d'une harmonisation totale lorsqu'une directive impose des règles qui se substituent entièrement aux règles nationales existantes en la matière… L'effet d'une telle méthode est de "dessaisir" les États membres de leurs compétences dans les secteurs spécifiquement réglementés au niveau communautaire » (64). De plus, ils ne peuvent plus recourir aux moyens de défense de l'article 36 TFUE ni aux exigences impératives d'intérêt général (65). Néanmoins dans l'hypothèse où l'harmonisation exhaustive laisse le droit aux États membres d'adopter des mesures plus rigoureuses, celles-ci retombent alors dans le droit commun des articles 34 et 36 TFUE (66).

Les critères de l'harmonisation complète sont à rechercher du côté de l'objet et de l'économie générale du texte européen (67). L'intention du législateur de l'Union entre aussi en ligne de compte. A-t-il entendu poser des règles minimales que les États membres peuvent adapter et compléter ou au contraire réglementer d'une manière définitive l'ensemble de la question abordée. Néanmoins lorsque la directive d'harmonisation laisse une marge de manœuvre aux États ou bien ouvre des possibilités de dérogation, l'harmonisation peut encore être qualifiée de complète dès lors que le texte européen encadre strictement ces facultés résiduelles (68). Cette méthode a été utilisée pour des produits tels le cacao, les textiles ou la cristallerie.

653 **Harmonisation partielle.** Il en va ainsi lorsque le législateur de l'Union ne réglemente que certains éléments de la matière qui lui est soumise (69). Les États membres conservent donc leurs compétences dans les domaines non harmonisés (70). Dans la pratique, le recours à cette formule a lieu lorsque les États ne parviennent pas à se mettre d'accord sur une harmonisation plus poussée ou bien lorsqu'ils entendent se réserver des prérogatives de protection de l'intérêt ou de l'ordre public au sens de l'article 36 TFUE. De plus, le choix n'est pas toujours arrêté de manière consciente par le Conseil au moment de l'élaboration du texte, comme en témoignent les nombreux contentieux portant sur l'étendue exacte de l'harmonisation réalisée (71). Il en résulte qu'un même texte peut comporter un volet d'harmonisation exhaustive sur certains points et partielle sur d'autres (72). Ainsi en va-t-il d'une directive du 20 mars 2000 relative à l'étiquetage et à la publicité des denrées alimentaires (73). L'étiquetage fait l'objet d'une harmonisation totale et la publicité simplement partielle. Il en résulte que le contrôle juridictionnel pour éventuelle atteinte à la libre circulation des marchandises s'exerce dans le premier

(64) *Le marché unique européen*, *op. cit.*, p. 180.

(65) CJCE, 12 nov. 1998, *Commission c. Allemagne*, aff. C-102/96, *Rec.* I-6890 ; à propos de dir. sur la publicité des médicaments à usage humain : CJCE, 8 nov. 2007, *Gintec International Import-Export GmbH*, aff. C-374/05, *Rec.* I-9517, *Europe* janv. 2008, n° 10, note A. RIGAUX ; CJUE, 4 mars 2010, *Commission c. France*, aff. C-197/08 (prix du tabac), *Rec.* I-1623 ; pour une application par le Conseil d'État : CE, 10 juill. 2006, *Association pour l'interdiction des véhicules inutilement rapides*, req. 271835.

(66) CJCE, 11 déc. 2003, *Deutsche Apotherkerverband*, aff. C-322/01, *Rec.* I-1277.

(67) CJCE, 10 sept. 2009, *Commission c. Belgique*, aff. C-100/08, *Rec.* I-140, somm.

(68) CJCE, 25 avr. 2002, *Commission c. France*, aff. C-52/00, *Rec.* I-3827 ; 30 avr. 2009, *Lidl Magyarorszag*, aff. C-132/08, *Rec.* I-3841 ; *Europe* juin 2009 n° 231, note A. RIGAUX.

(69) CJCE, 23 nov. 2006, *Lidl Italia Srl*, aff. C-315/05, *Rec.* I-11181 (étiquetage des boissons alcoolisées).

(70) CJUE, 29 avr. 2010, *Solgar ea*, aff. C-446/08, *Rec.* I-3973 ; *Europe* juin 2010, n° 200, note J. DUPONT-LASSALLE.

(71) CJCE, 5 oct. 1994, *Centre d'insémination de la Crespelle*, aff. C-323/93, *Rec.* I-5077.

(72) CJCE, 12 oct. 2000, *Cidrerie Ruwet*, aff. C-3/99, *Rec.* I-8749.

(73) N° 2000/13, *JOCE* L 109, p. 29.

cas uniquement sur la base de la directive, alors que pour le second, il peut être fait appel aux dispositions générales du traité, soit notamment les articles 34 et 36 TFUE (74).

654 **Harmonisation optionnelle.** Dans ce contexte, l'harmonisation « optionnelle » peut apparaître comme une solution de transition bienvenue. Le législateur de l'Union élabore en effet une norme commune mais qui demeure facultative, les États membres pouvant conserver leur législation spécifique, en particulier pour la production et la commercialisation purement internes. Il en résulte que le produit conforme aux normes harmonisées au plan européen jouira d'une liberté de circulation absolue (sous réserve que l'harmonisation optionnelle soit en même temps intégrale), alors que cette liberté demeure aléatoire pour les produits qui ne respectent que les normes nationales. À l'inverse, les producteurs nationaux ne se voient pas imposer une norme commune dont l'application peut se révéler plus coûteuse, en particulier si elle exige une amélioration qualitative ou sécuritaire du produit (75).

655 **Reconnaissance mutuelle.** Cette dernière formule représente une autre forme d'harmonisation, bien que non expressément mentionnée par le traité de Rome dans sa version originaire, sous réserve de l'ex-article 47 CE (devenu 53 TFUE) en matière de reconnaissance de diplômes. Le silence du traité ne doit pas étonner en soi puisque la reconnaissance mutuelle constitue une situation naturelle d'échange d'un pays à l'autre. En effet, si un État laisse entrer sans entraves des produits en provenance de ses partenaires, c'est qu'il les juge, au moins implicitement, conformes à ses propres réglementations, et qu'il les accepte tels quels.

Le législateur de l'Union ne prendra en compte la reconnaissance mutuelle que vers la fin des années soixante, en vue d'éviter la répétition des contrôles administratifs ou techniques déjà effectués dans le pays d'origine de la marchandise (76). Mais il faudra attendre la multiplication des entraves au libre-échange et la renaissance d'un protectionnisme diffus pour que la Cour de justice dans la célèbre affaire des *Cassis de Dijon* (77) proclame l'équivalence des législations nationales et la reconnaissance mutuelle comme règles fondamentales du marché commun.

656 ***Reconnaissance mutuelle esprit.*** L'élément nouveau tient cependant moins à la formulation du principe lui-même qu'à la philosophie qui l'anime. Dès lors que l'Union constitue un espace économique, social et juridique homogène, les règles de fabrication et de commercialisation des produits s'avèrent en définitive assez proches d'un pays à l'autre. Les États membres également soucieux des mêmes impératifs de santé, de sécurité des produits et de protection des citoyens-consommateurs, les législations économiques qu'ils adoptent sont forcément voisines les unes des autres, donc équivalentes et parce qu'équivalentes, la reconnaissance mutuelle des règles et des contrôles s'impose naturellement (78).

(74) CJCE, 15 juill. 2004, *Douwe Egberts/NV Westrom Pharmal/NV*, aff. C-239/02, *Rec.* I-7007 ; J. Cavallini, Chronique de jurisprudence de la CJCE, (LCM), *RMCUE* n° 491, sept. 2005, p. 538.

(75) Une telle situation peut cependant se révéler de génératrices de discriminations à rebours, v. *supra*, n° 534 et thèse S. Cals, *La discrimination à rebours et le droit communautaire*, Toulouse I, févr. 2001.

(76) Actes du 28 mai 1969, *JOCE* C 76, 17 juin 1969.

(77) 20 févr. 1979, *Rewe-Zentral*, aff. 120/78, *Rec.* 649.

(78) Sur un bilan d'ensemble : A. Mattera, « La reconnaissance mutuelle : une valeur historique ancienne, un principe juridique intégrationniste, l'assise politique d'un modèle de société humaniste », *RDUE* 3/2009, p. 385 et s.

La Commission comprit très vite tout le parti que la construction européenne pouvait tirer de cette jurisprudence (79). *De facto*, le champ d'application de l'harmonisation « normative » se trouvait réduit et l'ex-article 94 CE pouvait – notamment l'exigence d'unanimité – se voir contourné. La voie était ainsi ouverte pour la nouvelle approche.

B. Le livre blanc et la nouvelle approche

657 Le livre blanc de la Commission (80) fait date dans l'histoire de la libre circulation en Europe. Il a pour objet la réalisation complète du marché commun et plus particulièrement des quatre grandes libertés fondamentales des marchandises, des personnes des services et des capitaux et ce, à une échéance relativement rapprochée, celle du 1er janvier 1993.

L'ancien processus d'harmonisation des législations porte une lourde responsabilité dans l'échec du projet initial de marché commun : outre l'exigence d'unanimité, la méthode d'harmonisation retenue – l'harmonisation totale – s'était révélée extrêmement paralysante. La Commission propose donc une double simplification : moins de réglementation d'une part, et là où celle-ci s'avère encore nécessaire, une réglementation beaucoup moins dense d'autre part.

658 **Allégement normatif.** Le premier principe s'inspire avant la lettre de l'idée de subsidiarité en même temps qu'il reflète l'idéologie de la déréglementation ou de la dérégulation fort prisée dans les années 1980. En termes juridiques, il s'agit de poursuivre l'œuvre entreprise par l'affaire des *Cassis de Dijon*, en généralisant les principes d'équivalence et de reconnaissance mutuelle (81). Le champ d'application de l'harmonisation « législative » doit donc se réduire comme une peau de chagrin, même si le livre blanc n'évoque pas moins de trois cents mesures nécessaires en vue de la réalisation du marché unique européen.

La Commission regroupe les entraves subsistantes en trois catégories : D'abord, les entraves physiques qui résultent principalement du maintien des contrôles douaniers et policiers aux frontières internes communautaires ; ensuite les entraves techniques, constituées par les disparités des normes législatives et réglementaires des États membres relatives à la production et la commercialisation des produits ; enfin les barrières fiscales découlant des différences encore importantes des taux de TVA ou des droits d'accises frappant spécifiquement certains produits sensibles (alcools, tabac, carburants, etc.). L'observateur ne manquera d'être surpris par le décalage entre les ambitions dérégulatrices affichées et l'énormité du travail législatif annoncé. Probablement s'agissait-il du prix à payer pour que le marché unique voie le jour dans le court laps de temps évoqué par le livre blanc.

659 **Exigences essentielles.** La seconde simplification porte sur le contenu de l'harmonisation. La formule de l'harmonisation complète doit laisser place à des techniques plus souples. La norme commune doit se limiter à quelques principes essentiels, qui

(79) Communication sur les suites de l'arrêt *Cassis de Dijon*, *JOCE* C 256, 30 oct. 1980.

(80) *JOCE* C 136, 4 juin 1985.

(81) Sur un bilan d'ensemble de ces deux techniques : G. Rivel, « Le principe de reconnaissance mutuelle dans le marché unique du XXIe siècle », *RMCUE* no 511, sept. 2007, p. 518 et s.

sont ceux de la protection de la santé, de la sécurité, de la protection de l'environnement et de celle des consommateurs. Quatre domaines sensibles dans lesquels les États membres conservent des pouvoirs importants, et dont il importe qu'ils ne fassent plus usage de manière unilatérale et probablement attentatoire à la libre circulation. L'harmonisation portera donc principalement sur ces questions qui coïncident – et ce n'est pas pur hasard – avec celles couvertes par l'ex-article 30 CE (devenu 36 TFUE) et par les exigences impératives d'intérêt général dégagées par la Cour de justice.

Pour ce qui échappe à ces exigences essentielles, l'harmonisation peut se réaliser par la technique du renvoi aux normes, et ce par le biais de mandats conférés à des organismes européens ou internationaux de normalisation. Cette technique connaît cependant un certain nombre d'amodiations en fonction de la nature des produits concernés. Si, en effet, elle peut, s'appliquer sans difficulté pour les produits industriels et les produits hautement technologiques, pour lesquels les professionnels ont acquis un réel savoir-faire, il en va différemment pour les produits agricoles et alimentaires. Dans ce dernier cas, la profession, souvent rudimentairement structurée, ne peut faire office d'interlocuteur valable pour la Commission ; de plus, les exigences en matière de santé et de protection des consommateurs sont telles que le législateur européen aura tendance à préférer une harmonisation législative plus lourde, faisant intervenir aussi les procédures de comitologie.

SECTION II — LES INSTRUMENTS D'INFORMATION, D'ALERTE, ET DE CONTRÔLE

660 **Textes de base.** L'harmonisation même revue et corrigée à la lumière du livre blanc et de l'acte unique demeure une procédure relativement lourde. Il serait souvent plus simple de mener une action précoce ou préventive de manière à empêcher toute dérive et surtout le recours au contentieux. Les articles 116 et 117 TFUE correspondent à cette inspiration. Ils viennent conforter le jeu des articles 114 et 115. L'article 116 prévoit en substance que si la Commission constate une disparité entre les législations nationales susceptibles de fausser les conditions de concurrence dans le marché intérieur et de provoquer une distorsion, elle entre en consultation avec les États membres concernés et peut prendre ensuite une initiative législative. L'article 117 instaure une sorte de procédure d'information-consultation à l'initiative d'un État membre qui voudrait modifier une législation nationale avec à la clé un risque de distorsion. La Commission peut recommander aux États membres de prendre les mesures appropriées.

Concrètement, ces deux dispositions sont quasiment restées lettre morte. Le succès des procédures de base – art. 114 et 115 – les a marginalisées. Au titre des explications, on peut relever que les conditions de recours à l'article 116 s'avèrent au total assez strictes (disparité, distorsion, concurrence faussée) et quant à l'article 117, il ne permet au mieux à la Commission que d'adopter des recommandations (82). Force est de constater au demeurant que les procédures préventives mises en place pour amé-

(82) D. Simon, Commentaire des articles 101 et 102 CEE, *in* V. Constantinesco, J.-P. Jacque, R. Kovar, D. Simon, *Commentaire par article du traité CEE*, *op. cit.*, p. 577 et s.

liorer le fonctionnement du marché intérieur ne se fondent pas juridiquement sur ces dispositions mais simplement sur l'article 114 TFUE. Plusieurs dispositifs confirment cette vision des choses.

661 **Système *Solvit*.** Mis en place en 2002, il s'agit d'un système de résolution préventive et amiable de certaines difficultés liées au fonctionnement du marché intérieur (83). Il prend le relais d'un plan d'action adopté en 1997 et visant à la création de centres de coordination. Chaque État membre doit mettre en place des services administratifs intégrés dans les administrations nationales et qui doivent collaborer entre eux et avec la Commission de façon à régler des problèmes transfrontaliers soumis par les citoyens ou les entreprises. La constitution d'une base de données constitue aussi un objectif central. Les plaignants reçoivent gratuitement une solution à leurs problèmes dans un délai moyen de dix semaines (84).

662 Au titre de procédures plus contraignantes ou du moins plus persuasives, on relève notamment la procédure d'information sur les nouvelles réglementations envisagées par les États, résultant de la directive n° 83/189, devenue n° 98/34 (§ 1) ainsi qu'un instrument d'alerte rapide pour faire face aux risques d'entrave à la libre circulation résultant d'un règlement du 7 décembre 1998 (§ 2). Plus récemment, l'Union s'est dotée d'un dispositif complémentaire destiné à mieux encadrer la mise sur le marché de produits ayant fait l'objet d'harmonisation ou de reconnaissance mutuelle. Ces textes, adoptés en 2008, marquent un moment fort dans l'histoire de la libre circulation des marchandises. Ils sont également connus sous le nom de paquet *Ayral* (85) (§ 3)

§ 1. LA PROCÉDURE D'INFORMATION SUR LES NOUVELLES ENTRAVES TECHNIQUES : LA DIRECTIVE N° 98/34 (EX-83/189)

663 **Objet de la directive.** Adoptée le 28 mars 1983 (86), modifiée à deux reprises pour en accroître l'efficacité (87) et codifiée par la directive du 22 juin 1998 (88), la directive n° 83/189 instaure une procédure d'information, large et obligatoire pour toutes les réglementations et normes techniques élaborées par les autorités nationales (89). Elle constitue un mécanisme de prévention des entraves techniques aux échanges, qui permet aux institutions de l'Union d'agir *a priori* et non plus seulement *a posteriori*. À cette fin, les projets de réglementation et normes techniques doivent être

(83) Recommandation de la Commission du 7 nov. 2001, *JOCE* L 331, 15 déc. 2001.
(84) Sur le fonctionnement pratique de ce système : www.touteleurope.eu/fr, 23 févr. 2011.
(85) Ancien directeur général à la Commission européenne.
(86) *JOCE* L 109, 26 avr. 1983.
(87) Dir. 88/182 du 22 mars 1988, *JOCE* L 81, 26 mars 1988 ; dir. n° 94/10 du 23 mars 1994, *JOCE* L 100, 19 avr. 1994.
(88) N° 98/34, *JOCE* L 204, 21 juill. 1998.
(89) Étendue aux services de la société de l'information par la dir. n° 9/48 du 20 juill. 1998, *JOCE* L 217, 5 août 1998 ; R. MUNOZ, « L'application concrète du principe de transparence dans la sphère des services de la société de l'information », *Europe* déc. 2001, chr., p. 3.

communiqués à la Commission, qui en assure la diffusion auprès de l'ensemble des États membres, de façon à déceler le cas échéant de nouvelles entraves.

Le dispositif, auquel la Cour de justice a reconnu en partie le caractère d'effet direct (90) en vue d'en améliorer l'efficacité repose sur une distinction entre normes et règles techniques, les premières étant d'origine professionnelle et sans valeur obligatoire, les secondes résultant d'une activité normative de la puissance publique, et partant contraignantes pour les opérateurs économiques. Les procédures d'information et de prévention sont bien entendu différentes selon qu'il s'agit des premières (B) ou des secondes (A).

A. Règles techniques

664 **Définition.** La directive n° 83/189 (paragraphe 5) définit la règle technique comme « une spécification technique ou une autre exigence, y compris les dispositions administratives qui s'appliquent, dont l'observation est obligatoire, *de jure* ou *de facto*, pour la commercialisation ou l'utilisation dans un État membre, de même que les dispositions législatives, réglementaires et administratives des États membres, visant l'interdiction de fabrication, d'importation, de commercialisation ou d'utilisation d'un produit ».

L'origine publique et le caractère obligatoire constituent donc les deux caractéristiques majeures de la règle technique (91). La directive laisse néanmoins percevoir un flou en évoquant les spécifications techniques « dont l'observation est obligatoire... *de facto* », d'autant que le paragraphe 2 définit lui-même la norme technique comme « une spécification technique approuvée par un *organisme reconnu* à l'activité normative ». La nuance paraît donc bien ténue entre ce qui relève de l'obligatoire de facto et ce qui résulte de l'activité d'un organisme reconnu (92).

665 **Règle technique obligatoire *de facto*.** Heureusement, la directive n° 94/10 est venue dissiper le doute en précisant la notion de règle technique obligatoire *de facto*. Entrent dans cette catégorie, d'abord les dispositions législatives, réglementaires ou administratives d'un État membre qui renvoient à des spécifications techniques ou à d'autres exigences dont le respect donne au produit une présomption de conformité. En clair il s'agit de normes privées à l'origine, mais auxquelles l'autorité publique confère une valeur quasi-contraignante ; ensuite, des accords volontaires entre professionnels mais auxquels la puissance publique est partie contractante et qui en impose le respect aux opérateurs économiques ; enfin des mesures financières ou fiscales qui ont pour objet d'encourager fortement au respect de certaines spécifications techniques ou autres exigences.

(90) 30 avr. 1996, *CIA security International SA*, aff. C-194/94, *Rec.* I-2201 ; v. aussi CJCE, 18 juin 1998, *Johannes Martinus Lemmens*, aff. C-226/97, *Rec.* I-3725.

(91) CJCE, 16 nov. 2000, *R. Donkersteeg*, aff. C-37/99 ; CJCE, 22 janv. 2002, *Canal satellite digital*, aff. C-390/99, *Rec.* I-607 (à propos de décodeurs pour la télévision à péage) ; le sigle d'une société d'auteur constitue une règle technique dès lors qu'il est imposé par la législation nationale : CJCE, 8 nov. 2007, *Schwibbert*, aff. C-20/05, *Rec.* I-9447.

(92) À propos de systèmes d'élimination d'emballage de déchets : CJCE, 6 juin 2002, *Sapod Audic*, aff. C-159/00, *Rec.* I-5031.

En résulte une extension du champ d'application de la notion de règle technique, ce qui s'explique facilement puisque ce type de norme – publique ou para-publique – s'avère plus facilement identifiable, qu'elle tombe forcément dans le champ des articles 34 et 36 TFUE et qu'enfin, la procédure d'information et de prévention des entraves aux échanges y est organisée d'une manière beaucoup plus stricte.

666 **Procédure. Information.** Celle-ci se déroule en plusieurs phases. Au départ, chaque État membre doit communiquer à la Commission ses projets de règle technique « à un stade de préparation qui permet encore des modifications techniques ou des amendements substantiels ». La Commission informe immédiatement les autres États membres, lesquels comme l'exécutif indépendant disposent d'un délai de trois mois pour en contester la légalité au regard des articles 34 et 36 TFUE ou pour présenter des observations. Si un de ces deux cas de figure vient à se produire, le moratoire de trois mois se voit automatiquement porté à six mois.

667 **Avis circonstancié.** Dans l'hypothèse où l'État membre concerné passe outre l'éventuel avis négatif qui lui est adressé, cet avis – circonstancié – valait selon la pratique de la Commission mise en demeure au sens de l'article 258 TFUE, ce qui devait permettre d'éviter tout retard dans la procédure de manquement. La Cour de justice a néanmoins refusé cette assimilation partant de l'idée que s'agissant d'une procédure préventive, un manquement ne pouvait en tout état de cause être établi ni allégué (93). En revanche, toute disposition nationale prématurément adoptée se voit déclarée inapplicable par la Cour de justice, et ce bien quand même elle serait invoquée dans un litige entre particuliers (94).

668 **Initiative de la Commission.** De même si au cours des trois premiers mois, la Commission manifeste son intention de proposer une directive d'harmonisation, le moratoire est alors prolongé de neuf mois supplémentaires. Au total, l'exécutif bruxellois dispose de douze mois pour prendre une initiative législative. La Commission doit aussi indiquer les délais d'adoption de son projet par le Conseil. Si ce délai n'est pas respecté, l'État membre recouvre sa liberté d'action.

669 **Urgence.** Enfin, s'applique une procédure exceptionnelle en cas d'urgence. L'État membre peut mettre en application une mesure nouvelle sans se soumettre au moratoire, pour des raisons tenant à la protection de la santé humaine ou animale, à la préservation des végétaux ou à la sécurité. Encore lui faut-il notifier son intention à la Commission et respecter dans le contenu de la mesure adoptée le principe de proportionnalité. La communication officielle, même *a posteriori,* doit cependant avoir lieu.

B. Normes techniques

670 **Définition.** La directive n° 83/189 définit la norme technique comme « une spécification technique approuvée par un organisme reconnu à l'activité normative pour application répétée ou continue dont l'observation n'est pas obligatoire ». Ainsi donc l'origine professionnelle et la portée non obligatoire permettent-elles d'opposer

(93) CJCE, (ord.), 13 sept. 2000, *Commission c. Pays-Bas*, aff. C-341/97, *Rec.* I-6613 ; *Europe* nov. 2000, n° 342, note D. Simon.

(94) CJCE, 26 sept. 2000, *Unilever Italia*, aff. C-443/98, *Rec.* I-7535.

la norme à la règle technique. Encore faut-il cependant que la norme émane d'un organisme de normalisation reconnu, ce qui exclut les normes purement spontanées, issues d'organismes sans représentativité ou purement internes à l'entreprise. En pratique, les normes techniques émanent d'organismes nationaux (AFNOR ou INAO en France) européens (CEN et CENELEC) ou internationaux (ISO : organisation internationale de normalisation).

671 **Procédure.** La procédure de contrôle et d'information est beaucoup moins contraignante que pour les règles techniques, ce qui découle du caractère non obligatoire des normes techniques et de l'absence de liens juridiques organisés entre la Commission et les organismes nationaux ou même européens de normalisation. Néanmoins, chaque organisme de normalisation doit lui transmettre annuellement ainsi qu'à l'ensemble de ses homologues, son programme de normalisation. Il lui incombe également de fournir des informations sur la nature des normes envisagées et préciser s'il s'agit de normes entièrement nouvelles, de modifications de l'existant ou de transposition de normes internationales ou européennes.

À partir de là s'ouvre une procédure souple au cours de laquelle les organismes de normalisation doivent s'abstenir d'adopter un projet de norme si la Commission envisage de son côté l'élaboration d'une norme européenne. Cependant, il ne s'agit pas pour eux d'obligation juridique au sens strict, mais plutôt du respect d'un code de bonne conduite. Mais les États doivent faire en sorte que cette disposition soit appliquée et il semble qu'il y ait là une obligation susceptible de sanction par le biais du recours en manquement.

672 **Pouvoirs de la Commission.** Durant la période de statu quo, qui en principe n'excède pas six mois, la Commission engage une concertation entre l'ensemble des partenaires concernés, États membres et organismes de normalisation, en vue d'aplanir les éventuels différends. En cas d'échec ou spontanément, et après consultation d'un comité permanent des entraves techniques (comité de réglementation) elle peut décider de l'édiction d'une norme technique européenne en donnant mandat pour ce faire au CEN/CENELEC. Dans le domaine des produits agricoles et alimentaires, compte tenu de l'insuffisance des organismes professionnels de normalisation, la Commission exerce elle-même la compétence « normalisatrice » en prenant l'avis d'un comité scientifique de l'alimentation humaine, également comité de réglementation.

§ 2. LA PROCÉDURE D'ALERTE RAPIDE : RÈGLEMENT N° 2679/98

673 **Objet.** Le règlement n° 2679/98 du 7 décembre 1998 (95) comme la directive n° 83/139 vise certes à assurer pleinement la libre circulation des marchandises mais son objectif premier consiste à s'attaquer le plus rapidement possible aux entraves susceptibles de surgir inopinément plutôt qu'à celles mûrement réfléchies

(95) *JOCE* L 337, 12 déc. 1998.

résultant de nouvelles normes ou réglementations techniques (96). Les fréquentes exactions commises par des agriculteurs – en particulier français – à l'encontre de produits, surtout de fruits et légumes, en provenance d'autres États membres ont inspiré fortement cette nouvelle procédure (97). Plus précisément l'affaire des fraises a servi de détonateur, la France ayant été condamnée, mais très tardivement pour ne pas avoir assuré aux camionneurs espagnols la protection légitime à laquelle ils pouvaient prétendre (98). Il s'agit également de lutter contre les lenteurs inhérentes à la justice de l'Union et notamment du recours en manquement étatique.

674 **Proposition de la Commission.** Dans un premier temps, la Commission avait proposé un mécanisme assez contraignant consistant, en cas de survenance d'une entrave à la libre circulation, dans l'édiction par ses soins d'une décision qui aurait eu un effet juridique immédiat et même un effet direct, permettant alors aux victimes de manquements à la libre circulation de se porter immédiatement en justice devant les tribunaux nationaux contre l'État fautif. Mais le Conseil a reculé devant une solution aussi catégorique et le texte finalement adopté sur la base de l'ex-article308 CE (devenu 352 TFUE) s'avère en définitive assez traditionnel aussi bien dans son contenu que dans sa portée.

675 **Contenu du dispositif.** *Ratione materiae,* le texte précise d'abord que les entraves concernées sont celles qui constituent une violation des articles 34 et 36 du TFUE et qui peuvent trouver leur origine aussi bien dans l'action que l'inaction de l'État. Toutefois, la coïncidence n'est pas totale entre les entraves visées par le règlement et les dispositions précitées du traité. Ne tombent sous le coup du règlement 2679 que celles qui provoquent une perturbation grave de la libre circulation des marchandises, causent des dommages sérieux aux particuliers et qui nécessitent une action immédiate pour éviter toute aggravation de la situation, ces trois conditions ayant au demeurant un caractère cumulatif. Pour faire bonne figure et compte tenu des événements qui peuvent être à l'origine de ces entraves, le texte précise qu'il ne porte en aucune mesure atteinte aux droits fondamentaux reconnus par les États membres et notamment à la liberté ou au droit de grève.

676 **Procédure.** Lorsqu'une telle entrave ou risque d'entrave vient à surgir, s'ouvre alors un processus d'information réciproque entre l'État membre concerné, ses partenaires de l'Union ainsi que la Commission. Sans attendre, l'État membre concerné doit d'ailleurs prendre toutes les mesures nécessaires et proportionnées pour assurer pleinement le respect de la libre circulation. Cependant, information réciproque ou non, la Commission si elle estime qu'une telle entrave se produit adresse une « notification » à l'État membre concerné l'informant des raisons qui l'ont amenée à cette conclusion et lui demandant de prendre toutes mesures nécessaires et proportionnées pour la faire cesser si besoin en urgence.

(96) A. Mattera, « Un instrument d'intervention rapide pour sauvegarder l'unicité du marché intérieur : le règlement n° 2679/98 », *RMUE* 2-1999, p. 9 et s.

(97) CJCE, 9 déc. 1997, *Commission c. France (fraises)*, aff. C-265/95, *Rec.* I-6959.

(98) L. Dubouis, « La "guerre des fraises", l'impuissance publique sous la toise du droit communautaire », *RFDA* 1-1998, p. 120 et s.

Là se situent en réalité le nœud et le point faible du dispositif. Car cette notification n'a pas en soi valeur obligatoire, et cela bien que l'État membre doive se conformer à ladite notification dans le délai qui lui aura été imparti, qu'il doive faire connaître à l'exécutif bruxellois les mesures qu'il aura prises et que ce dernier soit en droit de publier la notification au *Journal officiel de l'Union*. On est donc loin d'une véritable décision comme la Commission l'avait préconisé dans sa proposition initiale. Néanmoins, on peut aisément admettre que cette notification, ne serait-ce qu'en raison de son caractère solennel, revête une valeur politique de première importance et que dans une perspective plus juridique voire contentieuse, elle constitue le premier pas d'une procédure de manquement étatique. La notification vaudrait alors mise en demeure au sens de l'article 258 TFUE, ce qui permettrait ensuite à la Commission de passer immédiatement après à la phase de l'avis motivé (99). Mais en tout état de cause, et en l'état actuel du droit positif, le règlement n° 2679/98 ne saurait être opposé à la Commission pour retarder l'ouverture d'une procédure « classique » en manquement étatique (100).

§ 3. LE PAQUET « AYRAL »

677 **Paquet législatif**. Il s'agit d'un ensemble de textes adoptés en juillet 2008 et visant à améliorer les procédures de mise en marché des produits de manière à éviter des ruptures de libre circulation et à pallier les éventuelles défaillances de réglementations nationales ou européennes (101).

Deux de ces textes sont très liés : une décision n° 768/2008 du 9 juillet 2008 (102) relative à un cadre commun pour la commercialisation de produits et un règlement n° 765/2008 également du 9 juillet 2008 (103) fixant les prescriptions relatives à l'accréditation et à la surveillance du marché dans le contexte de la commercialisation des produits. Le troisième texte – le règlement n° 764/2008 du même jour (104) - établit les procédures relatives à l'application de certaines règles techniques nationales à des produits commercialisés légalement dans d'autres États membres.

678 **Décision n° 768/2008.** Derrière son intitulé très abscons, cette décision vise un objectif précis : établir au niveau de l'Union le cadre général de futures harmonisations européennes, mais présentant un caractère sectoriel. Autrement dit, il s'agit de dégager un corpus transversal pour des réglementations sectorielles. La décision constitue un cadre général horizontal et cohérent visant à encadrer l'adoption de nouvelles harmonisations

(99) Sur l'absence de formalisme dans la phase précontentieuse du recours en manquement : CJCE, 15 déc. 1982, *Commission c. Danemark (Compteur d'énergie électrique)*, aff. 211/81, *Rec.* 4547.

(100) CJCE, 2 juin 2005, *Commission c. Grèce*, aff. C-394/02, *Rec.* I-4713 ; 15 nov. 2005, *Commission c. Autriche*, aff. 320/03, *Rec.* I-9871.

(101) Ces textes ont provoqué une littérature assez abondante : R. Kovar, « Le législateur communautaire encadre le régime de la mise des produits dans le marché intérieur », *RTDE* 2/2008, p. 289 et s. ; R. Munoz, « Le principe de reconnaissance mutuelle et le règlement n° 764/2008. Chronique d'une future évolution », *RDUE* 3/2009, p. 513 et s. ; J. Macmillan, « La politique réglementaire communautaire pour la libre circulation des marchandises et l'approfondissement /achèvement du marché intérieur », *RDUE* 2/2010, p. 229 et s.

(102) *JOUE* L 218, 13 août 2008

(103) *Ibid.*

(104) *Ibid.*

sectorielles ou à procéder à leur révision. La décision s'applique à l'ensemble des produits, sauf les produits alimentaires. Elle comporte trois séries de dispositions. Les premières fixent un cadre commun de principes généraux et de dispositions de référence pour l'élaboration des législations sectorielles. Se voient notamment évoquées des questions de terminologie à utiliser et d'autres relatives aux exigences essentielles d'intérêt public qui devront être prévues.

La deuxième série de dispositions concerne les procédures et les organismes nationaux ayant pour rôle d'évaluer la conformité des produits aux prescriptions des normes d'harmonisation. La décision évoque à cet égard le statut de ces organismes, la compétence technique du personnel, etc. et le contrôle qu'exercent sur elles les « autorités notifiantes » des États membres qui sont des organismes publics ou semi-publics en rapport avec la Commission. La décision prévoit aussi des règles concernant le marquage CE attribué aux produits dont la conformité est reconnue et qui bénéficient ainsi des meilleures garanties de libre circulation. Enfin, dans une troisième série de dispositions, la décision prévoit un cadre commun pour la mise en œuvre des procédures de sauvegarde. Ces procédures sont regroupées en trois catégories en fonction de l'objectif poursuivi.

679 **Règlement n° 765/2008**. Ce texte vise plus particulièrement les organismes appelés à évaluer la conformité des produits aux normes techniques harmonisées et à assurer la surveillance des marchés. Il s'attache notamment à préciser les conditions d'accréditation des dits organismes. Cette accréditation constitue une « attestation indépendante » qui prouve leur aptitude à exercer les fonctions qui leur sont reconnues par la décision n° 768/2008. Dans chaque État membre, un organisme accréditaire doit se voir désigné. L'organisme accréditaire exerce des fonctions de puissance publique et il ne peut être confondu avec un organisme d'évaluation de conformité.

Le règlement prévoit aussi un certain nombre d'obligations pesant sur les États membres. Ceux-ci doivent organiser et réaliser une surveillance efficace des marchés, en vue de faire respecter les réglementations de l'Union et veiller à la préservation des impératifs de sécurité et de santé publiques ainsi que des autres exigences d'intérêt général prévues par les réglementations harmonisées. Des contrôles s'exercent également via les autorités douanières nationales sur les produits étrangers entrant dans l'Union avant que ceux-ci ne soient mis en libre pratique (105).

680 **Règlement n° 764/2008**. Celui-ci se situe plutôt dans la perspective de la reconnaissance mutuelle. Il s'applique en effet à des produits qui n'ont pas fait l'objet d'harmonisation législative et qui par conséquent circulent dans l'Union sur la base du principe de reconnaissance mutuelle. Selon la jurisprudence *Cassis de Dijon*, un produit légalement fabriqué dans un État membre doit jouir au nom des principes d'équivalence et de confiance mutuelle de la libre circulation sans entrave sous réserve bien sûr des dérogations de l'article 36 TFUE et des exigences impératives d'intérêt général. Or la pratique montre que les États membres – notamment pour des produits hautement sophistiqués – recourent souvent à ces moyens de défense en modifiant leur législation dans le sens de la rigueur. Le règlement n° 764/2008 établit des règles et des procédures que les États membres doivent respecter lorsqu'ils entendent durcir une législation, interdire un produit ou bien encore en demander le retrait.

(105) Sur cette notion *supra*, n° 466.

À cette fin, le règlement prévoit d'améliorer l'information des opérateurs économiques sur les règles techniques nationales en établissant dans chaque État membre des points de contact. Les autorités nationales doivent informer les opérateurs économiques des décisions négatives qu'elles envisagent de prendre à l'encontre de leurs produits. Ces décisions doivent être notifiées dans un délai assez rapide et les voies de recours doivent être indiquées. Les points de contact nationaux travaillent en réseau ainsi qu'en étroite liaison avec la Commission.

Les rapports de ce règlement avec la directive n° 98/34 (v. *supra*, n° 663 et s.) instituant la procédure d'information sur les nouvelles entraves techniques ne paraissent pas des plus clairs. Le Parlement européen avait même estimé que ces deux textes faisaient double emploi. Selon un commentateur avisé cependant, « le règlement est le parfait complément de la directive notification. En effet celle-ci permet de contrôler ex-ante les mesures nationales à portée générale… Le règlement, lui, permet de vérifier concrètement qui se passe dans la mise en œuvre pratique du principe de reconnaissance mutuelle… » (106). Autrement dit la directive n° 98/34 concernerait les rapports des États membres avec la Commission, alors que le règlement n° 764/2008 s'intéresse aux rapports entre autorités nationales et opérateurs économiques « privés ». Il reste que la multiplication de textes portant sur des objets voisins ne va pas nécessairement dans le sens de la transparence et de la sécurité juridique.

BIBLIOGRAPHIE

1. Ouvrages

F. Aubry-Caillaud, *La libre circulation des marchandises, nouvelle approche et normalisation européenne*, Pedone, 1998 ■ O. Keller, *L'élimination des entraves techniques dans la Communauté européenne*, Berne, Lang, 1992 ■ D. Lasok, *The customs law of the European economic Community*, Deventer, Kluwer, 1990 ■ I. Lorne, *La notion d'harmonisation des législations en droit communautaire : l'exemple de la propriété intellectuelle*, thèse Paris XII, décembre 2002 ■ A. Mattera, *Le marché unique européen*, 2e éd., Jupiter, 1990 ■ F. Peraldi-Leneuf, *La politique communautaire d'harmonisation technique et de normalisation*, thèse Strasbourg, 1996 ■ F. Picod, *Réglementations nationales et libre circulation intra-communautaire des marchandises*, Bib. droit international et communautaire, tome 110, LGDJ, 1997 ■ G. Talbot-Rochdi, *L'harmonisation européenne des législations nationales relatives aux produits agro-alimentaires*, thèse Poitiers, 1994 ■ L. Defalque, *in Libre circulation des personnes et des capitaux. Rapprochement des législations*, Commentaire Mégret, 3e éd., Éditions de l'Université de Bruxelles, 2006 ■ O. Zamphiroff, *Esquisse d'une théorie juridique de la normalisation*, thèse Aix-Marseille, 1990.

2. Articles, études et documents

F. Aubry-Caillaud, « Normes techniques et certifications », *Juris-Classeur Europe*, fasc. n° 560 ■ C. Blumann, « Marché intérieur », « Les notices », La Documentation française, 2008 ■ F. Dintilhac

■ (106) R. Munoz, « Le principe de reconnaissance mutuelle et le règlement n° 764/2008. Chronique d'une future évolution », *RDUE* 3/2009, p. 540.

« Rapprochement des législations », *Rép. Dalloz droit communautaire*, vol. 4, 2006 ■ H.-J. Glaesner, « L'article 100 A : un nouvel instrument pour la réalisation du marché commun », *CDE* 1989, p. 617 ■ B. Guignier, « Le marché commun, un écran de fumée pour la législation communautaire contre le tabagisme », *RMCUE*, n° 527, avril 2009, p. 257 et s. ■ R. Kovar, « Commentaire de l'article 100 », *in* Kovar, Jacque, Constantinesco, Simon, *Commentaire par article du traité CEE*, Economica, 1992, p. 549 ■ R. Kovar, « Le législateur communautaire encadre le régime de la mise des produits dans le marché intérieur », *RTDE* 2/2008 p. 289 et s. ■ B. Langeheine, « Le rapprochement des législations selon l'article 100 A du traité : l'harmonisation communautaire face aux exigences de protection nationales », *RMC* 1989, p. 347 ■ S. Lecrenier, « Les articles 30 et suivants et les procédures de contrôle prévues par la directive n° 83/189 », *RMC* 1985, n° 283, p. 6 ■ P. Leleux, « Le rapprochement des législations dans la CEE », *CDE* 1968, p. 129 ■ J. Macmillan « La politique réglementaire communautaire pour la libre circulation des marchandises et l'approfondissement /achèvement du marché intérieur », *RDUE* 2/2010, p. 229 ■ A. Mattera, « Un instrument d'intervention rapide pour sauvegarder l'unicité du marché intérieur : le règlement n° 2679/98… », *RMUE* 1999, p. 9 ■ A. Mattera « L'harmonisation des législations nationales : un instrument d'intégration et de reconnaissance mutuelle », *RDUE* 4/2010, p. 679 et s. ■ A. Mattera « La reconnaissance mutuelle : une valeur historique ancienne, un principe juridique intégrationniste, l'assise politique d'un modèle de société humaniste », *RDUE* 3/2009, p. 385 et s. ■ R. Munoz « Le principe de reconnaissance mutuelle et le règlement n° 764/2008 Chronique d'une future évolution », *RDUE* 3/2009, p. 513 et s. ■ G. Rivel, « Le principe de reconnaissance mutuelle dans le marché unique du xxie siècle », *RMCUE*, n° 511, septembre 2007, p. 518 et s. ■ N. de Sadeleer, « Les clauses de sauvegarde prévues à l'article 95 du traité CE : l'efficacité du marché intérieur en porte-à-faux avec les intérêts nationaux dignes de protection », *RTDE* 1/2002, p. 53 ■ D. Simon, « Commentaire de l'article 100 A », *in Commentaire par article du traité CEE, op. cit.*, p. 568 ■ R. van der Elst, « Les notions de coordination, d'harmonisation et d'unification du droit dans le cadre juridique de la Communauté européenne », *in Les instruments du rapprochement des législations dans la CEE*, Presses de l'ULB Bruxelles, 1976, p. 1 ■ D. Waelbroeck, « L'harmonisation des règles et des normes techniques dans la CEE », *CDE* 1988, p. 243.

N°s 681 à 694 réservés.

TITRE II
POLITIQUES EUROPÉENNES RELATIVES AUX PRODUITS

695 Le droit de l'Union européenne n'appréhende pas seulement les marchandises sous l'angle de la libre circulation. Cette dernière, au demeurant, doit se déployer à l'intérieur d'un espace où les conditions d'une saine concurrence sont remplies. Ceci implique qu'il y ait un minimum de coordination, d'harmonisation ou même d'uniformisation en ce qui concerne les règles de fabrication, de production, de distribution, de commercialisation, etc.

Or, à cet égard, on constate que les traités originaires ont des approches très diversifiées. L'ancienne CECA et l'Euratom sont consacrés entièrement à des produits d'un type particulier, dont on souhaitait surtout renforcer la production dans les années cinquante compte tenu de leur caractère stratégique, et dont la production comme la commercialisation ne pouvaient s'effectuer sans précautions sécuritaires sérieuses. En revanche, pour la majeure partie des produits industriels, qui forment pourtant la matière première principale du traité CE, le laconisme et la discrétion prévalent. Le TFUE reste tout aussi lacunaire en ce qui concerne une politique industrielle. Certes, l'article 2 (version originaire CEE) insiste bien, parmi les missions de la Communauté sur la nécessité « d'une expansion accrue et équilibrée » et institue d'ailleurs une banque européenne d'investissement (BEI). Mais sous réserve de cet encouragement financier très indirect, le traité s'en remet aux forces du marché pour réaliser l'objectif de croissance, qui semble au demeurant aller de soi dans le contexte économique de l'après-guerre. Dans un contexte économique tout à fait différent, le traité de Lisbonne n'apporte pas d'élément significativement nouveau (chapitre 1).

En revanche, les produits agricoles font l'objet d'un traitement beaucoup plus favorable. Leur spécificité est pleinement reconnue par le TFUE, qui, non seulement envisage un régime propre de ces produits face aux exigences de libre circulation, mais prévoit aussi la mise en place d'une politique agricole commune pour réaliser les objectifs du marché intérieur (chapitre 2).

CHAPITRE 1
LES PRODUITS INDUSTRIELS

696 **Laconisme du traité.** Économiquement, si les produits industriels arrivent au second rang derrière les services pour ce qui concerne le produit intérieur brut de l'Union, ils occupent la première place dans les échanges tant intra qu'extra-communautaires. Plus précisément encore selon la communication de la Commission du 5 octobre 2005 (1) l'industrie manufacturière tient une place particulièrement importante dans l'UE. Elle emploie plus de 34 millions de personnes et représente environ un cinquième de la production et les trois quarts des exportations européennes. Elle prend principalement la forme de petites et moyennes entreprises (PME), qui représentent environ les deux tiers des emplois industriels. L'industrie des services participe activement à la croissance économique européenne et à la création d'emplois. Plus de 80 % des dépenses de recherche et développement du secteur privé y sont investies, en faisant un élément clé de la nouvelle économie de la connaissance (2).

Le silence du traité CE puis du TFUE à l'égard des produits industriels s'explique de deux manières contradictoires. D'une part, on peut considérer que la quasi-totalité des dispositions des traités concerne *de facto* les produits industriels et que dès lors, il s'avérait inutile – à la différence des produits agricoles – de prévoir un chapitre spécifique pour les produits industriels. Mais d'autre part, et inversement, il est indéniable que les États membres demeurent très divisés sur l'opportunité d'une politique industrielle. Dans ces conditions, l'accord initial n'a pu se réaliser et se maintenir qu'autour du plus petit dénominateur commun, à savoir une régulation de la concurrence et une accélération des échanges mutuels via la libre circulation. La politique industrielle est donc restée longtemps la mal-aimée du système de l'Union, et il a fallu attendre le début des années 1990 pour qu'un certain nombre d'évolutions favorables se dessinent (section I).

Mais aujourd'hui encore, cette politique, qui a trouvé son point culminant avec l'insertion d'un titre « Industrie » dans le traité CE suite au traité de Maastricht, demeure balbutiante et timide (aujourd'hui titre XVII, troisième partie TFUE). En réalité, elle n'a connu de réels développements que dans des secteurs économiques particuliers –

(1) COM (2005) 274 final.

(2) Communication de la Commission du 17 nov. 2010, *Une politique industrielle intégrée à l'ère de la mondialisation Mettre la compétitivité et le développement durable sur le devant de la scène*, COM (614) final.

notamment celui de l'énergie – et parce qu'au point de départ se trouvaient les deux traités spécialisés : CECA et Euratom, consacrés à des produits presque intégralement énergétiques (section III). Ces deux traités sectoriels ont eu également un important effet d'entraînement pour le développement d'une action plus transversale : celle de la recherche-développement, qui connaîtra sa première consécration avec l'Acte unique européen (section II).

SECTION I « POLITIQUE » INDUSTRIELLE DE L'UNION

697 **Genèse progressive.** Les observateurs en conviennent dans leur ensemble : la politique industrielle de l'Union n'a pu se développer ni au moment de la mise en place du marché commun, ni ultérieurement, en raison de l'opposition radicale entre les États libéraux et libre-échangistes et les États plus portés sur l'interventionnisme économique. Ces derniers, de plus, n'ont pas cherché à user de leur influence en faveur d'une politique industrielle commune, par peur de perdre leurs compétences économiques résiduelles.

L'approche des traités se veut donc – par défaut – d'inspiration très libérale et repose sur l'idée que les grands principes de libre circulation et de libre concurrence devraient stimuler les échanges commerciaux et avoir, par conséquent, des effets bénéfiques sur la production industrielle. Mais la fin des trente glorieuses de même que le durcissement de la compétition internationale conduiront les responsables européens, et notamment la Commission à se pencher sur les problèmes propres à l'industrie. L'année 1990 peut être considérée comme un tournant, qui voit le Conseil adopter à l'unanimité les conclusions de la communication de la Commission sur « la politique industrielle dans un environnement ouvert et concurrentiel » (3). En résulte, de même que de divers documents ultérieurs, une politique industrielle dont les principaux éléments demeurent cependant très timorés (§ 2). Il est vrai que pour leur part les textes des traités comme le droit dérivé instaurent, en matière industrielle, un cadre normatif qui ne permet guère de développer une action résolue (§ 1).

§ 1. LE CADRE NORMATIF DE LA POLITIQUE INDUSTRIELLE

698 Si dans sa version originaire, le traité CE ne consacre aucune disposition spécifique aux produits industriels, certaines plus générales pouvaient servir de base à l'éclosion d'une politique industrielle, notamment les chapitres relatifs à la politique sociale, à la politique commerciale ou bien encore à la politique de concurrence, notamment dans son volet « aides d'État ». Cependant, les résultats seront assez modestes, et il faudra attendre l'Acte unique européen puis le traité de Maastricht pour que la politique industrielle fasse son entrée dans le droit primaire, à la fois sous une forme indirecte (les réseaux transeuropéens) (A) mais aussi d'une manière plus

(3) COM (90) 556 final.

générale, avec l'insertion du Titre « Industrie ». Les changements opérés par le traité de Lisbonne sont mineurs (B).

A. Les dispositions des traités à fortes incidences industrielles

699 **Caractère transversal.** Le titre XVII (troisième partie) TFUE consacré à l'industrie en reconnaît lui-même l'importance en énonçant fortement à l'article 173 § 3 TFUE que « *L'Union* contribue à la réalisation des objectifs… (de la politique industrielle)… au travers des politiques et actions qu'elle mène au titre d'autres dispositions du présent traité ». Ce type de disposition – parfois qualifiée ailleurs de clause d'intégration ou de cohérence – apparue avec la politique de l'environnement, souligne l'interconnexion croissante des politiques de l'Union ainsi que l'unité d'inspiration et de conception qui doit les animer.

Dans cette perspective, l'industrie entretient des rapports avec nombre d'autres politiques européennes. Compte tenu des développements spécifiques dédiés dans le présent ouvrage à l'environnement, l'énergie, la recherche et le développement technologique ou la politique commerciale, sans même évoquer ceux relatifs à la libre circulation et à la libre concurrence, ceux qui suivent seront consacrés exclusivement aux rapports avec la cohésion économique et sociale (1) et les réseaux transeuropéens (2).

1. Politique industrielle et cohésion économique, sociale et territoriale

700 **Développement de la cohésion.** Instituée par l'Acte unique européen, la cohésion économique et sociale se situe dans la filiation directe de la politique régionale, elle-même apparue d'une manière spontanée en 1975 avec la création du FEDER. L'acte unique européen en assurera tout à la fois la codification (ex-art. 130 A-130 E CEE, 174-178 TFUE) et le renforcement par le regroupement autour de l'objectif de cohésion économique et sociale des politiques régionale, sociale et agro-structurelle de l'Union. En résulteront en 1988 une réorganisation et une coordination des trois principaux fonds socio-structurels que constituent le FEDER, le FSE et le Feoga-orientation. Cependant, et là réside l'innovation principale, si les fonds demeurent distincts aussi bien quant à leur organisation, leur gestion, leur financement, ils doivent contribuer ensemble à la réalisation d'objectifs qui, eux, sont communs. Ultérieurement, le traité de Maastricht mettra en place un fonds de cohésion destiné surtout à permettre aux États membres les moins favorisés (Irlande, Espagne, Portugal et Grèce) de se hisser au niveau de leurs partenaires et d'affronter les contraintes économiques résultant de la création de l'euro.

Le traité de Lisbonne reconduit la cohésion quasiment sans changement. Néanmoins l'article 174 TFUE met particulièrement l'accent sur les zones rurales, les zones où s'opère une transition industrielle, celles qui souffrent de handicaps naturels, les régions les plus septentrionales, celles à faible densité de population, etc. Cette insistance ne coïncide qu'en partie avec la concentration des objectifs opérée au fur et à mesure des réformes de la cohésion. L'énumération de l'article 174 al. 3 TFUE correspond en effet quasiment aux 6-7 objectifs initiaux de cette politique. Dans le même sens l'intitulé de la cohésion se voit enrichi par la prise en compte de la dimension territoriale, qui s'ajoute ainsi au volet économique et social, ce qui constitue une sorte de retour aux sources.

Peu à peu, la cohésion se coule dans les grandes réformes financières de l'Union européenne, issues du cadre financier pluriannuel de l'Union (art. 312 du TFUE). Les dernières en date sont étroitement liées à l'élargissement de l'Union aux pays d'Europe centrale et orientale et couvrent la période 2007-2013. Elles s'inscrivent dans un ensemble de règlements adoptés en juillet 2006 (4). La cohésion se voit attribuer sur la période considérée un financement global de 308 milliards d'euros (soit environ 35 % de l'ensemble des crédits de l'Union européenne).

701 **Nouveaux objectifs.** La cohésion économique et sociale a toujours reposé sur un certain nombre de grands objectifs que les fonds socio-structurels doivent mettre en œuvre. On assiste cependant à une forte concentration de ces objectifs, liée semble-t-il tout à la fois à la globalisation des problèmes économiques et à la mise en œuvre de la stratégie de Lisbonne (5). Au nombre de six en 1988, les objectifs se réduisent à trois avec la réforme de l'agenda 2000 (6). La réforme de 2006 conserve cette structure tripartite mais modifie la substance des trois objectifs de base.

La convergence constitue l'objectif n° 1. Il vise à accélérer la convergence des États membres et des régions les moins développés de l'UE par l'amélioration des conditions de croissance et d'emploi. Cet objectif est financé par le FEDER, le FSE et le Fonds de cohésion. Il représente 81,5 % du total des ressources allouées. Les plafonds de cofinancement des dépenses publiques s'élèvent à 75 % pour le FEDER et le FSE, et à 85 % pour le Fonds de cohésion. L'objectif n° 2 « Compétitivité régionale et emploi » tend à anticiper les changements économiques et sociaux, promouvoir l'innovation, l'esprit d'entreprise, la protection de l'environnement et le développement de marchés du travail inclusifs des régions non couvertes par l'objectif « Convergence ». Il est financé par le FEDER et le FSE, et représente 16 % du total des ressources allouées. Les actions qui relèvent de cet objectif peuvent être cofinancées jusqu'à 50 % des dépenses publiques. Enfin l'objectif n° 3 – Coopération territoriale européenne – vise à renforcer la coopération aux niveaux transfrontalier, transnational et interrégional dans les domaines du développement urbain, rural et côtier, le développement des relations économiques et la mise en réseau des petites et moyennes entreprises (PME). Cet objectif est financé par le FEDER et représente 2,5 % du total des ressources allouées. Les actions qui relèvent de l'objectif « Coopération territoriale » peuvent être cofinancées jusqu'à 75 % des dépenses publiques.

702 **Programmation.** Le règlement n° 1083/2006 du 11 juillet 2006 retient trois types de programmes susceptibles d'être soutenus par la Commission. En premier lieu des programmes opérationnels (PO), qui se subdivisent eux-mêmes en PO correspondant aux deux premiers objectifs et en PO relatifs à la coopération transfrontalière. Les premiers constituent l'articulation de base de la cohésion économique et sociale. Ils comportent

(4) Règlement général n° 1083/2006 du 11 juill. 2006 ; règlement FEDER n° 1080/2006 du 5 juill. 2006 ; règlement FSE n° 1081/2006 du 5 juill. 2006 ; règlement fonds de cohésion n° 1084/2006 du 11 juill. 2006 ; règlement instituant le groupement européen de coopération territoriale n° 1082/2006 du 5 juill. 2006. L'ensemble au *JOUE* L 210, 31 juill. 2006.

(5) Adoptée par le Conseil européen les 23-24 mars 2000, *Bull.* UE 3-2000 n° 1.1. et s.

(6) Règlements n° 1260 à 1268/99, *JOCE* L 161, 26 juin 1999.

notamment une analyse de la situation de la zone ou du secteur éligible ainsi qu'une justification des priorités retenues au regard des orientations stratégiques de l'Union pour la cohésion. En deuxième lieu, le « grand projet » se présente comme une composante d'un programme opérationnel, « ayant pour but un ensemble de travaux, d'activités ou de services destiné à remplir par lui-même une fonction indivisible à caractère économique ou technique précis, visant des objectifs clairement identifiés ». Enfin les subventions globales consistent pour l'État membre concerné à confier la gestion et la mise en œuvre d'une partie d'un programme opérationnel à un ou plusieurs organismes intermédiaires, le plus souvent des collectivités locales sur la base d'une convention.

2. Les réseaux transeuropéens

703 **Finalité.** L'article 170 TFUE situe les objectifs des réseaux dans la double perspective de la réalisation du marché intérieur et de la cohésion économique et sociale, en opérant aussi le lien avec la citoyenneté européenne de façon à rendre plus concrets et palpables les avantages du marché unique. Mais les domaines couverts par la politique des réseaux demeurent en deçà de ces ambitions puisqu'ils ne portent que sur les infrastructures de transports, de l'énergie et des télécommunications. En revanche, l'extension aux infrastructures de protection de l'environnement ou d'éducation-formation a été rejetée.

704 **Compétence de l'Union**. Dans ce cadre, la compétence de l'Union porte en premier lieu sur l'établissement « d'orientations couvrant les objectifs, les priorités ainsi que les grandes lignes d'action ». Celles-ci servent de base à l'élaboration de « projets d'intérêt commun » qui constituent des réalisations précises et concrètes, mais dont l'origine demeure cependant assez floue, nonobstant la nouvelle rédaction issue du traité d'Amsterdam qui évoque des projets « soutenus par les États membres ». Ceci permet semble-t-il d'englober tout à la fois des projets d'origine publique ou privée, mais qui doivent en tout état de cause recueillir le label européen, puisque intégrés dans les orientations générales arrêtées par l'Union. De plus, ces projets doivent faire l'objet d'une déclaration d'intérêt européen (DIE) pour obtenir le financement de l'Union, qui complète celui des États et des collectivités territoriales intéressées et qui ne peut excéder 25 ou 50 %.

En second lieu, l'Union a pour mission d'assurer l'interopérabilité des réseaux, en particulier dans le domaine de l'harmonisation des normes techniques. L'interopérabilité vise à la recherche de solutions techniques à l'intérieur d'un même réseau (par exemple l'écartement des rails) ou dans le passage d'un réseau à l'autre (le transport combiné rail-route). Elle concerne aussi la recherche de solutions à la sous-utilisation de certaines capacités existantes dans certains réseaux du fait d'une insuffisante coopération entre ceux-ci.

705 **Procédures décisionnelles.** D'une extrême complexité à l'origine, elles ont connu grâce au traité d'Amsterdam une réelle simplification. Dorénavant, en effet, l'ensemble des mesures entrant dans le champ de la compétence de l'Union relèvent de la procédure législative ordinaire. Le vote à la majorité qualifiée au Conseil se voit cependant légèrement atténué par la nécessité de recueillir l'accord de l'État membre intéressé pour tout projet ou orientation « concernant » son territoire. Cette nuance qui semble

répondre au sens commun pourrait donner lieu à quelques difficultés en présence d'infrastructures immatérielles, comme en matière de télécommunications.

706 **Réalisations.** Concrètement et sur la base du livre blanc de la Commission de décembre 1993 « croissance, compétitivité et emploi », le Conseil européen de Corfou des 24-25 juin 1994 a véritablement lancé la politique des réseaux transeuropéens. Il a notamment arrêté une liste privilégiée de onze grands projets dans le secteur des transports (dont une moitié environ consacrée à de nouvelles lignes TGV et quelques liaisons autoroutières) et attribué un statut prioritaire à dix projets énergétiques (en particulier d'interconnexion électrique).

Dans le cadre de l'agenda 2000, le cadre financier des réseaux transeuropéens a fait l'objet d'une réforme importante avec un règlement du 19 juillet 1999 (7). L'enveloppe financière pour la période 2000-2006 passe à 4,6 milliards d'Euros, au lieu de 2,34 milliards pour la période 1995-1999. La commission bénéficiera d'une plus grande liberté de gestion et il pourra être fait appel plus fréquemment au capital privé. Un règlement du 20 juin 2007 (8), adopté dans le cadre du nouveau cadre financier pluriannuel 2007-2013 alloue aux réseaux transeuropéens de transport et d'énergie une dotation d'environ 6 milliards d'euros. Un règlement du 29 novembre 2009 (9) fixe pour la période considérée les règles générales pour l'octroi du concours financier de l'Union.

B. Le titre « Industrie » du TFUE

707 **Étendue de la compétence de l'Union.** Fruit de laborieux compromis, l'article 173 TFUE multiplie les freins au développement d'une véritable politique industrielle européenne. Pour éviter toute confusion, l'article 6 TFUE range au demeurant l'industrie parmi les domaines d'appui, de coordination et de complément. De tels domaines se caractérisent notamment par l'interdiction faite à l'Union d'y harmoniser les législations nationales (art. 2 § 5 TFUE), ce que confirme l'article 173 § 3 TFUE. L'action de l'Union se voit d'ailleurs enfermée dans une double limite. La première de type classique joue dans les rapports avec les États membres. L'industrie constitue une politique de coordination dans laquelle les États membres avant toute chose doivent se consulter mutuellement. Néanmoins, la Commission n'est pas absente, qui peut prendre toute mesure utile pour promouvoir cette coopération. De plus, apport du traité de Lisbonne, l'industrie pourrait à l'instar de la politique sociale (art. 156 TFUE) devenir un secteur d'application de la méthode ouverte de coordination (MOC) (10), qui permet aux États membres avec le concours de la Commission d'adopter des lignes de conduite, des bonnes pratiques dépourvues certes de caractère juridiquement contraignant mais susceptibles d'avoir un effet d'entraînement sur les politiques et les réglementations nationales (11).

(7) N° 1655/99, *JOCE* L 197, 29 juill. 1999.

(8) N° 680/2007, *JOUE* L 162, 22 juin 2007.

(9) N° 67/2010, *JOUE* L 27, 31 janv. 2010.

(10) S. DE LA ROSA, *La méthode, ouverte de coordination dans le système juridique communautaire*, Bruylant, 2008 ; A. ILIOPOULOU, « La méthode ouverte de coordination : un nouveau mode de gouvernance dans l'Union européenne », *CDE* 3-4/2006 p. 315 et s.

(11) « Les États membres se consultent mutuellement en liaison avec la Commission et, pour autant que de besoin, coordonnent leurs actions. La Commission peut prendre toute initiative utile pour promouvoir cette coordination, notamment des initiatives en vue d'établir des orientations et des indicateurs, d'organiser l'échange

Mais la marge de manœuvre de l'Union parait des plus réduites, puisque le Conseil ne peut prendre d'autres mesures que celles destinées à « appuyer les actions menées dans les États membres ».

La seconde limite se situe par rapport au secteur privé. Le traité insiste sur la priorité donnée au marché dans la conduite de la politique industrielle. En tout état de cause, l'action commune s'inscrit-elle dans le cadre « d'un système de marchés ouverts et concurrentiels ». Pas question, de surcroît, de porter la moindre atteinte aux lois économiques de base puisque « le présent titre ne constitue pas une base pour l'introduction par l'Union de quelque mesure que ce soit pouvant entraîner des distorsions de concurrence » (art. 173 § 3 al. 2 TFUE). Au total, l'essentiel de la compétence de l'Union réside dans une contribution à la définition d'un cadre favorable au bon fonctionnement de l'industrie européenne.

708 **Objectifs.** Omettant résolument d'utiliser le terme politique, l'article 173 assigne cependant un certain nombre d'objectifs à l'action de l'Union. Il s'agit en premier lieu d'accélérer l'adaptation de l'industrie aux changements structurels, ce qui représente une action de soutien aux mutations industrielles et qui rappelle également l'objectif n° 2 de la cohésion économique et sociale. En second lieu, l'Union doit œuvrer en faveur d'un environnement économique favorable aux entreprises en général, et aux petites et moyennes en particulier. Il lui faut aussi encourager la coopération entre entreprises, sans porter atteinte aux règles de concurrence du traité. Enfin, l'Union devra faire en sorte que l'industrie bénéficie au mieux des retombées scientifiques, économiques et autres des politiques d'innovation et de recherche et développement technologique, ce qui souligne une nouvelle fois le lien entre industrie et recherche.

709 **Procédures.** Les divergences sur l'opportunité d'une politique industrielle se ressentent très nettement dans le processus décisionnel, encore plus lorsque l'on se remémore que la première tâche de l'Union c'est de veiller à un cadre favorable pour l'industrie, donc de légiférer assez peu. Il est vrai que l'Union peut retrouver un peu plus « d'espace décisionnel » en exploitant la clause d'intégration de l'article 173 § 3 en vertu de laquelle les objectifs de la politique industrielle peuvent aussi être atteints au travers d'autres politiques ou actions de l'Union. Mais au titre de l'industrie *stricto sensu*, l'Union ne peut adopter que des mesures « spécifiques », ce qui paraît exclure toute action d'envergure ou à portée générale. Néanmoins ces mesures peuvent être adoptées selon la procédure législative ordinaire. Ces mesures n'ont d'autre ambition également que d'appuyer les actions menées dans les États membres. En tout état de cause, l'action de l'Union ne peut générer des distorsions de concurrence ni comporter des dispositions fiscales ou toucher aux droits et intérêts des travailleurs salariés.

N° 710 réservé.

des meilleures pratiques et de préparer les éléments nécessaires à la surveillance et à l'évaluation périodiques. Le Parlement européen est pleinement informé. » (art. 173 § 2 TFUE).

§ 2. L'ACTION DE L'UNION DANS LE DOMAINE DE L'INDUSTRIE

711 La politique industrielle de l'Union comporte d'abord une vision d'ensemble globale qui s'inscrit dans des documents à valeur essentiellement indicative. Ainsi la Commission a exposé sa doctrine dans plusieurs communications. D'abord, celle de 1990 sur « la politique industrielle dans un environnement ouvert et concurrentiel » (12), ensuite le célèbre livre blanc de décembre 1993 intitulé « croissance, compétitivité et emploi » (13) puis la communication de 1994 sur « une politique de compétitivité industrielle pour l'Union européenne » (14) enfin celle du 11 décembre 2002 consacrée à la « politique industrielle dans une Europe élargie » (15). La stratégie de Lisbonne a contribué à fortement relancer la réflexion (A). Mais il s'agit aussi de s'intéresser aux produits industriels en tant que produits, d'en faciliter la libre circulation à l'intérieur de la Communauté. La normalisation et la certification correspondent à cet objectif (B).

A. L'approche programmatique

712 **Mise en œuvre de la stratégie de Lisbonne.** Celle-ci s'inscrit aujourd'hui dans une communication de la Commission, du 5 octobre 2005, intitulée *Mettre en œuvre le programme communautaire de Lisbonne : un cadre politique pour renforcer l'industrie manufacturière de l'UE – vers une approche plus intégrée de la politique industrielle* (16) – L'idée centrale qui en ressort est comme précédemment de créer un cadre plus favorable au développement de l'industrie européenne, particulièrement dans un contexte de mondialisation et d'intense concurrence internationale. Dans un tel contexte, les entreprises doivent développer leurs produits et leurs procédés de fabrication tout en améliorant leurs compétences pour rester compétitives sur les nouveaux marchés, mais aussi identifier les nouvelles opportunités découlant des progrès technologiques et de la mondialisation. Le principe de subsidiarité est réitéré puisqu'il s'agit avant tout de compléter les efforts déjà entrepris par les États membres pour soutenir une base industrielle solide et dynamique dans les domaines où ceux-ci ne peuvent agir efficacement de façon individuelle.

Comme dans les précédentes communications, la Commission entend combiner une approche horizontale, visant à assurer la cohérence et les synergies entre les divers domaines stratégiques, à une approche sectorielle, permettant de prendre en compte les spécificités des différents secteurs. Au titre de l'approche horizontale, la communication présente sept initiatives politiques « trans-sectorielles » (fondées juridiquement sur l'ex-article 157 § 2 CE) : en matière de droits de propriété intellectuelle et de contrefaçon, constitution d'un groupe de haut niveau sur la compétitivité, l'énergie et l'environnement, nouveau programme de simplification législative, gestion des mutations structurelles dans l'industrie manufacturière, approche européenne intégrée de la recherche et de l'innovation industrielle, prise en compte de la dimension internationale.

(12) COM (90) 556 final.
(13) *Bull. UE* sup. 6/93.
(14) COM (94) 319 final.
(15) COM (2002) 714.
(16) COM (2005) 474 final.

Sur le plan sectoriel, sept initiatives sont également annoncées : en matière pharmaceutique, dans le domaine des sciences de la vie et la biotechnologie, constitution d'un groupe de haut niveau sur l'industrie chimique, suite à l'adoption du programme REACH, constitution également d'un groupe de haut niveau sur l'industrie de la défense, développement du programme spatial européen.

713 **Examen à mi-parcours.** Le 4 juillet 2007, la Commission a présenté une nouvelle communication (17) sur un examen à mi-parcours de la politique industrielle. L'objectif est de dresser un bilan des progrès réalisés et de définir les mesures liées à la politique industrielle pour la période 2007-2009. La mondialisation d'une part, la rapidité des progrès en matière scientifique et technologique constituent des facteurs favorables à l'industrie manufacturière. Les objectifs en matière d'efficacité énergétique et de réduction des émissions des gaz à effet de serre représentent aussi des stimulants importants. Au titre des actions trans-sectorielles, la Commission insiste fortement sur La simplification et l'amélioration de l'environnement réglementaire et la réduction de la charge administrative pesant sur les entreprises. Il importe aussi de procéder à l'identification des marchés porteurs par un cadre réglementaire adapté. En outre, une nouvelle initiative relative à une politique industrielle durable est envisagée. Celle-ci repose sur trois principes : favoriser le développement et la commercialisation de technologies, de produits et de services, création de marchés globaux pour ces produits et services, coopération internationale dans ces secteurs en relation avec la politique de coopération au développement.

Au plan des initiatives sectorielles, Deux nouvelles initiatives seront engagées dans les domaines du traitement des produits alimentaires et de la construction électrique qui sont tous les deux d'importants secteurs dotés d'un potentiel élevé de croissance et de création d'emplois. En outre, les travaux en cours seront renforcés dans un certain nombre de secteurs tels l'industrie spatiale, dont le programme Galileo demeure la pierre angulaire. L'industrie de défense n'est pas oubliée et la Commission entend réduire les cloisonnements nationaux avec l'appui de l'agence spatiale européenne.

B. L'approche technique : normalisation (18), certification et harmonisation

1. La normalisation

714 **Définitions.** La normalisation consiste « à établir, à l'égard de problèmes réels ou potentiels, des dispositions pour un usage commun et répété, visant à obtenir un degré d'ordre optimal dans un contexte donné » (définition de l'organisation internationale de normalisation adoptée par la commission économique des Nations unies pour l'Europe). La norme elle-même fait l'objet de nombreuses définitions aussi bien au plan international, dans le cadre du GATT-OMC (code relatif aux obstacles techniques aux échanges lié aux accords de Marrakech du 15 avril 1994) que de l'ISO (International organisation for standardization ou Organisation internationale de normalisation)

(17) COM (2007) 374 final.

(18) F. Aubry-Caillaud, « Normes techniques et spécifications », *Juris-Classeur Europe*, tome 2, fasc. n° 560.

ou au plan européen, notamment celle qui ressort de la directive n° 98/34 du 22 juin 1998 (19) prévoyant une procédure d'information dans le domaine des normes et des réglementations techniques.

a) *Organismes et procédures*

715 Un certain nombre de traits communs découlent de ces multiples définitions, à savoir que la norme constitue une spécification technique qui s'inscrit dans un document écrit, approuvé par un organisme compétent et reconnu comme tel par l'autorité publique ou par la profession, mais qui ne présente cependant pas un caractère obligatoire, tout en ayant une forte valeur incitative (20).

716 **Organismes spécialisés.** Dans le cadre européen, trois organismes jouent un rôle important dans l'élaboration des normes et la coopération internationale en la matière : le CEN (comité européen de normalisation) institué en 1961 qui a une vocation générale et le CENELEC crée en 1962 compétent pour les matières électrotechniques. L'un et l'autre, établis à Bruxelles, forment ensemble l'organisation commune européenne de normalisation et regroupent l'ensemble des organismes nationaux de normalisation des pays membres de l'Union européenne et de l'Association européenne de libre-échange. Enfin l'ETSI (Institut européen de normalisation des télécommunications) créé en 1988 pour répondre à la spécificité de ce secteur, mais qui demeure extérieur au groupe formé par le CEN/CENELEC.

Ces organismes peuvent élaborer trois catégories de documents : les normes européennes *stricto sensu* (EN) qui ont cette caractéristique d'être intégralement applicables dans les pays membres et qui se substituent aux normes nationales contraires. Les documents d'harmonisation (HD) qui diffèrent des précédentes, uniquement en ce que les normes nationales peuvent subsister dès lors qu'elles sont au moins équivalentes. Enfin, les prénormes européennes qui ont la nature de normes prospectives, d'application provisoire (trois ans) et qui sont édictées dans des secteurs techniques où le degré d'innovation est très élevé ou d'une manière plus générale, lorsque un besoin urgent se fait sentir.

717 **Procédures.** L'élaboration des normes s'opère selon une procédure complexe à l'origine de laquelle se trouvent la plupart du temps les membres nationaux des organismes européens de normalisation, soit des instances internationales, soit la Commission européenne. Le bureau technique du CEN/CENELEC procède alors, en liaison étroite avec les organismes nationaux de normalisation à la préparation d'un document, sa nature finale – norme européenne, document d'harmonisation ou prénorme – dépendant des nombreuses navettes et des chances d'obtenir ou non un consensus. Depuis l'Acte unique européen, le CEN/CENELEC a modifié les règles d'approbation des normes. Une majorité qualifiée, fondée sur une pondération des voix des membres nationaux, suffit dorénavant pour la rendre opposable à tous les organismes nationaux de normalisation. Néanmoins, la mise en application concrète reste subordonnée à la reproduction de la nouvelle norme par l'organisme national dans son bulletin officiel ou au retrait de la précédente.

(19) *JOCE* L 204, 21 juill. 1998 ; v. *supra*, n° 663 et s.

(20) J. Boespflug et C. Vadcar, « Les entreprises européennes face aux normes : mieux défendre leurs besoins et leurs intérêts », *RMCUE* n° 480, juill.-août 2004, p. 466 et s.

718 **Valeur juridique des normes.** Celle-ci a fortement progressé depuis le livre blanc et la nouvelle approche, qui ont entendu limiter l'harmonisation législative aux seules exigences essentielles en matière de santé, sécurité, protection des consommateurs et de l'environnement, et qui pour le reste renvoient aux organismes de normalisation pour édicter les réglementations techniques appropriées. Sans devenir obligatoires, les produits fabriqués conformément aux normes européennes jouiront d'une présomption de validité, et il appartiendra à d'éventuels contradicteurs d'apporter la preuve contraire. Si en revanche, le producteur entend conserver sa liberté, c'est à lui qu'incombera, en cas de difficulté, de fournir les preuves de la conformité de ses produits aux exigences essentielles prévues par la directive d'harmonisation.

Toutefois, la Commission ne s'en remet pas en totalité aux organismes de normalisation. Après avoir consulté un comité inter-étatique fonctionnant selon la procédure des comités de réglementation, elle peut notifier aux États membres que les normes ne correspondent plus aux exigences essentielles et perdent donc la présomption de conformité. Elle peut également inviter les organismes de normalisation à reprendre leurs travaux, en vue de l'élaboration de normes plus adaptées.

719 **Contentieux des normes.** Les normes alimentent un substantiel contentieux, en relation étroite avec le droit de la libre circulation et celui de la concurrence. Ainsi si un État membre doit accepter la circulation sur son territoire de produits fabriqués conformément aux normes communes, il ne peut contraindre ni même inciter les produits en provenance d'autres États membres, en l'absence de normes européennes, à se soumettre à ses seules normes nationales (21). Dans le même ordre d'idées, la norme européenne ne doit pas servir de paravent vertueux pour mettre en cause l'application de certains principes fondamentaux du droit de l'Union. Ainsi en matière de marchés publics, un pouvoir adjudicateur ne peut rejeter une soumission au seul motif que celle-ci ne respecte pas une condition de conformité à des normes européennes exigée pour l'obtention du marché. L'adjudicateur doit respecter les principes d'égalité et de transparence et le cas échéant activer les procédures de sauvegarde prévues en matière de marchés publics (22).

b) *Pratique de la normalisation*

720 **Principaux développements** (23). Dans la pratique, la technique du renvoi aux normes connaît un succès grandissant. Elle a été utilisée dans un premier temps pour régir des secteurs où l'aspect mécanique, électrique ou technique prédomine. Ainsi par exemple pour les récipients à pression simple (24), les produits de construction (25), pour les jouets (26), les machines (27), les appareils à gaz (28), les bateaux de plaisance (29),

(21) CJCE, 13 mars 2008, *Commission c. Belgique*, aff. C-227/06, *Rec.* I-46 sommaires.

(22) CJCE, 14 juin 2007, *Medipac-Kazantzidis*, aff. C-6/05, *Rec.* I-4557.

(23) P. Pecho et A. van Waeyenberge, « La normalisation technique européenne vue de Luxembourg », *RMCUE* nº 539, juin 2010, p. 387 et s.

(24) Dir. nº 87/404 du 25 juin 1987, *JOCE* L 220, 8 août 1987.

(25) Dir. nº 89/106, 21 déc. 1988, *JOCE* L 140, 11 févr. 1989.

(26) Dir. nº 88/378, 3 mai 1988, *JOCE* L 187 du 16 juill. 1988.

(27) Dir. nº 89/392, 14 juin 1989, *JOCE* L 183 du 29 juin 1989.

(28) Dir. nº 90/396 du 29 juin 1990, *JOCE* L 196, 26 juill. 1990.

(29) Dir. nº 94/25 du 16 juin 1994, *JOCE* L 164, 30 juin 1994.

les réfrigérateurs, congélateurs et autres appareils électriques à usage ménager (30). Le rôle du CEN/CENELEC se révèle considérable pour l'adoption de normes dans le cadre de ces différents textes. Ainsi, s'agissant de la directive appareils à gaz, le CEN a produit 54 normes concernant les chauffe-eau, appareils de cuisson, etc. Pour la directive « produits de construction » il a défini près de 240 normes concernant le bois, la maçonnerie, le ciment, etc. (31).

Depuis le début des années 1990, la technique du renvoi aux normes gagne de nouveaux domaines, tels les technologies de l'information et les télécommunications (32), les biotechnologies – notamment la fabrication des célèbres OGM (organismes génétiquement modifiés) (33) – les denrées alimentaires, secteurs pourtant assez réfractaires à cette formule et dans lesquels la Commission conserve d'importants pouvoirs de gestion, ou encore l'environnement (34). Plus récemment, la Commission a publié le 18 octobre 2004 (35) une communication sur une plus large utilisation de la normalisation dans les politiques de l'Union. Outre les secteurs précités, le texte évoque également les transports, l'énergie, les nouveaux matériaux. Les difficultés d'application de ce programme ont entraîné une réaction du Conseil qui dans une résolution du 10 novembre 2003 (36) envisage diverses voies pour le réactiver. La Commission a dressé un bilan des actions entreprises dans un rapport au Conseil du 26 septembre 2001 (37). La Commission propose pour sa part un financement communautaire pour la politique de normalisation européenne, à hauteur de 18 millions d'euros (38).

2. La certification

721 **Notion.** La certification forme le complément naturel de la normalisation. La première s'intéresse au « droit substantiel » la seconde aux contrôles, essais et vérifications. Plus particulièrement, la certification consiste à attester de la conformité d'un produit aux spécifications techniques qui président à sa fabrication. Elle se distingue de l'homologation, qui implique une intervention de l'autorité publique (39). Les homologations accordées par les États membres jouissent en principe de la reconnaissance mutuelle dans les autres États membres. Un État ne peut s'y opposer qu'en arguant des dérogations de l'article 36 TFUE ou d'une exigence impérative d'intérêt général (40). La Cour exerce le contrôle de proportionnalité et estime au demeurant qu'en règle générale de nouveaux contrôles dans l'État de destination excèdent en soi le principe

(30) Dir. n° 96/57 du 3 sept. 1996, *JOCE* L 236, 18 sept. 1996.

(31) Pour un tableau d'ensemble ; site internet Europa eur-lex.europa/fr/repert/1330.htm ; v. aussi F. Aubry-Caillaud, « Normes techniques et certifications », *op. cit.*, n° 94 et s. ; *Bull. UE* 11/2007 n° 1.12.5 (site internet Europa).

(32) Dir. n° 98/34 du 22 juin 1998, *JOCE* L 204, 21 juill. 1998.

(33) Communication de la Commission du 19 avr. 1991 SEC (91) 629 final.

(34) Règlement n° 1836/93 du 29 juin 1993, *JOCE* L 168, 1er juill. 1993.

(35) COM (2004) 0674 final.

(36) *JOUE* C 282, 25 nov. 2003.

(37) COM (2001) 527.

(38) *Bull. UE* 3/2006, n° 1.12.4 (site internet Europa).

(39) CJCE, 20 juin 2002, *Radiosistemi srl*, aff. C-388 et 429/00, *Rec.* I-5845.

(40) CJCE, 10 nov. 2005, *Commission c. Portugal*, aff. C-432/03, *Rec.* I-9665.

de proportionnalité (41). Pour prévenir les difficultés, la Cour invite les organismes d'homologation à pratiquer une coopération active entre eux sous le contrôle des États.

En revanche, la certification demeure une opération professionnelle ou privée. Elle est généralement octroyée par un organisme ou laboratoire neutre ou indépendant. Mais ces organismes eux-mêmes doivent le plus souvent bénéficier d'une accréditation, délivrée par un organisme « supérieur », attestant de leur compétence technique pour remplir leurs missions.

722 **Certification et libre circulation.** La certification représente dans la pratique l'obstacle le plus important à la libre circulation des marchandises, car si les États acceptent de se plier aux normes européennes édictées par les institutions de l'Union ou par les organismes de normalisation, leur réticence ou leur méfiance se reporte au niveau des contrôles et de la fiabilité des organismes destinés à y procéder. D'où la tendance à exiger un renouvellement des opérations et contrôles de conformité lorsque le produit pénètre sur le territoire national (42).

Pour faire face à ces difficultés, la Commission présentait le 15 juin 1989 une communication (43) se voulant une approche globale en matière de certification et dont le Conseil acceptait les principes dans une résolution du 21 décembre 1989 (44). La Commission propose de développer l'action dans les trois directions complémentaires suivantes.

723 ***Critères communs.*** En premier lieu, est envisagée la formulation de critères communs et transparents pour évaluer la compétence. En effet, il apparaît que la reconnaissance des certificats de conformité délivrés par des organismes d'autres États membres ne sera effective que si tous les participants au processus de certification utilisent des méthodes reconnues et acceptées par tous. Il s'avère donc nécessaire de créer un climat de confiance, par l'organisation notamment d'expériences et d'essais en commun ou par la mise au point de programmes de comparaison des résultats. Des structures de concertation ont d'ailleurs été instituées : le WELAC (Western European Laboratory Accreditation Cooperation) qui réunit les accréditeurs de laboratoires et l'EAC (European Accreditation Organisation for Certification) qui regroupe les accréditeurs d'organismes de certification.

724 ***Harmonisation des procédures.*** Il importe ensuite de mieux codifier les procédures proprement dites de certification, en particulier celles qui aboutissent à l'apposition du marquage CE, généralement délivré dans le cadre des directives « nouvelle approche ». À cet égard, une décision du Conseil du 22 juillet 1993 (45) pose le principe de la décomposition en plusieurs modules des opérations de fabrication d'un produit, de façon à faciliter la tâche puis le contrôle des organismes de certification. Ces modules sont au nombre de huit (de A à H) et couvrent soit la totalité soit une partie seulement des phases successives de conception, de production et d'essai d'un produit déterminé. Le même texte rationalise les règles d'utilisation du marquage CE. Celui-ci suppose

(41) CJCE, 22 janv. 2002, *Canalsatellite Digital*, aff. C-390/99, *Rec.* I-607.

(42) Pour un exemple récent à propos de produits de l'agriculture biologique CJCE, 29 nov. 2007, *Commission c. Autriche*, aff. C-393/05, *Rec.* I-10195.

(43) *JOCE* C 267, 16 oct. 1989

(44) *JOCE* C 10, 16 janv. 1990

(45) *JOCE* L 220, 30 août 1993.

que l'ensemble des exigences résultant des directives de l'Union, notamment dans les domaines sensibles de la santé, sécurité des produits aient été respectées, et que les procédures complètes de certification aient été suivies et effectuées par des organismes accrédités. La décision du 22 juillet 1993 établit aussi un graphisme unique pour le marquage CE et en précise les conditions d'apposition et de lisibilité.

725 ***Structure commune.*** Enfin, la communication précitée de la Commission en appelle à la création d'une structure commune de certification et d'essais. Celle-ci, issue d'un accord entre la Commission, l'AELE et le CEN/CENELEC, a vu le jour le 25 avril 1990 sous le nom d'organisation européenne pour les essais et la certification (OETC). L'organisation comprend quatre catégories de membres qui représentent selon des modalités variées les professions et industries concernées, les organismes d'accréditation et de certification des pays membres, ainsi que des associations de consommateurs et des syndicats. Structurellement, l'OETC est constituée de plusieurs organes : une assemblée générale, un conseil restreint de neuf membres, ainsi qu'un nombre important de comités spécialisés ou sectoriels. L'OETC a pour missions principales d'encourager et de gérer le développement de systèmes européens de certification et de favoriser la conclusion d'accords de reconnaissance mutuelle. Elle constitue également un forum de discussion entre ses membres et fournit des informations, des échanges d'expérience et des conseils à toute institution publique (Commission) ou privée (organismes de certification) intéressée.

SECTION II — LA RECHERCHE ET LE DÉVELOPPEMENT TECHNOLOGIQUE

§ 1. DISPOSITIONS DES TRAITÉS

A. Dispositions pérennes

726 **Développement progressif.** La politique de recherche et développement technologique – à laquelle il convient d'ajouter l'espace depuis le traité de Lisbonne (v. *infra*, n° 736) – constitue une politique relativement récente. En effet, les auteurs du traité CEE n'avaient pas jugé utile d'instituer des dispositions spécifiques sur ce point, d'une part, parce que tous leurs efforts étaient concentrés sur la réalisation du marché commun et de quelques politiques essentielles d'accompagnement, et d'autre part car l'action au niveau national paraissait suffisante. En revanche, les deux traités spécialisés prévoyaient l'un comme l'autre des actions particulières dans le domaine de la recherche, notamment l'Euratom dont la recherche constitue une des principales raisons d'être.

Assez rapidement toutefois, le besoin d'une action commune de grande ampleur se fit sentir, compte tenu du retard accumulé par rapport aux grands concurrents internationaux, et de la crise de l'énergie du début des années soixante-dix, qui contraint à un énorme effort de diversification technologique et scientifique dans le domaine de l'approvisionnement énergétique. Dans ce contexte, et sur la base de l'ex-article 235 CEE, un premier programme-cadre pluriannuel voit le jour en 1983, qui donnera naissance à des programmes sectoriels aussi importants qu'Esprit (technologies de l'information), Race (technologies de la communication) ou Brite (technologies industrielles). Parallèlement le programme Eureka orientait les efforts européens dans la voie intergouvernementale, mais sans perdre de vue le renforcement du potentiel européen.

Couronnant l'évolution, l'Acte unique européen introduit dans le traité de Rome un nouveau titre consacré à la recherche et au développement technologique (ex-art. 163-173 CE devenus 179-190 TFUE). Il s'agit avec la cohésion économique et sociale et l'environnement de l'une des trois politiques d'accompagnement du marché intérieur voulues par la Commission alors présidée par Jacques Delors pour en compenser ou corriger les effets. D'entrée de jeu, l'ex-article 163 CE assure la liaison entre la recherche et l'industrie puisque le premier objectif de la politique de recherche et développement technologique c'est « de renforcer les bases scientifiques et technologiques de l'industrie ».

727 **Objectifs de l'action de l'Union.** L'ex-article 163 invite à distinguer des objectifs fondamentaux des objectifs opérationnels. Les objectifs fondamentaux sont au nombre de trois. Il s'agit d'abord de « renforcer les bases scientifiques et technologiques de l'industrie de la Communauté », ce qui souligne bien au passage le lien entre recherche et industrie et confirme également que la politique de RDT conserve une orientation économique très marquée. Le développement de la compétitivité internationale de l'industrie – second objectif de la RDT – renforce encore plus les liens avec la politique industrielle, tout en rappelant que l'innovation technologique représente un enjeu dans la compétition économique. Enfin, la RDT doit servir de cadre à l'ensemble des actions de recherche menées dans le cadre communautaire que ce soit sur la base des dispositions spécifiques du titre XVIII (devenu XIX TFUE) ou « au titre d'autres chapitres des traités ».

En réalité, cette dernière disposition qui entend assurer le monopole de la RDT ne manque pas de susciter certaines interrogations, car nombre d'actions de recherche peuvent être envisagées dans le cadre d'autres politiques de l'Union (éducation et formation professionnelle, santé publique, agriculture, etc.), sans oublier les dispositions propres au traité Euratom. De sérieux problèmes de base juridique peuvent apparaître, que les deux arrêts rendus par la Cour de justice dans les affaires *Erasmus* (46) et *Comett II* (47) n'éclaircissent que très imparfaitement. Si l'on peut considérer que les dispositions de l'ex-titre XVIII ne sauraient prévaloir sur celles des autres traités, en revanche, à l'intérieur du TFUE, la théorie du but principal et du contenu d'une mesure (48) devrait permettre de trouver les solutions appropriées.

728 **Objectifs opérationnels.** Ils se situent déjà à mi-chemin entre des objectifs proprement dits et des actions. Selon l'ex-article 163 § 2 CE, la Communauté encourage les activités de recherche, non seulement des entreprises et notamment des PME, mais aussi des centres de recherche et des universités. Mieux, elle soutient leurs efforts de coopération, mais qui doivent surtout permettre à l'entreprise de tirer le meilleur

(46) CJCE, 30 mai 1989, *Commission c. Conseil*, aff. 242/87, *Rec.* 1425.
(47) CJCE, 11 juin 1991, *Royaume-Uni c. Conseil*, aff. C-51/90 et C-94/89, *Rec.* I.-2757.
(48) CJCE, 26 mars 1987, *Commission c. Conseil (SPG)*, aff. 45/86, *Rec.* 2871.

profit de l'ouverture du grand marché intérieur, de la libéralisation aussi des marchés publics nationaux ainsi que de l'harmonisation des normes techniques dans de nombreux secteurs.

729 **Actions éligibles.** L'ex-article 164 CE (devenu – sans changement sur le fond – 180 TFUE) énumère quatre types d'actions susceptibles d'être entreprises par l'Union.

730 **Actions directes et indirectes.** Il s'agit en premier lieu, de la mise en œuvre des programmes communs de recherche. Ces derniers, adoptés par le législateur européen selon une procédure spécifique et pour une durée de quatre ou cinq ans, sont exécutés selon deux modalités distinctes : soit – et l'on parle d'actions directes – par les organes de l'Union eux-mêmes, et notamment le centre commun de recherche, soit par le truchement d'organismes publics ou privés ressortissants des États membres. L'Union encourage tout particulièrement ces actions indirectes, en prônant une large coopération avec l'ensemble des acteurs économiques et scientifiques. Dans ce cadre, il faut relever le règlement (CE) n° 1906/2006 du Parlement européen et du Conseil, du 18 décembre 2006, qui définit les règles de participation des entreprises, des centres de recherche et des universités pour la mise en œuvre du septième programme-cadre de l'Union européenne et fixe les règles de diffusion des résultats de la recherche (2007-2013) (49).

731 **Coopération internationale.** La coopération avec les pays tiers et des organismes publics et privés étrangers représente la seconde forme d'action de l'Union. Ceux-ci peuvent participer selon des modalités à déterminer aux actions indirectes de l'Union. Si besoin est, cette coopération peut conduire à la conclusion d'accords en bonne et due forme avec des pays tiers ou des organisations internationales (art. 186 TFUE).

732 **Diffusion de la recherche.** En troisième lieu, l'Union intervient en vue de la diffusion et de la valorisation des résultats de la recherche. Ceci semble évident, encore que la confidentialité comme les règles sur la propriété intellectuelle puissent constituer autant d'obstacles. D'ailleurs le titre XIX du TFUE va beaucoup moins loin que le traité Euratom, qui prévoit un chapitre entier sur la diffusion des résultats et des connaissances. L'article 183 TFUE se borne pour sa part à donner compétence à l'Union pour fixer « les règles applicables à la diffusion des résultats de la recherche ».

733 **Personnels de recherche.** Enfin il appartient à l'Union d'agir en vue de stimuler « la formation et la mobilité des chercheurs ». Dans le premier cas, la compétence de l'Union reste bien sûr subordonnée à celle des États, et elle se recoupe en partie avec les dispositions du traité sur l'éducation et la formation professionnelle (50). La mobilité entre plus naturellement dans l'orbite de l'Union. Les résultats en matière d'éducation se sont révélés particulièrement prometteurs avec les programmes Erasmus et Socrates.

B. Apport du traité de Lisbonne

734 Conformément à son inspiration générale de rapprochement de l'Union et de ses citoyens, le traité de Lisbonne (article 179 TFUE) desserre le lien entre recherche et industrie en

(49) *JOUE* L 391, 30 déc. 2006.
(50) V. *supra*, n°s 209 et s.

mettant l'accent sur « un espace européen de la recherche dans lequel les chercheurs, les connaissances scientifiques et les technologies circulent librement ». La mobilité des chercheurs et leur libre coopération « au-delà des frontières » constituent également un thème central. Le contenu des dispositions relatives à la recherche et développement technologique reste cependant globalement inchangé sous réserve de quelques modifications ou précisions. En réalité, la principale innovation réside dans l'adjonction d'un volet spatial à la politique de recherche et développement technologique.

735 **Compétences.** Le traité de Lisbonne range sans surprise la recherche, le développement technologique et l'espace parmi les domaines de compétence partagée (art. 4 § 3 du TFUE), mais une compétence partagée de type particulier au même titre au demeurant que la coopération au développement et l'aide humanitaire. En effet, si l'Union peut mener à bien ses décisions et programmes, l'exercice de cette compétence ne peut empêcher les États membres d'exercer la leur. Cette formule laisse perplexe par rapport à la théorie des compétences partagées. En principe, celles-ci sont régulées par le principe de subsidiarité, qui doit éviter tout chevauchement. Or en l'espèce, les deux compétences pourraient continuer à s'exercer parallèlement. S'il s'était agi de dire que l'effort de recherche de l'Union ne doit pas décourager celui des États membres, il y avait certainement d'autres rédactions possibles. Autre signe de cette indétermination dans les catégories, l'article 181 TFUE introduit la méthode ouverte de coordination (MOC) dans la RDT, alors qu'en règle générale, cette technique s'épanouit plutôt dans les domaines d'appui, de complément et de coordination (art. 6 TFUE). La RDT constitue donc bien une sous-catégorie à l'intérieur de celle des compétences partagées.

736 **Espace.** Selon l'article 189 TFUE, l'Union élabore une politique spatiale européenne. Il y a là un véritable apport puisque jusqu'alors, l'espace demeurait totalement étranger aux interventions de l'Union, à la différence de l'énergie qui, avant même le traité de Lisbonne, figurait déjà dans les domaines d'action potentiels de l'Union. En matière spatiale « l'Union peut promouvoir des initiatives communes, soutenir la recherche et le développement technologique et coordonner les efforts nécessaires pour l'exploitation et l'utilisation de l'espace ». À cette fin, elle peut adopter les mesures nécessaires voire même se doter d'un « programme spatial européen », le tout selon la procédure législative ordinaire. Néanmoins, autre signe de la nature incertaine de l'espace par rapport à la nomenclature des compétences de l'Union, ces mesures ne pourront valoir harmonisation des législations nationales. Il reste que l'Union pourra également établir toute liaison utile avec l'agence spatiale européenne (art. 189 du TFUE).

737 **Début d'exécution.** Dans ce contexte et avant même l'entrée en vigueur du traité de Lisbonne, un certain nombre d'initiatives avaient été prises, notamment lors de la réunion d'un conseil « espace » tenu les 6-7 juin 2005 (51). Il s'agissait d'une réunion mixte Union européenne et agence spatiale européenne. Ce conseil a dégagé des orientations concernant la préparation du futur programme spatial européen. Ce programme qui devrait durer jusqu'en 2013, constitue la base de travail commune pour l'Union européenne, l'agence spatiale européenne et leurs États membres respectifs. L'Union européenne se voit reconnaître le rôle de chef de file, avec un regard tout

(51) *RMCUE* n° 492, oct.-nov. 2005, p. 617.

particulier sur les programmes Galileo et GMES (surveillance globale de l'environnement). L'ASE se concentrera sur ses domaines d'excellence : exploration et exploitation de l'espace (lanceurs, exploration du soleil). La mise en œuvre du programme pour l'Union s'opère via la politique industrielle, les réseaux transeuropéens et le programme-cadre pluriannuel en matière de recherche.

Le 26 avril 2007, la Commission a adopté une communication sur la politique spatiale européenne (52). Une telle politique, fondée sur l'exploitation pacifique de l'espace extra-atmosphérique par tous les États membres de l'Union et de l'agence spatiale européenne, aura pour objectifs principaux : de développer et d'exploiter des applications spatiales d'intérêt public européen (notamment Galileo pour le positionnement, et surveillance mondiale de l'environnement et de la sécurité (GMES) pour l'observation de la Terre) ; de répondre aux besoins de sécurité et de défense de l'Europe ainsi que d'assurer la force et la compétitivité de l'industrie spatiale ; de contribuer à la société fondée sur la connaissance en investissant fortement dans la science spatiale, etc.

738 **Galileo.** Il s'agit d'un ambitieux système de positionnement par satellite destiné à réduire la dépendance de l'Europe vis-à-vis du système américain, le GPS (*Global Positioning System*). Cette autonomie est importante, sur le plan technologique et scientifique en général mais aussi parce que le GPS souffre de nombreuses insuffisances notamment sur la précision du positionnement. À la différence du GPS, le système sera sous contrôle exclusivement civil. L'Union européenne et l'agence spatiale européenne sont les deux responsables du projet. Pour cette occasion, une entreprise commune, European Satellite Navigation Industries (ESNIS), anciennement Galileo Industries (GAIN), a été créée en juillet 2003, ayant son siège à Bruxelles. Selon les estimations, le programme devrait créer environ 140 000 emplois.

Cinq services sont prévus : le service ouvert (ou *OS* pour *Open Service*) : C'est le service qui correspond à l'utilisation civile du GPS actuel. C'est ce service qui sera principalement utilisé par les particuliers ; le service commercial (ou *CS* pour *Commercial Service*) : en échange d'une redevance versée à l'opérateur Galileo, il offrira de nombreux services à valeur ajoutée et plus sophistiqués aux entreprises. C'est principalement les abonnements à ce service qui assureront le financement de Galileo ; le service de sûreté de la vie (ou *Sol* pour *Safety Of Life service*) : il délivrera un service sécurisé, intègre et certifiable, en vue des applications critiques sur le plan de la sécurité de la vie telles que le transport aérien, maritime et terrestre ; le service public réglementé (ou *PRS* pour *Public Regulated Service*) : il s'adressera en priorité aux utilisateurs remplissant une mission de service public, (services d'urgence, transport de matières dangereuses, etc.) ; le service de recherche et secours (ou *SAR* pour *Search And Rescue service*) : il permettra de localiser l'ensemble du parc des balises de détresse gérées par l'Organisation maritime internationale (OMI) et l'Organisation de l'aviation civile internationale (OACI).

739 **Problèmes de financement**. L'investissement initial était estimé à 3,4 milliards d'euros et les frais d'exploitation annuels à 220 millions. Le financement du programme était prévu initialement avec des fonds publics et privés : 2/3 publics via

(52) COM (2007) 212 final, *JOUE* C 181 du 3 août 2007.

l'Union européenne et l'agence spatiale européenne, 1/3 privé via deux consortiums (principalement EADS et Alcatel). Mais de très nombreuses difficultés ont été rencontrées dès le début du projet : rivalité entre États et notamment entre Italie et Allemagne, difficulté à choisir un des deux consortiums, compétition pour la gouvernance effective. Ces difficultés ne sont pas toutes réglées, et ont déjà causé un retard de 5 ans par rapport au calendrier initial.

La Commission européenne estime à 10 milliards d'euros de 2007 à 2030 le coût de la mise en place du programme. Néanmoins le financement public demeurerait au niveau initial (3,4 milliards d'investissements et 220 millions annuels d'exploitation). La part publique de l'UE pourrait en partie être financée par des « crédits non consommés » en provenance de diverses lignes de compte du budget de l'Union (aides agricoles pour les stocks de céréales, crédits de recherche, fonds européen contre les catastrophes naturelles). Le 23 avril 2008, le Parlement européen a approuvé ce projet. Il en résultera un statut unique pour Galileo, en tant que première infrastructure commune produite et financée par l'Union européenne, qui en sera également propriétaire. La Commission européenne gérera le projet avec comme contractant principal l'agence spatiale européenne. L'autorité européenne de surveillance du Système Global de Navigation par Satellite (GNSS) gérera le centre de sécurité ; et un comité *ad hoc* fera un bilan trimestriel des progrès réalisés (53).

§ 2. LES MODES D'INTERVENTION DE L'UNION

740 Coordination des politiques nationales (A), édiction d'un programme-cadre pluriannuel (B) et mise en œuvre de celui-ci (C), représentent les têtes de chapitre.

A. La coordination des politiques nationales et européenne en matière de RDT

741 **Fondement de la coordination.** L'isolement et la dispersion constituent un handicap trop fréquent en matière de recherche. L'article 181 TFUE entend lutter contre ce travers. La coordination à laquelle il invite concerne non seulement les politiques nationales dans leurs rapports mutuels, mais aussi les relations « verticales » entre la politique de l'Union et celles des États membres. L'impératif de cohérence est également rappelé. De nombreuses initiatives en ce sens ont déjà été adoptées que ce soit dans le cadre de l'Union ou en dehors de celui-ci. Ainsi en va-t-il notamment du groupe COST (coopération scientifique et technique entre les pays européens) créé en 1970 dans le cadre de l'OCDE et qui réunit les représentants des administrations nationales d'environ trente-cinq pays membres (54).

Sur le plan juridique, il appartient à la Commission de prendre « en étroite collaboration avec les États membres toute initiative utile pour promouvoir la collaboration ».

(53) R. Yakemtchouk, « La navigation par satellite Les systèmes européens Galileo et Egnos », *RMCUE* n° 526, mars 2009, p. 154 et s.

(54) Pour le programme d'action de COST : *RMCUE* n° 479, juin 2004, p. 405.

L'exécutif indépendant dispose ainsi d'un pouvoir d'impulsion, mais dont la nature et les limites n'apparaissent pas clairement. Probablement ne peut-il prendre à lui seul des mesures contraignantes. Non seulement parce que le texte ne lui confère qu'un pouvoir d'initiative, mais aussi parce que l'initiative visée à l'article 181 ne renvoie à aucune une proposition législative classique. L'ajout par le traité de Lisbonne de l'éventuel recours à la méthode ouverte de coordination (v. *supra*, n° 735) confirme *a contrario* cette situation.

742 **Actions concrètes.** *In concreto*, l'action de coordination se déploie dans un triple cadre. D'abord, celui de l'Union elle-même, puisque depuis 1989 le budget européen prévoit quelques crédits destinés à la coordination de la recherche nationale. Ensuite, l'Union participe ès qualité à d'autres enceintes de coopération où elle siège aux côtés de ses États membres et de pays tiers (Cost, Eureka). La Commission assure, de surcroît, une bonne partie du secrétariat de cette dernière organisation. Enfin, les États membres participent, mais cette fois-ci hors la présence de l'Union, à certains organismes de recherche tels le CERN (organisation européenne pour la recherche nucléaire) ou l'agence spatiale européenne (ASE). La Commission entretient néanmoins des liens scientifiques et administratifs avec eux.

B. Le programme cadre pluriannuel

1. Programme général

743 **Origine et objet.** Apparu pour la première fois sous forme de résolution (55) le principe d'un programme-cadre pluriannuel n'a acquis un caractère contraignant qu'avec l'acte unique européen. Prévu à l'origine pour une durée de quatre ans portée ultérieurement à cinq ans, le programme-cadre ne se réduit pas à une simple énumération exhaustive des projets de recherche soutenus financièrement par l'Union. Sa structure repose sur trois axes. D'abord, fixer les grands objectifs scientifiques et technologiques des actions à réaliser, ainsi que leur priorité respective. Ensuite, décrire ces actions dans leurs grandes lignes, le détail relevant des programmes spécifiques. Enfin, déterminer le montant maximal de la participation financière de l'Union et sa ventilation entre les principales actions envisagées. Sur ce dernier point, et à l'exception des actions directes intégralement prises en charge par le budget européen, toutes les autres formes d'intervention relèvent du principe du cofinancement.

744 **Programme-cadre 2007-2013.** Soumis à la procédure de codécision intégrale depuis le traité d'Amsterdam et adopté le 27 juin 2002 (56), le programme-cadre 2002-2006 mobilisait 16,27 milliards d'euros et 1,23 milliard pour le programme Euratom. Le programme 2007-2013 tient compte de l'élargissement et des nouvelles ambitions européennes en matière de recherche-développement exprimées par le Royaume-Uni, lors de sa présidence du Conseil de l'Union du second semestre 2005. À la suite de l'accord interinstitutionnel du 17 mai 2006 sur le cadre financier pour 2007-2013, le montant des financements pour le septième programme-cadre s'est vu fixer à 53,5 milliards d'euros, soit en moyenne d'environ 7 217 millions d'euros par

(55) 25 juill. 1983, *JOCE* C 208, 4 août 1983.
(56) *JOCE* L 232, 9 août 2002.

an. Ce qui représente plus d'une fois et demie le budget annuel du 6e programme-cadre (4 375 millions d'euros par an soit un budget total de 17 500 millions d'euros pour quatre ans). Cette augmentation reflète l'importance de la recherche dans la relance de la stratégie de Lisbonne, qui vise à faire de l'Europe l'économie de la connaissance la plus compétitive et la plus dynamique du monde. Selon la Commission, le savoir et la technologie sont les atouts majeurs de l'Europe et représentent la base de la croissance et de l'emploi. Le programme-cadre doit avoir un effet de levier sur les dépenses nationales en matière de recherche, pour que l'effort de recherche de l'Europe atteigne les 3 % du PIB.

745 **Fondement juridique**. Le septième programme-cadre (2007-2013) s'inscrit dans une décision n° 1982/2006/CE du Parlement européen et du Conseil, du 18 décembre 2006, relative au septième programme-cadre de la Communauté européenne pour des actions de recherche, de développement technologique et de démonstration (57) ainsi qu'une décision n° 969/2006/CE du Conseil, du 18 décembre 2006, relative au septième programme-cadre de la Communauté européenne de l'énergie atomique (Euratom) pour des activités de recherche et de formation en matière nucléaire (2007-2011) (58). Dénommé « bâtir l'Europe de la connaissance » et s'inscrivant pleinement dans la stratégie de Lisbonne, le septième programme-cadre entend profiter également de la durée, ce que traduit le passage de quatre à sept ans dans l'application. Après une large consultation publique, quatre objectifs principaux ont été identifiés et correspondent à quatre programmes spécifiques principaux qui doivent structurer l'effort de recherche européen.

746 **Programmes spécifiques principaux.** Le programme *Coopération* a pour objectif de stimuler la coopération et de renforcer les liens entre l'industrie et la recherche dans un cadre transnational. Il comporte 9 thèmes, autonomes dans leur gestion mais complémentaires dans leur mise en œuvre : santé ; alimentation, agriculture et biotechnologie ; technologies de l'information et de la communication ; nanosciences, nanotechnologies, matériaux et nouvelles technologies de production ; énergie ; environnement (changements climatiques inclus) ; transports (aéronautique comprise) ; sciences socio-économiques et humaines ; sécurité et espace.

Le programme *Idées* doit servir à renforcer la recherche exploratoire en Europe, c'est-à-dire la découverte de nouvelles connaissances qui changent fondamentalement la vision du monde et de la société. Pour cette nouvelle structure à la pointe de la recherche européenne, un conseil scientifique définira les priorités et stratégies scientifiques de façon autonome. Le but est de renforcer l'excellence de la recherche européenne en favorisant la concurrence et la prise de risques.

Le programme *Personnes* mobilise des ressources financières importantes pour améliorer les perspectives de carrière des chercheurs en Europe et attirer plus de jeunes chercheurs de qualité. La Commission souhaite encourager la formation et la mobilité pour exploiter tout le potentiel du personnel de la recherche en Europe. Ce programme s'appuie sur le succès des actions Marie Curie qui offrent depuis plusieurs années des possibilités de mobilité et de formation aux chercheurs européens. En revanche, les actions concernant le clonage humain, le patrimoine génétique humain ou les recherches sur l'embryon humain se voient exclues.

(57) *JOUE* L 412, 30 déc. 2006.
(58) *JOUE* L 391, 30 déc. 2006.

Le programme *Capacités* doit donner aux chercheurs des outils performants pour pouvoir renforcer la qualité et la compétitivité de la recherche européenne. Il s'agit d'investir davantage dans les infrastructures de recherche dans les régions les moins performantes, dans la formation de pôles régionaux de recherche et dans la recherche au profit des PME. Ce programme doit également refléter l'importance de la coopération internationale dans la recherche et le rôle de la science dans la société.

Le financement de ces quatre programmes principaux se décompose comme suit : Coopération, 32,413 milliards d'euros ; Idées, 7,5 milliards ; Personnes, 4,750 milliards ; Capacités, 4,10 milliards. En outre 1,751 milliard est affecté aux activités non nucléaires du CCR (Centre commun de recherche) (59).

2. Programme de recherche Euratom

747 **Développement du programme.** Celui-ci repose sur une décision n° 2006/970 du Conseil, du 18 décembre 2006, relative au septième programme-cadre de la Communauté européenne de l'énergie atomique (Euratom) pour des activités de recherche et de formation en matière nucléaire (2007-2011) ainsi qu'une décision n° 2006/977 du Conseil, du 19 décembre 2006 (60), concernant un programme spécifique à mettre en œuvre par le Centre commun de recherche. La Commission souligne l'importance de ce programme en relevant que les centrales nucléaires produisent, à elles seules, un tiers des ressources d'électricité actuelles de l'Union européenne et qu'elles constituent à cet égard une source d'énergie privilégiée. Énergie propre, l'énergie nucléaire joue par ailleurs un rôle essentiel pour l'environnement (réduction des émissions de gaz à effet de serre), tout en contribuant à accroître l'indépendance, la sécurité et la diversité de l'approvisionnement énergétique de l'Union. À terme, la *fusion nucléaire* doit permettre un approvisionnement quasiment illimité en énergie propre. En ce sens, le projet ITER (réacteur thermonucléaire expérimental international, outil de recherche dont la mission est de démontrer la faisabilité scientifique et technique de la fusion thermonucléaire) présente une valeur ajoutée indéniable et se situe au cœur de la stratégie actuelle de l'UE. Cependant la fission nucléaire actuelle ne doit pas être délaissée.

748 **Financement.** Le programme Euratom qui court jusqu'en 2011 est subdivisé en deux programmes spécifiques. Le premier couvre la recherche en matière de fusion nucléaire, l'énergie de fission nucléaire ainsi que la radioprotection. Le second concerne les actions du Centre commun de recherche (CCR) dans le domaine de l'énergie nucléaire. Le montant global maximal pour la mise en œuvre du septième programme-cadre durant la période 2007-2011 s'élève à 2 751 millions d'euros. Une part importante de ce budget servira à financer le projet international de fusion nucléaire ITER. En termes financiers, l'énergie de fusion recevra 1947 millions d'euros, la fission nucléaire et la radioprotection, 287 et le CCR pour la gestion des déchets, la sûreté et la sécurité nucléaires 517 millions.

(59) V. rapport annuel de la Commission sur les activités de l'UE en matière de recherche et de développement technologique pour 2007 : COM (2008) 519 final du 18 août 2008.

(60) *JOUE* L 400, 30 déc. 2006.

C. La mise en œuvre du programme-cadre pluriannuel

749 **Programmes spécifiques et programmes complémentaires.** Le programme-cadre pluriannuel met pleinement en œuvre les dispositions du TFUE (art. 182-188) qui opèrent une distinction entre programmes spécifiques et programmes complémentaires. Les programmes spécifiques constituent des déclinaisons naturelles du programme-cadre. Ils recouvrent l'action spécifiquement européenne et sont au nombre de quatre dans le septième programme-cadre (v. *supra*, n° 744). Mais la mise en œuvre du programme-cadre pluriannuel peut aussi s'effectuer par le biais de *programmes complémentaires* qui diffèrent des programmes spécifiques à la fois par leur caractère facultatif et surtout par une participation incomplète des États membres. Il résulte au demeurant de cette illustration bien modeste de l'Europe à géométrie variable, que le financement de ces programmes relève principalement de ces seuls États membres, la participation de l'Union restant aléatoire. À ce jour, semble-t-il, aucun programme complémentaire n'a encore été adopté.

750 **Coopérations externes.** D'une manière plus active, l'Union ès qualité peut également participer à des programmes de RDT entrepris par un certain nombre de ses États membres, voire même s'intégrer dans les structures mises en place pour leur exécution. En l'occurrence, l'Union n'a pas l'initiative, mais il apparaît que les programmes en question peuvent être utiles pour la mise en œuvre du programme-cadre pluriannuel européen. Dans le même ordre d'idées, l'article 186 TFUE permet à l'Union de participer une nouvelle fois és qualité à des coopérations internationales en matière de RDT. Cette disposition ne fait que confirmer la dimension externe de la politique de RDT, déjà affirmée en termes plus généraux parmi les objectifs de la politique de l'Union sur le terrain de la recherche.

751 **Entreprises communes.** Enfin, l'Union peut créer « des entreprises communes ou toute autre structure nécessaire à la bonne exécution des programmes de recherche ». Sur ce point, l'article 187 TFUE reproduit d'assez près la formule de l'entreprise commune, apparue dans le cadre du traité Euratom, et qui a connu de nombreuses applications. Mais, à la différence de ce dernier qui se montre très précis et même prolixe sur le statut, le régime ou le financement de ces organismes, le TFUE fait preuve de beaucoup plus de discrétion. Le Conseil, statuant à la majorité qualifiée, (art. 188 § 1er TFUE) possède ainsi le champ libre.

SECTION III L'ÉNERGIE

752 L'énergie et les produits énergétiques constituent un cas singulier en droit de l'Union, puisque nonobstant leur spécificité, les traités ne sont jamais véritablement parvenus à leur reconnaître la place qu'ils méritaient (61). Cette spécificité résulte pourtant de nombreux traits. Sur le plan économique d'abord, il s'agit de produits « stratégiques », ce que les crises à répétition dans ce secteur mettent cruellement en lumière, d'autant plus que l'Union dépend pour une bonne part de l'extérieur pour

(61) C. Vial, « Énergie » *Juris-Classeur Europe*, vol. 6, fasc. 1982, 2010.

son approvisionnement régulier en produits énergétiques. Ensuite sur le plan juridique, que ce soit au plan de la production ou de la distribution, l'énergie a été et demeure parfois organisée sous forme de monopoles publics ou de sociétés nationales. De plus, les produits énergétiques font l'objet d'une fiscalité particulière, sous forme d'accises ou de droits indirects très élevés.

Mais l'énergie ne bénéficie d'aucun statut spécial eu égard aux traités (§ 2), et ce d'autant plus que l'Union comme les États membres ont longtemps répugné à mettre en place une politique énergétique commune (§ 1).

§ 1. LA MISE EN PLACE TARDIVE D'UNE POLITIQUE ÉNERGÉTIQUE DE L'UNION

753 Le paradoxe tient à ce que si deux des trois traités originaires portent principalement sur des produits énergétiques, en revanche, le traité CE est muet, ce qui rendra très difficile le développement d'une politique commune et globale. Outre ses finalités politiques, le traité CECA visait à reconstituer et à développer le potentiel charbonnier et sidérurgique de l'Europe. Néanmoins après d'incontestables réussites, il ne résistera ni à la crise charbonnière des années soixante ni à celle de l'acier des deux décennies suivantes. Conclu pour une durée de cinquante ans, il disparaît le 23 juillet 2002

754 **Euratom.** Fruit du contexte des années cinquante, la CEEA vise à combler le handicap scientifique et technologique par rapport au quasi-monopole américain de l'atome et à diversifier les sources d'énergie en Europe. Dans ces conditions, le traité reflète une inspiration beaucoup plus interventionniste que libérale. Les dispositions consacrées à la libre circulation s'avèrent des plus réduites et quant à la libre concurrence, elle ne joue que dans le cadre restreint de l'agence des approvisionnements.

L'essentiel est donc consacré à une politique de développement de l'industrie nucléaire en Europe, à des fins purement civiles au demeurant puisque le traité laisse soigneusement de côté les questions militaires (62). De même prévoit-il déjà des règles assez strictes relatives tant au contrôle de sécurité (pour éviter les détournements d'utilisation) qu'à la protection sanitaire des travailleurs de l'industrie nucléaire et de la population en général. Cependant l'originalité principale réside dans un régime particulier des approvisionnements en matières nucléaires, qui fait de l'agence des approvisionnements, organisme juridiquement autonome, le pilier du système (63). L'agence dispose en effet du monopole de la propriété ou de la disposition de toutes les matières nucléaires produites en Europe, de même qu'elle conclut seule ou avec la Commission les contrats de fournitures avec des pays tiers.

755 ***Difficultés d'Euratom.*** C'est une banalité que de rappeler l'échec de la CEEA. Outre la mauvaise volonté française résultant en particulier de la mise en place d'une force de dissuasion nucléaire, qui a provoqué une certaine « renationalisation » de l'atome,

(62) CJCE, 9 mars 2006, *Commission c. Royaume-Uni*, aff. C-65/04, *Rec.* I-2239.

(63) On peut y voir également le précurseur des agences et offices qui se multiplieront ultérieurement dans le système institutionnel de l'Union.

la conjoncture économique s'est révélée à nouveau très défavorable. Conçu pour une situation de pénurie, le strict régime des approvisionnements n'a pas eu à s'appliquer compte tenu de l'abondance de matières nucléaires sur le marché mondial. Enfin, l'affaire de Tchernobyl devait porter un nouveau coup sévère à un traité de moins en moins adapté aux réalités économiques et écologiques du troisième millénaire.

756 **Silence du traité CE.** Ce silence, déjà relevé, n'est pas isolé. Il en va de même pour l'environnement, la politique régionale ou l'industrie. Mais ces autres oubliés des traités originaires ont vu leur sort revalorisé à l'occasion soit de l'Acte unique européen, soit du traité de Maastricht. En revanche, l'énergie n'a pas bénéficié de semblable amélioration. Pourtant l'énergie avait atteint son point culminant dans les préoccupations européennes au début des années soixante-dix. Suite à l'embargo décidé par les pays arabes producteurs de pétrole, l'Union s'efforce de s'organiser en mettant en place une politique énergétique commune.

Juridiquement, celle-ci aura pour principal vecteur l'ex-article 308 CE (devenu 352 TFUE) et elle consistera d'une part dans la fixation, sous forme de résolution du Conseil, de grands objectifs à long terme indiquant les principales orientations de production et de consommation (64) ainsi que la ventilation entre les différentes sources d'énergie ; et d'autre part, dans l'édiction d'un certain nombre de mesures sectorielles pour chaque source d'énergie, dans l'adoption d'un plan anti-crise pour faire face à des situations d'urgence, dans une tentative de diversification et de mise en valeur des énergies nouvelles et renouvelables et dans l'adoption vis-à-vis des pays tiers de positions communes, en particulier dans le domaine de l'approvisionnement. Cependant si ce n'est sous certains aspects sectoriels, cette politique ne donnera guère de résultat probant.

Au plan « constitutionnel », l'énergie fait cependant une apparition indirecte dans le cadre de la politique environnementale à l'ex-article 175 § 2 point c (devenu 192 TFUE) pour souligner que toute mesure environnementale qui aurait pour effet d'affecter « sensiblement le choix d'un État membre entre différentes sources d'énergie et la structure générale de son approvisionnement énergétique » supposerait un vote du Conseil à l'unanimité. Le traité de Maastricht marque un léger pas en avant, puisqu'il introduit dans le traité CE à l'ex-article 3, parmi les domaines d'action de la Communauté, et tout à fait en fin de liste « des mesures dans le domaine de l'énergie, de la protection civile et du tourisme ». Les suites concrètes devaient demeurer assez décevantes, d'autant que cette disposition-cadre ne renvoie à aucune disposition plus opérationnelle dans le corps du traité.

757 **Traités de Lisbonne.** Confirmant le traité constitutionnel, le traité de Lisbonne marque un progrès certain puisqu'il promeut l'énergie parmi les domaines de compétence partagée entre l'Union européenne et les États membres (art. 4 § 2 point i TFUE) (65). Il s'agit même d'un des seuls domaines d'action de l'Union européenne qui enregistre dans ce traité un véritable progrès. L'énergie échappe ainsi aux domaines d'appui, de coordination ou de complément où elle aurait pu figurer avec par exemple l'industrie, la protection civile et le tourisme, et qui se caractérisent notamment par

(64) Résolution du 16 sept. 1986, *JOCE* C 241, 25 sept. 1986.

(65) C. Blumann (dir.), *Vers une politique européenne de l'énergie*, colloque Paris II, nov. 2010, éditions De Boeck, à paraître « L'Énergie apres le traité de Lisbonne » *RAE* 4/2009-2010 pp. 737-847.

l'interdiction faite à l'Union d'harmoniser les législations nationales. L'Union devrait même avoir les coudées assez franches puisque s'agissant d'une compétence partagée, le principe de subsidiarité s'applique ; mais il y a tout lieu de penser que compte tenu de l'internationalisation voire de la mondialisation des problèmes dans ce secteur, les critères de la subsidiarité joueront facilement en faveur de l'action commune.

Toutefois, dans le corps du TFUE, l'énergie ne se voit consacrer qu'un seul article (art. 194 Titre XXI) assez généraux il est vrai, résumant assez bien l'état d'esprit d'États membres désireux de mener une action commune en ce domaine, mais sans trop céder de leurs prérogatives actuelles. Aussi l'énergie est-elle placée d'entrée de jeu sous le double regard du marché intérieur et de l'environnement. Dans ce contexte, les objectifs de la politique énergétique consistent à assurer le marché intérieur de l'énergie ainsi que la sécurité de l'approvisionnement énergétique et à promouvoir l'efficacité énergétique, les économies d'énergie ainsi que les énergies nouvelles et renouvelables.

Même si des mesures correspondant à ces objectifs existent déjà dans différents domaines, l'apport du traité de Lisbonne demeure important. Sous réserve de la référence au marché intérieur qui relève de l'intégration négative, l'efficacité énergétique et la sécurité énergétique constituent les points forts et sensibles de toute politique énergétique digne de ce nom. Elles correspondent à des besoins réels de l'Union européenne qui fortement dépendante pour son approvisionnement doit pouvoir parler d'une seule voix sur la scène internationale et qui pauvre en ressources domestiques doit pouvoir les utiliser avec une efficacité maximum.

L'amélioration substantielle s'accompagne d'améliorations procédurales. La procédure législative ordinaire devient le processus décisionnel de droit commun. En revanche, aussi bien pour les mesures essentiellement fiscales que pour celles de l'article 192 § 2 point c (autonomie énergétique des États membres), une procédure législative spéciale, requérant l'unanimité au Conseil, s'applique.

§ 2. LES PRINCIPAUX VOLETS DU DROIT ÉNERGÉTIQUE DE L'UNION

758 La Commission a pris conscience de l'acuité des problèmes énergétiques auxquels sera confrontée l'Union européenne dans les prochaines décennies. D'où la présentation le 8 mars 2006 du Livre vert *Une stratégie européenne pour une énergie sûre, compétitive et durable* (66) confirmé par une communication du 10 janvier 2007, *Une politique de l'énergie pour l'Europe* (67). Ceci a donné lieu à de nombreuses réflexions (68)· et à des développements normatifs importants. Le Conseil européen s'est beaucoup impliqué dans la politique énergétique comme en atteste l'importante réunion des 8-9 mars 2007, sous présidence allemande, qui a fixé comme objectif de l'Union à l'horizon 2020 la politique des trois fois vingt : 20 % de réduction des émissions de gaz à effet de serre dans l'atmosphère, réduction de 20 %, de la consommation

(66) COM (2006) 105 final.

(67) IP/07/1744.

(68) J. Bourrinet, « Quelle politique énergétique pour l'Union européenne », *RAE* 4/2006, p. 723 et s. ; Y. Petit « À la recherche de la politique européenne de l'énergie », *RTDE* 4/2006, p. 593 et s.

d'énergie grâce à l'efficacité énergétique et augmentation d'au moins 20 % de la part des énergies dites nouvelles et renouvelables (ENR) dans la consommation totale d'énergie de l'Union (69).

A. Le marché intérieur de l'énergie

759 **Orientation générale** (70). Ce projet se dessine au travers d'un document de travail de la Commission en date du 6 mai 1988. L'inspiration libérale et dérèglementaire prédomine et l'attention se focalise sur les deux secteurs de l'électricité et du gaz dans lesquels les monopoles publics demeurent importants L'essentiel sera alors d'ouvrir ces deux secteurs à la concurrence tout en préservant un minimum de contrôle public. L'ex-article 86 CE (devenu 106 TFUE) consacré aux services d'intérêt économique général, va ainsi définir un enjeu pour les libéraux et les « colbertistes ». La Commission comme la Cour de justice vont se trouver au centre de la querelle, et la Cour après s'être montrée très réservée à l'égard des monopoles publics parviendra à un certain équilibre au travers des célèbres arrêts *Corbeau* (71) et *Commune d'Almelo* (72). De son côté, le « constituant » européen entendra revaloriser le rôle des services publics au travers de l'ex-article 16 CE (devenu 14 TFUE) introduit par le traité d'Amsterdam (73).

S'agissant des textes spécifiques à ces deux sources d'énergie, un nouveau paquet législatif – le troisième – a été adopté le 13 juillet 2009 (74) formé de cinq textes : deux directives concernant respectivement le gaz (75) et l'électricité (76), deux règlements sur les conditions d'accès aux réseaux de gaz et aux réseaux d'électricité en vue de faciliter les échanges transfrontaliers d'électricité et, innovation remarquée, un règlement instituant une agence de coopération des régulateurs de l'énergie. Dans le prolongement des précédentes vagues de réglementation (77), le troisième paquet législatif poursuit des objectifs quasiment classiques : dissociation des activités de production, transport, distribution, fourniture, protection des consommateurs et usagers par des exigences de service public, coopération transfrontalière et avec les pays tiers, organisation et régulation du secteur grâce à des organismes spécialement adaptés à cette tâche (78)

(69) A. Bavia, « L'Union européenne face aux défis de l'énergie et du changement climatique : bilan du conseil européen des 8-9 mars 2007 », *RMCUE* n° 508, mai 2007, p. 286.

(70) L. Grard, « Le marché intérieur de l'énergie », *in* C. Blumann (dir.), *Vers une politique européenne de l'énergie*, colloque Paris II, nov. 2010, éditions De Boeck, à paraître.

(71) 19 mai 1993, aff. C-320/91, *Rec.* I.-2533.

(72) 27 avr. 1994, aff. C-393/92, *Rec.* I.-1477.

(73) V. *infra*, n° 1334.

(74) *JOUE* L 211, 14 août 2009.

(75) 2009/73

(76) 2009/72

(77) Premier paquet législatif : dir. n° 96/92/CE du 19 déc. 1996 (électricité) *JOCE* n° L 27 du 30 janv. 1997, dir. n° 98/30/CE du 22 juin 1998 (gaz) *JOCE* n° L 204 du 21 juill. 1998 ; deuxième paquet législatif : dir. 2003/55 (gaz) et 2004/54 (électricité) du 26 juin 2003 *JOCE* L 176, 15 juill. 2003, règlement n° 1228/2003 du 26 juin 2003 sur les échanges transfrontaliers d'électricité, *JOCE* L 176, 15 juill. 2003

(78) N° 713/2009 du 13 juill. 2009, *JOUE* L 211, 14 août 2009

760 **Séparation des activités**. C'est l'objectif central pour favoriser la libre circulation et la concurrence. Le troisième « paquet énergie » vise à renforcer cette orientation en dépassant la seule dissociation juridique et fonctionnelle des activités d'approvisionnement et de production et celle de gestion des réseaux, déjà rendue obligatoire dès le 1er juillet 2004. Compte tenu des réticences des États membres et de certains opérateurs historiques, il convient d'aller plus loin encore. Les États membres disposeront de trois options allant de la dissociation totale à la possibilité d'avoir des sociétés intégrées d'approvisionnement et de transport devant tout de même se conformer à certaines garanties, pour que ces deux branches fonctionnent de façon indépendante. Il sera également possible qu'une entreprise conserve la propriété des réseaux de transport, mais que ces derniers soient gérés par des entreprises extérieures.

Au final, les textes de 2009 donnent aux États membres la possibilité de choisir entre trois montages juridiques différents. Tout d'abord – formule qui a la préférence de la Commission – *une dissociation intégrale des structures de propriété* qui contraindra les entreprises énergétiques intégrées à vendre leurs réseaux de gaz et d'électricité, d'où la mise en place de gestionnaires séparés des réseaux de transport. Une société de production et de fourniture ne pourra détenir une part majoritaire dans une entreprise de gestion du réseau de transport. La deuxième option est celle *d'un gestionnaire de réseau indépendant (GRI)* qui permet aux compagnies énergétiques de conserver la propriété de leurs réseaux de transport ; mais la gestion de ce réseau devra être confiée à un organisme spécifique désigné à cette fin et indépendant. La troisième option est celle du *gestionnaire de transport indépendant* (GTI), qui maintient la possibilité de sociétés intégrées d'approvisionnement et de transport, mais oblige ces dernières à respecter certaines exigences pour garantir que ces deux branches d'activité fonctionnent de manière réellement indépendante, sous le contrôle d'une autorité nationale de régulation. Cette dernière formule a été arrachée de haute lutte par le couple franco-allemand, soucieux de maintenir l'intégrité des grands majors nationaux (EDF et GDF).

Pour éviter que des compagnies de pays tiers qui demeurent fortement centralisées ne puissent s'accaparer facilement des concurrentes européennes, les textes prévoient que les premières devront prouver de manière claire qu'elles respectent les mêmes exigences de dissociation que celles qui s'appliquent aux sociétés de l'Union. Ceci vise en particulier les grands fournisseurs russes comme Gazprom.

761 **La régulation.** Les directives de 2003 avaient imposé aux États membres l'établissement d'une ou plusieurs autorités nationales de régulation. Mais leurs compétences restaient assez réduites. Désormais, chaque État membre ne pourra désigner qu'une seule autorité de régulation nationale dont l'indépendance par rapport à toute autre entité publique ou privée devra être garantie. À cette fin, l'autorité de régulation doit en premier lieu bénéficier de l'autonomie budgétaire et disposer de ressources humaines et financières suffisantes pour s'acquitter de ses obligations, en second lieu, ses cadres doivent être nommés pour un mandat à durée déterminée non renouvelable de cinq ans au minimum. Ils ne doivent pouvoir être démis de leurs fonctions au cours de leur mandat qu'en cas de faute grave. Les compétences de ces autorités sont définies avec précision. Elles consistent notamment en contrôle des gestionnaires de transport et distribution, respect des règles de transparence du marché, protection des consommateurs et évaluation des plans d'investissement.

762 **Régulation européenne**. L'agence de coopération pour les régulateurs de l'énergie (ACER) (79) est destinée à effectuer au niveau de l'Union les tâches effectuées au niveau national par les régulateurs de chaque État membre. Elle se substitue à un organisme informel mis en place en 2003 : le groupe des régulateurs européens dans le domaine de l'électricité et du gaz. Dotée de la personnalité juridique et d'un statut européen, l'agence assure la surveillance des gestionnaires locaux et veille à l'exécution de leurs différentes tâches. Elle élabore des orientations-cadres non contraignantes, formule des recommandations et fournit un cadre de coopération pour les autorités de régulation nationales. En cas de transgression, elle peut saisir les institutions de l'Union. Son seul pouvoir de décision s'exerce à l'égard des infrastructures transfrontalières.

Organiquement, l'agence, dont le siège a été fixé à Ljubljana, possède un conseil d'administration de neuf membres désignés par les institutions de l'Union. Le directeur de l'agence est désigné pour une période de cinq ans par le conseil d'administration, après accord du conseil des régulateurs. Une commission de recours est aussi mise en place pour tous les recours concernant les autorités de régulation nationale introduits par toute personne physique ou morale. Les ressources financières de l'agence proviennent principalement du budget général de l'Union européenne.

763 **Consommateurs et citoyens**. Les textes de 2009 entendent renforcer les droits des consommateurs en leur permettant notamment de changer facilement de fournisseur (80) ainsi que de recevoir toute donnée relative à leur consommation. Les droits des consommateurs s'accompagnent d'obligations de transparence de la part des fournisseurs notamment en ce qui concerne les coûts de l'énergie et les factures. Le développement des compteurs dits intelligents qui permettent de mieux contrôler la consommation, est encouragé. Ceci relève aussi d'une politique d'économie et d'efficacité énergétique (81).

En outre, les États membres sont tenus de garantir un *service universel* à tous les clients résidentiels (les « ménages ») et, si nécessaire, aux petites entreprises employant moins de 50 personnes et avec un chiffre d'affaires annuel ou un bilan de moins de 10 millions d'euros. Ces clients auront ainsi le droit à être approvisionnés en électricité de qualité spécifique à des prix raisonnables, facilement comparables, transparents et non discriminatoires. S'agissant des obligations de *service public*, les États peuvent imposer aux gestionnaires la réalisation d'objectifs tenant notamment à la sécurité d'approvisionnement, à la protection de l'environnement, au développement d'énergies renouvelables, à la lutte changement climatique, etc. (82).

(79) Règlement n° 713/2009 du Parlement européen et du Conseil du 13 juill. 2009 instituant une agence de coopération des régulateurs de l'énergie, *JOUE* L 211, 14 août 2009.

(80) S'agissant de la fourniture d'électricité et de gaz, l'ouverture à la concurrence est totale depuis 1er juill. 2004 pour les entreprises et depuis 2007 pour tous les usagers y compris individuels.

(81) Communication de la Commission européenne : *Plan 2011 pour l'efficacité énergétique*, 8 mars 2011, COM (2011) 109.

(82) Sur la mise en œuvre en France de la dir. électricité : L. Grard, « Les racines européennes de la nouvelle organisation française du marché de l'électricité. À propos de la loi n° 2010-1488 du 7 déc. 2010… (dite aussi loi *NOME*) », *Europe* mars 2011, p. 5 et s.

B. Efficacité énergétique et ENR

764 C'est une action déjà ancienne, lancée concomitamment au premier choc pétrolier de 1973-74. L'expression économies d'énergie a d'ailleurs été remplacée avec le temps par celle d'efficacité énergétique. L'efficacité énergétique vise à l'amélioration du rendement et de la productivité des sources d'énergie existantes. Le développement des énergies nouvelles et renouvelables a pour objectif de substituer aux grandes énergies classiques, la plupart du temps fossiles, des sources d'énergie plus souples, moins polluantes et en principe non épuisables (solaire, éolienne, biomasse, etc.).

1. Efficacité énergétique

765 **Textes.** En ce domaine, la réglementation existante repose principalement sur une directive n° 2006/32 du 5 avril 2006 (83) relative aux économies d'énergie au stade des utilisations finales. Son objectif est d'amener les États membres à un niveau d'économie d'énergie de 9 % au terme de sa neuvième année d'application. À cette fin, les États membres doivent élaborer des plans nationaux d'économie d'énergie respectivement les 30 juin 2007, 30 juin 2011 et 30 juin 2014. Outre ces objectifs globaux, la directive prévoit aussi une amélioration de l'information des consommateurs au travers notamment d'une meilleure lisibilité des factures d'énergie. Elle prévoit aussi le remplacement des compteurs individuels d'eau, gaz et électricité par des compteurs plus performants mesurant avec précision la consommation effective et permettant aussi de relever le moment précis de l'utilisation.

766 **Projets.** Pour l'avenir et dans une communication du 19 octobre 2006 intitulée « plan d'action pour l'efficacité énergétique » (2007-2012) (84), la Commission recense les domaines où des économies substantielles peuvent être réalisées (85). Un trio formé par les bâtiments à usage d'habitation ou commercial (environ 30 %), les industries manufacturières (25 %) et le secteur des transports (26 %) se dégage clairement. S'agissant des bâtiments, la Commission entend améliorer le rendement énergétique de 14 groupes de produits (chaudières, téléviseurs, luminaires, etc.). Un effort particulier doit être envisagé pour les petits bâtiments. Des gains peuvent aussi être obtenus en matière de « conversion d'énergie ». La conversion s'entend comme l'opération par laquelle une source d'énergie primaire se transforme en source secondaire (fabrication de l'électricité) ou l'opération qui permet le transport et la distribution (réseaux de gaz ou électricité). La conversion occasionne de nombreuses pertes. Pour y remédier, la Commission préconise des accords avec les professionnels de façon à élaborer un ensemble de bonnes pratiques. Dans le secteur du transport, les mesures envisagées ont surtout un aspect écologique : réduction supplémentaire des gaz d'échappement à effet de serre, interventions sur la climatisation et les pneumatiques, amélioration de l'information des consommateurs sur la consommation des véhicules et les taux de pollution.

(83) *JOUE* L 114, 27 avr. 2006.

(84) COM (2006) 545 final.

(85) V. aussi la communication de la Commission du 13 nov. 2008 intitulée *Efficacité énergétique : atteindre l'objectif des 20 %* COM(2008) 772 ainsi que la communication de la Commission du 8 mars 2011 intitulée *Plan 2011 pour l'efficacité énergétique* [COM(2011) 109 final].

2. Développement des ENR

767 **Objectifs.** La Commission a présenté la situation des ENR dans l'Union dans une communication du 10 juillet 2007 intitulée « Feuille de route pour les sources d'énergie renouvelables » (86). Après avoir présenté les principaux avantages des ENR : environnementaux – réduction des émissions de gaz à effet de serre –, économiques – réduction des importations étrangères, d'environ 200 millions de tonnes équivalent pétrole par an – et commerciaux – possibilité de développer et d'exporter de nouvelles technologies, la Commission dresse un bilan de la répartition des différentes ENR dans la production totale de cette catégorie de produits. La biomasse vient largement en tête (66 %) suivie par l'énergie hydraulique (22 %) et loin derrière par l'énergie éolienne (5,5 %). En revanche, les proportions s'inversent lorsqu'il s'agit de la production d'électricité (hydraulique, 66 %, éolienne 17 %, biomasse 16 %).

La Commission fixe à 20 % la part des ENR dans la consommation totale d'énergie à l'horizon 2020, objectif rendu contraignant par le conseil européen de mars 2007. Toujours à la même époque, les biocarburants devraient représenter au moins 10 % de la consommation totale de carburants destinés au transport (87). Les moyens envisagés pour atteindre ces objectifs consisteraient dans la mise en place de régimes d'aides spécifiques (biocarburants) ou le passage par des mécanismes plus globaux (fonds structurels, fonds de cohésion, programme *Life*). Encore faut-il relever que ces objectifs ont provoqué dès leur fixation et par la suite diverses critiques et polémiques. S'agissant de l'objectif global de 20 %, l'incertitude pèse sur le point de savoir si – comme le souhaite la France – l'énergie nucléaire est incluse ou non parmi les ENR. S'agissant des biocarburants (éthanol, diester), après une période d'engouement, ceux-ci sont jugés particulièrement polluants et en partie responsables de l'actuelle crise alimentaire mondiale apparue en 2007-2008. Dans l'attente de biocarburants de la « seconde génération », l'action de l'Union semble paralysée.

768 **Textes**. Pour l'heure, la part des ENR dans la consommation totale d'énergie reste faible (environ 6 %) (88). Pourtant l'Union dispose déjà d'un certain nombre d'instruments efficaces, notamment une directive n° 2009/28 du 23 avril 2009 (89), qui se substitue à celle du 27 septembre 2001 (90)· relative à la promotion de l'utilisation de l'énergie produite à partir de sources renouvelables. Selon cette nouvelle directive, chaque État membre se voit attribuer un objectif calculé concernant sa part d'énergie produite à partir de sources renouvelables dans sa consommation d'énergie finale brute à l'horizon 2020 et qui correspond à l'objectif des trois fois vingt retenu par l'Union lors du Conseil européen de mars 2007. Par ailleurs, la part de l'énergie produite à partir de sources renouvelables dans le secteur des transports doit être égale à au moins 10 % de la consommation finale d'énergie dans ce secteur d'ici à 2020.

(86) COM (2006) 848 final.

(87) Communication de la Commission, du 8 févr. 2006, intitulée *Stratégie de l'UE en faveur des biocarburants* [COM(2006) 34 final].

(88) Sur l'ensemble de la question : F. Perladi-Leneuf, « La politique européenne sur les ENR et l'efficacité énergétique : éclatement des responsabilités ou politique intelligente ? », *in* C. Blumann (dir.), *Vers une politique européenne de l'énergie*, colloque Paris II, nov. 2010, éditions De Boeck, à paraître.

(89) *JOUE* L 140, 5 juin 2009.

(90) *JOUE* L 283, 27 oct. 2001.

Les États membres doivent mettre en place des plans d'action nationaux fixant la part de l'énergie produite à partir de sources renouvelables dans les transports, de même que dans la production de l'électricité, et de chauffage pour 2020. Ces plans d'action doivent également tenir compte des effets d'autres mesures relatives à l'efficacité énergétique sur la consommation finale d'énergie. Les États membres doivent coopérer au travers d'échanges de quantités d'énergie produites à partir de sources renouvelables et mettre en place des projets communs, relatifs à la production d'énergie électrique et de chauffage à partir de sources renouvelables.

La directive s'intéresse aussi à l'énergie produite à partir de biocarburants et de bioliquides. Ceux-ci doivent contribuer à une réduction d'au moins 35 % des émissions de gaz à effet de serre pour être pris en considération. À partir du 1er janvier 2017, leur part dans la réduction des émissions doit être portée à 50 %. Ces biocarburants et bioliquides peuvent être fabriqués à partir de matières premières provenant de l'extérieur ou l'intérieur de l'Union. Néanmoins pour éviter l'excès d'utilisation de terres agricoles, ils ne doivent pas être produits à partir de matières premières issues de terres de grandes valeurs ou présentant un important stock de carbone.

C. La dimension extérieure

769 **Sécurité énergétique.** L'Union fait preuve d'un grand dynamisme sur le plan extérieur. Cette attitude résulte de la situation de vulnérabilité énergétique dans laquelle elle se trouve durablement plongée en raison d'un taux d'auto-suffisance qui n'atteint qu'environ 46 % de ses besoins. Outre la situation de dépendance générale, l'Union l'est plus particulièrement à l'égard de quelques pays fournisseurs en particulier : les pays de l'OPEP pour le pétrole (40 % de la consommation européenne) et la Russie pour le gaz (41 %). Ces chiffres pourraient monter respectivement à 90 % pour le pétrole et 70 % pour le gaz (91). Les crises récurrentes (92) des approvisionnements de gaz de l'Union par la Russie en raison des tensions russo-ukrainiennes ont montré son extrême vulnérabilité et alimenté les réflexions du livre vert sur l'énergie (93).

770 **Gaz naturel.** Concrètement, une directive du 26 avril 2004 vise à sauvegarder un niveau adéquat de sécurité de l'approvisionnement en gaz naturel (94). Ce texte établit un cadre commun à l'intérieur duquel les États membres définiront des politiques générales de sécurité, à la fois transparentes, non discriminatoires et conformes aux règles du marché intérieur de l'énergie. Le rôle des différents acteurs du marché se voit aussi défini en fonction d'exigences similaires. Les mesures au niveau national peuvent consister en opérations de stockage ou dans la mise en application d'accords d'interconnexion. La directive institue également un groupe de coordination au niveau européen. En cas d'insuffisance des mesures nationales, le dispositif de l'Union entre

(91) R. Yakemtchouk, « L'Union européenne face à la crise de l'énergie », *RMCUE* n° 492 oct.-nov. 2005 p. 589.

(92) P. Slot, "The Energy Crises", *in* C. Blumann et F. Picod (dir.), *L'Union européenne et les crises*, Bruylant, 2011, p. 87 et s.

(93) V. *supra*, n° 758.

(94) N° 2004/67, *JOUE* L 127, 29 avr. 2004.

en scène à son tour. Il consiste en mesures d'appui à l'action des États membres. Le Conseil sur proposition de la Commission peut adopter des orientations plus drastiques.

771 **Électricité.** S'agissant de l'électricité, la dépendance de l'Union est moins sensible puisque pour l'essentiel elle assure son auto-approvisionnement. Cependant certains États demeurent déficitaires et de surcroît le problème se pose aussi en amont puisque l'électricité constitue une énergie dérivée, elle-même produite à partir de sources primaires (charbon, pétrole, gaz, nucléaire). La sécurité énergétique en matière d'électricité passe tout d'abord par la diversification des sources de production. À cet égard, il importe de relever la directive n° 2009/38 du 23 avril 2009 relative à la promotion de l'utilisation de l'énergie produite à partir de sources renouvelables (95)· Il en va de même de la directive du 11 février 2004 concernant la promotion de la cogénération sur la base de la demande de chaleur utile dans le marché intérieur de l'énergie (96). La cogénération consiste à produire simultanément dans un même processus de l'énergie thermique, électrique et mécanique.

La directive du 18 janvier 2006 (97) reproduit pour l'électricité le modèle préétudié de la directive du 26 avril 2004 relative au gaz, en ce sens qu'elle établit un cadre à l'intérieur duquel les États membres définissent en matière de sécurité des politiques transparentes, stables, non discriminatoires et compatibles avec les exigences du marché intérieur de l'énergie. Plus précisément, la directive vise à maintenir un niveau adéquat de la capacité de production et un équilibre également adéquat entre l'offre et la demande. Pour ce faire, les gestionnaires de réseau de transport doivent notamment veiller à maintenir un niveau approprié de capacité de production de réserve. L'accent est mis sur la sécurité d'exploitation des réseaux de transport et de distribution. Des obligations particulières à cette fin pèsent sur les gestionnaires de réseau sous le contrôle des autorités compétentes des États membres. Les investissements en vue de l'amélioration des réseaux doivent être encouragés par les États membres qui devront aussi créer un cadre juridique propice aux investissements dans l'interconnexion.

772 **Coopération énergétique.** La nécessité pour l'Union européenne de diversifier ses sources d'énergie explique aussi l'attention qu'elle porte aux problèmes énergétiques rencontrés par ses partenaires et notamment les pays en développement, qui sont en général les premières victimes de toute crise de l'énergie. En conséquence, la plupart des accords de coopération ou d'association conclus avec des pays tiers comportent un volet de coopération énergétique. Ceci se vérifie tout particulièrement dans les relations avec les PECO, pour lesquels, de plus, l'énergie et la sécurité nucléaire font également partie des secteurs d'intervention des programmes *Phare* et *Tacis*. Il en va de même dans les accords avec les pays tiers méditerranéens, dans certains de ceux conclus avec les pays d'Amérique latine et le *Mercosur*, ou bien encore dans la convention de Lomé qui comporte depuis 1980 un volet consacré à la coopération énergétique.

En outre, l'Union a mis en place plusieurs programmes de coopération énergétique avec les pays tiers, tel le programme *Synergy*, qui contribue financièrement au développement des politiques énergétiques dans les pays en voie de développement ou dans les PECO. Il en va de même du programme *Thermie*, destiné à l'origine à la promotion des

(95) *JOUE* L 140, 5 juin 2009
(96) N° 2004/8, *JOUE* L 52, 21 févr. 2004.
(97) N° 2005/89, *JOUE* L 33, 4 févr. 2006.

technologies énergétiques dans les seuls pays européens, mais dont l'action s'étend à partir de 1991 à de nombreux États tiers.

773 **Liens privilégiés.** Enfin, l'Union entretient des rapports étroits avec certaines institutions ou organisations internationales, dont la compétence en matière énergétique coïncide en partie avec la sienne. Ainsi en va-t-il de *l'agence internationale de l'énergie* (AIE) instituée en 1974 dans le cadre de l'OCDE. De même faut-il signaler la signature le 17 décembre 1991 de la *charte européenne de l'énergie* par quarante-huit États et la Communauté européenne, laquelle a débouché sur la conclusion d'un véritable traité ouvert à la signature en décembre 1994. Ces deux textes visent à mettre la technologie, le savoir-faire et les capitaux existant en occident à la disposition des pays de l'est européen, compte tenu de leur situation très difficile dans le domaine de l'énergie, de façon à assurer leur développement énergétique et plus largement leur stabilité économique et même politique.

Il importe enfin de relever la création d'une *Communauté de l'énergie* par un accord du 25 octobre 2005 (98) conclu entre la Communauté européenne et un certain nombre d'États ou d'entités issues pour la plupart de l'ex-Yougoslavie (La République d'Albanie, la République de Bulgarie, la Bosnie-Herzégovine, la République de Croatie, l'ancienne République yougoslave de Macédoine, la République du Monténégro, la Roumanie, la République de Serbie ainsi que la Mission d'administration intérimaire des Nations Unies au Kosovo). Cet accord conclu avec des pays alors candidats ou futurs candidats à l'Union, entré en vigueur le 1er juillet 2006, vise à étendre la politique européenne de l'énergie à ces nouveaux partenaires et plus particulièrement les règles du marché intérieur de l'énergie, ainsi que l'acquis de l'Union en la matière.

D. La protection de l'environnement

774 La protection de l'environnement devient une des dimensions essentielles de la politique énergétique (99), comme en témoigne le livre vert de la Commission du 29 novembre 2000 sur la « sécurité de l'approvisionnement énergétique » (100). Concrètement, énergie et environnement se rejoignent en particulier dans la réglementation sur les centrales électriques. Selon la directive du 24 novembre 1988 (101) sur les grandes installations de combustion, les centrales thermiques de cinquante mégawatts et plus doivent respecter des seuils et des pourcentages de réduction des émissions fixés dans la directive. Des contraintes encore plus lourdes pèsent sur les installations nouvelles (postérieures à 1987) lorsque leur puissance est supérieure. Si ces installations ont des effets sur un autre État membre, une coopération doit s'établir entre les pays concernés.

775 **Lutte contre l'effet de serre.** Un autre volet de l'action de l'Union porte sur la protection contre les émissions de gaz carbonique et l'effet de serre dont peuvent se rendre responsables les centrales électriques et gazières. En application de la convention

(98) *JOUE* L 198, 20 juill. 2006.

(99) Y. Petit, « Énergie et environnement », *in* C. Blumann (dir.), *Vers une politique européenne de l'énergie*, colloque Paris II, nov. 2010, éditions De Boeck, à paraître.

(100) COM (2000) 769.

(101) 88/609, *JOCE* L 336, 7 déc. 1988.

des Nations Unies sur le changement climatique, une décision du Conseil du 24 juin 1993 (102) exige de chaque État membre la mise en place d'un programme de limitation des émissions de gaz carbonique, sur la base de critères communs. L'agence européenne de l'environnement, formellement instituée en 1990, se voit chargée d'un rôle d'évaluation des efforts entrepris en la matière.

En outre, le « protocole » de Kyoto, adopté dans son principe au terme de la conférence des Nations Unies sur les changements climatiques des 1er-10 décembre 1997 (103) prévoit des engagements réciproques de limitation des émissions de gaz carbonique de la part des États gros consommateurs d'énergie ainsi que la mise en place d'un système d'échange de droits d'émission, qui pourrait permettre à certains États moyennant rachat des droits de certains de leurs partenaires moins pollueurs d'augmenter leur « quota » de pollution (104). Approuvé par l'Union européenne, le protocole de Kyoto se heurte cependant à une vive hostilité des États-Unis (105). Ratifié par plus de 150 États, le protocole est néanmoins entré en vigueur le 16 février 2005. Dans ce contexte, l'Union européenne a pris l'engagement de réduire d'ici 2012 de 8 % par rapport à 1990 les émissions des six gaz nocifs visés par le protocole (106). Par anticipation, l'Union avait déjà mis en place un mécanisme de contrôle permettant aux États membres sous la houlette de la Commission de mieux faire face à leurs obligations de surveillance, d'évaluation, d'enregistrement et de communication, prévues par la convention des Nations Unies (107).

Le protocole de Kyoto arrive en principe à expiration en 2012. En vue de sa révision, diverses conférences internationales se sont tenues. Celle de Copenhague de décembre 2009 s'est soldée par un échec, l'Union européenne, leader dans ce dossier, n'étant pas parvenue à imposer ses vues lors de cette réunion. Une seconde conférence tenue à Cancun en décembre 2010 n'a pas enregistré de progrès significatifs, en raison des traditionnels clivages entre l'Union européenne et les États-Unis ainsi qu'avec les pays émergents.

776 **Mise en œuvre**. En application des textes internationaux, une directive du 13 octobre 2003 (108) établit un système d'échanges de quotas à l'échelle européenne. Les exploitants d'installations industrielles relevant du champ d'application de la directive, tel que défini dans son annexe I (essentiellement le secteur du chauffage, de l'électricité, de la production de carburants, etc.) devront détenir des quotas à hauteur de leurs émissions de produits polluants. Ces quotas pourront faire l'objet de transactions de telle sorte que se crée un marché intérieur des quotas permettant aux entreprises qui sous-utilisent leurs quotas de les vendre à d'autres se trouvant au contraire en situation de dépassement. Il appartient aux États membres de déterminer la quantité globale de quotas de gaz à effet de serre acceptable sur leur territoire, puis de les répartir entre

(102) No 93/389, *JOCE* L 167, 9 juill. 1993.
(103) *Bull. UE* 12/97, no 1er févr. 193.
(104) Rapport général sur l'activité de l'Union européenne 2000, nos 572 et s.
(105) S. Leclerc, « La Communauté européenne et le protocole de Kyoto sur les changements climatiques », *Rev. Jur. de l'environnement* 2001, no 1, p. 31 et s.
(106) Rapport général sur l'activité de l'Union européenne 2005, p. 101.
(107) Décision no 280/2004 du 26 janv. 2004, *JOUE* L 49, 19 févr. 2004.
(108) No 2003/87, *JOUE* L 175, 25 oct. 2003.

les entreprises. Les principes de base en matière de libre circulation et de concurrence doivent être respectés à cette occasion (109).

Une directive du 27 octobre 2004 (110) précise que les exploitants européens pourront réduire partiellement leurs émissions de gaz à effet de serre dans d'autres pays à plus faible coût que dans leur propre pays, sous réserve de respecter les conditions prévues à cet effet dans le protocole de Kyoto, en particulier des transferts de technologie au profit de pays en développement. Le phénomène de « tourisme » de déchets vers des pays « poubelles » n'a en effet pas lieu de se produire en l'espèce, puisque du point de vue de l'environnement à l'échelle planétaire, le lieu où se produit la réduction des émissions est d'une importance secondaire.

777 **Paquet énergie climat**. En vue de la mise en œuvre du protocole de Kyoto et de la concrétisation de l'objectif des trois fois vingt retenu lors du Conseil européen de mars 2007, un ensemble de textes a été adopté début 2009 au lendemain de la présidence française du Conseil de l'Union européenne. Il s'agit notamment de la directive 2009/29/CE relative à l'extension du système des quotas de pollution (111) ; de la décision n° 406/2009/CE du 23 avril 2009 (112), relative à l'effort à fournir par les États membres pour réduire leurs émissions de gaz à effet de serre afin de respecter les engagements de l'Union en matière de réduction de ces émissions jusqu'en 2020 ; de la directive 2009/28/CE relative aux énergies renouvelables (v. *supra*, n° 771) ; de la directive 2009/31/CE relative au stockage géologique du dioxyde de carbone. Le règlement 443/2009 du 23 avril 2009, pour sa part, établit des normes de performance en matière d'émissions pour les voitures particulières neuves dans le cadre de l'approche intégrée de l'Union visant à réduire les émissions de CO2 des véhicules légers, etc. (113).

778 **Volet nucléaire.** Enfin et s'agissant du risque nucléaire, la catastrophe de Tchernobyl a provoqué une véritable relance de l'activité normative. Les normes de base concernant la protection contre les radiations ionisantes ont été renforcées. Des normes particulières ont été fixées suite à la contamination probable de diverses denrées alimentaires, l'ensemble se voyant complété par un dispositif d'information réciproque des États membres et de la Commission en cas d'urgence et de risque nucléaire imminent (114). Dans le même sens, une directive du 3 février 1992 tire les conséquences de la suppression des contrôles aux frontières en prévoyant un régime commun pour les déchets radioactifs provenant des centrales nucléaires (115).

(109) S. Rousseaux, « L'allocation des quotas d'émission de gaz à effet de serre : un aspect déterminant du futur marché européen », *RMCUE* n° 484, janv. 2005, p. 31 et s.

(110) N° 2004/101, *JOUE* L 338, 13 nov. 2004.

(111) *JOUE* L 140, 5 juin 2009

(112) *id.*

(113) V. aussi la dir. n° 2009/30/CE 23 avr. 2009, *JOUE* n° L 140, préc., modifiant la dir. n° 98/70/CE en ce qui concerne les spécifications relatives à l'essence, au carburant diesel et au gazole.

(114) Décision n° 87/600 du 14 déc. 1987, *JOCE* L 371, 30 déc. 1987.

(115) N° 92/3, *JOCE* L 35, 12 févr. 1992.

BIBLIOGRAPHIE

1. Ouvrages

F. Aubry-Caillaud, *Libre circulation des marchandises, nouvelle approche et normalisation européenne*, Pedone, 1998 ■ M. Ayral, « La politique énergétique », *in Commentaire Mégret, Le droit de la CEE*, tome 8, Éditions de l'Université de Bruxelles, 2e éd., 1996, p. 305 ■ P. Buigues, A. Jacquemin et A. Sapir, *European policies on competition, trade and industry*, Aldershot, Elgar, 1995 ■ T. Daintith et S. Williams, *The legal integration of energy markets*, Berlin, De Gruyter, 1987 ■ G. Guillermin et H. Oberdorff (dir.), *La cohésion économique et sociale : une finalité de l'Union européenne*, coll. Travaux de la CEDECE, La Documentation française, 2000 ■ J.-C. Leygues, *Les politiques internes de l'Union européenne*, coll. Systèmes, LGDJ, 1994 p. 49 ■ J. Marchipont, « Politique industrielle », *in Commentaire Mégret, Le droit de la CEE*, tome 6, Éditions de l'Université de Bruxelles, 2e éd., 1995, p. 249 ■ F. Perladi-Leneuf, *La politique communautaire d'harmonisation technique et de normalisation. Étude d'une nouvelle modalité de régulation*, Thèse Strasbourg III, 1996 ■ M. Van Ackere-Pietri, « Recherche et développement technologique », *in Commentaire Mégret, Le droit de la CEE*, tome 8, Éditions de l'Université de Bruxelles, 2e éd., 1996 p. 159.

2. Articles, études et documents

F. Aubry-Caillaud, « Normes techniques et spécifications », *Juris-Classeur Europe*, tome 2, fasc. nº 560 ■ C. Blumann, « Énergie et Communautés européennes », *RTDE* 1984, p. 608 ■ C. Blumann, « Euratom », *Rép. Dalloz droit communautaire*, vol. 2 ■ C. Blumann, « L'impact de l'affaire de Tchernobyl sur la politique communautaire de l'énergie », *RTDE* 1989, p. 7 ■ C. Blumann et G. Joly, « Énergie et Communautés européennes », *RTDE* 1986, p. 613 ■ C. Blumann (dir.), *Vers une politique européenne de l'énergie*, colloque Paris II, novembre 2010, éd. De Boeck, à paraître ■ J. Bourrinet, « Quelle politique énergétique pour l'Union européenne », *RAE* 4/2006, p. 723 et s. ■ J. Boespflug et C. Vadcar, « Les entreprises européennes face aux normes : mieux défendre leurs besoins et leurs intérêts », *RMCUE* nº 480, juillet-août 2004, p. 466 et s. ■■ A. Buzelay, « La problématique de la recherche-développement et de son financement en Europe », *RMCUE* nº 492, octobre-novembre 2005, p. 561 et s. ■ L. Cartou, « La politique de l'énergie », *RTDE* 1983, p. 523-545 ■ C. A. Colliard, « Eureka ou une coopération technologique européenne », *RTDE* 1988, p. 1 ■ J. Elizalde, « Legal aspects of Community policy on research and technological development », *CMLR* 1992, p. 309-346 ■ L. Grard, « Le marché intérieur de l'énergie », *in* C. Blumann (dir.), *Vers une politique européenne de l'énergie, op. cit* ■ L. Grard, « Les racines européennes de la nouvelle organisation française du marché de l'electricité. À propos de la loi nº 2010-1488 du 7 décembre 2010… (dite aussi loi *NOME*) », *Europe* mars 2011, p. 5 et s. ■ Hancher, « Energy and the environment : Striking a balance », *CMLR* 1989, p. 475-512 ■ F. Lagondet, « Du dogme du marché intérieur à la négociation sur le service public : à propos de la directive électricité », *Europe* mai 1997, nº 5 ■ P. Maillet, « À la recherche de l'introuvable politique énergétique européenne », *RMC* 1988, p. 504-516 ■ P. Maillet (éd.), « Politique industrielle et fonctionnement de l'Union européenne », *RMC* 1996, p. 146-257 ■ Y. Petit, « À la recherche de la politique européenne de l'énergie », *RTDE* 4/2006, p. 593 et s. ■ Y. Petit, « Énergie et environnement », *in* C. Blumann (dir.), *Vers une politique européenne de l'énergie, op. cit* ■ F. Picod, « Recherche », *in* Barav-Philip, *Dictionnaire juridique des Communautés européennes*, PUF, 1993, p. 895 ■ J.-L. Piotraut, « Recherche et développement technologique », *in* Kovar, Constantinesco et Simon, *Commentaire par article du traité sur l'Union européenne*, Economica, 1995, p. 467 ■ J.-L. Piotraut, « Recherche et développement », *Rép. Dalloz droit communautaire*, vol. 4, 2000 ■ « L'énergie après le traité de Lisbonne », *RAE* 2009-2010/4, p. 737 et s. ■ Rousseaux, « L'allocation des quotas d'émission de gaz à effet de serre : un aspect déterminant du futur marché européen », *RMCUE* nº 484, janvier

2005, p. 31 et s. ■ P. Slot, « Energy and competition », *CMLR* 1994, p. 511-548 ■ P. Slot "*The Energy Crises*", *in* C. Blumann et F. Picod (dir.) *L'Union européenne et les crises*, Bruylant, 2011, p. 87 et s. ■ S. Touscoz, « Recherche développement », *in* Kovar, Jacque, Constantinesco et Simon, *Commentaire par article du traité CEE*, Economica, 1992, p. 763 ■ C. Vial, « Énergie », *Juris-classeur Europe*, vol. 6, fasc. n° 1982, 2010 ■ J. Vinois, « Les réseaux transeuropéens : une nouvelle dimension donnée au marché unique », *RMUE* 1993, p. 93-125 ■ C. Waeterloos, « Une charte européenne de l'énergie : pour quoi faire », *RMC* 1991, p. 439 ■ R. Yakemtchouk, « L'Union européenne face à la crise de l'énergie », *RMCUE* n° 492, octobre-novembre 2005, p. 589 ■ R. Yakemtchouk, « La navigation par satellite Les systèmes européens Galileo et Egnos », *RMCUE* n° 526, mars 2009, p. 154 et s.

Nos 779 à 794 réservés.

CHAPITRE 2
LES PRODUITS AGRICOLES ET ALIMENTAIRES

795 **Spécificité de l'agriculture.** À la différence des produits industriels globalement noyés dans les traités, les produits agricoles et par extension agro-alimentaires (1), font l'objet d'une approche et d'un régime spécifiques, nettement cadrés et localisés dans les textes de base (2). L'article 38 TFUE résume parfaitement la situation en indiquant d'une part que l'agriculture fait partie intégrante du marché intérieur, mais que d'autre part, les règles générales présidant à son établissement ne s'appliquent que sous réserve du régime spécifique agricole (3).

Mieux encore, le paragraphe 4 du même article renforce la spécificité de l'agriculture, en subordonnant la réalisation du marché intérieur en agriculture à la mise en place d'une Politique agricole commune, c'est-à-dire en mêlant étroitement intégration négative et intégration positive. La PAC représente ainsi une toute première illustration de l'idée de politique d'accompagnement du marché intérieur, qui sera reprise ultérieurement avec la cohésion économique et sociale au moment de la conclusion de l'Acte unique européen.

Ce régime propre ne s'applique cependant qu'à un certain nombre de produits clairement identifiés par le traité et son annexe I (4) (section I). Avec le temps pourtant, la spécificité de l'agriculture s'est érodée. Elle s'est cantonnée à la « politique » agricole, car s'agissant de l'intégration négative, l'agriculture s'est rapidement retrouvée dans le droit commun d'abord de la libre circulation, puis même de la libre concurrence (5) et ce nonobstant l'article 38 TFUE qui en appelle pourtant à un régime particulier pour ce secteur (6).

(1) Sur l'ensemble de la question : C. Blumann (dir.), M. Blanquet, D. Charles Le Bihan, A. Cudennec, C. Mestre, Y. Petit, N. Valdeyron, *Politique agricole commune et politique de la pêche, Commentaire Mégret*, Éditions de l'Université de Bruxelles, 3e éd., 2011.

(2) M. Cardwell et L. Bodiguel, « Évolution de la définition de l'agriculture pour une agriculture évoluée approche comparative Union européenne, Grande-Bretagne, France », *RMCUE* nº 490, juill.-août 2005, p. 456 et s.

(3) Pour une vision d'ensemble et moderne de la PAC : D. Bianchi, « Politique agricole commune (PAC) toute la PAC, rien d'autre que la PAC », coll. Pratique du droit communautaire, Bruylant, 2006.

(4) Ex-annexe II CEE.

(5) D. Bianchi, « PAC Libre circulation et libre concurrence », *Juris-Classeur Europe* vol. 4, fasc. nº 1310, janv. 2008.

(6) Règlement nº 26 du 4 avr. 1962, *JOCE* nº 30, 20 avr. 1962, codifié par règlement nº 1184/2006 du 24 juill. 2006, *JOUE* L 214, 4 août 2006.

En tant que politique s'appliquant aux produits, la PAC se distingue de la politique industrielle en ce qu'elle serre de beaucoup plus près le produit, en qualité de marchandise. Des réglementations importantes concernant la production et la commercialisation des produits agricoles ont été élaborées au fur et à mesure que se développait le phénomène de surproduction. Aujourd'hui, ces réglementations sont regroupées sous la dénomination de premier pilier de la PAC (section II). Parallèlement, le souci de moderniser, d'adapter les structures agricoles, de favoriser aussi le développement des régions rurales s'est fait jour, il a pris corps dans un deuxième pilier de la PAC, en pleine ascension (section III). Plus récemment, l'accent a été mis sur des problèmes de santé et de sécurité des produits ainsi que d'amélioration de la qualité des produits, donnant ainsi à la PAC un visage nouveau et porteur d'avenir. Ils s'inscrivent aujourd'hui dans un troisième pilier de la PAC (section IV) mais qui entretient de nombreuses relations avec d'autres politiques ou domaines d'action de l'Union, telles la santé publique ou la protection de l'environnement, etc. (7).

796 **Traité de Lisbonne.** Celui-ci innove sensiblement en ce qu'il range la politique agricole commune et la pêche parmi les compétences partagées entre l'Union et les États membres (art. 4 § 2 TFUE) alors que l'on estimait volontiers jusqu'alors, sur la base notamment de la jurisprudence de la Cour de justice, qu'elle relevait plutôt de la compétence exclusive, du moins en ce qui concerne son premier pilier (8). Il y a là semble-t-il le prix à payer de la désunion du couple franco-allemand et des critiques grandissantes de certains États membres eu égard au coût disproportionné de la PAC dans le budget de l'Union (plus de 40 % du total). De la même manière, la procédure législative ordinaire se substitue à la compétence solitaire actuelle du Conseil (sauf pour certaines questions sensibles art. 43 § 3 TFUE).

En revanche, sur le fond (art. 38-44 TFUE), les changements sont mineurs (9) sous réserve de l'ajout officiel de la pêche parmi les dispositions agricoles du traité. Mais il ne s'agit en réalité que d'une codification de la pratique. Pour l'essentiel, en particulier, les objectifs de la PAC fixés dès l'origine du traité, avec en priorité l'augmentation de la productivité de l'agriculture et l'élévation du niveau de vie de la population agricole, demeurent inchangés malgré l'écoulement du temps, et ce nonobstant l'obsolescence de certains d'entre eux et la non prise en compte par les textes de préoccupations plus récentes comme la protection de l'environnement, de la santé publique ou du développement rural et durable.

SECTION I — NOTION DE PRODUIT AGRICOLE ET AGRO-ALIMENTAIRE

797 Selon l'article 38 § 1er « par produits agricoles, on entend les produits du sol, de l'élevage et de la pêcherie, ainsi que les produits de première

(7) V. *supra*, première partie, notamment nos 351 et s.

(8) CJCE, 23 janv. 1975, *Galli*, aff. 31/74, *Rec.* 47.

(9) D. Bianchi, « Une PAC dénaturée, délaissée et malmenée ? Plaidoyer en faveur d'une politique agricole moderne dans le projet de constitution européenne », *RTDE* 1-2004, p. 71 et s.

transformation qui sont en rapport direct avec ces produits ». Cette définition, inspirée du GATT, s'avère assez classique (§ 1). Elle a fait l'objet d'une interprétation extensive, en raison principalement des avantages que comporte la qualification de produit agricole au sens du traité (§ 2).

§ 1. LA DÉFINITION ORIGINAIRE DES PRODUITS AGRICOLES

798 En réalité, l'article précité donne une double définition – conceptuelle et analytique – pour identifier concrètement les produits entrant dans le champ de la PAC.

799 **Définition conceptuelle.** Elle distingue produits bruts et produits transformés. S'agissant des premiers, l'article 38 § 1er reprend la trilogie traditionnelle : produits du sol, de l'élevage et de la pêcherie. Cette présentation ne suscite pas en soi de grands commentaires, sauf à souligner que les produits de la pêche se sont progressivement détachés du rameau originaire. En effet, depuis 1983, une politique autonome de la pêche est apparue dans le paysage européen qui dispose de ses propres structures (10), de son propre financement (11) et de réglementations particulières (12). Néanmoins, les produits de la pêche demeurent des produits agricoles au sens du traité et bénéficient donc du régime juridique particulier reconnu aux produits agricoles en général. L'article 38 § 1 et 2 du TFUE rappelle d'une manière très insistante ce lien entre les deux politiques.

800 **Produits transformés.** Le cas des produits transformés donne lieu à plus de difficultés. Les auteurs du traité ont bien eu conscience du problème de l'industrie agro-alimentaire, pourtant encore assez rudimentaire dans le courant des années cinquante. Mais, ils n'ont pas souhaité ouvrir trop largement le bénéfice du régime agricole aux produits issus de l'agro-alimentaire. Ainsi s'expliquent les termes relativement restrictifs de l'article 38 § 1er, qui impose deux conditions pour qu'un produit transformé relève du régime propre de l'agriculture : d'une part, qu'il s'agisse d'un produit de *première* transformation ; d'autre part qu'il demeure en *rapport direct* avec la matière première qu'il incorpore, ce qui semble impliquer que sa destination finale demeure agricole, c'est-à-dire alimentaire, à l'exclusion donc d'autres finalités comme l'industrie, l'énergie ou la médecine.

Dans la pratique cependant cette définition a paru trop restrictive, entravant le développement d'une puissante industrie agro-alimentaire européenne. La Cour de justice a su renverser la tendance en donnant une définition plus extensive du produit agricole transformé. Dépassant, la lettre du traité, elle devait retenir comme critère principal celui « de l'interdépendance économique manifeste entre les produits de base et les produits issus du processus productif » (13). Peu importe donc le nombre de transfor-

(10) Si les directions générales (DG) agriculture et pêche, au sein de la Commission, restent distinctes, elles sont placées selon les époques sous l'autorité de deux ou d'un seul commissaire.

(11) Fonds européen pour la pêche (FEP) institué par le règlement n° 1198/2006 du 29 juin 2006, *JOUE* L 223, 15 août 2006.

(12) Règlement n° 2371/2002 du 20 déc. 2002, *JOCE* L 358, 31 déc. 2002.

(13) CJCE, 29 mai 1974, *Hauptzollamt Bielefeld c. Koenig*, aff. 198/73, *Rec.* 619.

mations ou la destination finale du produit, seul compte en définitive le lien entre la matière première et le produit fini. Ce dernier doit demeurer, quant à son coût, assez proche de la matière première qu'il incorpore. Les utilisations ultérieures : énergétique (bio-carburants) ou industrielle s'avèrent inopérantes.

801 **Approche analytique.** L'évolution précitée risque de se heurter à la seconde définition des produits agricoles donnée par l'article 38, lequel renvoie en effet à la liste de l'annexe I pour identifier les produits qui relèvent du régime propre de l'agriculture. Cette liste correspond à la nomenclature douanière de Bruxelles, adoptée par le conseil de coopération douanière. Elle comporte vingt-cinq chapitres qui recouvrent quarante positions ou sous-positions tarifaires. Or, la coïncidence entre la définition synthétique et cette approche énumérative n'est pas complète. Certains produits bruts en sont absents (bois et forêts), de même que les produits transformés n'y figurent qu'en nombre réduit (sirops, viandes préparées, sucre raffiné, etc.) et ne permettent guère une extension favorable à l'agro-industrie européenne, et ce d'autant moins que la Cour de justice a très tôt admis qu'en cas de conflit entre les deux définitions, celle résultant de la liste de l'annexe I l'emportait (14).

§ 2. L'EXTENSION DE LA NOTION DE PRODUIT AGRO-ALIMENTAIRE

802 **Fondement juridique.** Comment élargir la liste de l'annexe I alors que celle-ci est exhaustive et que l'article 38 TFUE ne prévoit plus aucune procédure d'évolution ? Dans la pratique, le législateur de l'Union saura faire preuve de pragmatisme en agissant de manière ponctuelle pour faire face à tel ou tel problème particulier. Ainsi, s'agissant du coton, adopte-t-il le 17 juillet 1981, et suite à l'adhésion de la Grèce, un régime d'aides directes aux producteurs (15). De même, à propos des bois et forêts, également absents de la liste de l'annexe I, il adoptera en deux vagues successives, d'abord un régime de protection de la forêt contre les incendies et les pluies acides (16) ensuite un programme plus ambitieux de mise en valeur des ressources forestières de l'Union (17).

Cette extension du régime de la PAC s'opère cependant sur des bases juridiques qui ne sont pas toujours aisément saisissables. L'ex-article 308 CE (adaptation, devenu 352 TFUE) a été sollicité pour les premières mesures concernant les forêts de même que pour instaurer un prélèvement à l'importation (sorte de prélèvement agricole) sur certains produits transformés à base de lait, de beurre, de céréales ou de riz (18) en provenance de l'étranger. Mais cette procédure s'avère assez lourde. Aussi la Commission préfère-t-elle souvent, faire aboutir ses propositions sur des bases normatives plus concrètes du traité.

(14) CJCE, 14 déc. 1962, *Commission c. Luxembourg*, aff. 2-3/62, *Rec.* 813.
(15) *JOCE* L 211, 31 juill. 1981.
(16) Règlements du 17 nov. 1986, *JOCE* L 326, 21 nov. 1986.
(17) Règlement du 29 mai 1989, *JOCE* L165, 15 juin 1989.
(18) Règlement du 11 nov. 1980, *JOCE* L 323, 29 nov. 1980.

Dans ces conditions, la procédure législative agricole de l'article 43 TFUE se voit-elle sollicitée, dès lors que la question offre un minimum de rattachement avec l'agriculture. La Commission a ainsi fondé juridiquement la création de restitutions à l'exportation pour les produits transformés sur cette disposition (19). Il en est de même, plus récemment, pour l'instauration d'une politique de qualité des produits agro-alimentaires (20). Or ceci s'avère très révélateur puisque ces nouveaux « labels » européens s'appliquent non seulement à des produits agricoles classiques au sens de l'annexe I, mais également à certains produits alimentaires plus sophistiqués qui n'y figurent pas. Cette évolution déborde même le strict cadre alimentaire, puisque les régimes de mise en jachère à des fins industrielles ou énergétiques ont connu un traitement analogue (21).

803 **Limites de la base juridique agricole.** N'aboutit-on pas ainsi à un dépassement démesuré du domaine naturel de l'agriculture et de produits agro-alimentaires. La Cour demeure hésitante. Dans une affaire relative au commerce d'organismes d'animaux, destinés à l'industrie pharmaceutique, elle admet que la réglementation envisagée, qui s'applique également à des produits étrangers à la liste de l'annexe I puisse se fonder sur l'article 43 TFUE (22). Inversement dans une affaire de concurrence, elle rejette toute extension du régime dérogatoire agricole pourtant expressément évoqué par l'article 42 TFUE à des produits non mentionnés dans la liste précitée (23).

On peut néanmoins s'interroger sur la pérennité de cette ligne jurisprudentielle, compte tenu des difficultés rencontrées par la PAC. Les affaires d'épizootie animale ont alourdi le climat et conduit notamment le « constituant » européen à rattacher à la politique de santé publique certaines législations jusqu'alors essentiellement agricoles (24). La montée en puissance des politiques de protection de l'environnement et de santé publique amène le juge à se montrer plus circonspect à l'égard de la PAC et de la notion de produit agricole. Ainsi les nouveaux règlements de 1997 sur la protection de la forêt contre les incendies et la pollution atmosphérique doivent-ils se fonder sur les seules dispositions environnementales du traité (25), alors qu'en revanche un règlement établissant un système d'identification et d'étiquetage de la viande bovine reste correctement fondé sur l'article 43 (26). Cette évolution apparemment contradictoire pourrait signifier un recentrage de la PAC sur les seuls produits agricoles au sens de l'annexe I et la limitation de la base juridique agricole aux seules législations concernant strictement la production et la commercialisation de produits agricoles.

(19) Règlement n° 401/86 du 21 févr. 1986, *JOCE* L 45 du 22 févr. 1986.

(20) Règlement n° 509/2006 pour les attestations de spécificité et 510/2006 du 20 mars 2006 pour les AOP-IGP, *JOUE* L 93, 31 mars 2006.

(21) Règlement n° 2296/92 du 31 juill. 1992, *JOCE* L 221, 6 août 1992.

(22) 16 nov. 1989, aff. 131/87 et 11/88, *Rec.* 3743 et 3799.

(23) 15 déc. 1994, *Gottrup-Klein*, aff. C-250/92, *Rec.* I.-5641.

(24) Ex-art. 152 § 4 CE (issu du traité d'Amsterdam), devenu 168 § 4 TFUE.

(25) CJCE, 25 févr. 1999, *Parlement européen c. Conseil*, aff. C-164 et 165/97, *RTDE* 1999, note D. GADBIN. Le règlement en cause (n° 820/97) a néanmoins été remplacé par un règlement n° 1760/2000 du 17 juill. 2000, fondé lui sur la santé publique et la procédure de codécision.

(26) CJCE, 4 avr. 2000, *Commission c. Conseil*, aff. C-269/97, *Rec.* I-2257 ; v. aussi : CJCE, 19 sept. 2002, *Huber*, aff. C-336/00, *Rec.* I-7699.

SECTION II LE PREMIER PILIER DE LA PAC

804 D'une manière générale, les traités de l'Union ne s'intéressent pas à l'activité de production en tant que telle, sauf dans les deux traités sectoriels en période de crise de pénurie ou de surproduction. Or, ce principe de neutralité devant laisser le champ totalement libre à l'initiative privée et aux forces du marché, ne s'applique que très incomplètement en matière agricole. Très tôt, le législateur européen se fondant sur les objectifs de la PAC tels que fixés par l'article 39 TFUE s'est reconnu compétent pour orienter de manière incitative d'abord la production agricole, d'où la naissance des organisations communes de marchés. Mais ces OCM ne s'acquitteront que très imparfaitement de leur mission. Des phénomènes d'excédents structurels porteront des coups sévères aux mécanismes mis en place initialement. Par ailleurs des préoccupations plus qualitatives se font jour conduisant à mettre en avant la protection de l'environnement (27), la santé et la sécurité des consommateurs, le développement des régions rurales.

Une nouvelle PAC se dessine progressivement à partir de 1992, avec la réforme dite Mac Sharry (28), sur les carences de celle qui l'a précédée, bien que cette dernière continuât à régir de nombreux aspects de la thématique agricole. Les réformes s'accélèrent par la suite. Celle de l'Agenda 2000 en 1999 (29), puis l'importante réforme dite à mi-parcours de 2003 (30), qui oriente de manière décisive les régimes de soutien à la production. Puis, dans la perspective du futur cadre financier pluriannuel de l'Union (2007-2013) une réflexion de fond est lancée par la Commission autour d'un document de travail publié en novembre 2007 – le bilan de santé de la PAC (31), qui va à son tour déboucher sur un certain nombre de modifications réglementaires.

805 **Évolutionnisme permanent.** La PAC repose donc sur des sédimentations successives, les couches nouvelles ne faisant pas nécessairement disparaître les anciennes. Déjà le bilan de santé à peine mis en application, une prochaine réforme se dessine, à l'horizon 2013, voire 2020, annoncée par une communication de la Commission du 18 novembre 2010 intitulée *La PAC à l'horizon 2020 : alimentation, ressources naturelles et territoire – relever les défis de l'avenir* (32). Cet évolutionnisme permanent de la PAC (33) rend difficiles la lecture et la compréhension de cette importante politique de l'Union,

(27) Sur le thème du « verdissement » de la PAC : C. Blumann, « L'écologisation de la PAC ou le verdissement de l'Europe verte », *RAE* 4/2004, p. 531 et s. ; v. aussi P. Thieffry, « Protection de l'environnement et Politique agricole commune », *Juris-Classeur Europe* vol. VI, fasc. n° 1995 ; Y. Petit, *in* C. Blumann (dir.), M. Blanquet, D. Charles le Bihan, A. Cudennec, C. Mestre, Y. Petit, N. Valdeyron, *Politique agricole commune et politique de la pêche, Commentaire Mégret*, Éditions de l'Université de Bruxelles, 3e éd., 2011, p. 268 et s.

(28) C. Blumann, « La réforme de la PAC », *RTDE* 1993, p. 247.

(29) Règlements du 17 mai 1999 *JOCE* L 160, 26 juin 1999.

(30) Règlement n° 1782/2003 du 29 sept. 2003, *JOUE* L 270, 21 oct. 2003.

(31) V. *infra*, n° 833.

(32) COM (2010) 672 final ; G. Rochdi, « Nouvelle donne pour l'agriculture européenne à l'horizon 2010 », *RDUE* (ex-*RMCUE*), n° 549, juin 2011, p. 361 et s. ; v. aussi *RDUE* 2-2010, p. 355 ; *RDUE* 4-2010, p. 845

(33) V. Adam, *La réforme de la Politique agricole commune de l'Union européenne ou l'évolutionnisme permanent du droit communautaire*, L'Harmattan, coll. Droit et espace rural, 2001 ; Y. Petit, « De la dernière à la prochaine réforme de la PAC : l'évolutionnisme permanent de la PAC », *RMCUE* n° 503, déc. 2006, p. 680 et s.

qui demeure d'ailleurs, et pas seulement en termes financiers (plus de 40 % du budget total de l'Union), la première d'entre toutes (34). Aujourd'hui et grâce à l'adoption en 2007 d'un très important texte de codification et de simplification dit l'OCM unique (35), les grandes têtes de chapitre du premier pilier commencent à émerger et à bien se distinguer. Ce premier volet comprend en effet deux branches différentes : d'une part la plus classique formée par les organisations communes de marché (OCM) (§ 1), d'autre part le régime de soutien aux agriculteurs, profondément rénové en 2003 et reposant sur le paiement unique découplé (PUD) (§ 2).

§ 1. LES ORGANISATIONS COMMUNES DE MARCHÉS (OCM)

A. Le système initial

806 Les organisations communes de marchés forment l'ossature de la PAC. Sur la base de l'ex-article 34 § 1 CE (devenu 40 TFUE) se sont développées à partir de 1962 un grand nombre d'OCM couvrant progressivement, mais d'une manière atomistique, l'ensemble des produits agricoles de l'annexe I. Avant l'adoption de l'OCM unique fondée sur le réglement n° 1234/2007 du Conseil du 22 octobre 2007 (36), on dénombrait une vingtaine de ces organisations communes de marchés, qui revêtaient juridiquement la forme de règlements, et seuls la pomme de terre et l'alcool éthylique échappaient à ce régime. L'OCM est une forme d'organisation du marché qui tient tout à la fois du libéralisme (réaliser un marché libre et ouvert où s'appliquent pleinement les principes de libre circulation des personnes et des marchandises (37) ainsi que celui de non-discrimination (38) et de l'interventionnisme puisque sont mis en place un certain nombre d'instruments juridiques et financiers destinés à permettre la réalisation des objectifs de la PAC (39). Les OCM présentent en principe un caractère exhaustif en ce sens que les États membres ne peuvent ajouter des mesures complémentaires ou en retrancher (40). Néanmoins ce principe « d'exhaustivité » des OCM n'interdit pas aux États membres de combler d'éventuelles lacunes (41) ou de légiférer en dehors du champ d'application de l'OCM (42).

Ratione materiae, leur intitulé est trompeur ; car elles s'intéressent tout autant à la production, qu'à l'organisation des marchés, c'est-à-dire à la commercialisation. Bien que très différentes selon les produits, ces OCM sont toutes bâties sur un modèle voisin : on y retrouve trois séries de règles. Celles qui concernent les prix (1), celles relatives aux mécanismes d'intervention (2) et celles qui gouvernent les échanges avec

(34) D. Bianchi, « Une longue réforme tranquille 1962-2012 : 50 ans de politique agricole commune à l'horizon 2020 », *RMCUE* n° 551, sept. 2011, p. 523 et s. ; C. Blumann, concl. au colloque de Paris I, *La PAC en mouvement*, L'Harmattan, 2010, p. 193 et s.

(35) Règlement n° 1234/2007 du 22 oct. 2007, *JOUE* L 299, 16 nov. 2007.

(36) *JOUE* L 299, 16 nov. 2007.

(37) CJCE, 29 nov. 1978, *Pigs Marketing board*, aff. 83/78, *Rec.* 2347.

(38) CJCE, 13 janv. 2005, *Heineken Brouwerijen*, aff. C-126/04, *Rec.* I-331.

(39) CJCE, 10 déc. 1974, *Charmasson*, aff. 48/74, *Rec.* 1383.

(40) CJCE, 23 janv. 1975, *Galli*, aff. 31/74, *Rec.* 47.

(41) TPI, 28 janv. 2004, *OPTUC*, aff. T-142/01 et 283/01, *Rec.* II-332.

(42) CJCE, 25 mars 2004, *Industrias de Deshidratacion Agricola*, aff. C-118/02, *Rec.* I-3073.

les pays tiers (3). Nombre de ces règles demeurent applicables aujourd'hui nonobstant les réformes successives, y compris celle dite à mi-parcours (2003) et l'OCM unique.

1. Le régime des prix

807 **Finalité et typologie.** Fixés chaque année selon la procédure de l'article 43 TFUE, les prix agricoles européens remplissent une double fonction : d'abord d'orientation, en ce sens qu'ils représentent une sorte de prix idéal compte tenu du volume de la production et des besoins de la consommation. Ils permettent donc aux producteurs d'effectuer leurs choix économiques et partant de rationaliser la production. Ensuite de soutien, en ce sens que si les producteurs ne parviennent pas à écouler leur marchandise sur le marché, ils pourront solliciter des mécanismes de garantie, qui ont pour référence les prix fixés par l'Union.

In concreto, l'Union fixe plusieurs prix pour chaque produit, ce qui explique la grande diversité rencontrée dans les OCM. Néanmoins, si on laisse de côté des différences de détail, la typologie des prix agricoles européens se ramène à trois composantes. D'abord, le prix d'orientation qui correspond au prix idéal précédemment évoqué. Ensuite le prix d'intervention, fixé en règle générale à un niveau légèrement inférieur au prix d'orientation, et qui commande l'entrée en scène des mécanismes de soutien. Enfin, le prix de seuil qui s'applique dans les échanges avec l'extérieur et qui permet d'établir les droits (prélèvements agricoles ou droits de douane) imposés aux produits étrangers au moment de leur entrée dans l'Union.

808 **Difficultés.** Ainsi conçus, les prix agricoles communs ont connu de grandes vicissitudes, dues d'abord au niveau auquel ils ont été initialement fixés. Le choix de prix élevés, représentant à peu près le double de ceux pratiqués sur le marché mondial, répond au souci d'atteindre l'objectif « d'assurer un niveau de vie équitable à la population agricole » fixé à l'article 39 § 1 point b TFUE. Or, cette décision n'a pas eu l'effet escompté. Le revenu agricole a certes augmenté, mais faiblement. De plus, elle constitue une des causes de la crise des excédents qui a lourdement pesé sur la PAC et même l'Union en général.

Ensuite, les désordres monétaires ont eu des conséquences tout aussi graves. Fixés originairement en unités de compte européennes puis en Écus, ces prix ont mal résisté aux variations monétaires. En sont résultés les montants compensatoires monétaires, qui, outre leur coût budgétaire pour le Feoga, ont eu des effets dévastateurs pour les économies des pays dits à monnaie faible. Le retour à la stabilité monétaire en Europe a permis d'en neutraliser les principaux effets. L'instauration de l'euro au premier janvier 1999 devait conduire à classer définitivement la question, même si pour les États « *out* » ou « *pre-in* » des problèmes de taux de change continuent à se poser.

809 **Impact de la « réforme » de la PAC.** Rien d'étonnant dans ce contexte que la réforme de la PAC ait porté un coup sévère au régime des prix communs. Depuis l'origine, il est vrai, celui-ci ne s'appliquait qu'à un certain nombre de produits, même s'il s'agissait des plus importants (céréales, sucre, viande bovine, produits laitiers, etc.). De plus, à partir du milieu des années 1990, l'Union s'est engagée dans une politique résolue de baisse des prix. La réforme de 1992 (dite aussi Mac Sharry) marque le point d'orgue

de cette évolution. Elle se caractérise par la suppression pure et simple des prix communs pour plusieurs produits (oléo-protéagineux, tabac) et par la réduction drastique du niveau de ces mêmes prix pour d'autres produits pourtant fondamentaux (29 % sur trois ans pour les céréales, 15 % pour la viande bovine).

La nouvelle réforme de la PAC dans le cadre de l'agenda 2000 (43) encore plus la révision à mi-parcours du 29 septembre 2003 (44), accentuée encore par le bilan de santé de la PAC (45), accélère cette évolution. Le thème dominant demeure plus que jamais celui du rapprochement avec le marché mondial, voire de l'alignement sur celui-ci. De nouvelles réductions des prix communs ont été décidées pour les grands produits stratégiques. En outre, ces réductions ne sont que partiellement compensées par les paiements compensatoires (aides directes au revenu) versées aux producteurs. Ainsi, pour les céréales alors que les prix d'intervention sont maintenus, les majorations mensuelles seront en revanche diminuées de 50 % ; pour le riz, les prix d'intervention diminuent de 50 % et les produits laitiers de 25 % (46). À terme, le régime des prix communs est condamné (47).

2. Les mécanismes d'intervention sur le marché intérieur

810 **Contenu des mesures.** Dans le cadre du système initial, les mécanismes d'intervention formaient la pièce essentielle du dispositif. En effet compte tenu de l'écart important existant entre les prix européens et les prix mondiaux (du simple au double) il importait de maintenir les cours sur le marché européen. Les principaux mécanismes d'intervention consistaient donc dans des mesures de stockage dit « privé » car assuré par les producteurs eux-mêmes, ou dans des achats obligatoires ou facultatifs effectués par des organismes spécialement compétents à cette fin, dits organismes d'intervention (48). Sur ces bases et en fonction de leur importance économique tant pour les producteurs que les consommateurs, ces mécanismes d'intervention s'avéraient plus ou moins protecteurs. Ainsi les grandes productions dites stratégiques – céréales, sucre, produits laitiers, viande bovine – bénéficiaient d'une garantie illimitée offrant aux producteurs l'assurance de l'achat systématique à un prix relativement élevé des quantités produites et non écoulées sur le marché. Pour d'autres produits, les mécanismes d'intervention se révélaient moins performants et parfois ne pouvaient entrer en scène que lorsque la Commission en décidait (fruits et légumes, viande ovine, secteur viti-vinicole). D'autres produits enfin ne bénéficiaient d'aucune mesure d'intervention et se voyaient donc laissés au libre jeu de la loi du marché. Parfois cependant des aides directes étaient versées aux producteurs ou aux transformateurs pour soutenir ces secteurs.

(43) COM (97) 2000 final ; *Bull. UE* sup. 5/97 ; règlements du 17 mai 1999, *JOCE* L 160, 26 juin 1999.
(44) *JOUE* L 170, 21 oct. 2003.
(45) Communication du 20 nov. 2007, COM (2007) 722 final.
(46) *JOUE* L 170, 21 oct. 2003.
(47) C. Mestre, *in* C. Blumann (dir.), M. Blanquet, D. Charles Le Bihan, A. Cudennec, C. Mestre, Y. Petit, N. Valdeyron, *Politique agricole commune et politique de la pêche, Commentaire Mégret*, Éditions de l'Université de Bruxelles, 3e éd., 2011, p. 178 et s.
(48) Tels l'ONIC (Office national interprofessionnel des céréales) en France.

811 **Difficultés.** Un tel système n'a pas résisté aux différentes réformes de la PAC et surtout aux coûts financiers considérables qu'il générait. Le système de la garantie illimitée, outre les dépenses qu'il a provoquées, est en partie responsable, du fait de son incitation à produire, de la crise de surproduction qu'a traversée l'Union européenne dès la fin des années 1960 et qui a fortement marqué non seulement le développement de la PAC, mais l'histoire même de l'Union européenne.

D'où l'instauration progressive de mécanismes compensatoires destinés à réduire les garanties offertes aux producteurs et partant le coût financier de la PAC. Des taxes dites de coresponsabilité ont ainsi été instituées dans certains secteurs (lait). Devant leur insuccès, des mesures de plus grande ampleur ont vu le jour notamment en 1988, les premières mesures de mise en jachère de certaines superficies ou plus globalement la mise en place de « stabilisateurs agricoles » dits encore quantités maximales garanties (QMG). Ces dernières consistent dans le plafonnement des mécanismes d'intervention. Il en résulte qu'au-delà de certaines quantités fixées globalement pour les produits concernés (céréales, riz, etc.), les organismes d'intervention ne prennent plus en charge les surplus invendus. La plupart de ces mesures ont été abrogées au fur et à mesure que se mettait en place une nouvelle PAC (v. *infra*, n°s 817 et s.). Mais certaines d'entre elles, parmi les plus spectaculaires au demeurant, subsistent tels les quotas d'abord introduits dans le secteur du sucre puis surtout dans celui du lait.

3. Le régime des échanges avec les pays tiers

812 Alors qu'en principe, les échanges de produits industriels ou manufacturés sont libres, ceux de produits agricoles sont soumis à un régime plus encadré, qui tend surtout à prolonger sur le plan extérieur les mécanismes protecteurs du marché intérieur et qui repose sur quatre articulations.

813 **Droits à l'importation**. Ceux-ci ont longtemps consisté dans les *prélèvements agricoles*. Ils représentaient la différence entre le prix de seuil européen et le prix du produit importé sur le marché mondial. Il s'agissait en fait de hisser au niveau européen le prix des produits importés, beaucoup moins coûteux et partant lourdement concurrentiels pour leurs homologues européens. Parfaite illustration de la préférence communautaire (49), ils ont forcément provoqué la critique des principaux partenaires de l'Union, et notamment des États-Unis. À la longue, ces critiques ont fini par l'emporter et les accords de Marrakech, mettant un terme aux négociations de l'Uruguay Round, se sont ralliés au principe dit de la « tarification », en vertu duquel les prélèvements agricoles sont transformés en *droits de douane*, lesquels devront, de surcroît, enregistrer une diminution de leur montant de 36 % jusqu'à l'année 2000. Disparaît ainsi un des mécanismes les plus originaux de la PAC classique, même si l'Union s'est réservé la faculté d'introduire des droits additionnels en cas de perturbation de son marché intérieur.

(49) Principe en déclin constant : CJCE, 14 juill. 1994, *Grèce c. Conseil*, aff. C-352/92, *Rec.* I-3411 et auquel la jurisprudence récente dénie même toute valeur juridique : CJCE, 10 mars 2005, *Espagne c. Conseil*, aff. C-342/03, *Rec.* I-1975.

Les droits agricoles demeurent cependant en moyenne relativement élevés notamment par rapport aux droits de douane sur les produits industriels (50). D'où alors l'objectif dans le cadre du cycle de Doha (novembre 2001) de les réduire sensiblement. La conférence ministérielle de Hong-Kong (décembre 2005) a donc retenu le principe d'une baisse significative. Néanmoins nombre de pays en voie de développement et de pays dits émergents entendent maintenir une protection importante pour leur marché agricole. Pour leur part les pays les moins avancés (PMA) devraient continuer à bénéficier du régime dit de la dualité des normes.

814 **Régime des exportations.** Les aides aux exportations s'inspirent de la même logique. Il s'agit de faciliter l'écoulement vers l'extérieur des produits agricoles européens, alors que leur prix plus élevé constitue un élément de dissuasion. Les « *restitutions* » représentent donc la différence entre le prix européen du produit et son correspondant sur le marché mondial (51). Cependant leur perception demeure facultative, et l'Union peut en faire varier le montant en fonction des volumes, des qualités et surtout des pays de destination. Ces aides ne sont pas considérées comme illicites en soi par le GATT/OMC, qui les accepte dès lors qu'elles ne conduisent pas un État à s'accaparer plus qu'une part équitable du marché mondial d'un produit considéré. Objet d'un perpétuel contentieux avec les États-Unis, la guerre des subventions connaît un relatif apaisement au lendemain des accords de Marrakech. l'Union a en effet accepté de diminuer de 21 % d'ici l'an 2000 les quantités subventionnées, et de 36 % le montant des subventions.

Les subventions aux exportations constituent l'enjeu principal des nouvelles négociations commerciales mondiales (NCM) engagées dans le cadre de l'OMC depuis 1999 (cycle du millénaire – 1999 – puis du cycle de Doha – 2001). Le principe de leur suppression à l'horizon 2013 a cependant été approuvé lors de la conférence ministérielle de Hong-Kong (décembre 2005) (52).

815 **Documents administratifs**. Les *certificats d'importation et d'exportation* constituent des documents administratifs délivrés par les États membres sous le contrôle de la commission et qui accompagnent en principe toutes les entrées et sorties de marchandises. Le certificat garantit la bonne exécution de l'opération (53), ce qui explique que les demandeurs doivent verser une caution, dont le montant peut être conservé en totalité ou en partie par l'Union, en cas d'inexécution, sauf survenance d'un cas de force majeure (54). Outre la fonction de contrôle, les certificats permettent à la Commission d'avoir une bonne connaissance de l'ensemble des flux d'échanges agricoles. Bien que la délivrance en soit obligatoire lorsque les conditions réglementaires sont remplies, l'Union peut en décider la suspension en cas de difficultés politiques ou économiques avec les pays tiers (notamment suite à un embargo économique).

(50) V. *infra*, n°s 1462 et s.

(51) TPICE, 23 sept. 2009, *Espagne c. Commission*, aff. T-341/05, *Rec.* II-62, som.

(52) Sur l'ensemble de la question v. *infra*, n° 1463.

(53) CJCE, 28 juin 2007, *Bonn Fleisch*, aff. C-1/06, *Rec.* I-5609 ; 24 avr. 2008, *AOB Reuter & Co.*, aff. C-143/07, *Rec.* I-3171 ; pour une illustration dans l'affaire dite de « la guerre de la banane » : TPICE, 13 nov. 2008, *Société des plantations de Mbanga*, aff. T-128/05, *Rec.* II-260, somm. ; *Europe* janv. 2009, n° 37, note D. SIMON.

(54) La notion de force majeure dans le cadre de la PAC alimente toujours un contentieux abondant. Pour une illustration récente : CJCE, 9 nov. 2006, *Heinrich Schulze*, aff. C-120/05, *Rec.* I-10717.

816 **Clauses de sauvegarde.** Les règlements de base des OCM envisagent plusieurs dispositifs de cette nature. Le premier a trait aux perturbations que le marché européen subit ou risque de subir du fait d'importations étrangères ou même d'exportations, et qui sont susceptibles de mettre en péril la réalisation des objectifs de l'article 39 TFUE. Dans cette hypothèse, la Commission et, éventuellement en « appel », le Conseil peuvent adopter les mesures requises qui consistent la plupart du temps en suspension des demandes de certificat d'importation ou d'exportation, en rejet des demandes déjà déposées, voire dans l'institution de contingents. Le second dispositif répond au risque de pénurie sur le marché mondial. Dans ce cas, les opérateurs peuvent être tentés par l'exportation plutôt que d'écouler leur marchandise sur le marché intérieur. Pour contrer cette dérive, la Commission peut rejeter les demandes de certificat d'exportation ou bien introduire un mécanisme de taxes à l'exportation, qui rappelle mais en l'inversant celui des prélèvements agricoles.

B. La PAC réformée : l'OCM unique

817 **Orientation de la réforme.** La réforme dite aussi « Mac Sharry » de mai-juin 1992 marque un important tournant dans l'histoire de la PAC (55). Il s'agit même d'un changement d'orientation capital, puisque les principes qui avaient présidé à la construction de la politique agricole des années soixante, à savoir la fixation de prix élevés soutenus par des mécanismes d'intervention, se voient en partie abandonnés au profit d'un nouveau régime d'inspiration anglo-américaine, reposant sur une importante baisse des prix de façon à les rapprocher de ceux du marché mondial, mais compensés par des aides directes versées aux producteurs, en qualité de complément de revenus (56). La réforme dite de l'Agenda 2000, inspirée tant des futures négociations commerciales mondiales dans le cadre de l'Organisation mondiale du commerce que de la perspective de l'élargissement de l'Union aux pays de l'est européen, conforte cette évolution.

Sur le plan des instruments juridiques, l'OCM unique marque un réel tournant. Elle regroupe l'ensemble des OCM dans un seul texte (1) tout en reprenant la substance de l'ensemble des OCM sectorielles, notamment les plus significatives (2).

1. Structure et contenu de l'OCM unique

818 **Objet**. L'OCM unique résulte d'un règlement n° 1234/2007 du Conseil du 22 octobre 2007 (57). Elle s'inscrit principalement dans le cadre d'une politique de simplification de la législation européenne préconisée tant par la Commission que par le Conseil européen à l'occasion de ses réunions successives. La simplification de la législation constitue au demeurant un des éléments de la stratégie de Lisbonne devant permettre aux entreprises de retrouver la marge de manœuvre nécessaire à la reprise de la croissance

(55) Règlements n° 1765 et 1766/92 du 30 juin 1992, *JOCE* L 181, 1er juill. 1992 ; règlements n° 2066/92, 2069/92, 2075/92 du 30 juin 1992, *JOCE* L 215, 30 juill. 1992.

(56) A. Le Roy, « La politique agricole commune, 20 ans de transformation et d'insertion mondiale », *RMCUE* n° 505, févr. 2007, p. 119 et s.

(57) *JOUE* L 299, 16 nov. 2007

et de l'activité économique en général. Ainsi par ce texte, quelques soixante-dix-huit actes du Conseil de l'Union ont été abrogés (58), et de neuf cent vingt articles on est passé à simplement deux cent trente articles, dans l'intérêt des agriculteurs, des entreprises agricoles et des administrations, européenne et nationales (59). Le texte n'en comporte cependant pas moins soixante-six pages et vingt-deux annexes.

Pour unique qu'elle soit, cette nouvelle OCM n'en laisse pas moins de côté de nombreux autres aspects de la PAC. Elle ne touche pas notamment au deuxième pilier qui voit ainsi sa spécificité implicitement accentuée ni aux réformes de 2003 et 2009 concernant le régime de soutien des producteurs au travers du paiement unique découplé. Ce dernier voit ainsi confirmée son autonomie à l'intérieur de la PAC. Il s'agit bien d'une aide directe aux producteurs dont le lien avec la production et les produits perd ainsi toute substance. De la même manière, l'OCM unique n'affecte pas les instruments financiers de la PAC, qui il est vrai avaient dès l'origine leur réglementation propre. Désormais la majeure partie de la PAC est encadrée par principalement quatre règlements horizontaux ou transversaux : outre le règlement de l'OCM unique, celui relatif aux aides directes (60), celui concernant le développement rural (61) et enfin celui organisant le financement de la politique agricole commune (62).

819 **Présentation de l'OCM.** Cette OCM unique entend se substituer aux quelques vingt et une organisations de marchés existantes, à l'exception initialement de certaines OCM, celles des produits viticoles d'une part et des fruits et légumes d'autre part encore engagées à ce moment-là dans un processus de révision. Mais entre-temps, ces réformes ayant été adoptées (63), ces deux catégories de produits sont passés sous le giron de l'OCM unique (64). Cette OCM qui représente un texte monumental au moins sur le plan du volume, comporte six parties, dont deux s'avèrent plus importantes, la partie II consacrée au marché intérieur des produits concernés et la partie III qui concerne

(58), Communication de la Commission au Parlement européen et au Conseil, *Une PAC simplifiée pour l'Europe – Un gain pour tous*, COM (2009) 128 final du 18 mars 2009, p. 10, point 4.1 ; voir également la communication de la Commission reconnaissant officiellement le caractère désormais obsolète de certains actes du droit communautaire en matière d'agriculture, *JOCE*, C 30, 6 févr. 2009, p. 18.

(59) Communication de la Commission, *Simplifier et mieux légiférer dans le cadre de la PAC*, COM (2005) 509 final du 19 oct. 2005, p. 2 ; « la réduction de la bureaucratie dans le secteur agricole grâce à des règles plus transparentes, plus intelligibles et moins contraignantes permettra de diminuer les coûts des entreprises et de garantir aux citoyens européens une bonne utilisation de l'argent public ».

(60) Règlement (CE) n° 1782/2003 du Conseil du 29 sept. 2003, *JOCE*, L 270, 21 oct. 2003, p. 1, voir note 160 (ce règlement a été abrogé par le règlement [CE] n° 73/2009 du Conseil du 19 janv. 2009, *JOCE*, L 30, 31 janv. 2009, p. 16).

(61) Règlement (CE) n° 1698/2005 du Conseil du 20 sept. 2005 concernant le soutien au développement rural par le Fonds européen agricole pour le développement rural (Feader), *JOCE*, L 277, 21 oct. 2005, p. 1 ; voir règlement (CE) n° 1974/2006 de la Commission du 15 déc. 2006 portant modalités d'application du règlement (CE) n° 1698/2005 du Conseil concernant le soutien au développement rural par le Fonds européen agricole pour le développement rural (Feader), *JOCE*, L 368, 23 déc. 2006, p. 1.

(62) Règlement (CE) n° 1290/2005 du Conseil du 21 juin 2005 relatif au financement de la politique agricole commune, *JOCE*, L 209, 11 août 2005, p. 1 ; règlement (CE) n° 1437/2007 du Conseil du 26 nov. 2007 portant modification du règlement (CE) n° 1290/2005 relatif au financement de la politique agricole commune, *JOCE*, L 322, 7 déc. 2007, p. 1.

(63) Fruits et légumes : règlement n° 1182/2007 du 26 sept. 2007, *JOUE* L 273, 17 oct. 2007 ; viticulture : règlement n° 479/2008 du 29 avr. 2008, *JOUE* L 148, 6 juin 2008.

(64) Règlement n° 361/2008 du 14 avr. 2008, *JOUE* L 121, 7 mai 2008.

les échanges avec les pays tiers. Le reste est constitué de dispositions finales ou transitoires, de définitions techniques ou de règles très particulières quasiment inclassables dans les parties principales.

En réalité, la simplification-codification ne joue que pour le marché intérieur, car les règles concernant les échanges avec les pays tiers étaient déjà communes pour l'essentiel des OCM. Il s'agissait au demeurant d'une des caractéristiques de la PAC initiale que les dispositifs relatifs aux échanges intra-communautaires étaient régis spécifiquement par chaque OCM, alors que les mécanismes externes (prélèvements agricoles, restitutions aux exportations notamment) s'inscrivaient et continuent à s'inscrire dans des dispositions transversales (v. *supra*, n° 812 et s.). L'OCM unique a donc pour objet principal de regrouper, simplifier, codifier le régime des différents produits dans un seul instrument juridique mais les spécificités propres à chaque produit et à leur réglementation s'avérant souvent irréductibles, il en résulte qu'assez souvent cette OCM unique se limite à une simple juxtaposition des régimes juridiques préexistants.

820 **Classification des ex-OCM.** L'OCM unique procède à un regroupement des régimes juridiques des OCM préexistantes, fondé sur la nature des mécanismes de soutien. Les anciennes OCM à garantie maximum qui correspondaient aux grands produits stratégiques pour l'alimentation humaine (céréales, viande bovine, sucre et lait) restent paradoxalement fondées sur des régimes de prix communs mais très simplifiés et sur des mesures d'intervention mais très allégées. Ce groupe se dédouble ensuite en deux sous-groupes selon que ces dispositifs de base s'accompagnent de régimes sévères de maîtrise de la production tels les quotas (sucre, produits laitiers) lesquels au demeurant, s'agissant en tout cas du lait, pourraient disparaître à l'horizon 2015 si la conjoncture européenne et surtout mondiale restait orientée à la pénurie.

Vient ensuite un groupe de produits que l'on qualifiait autrefois comme bénéficiant d'une garantie moyenne, pour lesquels les régimes de prix et mécanismes d'intervention anciens ont pratiquement disparu et qui repose sur un rôle important des organisations de producteurs, invités à se regrouper et soutenus à cette fin et des normes de commercialisation dont les producteurs eux-mêmes assurent le contrôle et la gestion (fruits et légumes, secteur viti-vinicole, floriculture, œufs et volailles). Enfin dans certains secteurs marginaux, l'union verse des aides directes aux producteurs (distinctes du régime du paiement unique découplé) en vue d'assurer leur survie (vers à soie) ou d'inciter les producteurs à se regrouper en associations professionnelles (huile d'olive, tabac).

821 **Dispositifs d'intervention**. S'agissant des produits du premier groupe précité, les mesures d'intervention établies dans le cadre originaire de la PAC demeurent applicables. Le tandem prix communs-mesures de soutien n'a pas disparu. Pour les produits concernés, le Conseil fixe chaque année un prix de référence qui se substitue à l'ancienne trilogie prix indicatif, prix d'intervention prix de seuil et qui remplit surtout une fonction de filet de sécurité. Les mesures d'intervention proprement dites consistent en achats publics et aides au stockage privé. Les achats publics ont lieu lorsque les prix de marché viennent à chuter sensiblement au-dessous du prix de référence. Cependant l'intervention n'a lieu que pendant une partie de l'année et l'achat ne porte que sur des quantités prédéterminées. L'aide au stockage privé (par le producteur lui-même à la différence du stockage public auquel conduisent le plus souvent les achats publics) constitue une sorte de mesure préventive. Le règlement n° 1234/2007 distingue un stockage privé obligatoire qui ne bénéficie qu'à certains produits (beurre et fromage) d'un stockage privé facultatif, décidé par la Commission lorsque certaines conditions sont remplies, s'appliquant à l'ensemble des autres produits éventuellement bénéficiaires.

2. Déclinaison de l'OCM unique : quelques produits phares

822 **Produits laitiers.** Apparu en 1984 (65), le régime des quotas – ou quantités de référence laitières – repose sur l'attribution à chaque producteur d'un volume de production qu'il ne peut dépasser sauf à encourir des pénalités financières. Plus concrètement, l'Union détermine au niveau européen une quantité globale de production « autorisée », qui fait immédiatement l'objet d'une première répartition entre les États membres. Dans un second temps, les États répartissent entre les producteurs les volumes disponibles, selon deux modalités différentes : soit l'individualisation s'opère par acheteur (laiterie), c'est la technique du quota B, soit elle s'opère au niveau de chaque exploitation (producteur), également dénommé quota A.

Un certain nombre d'éléments viennent assouplir un système dont on dénonce régulièrement la rigidité. Ainsi, les États peuvent procéder à des compensations entre régions, ou bien encore entre producteurs à l'intérieur d'une même laiterie. Sur un plan plus global, est instituée une réserve communautaire pour les États qui rencontreraient des difficultés dans la mise en œuvre des quotas, de même que les États eux-mêmes peuvent constituer des réserves nationales, qui permettent d'opérer une régulation du marché et qui peuvent être allouées à des producteurs jugés prioritaires (66). La sanction du dépassement – purement financière – s'avère cependant particulièrement lourde, puisqu'elle a pu s'élever jusqu'à 125 % du prix indicatif du lait. Le règlement du 29 septembre 2003 (67), issu de la réforme « à mi-parcours » de la PAC tout en souhaitant maintenir le caractère dissuasif de ce prélèvement, assouplit singulièrement la situation en conférant aux États membres et à la Commission statuant selon la procédure des comités de gestion le soin de fixer le montant de ce prélèvement ainsi que les règles de calcul (68). Dans le cadre de la réforme issue du bilan de santé de la PAC, le règlement n° 72/2008 du 19 janvier 2009 (69) prévoit la disparition progressive de ces quotas qui n'en provoquent pas moins de nombreux contentieux (70). À cette fin, ils devraient augmenter de 1 % par an de 2009 à 2013 pour une expiration totale en 2015. Cette réforme suscite de nombreux remous, compte tenu notamment des crises qui ont affecté le secteur laitier tout au long des années 2010 et 2011.

823 **Sucre.** L'OCM du sucre adoptée en 1967 reposait déjà sur un système de quotas à la production. La production européenne se voit classée en trois catégories : le quota A, destiné principalement à la consommation intérieure et bénéficiant d'un régime de prix élevés et de mesures d'intervention efficaces, le quota B qui correspond à un surplus de production acceptable mais moins protégé et enfin le quota C destiné à l'exportation

(65) Règlements n°s 856 et 857/84 du 31 mars 1984, *JOCE* L 90, 1er avr. 1984.
(66) CJCE, 20 juin 2002, *Gerard Mulligan*, aff. C-313/99, *Rec.* I-5719.
(67) Règlement n° 1788/2003, *JOUE* L 270, 21 oct. 2003.
(68) Pour un bilan et une étude d'ensemble des quotas très fouillée : D Bianchi, « Trente ans d'un régime temporaire. Les quotas laitiers dans la PAC : 1984-2004 », *RMCUE* n° 483, déc. 2004, p. 655 et s.
(69) *JOUE* L 30, 31 janv. 2009.
(70) CJCE, 14 mai 2009, *Azienda Agricola*, aff. C-34/08, *Rec.* I-4023.

mais sans restitution (subvention). Ce régime a permis au secteur du sucre de vivre sans trop de difficultés, d'autant que les producteurs de sucre versent une cotisation à la production destinée à éponger les excédents (71). Cette cotisation constitue au demeurant une ressource propre de l'Union (72). Néanmoins il a fait l'objet de critiques au sein de l'Organisation mondiale du commerce, notamment en raison des quantités importantes écoulées sur le marché international entraînant des effets perturbateurs pour de nombreux États tiers. À la demande du Brésil, de l'Australie et de la Thaïlande, l'Union fut condamnée par l'organe de règlement des différends de l'OMC en 2005. D'où une réforme de l'organisation commune des marchés du secteur du sucre.

La nouvelle OCM, résultant d'un règlement du 20 février 2006 (73) prévoit une importance baisse des prix institutionnels avec en compensation une augmentation des quotas alloués aux producteurs, des aides directes au revenu selon le régime nouveau du paiement unique découplé (74) et le cas échéant l'octroi d'aides nationales à l'intérieur de certains plafonds. Le régime des quotas est maintenu mais simplifié. Chaque producteur se voit attribuer un quota annuel correspondant au total des quotas A et B actuels. Un quota additionnel peut de surcroît être attribué par les États membres. Le règlement n° 318/2006 incite par ailleurs à la conclusion d'accords professionnels et interprofessionnels notamment pour soutenir les industries de transformation. Subsistent également mais sous forme atténuée des mesures d'intervention et de retrait du marché en cas d'excédent de production. Le régime du quota C condamné par l'OMC disparaît mais le règlement maintient la possibilité d'octroyer des restitutions aux exportations conformément cependant aux engagements souscrits par l'Union dans le cadre de l'OMC, avec en perspective la suppression en 2013 de toutes les subventions aux exportations de produits agricoles si le cycle de Doha devait aboutir.

824 **OCM viti-vinicole.** Dernière réforme d'OCM en date, celle des produits viti-vinicoles, qui découle d'un règlement n° 479/2008 du 29 avril 2008 (75), s'inspire de toutes les innovations qui caractérisent la PAC réformée. Ceci ressort notamment des objectifs qui lui sont assignés : certains sont classiques et répondent bien aux objectifs « constitutionnels » de l'article 39 TFUE – renforcer la compétitivité des producteurs de l'Union ; reconquérir des marchés à l'intérieur et à l'extérieur de l'Union européenne ; équilibrer l'offre et la demande – d'autres en revanche sont plus nouveaux et confirment au passage la jurisprudence de la Cour de justice selon laquelle outre les objectifs de l'article 39, l'Union doit tenir compte d'autres impératifs d'intérêt général tels notamment ceux de la protection de la santé publique ou de l'environnement (76). Relèvent de cette seconde inspiration les soucis de préserver les meilleures traditions de la production viti-vinicole européenne, de renforcer le tissu social dans les zones rurales, de simplifier la réglementation et d'assurer le respect de l'environnement.

Sur le fond, parmi les éléments clés d'une OCM traditionnellement très riche, on relève en premier lieu un régime de primes d'arrachage de la vigne qui repose cepen-

(71) Pour une illustration : CJCE, 8 mai 2008, *Préfabriquée Jülich AG*, aff. C-5/06 et C-23 à 36/06, *Rec.* I-3231.

(72) CJUE, 20 mai 2010, *Agran Zcker GmbH*, aff. C-365/08, NEPR.

(73) N° 318/2006, *JOUE* L 58, 28 févr. 2006 ; *RMCUE* n° 497, avr. 2006, p. 278.

(74) V. *infra*, n° 825.

(75) *JOUE* L 148, 6 juin 2008.

(76) CJCE, 23 févr. 1988, *Royaume-Uni c. Conseil*, aff. 68/86, *Rec.* 855.

dant sur une base volontaire et conformément à certaines conditions. Outre les fonds européens disponibles pour ces primes, les États membres peuvent octroyer une aide nationale supplémentaire ne dépassant pas 75 % de la prime d'arrachage déjà allouée. En deuxième lieu la possibilité de bénéficier du régime de paiement unique pour ceux qui ont procédé à l'arrachage donnera lieu à un paiement moyen régional d'environ 350 euros par hectare. En troisième lieu la suppression du régime des droits de plantation et de replantation est prévue à compter de 2015. Ensuite un régime spécifique pour la protection des appellations d'origine ou des indications géographiques qui déroge comme c'est le cas à l'heure actuelle au régime général des AOP-IGP tel que fixé par les règlements du 20 mars 2006 (v. *infra*, n° 854 et s.). Enfin, le règlement n° 479/2008 opte pour une importante décentralisation dans la mise en œuvre puisque les États membres se voient attribuer des enveloppes nationales qu'ils pourront affecter au financement de différentes mesures telles que la promotion des vins européens dans les pays tiers, la restructuration et la reconversion des vignobles, la modernisation, etc. (77).

§ 2. LE SOUTIEN AUX EXPLOITATIONS : LE PAIEMENT UNIQUE DÉCOUPLÉ

A. Genèse de la réforme

825 Le régime du soutien aux exploitations a considérablement évolué au point aujourd'hui de s'autonomiser complètement par rapport aux OCM. Initialement en effet, ce soutien résulte essentiellement des mécanismes d'intervention. Il est donc lié aux baisses de cours sur les marchés par rapport aux prix européens. L'Union, via les fonds financiers européens, notamment le Feoga, vient combler la différence. Ce soutien est alors étroitement lié au volume de la production. Puis avec les réformes de 1992 (78) et de 1999 (79), ce dispositif tout en restant lié à la production, prend la forme de paiements compensatoires ou de primes dans le secteur de l'élevage, censées compenser les baisses de prix institutionnels imposées par ces réformes successives aux producteurs. Une tentative est faite d'indexer ces aides sur la surface des exploitations pour éviter une trop forte incitation à produire, mais elle n'aboutit pas.

C'est dans ce contexte que se situe la réforme dite « à mi-parcours ». C'est une réforme en partie inopinée car se situant à mi-chemin de l'application des perspectives financières pluriannuelles (devenues cadre financier pluriannuel avec le traité de Lisbonne) 2000-2006 (80). Normalement, durant cette période, la PAC se trouve en quelque sorte sanctuarisée et ne peut subir de modifications. Néanmoins le commissaire européen à l'agriculture, Franz Fischler, est passé outre cette pratique et a présenté de manière modeste et très technique, une réforme tout à fait capitale qui modifie en profondeur et certainement encore plus que précédemment l'esprit et les

(77) T. Garcia Azcarate et M. Thizon, « La réforme de l'OCM du vin », *RMCUE* n° 518, mai 2008, p. 320 et s.

(78) Règlements n° 1765 et 1766/92 du 30 juin 1992, *JOCE* L 181, 1er juill. 1992.

(79) Règlements n° 1251 à 1259/1999, *JOCE* L 160, 26 juin 1999.

(80) Accord interinstitutionnel sur la discipline budgétaire et l'amélioration de la procédure budgétaire du 6 mai 1999, *JOCE* C172, 18 juin 1999.

mécanismes de la PAC (81) et qui s'inscrit une nouvelle fois dans le contexte de mondialisation des problèmes agricoles et alimentaires. Les négociations du cycle de Doha piétinent certes (v. *supra*) mais elles s'orientent globalement vers une limitation de l'ensemble des soutiens publics à l'agriculture. Le régime des paiements compensatoires (céréales, oléo-protéagineux) et les primes à l'élevage qui relevaient jusqu'alors des aides dites de la *boîte verte* (licites), risquent de se voir condamnées dans la mesure où elles conservent le caractère d'aides directes à la production donc incitatives à produire. Pour perdurer, les aides devront alors poursuivre un objectif vertueux, à savoir social ou environnemental.

Malgré de fortes réticences françaises, la Commission a obtenu gain de cause et une nouvelle réforme dite « à mi-parcours » a été adoptée le 29 septembre 2003 (82). Cette nouvelle PAC tranche par rapport à ses devancières en ce sens qu'elle décide radicalement de rompre le lien ombilical entre les aides et la production agricole (83) Sur le plan financier, elle s'est traduite peu après par la suppression du Feoga et son remplacement par deux fonds budgétaires distincts : le Feaga (fonds européen agricole de garantie) qui se substitue au Feoga section garantie et qui finance les dépenses du premier pilier (84) et le Feader (fonds européen agricole pour le développement rural) (85) qui se substitue au Feoga orientation et qui couvre les dépenses du deuxième pilier de la PAC.

B. Principales articulations du régime du PUD

826 Le nouveau régime repose sur un paquet législatif de sept règlements (un règlement horizontal et six règlements sectoriels) (86) dont le principal est le règlement n° 1782/2003 établissant des règles communes pour les régimes de soutien direct dans le cadre de la politique agricole commune. Il entend aussi mettre l'accent sur des préoccupations plus qualitatives comme la gestion de l'eau, le maintien de la biodiversité, le bien-être des animaux, la protection des intérêts des consommateurs sur la préservation de l'économie rurale et de l'environnement, sur le maintien de la stabilité des coûts budgétaires et montrer de bonnes dispositions à l'égard des négociations commerciales internationales du *millenium round* (devenu cycle de Doha).

827 **Régime du paiement unique**. C'est là le cœur du système. Aux différents régimes d'aides directes à la production ou de paiements compensatoires ou encore de primes dans les divers secteurs de l'élevage se substitue dorénavant un régime de paiement unique qui

(81) Communication de la Commission du 10 juill. 2002, COM (2002) 394 final.

(82) *JOUE* L 270, 21 oct. 2003.

(83) Pour une analyse d'ensemble : J. M. Sermier (rapporteur), Rapport d'information de la délégation de l'Assemblée nationale pour l'Union européenne, n° 889, juin 2003 ; V. Adam, « Les droits à paiement, une création juridique innovante de la réforme de la PAC », *RMCUE* n° 475, févr. 2004, p. 96 et s. ; C. Blumann, « La réforme de la politique agricole commune », *CDE* 3/4-2004, p. 297 et s. ; D. Bianchi, « Y a-t-il encore quelque chose de commun dans la nouvelle Politique agricole commune », *RTDE* 3-2005, p. 623 et s.

(84) Règlement n° 1290/2005 du 21 juin 2005, *JOUE* L 209, 11 août 2005.

(85) V. *infra*, n°s 835 et s.

(86) N° 1783/2003, 1785/2003, 1786/2003 et 1788/2003, *JOUE* L 270, 21 oct. 2003.

ne sera plus lié au volume de la production (87). Le montant de l'aide sera calculé sur la base de données historiques à savoir les aides directes perçues par une exploitation au cours d'une période de référence allant de 2000 à 2002. L'objectif poursuivi est de mettre un terme à la rente de situation que possédait de nombreux producteurs fondée sur des productions peut-être dépassées ou peu performantes. Ils devront dorénavant adapter leur production en fonction des contraintes du marché et des demandes des consommateurs. Ces paiements directs comme au demeurant les quotas laitiers ou les différentes primes dans les secteurs de l'élevage pourront faire l'objet de transferts entre agriculteurs d'un même État membre (88). Les États membres devront constituer une réserve nationale de droits à primes alimentée par une réduction linéaire de 3 % maximum sur les paiements auxquels peuvent prétendre les producteurs. La réserve pourra être utilisée pour faire face à des difficultés exceptionnelles ou des situations particulières.

828 **Contrôles**. Ils s'inscrivent principalement dans le système de gestion et de contrôle intégré (SIGC), créé en 1992 (89) et plus communément désigné sous le nom de système intégré dont l'objet principal est de réformer les méthodes de surveillance et de recourir au traitement informatisé pour s'assurer de la régularité des demandes et des paiements, afin de prévenir et de poursuivre les éventuelles fraudes. Le dispositif s'articule autour de trois éléments principaux : une base de données informatisées recensant toutes les demandes d'aides selon un système unique d'identification de chaque exploitant agricole, un système d'identification des parcelles agricoles établi sur la base des plans et de documents cadastraux ou d'autres références cartographiques et enfin un système d'identification et d'enregistrement des droits au paiement (90). Le SIGC donne lieu à des contrôles sur pièces et sur place. Les États membres jouent bien évidemment un rôle important dans sa mise en œuvre (91). Une des particularités notables tient à l'utilisation de technologies de pointe telles que la télédétection ou l'imagerie satellitaire principalement pour la conformité des parcelles agricoles.

829 **Ajustements.** Un certain nombre de paramètres viennent corriger le régime du paiement unique découplé. En premier lieu, le découplage total ne sera de principe qu'à compter du 1er janvier 2005, les États membres pouvant néanmoins prolonger une période transitoire jusqu'en 2007. Néanmoins un découplage partiel consistant dans la perpétuation du système actuel des aides indexées reste possible *si l'État membre estime* que le passage au paiement unique pourrait perturber les marchés agricoles ou entraîner l'abandon de certaines productions. Ce couplage partiel pourra aller jusqu'à 25 voire 40 % des paiements compensatoires dans le secteur des céréales, jusqu'à 100 % pour certaines primes dans le secteur de l'élevage bovin. Dans le

(87) V. Adam et D. Bianchi, « La PAC à l'heure du découplage – une dernière réforme du soutien à l'agriculture européenne », *RMCUE* nº 475, févr. 2004, p. 89.

(88) CJUE, 21 janv. 2010, *Van Dijk*, aff. C-470/08, *Rec.* I-603.

(89) Règlement (CEE) nº 3508/92 du Conseil du 27 nov. 1992, établissant un système intégré de gestion et de contrôle relatif à certains régimes d'aides communautaires, *JOCE*, L 355, 5 déc. 1992, p. 1. Les États membres disposaient jusqu'au 1er janv. 1997 pour mettre en œuvre le SGIC.

(90) Article 15 du règlement (CE) nº 73/2009.

(91) CJUE, 24 juin 2010, *Pontini*, aff. C-375/08, NEPR.

même ordre d'idées, les États membres pourront allouer des versements supplémentaires dans la limite de 10 % des fonds disponibles dans un secteur déterminé afin de soutenir certaines productions agricoles importantes pour la protection de l'environnement ou en vue de l'amélioration de la qualité et de la commercialisation de certains produits agricoles.

830 **Écoconditionnalité.** La nouvelle PAC fait une large place au principe d'écoconditionnalité (92). Jusqu'alors il présentait un caractère facultatif et ne s'appliquait strictement qu'aux normes environnementales. Il devient obligatoire et tous les producteurs postulant au paiement unique devront s'y soumettre. Une liste prioritaire de dix-huit normes européennes obligatoires a été dressée couvrant les domaines de l'environnement, de la sécurité alimentaire ainsi que de la santé et du bien-être des animaux. Des réductions du montant des paiements uniques pourront être décidées pour les producteurs contrevenant à ces normes. Dans le même ordre d'idées, Les producteurs auront l'obligation de maintenir la qualité agronomique et environnementale des sols, sous réserve de voir diminuer le montant des paiements directs. Le respect des exigences d'écoconditionnalité sera contrôlé au moyen du SGIC. Les États membres pourront conserver 25 % des sommes résultant des fraudes ou irrégularités constatées par le système centralisé de contrôle.

Les contrôles ne sont pas seulement destinés à avoir un aspect sanctionnateur. Le règlement horizontal met en effet en place un système de conseil agricole destiné à réaliser des audits d'exploitations agricoles bénéficiant du régime du paiement unique. Ces audits concerneront les exploitations tenant une comptabilité et tenant des inventaires réguliers. Seront plus particulièrement examinés les procédés de protection de l'environnement, de la sécurité alimentaire ou le bien-être des animaux. Les agriculteurs recevront des conseils du système de contrôle agricole notamment en ce qui concerne la mise en œuvre de normes et de bonnes pratiques.

831 **Bien-être des animaux.** Le bien-être des animaux est devenu une préoccupation omniprésente dans le cadre de la PAC mais plus largement de l'Union. En découlent de nombreuses réglementations portant par exemple sur les conditions de transport du bétail, sur les abattages, sur la configuration des étables et autres lieux de vie des animaux. Point fort de cette évolution, le traité d'Amsterdam s'accompagne d'un protocole additionnel « *sur la protection et le bien-être des animaux* » qui fait de celle-ci une sorte de clause transversale dont le respect s'impose « *dans les domaines de l'agriculture, des transports, du marché intérieur et de la recherche* ». Le traité de Lisbonne (art. 13 TFUE) reconduit la clause transversale du traité d'Amsterdam mais en élargit la portée à la pêche ainsi qu'au développement technologique et l'espace. Encore faut-il rappeler que ces clauses transversales, d'intégration ou de cohérence ne peuvent servir de base juridique pour légiférer au principal. Elles invitent simplement le législateur de l'Union à tenir compte des exigences qu'elles posent dans les réglementations qu'il adopte dans un secteur déterminé (93). La Cour de justice pour sa part

(92) D. Bianchi, « La conditionnalité des paiements directs ou la responsabilité de l'agriculteur bénéficiant de paiements directs dans le cadre de la PAC », *RMCUE*, n° 475, févr. 2004, p. 91 et s.

(93) À propos de la politique culturelle : CJCE, 23 févr. 1999, *Parlement européen c. Conseil*, aff. C-42/97, *Rec.* I-882.

n'a pas estimé devoir reconnaître au bien-être animal la qualité de principe général du droit (94).

Un règlement du 21 décembre 2004 (95) se penche sur la question du bien-être des animaux durant le transport. Ce texte vise à garantir que les animaux ne sont pas transportés dans des conditions telles qu'ils risquent d'être blessés ou de subir des souffrances inutiles. Il s'applique non seulement aux transporteurs mais également aux éleveurs, négociants et au personnel des abattoirs. L'essentiel de la substance du règlement porte sur les conditions applicables aux longs trajets, sur l'espace disponible pour les animaux, sur la formation des personnels notamment des centres de rassemblement et sur le renforcement des normes techniques pour les véhicules routiers (96). Les OCM concernant les animaux vivants peuvent subordonner le versement de restitutions à l'exportation au respect des réglementations européennes en matière de bien-être des animaux (97). Des règles concernant la responsabilité des opérateurs ainsi que les pouvoirs de contrôle des États membres complètent le dispositif. Un règlement du 24 septembre 2009 se penche également sur les conditions de mise à mort des animaux (98).

832 **Modulation**. Cette autre technique représente la troisième articulation de la réforme. Mais elle s'avère très différente de celle prévue dans le cadre de l'Agenda 2000, qui consistait alors à tenter un certain rééquilibrage des dotations du premier pilier de la PAC vers les exploitations moins favorisées par le système. Cette première modulation n'avait d'ailleurs pas atteint ses objectifs. La nouvelle modulation signifie que l'ensemble des aides du premier pilier auxquelles peut prétendre un producteur va subir une ponction de l'ordre de 1, 3 voire plus tard 5 %, dont le montant se verra affecté à des actions de développement rural, relevant du Feader (fonds européen agricole de développement rural). Il s'agit en réalité d'un phénomène de transfert entre le premier et le second pilier de la PAC. Progressivement en effet celui-ci devrait se renforcer puisque les finalités qui sont les siennes de même que les actions qu'il met en place sont considérées comme plus porteuses d'avenir que les aides du premier pilier. Selon les estimations de la Commission, cette modulation permettra de dégager un volume global supplémentaire de 1,2 milliard d'euros pour des actions de développement rural. L'affectation se dirigera plus particulièrement vers des actions d'amélioration de la qualité des produits alimentaires, l'application de normes culturales supérieures et la prise en compte du bien-être des animaux.

(94) CJCE, 12 juill. 2001, *Jippes*, aff. C-189/01, *Rec.* I-5689.
(95) N° 1/2005, *JOUE* L 3 du 5 janv. 2005.
(96) CJCE, 17 janv. 2008, *Viamex agrar Handels GmbH*, aff. C-58/06, *Rec.* I-69, note D. Simon, *Europe* mars 2008, n° 97 (notamment sur les rapports entre règlement et dir.) ; 8 mai 2008, *Danske Svineproducenter*, aff. C-491/06, *Rec.* I-3339.
(97) Pour une illustration récente : CJCE, 17 juill. 2008, *Schwwaninger Martin*, aff. C-207/06, *Rec.* I-5561.
(98) N° 1099/2009, *JOUE* L, 18 nov. 2009.

C. Le bilan de santé de la PAC et la réforme de 2009

833 **Bilan de santé** (99). En principe, le financement de la PAC est arrêté jusqu'en 2013 depuis l'adoption en 2006 des perspectives financières 2007-2013 (100). Il en ressort notamment une volonté de réduire les coûts financiers de la PAC et de la banaliser en tant que politique puisque l'agriculture se trouve dorénavant englobée dans un titre 2 (le premier portant sur la cohésion économique et sociale) dénommé « Conservation et gestion des ressources naturelles ». Progressivement, la part de l'agriculture devrait diminuer et passer d'environ 45 % en 2007 à moins de 40 % en 2013. Néanmoins la réflexion sur l'avenir de la PAC continue à se développer de manière intense, notamment à la lumière de la présidence française du Conseil de l'Union, présidence qui avait fait de l'agriculture une de ses priorités.

Dans ce contexte, la Commission a présenté en novembre 2007 un document de travail – une communication intitulée *Le bilan de santé de la PAC* (101). Ce document se veut un bilan de toutes les réformes entreprises depuis 1992 à la lumière des objectifs de l'ex-article 33 CE (devenu 39 TFUE). Il s'agit aussi de dresser un inventaire des grands défis posés à l'agriculture européenne dans le monde moderne et post-moderne. La Commission relève ainsi le retournement de tendance économique en matière de produits agricoles. La demande a excédé l'offre et les prix agricoles ont fortement augmenté. Parmi les causes mondiales du phénomène, la Commission relève l'augmentation de la population en Inde et en Chine qui s'accompagne d'une amélioration des pratiques alimentaires. Autre cause : des baisses de production dues à des événements climatiques graves et la forte pression en faveur des biocarburants qui réduit d'autant les quantités disponibles pour l'alimentation humaine et animale.

S'agissant du paiement unique découplé, la Commission observe un certain nombre de dysfonctionnements : il n'est pas suffisamment efficace et il existe encore un trop grand nombre de paiements compensatoires couplés. Ceci provoque des distorsions entre États membres et entre produits agricoles. Un assouplissement serait également bienvenu en ce qui concerne des dispositifs comme ceux des quotas ou du gel des terres qui ne paraissent plus complètement adaptés. De plus, la PAC doit faire face à de nouveaux défis qualitatifs qui sont ceux du changement climatique, des biocarburants, de la gestion de l'eau, du maintien de la biodiversité. Ces problèmes ne peuvent être tous appréhendés ni réglés dans le cadre de la seule PAC. Des accords internationaux doivent être conclus et la politique environnementale adaptée.

Le bilan de santé a fait l'objet d'intenses discussions dans le courant de l'année 2008. Les milieux professionnels ont été associés à la réflexion. Le Parlement européen a joué un rôle très actif, anticipant sur les compétences nouvelles qui seront les siennes avec le traité de Lisbonne. L'accueil des États membres s'est révélé globalement favorable et les grandes lignes du bilan de santé ont été entérinées lors d'une réunion du conseil agriculture des 21-22 novembre 2008. Sur ces bases, le Conseil a adopté le

(99) COM (2007) 722 final ; T. GARCIA AZCARATE, « Le bilan de santé de la Politique agricole commune », *RMCUE* n° 515, févr. 2008, p. 73 et s. ; T. GARCIA AZCARATE, « La PAC après son bilan de santé », *RMCUE* n° 528, mai 2009, p. 301 et s. ; M. BAUDOUIN, « Le bilan de santé de la PAC », *Europe* oct. 2009, p. 4.

(100) 17 mai 2006 : *JOUE* n° L 139, 14 juin 2006 ; G. ROCHDI, « Le bilan de santé de la PAC : fin ou renouveau de la PAC ? », *RMCUE* n° 533, déc. 2009, p. 663 et s.

(101) Communication du 20 nov. 2007, COM (2007) 722 final.

19 janvier 2009 (102) un nouveau règlement qui incorpore dans le droit de la PAC les éléments du bilan de santé.

834 **Mise en œuvre**. Certaines innovations de la réforme à mi-parcours se voient confirmées et amplifiées. Ainsi en va-t-il de la *modulation*, entendue comme un transfert de crédits du premier pilier vers le deuxième. Le taux actuel de 5 % devrait progressivement passer à 10 % pour les anciens États membres en 2013 et même à 14 % pour les grosses exploitations. Les crédits ainsi dégagés, soit environ 3 milliards d'euros en 2013, devront abonder des actions de développement rural certes mais aussi dans le domaine du changement climatique, des énergies nouvelles et renouvelables, de la gestion de l'eau et de la préservation de la biodiversité. Il en va de même de la *conditionnalité* qui se voit étendue à de nouvelles exigences, celles de la gestion de l'eau et de la protection des paysages. Quant au paiement unique découplé, outre des changements dans le système de versement, le règlement n° 73/2009 entend une fois de plus en étendre au maximum la portée. Trop de paiements demeurent couplés, notamment dans les secteurs des céréales et des grandes cultures arables ou encore de la viande bovine, et le PUD devrait s'y appliquer en totalité à compter de 2010 ou 2012.

La réforme de 2009 innove plus spécifiquement en envisageant sur la base du bilan de santé la suppression d'un certain nombre de régimes de maîtrise de la production et la suppression immédiate du régime de la jachère obligatoire dans le cadre des grandes cultures arables. Ce gel des terres, nécessaire pour percevoir les paiements compensatoires ou le PUD, avait vu son taux progressivement réduit (5 %) voire certaines années suspendu. Il n'a plus de raison d'être ans un contexte où la demande risque d'excéder l'offre. De même, mesure plus discutée, les quotas laitiers devraient disparaître à l'horizon 2015 (103). Ces quotas, mesure emblématique de la réforme des années 1980, semblent avoir atteint leurs objectifs de stabilisation de la production laitière. Restent cependant à trouver de nouveaux mécanismes de régulation, comme la récente crise laitière le souligne à l'évidence.

De plus, une *nouvelle modulation* fait son apparition. Elle joue à l'intérieur du régime du paiement unique découplé. Elle tient à la possibilité reconnue aux États membres, dans une limite de 10 % de tous les paiements auxquels ils ont droit, de privilégier certaines actions : des actions de protection de l'environnement ou d'amélioration de la qualité des produits, ou bien de participation financière à des systèmes d'assurance ou de fonds de mutualisation souscrits par les producteurs pour faire face à des risques liés au changement climatique (destruction de récoltes) ou d'autres événements graves (épizootie animale). Perce ici l'idée que ces systèmes d'assurance privée pourraient se substituer à certains mécanismes publics d'intervention. Les États membres pourront aussi affecter ces sommes « modulées » à des productions agricoles moins favorisées par les mécanismes classiques de la PAC, notamment les productions animales, l'élevage ovin en particulier. Ils pourront aussi les concentrer sur certaines régions en difficulté ou sur des zones sensibles sur le plan de l'environnement (104).

(102) N° 73/2009, *JOUE* L 30, 31 janv. 2009.

(103) V. *supra*, n° 822.

(104) Sur l'ensemble de la question : C. Mestre, *in* C. Blumann (dir.), M. Blanquet, D. Charles Le Bihan, A. Cudennec, C. Mestre, Y. Petit, N. Valdeyron, *Politique agricole commune et politique de la pêche*, *Commentaire Mégret*, Éditions de l'Université de Bruxelles, 3e éd., 2011, p. 211 et s.

SECTION II LE « DEUXIÈME PILIER » DE LA PAC (105)

§ 1 LA MONTÉE EN PUISSANCE DU DEUXIÈME PILIER DE LA PAC

835 La PAC dans sa conception traditionnelle reposait sur une nette distinction entre politique des prix et des marchés et action structurelle. La première visait essentiellement à réguler la production et les prix, alors que la seconde envisageait les évolutions à plus long terme. Sur le plan financier, la dichotomie se reflétait dans les deux sections du Feoga, avec au demeurant une très grande disproportion entre la section « garantie » consacrée aux organisations communes de marchés et la section « orientation » chargée de financer la politique structurelle. De la même manière, la distinction devait se prolonger au plan des instruments juridiques, la politique des marchés s'inscrivant dans des règlements et celle des structures dans des directives.

Mais, la pratique n'a eu de cesse que de rompre cette harmonie préétablie, d'abord par une confusion des instruments juridiques, les actions structurelles s'incarnant de plus en plus souvent dans des règlements ; ensuite sur le plan financier en faisant prendre en charge par la section garantie diverses primes structurelles et en appelant en renfort la section orientation lorsque les crédits de soutien des marchés venaient à être épuisés. L'agenda 2000 (106) marque une orientation de plus en plus nette en faveur d'une autonomisation du deuxième pilier par rapport au premier mais demeure ambigu sur les liens avec la cohésion économique et sociale. Les textes ultérieurs, ceux liés à la réforme à mi-parcours ou ceux consécutifs au bilan de santé, poursuivent le mouvement d'autonomisation et de renforcement du deuxième pilier non seulement en raison des financements de plus en plus conséquents qui lui sont attribués mais aussi et surtout en raison de la volonté des responsables européens d'en faire une action porteuse d'avenir, s'inscrivant dans une politique de développement durable à long terme, à la différence du premier pilier qui, s'il continue à recevoir des dotations importantes, semble figé dans le passé et générateur de nombreuses dissensions tant entre les États membres qu'avec les pays tiers.

§ 2 LE RENFORCEMENT DE LA DIMENSION ENVIRONNEMENTALE DE LA PAC

836 **Orientations générales**. En termes juridiques, les rapports entre agriculture et environnement résultent notamment de la clause dite d'intégration (aujourd'hui art. 11 TFUE), selon laquelle les exigences en matière d'environnement doivent être prises en compte dans l'ensemble des politiques et actions de l'Union. Compte tenu de ses risques pour l'environnement, la PAC se trouve en première ligne

(105) Sur l'ensemble de la question : Y. Petit *in* C. Blumann (dir.), *Politique agricole commune et politique de la pêche*, *op. cit.*, p. 361 et s.

(106) Règlement n° 1257/99 du 17 mai 1999, *JOCE* L 160, 26 juin 1999.

eu égard à de ces prescriptions (107). Sur cette base, le Conseil européen d'Helsinki de décembre 1999 a adopté une stratégie d'intégration de la dimension environnementale dans la PAC (108). Cette stratégie a permis l'élaboration d'objectifs d'intégration environnementale dans des domaines comme l'eau, les produits agrochimiques, l'utilisation des terres et des sols, le changement climatique et la qualité de l'air, les paysages et la biodiversité. Elle affirme que l'intégration des questions environnementales dans l'agriculture commence par le respect d'un niveau de base de bonnes pratiques agricoles dans l'ensemble des zones agricoles de l'Union, et que la préservation des ressources naturelles constitue un élément essentiel pour la viabilité de l'agriculture.

Le verdissement de la PAC se traduit d'abord dans de nombreuses mesures adoptées au titre du premier pilier comme la conditionnalité ou la modulation (v. *supra*, n° 830 et s.). Dans le cadre du deuxième pilier de la PAC, la prévalence croissante de l'environnement se vérifie notamment dans le règlement n° 1698/2005 (109) sur le développement rural. Trois domaines prioritaires se dégagent : la biodiversité, la préservation et le développement des systèmes agricoles et sylvicoles à haute valeur naturelle et des paysages agricoles traditionnels, l'eau et le changement climatique. Dans le cadre du « bilan de santé » le règlement n° 73/2009 a opté pour une suppression du gel des terres, qui était un instrument traditionnel de contrôle de la production et de gestion de l'offre ; mais la Commission précise que ce dispositif pourrait être réintroduit.

De même, dans la limite de 10 % des plafonds nationaux de droits au paiement, les États membres peuvent envisager depuis 2010 des soutiens spécifiques, notamment à certaines productions importantes pour la protection ou l'amélioration de l'environnement, l'amélioration de la qualité des produits agricoles ou de leur commercialisation, et dans des zones de production économiquement vulnérables dans les secteurs laitier, bovin, ovin, caprin et de la culture du riz ou sensibles du point de vue de l'environnement (110).

A. La reconnaissance de la multifonctionnalité de l'agriculture

837 **Notion**. Sujet de nombreuses discussions, la multifonctionnalité a été présentée d'une manière assez pertinente dans le cadre de l'OCDE : « Au-delà de sa fonction première de fournir des aliments et des fibres, l'activité agricole peut aussi façonner les paysages, apporter des avantages environnementaux tels que la conservation des sols, la gestion durable des ressources naturelles renouvelables et la préservation de la biodiversité, et contribuer à la viabilité socio-économique de nombreuses zones rurales. Dans de nombreux pays de l'OCDE, en raison de ce caractère multifonctionnel, l'agriculture joue un rôle particulièrement important dans la vie économique des régions rurales ». Une approche agricole multifonctionnelle est également utile « pour lutter contre les

(107) C. Blumann, « L'écologisation de la PAC ou le verdissement de l'Europe verte », *RAE – LEA* 2003-2004/4, p. 532-533.

(108) Conseil européen d'Helsinki des 10-11 déc. 1999, conclusions de la présidence, points 46 et s.

(109) *JOUE* L 30, 31 janvier 2009.

(110) Règlement n° 73/2009, art. 68.

déséquilibres territoriaux, encourager la gestion durable des ressources naturelles et favoriser la diversité des modes de développement des exploitations » (111).

838 **Applications**. Concrètement, la défense de la multifonctionnalité s'opère par le biais des différents instruments structurels de la PAC, notamment le règlement (CE) n° 1698/2005 qui précise dans son article 4 qu'il y a « lieu de reconnaître le rôle essentiel des agriculteurs, en raison de leurs tâches multifonctionnelles, aujourd'hui et demain, dans la conservation du paysage naturel et rural, et de les associer aux décisions et mesures pour les régions de montagne » (112). Mais c'est surtout au niveau des grandes négociations commerciales mondiales (NCM) du cycle de Doha que l'Union européenne entend faire reconnaître le concept de multifonctionnalité : à l'OMC, la multifonctionnalité a fait et fait toujours l'objet d'un clivage. Il oppose d'un côté les membres faisant preuve d'un grand intérêt pour ce système, regroupés sous l'appellation des « Amis de la multifonctionnalité » (Union européenne, Japon, Corée du Sud, Norvège, Suisse, mais également des PED comme la Barbade, le Burundi, Maurice ou Trinité-et-Tobago) aux détracteurs du concept, de l'autre côté, que sont les États-Unis et le Groupe de Cairns qui rassemble les États se considérant comme exportateurs loyaux (*fair traders*) de produits agricoles. Ceux-ci clament haut et fort que « le concept de multifonctionnalité est une forme de protectionnisme déguisé ; le mouvement amorcé de transfert d'un pilier à l'autre ne serait qu'un moyen de préserver les soutiens européens » (113). Concrètement les enjeux portent sur le contenu de la fameuse boîte verte qui regroupe les aides à l'agriculture que l'OMC veut bien reconnaître comme acceptables. Celles en faveur de la protection de l'environnement pourraient en effet obtenir ce label.

B. PAC et changement climatique

839 **Données de base**. Le réchauffement de la planète est devenu une donnée scientifique incontestable, qu'il est impossible d'ignorer. La planète s'est réchauffée en moyenne de 0,76 °C depuis le début du XIXe siècle et l'augmentation des températures s'accélère. L'Europe a pris environ 1 °C de plus en un siècle, et les hausses de températures les plus importantes ont touché et toucheront encore le Sud du continent. L'agriculture joue bien évidemment un rôle important dans cette situation : les émissions de gaz à effet de serre provenant directement de l'agriculture représentent, selon la plupart des estimations, 10 à 12 % des émissions totales. Réciproquement, la PAC joue un rôle non négligeable, notamment depuis la réforme de 2003, dans les efforts d'atténuation du changement climatique. Une nouvelle fois des mécanismes comme le découplage et l'écoconditionnalité introduits par les réformes de 2003 et 2009 permettent d'intégrer de manière indirecte les préoccupations relatives au changement climatique.

(111) Paragraphes 10 et 15 des conclusions, reproduites dans *Europe Documents*, n° 2079, 13 mars 1998 ; v. égal. OCDE, « Multifonctionnalité. Élaboration d'un cadre analytique », *OCDE* 2001, 192 p., disponible sur : http://www.oecd.org/dataoecd/62/41/40782819.pdf.

(112) V. décision 2006/655/CE du Conseil du 19 juin 2006, *JOCE* L 271 du 30 sept. 2006, concernant l'approbation, au nom de la Communauté européenne, du protocole d'application de la convention alpine de 1991 dans le domaine de l'agriculture de montagne (avec le texte du Protocole « agriculture de montagne »).

(113) G. Rochdi, « La politique agricole commune dans le commerce mondial des produits agro-alimentaires », *RTDE* 2005, p. 57.

840 **Action de l'Union**. La législation environnementale de l'Union pose également des limites à certaines pratiques et activités agricoles, ce qui permet de restreindre les émissions de GES. Ainsi en va-t-il de la directive « Nitrates » (114), qui limite l'épandage d'effluents d'élevage à 170 kg d'azote par hectare et par an dans les zones vulnérables aux nitrates désignées dans les programmes d'action élaborés par les États membres. En raison des liens étroits de la directive avec les politiques de l'Union dans les domaines de l'eau, de l'air, du changement climatique et de l'agriculture, « une étude récente sur les mesures intégrées adoptées dans le domaine de l'agriculture pour réduire les émissions d'ammoniac a démontré que l'application de la directive "Nitrates" a des effets bénéfiques importants pour l'air et la réduction des émissions de gaz à effet de serre » (115). Ensuite, il est utile d'évoquer la directive relative à la prévention et à la réduction intégrées de la pollution (directive « IPPC ») (116), dont l'objectif est de réduire la pollution environnementale et les nuisances des infrastructures de grande taille. D'après son annexe I, son champ d'application couvre les installations destinées à l'élevage intensif de plus de 40 000 emplacements pour la volaille, de plus de 2 000 pour les emplacements de porcs de plus de 30 kg, et de plus de 750 emplacements pour truies.

L'agriculture peut encore contribuer de trois manières aux objectifs d'atténuation du changement climatique : en favorisant le stockage du carbone dans le sol ; en réduisant les émissions de méthane et de protoxyde d'azote ; en participant au développement de la production d'énergies renouvelables (117). L'agriculture et la forêt sont en effet les principaux secteurs économiques pouvant participer au captage du CO2 résultant des activités humaines, car elles le fixent dans les végétaux grâce à la photosynthèse. Il semble donc nécessaire de développer les pratiques agricoles permettant de limiter les rejets de CO2 et/ou améliorant la fixation du carbone, ce qui pourrait passer par le développement de l'agriculture biologique (qui n'utilise pas d'engrais chimiques), de l'agriculture extensive, et des pratiques de lutte intégrée.

En ce qui concerne la réduction des émissions de protoxyde d'azote, plusieurs techniques sont envisageables : « Une application moindre et plus efficace des engrais azotés (agriculture de précision), l'utilisation d'engrais organiques à base de déchets valorisés (biomasse locale issue des inter-cultures et autres déchets organiques), le développement des cultures intermédiaires comme les légumineuses fourragères et la recherche de nouvelles variétés à fort potentiel de captation de carbone et d'azote » (118). De même, une amélioration des techniques d'élevage, comme la modification du régime alimentaire des ruminants, ou de la gestion des déjections animales, avec le développement du traitement dans des usines de biogaz, sont certainement des solutions d'avenir. S'agissant du développement des ENR, L'agriculture est également concernée par l'objectif de l'UE de parvenir au chiffre de 20 % d'énergies renouvelables dans la consommation énergétique totale de l'Union d'ici 2020, avec une proportion minimale

(114) Dir. 91/676/CEE du Conseil du 12 déc. 1991, *JOCE L* 375, 31 déc. 1991, concernant la protection des eaux contre la pollution par les nitrates à partir de sources agricoles.

(115) Rapport de la Commission sur la mise en œuvre de la dir. n° 91/676/CEE du Conseil (...), sur la base des rapports établis par les États membres pour la période 2004-2007, COM (2010) 47 final, 9 févr. 2010, p. 11.

(116) Dir. 2008/1/CE du Parlement européen et du Conseil du 15 janv. 2008, *JOCE L* 24, 29 janv. 2008.

(117) Projet de Rapport de S. Le Foll, sur l'agriculture de l'UE et le changement climatique, Parlement européen, Commission de l'agriculture et du développement rural, PE430.412v01, 17 déc. 2009.

(118) *Ibid.* p. 10.

contraignante de 10 % de biocarburants dans la consommation totale d'essence et de gazole (119).

C. PAC et préservation de la biodiversité

841 **Généralités.** Le rôle de l'agriculture dans la préservation de la biodiversité s'avère très important, car elle couvre une grande partie du territoire de l'Union européenne et assure la conservation des gènes, des espèces et des habitats. La politique européenne en faveur de la biodiversité s'inscrit dans le cadre du droit international de l'environnement, et le Conseil a approuvé la convention sur la diversité biologique (CDB) au nom de l'Union (120). La réforme de la PAC de 2003 encourage la biodiversité par les techniques déjà examinées que sont le paiement unique découplé, la conditionnalité et la modulation. La conditionnalité en particulier joue un rôle central en subordonnant le versement des aides au respect de certaines exigences réglementaires comme celles qui résultent des deux grandes directives emblématiques en matière de biodiversité que sont la directive « Oiseaux » (121) et la directive « Habitats » (122). De surcroît, les États membres ont l'obligation de définir pour les terres agricoles des exigences minimales portant sur les bonnes conditions agricoles et environnementales, en tenant compte d'un cadre général (123), et notamment « des caractéristiques des zones concernées, y compris des conditions pédologiques et climatiques, des modes d'exploitation existants, de l'utilisation des terres, de la rotation des cultures, des pratiques agricoles et de la structure des exploitations » (124).

842 **Mise en œuvre.** Dans le cadre des financements au titre du deuxième pilier, la préservation de la biodiversité est visée à plusieurs reprises : la directive Natura 2000 (habitats), la directive-cadre sur l'eau (125), les actions destinées aux zones défavorisées, ce qui comprend notamment les zones de montagne (126) et les zones « affectées de

(119) Sur cette question, v. Y. Petit, *L'économie verte, un défi pour l'Europe*, coll. « L'actu facile », 2009, La Documentation française – France Info, p. 17 et s.

(120) Décision 93/626/CEE du Conseil du 25 oct. 1993, *JOCE L* 309, 13 déc. 1993, concernant la conclusion de la convention sur la diversité biologique.

(121) Art. 3, paragraphe 1 et paragraphe 2, point b), art. 4, paragraphe 1, 2 et 4, et article 5, points a), b) et d) de la dir. n° 79/409/CEE du Conseil du 2 avr. 1979, *JOCE L* 103, 25 avr. 1979, concernant la conservation des oiseaux sauvages.

(122) Art. 6 et 13, paragraphe 1, point a) de la dir. n° 92/43/CEE du Conseil du 21 mai 1992, *JOCE L* 206, 22 juill. 1992, concernant la conservation des habitats naturels ainsi que de la faune et de la flore sauvage.

(123) Règlement (CE) n° 73/2009, annexe III.

(124) Règlement (CE) n° 73/2009, art. 6.

(125) Dir. 2000/60 du Parlement européen et du Conseil du 23 oct. 2000, *JOCE L* 327, 22 déc. 2000, établissant un cadre pour une politique communautaire dans le domaine de l'eau (l'article 50-5 du dir. n° 1698/2005 prévoit expressément que les zones agricoles Natura 2000 et les zones agricoles incluses dans les plans de gestion des bassins hydrographiques au sens de la dir.-cadre sont concernées) ; v. Y. Petit, Rubrique « Environnement », *Rép. Dalloz droit communautaire*, préc., n°s 230 et s.

(126) V. article 50-2 du règlement n° 1698/2005. Les zones situées au nord du soixante-deuxième parallèle et certaines zones adjacentes sont assimilées aux zones de montagne.

handicaps spécifiques » (127). Ces actions relèvent de l'axe 2 « amélioration de l'environnement et de l'espace rural » (v. *infra*, n° 846). Le règlement n° 1698/2005 prévoit également la possibilité de concentrer une partie des soutiens financiers de la politique de développement rural sur les « zones affectées de handicaps naturels importants, notamment une faible productivité des sols ou des conditions climatiques difficiles, dans lesquelles il importe de maintenir une agriculture extensive pour la gestion des terres (...) » (128).

Au titre de l'axe 1 « Amélioration de la compétitivité des secteurs agricole et forestier », se dégage le concept *d'agriculture à haute valeur naturelle*, qui, apparu pour la première fois au début des années 1990, recouvre les types d'activités et de terres agricoles qui, par leurs caractéristiques, sont susceptibles d'abriter des niveaux élevés de biodiversité et/ou des espèces et habitats dont le statut de conservation est préoccupant. L'élevage extensif apparaît ainsi comme « la forme d'agriculture la plus précieuse pour la conservation de la biodiversité dans toute l'Europe ».

§ 3. LE CONTENU DE LA POLITIQUE DE DÉVELOPPEMENT RURAL

843 **Développement progressif.** La réforme du premier pilier de la PAC en 2003 s'est accompagnée d'une réforme d'ampleur égale de la politique de développement rural en 2005 (129), pour la durée du cadre financier pluriannuel 2007-2013. L'agriculture s'inscrit dorénavant dans le cadre de ces prévisions financières à moyen terme, fixées périodiquement à échéance de cinq, six ou sept ans. Les perspectives financières pluriannuelles (PFP), devenues dans la pratique puis dans le traité de Lisbonne (art. 312 du TFUE) le cadre financier pluriannuel de l'Union, permettent de couvrir le coût des principales politiques de l'Union et notamment de la PAC et de la cohésion économique et sociale (130). Le développement rural constitue une des articulations principales de ces PFP. En vue de la préparation de la période 2007-2013, une conférence des États membres s'est tenue à Salzbourg en novembre 2003 qui a permis de dégager une vision globale de l'agriculture européenne pour les prochaines décennies fondée plus particulièrement sur la multifonctionnalité, sur la préservation de l'environnement naturel et le développement rural (131).

Sur ces bases et anticipant même sur les nouvelles PFP 2007-2013 (132), le règlement n° 1698/2005 du 20 septembre 2005 (133) détermine le régime juridique de la politique de développement rural pour la période considérée et instaure à cette fin un

(127) Elles sont définies par l'article 50-3, lettre b) du règlement (CE) n° 1698/2005 comme des zones « dans lesquelles le maintien de la gestion des terres est nécessaire pour assurer la conservation et l'amélioration de l'environnement, l'entretien de l'espace rural, la préservation du potentiel touristique, ou pour des motifs de protection côtière ».

(128) Règl. n° 1698/2005, préc., article 50-3, lettre a). Ces zones sont qualifiées de zones défavorisées intermédiaires.

(129) Règlement (CE) n° 1698/2005, préc.

(130) Qui absorbent à elles deux environ 80 % de l'ensemble des dotations budgétaires de l'Union.

(131) G. Rochdi, « PAC, politique de développement rural », *Juris-Classeur Europe* vol. 4, fasc. 1344, 2008.

(132) Accord interinstitutionnel du 17 mai 2006 *JOUE* C 139, 14 juin 2006.

(133) *JOUE* L 277, 21 oct. 2005.

nouveau fonds budgétaire – le FEADER – en remplacement du FEOGA-orientation. Celui-ci abroge le règlement n° 1257/1999 du 17 mai 1999 (134) à compter du 1er janvier 2007, tout en laissant subsister celui-ci pour certaines actions dans le domaine de l'agriculture de montagne et des zones défavorisées ainsi que plus globalement pour les actions mises en œuvre par la Commission sous l'empire du régime antérieur.

844 **Principes de base**. La continuité prédomine aussi en ce qui concerne les principes généraux de l'action de l'Union puisqu'on retrouve les principes adoptés en 1999 dans le cadre de l'agenda 2000 (135). Certains caractérisent d'ailleurs le développement rural depuis ses origines : particulièrement les principes *d'additionnalité*, selon lequel l'action de l'Union s'ajoute à celle des États membres et ne la remplace pas, de *cohérence*, selon lequel l'action de l'Union doit tenir compte du pilier OCM et de l'ensemble des politiques de l'Union, de *subsidiarité* puisque depuis l'origine le développement rural relève de la compétence partagée, de *partenariat* qui signifie que les collectivités infra-étatiques doivent être associées à l'élaboration et à la gestion des plans de développement rural.

Les textes de 1999 avaient innové en instituant quatre principes nouveaux, assez voisins au demeurant de ceux qui ont cours dans la politique de cohésion économique, sociale et territoriale. Au premier rang de ces principes figure celui de *codification*, puisque le règlement n° 1257/99 se substitue à une dizaine de règlements préexistants. La codification s'accompagne de la *simplification* puisque la législation antérieure se voit singulièrement allégée, avec en contrepartie un rôle accru pour le comité des structures agricoles et du développement rural, qui s'apparente à un comité de gestion. La *flexibilité* constitue un troisième principe de base, en ce sens que le règlement précité propose un panel d'actions parmi lesquelles les États membres peuvent exercer une liberté de choix. Enfin le principe de *décentralisation*, qui anime l'ensemble de la réforme de l'agenda 2000 confère aux États membres des pouvoirs importants dans la gestion des actions structurelles.

845 **Orientations stratégiques**. Selon l'article 9-1, deuxième alinéa, du règlement n° 1698/2005, les orientations stratégiques « fixent au niveau communautaire les priorités stratégiques en matière de développement rural en vue de la mise en œuvre de chacun des axes définis par le présent règlement pour la période de programmation ». Dans une décision 2006/144/CE du 20 février 2006 (136) le Conseil a identifié six priorités stratégiques pour la période de programmation 2007-2013, en énonçant pour chacune d'entre elles des actions clés indicatives Ces six priorités doivent être intégrées dans les plans stratégiques nationaux des États membres et dans les programmes de développement rural (v. *infra*, n° 848).

La priorité n° 1 s'intitule « Amélioration de la compétitivité des secteurs agricole et forestier ». Elle prévoit que les ressources de l'Union doivent contribuer à renforcer et à dynamiser le secteur agroalimentaire européen en se concentrant sur les priorités du transfert de connaissances de la modernisation, de l'innovation et de la qualité dans la chaîne alimentaire, et sur les secteurs prioritaires pour l'investissement dans le capital physique et humain. La priorité n° 2 « Amélioration de l'environnement et du paysage » prévoit de protéger et d'améliorer les ressources naturelles et les paysages

(134) *JOCE* L 160, 26 juin 1999.
(135) Règlement n° 1257/99 du 17 mai 1999 préc.
(136) *JOUE* L 55, 25 févr. 2006.

des zones rurales de l'Union. Sont particulièrement pointés la biodiversité, l'eau et le changement climatique. La priorité n° 3 « Amélioration de la qualité de la vie dans les zones rurales et encouragement de la diversification de l'économie rurale » concerne l'emploi et la croissance dans les zones rurales, la formation, le développement de l'esprit d'entreprise. Il incombe également de tenir compte des besoins particuliers des femmes, des jeunes et des travailleurs plus âgés.

La priorité n° 4 concerne la « Constitution de capacités locales pour l'emploi et la diversification ». La priorité n° 5 « Garantir la cohérence de la programmation » prévoit que, lors de l'élaboration de leur stratégie nationale, les États membres doivent veiller à optimiser les synergies entre les axes et à l'intérieur de ceux-ci, dans le but d'éviter d'éventuelles contradictions. Enfin, la priorité n° 6 « Complémentarité entre les instruments communautaires » a pour but d'encourager les synergies entre les politiques structurelles, les politiques de l'emploi et les politiques de développement rural. Les États membres doivent ainsi veiller à la complémentarité et à la cohérence territoriale et multisectorielle des actions dont le financement relève en principe du Fonds européen de développement régional (FEDER), du Fonds social européen (FSE), du Fonds de cohésion (137), du Fonds européen pour la pêche (138), et du FEADER.

846 **Objectifs.** Sur la base des orientations stratégiques, le règlement n° 1698/2005 définit quatre objectifs ou axes principaux y compris le programme LEADER. Le premier axe porte sur l'amélioration de la compétitivité des secteurs agricole et forestier. Il se décompose en trois branches. En premier lieu l'amélioration du potentiel humain, avec des actions déjà expérimentées (information et formation professionnelle, préretraite, soutien aux jeunes agriculteurs, etc.) en second lieu la restructuration du potentiel de production (modernisation des exploitations grâce à l'utilisation de nouvelles technologies, amélioration et développement des infrastructures, reconstitution du potentiel de production endommagé par des catastrophes naturelles, etc.) enfin des mesures en faveur de la qualité de la production et des produits, ce qui permet d'assurer une aide communautaire à des producteurs qui s'engagent dans des programmes communautaire ou nationaux de qualité des produits (v. *infra*, n° 857).

Le deuxième axe concerne l'environnement et l'espace rural au travers d'aides visant à compenser les handicaps naturels, la mise en œuvre du programme *Natura*, le bien-être des animaux, l'agriculture biologique, la préservation des paysages cultivés et des forêts. Le troisième axe porte sur l'amélioration de la qualité de la vie en milieu rural et la diversification vers des activités non agricoles, la promotion d'activités touristiques, l'encouragement à l'entrée des femmes sur le milieu de travail, etc. Le dernier axe consiste dans la reprise du programme LEADER (actions propres de la Commission dans le cadre de la cohésion économique et sociale visant au développement des régions rurales en difficulté). Il vise surtout à promouvoir des stratégies innovantes de développement local.

847 **Financement.** Le règlement n° 1290/2005 du 21 juin 2005 (139) établit les règles de financement du développement rural pour la période 2007-2013 et instaure à cette fin un

(137) Ces trois fonds sont les fonds structurels finançant les trois objectifs de la politique de cohésion pendant la période de programmation 2007-2013.

(138) Le Fonds européen pour la pêche (FEP) est un nouvel instrument financier autonome. Il s'est substitué à l'IFOP (Instrument financier d'orientation de la pêche) qui relevait de la politique régionale.

(139) *JOUE* L 209, 11 août 2005.

nouveau fonds financier dénommé le fonds européen agricole pour le développement rural (FEADER) qui se substitue à l'ancien FEOGA-orientation (140). Ce FEADER permet d'entrée de jeu une certaine simplification puisque dorénavant celui-ci devra financer l'ensemble des actions de développement rural alors qu'antérieurement et pour des raisons purement financières, certaines actions se voyaient prises en charge par la section garantie. Les liens avec la cohésion économique et sociale ne sont pas pour autant rompus car non seulement le Feader semble devoir soutenir des actions qui relèvent tout autant du développement territorial en général que rural en particulier mais également car le FEADER dans son fonctionnement reprend le principe du cofinancement. Ainsi la dotation globale fait-elle l'objet d'une première répartition entre les États membres (141). De la même manière, la part de l'Union varie-t-elle en fonction des axes de développement pré-étudiés : entre 50 et 75 % pour les axes 1 et 3, entre 55 et 80 % pour les axes 2 et 4 (LEADER). Au total, le Feader, dans le cadre financier pluriannuel 2007-2013 reçoit une dotation annuelle d'environ 13,7 milliards d'euros par an. De surcroît les dépenses de développement rural sont exonérées du principe de la discipline budgétaire qui ne s'applique qu'au premier pilier de la PAC.

848 **Mise en œuvre.** Conformément au principe de subsidiarité, la mise en œuvre concrète des actions de développement rural relève des États membres. Il appartient à chacun d'entre eux d'élaborer des plans stratégiques nationaux dans lesquels ils arrêtent leurs priorités d'action en fonction des objectifs de l'Union. Chaque plan stratégique national comporte une évaluation de la situation économique, sociale et environnementale et des possibilités de développement, la présentation des priorités thématiques et territoriales en matière de développement rural pour chacun des quatre axes ainsi qu'une liste des programmes de développement rural mettant en œuvre le plan stratégique national. Le plan français a été approuvé par la Commission le 19 juillet 2007.

La concrétisation des plans stratégiques nationaux s'opère ensuite par le biais de programmes de développement rural (PDR). Chaque programme de développement rural couvre une période comprise entre le 1er janvier 2007 et le 31 décembre 2013. L'État membre peut présenter soit un programme unique couvrant tout son territoire, soit une série de programmes régionaux. Les États membres ayant opté pour les programmes régionaux peuvent aussi présenter un cadre national contenant les éléments communs de ces programmes. Tout programme de développement rural comporte une analyse de la situation mettant en évidence les points forts et les points faibles, la stratégie retenue pour y faire face. Le PDR prévoit aussi une justification des priorités retenues au regard des orientations stratégiques de l'Union et du plan stratégique national ainsi que des informations sur les mesures proposées pour chaque axe de même que leur description, sans oublier un plan de financement complet.

(140) Pour sa part le FEOGA-garantie est remplacé par le FEAGA (fonds européen agricole de garantie).

(141) Décision n° 2006/236 de la Commission du 12 sept. 2006, *JOUE* L 261, 22 sept. 2006.

SECTION IV RÈGLES DE COMMERCIALISATION ET DE QUALITÉ DES PRODUITS

849 En tant que produits naturels, les problèmes de qualité des produits agricoles ne se sont posés qu'assez récemment en droit de l'Union. Plusieurs préoccupations ont projeté le problème au premier plan. Tout d'abord, pour ce qui concerne l'alimentation humaine, le souci d'offrir des produits plus sophistiqués permettant de lutter contre la surproduction s'est fait jour parallèlement à l'ouverture du marché unique européen (§ 1). S'agissant de la santé animale, ce sont les crises liées à l'alimentation des bovins et autres produits animaux qui ont conduit à adopter des mesures souvent drastiques (142) (§ 2).

§ 1. ALIMENTATION HUMAINE ET QUALITÉ DES PRODUITS

850 Pendant longtemps, en droit agro-alimentaire de l'Union, commercialisation et qualité ont coïncidé. Il s'agissait en réalité d'offrir aux consommateurs des produits sains, sûrs et sans danger pour la santé humaine ou animale. On parle alors de qualité objective (A). L'idée d'une qualité entendue d'une manière plus subjective, mettant en évidence le goût, les propriétés et les qualités organoleptiques d'un produit, ne se dessine que plus récemment. C'est la crise de surproduction, les difficultés d'écoulement sur le marché, sans oublier l'ouverture du marché intérieur qui expliquent cette évolution. Celle-ci atteindra son point culminant en juillet 1992 avec l'adoption de deux règlements du 14 juillet 1992 (143) abrogés et complétés par ceux plus récents du 20 mars 2006 (144) instituant les régimes d'appellation d'origine protégée (AOP) et d'indications géographiques protégées (IGP) d'une part et les attestations de spécificité ou spécialités traditionnelles garanties (STG) d'autre part. Textes au demeurant non figés puisque des réformes se dessinent aussi dans ce secteur comme l'annonce une communication de la Commission du 28 mai 2009 sur la politique de qualité des produits agricoles (145) (B).

A. De la commercialisation à la qualité

851 **Prémices de l'action qualitative.** Dans un certain nombre de secteurs agricoles – essentiellement fruits et légumes (146), produits de la pêche et plantes vivantes – le législateur européen a déterminé des normes dites de qualité et de commercialisation qui reposent sur un classement des produits en plusieurs catégories (extra, I, II, III) correspondant à des règles particulières de marquage, emballage, poids, taille, condi-

(142) Sur l'ensemble de la question : D. Bianchi, « Politique agricole commune Régime juridique des produits agro-alimentaires », *Juris-Classeur Europe*, vol. IV, fasc. n° 1326, 2010.

(143) N° 2081 et 2082/92, *JOCE* L 208, 24 juill. 1992.

(144) Règlements n° 509/2006 pour les attestations de spécificité et 510/2006 du 20 mars 2006 pour les AOP-IGP, *JOUE* L 93, 31 mars 2006.

(145) COM (2009) 234 ; *RDUE* 2/2009, note A. Mattera, p. 318.

(146) À propos de la dénomination « échalote » : CJCE, 10 janv. 2006, *De Groot en Slot Allium*, aff. C-147/04, *Rec.* I-245.

tionnement, etc. Le classement dans une catégorie a des incidences sur les mesures d'intervention. Seuls, en effet, les produits de qualité supérieure (extra, I) peuvent bénéficier des mécanismes d'intervention, obtenir des restitutions à l'exportation ou réciproquement être importés dans l'Union (147).

Dans ces mêmes secteurs, des groupements de producteurs (coopératives, syndicats professionnels ou interprofessionnels) jouent un rôle de tout premier plan dans le contrôle des normes de commercialisation. Incompétents pour les fixer (148) ils doivent les faire respecter par leurs adhérents à l'occasion des opérations de retrait, qui tiennent souvent lieu, dans ces secteurs, de mesures d'intervention. De plus, les groupements de producteurs jouent un rôle d'information et de conseil sur les normes, et plus largement ils doivent inciter leurs membres à une politique de qualité.

852 **Développements législatifs et jurisprudentiels.** L'idée d'une politique qualitative au niveau européen prend corps à la fin des années soixante, avec l'adoption d'un programme d'harmonisation des législations nationales concernant la composition de certains aliments, tels le chocolat et les produits du cacao (149). Ces produits auraient pu porter un label européen « Eur » et bénéficier pleinement de la libre circulation, mais pour l'essentiel, cette première tentative se solda par un échec.

Délaissant la voie législative, l'idée réapparaît dans la jurisprudence, au travers des principes d'équivalence et de reconnaissance mutuelle issus de l'affaire des *Cassis de Dijon* (150). Ces principes poussent forcément à une certaine banalisation des produits. De plus, se pose avec acuité la question des contrefaçons et usurpations de dénomination, objectivement facilitées par la libre circulation. Certes, la Cour avait pu parer au plus pressé en voyant dans certaines appellations d'origine protégées par les États des formes de « propriété industrielle et commerciale » (151) au sens de l'ex-article 30 CE (devenu 36 TFUE) (152). Mais ni celui-ci, ni les exigences impératives d'intérêt général n'offrent une protection suffisante en la matière, notamment parce qu'ils ne permettent pas à un État de se protéger au-delà de ses propres frontières.

853 **Agriculture biologique.** Finalement, sous la pression conjuguée de l'ouverture complète du marché intérieur, de la nécessité de trouver de nouveaux débouchés pour les producteurs agricoles, la Commission présentait en 1988 et 1989 plusieurs communications en faveur d'une politique de qualité (153). De ce mouvement devait résulter le règlement du 24 juin 1991 sur l'agriculture biologique (154), remplacé récemment par le règlement n° 834/2007 du 28 juin 2007 (155) sur la production biologique de produits agricoles et de denrées alimentaires. Ce texte vise d'une part à préserver l'environnement par l'utilisation de pratiques culturales moins polluantes et d'autre part à garantir la qualité des produits fabriqués selon ces techniques. Sur le fond, il détermine

(147) Pour les fruits et légumes, règlement n° 1182/2007 du 26 sept. 2007, *JOUE* L 273, 17 oct. 2007.
(148) CJCE, 13 déc. 1983, *Apple and pear development council*, aff. 232/82, *Rec.* 4122.
(149) 28 mai 1969, *JOCE* L 76, 17 juin 1969.
(150) CJCE, 20 févr. 1979, *Rewe-Zentral*, aff. 120/79, *Rec.* 649.
(151) CJCE, 20 févr. 1975, *Sekt*, aff. 12/74, *Rec.* 181.
(152) V. *supra*, n° 575.
(153) « L'avenir du monde rural », COM (88) 501 final ; « Libre circulation des denrées alimentaires », *JOCE* C 271, 24 oct. 1989.
(154) N° 2092/91, *JOCE* L 198 du 22 juill. 1991.
(155) *JOUE* L 89, 20juill. 2007.

les règles de production à respecter. Celles-ci sont particulièrement sévères quant à l'utilisation des fertilisants et des produits phytopharmaceutiques. Dans son volet protection du consommateur, il établit des dispositions contraignantes en ce qui concerne l'étiquetage et la publicité des produits (156). Enfin, les États membres doivent mettre en place des organismes de contrôle tant des producteurs que des produits (157).

Le régime de l'agriculture biologique s'était vu renforcé par un règlement du 24 février 2004 (158). Celui-ci prévoit la protection à l'échelle européenne de certains termes employés pour indiquer aux consommateurs qu'une denrée alimentaire, des aliments pour animaux ou leurs ingrédients ont été obtenus conformément à un mode de production biologique. Le règlement instaure également un système d'inspection pour les opérateurs qui effectuent ou sous-traitent certaines de leurs activités de production, de préparation, de stockage, etc. dans des pays tiers.

B. Consécration de la politique de qualité : les règlements du 20 mars 2006 (159)

1. Caractères généraux des deux textes

854 **Évolution de la réglementation.** En premier lieu, les deux règlements, qui prennent la relève de ceux édictés en 1992, sont fondés juridiquement sur le seul ex-article 37 CE (devenu 43 TFUE), ce qui ne manque pas d'intérêt lorsque l'on observe qu'ils s'appliquent pourtant à un certain nombre de produits qui ne font pas partie de la liste de l'annexe I du traité, et qui confirme l'extension de la PAC à un nombre croissant de produits agro-alimentaires transformés. Réciproquement tous les produits agricoles au sens traditionnel du traité ne relèvent pas nécessairement du champ d'application des règlements de 2006. Il en va ainsi des boissons spiritueuses qui possèdent leur propre réglementation en matière de qualité ou des produits viti-vinicoles en général qui relèvent d'un régime spécifique résultant d'un récent règlement du 29 avril 2008 portant OCM pour ces produits (160). Ce texte se penche comme c'est l'usage pour les produits viti-vinicoles sur la question des dénominations et notamment de celle de VQPRD (vins de qualité produits dans des régions déterminées). Ce type de régime soulève traditionnellement des difficultés pour des dénominations très répandues (tokay par exemple) (161).

En second lieu, les règlements « qualité » s'intègrent dans la politique plus générale de normalisation inaugurée par le livre blanc de la Commission et l'acte unique européen. Il s'agit, en effet, au travers des AOP-IGP et des attestations de spécificité,

(156) CJCE, 14 juill. 2005, *comité andaluz de agricultura ecologica*, aff. C-107/04, *Rec.* I-7137 ; 14 juill. 2005, *Commission c. Espagne*, aff. C-153/03, *Rec.* I-6909.

(157) Le règlement n° 2092/91 a fait l'objet d'une modification par un règlement n° 1804/99 du 19 juill. 1999 (*JOCE* L 222, 24 août 1999) visant à en étendre l'application aux productions animales.

(158) N° 392/2004, *JOUE* L 65, 3 mars 2004.

(159) Règlements n° 509/2006 pour les attestations de spécificité et 510/2006 du 20 mars 2006 pour les AOP-IGP, *JOUE* L 93, 31 mars 2006.

(160) Règlement n° 479/2008, *JOUE* L 148, 6 juin 2008 ; F. Barque, « Le droit communautaire des appellations d'origine et indications géographiques en matière vinicole », *RTDE* 4/2009, p. 743 et s.

(161) Pour un exemple récent : CJCE, 12 mai 2005, *Regione Autonoma Friuli-Venezia Giulia*, aff. C-347/03, *Rec.* I-3785, *Europe* juill. 2005, n° 258, note F. Mariatte.

de reconnaître des spécifications, qui vaudront pour les produits bénéficiaires à la fois authentification de leur qualité et d'autre part brevet absolu de libre circulation. Ils s'inspirent de la nouvelle approche, telle qu'appliquée aux produits agro-alimentaires, c'est-à-dire avec un rôle plus important pour la Commission et la comitologie, en raison de l'inexistence ou de l'insuffisance des organismes professionnels de normalisation dans ce secteur. L'adaptation à la nouvelle décision-cadre comitologie du 28 juin 1999 (162) constitue au demeurant une des raisons de la révision des deux règlements de base en 2006.

Les règlements de 2006 innovent aussi par rapport à leurs prédécesseurs (163) en ce sens qu'il importe de s'adapter aux règles internationales en matière de protection de la propriété intellectuelle telles qu'elles résultent de l'accord ADPIC adopté dans le cadre de l'Organisation mondiale du commerce ainsi que de la jurisprudence de l'organe de règlement des différends de ladite organisation. En conséquence des appellations d'origine reconnues dans des États tiers pourront bénéficier d'une protection dans l'ordre juridique de l'Union. De la même manière il importe de s'adapter au règlement du conseil du 29 avril 2004 relatif (164) au contrôle des denrées alimentaires qui représente un élément fort de la politique de protection des consommateurs.

855 **Effet « structurant ».** Les textes de 1992 comme ceux de 2006 présentent un double intérêt « structurant » dans le cadre de la PAC réformée. D'abord, parce que les producteurs des régions concernées par les labels européens doivent non seulement se regrouper pour présenter des demandes d'homologation de leurs produits, mais il leur faut aussi se soumettre à de strictes disciplines de production, telles que fixées par le cahier des charges du produit labellisé. De leur côté, les États doivent mettre en place des structures pour assurer le contrôle et la bonne application des règlements de l'Union. Il peut s'agir d'organismes publics ou privés, mais agréés par l'État membre et sous sa responsabilité (165).

856 **Utilité des dénominations européennes**. Les labels européens présentent un triple intérêt. En premier lieu, ils offrent aux producteurs ainsi qu'aux consommateurs une protection contre les contrefaçons, usurpations, tromperies, utilisations frauduleuses. Cette protection s'exerce bien sûr devant les juridictions nationales compétentes (166), mais avec possibilité de questions préjudicielles d'interprétation devant le juge de l'Union. Selon la jurisprudence de la Cour, les États membres doivent prévoir des sanctions au moins équivalentes à celles qu'ils appliquent pour des faits ou des situations similaires relevant du droit national (167). En deuxième lieu, au nom du principe de non-discrimination, tous les producteurs individuels de la région considérée peuvent utiliser le label européen, s'ils respectent le cahier des charges. Enfin, en troisième

(162) N° 1999/468, *JOCE* L 184, 17 juill. 1999, elle-même remplacée par le règlement n° 182/2011 du 16 févr. 2011, *JOUE* L 55, 28 févr. 2011.

(163) L. GONZALEZ VAQUE, « Indications géographiques et appellations d'origine : interprétation et mise en œuvre du nouveau règlement n° 510/2006 », *RDUE* 4-2006, p. 795 et s.

(164) N° 882/2004, *JOUE* L 165, 30 avr. 2004.

(165) En France par exemple, l'Institut national des appellations d'origine (INAO).

(166) V. par exemple, CE, 6 oct. 1999, Société Cidreries, 15 oct. 1999, Société Jean d'Auberval et 17 nov. 1999, Union des minotiers de la viande, *Europe* févr. 2000, n° 36, obs. E. SAULNIER.

(167) CJCE, 21 nov. 1989, *Commission c. Grèce*, aff. 68/88, *Rec.* 2979 ; sur ce principe d'équivalence, v. la communication de la Commission, *JOCE* C 147 du 16 juin 1990.

lieu, l'obtention du label permet aux produits bénéficiaires d'éviter de se transformer en dénomination générique, qui, bien qu'autrefois réservée à certains produits déterminés, mais ayant été utilisée très largement, est en quelque sorte tombée dans le domaine public (camembert, gouda, feta (168)).

2. Contenu du régime européen

a) *AOP-IGP et attestations de spécificité*

857 **AOP-IGP.** Le régime des AOP-IGP déborde la notion de produit agricole au sens du traité (ex. : bières, eaux minérales, produits de la boulangerie et de la pâtisserie, etc.) mais ne s'applique pas aux boissons spiritueuses (v. *supra*, n° 854) et met principalement l'accent sur l'origine géographique des produits. Les deux dénominations sont très proches, bien que le lien avec la zone géographique concernée soit beaucoup plus fort dans le cas de l'AOP. En effet, s'agissant de cette dernière, la plus prestigieuse, le lien avec une région, un pays ou un lieu déterminé doit couvrir l'ensemble des opérations de production, transformation et élaboration du produit considéré (169). En revanche, l'IGP se suffit d'une seule de ces opérations économiques. À titre dérogatoire toutefois, le régime de l'AOP peut s'appliquer à certains produits ne répondant pas à l'ensemble des critères requis, si certaines conditions sont remplies et si le produit bénéficie déjà d'une appellation nationale de haut niveau (170).

858 **Procédure.** L'obtention du label obéit à une grande complexité. Au départ, des groupements professionnels présentent un cahier des charges à l'État membre territorialement compétent, exposant les principales caractéristiques du produit (171). Cet État, après vérification de la conformité du dossier à la réglementation de l'Union transmet le cahier des charges à la Commission, qui dispose d'un délai de six mois pour, là encore si les conditions réglementaires sont remplies, procéder à une publication « conservatoire » au *Journal officiel de l'Union européenne*.

À partir de là s'ouvre un nouveau délai de six mois pour permettre à d'autres États – spontanément ou à la demande de producteurs lésés – de formuler des objections. En cas d'objection, la Commission recherche une solution amiable avec l'ensemble des parties intéressées. *In fine*, et au terme de nouveaux délais variables selon les cas de figure, qu'il y ait eu objection ou non, qu'un accord amiable ait été trouvé ou non, la Commission prend la décision finale en publiant la dénomination dans un « registre des appellations d'origine protégée et des indications géographiques protégées » du

(168) CJCE, 16 mars 1999, *Danemark c. Grèce*, aff. C-289, 296, 299/96, *Rec.* I-1541.

(169) Les règlements européens imposent à cet égard des exigences minimales. S'est posée la question de savoir si parmi les opérations devant être obligatoirement effectuées dans la région de production figurait aussi (pour le jambon de Parme) le tranchage à l'emballage du produit. La Cour l'a admis mais au titre d'un examen au regard de la notion de mesure d'effet équivalant à une restriction quantitative à l'exportation, justifiée en l'espèce par les exigences de l'article 30 : CJCE, 20 mai 2003, *Consorzio des Prosciutto di Parma*, aff. C-108/01, *Rec.* I-5121 ; F. Chaltiel, « Les appellations protégées en Europe : renforcement de l'identité des produits et de la transparence de l'information… », *RMCUE* n° 470, juill.-août 2003, p. 454.

(170) CJCE, 25 juin 2002, *Dante Bigi*, aff. C-66/00, *Rec.* I-5917.

(171) L'État membre ne peut se limiter à un contrôle purement formel mais doit se livrer déjà à un précontrôle de fond : CJCE, 6 déc. 2001, *Carl Kühne GmbH*, aff. C-269/99, *Rec.* I-9517.

Journal officiel de l'Union européenne. Cependant s'il y a eu objection et si les tentatives d'accord ont échoué, la Commission ne peut prendre sa décision qu'après avis d'un comité de réglementation (172).

C'est sur le plan procédural que les règlements de 2006 innovent sensiblement par rapport à ceux de 1992. L'idée est de simplifier et de rendre plus transparente la procédure d'attribution des labels. Les cahiers des charges présentés par les organisations professionnelles doivent faire preuve de plus de clarté et mettre en avant les éléments synthétiques. Les procédures d'objections se voient facilitées notamment au profit des associations de défense des consommateurs pour tenir compte de l'amélioration des techniques de production et des goûts du public. Les États membres jouent un rôle plus important au stade préliminaire de l'examen des dossiers avant transmission à la Commission et peuvent percevoir des redevances en contrepartie des services rendus.

859 **Spécialité traditionnelle garantie.** Plus large que celle d'AOP-IGP, la notion d'attestation de spécificité ou spécialité traditionnelle garantie (STG) recouvre un plus grand nombre de produits. Outre ceux de l'annexe I du traité, nombre de produits agro-alimentaires sont visés (bières, pâtes alimentaires, produits de la pâtisserie et confiserie, plats composés, glaces et sorbets, etc.). Ce domaine plus conséquent s'explique aisément car l'attestation de spécificité s'avère une dénomination moins stricte que les deux autres. Elle ne repose plus sur un critère géographique, mais sur le produit lui-même, plus précisément ses qualités intrinsèques ou son mode particulier de fabrication.

La procédure d'attribution rappelle dans ses grandes lignes celle de l'AOP-IGP. Il appartient aux organisations professionnelles intéressées de présenter des demandes, en s'appuyant là encore sur un cahier des charges, réunissant toutes les données permettant d'identifier le produit. Saisie par l'intermédiaire de l'État géographiquement compétent, la Commission procède à une publication provisoire au *Journal officiel de l'Union européenne*. S'ouvre ensuite un délai d'opposition et d'accord amiable de cinq mois. La Commission prend la décision finale, publiée ensuite dans un registre spécial du *Journal officiel*, soit seule, soit après consultation d'un comité de réglementation avec filet, s'il y a eu opposition et absence d'accord amiable. Les améliorations procédurales de 2006 s'appliquent également aux attestations de spécificité.

b) *Mise en œuvre des labels européens*

860 **Structures compétentes.** Bien qu'il s'agît de règlements, et conformément d'ailleurs à des pratiques bien ancrées dans le cadre de la PAC, la mise en œuvre nationale des textes européens ne s'est pas opérée sans douleur. Les États membres ont dû adapter leur législation nationale, ce qui s'est révélé délicat pour ceux d'entre eux qui ne possédaient pas de structures de contrôle préexistantes. Pour la plupart, les ministères nationaux (agriculture, finances ou même santé publique) ont alors été désignés comme autorités nationales, chargées de la gestion et du contrôle des dénominations communes (173). En France, l'Institut national de l'origine et de la qualité (INAO) s'est vu chargé de cette responsabilité.

(172) Au sens de l'article 5 de la nouvelle « décision-cadre comitologie » n° 1999/468 du 28 juin 1999, *JOCE* L 184, 17 juill. 1999, devenu comité d'examen dans le cadre de la nouvelle comitologie issue du traité de Lisbonne : règlement n° 182/2011 du 16 févr. 2011, *JOUE* L 55, 28 févr. 2011.

(173) Décret n° 2007/30 du 5 janv. 2007, *JORF* 7 janv. 2007, p. 400.

861 **Établissement des listes. Bilan global.** Au plan européen, la Commission s'est entourée d'un comité d'experts indépendants pour l'assister dans l'exercice de ses fonctions. Mais la principale difficulté a tenu aux divergences entre les États membres sur l'établissement de la liste des AOP-IGP, et plus particulièrement sur l'éventuelle inclusion parmi celles-ci de certains produits d'origine précise, mais copiés ou fabriqués depuis longtemps dans de nombreux autres pays. Appellations protégées ou dénominations génériques, telle était la question que posaient des produits aussi célèbres mais également aussi courants que le jambon de Parme ou la fêta grecque. Au bout du compte, en juin et juillet 1996, deux premières listes d'AOP-IGP ont pu être publiées (174) recouvrant 382 produits dont 98 appartenant au terroir français. À la veille de la réforme de 2006, la Commission faisait état d'un bilan de plus de 700 dénominations (150 fromages, 160 viandes et produits à base de viande, 150 fruits et légumes frais ou transformés) pour les AOP-IGP et plus modestement de 15 dénominations pour les attestations de spécificité.

862 **Cas particuliers.** La feta grecque a donné lieu à des rebondissements tant sur le plan jurisprudentiel (175) que législatif. Retenue dans la liste des appellations d'origine protégée par la Commission, la Cour de justice a rejeté cette qualification en raison de son utilisation largement répandue dans de nombreux pays (176). En conséquence, la feta grecque s'est vue versée dans la catégorie des dénominations génériques qui ne bénéficient d'aucune protection spécifique. La Commission a pris acte de l'arrêt de la Cour en retirant ce produit de la liste des AOP-IGP (177). Néanmoins sous la pression de la Grèce, la Commission s'est ravisée et a décidé de ranger à nouveau la fêta dans la liste des appellations d'origine protégée (178). Saisie à nouveau par l'Allemagne et le Danemark, la Cour de justice va cette fois-ci donner satisfaction à la Grèce et consacrer la qualité d'AOP de la feta (179). La Cour explique ce revirement par la nouvelle législation grecque qui délimite clairement l'aire géographique de production de la feta. Les conditions administratives posées par les textes de 1992 sont également respectées. Quant à l'argument de la dénomination générique qui avait pourtant emporté sa conviction en 1999, la Cour relève que dans l'esprit de la plupart des autres pays producteurs et consommateurs de feta, ce produit demeure malgré tout attaché à l'image et à la culture de la Grèce.

Dans le même ordre d'idées, la Cour a jugé plus récemment que le parmesan ne constituait pas comme le prétendait l'Allemagne une dénomination générique. L'emploi de dénominations différentes (parmesan d'une part, *parmeggiano* d'autre part) ne suffit pas aux yeux des consommateurs à bien différencier les produits d'autant qu'elles

(174) Règlement n° 1107/96 du 12 juin 1996, *JOCE* L 148, 21 juin 1996 et règlement n° 1263/96 du 1er juill. 1996, *JOCE* L 163, 2 juill. 1996.

(175) Sur l'ensemble de la question : F. Capelli, « La jurisprudence de la Cour de justice en matière de qualité des produits alimentaires », *RMCUE* n° 547, avr. 2011, p. 247 et s.

(176) CJCE, 16 mars 1999, *Danemark c. Commission*, aff. C-289, 293 et 299/96, *Rec.* I-1541, *Europe* mai 1999, n° 180, obs. A. Rigaux et D. Simon.

(177) Règlement n° 1070/1999 du 25 mai 1999, *JOCE* L130, 26 mai 1999.

(178) Règlement n° 1829/2002 du 14 oct. 2002, *JOCE* L 277, 15 oct. 2002.

(179) CJCE, 25 oct. 2005, *Allemagne et Danemark c. Grèce*, aff. C-465 et 466/02, *Rec.* I-9115.

sont phonétiquement très proches. Par ailleurs, les critères d'une dénomination générique ne sont pas réunis, ce qu'il appartient en principe à l'Allemagne d'établir (180).

863 **Labels européens et nationaux.** Demeure incomplètement résolue la question de l'articulation entre la législation de l'Union et celles des États membres (181). Les anciens labels nationaux ou ceux qui pourraient être institués, disparaissent-ils ou doivent-ils se couler dans le régime européen ? Le problème se pose particulièrement pour la France, qui a grandement inspiré la législation de l'Union. En effet, les règlements de 1992 comme ceux de 2006 reprennent pour une bonne part le régime français des appellations d'origine contrôlée (AOC) et celui des labels et certificats de conformité. Les lois du 3 janvier 1994 (182) et du 9 juillet 1999 (183) dessinent une situation assez compliquée dans laquelle le régime des AOC demeure relativement autonome par rapport à celui de AOP, en revanche, l'attribution de la dénomination IGP paraît réservée aux seuls produits ayant obtenu un label ou une certification de conformité au sens français du terme (184).

La Cour de justice n'a pas manqué d'apporter une contribution décisive à ce débat (185). Sur demande de la Cour de cassation française, elle a précisé que l'indication « montagne », instituée par une loi du 9 janvier 1985 et un décret du 26 février 1988 s'avérait beaucoup trop éloignée des conditions tant substantielles que procédurales posées par le règlement n° 2081/92 sur les AOP-IGP, pour soit s'y soumettre soit disparaître. Les États membres peuvent donc maintenir ces appellations nationales dès lors qu'elles ne prétendent pas bénéficier du régime européen (186). Cependant, pour éviter un retour au protectionnisme déguisé, la Cour a su faire preuve d'habileté, en considérant qu'une appellation aussi générale que « montagne » ne peut être réservée aux seuls produits nationaux, d'autant que l'excuse tirée de la protection de la propriété industrielle et commerciale au sens de l'ex-article 30 CE (devenu 36 TFUE) n'est pas acceptable. Par conséquent, et sauf à tomber sous le coup de l'ex-article 28 CE (devenu 30 TFUE) les produits étrangers remplissant les conditions fixées par la législation nationale doivent également en bénéficier (187).

§ 2. L'ALIMENTATION ANIMALE

864 **Cadre général.** Ce secteur constitue un bon exemple des règles spécifiques qui s'appliquent aux produits agricoles et alimentaires, pour lesquelles l'harmonisation législative est plus poussée que pour les produits industriels et dans

(180) CJCE, 26 févr. 2008, *Commission c. Allemagne*, aff. C-132/05, *Rec.* I.-957, note D. Simon, *Europe* avr. 2008, n° 116.

(181) F. Gencarelli, « Les signes distinctifs de qualité dans le secteur agro-alimentaire et les exigences du droit communautaire », *RDUE* 4-2005, p. 761 et s.

(182) N° 94-2 *JORF* 4 janv. 1994, p. 131.

(183) Loi n° 99-574 d'orientation agricole *JORF* 10 juill. 1999, p. 10231.

(184) D. Rochard, « Qualité, identification et sécurité des produits », *Rev. droit rural* juin-juill. 1999, p. 369.

(185) 7 mai 1997, *Jacques Pistre et autres*, aff. C-321 à 324/94, *Rec.* I.-2343.

(186) D. Rochard, note sur l'arrêt *Pistre, RTDE* 1998, p. 237.

(187) Ce que confirme le décret n° 2000-1231 du 15 déc. 2000 (*JORF*, 17 déc. 2000, p. 20108) qui, pris en application de la loi d'orientation agricole préc., met en conformité le droit français avec le droit communautaire quant à la dénomination « montagne ». V. aussi décret n° 2007-30 du 5 janv. 2007, *JORF* 7 janv. 2007, p. 400.

l'application et le contrôle desquelles la Commission joue un rôle plus actif avec le concours des représentants des États, au travers des procédures de comitologie.

Cependant outre ses aspects purement techniques, indépendamment aussi du problème de la base juridique résultant à la suite du traité d'Amsterdam de la concurrence entre les articles 43 et 168 TFUE, l'alimentation animale est sortie de l'anonymat en raison des problèmes de santé publique et de protection des consommateurs qu'elle suscite depuis quelques années. L'alimentation animale en effet a donné lieu à des affaires récentes et retentissantes dans lesquelles l'aspect pathologique se trouve au premier plan. Elle devient ainsi une des composantes de la sécurité alimentaire de l'Union (188).

A. Législation générale et contrôles

865 **Hygiène des aliments.** Un règlement du 12 janvier 2005 (189) établit des règles en matière d'hygiène des aliments pour animaux ainsi qu'en matière de traçabilité, d'enregistrement et d'agrément des établissements dans le secteur de l'alimentation animale. Ce texte s'applique aussi bien aux produits d'alimentation animale fabriqués dans l'Union européenne qu'importés de pays tiers. Il vise à renforcer la responsabilité tant des industriels de l'alimentation animale que des agriculteurs eux-mêmes qui doivent s'assurer que les contrôles prévus par la réglementation européenne et nationale sont respectés. L'objectif est de tendre vers le risque minimal en vue d'éviter la contamination d'animaux et ensuite de denrées alimentaires à destination humaine. Les aliments importés de pays tiers doivent établir un niveau de protection au moins équivalent. Le règlement fixe également des exigences minimales en ce qui concerne le transport, l'entreposage, la manutention et la livraison de produits de base.

866 **Contrôles.** Le corpus normatif de base en la matière est constitué par une directive du 2 avril 1979 (190) relative à la commercialisation des aliments composés pour animaux et celle du 30 avril 1996 relative à la circulation des matières premières pour aliments des animaux en vue d'en améliorer la traçabilité (191). Pour sa part, une directive du 14 décembre 2000 se préoccupe des principes en matière d'organisation des contrôles officiels (192).

Suite à l'affaire de la vache folle et aux difficultés résultant des produits d'alimentation des animaux, le législateur de l'Union se fondant notamment sur l'ex-article 152 CE (devenu 168 TFUE) a adopté le 29 avril 2004 un règlement (193) relatif aux contrôles officiels effectués pour s'assurer de la conformité des produits d'alimentation animale avec les textes en matière de législation alimentaire, de santé animale et de

(188) Sur l'ensemble de la question : N. Valdeyron, *in* C. Blumann (dir.), M. Blanquet, D. Charles Le Bihan, A. Cudennec, C. Mestre, Y. Petit, N. Valdeyron, *Politique agricole commune et politique de la pêche*, *Commentaire Mégret*, Éditions de l'Université de Bruxelles, 3e éd., 2011, p. 317 et s.

(189) No 183/2005, *JOUE* L 35, 8 févr. 2005.

(190) No 79/373, *JOCE* L 86, 6 avr. 1979.

(191) No 96/25, *JOCE* L 125, 23 mai 1996.

(192) No 2000/77, *JOCE* L 333, 29 déc. 2000.

(193) No 882/2004, *JOUE* L 165, 30 avr. 2004 ; v. aussi règlements no 853 et 854/2004 du 29 avr. 2004 fixant des règles d'hygiène et de contrôle sur les denrées alimentaires d'origine animale, *JOUE* L 139, 30 avr. 2004.

bien-être des animaux. Ce texte établit les règles générales applicables à la réalisation des contrôles officiels en pointant tout particulièrement les risques pour l'environnement et la santé humaine. Il importe au travers de ces contrôles de réduire ces risques à un niveau acceptable tout en garantissant des pratiques commerciales loyales. L'intérêt des consommateurs vient également au premier plan des préoccupations notamment eu égard aux règles d'étiquetage des denrées alimentaires et aliments pour animaux.

Les contrôles s'effectuent à tous les stades de la chaîne de production et de commercialisation. L'accent est mis notamment sur la responsabilité et la formation du personnel chargé de ces contrôles. Un regard très attentif doit également être porté sur les produits en provenance de pays tiers et le règlement n° 882/2004 prévoit à cette fin des procédures de contrôle identiques dans l'Union européenne (194). Le financement de ces contrôles doit s'opérer selon des taux et des barèmes harmonisés de façon à ne pas enfreindre le principe de proportionnalité et ne pas tomber sous le coup de la qualification de taxes d'effet équivalent.

B. Substances hormonales

867 **Polémiques et contentieux.** L'harmonisation en matières de substances hormonales a provoqué de nombreuses polémiques. L'administration de ces substances (hormonales ou thyréostatiques) stimule certes la croissance des animaux d'exploitation, mais les résidus qui résultent de leur absorption comportent des risques pour la santé humaine, notamment pour les enfants et les personnes âgées. Cependant sous la pression des États-Unis relayés par la Grande-Bretagne, qui utilisent largement cette technique et la considèrent inoffensive, le Conseil préféra dans un premier temps s'en tenir seulement à l'interdiction de certaines de ces substances (195). Puis, à la suite de mouvements importants d'associations de consommateurs, soutenues par certains États membres comme l'Allemagne et le Danemark, il se résolut par une directive du 31 décembre 1985 (196) à interdire à compter du 1er janvier 1988 l'ensemble des hormones naturelles et artificielles dans l'alimentation du bétail.

Outre des complications politiques, cette mesure provoqua un contentieux important devant la Cour de justice (197) qui se solda par le rejet, du moins sur le fond, de la thèse américano-britannique, par la reconnaissance du droit pour le législateur de l'Union de procéder par voie d'interdiction dans ce secteur, et sur un plan plus général par la confirmation d'un régime propre à l'agriculture, comme base juridique suffisante pour l'harmonisation des législations en matière de produits agricoles et agro-alimentaires. Le juge ayant annulé la directive pour des raisons de pure forme, le Conseil devait adopter un nouveau texte le 7 mars 1988 (198) mais dont le contenu s'avère très voisin de son prédécesseur.

(194) Décision 2007/275 de la Commission du 17 avr. 2007 relative aux listes des animaux et des produits devant faire l'objet de contrôles aux postes d'inspection frontaliers, *JOUE* L 116, 4 mai 2007.

(195) Dir. 81/602 du 31 juill. 1981, *JOCE* L 222, 7 août 1981.

(196) N° 85/649, *JOCE* L 382, 31 déc. 1985.

(197) 23 févr. 1988, *Royaume-Uni c. Conseil*, aff. 68/86, *Rec.* 855 ; note C. BLUMANN, *Rev. droit rural* 1988, p. 507.

(198) Dir. n° 88/146, *JOCE* L 70, 16 mars 1988.

868 **Contenu de la réglementation.** La directive n° 88/146, remplacée aujourd'hui par la directive n° 96/22 du 29 avril 1996 (199) modifiée par la directive n° 2008/97 du 19 novembre 2008 (200) pose le principe de l'interdiction générale de l'usage des substances à effet thyréostatique, oestrogène, androgène ou gestagène sur les animaux d'exploitation. Elle retient cependant deux séries de dérogations : l'administration d'hormones peut être autorisée par les États membres dans un but thérapeutique par un vétérinaire et dans un but identifié, indépendant de toute idée d'engraissement. La seconde hypothèse prévue concerne l'utilisation d'hormones afin de faciliter le cycle de la reproduction, qu'elle soit naturelle ou sous forme d'insémination artificielle. La réglementation européenne comporte également un aspect externe, puisque les États membres ont l'obligation d'interdire l'importation de pays tiers et la mise sur le marché des animaux et des viandes auxquels ont été administrées des substances à effet hormonal ou thyréostatique.

De plus, le commerce d'hormones sexuelles (oestrogènes, androgènes) est strictement réglementé. Les entreprises qui produisent ces substances doivent tenir un registre détaillé des quantités qu'elles achètent et qu'elles vendent. Plus largement, la directive du 7 mars 1988 prescrit de réserver l'estampille européenne aux seules viandes provenant d'animaux non traités. Des dispositions spéciales ont été arrêtées pour permettre d'identifier les animaux qui ont fait l'objet d'un traitement thérapeutique à base d'hormones (201).

869 **Contrôles.** Dans le but de garantir le respect des interdictions prévues, une directive du 16 juillet 1985 (202) abrogée et remplacée par la directive n° 96/23 du 29 avril 1996 (203) impose des contrôles obligatoires tout au long de la chaîne de production, de la ferme à l'abattoir. Cette disposition détermine également les analyses à effectuer et les mesures à adopter en cas de résultats positifs. En outre, depuis 1989, une décision du Conseil prévoit la désignation de laboratoires européens de référence pour la recherche de résidus dans les animaux et les viandes (204). Des méthodes d'analyses communes pour la recherche des résidus ont également été arrêtées (205). Enfin un règlement du Conseil du 15 juin 1999 confie à l'agence européenne pour l'évaluation du médicament le traitement des demandes relatives aux limites maximales de résidus de médicaments dans les aliments d'origine animale (206).

870 **Aspects internationaux.** La question des hormones a connu un rebondissement sur le plan international, puisque dans le cadre du GATT/OMC, les États-Unis ont mis en cause la législation européenne jugée faussement protectrice de la santé publique et adoptée à des fins essentiellement protectionnistes. L'organe de règlement des différends (ORD) de l'OMC s'est ainsi vu sollicité, et à deux reprises, une première fois devant un panel (juillet 1997) et une seconde fois en appel (16 janvier 1998), l'Union

(199) *JOCE* L 125, 23 mai 2005.
(200) *JOUE* L 318, 28 nov. 2008.
(201) Dir. n° 88/299 du 17 mai 1988, *JOCE* L 128, 21 mai 1988.
(202) N° 85/358, *JOCE* L 191, 23 juill. 1985.
(203) *JOCE* L 125, 23 mai 1996.
(204) N° 89/187 du 6 mars 1989, *JOCE* L 66, 10 mars 1989.
(205) Décision n° 87/410 de la Commission, *JOCE* L 223, 11 août 1987.
(206) Règlement n° 1308/99, *JOCE* L 156, 23 juin 1999.

a été condamnée. La sentence paraît plus nuancée en appel puisque l'Union, au nom du principe de précaution au demeurant peu pris en compte par les accords de Marrakech, s'est vue reconnaître le droit de fixer à un niveau plus élevé que la moyenne les normes de protection de la santé publique, mais à charge pour elle, dans un délai de dix-huit mois, d'établir la preuve des réels dangers des hormones pour la santé humaine. N'ayant pu apporter une preuve décisive, les États-Unis ont obtenu de l'ORD le droit d'appliquer des sanctions à l'encontre de l'Union européenne, consistant dans la fixation ou l'augmentation de droits de douane sur un certain nombre de produits européens (207).

C. Additifs

871 La question des additifs dans les aliments destinés aux animaux soulève un certain nombre de difficultés, tant en ce qui concerne l'alimentation animale proprement dite et donc la santé humaine que la protection de l'environnement, qui peut être affectée par une contamination des sols résultant des déjections des animaux.

Un règlement n° 1831/2003 du 23 septembre 2003 (208) s'attache à cette question. D'où il ressort que seuls les additifs énumérés en annexe peuvent être intégrés dans les aliments pour animaux. Les additifs susceptibles de figurer sur la « liste européenne » doivent correspondre à un certain nombre de critères : ne présenter aucun danger pour l'homme, l'animal et l'environnement ; ne pas altérer la qualité des produits de l'élevage au détriment des consommateurs ; rendre possible l'exercice de contrôles non seulement au stade de l'animal vivant ou de la viande, mais également au stade de l'aliment lui-même (209). Le règlement prévoit que les substances autorisées doivent être incorporées aux aliments pour animaux et non pas administrés par voie orale ou cutanée. Une procédure de comitologie permet la mise à jour régulière des additifs autorisés (210). Enfin le règlement n° 1831/2003 met en place une procédure d'autorisation de mise en marché des additifs susceptibles d'être utilisés dans l'alimentation animale (211).

D. Substances et produits indésirables : crises alimentaires

872 **Définition.** Les substances et produits indésirables dans les aliments des animaux se distinguent des additifs dans la mesure où ils ne sont pas volontairement ajoutés en vue d'enrichir les caractéristiques des aliments pour animaux, mais présents dans l'aliment soit de façon naturelle soit à la suite de traitements subis.

873 **Contenu de la réglementation.** Une directive du 17 décembre 1973 (212) vise à résoudre ce problème en limitant ou interdisant la présence de substances considé-

(207) Rapport général sur l'activité de l'Union 2000 n° 813 sur les suites de ce contentieux, v. *infra* n° 1471.
(208) *JOUE* L 268, 18 oct. 2003.
(209) Sur l'étendue de l'harmonisation réalisée par ce texte : CJCE, 13 janv. 2005, *Land Nordrhein Westfalen*, aff. C-145/02, *Rec.* I-51.
(210) Dir. n° 91/249 du 16 mai 1991, *JOCE* L 124, 18 mai 1991.
(211) *JOUE* L 268, 18 oct. 2003.
(212) N° 74/63, *JOCE* L 38, 11 févr. 1974.

rées comme dangereuses soit pour la santé de l'animal qui l'absorbe, soit pour celle de l'être humain qui consomme ultérieurement les produits animaux. Parmi les substances réglementées, on relève les métaux lourds (plomb, mercure) ainsi que des résidus de pesticides provenant de végétaux.

Dans le même sens, une directive du 27 novembre 1990 (213) règle la question de l'élimination et de la transformation des déchets animaux, en vue de la destruction des agents pathogènes qu'ils sont susceptibles de contenir et qui peuvent réapparaître dans les aliments pour animaux à partir desquels ils sont fabriqués. Des conditions particulières d'agrément pour les usines de transformation de déchets d'animaux et de fabrique d'aliments pour animaux ont été définies. Les industriels doivent prendre toute mesure pour éviter les contagions microbiennes et effectuer ou faire effectuer régulièrement des contrôles microbiologiques. Une directive du 22 avril 1999 vient codifier l'ensemble de la législation (214). Elle s'est vue renforcée par une directive du 7 mai 2002 (215).

Un règlement du 24 janvier 2005 (216) aborde la question des limites maximales applicables aux résidus des pesticides présents dans les denrées alimentaires et les aliments pour animaux (217). Ce texte, qui entend faciliter les échanges de produits alimentaires à l'intérieur de l'Union et avec les pays tiers, dispose que les limites maximales devront toujours être fixées au niveau européen. Il souligne aussi le rôle de l'AESA dans l'évaluation des risques. Il procède également à une refonte de la législation dans le domaine des pesticides.

874 **Crise de l'ESB.** Malgré toutes les précautions prises, c'est pourtant un problème de ce type qui est apparu dans l'affaire de l'encéphalopathie spongiforme bovine (ESB) ou affaire de la « vache folle » (218). L'insuffisante harmonisation au niveau des techniques de fabrication des aliments pour animaux a permis un certain laxisme notamment dans le chauffage des produits douteux, de façon à réduire les coûts de fabrication. Sur ces bases, le prion, agent pathogène, a pu se développer, provoquant une grave épidémie animale notamment en Grande-Bretagne, et créant un climat d'inquiétante insécurité pour les consommateurs, en raison de risques sérieux de transmission de la maladie à l'être humain.

À la suite de la crise, des initiatives ont été prises pour renforcer le dispositif législatif de l'Union. Un ensemble de directives, adoptées en avril et juin 1996 prévoient, entre autres, l'interdiction ou le contrôle de certaines substances dans les spéculations animales, le financement des inspections et des contrôles vétérinaires, et la certification des animaux et produits animaux. Se dégagent tout particulièrement les directives 96/24 et 96/25 du 30 avril 1996, relatives respectivement à la commercialisation des aliments composés pour animaux et la circulation des matières premières pour aliments des animaux (219). Dans le même sens, et en vue de rétablir la confiance du

(213) N° 90/667, *JOCE* L 363, 27 nov. 1990.

(214) N° 1999/29, *JOCE* L 115, 4 mai 1999.

(215) N° 2002/32, *JOCE* L 140 30 mai 2002.

(216) N° 396/2005, *JOUE* L 70 du 16 mars 2005.

(217) À propos de résidus de médicaments : CJCE, 17 juill. 2008, *cp-Pharma Handels GmbH*, aff. C-448/06, *Rec.* I-5685.

(218) Y. Petit, « L'Union européenne et l'encéphalopathie spongiforme bovine (ESB) : vers une nouvelle politique agricole commune », *Europe* oct. 2001, chr., p. 5.

(219) *JOCE* L 125, 23 mai 1996.

public dans la viande bovine, le Conseil a adopté le 17 juillet 2000 un règlement (220) établissant d'une part un système d'identification et d'enregistrement des bovins, impliquant notamment l'établissement d'un passeport pour chaque animal ainsi que la création d'une base de données informatique dans chaque État membre et d'autre part un système cohérent et fiable d'étiquetage de la viande bovine et des produits à base de viande bovine.

875 **Évolution de la crise et nouvelles mesures.** Fort de ce dispositif, la Commission décidait de lever à compter du 1er août 1999 (221) l'embargo qu'elle avait arrêté en mars 1996 à l'encontre de la Grande-Bretagne, décision à laquelle la France devait refuser de s'associer entraînant ainsi un contentieux lourdement perdu par la France (222) malgré l'invocation du principe de précaution (223) et faute aussi d'avoir attaqué la décision de la Commission dans les délais requis. En revanche, la France a obtenu satisfaction face à une levée rapide et insuffisamment argumentée de l'embargo sur la viande bovine originaire du Portugal (224). Mais à la suite de l'aggravation de l'épizootie dans divers pays européens (France, Espagne et Allemagne notamment) et à la découverte de nouveaux cas d'extension à l'être humain de la nouvelle forme de la maladie de Creutzfeldt-Jakob, le Conseil devait approuver le 4 décembre 2000 (225) la suppression pour six mois de l'utilisation des farines animales pour tous les animaux de ferme et non plus seulement les ruminants. Une campagne de dépistage de tous les bovins à risque et du cheptel âgé de plus de trente mois devait être lancée à compter du 1er janvier puis du 1er juillet 2001. Tous les bovins non testés de plus de trente mois devront faire l'objet de « rachats pour destruction » financés à hauteur de 70 % par le budget européen. De plus, la liste des matériaux à risque devant être retirés des carcasses et détruits s'est vue sensiblement allongée (226).

Un règlement du n° 999/2001 du 22 mai 2001 met en place un dispositif de prévention, contrôle et d'éradication de certaines encéphalopathies spongiformes transmissibles à l'homme (EST) (227). Ce règlement s'applique à la mise sur le marché des animaux vivants et des produits d'origine animale et dans certains cas spécifiques, à leurs exportations. Ce texte vise d'abord à classer les États membres et les pays tiers en plusieurs catégories quant aux risques au regard des ESB et EST. Il prévoit des systèmes de surveillance que devront mettre en place les États pour contrôler ces maladies notamment chez les bovins, les ovins et les caprins. Il identifie les matériels à risques spécifiés qui devront être retirés des chaînes alimentaires et détruits. Il confirme enfin l'interdiction d'utilisation de certaines farines animales dans l'alimentation des ruminants et, dans les pays ou régions à risque, pour l'ensemble des animaux d'élevage. Ce texte est périodiquement actualisé et adapté en fonction des évolutions médicales et

(220) N° 1760/2000, *JOCE* L 204, 11 août 2000.

(221) Rapport général 1999, n° 573.

(222) CJCE, 13 déc. 2001, *Commission c. France*, aff. C-1/00, *Rec.* I-9989.

(223) Reconnu néanmoins par le TPI comme ayant la qualité d'un véritable principe général du droit communautaire : TPI, 11 sept. 2002, *Pfizer anima Health*, aff. T-13/99, *Rec.* II-3305.

(224) CJCE, 22 mai 2003, *France c. Commission*, aff. C-393/01, *Rec.* I-5405 ; la Cour n'a pas néanmoins saisi l'occasion de se prononcer sur la nature juridique du principe de précaution.

(225) Décision n° 2000/766, *JOCE* L 306, 7 déc. 2000 ; décision régulièrement prolongée.

(226) Rapport général 2000 n° 670 ; v. aussi conclusions du Conseil sur l'ESB du 29 janv. 2001, *Bull. UE* 1/2-2001, n° 1.4.81 et 1.4.82.

(227) *JOCE* L 147, 31 mai 2001.

scientifiques. Tel est le cas récemment d'un règlement nº 1923/2006 du 18 décembre 2006 (228).

Dans un rapport publié le 19 septembre 2003 (229), la Commission, recense l'ensemble du dispositif législatif relatif aux maladies liées à l'ESB. Elle relève les progrès accomplis dans de nombreux États membres malgré l'insuffisance ici et là de certains contrôles. Si elle reconnaît le coût élevé de ces mesures protectrices, elle plaide néanmoins pour leur maintien au nom des principes de protection de la santé publique et des consommateurs. Un programme de travail arrêté le 21 novembre 2005 envisage pour la période 2006-2007 un ensemble de mesures destinées à améliorer et adapter le dispositif de lutte contre les ESB et EST (230).

E. Sécurité alimentaire

876 Il s'agit d'un concept récent qui s'est forgé concomitamment au livre blanc de la Commission (231) et à la nouvelle approche en matière de reconnaissance mutuelle (232) et qui se développe vivement en relation avec les crises alimentaires qui secouent l'Union dans les années quatre-vingt-dix (233). La sécurité alimentaire déborde de très loin les seuls problèmes de l'alimentation animale. Cependant celle-ci se trouve directement impliquée, notamment depuis le règlement nº 178/2002 du 28 juillet 2002 (234) qui établit les principes généraux et les prescriptions générales de la législation alimentaire. Ce texte s'applique en effet non seulement aux denrées alimentaires destinées à la consommation humaine mais également aux aliments pour animaux. Il définit pour la première fois la denrée alimentaire comme « toute substance ou produit, transformé, partiellement transformé ou non transformé, destiné à être ingéré ou raisonnablement susceptible d'être ingéré par l'être humain ». Les denrées alimentaires englobent donc les produits agricoles mais vont bien au-delà des produits agricoles au sens de l'ex-article 32 CE (devenu 38 TFUE). Cela explique notamment que ce règlement bien que fondé en partie sur les dispositions agricoles du traité s'appuie aussi sur la santé publique (ex-art. 152 § 4 CE devenu 168 TFUE) et le marché intérieur (ex-art. 95 CE devenu 114 TFUE).

En substance, le règlement nº 178/2002 vise à une protection accrue des consommateurs et il se fonde sur le principe de l'analyse des risques, d'où au demeurant la mise en avant du principe de précaution (235) qui acquiert grâce à ce texte une réelle valeur opérationnelle. La traçabilité doit permettre de connaître l'origine et l'identification des denrées alimentaires, des aliments pour animaux et de toute substance destinée à être incorporée dans les denrées alimentaires ou les aliments pour animaux. Le règlement pose le principe de la responsabilité des entreprises du secteur alimentaire et du

(228) *JOUE* L 404, 30 déc. 2006.

(229) *Bull. UE* 9/2003, nº 1.4.45.

(230) SEC (2006) 1527.

(231) V. *supra*, nºs 490 et s.

(232) V. notamment le livre blanc *bis* du 8 nov. 1985, COM (85) 603 final.

(233) L. Azoulai, « La sécurité alimentaire dans la législation communautaire », *in* J. Bourrinet et F. Snyder (dir.), « La sécurité alimentaire dans l'Union européenne », Travaux du CERIC, Bruylant, 2003, p. 29 et s.

(234) *JOCE* L 31, 1er févr. 2002.

(235) V. *supra*, nºs 590.

secteur de l'alimentation animale pour tout incident susceptible de se produire en raison des produits qu'ils écoulent sur le marché. De même encore, le principe de transparence doit permettre une participation accrue des citoyens européens directement ou par l'intermédiaire des organismes représentatifs. Autre innovation du règlement n° 178/2002, la création de l'autorité européenne de sécurité des aliments.

877 **Autorité européenne de sécurité des aliments** (236). Fortement marqué par la crise de la vache folle et les nombreux autres problèmes de santé animale concomitants (poulet à la dioxine (237), crise de la fièvre aphteuse en Angleterre (238)) l'Union s'est dotée d'une autorité européenne de la sécurité alimentaire (239) qui a vu le jour sur la base du règlement n° 178/2002 du 28 janvier 2002 (240). Dotée d'une personnalité juridique autonome par rapport aux institutions de l'Union et formée de scientifiques indépendants des gouvernements, elle regroupe tous les comités d'experts scientifiques créés spontanément par la Commission pour étudier les problèmes de santé publique et animale (241). L'AESA couvre toutes les questions ayant des incidences directes ou indirectes sur la sécurité alimentaire, sur la santé et le bien-être des animaux ainsi que sur la santé des plantes et la nutrition et elle joue un rôle fondamental pour l'information des consommateurs. Son rôle se situe sur le terrain de l'évaluation du risque par opposition à la gestion du risque qui relève d'organes politiques comme la Commission. Elle se voit chargée de la gestion quotidienne d'un système d'alerte rapide concernant les denrées alimentaires et les aliments pour animaux. Elle coopère étroitement avec les organismes similaires mis en place au niveau national (242).

878 **Gestion des risques agricoles.** Dans une communication du 9 mars 2005 (243), la Commission présente un dispositif général de gestion des risques et des crises dans le secteur agricole. Ces crises ont en effet un aspect multiforme en ce qu'elles affectent non seulement les consommateurs mais aussi les producteurs agricoles dans leurs activités productives et partant leurs moyens d'existence. Cependant la Commission écarte l'idée d'une systématisation dans les OCM de mécanismes de gestion des crises. Les moyens existants lui semblent à de nombreux égards suffisants. Il importe principalement d'améliorer les financements existants en matière de prévention et de gestion des

(236) M. Blanquet et N. De Grove-Valdeyron (dir.), *La sécurité alimentaire de l'Union européenne*, Presses de l'Université de Toulouse, 2005.

(237) N. De Grove-Valdeyron, « La protection de la santé et de la sécurité des consommateurs à l'épreuve de l'affaire de la dioxine », *RMCUE* n° 433, nov.-déc. 1999, p. 700.

(238) Sur les moyens communautaires et nationaux de lutte contre cette épizootie : CJCE, 10 mars 2005, *A. Tempelman et autres*, aff. C-96 et 97/03, *Rec.* I-1895.

(239) Sur cet organisme v. *supra*, n° 354.

(240) N° 1782/2002, *JOCE* L 31, 1er févr. 2002.

(241) Sur l'ensemble de la question v. aussi J. Bourrinet et F. Snyder (dir.), « La sécurité alimentaire dans l'Union européenne », Travaux du CERIC, Bruylant, 2003 et notamment le rapport de L. Azoulai, « La sécurité alimentaire dans la législation communautaire », p. 29 ; M. Blanquet et N. De Grove-Valdeyron (dir.), *La sécurité alimentaire de l'Union européenne*, Presses de l'Université de Toulouse 2005 ; A. Alemanno, « L'autorité européenne de sécurité des aliments souffle ses cinq premières bougies, un bilan d'activité », *RDUE* 3-2007, p. 585 et s.

(242) F. Aubry-Caillaud, « La sécurité alimentaire au sein de l'Union européenne : les apports de l'approche globale », *Europe* mai 2003, chr., p. 4.

(243) COM (2005) 74.

crises. Pour ce faire la modulation (244), lui paraît la solution adéquate. Elle soumet à l'analyse du Conseil et des États membres trois options susceptibles à terme de se substituer aux mesures d'urgence actuelles : une aide complémentaire aux agriculteurs pour souscrire des assurances anti-catastrophes naturelles ou anti-épizooties, la création d'un fonds de mutualisation par l'octroi d'aides temporaires et dégressives au démarrage et au fonctionnement, enfin l'attribution d'aides complémentaires aux agriculteurs via le premier ou le deuxième pilier de la PAC.

À cet égard, la récente affaire de la grippe aviaire semble montrer l'efficacité des dispositifs de prévention de l'Union et un réel savoir-faire dans la gestion des risques agricoles (245). Se fondant sur une décision 90/424/CEE du Conseil du 26 juin 1990 relative à certaines dépenses dans le domaine vétérinaire (246), la Commission a d'ailleurs adopté un plan d'urgence pour lutter contre la grippe aviaire consistant notamment dans des aides financières aux États membres frappés par cette nouvelle épizootie animale (247). La gestion de la récente crise de la grippe A semble devoir conduire à des conclusions plus nuancées (248).

BIBLIOGRAPHIE

1. Ouvrages

V. Adam, *La réforme de la Politique agricole commune de l'Union européenne ou l'évolutionnisme permanent du droit communautaire*, L'Harmattan, coll. Droit et espace rural, 2001 ■ D. Bianchi, *Politique agricole commune (PAC) toute la PAC, rien d'autre que la PAC*, coll. Pratique du droit communautaire, Bruylant, 2006 ■ M. Blanquet et N. De Grove-Valdeyron (dir.), *La sécurité alimentaire de l'Union européenne*, Presses de l'Université de Toulouse, 2005 ■ C. Blumann, *Politique agricole commune. Droit communautaire agricole et agro-alimentaire*, Litec, 1996 ■ C. Blumann (dir.), M. Blanquet, D. Charles Le Bihan, A. Cudennec, C. Mestre, Y. Petit, N. Valdeyron *Politique agricole commune et politique de la pêche, Commentaire Mégret*, Éditions de l'Université de Bruxelles, 3e éd., 2011 ■ J. Bourrinet et F. Snyder (dir.), *La sécurité alimentaire dans l'Union européenne*, Travaux du CERIC, Bruylant, 2003 ■ CRUE Paris I, *La PAC en mouvement. Évolution et perspectives de la Politique agricole commune*, colloque Paris I, L'Harmattan, 2010 ■ C. Flaesch-Mougin (dir.), *Quel avenir pour la politique agricole commune*, Éditions Apogée, 1996 ■ J. Loyat et Y. Petit, *La politique agricole commune*, coll. Réflexe Europe, La Documentation française, 3e éd., 2008 ■ J. Raux (dir.), *Politique agricole commune et construction communautaire*, Colloque CEDECE de Rennes, Economica, 1984 ■ C. Roth et S. Cazes, *La politique agricole commune fondement du développement rural durable*, Pedone, 1997 ■ F. Snyder, *Droit de la politique agricole commune*, Economica, 1987 ■ J.-A. Usher, *Legal aspects of agriculture in the EC*, Oxford, Clarendon, 1988.

■ (244) V. *supra*, n° 825.
■ (245) http://ec.europa.eu/food/animal/diseases/controlmeasures/avian/index.eu.htm.
■ (246) *JO* L 224 du 18.8.1990.
■ (247) Décisions n° 2007/272, 273, 275, etc. de la Commission du 25 avr. 2007, *JOUE* L 117, 5 mai 2007.
■ (248) F. Caulet, « La gestion de la grippe A par l'Union européenne. Mise à l'épreuve du modèle communautaire de gestion des crises sanitaires », *RMCUE* n° 537, avr. 2010, p. 221 et s.

2. Articles, études et documents

V. Adam et D. Bianchi, « La PAC à l'heure du découplage – une dernière réforme de soutien à l'agriculture européenne », *RMCUE* n° 475, février 2004, p. 89 et s. ■ A. Alemanno, « L'autorité européenne de sécurité des aliments souffle ses cinq premières bougies, un bilan d'activité », *RDUE* 3-2007, p. 585 et s. ■ F. Aubry-Caillaud, « La sécurité alimentaire au sein de l'Union européenne : les apports de l'approche globale », *Europe* mai 2003, Chr., p. 4 ■ L. Azoulai, « La sécurité alimentaire dans la législation communautaire » *in* J. Bourrinet et F. Snyder (dir.), « La sécurité alimentaire dans l'Union européenne », Travaux du CERIC, Bruylant, p. 29 et s. ■ J. Bailly, « AOP et IGP », *Rev. droit rural* 1993, p. 319 ■ F. Barque, « Le droit communautaire des appellations d'origine et indications géographiques en matière vinicole », *RTDE* 4/2009, p. 743 et s. ■ M. Baudouin « Le bilan de santé de la PAC », *Europe* octobre 2009, p. 4 ■ D. Bianchi, « La Politique agricole commune au lendemain du traité d'Amsterdam », *RTDE* 2/2001, p. 371 ■ D. Bianchi, « Simplifier la PAC c'est possible », *RTDE* 1/2003, p. 51 ■ D. Bianchi, « Une PAC dénaturée, délaissée et malmenée ? Plaidoyer en faveur d'une politique agricole moderne dans le projet de constitution européenne », *RTDE* 1-2004, p. 71 et s. ■ D. Bianchi, « Trente ans d'un régime temporaire. Les quotas laitiers dans la PAC : 1984-2004 », *RMCUE* n° 483, décembre 2004, p. 655 et s. ■ D. Bianchi, « Y a-t-il encore quelque chose de commun dans la nouvelle Politique agricole commune ? », *RTDE* 3-2005, p. 623 et s. ■ D. Bianchi, « PAC Libre circulation et libre concurrence », *Juris-Classeur Europe* vol. 4, fasc. n° 1310, 2008 ■ D. Bianchi, « PAC : régime juridique des échanges extra-communautaires », *Juris-Classeur Europe* vol. 4, fasc. n° 1312, 2008 ■ D. Bianchi « Politique agricole commune Régime juridique des produits agro-alimentaires », *Juris-Classeur Europe* vol. 4, fasc. n° 1326, 2010 ■ D. Bianchi, « Une longue réforme tranquille 1962-2012 : 50 ans de politique agricole commune à l'horizon 2020 », *RMCUE* n° 551, septembre 2011, p. 523 et s. ■ C. Blumann « La réforme de la PAC », *RTDE* 1993, p. 247 ■ C. Blumann et V. Adam, « La PAC dans la tourmente : la crise de la vache folle », *RTDE* 1997, p. 239 ■ C. Blumann, « La réforme de la politique agricole commune », *CDE* 2004, p. 297 et s. ■ C. Blumann, « L'écologisation de la PAC ou le verdissement de l'Europe verte », *RAE* 4/2004, p. 531 et s. ■ J. Bourrinet, « Réflexions sur l'avenir de la politique agricole commune (PAC) de l'Union européenne », *RMCUE* juin 2001, p. 365 ■ F. Capelli, « La jurisprudence de la Cour de justice en matière de qualité des produits alimentaires », *RMCUE* n° 547, avril 2011, p. 247 et s. ■ M. Cardwell et L. Bodiguel, « Évolution de la définition de l'agriculture pour une agriculture évoluée approche comparative Union européenne, Grande-Bretagne France », *RMCUE* n° 490, juillet-août 2005, p. 456 et s. ■ F. Caulet, « La gestion de la grippe A par l'Union européenne. Mise à l'épreuve du modèle communautaire de gestion des crises sanitaires », *RMCUE* n° 537, avril 2010, p. 221 et s. ■ L. Defalque, « Le régime juridique des certificats d'importation, d'exportation et de préfixation », *RTDE* 1984, p. 61 ■ T. Garcia Azcarate, « Le bilan de santé de la Politique agricole commune », *RMCUE* n° 515, février 2008, p. 73 et s. ■ T. Garcia Azcarate, « La PAC après son bilan de santé », *RMCUE* n° 528, mai 2009, p. 301 et s. ■ F. Gencarelli, « Les signes distinctifs de qualité dans le secteur agro-alimentaire et les exigences du droit communautaire », *RDUE* 4-2005, p. 761 et s. ■ L. Gonzalez Vaque, « Indications géographiques et appellations d'origine : interprétation et mise en œuvre du nouveau règlement n° 510/2006 », *RDUE* 4-2006, p. 795 et s. ■ Guyomard et Mahe, « La réforme de la PAC : Une révolution ou un grand pas dans la bonne direction », *RMC* 1993, n° 366, p. 222 ■ A. Le Roy, « La politique agricole commune, 20 ans de transformation et d'insertion mondiale », *RMCUE* n° 505, février 2007, p. 119 et s. ■ B. Loyant, « La force majeure et l'organisation commune des marchés agricoles », *RTDE* 1980, p. 256 ■ R. Pellicer, « Les premiers pas d'une politique communautaire de défense de la qualité des denrées alimentaires », *RMUE* 4/1992, p. 127 ■ Y. Petit, « Agriculture », *Rép. Dalloz droit communautaire* vol. 1 ■ Y. Petit, « Organisations communes de marchés », *Rép. Dalloz droit communautaire* vol. 3 ■ Y. Petit, « L'Union européenne et l'encéphalopathie spongiforme bovine (ESB) : vers une nouvelle politique agricole commune », *Europe* octobre 2001, Chr., p. 5 ■ Y. Petit, « La politique agricole commune une politique mutante », *Europe* février 2004, Chr., n° 2 ■ Y. Petit, « De la dernière à la prochaine réforme de la PAC : l'évolutionnisme permanent de la PAC », *RMCUE* n° 503, décembre

2006, p. 680 et s. ■ F. Pollaud-Dulian, « Appellations d'origine », *Rép. Dalloz droit communautaire* vol 1 ■ Rameau « À propos des transferts de quotas laitiers », *Rev. droit rural* 1990, p. 311 ■ C. Reich, « La PAC et le marché intérieur agro-alimentaire », *RMC* 1990, p. 319 ■ G. Rochdi, « PAC, politique de développement rural », *Juris-Classeur Europe* vol. 4, fasc. n° 1344 ■ G. Rochdi « Le bilan de santé de la PAC : fin ou renouveau de la PAC ? » *RMCUE* n° 533 décembre 2009, p. 663 et s. ■ G. Rochdi, « Nouvelle donne pour l'agriculture européenne à l'horizon 2010 », *RUE* n° 549, juin 2011, p. 361 et s. ■ P. Thieffry, « Protection de l'environnement et Politique agricole commune », *Juris-Classeur Europe* vol. VI, fasc. n° 1995.

Nos 879 à 889 réservés.

TROISIÈME PARTIE
LES SERVICES : SECTEURS SOUMIS À RÈGLES PARTICULIÈRES

890 Il en va des services comme des marchandises. À côté d'un régime général posé par le traité, ce dernier parfois, la pratique le plus souvent, juxtaposent un certain nombre de régimes particuliers, indispensables, en raison des insuffisances des textes de base, pour réaliser les grands objectifs de libre circulation, libre concurrence ou d'harmonisation de l'Union. Les services constituent une pépinière de ces régimes particuliers, eu égard au caractère assez sophistiqué des activités ou des professions qu'ils ont vocation à régir.

Dans cette optique, les transports occupent une place de tout premier plan dans la mesure où il s'agit également d'une des grandes politiques communes originaires (chapitre 1). En revanche, et du fait de la grande technicité de la matière, pour les services financiers (chapitre 2) comme pour ceux liés au développement des technologies nouvelles (chapitre 3), la législation dérivée l'emporte nettement sur les dispositions des traités.

CHAPITRE 1
LES TRANSPORTS

891 Envisagés aux articles 90-100 TFUE, les transports (1) entretiennent de nombreuses affinités avec l'agriculture. Outre la localisation dans la deuxième partie (version originaire) du traité CE, alors consacrée aux fondements de la Communauté, les transports présentent la double caractéristique commune de relever à la fois de l'intégration négative (marché intérieur) et de l'intégration positive (politiques de l'Union). En témoigne l'article 90 selon lequel « les objectifs du traité sont poursuivis par les États membres… dans le cadre d'une politique commune des transports ».

Cependant les deux politiques communes ont très vite divergé. Alors que la PAC connaissait une mise en application rapide et un succès grandissant, les transports ne parvenaient pas à s'imposer en tant que politique commune. Ce relatif insuccès découle non seulement d'un certain désintérêt des États membres eu égard au développement d'une action commune dans ce secteur, mais également d'une certaine imprécision du traité en ce qui concerne les obligations des États et le contenu de la politique à mener (section I). Les réalisations se sont donc révélées assez tardives, d'autant que les dispositions du traité ne s'appliquent pas de la même manière aux différents modes et services de transport. Néanmoins depuis quelques années, la politique commune des transports a atteint son « rythme de croisière » (2) (section II).

SECTION I — CADRE GÉNÉRAL DE LA POLITIQUE DES TRANSPORTS

892 **Particularisme des transports.** Le traité CECA (art. 70), prenant acte de ce que des différences dans le prix du transport des marchandises, relevant du traité, pouvaient porter atteinte à l'établissement d'un marché commun du charbon et de

(1) Sur l'ensemble de la question : L. Grard (dir.), « L'Europe des transports », Travaux de la CEDECE, La Documentation française, 2005 ; R. Bieber, F. Maiani, M. Delaloye, « Droit européen des transports », Dossiers de droit européen Helbing et Lichtenhahn, Bruylant, LGDJ, 2006.

(2) L. Grard, « Un an de droit européen des transports 1er sept. 2007 – 31 août 2008 », *RTDE* 1-2009, p. 137 et s.

l'acier, se préoccupait déjà de la question des transports. Dans le cadre de la CEE, l'insertion des transports correspondait à de nombreux objectifs. Il s'agissait notamment d'intégrer un secteur économique représentant environ 8 % du produit intérieur brut de la Communauté. De plus, sur un plan plus politique voire symbolique, les transports entretiennent des relations privilégiées avec les grands principes de libre circulation, tant des personnes que des marchandises et constituent donc un puissant vecteur de réalisation des idéaux de l'Union européenne.

Mais la libéralisation du secteur des transports ne pouvait s'opérer sans un minimum d'action commune, en raison de la grande diversité (modes de transport, organisation juridique) qui y régnait. Nombre de raisons militaient donc pour un statut particulier. Cependant, à la différence de la PAC, la spécificité du régime des transports est beaucoup moins accusée. Il n'est pas question de développer une branche autonome du droit de l'Union dérogeant au droit commun, mais seulement de tenir compte dans le cadre du traité « *des aspects spéciaux des transports* ». Les dispositions du traité demeurent cependant globalement assez générales, ce qui reflète bien la nature de traité-cadre du traité de Rome, dans sa version initiale. Elles se bornent à fixer les grandes lignes du régime général des transports (§ 2), non sans en avoir déterminé au préalable le champ d'application (§ 1).

§ 1. LE CHAMP D'APPLICATION DU RÉGIME DES TRANSPORTS

893 **Diversité des modes de transport.** L'article 100 TFUE distingue nettement les transports terrestres, eux-mêmes formés du triptyque, chemin de fer, routes et voies navigables, des transports maritimes et aériens. Se trouvent donc exclus d'autres modes de transport, tels les oléoducs, gazoducs ou autres techniques encore plus modernes, comme les hydroglisseurs mixtes terre/mer.

La *summa divisio* entre transports terrestres et transports maritimes et aériens tient à ce que les premiers sont soumis de plein droit aux dispositions du traité, alors que les seconds n'en relèvent que si le législateur européen statuant selon la procédure législative ordinaire, en décide ainsi et au coup par coup.

894 **Diversité potentielle des régimes juridiques.** La clé de la distinction ne paraît pas évidente car si les transports maritimes et aériens peuvent par nature ou presque se voir qualifiés d'internationaux, les transports terrestres, plus tournés il est vrai vers l'économie domestique comportent souvent une part « d'extranéité » notamment le transport fluvial largement commandé – s'agissant du Rhin par exemple (3) – par des conventions internationales. De même, la structure plus ou moins nationalisée des différents modes de transport ne parait pas un critère déterminant, car s'il est vrai que les transports aériens et maritimes relevaient déjà largement du secteur public, dans la majorité des États membres originaires, il en allait de même pour les transports ferroviaires.

En réalité, le critère essentiel de différenciation, outre l'importance considérable du transport aérien et maritime dans la vie nationale et pour la souveraineté étatique, notamment au lendemain du second conflit mondial, tient avant tout à l'insertion dans

(3) Convention de Mannheim du 17 oct. 1868.

le commerce international. Leur régime spécifique s'explique avant tout par la dimension mondiale de ces activités. Il paraît, en effet, impossible de distinguer un marché européen du marché mondial.

895 **Limites du pluralisme juridique.** La dichotomie connaît cependant des limites. En effet, rien n'interdit au législateur de l'Union d'aligner le régime des transports aériens et maritimes sur celui des transports terrestres. De plus, la Cour a jugé que la spécificité des deux premiers ne jouait qu'à l'égard de la libre prestation de services, compte tenu notamment de la lettre de l'article 58 TFUE (4). Il en résulte alors qu'indépendamment des mesures particulières qui peuvent être prises dans ce domaine, les transports maritimes et aériens sont soumis au droit commun du traité pour ce qui concerne les autres volets de la libre circulation et la concurrence.

§ 2. CONTENU DU RÉGIME GÉNÉRAL

896 Les articles 90 à 100 TFUE paraissent assez composites. On peut séparer l'article 91 qui fixe les objectifs et principes de base de la politique commune des transports des autres dispositions, de facture plus classique, qui régissent des points particuliers.

A. Objectifs et principes de base

897 **Règles communes.** Dans sa version originaire, en effet, l'ex-article 75 CEE (devenu 91 TFUE) se bornait à prévoir d'abord « des règles communes applicables aux transports internationaux » en direction ou en provenance d'un État membre, ou assurant le transit sur le territoire d'un ou plusieurs États membres. Est donc visé en première ligne le transport intra-communautaire. Il appartient au législateur de l'Union de fixer des « règles communes », expression très vague mais qui, recouvre au moins les règles de concurrence puisque celles-ci sont qualifiées comme telles par les articles 101 et 102 TFUE. Cependant, rien n'exclut des actions plus volontaristes ou dirigistes puisque l'article 91 § 1er point d permet au législateur de prendre « toutes autres dispositions utiles ».

898 **Aides d'État.** Sur le terrain de la concurrence, au demeurant, l'article 93 admet un régime particulier pour les aides d'État, puisque sont déclarées compatibles avec les traités, celles qui répondent aux besoins de coordination des transports ou qui constituent la contrepartie de certaines obligations de service public (5). Le texte ne précise pas qui apprécie cette compatibilité. Mais on peut interpréter ce silence, à la lumière de l'article 108 TFUE comme valant présomption de compatibilité pour ces aides, que la Commission ne pourrait renverser que par l'utilisation du recours en manquement étatique. De même, il semble que les aides de l'article 93 soient dispensées de l'obli-

(4) CJCE, 30 avr. 1986, *Ministère public c. Asjès et autres (nouvelles frontières)*, aff. 209 à 213/48, *Rec.* 1457 ; *RTDE* 1986, p. 511, note J. Dutheil de la Rochère.

(5) Cette disposition constitue la seule allusion formelle du traité à la notion de service public.

gation de notification préalable au sens de l'article 108 § 3 (6). En revanche, en dehors des deux domaines couverts par l'article 93, le régime général des aides s'applique également dans le secteur des transports (7).

899 **Non-discrimination.** En second lieu, l'article 91 donne compétence à l'Union pour établir « les conditions d'admission de transporteurs non-résidents aux transports nationaux dans un État membre ». Il s'agit d'une version particulière du principe d'égalité de traitement ou de non-discrimination de l'article 18 TFUE destinée à s'appliquer dans le cadre des seuls transports intérieurs d'un État membre. Les transporteurs « européens », au même titre que leurs homologues nationaux, sont donc en droit d'offrir leurs services dans tout État membre, mais sous réserve des conditions fixées par le Conseil. Cette disposition évoque indirectement la question du cabotage, que d'une manière générale, les États ont tendance à réserver à leurs seuls ressortissants. Celui-ci devra donc s'ouvrir progressivement aux transporteurs des autres États membres, mais ceci ne se fera pas sans difficulté.

900 **Sécurité des transports.** Enfin, l'article 91 § 1er point c range dans la compétence de l'Union, l'établissement de « mesures permettant d'améliorer la sécurité des transports ». Cette disposition, issue du traité de Maastricht, permet de dépasser l'approche purement économique de la politique des transports. Concrètement, elle permet de trancher le débat laissé en suspens par la Cour de justice, sur le point de savoir si la sécurité routière pouvait constituer un élément de la politique commune des transports (8). Les nombreuses catastrophes tant maritimes qu'aériennes ont d'ailleurs conduit le législateur à créer des organismes spécialement chargés de la question de la sécurité (9).

B. Dispositions complémentaires

901 **Clause de *standstill*.** Outre les principes de base, le traité comporte un certain nombre de dispositions plus traditionnelles, destinées à faciliter la réalisation du marché intérieur dans le secteur des transports. Ainsi en va-t-il de la clause de *standstill* de l'article 92 TFUE qui invite à ne pas aggraver la situation existante à l'égard des transporteurs des autres États membres pour ce qui a trait « aux dispositions diverses régissant la matière ». Cette clause demeure cependant assez elliptique, notamment par rapport à ses homologues des traités, d'autant que le Conseil se prononçant à l'unanimité peut y apporter des dérogations.

902 **Prix et conditions du transport.** La question des « prix et conditions du transport » constitue un thème central du titre VI (3e partie) TFUE. L'article 95 prévoit à cet égard la suppression des discriminations en fonction du pays d'origine ou de destination

(6) En ce sens le règlement nº 1192/1969 du 26 juin 1969 (*JOCE* L 156, 28 juin 1969) relatif aux charges de service public dans le secteur du transport ferroviaire.

(7) Sur la spécificité des aides au secteur des transports : J. Y. Chérot, *Les aides d'État dans les Communautés européennes,* Economica, 1998, p. 139, nº 21.

(8) CJCE, 28 nov. 1978, *Schumalla*, aff. 97/78, *Rec.* 234.

(9) L. Grard, « Sécurité et transport dans l'Union européenne le recours aux agences de régulation », *Europe* oct. 2003, chr., p. 4.

des produits transportés. Cependant cette autre manifestation du principe de non-discrimination est entendue avec une certaine souplesse, non seulement parce qu'elle ne s'applique qu'au transport de marchandises *stricto sensu,* mais aussi parce que sa mise en œuvre est subordonnée à de nombreuses mesures d'application relevant soit du Conseil soit de la Commission (10). Il n'en reste pas moins que le juge pourchasse les discriminations directes ou indirectes résultant notamment des péages autoroutiers, lorsqu'il s'agit de favoriser les seuls transporteurs nationaux (11).

De plus, l'article 94 TFUE invite à prendre en compte la « situation économique des transporteurs » pour toute mesure en relation avec la fixation des prix ou les conditions du transport. De même encore, si l'article 96 prohibe d'une manière générale les tarifs de soutien ou de protection dans l'intérêt d'une ou plusieurs entreprises ou industries particulières, il tolère cependant de nombreuses dérogations à ce principe pour tenir compte de préoccupations de nature politique, économique ou sociale, comme celles d'une politique régionale, ou les besoins des régions moins développées ou la concurrence entre plusieurs modes de transport.

903 **Taxes et redevances.** Dans un ordre d'idées voisin, l'article 97 évoque les taxes ou redevances perçues à l'occasion du passage des frontières. Ces taxes, imposées le plus souvent par les États et répercutées ensuite sur les usagers, rendent beaucoup plus difficile le franchissement des frontières internes de l'Union, et, n'était le régime spécifique des transports, se verraient certainement qualifiées de taxes d'effet équivalant à des droits des douanes. Le traité invite les États membres à en réduire progressivement le montant, la Commission ne disposant que d'un pouvoir de recommandation pour œuvrer en ce sens.

904 **Procédures décisionnelles**. À la suite de nombreuses évolutions s'applique aujourd'hui en matière de transports la procédure législative ordinaire (art. 91 TFUE), y compris pour les transports maritimes et aériens (art. 100). Néanmoins à l'origine, la politique commune des transports a connu un très lent démarrage, dû non seulement à un certain mauvais vouloir des États mais aussi à l'imprécision de nombre de dispositions du traité. Face à ce blocage, le Parlement européen a pris, en 1983, l'initiative d'un recours en carence contre le Conseil, lequel a débouché sur un important arrêt de la Cour de justice du 22 mai 1985 (12). Le problème s'avérait très délicat puisque le juge devait se prononcer sur le caractère plus ou moins contraignant pour le législateur européen des dispositions de l'ex-titre V (devenu VI avec le TFUE), l'obligation d'agir constituant pour l'institution concernée la condition principale du recours en carence.

La Cour a rendu une solution très nuancée, d'où il ressort principalement que si le traité fixe le cadre et les grandes lignes d'une politique commune des transports, la marge de manœuvre du législateur de l'Union est telle que son inaction s'avère difficilement condamnable par le biais du recours en carence. Mais le Conseil n'échappe pas complètement à la carence, puisque la Cour constate qu'il n'a pas adopté les mesures nécessaires à la réalisation de la libre prestation de services en matière de transports.

(10) V. par exemple dir. n° 93/89 du 25 oct. 1993, *JOCE* L 279, 12 nov. 1993, relative aux taxes et péages pour l'utilisation de certaines infrastructures routières.

(11) CJCE, 26 sept. 2000, *Commission c. Autriche*, aff. 205/98, *Rec.* I-7367 (affaire de l'autoroute du Brenner).

(12) *Parlement européen c. Conseil*, aff. 13/83, *Rec.* 1513 ; note J.-P. Jacque, *RTDE* 1985, p. 757.

Or, cette liberté fondamentale du marché commun, rendue applicable dans ce secteur par l'ex-article 51 CE (devenu 58 TFUE) implique l'élimination de toute discrimination en raison de la nationalité ou du lieu d'établissement, à l'encontre des prestataires de services. Cette obligation est suffisamment claire et précise pour s'imposer au Conseil et justifier une condamnation en carence. En revanche, la Cour ne va pas jusqu'à reconnaître l'effet direct aux dispositions des ex-articles 49-50 CE (devenus 56 et 57 TFUE) dans le cadre des transports, en raison du pouvoir législatif alors attribué au Conseil en ce domaine.

SECTION II RÉGIME JURIDIQUE DES DIFFÉRENTS MODES DE TRANSPORT

§ 1. LE TRANSPORT TERRESTRE

905 Il recouvre le triptyque transport routier, ferroviaire et fluvial qui se répartissent le trafic intra-communautaire des marchandises dans la proportion respective de 72, 18 et 10 %. À lui seul, le transport routier occupe une place dominante, et c'est à lui que l'Union a réservé l'essentiel de ses réglementations. Le transport routier entretient au demeurant des liens privilégiés avec les libertés fondamentales du marché intérieur que sont la libre circulation des personnes et des marchandises. Les limites qui peuvent lui être apportées doivent donc être strictement justifiées et proportionnées (13).

A. Le transport routier

1. L'accès au marché

906 **Liberté d'établissement.** Cette liberté traditionnelle a été assez tôt reconnue dans ce secteur, aussi bien pour le transport de marchandises que de voyageurs, par deux directives du 12 novembre 1974 (14) complétées par celle du 12 décembre 1977 relative à la reconnaissance des diplômes (15). Ces textes, plusieurs fois complétés et modifiés, ont été codifiés par une nouvelle directive du 29 avril 1996 (16). L'ensemble de la réglementation harmonise la reconnaissance des capacités professionnelles et financières ainsi que des diplômes et des titres. De plus, les conditions d'octroi d'une « licence unique » accordée par l'État d'établissement et valable sur la totalité du territoire de l'Union ont été arrêtées par un règlement du 26 mars 1992 (17). Ces textes, qui avaient

(13) CJCE, (ord.) 15 nov. 2005, *Commission c. Autriche*, aff. C-320/03, *REC.* I-9871 (à propos de l'interdiction de circulation de camions sur des autoroutes pourtant surchargées).

(14) Nº 74/561 et 74/562 *JOCE* L 308, 19 nov. 1974.

(15) Nº 77/796, *JOCE* L 334, 24 déc. 1977.

(16) Nº 96/26, *JOCE* L 124, 23 mai 1996.

(17) Nº 881/92 *JOCE* L 95 du 6 avr. 1992.

donné lieu à quelques difficultés d'application ont été abrogés par le « troisième paquet » routier adopté le 21 octobre 2009. Le règlement n° 1071/2009 (18), outre le renforcement de conditions professionnelles de base, prévoit la désignation dans chaque État membre d'une autorité compétente pour la délivrance des autorisations et un système de coopération administrative entre les États membres.

907 **Libre prestation de services.** À la différence d'autres professions ou secteurs économiques, la liberté de prestation de services a soulevé beaucoup plus de problèmes que le droit d'établissement, notamment pour ce qui concerne le transport international de *marchandises*, chaque État souhaitant réserver ces lucratives activités à ses ressortissants. En résultent des pertes économiques considérables pour les transporteurs, qui, une fois livré leur chargement à l'étranger, doivent revenir vides à leur lieu de départ. Avant le traité CE, la matière était régie par des licences d'importation ou d'exportation octroyées par les États dans le cadre de contingents bilatéraux, fixés d'un commun accord par les États concernés.

Le traité CE ouvre une première brèche dans ces contingents par l'institution d'un système mixte, combinant contingents bilatéraux classiques, mais contrôlés par la Commission et ne s'appliquant déjà plus à des transports de faible tonnage, aux transports frontaliers, au transport pour son propre compte, et des contingents européens fixés chaque année par l'Union, consistant dans l'attribution à chaque État membre d'un certain quota, distribué ensuite aux transporteurs résidant sur son territoire. Ce contingent européen a bénéficié d'extensions successives, mais ne représentant encore en 1988 que 16 % du transport international par route contre 54 % pour les licences nationales.

La perspective de l'ouverture du marché intérieur à l'horizon 1993 a entraîné l'accélération du mouvement de libéralisation. Un règlement du 21 juin 1988 (19) prévoit la suppression de toute restriction quantitative à compter du 1er janvier 1993, et un élargissement rapide du contingent européen. Depuis cette date ne subsiste plus qu'un système de licences européennes accordées sur la base de critères purement professionnels (capacité professionnelle, situation financière, diplômes, honorabilité). Le règlement n° 1072/2009 codifie ces exigences, renforce le système de la licence unique, applicable y compris pour des ressortissants de pays tiers (20).

908 **Transport international de voyageurs.** Il a toujours été enfermé dans des contraintes encore plus strictes, en raison des obligations de service public qu'il assume (21). Son régime repose non seulement sur le droit de l'Union, mais aussi sur un accord relatif aux services occasionnels internationaux de voyageurs par autocars et autobus (ASOR), qui réunit l'Union et une demi-douzaine d'autres États européens. De cet ensemble de textes résulte l'obligation pour le transporteur de demander une autorisation à l'État où sont immatriculés ses véhicules (22). Dans le cadre de la réalisation du marché unique, un règlement du 16 mars 1992 (23) étend la libre prestation de services

(18) *JOUE* L 300, 14 nov. 2009.
(19) *JOCE* L 163, 30 juin 1988.
(20) *JOUE* L 300, 14 nov. 2009.
(21) Sur la question des obligations de service public et des aides d'État, v. *infra*, n° 1324 et s.
(22) Règlement n° 517/72 du 28 févr. 1972, *JOCE* L 67, 20 mars 1972.
(23) *JOCE* L 74, 20 mars 1992.

au transport international de voyageurs par route, tout en maintenant un système d'autorisation fondé sur un accord entre les États intéressés. Une procédure de règlement est instituée en cas de litige, qui accorde, si besoin est, un pouvoir de décision finale à la Commission. Le règlement n° 1073/2009 (24), qui abroge le règlement du 16 mars 1992 ainsi qu'un règlement du 11 décembre 1997, reprend l'essentiel de la substance de ces textes et instaure un système de licence unique valable sur l'ensemble du territoire des États membres de l'Union. Le transport collectif de passagers par bus, métro, tramway ou train bénéficie d'une nouvelle réglementation sur la base du règlement n° 1370/2007 du 23 octobre 2007 (dit OSP) (25). Trois règles déterminent dorénavant le service public du transport : le principe du contrat, la durée du contrat, le respect de l'autonomie des collectivités infra-étatiques, ce qui influe sur le régime des aides (26).

909 **Cabotage.** Ce mode de transport purement domestique a toujours donné lieu à des dispositions encore plus restrictives. En vue de son ouverture progressive aux ressortissants de l'Union, un règlement du 21 décembre 1989 (27) instaure un contingent européen de 15 000 autorisations par an pour les marchandises, avec augmentation progressive chaque année. Plusieurs règlements liés à l'ouverture du marché unique renforcent ce régime de libéralisation progressive, aussi bien pour le cabotage de marchandises (28) que pour celui de voyageurs (29). La liberté de cabotage est maintenant totale depuis le 1er juillet 1998, ce qui provoque une certaine irritation des milieux professionnels concernés, en raison des importantes distorsions subsistant dans le secteur du transport routier (30), notamment sur le plan social et sur la question plus particulière encore, du temps de travail des chauffeurs routiers. Le règlement n° 1073/2009 (31) confirme la liberté du cabotage, en délimite le champ d'application et précise son régime juridique.

2. Mesures relevant de l'intégration positive

910 **Normes techniques.** Dans ce domaine, le Conseil a adopté un ensemble de directives relatives au poids, à la dimension des poids lourds ainsi qu'aux limitations de vitesse des véhicules à moteur. D'autres textes concernent le contrôle technique auquel sont périodiquement soumis l'ensemble des véhicules à moteur (32). Ces questions, outre leur aspect purement technique, ont souvent constitué une « pépinière » de mesures d'effet équivalant à des restrictions quantitatives. Les États, sous couvert de protection de la sécurité et de l'ordre publics, voyant là un bon moyen de protéger les industries nationales. La définition du poids lourd ou de la taille de l'essieu a donné lieu à des

(24) *JOUE* L 300, 14 nov. 2009.
(25) *JOUE* L 315, 3 déc. 2007 ; P. Vieu, « À propos de l'intégration de l'Europe des transports. Observations sur l'interprétation et l'application de la norme européenne : le cas du règlement OSP », *RTDE* 2-2010, p. 297 et s.
(26) V. *infra*, n° 1324 et s.
(27) *JOCE* L 390, 30 déc. 1989.
(28) Règlements du 25 oct. 1993, *JOCE* L 279, 12 nov. 1993.
(29) Règlements du 23 juill. 1992, *JOCE* L 251, 29 août 1992.
(30) Pour un problème de cumul de taxes : CJCE, 2 juill. 2002, *Andreas Hoves*, aff. C-115/00, *Rec.* I-6077.
(31) 21 oct. 2009, *JOUE* L 300, 14 nov. 2009.
(32) Dir. n° 96/96 du 20 déc. 1996, *JOCE* L 46, 17 févr. 1997 ; dir. n° 2000/30 du 6 juin 2000, *JOCE* L 203, 10 août 2000.

affrontements qui se sont étalés sur plusieurs dizaines d'années. En matière de sécurité à l'intérieur des véhicules, plusieurs directives de l'Union imposent l'installation de ceintures de sécurité dans les véhicules à moteur autres que les voitures particulières. Elles règlent aussi la question dans ces mêmes véhicules des appuis-tête, de l'ancrage des ceintures de sécurité et des systèmes de retenue (33).

911 **Volet social.** Sur le plan social, des réglementations concernant le temps de conduite et de repos des chauffeurs routiers ont été adoptées, notamment suite à l'arrêt *AETR* (34) et suite aussi à l'entrée en vigueur de l'accord concernant les travailleurs routiers (35). Les textes s'appliquent à tous les conducteurs, qu'ils soient salariés, artisans ou propriétaires de leurs véhicules, à l'exclusion néanmoins des camions d'un poids maximal inférieur à 3,5 tonnes. Ils fixent notamment la durée de conduite maximale de conduite continue avant un repos, la durée maximale de conduite journalière (36), etc. Cependant, nombre de dérogations sont possibles, ce qui conduit à de grandes variations, *de facto* (53 heures hebdomadaires en France, pour 68 en Grande-Bretagne et 70 en Espagne). En outre, les contrôles continuent à relever des États, d'où il résulte que, malgré la présence à bord d'un chronotachygraphe, obligatoire depuis le règlement de 1985 (37), auquel s'est substitué un règlement du 15 mars 2006 (38), la réglementation des temps de conduite est différemment appliquée par les États membres et assez souvent enfreinte (39). Une directive du 11 mars 2002 (40) complète la directive n° 3280/85 pour ce qui concerne le transport de voyageurs mais se montre plus rigoureuse pour le temps de travail des transporteurs routiers y compris indépendants (41).

912 **Permis de conduire.** Le droit communautaire s'est préoccupé très tôt de cet attribut indispensable de la libre circulation des personnes et plus récemment de la citoyenneté européenne. En ce sens une directive du 29 juillet 1991 (42) prévoit que le titulaire d'un permis de conduire ne sera plus obligé de le changer en cas de transfert de sa résidence dans un autre État membre. En revanche, l'idée de permis de conduire commun n'avait pu aboutir. La Commission a repris la question en 2003 et présenté une proposition de directive le 21 octobre 2003 qui a eté adoptée le 20 décembre 2006 selon la procédure de codécesion (43). Ce texte vise à améliorer la sécurité routière grâce à une définition plus précise du champ d'application des différentes catégories de permis de conduire. Le cas des motocyclettes fait l'objet d'une attention toute particulière (44). La nouvelle législation représente aussi une importante avancée dans la

(33) Dir. n° 2005/40 et 2005/41 du 7 sept. 2005, *JOUE* L 255, 30 sept. 2005.
(34) CJCE, 31 mars 1971, *Commission c. Conseil*, aff. 22/70, *Rec.* 263.
(35) Règlement n° 2829/77 du 12 déc. 1977, *JOCE* L 334, 24 déc. 1977 ; règlement n° 3820/85 du 20 déc. 1985, *JOCE* L 370, 31 déc. 1985.
(36) CJCE, 28 sept. 2000, *Graeme Edgar Hume*, aff. C-193/99, *Rec.* I-7809.
(37) N° 3820/85, *op. cit.*
(38) N° 561/2006 *JOUE* L 102.
(39) V. néanmoins CJUE, 29 avr. 2010, *Smit Reizen*, aff. C-124/09, NEPR.
(40) N° 2002/15, *JOCE* L 80, 23 mars 2002 ; v. aussi *RDUE* 2/2004, p. 297.
(41) La Cour confirme l'aptitude de la dir. à s'appliquer aux conducteurs indépendants : CJCE, 9 sept. 2004, *Espagne et Finlande c. Parlement européen et Conseil*, aff. C-184/02 et C-223/02, *Rec.* I-7789.
(42) N° 91/349, *JOCE* L 237, 24 août 1991.
(43) Dir. 2006/126 *JOUE* L 403, 30 décembre 2006 ; *RDUE* 2-2005, p. 378.
(44) CJCE, 15 sept. 2005, *Commission c. Allemagne*, aff. C-372/03, *Rec.* I-8109.

lutte contre les fraudes au permis de conduire et cela par la mise en place d'un réseau d'échange de données sur le permis de conduire.

Cependant l'essentiel et la mesure la plus emblématique consiste dans l'introduction d'un nouveau modèle de permis de conduire unique, au format de carte de crédit, présentant des éléments de sécurité renforcés, ce qui entraînera le retrait progressif des 110 modèles différents encore en circulation dans l'Union. Les États pourront également s'ils le souhaitent introduire une puce électronique dans le nouveau modèle. En tout état de cause les règles de l'Union sur la protection des données devront être respectées. Néanmoins les États membres disposeront d'une période de 26 ans pour remplacer les documents actuels. La durée du futur permis européen sera en moyenne de dix ans avec possibilité de prolongation jusqu'à quinze ans. La directive, devait entrer en vigueur fin 2006 et devenir pleinement applicable à compter de 2012.

913 **Transport multimodal.** l'Union encourage de manière très active le transport multimodal, qui combine le rail et la route pour le transport de marchandises. Ce système permet d'alléger la circulation routière et de ménager l'environnement. Depuis une directive du 7 décembre 1992 (45) aucun contingentement, aucune autorisation n'est requise pour les transporteurs routiers qui ont recours aux réseaux ferroviaires (46).

B. Le transport fluvial

914 Celui-ci occupe une place relativement modeste – environ 9 % du total – dans le transport de marchandises et plus particulièrement en France. De plus, compte tenu du déclin économique rencontré par nombre de bassins industriels, le transport fluvial connaît un phénomène de surcapacité structurelle. Outre la réglementation de l'Union, la matière est régie par diverses conventions internationales, dont en particulier celle de Mannheim, concernant le Rhin.

915 **Libertés de base.** Le *droit d'établissement* dans ce secteur résulte d'une directive du 9 novembre 1987 (47). Celle-ci, après avoir défini la profession de batelier, fixe un certain nombre de conditions d'accès, pose le principe de non-discrimination et instaure un système de reconnaissance mutuelle des diplômes, certificats et autres titres. Pour sa part, la *libre prestation de services*, y compris le cabotage, découle d'un règlement du 8 juillet 1996 (48). Ce texte pose le principe du libre accès au trafic entre États membres et au transit par des États membres, sans discrimination en raison de la nationalité ni du lieu d'établissement. De plus, une directive du 23 juillet 1996 (49) harmonise les conditions d'obtention des certificats nationaux de conduite des bateaux, tant pour le transport de marchandises que de voyageurs, et instaure notamment un système de certificat unique.

916 **Aspects structurels.** Le problème des surcapacités structurelles fait l'objet d'une action dite de « déchirage » entamée par un règlement du 27 avril 1989 (50) et

(45) N° 92/106, *JOCE* L 368, 17 déc. 1992.
(46) Résolution du Conseil du 14 févr. 2000, *JOCE* C 56, 29 févr. 2000.
(47) N° 87/540, *JOCE* L 322, 12 nov. 1987.
(48) N° 1356/96, *JOCE* L 175, 13 juill. 1996.
(49) N° 96/50, *JOCE* L 225, 17 sept. 1996.
(50) N° 1101/89, *JOCE* L 116, 28 avr. 1989.

poursuivie par un règlement du 29 mars 1999 (51). Les bateliers sont encouragés à mettre à la ferraille des coques de bateaux, moyennant le versement d'une prime (52). De même toute nouvelle acquisition doit être gagée par le déchirage d'un tonnage équivalent, en l'absence de toute prime, sauf pour certaines catégories de « bateaux spécialisés » (53). Ce système, qui rejoint en grande partie une action analogue dans le cadre de la politique commune de la pêche, repose sur un fonds budgétaire alimenté par les États membres, l'Union ainsi que les entreprises du secteur. Un règlement du 19 novembre 1996 (54) prévoit une réduction des capacités de 15 % sur la période 1996-1998.

917 **Compétence externe.** Dans le silence des dispositions du traité, la Cour de justice s'est prononcée récemment sur l'exercice de la compétence externe en matière de transport fluvial (55). Le Luxembourg avait conclu à titre individuel plusieurs accords bilatéraux avec des pays d'Europe centrale et orientale alors en cours d'adhésion à l'Union européenne. Ces accords concernaient le transport fluvial et notamment le cabotage. La Cour constate que l'Union ne possède pas une compétence externe exclusive dans le domaine du transport fluvial. Néanmoins les États membres qui concluent avec des pays tiers doivent respecter le principe de coopération loyale (en l'espèce les négociations plus globales menées par la Commission sur le transport par voie navigable). De plus, les accords bilatéraux conclus par le Luxembourg enfreignent plusieurs réglementations de l'Union sur le cabotage et la libre prestation de services (56).

C. Le transport ferroviaire

1. Une lente libéralisation

918 **Particularismes du secteur ferroviaire.** À la différence des autres modes de transport terrestre, le transport ferroviaire se caractérise par une forte concentration des entreprises, voire par l'appropriation ou le contrôle public de l'ensemble du secteur, qui se trouve ainsi en situation de monopole dans la plupart des États membres. En outre, le transport ferroviaire, de marchandises comme de voyageurs, supporte de nombreuses contraintes de service public. Autant dire qu'il est resté longtemps étranger aux principes de libre circulation et de libre concurrence, qui constituent le socle du marché intérieur.

919 **Tentatives de libéralisation.** L'Union s'est cependant préoccupée très tôt des problèmes de concurrence en édictant quelques actes relatifs aux relations financières entre les entreprises du secteur et les États membres (57) ainsi qu'aux modalités de détermination des tarifs pour les transports internationaux de marchandises (58). Plus

(51) N° 718/99, *JOCE* L 90, 2 avr. 1999.
(52) TPI, 1er oct. 1998, *Natural van AG*, aff. T-155/97, *Rec.* II-3923.
(53) TPI, 1er févr. 2000, *Transpo Maastricht BV*, aff. T-38/98, *Rec.* II-135.
(54) N° 2254/96, *JOCE* L 304, 27 nov. 1996 ; v. aussi règlement n° 805/99 de la Commission du 16 avr. 1999, *JOCE* L 102, 17 avr. 1999.
(55) CJCE, 2 juin 2005, *Commission c. Luxembourg*, aff. C-266/03, *Rec.* I-4/805.
(56) Dans le même sens : CJCE, 14 juill. 2005, *Commission c. Allemagne*, aff. C-433/03, *Rec.* I-6985.
(57) Décision du 20 mai 1975, *JOCE* L 152, 12 juin 1975.
(58) Règlement du 19 sept. 1978, *JOCE* L 258, 21 sept. 1978.

récemment, et pour tenir compte tant de l'évolution générale du transport en Europe – marquée notamment par un recul du chemin de fer au profit du transport par route pour les marchandises, et du transport aérien pour celui des voyageurs – que du vaste mouvement de libéralisation et de dérégulation généré par l'ouverture du marché unique, le législateur européen a adopté l'importante directive du 29 juillet 1991 (59) qui vise à une certaine ouverture des transports ferroviaires à la concurrence.

920 **« Premier paquet » législatif.** La directive du 29 juillet 1991, souvent qualifié de premier paquet législatif en matière ferroviaire, pose le principe déjà établi dans d'autres secteurs (télécommunications) de la séparation entre la gestion de l'infrastructure et l'activité de transport proprement dite. La gestion de l'infrastructure englobe non seulement l'entretien des infrastructures existantes, les missions de contrôle et de sécurité, mais aussi le développement de nouvelles infrastructures. La responsabilité peut en être confiée par les États membres aux entreprises ferroviaires déjà existantes, mais également à tout autre organisme public ou privé existant ou à créer (60). Dans la première hypothèse qui conduit à une certaine confusion des fonctions, il importe d'opérer une distinction au moins comptable avec les activités de transport (61).

Ces dernières peuvent être exercées par des entreprises publiques ou privées originaires de l'Union, sans que la situation des entreprises étrangères ne soit clairement élucidée. Ces entreprises se voient reconnaître la libre prestation de services, à peu près sans limites pour ce qui concerne le transport combiné de marchandises (fer-route, fer-mer), avec beaucoup plus de contraintes pour le transport « conventionnel » de marchandises ou de voyageurs. Cependant, dans un cas comme dans l'autre, les opérateurs doivent requérir une licence d'exploitation de l'État membre, territorialement compétent.

921 **Deuxième paquet ferroviaire.** Les résultats de la directive du 29 juillet 1991 se sont révélés globalement décevants. Les États membres et les entreprises ferroviaires ayant la qualité d'opérateurs historiques ont freiné la libéralisation préférant des formes classiques de coopération internationale aux potentialités offertes par la directive. Dans ce contexte, une seconde vague législative formée principalement de la directive n° 2001/12 du 26 février 2001 (62), n'apporte que des améliorations relativement minimes. Le transport de voyageurs demeure toujours exclu, et s'agissant du transport « conventionnel » de marchandises, les entreprises ferroviaires se voient seulement reconnaître un droit d'accès aux lignes principales appelées à constituer un « réseau transeuropéen du fret ferroviaire » (63).

La directive n° 2001/12 reprend par ailleurs les grands principes de séparation entre activités de gestion de l'infrastructure et activités de transport. Elle impose cependant la gestion de l'infrastructure par une entité distincte et confie également à des

(59) N° 91/440, *JOCE* L 237, 24 août 1991.

(60) Assuré en France par le Réseau Ferré de France (RFF). L. Quessette, « L'Europe des rails, ou les influences de la construction européenne sur les chemins de fer en France », *CDE* 5-6/2006, p. 629 et s.

(61) L. Gautier-Lescop, « La France a-t-elle enfin régulièrement transposé le premier paquet ferroviaire ? », *Europe* août-sept. 2010, p. 6 et s.

(62) *JOCE* L 75, 15 mars 2001 ; v. aussi les deux dir. (2001/13 et 2001/14) complémentaires, du 26 févr. 2001 (mêmes références) ; obs. L. Idot, *Europe* mai 2001, n° 187.

(63) M. Maier, « Libéralisation du fret ferroviaire après le premier paquet ferroviaire européen », *Europe* juill. 2003, chr., p. 4.

organismes autonomes la charge de régler les problèmes d'accès au réseau ou de non-discrimination dans la fixation des redevances d'utilisation des infrastructures. Les directives complémentaires précisent la question des licences d'exploitation qui reposent sur le principe de l'agrément unique ainsi que celle des redevances d'infrastructure ou de la répartition des capacités d'utilisation du réseau.

Ultérieurement, le législateur européen a adopté un ensemble de règlements et de directives le 29 avril 2004 (parfois qualifié de second paquet ferroviaire) visant au renforcement du marché intérieur dans ce secteur. L'amélioration de la concurrence et de la compétitivité devrait rendre le transport ferroviaire plus attractif notamment pour le transport de marchandises, ce qui devrait contribuer d'autant à réduire les encombrements et la pollution. La directive sur la sécurité des chemins de fer européens (64) concerne les licences des entreprises ferroviaires, la répartition et la tarification des capacités d'infrastructure ainsi que la certification des dispositifs de sécurité. Une directive s'attache à la question de l'interopérabilité du système ferroviaire transeuropéen (65), une autre au développement des chemins de fer européens (66). Est également instituée par le règlement n° 881/2004 (67) une agence ferroviaire européenne chargée de tâches hautement techniques et complexes mais disposant uniquement de compétences consultatives.

2. Troisième paquet ferroviaire

922 **Objet.** En mars 2004, la Commission avait proposé un autre ensemble de textes concernant principalement le transport de voyageurs et visant à compléter le marché intérieur en matière ferroviaire et à y assurer une concurrence effective. Après de longues discussions entre les États membres, entre les institutions de l'Union et avec les milieux socio-professionnels, un accord a pu se réaliser le 23 octobre 2007 sur trois règlements n° 1370, 1371 et 1372/2007 et deux directives n° 2007/58 et 59 (68). Alors que la réglementation antérieure portait principalement sur les infrastructures ferroviaires ou sur le transport de marchandises, le troisième paquet se situe plutôt dans un contexte de rapprochement de l'Europe et de ses citoyens et concerne principalement le transport de voyageurs (69). Trois de ces textes présentent une réelle importance (70).

923 **Transport de voyageurs.** Le règlement n° 1371/2007 s'attache principalement à la définition des droits et obligations des voyageurs ferroviaires. Celui-ci, qui initialement ne devait s'appliquer qu'aux passagers des services internationaux mais qui après le vote du Parlement européen, s'appliquera aussi aux passagers des réseaux intérieurs, prévoit

(64) N° 2004/49, *JOUE* L 164, 30 avr. 2004.
(65) N° 2004/50, *id.*
(66) N° 2004/51, *id.*
(67) *JOUE* L 164, 30 avr. 2004.
(68) *JOUE* L 315, 3 déc. 2007.
(69) Le règlement n° 1370 porte principalement sur la question des services publics de transport par route et chemin de fer ; M. Sousse, « Le règlement n° 1370/2007 relatif aux services publics de transport de voyageurs par chemin de fer et par route », *Europe* juin 2008, p. 4 et s.
(70) L. Grard « Un an de droit européen des transports 1er sept. 2007 – 31 août 2008 », *RTDE* 1-2009, p. 139.

que tous les passagers ferroviaires bénéficieront des mêmes droits minimums (responsabilité du transporteur envers les passagers et leurs bagages, droit au transport des personnes à mobilité réduite) quand la législation entrera en vigueur en 2009. Cependant, les États membres pourront exempter les services de longue distance de certaines dispositions du règlement pendant une période initiale de 5 ans, qui pourra être suivie de deux périodes supplémentaires de 5 ans. Les services urbains, interurbains, régionaux pourront bénéficier d'une exemption indéfinie dans le temps, sauf pour les droits *minima* qui devront être appliqués de manière universelle. Lorsque la législation sera entrée en vigueur, les compensations en cas de retard sur des services transfrontaliers devront correspondre à 25 % du tarif pour un retard de 60 minutes ou plus, et à 50 % pour un délai de 120 minutes ou plus, mais seulement si l'opérateur peut être tenu responsable du retard.

924 **Concurrence.** La directive n° 2007/58 prévoit que les services ferroviaires internationaux seront ouverts à la concurrence à partir du 1er janvier 2010. Les entreprises ferroviaires se voient accorder, au plus tard à cette date, un droit d'accès à l'infrastructure de tous les États membres pour leurs services internationaux de transport de voyageurs. Au cours d'un service international de transport de voyageurs, les entreprises ferroviaires ont le droit de prendre et de déposer des voyageurs dans toute gare située sur le trajet international, y compris dans des gares situées dans un même État membre. Cependant, étant donné que l'ouverture à la concurrence pour les services internationaux de transport de voyageurs peut avoir des incidences sur l'organisation et le financement des services de transport de voyageurs par rail fournis en vertu d'un contrat de service public, les États membres auront la possibilité de limiter le droit d'accès au marché lorsqu'il risque de compromettre l'équilibre économique de ces contrats de service public. Au terme de deux ans après l'entrée en vigueur de la directive, la Commission étudiera une éventuelle extension de la libéralisation aux services intérieurs.

925 **Conducteurs de trains.** La directive n° 2007/59, relative à la certification des conducteurs de train sur le réseau ferroviaire européen, prévoit que les conducteurs de train devront être en possession d'un certificat attestant qu'ils remplissent les conditions minimales relatives à leur état de santé, leur niveau de qualification et leurs compétences professionnelles. En outre, la formation des conducteurs devra mettre l'accent sur les services spécifiques à assurer par le conducteur tels les manœuvres, les services de maintenance et les services de transport de passagers ou de marchandises. L'entreprise ferroviaire qui emploie un conducteur devra tenir compte des compétences du salarié acquises précédemment.

§ 2. LE TRANSPORT AÉRIEN

926 **Libéralisation progressive.** Ce secteur, à l'origine étroitement contrôlé par la puissance publique, a connu en quelques décennies de profondes mutations : un développement considérable du trafic puisque entre 1970 et 1990, le nombre de voyageurs se voit multiplié par dix et l'apparition, à côté des compagnies nationales officielles, d'un grand nombre d'entreprises privées ou charters, qui pèsent fortement sur les tarifs mais aussi sur les règles de sécurité.

Sur le plan juridique, le transport aérien a longtemps vécu à l'écart de la construction européenne, en raison notamment de l'ex-article 80 CE (devenu 100 TFUE), qui laisse au législateur de l'Union le soin d'appliquer au transport aérien comme maritime les règles constituant la politique commune des transports. La Cour de justice a permis le déblocage de la situation en décrétant dans son arrêt « nouvelles frontières » (71) l'applicabilité aux transports aériens des règles de concurrence du traité. La Commission en a profité pour proposer et faire adopter par le Conseil, et par vagues successives des mesures de libéralisation portant aussi bien sur la desserte des lignes aériennes, que sur les prix (premier paquet de libéralisation : règlements du 14 décembre 1987 (72) ; deuxième paquet : règlements du 24 juillet 1990 (73) ; troisième paquet : règlements du 23 juillet 1992 (74)). Un nouveau règlement du 24 septembre 2008 supprime les dernières restrictions et renforce le régime d'immatriculation des aéronefs (75).

A. Tarifs et trafic

927 **Tarifs.** S'agissant d'abord des tarifs, les règlements de 1987 permettent aux compagnies aériennes de fixer des tarifs réduits (entre 65 et 80 %), voire très réduits (45-65 %) par rapport aux tarifs officiels. Ceci correspond au souci de lutter contre la concurrence américaine, devenue très vive à la suite de la politique de déréglementation arrêtée par l'administration Reagan, au début des années 1980. Les textes de 1990 renforcent encore plus ce mouvement et ceux de 1992 aboutissent à une liberté quasi-totale aussi bien pour le transport de voyageurs que pour le fret, avec cependant certaines limites dans l'intérêt des usagers ou du transporteur dans l'hypothèse où les tarifs se révéleraient soit trop bas soit trop élevés. L'Union légifère également en matière de protection des passagers contre certains excès des compagnies aériennes, tels la surréservation ou les retards (76). Le règlement n° 261/2004 prévoit à cet égard en cas de refus d'embarquement ou d'annulation du vol le montant de l'indemnisation à verser aux passagers (77). Ceux-ci auront le droit de choisir entre une indemnisation immédiate ou le réacheminement. Des facilités d'ordre matériel (restauration, hébergement) devront leur être accordées (78).

928 **Droits de trafic.** Une évolution du même type a bénéficié aux droits de trafic. Une décision du 14 décembre 1987 (79) porte un premier coup à la règle du partage

(71) 30 avr. 1986, *Asjès*, aff. 209/84, *Rec.* 1425.

(72) *JOCE* L 374, 31 déc. 1987.

(73) *JOCE* L 217, 12 août 1990.

(74) N° 2407 à 2411/ /92, *JOCE* L 240, 24 août 1992.

(75) N° 1008/08, *JOUE* L 239, 31 oct. 2008.

(76) Règlement n° 261/2004 du 11 févr. 2004, *JOUE* L 46, 17 févr. 2004 établissant des règles communes en matière d'indemnisation et d'assistance en cas de refus d'embarquement et d'annulation ou de retard important d'un vol. *RDUE* 2/2004, p. 300.

(77) CJCE, 10 janv. 2006, *International Air Transport Association*, aff. C-344/04, *Rec.* I-403 ; *RDUE* 4/2005, p. 839 ; A. Garde et M. Haravon, « De nouveaux droits pour les passagers aériens en Europe », *RMCUE* n° 503, déc. 2006, p. 670 et s.

(78) CJCE, 19 nov. 2009, *Sturgeon ea*, aff. C-402 et 432/07, *Rec.* I- ; *Europe* janv. 2010, n° 43, note A. Bouveresse ; CJUE, 12 mai 2011, *Andrejs Eglitis*, aff. C-294/10, NEPR.

(79) *JOCE* L 374, 31 déc. 1987.

égalitaire des places, à l'intérieur des avions, entre les compagnies des deux pays concernés. En outre, les gouvernements se voient reconnaître le droit de désigner plusieurs transporteurs de leur pavillon pour desservir une même destination (multidésignation). Les textes de 1990 amplifient cette libéralisation et élargissent encore plus les droits de la cinquième liberté, qui permettent à une compagnie d'effectuer des opérations entre deux autres États que son État d'origine (cabotage consécutif). À ce titre, au moins 50 % du trafic sont ouverts aux compagnies des autres États membres.

929 **Libéralisation intégrale.** Couronnement de l'évolution, les règlements du 23 juillet 1992 (80) aboutissent à une libéralisation totale du transport aérien en ce qui concerne l'accès au marché, c'est-à-dire à la prestation de services. Le régime des licences de transporteur aérien est largement harmonisé (capacité professionnelle, financière, responsabilité) même si les États membres demeurent compétents pour leur délivrance. Les transporteurs de tous les États membres ont un droit d'accès aux liaisons entre tous les aéroports ouverts au transport aérien civil, pour les transports intra-européens (troisième et quatrième libertés) ou pour le cabotage consécutif. Cependant, le cabotage intégral (possibilité d'exploiter une ligne régulière entre deux aéroports d'un même pays) reste réservé aux compagnies nationales jusqu'au premier avril 1997. Il est entièrement libre depuis cette date.

Les États membres conservent un certain nombre de prérogatives, notamment pour la sauvegarde des obligations de service public (81), ou pour réglementer la répartition du trafic entre aéroports situés à l'intérieur d'un même système aéroportuaire (Orly-Roissy), sous réserve de respecter le principe de non-discrimination (82). Cette répartition soulève souvent des difficultés voire des contentieux, les États ayant la tentation de réserver *de jure* ou *de facto* les aéroports les plus proches du centre des grandes agglomérations aux compagnies nationales ou anciennement nationales (83) ou bien à percevoir des taxes (84) ou droits d'embarquement plus importants pour les vols intra-européens que nationaux (85). Donnent également lieu à difficulté les pratiques de certains États membres ou de leurs autorités locales visant à favoriser l'installation de compagnies à bas coût (*low cost*) auprès de certains aéroports en vue de stimuler l'emploi et les activités économiques en général. La Commission y décèle souvent des aides incompatibles (86).

Pour résoudre l'épineuse question des redevances aéroportuaires, le législateur européen a adopté la directive n° 2009/12 du 11 mars 2009 (87). Celle-ci vise à harmoniser certains points essentiels de la tarification des services aéroportuaires. Elle prévoit

(80) *JOCE* L 240, 24 août 1992.

(81) CJCE, 9 juill. 2002, *Flightline Ltd*, aff. C-181/00, *Rec.* I-6139.

(82) TPI, 19 juin 1997, *Air-Inter SA*, aff. T-260/94, *Rec.* II-997 ; le même principe conduit à condamner une différence dans les coûts de taxes aéroportuaires selon qu'il s'agit de vols nationaux ou de vols intracommunautaires : CJCE, 26 juin 2001, *Commission c. Portugal*, aff. C-70/99, *Rec.* I-4845.

(83) À propos des aéroports de Linate et Malpensa à proximité de Milan : CJCE, 18 janv. 2001, *Italie c. Commission*, aff. C-361/98, *Rec.* I-385.

(84) CJCE, 6 févr. 2003, *G. Stylianakis*, aff. C-92/01, *Rec.* I-1291 ; 5 juill. 2007, *Deutsche Lufthansa*, aff. C-181/06, *Rec.* I-5903.

(85) CJCE, 4 juill. 2001, *Commission c. Italie*, aff. C-447/99, *Rec.* I-5203.

(86) Décision 2004/303 de la Commission du 12 févr. 2004 relative à des avantages consentis par la région wallonne à Ryanair, *JOUE* L 137, 30 avr. 2004.

(87) *JOUE* L 70, 14 mars 2009.

aussi les procédures de fixation du tarif des redevances, en mettant l'accent sur les principes de transparence et de non-discrimination. Elle exige enfin des États membres de mettre en place une autorité indépendante de supervision de ses dispositions et d'intervention en cas de désaccords sur les tarifs (88). La Cour de justice, saisie par le Luxembourg d'un recours en annulation de la directive, a confirmé la validité de celle-ci (89).

L'Union doit également se prémunir contre des agissements répréhensibles d'États tiers. D'où le règlement du 21 avril 2004 (90) concernant la protection contre les subventions et les pratiques tarifaires déloyales de pays tiers risquant de causer un préjudice aux transporteurs aériens européens. Il s'agit notamment de faire face aux difficultés du transport aérien à la suite des attentats du 11 septembre 2001 aux États-Unis. Ces événements ont conduit certains États à octroyer des aides financières directes ou occultes à leurs compagnies aériennes faussant ainsi le jeu de la concurrence. Les mesures susceptibles d'être adoptées s'inspirent de celles appliquées dans le cadre de la politique commerciale commune (droits compensateurs, droits anti-dumpings). Dans le même sens, l'Union a étendu les règles de concurrence applicables dans le transport aérien intra-européen aux relations avec les pays tiers (91).

930 **Ciel unique européen.** Le Parlement européen et le Conseil ont adopté le 10 mars 2004 un ensemble de règlements visant à instaurer des règles communes concernant l'utilisation de l'espace aérien dans l'ensemble de l'Union. Le paquet législatif dit « ciel unique européen » comprend un règlement-cadre et trois règlements d'application. Le règlement-cadre (92) fixe les dispositions générales. Il envisage notamment la question de la coopération entre civils et militaires sur les questions de gestion du trafic aérien. Un comité de gestion dit du ciel unique aura en charge de veiller à la prise en compte des intérêts de toutes les catégories d'usagers du ciel aérien. Eurocontrol sera associé à l'élaboration des mesures d'exécution rentrant dans son champ de compétence.

Le règlement sur l'espace aérien porte sur l'organisation et l'utilisation de l'espace aérien (93). Il fixe la séparation entre l'espace aérien dit supérieur et inférieur (au niveau de vol 285). Dans cette optique, l'espace aérien supérieur se voit divisé en plusieurs blocs d'espace aériens fonctionnels, dont la création et la gestion relèvent des États membres avec l'éventuelle assistance technique d'Eurocontrol. Dans ce contexte, plusieurs blocs régionaux se sont constitués, dont un groupe Royaume-Uni-Irlande et un groupe Danemark-Suède. Récemment la France, l'Allemagne, les trois pays du Benelux auxquels s'est jointe la Suisse ont conclu un traité le 2 décembre 2010 instituant le Fabec (94), qui permet une gestion facilitée de l'espace aérien des États membres signataires et vise aussi à renforcer la sécurité aérienne (95)

(88) L. Grard, « Enfin la dir. redevances aéroportuaires », *Rev. Droit des transports* 2009, comm. 147.

(89) CJUE, 12 mai 2011, *Luxembourg c. PE et Conseil*, aff. C-176/09, NEPR.

(90) N° 868/2004, *JOUE* L 162, 30 avr. 2004.

(91) Règlement n° 411/2004 du 26 févr. 2004, *JOUE* L 68, 6 mars 2004.

(92) N° 549/2004, *JOUE* L 96, 31 mars 2004.

(93) N° 551/2004, *JOUE* L 96, 31 mars 2004.

(94) Functionnal Airspace Block Europe Central.

(95) L. Grard, « Droit européen des transports 1er janv. 2010-31 déc. 2010 », *RTDE* 1/2011, p. 217 et s. notamment p. 230.

Pour sa part, le règlement sur la fourniture de services (96) vise à définir des exigences communes pour garantir des prestations de services aériens de manière sûre et efficace tout en respectant les critères de continuité et d'interopérabilité. Il établit un système harmonisé de certification et contient des règles pour la désignation des prestataires de service. En conséquence, le Conseil a pu adopter le 6 décembre 2006 un système commun de tarification des services de navigation aérienne (97). Enfin, le règlement sur l'interopérabilité (98) vise à assurer l'interopérabilité entre les différents systèmes composant le réseau européen de gestion du trafic aérien. Il tend également à assurer l'introduction de nouveaux concepts d'exploitation et de technologie dans le domaine de la gestion du trafic aérien.

B. Règles de sécurité

931 **Aéronefs.** Les règles de sécurité occupent une place capitale en matière de transport aérien. Les procédures de certification des aéronefs font l'objet d'un règlement du 16 décembre 1991 (99) relatif à l'harmonisation des règles techniques et des procédures administratives, concernant plus particulièrement la conception, la fabrication, l'exploitation et l'entretien des aéronefs. De plus, à la suite d'un certain nombre de catastrophes aériennes, ayant mis en lumière de sérieuses carences en matière de sécurité aérienne, la Commission a présenté plusieurs propositions prévoyant un système de surveillance des avions étrangers, notamment des pays peu sûrs. Ceci s'est concrétisé dans une directive du 21 avril 2004 concernant la sécurité des aéronefs des pays tiers empruntant les aéroports européens (100) autorisant des contrôles renforcés sur les aéronefs originaires de ces pays. La directive vise à harmoniser les procédures de contrôle afin d'établir un niveau élevé et uniforme de sécurité. Elle prévoit des inspections et contrôles dans tous les aéroports situés dans les États membres. Des échanges réguliers d'information sont également envisagés.

932 **Compagnies peu sûres.** La multiplication de catastrophes, notamment celle de Charm el-Sheik du 3 janvier 2004 ainsi que les incidents de l'été 2005 (constat de l'insécurité de plusieurs compagnies publiques ou privées étrangères) ont amené le législateur européen à accélérer le processus de protection des citoyens et usagers européens du transport aérien et à compléter la directive n° 2004/36. Un règlement du 14 décembre 2005 (101) se penche sur la question des informations à diffuser auprès des passagers et sur l'établissement d'une liste de compagnies européennes et étrangères peu sûres. L'information concerne surtout l'établissement d'une liste noire de compagnies douteuses. Il appartient aussi au transporteur aérien contractant d'informer le passager sur l'identité effective ou probable de la compagnie effectuant le vol et ce au moment de la réservation du billet. En cas de changement, cette information doit être communiquée au plus tard au moment des formalités d'enregistrement. Ces règles s'appliquent au

(96) N° 550/2004, *JOUE* L 96, 31 mars 2004.
(97) Règlement n° 1794/2006, *JOUE* L 341, 7 déc. 2006.
(98) N° 552/2004, *JOUE* L 96, 31 mars 2004.
(99) N° 3922/91, *JOCE* L 373, 31 déc. 1991.
(100) N° 2004/36, *JOUE* L 143, 30 avr. 2004.
(101) N° 2011/2005, *JOUE* L 344, 27 déc. 2005.

départ d'aéroports européens ou au départ d'aéroports de pays tiers si le transporteur aérien contractant possède la nationalité d'un État membre de l'Union (102).

S'agissant de la liste « noire », elle concerne des compagnies qui ne satisfont pas aux exigences de sécurité communes. Ces transporteurs font alors l'objet d'une interdiction d'exploitation dans toute l'Union européenne. En vue de l'établissement de la liste, chaque État membre communique à la Commission l'identité des transporteurs aériens faisant l'objet d'une interdiction sur son propre territoire. Ensuite dans le délai d'un mois et sur la base de critères communs, la Commission établit la liste. Les critères à prendre en compte consistent dans des manquements avérés aux règles de sécurité, dans la réticence ou les carences de la compagnie à se soumettre aux contrôles et inspections prévus par la réglementation, dans la capacité ou la réticence des autorités de surveillance normalement compétentes à exercer ces contrôles. La liste fait l'objet d'actualisation régulière tous les trois mois. Elle est publiée au *Journal officiel de l'Union européenne* (103).

933 **Agence de sécurité.** Par ailleurs, un règlement du 15 juillet 2002 institue une agence européenne de la sécurité aérienne (104). Cet organisme qui vient compléter une panoplie déjà bien étoffée d'offices et d'agences européens de toute nature dispose de la personnalité juridique et d'une structure administrative complète à la tête de laquelle se trouve un directeur exécutif. Ses principales missions conformément à la jurisprudence *Meroni* ne peuvent être que d'exécution, néanmoins elle exerce également des fonctions d'expertise, de soutien technique auprès de la Commission, d'inspection et d'enquête. Sur le plan législatif, un règlement du 29 avril 2004 instaure des règles communes dans le domaine de la sûreté de l'aviation civile (105). Un règlement du 20 février 2008 (106) étend les compétences de l'agence. Limitées jusqu'alors aux questions liées à la certification des produits aéronautiques, elles s'étendront dorénavant aux exigences essentielles applicables aux personnes et organismes intervenant dans l'exploitation des aéronefs. Entrent également dans le champ des compétences de l'agence les mesures applicables aux pilotes (licences, temps de vol) ainsi qu'à leur formation (107).

934 **Navigation aérienne.** Étroitement liées aux questions de sécurité, celles de la navigation aérienne se posent avec acuité dans un espace aérien aussi chargé, voire saturé, que le ciel européen. L'organisation Eurocontrol, instituée en 1960 et réorganisée en 1981 par une convention internationale pourrait se voir chargée de la gestion de l'espace aérien européen. La Commission plaide vigoureusement en ce sens et a proposé le 13 novembre 1996 une recommandation au Conseil en vue d'ouvrir des négociations, permettant de définir les pouvoirs d'un nouvel Eurocontrol (108). Dans l'immédiat, un

(102) L. Grard, « Un an de droit européen des transports 1er sept. 2007 – 31 août 2008 », *RTDE* 1-2009, p. 155.

(103) Pour la première liste : règlement n° 474/2006 du 22 mars 2006, *JOUE* L 84, 23 mars 2006 ; dernière mise à jour de la liste : 24 juill. 2008, IP/08/1205.

(104) N° 1592/2002, *JOUE* L 240, 7 sept. 2002, v. Chron. L. Grard, *op. cit.*

(105) N° 849/2004, *JOUE* L 158, 30 avr. 2004.

(106) N° 216/2008, *JOUE* L 79, 19 mars 2008.

(107) V. Correia, « La coopération de l'agence européenne de la sécurité aérienne, des États membres et des industriels au sein du système européen de la sécurité aérienne », *CDE* 5/6-2010, p. 587 et s.

(108) Rapport général d'activité 1996, n° 396 et rapport général 1997, n° 487.

règlement du 21 avril 2004 fixe des règles communes en ce qui concerne l'attribution de créneaux horaires dans les aéroports de l'Union (109).

C. Compétence externe

935 **Étendue de la compétence de l'Union.** Le volet externe de la compétence de l'Union en matière de transport aérien figure parmi les questions les plus préoccupantes et controversées. Certains aspects liés à la politique commerciale commune ne soulèvent cependant pas de difficultés. Ainsi l'Union a-t-elle pu se doter d'un dispositif lui permettant de lutter contre les subventions ou les pratiques déloyales de pays tiers en matière de fourniture de services de transport aérien causant des préjudices à des transporteurs aériens européens (110). Mais plus globalement, l'Union est-elle habilitée à conclure avec des pays tiers des accords de répartition des droits de trafic aérien ou d'accès au marché, aux lieu et place des États membres et sur quelle base juridique ? Certains États, se fondant sur l'article 100 § 2 TFUE et sur la relative minceur des pouvoirs de l'Union dans le domaine du transport aérien lui dénient toute compétence décisionnelle sur ce terrain. La Commission, au contraire, appelle en renfort la politique commerciale commune et fait valoir les nombreux intérêts qui découleraient d'une approche commune : gestion facilitée de plus de six cents accords bilatéraux, harmonisation des politiques nationales, meilleur contrôle de l'espace aérien et des normes de sécurité et surtout puissance renforcée de l'Europe face aux États-Unis, qui n'hésitent pas à jouer de la division des États européens et obtiennent des accords souvent déséquilibrés à leur profit (accords « Open Sky »).

936 **Développements jurisprudentiels.** En juin 1996, et là encore dans la perspective de la libéralisation totale de l'espace aérien européen au 1er avril 1997, la Commission a obtenu une satisfaction partielle. Conformément à l'ex-article 300 CE (devenu 218 TFUE), le Conseil lui a accordé un mandat de négociation pour ouvrir des pourparlers avec l'administration américaine. Dans un premier temps, les négociations se limiteront aux questions techniques et de sécurité et porteront aussi sur le contenu du dispositif réglementaire encadrant le transport aérien. Mais ultérieurement, et sous réserve de l'accord du Conseil, la Commission pourrait négocier avec les États-Unis les conditions d'accès réciproques aux marchés (droits de trafic) tant sur l'espace aérien européen qu'américain. Sur recours de la Commission, la Cour de justice a vidé la querelle et s'est prononcée clairement en faveur de la compétence exclusive de l'Union pour conclure des accords de transport et de desserte aériens avec les États-Unis ou d'autres partenaires étrangers (111). Elle a ce faisant infléchi sa doctrine issue de l'avis 1/94 sur le parallélisme de la compétence interne et de la compétence externe.

(109) N° 739/2004, *JOUE* L 138, 30 avr. 2004.

(110) Règlement n° 868/2004 du 21 avr. 2004, *JOUE* L 162, 30 avr. 2004.

(111) CJCE, 5 nov. 2002, *Commission c. Danemark, Suède, Finlande, Belgique, Luxembourg, Autriche, Allemagne*, aff. C-467, 468, 469, 471, 472, 475 et 476/98, *Rec.* I-9519 ; *Europe* janv. 2003, n° 2 et 10, note F. Mariatte ; pour une illustration plus récente : CJCE, 24 avr. 2007, *Commission c. Pays-Bas*, aff. C-523/04, *Rec.* I-3267.

937 **Accord Union-États-Unis.** Suite à cette jurisprudence, le Conseil ainsi que les États membres ont conclu un accord avec les États-Unis le 30 avril 2007 (112), ce qui au passage indique qu'il s'agit d'un accord mixte et que la compétence exclusive de l'Union n'est pas totale. Un des éléments essentiels de l'accord réside dans le fait que le concept de *transporteur aérien communautaire* a été reconnu par les États-Unis, ce qui entraîne la suppression de toute restriction en matière d'exploitation de services aériens entre l'Union européenne et les États-Unis. Cet accord reconnaît aux parties les droits de trafic des troisième et quatrième libertés reconnues par l'OACI (droit d'embarquer et de débarquer des passagers ou marchandises entre deux États). Les droits de la cinquième liberté (poursuite du vol vers un troisième État ou en provenance d'un troisième État) sont également reconnus. Il en résulte notamment que de même que les États-Unis pouvaient déjà desservir à partir de leur territoire des aéroports de plusieurs États membres de l'Union, les transporteurs aériens européens pourront à partir de l'espace aérien européen (AECE) desservir plusieurs points à l'intérieur des États-Unis. En revanche, le cabotage est expressément exclu.

L'accord prévoit aussi des dispositions en matière de sécurité, de sûreté, de concurrence, d'aides d'État et de protection de l'environnement. Il prévoit aussi la création d'un comité mixte de consultation et le recours possible à une procédure d'arbitrage. L'accord entrera en vigueur après accomplissement des procédures internes propres à chaque partie et en tout état de cause à titre provisoire à compter du 30 mars 2008. Durant cette période les accords bilatéraux actuellement existants – au nombre de vingt-deux – sont suspendus. À compter de mai 2008, une seconde étape de négociation s'est ouverte portant sur une libéralisation supplémentaire des droits de trafic, des possibilités accrues en matière d'investissement, la poursuite des efforts en matière de protection de l'environnement, etc. (113).

938 **Données personnelles des voyageurs.** À la suite des attentats du 11 septembre, le gouvernement américain a exigé des compagnies aériennes qu'elles fournissent un accès électronique aux dossiers des passagers en partance vers les États-Unis. Après moult tergiversations notamment sur le nombre et la nature des données personnelles des passagers susceptibles d'être transmises aux autorités américaines, le Conseil a finalement conclu un accord en ce sens avec les États-Unis le 17 mai 2004 (114). Pour sa part et en application de la directive du 24 octobre 1995, la Commission avait adopté le 14 mai 2004 (115) une décision relative au niveau de protection des données transférées au bureau des douanes américaines. Au total 34 catégories de données (noms, numéros de cartes de crédit, numéros de téléphone, etc.) pouvaient ainsi être transmises. La conclusion de cet accord se justifiait selon les deux exécutifs européens par la nécessité de poursuivre les relations transatlantiques en matière aérienne, les autorités américaines menaçant en effet de refuser le droit d'atterrissage aux compagnies non couvertes ou les exposant à de fortes amendes (116).

(112) Décision du Conseil du 25 avr. 2007, *JOUE* L 134, 25 mai 2007.

(113) D. Paola Bourqui, « Vers un espace aérien ouvert entre l'Europe et les États-Unis... », *RDUE* 3/2007, p. 661 et s. ; L. Grard, « Ciel ouvert entre l'Union européenne et les États-Unis. Enfin ! Déjà ? Bientôt... », *RMCUE* n° 526, mars 2009, p. 145 et s.

(114) *JOUE* L 183, 20 mai 2004.

(115) N° 2004/535, *JOUE* L 235, 15 juin 2004.

(116) *Europe* juill. 2004, n° 256, note F. Mariatte.

La conclusion de cet accord a provoqué de vives résistances notamment du Parlement européen, hostile à ce processus au nom de la défense des droits des citoyens européens. Sa consultation avait, de plus, été réduite à la portion congrue. Finalement, il a formé un recours en annulation tant contre la décision de conclusion de l'accord par le Conseil que contre celle prise par la Commission. La Cour a rendu son arrêt le 30 mai 2006 (117). La Cour de justice a suivi le Parlement européen et annulé les décisions des deux exécutifs. L'annulation porte cependant essentiellement sur le choix d'une base juridique erronée. En effet, la décision de la Commission concernant des problèmes de sécurité publique à des fins répressives ne pouvait se fonder sur la directive du 24 octobre 1995. Quant à la décision du Conseil fondée elle sur l'ex-article 95 CE (marché intérieur), elle encourt le même reproche. La Cour semble donc avoir estimé qu'un tel accord devrait relever de l'ex-troisième pilier de l'Union. Sur cette base un nouvel accord PNR a été conclu les 23 et 27 juillet 2007. Il ne fait référence à aucune base juridique précise, tout en prenant la forme d'une décision PESC/JAI (118). Le nouveau texte entend néanmoins respecter les droits fondamentaux tels que prévus à l'ex-article 6 § 2 TUE. Mais sur le fond, il allonge la liste des données personnelles des voyageurs susceptibles d'être transmises aux autorités américaines et élargit aussi le nombre d'agences ou organismes américains en mesure d'y avoir accès.

§ 3. LE TRANSPORT MARITIME

939 Celui-ci connaît sur le plan économique une évolution inverse du transport aérien. En effet, depuis 1970, la situation des flottes marchandes n'a cessé de se dégrader. En 1993, la flotte européenne ne représente plus que 13 % du tonnage mondial. S'il est vrai que le trafic mondial par voie maritime décroît régulièrement, le déclin des flottes européennes est beaucoup plus accusé et s'explique dans une large mesure par la montée en puissance des pavillons de complaisance.

Sur le plan juridique, il faudra attendre les importantes décisions de la Cour sur la politique commune des transports pour que se dessine une action commune dans le secteur du transport maritime. Plusieurs règlements du 22 décembre 1986 (119) permettent d'y introduire les libertés de base (A) et de régler certains problèmes relevant de l'intégration positive (B).

A. Libre circulation

940 **Droit d'établissement.** En dehors de la traditionnelle question de la reconnaissance des diplômes ou des titres de qualification professionnelle (120), la liberté d'établissement se trouve étroitement dépendante du problème de l'immatriculation des navires. Il

(117) CJCE, 30 mai 2006, *Parlement c. Conseil de l'UE et Commission*, aff. C-317 et 318/04, *Rec.* I-4721 ; note V. Michel, *RTDE* 3-2006, p. 535 ; note E. Dirrig, *RDUE* 3-2006, p. 698 ; note M-C. Lang, *RAE* 2/2006, p. 341.

(118) *JOUE* L 51, 4 août 2007.

(119) N° 4055, 4056, 4057, 4058 et 4059/86, *JOCE* L 378, 31 déc. 1986.

(120) Dir. n° 2001/25 du 4 avr. 2001, *JOCE* L 136, 18 mai 2001 ; dir. n° 2005/45 du 7 sept. 2005, relative à la reconnaissance mutuelle des brevets des gens de mer, *JOUE* L 255, 30 sept. 2005.

s'agit en réalité d'un problème d'octroi de la nationalité, pour lequel les États membres sont seuls compétents. Néanmoins, au nom du principe d'égalité de traitement, la Commission comme la Cour de justice ont œuvré en faveur de la reconnaissance du droit d'immatriculation des navires, au profit de l'ensemble des ressortissants de l'Union. En matière de pêche, la Cour s'est opposée aux tendances protectionnistes de certains États, comme la Grande-Bretagne ou l'Irlande, visant à réserver leur pavillon aux seuls navires appartenant à des nationaux ou fixant des conditions excessives de résidence ou de composition de l'équipage des navires (121). Néanmoins, la Cour, conformément d'ailleurs aux règles générales du droit international public (convention de Montego Bay du 10 décembre 1982), ne rejette pas l'application de la règle du lien substantiel devant exister entre le navire et l'État du pavillon (122). Dans une jurisprudence récente, la Cour retient une conception très utilitariste de la nationalité des navires. Celle-ci, même ouverte aux ressortissants d'autres États membres ne doit pas s'avérer en soi constitutive d'une entrave à la liberté d'établissement. Il en va ainsi d'une législation néerlandaise qui oblige *de facto* les armateurs à modifier la structure de leur société pour pouvoir se faire immatriculer aux Pays-Bas (123).

Si le droit d'établissement bénéficie ainsi au transport maritime, la Commission n'a pu faire aboutir un projet de création d'un registre communautaire d'immatriculation des navires (projet EUROS), qui aurait pu constituer un frein au glissement des navires européens vers les pavillons de complaisance (124). En compensation, un règlement du Conseil du 4 mars 1991 (125) prévoit les modalités de changement de registre des navires, à l'intérieur de l'Union. Ce transfert doit se faire à conditions de sécurité égales, et l'État d'accueil est en droit de vérifier, par une inspection spéciale, la conformité des navires et de leur équipement aux normes et conventions internationales. La Commission dispose d'un pouvoir de contrôle et même d'annulation des décisions prises par les États.

941 **Libre prestation de services.** Celle-ci découle de deux textes. D'abord, un règlement du Conseil du 22 décembre 1986 (126) relatif au transport intra-communautaire, qui étend cette liberté tant au transport de marchandises que de voyageurs, pour les relations de port à port, d'un État membre à un autre, avec en corollaire l'incompatibilité de toute taxe ou droit d'embarquement discriminatoire selon que le transport s'effectue entre ports de plusieurs États membres ou ports d'un seul État (127). Cette liberté devrait jouer également dans les relations avec les pays tiers, mais sa mise en œuvre s'est heurtée à diverses difficultés (128). En revanche, ce même texte excluait le cabotage purement

(121) CJCE, 19 janv. 1988, *Pesca Valentia*, aff. 223/86, *Rec.* 83 ; 17 nov. 1992, *Commission c. Royaume-Uni*, aff. C-279/89, *Rec.* I.-5785.

(122) CJCE, 14 déc. 1989, *The Queen*, aff. C-3/87, *Rec.* I.-4459.

(123) CJCE, 14 oct. 2004, *Commission c. Pays-Bas*, aff. C-299/02, *Rec.* I-9761.

(124) Communication du 29 juill. 1989.

(125) N° 613/91, *JOCE* L 68, 15 mars 1991.

(126) N° 4055/86, *JOCE* L 378, 31 déc. 1986.

(127) CJCE, 19 févr. 2002, *Commission c. Italie*, aff. C-295/00, *Rec.* I-1737.

(128) Eu égard notamment à des accords préférentiels conclus par certains États membres avec des pays tiers antérieurement à leur adhésion à l'Union européenne : CJCE, 4 juill. 2000, *Commission c. Portugal*, aff. C-62/98 et C-84/98, *Rec.* I-5171 et 5215 ; v. à propos d'une taxe néerlandaise pour assistance à la navigation et justifiée par des raisons de sécurité publique : CJCE, 13 juin 2002, *Sea Land Service Inc*, aff. C-430 et 431/99, *Rec.* I-5235 ; CJCE, 14 nov. 2002, *Geha Naftiliaki*, aff. C-435/00, *Rec.* I-10615 (à propos de droits portuaires

national de son champ d'application. Un règlement du 7 décembre 1992 (129) vient pallier cette lacune. Ce texte reconnaît le droit de cabotage, au profit des armateurs européens exploitant des navires immatriculés dans l'un quelconque des États membres. De plus, il donne du cabotage une définition large, puisque incluant non seulement le trafic de port à port d'un État membre (marchandises et voyageurs), mais aussi les relations avec les installations offshore ou bien le cabotage avec les îles (130). Il prévoit également, pour ce qui concerne l'équipage, l'application de la loi du pays d'accueil. Cependant de nombreuses dérogations subsistent, notamment pour les services effectués en Méditerranée, ou bien encore pour le cabotage avec les îles (Corse) pour ce qui concerne la réglementation sociale applicable aux équipages des navires (131). De même les activités de service public liées au cabotage maritime entre deux ou plusieurs îles peuvent justifier de la part des armateurs l'obtention d'autorisations administratives préalables sous réserve des principes de nécessité et de proportionnalité (132).

B. Questions liées à l'intégration positive

942 **Concurrence.** La politique commune du transport maritime comprend une application des règles de concurrence du traité (133) avec cependant une certaine spécificité résultant de la possibilité pour la Commission d'adopter un règlement d'exemption par catégorie, pour les consortiums maritimes constitués entre armateurs (134). Les règles sur les aides d'État s'appliquent naturellement (135) sous réserve de la jurisprudence *Ferring-Altmark* relative aux compensations de service public (136).

943 **Sécurité et environnement.** Elle englobe aussi un volet social important, concernant la libre circulation et la protection sociale des marins, ainsi que la protection de la santé et de la sécurité du travail. En outre, sur le plan de l'environnement et de la sécurité en mer, une directive du 14 septembre 1993 fixe les conditions minimales exigées des navires transportant des marchandises dangereuses ou polluantes (137) et une autre du 20 décembre 1996 réglemente les équipements, à bord des navires, destinés à renforcer la sécurité maritime et à prévenir la pollution en mer (138). De même une directive du 5 mars 2002 modifie de manière importante les règles et normes de sécurité pour les

différents selon que s'opèrent des liaisons intracommunautaires ou avec des pays tiers) ; CJUE, 4 févr. 2010, *Commission c. Espagne*, aff. C-18/09, *Rec.* I-13 sommaire (réductions et exemptions discriminatoires de taxes portuaires espagnoles).

(129) N° 3577/92, *JOCE* L 364, 12 déc. 1992.

(130) À propos du cabotage en direction du Péloponnèse : CJCE, 21 oct. 2004, *Commission c. Grèce*, aff. C-288/02, *Rec.* I-10071.

(131) CJCE, 6 avr. 2006, *Agip petroli*, aff. C-465/04, *Rec.* I-3395.

(132) CJCE, 20 févr. 2001, *Asociacion Profesional de Empresas Naviera de Linea Regulares (ANALIR)*, aff. C-205/99, *Rec.* I-1271.

(133) Règlement préc., n° 4056/86 du 22 déc. 1986.

(134) Règlement n° 475/92 du Conseil du 25 févr. 1992, *JOCE* L 55, 29 févr. 1992 ; règlement n° 870/95 de la Commission du 20 avr. 1995, *JOCE* L 89, 21 avr. 1995.

(135) TPICE, 15 juin 2005, *Corsica ferries*, aff. T-349/03 (aides à la SNCM), *Rec.* II ; TPICE, 15 juin 2005, *Fred Olsen*, aff. T-17/02, *Rec.* II-2031.

(136) V. *infra*, 1324 et s.

(137) *JOCE* L 247, 5 oct. 1993.

(138) *JOCE* L 46, 17 févr. 1997.

navires transportant des passagers (139). À la charnière de la sécurité et de l'environnement, une directive n° 2002/84 et un règlement n° 2099/2002 du 5 novembre 2002 s'efforcent de lutter contre la pollution marine par les navires en même temps qu'ils entendent mieux assurer la sécurité du milieu marin et les conditions de vie et de travail à bord des navires (140).

Suite à la catastrophe de l'Erika, les États membres se sont accordés en décembre 2000 pour renforcer la sécurité maritime de l'Union. L'accord porte sur trois projets de directives et règlements. La première directive (141) vise à renforcer et à harmoniser la qualité des organismes d'inspection et de visite des navires. Les pouvoirs de la Commission dans la mise en œuvre des procédures d'agrément seraient revus à la hausse. Le deuxième texte (142) concerne l'amélioration des contrôles dans les ports et prévoit le bannissement des eaux européennes des navires qualifiés « d'à haut risque » ou « à très haut risque ». Ceux-ci ne pourront plus rentrer dans les ports d'Europe s'ils y ont été immobilisés au moins deux fois sur une période de trois ans, car considérés comme dangereux. Enfin le troisième texte concerne la généralisation des pétroliers dits « à double coque » ou des normes de protection équivalentes pour les pétroliers à simple coque (143). Néanmoins des divergences subsistent quant au rôle respectif en la matière de l'Union européenne et de l'Organisation maritime internationale (OMI) souvent plus timorée. Finalement une déclaration politique s'efforce de lever la controverse (144).

944 **Renforcement du dispositif.** La récente catastrophe du Prestige à proximité des côtes espagnoles et françaises n'a fait qu'attiser l'exaspération et relancer les réflexions. La Commission propose l'accélération de la mise en œuvre du paquet législatif adopté au lendemain de l'affaire de l'Erika : suppression des pétroliers à simple coque, interdiction pour ceux-ci de transporter du fioul lourd, renforcement des contrôles du trafic maritime à proximité des côtes, création d'un fonds supplémentaire d'indemnisation pour les victimes et renforcement des sanctions pénales. Outre les bonnes recommandations un certain nombre de mesures concrètes ont pu être adoptées parmi lesquelles une directive du 27 juin 2002 (145) destinée à imposer des conditions de navigation supplémentaires afin de renforcer la sécurité en mer et prévenir les accidents. Il en va de même d'une directive du 18 février 2002 relatives aux formalités d'entrée et de sortie des ports des États membres (146). De la même manière a été adoptée une directive du 6 octobre 2005 relative à l'amélioration de la sûreté des ports (147). Celle-ci prévoit la définition d'un plan de sûreté dans chaque port et la nomination d'un agent de sécurité.

945 **Agence de sécurité.** Les difficultés croissantes du transport maritime ont également incité les États membres à l'instar du transport aérien à décider le 27 juin 2002 de la

(139) N° 2002/25, *JOCE* L 98, 15 avr. 2002.
(140) *JOCE* L 324, 29 nov. 2002.
(141) Dir. n° 2001/105 du 7 déc. 2001, *JOCE* L 98, 22 janv. 2001.
(142) Dir. n° 2001/106 du 7 déc. 2001, *JOCE* L 19, 22 janv. 2001.
(143) Règlement n° 417/2002 du 18 févr. 2002, *JOCE* L 64, 7 mars 2002.
(144) Sur l'état d'avancement de ces projets : *Bull. UE* 5/2001, n° 1.4.62 à 1.4. 64.
(145) N° 2002/59, *JOCE* L 208, 5 août 2002.
(146) N° 2002/6, *JOCE* L 67, 9 mars 2002.
(147) N° 2005/65, *JOUE* L 310, 25 nov. 2005 ; *RDUE* 3-2005, p. 626.

création d'une agence européenne pour la sécurité maritime (148). Cet organisme indépendant a pour mission d'assister la Commission lors de l'élaboration de textes législatifs, de surveiller l'application qui en est faite par les États membres, de coordonner les activités d'enquête à la suite d'incidents et plus globalement d'exercer des fonctions de conseil, d'expertise et d'assistance (149).

Un troisième paquet « sécurité maritime » a été adopté le 23 avril 2009. Il s'agit une nouvelle fois de renforcer les pouvoirs de contrôle de l'État du port, de mieux remédier aux conséquences des accidents et de responsabiliser les propriétaires de navires. Il est formé de huit textes (six directives et deux règlements) (150). Les principales questions évoquées ont trait aux organismes habilités à effectuer les inspections sur les navires, aux normes à respecter en l'espèce, à la mise en place d'un système européen de suivi du trafic des navires et d'information, ainsi qu'aux pouvoirs tant de l'État du port que de l'État du pavillon (151).

946 **Sanctions pénales.** Une directive du 7 septembre 2005 (152) se penche sur la question des sanctions notamment pénales en cas de pollution causée par les navires, qu'il s'agisse de catastrophes du genre Erika ou Prestige ou de rejets volontaires en vue de nettoyage des citernes ou autres. La directive prévoit que de tels comportements prohibés par le droit de l'Union doivent être susceptibles de sanctions pénales, pouvant aller s'il s'agit de personnes physiques jusqu'à des peines d'emprisonnement. Une décision-cadre du 12 juillet 2005 (153) vise à contraindre les États membres à prévoir des sanctions pénales « effectives, proportionnées et dissuasives » pouvant aller jusqu'à trois ans d'emprisonnement. Suite à l'arrêt de la Cour du 13 septembre 2005, qui avait estimé que les sanctions pénales en matière d'environnement pouvaient relever en partie de l'ex-premier pilier (154), la décision-cadre précitée a subi le même sort (155). Il a donc fallu au législateur européen remédier au vide juridique, ce qu'il a fait par le biais d'une directive du 21 octobre 2009 qui reprend l'essentiel du texte antérieur sous réserve de diverses modifications techniques (156).

(148) Règlement n° 1406/2002, *JOCE* L 208, 5 août 2002.

(149) Sur cet organisme v. article L. Grard, *op. cit.*

(150) *JOUE* L 131, 28 mai 2009.

(151) A. Cudennec (dir.), « Chronique maritime », *RMCUE* n° 535, févr. 2010, p. 120 et s.

(152) N° 2005/35, *JOUE* L 255, 30 sept. 2005 ; *RDUE* 2-2005, p. 382.

(153) N° 2005/667, *JOUE* L 255, 30 sept. 2005.

(154) CJCE, 13 sept. 2005, *Commission c. Conseil*, aff. C-176/03, *Rec.* I-7879 ; *Europe* nov. 2005, n° 369, note D. Simon.

(155) CJCE, 23 oct. 2007, *Commission c. Conseil*, aff. C-440/05, *Rec.* I-9097.

(156) 2009/123, *JOUE* L 280, 27 oct. 2009 ; A. Cudennec (dir.), « Chronique maritime », *RMCUE* n° 542, oct.-nov. 2010, p. 611.

BIBLIOGRAPHIE

I. Ouvrages

J. Aussant et R. Fornasier, « Politique commune des transports », *in Commentaire Mégret, Le droit de la CEE*, tome 3, Bruxelles, 1990, 2e éd., p. 191-327 ■ A. Bellatyer-Roille, *Le transport maritime et les politiques de sécurité de l'Union européenne*, Apogée, Rennes, 2000 ■ R. Bieber, F. Maiani, M. Delaloye, *Droit européen des transports, Dossiers de droit européen*, Helbing et Lichtenhahn, Bruylant, LGDJ, 2006 ■ L. Grard (dir.), *L'Europe des transports*, Travaux de la CEDECE, La Documentation française, 2005 ■ R. Greaves, *Transport Law of the European Community*, London, Athlone Press, 1991 ■ J. Lebullenger et D. Le Morvan (dir.), *La Communauté européenne et la mer*, Colloque CEDECE de Brest, Economica, 1990 ■ R. Manfrini, *Il traffico marittimo nel Diritto comunitario*, Torino, Giappichelli, 1994 ■ J. Naveau, *L'Europe et le transport aérien*, Bruylant, 1993 ■ Union des avocats européens (xiie Congrès), *L'Europe des transports. Régulation, Dérégulation. Impact du passage à l'euro*, Bruylant, 1999.

II. Articles, études et documents

D. Broussolle, « Transports », *Rép. Dalloz droit communautaire*, vol. 4 ■ D. Broussolle, « Transports terrestres (ferroviaires, fluviaux, routiers) », *Rép. Dalloz droit communautaire*, vol. 4, 2008 ■ P. Chaumette, « Transports maritimes », *Rép. Dalloz droit communautaire*, vol. 4, 2000 ■ V. Correia, « La coopération de l'agence européenne de la sécurité aérienne, des États membres et des industriels au sein *du* système européen de la sécurité aérienne », *CDE* 5/6-2010, p. 587 et s. ■ A. Cudennec (dir.), « Chronique maritime », *RMCUE* no 535, février 2010, p. 120 et s. ; *RMCUE* no 542, octobre-novembre 2010, p. 611 ; *RMCUE* mai 2011, p. 332 ■ E. Estienne-Henrotte, « Transports aériens », *Juris-Classeur Europe*, fasc. no 1130 à 1132 ■ A. Garde et M. Haravon, « De nouveaux droits pour les passagers aériens en Europe », *RMCUE* décembre 2006, no 503, p. 670 et s. ■ L. Gautier-Lescop, « La France a-t-elle enfin régulièrement transposé le premier paquet ferroviaire ? », *Europe* août-septembre 2010, p. 6 et s. ■ L. Grard, « Nouvelles régulations et nouveaux régulateurs dans le secteur des transports en Europe », *RMCUE* 2001, no 447, p. 258 ■ L. Grard, « Sécurité et transport dans l'Union européenne le recours aux agences de régulation », *Europe* octobre 2003, Chr., p. 4 ; « Droit européen des transports », *Juris-Classeur Europe* vol. 4 Fasc. 1130, 2009 ■ L. Grard, « Un an de droit européen des transports 1er septembre 2007 – 31 août 2008 », *RTDE* 1-2009 p. 137 et s. ■ L. Grard « Enfin la directive redevances aéroportuaires », *Rev. droit des transports* 2009, comm. 147 ■ L. Grard, « Ciel ouvert entre l'Union européenne et les États-Unis. Enfin ! Déjà ? Bientôt… », *RMCUE* no 526, mars 2009, p. 145 et s. ■ L. Grard, « Droit européen des transports, 1er janvier 2010-31 décembre 2010 », *RTDE* 1/2011, p. 217 et s. ■ F. Odier, « Transports maritimes », *Juris-Classeur Europe*, fasc. no 1140-1141 ■ D. Paola Bourqui, « Vers un espace aérien ouvert entre l'Europe et les États-Unis… », *RDUE* 3/2007, p. 661 et s. ■ S. Rodrigues, « Transports aériens », *Rép. Dalloz droit communautaire*, vol. 4, 2003 ■ M. Sousse, « Le règlement no 1370/2007 relatif aux services publics de transport de voyageurs par chemin de fer et par route », *Europe* juin 2008, p. 4 et s. ■ A. Subremon, « Les obligations de service public dans les transports aériens », *RMCUE* 1999, p. 606 ■ P. Vieu, « À propos de l'intégration de l'Europe des transports. Observations sur l'interprétation et l'application de la norme européenne : le cas du règlement OSP », *RTDE* 2-2010, p. 297 et s.

Nos 947 à 959 réservés.

CHAPITRE 2
CAPITAUX ET SERVICES FINANCIERS

960 L'article 58 TFUE reconnaît la spécificité des services financiers en liant la libre prestation de services dans le secteur des banques et des assurances à la libre circulation des mouvements de capitaux (section I). La lente progression de cette dernière qui ne s'est réalisée que sous la pression de l'Union économique et monétaire, de même que l'importance économique et stratégique des services financiers, qui conditionnent l'activité économique en général et dont sont tributaires également l'ensemble des consommateurs et épargnants expliquent que les gouvernements aient été longtemps hésitants face à des avancées importantes dans ces secteurs, qui sont ceux des activités bancaires (section II), de la bourse (section III) et des assurances (section IV) (1).

Les mesures adoptées jusqu'à présent conservent malgré tout un caractère parcellaire d'où l'idée dans la perspective de la réalisation d'un grand marché européen et de la mise en place de l'euro d'élaborer un plan d'action global pour les services financiers. Ce document adopté par la Commission en 1999 (2) prévoit quarante-deux mesures législatives ou non destinées à réaliser d'ici 2005 le marché intérieur des services financiers. Cette tâche immense dont un comité des sages présidé par M. Lamfalussy, ancien président de l'institut monétaire européen (3), s'est révélé le principal architecte, porte principalement sur la question des valeurs mobilières. Il donne également aux procédures de comitologie une place importante dans l'édiction des mesures d'exécution (4).

961 **Procédure Lamfalussy.** Celle-ci instaure en effet un régime de comitologie en partie spécifique en raison notamment des domaines couverts par ce dispositif (progressivement l'ensemble des services financiers) de la nature des comités mis en place (comités indépendants et représentatifs des États membres), de leur composition (de haut niveau parfois) et de leurs pouvoirs (plus précis que dans la comitologie « classique »). Sur

(1) Sur l'ensemble de la question : D. Servais (dir.), *Intégration des marchés financiers, Commentaire Mégret*, M. Dony (coord.), Éditions de l'Université de Bruxelles, 3e éd., 2007.

(2) M. Merlin, « Le plan d'action sur les services financiers », *RDUE* 4/2002, p. 687.

(3) Embryon de la future banque centrale européenne.

(4) *RMCUE* oct.-nov. 2004, n° 482, p. 617 ; B. Vaccari, « Le processus Lamfalussy : une réussite pour la comitologie et un exemple de bonne gouvernance européenne », *RDUE* 4-2005, p. 803 et s. ; B. Vaccari, « Le processus Lamfalussy : enjeux, leçons et perspectives », *RDUE* 1-2007, p. 41 et s.

cette base trois comités composés de régulateurs nationaux dans les trois domaines que représentent la bourse et les valeurs mobilières (CESR), le secteur bancaire (CEBS) et l'assurance (CECAPP) ont été mis en place entre 2001 et 2003.

962 **Nouveaux comités.** Conséquence de la grave crise financière que traverse l'Union européenne depuis 2008, les comités Lamfalussy ont été remplacés par trois nouvelles autorités européennes de supervision financière : l'autorité bancaire européenne (ABE), l'autorité européenne des assurances et des pensions professionnelles (AEAPP) et l'autorité européenne des marchés financiers (AEMF) (5). De plus, a été mis en place un système européen de supervision financière (6) au sein duquel se détache un comité européen du risque systémique (CERS) appelé à jouer, aux côtés de la Banque centrale européenne, le premier rôle dans le règlement de la crise actuelle (7).

SECTION I GÉNÉRALITÉS SUR LA LIBRE CIRCULATION DES CAPITAUX

§ 1. UNE LIBERTÉ ENCADRÉE

963 **Libre circulation des capitaux et autres libertés.** Il s'agit comme l'on sait d'une des quatre libertés originaires du marché commun (8). Liberté essentielle à l'origine dans la mesure où les mouvements de capitaux étaient alors réduits et fortement soumis au contrôle de la puissance publique, il en va quelque peu différemment aujourd'hui compte tenu de l'ouverture du marché unique. La libre circulation des capitaux y apparaît comme une évidence compte tenu de surcroît de la création de l'euro. De plus cette quatrième liberté a toujours fait figure de donnée complémentaire destinée essentiellement à faciliter la réalisation des deux autres libertés beaucoup plus fondamentales : celle des marchandises et celle des personnes.

Il reste que les rapports avec les autres libertés soulèvent des problèmes de plus en plus prégnants (9). S'il y a incompatibilité entre la libre circulation des capitaux et celle des marchandises, les deux régimes ne pouvant s'appliquer cumulativement (10), en revanche les relations s'intensifient avec la libre prestation de services (11) et la liberté d'établissement. Ainsi une prise de participation en capital dans une société constitue à la fois une manifestation de la liberté d'établissement, en particulier si elle

(5) *JOUE* L 331, 15 déc. 2010.

(6) Règlement n° 1092/2010 du 24 nov. 2010 et n° 1096/2010 du 17 nov. 2010, *JOUE* L 331, 15 déc. 2010.

(7) J.-V. LOUIS, « Le comité européen du risque systémique », *CDE* 5-6/2010, p. 645 et s.

(8) P. STEINFELD et P. VIGNERON, *in Libre circulation des capitaux*, C. BLUMANN (dir.), *Commentaire Mégret*, 3e éd., Éditions de l'Université de Bruxelles, 2006, p. 147 et s. ; P. JUILLARD, « Libre circulation des capitaux, le principe de libre circulation », *Juris-Classeur Europe*, vol. 3, fasc. n° 900, 2003.

(9) Sur l'ensemble de la question : P. STEINFELD et P. VIGNERON, *in Libre circulation des capitaux*, *op. cit.*, n° 346-348.

(10) V. *supra*, n° 437.

(11) CJCE, 3 oct. 2006, *Fidium Finanz AG*, aff. C-452/04, *Rec.* I-9521, *Europe* déc. 2006, n° 369, note F. KAUFF-GAZIN ; note P. VIGNERON et P. STEINFELD, *CDE* 1-2/2007, p. 239.

permet à son auteur de pouvoir peser sur le pouvoir de décision, mais aussi une forme de mouvements de capitaux. La Cour est de plus en plus souvent confrontée à ce type de situation. La tendance générale semble être d'appliquer simultanément le régime des deux libertés (12). Toutefois s'il s'agit de mesures qui affectent essentiellement les mouvements de capitaux, la Cour exclut l'application des autres libertés (13).

964 **Domaine de la LCC.** Les articles 63 à 66 TFUE distinguent très nettement entre les mouvements de capitaux proprement dits et les transferts de moyens de paiements qui eux ne représentent que l'accessoire des autres libertés. Ces derniers, encore qualifiés de paiements courants, sont libres depuis l'expiration de la période de transition. Une directive du 24 juin 1988 (14) dresse une liste des mouvements de capitaux : il s'agit essentiellement des investissements directs (acquisitions, création, extension d'entreprises ou de succursales, réinvestissement de bénéfices) ou bien d'opérations moins commerciales telles des investissements immobiliers (15), des opérations sur titres bancaires (achat d'actions ou d'obligations) des emprunts ou des dons (16) et successions (17) qui alimentent un abondant contentieux. Ainsi la Cour condamne-t-elle sur la base du principe de non-discrimination une législation allemande qui refuse des avantages fiscaux successoraux pour des biens immobiliers situés dans d'autres États membres (18). Cependant cette liste ne présente aucun caractère exhaustif (19). L'imposition des dividendes constitue au demeurant un sujet très actuel dans la jurisprudence de la Cour, notamment lorsque le régime fiscal diffère selon que les dividendes proviennent d'une société « nationale » ou d'un établissement établi dans un autre État membre (20).

965 **Libéralisation progressive.** Après quelques hésitations et une directive de 1960 qui a entendu libéraliser nombre d'opérations de capitaux, notamment les investissements directs et les opérations boursières, et alors même que certains États membres avaient pris l'initiative d'accélérer unilatéralement le calendrier, c'est dans le courant des années 1980 que le processus de libéralisation a véritablement pris son envol sous la double pression du marché unique et en toile de fond du projet de monnaie unique. La directive n° 88/361 du 24 juin 1988 décide de la suppression totale et inconditionnelle

(12) CJCE, 23 oct. 2007, *Commission c. Allemagne*, aff. C-112/05, *Rec.* I-8995 ; 23 avr. 2008, *The Test Claimants*, aff. C-201/05, *Rec.* I-2875, *Europe* juin 2008, n° 186 (imposition de dividendes au Royaume-Uni) ; 22 déc. 2008, *Truck Center*, aff. C-282/07, *Rec.* I-10767.

(13) CJCE, 13 avr. 2000, *Baars*, aff. C-251/98, *Rec.* I-2787 ; 5 mars 2002, *Reisch*, aff. C-515 à 540/99, *Rec.* I-2157.

(14) *JOCE* L 178, 8 juill. 1988.

(15) Y compris les résidences secondaires : CJCE, 5 mars 2002, *H. Reisch*, aff. C-515/99, *Rec.* I-2157 ; sur l'acquisition de biens fonciers en Autriche : CJCE, 15 mai 2003, *D. Saltzmann*, aff. C-300/01, *Rec.* I-4899 ; sur l'acquisition d'exploitations agricoles : CJCE, 25 janv. 2007, *Festersen*, aff. C-370/05, *Rec.* I-1129 ; *Europe* mars 2007, n° 84, note L. IDOT.

(16) CJCE, 27 janv. 2009, *Persche*, aff. C-318/07, *Rec.* I-359 ; *Europe* mars 2009, n° 122, note A. RIGAUX.

(17) CJCE, 23 févr. 2006, *Van Hilten van des Heidjen*, aff. C-513/03, *Rec.* I-1957 ; 12 févr. 2009, *Block*, aff. C-67/08, *Rec.* I-883.

(18) CJCE, 15 oct. 2009, *Gründstuckgemeinschaft Busley*, aff. C-35/08, *Rec.* I-9807.

(19) CJCE, 16 mars 1999, *Trummer Mayer*, aff. C-222/97, *Rec.* I-1661 ; même solution pour l'acquisition de terres agricoles : CJCE, 23 sept. 2003, *Ospelt*, aff. C-425/01, *Rec.* I-9743.

(20) Pour une illustration récente : CJCE, 20 mai 2008, *Orange European Smallcap*, aff. C-194/06, *Rec.* I-3747, *Europe* juill. 2008, n° 229, note L. IDOT ; CJUE, 1er juill. 2010, *Dijkman*, aff. C-233/09, NEPR.

de tous les mouvements de capitaux entre résidents des États membres avant le 1er juillet 1990 (21) avec cependant des possibilités de prolongation pour l'Espagne, le Portugal et la Grèce). Le traité de Maastricht prévoyait d'ailleurs que la première étape de l'UEM serait particulièrement marquée par la suppression de toutes les restrictions résiduelles aux mouvements de capitaux. Cette suppression concerne au demeurant non seulement les relations intracommunautaires mais également celles avec les pays tiers.

De plus la libre circulation des capitaux postule la suppression de toutes les discriminations fiscales fondées sur l'imposition du capital (22). Ainsi des régimes fiscaux d'imposition du capital immobilier (impôt sur la fortune, imposition de plus-values immobilières) ne peuvent s'appliquer différemment à des résidents et à des non-résidents sauf raison impérieuse d'intérêt général (23). La libre circulation implique aussi la condamnation de tous les régimes d'autorisation préalable entravant des mouvements de capitaux quels qu'ils soient (24), y compris lorsqu'il s'agit d'actions d'entreprises récemment privatisées (25). Seuls des régimes de déclaration préalable sont compatibles avec le traité, mais sous réserve que leur inobservation n'entraîne pas des sanctions disproportionnées (26). Comme dans le cadre des autres libertés fondamentales reconnues par le traité, et bien que celle des capitaux paraisse souvent dépourvue de tout lien avec le champ d'application du droit de l'Union en l'absence d'élément significatif d'extranéité, la Cour y entend très restrictivement la notion de situation purement intérieure (27).

§ 2. RESTRICTIONS À LA LIBERTÉ

966 **Restrictions fondées sur les traités.** L'article 63 TFUE admet des différences de traitement sur le plan fiscal dès lors qu'elles sont justifiées par des situations différentes tenant à la résidence (28) ou au lieu d'investissement des capitaux. Celles-ci sont cependant entendues d'une manière étroite comme toute atteinte à une liberté fondamentale reconnue par les traités (29). Au demeurant, en l'absence

(21) Reconnue d'effet direct par la CJCE, : 14 févr. 1995, aff. C-358/93 et C-416-93, *Rec.* I-361.

(22) CJCE, 11 déc. 2003, *Héritiers Barbier*, aff. C-364/01, *Rec.* I-15013 ; CJUE, 10 févr. 2011, *Missionwerk Werner*, aff. C-25/10, NEPR.

(23) CJCE, 11 oct. 2007, *Européenne et luxembourgeoise, d'investissements*, aff. C-451/05, *Rec.* I-8251, *Hollmann*, aff. C-443/06, *Rec.* I-8491, *Europe* déc. 2007, nº 336, note L. Idot.

(24) CJCE, 14 déc. 1995, *Sanz de Lera*, aff. C-163/93, *Rec.* I-4821 ; CJCE, 28 sept. 2006, *Commission c. Pays-Bas*, aff. C-282 et 283/04, *Rec.* I-9141, *Europe* nov. 2006, nº 310, note F. Mariatte (droits d'approbation préalable du gouvernement néerlandais dans des services postaux récemment privatisés).

(25) CJCE, 4 juin 2002, *Commission c. Portugal*, aff. C-367/98, *Rec.* I-4731, *Europe* août-sept. 2002, nº 286, note L. Idot ; J.-P. Kepenne, F. Lagondet et S. van Raepenbusch, « Chronique de jurisprudence de la CJCE, », *CDE* 3-4/2003, p. 477 ; 13 mai 2003, *Commission c. Espagne*, aff. C-463/00, *Rec.* I-4581 ; 23 oct. 2007, *Commission c. Allemagne*, aff. C-112/05, *Rec.* I-8995.

(26) CCJE, 1er déc. 2005, *Burtscher*, aff. C-213/04, *Rec.* I-10309.

(27) CJCE, 5 mars 2002, *H. Reisch*, cité *supra*, note sous nº 963, *Europe* mai 2002, nº 169, note A. Rigaux ; 23 févr. 2006, *Van Hilten Van der Heidjen*, aff. C-513/03, *Rec.* I-1957 ; 27 janv. 2009, *Persche*, aff. C-318/07, *Rec.* I-359.

(28) S'agissant de résidences secondaires : CJCE, 8 sept. 2005, *Blanckaert*, aff. C-512/03, *Rec.* I-7685.

(29) CJUE, 22 avr. 2010, *Verra Mattner*, aff. C-510/08, *Rec.* I-3553.

d'harmonisation fiscale européenne, rien n'interdit des situations de double imposition (30). Encore faut-il distinguer la double imposition « interétatique » de la double imposition « économique » consistant pour un État membre à frapper de deux impositions distinctes un même bien ou revenu. Dans ce dernier cas, une telle double imposition ne doit pas préjudicier aux ressortissants d'autres États membres (31). Les États peuvent aussi prendre des mesures restrictives justifiées par des raisons tirées de la protection de l'ordre public ou de la sécurité publique. Ils peuvent aussi à des fins d'information administrative ou statistique imposer des procédures de déclaration des mouvements de capitaux.

967 **Raisons impérieuses d'intérêt général.** On relève aussi une tendance récente du juge de l'Union à suivre le modèle de la libre circulation des marchandises ou des personnes et à admettre des restrictions qui pourraient se fonder sur des *exigences (ou raisons) impératives (ou impérieuses) d'intérêt général* du moins lorsque celles-ci sont indistinctement applicables (32), telle par exemple la nécessaire cohérence du système fiscal (33), trop souvent alléguée par les États membres mais qui aboutit assez rarement (34) ou bien encore, s'il s'agit d'une fondation, la promotion de la culture ou un haut niveau des formations universitaires (35). La sécurité des approvisionnements énergétiques peut aussi être invoquée (36). Comme en matière de LCP ou LPS, ces raisons impérieuses, non officiellement reconnues par les textes, ne présentent donc pas un caractère exhaustif (37) mais restent soumises au test de nécessité, non-discrimination et proportionnalité (38).

968 **États tiers.** Vis-à-vis des pays tiers, et quand bien même le principe de libre circulation trouve matière à s'y épanouir (39), des restrictions plus importantes peuvent s'appliquer. L'article 64 TFUE opère ainsi une distinction entre des restrictions existant au 31 décembre 1993 (40), qui paraissent en soi acceptables et les autres pour lesquelles le Parlement européen et le Conseil se prononçant selon la procédure législative ordinaire disposent d'un pouvoir normatif pour adopter des mesures relatives aux mouvements

(30) CJCE, 14 nov. 2006, *Kerckhaert et Morres*, aff. C-513/04, *Rec.* I-10967.

(31) CJCE, 6 mars 2007, *Meilicke Weyde et Stöffler*, aff. C-292/04, *Rec.* I-1835, *Europe* mai 2007, n° 134, note F. Mariatte.

(32) CJCE, 1er juin 1999, *Konle*, aff. C-302/97, *Rec.* I-3099 (aménagement du territoire).

(33) L'argument souvent évoqué est cependant rarement retenu : à propos d'un régime d'avoir fiscal en Finlande CJCE, 7 sept. 2004, *Petri Manninen*, aff. C-319/02, *Rec.* I-7477 ; *CDE* 3/4-2005, note Dassesse, p. 493.

(34) CJUE, 22 avr. 2010, *Verra Mattner*, aff. C-510/08, *Rec.* I-3553.

(35) CJCE, 14 sept. 2006, *Centro di Musicologia Walter Stauffer*, aff. C-386/04, *Rec.* I-8203 (exigence non établie en l'espèce).

(36) CJCE, 14 févr. 2008, *Commission c. Espagne*, aff. C-274/06, *Rec.* I-26, somm.

(37) La lutte contre la pression foncière ou le maintien des agriculteurs sur leurs terres peuvent donc constituer des raisons impérieuses d'intérêt général : CJCE, 23 sept. 2003, *Ospelt*, aff. C-452/01, *Rec.* I-9743 ; 17 janv. 2008, *Jäger*, aff. C-256/06, *Rec.* I-123.

(38) CJCE, 25 janv. 2007, *Festersen*, aff. C-370/05, Rec. I-1129 ; Europe mars 2007, n° 84, note L. Idot ; 1er oct. 2009, *Woninggstichting Sint Servatius*, aff. C-567/07, Rec. I-9021 (protection du logement social).

(39) CJCE, 14 déc. 1995, *Sanz de Lera*, aff. C-163/94, *Rec.* I-4821 ; 23 févr. 2006, *Héritiers de MEA van Hilten*, aff. C-513/03, *Rec.* I-1957.

(40) Pour un exemple récent : CJCE, 24 mai 2007, *Holböck*, aff. C-157/05, *Rec.* I-4051.

de capitaux à destination ou en provenance de pays tiers lorsqu'il s'agit d'investissements directs d'investissements immobiliers ou d'acquisitions boursières (41).

Il reste que le dispositif européen traduit une certaine méfiance à l'égard des pays tiers. Les articles 64 § 3 (ex-article 57 § 2) et 65 § 4 TFUE prévoient formellement l'hypothèse de « recul dans le droit de l'Union » en ce qui concerne les mouvements de capitaux avec les pays tiers. Le Conseil statue alors à l'unanimité selon une procédure législative spéciale. En cas d'inaction du Conseil sur cette base, la Commission peut intervenir à son tour, voire à nouveau le Conseil qui peut le cas échéant confirmer en statuant à l'unanimité des mesures fiscales restrictives prises par un État membre à l'encontre d'un pays tiers. De plus, l'article 66 TFUE instaure une clause de sauvegarde sur les mouvements de capitaux en cas de difficultés graves pour le fonctionnement de l'Union économique et monétaire. Enfin l'article 75 prévoit les implications en droit de l'Union de mesures d'embargo ou de boycott adoptées dans le cadre de la politique étrangère et de sécurité commune. De la même manière des mesures restrictives peuvent être édictées si un État membre se trouve dans l'une des situations envisagées à l'article 347 TFUE, à savoir état de guerre ou troubles intérieurs graves.

§ 3. PRÉOCCUPATIONS CONTEMPORAINES

A. Patriotisme économique et actions spécifiques

1. Manifestations politiques et économiques

969 **Bases du patriotisme économique.** Une tendance se fait jour dans certains États membres d'entraver la prise de possession de certaines entreprises ayant leur nationalité, qu'elles soient au demeurant publiques ou privées de façon à préserver une certaine forme d'indépendance nationale sur le plan économique (42). Le mouvement de libéralisation des entreprises du secteur public en a fourni quelques exemples, compte tenu en particulier des inégalités dans le rythme d'ouverture à la concurrence qui peut se produire d'un État à l'autre. Ainsi l'Italie a pu se plaindre de voir EDF prendre des participations financières dans certaines entreprises italiennes, alors même que l'ouverture du capital d'EDF n'était pas encore possible. La Cour de justice (43) à cet égard a condamné une loi italienne visant à limiter à 2 % les droits de vote d'acquéreurs de parts de sociétés d'électricité et du gaz récemment privatisées dans la mesure où ces acquéreurs sont eux-mêmes contrôlés par un État et jouissent sur leur marché national d'une position dominante (EDF).

Ce mouvement a pris en France une importance particulière à la suite de l'échec du référendum sur la Constitution européenne. Les autorités publiques ont entendu protéger les entreprises françaises d'OPA hostiles ou de prises de participation

(41) CJCE, 18 déc. 2007, *Skateverkett*, aff. C-101/05, *Rec.* I-11531 ; J.-P. MAUBLANC, « Libre circulation des capitaux et États tiers : clarification du régime fiscal par la Cour de justice », *RMCUE* mai 2008, n° 518, p. 335 et s.

(42) L. IDOT, « Brefs propos sur le patriotisme économique », *Europe* avr. 2006, p. 1.

(43) CJCE, 2 juin 2005, *Commission c. Italie*, aff. C-174/04, *Rec.* I-4933 ; J. CAVALLINI, « Chronique de la jurisprudence de la Cour de justice. Libre circulation des capitaux », *RMCUE* oct.-nov. n° 492, 2005, p. 606.

étrangères risquant de porter atteinte à la sécurité nationale voire à l'équilibre économique du pays. Suite à la tentative d'absorption de Danone par le géant américain Pepsi, le gouvernement a préparé un décret visant à soumettre à autorisation les investissements étrangers dans certains secteurs « sensibles » de l'économie nationale (44). Après consultation de la Commission, la liste initialement prévue a été revue à la baisse. Le décret du 30 décembre 2005 distingue à cet égard les investissements effectués par des entreprises ressortissantes d'États tiers et celles ressortissantes d'États membres. Les premières voient leurs investissements soumis à autorisation préalable dans onze secteurs (jeux d'argent, sécurité privée, recherche, sécurité des systèmes d'information, biens et technologies à double usage, activités liées à la défense nationale, etc.). S'agissant des entreprises relevant d'États membres de l'Union, leur régime est plus souple. Seuls huit secteurs d'activité nécessitent une autorisation.

Le thème du patriotisme économique a trouvé une illustration plus récente en Italie, avec la question de l'ouverture du capital de la compagnie aérienne Alitalia. Celle-ci connaît un déficit chronique que les aides d'État, à la licéité au demeurant douteuse, ne permettent plus de résorber. La compagnie Air-France-KLM a fait des offres de rachat qui se sont heurtées à la réticence du gouvernement et à l'hostilité des syndicats inquiets d'éventuelles compressions de personnels (45). Cette affaire illustre bien les limites réelles de la libre circulation tant des capitaux que des activités économiques en général lorsque sont en jeu des entreprises à forte connotation affective ou stratégiques sur le plan industriel ou commercial (46). L'Allemagne, traditionnel défenseur du libéralisme en la matière, n'est pas à l'abri de ce genre de comportement comme en témoigne la reprise de la Dresdner Bank par la Commerzbank en lieu et place d'une banque chinoise (47). Pour certains auteurs, ce patriotisme économique, contraire à la lettre et à l'esprit des traités, ne possède aucun avenir compte tenu de la mondialisation. La réponse serait plutôt de renforcer le volet extérieur du marché intérieur européen (48).

2. Encadrement juridique : régime des actions spécifiques

970 **Diversité des formes et modalités.** Sur le plan juridique, le souci de conserver la maîtrise de certaines entreprises récemment privatisées se caractérise par l'attribution à l'État, devenu actionnaire, d'actions spéciales hors du commun (49) souvent sans rapport avec l'importance de la participation dans le capital de la société privatisée et lui donnant le droit de peser sur la vie de l'entreprise, son évolution et sa place dans l'économie générale de l'État. Ces actions prennent diverses formes et conduisent à l'exercice de pouvoirs de nature diverse. On peut ainsi distinguer des privilèges dérogatoires au droit des sociétés et des pouvoirs spéciaux d'autorisation exercés par l'État

(44) *JORF* n° 304, 31 déc. 2005, p. 20779.

(45) *Le Monde*, 4 sept. 2008.

(46) Pour un écho jurisprudentiel dans le secteur de l'énergie en Espagne : CJCE, 14 févr. 2008, *Commission c. Espagne*, aff. C-247/06, *Rec.* I-150, somm.

(47) *Le Monde*, 2 sept. 2008.

(48) V. de Beaufort, « Repenser le volet externe du marché intérieur européen », *RMCUE* n° 541, sept. 2010, p. 514 et s.

(49) Parfois dénommées « *golden shares* ».

en tant que puissance publique, hors la qualité d'associé. Dans une approche plus analytique, on relève également la limitation des investissements étrangers à un pourcentage déterminé du capital des entreprises privatisées, le plafonnement du droit de vote des actionnaires, le droit pour les autorités publiques d'intervenir dans la prise de décisions particulièrement importantes ou encore la désignation directe des organes de direction (50).

Ces comportements s'avèrent bien évidemment contraires en soi tant à libre circulation des capitaux qu'à la liberté d'établissement. Certains auteurs, notamment l'avocat général Colomer, se sont cependant employés à les justifier en faisant recours à l'ex-article 295 CE (devenu 345 TFUE) instituant la réserve de propriété (51), l'idée étant que puisque les États membres sont libres de choisir le régime de la propriété des entreprises, ils peuvent donc nationaliser ou privatiser, et *a fortiori* conserver une influence dominante dans certaines d'entre elles. Mais la Cour de justice a toujours refusé cette logique, qui confirme l'interprétation systématiquement minimaliste qu'elle fait de l'article 345. Dans une vague d'arrêts rendus en juin 2002 (52), elle a écarté ce genre d'argumentaire de même que celui tenu par d'autres États membres, consistant à soutenir que les actions spécifiques n'étant en termes strictement juridiques que des actions comme les autres, leur régime relevait du droit privé des sociétés et qu'en conséquence, les règles sur les restrictions aux libertés de circulation tant des capitaux (art. 63 § 1er TFUE) que d'établissement (art. 51 TFUE), qui sont nécessairement des restrictions d'origine publique, n'avaient pas lieu de s'appliquer.

971 **Contrôle de la Cour de justice.** La Cour a donc soumis ces actions spécifiques au droit commun des libertés fondamentales du traité estimant qu'il s'agit en soi d'atteintes à ces libertés (53). Cependant conformément à l'orientation générale de sa jurisprudence, la Cour admet qu'il puisse y avoir justification de ces restrictions, à la condition bien sûr qu'elles répondent aux critères classiques pour toute atteinte aux libertés fondamentales – critère de non-discrimination, de nécessité et de proportionnalité –, l'origine de ces restrictions pouvant se trouver soit dans la lettre des traités (ordre public, sécurité publique, santé publique) soit dans des exigences ou raisons impérieuses d'intérêt général, dont on sait que quelle que soit la liberté concernée, elles n'ont pas un caractère exhaustif mais doivent être indistinctement applicables.

La difficulté en l'occurrence vient le plus souvent de ce que ces justifications, selon la jurisprudence de la Cour, ne doivent pas revêtir un caractère économique, dans la mesure où elles se transformeraient alors en instruments du protectionnisme. Mais comment faire, dès lors que ces *golden shares* ont le plus souvent pour objet de permettre à l'État de conserver la maîtrise de ces sociétés dans un but de politique économique générale ou de préserver des intérêts généraux certes, mais de nature économique ? La

(50) R. Kovar, « Les actions spécifiques : état de la jurisprudence de la Cour de justice », *Europe* août-sept. 2008, chr. p. 5.

(51) V. *infra*, n° 1225, 1296.

(52) CJCE, 3 juin 2002, *Commission c. France, Portugal et Belgique*, aff. C-483/99, C-63/67/98 et C-503/99, *Rec.* I 4731, 4781 et 4809.

(53) CJUE, 11 nov. 2010, *Commission c. Portugal*, aff. C-543/08, NEPR ; Europe janv. 2011, n° 17, note V. MICHEL.

Cour en principe n'accepte donc que les exigences non économiques (54). Néanmoins elle a admis des justifications comme le maintien de l'autonomie énergétique (55) ou la préservation du secteur des télécommunications (56). L'existence dans le traité d'un droit des services d'intérêt économique général peut conduire à un peu plus de souplesse comme en matière d'activités bancaires (57) ou lorsque sont alléguées des considérations de politique sociale et régionale (58).

Il se dégage de cette jurisprudence une conception rigoureuse de l'action spécifique. Celle-ci doit satisfaire des intérêts généraux et n'a donc pas à proprement parler une nature patrimoniale. Pour preuve, le déséquilibre déjà relevé entre la valeur de ces actions et le poids de la collectivité publique dans la prise de décision. À la limite, l'État membre ou la collectivité publique pourrait ne posséder aucune action au sens technique du terme. Il s'agit de techniques destinées à permettre à une autorité publique d'exercer des fonctions de contrôle et d'orientation des activités d'une entreprise dans un but d'intérêt public. Il s'agit d'une « action-fonction » et non d'une « action-propriété » (59). Son existence et sa pérennité sont étroitement liées à ces missions d'intérêt général et en théorie, elle devrait disparaître une fois ces missions accomplies.

B. Blanchiment des capitaux

972 Initiée par une directive de 1991, la lutte contre le blanchiment de capitaux, avec en arrière-plan le dispositif de lutte contre la criminalité et le terrorisme a bénéficié courant 2005 de sérieuses avancées. Ainsi en va-t-il d'un règlement du 26 octobre 2005 (60) relatif au contrôle des mouvements d'argent liquide à l'entrée ou à la sortie de la Communauté. Il impose aux États membres de veiller à ce que les voyageurs transportant plus de 10 000 euros en liquide ou une somme équivalente dans d'autres devises ou en valeurs facilement convertibles fassent une déclaration lorsqu'ils franchissent les frontières de l'Union. Pour sa part, une directive du même jour (61) relative à la prévention de l'utilisation du système financier aux fins de blanchiment de capitaux, applicable tant au secteur financier stricto sensu ainsi qu'à des professions, telles qu'avocats, notaires, comptables ou agent immobiliers, prévoit, en cas de dépassement de paiements en espèces de 15 000 euros, que les opérateurs doivent notamment établir et vérifier l'identité de leurs clients, soumettre la relation d'affaires avec le client à une surveillance et faire état auprès des autorités de soupçons de blanchiment d'argent ou de financement d'activités terroristes (62).

(54) CJCE, 3 juin 2002, *Commission c. Portugal*, préc. ; CJUE, 8 juill. 2010, *Commission c. Portugal*, aff. C-171/08, NEPR.

(55) CJCE, 3 juin 2002, *Commission c. France*, préc. Encore faut-il respecter le critère de proportionnalité : CJCE, 17 juill. 2008, *Commission c. Espagne*, aff. C-207/07, *Rec.* I-111 somm.

(56) CJCE, 13 mai 2003, *Commission c. Espagne*, aff. C-463/00, *Rec.* I-4581.

(57) *Ibid.*

(58) CJCE, 23 oct. 2007, *Commission c. Allemagne*, aff. C-112/05, *Rec.* I-8995.

(59) Expressions de R. Kovar, étude préc, note n° 50.

(60) N° 1889/2005, *JOUE* L 309, 25 nov. 2005.

(61) N° 2005/60, *id.*

(62) C. Mascala, « Lutte contre le blanchiment de capitaux : une nouvelle dir. en attente de transposition », *Europe* mai 2006, p. 5.

Statuant sur la base de la directive de 1991, et dans un contexte assez passionné, la Cour de justice a estimé que les obligations d'information pesant sur les avocats n'étaient pas incompatibles avec le droit au procès équitable garanti par l'article 6 de la Convention européenne des droits de l'homme (63). Le Conseil d'État, se référant expressément à cet arrêt, a confirmé cette solution sur requête du Conseil national des barreaux (64).

SECTION II LES ACTIVITÉS BANCAIRES

973 **Évolution législative.** Outre les réticences étatiques, la libéralisation dans ce secteur se heurtait à la nécessité de coordonner les conditions de base posées par chaque État membre, quant à l'accès et à l'exercice de l'activité bancaire (65). Un premier pas était accompli en ce domaine avec l'adoption le 29 juin 1973 d'une directive de non-discrimination (66). Cette directive s'applique à l'ensemble du secteur du crédit, ce qui englobe les banques, caisses d'épargne, sociétés de financement, tout en excluant les agents de change et certaines autres activités s'exerçant en bourse. Cependant, le texte restait en demi-teinte puisqu'il se borne à poser le principe du traitement national pour l'exercice du droit d'établissement. D'où il résultait qu'une banque, désireuse de créer une succursale ou une filiale dans un autre État membre, devait se soumettre intégralement à la réglementation de l'État d'accueil. Pour ce qui concerne la libre prestation de services, seul un petit nombre de services bancaires énumérés en annexe (conseil, renseignement), bénéficiait de la libéralisation.

L'ouverture des frontières dans le secteur bancaire postulait donc une harmonisation de législation assez poussée (§ 1). Dans un second temps, une approche plus fine conduisait à pousser l'harmonisation plus avant pour un certain nombre d'opérations bancaires précises (§ 2).

Les développements du présent ouvrage n'ont pas pour ambition d'appréhender l'ensemble des activités du secteur bancaire, ni au demeurant de celui des assurances ou des marchés boursiers. Il s'agit seulement de donner quelques indications sur les libertés fondamentales d'établissement et de prestation de services dans ces secteurs particuliers qui se trouvent également à la jonction de la libre circulation des capitaux (art. 58 TFUE). Le secteur bancaire se trouve au demeurant au cœur de la crise financière qui secoue l'Europe depuis 2008. Différentes mesures ont été adoptées tant au niveau national qu'européen pour soutenir mais aussi mieux contrôler ces secteurs. Dans cet ordre d'idée, il importe de relever la création par le règlement n° 1093/2010 du 24 novembre 2010 (67) d'une autorité européenne de surveillance – autorité

(63) CJCE, 26 juin 2007, *Ordre des barreaux francophones et germanophones, e.a. c. Conseil*, aff. C-305/05, *Rec.* I-5305 ; *Europe* août-sept. 2007, n° 201, note D. Simon ; P. Pecho et F. Michel, « Arrêt CJCE, du 26 juin 2007… », *RDUE* 4/2007, p. 907.

(64) CE, 10 avr. 2008, req. 296845 et 296907.

(65) Sur l'ensemble de la question : A. Raynouard, « Banque », *Rép. Dalloz droit communautaire*, vol. 1, 2006.

(66) *JOCE* L 194, 16 juill. 1973.

(67) *JOUE* L 331, 15 déc. 2010.

bancaire européenne (ABE) – faisant partie d'un paquet d'ensemble et ayant notamment pour rôle contribuer de à la création de normes et de pratiques en matière de réglementation et de surveillance bancaire, de surveiller et analyser le marché et les tendances en matière de crédit, en particulier pour les ménages et les PME, et de favoriser la protection des déposants et des investisseurs.

§ 1. HARMONISATION DES CONDITIONS RELATIVES À L'ACCÈS ET À L'EXERCICE DE L'ACTIVITÉ BANCAIRE

A. Développement de la réglementation

974 **Notion d'établissement de crédit.** Un premier pas vers l'harmonisation fut accompli par une directive du 12 décembre 1977 (68). Celle-ci définit d'abord ce qu'il faut entendre par établissement de crédit. Il s'agit de toute entreprise « dont l'activité consiste à recevoir du public des dépôts et d'autres fonds remboursables et à octroyer des crédits pour son propre compte ». Ce texte imposait ensuite à tout établissement bancaire la nécessité d'un agrément pour exercer son activité dans l'un quelconque des États membres, en posant quelques conditions minimales et en particulier non discriminatoires pour son obtention. En troisième lieu, la directive s'efforçait de faciliter la création de succursales bancaires dans un autre État membre et ce en rendant simplement facultative l'obtention d'un agrément. Enfin, la directive commençait à s'attaquer aux règles dites « prudentielles » à savoir certaines conditions d'exercice imposées aux banques pour garantir les opérations ou dépôts effectués par les particuliers, en posant des conditions minimales en matière de liquidités et de solvabilité des établissements bancaires.

975 **« Marché commun bancaire ».** Cette directive se révélait cependant insuffisante sur de nombreux points, notamment la nécessité de l'agrément du pays d'accueil qui constituait à cet égard un obstacle important à la libre circulation. Aussi, de nouveaux textes portant sur des points particuliers furent-ils édictés dans le courant des années 1980 (directive n° 83/350 du 13 juin 1983 (69) sur la surveillance des établissements de crédit ; directive du 8 décembre 1986 (70) sur les comptes des groupes) ; mais le tournant de l'évolution réside dans la directive du 24 juin 1988 sur la libération complète des mouvements de capitaux à l'intérieur de la communauté (71). Cette importante étape dans la réalisation du marché unique devait entraîner, l'année suivante, l'adoption le 15 décembre 1989 de la deuxième directive de coordination des dispositions législatives, réglementaires et administratives concernant l'accès à l'activité des établissements de crédit et son exercice (72) qui a représenté pour l'essentiel et pendant plus de dix ans le droit applicable en la matière.

(68) N° 77/80, *JOCE* L 322 du 17 déc. 1977.
(69) *JOCE* L 193, 18 juill. 1983.
(70) *JOCE* L 372, 31 déc. 1986.
(71) No 88/361, *JOCE* L 178, 8 juill. 1988.
(72) N° 89/646, *JOCE* L 386, 30 déc. 1989.

La directive du 15 décembre 1989 relative à la liberté d'établissement et la libre prestation de services dans le secteur des établissements de crédit marque le point de départ effectif du « marché commun bancaire ». Également qualifié d'acte bancaire européen, ce texte définit l'abord son champ d'application en reprenant la définition de l'établissement de crédit posée par la directive de 1977. Néanmoins, la « deuxième » directive fait œuvre innovante en donnant en annexe une liste impressionnante des activités susceptibles d'être exercées par les banques et qui vont bénéficier de la libre circulation. En relèvent rien moins que quatorze activités qui témoignent de la réception par le législateur de l'Union du modèle de la banque universelle depuis longtemps pratiqué en Allemagne.

976 **Codification du droit.** L'ensemble du droit bancaire de l'Union a fait l'objet d'une codification par le truchement d'une directive n° 2006/48 du 14 juin 2006 (73). Celle-ci regroupe la plupart des textes existants sans procéder sur le fond à de substantielles modifications. S'agissant donc de l'accès à l'activité bancaire, la réglementation actuelle repose sur deux éléments essentiels : le principe de l'agrément communautaire unique et l'harmonisation des règles dites prudentielles.

B. L'agrément communautaire

977 **Compétence de l'État d'origine.** Le principe de l'agrément ou de la licence bancaire unique simplifie considérablement les formalités d'installation. Celui-ci est octroyé par l'État d'origine et lui seul. Cet agrément bénéficie également aux succursales et filiales que l'établissement bancaire peut ouvrir dans d'autres États membres. La directive énonce diverses conditions minimales d'agrément parmi lesquelles figurent l'exigence d'un capital initial minimum de cinq millions d'euros, l'exigence de permanence des fonds propres au niveau du capital initial, la surveillance et l'estimation de la qualité des principaux actionnaires. Si la responsabilité essentielle appartient donc à l'État d'origine, celui d'accueil n'est pas totalement dépourvu de tout pouvoir de contrôle. Ainsi, outre la protection de l'intérêt général, les autorités du pays d'accueil exercent un rôle de « surveillance auxiliaire » s'entendant comme une collaboration avec les autorités du pays du siège.

978 **Établissements étrangers.** Le sort réservé aux établissements bancaires des pays tiers constitue un élément fort du régime de l'agrément unique. Le marché bancaire européen approchant les 500 millions de consommateurs représente un attrait considérable pour les grands groupes étrangers. La directive n° 2006/48 comporte à cet égard des règles assez tolérantes. Il importe de distinguer plusieurs situations. Si la banque étrangère ne dispose que d'une simple succursale dans l'Union, elle ne peut bénéficier de la libre circulation réservée par l'article 56 TFUE aux ressortissants européens. En revanche, dès lors que la banque étrangère dispose déjà d'une filiale agréée dans un État membre, elle devient assimilable à un établissement européen et doit bénéficier des prérogatives de la directive.

Reste l'hypothèse d'une banque extérieure qui souhaite s'installer pour l'avenir dans l'Union ; celle-ci cherchera naturellement à obtenir l'agrément unique auprès de l'État

(73) *JOUE* L 177, 30 juin 2006.

membre le plus tolérant. Pour éviter certains abus, la directive pose un principe de réciprocité, en vertu duquel on recherchera si l'État tiers offre aux établissements bancaires de l'Union européenne des avantages analogues à ceux qu'elle propose. Dans l'hypothèse où la Commission constaterait une dissymétrie trop marquée, elle invitera le Conseil à ouvrir des négociations avec l'État tiers concerné.

C. Les règles prudentielles

979 **Contenu de la réglementation.** Pour ce qui concerne l'harmonisation des règles prudentielles, le droit de l'Union se borne à établir un minimum acceptable par l'ensemble des États membres. Ce noyau minimum est formé en premier lieu de divers textes sur la tenue des comptes et la publicité des documents comptables (74) ainsi que d'une recommandation sur les grands risques de crédits (engagement dépassant 15 % sur un même client (75)) et, en second lieu, d'une directive n° 2006/48 sur les fonds propres des établissements de crédits. Ces fonds propres sont constitués de trois éléments : d'abord les fonds propres de base dans lesquels figurent notamment le capital, les réserves, les primes d'émission etc., ensuite les fonds propres pour risques bancaires généraux, enfin les fonds propres dits complémentaires qui englobent les réserves de réévaluation, les emprunts et titres subventionnés. Ces derniers ne peuvent représenter plus de 100 % des fonds propres de base.

Enfin, la directive 2006/48 évoque aussi la question du ratio de solvabilité. Il s'agit du rapport existant entre les fonds propres des établissements et l'ensemble des engagements souscrits par ceux-ci, ces derniers étant pondérés en fonction de la plus ou moins grande gravité des risques encourus. Ce ratio s'applique en réalité au niveau international, et s'impose aussi au sein d'un groupe formé à l'origine d'une dizaine d'États membres, parmi lesquels figurent certains pays comme les États-Unis, la Suisse, etc. Dans ce cadre, les accords dits de Bâle II fixent ce ratio à environ 4 %. Ce chiffre fait l'objet d'un calcul deux fois par an sur une base consolidée. Ces normes prudentielles ont été considérées insuffisantes et trop laxistes compte tenu de la crise financière mondiale et font l'objet d'une révision progressive dans le cadre du groupe des vingt pays les plus industrialisés. Les accords dits de Bâle III, conclus en septembre 2010, prévoient de porter le ratio de solvabilité à 7 % en 2013.

§ 2. HARMONISATION RELATIVE AUX OPÉRATIONS ET SERVICES BANCAIRES

980 Bénéficiant de la libre circulation, les établissements bancaires agréés vont pouvoir opérer auprès d'usagers et de clients, indépendamment de la nationalité des uns comme des autres. Peut ainsi se poser le problème de la loi applicable à ces opérations « transfrontières » (A). Pour sa part, le législateur de l'Union s'efforce d'harmoniser le régime de certaines opérations bancaires (B).

(74) Dir. n° 86/635 du 8 déc. 1986, *JOCE* L 372, 31 déc. 1986.

(75) N° 87/62 de la Commission du 22 déc. 1986, *JOCE* L 33, 4 janv. 1987.

A. Le problème de la loi applicable

981 **Principe de reconnaissance mutuelle.** La directive n° 2006/48 pose le principe de reconnaissance mutuelle pour ce qui concerne l'accès et l'exercice de l'activité bancaire, puisqu'en l'occurrence, c'est la loi du pays d'origine qui va s'appliquer aux succursales et filiales implantées dans d'autres États membres. Mais jusqu'où va ce principe de reconnaissance mutuelle ? S'étend-il également aux activités et opérations bancaires proprement dites ? Quitte à ce que certaines opérations admises dans le pays d'origine, mais non admises dans celui d'accueil le deviennent malgré tout, compte tenu de l'application de la loi du premier État (76) ?

982 **Règlement Rome I.** Cette conception large de la reconnaissance mutuelle soutenue par la Commission au nom de la jurisprudence *Cassis de Dijon,* s'est heurtée à de vives réactions, au motif que les opérations bancaires mettaient en cause des intérêts assez différents de ceux exprimés dans le seul domaine de la libre circulation des marchandises et qu'en conséquence, la loi du pays d'origine ne pouvait s'appliquer sans autre forme de procès. Il est vrai toutefois que la jurisprudence *Cassis de Dijon*, même étendue avec certaines nuances dans le domaine de la libre prestation de services permet à l'État membre d'accueil de se prémunir en invoquant certaines raisons impérieuses d'intérêt général (77). En outre, la Cour a toujours bien pris soin de préciser que si le principe de reconnaissance mutuelle s'appliquait pleinement, sous la réserve précitée, pour les législations de police économique ou plus largement pour les réglementations administratives ou publiques de telle ou telle activité, il n'avait pas vocation à s'appliquer dans la sphère du droit privé (capacité des personnes, droit de la famille, droit des contrats, et conflits de loi) (78).

Mais au total, il semble que la question de la loi applicable aux opérations et contrats bancaires trouve une solution assez aisée en recourant aux règles classiques du droit international privé en matière de conflits de loi, règles qu'au demeurant la convention de Rome du 19 juin 1980 sur la loi applicable aux opérations contractuelles a codifiées pour une large part au niveau européen (79), convention transformée en règlement n° 593/2008 du 17 juin 2008 (80) dit de Rome I dans le cadre de la formation de l'espace de liberté de sécurité et de justice. Le règlement n° 593/2008, s'il reprend l'essentiel de la substance de la convention de Rome, n'en comporte pas moins un certain nombre de changements. S'agissant de contrats conclus par l'organisme bancaire avec un professionnel, les parties ont le libre choix de la loi applicable mais en cas de silence s'appliquait sous l'empire de la convention de Rome, la loi du pays où a lieu « la prestation la plus caractéristique ». Le règlement, prévoit en revanche dans ce dernier cas des règles de conflits de lois plus précises avec un système de huit rattachements fixes. Il renforce ainsi la sécurité juridique en adoptant une liste de points de rattachement pour certains contrats énumérés à son article 4 § 1. Le critère flexible du lien le plus étroit est seulement retenu si le contrat ne peut être rattaché à aucune

(76) C'est le cas pour la rémunération des comptes à vue en France : CJCE, 5 oct. 2004, *Caixabank France*, aff. C-442/02, *Rec.* I-8961.
(77) CJCE, 10 mai 1995, *Alpine Investments*, aff. C-384/93, *Rec.* I-1141.
(78) CJCE, 15 déc. 1982, *Oosthoek's Uitgeversmaatshappi*, aff. 286/81, *Rec.* 4575.
(79) *JOCE* L 266, 9 août 1980.
(80) *JOUE* L 177, 4 juill. 2008.

des catégories de contrat de la liste de l'article 4 § 1 ou s'il est couvert par plusieurs d'entre elles (article 4 § 2). S'il s'agit de contrats conclus avec un consommateur ordinaire s'applique la loi du pays de résidence du consommateur, sauf si les parties en conviennent autrement.

Toutefois dans les deux cas les lois de police ou lois impératives du pays d'accueil priment sur les stipulations contractuelles contraires. Le règlement nº 593/2008, à la différence de la convention de Rome définit précisément ce qu'il faut entendre par loi de police : il s'agit « d'une disposition impérative dont le respect est jugé crucial par un pays pour la sauvegarde de ses intérêts publics, tels que son organisation politique, sociale ou économique, au point d'en exiger l'application à toute situation entrant dans son champ d'application, quelle que soit par ailleurs la loi applicable au contrat d'après le présent règlement ».

B. Opérations bancaires harmonisées

983 Pour l'heure, deux questions font l'objet d'une harmonisation au niveau de l'Union : le système de garantie des dépôts (1) et la protection du consommateur face à certaines opérations (2).

1. Le système de garantie des dépôts

984 **Finalité.** Un tel système vise à protéger tout autant les déposants auprès d'un établissement bancaire que ce dernier. Il s'agit pour l'établissement bancaire de contracter une sorte d'assurance auprès d'un établissement financier supérieur de façon à pouvoir couvrir, en cas d'insolvabilité, les créances possédées par ses clients. L'harmonisation européenne en ce domaine s'avérait nécessaire en raison de la réalisation du marché unique, mais se heurtait à diverses difficultés dues à l'absence de tels mécanismes dans certains États membres et aux importantes différences de plafonds couverts d'un État membre à l'autre.

985 **Contenu.** Dans ce contexte, la directive du 30 mai 1994 (81) institue un système de garantie minimale uniforme, en vertu duquel tous les établissements de crédit doivent adhérer à un système de garantie de dépôts. À défaut, l'établissement ne pourra pas recevoir l'agrément pour exercer ses activités. Cependant, les États membres demeurent libres de l'organisation de ces systèmes et ceux-ci peuvent revêtir des formes diverses (public, privé, mutualiste). Les établissements étrangers à l'Union doivent bénéficier d'une garantie équivalente dans leur pays d'origine ; à défaut, il leur faut l'obtenir dans le pays d'accueil. Conformément à la logique de la deuxième directive sur la libre circulation bancaire, le système de garantie doit être unique et doit être celui existant dans le pays d'origine. S'appliquent des règles assez complexes, lorsque la couverture maximale autorisée diffère dans le pays d'accueil et dans celui d'origine. En revanche, la directive nº 94/19 fixe un montant minimal de garantie. Celui-ci s'élève à 100 000 euros (82) et joue par déposant et non par dépôt.

(81) Nº 94/19, *JOCE* L 135, 31 mai 1994.
(82) Dir. 2009/14 du 11 mars 2009 *JOUE* L 68, 13 mars 2009.

2. Protection du consommateur

986 **Clauses abusives.** La protection du consommateur est assurée par un dispositif assez substantiel qui porte d'abord sur le crédit à la consommation. Deux directives de 1986 (83) et 1990 (84) visent à accorder aux emprunteurs la même protection dans tous les États membres et à protéger les consommateurs contre les clauses abusives. Ces textes ne s'appliquent qu'au crédit à la consommation, ce qui exclut les crédits immobiliers. Ils imposent aux établissements un certain nombre de conditions essentielles (acomptes, garantie, délais de réflexion, assurance) et fixent une règle commune quant au décompte du coût total du crédit.

987 **Virements transfrontaliers.** Enfin au terme de plusieurs années de discussion, le législateur de l'Union a pu édicter une directive concernant le délicat problème des virements transfrontaliers (85). Les paiements d'un montant réduit se trouvent en effet particulièrement frappés par des taxes proportionnellement élevées et de plus les délais de paiement connaissent des attentes particulièrement longues. La directive en fixe le montant à 50 000 euros. Elle impose une obligation de transparence aux établissements bancaires qui doivent informer leurs clients de toutes les données relatives au paiement (délais, commissions, taux de change, recours éventuels). Elle détermine aussi pour l'établissement bancaire un certain nombre d'obligations minimales en ce qui concerne la durée du transfert qui ne peut en principe excéder cinq jours ouvrables, les intérêts pour retard en cas de dépassement des délais, les pénalités en cas de non-exécution, etc. D'une manière générale, ce texte auquel les banques étaient assez hostiles, constitue une victoire pour les consommateurs (86). Les États membres disposent néanmoins d'un délai de trente mois pour s'y conformer.

Le « marché commun bancaire » semble donc en bonne voie de réalisation. Demeurent cependant en suspens des projets de directive sur le crédit hypothécaire (87) et sur l'assainissement et la liquidation des établissements de crédit (88). Pour l'heure, la Commission comme le Parlement européen poussent à un approfondissement de la réglementation en matière de services financiers (89).

SECTION III BOURSE ET VALEURS MOBILIÈRES

988 **Cadre normatif.** Les dispositions du traité de Rome s'avèrent des plus laconiques relativement aux activités boursières. Le problème n'est abordé que très indirectement au travers de la libre circulation des capitaux (art. 64 TFUE) et du droit des sociétés (art 50 § 2 g TFUE). Il est vrai que la recherche d'un fondement spécifique

(83) N° 87/102 du 22 déc. 1986, *JOCE* L 42, 12 févr. 1987.

(84) N° 90/88 du 22 févr. 1990, *JOCE* L 61, 10 mars 1990.

(85) N° 97/5 du 27 janv. 1997, *JOCE* L 43, 14 févr. 1997.

(86) V. aussi la communication de la Commission du 19 avr. 2001 sur l'élimination des entraves fiscales à la fourniture des retraites professionnelles COM (2001) 214.

(87) Proposition du 4 févr. 1985, *JOCE* C 42, 14 févr. 1985 ; la carence législative communautaire entretient certaines difficultés au plan national : à titre d'exemple, *Europe* nov. 2000, n° 354, obs. D. SIMON.

(88) *JOCE* C 356, 31 déc. 1985.

(89) *Bull. UE* 4/2001, n° 1.3.22 à 1.3.30.

pour des interventions de l'Union en ce domaine semble tout à fait inutile dès lors que les articles 50 et 53 TFUE (droit d'établissement) et 114 et 115 TFUE (harmonisation des législations) paraissent largement suffisants.

Cependant, l'édification d'un marché commun boursier est longtemps restée hors de propos et il a fallu une recommandation de la Commission du 25 juillet 1977 (90) contenant un Code européen de bonne conduite concernant les transactions relatives aux valeurs mobilières pour assister à un réel démarrage de l'action communautaire. Celle-ci connaîtra son point culminant en 1993 avec l'adoption de plusieurs directives sur les services d'investissement dans le domaine des valeurs mobilières. Ces textes permettent d'aboutir à un encadrement à peu près complet des entités et organismes divers intervenant sur le marché boursier (§ 1). Auparavant, ce sont les principaux aspects du fonctionnement du marché boursier qui avaient fait l'objet d'appréhension par le droit communautaire (§ 2).

§ 1. ORGANISMES OPÉRANT SUR LE MARCHÉ BOURSIER

989 Outre les investisseurs privés dont les opérations boursières sont libres depuis la directive du 24 juin 1988 sur la libéralisation des mouvements de capitaux (91), le droit de l'Union s'est intéressé successivement aux organismes de placement collectif en valeurs mobilières (OPCVM) et plus récemment aux sociétés d'investissement.

A. OPCVM

990 **Régime juridique.** Les OPCVM s'inspirent de l'idée de répartition des risques boursiers et font l'objet d'une gestion collective. La directive de libéralisation du 20 décembre 1985 (92) leur impose d'abord une obligation d'agrément. D'autres conditions concernent leurs structures juridiques, leur devoir de rachat et le dépôt des actifs. S'appliquent aussi des normes assez strictes en ce qui concerne la politique de placement. Doté de l'agrément unique, l'OPCVM peut commercialiser un produit dans l'ensemble de l'Union. Soumis comme les établissements bancaires au contrôle de l'État d'origine, il doit cependant rendre quelques comptes aux États d'accueil (93). Le régime des OPCVM s'est vu récemment modifié à plusieurs reprises. Deux directives du 21 janvier 2001 (94) entendent pour l'une confirmer certaines notions (forme juridique des organismes de placement collectif, définition des valeurs mobilières, définition des instruments du marché monétaire, de la notion de société de gestion, etc.), pour l'autre préciser la nature des opérations auxquelles peuvent se livrer des organismes de placement collectif, les modalités de gestion et la couverture des risques encourus. L'organisme de gestion doit obtenir un agrément délivré par son État membre d'origine mais qui est ensuite opposable dans l'ensemble de l'Union. Il lui faut bénéficier d'une capacité financière suffisante variable en fonction de la nature des placements effectués. Les sociétés de gestion bénéficient évidemment de la liberté d'établissement et de prestation de services et restent en principe soumises au contrôle de leur pays d'origine.

(90) N° 77/534, *JOCE* L 212, 20 août 1977.
(91) N° 88/361, *JOCE* L 178, 8 juill. 1988.
(92) N° 85/611, *JOCE* L 375, 31 déc. 1985, voir aussi dir. 85/583 du 20 déc. 1985, *JOCE* L 372, 31 déc. 1985.
(93) Sur la révision de la dir. 85/611, COM (1998) 449 et 451 final et rapport général 2000, n° 162.
(94) N° 2001/107 et 2001/108, *JOCE* L 41, 13 févr. 2002 ; M. AYRAL (dir.), « Les dossiers européens : actualités en bref », *RDUE* 2/2002, p. 362 et s.

991 **Réforme.** La législation sur les OPCVM a été récemment codifiée et modifiée par une directive cadre 2009/65 du 13 juillet 2009 (95). La nouvelle directive améliore la situation sur un certain nombre de points : d'abord en simplifiant la procédure de notification transfrontalière des OPCVM. Elle entend également faciliter les fusions d'OPCVM, en prévoyant notamment les documents qui doivent figurer dans l'opération. Elle instaure un passeport des OPCVM qui signifie qu'une société de gestion d'un État membre est autorisée à poursuivre ses activités dans un autre État membre à travers la création d'une succursale ou dans le cadre de la liberté de fourniture de services. Mais dans le cas où la société de gestion établie dans un pays tiers refuse de fournir des informations ou enfreint les dispositions de l'État membre d'accueil, ce dernier a la possibilité de prendre certaines mesures, telles que, par exemple, empêcher la société de gestion d'effectuer de nouvelles opérations sur le territoire. Est également institué un système d'OPCVM dits « maîtres nourriciers » qui constituent des organismes autorisés à investir au moins 85 % de leurs actifs dans des parts d'un autre OPCVM ou d'un compartiment d'investissement de celui-ci. Ils peuvent aussi jusqu'à hauteur de 15 % investir dans des liquidités autres que des valeurs mobilières (immobilier). La directive prévoit aussi un contrôle plus étroit de l'autorité européenne des valeurs mobilière (96) et une coopération renforcée entre autorités régulatrices des États membres (97).

S'agissant des fonds alternatifs ou *hedge funds* jugés grandement responsables de la crise bancaire et financière, une directive 2011/61 du 8 juin 2011 (98) vient encadrer les activités des gérants de ce fonds de façon à assurer la protection des investisseurs et la stabilité financière.

Le dispositif introduit des règles de contrôle et de supervision des risques, de telle façon qu'en relation avec l'autorité européenne des marchés financiers (v. *supra* n° 962), les superviseurs nationaux puissent plafonner l'effet de levier d'un fonds s'il présente un risque pour la stabilité du marché. En matière de rémunération, les gérants doivent respecter des règles identiques à celles applicables aux banques.

B. Services d'investissement

992 **Notion de service d'investissement.** La directive du 10 mai 1993 sur les services d'investissement (99) « constitue le point d'origine et le couronnement du marché commun de l'intermédiation financière ». Elle s'inspire, comme la réglementation dans le domaine bancaire, du principe de reconnaissance mutuelle assortie d'une harmonisation minimale. Les traits essentiels en sont donc l'agrément unique des entreprises d'investissement et le contrôle unique du pays d'origine.

Plus précisément, la directive définit d'abord l'entreprise d'investissement. Il s'agit d'opérateurs offrant un service à titre professionnel, qui ont la plupart du temps la qualité de personne morale. Les services d'investissement sont énumérés dans une annexe à la directive et recouvrent cinq métiers (négociation pour son propre compte, gestion de

(95) *JOUE* L 302, 17 nov. 2009

(96) Transformée en autorité européenne des marchés financiers (AEMF), *JOUE* L 331, 15 déc. 2010 ; v. *supra*, n° 962.

(97) C. Jasserand, « Révision de la dir. OPCVM : Adoption de UCITS IV », *RMCUE* n° 528, mai 2009, p. 312 et s.

(98) *JOUE* L 174, 1er juillet 2011

(99) N° 93/22, *JOCE* L 141, 11 juin 1993.

portefeuille, etc.) portant eux-mêmes sur un certain nombre de produits financiers (valeurs mobilières, monnaies, etc.). Le sort des entreprises étrangères s'avère proche de celui retenu en matière bancaire, en ce sens que celles qui s'y trouvent établies avant le 1er janvier 1996 (date retenue par la directive) bénéficieront de droits acquis, alors que celles qui s'établiront ensuite pourront bénéficier de l'agrément européen, mais sous réserve de réciprocité.

993 **Régime juridique.** Pour exercer leur activité les sociétés d'investissement doivent obtenir un agrément, maintenant unique, octroyé par le pays d'origine. Celui-ci est subordonné à un certain nombre de conditions minimales, parmi lesquelles figure l'organisation juridique de l'entreprise, la possession d'un capital suffisant, la qualité des dirigeants, l'identité des principaux actionnaires ainsi que la présentation d'un programme d'activité. Une fois agréée, l'entreprise d'investissement se voit soumise à un contrôle assez strict portant notamment sur le respect des règles prudentielles et sur les règles déontologiques. Le contrôle relève principalement du pays d'origine et accessoirement du pays d'accueil.

Par ailleurs, une directive nº 93/6 du 15 mars 1993 (100) s'attache au *contrôle prudentiel*. Elle détermine la nature des fonds propres que doit détenir l'entreprise pour faire face à un certain nombre de risques, qui sont principalement le risque de change, de position, le risque de contrepartie et les grands risques. La directive précise également le régime du contrôle et de la surveillance exercé par les autorités nationales compétentes. Une directive nº 97/9 du 3 mars 1997 (101) arrête par ailleurs un système d'indemnisation des investisseurs, qui, s'inspirant une nouvelle fois de la réglementation bancaire, repose sur trois éléments : l'adhésion obligatoire des entreprises d'investissement à un tel système (qui peut être public ou professionnel), l'application du système d'indemnisation du pays d'origine – ce qui conduit à des règles complexes lorsqu'il y a différence de régime entre le pays d'origine et celui d'accueil (102) – et l'exigence d'une couverture minimale commune, fixée à 20 000 euros par investisseur (103). Plus récemment, une directive du 16 décembre 2002 (104) entend renforcer le contrôle sur les conglomérats financiers qui résultent eux-mêmes du mouvement d'internationalisation et de concentration du secteur financier. Ce texte instaure un régime de surveillance complémentaire notamment sur les fonds détenus par les organismes d'investissement.

Une directive du 21 avril 2004 (105) concerne plus globalement les *marchés d'instruments financiers*. Elle donne aux entreprises d'investissement un véritable passeport unique qui leur permet d'opérer dans toute l'Union européenne sur la base de l'agrément délivré par leur État membre d'origine. Elle leur permet également de traiter les ordres des clients en dehors des marchés réglementés. Elle garantit aux investisseurs un haut degré de protection lorsqu'ils recourent aux services des entreprises d'investissement où qu'elles se situent en Europe. La directive établit pour la première fois un cadre réglementaire régissant l'exécution organisée des transactions des investisseurs par les bourses ou d'autres systèmes de négociation. Dans le même sens, une directive du 15 décembre 2004 (106) introduit des exigences de transparence minimale pour

(100) *JOCE* L 14, 11 juin 1993.

(101) *JOCE* L 84, 26 mars 1997.

(102) CJCE, 13 mai 1997, *RFA c. PE et Conseil*, aff. C-233/94, *Rec.* I-2405.

(103) Sur la révision de la dir. 97/9 v. proposition de la Commission du 12 juillet 2010, COM (2010) 368 final.

(104) Nº 2002/87, *JOCE* L 35, 11 févr. 2003.

(105) Nº 2004/39, *JOUE* L 145, 30 avr. 2004.

(106) Nº 2004/109, *JOUE* L 390, 31 déc. 2004 ; *RDUE* 3-2005, p. 630.

l'information que doivent publier les sociétés dont les valeurs mobilières sont admises à la négociation sur un marché réglementé. Elle exige une information accrue sur la situation financière et les performances économiques des émetteurs ainsi que sur les modifications concernant les participations importantes.

§ 2. FONCTIONNEMENT DU MARCHÉ BOURSIER

994 Le droit communautaire pose un certain nombre de règles concernant la « police » du marché boursier au sens anglo-saxon du terme.

A. Prospectus

995 Dans cette optique, l'harmonisation du prospectus, qui constitue un document indispensable destiné à l'information des souscripteurs, représente un progrès important (107). Il en va de même des règles sur le prospectus lorsqu'il s'agit « d'offre publique de valeurs mobilières non cotées pour l'instant » (108). Divers textes concernent l'admission à la cote officielle (109) ou encore les informations périodiques destinées à assurer la sécurité et l'information des opérateurs (110). Un processus de réforme a été engagé à partir du début des années 2000. L'accent est mis sur la protection offerte aux investisseurs par les places financières européennes, la simplification des obligations d'information pesant sur les émetteurs en matière d'exigences linguistiques et de mode de diffusion de l'information, le contrôle des services d'investissement, une meilleure transparence.

Cette réforme a connu une première concrétisation avec la directive n° 2001/34 du 28 mai 2001 (111) puis la directive n° 2003/71 du 4 novembre 2003 (112) complète celle du 21 mai 2001 à propos des prospectus à publier en cas d'offre publique de valeurs mobilières ou en vue de l'admission de ces valeurs à la négociation. Ce texte vise à instaurer « un passeport unique » pour les émetteurs de valeurs et à harmoniser les conditions d'établissement, d'approbation et de diffusion du prospectus dans le but de garantir la protection des investisseurs (113).

B. Opérations d'initiés

996 Très élaborée en droit français, la réglementation sur les initiés fait l'objet au niveau de l'Union d'une directive du 13 novembre 1989 (114). Celle-ci conduit à distinguer entre les initiés primaires et les initiés secondaires. Les premiers ont accès à une information privilégiée en raison de leur seule qualité de dirigeants sociaux de la société émettrice ou du fait de la participation qu'ils y détiennent, voire de leur profession – fonction ou emploi de salarié – dans ladite société. Pour sa part, l'information privilégiée est celle

(107) Dir. 80/390 du 17 mars 1980, *JOCE* L 100, 12 avr. 1980 ; v. aussi COM (2001) 281 final.
(108) Dir. 89/298 du 17 avr. 1989, *JOCE* L 124, 5 mai 1989.
(109) Dir. 79/279 du 5 mars 1979, *JOCE* L 66, 16 mars 1979.
(110) Dir. 88/627 du 12 déc. 1988, *JOCE* L 348, 17 déc. 1988.
(111) *JOCE* L 184, 6 juill. 2001.
(112) *JOUE* L 345, 31 déc. 2003.
(113) V. aussi règlement d'application de la Commission n° 809/2004 du 29 avr. 2004, *JOUE* L 149, 30 avr. 2004.
(114) N° 89/592, *JOCE* L 334, 18 nov. 1989.

« qui n'a pas été rendue publique, qui a un caractère précis et concerne un ou plusieurs émetteurs de valeurs mobilières et qui, si elle était rendue publique, serait susceptible d'influencer de façon sensible le cours de cette ou ces valeurs mobilières » (115).

Les initiés secondaires sont ceux qui obtiennent des premiers, directement ou indirectement, les informations précitées. La détermination et l'application des sanctions relèvent des États membres. Celles-ci doivent cependant s'avérer « suffisamment dissuasives ». Une collaboration administrative entre les États membres complète le dispositif. Une directive du 28 janvier 2003 (116) qui se substitue à celle de 1989 tout en en confirmant les principales dispositions, précise le statut des journalistes souvent en première ligne dans la réalisation du délit d'initiés et vient combler certaines lacunes de sa devancière (117). Ce texte constitue le premier adopté dans le cadre de « la procédure Lamfalussy » destinée à améliorer le marché des valeurs mobilières (118).

C. Offres publiques d'achat

997 Après moult difficultés, la matière se trouve régie aujourd'hui par une directive du 21 avril 2004 (119). Ce texte après avoir défini l'offre publique d'acquisition se penche sur son champ d'application, en excluant certaines entités (banques centrales des États membres). Il évoque trois points principaux : la protection des actionnaires en précisant les conditions de publicité de l'offre, la détermination du prix de l'offre et les modalités de vente obligatoire des titres des actionnaires très minoritaires. En outre, la transparence fait l'objet de règles très précises notamment pour tout ce qui a trait à l'information et la publicité de l'offre, aussi bien de la part de la société offrante que de la société visée. Il en va de même des mesures de défense de la société visée. Enfin la directive évoque la question du contrôle, qui peut être exercé par des personnes publiques, privées agréées, appartenant en principe à l'État de la société visée.

SECTION IV L'ASSURANCE

998 **Évolution normative.** Bien que relevant pleinement des dispositions des traités de Rome sur la liberté d'établissement et la libre prestation de services, l'assurance – sous réserve d'activités assez spécifiques comme la réassurance (120) ou la rétrocession – n'a bénéficié que tardivement de l'ouverture des frontières, en raison tant

(115) À cet égard, la dir. 89/592 ne s'oppose pas à des dispositions nationales plus rigoureuses en ce qui concerne l'exploitation des informations privilégiées : CJCE, 3 mai 2001, *Jean Verdonck,* aff. C-28/99, Rec. I-3339.

(116) N° 2003/6, *JOCE* L 96, 12 avr. 2003 ; S. Janin, « Une dir. sur les opérations d'initiés et les manipulations de marché – étape décisive pour le renforcement de l'intégrité des marchés financiers », *RMCUE* sept. 2002, n° 461, p. 508.

(117) CJCE, 10 mai 2007, *Georgakis*, aff. C-391/04, *Rec.* I-3741.

(118) V. mesures d'application : dir. 2003/124 de la Commission du 22 déc. 2003, *JOUE* L 339, 24 déc. 2003. V. *supra*, n° 961.

(119) N° 2004/25, *JOUE* L 142, 30 avr. 2004. D. Muffat-Jeandet, *RMCUE* n° 480, juill.-août 2004, p. 455 et s. ; T. Granier, « La dir. concernant les offres publiques d'acquisition », *Europe* nov. 2004, chr. n° 11.

(120) Dir. n° 2005/68 du 16 nov. 2005, *JOUE* L 323, 9 déc. 2005.

de la spécificité de ce secteur que des importantes sommes financières en cause ou bien encore des contrôles qu'exerce la puissance publique sur les entreprises d'assurance.

La législation de l'Union s'est développée assez lentement, la Cour de justice ayant joué un rôle important de catalyseur (121). Une première vague de directives adoptée au milieu des années soixante-dix (122) parallèlement à la jurisprudence *Reyners* et *Van Bingsbergen* (123) sur l'effet direct de certaines libertés fondamentales, va conduire à accepter le principe de la liberté d'établissement dans le secteur de l'assurance (§ 1). La libre prestation de services se heurtera à de beaucoup plus grandes difficultés en raison tant de la diversité géographique (sièges des établissements, succursales, filiales) que professionnelle (courtage, intermédiaires, mutuelles) des « offreurs » d'assurance. Elle nécessitera une deuxième vague (124) puis une troisième vague de directives (125) (§ 2). Ces textes opèrent un rapprochement avec l'activité bancaire, en ce qui concerne le contrôle des entreprises d'assurance, en posant le principe de la compétence des pays d'origine « *home country control* » (§ 3).

Le 10 juillet 2007, la Commission a proposé une modernisation du droit européen des assurances (126) qui a débouché sur la directive n° 2009/138 du 23 novembre 2009 (127). Le nouveau texte parfois dénommé « Solvabilité II » tient largement compte de la crise financière traversée par l'Union européenne en exigeant des entreprises d'assurance et de réassurance d'avoir des fonds propres suffisants pour couvrir leurs obligations à l'horizon d'un an. Il se substitue à treize directives actuellement en vigueur (128).

§ 1. LA LIBERTÉ D'ÉTABLISSEMENT EN MATIÈRE D'ASSURANCE

999 En bénéficient les entreprises d'assurance, notion peu définie par les textes européens, mais qui fait référence à des organismes dotés de l'autonomie juridique, ce qui conduit à envisager un régime particulier pour les succursales et les agences. Se voient également exclues – mais en raison de leur spécificité – les mutuelles de même que les caisses de secours et de prévoyance.

A. L'agrément

1000 **Régime juridique.** Pour jouir de la liberté d'établissement, l'entreprise doit obtenir un agrément subordonné à certaines conditions : notamment revêtir une forme juridique déterminée sur la base du droit national, consacrer son activité essentiellement

(121) CJCE, 4 déc. 1986, *Commission c. France, Danemark, Allemagne, etc.*, aff. 220/83, 252/83, *Rec.* 3663.

(122) Notamment dir. 73/239 du 27 juill. 1973, *JOCE* L 228, 16 août 1973 ; dir. 77/92 du 13 déc. 1976, *JOCE* L 26, 31 janv. 1977.

(123) CJCE, 21 juin 1974, *Reyners*, aff. 2/74, *Rec.* 651 ; CJCE, 3 déc. 1974, *Van Binsbergen*, aff. 33/74, *Rec.* 1299.

(124) Dir. 88/357 du 22 juin 1988, *JOCE* L 172, 4 juill. 1988 ; dir. 90/619 du 8 nov. 1990, *JOCE* L 330, 29 nov. 1990.

(125) Dir. 92/49 du 18 juin 1992, *JOCE* L 228, 11 août 1992 ; dir. 92/96 du 10 nov. 1992, *JOCE* L 360, 9 déc. 1992.

(126) COM (2007) 361 final.

(127) *JOUE* L 335, 17 déc. 2009.

(128) P. DE CHATILLON, « La proposition de directive solvabilité II… », *RMCUE* n° 512, oct.-nov. 2007, p. 565.

à l'assurance à l'exclusion de toute autre activité commerciale (129), présenter un programme d'activité, contenant notamment l'énoncé des risques qu'elle se propose de garantir (130). Il lui faut également fournir des informations précises sur ses moyens financiers prévisionnels, de même que doivent apparaître des données concernant les dirigeants (honorabilité, qualification, expérience professionnelle). L'entreprise doit aussi établir qu'elle dispose de fonds de garantie en rapport avec les risques qu'elle s'engage à couvrir. En principe, l'octroi de l'agrément est de droit lorsque ces conditions sont remplies et seules des raisons d'ordre réglementaire peuvent justifier un refus. Une fois accordé, l'agrément vaut pour l'ensemble des États membres de l'Union. Néanmoins sa portée est limitée aux seules branches pour lesquelles il est accordé.

B. Établissements d'origine étrangère

1001 Le régime applicable aux établissements d'origine étrangère rappelle celui du secteur bancaire, en ce sens qu'il importe de ne pas faire bénéficier sans réciprocité, ni générosité excessive, des avantages du grand marché, des tiers qui n'accorderaient pas un traitement équivalent aux entreprises européennes. Les directives distinguent le cas des succursales et agences (organismes sans autonomie par rapport à la maison mère) de celui des filiales, qui sont des entreprises juridiquement indépendantes.

S'agissant des premières, il n'est nullement fait obligation aux États membres de leur accorder l'agrément européen. S'ils le font, ils doivent respecter un certain nombre de conditions minimales tenant au contrôle par le pays d'origine, à la tenue d'une comptabilité propre, à la présentation d'un programme d'activité ainsi qu'à la désignation d'un mandataire général devant être agréé par l'autorité compétente du pays d'accueil.

Le cas des filiales se présente différemment. Celles-ci constituent, en effet, des entreprises nouvelles assimilables à leurs homologues nationales. L'agrément qui leur est éventuellement octroyé par un État membre, doit être porté à la connaissance de la Commission. Dans l'hypothèse où le pays tiers dont relève la société mère n'accorde pas aux entreprises européennes un traitement effectif équivalant à celui accordé par la Communauté, le Conseil peut être saisi et conférer un mandat de négociation à la Commission. Comme en matière bancaire, la négociation peut s'accompagner de mesures de rétorsion à l'égard du pays concerné.

C. Intermédiaires d'assurance

1002 Nombreux dans le secteur de l'assurance, les intermédiaires (agents, courtiers) peuvent se voir imposer par le droit national des conditions ou exigences rendant impossible ou très difficile le bénéfice de la liberté d'établissement. Suite à un arrêt *Coenen* de la

(129) Pour une application française : CE, 2 avr. 2003, *Union des mutuelles de Dunkerque*, *Europe* juill. 2003, nº 243, note P. Cassia.

(130) Le système français du bonus-malus en matière automobile n'est pas jugé contraire aux dir. du 18 juin 1992 par la Cour de justice : CJCE, 7 sept. 2004, *Commission c. France*, aff. C-347/02 et *Commission c. Luxembourg*, aff. C-346/02, *Rec.* I-7517 et 7557.

Cour de justice (131), une directive du 13 décembre 1976 (132) s'efforce d'harmoniser certaines conditions d'accès à la profession, comme l'honorabilité, la capacité juridique et financière ou encore les qualifications professionnelles. Ce dernier point soulève, comme à l'accoutumée, les principales difficultés. Aussi, avant même la directive nº 89/48 du 21 novembre 1988 (133) sur la reconnaissance générale des diplômes, dont l'applicabilité aux intermédiaires d'assurance paraît problématique, le texte de 1976 invitait-il déjà les États membres à reconnaître comme preuve suffisante de l'aptitude des candidats à la libre circulation, l'exercice effectif de cette activité dans un autre État membre, pendant une certaine durée et dans certaines conditions. Une recommandation de la Commission du 18 décembre 1991 précise les exigences professionnelles que les États membres ont le droit d'imposer aux intermédiaires d'assurance (134). Une directive nº 2002/29 (135) modifie sensiblement le régime de l'intermédiation en assurances. En vertu du nouveau texte, tous les intermédiaires devront être immatriculés dans leur État membre d'origine mais selon de strictes conditions : posséder les connaissances et aptitudes suffisantes, jouir de l'honorabilité requise, bénéficier d'une assurance professionnelle importante et détenir une capacité financière suffisante pour couvrir des sinistres sans avoir à faire appel à de tiers organismes. Les intermédiaires ayant obtenu cette immatriculation pourront offrir leurs services dans tous les États membres de l'Union, mais ils devront fournir au besoin par écrit aux consommateurs des explications claires sur leurs produits.

§ 2. LA LIBRE PRESTATION DE SERVICES EN MATIÈRE D'ASSURANCE

1003 Avant les directives de la troisième génération, la libre prestation de services se heurtait à de nombreuses difficultés. L'agrément octroyé à une entreprise d'assurance par le pays d'origine ne suffisait pas et il fallait ouvrir une succursale ou une agence dans le pays d'accueil puis obtenir un nouvel agrément de ce dernier pour pouvoir offrir des services d'assurance. De plus, les distinctions subtiles et complexes entre grands risques et risques de masse en matière d'assurance de dommage, entre prestation de services « active » et « passive » en matière d'assurance-vie, rendaient la législation de l'Union d'une grande opacité.

A. Principe de l'agrément unique

1004 En vertu de ce principe, issu des directives de 1992, l'agrément obtenu dans un État membre permet à une entreprise de couvrir un risque situé dans quelque autre État membre de l'Union. Procéduralement, il appartient à toute entreprise d'assurance qui entend exercer pour la première fois en régime de libre prestation de services d'en

(131) 26 nov. 1975, aff. 39/75, *Rec.* 1547.
(132) Nº 77/92, *JOCE* L 26 du 31 janv. 1977.
(133) *JOCE* L 19, 24 janv. 1989.
(134) *JOCE* L 19, 28 janv. 1992.
(135) Nº 2002/29 du 9 déc. 2002, *JOCE* L 9, 15 janv. 2003 ; M. Ayral, « les dossiers européens : actualités en bref », *RDUE* 4/2002, p. 815.

informer au préalable son État d'origine en indiquant la nature des risques qu'elle entend couvrir. Ce dernier doit à son tour communiquer à l'État ou aux États d'accueil un certain nombre de données notamment financières sur l'entreprise en cause. Cette communication lui permet d'exercer ses activités. Dans l'hypothèse d'une opération de coassurance, seul l'apériteur (celui qui est considéré comme le chef de file de l'opération) doit accomplir ces formalités, les autres coassureurs en étant dispensés.

B. Limites de l'agrément unique

1005 **Secteur automobile.** Dans ce secteur, la directive du 8 novembre 1990 (136) tout en reconnaissant la liberté de prestation de services conformément au schéma ci-dessus exposé prévoit certaines contraintes à l'égard de l'assureur « extérieur ». Celui-ci doit adhérer au bureau national d'assurance (regroupant les entreprises d'assurance agréées dans un État membre pour couvrir le risque automobile), ainsi qu'au fonds de garantie de l'État où le véhicule est normalement stationné. L'État de prestation de services peut aussi imposer à l'assureur étranger de désigner un représentant résidant sur son territoire, pour régler tout problème d'indemnisation ou de représentation en justice.

Une directive du 16 mai 2000 (137) vient compléter certaines lacunes de la directive n° 90/618 en reconnaissant un droit d'action directe à la victime d'un accident causé dans un autre État membre ou même dans un pays tiers lorsque le véhicule responsable est immatriculé dans un État membre de l'Union européenne. Les États membres doivent par ailleurs créer un organisme d'indemnisation auquel les personnes lésées pourront s'adresser si l'identification du véhicule n'est pas possible.

1006 **Fiscalité de l'assurance.** En ce domaine, suite à l'échec d'un projet d'harmonisation des taxes liées à la conclusion des contrats d'assurance, l'Union a dû consentir *de facto* à une application du principe de la territorialité de la loi fiscale. D'où il résulte que ces contrats sont soumis aux impôts indirects et taxes parafiscales grevant la prime d'assurance dans l'État où est situé le risque (assurance-dommages) ou celui de l'engagement (assurance-vie). Par voie de conséquence, les États de prestation de services peuvent exiger de l'assureur qu'il désigne un représentant spécial responsable du paiement des taxes. La compétence de l'État d'accueil ne doit cependant pas conduire à des discriminations. Ainsi s'agissant de la taxation même des entreprises d'assurance, la France s'est vue condamner par la Cour de justice pour ne pas avoir fait bénéficier du régime de l'avoir fiscal, des succursales et agences d'entreprises d'assurance ayant leur siège dans un autre État membre (138).

§ 3. LE CONTRÔLE DE L'ACTIVITÉ D'ASSURANCE

1007 **Système du « *home country control* ».** Les États ne peuvent se désintéresser de l'assurance en raison non seulement des sommes considérables maniées par les entreprises d'assurance, mais aussi compte tenu de la nécessité de garantir aux

(136) N° 90/618, *JOCE* L 330, 29 nov. 1990.
(137) N° 2000/26, *JOCE* L 181, 20 juill. 2000.
(138) 28 janv. 1986, *Comm. c. France*, aff. 270/83, *Rec.* 273.

preneurs d'assurance la couverture des risques qu'ils ont souscrits. S'est donc posé le problème de la détermination de l'État membre compétent pour exercer le contrôle sur les organismes d'assurance et ce dans un contexte de liberté d'établissement et de libre prestation de services.

Après avoir longtemps opté pour un partage de compétence entre l'État d'origine et l'État d'accueil, le législateur de l'Union s'est orienté dès 1992 vers le système dit du « *home country control* » en vertu duquel cette prérogative incombe essentiellement à l'État d'origine. Cette solution, étroitement liée au principe de l'agrément unique, comporte néanmoins de nombreuses exceptions au profit de l'État d'accueil. Ce dernier peut, en effet, exiger la communication « non systématique » des conditions générales ou spéciales des polices d'assurance, des tarifs et des autres documents que l'entreprise utilise dans ses rapports avec ses clients. Cette communication devient obligatoire quand il s'agit d'assurance elle-même obligatoire (automobile). De même pour des raisons d'intérêt général, l'État d'accueil peut s'opposer à la conclusion de certains contrats ; il peut aussi exiger la production de tous documents permettant d'apprécier la régularité des activités de l'entreprise d'assurance, dès lors du moins qu'une obligation analogue pèse sur les entreprises locales.

1008 **Contrôle prudentiel.** Comme pour le secteur bancaire, le contrôle « prudentiel », qui relève en principe de l'État d'origine, fait l'objet de dispositions assez poussées. L'entreprise d'assurance doit constituer des provisions techniques « suffisantes relatives à l'ensemble de ses activités ». La directive n° 2009/138 précise que les provisions techniques peuvent varier selon le type d'assurance (dommages, vie) mais leur structure doit nécessairement comporter un certain nombre d'éléments : terrains et constructions, valeurs mobilières, créances diverses. L'État d'origine contrôle également la solvabilité financière de l'entreprise en tant que telle, indépendamment des engagements qu'elle a pu souscrire. L'entreprise doit donc disposer d'une marge de solvabilité qui représente son patrimoine propre et qui est calculée à partir de données très complexes (139).

Il appartient aux États membres d'origine de désigner librement les autorités de contrôle, qui peuvent être aussi bien des ministères centraux que des organismes distincts de l'administration. L'autorité de contrôle peut procéder à toute vérification sur pièce ou sur place qui lui paraît nécessaire, notamment en cas d'infraction ou de comportement douteux. Ce contrôle peut même avoir lieu dans l'État d'accueil, mais dans ce cas ce dernier peut participer aux opérations de vérification. Le contrôle peut conduire à l'édiction d'un certain nombre de sanctions en particulier sur le plan financier pouvant aller, en cas d'irrégularité grave, jusqu'au retrait de l'agrément.

(139) Dir. n° 2002/12 du 5 mars 2002, *JOCE* L 77, 20 mars 2002.

BIBLIOGRAPHIE

I. OUVRAGES

C. GAVALDA et G. PARLÉANI, *Traité de droit communautaire des affaires*, Litec, 2e éd., 1992 ■ C. GAVALDA et G. PARLÉANI, *Droit des affaires de l'Union européenne*, 6e éd., Litec, 2010 ■ G. LEVIE, *Droit européen des assurances*, Bruylant, 1992 ■ G. LEVIE et H. COUSY, *La politique européenne de concurrence en matière d'assurance*, Bruylant, 1995 ■ D. SERVAIS (dir.), *Intégration des marchés financiers, Commentaire Mégret*, M. DONY (coord.), Éditions de l'Université de Bruxelles, 3e éd., 2007 ■ B. SOUSI-ROUBI, *Droit bancaire européen*, Dalloz, 1995 ■ P. STEINFELD et P. VIGNERON, *in Libre circulation des capitaux*, C. BLUMANN (dir.), *Commentaire Mégret*, 3e éd., Éditions de l'Université de Bruxelles, 2006 ■ L. VOGEL, *Code européen des affaires*, Dalloz, 1995.

II. ARTICLES, ÉTUDES ET DOCUMENTS

C.-J. BERR, « Droit européen de l'assurance », *RTDE* 1995, p. 561 ■ C.-J. BERR et H. GROUTEL, « Droit européen des assurances, liberté de prestations de services et coassurance », *RTDE* 1987, p. 83 ■ O. BLIN, « Capitaux », *Encyclopédie Dalloz droit communautaire*, vol. 1, 2009 ■ J.-P. CLAROTTI, « La libéralisation des services financiers dans la CEE », *RMUE* 3/1991, p. 11 ■ V. DE BEAUFORT, « Repenser le volet externe du marché intérieur européen », *RMCUE* nº 541, septembre 2010, p. 514 et s. ■ C. JASSERAND, « Révision de la directive OPCVM : Adoption de UCITS IV », *RMCUE* nº 528, mai 2009, p. 312 et s. ■ P. JUILLARD, « Libre circulation des capitaux, le principe de libre circulation », *Juris-Classeur Europe*, 2003, vol. 3, fasc. nº 900 ■ R. KOVAR, « Les actions spécifiques : état de la jurisprudence de la Cour de justice », *Europe* août-septembre 2008, chr. p. 5 ■ V. LELAKIS, « La libre circulation des capitaux au sein de la Communauté », *RMUE*, 1/1991, p. 47 ■ F. LOHEAC, « À propos du marché unique de l'assurance et de quelques questions connexes », *RMC* 1992, p. 781 ■ F. LOHEAC, « Le marché unique de l'assurance : opportunités limites et perspectives », *RMCUE* 1994, p. 592 ■ J.-V. LOUIS, « Le comité européen du risque systémique », *CDE* 5-6/2010, p. 645 et s. ■ C. MASCALA, « Lutte contre le blanchiment de capitaux : une nouvelle directive en attente de transposition », *Europe* mai 2006, p. 5 ■ H. RUMEAU-MAILLOT, « Assurance », *Rép. Dalloz droit communautaire*, vol. 1 ■ A. RAYNOUARD, « Banque », *Rép. Dalloz droit communautaire* 2006, vol. 1 ■ F. SCHWERER, « Marchés bancaires et droit européen de la concurrence », *Rev. droit bancaire et bourse* 1994, p. 207 ■ B. SOUSI-ROUBI, « La convention de Rome et la loi applicable aux contrats bancaires », *D.* 1993, chron. L II ■ B. VACCARI, « Le processus Lamfalussy : enjeux, leçons et perspectives », *RDUE* 1/2007, p. 41 et s. ■ W. VAN GERVEN, « La deuxième directive bancaire et la jurisprudence de la Cour de justice », *Rev. Banque* 1991, p. 39-46 ■ K. VUILLEMIN, « L'agrément unique communautaire des entreprises d'investissement », *RMCUE* 1994, p. 307.

Nos 1009 à 1019 réservés.

CHAPITRE 3
SERVICES LIÉS AUX TECHNOLOGIES NOUVELLES

1020 **Problématique.** Les techniques modernes de communication et de traitement de l'information ont entraîné l'apparition de nombreux services nouveaux fondés principalement sur l'utilisation de l'informatique, de l'électronique, du son, de l'image, etc. dont une des particularités notables, outre la rapidité voire l'instantanéité des messages, est d'ignorer complètement les frontières géographiques, linguistiques, culturelles ou autres, patiemment dressées et cultivées par les États.

La plupart de ces technologies nouvelles et en particulier les nouvelles technologies de l'information (NTI) viennent alimenter cette société de l'information dont les institutions de l'Union s'efforcent de jeter des bases (1) et qui suscite un double défi : celui d'abord de la maîtrise de l'information qui n'est pas un produit ordinaire et qui met en cause la créativité humaine, la défense de certaines valeurs culturelles et sociales ; celui ensuite de la définition d'un cadre juridique harmonieux permettant aux nouvelles technologies de s'épanouir tout en sauvegardant les droits fondamentaux de l'individu et la liberté d'autrui. À cet égard, force est de constater que le droit de l'Union forcément en première ligne, compte tenu de la nature transfrontière de ces technologies nouvelles, n'apporte qu'une réponse imparfaite et fragmentaire aux problèmes posés.

Pour l'heure, en effet, et pour s'en tenir à une approche nécessairement partielle, puisque ces technologies nouvelles s'insèrent dans des projets plus globaux voire des politiques nouvelles dans lesquels les aspects techniques et financiers sont dominants, le droit de l'Union permet de distinguer quatre groupes de technologies nouvelles soulevant des problèmes spécifiques : l'audiovisuel, mais traité dans un autre chapitre de cet ouvrage, les télécommunications (section I), l'informatique et les réseaux (section II) puis le commerce électronique (section III).

(1) Résolution du PE du 19 sept. 1996, *JOCE* C 320, 28 oct. 1996.

SECTION I LES TÉLÉCOMMUNICATIONS

§ 1. CADRE NORMATIF

1021 **Évolution.** Ignoré comme l'on peut s'en douter du traité de Rome originaire, le secteur des télécommunications figure parmi les plus complexes du droit de l'Union. Cela tient à sa difficile localisation puisqu'il touche aussi bien à la liberté de circulation des marchandises (équipements, matériels) qu'à la libre prestation de services (services de télécommunication) et que la structure longtemps monopolistique ou en tout cas public de ce secteur avait vocation également à le faire relever des monopoles nationaux (art. 37 TFUE) des services d'intérêt économique général (art. 106 TFUE) sans parler bien sûr des règles de concurrence (art. 101-109) ni de celles relatives à la passation des marchés publics. Le traité de Maastricht a d'ailleurs enrichi le tableau en incluant les télécommunications dans la politique nouvelle des réseaux transeuropéens (art. 170 à 172 TFUE).

Les télécommunications représentent l'exemple parfait du secteur dans lequel l'action de la Commission dans le sens de l'abandon des monopoles nationaux et de l'ouverture à la concurrence privée s'est manifestée avec le maximum d'ardeur (2). L'ouverture progressive des télécommunications a entraîné parallèlement la libéralisation des échanges tant de marchandises (3) que de services. Sur ce dernier plan, la reconnaissance de la liberté de prestation de services s'est faite par étapes successives et a bénéficié aussi bien aux services proprement dits de télécommunication (directive du 28 juin 1990 (4)) qu'aux réseaux, le plus souvent détenus par les organismes publics de télécommunication, qui permettent de les dispenser (directive du 28 juin 1990 (5)). Ultérieurement les textes se sont multipliés rendant le droit en la matière particulièrement opaque. Dans un souci de simplification et compte tenu de l'évolution des techniques le législateur européen a adopté le 7 mars 2002 un paquet législatif couvrant l'ensemble de la matière. Il comprend principalement une directive-cadre (6) et sept directives sectorielles parmi lesquelles trois d'entre elles occupent une place de tout premier plan : la directive « accès » (7), la directive « autorisation » (8) et la directive « service universel » (9). Ces textes ont été modifiés et complétés à diverses reprises et notamment par un règlement du 29 novembre 2009 (10) instituant l'organe des régulateurs européens des communications électroniques (ORECE) et l'office du même nom, ainsi que par une directive n° 2009/136 du 25 novembre 2009 relative au service

(2) A. Buzelay, « De la dérégulation des télécommunications dans l'Union – De l'usager contraint par le monopole au service public contraint par la concurrence », *RMCUE* janv. 2000, p. 24.

(3) Dir. n° 88/301 de la Commission du 16 mai 1988 sur les marchés des terminaux de télécommunications, *JOCE* L 131, 27 mai 1988, codifiée par dir. n° 2008/63 du 20 juin 2008, *JOUE* L 162, 21 juin 2008.

(4) N° 90/388, *JOCE* L 192, 24 juill. 1990.

(5) N° 90/387, *JOCE* L 192, 24 juill. 1990.

(6) N° 2002/21, *JOCE* L 108, 24 avr. 2002.

(7) N° 2002/19, *JOCE* L 108, 24 avr. 2002.

(8) N° 2002/20 mêmes références au *JO.*,

(9) N° 2002/22, *id.*

(10) N° 1211/2009, *JOUE* L 337, 18 déc. 2009.

universel et aux droits des consommateurs (11), sans oublier une directive n° 2009/140 (12) qui modifie de nombreux aspects des textes antérieurs.

1022 **Objectifs et principes.** C'est très certainement l'évolution technologique majeure de ces dernières années qui explique l'abandon des législations de 1990 et 1998 (13). On assiste en effet à une convergence entre les secteurs des télécommunications de l'audiovisuel et de l'informatique. Cette évolution met en cause l'existence de cadres juridiques distincts. Par ailleurs, les différents segments des marchés de télécommunications ont connu une concurrence croissante nonobstant la prééminence récurrente de l'ancien organisme monopolistique. En conséquence, le nouveau cadre législatif ne se limite plus aux réseaux et services de télécommunications y compris la téléphonie vocale *stricto sensu* mais s'étend aux réseaux et services électroniques ainsi qu'à certains services associés. Il s'applique aux réseaux de télécommunications fixes ou mobiles, aux réseaux câblés ou par satellite de télévision.

Les principes de l'actuelle réglementation sont au nombre de cinq : tout d'abord la détermination d'objectifs politiques clairement définis notamment pour les autorités de régulation nationales (ARN) appelées à jouer un rôle central dans le nouveau dispositif. Le deuxième principe est celui d'une réglementation minimum. Le marché doit constituer le régulateur central et l'intervention publique doit se limiter au strict minimum, ce qui implique notamment une préférence, lorsqu'il s'agit d'octroyer des droits d'accès sur le réseau, pour des systèmes d'autorisations générales plutôt que des licences individuelles. Ensuite, l'accent est mis sur les principes de flexibilité et de sécurité juridique. La réglementation de base doit demeurer stable et il faut laisser aux ARN le soin de l'appliquer et de l'adapter. Le quatrième principe est celui de la neutralité de la réglementation sur le plan des innovations technologiques. Le dernier est celui d'une adaptabilité constante au contexte tant national, européen qu'international.

§ 2. LES AUTORITÉS DE RÉGULATION ET D'INFORMATION

1023 **Missions.** De tels organismes existaient déjà sous l'empire de la réglementation de 1998. Ils se voient chargés de l'application aux opérateurs et utilisateurs de mesures individuelles, mais ils disposent également d'un pouvoir réglementaire résiduel (14). Leurs compétences précises se ramènent à quatre éléments. En premier lieu, les ARN participent à l'organisation des marchés notamment en précisant les conditions à remplir. En second lieu, elles exercent une fonction de contrôle et en troisième lieu, elles disposent d'un pouvoir de règlement des litiges. Enfin, elles sont un vecteur d'information sur l'état des marchés : elles publient tout en respectant le secret des affaires, les informations susceptibles de contribuer à l'instauration d'un marché ouvert et concurrentiel.

(11) *JOUE* L 337, 18 déc. 2009.

(12) *Ibid.*, v. aussi P. Mattera, « La nouvelle réglementation UE en matière de télécommunications », *RDUE* 2/2011, p. 264.

(13) A. de Streel, R. Queck et P. Vernet, « Le nouveau cadre réglementaire européen des réseaux et services de communications électroniques », *CDE* n° 3-4/2002, p. 243.

(14) Tel celui de fixer un prix maximum pour le transfert d'un numéro de téléphone mobile d'un opérateur vers un autre : CJCE, 13 juill. 2006, *Mobistar*, aff. C-438/04, *Rec.* I-6675.

1024 **Organisation.** La directive cadre du 7 mars 2002 prévoit d'abord qu'il peut exister plusieurs ARN par État membre en fonction du type de compétence (15). Elles disposent d'un appareil administratif et de moyens financiers suffisants. Le principe de fonctionnement est celui de l'indépendance tant vis-à-vis des fournisseurs et utilisateurs que des États membres. Dans ce dernier cas, ceci nécessite une séparation structurelle entre l'ARN et l'État membre si celui-ci conserve la propriété d'un opérateur. Les ARN doivent pouvoir disposer de toutes les informations nécessaires à l'exercice de leurs fonctions et elles peuvent organiser si besoin est des consultations publiques. De nombreux mécanismes de coopération transnationale sont aussi prévus. Conformément aux principes de l'État de droit, des recours doivent pouvoir être organisés devant les juridictions compétentes contre les décisions prises par l'ARN.

La création de L'ORECE par le règlement n° 1211/2009 vient compléter le dispositif. Cet organisme qui constitue une agence de l'Union, dotée de la personnalité juridique et de l'autonomie financière, a notamment pour mission de développer et de diffuser, auprès des ARN, les meilleures pratiques réglementaires, telles que des approches, méthodes ou lignes directrices communes sur la mise en œuvre du cadre réglementaire de l'Union européenne ; de fournir, sur demande, une aide aux ARN sur des questions de réglementation ; d'émettre des avis sur les projets de décisions, de recommandations et de lignes directrices de la Commission ; d'élaborer des rapports et de fournir des conseils, sur demande motivée de la Commission ou de sa propre initiative, et de rendre des avis au Parlement européen et au Conseil, sur demande motivée ou de sa propre initiative, sur toute question concernant les communications électroniques relevant de sa compétence ; et plus globalement d'assister les institutions de l'Union et les ARN sur toute question en rapport avec les télécommunications.

1025 **Agence européenne de sécurité.** En vue d'assurer un minimum de coordination, un règlement du 10 mars 2004 institue une agence européenne chargée de la sécurité des réseaux et de l'information (16). Dotée de la personnalité juridique et gérée par un conseil d'administration et un directeur exécutif, elle appartient comme L'ORECE à la catégorie des agences, offices et observatoires de l'Union européenne. Elle a pour mission d'assister la Commission et les États membres dans le respect et l'application des exigences européennes en matière de sécurité des réseaux et de l'information. Plus précisément l'agence renforce la capacité de l'Union, des États membres et du secteur des entreprises, en vue de prévenir les problèmes de sécurité des réseaux et de l'information, de les gérer et d'y faire face. Elle prête assistance et fournit des conseils à la Commission et aux États membres sur les questions liées à la sécurité des réseaux et de l'information. Elle met à profit ces compétences pour encourager la coopération entre les acteurs des secteurs public et privé. Elle assiste la Commission dans l'exercice de ses fonctions législatives (17).

(15) CJCE, 6 mars 2008, *Comision del mercado de las telecommunicaciones*, aff. C-82/07, *Rec.* I-1265.

(16) N° 460/2004, *JOUE* L 77, 13 mars 2004.

(17) T. Galanis, « Les communications électroniques : un laboratoire du droit de la concurrence », *RDUE* 4/2009, p. 759 et s.

§ 3. L'ENTRÉE SUR LE MARCHÉ

1026 **Conditions.** Il s'agit d'assurer un égal accès à tous les opérateurs aux différents services et réseaux de télécommunications (18). La directive « autorisation » repose ainsi sur un principe de reconnaissance mutuelle mais qui présente l'originalité de distinguer très nettement l'accès au marché par le truchement d'une autorisation générale et éventuellement de droits individuels d'utilisation de fréquences et numéros de l'octroi de droits ou d'obligations en dehors de toute licence individuelle (19). Le système de l'autorisation générale jouit d'une réelle prééminence. Tous les services et réseaux de communications électroniques sont soumis à autorisation générale (20). Des droits supplémentaires d'utilisation de fréquences ou de numéros ne peuvent être accordés qu'à titre exceptionnel et dans des conditions clairement définies. Cette autorisation générale se fonde essentiellement sur la loi et ne suppose aucune décision expresse de l'ARN de l'État membre concerné ce qui juridiquement peut faire douter d'un véritable régime d'autorisation. Néanmoins l'État membre concerné peut exiger une notification à l'ARN des intentions du futur opérateur. De plus ce dernier, dans un souci de sécurité juridique, peut demander confirmation de ses droits à l'autorité nationale compétente.

1027 **Droits et obligations.** L'autorisation générale confère à son titulaire quatre catégories de droits : fournir des réseaux et services de communications électroniques, négocier l'interconnexion avec d'autres fournisseurs, accéder à leurs réseaux et pouvoir postuler comme prestataire du service universel. Les obligations susceptibles d'être imposées aux opérateurs figurent sur une liste annexée à la directive « autorisation ». Les États membres choisissent parmi celles-ci sur une base non discriminatoire, proportionnée et transparente. Des taxes administratives peuvent aussi être imposées aux opérateurs mais uniquement en vue de couvrir les coûts administratifs globaux. Elles doivent être réparties entre les diverses entreprises d'une manière objective et proportionnée.

1028 **Octroi de droits individuels.** Outre l'autorisation générale, les États membres peuvent octroyer des droits individuels pour l'utilisation de fréquences et de numéros (21). De tels droits sont accordés en nombre limité et doivent être alloués selon des critères objectifs, transparents et non discriminatoires et au terme de procédures de sélection concurrentielles. Des obligations spécifiques pèsent sur les titulaires de ces droits qui sont par ailleurs susceptibles de transfert.

§ 4. ORGANISATION DE LA CONCURRENCE

1029 Les directives de 2002 et 2009 entendent assurer une pleine et entière concurrence sur le marché des communications électroniques partant du postulat

(18) CJCE, 20 oct. 2005, *Isis multimedia Net GmbH*, aff. C-334/03, *Rec.* I-8877.

(19) Pour un exemple de difficultés liées aux redevances dues à l'opérateur principal : CJCE, 22 mai 2003, *Connect Austria Gesellschaft*, aff. C-462/99, *Rec.* I-5197 ; *Europe* juill. 2003, n° 254, note L. Idot.

(20) L'attribution de licences UMTS à deux opérateurs (Orange, SFR) n'est pas constitutive d'aide d'État : TPICE, 4 juill. 2007, *Bouygues SA*, aff. T-475/04, *Rec.* II-2097.

(21) Sur les conditions susceptibles d'être posées par les États : CJCE, 16 juin 2005, *Commission c. France*, aff. C-104/04 ; *Europe* août-sept. 2005, n° 301.

de leur caractère bienfaisant (22). Une distinction est néanmoins opérée entre les opérateurs ordinaires et ceux qui occupent « une puissance significative sur le marché ».

1030 **Régime général.** Les directives privilégient la libre négociation commerciale pour l'accès aux réseaux. L'accès recouvre notamment la connexion des équipements par des moyens fixes ou non (accès à la boucle locale (23)) l'accès à l'infrastructure physique, les bâtiments, gaines et pylônes, l'accès aux systèmes logiciels pertinents, l'accès à la conversion du numéro d'appel, l'accès aux services de télévision numérique. Toute discrimination notamment tarifaire d'origine étatique se voit résolument bannie. Néanmoins les ARN se réservent toute possibilité de contrôle appropriée. S'agissant de ressources associées (diffuseurs de services devant passer par l'intermédiaire d'opérateurs détenteurs de réseaux), l'accès des premiers doit s'opérer d'une manière équitable, raisonnable et non discriminatoire. Toutefois les États membres peuvent réserver l'accès aux ressources associées aux seules entreprises ayant une puissance significative sur le marché. Sur le plan comptable, la directive cadre impose aux entreprises qui fournissent des réseaux ou services de télécommunication une nette séparation comptable entre les ressources qu'elles peuvent tirer de leurs droits spéciaux ou exclusifs et celles qu'elles tirent de la fourniture de services à des entreprises tierces.

1031 **Itinérance**. La question de l'interconnexion internationale des réseaux, notamment de téléphonie mobile n'est pas sans soulever des difficultés tant pour les entreprises que pour les particuliers. Ainsi apparaît-il que les communications passées vers l'étranger ou de l'étranger se font à des coûts souvent exorbitants. Se pose en l'occurrence la question dite de *l'itinérance internationale*, qui consiste pour un opérateur à offrir l'accès à son réseau à des clients non abonnés et à se faire payer par l'opérateur du pays originaire. Ces échanges se soldent par des compensations financières entre opérateurs de différents États à des tarifs pas toujours compréhensibles pour les particuliers, surtout à l'intérieur de l'Union européenne dont l'objectif central pour les citoyens européens demeure la libre circulation. Pour atténuer les difficultés en la matière, un règlement du 25 juin 2007 (24), dont le champ d'application ne s'étend pas néanmoins aux SMS ni aux MMS, vise à réduire les coûts d'itinérance pour les prix de détail, par la fixation de plafonds tarifaires préventifs. Le règlement qui comporte de nombreuses lacunes n'apporte néanmoins qu'une solution très incomplète à l'ensemble du problème (25).

Un règlement du 18 juin 2009 (26) vient en partie combler ces lacunes en étendant les plafonds tarifaires aux SMS et MMS et en poursuivant le mouvement de réduction des coûts d'itinérance, évalués à cinq fois plus élevés que leur coût réel pour les opérateurs. Le règlement n° 717/2007 voit également sa durée d'application prolongée jusqu'au 30 juin 2012. Mis en cause par un certain nombre d'opérateurs devant les juridictions britanniques, la Cour de justice a confirmé la validité de ce règlement et notamment de la base juridique de l'ex-article 95 CE (devenu 114 TFUE). L'arrêt

(22) V. aussi suite à la modification du cadre normatif des communications électroniques la dir. n° 2002/77 du 16 sept. 2002, *JOCE* L 249, 17 sept. 2002.

(23) CJCE, 24 avr. 2008, *Arcor AG*, aff. C-55/06, *Rec.* I-2931, *Europe* juin 2008, n° 176, note D. SIMON.

(24) N° 717/2007, *JOUE* L 171, 29 juin 2007.

(25) K. KECSMAR, « Histoire d'un règlement attendu... », *RMCUE* oct.-nov. 2007, n° 512, p. 577.

(26) N° 544/2009, *JOUE* L 167, 29 juin 2009.

s'avère également intéressant pour les références faites aux principes de proportionnalité et surtout de subsidiarité (27).

1032 **Opérateurs puissants.** Il s'agit de faire face à des marchés nouveaux ou émergents où la concurrence ne peut s'exercer d'une manière normale et effective et dans lesquels un seul opérateur, souvent l'opérateur historique, accapare à lui seul toutes les parts de marchés et tarit ainsi toute concurrence. Il appartient aux ARN d'identifier ces marchés nouveaux dits marchés « pertinents ». Les évaluations opérées par les ARN se fondent sur la notion de position dominante au sens du droit de la concurrence. La directive cadre précise les critères qui permettent d'apprécier la dominance qu'elle soit d'ailleurs individuelle ou collective. La qualification de marché pertinent entraîne des obligations pour l'opérateur historique. Il s'agit pour la plupart d'obligations visant à faciliter l'ouverture à la concurrence, notamment accorder à des tiers l'accès aux ressources spécifiques du réseau moyennant juste rémunération, permettre également l'accès aux infrastructures physiques, s'engager à négocier de bonne foi avec toute entreprise qui en fait la demande. L'opérateur puissant doit aussi faire respecter par les utilisateurs le principe de non-discrimination. L'ARN se voit également chargé du contrôle des prix exigés par l'opérateur historique aux utilisateurs occasionnels. Des règles particulières s'appliquent aux marchés de détail. La nouvelle réglementation issue du paquet 2009 prévoit aussi que les ARN auront la faculté en dernier recours d'obliger les opérateurs puissants à séparer leurs réseaux de communication et la fourniture de services afin de garantir aux autres opérateurs un accès sans discrimination.

§ 5. INTÉRÊTS DES UTILISATEURS ET SERVICE UNIVERSEL

1033 **Téléphonie.** Le service universel consiste à offrir à l'ensemble des usagers des prestations à prix coûtant harmonisées à travers l'Europe tout en assurant la pluralité et la diversité culturelle (28). S'agissant de la téléphonie la directive « service universel » prévoit que les services sont mis à la disposition de tous les utilisateurs finals indépendamment de leur situation géographique et à un niveau de qualité satisfaisant. Le champ du service universel comprend d'abord un raccordement au réseau téléphonique public avec une puissance suffisante pour assurer un raccordement à internet. Il comprend également la mise à la disposition d'un annuaire ainsi que de postes téléphoniques payants publics (29). Ces services doivent être offerts à des tarifs abordables compte tenu des circonstances nationales. Le service universel peut aussi comprendre une facturation détaillée ainsi que la possibilité d'un paiement échelonné. La nouvelle directive du 25 novembre 2009 (30) reconnaît le droit des consommateurs à changer d'opérateur de télécommunications en un seul jour sans devoir changer de numéro de téléphone ainsi que le droit à une plus grande clarté dans les services proposés et une

(27) CJUE, 8 juin 2010, *Vodafone ea*, aff. C-58/08, NEPR.

(28) V. Karayannis, « Le service universel de télécommunications en droit communautaire : entre intervention publique et concurrence », *CDE* nº 3-4/2002, p. 315.

(29) Sur l'étendue des obligations du fournisseur de service universel : CJUE, 17 févr. 2011, *The number Ltd*, aff. C-16/10, NEPR ; 3 mars 2011, *Commission c. Belgique*, aff. C-134/10, NEPR ; 5 mai 2011, *Deutsche Telekom*, aff. C-543/09, NEPR.

(30) 2009/136, *JOUE* L 337, 18 déc. 2009.

meilleure protection des données personnelles en ligne. La directive prévoit aussi un meilleur accès aux services d'urgence, notamment le 112 qui devient numéro d'urgence unique pour toute l'Europe (31).

Les textes s'intéressent longuement aux modalités de fourniture du service universel. Les États membres peuvent si nécessaire désigner une ou plusieurs entreprises chargées du service universel. Le mécanisme de désignation doit être objectif, transparent non discriminatoire. Le mécanisme doit conduire au service le moins onéreux possible. En pratique les opérateurs historiques disposent bien évidemment d'un avantage considérable dû notamment à l'importance de leurs infrastructures locales. Ceci peut conduire à une désignation directe du gestionnaire au détriment de marchés concurrentiels. Il appartient à l'ARN de déterminer le coût du service universel (32). Celui-ci peut résulter d'une éventuelle mise aux enchères de l'offre de service universel, sinon il faut calculer les manques à gagner de l'opérateur qui s'en trouve chargé, étant entendu que la charge du service universel entraîne en contrepartie un surcroît de notoriété pour son titulaire. Les entreprises non chargées du service universel peuvent cependant être amenées à y contribuer financièrement et des fonds sectoriels de compensation peuvent être mis en place. Les États membres peuvent aussi prévoir des services obligatoires additionnels (fourniture d'internet dans les établissements scolaires). Les règles de celui-ci sont cependant plus rigoureuses.

1034 **Radio et télévision.** Afin de garantir les objectifs de diversité et de pluralisme culturel, les États membre peuvent désirer qu'un certain nombre de chaînes de radio ou de télévision soient disponibles sur l'ensemble du territoire national. Ils peuvent imposer aux entreprises de diffusion de transporter les programmes relevant du service universel. Néanmoins la liste de ces services doit correspondre à certaines considérations d'intérêt général (télétexte, programmes aux handicapés). Reste que les opérateurs tenus à l'obligation de diffusion sont limités et se réduisent aux plates-formes classiques (câble, satellite, réseau terrestre). En revanche, les réseaux plus nouveaux (télécoms, réseaux mobiles de la troisième génération) ne sont pas concernés. Les obligations imposées doivent être transparentes, non discriminatoires et révisables périodiquement. Les États membres peuvent prévoir une rémunération spécifique du service universel mais ils n'y sont pas tenus.

SECTION II — INFORMATIQUE, RÉSEAUX, MULTIMÉDIA

1035 En ces domaines, le droit de l'Union se limite à des protections : protection des « produits » informatiques d'une part (33) (§ 1) protection des données personnelles d'autre part (§ 2). L'ensemble de la question demeure cependant étroitement lié à celle des droits d'auteur et de la propriété intellectuelle.

(31) P. Mattera, « La nouvelle réglementation UE en matière de télécommunications », *RDUE* 1/2011, p. 264.

(32) CJUE, 6 oct. 2010, *Base NV ea*, aff. C-389/08, NEPR.

(33) Sur le cas particulier des informations émanant du secteur public : dir. 2003/98 concernant la réutilisation des informations du secteur public, *JOUE* L 345, 31 déc. 2003.

§ 1. PROTECTION DES PRODUITS ET ŒUVRES INFORMATIQUES

1036 **Logiciels.** À cette fin, une directive du 14 mai 1991 (34) s'efforce de concilier les exigences de la protection du droit d'auteur avec les besoins de la reproduction ou de la connexion avec d'autres logiciels ou programmes (opération qualifiée d'interopérabilité). La protection du droit d'auteur ne donne pas lieu à réglementation particulière et relève du régime général, tel qu'il résulte notamment de la convention de Berne sur les œuvres littéraires et artistiques. Cette protection ne s'étend pas cependant aux idées – bien qu'en matière informatique, il soit toujours difficile de distinguer les idées de leur support technique – ni aux interfaces. Les actes soumis à interdiction ou restriction sont la reproduction ainsi que toute forme d'adaptation et de distribution. La décompilation – entendue comme l'opération de démontage des logiciels de façon à pouvoir lire les éléments qui les rendent compatibles avec d'autres standards – n'est plus interdite mais soumise à des conditions strictes.

1037 **Banques de données.** La protection des banques de données et des multimédia (CD Rom, internet) repose sur une directive du 11 mars 1996 (35). Celle-ci définit les bases de données comme « un recueil d'œuvres de données ou d'autres éléments indépendants, disposés de manière systématique ou méthodique ». La protection rejoint une nouvelle fois le régime du droit d'auteur. Cependant, une grande originalité du texte résulte de la volonté d'assurer une protection spécifique de l'investisseur, et non plus seulement de l'œuvre, résultat d'une création ou d'une innovation. L'investisseur qui sera le plus souvent le fabricant ou le producteur de base va bénéficier d'un droit exclusif sur la base de données, pour une durée de quinze ans. L'investisseur peut autoriser ou interdire le transfert permanent ou temporaire (extraction) du contenu entier ou partiel de sa base. La conciliation entre le droit d'auteur, qui appartient au créateur, et ce droit dit *sui generis* qui appartient à l'investisseur, peut soulever de sérieuses difficultés. Il semble néanmoins que le premier doive prévaloir sur le second.

1038 **Droits d'auteur dans la société de l'information.** Une directive n° 2001/29 du 22 mai 2001 (36) vient régir les droits d'auteur et les droits voisins pour les biens et services de nature informatique faisant l'objet d'un commerce transfrontalier. Le texte harmonise les droits de reproduction, de distribution et de communication au public ainsi que la protection juridique des dispositifs anticopie. Il prévoit également une exception obligatoire en faveur des exploitants de réseaux pour les copies techniques sur internet ainsi qu'une liste exhaustive d'exceptions facultatives aux droits d'auteur, dont le système de la copie à usage privé, laissées à la discrétion des États membres quant à l'opportunité de leur application.

§ 2. PROTECTION DES DONNÉES PERSONNELLES

1039 **Nature des données personnelles.** À ce propos, l'harmonisation des textes législatifs nationaux extrêmement disparates résulte d'une directive du

(34) N° 91/250, *JOCE* L 122, 17 mai 1991.
(35) N° 96/9, *JOCE* L 77, 27 mars 1996.
(36) *JOUE* L 167, 22 juin 2001.

24 octobre 1995 (37). Ce texte vise un niveau de protection élevé des personnes physiques, bien que les États membres puissent faire bénéficier les personnes morales de la directive. Il offre également un certain nombre de critères permettant de distinguer les données personnelles protégées, des données anonymes dont la diffusion reste possible. Certaines données ne peuvent faire l'objet d'un traitement licite : celles qui « révèlent l'origine sociale ou ethnique, les opinions politiques, les convictions religieuses ou philosophiques, l'appartenance syndicale ainsi que celles relatives à la santé et à la vie sexuelle ». Les autres données personnelles ne peuvent faire l'objet d'un traitement que si elles sont « adéquates, pertinentes et non excessives » par rapport à la finalité recherchée (38).

Le contrôle des dispositions de la directive repose en premier lieu sur l'information complète des personnes fichées. Celles-ci, au moment de la collecte peuvent s'opposer au traitement des données les concernant, pour peu que cette objection se fonde sur des raisons légitimes. De plus, la directive invite les États membres à créer une autorité administrative indépendante, sur le modèle à l'évidence de la CNIL française, dotée de pouvoirs d'information et de surveillance et dont les décisions doivent être susceptibles de contrôle juridictionnel.

1040 **Communications électroniques.** La directive de 1995 s'est vue complétée dans le secteur ultra-sensible des télécommunications par une directive du 15 décembre 1997 rendue nécessaire par la généralisation des réseaux numériques à intégration de services (RNIS) et des réseaux numériques mobiles (39). Mais ce dernier texte a dû s'adapter à la refonte plus globale du dispositif relatif aux télécommunications (v. *supra,* n° 1021 et s.). D'où l'adoption le 12 juillet d'une directive concernant le traitement des données de caractère personnel et la protection de la vie privée dans le secteur des communications électroniques (40). Une directive du 15 mars 2006 améliore les données de ce texte et pousse plus avant l'harmonisation des législations nationales en ce domaine (41).

La nouvelle directive se donne pour objectif, aux fins d'harmonisation des législations nationales, l'établissement d'un niveau élevé et équivalent de protection des données personnelles et de la vie privée des individus afin d'aplanir les obstacles à la libre circulation des informations, des équipements et des services de communications électroniques. Le texte s'applique dans le cadre de la fourniture de services de communications accessibles au public sur les réseaux publics de télécommunications. Il s'agit de protéger la confidentialité de la vie privée. Sont notamment visées l'identification des lignes appelantes, le renvoi automatique d'appel, la confection des annuaires. Elle fait obligation aux États membres de préserver la confidentialité des communications. Elle procède de même pour les prestataires de services qui doivent également veiller à ce que les données personnelles relatives au trafic soient effacées ou rendues anonymes lorsque elles ne sont plus nécessaires. Enfin, les particuliers obtiennent le droit de s'opposer à ce que les données personnelles les concernant soient stockées ou traitées. Des droits de recours juridictionnels sont également reconnus en cas de violation des

(37) N° 95/46, *JOCE* L 281, 23 nov. 1995.

(38) Pour une application de la dir. à des activités sur internet : CJCE, 6 nov. 2003, *Bodil Lindqvist*, aff. C-101/01, *Rec.* I-12971, *Europe* janv. 2004, n° 18, obs. F. Mariatte.

(39) N° 97/66, *JOCE* L 24, 30 janv. 1998.

(40) N° 2002/58, *JOCE* L 201, 31 juill. 2002, *Europe* oct. 2002, n° 347, note E. Meisse.

(41) N° 2006/24, *JOUE* L 105, 13 avr. 2006.

dispositions de la directive ou des textes nationaux d'application. Les États membres peuvent néanmoins prendre des mesures plus restrictives en cas d'atteinte à la sûreté de l'État ou pour la recherche d'infractions pénales (42).

Plus récemment une directive du 15 mars 2006 (43) vise à harmoniser les dispositions des États membres relatives aux obligations des fournisseurs de services de communications électroniques accessibles au public ou de réseaux de communication en matière de conservation de certaines données qui sont générées ou traitées par ces fournisseurs, en vue de garantir la disponibilité de ces données à des fins de recherche, de détection et de poursuite d'infractions graves telles qu'elles sont définies par chaque État membre dans son droit interne (44).

1041 **Organismes de contrôle.** Par ailleurs, un règlement du 18 décembre 2000 (45) met en place un régime de protection des personnes physiques à l'égard des traitements de données à caractère personnel par les institutions et organes communautaires. Le texte institue un organe spécifique chargé d'en vérifier la bonne application : un « contrôleur européen des données ». Sur le plan institutionnel, on relève aussi la création d'une agence européenne chargée de la sécurité des réseaux et de l'information (46). Celle-ci, dotée de la personnalité juridique, a pour but de « favoriser l'émergence d'une culture de la sécurité des réseaux et de l'information ». Elle est gérée par un conseil d'administration, un directeur exécutif et un groupe permanent des parties prenantes (experts, consommateurs, universitaires). Elle dispose de son propre budget (47).

SECTION III LE COMMERCE ÉLECTRONIQUE

1042 **Finalité.** La directive 2000/31 du 8 juin 2000 (48), complétée par celle du 13 décembre 1999 (49) sur les signatures électroniques, a pour objectif général de « contribuer au bon fonctionnement du marché intérieur en assurant la libre circulation des services de la société de l'information entre les États membres » (50). Elle s'inscrit pleinement dans la perspective du marché intérieur des services en ligne, comme en témoigne son fondement juridique établi sur la triple base du droit

(42) P. ACHILLEAS, « Droit communautaire des communications électroniques », *Juris-Classeur Europe* vol. 5, fasc. 1225, 2005.

(43) N° 2006/24, *JOUE* L 105, 13 avr. 2006.

(44) K. KECSMAR, « Quel avenir pour le secteur des communications électroniques dans l'UE ? », *RMCUE* mars 2007, n° 506, p. 197.

(45) N° 45/2001, *JOCE* L 8, 12 janv. 2001.

(46) Règlement n° 460/2004 du 10 mars 2004, *JOUE* L 77, 13 mars 2004.

(47) V. *supra*, n° 1025.

(48) *JOCE* L 178, 17 juill. 2000.

(49) N° 1999/93, *JOCE* L 13, 19 janv. 2000 ; D. BARESCH et R. SCHLECHTER, « La dir. européenne pour les signatures électroniques », *RMCUE*.

(50) Sur cette directive déjà abondamment commentée, v. notamment : R. DE BOTTINI, « La directive "commerce électronique" du 8 juin 2000 », *RMCUE* juin 2001, p. 368 et s. ; E. CRABIT, « La directive sur le commerce électronique », *RDUE* 4/2000, p. 749 ; P. THIEFFRY, « L'émergence d'un droit européen du commerce électronique », *RTDE* 4/2000, p. 649.

d'établissement (ex-art. 47 § 2 CE, devenu 53 § 1 TFUE) de la libre prestation de services (ex-art. 55 CE, devenu 62 TFUE) et de l'harmonisation des législations nationales (ex-art. 95 CE, devenu 114 TFUE) (51).

Cependant son objectif n'est pas d'assurer une réglementation globale et complète du commerce électronique puisque son champ d'application se limite « à *certains aspects* juridiques des services de la société de l'information, et notamment du commerce électronique dans le marché intérieur » (§ 1). Il reste que la directive n° 2000/31 par son contenu tend à ancrer le commerce électronique parmi les libertés fondamentales reconnues par le traité (§ 2), en même temps qu'elle vise – c'est l'aspect intégration positive – à harmoniser certaines modalités jusqu'alors très disparates d'un État à l'autre de la réglementation contractuelle des transactions électroniques (§ 3).

§ 1. CHAMP D'APPLICATION DE LA DIRECTIVE 2000/31

1043 **Notion de services de la société de l'information.** La directive du 8 juin 2000 pratique à cet égard une sorte de valse-hésitation puisqu'elle se situe tout à la fois au-delà et en deçà du commerce électronique *stricto sensu*. Au-delà, car elle recouvre « les services de la société de l'information et notamment du commerce électronique dans le marché intérieur ». La notion de services de la société de l'information, plus large que celle de commerce électronique se voit pour sa part définie par référence à des textes antérieurs (52) et englobe « tout service fourni normalement contre rémunération, à distance, par voie électronique, de traitement et de stockage de données, à la demande individuelle d'un destinataire de services… ». Ainsi peut-on considérer que si les services de la société de l'information se limitent nécessairement au traitement et au stockage de données, ils vont au-delà du commerce proprement dit puisqu'ils peuvent recouvrir des services non rémunérés tels la fourniture d'informations, de communications commerciales (publicité) ou encore d'outils permettant la recherche, l'accès ou la récupération de données (53).

1044 **Exclusions.** Mais la directive se situe également en deçà du commerce électronique puisqu'elle ne couvre que « certains aspects juridiques » des services de la société de l'information. Il en résulte notamment que des questions déjà traitées par des réglementations antérieures continuent à l'être sur leur base juridique initiale. Ainsi en va-t-il de la directive du 5 avril 1993 (54) sur les clauses abusives dans les contrats conclus avec les consommateurs ou de celle du 20 mai 1997 sur la protection des consommateurs en matière de contrats à distance (55) ou encore la directive n° 2006/114 du 12 décembre 2006 sur la publicité trompeuse et comparative (56).

Outre ces exclusions implicites, la directive écarte formellement de son champ d'application des questions spécifiques comme la fiscalité et notamment la TVA frappant les services visés par la directive, ou bien encore certaines activités faisant participer

(51) La transposition de la dir. dans les ordres juridiques nationaux s'est achevée le 17 janv. 2002.
(52) Dir. n° 98/34 du 22 juin 1998, *JOCE* L 204, 21 juill. 1998 et 98/48 du 20 juill. 1998, L 217, 5 août 1998.
(53) Considérant n° 18 de la dir. 2000/31.
(54) N° 93/19, *JOCE* L 95, 21 avr. 1993.
(55) N° 97/7, *JOCE* L 144, 4 juin 1997.
(56) *JOUE* L 376, 27 déc. 2006.

les prestataires de services à l'exercice de prérogatives de puissance publique (professions notariales, représentation de clients en justice) ou d'autres activités non encore régies par le droit de la libre circulation (jeux d'argent, loteries). De même, échappent à la directive n° 2000/31 les services couverts par la directive du 24 octobre 1995 sur la protection des personnes physiques à l'égard du traitement des données à caractère personnel (57) ou celle du 15 décembre 1997 sur le traitement des données à caractère personnel et la protection de la vie privée dans le secteur des télécommunications (58).

§ 2. COMMERCE ÉLECTRONIQUE ET LIBRE CIRCULATION

A. Liberté d'établissement

1045 **Notion de prestataires de services.** L'article 4 de la directive pose le principe que les États membres ne peuvent pas soumettre les prestataires de services à un régime d'autorisation préalable ou à toute autre exigence ayant un effet équivalent, sous l'importante réserve cependant des télécommunications qui reposent entièrement sur un système de licences individuelles ou d'autorisations générales (59). Réciproquement, l'article 5 impose aux opérateurs de fournir aux destinataires un certain nombre d'éléments, notamment un accès direct, facile et permanent aux informations permettant de les identifier (nom, adresse, coordonnées facilitant un contact rapide...).

L'article 2 c donne d'ailleurs un certain nombre de précisions quant à la notion de prestataire établi, eu égard à la spécificité du commerce électronique. L'établissement s'entend comme l'exercice effectif « d'une activité économique au moyen d'une installation stable pour une durée indéterminée ». Ainsi le siège de l'établissement n'est pas nécessairement le lieu où sont concentrés les moyens techniques, mais celui où le prestataire de services exerce son activité économique. Le critère économique prévaut sur le critère technique, ce qui ramène au demeurant au droit commun de la liberté d'établissement (60) mais qui laisse dans une certaine mesure entière la question de la pluralité des lieux d'établissement.

B. Libre prestation de services

1046 **Principe de liberté.** L'article 3 § 2 interdit toute forme de restriction dans le « domaine coordonné » par la directive du fait d'un État membre à l'encontre d'un prestataire de services opérant à partir d'un autre État membre. Mais reste bien sûr et surtout à déterminer le droit applicable au prestataire de services. S'agit-il du droit de son pays d'origine ou celui du pays de destination ? Les auteurs de la directive se sont vivement opposés sur cette question. En faveur du pays de destination, la défense des droits et intérêts des consommateurs a constitué l'argument central. Les destinataires ne peuvent connaître au moment de la fourniture du service l'ensemble des systèmes juridiques de vingt-sept États membres. Inversement les partisans du pays d'origine font

(57) N° 95/46, *JOCE* L 281, 23 nov. 1995.
(58) N° 97/66, *JOCE* L 24, 30 janv. 1998 ; v. *supra*, n° 1039.
(59) Dir. n° 97/13 du 10 avr. 1997, *JOCE* L 117, 7 mai 1997.
(60) V. *supra*, n°s 154 et s.

valoir, outre la relative proximité des législations nationales en matière de commerce électronique, l'effet anti-économique de la soumission des opérateurs à un nombre aussi élevé de législations différentes, ce qui les obligerait par exemple à respecter sur leur site internet les exigences de publicité de chacun des États membres.

1047 **Limites du principe de la loi du pays d'origine.** La directive n° 2000/31 consacre, comme on pouvait s'y attendre, le principe de l'application de la loi du pays d'origine ou encore dénommé principe du « *home country control* » (61). Les exceptions cependant ne manquent pas. Le pays de destination peut en effet invoquer les traditionnels motifs d'ordre, de sécurité et de santé publics évoqués à l'article 52 TFUE auxquels s'ajoute la protection du consommateur. Encore faut-il que les mesures restrictives obéissent au principe de proportionnalité. De plus, le pays de destination ne peut agir unilatéralement. Il lui faut en effet dans un premier temps saisir le pays d'origine à qui incombe au premier chef de prendre les mesures protectrices souhaitées. En cas d'inaction ou d'insuffisance de son partenaire, le pays de destination doit alors informer la Commission des mesures qu'il se propose d'adopter. La gardienne des traités tranche en dernier ressort et peut paralyser les mesures prises par l'État d'accueil si elles lui paraissent contraires au droit de l'Union.

En outre, une annexe à la directive « commerce électronique » prévoit un certain nombre de dérogations au principe de libre circulation des services. Se voient exclus des secteurs déjà réglementés par des textes spécifiques, tels les droits d'auteur, les droits de propriété intellectuelle, l'émission de monnaie électronique, certains services d'assurance. Échappent aussi à l'emprise de la directive n° 2000/31 certaines opérations contractuelles comme le choix par les parties du droit applicable au contrat ou encore les obligations contractuelles concernant des contrats conclus par les consommateurs, etc.

§ 3. HARMONISATION DU CADRE CONTRACTUEL DES TRANSACTIONS ÉLECTRONIQUES

1048 Les contrats conclus par la voie électronique soulèvent toute une série de problèmes épineux et inattendus, tels ceux de l'existence même d'un véritable contrat, de l'administration de la preuve, des modalités de formation du contrat, de la sécurité des cocontractants, sans oublier bien sûr tous les problèmes de responsabilité (62). La diversité des législations nationales postulait une harmonisation. La directive règle principalement trois questions : celle de la formation du contrat (A), celle des obligations de transparence en vue de protéger les destinataires de services (B) et celle enfin de la responsabilité des fournisseurs de services (C).

A. Formation du contrat

1049 **Validité du contrat électronique.** L'article 9 de la directive pose le principe de la reconnaissance des contrats conclus par voie électronique. Le droit national ne peut plus s'y

(61) Également consacré en matière d'assurances ou de banque : v. *supra*, n° 998.

(62) C. Vadcar, « Mieux sécuriser le commerce numérique dans l'intérêt des entreprises européennes », *RMCUE* mars 2005, no 486, p. 189 et s.

opposer. Le support électronique équivaut l'écrit papier et se substitue à lui. La loi française du 13 mars 2000 avait déjà anticipé ce principe par l'inclusion dans le Code civil, pour ce qui concerne la preuve, des articles 1316-1 et 2. Face à ce libéralisme jugé par certains excessif, l'article 9 § 2 de la directive laisse malgré tout aux États le soin de décider que l'éviction du support papier ne s'applique pas à certaines catégories de contrat. Il s'agit essentiellement de ceux concernant des biens immobiliers (sauf les contrats de location), ceux impliquant l'intervention des tribunaux ou d'organismes relevant de l'autorité publique, des contrats de caution et de garantie fournis en dehors d'un contexte professionnel et de ceux qui relèvent du droit de la famille et des successions. De l'avis général cependant, ces dérogations sont insuffisantes d'autant qu'elles reposent sur le libre choix des États membres.

1050 **Obligations du prestataire.** En dehors des contrats conclus entre professionnels et de ceux résultant d'un échange de messages électroniques entre les parties, l'article 11 de la directive n° 2000/31 impose au prestataire d'une part d'accuser réception dans un délai raisonnable de la commande qui lui est adressée et d'autre part de mettre à la disposition du destinataire les moyens techniques lui permettant d'identifier les erreurs possibles et de les corriger. En conséquence, le prestataire doit aussi informer le destinataire de l'existence de ces moyens techniques.

B. Principe et obligations de transparence

1051 Principe général du droit de l'Union, consacré notamment pour ses institutions à l'article 15 TFUE, la transparence ne pouvait pas ne pas régner en maître dans un domaine où le haut degré de technicité risque d'entraîner des confusions dans l'esprit des opérateurs ou des simples particuliers. Pour ce faire, des obligations précises pèsent sur les prestataires de services.

1052 **Informations contractuelles.** Elles portent d'abord sur la conclusion du contrat par la voie électronique. Ces informations, précisées par l'article 10 de la directive, doivent être formulées d'une manière claire et précise. Elles ont trait notamment aux différentes étapes à suivre pour la conclusion du contrat, son archivage par le prestataire et la faculté pour le client d'y accéder, aux moyens d'identification et de correction des erreurs, à la question des langues. De même, le prestataire doit-il faire connaître les codes de conduite auxquels il est assujetti ainsi que les moyens accès aux conditions générales et aux clauses particulières du contrat en vue de permettre au destinataire de les reproduire ou de les conserver.

Ce dispositif, même s'il s'applique sans préjudice des dispositions plus complètes de la directive du 20 mai 1997 (63) sur les contrats à distance (64), fait l'objet de critiques en raison de son insuffisance. Son manque de visibilité est dénoncé et certains préconisent que les conditions essentielles du contrat figurent très tôt sur une des premières pages-écrans du processus contractuel.

(63) N° 97/7, *JOCE* L 144, 5 juin 1997.

(64) L. Bernardeau, « La directive communautaire 97/7 en matière de contrats à distance », *CDE* 2000, p. 117.

1053 **Publicité.** Les communications commerciales doivent être clairement identifiables comme telles et facilement accessibles, encore plus lorsqu'elles s'insèrent dans des offres promotionnelles telles des rabais de primes ou des cadeaux (art. 6). Par ailleurs, un « droit à la tranquillité » est reconnu aux destinataires potentiels de la publicité, en ce sens que les prestataires doivent consulter régulièrement les registres dits « *opt out* » *(sic)* où les personnes physiques qui ne souhaitent pas recevoir ce type de communications peuvent s'inscrire. En outre, les communications commerciales diffusées par les membres des professions réglementées (avocats, médecins) bénéficient d'une forte présomption de véracité dès lors qu'elles respectent les règles déontologiques reconnues par la profession.

C. Responsabilité des prestataires de services

1054 **Principe d'irresponsabilité.** La diversité des législations nationales en la matière est source de distorsion de concurrence. La directive opte pour une exemption de responsabilité des prestataires de services et pour une absence d'obligation générale de surveiller les informations transmises et stockées. Néanmoins les États peuvent exiger des prestataires de services qu'ils portent à la connaissance des autorités publiques les informations qu'ils peuvent estimer illicites et qu'ils contribuent à l'identification des responsables.

L'irresponsabilité des prestataires fait toutefois l'objet de diverses nuances en fonction de l'activité précise qu'ils exercent. L'irresponsabilité est totale pour l'opérateur qui se borne à transmettre des informations ou à fournir l'accès au réseau. Il en va de même pour les intermédiaires qui fournissent un service de type particulier dénommé « *caching* » qui consiste dans une sorte de stockage temporaire des informations. Encore faut-il cependant qu'ils n'aient participé en aucune manière à l'élaboration de ces informations. De plus, ils doivent retirer l'information stockée ou rendre son accès impossible s'ils ont connaissance d'une irrégularité ou *a fortiori* d'une interdiction par l'autorité compétente. Enfin le prestataire fournisseur d'hébergement n'est pas responsable des informations stockées, sous réserve qu'il n'ait pas connaissance de leur illicéité ou qu'il ait agi rapidement pour les retirer ou en rendre l'accès impossible.

BIBLIOGRAPHIE

I. Ouvrages

M. Berger, *Le droit communautaire des télécommunications*, PUF, 1999 ■ S. le Goueff (dir.), *Droit des télécommunications, des technologies de l'information et du multimédia : Vers un cadre commun*, Bruylant, Bruxelles, 1999 ■ *Travaux de l'association Henri Capitant*, *Le contrat électronique*, Journées de Toulouse 2000, Éditions Panthéon-Assas, 2002.

II. Articles, études et documents

P. Achilleas, « Droit communautaire des communications électroniques », *Juris-Classeur Europe*, vol. 5, fasc. 1225, 2005 ■ R. Barzanti, « La société de l'information », *RMCUE* 1998, n° 416,

p. 165 ■ E. CRABIT, « La directive sur le commerce électronique », *RDUE* 4/2000, p. 749 ■ R. DE BOTTINI, « La directive “commerce électronique” du 8 juin 2000 », *RMCUE* juin 2001, p. 368 ■ A. DE STREEL, R. QUECK et P. VERNET, « Le nouveau cadre réglementaire européen des réseaux et services de communications électroniques », *CDE* n° 3-4/2002, p. 243 ■ E. DREYFOUS et J. WAHL, « Questions-clés posées à l'Europe par les progrès des nouvelles technologies de l'information », *RMCUE* 1998, n° 416, p. 161 ■ T. GALANIS, « Les communications électroniques : un laboratoire du droit de la concurrence », *RDUE* 4/2009, p. 759 et s. ■ L. IDOT, « La réalisation de la pleine concurrence sur le marché des télécommunications : la transposition en droit français de la directive n° 96/19 du 13 mars 1996 », *Europe* oct. 1996 ■ V. KARAYANNIS, « Le service universel de télécommunications en droit communautaire : entre intervention publique et concurrence », *CDE* n° 3-4/2002, p. 315 ■ K. KECSMAR, « Quel avenir pour le secteur des communications électroniques dans l'UE ? », *RMCUE* mars 2007, n° 506, p. 197 ■ P. MATTERA, « La nouvelle réglementation UE en matière DE télécommunications », *RDUE* 2/2011, p. 264 ■ L. RAPP, « Télécommunications et communications électroniques », *Rép. Dalloz droit communautaire*, vol. 4, 2005 ■ P. THIEFFRY, « L'émergence d'un droit européen du commerce électronique », *RTDE* 4/2000, p. 649 ■ B. VACCARI, « Le processus Lamfalussy : une réussite pour la comitologie et un exemple de bonne gouvernance européenne », *RDUE* 4-2005, p. 803 et s. ■ C. VADCAR, « Mieux sécuriser le commerce numérique dans l'intérêt des entreprises européennes », *RMCUE* mars 2005, n° 486, p. 189 et s. ■ D. VIGNES, « La société de l'information et les NTI », *RMCUE* 1998, n° 416, p. 159.

Nos 1055 à 1064 réservés.

QUATRIÈME PARTIE
LA CONCURRENCE

1065 Le droit de la concurrence constitue l'une des branches majeures du droit de l'Union. Il le doit à ce que la concurrence est la base de l'économie de marché sur laquelle repose le marché intérieur. Également à ce que, en ce domaine, les institutions de l'Union disposent du pouvoir de formuler et mettre en œuvre une véritable politique de concurrence, dont elles sont en mesure d'imposer le respect aussi bien aux États qu'aux entreprises.

Déjà présente dans le traité CECA (art. 3, 60 et s.), cette conception est consacrée par le traité CE. Depuis l'origine, l'article 3, g donne à la Communauté mission d'établir « un régime assurant que la concurrence n'est pas faussée dans le marché intérieur ». Par une formule fort remarquée, le traité de Maastricht a accentué l'emprise de la concurrence sur les politiques communautaires en assignant à la Communauté et aux États la tâche d'instaurer « une politique économique… conduite conformément au respect du principe d'une économie de marché ouverte où la concurrence est libre » (CE art. 3A, al. 1er). Le traité d'Amsterdam (CE art. 4, al. 1er) a maintenu cette disposition même si l'on peut tenir pour une inflexion de la politique de concurrence la reconnaissance de la place et du rôle des services d'intérêt économique général qui sont en partie soustraits à l'application des règles de concurrence (CE art. 16).

Cependant, à la différence du droit des États-Unis d'Amérique, le droit de l'Union ne tient pas la libre concurrence pour une fin en soi. Elle ne figure pas au nombre des objectifs définis dans l'article 2 du traité CE mais constitue un des moyens contribuant à la réalisation de ces objectifs. Cette conception a été obscurcie lors de l'élaboration du traité constitutionnel dont l'article I-3 § 2 rangeait au nombre des « objectifs de l'Union » le fait qu'elle « offre à ses citoyens un espace de liberté, de sécurité et de justice sans frontières intérieures, et un marché intérieur où la concurrence est libre et non faussée ». Pour désarmer la contestation violente qui s'est élevée à ce sujet avec succès, le traité de Lisbonne renvoie au protocole n° 6 l'affirmation selon laquelle le marché intérieur que l'Union établit « comprend un système garantissant que la concurrence n'est pas faussée ». Voici la concurrence remise à sa place.

La complexité et la plasticité de la politique de concurrence imprègnent fortement le droit de la concurrence.

L'exigence de concurrence est elle-même susceptible d'appréciations différentes. On s'accorde à considérer que le bon fonctionnement du marché intérieur implique une concurrence qui non seulement soit libre mais encore ne soit pas faussée par les pratiques d'origine privée ou publique favorisant ou désavantageant certaines entreprises. En outre, le libre jeu de la concurrence est autodestructeur dans la mesure où il risque d'aboutir à la domination du marché par les entreprises les plus performantes. La conception inscrite dans les traités communautaires, largement confirmée par la pratique, est celle que l'on qualifiait autrefois de néo-libérale selon laquelle l'intervention des autorités publiques, notamment des institutions de l'Union, s'avère indispensable pour que subsiste une dose suffisante de concurrence.

Il ne s'agit pas pour autant d'imposer une concurrence parfaite entre tous les opérateurs du marché mais une concurrence efficace ou praticable (*workable concurrence*), c'est-à-dire «... la dose de concurrence nécessaire pour que soient respectées les exigences fondamentales et atteints les objectifs du traité, et en particulier la formation d'un marché unique réalisant des conditions analogues à celles d'un marché intérieur. Cette exigence admet que la nature et l'intensité de la concurrence puissent varier en fonction des produits ou services en cause et de la structure économique des marchés sectoriels concernés » (1).

À cela s'ajoute que la politique de la concurrence ne se conçoit qu'en étroite relation avec les autres politiques de l'Union. Le traité explicite ce lien s'agissant de la protection des consommateurs lorsqu'est en cause la possibilité d'exempter certaines ententes de l'interdiction formulée à l'article 101 TFUE ex art. 81 CE : il impose comme condition d'exemption que soit réservée aux utilisateurs une part équitable du profit qui résulte de l'accord passé entre les entreprises. Depuis quelques années, la Commission met fréquemment au premier plan des objectifs de la politique de concurrence le « bien-être » du consommateur, c'est-à-dire les avantages que ce dernier peut en retirer s'agissant du prix et de la qualité des produits ou services. Elle a été plus que suivie sur ce terrain par le Tribunal qui a considéré que le bien-être des consommateurs constituait la finalité ultime des règles de concurrence au point d'estimer que seuls les accords privant les consommateurs de certains avantages pouvaient être qualifiés d'anticoncurrentiels (2). Telle n'a pas été la position de la Cour qui estime que les règles de concurrence énoncées dans le traité visent « à protéger non pas uniquement les intérêts des concurrents ou des consommateurs, mais la structure du marché et ce faisant la concurrence en tant que telle » (3). La pratique a confirmé l'interdépendance entre la politique de concurrence et les autres politiques au premier rang desquelles la politique industrielle, la recherche et le développement, la politique agricole, la cohésion économique et sociale, la libre circulation (4). Le droit de la concurrence est nécessairement influencé par l'approfondissement du marché intérieur.

1066 L'action des institutions communautaires est fortement influencée par l'évolution du contexte général à l'intérieur duquel elle s'inscrit. Or depuis 1958 – sans parler du traité CECA – ce contexte a connu des évolutions considérables. La mondialisation de l'économie a imposé aux autorités communautaires comme aux autorités

(1) CJCE, 25 oct. 1977, *Metro c. Saba*, 26/76, *Rec.* 1875.

(2) TPI, 27 sept. 2006, *GlaxoSmithKline*, TI 68/01, *Rec.* II-2969.

(3) CJCE, 6 oct. 2006, *GlaxoSmithKline*, C 501/06 P, *Rec.* I-9291, point 63.

(4) Sur les liens entre libre circulation et concurrence, v. L. IDOT, « Concurrence et libre circulation », *RAE* 2005, nº 3 p. 391 ; J. STUYEK, « Libre circulation et concurrence : les deux piliers du Marché commun », *Mélanges Waelbroeck*, Bruylant, 1999, vol. II, p. 1477.

nationales de tenir un compte de plus en plus large des incidences de la concurrence internationale sur la politique communautaire de concurrence, invitant, par exemple, à conserver aux entreprises de l'Union une dimension et une capacité d'action suffisantes. Une coopération au niveau international serait souhaitable. Pour l'heure les réalisations demeurent modestes : accords bilatéraux avec des pays tiers, notamment États-Unis et Canada, prévoyant une coopération entre autorités de concurrence, constitution d'un réseau des autorités de concurrence, l'ICN (International Competition Network) permettant une réflexion commune sur la solution des problèmes de concurrence. Dans le même temps le triomphe des conceptions économiques anglo-saxonnes, notamment de l'école libérale (école de Chicago), a poussé au développement du libéralisme économique dans les États membres, relayé en cela par l'action de la Commission, même si un infléchissement semble s'être amorcé ces dernières années. Le droit de la concurrence s'est ouvert à ces influences quelque peu contradictoires. Enfin on a observé que les analyses économiques l'ont « investi » (5) : c'était fort logique et constitue un gage de réalisme et d'efficacité.

La crise économique et financière qui a éclaté en 2008 a confirmé que les institutions de l'Union savaient s'adapter au changement des réalités économiques. Cela s'est manifesté particulièrement en ce qui concerne les aides d'État. La Commission, qui dispose en ce domaine d'un pouvoir de contrôle et d'autorisation, a soutenu la stabilité financière en autorisant le plus rapidement possible les mesures de sauvetage adoptées par les États membres : ainsi a-t-elle entre octobre 2008 et la fin de 2009 autorisé des aides d'États en faveur d'établissements financiers pour un montant d'environ 3 630 milliards d'euros et autorisé de nombreuses aides en faveur d'entreprises industrielles. Dans l'exercice de ce pouvoir elle a veillé au maintien de conditions de concurrence équitable et à ce que les mesures adoptées par les États n'aient pas pour effet d'exporter les problèmes vers d'autres États membres, s'insèrent dans la perspective d'une suppression progressive de l'aide et, le cas échéant, favorisent une restructuration des entreprises bénéficiaires (6).

Au-delà de ces mesures temporaires la crise économique et financière constitue un élément de réflexion sur la politique de concurrence.

1067 La conséquence est que les institutions de l'Union doivent se livrer à de complexes appréciations économiques qui impliquent nécessairement la reconnaissance d'une marge d'appréciation. Il en va ainsi et pour les réglementations de base édictées par le Conseil et pour l'exercice des pouvoirs de réglementation dérivés et de décision individuelle que la Commission exerce sur la base de très larges habilitations, lesquelles constituent une autre caractéristique du droit de la concurrence. Cela, joint aux intérêts d'ordre économique et social en jeu, a engendré un contentieux important qui amène le Tribunal et la Cour de justice à assurer le délicat arbitrage entre les exigences du respect de la concurrence et celles de la protection des droits des entreprises tout en tenant compte des prérogatives que les États ont conservées.

Même si dans la pratique les deux types de situations peuvent s'entremêler, le traité ne prévoit pas le même régime en ce qui concerne la régulation de la concurrence entre les entreprises privées (titre I) et la soumission des collectivités publiques aux règles de

(5) C. Gavalda et G. Parléani, *Droit des affaires de l'Union européenne*, Litec, 6e éd. 2010, no 394.

(6) V. le chapitre spécial – « Politique de concurrence et crise économique et financière », *in Commission Rapport sur la politique de concurrence*, 2009.

concurrence (titre II). Les États se plaignent parfois de ce que la spécificité du régime applicable aux interventions publiques ait été réduite sous l'action de la Commission et de la Cour, et également de ce que la Commission ne prenne pas suffisamment en considération la nécessité pour les entreprises communautaires d'avoir la capacité de résister à la concurrence des entreprises d'États tiers, comme les États-Unis, le Japon, la Chine, l'Inde.

TITRE I
LA CONCURRENCE ENTRE LES ENTREPRISES PRIVÉES

1068 **Le système originaire.** Les règles régissant la concurrence entre les entreprises privées trouvent leur source essentielle dans les articles 85 et 86 du traité CEE devenus 81 et 82 CE puis 101 et 102 TFUE. Sur la base de ces articles s'est édifié un régime que l'on peut qualifier de régime communautaire de la concurrence dont les lignes maîtresses ont été définies par le Conseil dans le « règlement n° 17/62 du 6 février 1962, premier règlement d'application des articles 85 et 86 du traité », modifié à plusieurs reprises, et le règlement n° 4064/89 du 21 décembre 1989, relatif au contrôle des opérations de concentration entre entreprises, modifié par le règlement n° 1310/97 du 30 juin 1997.

Le système de contrôle du respect de la concurrence qui s'est mis en place progressivement à partir de 1962 confère de très larges pouvoirs à la Commission, même si les autorités nationales ne sont pas dessaisies de toute compétence. Il s'agit d'un contrôle centralisé, s'exerçant très largement *a priori* sur la base de la notification par les entreprises de leurs projets d'entente ou de concentration (v. *infra*, nos 1083 et s.). Sans doute ce système a-t-il fait la preuve de son efficacité. À l'expérience il est cependant apparu que la Commission était quelque peu écrasée par l'ampleur de la tâche, particulièrement en ce qui concerne le contrôle des ententes – malgré les assouplissements intervenus –, ce qui ne lui permettait pas de consacrer des moyens satisfaisants pour assurer la détection et le traitement des infractions les plus graves. Aussi la Commission a-t-elle déposé le 27 septembre 2000 une proposition visant à instituer un nouveau système dans lequel le contrôle serait plus décentralisé et s'exercerait moins largement *a priori* en ce qui concerne les ententes.

1069 **Le nouveau système.** La « modernisation du droit de la concurrence » a porté pour l'essentiel sur les règles de mise en œuvre et non les règles de fond.

1. Le règlement n° 17/62 a été remplacé par un nouveau règlement de base, le règlement n° 1/2003 du 16 décembre 2002 applicable à partir du 1er mai 2004 (1), date de l'élargissement de l'Union à 25 membres.

En application de ce texte, la Commission a adopté un nouveau règlement relatif aux procédures d'application des articles 81 et 82 CE, le règlement n° 773/2004 du 7 avril 2004 (2). De plus elle a élaboré des communications portant sur les aspects majeurs

(1) *JOUE* L 1, 4 janv. 2003.
(2) *JOUE* L 123, 27 avr. 2004.

de l'application du droit communautaire. Ces communications donnent l'interprétation que la Commission fait de celui-ci ou les orientations – souvent qualifiées de lignes directrices – de la pratique qu'elle entend suivre ou, encore, indiquent quelles modalités paraissent appropriées concernant la coopération entre la Commission et les autorités nationales. C'est une pratique ancienne et, conformément à sa jurisprudence générale concernant des actes de cette nature, le juge communautaire exerce en la matière un double contrôle de légalité. Il vérifie la légalité des dispositions de la communication (3) et la conformité de la décision de la Commission aux orientations ou lignes directrices définies dans la communication (4).

2. Le règlement n° 4064/89 est remplacé par le nouveau règlement – concentration, n° 39/2004 du 20 janvier 2004 (5), également applicable à compter du 1er mai, qui comprend quelques dispositions relatives au fond du droit mais laisse subsister un contrôle centralisé entre les mains de la Commission.

Il est accompagné par un règlement d'application de la Commission, le règlement n° 802/2004 du 7 avril 2004 (6) et par plusieurs communications.

1070 On ne saurait effacer d'un trait de plume quarante années d'application d'un système juridique qui s'est progressivement affirmé au travers de la pratique de la Commission et du contentieux devant la Cour et le TPI. La connaissance de ce système demeure indispensable pour comprendre celui qui lui succède. Aussi l'analyse le prendra d'abord en compte avant de comprendre l'exposé de règles nouvelles qu'il s'agisse du champ d'application du droit communautaire de la concurrence (chapitre 1) ou des dispositions essentielles concernant les règles de fond (chapitre 2) et de procédure (chapitre 3).

(3) Par exemple, CJCE, 28 juin 2005, *P et a*, C 189/02, *Rec.* I-5425 concernant les lignes directrices du 14 janv. 1998 relatives au calcul des amendes.

(4) Par exemple, TPI, 9 juill. 2007, *Sun Chemical Group*, T 282/06, *Europe* oct. 2007, n° 263, L. IDOT.

(5) *JOUE* L 133, 30 avr. 2004.

(6) *JOUE* L 133, 30 avr. 2004.

CHAPITRE 1
CHAMP D'APPLICATION DU DROIT COMMUNAUTAIRE DE LA CONCURRENCE

1071 Si les règles concernant l'entrée en vigueur du régime communautaire ne présentent plus aujourd'hui qu'un intérêt limité (1), il convient de s'interroger sur les entreprises concernées (section I), l'application dans l'espace du droit de l'Union (section II), les relations entre droit de l'Union et droit national (section III), ainsi que sur l'existence de régimes particuliers (section IV) bien que ces derniers aient perdu la plus grande partie de leur importance dans le régime actuel.

SECTION I LES ENTREPRISES ASSUJETTIES AU DROIT COMMUNAUTAIRE DE LA CONCURRENCE

1072 Outre les États membres, les personnes assujetties au droit communautaire de la concurrence sont celles que les traités qualifient d'entreprises sans jamais les définir (TFUE art. 101 et 102).

§ 1. LA NOTION D'ENTREPRISE

1073 « Dans le contexte du droit de la concurrence… la notion d'entreprise comprend toute unité exerçant une activité économique, indépendamment du statut juridique de cette entité et de son mode de financement ». Le juge communautaire et la doctrine se réfèrent fréquemment à cette définition proposée par la Cour dans l'arrêt *Höfner* et *Elser* du 23 avril 1991, C 41-90 (2). Outre qu'elle est autonome par rapport aux définitions nationales, la notion d'entreprise se caractérise par son caractère extensif.

(1) Concernant ces règles v. M. Waelbroeck et A. Fregani, *Commentaire Mégret,* vol. 4, « Concurrence », Bruxelles, 2e éd., 1997, p. 107-110.
(2) *Rec.* I-1991, point 21.

A. Exercice d'une activité économique

1074 L'entreprise est essentiellement caractérisée par son objet, l'exercice d'une activité économique, c'est-à-dire une activité de production ou de commercialisation de biens ou de services qui ne s'effectue pas à titre gratuit. Le commerce des œuvres d'art ou de prestations artistiques (3), la gestion des droits d'auteurs (4), l'activité de placement d'un office public pour l'emploi (5) constituent des activités économiques dès lors qu'ils s'effectuent moyennant rémunération. La qualification d'entreprise a même été appliquée à un organisme à but non lucratif qui gère un régime complémentaire et facultatif d'assurance vieillesse des professions agricoles fondé sur le principe de la capitalisation (6) et dans l'arrêt *Albany* du 21 septembre 1999 (7) à un fonds de pension qui détermine le montant des cotisations et fixe celui des prestations en fonction des résultats financiers de ses placements et adopte le principe de la capitalisation.

En revanche, la gestion d'un régime obligatoire d'assurance-maladie ne constitue pas une activité économique dès lors qu'elle exerce une fonction sociale dépourvue de tout but lucratif, met en œuvre le principe de solidarité et est soumise au contrôle de l'État (8). Quant à l'activité de réglementation, elle s'intègre dans l'activité économique de l'organisme dont elle émane si elle a pour objet de déterminer les tarifs et les conditions de prestations fournies aux usagers de cet organisme (9) mais non si elle se rattache à l'exercice de prérogatives relatives au contrôle et à la police qui sont typiquement des prérogatives de puissance publique (en l'occurrence réglementation et contrôle de l'utilisation de l'espace aérien par Eurocontrol (10) ainsi que pour les autres activités d'Eurocontrol (11)).

Lorsqu'une entité exerce plusieurs activités de nature différente, comme c'est le cas d'Eurocontrol, la qualification s'opère séparément pour chacune, ce qui fait que la soumission aux règles de concurrence peut ne concerner que certaines d'entre elles (12).

B. Indifférence du statut juridique de l'entreprise

1075 Le droit communautaire de la concurrence régit toutes les entreprises, quel que soit leur statut juridique.

L'entreprise peut être une personne physique (auteur, chanteur, médecin, avocat (13)), ce qui a pour conséquence qu'un ordre professionnel peut être considéré

(3) Commission déc. *RAI c. Unitec* du 26 mai 1978, chanteurs d'opéra.
(4) CJCE, 9 avr. 1987, *Basset c. Sacem*, 22/79, *Rec.* 3275.
(5) CJCE, 23 avr. 1991, *Höffner et Elser*, préc.
(6) CJCE, 16 nov. 1995, *Fédération française des sociétés d'assurance*, C 244/94, *Rec.* I-4013.
(7) CJCE, *Albany International BV*, C 67/96, *Rec.* 5751.
(8) CJCE, 17 févr. 1993, *Poucet et Pistre*, C 159/91 et C 160/91, *Rec.* I-637, 5 mars 2009, *Kattner Sahlbau*, C 350/07, *Rec.* I-1513.
(9) CJCE, 30 mars 1985, *Italie c. British Telecom*, 41/83, *Rec.* 873.
(10) CJCE, 19 janv. 1984, *Eurocontrol*, C 364/92, *Rec.* I-43.
(11) CJCE, 26 mars 2009, *Selex Sistems*, C 113/07, *Rec.* I-2207.
(12) CJCE, 1er juill. 2008, *Motoe*, C 47/09, *Rec.* I-4863, concernant une association sportive.
(13) CJCE, 19 févr. 2001, *Wouters e.a*, C 309/99, *Rec.* I-157.

comme une association d'entreprises (14), aussi bien qu'une personne morale. Un groupe de personnes physiques ou morales est considéré comme formant une entreprise dès lors qu'il constitue une unité économique en ce sens qu'il est sous le contrôle effectif d'une seule et même personne (15). Il en va, par exemple, ainsi du groupe composé d'une société-mère et de filiales dénuées de toute autonomie de comportement sur le marché. En conséquence, les agissements des filiales, même dotées d'une personnalité juridique distincte, peuvent être imputés à la société-mère (16). En revanche, en l'absence de concours de volontés économiquement indépendantes, les relations au sein de l'unité économique ne sauraient constituer une entente soumise à l'article 81 CE (17). Pour la même raison, ni les travailleurs salariés (18), ni les représentants et agents commerciaux (à la différence du concessionnaire) (19) ne constituent des entreprises distinctes de l'entreprise qu'ils représentent. Cette qualification doit être réservée aux intermédiaires qui disposent d'une réelle autonomie, soit parce qu'ils assument les risques financiers liés à l'exécution du contrat, soit à raison de leur position sur le marché, par exemple au cas où ils exercent une activité parallèle en tant que négociant indépendant.

§ 2. ENTREPRISES PRIVÉES ET ENTREPRISES PUBLIQUES

1076 Les règles communautaires de concurrence s'appliquent non seulement aux entreprises privées mais également aux entreprises publiques. Mais ces dernières, que l'on peut, en première analyse, définir comme celles sur lesquelles les pouvoirs publics peuvent exercer directement ou indirectement une influence dominante, obéissent à un régime particulier dans la mesure où elles assurent la gestion d'un service d'intérêt économique général (CE art. 86 § 2, devenu art. 106 § 2 TFUE). Il en va de même pour les entreprises auxquelles les États accordent des droits spéciaux ou exclusifs (20).

§ 3. APPLICATION DE LA CONCURRENCE AUX ENTREPRISES ÉTABLIES HORS DE L'UNION

1077 Les entreprises qui ont leur siège social hors du territoire des États membres de l'Union peuvent-elles être assujetties au respect des règles communautaires de concurrence ? Cette question, de grande importance pratique, a donné lieu à de nombreuses controverses.

(14) CJCE, 19 févr. 2001, *Wonters*, préc. ; TPIUE, 26 oct. 2010, *Conseil national de l'ordre des pharmaciens (français)*, T 23/09, *Europe* 2010, 425, L. Idot.
(15) CJCE, 12 juill. 1984, *Hydrotherm*, 170/83, *Rec.* 2999.
(16) CJCE, 14 juill. 1972, *ICI et autres*, 48/69, *Rec.* 619, affaire des colorants.
(17) CJCE, 14 juill. 1972, *ICI*, préc., 24 oct. 1996, *Viho Europe BV*, C 73/95, *Rec.* I-5457.
(18) CJCE, 16 sept. 1999, *Bécu*, C 22/98, *Rec.* p I-5665.
(19) Par ex. TPI, 15 sept. 2005, *Daimler-Chrysler*, T 325/01, *Europe* nov. 2005, n° 391, obs. L. Idot.
(20) Ce régime est analysé *infra* n° 1295 et s.

A. Le principe de territorialité du droit communautaire de la concurrence

1078 En vertu de ce principe, le droit communautaire s'applique aux ententes, aux abus de position dominante et aux concentrations qui menacent de fausser la concurrence à l'intérieur du marché commun même si ces actions sont partiellement ou totalement imputables à des entreprises extérieures à la Communauté. Aussi le droit des ententes s'impose-t-il à des entreprises qui ont leur siège hors de la Communauté mais opèrent à l'intérieur de celle-ci par l'intermédiaire de filiales dépourvues d'autonomie (affaire des colorants (21)). La Commission peut également sanctionner l'abus de position dominante imputable à la Société américaine Continental Can Company Inc par l'entremise d'une filiale qui effectue sur ses instructions « un achat affectant les conditions du marché intérieur à l'égard de la Communauté ». La Cour déclare que cette opération « relève de l'application du droit communautaire » (affaire des emballages métalliques (22)). Enfin, s'agissant d'une opération de concentration, l'absorption de Mc Donnell Douglas par Bœing a montré que ces sociétés, bien qu'américaines, ne mettaient pas en cause l'applicabilité des règles communautaires, Bœing acceptant de négocier avec la Commission les conditions de la décision de compatibilité de cette fusion avec le droit communautaire (23). Il en ira de même en 2001 pour GIE et Honeywell, en 2004 pour Microsoft.

En lui-même, ce principe, que l'on a parfois qualifié – à tort – d'extraterritorialité dans la mesure où il soumet au droit communautaire des entreprises établies à l'extérieur de la Communauté, est tout à fait conforme au droit international. Le droit de l'Union est fondé à en revendiquer le bénéfice au même titre que les droits nationaux qui, l'exemple des États-Unis l'atteste, ne se privent pas d'y recourir.

B. L'étendue du principe

1079 Normalement, le principe de territorialité implique que tout comportement d'entreprises étrangères qui produit un *effet* sur la concurrence à l'intérieur de la Communauté tombe sous l'emprise du droit communautaire. Telle semble bien la conception admise lorsqu'est en cause l'abus de position dominante ou une concentration. En revanche, s'agissant des ententes entre entreprises, certaines décisions de la Cour se réfèrent au lieu où l'entente est mise en œuvre, ce qui semble une conception plus étroite ne permettant à la Commission d'intervenir que si les parties à l'accord opèrent à l'intérieur du territoire communautaire (affaire *Pâte de bois* (24)). Mais, si l'on admet qu'une abstention peut constituer la mise en œuvre d'une entente, la distinction semble largement théorique (25).

Il est en revanche généralement reconnu que la Commission, si elle a le droit de notifier aux entreprises étrangères les procédures qu'elle intente, de demander des

(21) CJCE, 14 juill. 1972, *ICI*, préc.

(22) CJCE, 21 févr. 1973, *Europemballage Corporation* et *Continental Can Company Inc*, 6/72, *Rec.* 215.

(23) Déc. du 30 juill. 1997, *Europe* févr. 1998, n° 67, obs. L. IDOT.

(24) CJCE, 27 sept. 1988, *Ahlströhm*, 89/85 et autres, *Rec.* 5193. V. également TPI, 25 mars 1999, *Gencor*, T 102/96, *Rec.* II-753, *RMCUE* sept. 2000, p. 556, obs. J.-M. THOUVENIN.

(25) Sur ces points v. WALBROECK et FRIGNANI, *Commentaire Mégret*, 4, p. 89 et s. ; J.-B. BLAISE, *Rép. Dalloz droit communautaire*, v° « Ententes », n°s 25 et s.

renseignements, d'infliger une amende, ne dispose d'aucun pouvoir de contrainte. D'où l'utilité d'accords de coopération internationale conclus avec les États tiers comme les accords de « courtoisie internationale » conclus avec les États-Unis (accord du 23 septembre 1991 approuvé par décision du Conseil et de la Commission du 27 avril 1995 ; et accord complémentaire approuvé par la décision du 29 mai 1998, *Europe*, août-septembre 1998, n° 287), et d'autres États tels le Canada et le Japon. La nécessité d'organiser la coopération internationale a d'ailleurs poussé les États à mettre sur pied le Réseau International de Concurrence (International Competition Network) qui regroupe plus de 90 autorités nationales de concurrence et qui a pour objectif de rapprocher législations et pratiques nationales.

Un certain nombre d'accords conclus entre la Communauté et des États tiers reprennent à peu de choses près les dispositions du droit communautaire relatives à la concurrence. C'est le cas des « accords européens » conclus avec les PECO avant l'adhésion ou encore de l'accord conclu avec la Tunisie. Mais il ne s'agit pas à proprement parler d'une extension du champ d'application du droit communautaire. L'accord EEE du 2 mai 1992 crée une imbrication entre le droit communautaire de la concurrence et le régime applicable aux États membres de l'AELE avec une répartition de la compétence entre la Commission et l'Autorité de surveillance AELE (26).

SECTION II COMPÉTENCE RESPECTIVE DES AUTORITÉS DE L'UNION ET DES AUTORITÉS NATIONALES

1080 Une même pratique anticoncurrentielle est susceptible de donner lieu à une intervention de la Commission ou/et des autorités nationales, d'où des risques de contrariété de décisions.

Deux problèmes doivent être distingués : la détermination du domaine d'application du droit de l'Union et du droit national, l'intervention possible des autorités nationales dans la mise en œuvre du droit de l'Union, dont le régime a été complètement modifié par la nouvelle réglementation qui concerne essentiellement les ententes.

§ 1. DÉTERMINATION DU DOMAINE D'APPLICATION DU DROIT DE L'UNION ET DU DROIT NATIONAL

A. Le système originaire

1081 Contrairement au traité CECA (art. 65 et 66), le traité CE prévoit que les règles communautaires de concurrence ne trouvent application que si le commerce entre États membres est susceptible d'être affecté par une entente (art. 81 devenu

(26) V. C. Rouam, « L'espace économique européen : un horizon nouveau pour la politique de concurrence », *RMCUE* 1992, p. 53.

101 TFUE) ou l'abus de position dominante (art. 82 devenu 102 TFUE). Lorsque cette condition n'est pas réalisée (27), seul le droit national est applicable.

Mais, lorsque cette condition est réalisée, s'ensuit-il que seules les règles communautaires s'appliquent ou, au contraire, peut-il y avoir application cumulative des règles communautaires et des règles nationales, les premières étant mises en œuvre par la Commission, les secondes par les autorités nationales ? Dans l'arrêt *Walt Wilhelm* du 13 février 1969, 14/68 (28), la Cour s'est prononcée en faveur de cette seconde conception, dite de la « double barrière », tout en l'assortissant d'une restriction importante. Elle a admis qu'une entente pouvait faire l'objet de deux procédures parallèles, l'une devant les autorités communautaires, l'autre devant les autorités nationales mais à la condition que l'application du droit national ne porte pas « préjudice à l'application uniforme, dans tout le marché commun, des règles communautaires… et du plein effet des actes pris en vertu de ces règles ». Ainsi, le fait que la Commission a classé une affaire, estimant qu'il n'y avait pas lieu pour elle d'intervenir au titre de l'article 81 § 1, n'interdit pas aux autorités nationales d'appliquer le droit interne (29). En revanche, les autorités nationales ne pourraient déclarer licite une entente contraire au traité. Au cas de double poursuite, la Commission doit tenir compte de la sanction infligée par l'autorité nationale lorsqu'elle détermine le montant de l'amende (30).

Les règles applicables aux concentrations sont différentes. Le principe est que si la concentration est de « dimension communautaire » (*infra*, n° 1155) le règlement n° 4064/89 (puis le règlement n° 139/2004 qui lui a succédé) lui est seul applicable et que les États n'ont pas le droit d'appliquer leur législation nationale (art. 21 § 3) : c'est le principe de l'application alternative. Les États ont cependant le droit de prendre les mesures appropriées pour assurer la protection d'intérêts légitimes autres que la préservation de la concurrence, à savoir la sécurité publique, la pluralité des médias et les règles prudentielles (art. 21 § 3).

B. Le système actuel

1082 S'agissant des concentrations, l'article 21 du règlement n° 139/2004 reprend les dispositions antérieures (art. 21 § 3 et 4) et l'article 3 précise que les États peuvent appliquer les « dispositions de droit national qui visent à titre principal un objectif différent de celui visé par les articles 81 et 82 du traité » (devenus art. 101 et 102 TFUE) ce qui ne saurait les autoriser à prendre des mesures allant à l'encontre de la décision arrêtée par la Commission (31).

Quant aux ententes, et abus de position dominante, le règlement n° 1/2003 consacre largement dans son article 3 le principe de l'application cumulative telle qu'il résultait de l'interprétation généralement donnée de la jurisprudence *Walt Wilhem*. Les autorités nationales sont tenues d'appliquer les articles 81 et 82 CE lorsqu'une entente ou une pratique abusive est susceptible d'affecter le commerce entre les États membres. Cela ne leur interdit pas d'appliquer parallèlement le droit national mais sans que pour

(27) V. *infra*, n° 1124 et s.
(28) *Rec.* 1.
(29) CJCE, 10 juill. 1990, *Guerlain*, 253/778 et 1 à 3/79, *Rec.* 2327.
(30) CJCE, 13 févr. 1969, *Walt Wilhelm*, préc.
(31) CJCE, 6 mars 2008, *Commission c. Espagne*, C 196/07 (affaire E.ON/Endessa).

autant puisse être mise en cause l'application des règles communautaires : ces dernières priment les règles nationales et les autorités nationales ont l'obligation d'appliquer les articles 81 et 82 (art. 3 § 1).

Une entente interdite par le droit communautaire ne peut être autorisée sur le fondement du droit national, c'est de jurisprudence constante (32). Une entente valide au regard du droit communautaire ne peut être interdite à raison de l'application du droit national de la concurrence (art. 3 § 2).

En revanche, lorsqu'est en cause le comportement unilatéral d'une entreprise il n'est pas interdit à l'État de faire application de lois nationales plus strictes « qui visent à titre principal un objectif différent de celui visé par les articles 81 et 82 du traité » (règlement n° 1/2003, art. 3 § 2), par exemple sanctionnant la pratique de prix abusivement bas comme tel est le cas en droit français.

§ 2. L'INTERVENTION DES AUTORITÉS DE L'UNION ET NATIONALES DANS LE SYSTÈME ORIGINAIRE

A. Présentation générale

1083 Qu'il s'agisse des concentrations ou des ententes le système mis en place à l'origine est un système centralisé. Il fait reposer l'essentiel de l'application des règles communautaires sur la Commission opérant sous le contrôle du juge communautaire car il est très largement un système d'autorisation préalable accordée par la Commission.

Les concentrations dès lors qu'elles sont de dimension communautaire doivent être notifiées préalablement à la Commission. Si elles n'atteignent pas cette dimension, elles relèvent de la compétence des États. C'est un système dit de « guichet unique ». Simplement le règlement n° 4064/89 prévoit-il que la Commission a la possibilité de renvoyer aux autorités compétentes d'un État membre, sur la demande de ce dernier, au cas où l'opération projetée serait de nature à entraver de manière significative la concurrence sur le marché intérieur de cet État (art. 9). Cette procédure, exceptionnelle au départ, a eu tendance à connaître des applications plus fréquentes. En toute hypothèse le nombre d'opérations de concentrations, même s'il est élevé, n'a pas posé de problèmes de fonctionnement aux services de la Commission.

Il en va très différemment pour les ententes, domaine dans lequel la centralisation du système retenue à l'origine, non sans débats, s'est à la longue révélée impraticable.

B. Le système d'autorisation centralisée des ententes

1084 S'agissant des ententes et de l'abus de position dominante l'application combinée de l'article 84 CE et de l'article 9 § 3 du règlement n° 17/62 fait que « les autorités des États membres » restent compétentes pour appliquer les dispositions tant que la Commission n'a engagé aucune procédure. Par autorités des États membres, il faut entendre les autorités soit administratives soit juridictionnelles, spécialement chargées

(32) CJCE, *Walt Wilhelm*, préc.

d'appliquer la législation nationale de la concurrence, ce qui est pour la France le cas de l'Autorité de la concurrence et de la Direction générale de la concurrence et de la répression des fraudes (DGCCRF), s'agissant des autorités administratives.

En revanche, ces autorités ne disposent pas du pouvoir d'accorder une exemption au titre de l'article 81 § 3. Lorsqu'un accord relève du champ d'application de l'article 81 § 1 il ne peut bénéficier de l'exemption que s'il a été notifié à la Commission et celle-ci dispose d'une compétence exclusive à cet égard (règlement n° 17/62, art. 9, § 1er). La sécurité commande donc aux entreprises de notifier les accords à la Commission.

1085 Les juridictions nationales sont compétentes pour appliquer les règles communautaires qui produisent effet direct, qu'il s'agisse des dispositions des articles 81 et 82 du traité CE (33) ou du droit dérivé (34).

Les conséquences concrètes du partage de compétence qui en résulte entre le juge national et la Commission ont été indiquées par la Cour dans l'arrêt *Delimitis* (35). Le juge national a le droit de statuer au fond lorsqu'il n'a aucun doute que le contrat, soit échappe au champ d'application de l'article 81 § 1, soit est incompatible avec l'article 81 § 1 et ne peut nullement faire l'objet d'une décision d'exemption au titre de l'article 81 § 3. En revanche, si le contrat tombe sous le coup de l'article 81 § 1 et qu'il y a un doute sur la possibilité qu'il bénéficie d'une exemption accordée par la Commission, le juge national est, sans cependant qu'il y soit obligé, invité à surseoir à statuer et à s'informer auprès de la Commission sur la probabilité de la décision que celle-ci pourrait arrêter. En tout état de cause, le juge national peut, s'il préfère, surseoir à statuer pour saisir la Cour d'une question préjudicielle. Ainsi le juge communautaire invite manifestement les juridictions nationales à une large coopération avec la Commission.

La prééminence de la position adoptée par la Commission, lorsque celle-ci a arrêté sa décision, est la conséquence logique de cette conception et a été consacrée par la Cour dans l'affaire *Masterfoods Ltd* le 14 décembre 2000 (affaire relative à la distribution de glaces alimentaires) (36). La Cour a jugé que, lorsqu'elles se prononcent sur une entente qui a déjà fait l'objet d'une décision de la Commission, les juridictions nationales ne pouvaient aller à l'encontre de cette décision, quand bien même elle serait en contradiction avec la décision rendue auparavant par une juridiction nationale de première instance. Et au cas où la décision de la Commission a fait l'objet d'un recours en annulation devant le juge communautaire, le juge national doit, soit surseoir à statuer jusqu'au prononcement de la décision sur ce recours, soit poser une question en appréciation de la validité à la Cour de justice.

Dans l'arrêt *Pays-Bas et Van der Wal* du 11 janvier 2000 (37), la Cour a précisé les modalités de la coopération entre la Commission et les juridictions nationales et leurs conséquences concernant la communication de documents à des tiers.

C. La pratique

1086 La prééminence du rôle de la Commission constitue l'élément qui a dominé l'évolution du système mis en place en 1962. Lorsqu'une entente est susceptible de relever

(33) CJCE, 30 janv. 1974, *BRT/SABAM*, préc.
(34) Par exemple pour les règlements d'exemption, CJCE, 3 févr. 1976, *Fonderies Roubaix*, 63/75, *Rec.* 111.
(35) CJCE, 28 févr. 1991, C 234/89, *Rec.* I-935.
(36) C 344/98, *Rec.* I-11369, *Europe* févr. 2001, n° 63, obs. L. Idot, *RDUE* 2001/1, p. 259.
(37) C 174/988 et C 189/98P, *Rec.* I-1.

de l'interdiction posée par l'article 81 les entreprises ne peuvent attendre que, selon le cas, le juge national ou la Commission ait leur attention attirée à son sujet à la suite de plaintes. Leur intérêt est d'essayer de bénéficier de l'exemption prévue par l'article 81 § 3, exemption qui ne peut être accordée que s'il y a eu notification préalable de l'accord (v. *infra*, n° 1180).

Le résultat est que les entreprises ont notifié un très grand nombre d'ententes à la Commission, d'autant plus que, ce faisant, elles pouvaient bloquer les actions intentées contre elles devant les tribunaux nationaux obligés de surseoir à statuer dans l'attente de la décision de la Commission. Celle-ci a été submergée, malgré l'adoption de règlements d'exemption par catégorie sur habilitation du Conseil et le recours à des procédures d'accélération du traitement des demandes d'autorisation (procédures de la lettre de classement et du classement).

Pour sortir de cette situation, la Commission s'est efforcée dans un premier temps d'inciter les autorités nationales à jouer un rôle accru. Elle a publié deux communications exprimant ses vues sur le renforcement de cette coopération tant avec les juridictions nationales (38) qu'avec les autorités nationales chargées de l'application du droit de la concurrence (39). Elle y manifestait le souci de laisser jouer aux États membres un rôle aussi étendu que possible et de se réserver le traitement des seules affaires qui présentent un réel intérêt communautaire, dès lors que le respect des règles communautaires n'est pas compromis. Devant l'insuffisance de ces remèdes, la Commission s'est prononcée pour une réforme profonde du règlement n° 17/62, ce qui conduira à l'élaboration du règlement n° 1/2003.

§ 3. LE RÈGLEMENT N° 1/2003 : LE SYSTÈME D'EXCEPTION LÉGALE, SYSTÈME DÉCENTRALISÉ

A. Le principe de base

1087 Le nouveau droit de la concurrence n'apporte guère d'innovation dans la répartition des compétences entre la Commission et les autorités nationales en ce qui concerne les concentrations. Le règlement n° 139/2004 conserve le rôle central de la Commission et se borne à assouplir les procédures de renvoi aux États (*infra*, n°s 1156 et s.).

En revanche, le règlement n° 1/2003 modifie profondément la répartition des compétences entre autorités nationales et Commission, s'agissant des ententes.

Le principe sous-jacent au règlement n° 17/62 était que les ententes entre entreprises devaient être présumées illicites et que seule la Commission pouvait les relever de cette illicéité. C'est pourquoi les accords, décisions et pratiques concertées visés à l'article 81 § 1 devaient être notifiés à la Commission qui seule pouvait accorder l'exemption au titre de l'article 81 § 3.

Le règlement n° 1/2003 repose au contraire sur une présomption de licéité de l'entente. Sans doute une entente est interdite si elle contrevient à l'article 101 § 1 TFUE (ex art. 81 § 1 CE) et ne remplit pas les conditions que pose l'article 101 § 3 TFUE (ex

(38) *JOCE* C 39, 13 févr. 1993.
(39) *JOCE* C 313, 15 oct. 1998.

art. 81 § 3 CE) pour l'exemption (art. 1er). Mais il incombe aux autorités nationales ou communautaires de prouver la violation de l'article 101 § 1 TFUE (ou de l'article 102 TFUE ex art. 82 CE, s'agissant de l'abus de position dominante), tandis que l'entreprise qui invoque le bénéfice de l'article 101 § 3 TFUE doit prouver que l'entente en remplit les conditions.

De ce principe le règlement n° 1/2003 tire une double conséquence :

1. La suppression de la notification des accords préalable à l'exemption. Selon l'article 1er § 2 les accords « qui remplissent les conditions de l'article 81 § 3, du traité ne sont pas interdits, sans qu'une décision préalable soit nécessaire à cet effet ».

2. La fin du monopole qui avait été conféré à la Commission pour accorder le bénéfice de l'exemption. Désormais si la Commission conserve une certaine compétence, les autorités de concurrence et les juridictions des États membres sont compétentes non seulement pour appliquer les interdictions posées par les articles 101 et 102 TFUE mais également pour examiner si les conditions de l'exemption prévues par l'article 101 § 3 TFUE sont ou non réunies. Cette « décentralisation » du contrôle des ententes constitue l'un des objectifs essentiels de la réforme. Elle implique, par voie de conséquence, une coopération entre les autorités nationales, et entre elles et la Commission, coopération nécessaire pour maintenir la cohérence dans l'application des règles de la concurrence.

B. La coopération entre autorités nationales et entre Commission et autorités nationales

1088 Le règlement n° 1/2003 organise la coopération dans la mise en œuvre des règles de concurrence à un double niveau, celui du réseau des autorités de concurrence, celui des relations entre la Commission et les juridictions nationales si le premier bilan d'application semble relativement satisfaisant il reste encore à surmonter des difficultés d'application (40) et à opérer l'ajustement entre le principe d'autonomie procédurale applicable aux autorités et juridictions nationales et le principe d'effectivité du droit de l'Union (41).

1. La coopération au sein du réseau des autorités de concurrence

1089 Le Réseau européen de concurrence (REC) (42) se compose des autorités nationales de concurrence et de la Commission qui ont en commun d'être des autorités publiques agissant dans l'intérêt général, ainsi que l'indique la communication de la Commission relative à la coopération au sein du réseau des autorités de concurrence (43).

Chaque État doit se doter d'une ou de plusieurs autorités nationales de concurrence (ANC) qui peuvent être de nature administrative ou juridictionnelle, chargées

(40) L. Idot, « À propos du rapport de la Commission sur le fonctionnement du règlement n° 1/2003 », *Europe*, juin 2009, alerte 22.

(41) V. les deux arrêts rendus par la Grande Chambre, le 7 déc. 2010, *UEBIC*, C 439/08, le 14 juin 2011, *Pfleiderer*, C 360/09.

(42) En anglais, *European Competition Network* (ECN).

(43) *JOUE* C 101, 27 avr. 2004.

d'appliquer les articles 101 et 102 TFUE conformément aux règles de la procédure nationale (principe de l'autonomie institutionnelle et procédurale). La France a désigné comme ANC l'Autorité de la concurrence et la Direction générale de la concurrence et de la répression des fraudes (DGCCRF). Les ANC agissent d'office ou sur plainte et peuvent ordonner la cessation de l'infraction, des mesures provisoires, accepter des engagements, infliger des amendes, astreintes ou sanctions prévues par le droit national (règlement n° 1/2003, art. 5). Elles ont le droit d'intervenir devant les juridictions nationales pour présenter des observations en tant qu'*amicus curiae* et, afin que soit assurée l'effectivité d'application des articles 101 et 102 TFUE, elles disposent de la faculté de participer en qualité de partie défenderesse à une procédure dirigée contre une décision dont elles sont l'auteur (44). Elles doivent opérer en « étroite collaboration » entre elles et avec la Commission (art. 11 § 1).

Cette collaboration se traduit par des échanges d'informations relatives à l'appréciation de l'affaire, y compris les informations confidentielles (art. 12), et une assistance en matière d'enquêtes (art. 22). Également par le fait que l'ouverture d'une procédure et les décisions qui reposent sur la constatation d'une infraction doivent être communiquées par l'ANC à la Commission (art. 11) qui en assurera la diffusion auprès des autres ANC, la Commission ayant quant à elle l'obligation de communiquer une copie des pièces concernant l'affaire qu'elle traite. Enfin par une répartition des affaires entre les ANC et la Commission. Dans sa communication relative à la coopération au sein du réseau des autorités de concurrence, la Commission propose qu'une entente soit traitée par une seule ANC si elle affecte la concurrence de façon substantielle sur son territoire, deux ou trois ANC en parallèle si deux ou trois territoires sont concernés, au-delà, ou si l'intérêt de la Communauté l'exige, par la Commission elle-même.

La Commission occupe cependant une place à part au sein de ce réseau des autorités de concurrence. Elle peut toujours être consultée par une ANC au sujet de l'application du droit communautaire (art. 11 § 5). Surtout, elle peut toujours ouvrir une enquête et procéder à une inspection (45) même si une ANC a été saisie et, si elle décide d'ouvrir une procédure, l'ANC concernée, qu'elle aura consultée auparavant, se trouve dessaisie (art. 11 § 6) et lorsqu'elle a pris une décision les ANC ne peuvent aller à l'encontre de celle-ci (art. 16 § 2).

Le traitement des demandes des entreprises qui sollicitent une mesure de clémence en contrepartie de la divulgation librement consentie d'éléments de preuve de participation à une entente soulève des difficultés particulières de coopération que la communication s'efforce de résoudre (46). L'adoption du « programme modèle du REC en matière de clémence » devrait faciliter la solution de ces problèmes puisque les ANC s'engagent à aligner leurs programmes respectifs sur le programme modèle s'agissant aussi bien des règles de procédure – en particulier au cas de demandes multiples de mesures de clémence présentées par les entreprises – que des règles de fond (47).

(44) CJUE, 7 déc. 2010, *VEBIC*, C 439/08, *Europe* 2011, 71, note L. Idot.

(45) TPI, 8 mars 2007, *France Telecom SA*, 339/04.

(46) P. Arhel, « Concurrence (mise en œuvre par les autorités et les juridictions nationales) », *Rép. Dalloz droit communautaire*, n°s 49 et s.

(47) Sur les mesures de clémence v. *infra*, n° 1201 ; sur le programme modèle du REC, C. Lemaire, « La clémence : nouvelle étape de la convergence des droits de la concurrence en Europe », *Europe* déc. 2006, p. 4.

Dans l'arrêt *Syfait*, du 31 mai 2005 (48), la Cour a confirmé que seules les ANC qui présentent le caractère de juridiction au sens de l'article 234 CE, devenu 267 TFUE, sont recevables à la saisir d'une question préjudicielle.

2. La coopération entre la Commission et les juridictions nationales

1090 Les juridictions nationales voient leur compétence s'élargir puisqu'il leur est désormais possible d'appliquer l'article 101 § 3 TFUE, ce qui, du reste, ôte aux entreprises le recours à la notification d'un accord dans un but purement dilatoire. La communication relative au traitement par la Commission des plaintes déposées au titre des articles 81 et 82 du traité CE (49) analyse les avantages que peut présenter pour la « victime » d'une entente, la saisine du juge national au lieu et place de la Commission, notamment la possibilité d'obtenir des mesures provisoires ou des indemnités. La Commission souhaite que ces actions soient rendues plus faciles (Livre vert du 19 décembre 2005 et Livre blanc du 2 avril 2008 sur les actions en dommages et intérêts pour infraction aux règles communautaires sur les ententes et les abus de position dominante). Cela est possible puisque les articles 101 et 102 TFUE produisent effet direct ce qui permet à la victime de s'en prévaloir pour demander la nullité d'une entente ou d'une pratique interdite et, le cas échéant, la réparation du préjudice causé par cette entente ou par l'abus d'une position dominante (50). Il convient également de rappeler que les juridictions nationales peuvent appliquer le droit national parallèlement au droit communautaire de la concurrence.

Cela étant, les principes fondamentaux qui régissaient les relations entre les juridictions nationales et la Commission (*supra*, n° 1085) ne sont pas remis en cause. D'une part, continue de s'appliquer le principe d'autonomie institutionnelle et procédurale. D'autre part, la prééminence de la position de la Commission est confirmée. Si le juge national statue sur un accord qui a déjà fait l'objet d'une décision de la Commission il ne peut se prononcer à l'encontre de cette décision, mais seulement saisir la Cour d'une question préjudicielle en appréciation de validité de la décision arrêtée par la Commission. Si la procédure est en cours devant la Commission, le juge national est invité à apprécier s'il ne lui appartient pas de surseoir à statuer dans l'attente de la décision de la Commission (art. 16 § 1).

Plus innovantes sont les dispositions de l'article 15 du règlement n° 1/2003 qui définissent les modalités de la coopération entre la Commission et les juridictions nationales. Celles-ci sont tenues de transmettre à la Commission la copie des jugements qui ont été notifiés par écrit aux parties et de lui transmettre tout document nécessaire à l'appréciation de l'affaire si la Commission entend présenter des observations. Aussi bien la Commission a-t-elle le droit, agissant d'office, de soumettre des observations écrites, compétence que la Cour interprète logiquement assez largement (51), et, avec l'accord de la juridiction concernée, de présenter des observations orales, à titre

(48) C 53/03, *Rec.* I-4609, rendu contrairement aux conclusions de l'Avocat général F. Jacobs.

(49) *JOUE* C 101, 27 avr. 2004.

(50) CJCE, 20 sept. 2001, *Courage et Crehan*, C 453/99, *Rec.* I-6297 ; 13 juill. 2006, *Manfredi*, C 295 et 298/04, *Rec.* I-6619 ; 14 juin 2011, *Pfleiderer*, C 360/09.

(51) CJCE, 11 juin 2009, *XBV*, C 429/07, *Rec.* I-4833.

d'*amicus curiae* (possibilité également ouverte aux ANC). En retour, elle doit transmettre à la juridiction nationale qui lui en fait la demande les informations dont elle dispose, sauf – ce qui reprend une jurisprudence établie – si le refus est fondé sur l'absence de garantie par le juge national du respect du secret professionnel (52) ou sur la protection des intérêts de l'Union (53). Et elle est également tenue de répondre à une demande d'avis portant sur des questions relatives à l'application des règles de concurrence, ce qu'elle s'est engagée à faire en principe dans un délai de quatre mois.

La communication sur la coopération entre la Commission et les juridictions nationales pour l'application des articles 81 et 82 du traité CE (101 et 102 TFUE) (54) précise les modalités de mise en œuvre de cette coopération.

SECTION III RÉGIMES PARTICULIERS

1091 Ils découlent soit des traités CECA et Euratom soit de règles particulières applicables à certains secteurs d'activités régis par le traité CE, mais leur importance s'avère aujourd'hui très limitée.

§ 1. LES TRAITÉS CECA ET EURATOM

L'industrie du charbon et de l'acier et l'énergie atomique constituent des marchés caractérisés par une structure très particulière.

A. Le traité CECA

1092 Le traité CECA ne présente plus aujourd'hui qu'un intérêt historique. Il préfigure à plus d'un titre les règles de concurrence qui seront consacrées par le traité CE. Comme ce dernier, il pose le principe de l'interdiction des ententes (art. 65 § 1er) auquel il peut être dérogé par autorisation de la Haute Autorité – aujourd'hui, la Commission (art. 65 § 3) – si certaines conditions sont remplies. Ces conditions sont les mêmes que celles que l'on retrouvera dans le traité CE : amélioration de la production ou de la distribution, caractère nécessaire de la restriction de concurrence, maintien d'une concurrence effective. De même, l'article 66 soumet-il les opérations de concentration d'entreprises à l'autorisation préalable de la Commission et permet-il de sanctionner l'abus de position dominante (66 § 7).

Il n'en demeure pas moins que la mise en œuvre de ces règles se faisait sur la base des dispositions propres au traité et présentait un certain nombre de particularités. Ainsi, l'application des règles de concurrence n'est-elle pas subordonnée au fait que le commerce entre les États membres soit affecté par la pratique anti-concurrentielle.

(52) CJCE, 6 déc. 1990, *Zwartveld*, C 2/88, *Rec.* I-4405.
(53) CJCE, *Zwartveld*, préc.
(54) *JOUE* C 101, 27 avr. 2004.

Il ne demeure donc aucune place pour une intervention des États parallèlement à celle de la Commission. De même retiendra-t-on que dans le cadre du traité CE il a fallu attendre l'adoption du règlement n° 4004/89 du 21 décembre 1989 pour que soit institué un contrôle préalable des concentrations. Enfin, la crise grave qui affecte depuis longtemps le marché du charbon et la sidérurgie a amené la Commission à adopter une politique libérale afin de favoriser les restructurations de ces secteurs, ce qui l'expose parfois à la censure juridictionnelle (55).

Le traité CECA étant arrivé à expiration le 23 juillet 2002, le secteur charbon-acier est depuis cette date soumis aux règles de concurrence du traité CE puis du TFUE.

B. Le traité Euratom

1093 Dans le secteur de l'énergie atomique la création d'un marché commun fondé sur la concurrence n'occupe qu'une bien faible place (traité Euratom art. 2, g et 92 et s.). La régulation du marché repose essentiellement sur l'agence, placée sous le contrôle de la Commission, chargée de veiller au respect de l'égal accès aux ressources (art. 52), notamment à la loyauté des prix (art. 68). Cependant, à défaut de dispositions spécifiques concernant la concurrence entre les entreprises, la Commission a admis que les dispositions du traité CE trouvaient application, par exemple en ce qui concerne les ententes (56).

§ 2. LE TRAITÉ TFUE

A. Les règles particulières prévues par le traité

1094 Elles concernent d'une part le régime applicable aux entreprises chargées de la gestion d'un service d'intérêt économique général (art. 106 § 2 TFUE, ex art. 86 § 2 CE, voir *infra*, titre II, ch. 2), d'autre part l'agriculture.

Le régime particulier applicable au secteur agricole résulte de ce que l'application des règles de concurrence serait de nature à entraver la réalisation des objectifs qu'assignée à la politique agricole commune l'article 39 TFUE (ex art. 33 CE) du traité : accroissement de productivité, niveau de vie équitable de la population agricole, stabilisation des marchés, sécurité des approvisionnements… mais non l'objectif d'assurer des prix raisonnables aux consommateurs. Aussi l'article 42 prévoit-il que « les dispositions du chapitre relatif aux règles de concurrence ne sont applicables à la production et au commerce des produits agricoles que dans la mesure déterminée par le Parlement européen et le Conseil » (57).

Dans le règlement n° 26/62 du 4 avril 1962 auquel a succédé le règlement de codification n° 1184/2006 du 24 juillet 2006 (58), le Conseil, s'il a posé le principe de l'application des règles de concurrence à la production et au commerce des produits

(55) Par ex., TPI, 7 février 2001, *Naloo*, T 89/98.
(56) Décision du 23 déc. 1975, *URG et Kewa, JOCE* L 51, 26 févr. 1976.
(57) V. Y. Petit, *Rép. Dalloz droit communautaire*, v° Agriculture, n°s 223 et s.
(58) *JOUE* L 214, 2 août 2006.

agricoles, a apporté une exception importante qui constitue la dérogation applicable au secteur agricole. L'interdiction des ententes est inapplicable aux accords, décisions et pratiques concertées qui, soit font partie intégrante d'une organisation nationale de marché, soit sont nécessaires à la réalisation des objectifs de la politique agricole commune.

La Commission et la Cour ont donné une interprétation fort restrictive de cette dérogation. Cela, s'ajoutant au fait qu'il ne subsiste guère d'organisations nationales de marchés, fait que le secteur agricole est largement soumis aux règles de concurrence, notamment à celles que consacrent les organisations communes de marché.

B. Les règlements particuliers à certains secteurs

1095 L'applicabilité des règles de concurrence à certains secteurs a été un temps contestée sur la base de la spécificité économique du secteur concerné et de l'invocation plus ou moins convaincante de certaines dispositions du traité. En l'absence de dérogation prévue par le traité lui-même, la Cour s'est toujours prononcée pour la soumission aux règles de concurrence.

Le secteur des transports est celui qui sur la base des articles 70 et 80 CE devenus 90 et 100 TFUE a donné lieu aux plus vives controverses.

Ayant affirmé l'applicabilité des règles générales du traité dès 1974 (59), la Cour trouva dans l'affaire *Nouvelles Frontières* l'occasion de préciser que ce principe valait également pour les règles de concurrence (60). Ce secteur n'en présentait pas moins une certaine spécificité dans la mesure où le Conseil l'avait soustrait à l'application du règlement n° 17/62 pour soumettre à des règlements spécifiques chacun des types de transports, terrestres, maritimes et aériens (61). Le règlement n° 1/2003 ne laisse subsister que les dispositions de droit substantiel que contiennent ces règlements et supprime les dispositions procédurales particulières (62). De nouveaux règlements ont précisé les règles applicables à ces domaines : pour les transports aériens règlement n° 411/2004 du Conseil du 26 février 2004 concernant les modalités d'application des règles de concurrence (63) et règlement n° 487/2009 du Conseil du 25 mai 2009 concernant le pouvoir de la Commission d'accorder des exemptions par catégories (64) ; pour les transports maritimes, règlement n° 1419/2006 du 25 septembre 2006 (65) ; pour les transports par chemin de fer, par route et par voie navigable, règlement n° 169/2009 du Conseil du 26 février 2009 concernant les modalités d'application des règles de concurrence (66).

(59) CJCE, 4 avr. 1974, *Commission c. France*, 167/73, *Rec.* 359.
(60) CJCE, 4 avr. 1986, *Asjes*, 209 à 213/84, *Rec.* 1425.
(61) V. M. Waelbroeck et A. Fregani, *Commentaire Mégret*, vol. 4, p. 59 et s. ; P. Rocheron, « L'application du droit communautaire de la concurrence dans le transport aérien », *RAE* 1996, p. 137.
(62) Règlement n° 1/2003, art. 36, 38, 39.
(63) *JOUE* L 68, 6 mars 2004.
(64) *JOUE* L 148, 11 juin 2009.
(65) *JOUE* L 269, 28 sept. 2006.
(66) *JOUE* L 61, 5 mars 2009.

Quant au secteur bancaire (67) et à celui des assurances (68), leur caractère spécifique se traduit dans l'appréciation que la Commission porte sur les situations qui lui sont soumises, non dans la règle de droit applicable.

BIBLIOGRAPHIE

I. Ouvrages

Bellamy et Child, *European Community Law of Competition*, Oxford, 6e éd., 2007 ■ A. Decocq et G. Decocq, *Droit de la concurrence interne et communautaire*, Paris, LGDJ, 3e éd., 2008 ■ J. Faull et A. Nikpay, *The E.C. Competition Law*, Oxford, 2e éd., 2007 ■ M.-A. Frison-Roche et M.-S. Payet, *Droit de la* concurrence, Paris, Dalloz, 2006 ■ C. Gavalda et G. Parléani, *Droit des affaires de l'Union européenne*, Paris, Litec, 6e éd., 2010 ■ B. Geneste, *Droit communautaire de la concurrence*, Paris, Vuibert, 1993 ■ B. Goldman, A. Lyon-Caen et L. Vogel, *Droit commercial européen*, Paris, Dalloz, 5e éd., 1994 ■ C. Grynfogel, *Droit communautaire de la concurrence*, Paris, LGDJ, 3e éd., 2008 ■ A. Guedj, *Pratique du droit de la concurrence national et communautaire*, Paris, Litec, 2e éd., 2006 ■ V. Korah et autres, *Competition Law of the European Community*, New York, Malthew Bender, 2000, 2 vol ■ J. Shapira, G. le Tallec, J.-B. Blaise, L. Idot, *Droit européen des affaires*, Paris, PUF, 5e éd., 1999 ■ L. Idot, *Droit communautaire de la concurrence, le nouveau système communautaire de mise en œuvre des articles 81 et 82 CE*, Bruxelles, Bruylant, Paris-FEC, 2004 ■ S. Mail-Fouilleul, *Les sanctions de la violation du droit communautaire de la concurrence*, Paris, LGDJ, 2002 ■ P. Nihoul et C. Verdure, *Droit européen de la concurrence*, Bruxelles, Larcier, 2008 ■ C. Nourissat et R. Witterwulghe (dir.), *Le nouveau règlement d'application du droit de la* concurrence, Paris, Dalloz, 2004 ■ C. Nourissat, *Droit des affaires de l'Union européenne*, Paris, Dalloz, 3e éd., 2009 ■ S. Poillot-Peruzzetto et M. Luby, *Le droit communautaire appliqué à l'entreprise*, Dalloz, 1988 ■ D. Popovic, *Le droit communautaire de la concurrence et les communications électroniques*, Paris, LGDJ, 2009 ■ F. Souty, *Droit de la concurrence de l'Union européenne*, Paris, Montchrestien, 3e éd., 2003 ■ I. van Bael, J.-F. Bellis, *Droit de la concurrence de la Communauté économique européenne*, Bruxelles, 3e éd., 1994 ■ L. Vogel, *Droit européen des ententes et abus de position dominante ; contrôle européen des concentrations*, Lawlex, 2010 ■ M. Waelbroeck et A. Frignani, « Concurrence », *Commentaire Mégret*, vol. 4, Éditions de l'Université de Bruxelles, 2e éd., 1997.

II. Articles, études et documents

Articles

P. Arhel, « Concurrence (mise en œuvre par les autorités et les juridictions nationales) », *Rép. Dalloz droit communautaire* ■ J.-B. Blaise, *Rép. Dalloz droit communautaire*, « Ententes » ■ L. Idot, « Premières vues sur le nouveau règlement de mise en œuvre des articles 81 et 82 CE », *Europe* février

■ (67) CJCE, 14 juill. 1981, *Züchner*, 172/80, *Rec.* 2021. Décision 2004/138 de la Commission, 11 juin 2002, *Banques autrichiennes – « Club Lombard »*, *JOUE* L 56, 24 févr. 2004.

■ (68) CJCE, 9 juin 1977, *Van Ameyde*, 90/76, *Rec.* 1099. Également règlement d'exemption adopté par la Commission no 267/2010 du 24 mars 2010, *JOUE* L 83, 30 mars 2010.

2003 ; « Le nouveau système de mise en œuvre des articles 81 et 82 CE », *CDE* 2003, p. 283 ; « Le nouveau règlement CE sur les concentrations », *Europe* mars 2004 ; « L'entrée en vigueur du règlement n° 1/2003 : les dispositions procédurales du "paquet modernisation" », *Europe* mai 2004, p. 4 ; « La réforme du droit antitrust en Europe : un an de pratique », *Europe* avril 2006, p. 6 ; « Le règlement n° 1/2003 : vers une fédéralisation, une communautarisation, ou une renationalisation du droit de la concurrence », *Mélanges Gautron, Pédone* 2004, p. 117 ▪ M. MONTI, « La nouvelle politique de concurrence de l'Union européenne », *RDJE* 2004, p. 137 ▪ P. OLIVER, « La directive n° 1/2003 et les principes d'efficacité et d'équivalence », *CDE* 2005, p. 351 ▪ E. PAULIS et C. GAUER, « La réforme des règles d'application des articles 81 et 82 du traité », *J. T. Dr. Europ.* 2003, p. 65 ▪ S. POILLOT-PERUZZETTO, *Rép. Dalloz droit communautaire*, « Concentrations » ▪ C. PRIETO, *Juris-Classeur Europe*, fasc. 1390 « Politique de concurrence : le traitement du pouvoir de marché » ▪ C. VILMAR, « Contrôle des concentrations », *Juris-Classeur Europe*, fasc. 1440.

DOCUMENTS

Commission européenne, Rapport sur la politique de concurrence, annuel depuis 1972.

III. CHRONIQUES, REVUES

CHRONIQUES

D. BERLIN, « Concentrations », *RTDE* ▪ J.-B. BLAISE et L. IDOT, « Concurrence », *RTDE* ▪ C. PRIETO, « Jurisprudence de la CJCE et du TPI. Concurrence », *JDI* ▪ S. POILLOT-PERUZZETTO, « Droit européen des affaires. La politique de concurrence », *Rev. trim. droit commercial* ▪ A. VALLERAY et F. LOUIS, « chron. de droit de la concurrence », *CDE*.

REVUES

Concurrences (trimestrielle, depuis décembre 2004).

Contrats, concurrence, consommation.

Nos 1096 à 1109 réservés.

CHAPITRE 2
RÈGLES DE FOND

1110 Si l'on fait exception des régimes particuliers (*supra*, n° 1091 et s.), les règles de concurrence applicables aux entreprises privées trouvent leur base dans les articles 81 et 82 du traité CE devenus 101 et 102 TFUE, sur la base desquels s'est développé un impressionnant corpus de réglementations dérivées.

De ces dispositions découlent deux régimes, différents bien que n'étant pas dépourvus d'analogies, concernant l'un (art. 101) les ententes entre entreprises (section I), l'autre (art. 102) l'abus de position dominante (section II). Les concentrations d'entreprises (section III) obéissent, quant à elles, à un régime très complexe. Certes, selon les cas, elles peuvent tomber sous le coup des règles régissant les ententes ou l'abus de position dominante. Mais le législateur communautaire a jugé utile d'instituer un contrôle préventif des opérations de concentration qui constitue un régime spécifique.

SECTION I LES ENTENTES

1111 On désigne par entente les accords ou pratiques concertés entre entreprises qui ont pour objet ou pour effet de restreindre la concurrence, donc d'une certaine manière de cloisonner le marché.

Le régime qui découle de l'article 101 TFUE repose sur un principe formulé dans le paragraphe 1, l'interdiction des ententes anticoncurrentielles (sous-section I). Mais le paragraphe 3 prévoit que « les dispositions du paragraphe 1 peuvent être déclarées inapplicables » à certaines ententes ou catégories d'ententes. Cette inapplicabilité est dans la pratique qualifiée d'exemption (sous-section II).

S/SECTION I L'INTERDICTION

1112 Le principe d'interdiction des ententes qui restreignent la concurrence dans le marché commun, formulé par l'article 101 § 2, a des conséquences rigoureuses pour les entreprises concernées. D'une part, l'article 101 § 1 pose le principe de la nullité de plein droit des accords ou décisions interdits. L'interdiction de l'article 101 § 1 produisant effet direct (1), il appartient aux juridictions nationales de constater la nullité des dispositions concernées et d'en déterminer les effets. Cette nullité est absolue, ce qui rend l'accord inopposable aux tiers (2). Et, en principe, elle présente un caractère rétroactif (3). D'autre part, le règlement n° 17/62 a habilité la Commission à infliger aux entreprises contrevenant des sanctions pécuniaires dont le montant peut être élevé (v. *infra*, n° 1200) et ces sanctions sont renforcées par le règlement n° 1/2003.

Mais une entente ne relève des dispositions de l'article 101 § 1 que si trois conditions sont réunies : une concertation entre entreprises, qui porte atteinte à la concurrence et qui affecte le commerce entre États membres de la Communauté. Les deux premières conditions sont relatives aux deux éléments dont la réunion constitue l'infraction à la libre concurrence. La troisième condition délimite le champ d'application de la règle communautaire.

§ 1. UNE CONCERTATION ENTRE ENTREPRISES

1113 L'article 101 § 1 TFUE interdit « tous accords entre entreprises, toutes décisions d'association d'entreprises et toutes pratiques concertées » anticoncurrentielles. Il implique l'existence d'entreprises autonomes les unes par rapport aux autres (v. *supra*, n° 1075 en ce qui concerne les relations entre entreprises appartenant au même groupe). Mais, une fois cette condition satisfaite, le principe d'interdiction s'applique à toute forme de concertation entre entreprises, d'autant que la Commission et le juge communautaire s'attachent non à la forme juridique mais à la réalité du comportement des entreprises, l'important est que celui-ci traduise l'existence d'un concours de volontés.

A. Accords entre entreprises

1114 L'important est ici qu'il y ait volonté concordante des entreprises concernées, les parties pouvant se « trouver placées soit au même stade (accords dits « horizontaux »), soit à des stades différents (accords dits « verticaux ») du processus économique (4) ».

Il n'est pas nécessaire que l'accord constitue un contrat obligatoire et valide selon le droit national (5). Selon une jurisprudence constante, « il suffit que les entreprises en cause aient exprimé leur volonté commune de se comporter sur le marché d'une manière déterminée » (6). Cette volonté commune peut résulter d'un simple *gentlemen's agreement* consigné dans un document (7). L'accord peut revêtir la forme d'un contrat écrit, tel que la constitution d'une société ou d'une association, ou simplement tacite (8) : fabricant qui donne à un distributeur exclusif l'autorisation d'utiliser sa

(1) CJCE, 30 janv. 1974, *BRT*, 127/73, *Rec.* 51.
(2) CJCE, 25 nov. 1971, *Béguelin*, 22/71, *Rec.* 949.
(3) CJCE, 6 févr. 1973, *Brasserie de Haecht*, 48/72, *Rec.* 77.
(4) CJCE, 30 juin 1966, *LTM*, 56/65, *Rec.* 337.
(5) CJCE, 11 janv. 1990, *Sandoz*, C 277/88, *Rec.* I-147.
(6) CJCE, 15 juill. 1970, *ACF Chemiefarma*, 41/69, *Rec.* 661 ; TPI, 24 oct. 1991, *Petrofarma*, T 2/89, *Rec.* II-867.
(7) CJCE, 15 juill. 1970, *Boehringer Mannheim*, 45/69, *Rec.* 769.
(8) CJCE, 20 juin 1978, *Tepea*, 28/77, *Rec.* 1391.

marque). Mais il peut aussi bien se couler dans un « acte ou comportement apparemment unilatéral » à condition que celui soit « l'expression de la volonté concordante de deux parties au moins, la forme selon laquelle se manifeste cette concordance n'étant pas déterminante par elle-même » (9), ce qui implique une appréciation au cas par cas portant sur l'existence d'une invitation d'une entreprise à une autre d'adopter un certain comportement et de l'acceptation de la part de la seconde entreprise. Cela vaut particulièrement lorsque cet acte ou ce comportement s'inscrit dans le cadre de relations contractuelles : circulaire adressée à des concessionnaires tenue pour approuvée par les revendeurs (10), refus de Ford Allemagne de livrer des véhicules équipés d'une conduite à droite à ses distributeurs allemands pour éviter les exportations parallèles vers le Royaume-Uni qualifié d'accord (11), de même que des factures sur lesquelles était portée la mention « exportation interdite » (12). De même des arrangements arrêtés dans le cadre de réunions périodiques et institutionnalisées peuvent-ils constituer un accord (13). En principe, il appartient à la Commission d'apporter la preuve de l'existence de l'accord et à l'entreprise qui invoque le bénéfice d'un moyen de défense contre une constatation d'infraction d'apporter la preuve que les conditions d'application de ce moyen de défense sont remplies (14). Mais le juge dispose d'une marge d'appréciation permettant de moduler le jeu de la charge de la preuve. Par exemple, lorsque la Commission a démontré que l'entreprise a participé à des réunions au cours desquelles un (ou plusieurs) accord a été conclu sans s'y être manifestement opposée, il incombe à cette entreprise d'établir que sa participation était dépourvue de tout esprit anticoncurrentiel (15).

La création d'une filiale commune (accords de *joint venture*) pose un problème particulier dans la mesure où elle peut être considérée, selon le cas, comme un accord, ou comme une opération de concentration (voir *infra*, n° 1149 et s.).

B. Décisions d'association d'entreprises

1115 Le traité vise ici non le fait de constituer une association d'entreprises mais la volonté collective d'adopter le même comportement émanant d'entreprises groupées au sein de l'association ce qui confère à cette dernière un objet anticoncurrentiel (16). Et dans l'affaire des *Cimenteries* le TPI a confirmé, le 15 mars 2000, que des associations professionnelles sont soumises à l'application de l'article 81 § 1 CE, devenu 101 § 1 TFUE même si elles n'exercent aucune activité commerciale ou productive propre et ont pour seule activité d'organiser la concurrence entre les entreprises adhérentes (17).

La notion d'association d'entreprises est interprétée de manière large. Elle recouvre toute forme de groupement d'entreprises : société commerciale, association à but

(9) CJCE, 13 juill. 2006, *Commission c. Volkswagen*, C 74/04 P, *Rec.* I-6585.
(10) CJCE, 12 juill. 1979, *BMW Belgium SA*, 32/78, *Rec.* 2435.
(11) CJCE, 17 sept. 1985, *Ford*, 25 et 26/84, *Rec.* 2725.
(12) CJCE, 11 janv. 1990, *Sandoz*, C 277/88, *Rec.* I-147.
(13) TPI, 24 oct. 1991, *Rhône Poulenc*, T 1/89, *Rec.* II-867.
(14) Dir. n° 1/2003, cinquième considérant.
(15) CJCE, 7 janv. 2004, *Aalberg Portland A/S et a.*, aff. C 204/00 *P et a. (cimenteries)*, *Rec.* I-123, n°s 578 et s.
(16) CJCE, 8 juill. 1999, *Montecatini*, C 235/92 P, *Rec.* I-4539.
(17) TPI, 15 mars 2000, *Cimenteries CBR SA et autres*, aff. T-25/95 et autres, *Rec.* II-491, n° 1320.

lucratif ou non, ordre professionnel (18), groupement d'intérêt économique (GIE), coopérative (19). Il peut également s'agir d'un groupement dépourvu de la personnalité morale (20). Dans l'affaire *Bureau national interprofessionnel du Cognac* (BNIC), la Commission avait même considéré que ce bureau, bien qu'organisme de droit public, constituait une association d'entreprises (21).

Par décision, il convient d'entendre toute manifestation de volonté constituant « l'expression fidèle de la volonté de l'association de coordonner le comportement de ses membres sur le marché » (22). Ce peut donc être une simple recommandation dès lors qu'elle émane d'un organe compétent pour engager l'association. Mais la recommandation se mue en accord entre entreprises à partir du moment où elle est acceptée et mise en œuvre par les membres de l'association (23). Il se peut, par ailleurs que participent à un accord non seulement des entreprises mais également des associations d'entreprises, voire, même, une association d'associations d'entreprises : tel était le cas dans l'affaire des *Cimenteries* (24).

C. Pratiques concertées

1116 Selon la Cour, « la notion de pratique concertée vise une forme de coordination entre entreprises qui, sans avoir été poussée jusqu'à la réalisation d'une convention proprement dite, substitue sciemment une coopération pratique entre elles face aux risques de la concurrence, coopération aboutissant à des conditions de concurrence qui ne correspondent pas aux conditions normales du marché, compte tenu de la nature des produits, de l'importance et du nombre des entreprises, ainsi que du volume et du caractère dudit marché » (affaire du sucre (25)). Elle implique, outre la concertation entre les entreprises, un comportement sur le marché faisant suite à cette concertation et un lien de cause à effet entre ces deux éléments (affaire du polypropylène (26)). Pour autant, la distinction entre pratique concertée et accord n'est pas dans les faits toujours très nette. Une pratique concertée peut être la mise en œuvre d'un accord ou se combiner avec un accord. La jurisprudence estime en pareil cas qu'il n'y a pas lieu de subdiviser ce comportement en deux infractions distinctes (27).

La pratique concertée implique non seulement un comportement parallèle des entreprises en cause mais, en outre, que ce comportement soit la conséquence d'une coordination volontaire dans le but de porter atteinte aux conditions normales de concurrence. Cela impose qu'il y ait eu au moins des prises de contact ou des échanges d'informations entre les entreprises (affaire du taux des commissions bancaires (28)),

(18) CJCE, 19 févr. 2002, *Wouters*, C 309/99, *Rec.* I-1577, ordre national d'avocats : sa décision est une décision d'association d'entreprises (les avocats) mais l'ordre lui-même ne constitue pas une entreprise.
(19) TPI, 2 juill. 1992, *Dansk*, T 61-89, *Rec.* II-1931.
(20) Décision de la Commission du 30 nov. 1994, *Ciment*, *JOCE* L 343, 30 déc. 1994.
(21) Décision du 15 déc. 1982, *JOCE* L 379, 31 déc. 1982.
(22) CJCE, 29 oct. 1980, *Fedetab*, 209/78, Rec. 3125.
(23) CJCE, 29 oct. 1980, *Fedetab*, préc.
(24) TPI, 15 mars 2000, préc.
(25) CJCE, 15 déc. 1975, *Suiker Unie et autres*, 40/73, *Rec.* 1663.
(26) CJCE, 8 juill. 1999, *Commission c. Anic Partecipazioni Spa*, C 42/92 P, *Rec.* I-4125.
(27) TPI, 24 oct. 1991, *Petrofina*, T 2/89, *Rec.* II-1087.
(28) CJCE, 14 juill. 1981, *Züchner*, 172/80, *Rec.* 2021.

l'échange d'informations pouvant même s'être réalisé au cours d'une seule réunion (ce qui, à vrai dire, reste exceptionnel) (29). Elle se caractérise par la réciprocité des contacts. Par contre, le fait pour des opérateurs économiques de « s'adapter intelligemment au comportement constaté ou à escompter de leurs concurrents », donc d'avoir un comportement parallèle à ces derniers – par exemple en alignant les prix sur eux – ne constitue pas une pratique concertée (affaire pâte de bois (30)).

L'un des problèmes majeurs que pose la pratique concertée est donc celui de la preuve de l'existence de cette concertation, preuve dont la charge incombe à la Commission. Celle-ci s'efforce de réunir les documents – tels que notes internes, comptes rendus – ou les témoignages qui établissent l'existence des échanges ou réunions qui auraient permis aux entreprises de se concerter (31). À défaut, la preuve se fait par présomption sur la base d'un faisceau d'indices – par exemple un comportement continu qui ne peut raisonnablement s'expliquer par des considérations commerciales normales ou par des nécessités contractuelles (refus de livrer au grossiste français du matériel Pioneer provenant du Royaume-Uni et de la RFA (32)) ou l'annonce à l'avance par les principaux fabricants d'un produit des augmentations de prix et de la date à laquelle elles prendront effet (affaire des colorants (33)), – qu'il incombe à l'entreprise de renverser par exemple en établissant qu'elles ont pris publiquement leur distance par rapport aux décisions arrêtées (34). Dans cette affaire des colorants la Cour s'est, en outre, appuyée sur l'analyse de la structure du marché. Les majorations de prix identiques en pourcentage intervenaient à la même date sur cinq marchés nationaux caractérisés par des niveaux de prix différents sans que ces différences aient résulté de celles des coûts et charges de production : une telle simultanéité, qui maintenait un cloisonnement des marchés, ne pouvait résulter du simple hasard. En revanche, dans l'affaire de la pâte de bois, se fondant sur la structure particulière du marché à long terme, transparent et oligopolistique, la Cour a jugé, contrairement à la Commission, que l'annonce simultanée des prix et le parallélisme de ces derniers ne constituaient pas à eux seuls la preuve de la concertation entre les entreprises (35).

Face aux obstacles que les entreprises lui opposent, la Commission a obtenu que le nouveau règlement renforce les pouvoirs d'enquête dont elle disposait (v. *infra*, n°s 1185 et s.).

§ 2. ATTEINTE PORTÉE À LA CONCURRENCE

1117 L'article 101 § 1 TFUE déclare incompatibles avec le marché commun les ententes « qui ont pour objet ou pour effet d'empêcher, de restreindre ou de fausser le jeu de la concurrence à l'intérieur du marché commun ». On se rappellera que cette disposition s'applique même aux entreprises qui ont leur siège social hors du

(29) CJCE, 4 juin 2009, *T-Mobile Netherlands*, C 8/08, *Rec.* I-4529.

(30) CJCE, 31 mars 1993, *Ahlström*, C 89/85 et autres, *Rec.* I-1307, point 71.

(31) CJCE, 16 déc. 1975, *Suiker Unie*, préc. ; Commission, décision du 19 déc. 1984, *Pâte de bois*, *JOCE* L 85, 26 mars 1985, décision du 13 juill. 1994, *Carton*, *JOCE* L 243 du 19 sept. 1994.

(32) CJCE, 7 juin 1983, *Musique diffusion française, Rec.* 1825.

(33) CJCE, 14 juill. 1972, *ICI*, 48/69, *Rec.* 619.

(34) CJCE, 28 juin 2005, *Dansk Rorindustri*, C 189/02, *Rec.* I-5425.

(35) CJCE, 31 mars 1993, *Ahlström*, préc. V. notamment points 126-127.

territoire des États membres dès lors que l'entente produit son effet sur la concurrence à l'intérieur de la Communauté, par application du principe de territorialité du droit communautaire de la concurrence (*supra*, n°s 1078 s.). Également que la concurrence que le traité protège n'est pas la concurrence parfaite entre les acteurs du marché mais une concurrence efficace ou praticable, ou « *workable competition* », c'est-à-dire la dose de concurrence nécessaire pour que ne soit pas entravé le fonctionnement du marché unique (36). Il n'en demeure pas moins que la reconnaissance de l'existence d'une atteinte portée à la concurrence est le fruit d'une appréciation fort complexe qui porte sur plusieurs éléments.

A. Nature de l'atteinte portée à la concurrence

1118 On qualifie généralement de restrictions de concurrence les atteintes visées par le traité, que la concurrence soit empêchée, restreinte ou faussée.

L'article 101 § 1 TFUE prohibe les ententes qui ont « pour objet ou pour effet » de restreindre la concurrence. Dans les lignes directrices concernant l'application de l'article 81 § 3 du traité (CE) (37) la Commission explicite ces deux notions. « Les accords ayant pour objet de restreindre le jeu de la concurrence sont ceux qui, par nature, ont la capacité de le faire. Il s'agit de restrictions qui, au regard des objectifs poursuivis par les règles communautaires de concurrence, sont tellement susceptibles d'avoir des effets négatifs sur la concurrence, qu'il est inutile, aux fins d'application de l'article 81 § 1, de démontrer qu'elles ont des effets concrets sur le marché ». Et la Commission de citer comme exemple les accords portant fixation des prix ou partage du marché et de la clientèle ou limitation de la production. L'accord ayant des effets restrictifs est celui qui « affecte la concurrence réelle ou potentielle à un point tel qu'il soit possible de prévoir avec une assez bonne probabilité qu'il aura sur le marché en cause des effets négatifs sur les prix, la production, l'innovation ou la diversité ou la qualité des produits et services ».

Selon une jurisprudence constante depuis 1966 (38), la condition posée par le traité présente un caractère alternatif et non pas cumulatif. Comme l'accord restrictif par son objet est considéré, par sa nature même, comme nuisible au bon fonctionnement du jeu normal de la concurrence, il est inutile d'examiner ses effets concrets, un accord de cette nature est illicite même s'il n'est pas suivi d'effets (39). L'analyse des effets de l'accord ne s'impose que dans l'hypothèse inverse. Il faut alors établir si l'accord, compte tenu de ses effets actuels et potentiels, a ou est susceptible d'avoir des effets défavorables sur la concurrence. Il s'agit d'une tâche difficile qui implique une appréciation *in concreto*. Celle-ci doit prendre en considération le contexte économique et juridique dans lequel les entreprises opèrent, la nature des biens ou services affectés, les conditions réelles du fonctionnement et de la structure du marché concerné (40).

(36) CJCE, 25 oct. 1977, *Metro/SABA*, 26/76, *Rec.* 1871.

(37) Communication de la Commission – Lignes directrices concernant l'application de l'art. 81 § 1 du traité, *JOCE*, C 101, 27 avr. 2004.

(38) CJCE, 30 juin 1966, *Société Technique minière MT*, 56/65, *Rec.* 337.

(39) CJCE, 13 juill. 1966, *Grundig*, C 56 et 58/64, *Rec.* 429 ; 8 juill. 1999, *Partecipazioni*, C 49/92 P, *Rec.* I-4125 ; 4 juin 2009, *T-Mobile Netherlands*, C 8/08, *Rec.* I-45-62.

(40) CJCE, 23 nov. 2006, *Asnef-Equifax*, C 338/05, Rec. I-1125.

Elle doit établir que les entreprises visées disposent d'un certain pouvoir de marché, « que fait ressortir la comparaison entre la situation analysée et celle qui prévaudrait en l'absence de restriction » (41).

L'article 101 § 1 énumère un certain nombre d'accords et de pratiques prohibées. Cette liste, pour n'être pas limitative puisqu'introduite par l'adverbe notamment, illustre la variété des comportements anticoncurrentiels :

– fixation directe ou indirecte des prix d'achat, de vente ou d'autres conditions de transaction ;

– limitation ou contrôle de la production, des débouchés, du développement technique ou des investissements, par exemple fixation de quotas, accords de spécialisation, partage de clientèle ;

– répartition des marchés ou des sources d'approvisionnement, notamment par la voie de contrats de distribution exclusive ou sélective ;

– discrimination à l'encontre de certains partenaires commerciaux ;

– insertion dans les contrats de clauses portant sur des prestations supplémentaires dépourvues de lien avec l'objet de ces contrats.

Les règlements d'exemption par catégories (*infra*, n° 1137) contiennent des exemples de restrictions de la concurrence prohibées par l'article 101 § 1 TFUE.

B. Gravité de l'atteinte portée à la concurrence

1119 Selon la pratique de la Commission, confirmée par la Cour, seules les ententes susceptibles d'avoir un effet sensible sur la concurrence tombent sous le coup de l'article 101 § 1 TFUE. D'après l'arrêt *Volk*, du 9 juillet 1969, 5/69 (42), « un accord échappe à la prohibition de l'article 85 (devenu art. 81 CE puis 101 TFUE) lorsqu'il n'affecte le marché que d'une manière insignifiante, compte tenu de la faible position qu'occupent les intéressés sur le marché en cause ». L'appréciation de cette condition soulève deux séries de problèmes qui concernent la détermination du marché en cause, c'est-à-dire celui qui est concerné par le comportement anticoncurrentiel, et l'évaluation de la gravité de l'atteinte portée à la concurrence.

1120 **La détermination du marché en cause** s'effectue dans une double dimension. Quant aux produits, d'abord : le marché en cause « comprend tous les produits et/ou services que le consommateur considère comme interchangeables en raison de leurs caractéristiques, de leur prix et de l'usage auquel ils sont destinés ». Quant à sa dimension géographique, ensuite, il « comprend le territoire sur lequel les entreprises concernées sont engagées dans l'offre des biens et des services en cause, sur lequel les conditions de concurrence sont suffisamment homogènes et qui peut être distingué des zones géographiques voisines parce que, en particulier, les conditions de concurrence y diffèrent de manière appréciable ».

Cette double définition sert de base à l'évaluation de la Commission, ainsi que celle-ci l'a rappelé dans sa communication du 9 décembre 1997 sur la définition du marché

(41) Par exemple, TPI, 2 mai 2006, 02 *(Germany) Gmbh,* T 328/03, Rec. II-1231.
(42) *Rec.* 295.

en cause aux fins du droit communautaire de la concurrence (43). À l'évidence, elle laisse une marge d'appréciation dans le jugement porté sur des situations économiques souvent fort complexes. La communication du 9 décembre 1997 indique que la Commission procède avec pragmatisme et prend essentiellement en considération les possibilités de substitution provenant de la demande des consommateurs ou, dans certains cas, de l'offre des fournisseurs.

À défaut de pouvoir présenter de manière plus approfondie (44) la démarche suivie par les institutions communautaires pour déterminer le marché en cause, on présentera deux observations :

– en premier lieu, dès lors que le commerce entre États membres est affecté, le cadre géographique du marché peut se réduire au territoire d'un seul État (45) ;

– en second lieu, la Commission a tendance à retenir une conception relativement étroite du marché, plus rigoureuse pour les entreprises, lorsqu'un produit ou un service présente une certaine spécificité. Ainsi a-t-elle considéré, s'agissant du marché du disque, que les interprétations d'un artiste en vogue constituaient un marché pour lequel il ne fallait pas prendre en compte les interprétations d'autres artistes (décision du 22 décembre 1972, *WEA. Filipatchi* (46)). Surtout, approuvée par la Cour, la Commission estime que les produits d'un fabricant caractérisés par la marque de ce dernier constituent un marché au sein duquel la concurrente doit jouer (47). Concernant les services elle retient, par exemple, l'existence d'un marché des eurochèques émis en France distinct du marché global des paiements internationaux (48). Cette conception diffère de celle que la Commission retient à l'égard de l'abus de position dominante (*infra*, n° 1145 et s.) et des concentrations (*infra*, n° 1159 et s.).

1121 **L'appréciation de l'intensité de la restriction de concurrence** que l'entente est susceptible de provoquer implique, en principe, un jugement au cas par cas.

Dans l'arrêt *Völk* du 9 juillet 1969, 5/69, précité, la Cour s'est contentée de se référer à la « faible position qu'occupent les intéressés sur le marché en cause ». La Commission a essayé d'apporter plus de sécurité juridique aux entreprises en précisant ce critère dans des « communications concernant les accords d'importance mineure qui ne sont pas visés par les dispositions de l'article 81, paragraphe 1er du traité instituant la Communauté européenne », accords *de minimis*, dont les versions se sont succédé du 27 mai 1970 au 22 décembre 2001 (49). Sa doctrine a quelque peu évolué. À l'origine, la Commission retenait deux critères, la part du marché sur lequel l'accord produit son effet et le chiffre d'affaires cumulé des entreprises participant à l'accord. La communication de 2001 ne conserve plus que le premier critère. Le seuil d'applicabilité est de 10 % de parts du marché pour les accords horizontaux ou mixtes ou de nature incertaine, et de 15 % pour les accords verticaux. Mais l'application de l'article 101

(43) *JOCE* C 372/3, 9 déc. 1997.

(44) C. Gavalda et G. Parleani, *Droit des affaires de l'Union européenne*, préc., 6e éd., n° 431 et s.

(45) CJCE, 23 nov. 2006, *Asnef-Equifax*, C 238/05, *Rec.* I-1125 ; 24 sept. 2009, *Erste Group Bank*, C 125/07, P e.a., *Rec.* I-8681.

(46) *JOCE* L 303, 31 déc. 1972.

(47) CJCE, 13 juill. 1966, *Grundig*, 56 et 58/64, *Rec.* 429 ; 20 juin 1978, *TEPEA*, 28/77, *Rec.* 1391.

(48) V. TPI, 23 févr. 1994, *CB et Europay*, T 39 et T 40/92, *Rec.* II-49.

(49) Commission, communication concernant les accords d'importance mineure qui ne restreignent pas sensiblement le jeu de la concurrence (de minimes) du 22 déc. 2001, *JOCE* C 368, 22 déc. 2001.

§ 1 TFUE n'est soumise à aucune condition de seuil à l'égard des accords particulièrement anticoncurrentiels : accords horizontaux de fixation des prix ou de répartition des marchés, accords verticaux imposant les prix de revente ou assurant une protection territoriale. Enfin, les accords entre petites et moyennes entreprises – celles qui emploient moins de 250 salariés, dont le chiffre d'affaires est inférieur à 40 millions d'euros – sont présumés échapper à l'article 101 § 1 et, au cas contraire, ne pas présenter un intérêt communautaire suffisant pour justifier une intervention de la Commission. Cette démarche, ainsi que celle qui inspire les exemptions par catégories (*infra*, n° 1144 et s.), est le signe qu'une approche plus globale (ou systématique) s'est faite pour des raisons d'efficacité et de cohérence, sans pour autant exclure que l'évaluation finale tienne compte des spécificités de l'entente examinée.

C. Lien de causalité entre l'entente et l'atteinte portée à la concurrence

1122 L'interdiction de l'article 101 § 1 TFUE ne s'applique qu'aux restrictions de concurrence significatives qui résultent d'un accord de volontés des entreprises concernées. Un comportement anticoncurrentiel doit être imputé non à des filiales privées de toute autonomie mais à la société-mère (*supra*, n° 1075). Et ne constitue pas une entente imputable aux entreprises privées un comportement anticoncurrentiel imposé par l'autorité publique, soit que celle-ci impose la conclusion de l'accord (50), soit qu'elle ait supprimé toute possibilité de comportement concurrentiel (affaire du sucre (51)). En pareil cas l'État manque aux obligations que lui impose le traité (52) de la même manière qu'il y manquerait s'il édictait une loi ou une réglementation susceptible d'éliminer l'effet utile des règles de concurrence applicables aux entreprises (53). La violation du traité est fort logiquement imputable et aux entreprises et à l'État lorsque la réglementation étatique se borne à renforcer les effets d'une entente illicite (54) ou délègue à une organisation professionnelle le pouvoir de réglementation et se borne à consacrer la décision prise par l'organisation (55). Dans l'affaire *Nouvelles Frontières*, la Cour a jugé contraire aux obligations qui lui incombent en matière de concurrence le fait pour l'État français d'homologuer les tarifs de transport résultant de l'accord entre les compagnies aériennes et de sanctionner pénalement le non-respect de ces tarifs. Il n'est pas toujours aisé de distinguer quel est le rôle effectif de l'État et celui des opérateurs privés : dans l'arrêt *Cipolla* du 5 décembre 2006 (56) le fait que l'ordre des avocats a pour seule mission d'établir un projet de tarifs d'honoraires que le ministre peut refuser d'approuver ou faire amender, confère à la réglementation un caractère exclusivement étatique.

(50) Commission, décision du 29 nov. 1974, *Roulements à billes*, *JOCE* L 343, 21 déc. 1974.

(51) CJCE, 16 déc. 1975, *Suiker Unie*, préc.

(52) CJCE, 21 sept. 1988, *Van Eycke*, 267/88, *Rec.* 4769.

(53) CJCE, 19 févr. 2002, *Arduino*, C 35/99, *Rec.* I-1529.

(54) CJCE, 16 nov. 1977, *Inno*, 13/77, *Rec.* 2115 ; 30 avr. 1986, *Asjes*, 209 à 213/84, *Rec.* 1425, affaire *Nouvelles Frontières*.

(55) Ce qui n'est pas le cas si l'organisation ne dispose que du pouvoir de proposer un projet de tarif d'honoraires, le pouvoir de décision restant à l'État, CJCE, 19 févr. 2002, *Arduino*, C 35/99, *Rec.* I-1529 (honoraires d'avocat).

(56) C 94/04 et C 202/04, *Rec.* I-11421.

En revanche, pour qu'un accord tombe sous le coup de l'interdiction formulée par le traité, il n'est pas nécessaire qu'il soit la cause exclusive de l'atteinte portée à la concurrence ; il suffit qu'il contribue de façon significative à sa réalisation (57). Dans l'affaire *Delimitis*, la Cour estime qu'un contrat d'achat exclusif de bière et de boissons non alcoolisées auprès d'une brasserie et de ses filiales, qui contribue de manière significative à l'effet de blocage du marché que produit un ensemble de contrats similaires, tombe sous le coup du traité. Cette théorie, dite de l'effet cumulatif, permet de tenir compte de l'existence d'accords similaires conclus par des entreprises tierces et d'apprécier l'effet cumulé de ces accords sur la concurrence (58).

D. L'exception concernant les accords sociaux : la jurisprudence Albany

1123 Dans les trois arrêts qu'elle a rendu le 21 septembre 1999 (59) était en cause la législation néerlandaise permettant de rendre obligatoire l'affiliation à des fonds de pension chargés de la gestion d'un régime de pension complémentaire mis en place par les organisations représentatives des employeurs et des salariés dans le cadre de conventions collectives. Cette législation favorisait-elle la constitution d'une entente entre ces organisations d'employeurs et de salariés ?

La Cour a apporté une réponse qui fait primer les impératifs de la politique sociale sur ceux de la concurrence. Elle admet que, bien que comportant certains effets restrictifs de la concurrence, les accords collectifs conclus entre organisations représentatives des employeurs et des travailleurs ne relèvent pas de l'article 81 § 1 CE devenu 101 § 1 TFUE « en raison de leur nature et de leur objet ». Cela parce que les objectifs de politique sociale que poursuivent les partenaires sociaux en concluant ces accords seraient sérieusement compromis si l'article 81 s'appliquait. Interprétation audacieuse du traité combinant article 81 et articles relatifs à la politique sociale. Interprétation bienvenue.

§ 3. AFFECTATION DU COMMERCE ENTRE ÉTATS MEMBRES

1124 Seules les pratiques « susceptibles d'affecter le commerce entre États membres » sont visées par l'interdiction édictée par l'article 101 § 1. La condition ainsi posée ne concerne pas un élément constitutif de la violation de la règle communautaire mais détermine, on l'a vu, les domaines respectifs d'application du droit communautaire et du droit national (*supra*, n° 1080 et s.). La communication de la Commission sur les lignes directrices relatives à la notion d'affectation du commerce figurant aux articles 81 et 82 du traité CE présente l'interprétation qui résulte de la jurisprudence et de la pratique de la Commission (60).

(57) 28 févr. 1991, *Delimitis*, C 234/89, *Rec.*, p. I-935.

(58) Cpr. CJCE, 7 déc. 2000, *Neste Markkineinté OY*, C 214/99, *Rec.* I-1121, affaire concernant les contrats d'approvisionnement en carburant de stations-service.

(59) *Albany International BV*, C 67/96, *Rec.* I-5751, *Brentjens'Handelsondernenmg BV*, C 115/97 à C 117/97, *Rec.* I-6025 ; *Maatshappig Drijvende BV*, C 212/97, *Rec.* I-6121.

(60) Communication C 101/07, *JOUE* C 101, 27 avr. 2004.

A. Notion

1125 La notion de commerce entre États membres doit être entendue dans un sens large, comme couvrant toute opération économique entre un et un ou plusieurs autres États membres de l'Union et non simplement les échanges de marchandises (61).

Le commerce entre États membres est affecté par toute entente susceptible de modifier les courants d'échanges entre les États d'une manière qui nuit à la réalisation ou au fonctionnement du marché unique. Ainsi, dans l'arrêt *Cadillon*, du 6 mai 1971, 1/71 (62), la Cour juge-t-elle que la condition d'affectation est remplie « si l'accord, sur la base d'un ensemble d'éléments objectifs de droit ou de fait, permet d'envisager avec un degré de probabilité suffisant qu'il puisse exercer une influence directe ou indirecte, actuelle ou potentielle, sur les courants d'échange entre États membres dans un sens qui pourrait nuire à la réalisation des objectifs d'un marché unique entre États ». Et dans l'arrêt *Grundig* (63), elle avait admis qu'il pouvait en aller ainsi même si l'accord favorisait l'augmentation des échanges entre les États concernés. Il appartient à la Commission d'apporter dans les motifs de sa décision les éléments de droit ou de fait qui établissent non pas que le commerce a été effectivement affecté (64) mais qu'existe une probabilité suffisante d'affectation.

Encore faut-il que l'accord soit susceptible d'exercer une « influence sensible » sur le commerce entre États membres puisque les accords qui n'affectent le marché que d'une manière insignifiante ne tombent pas sous le coup de l'interdiction édictée à l'article 101 § 1 (65). Il est logique que la condition de l'effet sensible joue en ce domaine tout comme en ce qui concerne l'atteinte à la concurrence. L'influence s'apprécie notamment en considération de la position et de l'importance des parties sur le marché des produits concernés. Et dans les lignes directrices relatives à la notion d'affectation du commerce entre les États membres, la Commission présume qu'en principe le commerce n'est pas affecté si la part de marché des entreprises concernées n'excède pas 5 % et, de plus, le chiffre d'affaires n'excède pas 40 millions d'euros pour toutes les entreprises au cas d'accord horizontal, pour le fournisseur du réseau au cas d'accord vertical.

B. Applications

1126 Trois types de situations sont susceptibles de se présenter :

1. L'entente est conclue entre des entreprises établies dans différents États membres et porte sur l'exportation ou l'importation de produits entre ces États. Elle est de toute évidence susceptible d'affecter le commerce intra communautaire. Il en va de même d'un accord portant sur la fixation des prix (hausses uniformes et simultanées du prix des colorants (66)).

(61) Par exemple pour un échange portant sur des prestations de service bancaire, CJCE, 14 juill. 1981 *Züchner*, 172/80, *Rec.* 2021.

(62) *Rec.* 351. Également CJCE, 14 juill. 1981, *Züchner*, 172/80 *Rec.* 2021, préc.

(63) CJCE, 13 juill. 1966, 56 et 58/64, *Rec.* 429.

(64) CJCE, 1er févr. 1978, *Miller*, 19/77, *Rec.* 931.

(65) Communication de la Commission sur les accords d'importance mineure du 9 déc. 1997 ; CJCE, 6 mai 1971, *Cadillon*, 1/71, préc. ; TPI, 14 juill. 1994, *Parker Pen*, T 77/92, *Rec.* II-549, point 39.

(66) CJCE, 14 juill. 1972, *ICI*, 48/69, *Rec.* 619.

2. L'entente est conclue entre entreprises établies dans un même État membre et ne couvre que le marché de cet État ou une partie seulement de ce marché. Elle n'en est pas moins susceptible d'affecter le commerce entre les États membres si elle a pour effet de rendre plus difficile l'accès du marché national à des entreprises établies dans les autres États, donc d'opérer un cloisonnement de caractère national. La Cour l'a admis pour des accords d'exclusivité d'approvisionnement des revendeurs de bière auprès des entreprises de brasserie nationales (67) ou pour un accord conclu entre représentants des producteurs et représentants des négociants et portant sur la fixation d'un prix minimum des vins et eaux-de-vie de Cognac (68). Il en va de même pour un règlement adopté par l'ordre néerlandais des avocats (celui-ci constituant une association d'entreprises) interdisant aux avocats exerçant aux Pays-Bas de nouer une collaboration intégrée avec des experts-comptables (69).

3. Les accords concernant les échanges avec les pays tiers peuvent dans certains cas affecter le commerce entre les États membres de l'Union. Cela a été reconnu pour l'accord d'exclusivité, conclu entre un producteur installé dans un pays tiers et un distributeur établi dans l'Union, interdisant à un distributeur de réexporter les produits concernés dans d'autres États membres et lui assurant dans sa zone une exclusivité d'importation et de distribution (70). La même solution s'applique à une entente entre entreprises sucrières communautaires concernant l'exportation du sucre vers les pays tiers au motif qu'en l'absence de cet accord certaines entreprises auraient été contraintes d'écouler davantage de sucre à l'intérieur du Marché commun et que dès lors « la structure des échanges intra communautaires et l'intensité de la concurrence au sein du Marché commun auraient été modifiées » (71).

S/SECTION II **L'EXEMPTION**

1127 Même lorsqu'elles affectent la concurrence, les ententes constituent un élément d'organisation du marché qui présente dans certains cas un caractère bénéfique. À l'instar des droits nationaux, le droit communautaire prend ce facteur en considération pour exempter les ententes de l'interdiction (article 101 § 3 TFUE). Aussi bien le marché intérieur poursuit-il des objectifs dont la réalisation peut être favorisée par des accords entre entreprises, à commencer par le développement du progrès technique ou économique. La pratique a confirmé l'importance de cet assouplissement puisque les conditions de fond relativement strictes n'ont pas empêché le développement considérable des exemptions soit individuelles, soit par catégories.

1128 On rappellera que l'entrée en vigueur du règlement n° 1/2003 a supprimé le monopole d'application de l'exemption individuelle qui avait été reconnu par le règlement n° 17/62 à la Commission et avait conduit celle-ci à exposer son interprétation dans des lignes directrices concernant l'application de l'article 81 § 3 du traité CE, devenu

(67) CJCE, 12 déc. 1967, *Brasserie de Haecht*, aff. 23/67, *Rec.* 625.
(68) CJCE, 30 janv. 1985, *BNIC*, 123/83, *Rec.* 391.
(69) CJCE, 19 févr. 2002, Wouters, C 309/99, *Rec.* I-1577.
(70) CJCE, 25 nov. 1971, *Béguelin Import*, 22/71, *Rec.* 949.
(71) CJCE, 16 déc. 1975, *Suiker Unie*, 40/73 et autres, *Rec.* 1663.

101 § 3 TFUE (72). L'application de l'article 101 § 3 relève désormais dans une large mesure des autorités nationales de concurrence et des juridictions nationales.

§ 1. CONDITIONS AUXQUELLES SONT SOUMISES LES EXEMPTIONS

1129 Les exemptions, tant individuelles que par catégories, ne peuvent être accordées que si l'entente satisfait aux quatre conditions énoncées par l'article 101 § 3, ces conditions étant cumulatives. Les lignes directrices de la Commission en donnent une analyse détaillée.

A. Contribution à l'amélioration de la production ou de la distribution ou à la promotion du progrès technique ou économique

1130 Il faut entendre par là, s'agissant de l'amélioration du système de production ou de distribution, une amélioration qui dépasse l'avantage que les partenaires retirent de l'accord (73). C'est le cas d'accords de spécialisation portant soit sur la fabrication, soit sur la recherche développement, qui engendrent une économie de coûts et favorisent le progrès technique. Des accords ayant pour objet de réaliser des économies d'énergie ou de promouvoir le développement économique de régions défavorisées (74) contribuent à la promotion du progrès économique. L'accord doit procurer des gains d'efficacité qui en général sont le fruit d'une intégration d'activités économiques.

Les accords de distribution exclusive ou sélective, les contrats de franchise de distribution permettent la constitution de réseaux qui peuvent favoriser la réduction des coûts de distribution ou contribuer à l'amélioration de la qualité des prestations offertes au consommateur.

Au fil des ans la « doctrine » de la Commission s'est précisée et assouplie. Elle a notamment évolué vers une valorisation des effets positifs qui peuvent découler de nombreuses catégories d'ententes. Cela semble dû à un souci de réalisme ainsi qu'à la prise en compte de l'évolution des analyses et théories économiques. Celles-ci intègrent mieux aujourd'hui des éléments tels que le coût de l'innovation et reposent sur une vision dynamique – et non plus statique – du marché dans laquelle le facteur temps joue un rôle important.

B. Réserve au profit des utilisateurs d'une part équitable du profit

1131 Cette seconde condition doit être entendue de manière large. Si les utilisateurs que vise le traité sont nécessairement des tiers à l'accord, le cercle ne se limite pas aux

(72) Communication C 101/08, *JOUE* C 101, 27 avr. 2004.

(73) CJCE, 13 juill. 1966, *Grundig*, 56 et 58/66, *Rec.* 429 ; 21 sept. 2006, *JCB Services*, C 167/04 P, *Rec.* I-8935.

(74) Commission décision du 28 déc. 1992, *Volkswagen/Ford*, *JOCE* L 20, 28 janv. 1993.

consommateurs mais s'étend aux utilisateurs industriels et aux revendeurs. Les utilisateurs sont les clients des parties à l'accord et les acheteurs ultérieurs. De même, la notion de profit englobe, outre la baisse des prix, l'amélioration de la qualité du service rendu, par exemple élargissement de l'offre des produits, meilleure garantie ou service après vente, approvisionnement plus régulier (75). Ainsi, les accords de franchise assurent-ils aux consommateurs une qualité constante des services ou des produits. La part du profit réservée aux utilisateurs n'est équitable que si, à tout le moins l'effet de l'accord est neutre, les effets positifs compensant les effets négatifs pour les utilisateurs.

La Cour a jugé que devait être pris en considération le caractère favorable de l'incidence sur l'ensemble des consommateurs dans le marché considéré et non sur chaque consommateur, certains consommateurs pouvant être désavantagés sans que cela modifie le jugement global favorable (76).

C. Absence de restriction non indispensable pour atteindre les objectifs de l'accord

1132 Comme dans les domaines de la libre circulation des personnes ou des marchandises, l'entrave à la libre concurrence n'est admise que dans la mesure où elle est raisonnablement nécessaire à la réalisation de l'objectif recherché. L'exemption ne peut être accordée si l'amélioration de la production, de la distribution ou le progrès technique ou économique peuvent être atteints soit par une mesure d'une autre nature soit par une restriction de concurrence moins rigoureuse.

S'applique donc le principe de *proportionnalité* qui conduit la Commission à l'examen *in concreto* des différentes clauses des accords qui lui sont soumis. De la pratique, concernant tant les exemptions individuelles que les exemptions par catégorie, se dégagent cependant certaines lignes directrices. Ainsi la Commission et le juge sont-ils fort réservés à l'égard des restrictions qui concernent les prix (distribution de vêtements et accessoires de mariage (77)) et tout à fait hostiles aux accords qui, faisant obstacle aux importations parallèles, assurent une protection territoriale absolue (78).

D. Absence d'élimination de la concurrence pour une partie substantielle du marché en cause

1133 Le maintien d'une « dose minimale de concurrence… constitue un impératif absolu » (79). Cela exclut le bénéfice de l'exemption pour des accords restreignant la concurrence qui constituent un abus de position dominante, lequel tombe sous le coup de l'interdiction de l'article 102 TFUE, ex art. 82 CE (80). Et, à l'encontre de la

(75) CJCE, 25 oct. 1977, *Metro/SABA* 26/76, *Rec.* 1875.
(76) CJCE, 23 nov. 2000, *Asnef-Equifax*, C 238/05, *Rec.* I-1125.
(77) CJCE, 28 janv. 1986, *Pronuptia*, 161/84, *Rec.* 353.
(78) CJCE, 13 juill. 1966, *Grundig*, préc.
(79) CJCE, 21 févr. 1973, *Europemballage et Corporation et Continental Can*, 6/72, Rec. 215.
(80) TPI, 10 juill. 1990, *Tetra Pack* (I) T 51/89, *Rec.* II-309.

position qu'elles ont adoptée concernant l'applicabilité de l'article 101 § 1, la Commission et la Cour semblent admettre que lorsqu'est en cause la distribution d'une marque de produit il faut prendre en considération l'existence de la concurrence entre marques pour juger de la possibilité d'accorder l'exemption (81).

§ 2. MODALITÉS D'OCTROI DES EXEMPTIONS

1134 L'article 101 § 3 TFUE autorise deux modalités différentes d'octroi des exemptions puisqu'il prévoit que les dispositions du paragraphe 1er peuvent être déclarées inapplicables soit à des accords, décisions ou pratiques concertées soit à des catégories d'accords, décisions ou pratiques concertées.

A. L'exemption individuelle

1135 **Le système originaire.** En vertu de l'article 9 du règlement n° 17/62 une exemption individuelle ne peut être accordée que par la Commission. Les entreprises qui souhaitent obtenir une décision de cet ordre sont tenues de notifier leur entente à la Commission (règlement n° 17/62, art. 4). C'est la logique du système d'autorisation institué par le règlement n° 17/62 en vue de permettre une application efficace et homogène de la réglementation des ententes à une époque où la politique de concurrence était très inégalement développée selon les États.

En ce qui concerne les ententes antérieures à la date d'entrée en vigueur du règlement, la notification devait se faire en principe avant le 1er novembre 1962. Les traités d'adhésion ont fixé un délai de six mois à compter de leur entrée en vigueur. Quant aux ententes « nouvelles », leur notification n'est assujettie à aucune condition de délai mais les entreprises sont incitées à y recourir en raison de ce qu'aucune amende ne peut en principe leur être infligée pour des agissements postérieurs à la notification. Pour être valable, la notification doit s'effectuer selon les modalités définies par la Commission dans un règlement d'application du règlement n° 17/62.

Deux catégories d'ententes sont dispensées de notification :

1. Celles qui sont mentionnées à l'article 4 § 2 du règlement n° 17/62 : il s'agit soit d'ententes auxquelles ne participent que des entreprises ressortissant à un seul État membre et qui ne concernent ni l'importation ni l'exportation, soit d'ententes auxquelles ne participent que deux entreprises et qui portent sur les prix ou l'utilisation de droits de propriété industrielle, soit, encore, d'ententes de faible importance portant sur les normes, la recherche développement ou la spécialisation dans la fabrication de produits. Le règlement n° 1216/1999 du 10 juin 1999 (82) a étendu la dispense de notification à tous les accords verticaux, accords passés entre entreprises opérant à un niveau différent de la chaîne de production ou de distribution et qui concernent les conditions d'acquisition, vente ou revente de biens ou services.

(81) CJCE, 22 oct. 1986, *Metro*, 75/84, *Rec.* 3021.
(82) *JOCE* L 148, 15 juin 1999.

2. En principe, les ententes qui entrent dans le cadre d'une exemption par catégorie.

L'exemption individuelle est accordée pour une durée déterminée que la décision précise mais peut être renouvelée à la demande des entreprises. Elle est parfois assortie de conditions ou de charges. Relevant de la compétence exclusive de la Commission, la décision s'impose aux tiers ainsi qu'aux autorités nationales.

1136 **Le système résultant du règlement n° 1/2003.** La suppression de la compétence exclusive de la Commission pour accorder les exemptions individuelles entraîne celle des notifications ; les autorités nationales de concurrence et les juridictions nationales reçoivent compétence pour appliquer aux cas individuels l'article 101 § 3 (v. *supra*, n° 1087). En pareil cas il incombe à la Commission ou à l'ANC de faire la preuve que l'accord constitue une restriction de concurrence tombant sous le coup de l'article 101 § 1 TFUE, mais il revient à l'entreprise qui invoque le bénéfice de l'exemption d'établir que les quatre conditions énoncées par l'article 101 § 3 sont remplies.

B. L'exemption par catégories

1137 L'exemption de catégories d'accords s'est imposée à la fois parce que les services de la Commission ne pouvaient faire face à l'examen du flux des notifications demandant le bénéfice d'une exemption individuelle et parce qu'il convenait d'assurer la sécurité juridique des entreprises, même si celle-ci n'est que relative. On en rapprochera la pratique des communications de la Commission relatives à la conduite que l'institution entend tenir à l'égard des demandes d'exemption individuelle concernant certains types d'accords, même si elle offre moins de garanties pour les entreprises.

L'exemption par catégorie s'opère en deux temps. Elle implique d'abord un règlement du Conseil définissant le cadre général de l'exemption et habilitant la Commission à arrêter le règlement d'exemption. Le traité de Lisbonne confirme cette pratique (art. 105 § 3 TFUE) ainsi, vraisemblablement, que le refus des États d'accéder au souhait de la Commission de disposer d'une habilitation générale en matière de règlements d'exemption.

1138 **Les règlements d'exemption arrêtés par la Commission.** L'étude des règlements d'exemption adoptés par la Commission dépassant de fort loin les limites de cet ouvrage, on se bornera à présenter quelques observations de caractère général.

Si l'on fait exception des secteurs soumis à un régime particulier, tels que les transports, la banque, les assurances (v. *supra*, n° 1095) dans lesquels le Conseil n'a pas toujours délégué le pouvoir de réglementation les habilitations données à la Commission ont été larges. La Commission en a fait pleinement usage et a accompagné les règlements d'exemption de lignes directrices qui renseignent les entreprises sur sa pratique et sur la jurisprudence. Depuis les années 1970 plusieurs vagues de règlements se sont succédé. Elles ont permis au droit de l'Union d'accompagner l'évolution économique. La Commission s'est progressivement ralliée à une approche moins formaliste, plus économique dans laquelle la prise de considération du pouvoir de marché, souvent évalué à partir de la part de marché détenue par les parties à l'accord, tient une place très importante. Elle prend plus en considération les effets à moyen terme dans son jugement sur l'entente. Sur le plan formel, elle affiche une volonté de simplification. Celle-ci s'est notamment traduite lors de la deuxième vague de textes, à la fin du siècle dernier, par la substitution d'un règlement général d'exemption à une série de règlements particuliers. La troisième vague a abouti à l'adoption de nouveaux règlements et nouvelles lignes directrices en 2010 et 2011 afin de moderniser la réglementation.

Les règlements d'exemption définissent les catégories d'accords auxquels ils s'appliquent, déterminent les seuils de part de marché au-delà desquels l'exemption ne saurait jouer, les restrictions de concurrence qui font obstacle à l'exemption « restrictions caractérisées », celles auxquelles l'exemption ne saurait s'appliquer (« restrictions exclues ») et, parfois, les conditions positives exigées pour bénéficier de l'exemption.

Les accords sont classés en deux grandes catégories, accords verticaux et accords horizontaux, certains comme les accords de transfert de technologie échappant à la classification car ils peuvent comporter aussi bien des restrictions horizontales que des restrictions verticales (83).

1139 **Accords verticaux.** Ce sont des accords ou pratiques concertées entre des entreprises qui opèrent chacune à un niveau différent de la chaîne de production ou de distribution et sont relatifs aux conditions dans lesquelles les parties peuvent acheter, vendre ou revendre certains biens ou services, par exemple les accords de distribution passés entre fabricants et grossistes ou détaillants.

La nouvelle réglementation (84) se compose d'un règlement qui détermine le régime général, le règlement n° 330/2010 du 20 avril 2010 (85), qui remplace le règlement n° 2790/99, et du règlement n° 461/2010 du 27 mai 2010 (86), s'appliquant au secteur automobile, qui remplace le règlement n° 1400/2002. De nouvelles lignes directrices du 10 mai 2010 (87) sur les restrictions verticales se substituent aux précédentes en date du 13 octobre 2000, et s'accompagnent de lignes directrices supplémentaires sur les restrictions verticales dans les accords de vente et de réparation de véhicules automobiles et de distribution de pièces de rechange de véhicules automobiles (88).

Le règlement n° 330/2010 fixe comme seuil d'application 30 % de part de marché pour le fournisseur et pour l'acheteur. Il fait preuve d'une grande vigilance à l'égard des restrictions qui ont pour effet de cloisonner le marché, qualifiant de restrictions caractérisées celles qui restreignent la capacité de l'acheteur de déterminer son prix de vente ou le territoire sur lequel il peut vendre ou la clientèle à laquelle il peut vendre ainsi que trois autres catégories. Les clauses de non-concurrence à l'expiration de l'accord ou celles qui dépassent cinq ans en cours de contrat constituent des restrictions exclues.

1140 **Accords horizontaux.** Il s'agit des accords ou pratiques concertées entre des entreprises qui opèrent chacune au même niveau de la chaîne de production ou de distribution.

(83) Règlement n° 772/2004, *JOCE* L 123, 27 avr. 2004, Lignes directrices relatives aux accords de transfert de technologie, *JOCE*, C 101, 27 avr. 2004. Le règlement n° 772/2004 exempte les concessions de licence relatives à des technologies servant à la production de biens ou service lorsque la part de marché ne dépasse pas 20 % ou 30 % selon que les entreprises concernées sont ou non concurrentes.

(84) L. IDOT, « Aperçu du nouveau régime des accords verticaux », *Europe* juill. 2010, étude 8.

(85) *JOUE* L 102, 23 avr. 2010.

(86) *JOUE* L 129, 28 mai 2010 : à compter du 1er juin 2013 seule l'après-vente conservera un régime spécifique, la vente de véhicules neufs étant soumise au règlement n° 330/2010.

(87) *JOUE* C 130, 19 mai 2010.

(88) *JOUE* C 138, mai 2010.

La réforme (89) a abouti au remplacement, accompagné d'une période transitoire de deux ans, des règlements n° 2658/2000 et n° 2659/2000 du 29 novembre 2000, concernant, pour le premier, les catégories d'accord de recherche et de développement, pour le second, les accords de spécialisation par les règlements n° 1217/2010 et n° 1218/2010 du 14 décembre 2010 (90). Elle s'accompagne de nouvelles lignes directrices du 14 janvier 2011 (91) qui se substituent aux lignes directrices du 6 janvier 2001 et présentent un cadre d'analyse pour les accords de coopération horizontale les plus courants ceux qui ont pour objet la recherche et le développement, la production, l'achat, la commercialisation, les échanges d'information.

Les accords de recherche et de développement conclus entre entreprises bénéficient d'une exemption quelle que soit la part de marché détenue par les parties. Lorsque les entreprises sont concurrentes l'exemption ne joue que si leur part de marché cumulée ne dépasse pas 25 % du produit concerné. Quant aux accords de spécialisation ils ne peuvent bénéficier de l'exemption que si la part de marché cumulée ne dépasse pas 20 %.

Bien entendu, on retrouve dans ces règlements conditions d'exemptions (par exemple accès illimités de toutes les parties aux résultats des travaux conjoints pour les accords de recherche et développement), restrictions caractérisées, restrictions exclues (règlement n° 1218/2010).

1141 **Effets de l'exemption.** Un accord qui remplit les des conditions d'un règlement d'exemp-tion est présumé licite, en particulier est présumé satisfaire aux quatre conditions posées par l'article 101 § 3 TFUE. Cette présomption, si elle s'impose de façon absolue aux juridictions nationales, connaît cependant des limites. En effet, la Commission et les autorités nationales de concurrence ont, dans l'exercice de leur compétence respective, le pouvoir de retirer le bénéfice de l'exemption. Mais c'est à condition de démontrer en quoi l'accord concerné, bien que conforme au règlement d'exemption, ne satisfait pas aux conditions de l'article 101 § 3.

À cela s'ajoute que la validité de l'accord au regard de l'article 101 ne préjuge pas de sa licéité au regard des dispositions de l'article 102 qui interdit l'abus de position dominante (92).

SECTION II — L'ABUS DE POSITION DOMINANTE

1142 L'article 102 TFUE déclare « incompatible avec le marché commun et interdit, dans la mesure où le commerce entre États membres est susceptible d'en être affecté, le fait pour une ou plusieurs entreprises d'exploiter de façon abusive une position dominante sur le marché commun ou dans une partie substantielle de celuici ». Il s'applique aussi bien aux entreprises publiques (*infra*, n°s 1299 et s.) qu'aux entreprises privées.

(89) *Europe* 2011, n° 68, comm. L. Idot.
(90) *JOUE* L 335, 18 déc. 2010.
(91) Commission, Communication n° 2011/C11/01, *JOUE* L 11, 14 janv. 2011.
(92) TPI 10 juill. 1990, *Tetra-Pak*, T 51/89, *Rec.* II-309.

Avant d'analyser les deux composantes du comportement interdit il convient de s'interroger sur les liens qui unissent l'article 102 et l'article 101.

§ 1. COMPLÉMENTARITÉ DES ARTICLES 101 ET 102 TFUE

1143 Cette complémentarité a été soulignée par la Cour dans l'affaire *Continental Can* : « sur des plans différents, les articles 85 et 86 (devenus art. 81 et 82 CE puis 101 et 102 TFUE) tendent au même objet, à savoir le maintien d'une concurrence effective dans le marché commun » (93).

Il en résulte certaines similitudes entre les deux articles, évidentes à la lecture même du traité. L'un et l'autre articles ne jouent que si le comportement prohibé est susceptible d'affecter le commerce entre États membres ; cette condition est appréciée de façon identique pour l'abus de position dominante et pour les ententes (*supra*, n°s 1117 et s.). Les exemples de comportement prohibé donnés par les deux dispositions sont très proches.

Les différences sont cependant tout aussi évidentes. L'article 101 concerne la concertation entre entreprises différentes, l'article 102 un comportement unilatéral qui peut être le fait d'une ou plusieurs entreprises.

La condition d'atteinte à la concurrence diffère sensiblement d'un domaine à l'autre. En matière d'ententes, il suffit que l'accord prohibé produise des effets sensibles, ce qui est un seuil très inférieur à la domination du marché visée par l'article 102 TFUE. La pratique y a ajouté une différence, sinon dans la notion de marché concerné, du moins dans la mise en œuvre appréciée plus strictement pour les ententes que pour l'abus de position dominante (v. *infra*, § 2). Enfin, au contraire de celle qui frappe les ententes, l'interdiction de l'abus de position dominante n'est assortie d'aucune faculté d'exemption.

Ces différences de notion et de régime posent le problème de la détermination des domaines d'application des articles 101 et 102.

D'après la jurisprudence, lorsqu'une entreprise qui dispose d'une position dominante participe à un accord restreignant la concurrence, cette pratique peut être poursuivie au regard de l'un ou l'autre article (94). Il en découle que le fait pour une entreprise en position dominante de racheter une entreprise qui est partie à un accord exempté sur la base de l'article 101 § 3 peut être interdit en application de l'article 102 (95). En l'occurrence l'acquisition d'une entreprise tierce par Tetra-Pak avait pour effet d'exclure toute concurrence sur le marché concerné.

Une autre question est de savoir si une **position dominante collective** peut résulter d'une entente entre entreprises dont aucune ne détient individuellement cette position sur le marché. La Commission l'a admis (96). Le juge l'accepte au cas où les entreprises sont suffisamment liées entre elles pour qu'il en résulte une véritable unité d'action sur le marché (97) et estime qu'il n'est pas indispensable que cette situation

(93) CJCE, 21 févr. 1973, *Europemballage et Continental Can*, 6/72, *Rec.* 215.

(94) CJCE, 13 févr. 1979, *Hoffman Laroche*, 85/76, *Rec.* 461.

(95) TPI, 10 juill. 1990, *Tetra-Pak*, T 51/89, *Rec.* II-309.

(96) Commission, décision du 7 déc. 1988, *Verre plat, JOCE* L 33, 4 févr. 1990.

(97) CJCE, 17 oct. 1995, DIP, C 140 et 142/73, Rec. I-3287 ; TPI, 8 oct. 1996, *Compagnie maritime belge transports,* T 24/93, *Rec.* II-1207.

soit la conséquence d'un accord ou de liens juridiques entre les entreprises concernées (98) et en pareil cas s'applique l'article 102 et non l'article 101. L'existence d'une position dominante collective joue également, et fort logiquement, un rôle dans l'appréciation de l'entrave à la concurrence qu'une opération de concentration est susceptible de générer, les entreprises parties à la concentration et, le cas échéant, des entreprises tierces, ayant en raison des « facteurs de corrélation existant entre elles, le pouvoir d'adopter une même ligne d'action sur le marché » sans que les concurrents ou les clients ne puissent réagir de façon effective (99).

§ 2. LA POSITION DOMINANTE

A. Notion

1144 Contrairement à l'article 66 § 7 CECA, d'après lequel la position dominante est celle qui « soustrait » l'entreprise à une concurrence effective, l'article 102 TFUE ne définit pas la notion de position dominante. D'après la Cour, la position dominante « concerne une situation de puissance économique détenue par une entreprise qui lui donne le pouvoir de faire obstacle au maintien d'une concurrence effective sur le marché en cause en lui fournissant la possibilité de comportements indépendants dans une mesure appréciable vis-à-vis de ses concurrents, de ses clients et, finalement des consommateurs » (100). Il n'est donc pas nécessaire qu'une entreprise « ait éliminé toute possibilité de concurrence pour être en situation de position dominante » (même arrêt).

Cela fait que si la position dominante peut exister sans qu'il y ait monopole, une situation de monopole s'avère normalement constitutive de position dominante, qu'elle trouve son origine dans une situation de pur fait ou dans une réglementation de l'autorité publique (monopole des pompes funèbres (101)). La Cour a cependant admis qu'en dépit du monopole légal qu'ils confèrent à leur titulaire, les droits de propriété industrielle ne donnaient pas par eux-mêmes à ce titulaire une position dominante (102). Cela n'empêche pas que de tels droits puissent contribuer à l'établissement d'une position dominante (103).

B. Détermination de l'existence d'une position dominante

1145 1. Elle implique en premier lieu la détermination du marché en cause, étant entendu qu'il doit comprendre « une part substantielle du marché commun » ce qui, comme

(98) CJCE, 16 mars 2000, *Compagnie maritime belge transports*, C 395/96 P, *Rec.* I-1365.

(99) CJCE, 10 juill. 2008, *Bertelsmann et Sony Corporation of America, C* 413/06 P, *Europe* oct. 2008, 331, L. Idot.

(100) CJCE, 14 févr. 1978, *United Brands*, 27/76, *Rec.* 207 ; formule souvent reprise par la suite.

(101) CJCE, 4 mai 1988, *Bodson*, 30/87, *Rec.* 2479.

(102) Pour un brevet, CJCE, 29 févr. 1968, *Parke, Davis, and Co*, 24/67, *Rec.* 81 ; pour un droit de marque, 18 févr. 1971, *Sirena*, 40/70, *Rec.* 69.

(103) TPI, 6 oct. 1994, *Tetra-Pak*, T 83/91, *Rec.* II-755.

pour l'application de l'article 101 TFUE, ne nécessite pas qu'il concerne plusieurs États, ni même un État dans son ensemble (du moins pour les grands États (104)). Comme en matière d'ententes, le marché se définit par rapport aux produits ou services concernés et par rapport au cadre géographique.

S'agissant des produits, le marché à prendre en considération couvre l'ensemble des produits substituables parce que les utilisateurs (leur comportement constitue une donnée particulièrement importante), les producteurs et la concurrence potentielle les font apparaître comme interchangeables. Le cadre géographique est caractérisé par le fait qu'il constitue une zone de concurrence suffisamment homogène pour être distinguée des zones voisines. Si les principes sont sensiblement les mêmes qu'en matière d'ententes, leur application conduit a des résultats différents sur deux points : le marché d'une marque n'est pas pris en compte isolément, mais, au contraire, après appréciation de l'impact de la concurrence des autres marques. Et, dans la pratique, la Commission a une tendance marquée à admettre qu'un produit déterminé donne naissance à plusieurs marchés séparés soit du point de vue des utilisateurs, soit du point de vue des producteurs (105).

1146 2. La détermination de la position dominante, qui permet à l'entreprise d'être relativement indifférente à la concurrence, s'effectue sur la base d'un faisceau d'indices visant à établir que l'entreprise dispose d'un « pouvoir de marché » qui lui permet de pratiquer pendant une certaine durée des prix supérieurs au prix de marché (106).

La part du marché que l'entreprise détient dans la fabrication ou la distribution du produit constitue le premier indicateur à prendre en compte. Ainsi, si cette part atteint ou dépasse 80 %, elle démontre par elle-même l'existence d'une position dominante (107). Mais cette part peut être moins importante : la position dominante résulte alors de sa combinaison avec d'autres facteurs tels que l'écart par rapport aux concurrents, l'avance technologique (dans l'affaire *Hoffman Laroche* précitée, le jugement porte sur le marché des vitamines A et celui des vitamines C et E), la puissance financière, voire l'érection de barrières techniques à l'entrée sur le marché de concurrents potentiels (affaire *Tetra Pak*, précitée).

§ 3. L'ABUS DE DOMINATION

A. Notion

1147 L'article 102 se réfère au fait d'exploiter de façon abusive une position dominante. S'il ne définit pas cette notion, il donne un certain nombre d'exemples de pratiques abusives qui recoupent largement ceux des atteintes à la concurrence

(104) Par exemple, pour le trafic du port de Gênes, CJCE, 10 déc. 1991, *Porto di Genova*, C 170/90, *Rec.* I-5923.

(105) v. CJCE, 9 nov. 1983, *Michelin* 122/81, *Rec.* 3461 ; concernant les différents marchés de pneus pour poids lourds, ceux du pneu neuf et du pneu réchappé ; CJCE, 14 nov. 1996, *Tetra-Pak*, C 333/94, P, *Rec.* I-5951.

(106) V. les orientations sur les priorités retenues pour l'application de l'article 82 CE aux pratiques d'éviction abusive des entreprises dominantes publiées par la Commission, *JOUE* C 45, 24 févr. 2009, et le commentaire de A.-S. CHONÉ, *Europe* mars 2009, étude 3.

(107) CJCE, 13 févr. 1979, *Hoffman Laroche*, 85/76, *Rec.* 461, marché des vitamines B2 ; TPI, 12 déc. 1991, *Hiltti*, T 30/90, *Rec.* II-1439.

présentées dans l'article 101 : fixation de prix ou autres conditions inéquitables ; limitation de la production, des débouchés ou du développement technique ; discrimination entre les partenaires commerciaux ; insertion dans les contrats de prestations qui n'ont pas de lien avec l'objet de ces contrats cette liste n'étant absolument pas tenue pour limitative.

La Cour a adopté une conception objective – indépendante du mobile poursuivi – et compréhensive : « la notion d'exploitation abusive est une notion objective, qui vise les comportements d'une entreprise en position dominante qui sont de nature à influencer la structure d'un marché où, à la suite précisément de la présence de l'entreprise, le degré de concurrence est déjà affaibli et qui ont pour effet de faire obstacle, par le recours à des moyens différents de ceux qui gouvernent une compétition normale des produits ou services sur la base des prestations des opérateurs économiques, au maintien du degré de concurrence existant encore sur le marché ou au développement de la concurrence » (108).

Sur la présomption d'abus de position dominante (ou « abus automatique ») appliquée aux entreprises publiques disposant d'un monopole v. *infra*, n° 1305.

Une fois les faits établis il reste à l'entreprise deux moyens pour tenter d'échapper à la sanction. Le premier est, comme pour les ententes, de démontrer que le comportement anticoncurrentiel n'est pas de son fait mais lui a été imposé par la législation nationale. La Cour ne l'admet pas aisément et, notamment, rejette ce moyen si la législation nationale est seulement incitative (109). Le second moyen est d'échapper à la qualification d'abus en invoquant des motifs de nature à justifier le comportement incriminé, motifs d'intérêt général tels que la protection de la santé, ou motifs économiques tels que défense des intérêts de l'entreprise ou gain d'efficacité. Mais ici encore la Commission et la Cour sont exigeantes pour admettre la justification avancée.

B. Applications

1148 Pour que l'article 102 TFUE trouve application il faut en principe qu'« existe un lien entre la position dominante et le comportement prétendument abusif » (110).

En conséquence, la position dominante et l'abus doivent porter sur le même marché de produits. Mais dans l'affaire *Tetra-Pak* la Cour a admis que, lorsqu'on se trouve en présence de marchés connexes, il se peut que la position dominante exercée sur un premier marché produise un effet comparable sur un second marché bien que celui-ci ne soit pas dominé par l'entreprise. La position dominante sur le marché de l'emballage aseptique pour les produits alimentaires liquides avait permis à *Tetra-Pak* de pratiquer des prix anormaux et donc d'avoir un comportement contraire à l'article 102 sur le marché de l'emballage non aseptique qu'elle ne dominait pas malgré sa position prééminente.

La pratique offre un très large éventail de comportements abusifs. À titre d'exemples, on peut citer :

– la pratique de prix inéquitables qu'ils soient d'un niveau excessif sans rapport avec la valeur économique de la prestation (111), ou « prédateurs » – anormalement

(108) CJCE, 13 févr. 1979, *Hoffman-Laroche*, préc.
(109) CJUE, 14 oct. 2010, *Deutsche Telekom*, C 280/OP P, qui se réfère à une jurisprudence constante.
(110) CJCE, 14 nov. 1996, *Tetra-Pak*, C 333/94, P, *Rec.* I-5951.
(111) CJCE, 4 mai 1988, *Bodson*, 30/87, *Rec.* 2479.

bas – dans le but d'éliminer des concurrents (112), ou discriminatoires (113) ; dans l'affaire *Aéroports de Paris*, cet établissement public a été condamné pour avoir pratiqué des tarifs de redevances discriminatoires (114) ; dans l'affaire *Wanadoo* la Commission a sanctionné le 16 juillet 2003 Wanadoo Interactive pour avoir pratiqué des prix de détail inférieurs aux cours dans le but de restreindre l'accès des concurrents sur le marché et a imposé une amende de 10,35 millions d'euros ; dans l'affaire *Deutsche Telekom* est sanctionné l'effet de ciseau qui consiste à fournir les concurrents à des prix qui ne leur laissent pas une marge suffisante (115).

– le refus abusif d'approvisionner des concurrents (116) ou le rachat d'une technologie dans le but de les éliminer (117) ;

– la discrimination entre les acheteurs, l'octroi de prix avantageux étant subordonné à des engagements d'exclusivité ou d'objectifs assurant l'exclusivité (118) ;

– le jumelage de différents produits imposé au client (119) ;

– un système de primes de résultat accordé par British Airways aux agences de voyages (120) discriminatoire et susceptible de fausser la concurrence entre les partenaires commerciaux de cette entreprise.

Depuis février 2000, un bras de fer est engagé entre la Commission et Microsoft concernant le système d'exploitation Windows se traduisant par la confirmation par le TPI (121) du caractère illicite du comportement de la société, des pénalités atteignant 1,676 milliard d'euros et l'ouverture de nouvelles enquêtes en 2008. En mai 2009 Intel a été condamné à une amende de plus d'un milliard d'euros pour sa stratégie visant à évincer ses concurrents du marché des processeurs 86.

SECTION III **LES CONCENTRATIONS**

1149 Il y a concentration soit lorsque deux ou plusieurs entreprises fusionnent, soit lorsqu'une ou plusieurs entreprises acquièrent le contrôle d'une autre entreprise ou créent une entreprise commune réalisant, ce faisant, un changement structurel durable.

(112) CJCE, 3 juill. 1991, *Akzo*, C 62/86, *Rec.* I-3359 ; TPI, 30 janv. 2007, *France Télécom*, T 140/03, *Europe* mars 2007, nº 99, L. Idot.

(113) CJCE, 14 févr. 1978, *UBC*, 27/76, *Rec.* 207 ; 13 févr. 1979, *Hoffman-Laroche*, préc.

(114) TPI, 12 déc. 2000, *Aéroports de Paris*, T 128/98, *Rec.* II-3929.

(115) TPI, 10 avr. 2008, *Deutsche Telekom*, T 271/03, *Europe* 2008, nº 201, comm. L. Idot ; CJUE, 14 oct. 2010, *Deutsche Telekom*, C 280/08, P, *Europe* 2010, nº 424, L. Idot.

(116) TPI, 12 déc. 1991, *Hilti*, T 30/99, *Rec.* II-1439.

(117) TPI, 10 juill. 1992, *Tetra-Pak*, T 51/89, *Rec.* II-309.

(118) CJCE, 13 févr. 1979, *Hoffman-Laroche,* 85/76, Rec. 461, 9 nov. 1983, *Michelin*, 322/81, Rec. 3461.

(119) CJCE, 3 oct. 1985, *CBEM*, 311/84, *Rec.* 3261, affaire *Télémarketing*.

(120) TPI, 17 déc. 2003, *British Airways*, T 219/99, confirmé par CJCE, 15 mars 2007, *British Airways c. Commission*, C 95/04 P, *Rec.* I-2331, *Europe* mai 2007, nº 142, L. Idot.

(121) TPI, 17 sept. 2007, *Microsoft Corp.*, T 201/04 (décision qui comprend 292 pages), *RMCUE* janv. 2008, p. 63, G. Dezobry : Microsoft n'a pas intenté de pourvoi contre cet arrêt.

§ 1. ÉVOLUTION DU DROIT COMMUNAUTAIRE

1150 Contrairement au traité CECA (art. 66), le traité CE ne contient aucune disposition relative aux concentrations. Cette lacune devait poser problème face à l'évolution de la stratégie des entreprises. L'établissement du marché commun et la mondialisation de l'économie ont suscité un mouvement de concentration des entreprises européennes soucieuses à la fois de bénéficier de l'élargissement du marché et de résister à la pression des grands groupes américains ou japonais. Les autorités communautaires, au premier chef la Commission, se montrèrent favorables à cet effort d'adaptation des entreprises communautaires, à condition cependant qu'il ne mît pas en péril la concurrence au sein du marché commun. Or, en l'absence de texte spécifique, les dispositions du traité – dont l'application suscita de vives controverses – n'ont pas permis de fonder un contrôle satisfaisant des concentrations.

Dans un mémorandum du 1er décembre 1965, la Commission émit l'avis que l'article 85 (81 nouveau), devenu art. 101 TFUE, était inapplicable aux concentrations car sa finalité était de régir des accords entre entreprises qui demeurent indépendantes. Mais dans un arrêt, par ailleurs non dénué d'ambiguïté, la Cour admit que cet article pouvait s'appliquer à des ententes entraînant une modification structurelle d'une entreprise, telle qu'une prise de participation dans le capital (122). Dans le mémorandum, la Commission estimait, en outre, qu'une concentration dans laquelle était impliquée une entreprise en position dominante pouvait tomber sous le coup de l'article 86 (art. 82 nouveau devenu art. 102 TFUE). La Cour de justice confirma la validité de cette position dans son arrêt du 21 février 1973, *Europemballage et Continental Can*, 6/72 (123).

Le traité, tel qu'il était interprété par la Cour, autorisait donc la Commission à exercer un contrôle sur les concentrations. La Commission fit usage de ce pouvoir, non sans dénoncer les insuffisances du système. L'inconvénient majeur résidait en ce que le contrôle ne pouvait s'exercer qu'*a posteriori* : cela entraînait une certaine insécurité juridique pour les entreprises qui s'engageaient dans un processus de concentration et rendait parfois difficile pour la Commission de remettre en cause des situations établies. Aussi la Commission proposa-t-elle l'adoption d'un règlement du Conseil qui, fondé sur l'article 87 CE, (83 nouveau), devenu art. 103 TFUE, l'habiliterait à exercer un contrôle préventif.

1151 **Du règlement n° 4064/89 au règlement n° 139/2004.** Le règlement n° 4064/89 a été adopté après des années de négociations, plus d'un État hésitant à conférer des pouvoirs de cette nature à l'institution communautaire : règlement n° 4064/89 du 21 décembre 1989, relatif au contrôle des opérations de concentration entre entreprises. Ainsi qu'il le prévoit lui-même, ce règlement a fait l'objet d'une révision par le règlement n° 1310/97 du 30 juin 1997 (124).

Le règlement n° 4064/89 impose aux entreprises de notifier à la Commission les opérations de concentration de dimension communautaire afin de contrôler si ces opérations n'ont pas comme conséquence d'entraver de manière significative la concurrence dans le marché commun ou une partie substantielle de celui-ci, auquel cas elles sont

(122) CJCE, 17 nov. 1987, *British American Tobacco et Reynolds*, 142 et 150/84, *Rec.* 4487 ; affaire *Philip Morris*.

(123) *Rec.* 215.

(124) *JOCE* L 80, 9 juill. 1997 ; rectification *JOCE* L 40, 13 févr. 1998.

incompatibles avec le marché commun sans qu'existe une possibilité d'exemption, sur ce point le régime étant logiquement celui de l'abus de position dominante et non celui des ententes. Cependant, les entreprises concernées ont la possibilité de discuter avec la Commission des mesures correctives qu'elles s'engagent à adopter et qui seraient de nature à rétablir les conditions d'une concurrence effective, partant à amener la Commission à juger que la concentration est compatible avec le marché commun.

Sur la base de cette réglementation la Commission a été amenée à prendre des décisions de plus en plus nombreuses dont certaines ont eu un grand retentissement car elles concernaient des « méga fusions » !

Le règlement n° 139/2004 du 20 janvier 2004 relatif au contrôle des concentrations entre entreprises, précité, constitue une refonte du règlement de 1989. Il n'en modifie pas les principes de base mais introduit cependant un certain nombre de dispositions nouvelles d'importance non négligeable.

La Commission précise les modalités d'application des règlements du Conseil dans des communications et lignes directrices ainsi que dans le règlement n° 802/2004 du 7 avril 2004 concernant la mise en œuvre du règlement n° 139/2004 (125), textes périodiquement modifiés.

§ 2. LES CONCENTRATIONS DE DIMENSION COMMUNAUTAIRE

1152 Le règlement n° 139/2004 s'applique exclusivement aux concentrations de dimension communautaire.

A. Notion de concentration

1153 Selon l'article 3 du règlement n° 139/2004, la concentration se définit par un « changement durable du contrôle (qui) résulte

a) de la fusion de deux ou plusieurs entreprises ou parties de telles entreprises, ou

b) de l'acquisition, par une ou plusieurs personnes détenant déjà le contrôle d'une entreprise au moins ou par une ou plusieurs entreprises, du contrôle direct ou indirect de l'ensemble ou de parties d'une ou de plusieurs autres entreprises, que ce soit par prise de participation au capital ou achat d'éléments d'actifs, contrat ou tout autre moyen ».

Cela ne modifie pas sensiblement la définition donnée par le règlement n° 4064/89.

1154 Dans la communication 98/C 66/02 du 2 mars 1998 concernant la notion de concentration au sens du règlement n° 4064/89 (126), la Commission déclare que pour qualifier une opération de concentration elle se réfère à des critères plus qualificatifs que quantitatifs et met l'accent sur l'existence d'un contrôle qui peut résulter d'éléments de fait ou de droit entraînant pour une entreprise la possibilité d'exercer une influence déter-

(125) *JOCE* L 133, 30 avr. 2004.

(126) On trouvera dans la communication la présentation des diverses formes de concentration. V. également S. POILLOT-PERUZETTO, « Concentrations », *Rép. Dalloz droit communautaire*, n°s 62 et s.

minante sur l'activité d'une autre entreprise. Elle ne s'écarte pas de cette conception dans la communication consolidée sur la compétence de la Commission du 10 juillet 2007 qui remplace la précédente. Il y a contrôle en commun lorsque cette influence est exercée par deux ou plusieurs entreprises dont chacune ne peut agir séparément.

1. La *fusion* se réalise en droit par création d'une nouvelle entreprise qui entraîne la dissolution des entreprises antérieures ou par absorption d'une entreprise par une autre. La fusion de fait résulte de ce que les entreprises qui y procèdent, bien que conservant leur personnalité juridique propre, établissent une gestion économique commune caractérisée par l'existence d'une gestion économique unique et permanente. Elle est renforcée le cas échéant par des participations croisées.

2. Le *contrôle* (127) d'une autre entreprise – soit par une entreprise, soit par deux ou plusieurs entreprises – consiste en la possibilité d'exercer sur l'activité de cette entreprise une influence déterminante. Selon l'article 3 du règlement n° 4064/89, le contrôle peut découler notamment des droits de propriété ou de jouissance sur tout ou une partie des biens de l'entreprise, ou de droits ou contrats qui confèrent une influence déterminante sur la composition, la délibération ou les décisions des organes de l'entreprise. On retrouve des critères proches de ceux qui sont utilisés par les directives marchés pour la détermination des entreprises publiques.

La prise de participation majoritaire assure ordinairement le contrôle de l'entreprise concernée. Mais de nombreux exemples attestent qu'une prise de participation minoritaire peut suffire à atteindre le même résultat. Il en est ainsi dans certaines situations particulières, principalement lorsque le reste du capital se trouve disséminé entre un grand nombre d'actionnaires (128). Le plus souvent la prise de contrôle est assurée par la combinaison d'une participation minoritaire avec l'acquisition d'une influence décisive sur les décisions stratégiques de l'entreprise, par exemple actions préférentielles conférant la majorité des droits de vote ou un droit de veto sur ces décisions (129).

Une hypothèse particulière concerne la prise de contrôle en commun d'une société préexistante par deux (ou plusieurs) entreprises. Elle implique que les entreprises s'entendent sur la politique commerciale de l'entreprise qu'elles contrôlent, soit en se répartissant à parité les droits de vote, soit sur la base de l'octroi au minoritaire d'un droit de veto sur les décisions stratégiques, par exemple celles qui concernent le plan d'entreprise ou les investissements.

3. Le contrôle en commun se réalise dans près de 50 % des cas par la création d'une *entreprise commune*, conçue pour fonctionner durablement, que la pratique qualifie usuellement de filiale. Avant même l'intervention du règlement n° 4064/89 les entreprises communes posaient problème dans la mesure où l'on peut les diviser en deux catégories selon qu'elles impliquent une simple coopération entre les sociétés fondatrices (entreprises communes « coopératives ») ou, au contraire, un changement structurel du marché (entreprises communes « concentratives »).

(127) On trouve dans la communication consolidée sur la compétence de la Commission une analyse de la notion de contrôle et des modalités de réalisation du contrôle, n°s 7 et s.

(128) Commission, déc. *Société Générale de Belgique/Générale de Banque*, du 3 août 1993, concernant une simple augmentation de participation de 20,94 % à 25,96 %.

(129) Commission, déc. *Lyonnaise des eaux Dumez/Brochier* du 11 juill. 1991, 25,1 % du capital avec droit de veto au conseil d'administration sur les décisions importantes.

À l'origine, le règlement n° 4064/89 excluait expressément de son champ d'application les entreprises qui « ont pour objet ou pour effet la coordination du comportement concurrentiel d'entreprises qui restent indépendantes », c'est-à-dire les entreprises coopératives. Ces entreprises relèvent de l'application de l'article 81 CE. Deux communications de la Commission n'ont permis ni de surmonter pleinement les difficultés auxquelles se heurte la mise en œuvre de la distinction entre les deux catégories, ni même d'apaiser les contestations relatives aux critères de distinction proposés. Dans la version révisée en 1997, le règlement n° 4064/89 supprime toute référence à cette première catégorie d'entreprises communes. Il se borne à déclarer que constitue une opération de concentration – entraînant donc son application – « la création d'une entreprise commune accomplissant de manière durable toutes les fonctions d'une unité économique autonome ». Le règlement n° 139/2004 reprend cette disposition (art. 3 § 4). Dans sa communication 98/C 66/01 du 2 novembre 1998 relative à la notion d'entreprises communes de plein exercice, la Commission indique qu'une entreprise de ce type appelée entreprise commune « de plein exercice » se caractérise par le fait qu'elle « opère sur un marché en y accomplissant les fonctions qui sont normalement exercées par les autres entreprises présentes sur ce marché » et ne se borne pas à ne « reprendre qu'une seule fonction spécifique parmi les activités économiques de ses fondatrices sans avoir accès au marché », ce qui est par exemple le cas des entreprises communes dont le rôle se limite à la recherche-développement ou à la production. Il n'en demeure pas moins que, la création d'une entreprise commune qui constitue une concentration peut avoir pour objet ou pour effet une coordination du comportement concurrentiel des entreprises qui restent indépendantes, ce qui entraîne l'application de l'article 81 du traité.

4. Les *restrictions accessoires* à la réalisation de la concentration, telles qu'un engagement de non-concurrence entre les parties ou le transfert d'une licence d'utilisation de brevets, sont examinées par la Commission en même temps que l'opération de concentration elle-même (règlement n° 139/2004, art. 6 § 1). Leur validité est subordonnée à un certain nombre de conditions, notamment qu'elles aient un lien direct avec la concentration et soient nécessaires à sa bonne réalisation, ainsi que le prévoit le règlement. La communication de la Commission relative aux restrictions directement liées et nécessaires à la réalisation des opérations de concentration du 5 mars 2005 (130) précise le régime applicable à ces clauses. Ainsi, l'obligation de non-concurrence imposée au vendeur dans le cadre de la cession d'une entreprise ne saurait-elle excéder un délai de trois ans ; elle doit se limiter aux produits ou services qui constituaient l'activité économique de l'entreprise cédée et à la zone dans laquelle ces produits ou services étaient offerts.

5. L'article 3 § 5 exclut certaines opérations du champ d'application du règlement. Il en va ainsi de la prise de contrôle réalisée par une personne mandatée par l'autorité publique au cas de procédure de liquidation, faillite, concordat ou autre procédure analogue. Également d'opérations menées par des établissements financiers, établissements de crédit et sociétés d'assurance qui acquièrent des titres en vue de les revendre ainsi que des opérations réalisées par des sociétés de participation financière qui ont pour objet de sauvegarder la pleine valeur d'investissement et non de contrôler le comportement concurrentiel des entreprises concernées.

(130) *JOUE* C 56, 5 mars 2005.

B. La dimension communautaire

1155 Seules les opérations de dimension communautaire tombent dans le champ d'application du règlement n° 4069/89. Ce dernier définit des seuils d'application dont il prévoit la révision (art. 1er § 5). La révision intervenue en 1997 a confirmé la réticence de nombreux États à l'égard de l'abaissement des seuils proposé par la Commission qui aurait entraîné l'extension de la compétence de celle-ci. Ces seuils ont été maintenus par le règlement n° 139/2004.

En principe, la dimension communautaire implique le franchissement d'un double seuil :

1. le chiffre d'affaires total réalisé au niveau mondial par l'ensemble des entreprises concernées doit être supérieur à 5 milliards d'euros ;

2. et le chiffre d'affaires total réalisé individuellement dans la Communauté par au moins deux des entreprises concernées supérieur à 250 millions d'euros.

Encore le règlement n'est-il pas applicable si chacune des entreprises concernées réalise dans un seul État membre plus des 2/3 de son chiffre d'affaires total communautaire.

Mais, lorsque l'opération concerne la concentration d'entreprises qui interviennent sur le marché d'au moins *trois* États membres, ces seuils sont abaissés pour éviter les plurinotifications aux autorités nationales. Les seuils passent de 5 à 2,5 milliards d'euros pour le chiffre d'affaires mondial et de 250 à 100 millions d'euros pour le chiffre d'affaires réalisé individuellement dans la Communauté par au moins deux entreprises. La contrepartie est l'ajout d'un double seuil concernant au moins trois États membres : le chiffre d'affaires total des entreprises concernées doit être dans ces trois États supérieur à 100 millions d'euros et le chiffre d'affaires total réalisé individuellement par au moins deux des entreprises concernées être supérieur à 25 millions d'euros dans chacun de ces trois États. Il convient en outre de faire jouer ici encore la règle des 2/3 : le règlement concentrations n'est pas applicable si chacune des entreprises concernées réalise plus des 2/3 de son chiffre d'affaires à l'intérieur d'un seul et même État.

L'article 5 du règlement détermine les modalités d'application de ces seuils aux entreprises qui appartiennent à un groupe, ainsi qu'au cas de concentration n'intéressant qu'une partie de l'activité d'une entreprise (seul le chiffre d'affaires se rapportant à cette partie d'activité doit être pris en considération).

Dans la communication consolidée sur la compétence de la Commission (131) cette dernière a exposé les méthodes de calcul du chiffre d'affaires.

1156 **Guichet unique et renvois.** Le contrôle des concentrations s'effectue selon la règle du « guichet unique ». Une seule autorité est compétente, communautaire si le seuil de la dimension communautaire est atteint, nationale dans le cas contraire.

Ce système connaît cependant dans sa mise en œuvre un assouplissement important grâce aux renvois. Le règlement n° 4064/89 prévoyait déjà un renvoi de la part de la Commission à un État et le règlement n° 139/2004 élargit ce dispositif. Il existe quatre

(131) *JOUE* C 95, 16 avr. 2008 et texte rectifié *JOUE* C 43, 21 févr. 2009. Sur ces méthodes, v. S. Peruzzetto-Poillot, « Concentrations », *Rép. Dalloz droit communautaire.*

mécanismes de renvois, dont la communication de la Commission sur le renvoi des affaires en matière de concentration du 5 mars 2005 (132) détaille le fonctionnement : deux préalables à la notification à la Commission (renvoi en prénotification), deux postérieurs. Chaque renvoi peut être total ou porter seulement sur une partie de l'affaire.

1157 **Renvois préalables à la notification.** Ils sont susceptibles d'intervenir à la demande des parties à la concentration et constituent une innovation du règlement n° 139/2004.

1. *Renvoi de la Commission à un (ou plusieurs) État membre* (règlement n° 139/204 art. 4 § 4). Avant la notification d'une concentration, les entreprises concernées informent la Commission que la concentration projetée, de dimension communautaire, risque d'affecter de manière significative la concurrence sur un marché à l'intérieur d'un État membre qui présente les caractéristiques d'un marché distinct. Sauf opposition de cet État, la Commission peut décider de lui renvoyer tout ou partie de l'affaire si elle estime que ces conditions sont réunies.

2. *Renvoi des États membres à la Commission* (règlement n° 139/204 art. 4 § 5). Les parties à la concentration, qui n'est pas de dimension communautaire mais qui est susceptible d'être examinée par au moins trois États membres, demandent, avant toute notification à la Commission, que l'affaire soit examinée par elle. Si aucun des États concernés n'exprime son désaccord, la concentration est réputée de dimension communautaire et sera examinée par la Commission. Cela permet d'éviter qu'une concentration fasse l'objet de trois procédures (ou plus).

1158 **Renvois postérieurs à la notification.** Comme les précédents, ils jouent dans les deux sens.

1. *Renvoi de la Commission à un (ou plusieurs) État membre* (règlement n° 139/204 art. 9 § 2). Il est effectué à la demande d'un État membre, de sa propre initiative ou sur invitation de la Commission, lorsqu'une concentration de dimension communautaire, soit menace d'affecter de manière significative la concurrence sur un marché à l'intérieur d'un État membre qui présente les caractéristiques d'un marché distinct, soit affecte la concurrence sur un marché de cet ordre qui ne constitue pas une partie substantielle du marché commun.

2. *Renvoi d'un (ou plusieurs) État membre à la Commission* (règlement n° 139/2004 art. 22). Un État membre peut, de sa propre initiative ou sur invitation de la Commission, demander à la Commission d'examiner une concentration qui n'est pas de dimension communautaire mais qui affecte le commerce entre les États membres et menace d'affecter de façon significative la concurrence sur son territoire.

§ 3. APPRÉCIATION DE LA COMPATIBILITÉ DE LA CONCENTRATION AVEC LE MARCHÉ COMMUN

1159 Selon l'article 2 § 2 du règlement n° 4064/89, « les opérations de concentration qui créent ou renforcent une position dominante ayant comme

(132) *JOUE* C 56, 5 mars 2005.

conséquence qu'une concurrence effective serait entravée de manière significative dans le marché commun ou une partie substantielle de celui-ci, doivent être déclarées incompatibles avec le marché commun ». Cette formulation mettait l'accent sur le critère de la position dominante. Le règlement n° 139/2004 institue au contraire comme critère premier l'atteinte portée à la concurrence puisqu'il déclare incompatibles avec le marché commun « les concentrations qui entraveraient de manière significative une concurrence effective dans le marché commun ou une partie substantielle de celui-ci, notamment du fait de la création ou du renforcement d'une position dominante » (art. 2 § 3) : c'est l'application du critère SIEC (*Significant Impediment of Effective Competition*) qui se rapproche du critère américain SLC (*Substantial Lessening of Competition* ou diminution essentielle de la concurrence), critère économique. Ces formulations laissent l'une et l'autre à la Commission un large pouvoir d'appréciation, dans l'exercice duquel elle prend en considération outre la nécessité de préserver la concurrence la position que les entreprises concernées occupent sur le marché. Une fois déterminé le marché retenu selon des critères identiques à ceux qui sont retenus pour l'application de l'article 102 TFUE (133), la Commission attache depuis longtemps une grande importance à la détermination des parts de marchés que détiendraient les parties à la concentration et à l'évaluation du degré de concentration global qui en résulterait pour ce marché, donc à la domination du marché, ainsi qu'elle l'indique dans les lignes directrices sur l'appréciation des concentrations horizontales (134). Selon une jurisprudence établie, une part de marché égale ou supérieure à 50 % laisse présumer une incompatibilité (135), une part inférieure à 25 % une compatibilité.

1160 L'application du règlement concentrations a cependant engendré l'apparition de deux théories, mises en avant par la Commission puis consacrées par la Cour (136). La première concerne la possibilité d'appliquer le règlement à une position dominante collective (sur cette notion v. *supra*, n° 1143) c'est-à-dire à une opération de concentration qui crée ou renforce une position dominante des parties concernées avec une entité tierce (en l'espèce la concentration sur le marché de la potasse entre deux sociétés allemandes aboutissait à une situation de duopole en raison des liens entre ce groupe et un groupe français). La Cour admet à présent que la notion de position dominante collective est « incluse » dans celle de position dominante consacrée par le règlement concentration (137). La seconde est le recours à la théorie dite « *failing company defence* » (société défaillante) qui s'inspire du droit antitrust américain. D'après la Commission et la Cour, une opération de concentration ne peut être tenue pour la cause de la création ou du renforcement d'une position dominante affectant la concurrence lorsqu'une société acquiert une entreprise condamnée à disparaître rapidement du marché si elle n'était pas reprise et que, dans ce cas, l'entreprise acquéreuse reprendrait les parts de marché abandonné et si, enfin, il n'y a pas d'alternative moins dommageable pour la concurrence.

(133) V. CJCE, 31 mars 1998, *France c. Commission,* C 68/94 et C 30/95, *Rec.* I-1375.

(134) *JOUE* C 31, 5 févr. 2004. Pour les concentrations non horizontales, v. les lignes directrices sur l'évaluation des concentrations non horizontales au regard du dir. n° 139/2004 sur le contrôle des concentrations entre entreprises.

(135) TPI, 28 avr. 1999, *Endemol*, T 221/95, *Rec.* II-1299.

(136) CJCE, *France c. Commission*, C 68/94 et C 30/95, préc.

(137) Par ex., *CJCE,* 10 juill. 2008, *Bertelsmann*, C 413/06 P.

1161 **La pratique de la Commission.** La pratique, elle, a montré que la Commission se fonde essentiellement sur des considérations tirées du maintien de la concurrence. Elle estime que la concurrence est en soi favorable aux consommateurs. Et elle prend spécifiquement en compte l'intérêt de ces derniers pour apprécier si les gains d'efficacité qui sont la conséquence directe de l'opération de concentration contrebalancent les effets sur la concurrence (138).

Même si certaines décisions d'incompatibilité ont fait grand bruit, à commencer par celle qui a été rendue dans l'affaire *Aérospatiale-Alenia/de Havilland*, force est d'observer que dans l'immense majorité des cas la Commission s'est prononcée en faveur de la compatibilité de l'opération de concentration. Mais ce résultat tient pour beaucoup à ce que la « Merger task force » de la Commission négocie avec les entreprises concernées les engagements (v. *infra*, n°s 1208 s.) auxquelles ces dernières doivent consentir pour que subsiste une concurrence effective. Il s'agit très souvent de la cession d'une partie des activités à une entreprise tierce. Ainsi le 11 août 2000 l'autorisation donnée à France Télécom d'acquérir le contrôle de l'opérateur britannique de téléphonie mobile Orange a-t-elle été subordonnée à la cession des participations détenues dans un opérateur belge de téléphonie mobile afin d'empêcher une position dominante sur ce marché. De même, le rachat d'Elf Aquitaine par Total-Fina a-t-il pour condition la cession de 70 stations services installées sur le réseau autoroutier. Pour acquérir Mc Donnel Douglas, Bœing a dû s'engager à renoncer aux accords de fournitures exclusifs (décisions du 30 juillet 1997) : c'est un autre type de mesure correctrice.

L'année 2002 a été marquée par trois annulations retentissantes prononcées par le TPI à l'encontre de décisions d'interdiction dans les affaires *Airtours* (139), *Schneider-Legrand* (140) et *Tetra Laval Sidel* (141). Dans chacune de ces affaires le TPI a contesté l'analyse économique effectuée par la Commission portant sur les effets de la concentration. Cette « admonestation très forte », selon la formule du Commissaire européen Marco Monti, a amené la Commission à améliorer son processus de décision. Cette évolution était d'autant plus nécessaire que la Cour rejettera dans l'arrêt du 15 février 2005, *Commission c. Tetra Loral* (142) le pourvoi intenté par la Commission. Le juge communautaire exerce à présent un contrôle très poussé sur les éléments de preuve apportés par la Commission, exigeant que, par leur exactitude, leur fiabilité, leur cohérence, leur appréhension de l'ensemble des données, ils justifient la décision arrêtée. La tâche de la Commission s'avère tout sauf aisée.

(138) Règlement n° 139/2004 considérant n° 29 et Lignes directrices sur l'appréciation des concentrations horizontales.

(139) TPI, 6 juin 2002, T 342/29, *Rec.* II-2585.

(140) TPI, 22 oct. 2002, T 310/01, *Rec.* II-4075.

(141) TPI, 25 oct. 2002, T 80/02, *Rec.* II-4521.

(142) C 12/03 P, *Rec.* 987.

BIBLIOGRAPHIE

I. Ouvrages

Se reporter aux ouvrages indiqués dans la bibliographie du Chapitre 1, *supra*.

Voir également :

D. Berlin, « Le contrôle des concentrations », *Commentaire Mégret*. Bruxelles, Institut d'études européennes, 2009 ■ C. J. Cook, C. S. Kerse, *E. C. Merger Control*, Sweet and Maywell, 4e éd. 2005.

II. Articles, études et documents

J.-B. Blaise, « Contrôle des opérations de concentration », *RTDE* 1990, p. 744 ; « Ententes », *Rép. Dalloz droit communautaire* ■ F. Brunet et I. Girgenson, « La double réforme du contrôle communautaire des concentrations », *RTDE* 2004, p. 1 ■ Commission européenne, « Rapports sur la politique de concurrence (annuel depuis 1972) » ■ C.-D. Ehlermann, « La normalisation de la politique antitrust de la CE : une révolution juridique et culturelle », *RDUE* 2001-1, p. 13 ■ D. Ferrier, « Accords de distribution » ; « Restrictions verticales de concurrence », *Rép. Dalloz droit communautaire* ■ B.-A. Geneste, « Ententes anticoncurrentielles – champ d'application », *Juris-Classeur Europe*, fasc. 1400 ■ C.-E. Gudin, « La pratique décisionnelle de la « Task Force » concentration », *RAE* 1992, no 1, p. 33 ■ M.-A. Hermitte, « Position dominante », *Juris-Classeur Europe,* fasc. 1420, 1421 et 1423 ■ L. Idot, « Le contrôle communautaire des concentrations version 1998 », *Europe* juillet 1997, chr., p. 5 ; « À propos des engagements en droit de la concurrence : quelques réflexions sur la pratique communautaire et française », *CDE* 1999, p. 570 ; « Le nouveau règlement sur les concentrations », *Europe* mars 2004 ■ G. Karydis, « Le contrôle des concentrations entre entreprises en vertu du règlement no 4064/89 et la protection des intérêts légitimes des tiers », *CDE* 1997, p. 81 ■ R. Kovar, « Brevets, savoir-faire, position dominante et concentrations » *Juris-Classeur Europe*, fasc. 1740 ■ A. Pappalardo, « Les nouvelles règles de concurrence applicables aux accords “verticaux” », *RDUE*, 2000-1, p. 151 ; « Le nouveau règlement sur le contrôle des concentrations », *RDUE* 2004, p. 155 ■ S. Peruzzetto-Paillot, « Concentrations », *Rép. Dalloz droit communautaire* ■ C. Prieto, « Pratiques anticoncurrentielles – champ d'application », *Juris-Classeur Europe*, fasc. 1400 ; « Ententes : concours de volontés », fasc. 1411 ; « Ententes : restriction de concurrence », fasc. 1414 ; « Ententes : méthodologie générale de l'exemption », fasc. 1415 ; « Ententes : règlement d'exemption relatif aux ententes verticales », fasc. 1416 ; « Ententes : article 101 TFUE et les restrictions verticales dans le secteur automobile », fasc. 1417 ; « Abus de position dominante », fasc. 1421 et 1423 ■ A. L. Sibony et E. Barbier de la Serre, « Charge de la preuve et théorie du contrôle en droit communautaire de la concurrence : pour un changement de perspective », *RTDE* 2007, p. 205 ■ A. Vallery et F. Louis, « Chronique de droit de la concurrence », *CDE* (depuis 1999) ; M. van der Woude et T. Duquesne, « Abus de positions dominantes », *Rép. Dalloz droit communautaire* ; K. van Miert, « L'évolution du contrôle communautaire des concentrations », *CDE* 1999, p. 513 ■ M. Waelbroeck, « Règles de concurrence et concentrations », *Recueil des Cours de l'Académie de droit européen*, 1991, 1, volume 2, p. 167.

Adde : Journée d'études organisée le 26 mai 2000 « Le livre blanc de la Commission sur la modernisation des règles de concurrence », *CDE* 2001, p. 133.

III. Chroniques, revues

Se reporter à la bibliographie du Chapitre 1.

Nos 1162 à 1174 réservés.

CHAPITRE 3
RÈGLES DE PROCÉDURE

1175 **Procédures nationales et procédures communautaires.** La violation des normes communautaires de concurrence est susceptible d'être sanctionnée soit par les autorités nationales, soit par la Commission sous le contrôle du TPI et de la Cour de justice. La réforme introduite par le règlement n° 1/2003 a considérablement élargi le champ d'intervention des autorités nationales (sur ces points, v. *supra*, n° 1080 et s.), donc le parallélisme des compétences s'agissant des ententes.

En principe, les autorités nationales de concurrence (ANC) et les juridictions nationales, lorsqu'elles interviennent, appliquent les règles de procédure posées par le droit national (principe de l'autonomie institutionnelle et procédurale) (1), sous réserve d'observer les obligations que leur impose la coopération entre elles et avec la Commission. Ce n'est pas contradictoire avec le fait que se développe une tendance à l'harmonisation des procédures suivies par les ANC, les règles en vigueur devant la Commission servant souvent de modèle. Quant aux juridictions nationales, on rappelle qu'elles ont pouvoir, sur la demande des victimes de la violation des articles 101 et 102 TFUE, de prononcer la nullité des ententes et d'indemniser le préjudice causé par cette violation.

Les développements qui suivent sont consacrés exclusivement aux règles de procédure en vigueur devant la Commission. L'examen des pouvoirs reconnus à la Commission conduit surtout à examiner si un équilibre satisfaisant a été réalisé entre les nécessités d'un contrôle difficile et la protection des droits des entreprises. Cette exigence est satisfaite pour partie par les règlements qui déterminent les pouvoirs de la Commission et la procédure à suivre, pour partie par l'exercice du contrôle juridictionnel qui a notamment permis au juge communautaire de faire une utilisation remarquée de la théorie des principes généraux du droit pour renforcer la protection des droits des entreprises.

Bien qu'elles obéissent à un corps commun de principes les procédures prévues par les règlements diffèrent selon que la Commission intervient pour contrôler les ententes et abus de position dominante ou les concentrations. La nouvelle réglementation a apporté un certain nombre d'améliorations qui visent à la fois à renforcer l'efficacité de l'action de la Commission et à conforter les garanties offertes aux entreprises. Les règles nouvelles seront indiquées au fur et à mesure de l'examen des questions.

(1) CJUE, 14 juin 2011 *Pfleiderer AG*, C 360/09. *Europe* 2011 n° 308, L. Idot.

SECTION I PROCÉDURE DE CONTRÔLE DES ENTENTES ET ABUS DE POSITION DOMINANTE

1176 Cette procédure jadis régie par le règlement n° 17/62 du Conseil du 6 février 1962 et par les règlements d'application arrêtés par la Commission, l'est désormais par le règlement n° 1/2003 et par le règlement n° 773/2004 de la Commission, du 7 avril 2004 (2). Les communications de la Commission donnent des indications sur la manière dont l'institution entend appliquer ces règles.

§ 1. SAISINE DE LA COMMISSION

1177 Dans le système originaire la saisine de la Commission s'effectuait soit par la demande des entreprises intéressées, soit sur demande d'un tiers (plainte), soit d'office (autosaisine). S'y ajoutait la pratique de la « notification informelle » par les parties. Sur la période 1988-1998 les notifications par les entreprises ont représenté 58 % des affaires enregistrées, les plaintes 29 % et les procédures d'office 13 %.

L'entrée en application du règlement n° 1/2003 a entraîné la disparition de la notification et le remplacement de la notification informelle par la demande de lettre d'orientation.

A. La procédure supprimée : la notification

1178 Deux procédures étaient ouvertes aux entreprises intéressées par le règlement n° 17/62 : la demande d'attestation négative et la notification d'un accord. Ces deux procédures diffèrent par leur champ d'application comme par la nature de la décision de la Commission auxquels elles peuvent aboutir. Elles ont joué un grand rôle pendant plus de quarante années.

1. La demande d'attestation négative

1179 En application de l'article 2 du règlement n° 17/62, les entreprises pouvaient demander à la Commission de constater que leur comportement ne constitue pas une infraction aux dispositions de l'article 81 § 1 ou 82 du traité CE et qu'en conséquence il n'y a « pas lieu pour elle d'intervenir ».

Dans la pratique, cette demande était fréquemment qualifiée de notification lorsqu'elle portait sur une entente parce qu'elle se combinait souvent avec une notification pour demander une exemption et qu'elle devait être présentée sur le formulaire A/B qui est commun aux deux types de demandes.

(2) *JOUE* L 123, 27 avr. 2004. Ce règlement a été modifié par le règlement de la Commission n° 622/2008, du 30 juin 2008, *JOUE* L 171, 1er juill. 2008.

La demande d'attestation négative est toujours facultative. Elle doit émaner des entreprises intéressées ou de l'une d'entre elles qui est alors tenue de prévenir les autres parties à l'accord ou à la position dominante (au cas de position dominante collective).

La Commission n'est tenue d'engager une procédure que si elle entend refuser l'attestation négative. Au cas contraire, elle peut délivrer cette attestation sans engager de procédure.

2. La notification des ententes

1180 Une entente qui tombe sous le coup de l'article 101 § 1 TFUE, ex art. 81 § 1 CE, peut être exemptée de l'interdiction que formule cette disposition si elle remplit certaines conditions.

Sous l'empire du règlement n° 17/62 l'octroi de l'exemption était subordonné à la notification préalable de l'entente à la Commission sauf pour les catégories d'ententes visées par l'article 4 § 2 du règlement n° 17/62 et surtout pour celles qui, entrant dans le champ d'application des règlements d'exemption par catégories, bénéficient d'une exemption automatique, (avec dans ce dernier cas une exception si le règlement a institué la procédure d'« opposition »). Au cas de doute les entreprises avaient intérêt à notifier l'entente ne serait-ce que parce qu'elles échappaient ainsi à une éventuelle amende concernant leur comportement postérieur à la notification.

B. La plainte d'un tiers

1181 La Commission peut être saisie par une demande présentée par un tiers se plaignant d'une infraction aux dispositions des articles 101 et 102 TFUE. Les personnes habilitées à déposer plainte sont les États membres et « les personnes physiques ou morales qui font valoir un intérêt légitime » (règlement n° 1/2003, art. 7 § 1), ce qui, selon la pratique de la Commission, englobe non seulement les tiers victimes du comportement incriminé, par exemple des entreprises concurrentes, mais également les parties à l'accord anticoncurrentiel. Les associations de consommateurs peuvent avoir intérêt légitime à porter plainte si la pratique incriminée a des conséquences pour leurs membres (3). Si la recevabilité de la plainte n'est subordonnée à aucune règle de forme spécifique, la Commission a cependant établi un formulaire, le formulaire C, qui indique quelles sont les indications qu'il importe de fournir.

La Commission n'a pas l'obligation de donner suite aux plaintes qu'elle reçoit, donc n'est pas tenue de procéder à une instruction de l'affaire, sauf lorsque l'objet de la plainte relève de sa compétence exclusive, ce qui était autrefois le cas en matière d'exemption individuelle mais ne trouvera plus à s'appliquer qu'au cas de retrait individuel du bénéfice d'un règlement d'exemption (règlement n° 1/2003, art. 29). Elle apprécie notamment, au cas par cas, le degré d'intérêt communautaire qu'il y aurait à poursuivre l'examen de l'affaire (4) tenant compte de la gravité de l'infraction, de

(3) TPI, 18 mai 1994, *Bureau européen des unions de consommateurs*, T 37/92, *Rec.* II-285.

(4) V. la communication relative au traitement par la Commission des plaintes déposées au titre des articles 81 et 82 du traité CE, du 27 avr. 2004, *JOUE* C 101, 27 avr. 2004.

la persistance de ses effets, de l'affectation ou non du marché communautaire (5). Le plaignant ne dispose pas du recours en carence pour passer outre le refus de la Commission d'ouvrir une enquête (6). Néanmoins, la légalité de la décision de classer la plainte sans mener d'instruction est soumise au contrôle juridictionnel de légalité parce que la Commission a l'obligation, de motiver sa décision, d'« examiner attentivement les éléments de fait et de droit portés à sa connaissance par la partie plaignante, en vue d'apprécier si lesdits éléments font apparaître un comportement de nature à fausser le jeu de la concurrence à l'intérieur du marché commun et à affecter le commerce entre États membres ». Tout en reconnaissant à la Commission une large marge de pouvoir discrétionnaire, le juge se réserve de contrôler si la décision de classer sans mener d'instruction « ne repose pas sur des faits matériellement inexacts, n'est entachée d'aucune erreur de droit, non plus que d'aucune erreur manifeste d'appréciation ou de détournement de pouvoir » (7). L'existence d'un recours efficace devant le juge national a été retenu dans l'affaire *Automec* comme motif légitime de classement sans instruction. Ce contrôle entraîne l'obligation pour la Commission de communiquer au plaignant les motifs de sa décision. Le règlement n° 773/2004 de la Commission a ajouté comme garanties l'obligation d'informer au préalable le plaignant de ce que sa plainte n'apparaît pas fondée et de recevoir ses observations dans un certain délai après accès éventuel aux informations dont la Commission dispose.

La décision formelle de rejet d'une plainte doit être motivée et peut faire l'objet d'un recours devant le Tribunal.

C. De la notification informelle à la demande de lettre d'orientation

1182 Il arrive qu'une entreprise éprouve un doute sur la licéité d'un projet d'entente. Il lui est possible de s'adresser aux services de la Commission pour leur soumettre à titre informel et confidentiel ce projet et les interroger sur l'applicabilité de l'article 101 § 1 TFUE ou l'opportunité d'une notification formelle. La même procédure informelle est parfois utilisée pour avoir le sentiment des services intéressés sur l'application de l'article 102.

S'il supprime la notification, le règlement n° 1/2003 n'interdit pas à une entreprise d'adresser à la Commission une demande de lettre d'orientation informelle portant sur des questions nouvelles et non résolues (considérant 38). Dans sa communication du 27 avril 2004 (8) relative à cette procédure la Commission a indiqué sa volonté de limiter cette pratique à la clarification des questions effectivement nouvelles, pour lesquelles aucune enquête n'est nécessaire et la clarification s'avère utile.

(5) Pour des exemples de confirmation du rejet, TPI, 3 juill. 2007, *Au lys de France*, T 458/04 ; 12 sept. 2007, *UFEX*, T 60/05 concernant l'abus de position dominante que constituerait l'assistance fournie par la Poste à sa filiale Chronopost.

(6) CJCE, 10 juin 1982, *Lord Bethell*, 246/81, *Rec.* 2277.

(7) TPI, 18 sept. 1992, *Automec,* T 24/90, *Rec.* II-2233.

(8) Communication de la Commission relative à des orientations informelles sur des questions nouvelles qui se posent dans des affaires individuelles au regard des articles 81 et 82 CE (Lettres d'orientation), *JOUE* C 101, 27 avr. 2004.

D. Autosaisine de la Commission

1183 La Commission a compétence pour intervenir d'office (règlement n° 1/2003, art. 7 § 1 qui reprend la règle contenue dans le règlement n° 17/62). Elle le fait sur la base d'informations recueillies à partir de plaintes informelles, de renseignements communiqués par un État membre, de questions parlementaires, de contacts avec des groupes de pression ou d'enquêtes qu'elle a conduites. Elle dispose du pouvoir d'apprécier quelles suites elle entend donner à ses informations.

E. Engagement de la procédure

1184 Ainsi qu'on l'a vu, la Commission dispose en règle générale du pouvoir d'apprécier discrétionnairement l'opportunité d'engager la procédure. Généralement elle ne prend une décision en ce sens qu'après avoir mené une enquête préalable qui lui offre l'opportunité d'adresser aux entreprises les recommandations appropriées et, au cas d'accord avec les entreprises sur les engagements qu'elles prennent pour faire cesser l'infraction, de ne pas poursuivre l'affaire, ce qui met fin à la procédure engagée à leur encontre (la procédure pouvant se poursuivre à l'encontre des entreprises à l'égard desquelles la Commission n'a pas accepté d'engagements (9)). La Commission, si elle est tenue de respecter le principe de proportionnalité, dispose à cet égard d'un large pouvoir discrétionnaire, le juge se bornant à censurer l'erreur manifeste d'appréciation (10).

Cette possibilité d'évaluation provisoire est confirmée par le règlement n° 1/2003 qui prévoit que la Commission peut prendre une décision rendant obligatoire les engagements pris par les entreprises (art. 9 § 1) mais qui réserve la possibilité d'une réouverture de la procédure.

La décision d'engagement (ou ouverture) de la procédure est un acte préparatoire à la décision, donc insusceptible de recours juridictionnel (11). Elle s'opère généralement par une communication des griefs aux entreprises concernées, assortie de l'indication du délai dans lequel les entreprises peuvent présenter leurs observations par écrit. L'ouverture de la procédure entraîne dessaisissement des autorités nationales de concurrence qui sont tenues de surseoir à statuer. Il s'agit des autorités – qu'elles soient juridictionnelles ou administratives – qui ont pour mission spécifique d'appliquer la législation nationale sur la concurrence ou de contrôler la légalité de son application (12), par exemple, en France, l'Autorité de la concurrence. Les juridictions ordinaires, quant à elles, ne sont pas dessaisies mais ont la faculté de surseoir à statuer si elles l'estiment nécessaire pour des motifs de sécurité juridique. Le dessaisissement est bien entendu subordonné au fait que la Commission ait informé les autorités nationales de l'engagement de la procédure ainsi qu'elle en a l'obligation. Si la Commission a statué, le juge national ne peut aller à l'encontre de la décision arrêtée (sur ces points v. *supra*, nos 1090 et s.).

(9) CJUE, 29 juin 2010, *Commission c. Alrosa*, C 441/07 P.
(10) CJUE, 29 juin 2010, *Commission c. Alrosa*, C 441/07 P.
(11) CJCE, 11 nov. 1981, *IBM*, 60/81, *Rec.* 2639.
(12) CJCE, 30 janv. 1974, *BRT*, 127/73, *Rec.* 51.

§ 2. L'ENQUÊTE

1185 À l'instar des procédures existant dans de nombreux États membres, la Commission concentre entre ses mains les pouvoirs d'instruction et de décision. Cette situation a suscité des critiques fondées sur le risque d'atteinte à l'impartialité, les mêmes fonctionnaires ayant la charge de réunir les preuves contre les entreprises et de préparer la décision sanctionnatrice. La Cour de justice a récusé le grief de violation de l'article 6 de la Convention européenne des droits de l'homme, car l'exigence d'un procès équitable, que pose cet article, ne s'applique qu'aux tribunaux, ce que n'est pas la Commission (13).En revanche, les entreprises sont en droit d'attendre un encadrement des pouvoirs de la Commission assurant le respect des droits de la défense, ce à quoi concourent et la réglementation et la jurisprudence.

Une garantie particulière réside en ce que les autorités nationales sont associées à la procédure. La Commission doit leur transmettre copie des demandes et notifications des entreprises, des demandes de renseignements et des vérifications qu'elle projette et peut recevoir leur assistance pour ces vérifications. Enfin, les autorités nationales pourront donner leur avis au sein du comité consultatif en matière d'ententes et de positions dominantes sur toute décision que prendra la Commission y compris concernant les mesures provisoires (règlement n° 1/2003, art. 14 § 1).

Le règlement n° 1/2003 a renforcé les pouvoirs d'enquête reconnus à la Commission tout en améliorant les garanties dont bénéficient les entreprises.

A. Pouvoirs d'enquête

1186 Le règlement n° 17/62 conférait à la Commission trois types de pouvoirs : procéder à des enquêtes par secteur économique (art. 12), demander des renseignements (art. 11), procéder à des vérifications (art. 13 et 14). Le règlement n° 1/2003 confirme ces trois pouvoirs tout en précisant le pouvoir de vérification qui s'appelle désormais pouvoir d'inspection. Il ajoute le pouvoir de recueillir des déclarations et renforce les sanctions auxquelles s'exposent les entreprises qui refusent de coopérer.

1187 **1. Pouvoir de procéder à des enquêtes par secteur économique.** La Commission peut décider de procéder à une enquête générale portant sur un secteur économique, si elle a des raisons de présumer que la concurrence est faussée dans ce secteur. Dans ce cadre elle peut demander des informations, et utiliser ses pouvoirs de demande de renseignement et de vérification. Le résultat de l'enquête pourra être publié.

1188 **2. Pouvoir de demander des renseignements.** Les demandes peuvent être adressées aux autorités étatiques ou aux entreprises et associations d'entreprises et en ce dernier cas les États membres sur le territoire desquels se trouvent les entreprises interrogées reçoivent copie de la demande. Elles peuvent porter sur toutes informations nécessaires à l'établissement des faits.

Au cas de non réponse des entreprises ou de réponse incomplète, la Commission est en droit de prendre une décision de caractère obligatoire qu'elle peut assortir d'une astreinte journalière (*infra*, n° 1191).

(13) CJCE, 29 oct. 1980, *Fedetab*, 209 et autres/78, *Rec.* 3125.

1189 **3. Pouvoir de recueillir des déclarations.** Ce pouvoir est subordonné à l'acceptation de la personne physique ou de la personne morale via son représentant. Si l'entretien a lieu dans les locaux d'une entreprise, l'autorité de concurrence de l'État membre doit être informée et ses agents peuvent éventuellement prêter assistance aux agents de la Commission.

1190 **4. Pouvoir d'inspection.** Il s'agit du pouvoir le plus contesté, parce que le plus redouté, par les entreprises. Aussi a-t-il suscité une abondante et importante jurisprudence (*infra*, n° 1192), qui est aujourd'hui largement reprise dans les dispositions des articles 20 et 21 du règlement n° 1/2003.

Les agents de la Commission agissent sur présentation d'un mandat écrit. Au cas de refus de les recevoir, la Commission a le droit, après avoir entendu l'autorité nationale de concurrence concernée, de prendre une décision formelle passible de recours juridictionnel (14). Les agents désignés par l'autorité de concurrence doivent lui prêter activement assistance.

Les inspecteurs ont le droit de contrôler livres et documents professionnels, en prendre copie, interroger les représentants et membres du personnel, apposer des scellés pendant la durée de l'inspection.

Au cas d'opposition de l'entreprise l'État membre intéressé doit prêter l'assistance nécessaire, y compris le recours à la force publique. En pareil cas s'appliquent les modalités prévues par le droit national, ce qui implique très généralement l'obtention d'une autorisation judiciaire. L'étendue du contrôle que peut exercer le juge national a été définie par la Cour dans l'arrêt *Roquette* du 22 octobre 2002 (15). Le règlement intègre cette jurisprudence. Le juge national ne peut contrôler la légalité de la décision de la Commission mais seulement son authenticité et le fait que les mesures envisagées ne sont ni arbitraires, ni excessives. Il peut demander à la Commission des explications détaillées mais n'a pas le droit d'exiger la communication des informations figurant dans le dossier de l'affaire.

L'article 21 autorise l'inspection d'autres locaux y compris le domicile du chef d'entreprise, des dirigeants ou des membres du personnel. Ce pouvoir a été l'objet d'une divergence entre la Cour de justice et la Cour européenne des droits de l'homme qui, dans l'affaire *Niemetz* du 16 décembre 1992, a affirmé qu'il constituait une ingérence dans le droit au respect du domicile (art. 8 CEDH) s'agissant d'une perquisition effectuée dans un lieu qui se trouve être simultanément le domicile d'une personne et un bureau professionnel. Dans l'arrêt *Roquette* la Cour de justice, tout en abandonnant la position de principe contraire qu'elle avait prise dans l'arrêt *Hoechst* du 21 septembre 1989 (16), a affirmé que la protection des locaux professionnels ou commerciaux connaît des limites. En tout cas l'article 21 entoure cette ingérence de limites et garanties. La perquisition ne peut avoir lieu que s'il y a un « soupçon raisonnable » qu'elle puisse permettre de découvrir des documents susceptibles de prouver une « violation grave » des articles 101 ou 102 TFUE et elle doit avoir été au préalable autorisée par une autorité judiciaire nationale.

(14) TPIUE, 26 oct. 2010, *Conseil national de l'Ordre des pharmaciens (français)*, T 23/09, rejetant le recours.

(15) C 94/00, *Rec.* I-9011, *Europe* déc. 2002, 404 et 422, L. Idot.

(16) CJCE, 21 sept. 1989, 46/87 et 228/88, *Rec.* 2859.

1191 **5. Sanctions.** Ainsi qu'elle le souhaitait, la Commission a obtenu le pouvoir de prononcer des sanctions plus lourdes au cas de réponses ou renseignements inexacts ou incomplets. Elle peut infliger une astreinte journalière allant jusqu'à 5 % du chiffre d'affaires journalier moyen au cas de retard à fournir des renseignements exacts ou à accepter une décision d'inspection et une amende jusqu'à concurrence de 1 % du chiffre d'affaires total de l'exercice précédent au cas de fourniture de renseignements inexacts ou incomplets, de bris de scellés ou de soustraction de documents.

B. Les garanties des entreprises

1192 Les entreprises bénéficient d'abord des garanties prévues par le règlement n° 17/62, puis par le règlement n° 1/2003, telles que le fait que les autorités nationales soient informées de la procédure ou même associées à elle, ou que le mandat de vérification doive indiquer l'objet et le but de l'opération et les sanctions encourues. Elles disposent, bien entendu, du droit de déférer au Tribunal de l'Union – avec pourvoi possible devant la Cour – les décisions prises à leur encontre par la Commission par la voie du recours en annulation (17) ou d'un recours de pleine juridiction contre les décisions imposant une astreinte ou une amende (règlement n° 17/62 art. 17). Le contentieux abondant qui en résulte a fourni au juge communautaire l'occasion de rappeler à la Commission l'obligation de respecter les principes généraux du droit, afin que soit respecté « l'équilibre entre les principes fondamentaux et l'efficacité des pouvoirs de vérification de la Commission » (18).

D'une manière générale la Cour de justice estime qu'à ce stade de la procédure les entreprises peuvent se prévaloir du principe du respect des droits de la défense (19). Deux applications remarquables concernent le respect du caractère confidentiel de la correspondance échangée entre l'entreprise et ses avocats (20) – mais uniquement ceux qui ne sont pas liés à l'entreprise par un rapport d'emploi, donc sont indépendants et ne sont pas des avocats « internes » à l'entreprise (21) – et le droit de ne pas témoigner contre soi-même (22). Si ce dernier droit ne dispense pas l'entreprise de l'obligation de fournir tous les renseignements nécessaires portant sur des faits dont la Commission a connaissance même s'ils peuvent être utilisés en sa défaveur, en revanche l'entreprise n'est pas tenue de fournir des réponses qui, au-delà des questions de nature factuelle, l'amèneraient à admettre l'existence de l'infraction (23). S'y ajoutent notamment le respect de la vie privée (24), ainsi que l'inviolabilité du domicile (25), même si l'appréciation de la Cour de justice est plus restrictive que celle de la Cour européenne des droits de l'homme. En revanche, la Cour estime que la reconnaissance volontaire de

(17) Par exemple demande de renseignement par voie de décision, TPI, 9 nov. 1994, *The Scottish Football Association*, T 46/92, *Rec.* II-1039.

(18) CJCE, Ord. 30 mars 2006, *Strintzis Lines Shipping SA.*, C 110/04 P.

(19) CJCE, 21 sept. 1989, *Hoetsch*, 46/87 et 228/88, *Rec.* 2859 ; 18 oct. 1989, *Orkem*, 374/8, *Rec.* 3283.

(20) CJCE, 18 mai 1982, *AMS*, 155/79, *Rec.* 1575.

(21) CJUE, 14 sept. 2010, Akzo Nobel Chemical et Akcros Chemical, C 550/07 P, Europe 2010, 370, L. Idot.

(22) CJCE, 18 oct. 1989, *Orkem*, préc.

(23) CJCE, 29 juin 2006, *Commission c. SGL Carbon AG*, *Rec.* I-5915.

(24) CJCE, 26 juin 1980, *National Panasonic*, 136/79, *Rec.* 2033.

(25) CJCE, 21 sept. 1989, *Hoetsch*, préc. ; 22 oct. 2002, *Roquette*, préc., *supra*, n° 1190.

l'infraction ne contredit pas le droit qu'a l'entreprise de ne pas admettre l'existence de l'infraction et ne constitue pas une atteinte aux droits de la défense (26).

Une autre garantie de grande importance pratique tient à ce que l'assistance des autorités nationales doit s'effectuer selon les modalités définies par le droit national pour garantir le respect des droits des entreprises (27), ce qui implique le plus souvent l'obtention d'une autorisation judiciaire.

En application du principe *non bis in idem* il semble que la Commission ne pourrait sanctionner une entreprise pour une entente produisant ses effets dans l'ordre juridique de la Communauté si les mêmes faits ont déjà été sanctionnés par un État membre pour violation du droit communautaire de la concurrence. Il en va différemment si ces mêmes faits ont été sanctionnés par les autorités d'un État tiers (par exemple les États-Unis) sur le territoire duquel l'entente produit également effet, ce à raison de la différence de règles existant entre l'ordre juridique de cet État et l'ordre juridique communautaire. La Commission peut, en revanche, mais sans y être tenue, tenir compte du montant de l'amende déjà prononcée (28).

Enfin, sur le plan procédural on retiendra que la Commission est soumise au respect du principe du délai raisonnable, inspiré de l'article 6 de la Convention européenne des droits de l'homme (29), le caractère raisonnable devant raisonnablement (!) s'apprécier compte tenu de la complexité de l'affaire (30). Cette exigence est d'autant plus remarquable qu'elle s'applique bien entendu également au juge communautaire lorsque ce dernier est appelé à statuer sur un recours intenté par les entreprises (31).

§ 3. LA PHASE CONTRADICTOIRE : « L'AUDITION DES INTÉRESSÉS ET DES TIERS »

L'audition des intéressés et des tiers a pour but d'assurer le caractère pleinement contradictoire de la procédure.

A. Communication des griefs

1193 Prenant généralement la forme d'une lettre recommandée, la communication aux entreprises mises en cause des griefs retenus contre elles ouvre la phase contradictoire. Pour ne constituer qu'un simple acte préparatoire et non une décision attaquable (32), elle n'en revêt pas moins une importance considérable car elle « cristallise » la procédure. En effet, la Commission ne pourra ni fonder sa décision sur d'autres infractions et d'autres faits que ceux qu'elle a indiqués de manière claire, ni infliger des pénalités

(26) CJCE, 14 juill. 2005, *Thyssen Krupp*, C 65/02 P et C 73/02 P, points 49 et s., *Rec.*, p. I-6811.
(27) CJCE, 21 sept. 1989, *Hoechst*, préc.
(28) CJCE, 29 juin 2006, *SGL Carbon AG*, C 308/04 P, *Rec.* I-5977.
(29) CJCE, 18 mars 1997, *Guérin*, C 282/95 P, *Rec.* I-503 ; 15 oct. 2002, *Limburgse Vinyl Maatschappig*, C 238/99, P. et autres affaires jointes, *Rec.* P. I-8375, affaires dites « PVC II ».
(30) TPI, 22 oct. 1997, *SCK/FNK*, T 213/95 et T 18/96, *Rec.* II-1739, d'où le rejet du grief.
(31) CJCE, 17 déc. 1998, *Baustahlgewebe*, C 185 P, *Rec.* I, jugeant excessive la durée de la procédure devant le TPI (5 ans 1/2) la Cour a accordé une « satisfaction équitable » de 50 000 euros.
(32) CJCE, 11 nov. 1981, *IBM*, 60/81, *Rec.* 2639.

si elle n'a pas fait part que telle était son intention, ce qui ne l'empêche pas d'avoir par la suite le droit d'abandonner certains griefs ou compléter son argumentation à l'appui des griefs qu'elle retient (33).

Dans l'affaire *Schneider-Legrand* (34) le TPI a jugé qu'il y avait une différence substantielle entre les griefs invoqués et ceux retenus dans la décision finale et annulé la décision de la Commission interdisant cette concentration pour violation des droits de la défense.

B. Procédure écrite

1194 Lorsqu'elle communique les griefs, la Commission impartit aux entreprises le délai dans lequel elles ont la faculté de lui faire connaître par écrit leurs observations. Ce délai est d'au moins quatre semaines.

Pour leur défense les entreprises peuvent produire des documents, proposer l'audition de personnes susceptibles de confirmer leurs dires et demander la communication des documents sur lesquels la Commission se fonde. L'étendue de l'obligation qui s'impose alors à la Commission constitue un problème délicat. Le respect des droits de la défense impose que l'ensemble des documents à charge ou à décharge soient communiqués. Si la jurisprudence semble s'orienter en ce sens (35), cette exigence doit cependant composer avec d'autres telles que la nécessité de respecter le secret des affaires (36) ou, ce qui est l'objet de contestations entre la Commission et les entreprises, la protection des personnes qui sont à la source de l'information, voire du travail interne à la Commission (37). Le règlement n° 773/2004 de la Commission (art. 15 et 16) prévoit que les parties destinataires de la communication des griefs ont accès au dossier mais non aux secrets d'affaires ou autres informations confidentielles, non plus qu'aux documents de la Commission ou des autorités nationales de concurrence ainsi qu'à la correspondance entre la Commission et d'autres autorités publiques. Il incombe au titulaire d'un secret d'en demander la protection.

Les tiers qui justifient d'un intérêt suffisant, notamment le plaignant qui est à l'origine de la procédure, doivent également être mis en mesure de présenter leur point de vue par écrit. Le règlement n° 773/2004 de la Commission prévoit que le plaignant reçoit une copie de la version non confidentielle de la communication des griefs, dispose d'un délai pour faire connaître son point de vue par écrit et, le cas échéant, pourra être autorisé à exprimer son point de vue lors de l'audition des parties. Si la Commission l'informe de son intention de rejeter sa demande, il peut demander l'accès aux documents sur lesquels l'institution fonde son appréciation provisoire.

(33) CJCE, Ord. 18 juin 1986, *British American Tobacco et Reynolds Industries*, 142/84 et 156/84, *Rec.* 1899 ; CJCE, 10 juill. 2008, *Bertelsmann et Sony Corporation of America*, C 413/06 P : solution identique en matière de concentration.

(34) TPI, 22 oct. 2202, T 310/01, *Rec.* II-4075.

(35) TPI, 17 déc. 1991, *Hercules*, T 7/89, *Rec.* II-1711.

(36) TPI, 18 sept. 1996, *Postbank*, T 353/94, *Rec.* II-921.

(37) V. décision de la Commission du 8 févr. 1994 relative à l'accès du public aux documents de la Commission, *JOCE* L 46, 18 févr. 1994. Communication du 13 déc. 2005 ; la communication du 23 janv. 1997 a été remplacée par la communication du 13 déc. 2005 relative aux règles d'accès au dossier de la Commission dans les affaires relevant des articles 81 et 82 du traité CE 2005/C 325/07, *JOUE* C 325, 22 déc. 2005. V. aussi CJCE, 6 avr. 1995, *British Gypsum*, C 310/93 P, *Rec.* I-865.

La jurisprudence a également admis que les tiers pouvaient se prévaloir du règlement nº 1049/2001 du 30 mai 2001 relatif à l'accès du public aux documents du Parlement européen, du Conseil et de la Commission pour obtenir communication des documents de la Commission, ce qui, malgré les exceptions prévues à l'article 4 du règlement visant à assurer la protection des procédures, des documents internes, des secrets d'affaires, suscite des difficultés (38).

C. Procédure orale

1195 Les entreprises en cause peuvent dans leurs observations écrites demander à être entendus oralement. Cette audition est de droit. Elle est, en revanche, subordonnée à l'appréciation de la Commission en ce qui concerne le plaignant ou les tiers. Les autorités de concurrence des États membres sont invitées à y prendre part.

Depuis 1982, il est procédé à l'audition orale – qui n'est pas publique – par un conseiller-auditeur, fonctionnaire de la direction générale de la concurrence, qui bénéficie d'une large indépendance puisqu'il ne peut être démis de ses fonctions que par une décision de la Commission (38bis). Le conseiller-auditeur doit veiller au respect des droits de la défense. Il rédige le procès-verbal de l'audition qui s'adresse à chaque personne entendue, fait rapport au directeur général de la concurrence, exprime son avis sur le respect du droit d'être entendu et peut présenter des observations sur la suite qu'il convient de donner à la procédure. Cependant son rapport n'a pas à être communiqué aux personnes entendues.

§ 4. LA DÉCISION

1196 La décision clôt la procédure. Elle peut être précédée de mesures provisoires prises par la Commission, agissant d'office, telles qu'une recommandation visant à faire cesser l'infraction (règlement nº 1/2003, art. 8) ou même l'ordre de cesser le comportement de nature à causer un préjudice grave et irréparable (39), mesures susceptibles de recours.

Si la réglementation communautaire n'impartit aucun délai à la Commission pour se prononcer, la jurisprudence estime que l'obligation de se prononcer dans un délai raisonnable s'impose à elle en tant que principe général du droit communautaire (40).

A. Règles générales

1197 La décision sur le fond de l'affaire relève de la compétence de la Commission, ce qui impose qu'elle soit authentifiée par les signatures du président et du secrétaire exécutif

(38) TPI, 13 avr. 2005, *VKI*, T 2/03, *Rec.* II-1121. V. l'analyse critique de L. Idot, « Le règlement nº 1049/2011 doit-il s'appliquer aux procédures concurrence ? », *Europe* 2010, étude nº 11.

(38 bis) Sur le statut et la mission, notamment de protection des droits des entreprises, du conseiller auditeur v. la décision du Président de la Commission 2011/695 UE des 13 octobre 2011, *JO* L 275, 20 octobre 2011.

(39) CJCE, 28 févr. 1984, *Ford*, 228/82, *Rec.* 1129.

(40) TPI, 22 oct. 1997, *SCK*, T 213/95 et T 18/96, *Rec.* II-1739.

de ce collège (41), annulant la décision pour violation des formes substantielles alors qu'en première instance le TPI l'avait qualifiée d'inexistante). Les décisions doivent être publiées mais dans des conditions ne portant pas atteinte au secret des affaires (règlement nº 1/2003 art. 30) et motivées. Elles ne peuvent être arrêtées sans consultation préalable du comité consultatif en matière d'ententes et de positions dominantes composé de représentants des États membres.

L'avis du comité consultatif ne lie pas la Commission mais celle-ci doit en tenir le plus grand compte (et le fait). Il est publié si le comité consultatif le recommande, le secret des affaires devant être protégé (art. 14).

1198 Les entreprises disposent de recours devant le Tribunal contre les décisions. Elles peuvent intenter le recours en annulation dès lors qu'elles remplissent les conditions de recevabilité de ce dernier telles qu'elles résultent de l'article 263 TFUE (ex art. 230 CE) c'est-à-dire qu'une entreprise peut contester la décision défavorable qui est prise à son encontre telle que le refus d'une attestation négative (mais non l'octroi de cette attestation, car il y a alors défaut d'intérêt (42)) ou la constatation d'infraction. Si la décision annulée est censée n'avoir jamais existé, la jurisprudence admet cependant que la Commission peut la « reprendre » sans avoir à recommencer toute la procédure au cas où l'illégalité était de pure forme (43). Quant aux tiers, ils peuvent contester la décision favorable à une ou plusieurs entreprises dès lors qu'ils sont à l'origine de la procédure en tant que plaignants et ont été associés à celle-ci (44). Les entreprises sanctionnées peuvent former un recours de pleine juridiction contre les décisions par lesquelles la Commission leur a infligé une amende ou une astreinte (règlement nº 1/2003 art. 31). Le juge peut alors non seulement annuler mais réformer la décision c'est-à-dire réduire ou majorer l'amende ou l'astreinte. La pratique montre que les réductions sont assez fréquemment prononcées.

B. Les différents types de décisions

1199 La modernisation du règlement concurrence qu'opère le règlement nº 1/2003 modifie sensiblement la nature des actes que la Commission peut adopter s'agissant des décisions favorables aux entreprises.

1. Décisions défavorables aux entreprises

1200 Il s'agit essentiellement de la décision par laquelle la Commission constate l'existence d'une entente ou d'un abus de position dominante constituant une infraction aux dispositions du traité. Cette constatation se double de l'injonction de mettre fin à l'infraction si celle-ci persiste au jour de la décision, injonction usuellement assortie d'une astreinte de 50 à 1 000 euros par jour de retard et que le règlement nº 1/2003

(41) CJCE, 11 juin 1994, *BASF*, C 137/92, *Rec.* I-2555.
(42) TPI, 17 sept. 1992, *NBV et NVB*, T 138/89, *Rec.* II-2181.
(43) TPI, 20 avr. 1999, *LVM*, T 305/94 e.a., *Rec.* II-931 ; TPIUE, 25 juin 2010, *Imperial Chemical Industries*, T 66/01, *Europe* 2010, nº 279.
(44) CJCE, 25 oct. 1977, *Metro c. SABA*, 26/76, *Rec.* 1875.

permet de porter à 5 % du chiffre d'affaires moyen journalier de l'exercice précédent (art. 24). Le règlement prévoit que la Commission peut imposer non seulement des mesures correctives comportementales mais également des mesures structurelles (telle que cession d'actifs) si c'est nécessaire ou si ces mesures sont moins contraignantes que les mesures comportementales (art. 7). Dans l'affaire *Microsoft* le TPI a estimé que cela n'autorisait cependant pas la Commission à imposer à l'entreprise la surveillance par un mandataire indépendant qu'elle serait tenue de rémunérer (45). Mais la Commission n'entend pas en rester là : elle s'est reconnu ce pouvoir en matière de concentration en modifiant le règlement d'application n° 802/2004 par le règlement n° 1033/2008, le 20 octobre 2008, ce qui laisse présager une extension au contrôle des ententes et positions dominantes.

La Commission dispose en outre du pouvoir d'infliger à chaque entreprise contrevenante une amende dont le montant peut atteindre 10 % du chiffre d'affaires réalisé par l'entreprise au cours de l'exercice social précédent (mais selon la jurisprudence il convient de prendre en considération non seulement le chiffre d'affaires global de l'entreprise mais encore celui qui a été réalisé relativement aux produits ou services qui font l'objet de l'infraction (46)). L'amende ne peut être infligée que si l'infraction a été commise « de propos délibéré ou par négligence » (règlement n° 1-2003, art. 23 § 1). Pour déterminer le montant de l'amende, la Commission prend avant tout en considération, outre la valeur des ventes en relation avec l'infraction, la gravité et la durée de l'infraction ainsi que la part de responsabilité respective de chacune des entreprises concernées (TUE 12 juillet 2011, *Fuji Electric*, T 132/07). Elle tient également compte du profit retiré par les entreprises, des difficultés que connaît le secteur dans lequel elles opèrent ainsi que de l'attitude plus ou moins coopérative au cours de la procédure, ainsi qu'elle l'indique dans les lignes directrices relatives au calcul des amendes (47) dont la légalité a été consacrée par le juge (48). Le règlement n° 1/2003 n'a pas modifié ces règles qui ont permis à la Commission d'infliger le 24 mars 2004 à Microsoft une amende record de 497 millions d'euros pour abus de position dominante, suivie le 12 juillet 2006 d'une amende de 280,5 millions pour inexécution de la décision de condamnation de l'abus de position dominante et le 27 février 2008 par une astreinte de 899 millions d'euros et le 13 mai 2009 une amende de 1,06 milliard d'euros à Intel Corporation pour abus de position dominante. À plusieurs reprises, le montant des amendes infligées à un ensemble d'entreprises coupables d'entente a dépassé 250 millions d'euros. La récidive constitue une circonstance aggravante (49).

Dans les arrêts qu'elle a rendus le 16 novembre 2000 dans l'affaire dite du *carton*, la Cour a notamment jugé que la Commission était tenue de respecter le principe d'égalité de traitement entre les participants à une entente illicite et qu'en l'absence de

(45) TPI, 17 sept. 2007, T 201/04.

(46) TPI, 14 juill. 1994, *Parker-Pen*, T 77/92, *Rec.* II-549.

(47) V. Lignes directrices pour le calcul des amendes infligées en application de l'article 15 § 2 du règlement n° 17/62 et de l'article 65 § 5 du traité CECA, *JOCE* C 9, 14 janv. 1998. Ces premières lignes directrices ont été remplacées en 2006 par les lignes directrices pour le calcul des amendes infligées en application de l'art. 23, § 2 sous a) du dir. n° 1/2003, *JOUE* C 210, 14 sept. 2006.

(48) CJCE, 28 juin 2005, *Dansk Rozindustri K/S e. a.*, aff. C 189/02 P, C 202/02 P, C 205/02 à C 208/02 P, C 213/02 P, confirmant les arrêts rendus par le TPI le 20 mars 2002, *Rec.* II-1613 et s.

(49) Lignes directrices 2006, n° 28 ; v. également CJCE, 8 févr. 2007, *Groupe Danone*, C 3/06 P, *Rec.* I-1331, qui considère qu'il en allait ainsi même avant l'indication par les lignes directrices et CJUE, 17 juin 2010, *Lafarge*, C 413/08 P.

reconnaissance expresse de sa part une entreprise ne saurait bénéficier d'une réduction pour attitude coopérative. Elle a également précisé l'étendue de l'obligation de motivation des amendes infligées (50).

Les décisions qui constatent une infraction s'imposent aux autorités et aux juridictions des États membres. Celles qui comportent une sanction pécuniaire forment titre exécutoire (traité TFUE art. 299 ex art. 256 CE). La Commission accorde en général un délai de trois mois pour l'acquittement de la dette mais accepte de prolonger ce délai moyennant versement d'intérêts et constitution d'une garantie bancaire.

On rappellera que la Commission peut renoncer à agir après avoir pris acte des engagements des entreprises et les avoir, par voie de décision, rendus obligatoires (*supra*, n° 1184).

1201 **Procédure de clémence.** La procédure de clémence a pour but d'inciter les entreprises qui participent à une entente illégale secrète de mettre fin à leur participation et, par leurs révélations, de permettre à la Commission de poursuivre cette entente. La contrepartie est une immunité soit totale, soit partielle. Cette pratique, répandue au sein de l'OCDE, a montré son efficacité. La Commission a informé les entreprises dans une communication de 1996, à laquelle a succédé la communication de la Commission sur l'immunité d'amendes et la réduction de leur montant dans leurs affaires portant sur des ententes du 8 décembre 2006 (51), des principes et des modalités de procédure qu'elle se propose de suivre. Et un programme modèle de clémence a été publié par le réseau européen de concurrence le 29 septembre 2006.

L'immunité – exemption totale – est accordée à l'entreprise qui la première, outre la révélation de sa participation à l'entente, fournit à la Commission des renseignements et éléments de preuve, dont elle ne disposait pas, qui lui permettront soit d'effectuer une inspection, soit de constater la violation de l'article 101 TFUE, puis coopère à la procédure. La Commission accorde un « marqueur » protégeant la place de l'entreprise dans l'ordre d'arrivée des demandes durant le temps nécessaire pour rassembler les renseignements et éléments de preuve.

L'entreprise qui n'est pas la première (ou qui, étant la première, porte la responsabilité de l'entente car elle a contraint les autres à participer à celle-ci), peut bénéficier d'une réduction du montant de l'amende. Selon le barème établi par la Commission, la deuxième entreprise peut bénéficier d'une réduction comprise entre 30 et 50 %, la troisième d'une réduction comprise entre 20 et 30 % et les suivantes d'une réduction pouvant aller jusqu'à 20 %.

Les lignes directrices prévoient des mesures destinées à protéger ces entreprises contre toute divulgation qui pourrait les exposer à des actions en dommages-intérêts, en particulier la procédure de déclarations orales enregistrées et transcrites dans les bureaux de la Commission.

1202 **Procédure de transaction.** La procédure de transaction, en matière d'ententes, fondée sur les articles 7 et 23 du règlement n° 1/2003, a été introduite par le règlement de la

(50) CJCE, 16 nov. 2000, 10 arrêts, C 248/98 P à C 298/98 P, *Rec.* I-9641, *Europe*, janv. 2001, p. 21, obs. L. Idot, *CDE* 2001, p. 248, obs. A. Vallery et F. Louis.

(51) *JOUE* C 298/17, 8 déc. 2006.

Commission n° 622/2008 du 30 juin 2008 modifiant le règlement n° 773/2004 (52). En contrepartie d'une reconnaissance de leur culpabilité qui permet l'ouverture d'une procédure rapide et simplifiée, au lieu de la procédure normale, les entreprises concernées bénéficieront d'une réduction de 10 % du montant de l'amende, sans compter, le cas échéant, une réduction au titre de la clémence.

Selon l'article 10 *bis* du règlement n° 773/2004 modifié, la Commission après avoir ouvert une procédure peut impartir aux parties à l'entente un délai pour lui faire savoir par écrit si elles sont disposées à prendre part à des discussions pour parvenir à une transaction. En cas d'acceptation, s'ouvre une phase de discussion, la Commission informant les entreprises des griefs qu'elle envisage de soulever, des preuves dont elle dispose, de la fourchette des amendes probables. Si les discussions n'aboutissent pas la procédure normale sera appliquée. Au cas contraire, les entreprises présentent une demande officielle de transaction, reconnaissant leur culpabilité, confirmant qu'elles ont été suffisamment informées et indiquant le montant maximum de l'amende qu'elles accepteraient. Ces engagements ne peuvent être révoqués unilatéralement, sauf si la Commission ne les entérine pas. La procédure se poursuit par une communication des griefs par écrit, en réponse, la confirmation écrite de l'engagement des entreprises puis la décision de la Commission prise après consultation du comité consultatif en matières d'entente et de positions dominantes.

2. Décisions favorables aux entreprises

1203 En grande partie pour éviter d'être submergée par les procédures de mise en œuvre de l'article 81 CE, la Commission recourait à la pratique de n'adopter de décision formelle que dans les cas les plus importants et se contentait, dans les autres, d'adresser aux entreprises concernées une lettre de classement (ou lettre de confort). La lettre informe les entreprises que l'affaire qu'elles ont soumise est classée, soit parce que leur accord échappe à l'application de l'article 81 § 1, soit parce que, bien que tombant sous le coup de cette disposition, il peut bénéficier d'une exemption en application de l'article 81 § 3. Elle réserve cependant le droit de rouvrir le dossier, notamment au cas de plainte, ce qui ne se produit que très exceptionnellement, ou au cas où ce revirement est justifié par des circonstances nouvelles (53).

La lettre de classement ne constitue pas une décision ayant valeur obligatoire. Elle ne lie pas les autorités et les juridictions nationales même si elle constitue une donnée de fait dont ces dernières peuvent tenir compte (54).

La Commission estimait délivrer entre 150 et 200 lettres de classement par an. Cette pratique n'a plus de raison d'être dans le nouveau système.

1204 La révision opérée par le règlement n° 1/2003 entraîne, on l'a vu (*supra*, n°s 1135 et 1179), la disparition des attestations négatives et des décisions d'exemption délivrées à la demande des entreprises. En revanche, afin de procurer aux entreprises une certaine sécurité juridique, deux procédures nouvelles sont introduites.

(52) *JOUE*, L 171, 1er juill. 2008. S'ajoute au règlement la communication n° 2008/C 167/01 de la Commission relative aux procédures de transaction, *JOUE* C 167, 2 juill. 2008.

(53) TPI, 8 juin 1995, *Schöller Lebunsmittel*, T 9/93, *Rec.* II-1615.

(54) CJCE, 10 juill. 1980, *Guerlain*, 253/78, *Rec.* 2327.

La décision de constatation d'inapplication permet à la Commission de constater qu'un accord, une décision d'association d'entreprise soit ne tombe pas sous le coup de l'article 101 § 1 TFUE, soit remplit les conditions posées par l'article 101 § 3 pour bénéficier de l'exemption. Mais cette décision est prise par la Commission agissant d'office, et non plus en réponse à la demande d'une entreprise, et seulement lorsque l'intérêt public communautaire le requiert (règlement n° 1/2003, art. 10). La Commission dispose du même pouvoir à l'égard de l'abus de position dominante (art. 102 TFUE).

La lettre d'orientation informelle portant sur des questions nouvelles et non résolues intervient en réponse à une demande. Mais elle ne constitue pas une décision et son champ d'application est étroit ainsi que le laissait présager le considérant n° 38 du règlement n° 1/2003 sur la base duquel la Commission a décidé de mettre en œuvre cette pratique (v. *supra*, n° 1182) qui ne remplace donc pas l'ancien système des lettres de classement.

SECTION II PROCÉDURE DE CONTRÔLE DES CONCENTRATIONS

1205 Cette procédure obéit, certes, aux principes généraux qui s'appliquent à l'exercice du pouvoir de contrôle des ententes et abus de position dominante. C'est ainsi que l'on y retrouve le pouvoir de la Commission de demander des renseignements, de procéder à des inspections, d'imposer des inspections et des amendes, et, en contrepartie, les garanties des entreprises telles que le respect des droits de la défense, en particulier du principe du contradictoire (55), la protection du secret des affaires, l'accès aux documents de la Commission sur la base du règlement 1049/2001 (CJUE 21 juillet, *Suède c. Commission*, C 506/08 P) (55bis). De même les États sont-ils associés à la procédure, étant informés, pouvant présenter leurs observations et donner leur avis (comité consultatif voir *infra*, § 3), mais également assister la Commission dans ses vérifications. Il n'en demeure pas moins que la procédure de contrôle des concentrations est régie par les règles spécifiques que posaient le règlement n° 4064/89 du Conseil modifié le 30 juin 1997 et le règlement n° 447/98 de la Commission du 1er mars 1989, relatif aux notifications, aux délais et aux auditions (56) et posent aujourd'hui le règlement n° 139/2004 du 20 janvier 2004 et le règlement d'application n° 802/2004 pris par la Commission le 7 avril 2004, que modifie le règlement n° 1033/2008 du 20 octobre 2008 (57) : aussi bien le contrôle demeure-t-il un contrôle *a priori* et centralisé. Ce sont ces règles qui seront analysées.

§ 1. NOTIFICATION PRÉALABLE

1206 Pour permettre un contrôle préventif, le règlement n° 4064/89 (art. 4 § 1) imposait la notification obligatoire des concentrations de dimension communautaire dans le délai d'une semaine « à compter de la conclusion de l'accord, de la publicité de l'offre d'achat ou d'échange ou de l'acquisition d'une participation de

(55) Par ex. CJCE, 10 juill. 2008, *Bertelsmann et Sony Corporation of America*, C 413/06 P.
(55 bis) *Europe* 2011, n° 360, L. IDOT.
(56) *JOCE* L 61, 2 mars 1998.
(57) *JOUE* L 279, 22 oct. 2008.

contrôle », la survenance du premier de ces événements devant être prise en compte. Le règlement n° 139/2004 assouplit ce système. Il prévoit que la notification doit intervenir après l'un de ces événements et avant la réalisation de l'opération. Il autorise également la notification des opérations projetées dès lors que les entreprises concernées démontrent de bonne foi leur intention de conclure l'opération (art. 4).

La notification doit être effectuée conformément au formulaire CO qui figure en annexe du règlement de la Commission. Elle fait l'objet d'une publication sommaire au *JOUE*, indiquant le nom des entreprises intéressées, la nature de l'opération et les secteurs économiques concernés de manière à ce que les tiers soient informés.

La notification a pour effet de suspendre la réalisation de la concentration jusqu'à la décision prise sur le fond, sauf dérogation octroyée par la Commission (art. 7), le cas échéant assortie de conditions visant à assurer le maintien d'une concurrence effective. La méconnaissance de cette obligation peut être sanctionnée par une amende pouvant aller jusqu'à 10 % du chiffre d'affaires total réalisé par les entreprises concernées, sans compter que l'opération de concentration sera remise en cause si la Commission la juge illicite.

En pratique, la Commission acceptait de répondre aux prénotifications informelles par lesquelles les entreprises l'interrogent sur la validité de la concentration qu'elles projettent. Cette pratique est consacrée par les Best Pratices de la DG Concurrence. Une prénotification intervenant au moins deux semaines avant la notification permet d'entamer le dialogue avec l'équipe de la DG qui suivra le dossier et de préparer la rédaction d'un formulaire de notification adéquat. Elle ouvre, de plus, la possibilité d'un renvoi en prénotification (*supra*, n°s 1157 s.) ou de la mise en œuvre de la procédure simplifiée (*infra*, n° 1210).

§ 2. EXAMEN

1207 Contrairement à la procédure relative aux ententes et abus de position dominante, la procédure d'examen est enfermée dans des délais qui s'appliquent à chacune de ses deux phases, dans le souci de protéger les intérêts des entreprises. Ces délais ont été assouplis par le règlement n° 139/2004 et sont désormais calculés en jours ouvrables.

1208 **Première phase.** La première phase, en principe d'une durée de 25 jours ouvrables, a pour objet de permettre à la Commission de vérifier si l'opération entre dans le champ du règlement n° 139/2004 et soulève des doutes sérieux. Confirmant la pratique qui s'était instaurée (58), la nouvelle rédaction de l'article 6 du règlement autorise la Commission à négocier avec les parties les engagements de nature à lui permettre de constater que la concentration ne soulève pas de doutes sérieux et à assortir sa décision des conditions et charges destinées à assurer que les entreprises respecteront ces engagements. En outre, en application de l'article 9, la Commission peut renvoyer aux autorités compétentes des États membres les concentrations qui, tout en remplissant les conditions de seuils communautaires, n'auraient d'impact concurrentiel qu'à l'intérieur du marché d'un

(58) V. la communication 2001/C 68/03 concernant les mesures correctives recevables conformément au règlement n° 4064/89, *JOCE* C 68, 2 mars 2001.

seul État (système de la « clause allemande ») (*supra*, n° 1157). Lorsqu'elle est saisie d'une demande en ce sens de la part d'un État ou lorsqu'elle négocie les engagements des entreprises, la Commission dispose d'un délai de 35 jours ouvrables.

1209 **Deuxième phase.** Au cas de doute sérieux s'ouvre la seconde phase. La Commission décide d'engager la procédure. Elle dispose d'un délai maximal de 90 jours ouvrables à compter de la date d'ouverture de la procédure pour arrêter sa décision, ce délai étant suspendu lorsque la Commission a recours à une demande de renseignement ou à une inspection. Ce délai peut être prolongé. Une prolongation de 15 jours ouvrables est automatique si les parties proposent des engagements après le 55e jour, afin de permettre à la Commission d'évaluer ces engagements (ce qu'elle n'avait pas pu faire dans l'affaire *Schneider-Legrand*). Une prolongation qui ne peut dépasser 20 jours ouvrables est possible à l'initiative des parties ou à l'initiative de la Commission mais avec l'accord des parties (art. 10). Si la décision n'est pas intervenue à l'expiration du délai, l'opération de concentration est réputée compatible avec le marché commun.

Demande de renseignements et inspection (à cela près que l'inspection du domicile privé n'est pas prévue) obéissent aux mêmes règles qu'en matière de contrôle des ententes et de l'abus de position dominante. Celle identité de règles s'étend également à la phase contradictoire qui permet aux personnes intéressées de présenter leurs observations par écrit à la suite de la communication des griefs et, sur leur demande, au cours d'une audition conduite par le conseiller-auditeur. En revanche la Commission est en droit de refuser aux entreprises l'accès aux documents internes dont la divulgation porterait gravement atteinte à son processus décisionnel, tels que des projets de texte, des notes échangées entre le service juridique et les autres services, des notes adressées aux commissaires ou le rapport du conseiller-auditeur (59).

Cette phase est, comme la première, une période de négociations avec les entreprises qui peuvent présenter leurs propositions d'engagements lesquels seront discutés avec l'équipe qui suit le dossier (*case team*).

1210 **Procédure simplifiée** (60). Lorsqu'elles ont fait une prénotification, les parties ont la possibilité de demander le bénéfice de la procédure simplifiée de traitement. Celle-ci est accordée par la Commission lorsque l'on se trouve en présence d'une concentration dont l'autorisation ne soulève guère de doute, soit à raison de sa faible incidence sur le territoire de l'EEE (chiffre d'affaires inférieur à 100 millions d'euros), soit parce que les entreprises concernées exercent des activités sur des marchés différents, soit parce que leur part de marché cumulé est faible (inférieure à 15 % sur le même marché, à 25 % pour les relations verticales), soit parce que l'on passe d'un contrôle en commun à un contrôle exclusif.

En pareil cas, la notification est simplifiée et la Commission arrête une décision abrégée de compatibilité dans les 25 jours ouvrables qui suivent.

(59) TPI, 9 sept. 2008, *My Travel Group*, T 403/05.

(60) Communication de la Commission relative à une procédure simplifiée de traitement de certaines opérations de concentration en application du règlement n° 139/2004 du Conseil, 2005/C 56/04, *JOUE* C 56, 5 mars 2004, qui remplace la communication du 29 juill. 2000.

§ 3. DÉCISION FINALE

1211 Elle est prise après consultation du comité consultatif en matière de concentrations entre entreprises et publiée au *Journal officiel de l'Union européenne*. Dans l'appréciation de la motivation de la décision, la Cour tient compte de l'impératif de célérité qui s'impose à la Commission tout au long de la procédure (61).

Si la Commission estime que les conditions posées par l'article 2 § 2 du règlement n° 139/2004 sont satisfaites, c'est-à-dire que la concentration n'entrave pas de manière significative une concurrence effective dans le marché commun ou dans une partie substantielle de celui-ci, notamment du fait de la création ou du renforcement d'une position dominante, « elle prend une décision déclarant la concentration compatible avec le marché commun » (art. 8). Très souvent, on l'a vu (*supra*, n° 1161) cette décision n'est prise qu'en contrepartie des engagements que les entreprises ont négociés avec la Commission, tels que cession d'actifs ou d'actions, suppression des obstacles imposées aux concurrents, engagements de comportement. En ce cas la Commission peut assortir sa décision de conditions et de charges destinées à assurer que les entreprises se conforment aux engagements qu'elles ont pris. Ces décisions de compatibilité couvrent également les restrictions qui sont directement liées et nécessaires à la réalisation de la concentration (« restrictions accessoires »), telles une clause de non-concurrence à laquelle souscrit celui qui cède une entreprise.

Si les conditions posées par le règlement n° 139/2004 ne sont pas satisfaites, la Commission prend une décision d'incompatibilité (par exemple le 27 juin 2007 à l'égard de l'OPA de Ryanair contre Aer Lingus), et, si l'opération de concentration a déjà été réalisée, ordonne qu'elle soit dissoute et que la situation antérieure soit rétablie ou ordonne toute mesure appropriée. À cela s'ajoute que la Commission peut révoquer une décision de compatibilité si celle-ci a été obtenue sur la base d'indications inexactes fournies par les entreprises concernées ou si les entreprises ne respectent pas les charges dont la décision est assortie.

Le régime des astreintes et amendes est le même que celui qui est applicable aux ententes et abus de position dominante, les entreprises bénéficiant du recours de pleine juridiction (art. 16). Quant à la décision elle-même d'autoriser ou non la concentration, elle est soumise au contrôle juridictionnel de droit commun (art. 21 § 2) qui comporte la possibilité d'obtenir l'annulation de la décision illégale et, le cas échéant, de demander la réparation du préjudice subi. Mais l'action en réparation n'aboutit pas aisément car le juge communautaire applique la jurisprudence générale selon laquelle l'engagement de la responsabilité non contractuelle de la Communauté du fait d'un acte illégal est subordonné, outre l'existence d'un dommage et d'une relation de cause à effet entre le dommage et le comportement de la Communauté, à la méconnaissance manifeste et grave par l'institution communautaire des limites qui s'imposent à son pouvoir d'appréciation (62). Or, en l'occurrence, la Commission dispose d'une large marge d'appréciation, ce qui fait que le caractère manifeste de la méconnaissance n'est pas aisément admis (63). Dans l'affaire de la fusion Schneider/Legrand le TPI a admis la violation non en ce qui concerne le fond, bien que la décision de refus ait été annulée, mais seulement à raison de la méconnaissance des droits de la défense (64) et a accueilli la demande d'indemnisation du préjudice résultant des frais engagés pour participer à la

(61) CJCE, 10 juill. 2008, *Bertelsmann*, C 418/06 P.
(62) CJCE, 4 juill. 2000, *Bergadem et Goupil*, C 352/98 P, *Rec.* I-5291.
(63) TPI, 9 sept. 2008, *My Travel Group*, T 212/03, rejet.
(64) TPI, 11 juill. 2007, *Schneider Electric*, T 351/03, *Europe* oct. 2007, n° 265, L. Idot.

reprise de la procédure de concentration et de la réduction du prix de cession de l'entreprise Legrand. La Cour a confirmé le principe de cette responsabilité fondée sur la faute commise par la Commission mais n'a retenu que le premier chef de préjudice, estimant que le lien de causalité n'était pas établi en ce qui concerne le second (65).

On notera que le Tribunal et la Cour ont la possibilité, à la demande des parties, de statuer selon la procédure accélérée qui peut être mise en œuvre « au vu de l'urgence particulière et des circonstances de l'affaire » depuis 2001.

BIBLIOGRAPHIE

I. Ouvrages

Se reporter aux ouvrages indiqués dans la bibliographie du Chapitre 1.

Voir également :

A. Mourre (dir.), *Les droits de la défense face au pouvoir de la Commission,* Bruxelles Bruylant, 2004 ■ A. Pliakos, *Les droits de la défense et le droit communautaire de la concurrence*, Bruxelles, Bruylant, 1987.

II. Articles, études et documents

R.-M. Borges, « Pratiques restrictives de concurrence. Ententes – Abus de position dominante – Procédure, saisine et instructions », *Juris-Classeur Europe,* fasc. 1430 ; « Procédure. Décisions et recours », fasc. 1431 ■ P. Cesarini, « Le droit d'être entendu dans les procédures communautaires en matière de concurrence », *RMUE* 1995, n° 1, p. 145 ■ R. Collin, M. Marcinkowski, N. Lajnef, « Concurrence (Procédure devant la Commission) », *Rép. Dalloz droit communautaire* ■ A. Pliakos, « La protection des droits de la défense et les pouvoirs de vérification de la Commission des Communautés européennes : une issue heureuse », *RTDE* 1995, p. 449. S. Poillot-Peruzetto, « Concentrations », *Rép. Dalloz droit communautaire* ■ R. Saint-Esteben, « Les droits de la défense dans l'application aux entreprises du droit communautaire de la concurrence », *RAE* 1994, n° 4, p. 49J ■ Schwarze, « Les sanctions imposées pour les infractions au droit européen de la concurrence selon l'article 23 du règlement n° 1/2003 CE à la lumière des principes généraux du droit », *RTDE* 2007, p. 1 ■ C. Vilmart, « Contrôle des concentrations », *Juris-Classeur Europe*, fasc. 1440 ■ F. Zampini, « Convention européenne des droits de l'homme et droit communautaire de la concurrence », *RMCUE* 1999, p. 628.

On se reportera également aux articles et aux rapports sur la politique de concurrence indiqués dans la bibliographie du Chapitre 1.

III. Chroniques, Revues

Se reporter à la bibliographie du Chapitre I.

Nos 1212 à 1224 réservés.

■ (65) CJUE, 16 juill. 2009, *Commission c. Schneider Electric*, C 440/07 P, *Rec.* I-6413. Et concernant l'évaluation du montant du préjudice, CJUE, ord. 9 juin 2010, C 440/07 P.

TITRE II
LA SOUMISSION DES AUTORITÉS PUBLIQUES AU DROIT DE LA CONCURRENCE

1225 **Méfiance à l'égard des États**. Bien que d'inspiration libérale ou parce que d'inspiration libérale, le traité de Rome ne pouvait pas ne pas tenir compte des interventions de la puissance publique dans l'économie, d'autant que dans le contexte de l'après-guerre, l'interventionnisme étatique de même que le secteur public occupaient une place autrement plus importante que de nos jours.

Cependant force est de reconnaître que l'approche réservée à l'État, en tant qu'acteur économique se révèle plutôt négative. Si ce n'est l'ex-article 295 CE (devenu 345 TFUE) qui réserve à l'État le soin de déterminer le régime de la propriété, ce qui l'autorise théoriquement à nationaliser ou privatiser telle ou telle entreprise, ses interventions sont enfermées dans un cadre rigide, que ce soit sous l'angle de la libre circulation ou celui de la libre concurrence. La puissance publique n'est perçue que comme une intruse dans le fonctionnement de l'économie.

Mais à la vérité, cette approche négative du rôle de l'État vise peut-être moins à préserver le marché qu'à apporter des limites à la souveraineté étatique. Ce dernier élément ne doit pas être sous-estimé. Les Communautés européennes se situent dans un courant pacifiste d'après-guerre, selon lequel la toute-puissance étatique, responsable de bien des malheurs subis par les peuples européens, doit avant tout être muselée et contrôlée. La preuve en est qu'un interventionnisme public, mais de l'Union, n'est nullement exclu par le traité : l'existence des politiques communes (agriculture, transport) en porte témoignage, de même que d'autres instruments de régulation du marché (politique de conjoncture, contrôle des aides d'État) mises à la disposition des institutions de l'Union.

Mais dans l'attente d'une éventuelle mise en commun des pouvoirs de politique économique des États, ceux dont ils disposent à l'heure présente sont étroitement encadrés et contrôlés, qu'il s'agisse des aides qu'ils peuvent verser aux entreprises, qui pâtissent d'un préjugé défavorable (Chapitre 1), qu'il s'agisse des entreprises ou services publics qu'ils contrôlent directement ou indirectement, qui doivent se soumettre aux règles générales de concurrence (Chapitre 2), ou qu'il s'agisse des monopoles nationaux de caractère commercial, notion à mi-chemin de la libre circulation et de la libre concurrence, mais qui, une fois aménagés au sens de l'article 37 TFUE, entrent de plus en plus dans l'orbite de cette dernière

(Chapitre 3). Il en va de même des marchés publics, longtemps à l'abri de tout contrôle de l'Union, mais qui ont dû également tenir compte des exigences du marché intérieur (Chapitre 4) (1).

(1) Sur l'ensemble de la question : M. Dony (dir.), « Contrôle des aides d'État », *Commentaire Mégret*, coord. L. Idot, Éditions de l'Université de Bruxelles, 3e éd., 2007.

CHAPITRE 1
LE RÉGIME DES AIDES D'ÉTAT

1226 **Incidence économique des aides**. En termes quantitatifs, les aides d'État représentent des volumes financiers importants, ce qui autorise en effet dans une optique de droit de la concurrence à y voir des atteintes extrêmement sérieuses au libre jeu des forces du marché. Dans un document récent dénommé « tableau de bord des aides d'État » et présenté le 13 décembre 2007 (1), la Commission estimait à environ 67 milliards d'euros le montant total des aides d'État accordées par les États membres en 2006. En chiffres absolus, c'est l'Allemagne qui a accordé le plus d'aides (20 milliards d'euros), suivie de la France (10 milliards), de l'Italie (5,5 milliards), de l'Espagne (5 milliards) et du Royaume-Uni (4 milliards). Les documents plus récents soulignent l'importance des aides dans certains secteurs novateurs, tels la recherche et le développement ou encore l'environnement (2).

Sur le plan juridique, le régime général des aides d'État se trouve localisé parmi les règles de concurrence, aux ex-articles 87 à 89 CE (devenus 107 à 109 TFUE). Il repose sur quatre éléments principaux. En premier lieu, l'article 107 donne une définition, assez approximative, au demeurant, de la notion d'aide d'État (section I). Le même article proclame en second lieu, en raison de l'atteinte portée à la concurrence, le principe très fort de l'incompatibilité des aides (section II). Un tel principe comporte néanmoins de nombreuses dérogations qui ressortent des paragraphes 2 et 3 de l'article 107 (section III). Enfin, l'article 108 met en place une procédure de contrôle, dans laquelle la Commission, en sa qualité de gardienne des traités, joue un rôle de tout premier plan (section IV).

SECTION I — LA NOTION D'AIDE D'ÉTAT

1227 L'article 107 § 1 TFUE déclare incompatibles avec le traité « Les aides accordées par les États ou au moyen de ressources d'État sous quelque forme que ce soit ». Avare de définition, la Cour de justice a néanmoins indiqué dans l'arrêt

(1) COM(2007) 791 final, v. aussi COM(2007) 347 final. Ces documents recèlent d'informations pratiques très précieuses.

(2) Tableau de bord des aides d'État mis à jour au printemps 2011, COM (2011)356 final.

Altmark que constitue une aide d'État « l'intervention de l'État ou au moyen de ressources d'État, susceptible d'affecter les échanges entre les États membres, qui accorde un avantage à son bénéficiaire et qui fausse ou menace de fausser la concurrence » (3). L'origine purement étatique de l'aide semble donc le critère essentiel, même si la pratique montre, là comme ailleurs dans les traités, que le concept d'État doit être entendu de manière extensive (§ 1). En revanche, le même texte comme la jurisprudence font preuve de souplesse en ne préjugeant ni de la forme ni de la dénomination précise de l'aide. L'aspect financier paraît toutefois déterminant (§ 2).

Le règlement du 22 mars 1999 (4), une des toutes premières illustrations de l'exercice par le Conseil de son pouvoir normatif (5) découlant de l'article 109, très complet en ce qui concerne les problèmes de procédure, se révèle en revanche d'un faible secours eu égard à la notion d'aide. Les définitions qu'il donne, purement utilitaires au demeurant, se bornent à codifier la pratique et la jurisprudence de la Cour de justice. Il a fait l'objet d'un règlement d'application de la Commission du 21 avril 2004 (6).

§ 1. LE CRITÈRE ORGANIQUE : AIDES ACCORDÉES PAR LES ÉTATS

1228 Bien évidemment, l'article 107 ne s'intéresse qu'aux seules aides d'État ou au moyen de ressources d'État, ce qui exclut les aides émanant de l'Union, au travers de ses diverses politiques (7). Sous cette réserve, le terme aide d'État doit être interprété dans un sens large. En effet, il recouvre également les aides versées par les collectivités infra-étatiques (A) ou par certains organismes publics ou même privés, dès lors que les financements octroyés le sont sur la base de fonds publics (B).

A. Les aides locales (8)

1229 **Assimilation au régime général.** L'État s'avère en règle générale le premier dispensateur d'aide (9) mais le cas des aides versées par les collectivités territoriales ou aides locales s'avère très intéressant, d'autant que dans la pratique, le montant de ces aides, de même que leur impact économique revêtent une grande importance, notamment dans des pays comme l'Allemagne ou l'Italie. Les exempter du régime général au

(3) CJCE, 24 juill. 2003, *Altmark*, aff. C-280/00, *Rec.* I-7747.

(4) N° 659/1999, *JOCE* L 83, 23 mars 1999.

(5) V. *infra*, n° 1253.

(6) N° 784/2004, *JOUE* L 140, 30 avr. 2004 modifié par un règlement n° 271/2008 du 30 janv. 2008, *JOUE* L 82, 25 mars 2008.

(7) Pour une mesure fiscale remplissant les critères d'une aide d'État mais découlant d'une dir. européenne : TPICE, 5 avr. 2006, *Deutsche Bahn*, aff. T-351/02, *Rec.* II-1047 ; la jurisprudence sur ce point se distingue de celle sur les taxes ou mesures d'effet équivalent qui admet que de telles qualifications puissent s'appliquer également à des comportements de l'Union v. *supra*, n° 527.

(8) V. Coussirat-Coustere, « Les aides locales aux entreprises face au droit communautaire », *AJDA* 1985, p. 171.

(9) CJCE, 20 nov. 2003, *Ministre de l'Économie et des finances*, aff. C-126/01, *Rec.* I-13769 (aides aux entreprises d'équarrissage pour l'élimination des déchets et cadavres d'animaux contaminés).

motif qu'il ne s'agit pas d'aides d'État *stricto sensu*, eût conduit à des discriminations entre les États selon leur structure politico-administrative, et incité ces mêmes États, pour échapper aux disciplines communes, à décentraliser artificiellement leurs régimes d'aides. Leur assimilation – notamment par la Cour de justice (10) – aux aides d'État s'avérait donc la seule solution acceptable, d'autant que très souvent ces aides, même versées par des collectivités locales, le sont « au moyen de ressources d'État », que leur incidence économique est identique à celles octroyées par les États et que d'une manière plus générale, l'emploi par le traité de l'expression « État » revêt la plupart du temps un sens extensif, sauf dans l'exercice des prérogatives juridictionnelles offertes par le traité.

1230 **Particularismes.** Il reste que même soumises au régime général, les aides locales n'en comportent pas moins nombre de particularités (11). Assez souvent notamment leur champ d'application est réduit à la zone géographique couverte par la collectivité infra-étatique, ce qui entraîne forcément une certaine forme de sélectivité, obligeant la Commission puis le juge de l'Union à apprécier les critères généraux de validité des aides dans le seul cadre local (12), en particulier lorsqu'il s'agit d'aides fiscales (13). De plus, la diversité des collectivités dispensatrices de même que la plasticité des régimes sur lesquels elles se fondent, les font souvent échapper au strict contrôle de la Commission. De même encore, la relative modicité de certaines d'entre elles pourrait les faire bénéficier de la règle dite du *de minimis* conduisant à une exemption quasi-automatique, que consacre au demeurant le règlement du Conseil sur les aides horizontales (14). Enfin, tant au plan européen que national, les règles sur le non-cumul ou sur l'obligation de récupération des aides illégalement versées leur sont *de facto* difficilement applicables. Au total, des efforts sur la transparence des aides locales restent à accomplir, de la même manière qu'il pourrait s'avérer souhaitable de reconnaître leur spécificité soit dans un acte de législation dérivée, soit même dans le traité.

B. Organismes publics et para-publics

1231 **Situation originaire.** Le cas des aides versées par des organismes publics ou privés relevant du secteur public se présente assez semblablement, d'autant que ces organismes même s'ils disposent de la personnalité juridique, ne sont le plus souvent que de simples démembrements de l'État. À cet égard, la Cour de justice a développé

(10) 22 mars 1977, *Steineke et Weinlig c. RFA*, aff. 78/76, *Rec.* 595 ; TPI, 6 mars 2002, *Territorio Historico de Alava*, aff. T-127, et 129/99, *Rec.* II-1283 ; 24 sept. 2008, *Kahla*, aff. T-20/03, *Rec.* II-2305 (à propos d'un Land Allemand) ; TPICE, 11 juin 2009, *Italie c. Commission*, aff. T-222/04, *Rec.* II-1877 ; *Europe* août-sept. 2009, n° 319 note L. IDOT.

(11) F. FINES, « L'autonomie locale et régionale dans la jurisprudence communautaire : l'exemple du contentieux des aides publiques », *RMCUE* n° 533, déc. 2009, p. 645 et s.

(12) CJCE, 6 sept. 2006, *Portugal c. Commission*, aff. C-88/03, *Rec.* I-7115 ; TPICE, 18 déc. 2008, *Gouvernement de Gibraltar*, aff. T-215 et 211/04, *Rec.* II-3745 ; *Europe* févr. 2009, n° 87, note L. IDOT.

(13) TPICE, 9 sept. 2009, aff. T-30/01, *Territorio Historico de Alava*, *Rec.* II-2919 (aides fiscales basques) ; 10 sept. 2009, *Banco Comercial dos Açores*, aff. T-75/03, *Rec.* II-143, somm. (régime fiscal des Açores).

(14) N° 994/98 du 7 mai 1998, *JOCE* L 142 du 14 mai 1998 ; règlement n° 69/2001 du 12 janv. 2001 sur les aides *de minimis*, *JOCE* L 10, 13 janv. 2001.

une jurisprudence très cohérente fondée sur l'intensité du lien de dépendance avec l'État (15). D'où ressortent deux situations : ou bien les aides émanent d'organismes publics qui fonctionnent essentiellement à partir de fonds publics (cas de certains holdings publics) (16) et dans ce cas elles entrent dans le champ de l'article 107 § 1, car aussi bien sur le plan formel que substantiel, elles sont en fait imputables à l'État. Ou bien elles émanent d'organismes ou entreprises publiques fonctionnant à partir de fonds d'origine privée (taxes, redevances perçues sur les usagers), et dans ce cas, les aides octroyées à des entreprises n'auront la qualification d'aides d'État que dans la mesure où il pourra être démontré que l'État exerce un contrôle spécifique sur leur attribution, ou bien qu'en réalité, l'entreprise publique se borne à agir pour le compte de l'État (17).

1232 **Hésitations jurisprudentielles**. On peut s'interroger sur la pérennité de cette jurisprudence au travers d'un arrêt du Tribunal de première instance (18) qui, à propos d'une aide sous forme de participation au capital, versée par la Caisse des dépôts et consignations à Air-France, a considéré que, même en l'absence de liens entre les fonds et l'État, la seule qualité d'organisme public de la Caisse des dépôts suffisait à faire entrer l'aide litigieuse dans le champ de l'article 107 § 1. Une telle jurisprudence, qui conduit à nier toute liberté d'action aux entreprises publiques, aurait aussi pour résultat d'aligner les aides des entreprises publiques sur celles de l'État ou des collectivités territoriales, pour lesquelles le seul critère organique de l'entité dispensatrice suffit pour provoquer l'application des règles du traité. Plaide en ce sens la jurisprudence de la Cour sur les rapports financiers entre une entreprise publique et ses filiales de droit privé (19).

Des avantages « logistiques » comme ceux offerts par la Poste française à sa filiale Chronopost, dans la mesure où leur coût s'avère très inférieur à des services analogues susceptibles d'être offerts à des entreprises tierces, peuvent être constitutifs d'aide (20), encore que la Cour ait admis récemment que la qualité de service d'intérêt économique général de La Poste pouvait justifier que la rémunération du service rendu à Chronopost ne soit pas en tout point identique à ce qu'elle aurait été entre entreprises purement privées (21). La Cour a nuancé ultérieurement la portée de la décision du TPI (Air-France). Il ne suffit pas que l'entreprise publique utilise des fonds publics – des ressources d'État – pour que la qualification d'aide soit automatiquement acquise ; encore faut-il démontrer que l'entreprise publique agissait en réalité pour le compte de l'État ou dans le cadre d'une mission attribuée par l'État. Pour ce faire la Commission doit utiliser un ensemble d'indices tirés notamment des circonstances de

(15) Sur la question des aides compensant des charges de service public, v. *infra*, n°s 1324 et s.

(16) CJCE, 21 mars 1991, *Italie c. Commission*, aff. C-303/88, *Rec.* I-1433.

(17) CJCE, 30 janv. 1985, *Commission c. France*, aff. 290/83, *Rec.* 446 ; 2 févr. 1988, *Van der Kooy*, aff. 67, 68 et 70/85, *Rec.* 263.

(18) TPI, 12 déc. 1996, *Air-France c. Commission*, aff. T-358/94, *Rec.* II-2109 ; A. Wachsmann, « Les aides d'État doivent-elles avoir une origine étatique ? Le cas des aides versées par les entreprises publiques à travers l'arrêt *Air-France* », *Europe* avr. 1997, Chronique n° 5.

(19) CJCE, 11 juill. 1996, *SFEI*, aff. C-39/94, Rec. I-3547.

(20) TPI, 14 déc. 2000, *Ufex*, aff. T-613/97, *Rec.* II-4055.

(21) CJCE, 3 juill. 2003, *Chronopost SA*, aff. C-83, 93 et 94/01, *Rec.* I-6993 ; 1er juill. 2008, *Chronopost SA*, aff. C-341 et 342/06, *Rec.* I-4777 ; *RDUE* 3-2008, p. 619, note R.-K. Wagner.

l'espèce et du contexte dans lequel la mesure a été adoptée (22). Sur la base d'un tel critère, une campagne publicitaire en faveur d'une branche professionnelle déterminée, financée par une taxe assise sur les entreprises du secteur considéré et prélevée par un organisme de droit public ne constitue pas une aide dans la mesure où les fonds proviennent uniquement d'entreprises privées lesquelles au demeurant ont pris l'initiative de cette opération (23). En l'occurrence, l'organisme public n'apparaît que comme simple intermédiaire chargé de la collecte des fonds. Il n'y a pas non plus utilisation de ressources d'État.

§ 2. CRITÈRE FINANCIER : LA RESSOURCE D'ÉTAT

A. Nature de l'avantage procuré aux entreprises

1233 **Nécessité d'un avantage financier**. D'emblée, l'article 107 § 1 se montre très large, qui prohibe toute aide « sous quelque forme que ce soit » (24). La Commission a avalisé cette vision extensive en précisant qu'il fallait y inclure « toutes subventions, exonérations d'impôts et de taxes, exonérations de taxes parafiscales (25), bonifications d'intérêts, garanties de prêts (26) à des conditions particulièrement favorables, fournitures de biens ou services à des conditions préférentielles (27), couverture de pertes d'exploitation… » (28). En revanche, il semble douteux que de simples propos ministériels laissant percevoir un comportement futur de l'État, susceptible il est vrai d'avoir une incidence sur le marché, puissent être considérés comme des aides au sens du traité (29). De même, une promesse de soutien financier ne peut constituer une aide (30). Mais sa concrétisation ultérieure sous une forme inattendue relève bien de la catégorie des aides· (31) De même lorsque l'État se voit contraint d'adopter une mesure en vue de respecter ses obligations découlant des traités, celle-ci ne peut être qualifiée d'aide (32).

Au total, tout avantage financier consenti par la puissance publique peut être constitutif d'aide (33). De plus, les qualifications du droit national ne pouvant primer sur celles du droit de l'Union, certains comportements jugés non constitutifs d'aide en droit national (ex. : les aides indirectes au sens de la loi française du 7 janvier 1982),

(22) CJCE, 16 mai 2002, *France c. Commission (stardust marine)*, aff. C-482/99, *Rec.* I-4397 ; TPICE, 26 juin 2008, *SIC c. Commission*, aff. T-442/03, *Rec.* II-1161.

(23) CJCE, 15 juill. 2004, *Pearle BV*, aff. C-345/02, *Rec.* I-7139.

(24) L. Grard, « Aides d'État », *Juris-Classeur Europe*, fasc. 1530 10-68.

(25) À propos de mesures fiscales accordées par le territoire autonome basque : CJCE, 11 nov. 2004, *Ramondin SA Daewoo*, aff. C-186 et 188/02 P, C-183 et 187/02 P, *Rec.* I-609.

(26) CJCE, 5 oct. 2000, *RFA c. Commission*, aff. C-288/96, *Rec.* I-8237.

(27) S'agissant de la vente de terrains : TPICE, 16 sept. 2004, *Valmont Nederland BV*, aff. T-274/01, *Rec.* II-3145 ; CJCE, 11 nov. 2004, *Espagne c. Commission*, aff. C-73/03, non publié.

(28) QE no 48 de M. Burgbacher, *JOCE* 17 août 1963.

(29) L. Idot, « Nos ministres et la discipline communautaire des aides d'État », *Europe* nov. 2004, p. 3.

(30) Trib. UE, 21 mai 2010, *France c. Commission*, aff. T-425, .../04, NEPR.

(31) CJCE, 11 janv. 2007, *Technische Glaswerke Ilmenau GmbH*, aff. C-404/04, *Rec.* I-1.

(32) CJCE, 2 avr. 2009, *Bouygues SA*, aff. C-431/07, *Rec.* I-2665 (à propos de l'octroi de licences UMTS en France).

(33) CJCE, 17 sept. 1980, *Philip Morris Holland*, aff. 730/79, *Rec.* 2671.

telles l'octroi d'un tarif préférentiel pour l'achat d'un terrain aménagé (34), entrent cependant dans la définition large de l'article 107 § 1. Ainsi, constituent des aides, celles qui diminuent artificiellement les frais d'investissement ou les coûts de production d'une entreprise ou encore les différents procédés par lesquels l'État prend en charge les pertes de certaines entreprises. Ainsi la Cour n'a pas hésité à reconnaître la qualité d'aide d'État à l'octroi à une entreprise d'un tarif préférentiel de fourniture de gaz (35) ou bien encore à une procédure de placement de grandes entreprises sous un régime d'administration extraordinaire leur permettant de bénéficier de certains avantages fiscaux ou sociaux (36). De même, certains gains perçus par le PMU français non réclamés par leurs bénéficiaires mais affectés à diverses catégories de dépenses se voient aussi qualifiés d'aides d'État dès lors que lesdits gains auraient pu faire retour dans les budgets publics (37). Le Tribunal a récemment estimé que le système d'échange entre entreprises de droits d'émission de gaz à effets polluants pouvait s'avérer constitutif d'aides (38).

1234 **Aides fiscales**. Les rapports entre *aides d'État et fiscalité*, notamment directe, deviennent de plus en plus complexes et étroits (39). Dans une communication de 1998 (40), la Commission a précisé sa doctrine en la matière. Les critères à retenir sont ceux de l'article 107 § 1er et notamment celui de la sélectivité de l'aide. Il importe en particulier de déterminer si les entreprises redevables de l'impôt bénéficient d'avantages particuliers par rapport au régime général d'imposition auquel elles sont soumises (taux préférentiel, réduction de taux, modalités particulières de calcul de l'assiette). C'est le rapport entre l'imposition « normale » ou l'interprétation qui en est faite et la situation particulière d'une entreprise ou d'un groupe d'entreprises qui permet de statuer (41). Dans ces conditions, une variation des taux d'imposition qui viendrait à favoriser certaines régions en accordant par exemple des avantages aux seules entreprises localisées dans cette région peut constituer une aide lorsque la différence de taux est décidée au seul plan national. En revanche, si les collectivités territoriales concernées disposent du pouvoir de moduler les taux, les décisions qu'elles prennent, dès lors qu'elles n'ont pas un caractère sélectif dans la région déterminée, ne constituent pas une aide (42).

(34) CJUE, 2 sept. 2010, *Scott*, aff. C-290/07, NEPR ; *RDUE* 4/2010, p. 865, note L. Cappelletti.

(35) CJCE, 2 févr. 1988, *Van der Kooy*, aff. 67 à 70/85, *Rec.* 219 ; 12 juill. 1990, *Sté Chimie et fertilisants*, aff. C-169/84, *Rec.* I-3083.

(36) CJCE, 1er déc. 1998, *Ecotrade*, aff. C-200/97, *Rec.* I-7926 ; *RMUE*, 1/1999, p. 242 ; TPICE, 28 nov. 2008, *Hôtel Cipriani*, aff. T-254, 270 et 277/00, *Rec.* II-3269 (réductions de charges sociales).

(37) TPI, 27 janv. 1998, *Ladbroke racing*, aff. T-67/96, *Rec.* II-1 ; CJCE, 16 mai 2000, *Ladbroke racing*, aff. C-83/98, *Rec.* I-2371.

(38) TPICE, 10 avr. 2008, *Pays-Bas c. Commission*, aff. T-233/04, *Rec.* II-591.

(39) Sur les rapports entre aide d'État et fiscalité : J. Wouters et B. Van Hees, « Les règles communautaires en matière d'aide d'État et la fiscalité directe : quelques observations critiques », *CDE* n° 5-6/2001, p. 647 et s. ; T. Lübbig, « L'application de l'article 87 du traité de Rome aux aides fiscales : un coup d'État communautaire ? », *RMCUE* févr. 2003, n° 465, p. 124 et s.

(40) *JOCE* C 384, 10 déc. 1998.

(41) CJCE, 27 oct. 2005, *Nazairdis (Casino)*, aff. C-266 à 270/04 (taxe française au commerce et à l'artisanat), *Rec.* I-9481 ; *RDUE*, 4/2005, p. 853.

(42) CJCE, 6 sept. 2006, *Portugal c. Commission*, aff. C-88/03, *Rec.* I-7115, T. Fouquet, « Chronique des aides publiques », *RMCUE* juin 2007, n° 509, p. 396 ; D. Berlin (dir.), « Jurisprudence fiscale européenne », *RTDE* 1/2010, p. 167.

Avantage financier public et avantage économique. Encore faut-il que l'entreprise reçoive un avantage financier public (43). Tout avantage mais qui n'est pas attribué « au moyen de ressources d'État » ne constitue pas nécessairement une aide. La Cour refuse la qualification d'aide lorsque l'avantage dont peuvent bénéficier certaines entreprises découle de réglementations d'ordre plus général qui procurent des avantages à certaines entreprises mais sans que cet avantage soit quantifiable ou réellement financier. Ainsi dans l'affaire *Sloman Neptune* (44) la loi allemande permettant à des propriétaires de navire d'embaucher des équipages étrangers sans leur accorder la rémunération ou les avantages sociaux reconnus aux marins allemands n'est pas constitutive d'aide d'État, car il n'y a pas de ressource d'État en cause. De même la loi italienne qui permet à certaines entreprises en grande difficulté placées sous un régime d'administration extraordinaire leur permettant de ne pas honorer certaines créances n'est pas constitutive d'aide d'État (45). De même encore, un avantage résultant d'une législation comme celle de la RFA qui impose à des entreprises d'approvisionnement énergétique de se procurer de l'électricité produite à partir de l'énergie éolienne à des prix relativement élevés, procure indiscutablement un avantage économique aux producteurs d'une telle électricité, mais non pas directement ni même indirectement au moyen de ressource d'État (46).

Cette jurisprudence paraît assez restrictive par rapport à la ligne constante d'élargissement de la notion d'aide d'État. Peut-être dans l'affaire *PreussenElektra* se justifiait-elle au regard de considérations de politique énergétique ou de protection de l'environnement. On peut aussi y voir une volonté de préserver une certaine marge de manœuvre aux États membres dans l'exercice de leur activité normative. S'il est vrai que toute législation accordant des avantages économiques à telle ou telle catégorie d'entreprises ne doit pas être qualifiée d'aide, peut-être serait-il opportun d'opérer une distinction entre les législations qui ont pour objet direct d'octroyer de tels avantages économiques à certaines catégories d'entreprises lesquels se traduisent nécessairement en gains financiers (*PreussenElektra*) et celles qui ont plutôt un aspect normatif et dont les profits qu'en tirent les entreprises ne sont en définitive que des conséquences indirectes ou lointaines (47).

En tout état de cause, la position de la Cour ne semble pas complètement figée. Il est encore des espèces où elle semble vouloir s'en tenir à la recherche d'un avantage économique sans que des ressources d'État soient effectivement en cause. Ainsi en va-t-il de lois italiennes permettant à des actionnaires de se retirer d'une société sans obtenir parallèlement le remboursement de leurs actions. En l'occurrence la Cour se borne à

(43) Cet avantage doit de plus être clairement identifié : à propos du livret bleu du crédit mutuel, TPICE, 18 janv. 2005, *Confédération nationale du crédit mutuel*, aff. T-93/02, *Rec.* II-143.

(44) CJCE, 17 mars 1993, aff. C-72 et 73/91, *Rec.* I-887.

(45) CJCE, 1er déc. 1998, *Ecotrade*, aff. C-200/97, *Rec.* I-7907 ; 17 juin 1999, *Piaggio*, aff. C-295/97, *Rec.* I-3735.

(46) CJCE, 13 mars 2001, *PreussenElektra*, aff. C-379/98, *Rec.* I-2099 ; sur cet arrêt : O. SEGNANA, « Environnement et marché intérieur de l'électricité l'arrêt PreussenElektra », *CDE* nº 1-2/2002, p. 131 et s.

(47) CJCE, 24 janv. 1978, *Van Tigele*, aff. 82/77, *Rec.* 25 (loi néerlandaise fixant pour les boissons spiritueuses un prix minimum de vente) ; CJCE, 30 nov. 1993, *Hirsammer-Hack*, aff. C-189/91, *Rec.* I-6185 (loi allemande limitant les indemnités dues par les petites entreprises en cas de licenciement abusif) ; TPICE, 4 juill. 2007, *Bouygues SA*, aff. T-475/04, *Rec.* II-2097 (modification des conditions financières pour l'obtention de licences UMTS).

rechercher si de telles lois accordent ou non un avantage aux sociétés bénéficiaires sans se prononcer sur la nature financière d'un tel avantage (48).

B. Situations spécifiques

1235 **Prises de participation publiques**. Dans ce cas de figure, il y a là semble-t-il un moyen facile de renflouer des entreprises qui sont en grande difficulté, sans donner l'impression de subventions à fonds perdus. Mais la Commission s'est montrée réticente à l'égard de ce type de montage (49) bien que toute prise de participation ne soit pas nécessairement illicite. Deux critères peuvent les réhabiliter. En premier lieu, la présentation de plans de restructuration fiables, impliquant des réductions de capacité et prouvant une volonté de retrouver une réelle compétitivité. En second lieu, la démonstration que la prise de participation en capital s'apparente en tout point à un investissement financier que pourrait réaliser tout opérateur privé (50). En d'autres termes, l'entreprise bénéficiaire de l'aide, aurait-elle pu se procurer les capitaux qui lui sont nécessaires sur le marché privé ? L'État, bailleur de fonds, doit se comporter comme un investisseur privé (51).

Ce critère dit aussi de *l'investisseur privé en économie de marché* (52) connaît une application très fréquente (53). Logique dans une économie concurrentielle, il se heurte néanmoins au problème de l'utilité des interventions publiques, car on devine mal l'intérêt que peut avoir une collectivité publique à se comporter intégralement comme un opérateur privé. Une prise de participation dans une entreprise privée répond probablement à un objectif d'intérêt public ou social, peut-être contestable dans une logique de marché mais qui ne peut jamais être totalement neutre. Il importe de bien déterminer en présence d'une aide de cette nature si l'État agit comme puissance publique ou comme agent économique (54). Le Tribunal a cependant tenu à préciser que le critère de l'investisseur privé en économie de marché n'était pas limité aux entreprises en difficulté ou non rentables. Il peut également servir à qualifier d'aides certaines mesures y compris pour des entreprises rentables (55). De la même manière,

(48) CJCE, 23 mars 2006, *Enirisorse SpA*, aff. C-237/04, *Rec.* I-2843, concl. P. Maduro.

(49) CJCE, 14 nov. 1984, *SA Intermills c. Commission*, aff. 323/82, *Rec.* 3830.

(50) CJCE, 4 févr. 1990, *France c. Commission*, aff. C-301/87, Rec. I-307.

(51) Sur la crise de 2008 et les plans de sauvetage au système bancaire, v. *infra*, n° 1252.

(52) G. Karydis, « Le principe de l'opérateur économique privé critère de qualification des mesures étatiques, en tant qu'aides d'État, au sens de l'article 87 § 1 du traité CE », *RTDE* 3/2003, p. 389 ; M. Dony (dir.), « Contrôle des aides d'État », *Commentaire Mégret,* coord. L. Idot, Éditions de l'Université de Bruxelles, 3e éd., 2007, p. 93 et s.

(53) TPI, 13 juin 2000, *EPAC*, aff. T-204/97 et T-207/97, *Rec.* II-2267 ; TPI, 29 juin 2000, *DSG Dradenauer*, aff. T-234/95, *Rec.* II-2603 ; TPI, 12 déc. 2000, *Alitalia*, aff. T-296/97, *Rec.* II-3871 ; CJCE, 3 juill. 2003, *Belgique c. Commission*, aff. C-457/00, *Rec.* I-6931 ; TPICE, 21 oct. 2004, *Lenzing AG c. Commission*, aff. T-36/99, *Rec.* II-3597 ; TPICE, 9 juill. 2008, *Alitalia*, aff. T-301/01, *Rec.* II-1753 ; 18 déc. 2008, *Component Oyl*, aff. T-455/05, *Rec.* II-336, somm. ; Trib. UE, 15 déc. 2009, *EDF*, aff. T-156/04, *Rec.* II-45036 ; Trib. UE, 13 sept. 2010, *République héllenique, Olympiakes Aerogrammes AE*, aff. T-415 et 416/05, *Rec.* II-45, somm. ; T. Fouquet, « Chronique des aides publiques -2010 », *RMCUE* n° 549, juin 2011, p. 403 et s.

(54) Trib. UE, 15 déc. 2009, *EDF c. Commission*, aff. T-165/04, *Rec.* ; T. Fouquet « Chronique des aides publiques -2009 », *RMCUE* n° 538, mai 2010, p. 331 et s.

(55) TPI, 6 mars 2003, *Westdeutsche Landesband Girozentrale*, aff. T-228 et 233/99, *Rec.* II-435.

le fait pour un organisme public d'acquérir des biens ou des prestations dans les conditions normales du marché ne suffit pas à écarter la qualification d'aide dès lors que de telles acquisitions paraissent motivées par le souci de maintenir l'activité économique d'entreprises déterminées (56).

1236 **Entreprises publiques**. S'agissant des aides versées aux entreprises publiques, du moins lorsqu'elles se livrent à des activités d'entreprise et non de puissance publique (57). Là encore, la politique générale de la Commission, entérinée par le juge de l'Union, consiste à n'accorder aucun traitement privilégié aux entreprises publiques. Plusieurs directives, prises par la Commission sur le fondement de l'ex-article 86 § 3 (devenu 106 § 3 TFUE), relatives à la transparence des relations financières entre États membres et entreprises publiques, visent à assurer l'égalité de traitement avec le secteur privé (58). Sont concernées, non seulement les entreprises dont les pouvoirs publics sont propriétaires, mais également celles où ils détiennent une participation majoritaire ou sur lesquelles ils exercent une influence dominante. Cette liste s'est étendue progressivement aux entreprises titulaires de droits exclusifs ou spéciaux ainsi qu'aux services d'intérêt économique général (59). Les opérations dont la transparence doit être assurée portent notamment sur les compensations de pertes d'exploitation, les apports en capital ou en dotation, les apports à fonds perdus ou les prêts à des conditions privilégiées, etc. La directive n° 2000/52 prévoit aussi l'obligation de tenir des comptes séparés pour spécifier les différentes activités des entreprises publiques. En règle générale, l'examen de compatibilité de ces aides donne lieu à des négociations très serrées entre la Commission et l'État membre concerné (60).

SECTION II LE PRINCIPE D'INCOMPATIBILITÉ DES AIDES D'ÉTAT

1237 Dans une formulation des plus contournées, l'article 107 § 1 pose le principe d'incompatibilité des aides d'État. Cette notion ne manque pas de surprendre, surtout comparée à l'interdiction des ententes et des abus de position dominante (§ 1). En revanche, le même texte fait montre de plus de clarté lorsqu'il s'agit de se prononcer sur les conditions de l'incompatibilité (§ 2). En effet, toute aide au sens du traité ne tombe pas nécessairement dans le champ de l'incompatibilité.

(56) TPI, 5 août 2003, *P & O European Ferries (Vizcaya)*, aff. T-116 et 118/01, *Rec.* II-295.

(57) Trib. UE, 24 mars 2011, *Freistaat Sachsen*, aff. T-443 et 455/08, NEPR.

(58) Dir. du 25 juin 1980, *JOCE* L 195, 29 juill. 1980 ; dir. du 24 juill. 1985, *JOCE* L 229, 28 août 1985.

(59) Dir. n° 2000/52 du 26 juill. 2000, *JOCE* L 193, 29 juill. 2000 ; sur le problème des aides visant à compenser charges de service public v. *infra*, n° 1324.

(60) À propos d'Air-France : décision n° 94/653 du 27 juill. 1994, JOCE L 254, 30 sept. 1994 ; TPI, 25 juin 1998, *British Airways*, aff. T-371 et T-394/94, Rec. II-2405 ; à propos de France Telecom : TPICE, 30 nov. 2009, *France et France Telecom c. Commission*, aff. T-427/04 et 17/05, Rec. II-4315 ; Europe janv. 2010, n° 34, note L. Idot ; Trib. UE, 1er juill. 2010, *Métropole Télévision*, aff. T-568 et 573/08, NEPR (aides de l'État à France télévision pour compenser la suppression de la publicité).

§ 1. NOTION D'INCOMPATIBILITÉ

1238 **Incompatibilité et interdiction**. Il semble, en effet, qu'il y ait autre chose qu'un problème sémantique dans la rédaction de l'article 107 § 1, par comparaison notamment avec les articles 101 et 102 TFUE. Il existe en effet une différence de nature entre les destinataires des règles sur les ententes et positions dominantes d'une part et sur les aides d'autre part : les entreprises privées pour les premières, les États membres pour les secondes.

Or, ces deux catégories de sujets ne peuvent être traitées de la même manière. S'agissant des aides d'État, la seule mention de l'incompatibilité sans prononcer une interdiction radicale prend acte de ce que l'inspiration initiale du traité CE, tout en faisant une large place au libéralisme, ne peut complètement ignorer les interventions étatiques. Les nombreuses dérogations au principe d'incompatibilité qui ressortent des paragraphes 2 et 3 de l'article 107 sont bien la preuve que le jugement *a priori* négatif porté sur les aides n'est ni définitif ni absolu. Bien au contraire, et les dispositions procédurales de l'article 108 le confirment, l'appréciation des aides d'État fait l'objet d'une négociation constante entre les États et la Commission. D'ailleurs, quand bien même elle tomberait dans le champ de l'incompatibilité, le Conseil peut malgré tout « si des circonstances exceptionnelles le justifient » autoriser à l'unanimité une aide nationale. En clair, le politique et le juridique se mêlent étroitement dans le principe d'incompatibilité, et celui-ci possède bien une spécificité par rapport à l'interdiction pure et simple.

1239 **Incompatibilité et illicéité**. En outre, il importe de distinguer incompatibilité et illicéité des aides. En effet, selon l'article 108 § 3, les États membres ne peuvent mettre en application des régimes d'aides ou des aides nouvelles sans avoir au préalable obtenu l'aval de la Commission. Or, la tentation est grande de ne pas attendre le feu vert de Bruxelles, encore plus lorsque le projet s'avère douteux. Pour lutter contre les abus, la Cour de justice a d'ailleurs reconnu à l'article 108 § 3 dernière phrase, et à cette disposition seulement dans le régime des aides, le caractère d'effet direct (61).

Le juge de l'Union qualifie ces aides d'illicites (62) mais il n'en déduit pas leur incompatibilité automatique. Il appartient, en effet, à la Commission de poursuivre l'examen de compatibilité, et il n'y a que dans l'hypothèse d'un refus de toute collaboration de l'État concerné, qu'un jugement définitif et négatif *a priori* pourrait alors être porté sur l'aide litigieuse. Toutefois, de leur côté, et compte tenu de l'effet direct de l'article 108 § 3 dernière phrase, les juridictions nationales sont parfaitement en droit, non seulement de qualifier une mesure d'aide au sens du traité (63) mais aussi de constater la violation de cette obligation procédurale, et de déclarer l'aide illicite. Ainsi donc, et malgré les difficultés juridiques que cela peut entraîner, faut-il distinguer l'incompatibilité qui résulte d'un jugement sur le fond prononcé par la Commission de l'illicéité fondée sur des règles procédurales et éventuellement constatée par le juge national. Il en résulte notamment que si la Commission a déclaré l'aide compatible alors même

(61) 11 déc. 1973, *Lorenz*, aff. 120/73, *Rec.* 1471.

(62) CJCE, 14 févr. 1990, *France c. Commission*, aff. C-301/87, *Rec.* I-307.

(63) CJCE, 16 mai 2000, *Ladroke racing Ltd* (à propos du PMU français), aff. C-83/98, *Rec.* I-3271 ; CE, 17 nov. 2000, *URSSAF de la Haute-Garonne*, req. 185772.

qu'elle serait illicite au regard du droit national, l'obligation de récupération, qui se fonde essentiellement sur le droit de l'Union, ne joue plus (64).

§ 2. LES CONDITIONS D'INCOMPATIBILITÉ DES AIDES D'ÉTAT

1240 L'article 107 § 1 déclare incompatibles avec le marché commun les aides d'État « dans la mesure où elles affectent les échanges entre les États membres (A)… qui faussent ou qui menacent de fausser la concurrence (B)… en favorisant certaines entreprises ou certaines productions » (C).

A. L'affectation des échanges entre les États membres

1241 **Degré d'affectation des échanges.** Cette condition revêt une portée générale en droit européen de la concurrence, puisqu'on la trouve déjà mentionnée aux articles 101 et 102 TFUE. La formulation n'est-elle pas encore plus impérative pour les aides, car l'article 101 ne condamne que les ententes « susceptibles » d'affecter le commerce entre les États membres, alors que l'article 107 rejette les aides « dans la mesure » où elles affectent les échanges entre les États membres. Cette rédaction équivoque peut laisser à penser que toute aide en soi affecte les échanges, de par sa seule existence.

La Cour semble hésiter entre plusieurs attitudes. Systématiquement, en effet, elle estime incompatibles des aides d'État, quelle qu'en soit la nature, quand bien même l'incidence sur les échanges se révèle très faible, voire infime (65). Ceci se vérifie notamment pour les aides à l'exportation, pour lesquelles la présomption d'invalidité est particulièrement forte. Peu importe que ces aides portent sur les échanges intracommunautaires (66) ou même extracommunautaires. Dans ce dernier cas, un avantage même mineur conféré à une entreprise par rapport à ses concurrentes peut lui permettre de gagner des marchés extérieurs ardemment disputés, encore plus lorsqu'il s'agit de marchés étroits (67).

Mais les aides à l'exportation ne sont pas les seules « en mesure » d'affecter de par leur seule existence les échanges entre les États membres. Il en va de même des diverses formes d'aides à la production qui permettent à des entreprises d'alléger leur coût de production ou d'améliorer leur trésorerie. Ces aides sont donc condamnables, même si l'entreprise bénéficiaire occupe un créneau très limité dans un secteur déterminé (68). En effet, selon la Cour, « la production intérieure peut s'en trouver maintenue ou augmentée avec cette conséquence que les chances des entreprises établies dans d'autres États membres d'exporter leurs produits vers le marché de cet État membre en

(64) CJCE, 12 févr. 2008, *Centre d'exploitation du livre français (CELF)*, aff. C-199/06, *Rec.* I-469, *Europe* avr. 2008, n° 124, note L. Idot ; *RAE* 3-2007/2008, p. 631, note E. Barbier de la Serre et T. Balthazar ; *RDUE* 2-2008, p. 351, note R.-K. Wagner ; 18 déc. 2008, *Wienstrom GmbH*, aff. C-384/07, *Rec.* I-10393.

(65) TPI, 11 juill. 2002, *Hijo de Andrès Molina*, aff. T-152/99, *Rec.* II-3049.

(66) CJCE, 10 déc. 1969, *Belgique c. Commission*, aff. 6 et 11/69, *Rec.* 523 ; 15 déc. 2005, *Commission c. Italie*, aff. C-66/02, *Rec.* I-10901 ; 15 déc. 2005, *Unicredito Italiano*, aff. C-148/04, *Rec.* I-11137 ; T. Fouquet, « Chronique des aides publiques 2005 », *RMCUE* mai 2006, n° 498, p. 342.

(67) CJCE, 21 mars 1990, *Belgique c. Commission*, aff. C-142/87, *Rec.* I-959.

(68) Pour des aides mineures dans le secteur agricole, CJCE, 19 sept. 2002, *Espagne c. Commission*, aff. C-113/00 et 114/00, *Rec.* I-7601.

sont sensiblement diminuées » (69). Le même sort est réservé aux aides au fonctionnement qui ont pour seul objet de soulager la trésorerie d'une entreprise, quand bien même elles s'avéreraient très proches de l'application de la règle du *de minimis* (70). Toutefois, et ceci peut expliquer certaines confusions, la Commission ne peut se borner à invoquer *in abstracto* le critère de l'affectation des échanges entre les États membres. Il lui faut argumenter d'une manière concrète à partir de données économiques objectives propres à l'espèce (71), ne serait-ce que pour satisfaire à l'exigence de motivation de l'article 296 TFUE.

B. L'altération de la concurrence

1242 **Interprétation extensive**. Sont en effet incompatibles les aides qui « faussent ou menacent de fausser la concurrence ». Là encore, cette condition fait l'objet d'une interprétation très extensive. Toute aide directe ou indirecte favorise nécessairement l'entreprise qui la reçoit, en même temps qu'elle pénalise ses concurrentes. Pour la Commission comme pour la Cour de justice (72), il y a altération de la concurrence dès lors que l'aide aboutit à une prise en charge par les pouvoirs publics d'une partie des coûts qui incomberaient normalement à l'entreprise bénéficiaire (73). Mais il y a aussi atteinte à la concurrence lorsque l'avantage consiste en apport en capital destiné à en faciliter la restructuration économique ou financière. De telles opérations ne se limitent pas à réduire les charges financières de ces entreprises, mais elles ont pour objectif essentiel de les maintenir en vie, alors même que selon les lois du marché, elles auraient probablement disparu.

Cette conception extensive de l'altération de la concurrence se trouve renforcée par le fait que le traité ne se contente pas d'envisager des atteintes existantes à la concurrence, mais également des atteintes virtuelles (74). Cette importante différence avec le régime des ententes s'explique, outre une méfiance générale à l'égard des agissements étatiques, par le contrôle préventif que la Commission exerce sur les aides d'État. Les États doivent lui communiquer leurs projets d'aides, sans qu'on puisse bien évidemment en connaître *a priori* l'impact réel.

1243 **Présomption d'incompatibilité**. Au total, peu d'aides peuvent échapper à la condamnation au titre de l'atteinte à la concurrence et nombre d'auteurs soutiennent la thèse de la présomption d'incompatibilité de l'aide. D'autant que dans un marché de plus en plus intégré comme le marché européen, il est certain que toute aide entraîne inéluctablement des perturbations aussi bien eu égard aux règles de libre circulation qu'à celles de concurrence (75). La Cour de justice en fait le constat du moins pour les aides

(69) 21 mars 1991, *Italie c. Commission*, aff. C-303/88, *Rec.* I-1433.

(70) CJCE, 19 sept. 2000, *RFA c. Commission*, aff. C-156/98, *Rec.* I-6857.

(71) CJCE, 19 oct. 2000, *Italie et Sardena Lines c. Commission*, aff. C-15/98 et 105/99, *Rec.* I-8855 ; 30 avr. 2009 *Commission c. Italie et Wam*, aff. C-494/06, *Rec.* I-3639 ; *RDUE* 2-2009, p. 321, note S. Thomas.

(72) 2 juill. 1974, *Italie c. Commission*, aff. 173/73, *Rec.* 709.

(73) 14 févr. 1990, *France c. Commission*, aff. C-301/87, *Rec.* I-307.

(74) L'article 107 § 1 condamne les aides « qui faussent ou *menacent* de fausser la concurrence ».

(75) La Cour n'opère pas toujours strictement la distinction entre la condition de l'affectation des échanges et celle de l'atteinte à la concurrence : CJCE, 19 sept. 2002, *Espagne c. Commission*, aff. C-113/00 et 114/00, *Rec.* I-7601.

au fonctionnement qui « faussent *en principe* les conditions de concurrence » (76). Face aux deux libertés fondamentales de circulation et de concurrence, seules les aides extrêmement minimes qui ne dépassent pas en volume et en pourcentage certains seuils financiers peuvent être admises.

1244 **Règle du *de minimis*.** Le règlement du 7 mai 1998 sur l'application des règles du traité à certaines catégories d'aides horizontales s'inspire de ce principe en permettant l'exonération d'aides de faible importance (règle dite du *de minimis*) parce qu'elles ne « satisfont pas à tous les critères de l'article 92 § 1 du traité et qu'elles sont donc exemptées de la procédure de notification prévue à l'article 93 § 3 » (77). Pris en application du règlement précité, le règlement d'exemption catégorielle (78) concernant la règle du *de minimis* maintient le plafond de 100 000 euros pour une période de trois ans, tout en excluant de son champ d'application les aides à l'exportation en raison certainement de leur nocivité particulière et celles relatives aux secteurs de l'agriculture, de la pêche et des transports, qui, du moins pour les deux premiers secteurs, portent souvent sur des montants réduits (79). La règle du *de minimis* peut néanmoins se voir écartée en cas de cumul d'aides par une même entreprise (80). Inversement lorsqu'une entreprise se livre à plusieurs activités, la règle du *de minimis* doit être appréciée séparément pour chacune d'entre elles (81).

C. La discrimination dans la concurrence : la sélectivité de l'aide

1245 **Aide et mesure générale.** L'aide n'est contraire à la concurrence et donc incompatible que si elle favorise « certaines entreprises ou certaines productions ». À la vérité, une telle condition peut sembler superflue puisque par définition toute aide procure un avantage à ses bénéficiaires. Néanmoins, cet élément permet d'écarter de l'article 107 § 1 les mesures de caractère très général destinées à l'ensemble de l'économie ou des entreprises, telle une baisse d'impôt sur les sociétés ou une réduction du taux de TVA (82). Cependant la ligne de partage entre ce qui relève d'une mesure ou réglementation générale et une aide à certaines catégories d'entreprises ou de productions n'est pas toujours aisée à tracer. En particulier une mesure d'apparence générale peut très bien ne bénéficier *de facto* qu'à certaines catégories de personnes ou d'entreprises (83) ou bien encore une application plus ou moins souple de la loi, la

(76) CJCE, 19 sept. 2000, *RFA c. Commission*, aff. C-156/98, *Rec.* I-6857.

(77) No 994/98, *JOCE* L 142, 14 mai 1998.

(78) Règlement n° 69/2001 de la Commission du 12 janv. 2001, *JOCE* L 10, 13 janv. 2001 ; v. aussi circulaire française du 26 janv. 2006, *JORF* n° 26, 31 janv. 2006.

(79) Exemple : CJCE, 19 sept. 2002, *Espagne c. Commission*, aff. C-113 et 114/00, *Rec.* I-7601.

(80) CJCE, 13 juin 2002, *Pays-Bas c. Commission*, aff. C-382/99, *Rec.* I-5163.

(81) CJCE, 26 sept. 2002, *Espagne c. Commission*, aff. C-351/98, *Rec.* I-8031 (à propos de transporteurs exerçant à la fois l'activité à titre professionnel et pour leurs besoins propres).

(82) CJCE, 1er déc. 1998, *Ecotrade*, aff. C-200/97, *Rec.* I-7907 ; TPI, 23 oct. 2002, *Territorio historico de Guipúzcoa*, aff. T-269, 271 et 272/99, *Rec.* II-4217 ; 8 nov. 2001, *Adria-Wien Pipeline GmbH*, aff. C-143/99, *Rec.* I-8365 (remboursement de taxes sur l'énergie gazière bénéficiant à toutes les entreprises situées sur le territoire national).

(83) TPI, 29 sept. 2000, *Confederacion Espanola de Transporte de Mercancias*, aff. T-55/99, *Rec.* II-3207.

non-adoption de mesures d'exécution ou une tolérance administrative ou judiciaire peuvent faire basculer la mesure générale dans la catégorie des aides (84).

1246 **Aide individuelle et régime d'aide**. Cependant, il n'est pas nécessaire à l'autre extrémité que l'aide s'inscrive dans une mesure purement individuelle, en ce sens qu'elle ne bénéficierait qu'à une entreprise ou à un petit noyau bien identifié. Dans la pratique, s'il arrive qu'une aide soit attribuée en dehors de tout cadre légal ou réglementaire à une entreprise bien déterminée – notamment à de grandes entreprises publiques ou privées en difficulté ou en phase de restructuration – la plupart du temps, la Commission se trouve en présence de *régimes* d'aides fondés sur des actes législatifs ou réglementaires, qui ont la nature d'actes à portée générale au regard du droit public interne. Mais ni la Commission ni la Cour de justice ne se laissent influencer par les classifications tirées du droit interne. Et il importe peu en définitive que l'aide revête un caractère très général, en bénéficiant par exemple à l'ensemble des produits nationaux, dès lors qu'elle se révèle discriminatoire à l'encontre des produits étrangers. Ainsi en va-t-il d'un taux de réescompte préférentiel octroyé par la France aux seuls produits français (85). L'appartenance d'une aide à un régime général implique cependant de l'examiner au regard de ce régime avant de vérifier si elle s'en écarte au point de revêtir un caractère purement individuel (86).

En revanche, les aides ou subventions accordées à des institutions de caractère social ou à des organismes publics non engagés dans le secteur concurrentiel ne présentent pas le caractère d'aide au sens du traité, car le bénéficiaire n'est pas une entreprise au sens économique du terme.

SECTION III — LES DÉROGATIONS AU PRINCIPE D'INCOMPATIBILITÉ

1247 Contreparties du principe d'incompatibilité, les dérogations occupent aux paragraphes 2 et 3 de l'article 107 une place beaucoup plus importante dans le TFUE que la condamnation lapidaire du paragraphe 1er. Selon une classification bien établie, les textes précités distinguent deux sortes de dérogations (§ 1) : celles jouant de plein droit dites automatiques et celles laissées à la libre appréciation de la Commission, dites facultatives. Cependant l'évolution économique a peu à peu minoré l'importance de cette distinction, et les dérogations facultatives occupent aujourd'hui le devant de la scène, d'autant que le rôle de la Commission y est devenu déterminant (§ 2).

(84) CJCE, 12 oct. 2000, *Espagne c. Commission*, aff. C-480/98, *Rec.* I-8717 ; TPI, 6 mars 2002, *Territorio Historico de Alava*, aff. T-6127 et 129/99, *Rec.* II-1283 (crédits d'impôts octroyés discrétionnairement par l'administration) ; TPI, 11 juill. 2002, *Hijos de Andrès de Molina*, aff. T-152/99, *Rec.* II-3049.

(85) CJCE, 10 déc. 1969, *Commission c. France*, aff. 6 et 11/69, *Rec.* 523.

(86) CJCE, 16 mai 2002, *Asssociaçao dos refinadores*, aff. C-321/99, *Rec.* I-4287 ; TPICE, 11 juin 2009, *ACEA*, aff. T-297/02, *Rec.* II-1683.

§ 1. LES DISPOSITIONS DU TFUE

A. Les dérogations admises de plein droit

1248 **Nomenclature**. Il en existe de trois types. D'abord, les aides à caractère social octroyées aux consommateurs individuels, à condition qu'elles le soient sans discrimination liée à l'origine des produits. Ensuite, les aides destinées à remédier aux dommages causés par les calamités naturelles ou par d'autres événements extraordinaires. Enfin, les aides octroyées à l'économie de certaines régions de la République Fédérale d'Allemagne affectées par la division de l'Allemagne.

Le simple énoncé de cette énumération montre clairement qu'il s'agit de situations exceptionnelles pour lesquelles les aides se justifient autant pour des raisons économiques qu'extra-économiques. Les premières ont un objectif social clairement affiché : il s'agit de venir en aide à des nécessiteux ou à des économiquement faibles, et de plus, elles bénéficient aux consommateurs et non aux entreprises. Quant aux aides liées aux calamités naturelles ou à d'autres événements extraordinaires, là encore, la finalité sociale ou écologique prime sur toute autre considération. Néanmoins dans une affaire récente concernant les incidences économiques sur les compagnies aériennes des attentats terroristes du 11 septembre 2001 à New York, le Tribunal a admis que des aides compensatoires versées à certaines compagnies devaient être déclarées compatibles de plein droit dès lors qu'elles constituaient des événements extraordinaires au sens de l'ex-article 87 § 2 point b CE (87).

Le principe des aides liées à la division de l'Allemagne n'a pas été abrogé avec la réunification. Toutefois, la Cour de justice a donné de cette disposition une interprétation nouvelle et actualisée conforme au principe de l'effet utile du traité d'où il ressort selon elle que la plupart des difficultés que peuvent rencontrer les nouveaux Länder de l'est résultent moins de la partition de l'Allemagne après la Seconde Guerre mondiale que de problèmes récents. En conséquence les aides que les Länder de l'est peuvent recevoir de l'État allemand ne peuvent qu'exceptionnellement se fonder sur la dérogation automatique de l'article 107 § 2 point c et devraient plutôt relever du régime des dérogations facultatives du paragraphe 3 (88). Le traité de Lisbonne a d'ailleurs prévu une clause de réexamen de ces aides, qui, cinq ans après l'entrée en vigueur du traité, pourraient être abrogées.

1249 **Contrôle**. Il reste que même sur une pente descendante, même compatibles de plein droit, ces aides relèvent d'un certain contrôle de la Commission, au titre de l'article 108 TFUE. En effet, la procédure d'examen des aides d'État s'applique sans distinction aux dérogations automatiques comme à celles qui sont facultatives. Dans le premier cas, cependant, le contrôle se borne au constat que les aides attribuées entrent bien dans l'une ou l'autre des trois hypothèses visées à l'article 107 § 2. Mais si la Commission ne dispose d'aucun pouvoir discrétionnaire sur le fond, encore faut-il établir que les conditions de la dérogation automatique sont acquises (89).

(87) TPICE, 25 juin 2008, *Olympiaki Aeroporia Ypiresies AE*, aff. T-286/06, *Rec.* II-1091.

(88) CJCE, 19 sept. 2000, *RFA c. Commission*, aff. C-156/98, *Rec.* I-6857 ; v. aussi TPI, 15 déc. 1999, *Freistaat Sachsen*, aff. T-132 et 143/96, *Rec.* II-3663.

(89) TPI, 5 août 2003, *P & O European Ferries (Vizcaya)*, aff. T-116 et 118/2001, *Rec.* II-2957.

B. Les dérogations facultatives

1. Les dérogations générales

1250 **Aides régionales et aides sectorielles**. L'article 107 § 3 évoque à deux reprises les aides régionales : au point a, pour les régions en retard de développement, et au point c, pour le développement régional en général – y compris depuis le traité de Lisbonne les régions relevant peu ou prou de la catégorie des départements d'outre-mer et assimilés (art. 349 TFUE). La priorité ainsi donnée à l'approche régionale se comprend et même se justifie lorsque l'on se rappelle que la politique régionale constitue une des grandes absentes du traité de Rome originaire. À défaut donc de pouvoir agir directement dans ce secteur, le traité reconnaît une compétence aux États membres sous l'étroit contrôle de la Commission. D'ailleurs, il est intéressant de constater que les aides régionales connaîtront un grand épanouissement aussi longtemps que l'Union elle-même n'entreprendra pas une politique régionale digne de ce nom. De plus, la pratique de la Commission gommera la distinction entre les deux catégories d'aides régionales évoquées par l'article 107, préférant une approche « moniste ».

Figurent en second lieu et également au point c les aides au développement de certaines activités, encore appelées aides sectorielles (industrie textile, transports, automobile). Celles-ci pallient l'absence de politique industrielle dans le traité. Mais la condition de non-altération « des échanges dans une mesure contraire à l'intérêt commun » prend ici un relief particulier, puisque l'on peut supposer que la poursuite d'un intérêt général qui sous-tend peu ou prou toute aide régionale, perd de sa consistance en matière d'aides sectorielles.

2. Les dérogations ponctuelles

1251 Cohabitent ici (point b) dans un ensemble peu harmonieux les aides destinées à promouvoir un projet d'intérêt européen commun et celles visant à remédier à une perturbation grave de l'économie d'un État membre. Les premières ont servi de support à la réalisation de grands projets d'infrastructures (tunnel sous la Manche), ou bien elles sont utilisées – mais avec une parcimonie croissante – pour justifier des aides « horizontales », comme celles à la recherche-développement ou à la protection de l'environnement. Quant aux secondes, elles rappellent la dérogation automatique relative aux calamités naturelles. Cependant pour éviter une utilisation laxiste de la notion de « perturbation grave », la Commission se montre très stricte sur les situations alléguées par les États membres, et cette dérogation n'a abouti à ce jour que dans un petit nombre de cas.

1252 **Crise financière européenne**. Néanmoins, la grave crise financière qui secoue l'Europe depuis 2008 a conduit les États à adopter des plans de sauvetage de divers secteurs économiques notamment des banques. Dans un premier temps, la Commission a estimé que ces plans devaient être examinés à la lumière du point c (développement de certaines activités ou de certaines régions), puis le point b (perturbation grave de l'économie) a été sollicité, la Commission estimant en effet que le point c ne peut couvrir que des aides ponctuelles et non des aides générales, mobilisant de surcroît des moyens financiers considérables. Sur le fond, la Commission s'est efforcée dans son contrôle de laisser une large marge de manœuvre aux États dans l'élaboration et la mise en œuvre des plans de sauvetage, tout en sauvegardant l'essentiel de la concurrence notamment en ce qui concerne la recapitalisation des banques (90).

1253 Apport de Maastricht, les aides à la promotion de la culture et la conservation du patrimoine culturel (point d) soulignent l'extension de l'Union européenne à des préoccupations non économiques et confortent l'inclusion dans le traité CE d'un titre XII (troisième partie) consacré à la culture (91). Or, dans ce secteur, comme dans la plupart des politiques nouvelles initiées par le traité de Maastricht, les pouvoirs de l'Union ont été attribués au compte-gouttes. Il paraît donc indispensable que les États puissent octroyer des aides, même si on peut s'étonner que, nonobstant leur finalité non-économique, elles doivent se soumettre aux disciplines du marché intérieur (92). De même, la double condition posée par l'article 107 § 3 point d nouveau, de non-altération des échanges et de la concurrence « dans une mesure contraire à l'intérêt commun » paraît répétitive par rapport à la définition générale de l'aide de l'article 107 § 1.

3. La clause évolutive

1254 **Signification et portée**. Mentionnée au point e, elle ne manque de surprendre, tant les dérogations formellement prévues le sont en termes larges (aides régionales, aides sectorielles). Il est vrai cependant que n'y figurent pas les aides dites générales ou horizontales, comme les aides à l'emploi, aux petites et moyennes entreprises, qui se sont considérablement développées dans la pratique. Mais la notion de « catégorie d'aides » visée par l'article 107 § 3 point e n'est pas facile à cerner dans le contexte global des aides d'État. La pratique extrêmement modeste faite de cette clause évolutive ne permet guère de répondre, d'autant qu'il appartient au Conseil sur proposition de la Commission de déterminer les catégories d'aides concernées.

Mais la clause évolutive n'a pas pour objet de rendre automatiquement compatibles avec le traité ces « autres catégories d'aides ». Celles-ci restent en effet soumises au pouvoir de contrôle de la Commission. De plus, insérées à l'article 107, elles doivent respecter les critères généraux de compatibilité des aides posées par cette disposition, ce qui signifie qu'elles restent en principe incompatibles avec le marché intérieur. Néanmoins, et là réside peut-être tout l'intérêt de la clause évolutive, le Conseil peut, à défaut d'écarter le pouvoir discrétionnaire de la Commission dans son évaluation, assujettir celle-ci à des conditions particulières et conférer ainsi un préjugé favorable aux « autres catégories d'aides », qu'il aura expressément identifiées.

§ 2. LA PRATIQUE DE LA COMMISSION

1255 La pratique s'est largement écartée de la lettre des traités. Les dérogations automatiques sont passées au second plan, et la Commission a donné des

(90) L. Wagner, « Aides d'État : la Commission confrontée au risque systémique », *Europe* janv. 2009, p. 4 ; v. aussi les communications de la Commission n° 2010/C/329/07, *JOUE* C 329, 7 déc. 2010 et 2011 C 6/05, *JOUE* C 6, 11 janv. 2011.

(91) L. Mayer-Robitaille, « Le statut ambivalent au regard de la politique communautaire de concurrence des accords de nature culturelle et des aides d'État relatives à la culture », *RTDE* 3/2004, p. 478 et s.

(92) Et pourtant… TPI, 28 févr. 2002, *SIDE*, aff. T-155/98, *Rec.* II-1179 ; 15 avr. 2008, *Société internationale de diffusion et d'édition (SIDE)*, aff. T-348/04, *Rec.* II-625.

dérogations facultatives une interprétation tout à la fois globaliste et finaliste (A). Ceci l'a amenée à élaborer de véritables codes de conduite opposables tant aux États qu'aux entreprises et régissant les différentes catégories d'aides développées sur la base du traité (B).

A. Étendue des pouvoirs de la Commission

1256 **Pouvoir d'appréciation individuelle**. La Commission dispose d'un « large pouvoir d'appréciation » pour se prononcer sur la compatibilité des aides (93). En effet, si les conditions d'autorisation ne sont pas remplies, elle doit rejeter l'aide litigieuse. Mais si elles le sont, elle demeure libre de l'approuver ou non. En d'autres termes, liée négativement, la Commission possède un pouvoir discrétionnaire positif (94), que seule l'erreur manifeste d'appréciation pourrait arrêter (95).

Toutefois dans un contexte économique difficile, et alors même que pour faire aux mutations structurelles et industrielles douloureuses, les États ont tendance à multiplier les aides et les entreprises à les solliciter avec une anxiété croissante, l'exercice d'un tel pouvoir discrétionnaire s'avère non seulement lourd de conséquences mais périlleux à exercer. D'où le souci de la Commission de se fixer à l'avance des normes de référence, des règles de conduite, ayant un caractère général et derrière lesquelles elle pourra s'abriter ensuite, pour prendre ses décisions individuelles. Il s'agit d'un problème classique d'autolimitation du pouvoir discrétionnaire. Mais le traité ne reconnaît pas à la Commission un tel pouvoir normatif. Seul le Conseil, sur la base de l'article 109 peut, sur proposition de la Commission et après avis du Parlement européen, prendre les mesures d'application des articles 107 et 108. Mais le Conseil est demeuré longtemps passif, et il a fallu attendre le règlement du Conseil du 7 mai 1998 sur les exemptions catégorielles (96) pour le voir sortir de sa réserve ; une initiative rapidement relayée par l'adoption d'un règlement du 22 mars 1999 à portée plus générale et concernant la procédure en matière d'aide d'État (97). Face à cette carence prolongée, la Commission a dû prendre l'initiative, en se transformant en une sorte de législateur de substitution, de façon à donner plus de sécurité juridique tant aux États membres qu'aux entreprises.

1257 **Pouvoir normatif de la Commission**. Ce pouvoir a revêtu les formes les plus diverses : le plus souvent des communications adressées aux États membres et/ou au Conseil, des lettres ayant les mêmes destinataires, de véritables codes des aides dans tel ou tel secteur déterminé, des lignes directrices, voire même un simple exposé de sa doctrine dans le rapport annuel sur la politique de concurrence, publié en annexe du rapport général d'activité. Peu à peu, l'ensemble des activités, secteurs ou régions au sens de l'article 107 se sont vus dotés de leur propre réglementation, s'imposant *de facto* à l'ensemble des parties intéressées : États comme entreprises.

(93) CJCE, 21 mars 1991, *Italie c. Commission*, aff. C-303/88, *Rec.* I-1433.

(94) CJCE, 19 sept. 2000, *RFA c. Commission*, aff. C-156/98, *Rec.* I-6857.

(95) CJCE, 22 mars 2001, *France c. Commission*, aff. C-17/99, *Rec.* I-2481 ; TPICE, 15 avr. 2008, *Société internationale de diffusion et d'édition (SIDE)*, aff. T-348/04, *Rec.* II-625.

(96) N° 994/98, *JOCE* L 124 du 14 mai 1998.

(97) N° 659/1999 du 22 mars 1999, *JOCE* L 83, 27 mars 1999.

1258 **Valeur juridique**. Pendant longtemps, la Cour de justice est restée muette sur la question de la validité tout en admettant implicitement que la Commission puisse fonder ses décisions individuelles sur les « orientations » adoptées à l'avance (98) et tout en considérant que celles-ci jouissaient d'une sorte de présomption d'opposabilité tant aux États qu'aux entreprises, ces dernières pouvant néanmoins alléguer une situation particulière pour s'écarter des normes indicatives posées par la Commission (99). Mais progressivement, le juge est venu régler la plupart des questions juridiques soulevées par le pouvoir quasi normatif de la Commission, en acceptant le caractère obligatoire des « disciplines » ou « orientations » en matière d'aides. Amorcée avec un arrêt du 24 mars 1993 (100) cette solution prend toute sa valeur avec plusieurs arrêts rendus en 1995 (101). Le fondement de ce caractère obligatoire s'avère inattendu puisque la Cour l'établit sur l'ex-article 88 § 1 CE (devenu 108 § 1er TFUE), qui autorise la Commission à proposer aux États membres « les mesures utiles » en matière d'aides « exigées par le développement progressif ou le fonctionnement du marché commun ». De plus, en vertu de cette même disposition, la Cour relève une véritable obligation de coopération proche de celle plus générale de l'ex-article 10 CE (devenu 4 § 3 TUE) entre les États membres et la Commission pour édicter des normes d'encadrement des régimes d'aides d'État. Cette compétence s'exerce pour une durée librement conclue (102). D'où il résulte notamment, que si la norme concertée vient à expiration dans le temps, elle perd sa validité et ne peut plus servir de base à l'édiction de décisions individuelles (103). La Commission se doit donc de respecter les orientations ou lignes directrices qu'elle édicte périodiquement (104).

B. Les différentes catégories d'aides

1. Les aides régionales

1259 **Évolution des lignes directrices**. L'absence de politique régionale de même que la volonté de ne pas laisser les États membres agir en ordre totalement dispersé, expliquent que la Commission se soit penchée très tôt sur les aides au développement régional. Les premiers principes généraux de coordination en la matière, adoptés dès 1971 (105), reposent sur une distinction entre régions centrales et régions dites périphériques. Plus tard dans une communication du 21 décembre 1978 (106) la Commission affinera la

(98) 14 févr. 1990, *France c. Commission*, aff. C-301/87, *Rec.* I-307 ; 21 mars 1991, *Italie c. Commission*, aff. C-303/88, *Rec.* I-1433.

(99) CJCE, 22 mars 2001, *France c. Commission*, aff. C-17/99, *Rec.* I-2481 ; v. aussi 7 mars 2002, *Italie c. Commission*, aff. C-310/99, *Rec.* I-2289 ; TPICE, 20 sept. 2007, *Fachvereinigung Mineralfaserindutrie eV*, aff. T-375/03, et 254/05, *Rec.* II-121, somm.

(100) CJCE, *CIRFS*, aff. C-313/90, *Rec.* I-1125, concl. C.-O. Lorenz.

(101) CJCE, 29 juin 1995, *Espagne c. Commission*, aff. C-135/93, *Rec.* I-1651, et 1996 : 15 oct. 1996, *Ijssel-Vliet*, aff. C-311/94, *Rec.* I-5023.

(102) CJCE, 18 juin 2002, *Allemagne c. Commission*, aff. C-242/00, *Rec.* I-5603.

(103) CJCE, 15 avr. 1997, *Espagne c. Commission*, aff. C-292/95, *Rec.* I-1948.

(104) CJCE, 29 avr. 2004, *Italie c. Commission* (entre autres), aff. C-91/01, *Rec.* I-4355, TPICE, 1er déc. 2004, *Kronofrance SA, aff.* T-27/02, *Rec.* II-4171, TPICE, 14 déc. 2005, *Regione autonoma della Sardegna*, aff. T-200/04, *Rec.* II-34, somm.

(105) Communication du 23 juin 1971, *JOCE* C 111, 4 nov. 1971.

(106) *JOCE* C 31, 3 févr. 1979.

perspective en regroupant les régions européennes en quatre catégories, principes dont s'inspirent encore les orientations adoptées en 1991 (107) en même temps qu'apparaît l'idée d'élaboration de véritables cartes régionales de l'Union en matière d'aides. Une orientation plus restrictive après des années de tolérance à l'égard des aides régionales, s'ensuit liée à la montée en puissance d'abord de la politique régionale de l'Union puis de la cohésion économique et sociale (108). Depuis la réorganisation des fonds socio-structurels de 1988, les régions ès qualité bénéficient de la majeure partie de la dotation qui leur est allouée. Les nouveaux objectifs arrêtés en 2006 confirment cette approche (109) Dans ces conditions, l'aide régionale doit s'inscrire dans les axes et les priorités que l'Union elle-même s'est fixée sur le terrain de la cohésion. L'aide régionale n'a plus qu'un caractère subsidiaire ou complémentaire. Elle prolonge les actions entreprises par l'Union.

À échéance régulière, la Commission publie donc des lignes directrices en matière d'aides d'État à finalité régionale (110). Les dernières en date couvrent la période 2007-2013 (111), correspondant par ailleurs au cadre financier pluriannuel applicable pour l'ensemble des politiques et actions de l'Union durant cette période. Concrètement, elles prennent la forme d'aides aux investissements accordées aux grandes comme aux petites entreprises et d'une manière plus mitigée d'aides au fonctionnement. Les plafonds comme l'intensité de l'aide dépendent de la nature des régions concernées qui sont pour l'occasion classées en sept catégories. Toujours en fonction du classement des régions concernées, les lignes directrices fixent des plafonds eu égard à l'obligation de notification à la Commission (112). Les lignes directrices sont complétées par ailleurs par un règlement du 24 octobre 2006 qui concerne plus particulièrement les aides à l'investissement à finalité régionale (113).

2. Les aides sectorielles

1260 **Inventaire des textes**. Celles-ci ont connu un développement considérable, en raison de la crise économique et des problèmes de restructuration traversés par nombre d'industries traditionnelles. La Commission a fixé sa doctrine à leur propos dans une communication adressée au Conseil en mai 1978 (114). Sous réserve du respect du principe de libre concurrence, les aides sectorielles ont pour but de corriger les déséquilibres régionaux graves, faciliter les adaptations industrielles, éviter les bouleversements sociaux ou neutraliser certaines distorsions de concurrence.

Les orientations de 1978 ont été précisées et détaillées au fil des années secteur par secteur. Sur le plan instrumental, on note que dans certains secteurs, les normes, disciplines ou orientations de la Commission prennent la forme d'actes juridiques officiels. C'est le cas pour le charbon ou la sidérurgie puisque les aides dans ces secteurs

(107) 21e rapport sur la politique de concurrence (1991), *OPOCE* 1992 point 56.
(108) v. *supra*, n° 700 et s.
(109) v. *supra*, n° 701.
(110) *JOCE* C 74, 10 mars 1998.
(111) N° 2006/C54/08, *JOUE* C 54, 4 mars 2006.
(112) T. Fouquet « Chronique des aides publiques -2008 », *RMCUE* n° 528, mai 2009, p. 326 et s.
(113) N° 1628/2006, *JOUE* L 302, 1er nov. 2006.
(114) 8e rapport sur la politique de concurrence, n° 132 et s.

reposaient sur des dispositions formelles du traité CECA (115). C'est le cas aussi dans le cadre du TFUE pour les aides à la construction navale (116) ou pour certaines aides en matière agricole (117). Mais le plus souvent, compte tenu de leur caractère spontané et non officiel, ces normes s'inscrivent dans des actes « hors nomenclature ». Aujourd'hui, La plupart de ces aides ont été regroupées dans des instruments horizontaux à vocation multisectorielle ou intégrées dans les instruments d'aide à finalité régionale.

3. Les aides générales

1261 Également qualifiées d'aides horizontales ou transversales, elles sont accordées aux entreprises, indépendamment de leur région d'implantation ou de leur secteur d'activité. Elles soulèvent nombre de difficultés, car l'article 107 les ignore totalement. Ceci explique que la Commission ait joué à leur égard un rôle créateur de première importance, que le législateur de l'Union est venu tout récemment à la fois consacrer et encadrer.

1262 **Principales illustrations.** Loin de rejeter purement et simplement ces aides oubliées, et devant leur multiplication, la Commission, dès 1972, instaure une procédure de notification des régimes d'aides transversales ou des cas individuels les plus significatifs (118). De plus, les États membres doivent présenter un rapport annuel sur le fonctionnement de leurs régimes d'aides générales, de façon à assurer un minimum de transparence à ces aides souvent opaques. Par la suite, l'exécutif bruxellois devait se doter d'instruments plus spécifiques lui permettant d'examiner chaque catégorie d'aides générales.

Si les aides à l'exportation sont les premières visées mais aussi immédiatement pourchassées (119) en raison de leur atteinte directe au principe de libre circulation, les aides à la *recherche-développement* ont en revanche toujours bénéficié d'un accueil plus favorable de la Commission, en raison tant du démarrage tardif d'une politique commune en ce domaine que du handicap accumulé par l'Europe face à ses grands concurrents mondiaux que sont les États-Unis et le Japon. Elle entend cependant rester vigilante dans ce secteur et le dernier encadrement révisé en 2002 (120) souhaite orienter les aides vers de nouvelles priorités, qui sont celles du soutien aux PME, ou bien aux entreprises qui investissent dans des régions moins développées de l'Union. Dans tous ces cas, les seuils d'intensité admissible des aides – en moyenne de 25 % – pourront être relevés de 10 voire 15 %.

Les aides à la *protection de l'environnement* ont longtemps, pour des raisons voisines, bénéficié d'un préjugé favorable, comme en témoignent les orientations de 1974 (121).

(115) Remplacées par un règlement n° 1407/2002 du 23 juill. 2002, *JOCE* L 205, 2 août 2002.

(116) Règlement n° 1540/98 du 29 juin 1998, *JOCE* L 202, 18 juill. 1998 ; TPI, 28 févr. 2002, *Kvaerner Warnow Werft GmbH*, aff. T-227/99 et 134/00, *Rec.* II-1205 ; Certaines aides dans ce secteur échappent aux encadrements réglementaires mais restent soumises aux dispositions générales du traité : CJCE, 21 juill. 2005, *Administracion del Estado*, aff. C-71/04, *Rec.* I-7419.

(117) Décision du 24 nov. 1999, *JOCE* C 28, 1er févr. 2000 ; pour la pêche (et l'aquaculture) qui jouit aussi de la spécificité des articles 38 et 42 TFUE, nouvelles lignes directrices, *JOCE* C 19, 20 janv. 2001.

(118) 2e rapport sur la politique de concurrence n° 116 et s.

(119) CJCE, 21 mars 1990, *Belgique c. Commission*, aff. C-142/87, *Rec.* I-959.

(120) *JOCE* C 111, 8 mai 2002.

(121) Lettre de la Commission du 14 sept. 1974.

La mise en place d'une politique spécifique de l'Union en la matière de même que l'adoption régulière de grands programmes-cadres pluriannuels encadrant les efforts tant publics que privés, ont poussé la Commission à une plus grande rigueur (122). Le dernier encadrement en matière d'aides d'État résulte de lignes directrices adoptées en février 2008 (123). Elles visent avant tout à valider des aides qui permettent de remédier à l'insuffisante prise en compte de l'environnement par les entreprises. En effet, les entreprises qui agissent dans leur propre intérêt ne sont pas incitées à réduire leur niveau de pollution ou à prendre des mesures individuelles pour protéger l'environnement. L'intervention des États vise à pallier ces insuffisances. Pour être efficace et donc acceptable par la Commission, l'aide doit avoir un effet incitatif et amener le bénéficiaire à changer son comportement. L'aide doit donc respecter les critères de nécessité, de proportionnalité et de balance des intérêts.

Compte tenu de la rudesse du contexte économique, *l'entreprise* se trouve au centre des préoccupations de la Commission (124). Celle-ci a pu ainsi adopter des communications ou lignes directrices concernant les petites et moyennes entreprises (125), les aides à l'emploi, les aides de faible ampleur (ou *de minimis*) ou encore les aides au sauvetage et à la restructuration économique des entreprises en difficulté (126). Cependant à propos de ces aides à l'entreprise et plus largement des aides horizontales, la Commission s'oriente vers des réglementations plus sûres et plus rigoureuses.

1263 **Exemptions catégorielles**. Le règlement du 7 mai 1998 (127) fait date dans l'histoire des aides d'État, puisqu'il vient rompre le silence persistant du législateur européen dans l'exercice de ses pouvoirs au titre de l'ex-article 89 CE. *Ratione materiae*, il donne compétence à la Commission pour adopter sous forme de règlements des exemptions catégorielles au profit de certaines catégories d'aides horizontales, dans un certain nombre de domaines : les petites et moyennes entreprises, la recherche et le développement, la protection de l'environnement ainsi que l'emploi et la formation. Le règlement n° 994/98 s'applique aussi à certaines aides à finalité régionale, dès lors qu'elles respectent les cartes approuvées par la Commission pour chaque État membre. Sur cette base, la Commission a adopté un règlement du 6 août 2008 (128) précisant les domaines couverts jusqu'au 31 décembre 2013. Outre les domaines précités, il s'agit notamment des aides au conseil dans les PME, des aides aux travailleurs défavorisés, des aides à l'entrepreneuriat féminin, etc. Restent exclus l'agriculture et la pêche et d'autres aides relevant de régimes sectoriels

Néanmoins, les pouvoirs de la Commission sont étroitement encadrés, puisque les règlements d'application doivent, entre autres, déterminer les objectifs poursuivis,

(122) CJCE, 8 mai 2008, P, *Ferriere Nord Spa*, aff. C-49/05, *Rec.* I-68, somm.

(123) *JOUE* C 82, 1er avr. 2008.

(124) T. Fouquet, « Les critères spécifiques d'identification des aides d'État aux entreprises en difficulté », *RMCUE* sept. 2002, n° 461, p. 532 et s.

(125) Lignes directrices sur les aides aux investissements dans les PME du 19 juill. 2006, *JOUE* C 194, 14 août 2006.

(126) *JOUE* C 244, 1er oct. 2004 ; T. Fouquet, « Chronique des aides publiques », *RMCUE* juin 2005, n° 489, p. 399.

(127) N° 994/98, *JOCE* L 142, 14 mai 1998 ; C. Blumann, « L'émergence de l'exemption catégorielle en matière d'aide d'État… », *RMCUE* mai 1999, p. 319.

(128) N° 800/2008, *JOCE* L 214, 9 août 2008.

les catégories de bénéficiaires, les seuils d'intensité admissibles ainsi que les règles de cumul. De plus, la Commission doit recueillir l'avis d'un « comité consultatif en matière d'aides d'État » qui même s'il ne peut infléchir juridiquement le projet de la Commission, puisque simple comité consultatif au sens du règlement comitologie du 16 février 2011 (129), exercera quand même un pouvoir d'influence. De même encore, les règlements de la Commission n'auront qu'une durée de validité limitée car soumis à de fréquents réexamens pour coller au plus près à la situation économique. Enfin, ils doivent prévoir des règles précises concernant les pouvoirs des États dans l'octroi des aides, dans leur contrôle et dans l'information régulière de la Commission.

Le traité de Lisbonne a codifié le pouvoir d'exemption catégorielle reconnu au Conseil, à l'article 108 § 4 TFUE. Les règlements catégoriels du Conseil doivent être adoptés sur proposition de la Commission et après avis du Parlement européen (art. 109 TFUE).

1264 ***Mise en œuvre.*** La Commission a adopté d'abord trois règlements d'exemption catégorielle concernant respectivement les aides à la formation, les aides en faveur des PME et les aides « *de minimis* » (130). Le règlement nº 68/2001 sur les aides à la formation (et non à l'emploi) fixe les conditions d'obtention des aides qu'elles soient individuelles ou fondées sur des régimes d'aides. Les conditions de fond portent particulièrement sur le calcul de l'intensité de l'aide, sur les plafonds admissibles (un million d'euros pour les aides individuelles) et sur les règles de cumul (131). Pour ce qui est du règlement nº 69/2001 sur le principe du *de minimis,* le règlement confirme la pratique antérieure de la Commission selon laquelle le plafond à ne pas dépasser s'élève à 100 000 euros par entreprise sur une période de trois ans. Ces plafonds ont été portés à 200 000 euros par un règlement du 15 décembre 2006 (132). Ce texte prévoit aussi que bénéficient du même régime les garanties de prêt n'excédant pas 1,5 million d'euros. S'agissant du règlement nº 70/2001 relatif aux PME, le texte opère une distinction entre les aides à l'investissement et les services de conseil (133). Dans les deux cas, l'exemption ne joue que pour autant que des plafonds d'intensité ne sont pas dépassés. Enfin, la Commission a adopté le 5 décembre 2002 (134) un règlement d'exemption concernant les aides à l'emploi. La plupart des secteurs économiques sont visés. Là encore des plafonds sont fixés en fonction de la taille des entreprises et le texte se montre très soucieux d'éviter les cumuls d'aides (135).

(129) Nº 182/2011, *JOUE* L 55, 28 févr. 2011.

(130) Règlements no 68, 69 et 70/2001 du 12 janv. 2001, *JOCE* L 10, 13 janv. 2001.

(131) Si l'aide ne rentre pas dans le champ d'application du règlement ; les critères généraux de validité s'appliquent : Trib. UE, 8 juill. 2010, *Freistaat Sachsen*, aff. T-396/08, NEPR.

(132) Nº 1998/2006, *JOUE* L 379, 28 déc. 2006.

(133) Texte complété pour les PME actives dans la production, la transformation et la commercialisation de produits agricoles par un règlement nº 1857/2006 du 15 déc. 2006, *JOUE* L 358, 16 déc. 2006 ; F. GENCARELLI, « La nouvelle politique communautaire en matière d'aides d'État en agriculture », *RDUE* 1-2008, p. 5 et s.

(134) Nº 2204/2002, *JOCE* L 337, 24 déc. 2002 ; sur la légalité de ce règlement : CJCE, 14 avr. 2005, *Belgique c. Commission*, aff. C-110/03, *Rec.* I-2801.

(135) Le 24 avr. 2007, la Commission a mis en place une procédure de révision, codification et simplification des règlements d'exemption catégorielle existants : IP/07/549.

SECTION IV PROCÉDURE DE CONTRÔLE DES AIDES D'ÉTAT

1265 **Aide existante et aide nouvelle**. L'article 108 TFUE organise d'abord une procédure générale d'examen permanent des régimes d'aides d'État sous l'autorité de la Commission et en étroite relation avec les États membres (§ 1). Il se penche ensuite sur le cas des aides existantes (§ 2), puis sur celui des aides nouvelles (§ 3). La distinction des deux catégories n'a jamais été très claire et il a fallu attendre le règlement précité du 22 mars 1999 (136) pour disposer d'éléments plus solides. Certes les aides existantes sont celles qui préexistent au traité que ce soit pour les anciens ou pour les nouveaux États membres mais bien d'autres éléments complètent cette distinction. Ainsi faut-il insérer parmi les aides existantes celles qui ont été autorisées par la Commission ou bien – et ceci revêt une certaine importance – une aide nouvelle mais pour laquelle la Commission n'a pas régi et a laissé passer le délai d'objection ou bien encore toute mesure qui initialement ne constituait pas une aide mais qui l'est devenue en raison de l'évolution du droit de l'Union (137). En revanche, on peut considérer comme aide nouvelle, une aide qui certes s'appuie sur une règle existante et acceptée par la Commission mais qui en réalité va plus loin ou s'écarte de ses dispositions (138). Néanmoins il n'y a aide nouvelle qu'en cas de modification « substantielle » du régime d'aide existant (139). De même le Tribunal a jugé que des surcompensations de service public dans le secteur du transport maritime constituaient des aides nouvelles (140).

En revanche, les textes demeurent assez laconiques sur les sanctions applicables à l'égard des aides incompatibles. Là encore, la pratique et la jurisprudence marqueront un tournant décisif en posant le principe de récupération des aides illicites (§ 4).

§ 1. L'EXAMEN PERMANENT DES RÉGIMES D'AIDES

1266 **Compétences de la Commission**. La Commission, en dehors de toute approche contentieuse procède de concert avec les États membres à l'examen permanent de leurs régimes d'aides en vue d'orienter les législations nationales dans le sens souhaitable, compte tenu du contexte économique et social et de l'évolution des politiques de l'Union. L'article 108 § 1 permet aussi à la Commission d'avoir une vue d'ensemble des régimes nationaux, de relever d'éventuelles incompatibilités et d'exercer ensuite ses prérogatives de contrôle conformément au traité.

(136) N° 659/1999, *JOCE* L 83, 27 mars 1999.

(137) V. par exemple CJCE, 21 mars 2002, *Espagne c. Commission*, aff. C-36/00, *Rec.* I-3243 ; CJCE, 23 févr. 2006, *Atzeni, Scalas et Lilliu*, aff. C-346 et 529/03, *Rec.* I-1875 ; TPICE, 12 déc. 2007, *Irlande, France... c. Commission*, aff. T-50.../06, *Rec.* II-172 somm. ; 9 sept. 2009, *Territorio Historico de Alava*, aff. T-30, 227, 230/01, *Rec.* II-2919 ; T. Fouquet « Chronique des aides publiques -2009 », *RMCUE* n° 538, mai 2010, p. 332.

(138) TPI, 30 janv. 2002, *Keller SpA*, aff. T-35/99, *Rec.* II-261.

(139) TPI, 30 avr. 2002, *Gouvernement de Gibraltar*, aff. T-195/01, *Rec.* II-2309 ; CJUE, 20 mai 2010, *Todaro Nunziatina*, aff. C-138/09, NEPR ; T. Fouquet, « Chronique des aides publiques -2010 », *RMCUE* n° 549, juin 2011, p. 403 et s.

(140) TPICE, 20 juin 2007, *Tirrenia di Navigazione*, aff. T-246/99, *Rec.* II-65, somm.

Néanmoins, le texte n'offre que des compétences réduites au collège bruxellois, puisqu'il ne peut que proposer aux États membres « les mesures utiles exigées par le développement progressif ou le fonctionnement du marché intérieur ». Cette disposition n'appelle pas, semble-t-il, à l'édiction d'actes juridiques précis au sens de l'article 288 TFUE d'autant que les éventuelles propositions de la Commission s'adressent aux États membres et non au Conseil. Cependant, cette analyse doit être revue, depuis que la Commission a recouru à cette disposition pour adopter des communications, lignes directrices et autres formes d'encadrement des aides d'État. L'article 108 § 1 est ainsi devenu la base juridique du pouvoir normatif informel que la Commission s'est attribuée en matière de régulation des aides d'État, face à la carence du Conseil (141).

1267 **Principe de coopération loyale**. La Cour de justice a également renforcé les prérogatives de la Commission (142) en concédant un caractère obligatoire aux mesures « utiles » fondées sur l'article 108 § 1. Mais cette jurisprudence ne paraît pas encore complètement assurée (143) d'autant que le consentement des États devient un élément-clé de l'opposabilité à leur égard comme aux entreprises des normes édictées par l'exécutif bruxellois. Il serait également intéressant de s'interroger et sur le fondement juridique de cette nouvelle obligation assumée par les États (éventuellement le principe de coopération loyale de l'article 4 § 3 TUE, sur les modalités de sa sanction (recours en annulation, recours en manquement)) et sur la nature juridique de l'acte ainsi co-élaboré.

§ 2. LE CONTRÔLE DES AIDES EXISTANTES

A. Pouvoirs de la Commission

1268 **Phase préliminaire**. L'article 108 § 2 fait de la Commission l'instance suprême de régulation en matière d'aides d'État. Son contrôle des aides existantes se déroule en trois phases. La première ne figure pas formellement dans le texte du traité, mais se voit maintenant officialisée par le règlement du 22 mars 1999. C'est une phase préliminaire – de négociation « diplomatique » directe – durant laquelle la Commission examine dans un dialogue quasi exclusif avec l'État membre concerné l'aide ou le régime d'aide litigieux. Cette première étape, souvent confidentielle et au cours de laquelle se négocient concrètement les conditions de l'aide, les contreparties ou les garanties qu'entend obtenir la Commission dans l'intérêt de l'Union, se termine la plupart du temps par une décision de non-objection au profit de l'État membre. L'exécutif doit en principe se prononcer dans un délai de deux mois.

1269 **Phase administrative**. La seconde phase, qu'on peut qualifier d'administrative ou de précontentieuse, s'ouvre lorsque la Commission au terme de son examen préliminaire n'a pas réussi à convaincre l'État de modifier ou de renoncer à sa législation, ou bien, éprouve la conviction d'une incompatibilité probable de l'aide examinée. Mais compte

(141) V. *supra*, n° 1257.
(142) 15 oct. 1996, *Ijssel Vliet*, aff. C-311/94, *Rec.* I-5023.
(143) TPI, 12 déc. 1996, *Aiuffas*, aff. T-380/94, *Rec.* II-2169.

tenu de l'ignorance par les textes de base de la phase préliminaire, on s'interroge sur l'étendue des pouvoirs de la Commission. Doit-elle ouvrir cette phase précontentieuse lorsqu'elle éprouve un doute sérieux ou bien dispose-t-elle d'un pouvoir discrétionnaire ? La jurisprudence récente penche du côté de l'obligation (144). En effet, si des difficultés sérieuses apparaissent, la Commission ne peut les tenir pour négligeables. Ces difficultés sérieuses présentent en effet un caractère objectif et la Commission doit nécessairement aller plus loin pour éclairer son jugement (145).

Durant cette seconde étape, la Commission « après avoir mis les intéressés en demeure de présenter leurs observations » (146) ouvre une négociation multilatérale avec l'ensemble des partenaires concernés. Au terme de la discussion, qui, selon le règlement n° 659/1999 du 22 mars 1999, ne devrait pas excéder dix-huit mois, elle prend une décision négative ou positive, qui présente un caractère obligatoire, et qui peut faire l'objet d'un recours en annulation (147) ou même d'un sursis à exécution, dont l'aboutissement au vu de la jurisprudence récente, s'avère cependant assez problématique. Néanmoins, les conditions du recours en annulation, pour les personnes physiques et morales, restent celles du droit commun et la notion « d'intéressés » au sens de l'article 108 § 2, différente de celle des autres personnes physiques ou morales au sens de l'article 265 § 3 TFUE, ne donne pas un droit particulier d'action sur le plan contentieux (148) tout en facilitant malgré tout le droit de recours (149).

S'agissant plus particulièrement des tiers, qui sont le plus souvent les concurrents de l'entreprise bénéficiaire, la Cour en vue d'établir le critère « Plaumann » du lien individuel recherche si leur position sur le marché se voit substantiellement affectée (150). Ceci conduit à des appréciations fondées sur un ensemble de considérations de nature factuelle, commerciale et économique (151).

1270 **Phase contentieuse**. La troisième phase – de nature contentieuse – s'apparente à une sorte de recours en manquement de type simplifié ou accéléré (152). En effet, comme

(144) La décision d'ouvrir une procédure est en tout état de cause susceptible de recours : TPI, 30 avr. 2002, *Gouvernement de Gibraltar*, aff. T-195 et 207/01, *Rec.* II-2309.

(145) TPI, 10 mai 2000, *Sociedade Independente de Comunicaçao*, aff. T-46/97, *Rec.* II-2129 ; 15 mars 2001, *Société chimique Prayon-Rupel SA*, aff. T-73/98, *Rec.* II-867 ; TPI, 23 oct. 2002, *Territorio historico de Guipúzcoa*, aff. 269, 271 et 272/99, *Rec.* II-4217 ; TPICE, 4 juill. 2007, *Bouygues SA*, aff. T-475/04, *Rec.* II-2097 ; TPICE, 20 sept. 2007, *Fachvereinigung Mineralfaserindutrie eV*, aff. T-375/03 et 254/05, *Rec.* II-121, somm. ; CJCE, 17 juill. 2008, *Athinaïki Techniki AE*, aff. C-521/06, *Rec.* I-5829 ; TPICE, 10 févr. 2009, *Deutsche Post*, aff. T-388/03, *Rec.* II-199 ; *Europe* avr. 2009, n° 164, note L. Idot.

(146) CJCE, 14 nov. 1984, *Intermills*, aff. 323/82, *Rec.* 3809 ; à propos d'associations : Trib. UE, 18 mars 2010, *Forum 187 c. Commission*, aff. T-189/08, NEPR.

(147) CJCE, 21 mars 1991, *Italie c. Commission*, aff. C-303/88, *Rec.* I-1433.

(148) CJCE, 23 mai 2000, *Comité d'entreprise de la société française de production*, aff. C-106/98, *Rec.* I-3659.

(149) TPI, 5 déc. 2002, *Aktionsgemeinschaft Recht*, aff. T-114/00, *Rec.* II-5121 ; CJUE, 18 nov. 2010, *NDSHT*, aff. C-322/09, NEPR.

(150) CJCE, 28 janv. 1986, *Cofaz e.a./Commission*, 169/84, *Rec.* 391.

(151) CJCE, 22 nov. 2007, *SNIACE SA*, aff. C-260/05, *Rec.* I-10005 ; 22 nov. 2007, *Espagne c. Lenzing*, aff. C-525/04, *Rec.* I-9947 ; 29 nov. 2007, *Stadtwzerke Schwäbisch Hall*, aff. C-176/06, *Rec.* I-170, somm., *Europe* janv. 2008, n° 17, note L. Idot.

(152) Sur l'ensemble de la question des recours juridictionnels en matière d'aides : M. Dony (dir.), « Contrôle des aides d'État », *Commentaire Mégret*, coord. L. Idot, Éditions de l'Université de Bruxelles, 3e éd., 2007, p. 407 et s.

dans le cadre de l'article 258 TFUE, la Commission dispose de l'initiative, mais le détour par l'avis motivé est écarté. De plus, la décision qu'elle adopte est obligatoire, ce qui place l'État membre dans une position moins confortable. En revanche, à l'instar de l'article 258, la Commission reste libre d'introduire ou non le recours, nonobstant le constat de l'incompatibilité de l'aide. Mais ce pouvoir discrétionnaire est peut-être plus théorique que réel, car sa décision négative antérieurement prise peut servir de base à des actions contentieuses de la part des États tiers ou des entreprises lésées.

La Commission doit d'ailleurs demeurer très vigilante pour obtenir l'exécution de ses décisions. La pratique montre, en effet, que les États font souvent preuve de mauvais vouloir à ce stade final en multipliant les manœuvres de procédure, pour s'y soustraire, notamment en prétendant appliquer une autre aide que celle condamnée par la Commission. Cette dernière se trouve alors placée devant un choix délicat. Doit-elle immédiatement passer à la phase contentieuse ou bien ouvrir une nouvelle procédure administrative pour examiner la prétendue nouvelle aide versée par l'État ? Bien que cette seconde voie risque de retarder considérablement le règlement de l'affaire et offre bien des échappatoires aux États, la Cour de justice a opté en sa faveur, du moins lorsqu'il s'agit bien de s'attaquer à des comportements litigieux nouveaux de la part de l'État (153).

B. Les pouvoirs exceptionnels du Conseil

1271 Outre ses compétences normatives, le Conseil peut intervenir dans l'examen de cas individuels, sur la base de l'article 108 § 2 alinéa 3 et 4, et se substituer dans une certaine mesure à la Commission. Cette disposition vise à faire valider par le Conseil des aides existantes ou même des aides nouvelles. La saisine du Conseil, effectuée par un État membre et non par la Commission, a pour effet de suspendre toute procédure que cette dernière a pu engager. Cependant, si le Conseil n'a pas statué dans un délai de trois mois, l'exécutif indépendant récupère sa compétence. En tout état de cause, le Conseil ne peut revenir sur une décision d'incompatibilité précédemment arrêtée par la Commission (154). Sur le fond, les pouvoirs du Conseil sont considérables puisqu'il peut prononcer la compatibilité de l'aide quand bien même celle-ci contreviendrait aux critères de l'article 107 § 1. En clair, la décision revêtira un caractère tout autant politique que juridique. Dans ces conditions, on comprend que l'organe des États doive prendre sa décision à l'unanimité, et que celle-ci doive se justifier par « des circonstances exceptionnelles ».

Dans la pratique, le Conseil n'a fait qu'un usage très modéré de ses pouvoirs. La plupart des exemples concernent des questions agricoles, et notamment le secteur viti-vinicole. On constate cependant une augmentation du nombre de saisines du Conseil, ce dont la Commission s'est émue et explique qu'elle ait pris l'initiative de plusieurs recours en annulation devant la Cour de justice. Celle-ci admet la recevabilité de tels recours dans les conditions du droit commun (155) mais dans des espèces plus récentes, elle reconnaît pleine liberté au Conseil pour apprécier la réalité des

(153) 4 févr. 1992, *British Aerospace c. Commission*, aff. C-294/90, *Rec.* I-493.

(154) CJCE, 29 juin 2004, *Commission c. Conseil*, aff. C-110/02, *Rec.* I-6333 ; note M. Sousse, *RAE* 3/2003-2004, p. 471 et s.

(155) 15 janv. 1987, *GAEC de la Segaude c. Conseil*, aff. 253/84, *Rec.* 123.

circonstances exceptionnelles alléguées par les États, en se limitant au seul contrôle de l'erreur manifeste d'appréciation (156). Cette fin de non-recevoir a tari l'élan contentieux de la Commission.

§ 3. LE CONTRÔLE DES AIDES NOUVELLES

1272 L'article 108 § 3 occupe une position centrale dans le dispositif de contrôle des aides (A). Il interdit en particulier aux États d'anticiper, et de mettre en application leurs projets avant l'obtention de l'accord de la Commission. Cette obligation négative provoque de nombreuses controverses (B).

A. Le dispositif prévu par le traité

1273 **Délais**. Pour l'essentiel, il s'agit d'informer la Commission « en temps utile » de façon qu'elle puisse présenter ses « observations » sur « des projets tendant à instituer ou à modifier des aides ». En cas de doute, la Commission ouvre « sans délai » une procédure de contrôle identique à celle des aides existantes.

Cette disposition génère de nombreux problèmes, et d'abord celui des délais. La pratique comme la jurisprudence (157), confirmées par le règlement précité du 22 mars 1999, sont venues combler les silences du traité, en fixant à deux mois, le délai de communication des projets étatiques, et à dix-huit mois, celui de réponse de la Commission. Néanmoins, il s'agit de règles purement indicatives qui peuvent être écartées en raison de la complexité des dossiers et du bon vouloir des États. Il reste que si dans le délai de deux mois de la notification, la Commission n'ouvre aucune procédure, l'aide nouvelle se transforme en aide existante et peut être mise en application par l'État membre (158).

1274 **Obligation de notification**. Se pose aussi la question de l'étendue de l'obligation de notification. L'article 108 § 3 comme l'ensemble du régime des aides d'État, entretient, en effet, une certaine confusion entre régime d'aides, ce qui implique à l'évidence un texte à portée générale, et aide tout court, ce qui recouvre une mesure individuelle, distinction que confirme le règlement du 22 mars 1999 (159). L'obligation de notification s'étend aux régimes d'aides comme aux aides individuelles. Mais pour ces dernières, la Commission n'exige pas leur communication systématique et, le plus souvent, elle fixe un plafond financier au delà duquel toute aide individuelle doit lui être transmise (160).

Mais la principale difficulté provient des incompréhensions ou mieux des réticences des États à l'égard de l'obligation de notification. Ceux-ci ou les collectivités territoriales font mine d'ignorer les textes européens et appliquent au plus vite leurs projets d'aides nouvelles. Parfois, la distinction entre aides existantes et aides nouvelles

(156) 29 févr. 1996, *Commission c. Conseil*, aff. C-122/94, *Rec.* I-881.
(157) CJCE, 11 déc. 1973, *Lorenz*, aff. 120/73, *Rec.* 1471.
(158) CJCE, 15 févr. 2001, *Autriche c. Commission*, aff. C-99/98, *Rec.* I-1101.
(159) *JOCE* L 83, 27 mars 1999.
(160) 9e rapport sur la politique de concurrence n° 184.

n'apparaît-elle pas très claire (161). Certains États n'hésitent pas à décentraliser leurs régimes d'aides pour les rendre plus opaques. D'autres invoquent l'urgence, opposent les lenteurs de la procédure de contrôle devant la Commission ou un prétendu acquiescement de celle-ci aux agissements reprochés (162). D'où l'intérêt de déterminer la portée de l'obligation de non-mise application des projets d'aides nouvelles qui pèse sur les États.

B. Portée de l'obligation de « gel » des projets d'aides nouvelles

1275 Très tôt, la Cour de justice a admis que seul dans l'ensemble du régime des aides d'État, l'article 108 § 3 dernière phrase, revêtait un caractère d'effet direct (163). Ceci a permis au juge national de pénétrer dans le régime des aides, alors que tous ses autres aspects lui échappaient (2). Cependant, l'interdiction de mise en application prématurée d'aides nouvelles profite d'abord à la Commission (1), qui dispose ainsi d'un important pouvoir de blocage.

1. Les options ouvertes à la Commission

1276 **Pouvoirs généraux**. Lorsque les États membres omettent de lui communiquer un nouveau régime d'aides ou décident de le mettre en application avant qu'elle n'ait définitivement statué à son propos, la Commission peut soit prononcer d'entrée de jeu l'incompatibilité de l'aide, ce qui paraît bien sévère, soit ne prendre aucune sanction, ce qui risque de transformer l'article 108 § 3 dernière phrase en simple clause de style.

1277 **Injonction**. Au final, la Cour de justice a dégagé une voie médiane (164) qui permet de sauvegarder les intérêts de toutes les parties en cause. Qu'il s'agisse de non-notification ou de mise en application prématurée, la Commission a le pouvoir d'adresser une injonction à l'État membre concerné en vue de cesser immédiatement le versement de l'aide et de lui fournir tous documents utiles, afin d'instruire le dossier et d'apprécier le bien-fondé de l'aide.

Face à cette injonction, l'État membre dispose de plusieurs solutions. Soit il renonce à son action unilatérale, et la Commission examine le dossier dans les conditions du droit commun. Soit il « omet » de fournir les documents demandés et la Commission peut immédiatement clore la procédure et constater l'incompatibilité ou la compatibilité de l'aide. La Commission peut aussi, dans l'hypothèse précédente du silence de l'État, introduire, sur la base de ses pouvoirs généraux de gardienne des traités, et conformément à l'article 258 TFUE un recours en manquement devant la Cour pour violation de l'obligation de gel des aides nouvelles (165).

(161) TPI, 4 avr. 2001, *Regione autonoma Friuli-Venezia Giulia*, aff. T-288/97, *Rec.* II-1169 ; v. *supra* n° 1265.

(162) CJCE, 21 mars 1991, *Italie c. Commission*, aff. C-307/88, *Rec.* I-1433.

(163) CJCE, 11 déc. 1973, *Lorenz*, aff. 120/73, *Rec.* 1471 ; sur la portée de cet effet direct : CJCE, 13 janv. 2005, *Streekgewest Westelijk Noord-Brabant*, aff. C-174 et 175/02, note M. Sousse, *RAE* 2/005, p. 287 et s.

(164) 14 févr. 1990, *France c. Commission,* (Boussac), aff. C-301/87, *Rec.* I-307.

(165) CJCE, 7 avr. 1992, *Commission c. Grèce*, aff. C-61-90, *Rec.* I-2407.

Le règlement de procédure du 22 mars 1999 offre une nouvelle option à la Commission : celle d'ordonner une récupération provisoire de l'aide illégalement versée. Encore faut-il cependant, selon les termes de son article 11, que le caractère d'aide de la mesure concernée ne fasse pas de doute, qu'il y ait urgence à agir et enfin qu'il « existe un risque sérieux de préjudice substantiel et irréparable pour un concurrent ».

2. Rôle des juridictions nationales

1278 **Contrôle procédural.** L'effet direct de l'article 108 § 3 dernière phrase permet aux juridictions nationales de faire respecter par les États membres l'obligation de non-mise en application d'aides nouvelles. Il en résulte que, tant que la Commission ne s'est pas prononcée sur le fond, elles peuvent déclarer illicite une aide versée par un État membre et, selon les pouvoirs dont elles disposent au vu du droit national, en constater la nullité ou en ordonner la restitution (166). En conséquence, elles héritent du pouvoir de se prononcer sur la qualification d'aide au sens du traité et notamment de l'article 108 § 1er (167).

Paradoxalement donc, les juridictions nationales disposent-elles de pouvoirs plus importants que la Commission, ce qui surprend lorsque l'on sait que la Cour de justice a toujours reconnu la compétence exclusive de la Commission (exceptionnellement du Conseil) pour se prononcer sur la compatibilité des aides. La Cour justifie cet apparent paradoxe en invoquant la dissemblance des compétences de la Commission et des juridictions nationales. La première se prononce sur la compatibilité des aides eu égard aux règles du traité et de l'ensemble du contexte socio-économique. Pour les secondes, il s'agit de sauvegarder les droits des justiciables face à une méconnaissance par les autorités étatiques de l'obligation qui leur incombe spécifiquement de ne pas mettre en application des projets d'aides nouvelles.

Mais cette dichotomie peut conduire à des situations délicates, notamment si les décisions des deux instances devaient se révéler contradictoires. La Cour de justice admet ce risque (168). Mieux encore, elle considère que quand bien même la Commission examinerait une aide litigieuse, rien n'impose au juge national également saisi de se déclarer incompétent ou même d'ordonner le sursis à statuer. Comme par ailleurs, elle reconnaît aussi le droit au juge national d'interpréter la notion d'aide au sens du traité (169), il en résulte que la compétence exclusive de la Commission se limite à l'examen des dérogations au principe d'incompatibilité. Confirmant la dualité de régime, la Cour considère qu'en cas d'aide illicite reconnue ensuite compatible par la Commission, le juge national n'a pas l'obligation d'ordonner la récupération de l'aide mais il doit condamner le bénéficiaire de l'aide au versement de dommages-intérêts (170).

(166) CJCE, 21 nov. 1991, *Fédération nationale du commerce extérieur*, (FNCE), aff. C-354/90, *Rec.* I-5505.

(167) V. par exemple : CE, 27 févr. 2006, *Compagnie Ryanair*, n° 264406 et 264545 et 29 mars 2006, *Centre d'exportation du livre français (CELF)*, n° 274923 et 274967, *Europe* mai 2006, n° 160, note P. Cassia ; TPICE, 11 juin 2009, *AEM c. Commission*, aff. T-301/02, *Rec.* II-1757.

(168) 11 juill. 1996, *La Poste*, aff. C-39/94, *Rec.* I-3547.

(169) CJCE, 22 mars 1977, *Steinike et Weinlig*, aff. 78/76, *Rec.* 595 ; 30 nov. 1993, *Kirsammer-Hack*, aff. C-189/91, *Rec.* I-6185 ; 16 mai 2000, *Ladbroke*, aff. C-83/98, *Rec.* I-3271 ; Conseil d'État, 17 nov. 2000, *Urssaf de la Haute-Garonne*, req. 185772.

(170) CJCE, 5 oct. 2006, *Transalpine Ölleitung in Österreich GmbH*, aff. C-368/04, *Rec.* I-9957 ; CJCE, 12 févr. 2008, *Centre d'exploitation du livre français (CELF)*, aff. C-199/06, *Rec.* I 469, *Europe* avr. 2008, n° 124, note L. Idot, note R. K. Wagner, *RDUE* 2/2008, p. 351.

1279 **Collaboration juridictionnelle**. Pour éviter des situations complexes, la Cour de justice suggère cependant aux juridictions nationales de recourir à des moyens préventifs. D'abord de type administratif, en demandant à la Commission des éclaircissements sur la notion d'aide. Au demeurant, dans sa communication du 23 novembre 1995, relative à la coopération entre la Commission et les juridictions nationales en matière d'aides d'État (171) la première encourage les secondes à prendre contact avec elle lorsqu'elles rencontrent des difficultés dans l'application du régime des aides. En outre, et cette fois-ci selon les procédures juridictionnelles ordinaires, les juridictions nationales peuvent solliciter une interprétation de la Cour par le biais de l'article 267 TFUE. Dans cette hypothèse, compte tenu des délais de réponse, il leur appartient de décider souverainement de la poursuite de l'instance au fond ou d'un éventuel sursis à statuer.

Au demeurant, la compétence du juge national pour se prononcer sur la validité et la licéité des aides d'État se trouve confirmée et renforcée par les règlements du 7 mai 1998 sur les exemptions catégorielles (172) et du 22 mars 1999 sur les modalités d'application de l'ex-article 88 CE (173). En effet, par leur truchement, l'article 107 dans la limite cependant de son champ d'application et l'article 108 dans son intégralité acquièrent le caractère d'effet direct. Le juge national pourra ainsi examiner la validité substantielle d'aides qui pourraient être octroyées en violation des exemptions catégorielles (174). Si l'on peut voir là une nouvelle illustration de la décentralisation croissante du droit européen de la concurrence, il reste qu'on peut craindre une multiplication des frictions entre autorités et juridictions compétentes.

§ 4. LA RÉCUPÉRATION DES AIDES INCOMPATIBLES

A. Le principe de la récupération (175)

1280 **Fondement de la restitution**. En cas d'incompatibilité d'une aide, l'article 107 n'envisage que sa modification ou sa suppression. Or ces sanctions restent inopérantes sur des aides déjà versées. Aussi progressivement, la Cour de justice (176) comme la Commission (177) ont-elles opté pour la sanction plus radicale de la restitution, même si, paradoxalement, le principal responsable de l'acte illicite – l'État membre – n'en subit pas les conséquences, voire même en tire un avantage financier. En dehors de tout aspect punitif, la récupération des aides a pour principal objet le

(171) *JOCE* C 312, 23 nov. 1995, remplacée par la communication 2009/C 85/01, *JOUE* C 85, du 9 avr. 2009.

(172) N° 994/98, *JOCE* L 124, 14 mai 1998.

(173) N° 659/1999, *JOCE* L 83, 27 mars 1999.

(174) *A fortiori* depuis l'édiction de règlements d'application du règlement-cadre n° 994/98 : n° 68, 69 et 70/2001 du 12 janv. 2001, *JOCE* L 10, 13 janv. 2001, v. *supra*, n° 1264.

(175) M. Karpenschif, « La récupération des aides nationales versées en violation du droit communautaire, à l'aune du règlement n° 659/1999 : du mythe à la réalité », *RTDE* 2001, p. 551.

(176) 12 juill. 1973, *Commission c. Allemagne*, aff. 70/72, *Rec.* 813 ; note R. Kovar, *Clunet* 1974, p. 417.

(177) Communication relative aux aides illégalement octroyées, *JOCE* C 318, 24 nov. 1983.

rétablissement de la situation antérieure et notamment de concurrence non faussée (178). La récupération des aides n'est pas sans rappeler la problématique plus générale de la répétition de l'indu (179).

Aujourd'hui, la récupération est devenue systématique, du moins quand la Commission l'exige. Celle-ci se voit même imposer une obligation d'ordonner la récupération par le règlement précité du 22 mars 1999, sauf si cette opération « allait à l'encontre d'un principe général du droit communautaire ». Les entreprises, principales victimes de cette sanction, ne peuvent espérer aucune mansuétude de l'exécutif bruxellois, qui de surcroît ne manque de les informer du dispositif européen et de les mettre en garde contre des aides illicites trop facilement attribuées (180). Le principe de confiance légitime, qui pourrait s'avérer pour elles un moyen de défense, ne joue que dans des cas infimes, d'autant qu'elles sont tenues de s'informer de la légalité des aides qu'elles entendent solliciter (181). En revanche, dans l'hypothèse de tergiversations de la Commission quant à l'opportunité de la récupération, le principe de la sécurité juridique peut dans des cas très particuliers y faire obstacle (182).

Cependant compte tenu du silence du traité, la restitution ne peut s'opérer que selon les règles du droit national (183), sous réserve bien sûr d'éventuelles questions préjudicielles à la Cour de Luxembourg. Mais ces règles peuvent constituer autant de freins à la récupération, qu'il s'agisse de celles du droit commercial (régime de la faillite, du dépôt de bilan, etc.) ou du droit administratif, (retrait des actes administratifs) ou même de certains principes généraux du droit propres à l'ensemble des systèmes juridiques (prescription, enrichissement sans cause). Aussi la Cour de justice a-t-elle développé une jurisprudence visant à s'opposer à toute application ou interprétation du droit national, susceptible de faire obstacle au principe de récupération.

B. Modalités de la restitution

1281 **Impossibilité d'exécution**. En premier lieu, la récupération représente une obligation pour l'État sauf « impossibilité absolue », notion entendue de manière très stricte (184). Ainsi les difficultés financières que la récupération peut causer à l'entreprise ne sauraient constituer une excuse valable (185) pas plus que des modifications

(178) CJCE, 21 mars 1991, *Italie c. Commission*, aff. C-303/88, *Rec.* I-1433 ; TPICE, 19 oct. 2005, *Freistaat Thüringen*, aff. T-318/00, *Rec.* II-4179, *Europe* déc. 2005, n° 415, obs. L. Idot ; TPICE, 28 nov. 2008, *Hôtel Cipriani*, aff. T-254, 270 et 277/00, *Rec.* II-3269 (réductions de charges sociales).

(179) M. Pietri et D. Simon, « La jurisprudence en matière de répétition de l'indu… », *Europe* nov. 1998, chronique n° 8, v. *supra*, n° 516 et s.

(180) Encore faut-il que l'entreprise ait été la véritable bénéficiaire de l'aide : TPICE, 19 oct. 2005, *CDA Datenträger Albrechts GmbH*, aff. T-324/00, *Rec.* II-4309.

(181) CJCE, 6 déc. 1990, *Wirtschaftsvereinigung Eisen c. Commission*, aff. C-180/88, *Rec.* I-4413 ; 1er avr. 2004, *Commission c. Italie*, aff. C-99/02, *Rec.* I-3353 ; CJCE, 15 déc. 2005, *Italie c. Commission*, aff. C-66/02, *Rec.* I-10901 ; 15 déc. 2005, *Unicredito Italiano*, aff. C-148/04, *Rec.* I-11137 ; CJCE, 19 juin 2008, *Commission c. RFA*, aff. C-39/06, *Rec.* I-93 sommaires.

(182) TPICE, 1er juill. 2004, *Salzgitter AG*, aff. T-308/00, *Rec.* II-1933.

(183) CJCE, 12 déc. 2002, *Commission c. Allemagne*, aff. C-209/00, *Rec.* I-11695.

(184) CJCE, 20 sept. 2007, *Commission c. Espagne*, aff. C-177/06, *Rec.* I-7689 ; 13 nov. 2008, *Commission c. France*, aff. C-214/07, *Rec.* I-8357.

(185) CJCE, 7 juin 1988, *Commission c. Grèce*, aff. 63/87, *Rec.* 2875.

dans la structure de l'entreprise, telles des cessions d'actif ou de parts sociales (186) encore moins lorsque l'État membre n'a entamé aucune démarche sérieuse pour obtenir la récupération (187). Mieux même, les risques de liquidation judiciaire ou la mise en faillite de l'entreprise (188) ne peuvent être invoqués, encore moins lorsque l'entreprise bénéficiaire n'a pu survivre que grâce aux subsides de l'État (189). Il en va de même *a fortiori* d'une prétendue inintelligibilité de l'ordre de récupération adressé par la Commission (190). En tout état de cause, l'impossibilité absolue d'exécuter ne sera recevable que lorsque l'État membre aura fait, en étroite liaison avec la Commission, tout ce qui est en son pouvoir pour satisfaire aux exigences de l'Union (191). La non-exécution d'un arrêt de la Cour peut d'ailleurs entraîner un recours en manquement sur manquement (192) (ex-art. 228 CE, devenu 260 TFUE).

1282 **Recours au droit national**. En second lieu, la Cour exige de l'État qu'il applique son droit national de façon à ne pas rendre impossible ou très difficile la récupération des aides invalides. Ainsi, et notamment en droit allemand, les principes de sécurité juridique et de confiance légitime ne peuvent être mis en avant, car les opérateurs économiques se doivent, en cas d'octroi d'aides, d'examiner leur légalité non seulement au regard du droit national, mais aussi du droit de l'Union (193). Il en va de même, toujours en droit allemand, du principe selon lequel le retrait d'un acte irrégulier mais générateur de droits ne peut s'effectuer sans examen de l'ensemble des intérêts en cause (194).

Enfin, les règles du droit national doivent être écartées, si, au bout du compte, elles empêchent la restitution des aides. Il en va ainsi de l'expiration du délai de retrait d'un acte administratif, ou de la règle posée par le droit allemand, selon laquelle la récupération de l'aide est exclue en raison de la disparition de l'enrichissement (195) et en cas de bonne foi du bénéficiaire. Dans le même ordre d'idées, le Conseil d'État a admis que le principe de l'interdiction du retrait d'un acte administratif individuel illégal créateur de droit au-delà d'un délai de quatre mois après son adoption, devait céder face à l'obligation de restitution en vue de permettre la pleine effectivité du droit de l'Union (196). Le caractère suspensif d'un recours juridictionnel de droit interne s'efface aussi s'il conduit à retarder de manière considérable la récupération des aides

(186) CJCE, 8 mai 2003, *Italie et SIM 2 multimédia*, aff. C-328 et 399/00, *Rec.* I-4035.

(187) CJCE, 3 juill. 2001, *Commission c. Belgique*, aff. C-378/98, *Rec.* I-5107 ; 1er avr. 2004, *Commission c. Italie*, aff. C-99/02, *Rec.* I-3355.

(188) TPICE, 1er juill. 2009, *KG Holding*, aff. T-82 et 83/07, *Rec.* II-2411.

(189) CJCE, 15 janv. 1986, *Commission c. Belgique*, aff. 52/84, *Rec.* 89 ; dans l'hypothèse de faillite et de reprise d'une entreprise : CJCE, 29 avr. 2004, *Allemagne c. Commission*, aff. C-277/00, *Rec.* I-3925.

(190) CJCE, 27 juin 2000, *Commission c. Portugal*, aff. C-404/97, *Rec.* I-4897.

(191) CJCE, 23 févr. 1995, *Commission c. Italie*, aff. C-349/93, *Rec.* I-343 ; 22 mars 2001, *Commission c. France*, aff. C-261/99, *Rec.* I-2537 ; 18 oct. 2007, *Commission c. France*, aff. C-441/06, *Rec.* I-8887 (aides françaises à France Telecom).

(192) CJCE, 7 juill. 2009, *Commission c. Grèce*, aff. C-369/07, *Rec.* I-5703 ; *Europe* oct. 2009, nº 368, note A. Rigaux ; T. Fouquet, « Chronique des aides publiques -2009 », *RMCUE* nº 538, mai 2010, p. 334.

(193) CJCE, 20 sept. 1990, *Commission c. Allemagne*, aff. C-5/89, *Rec.* I-3437.

(194) CJCE, 6 déc. 1990, *Wirtschaftsvereinigung Eisen c. Commission*, aff. C-180/88, *Rec.* I-4413.

(195) CJCE, 20 mars 1997, *Alcan Deutschland*, aff. C-24/95, *Rec.* I-1591 ; v. aussi CAA Lyon, 15 janv. 2004, *SA GEMO*, *Europe* juin 2004, nº 179, note D. Simon.

(196) CE, 27 févr. 2006, *Compagnie Ryanair*, nº 264406 et 264545 et 29 mars 2006, *Centre d'exportation du livre français (CELF)*, nº 274923 et 274967, *Europe* mai 2006, nº 160, note P. Cassia.

incompatibles (197). Des difficultés importantes sur le plan contentieux ne constituent pas non plus une justification (198). Couronnant l'évolution, la Cour confirme que le principe de récupération doit l'emporter également sur l'autorité de chose jugée d'un arrêt de juridiction nationale (199). Cette jurisprudence se situe dans le courant de banalisation des décisions de justice eu égard au droit de l'Union. Au nom de la primauté de celui-ci, elles peuvent engager la responsabilité de l'État devant le juge national ou justifier un recours en manquement.

Pour éviter des difficultés d'ordre juridique et pratique suscitées par la récupération, la Commission incite fortement à recourir au principe de coopération loyale de l'article 4 § 3 TUE (200). En ce sens, une communication de la Commission (201) s'efforce de codifier les règles en matière de récupération, tout en mettant clairement en garde les États membres contre certaines attitudes laxistes. Le règlement du 22 mars 1999 va dans le même sens, tout en restant assez laconique sur l'hypothèse de friction entre le droit de l'Union et le droit national. Toutes les difficultés ne semblent cependant pas levées comme en atteste une communication de la Commission du 25 octobre 2007 annonçant de nouvelles mesures restrictives à l'encontre des États insuffisamment vigilants dans l'exercice de leur fonction (202).

BIBLIOGRAPHIE

I. Ouvrages

J.-B. Blaise, J. Dutheil de la Rochère et C. Neme (dir.), *L'entreprise dans le marché unique européen*, colloque CEDECE de Paris II, La Documentation française, 1995 ■ C. Blumann (dir.), *Les aides nationales dans la Communauté européenne*, Presses de l'Université de Tours, 1987 ■ J.-Y. Chérot, *Les aides d'État dans les Communautés européennes*, Economica, 1998 ■ J.-M. Communier, *Le droit communautaire des aides d'État*, coll. Systèmes, LGDJ, 2000 ■ M. Dony, *Étude de la réglementation européenne relative aux aides d'État*, Thèse Bruxelles, 1982 ■ M. Dony et C. Smits (dir.), *Aides d'État*, coll. Études européennes, Éditions Université de Bruxelles, 2005 ■ M. Dony (dir.), *Commentaire Mégret*, « Contrôle des aides d'État », coord. L. Idot, Éditions de l'Université de Bruxelles, 3e éd., 2007 ■ L. Hancher, T. Ottervangere et P. Slot, *EC State aids*, London, Chancery, 1993 ■ I. Harden (dir.), *State aid : Community law and policy*, Köln, Bundesanzeiger, 1993 ■ M. Karpenschif, *Le contrôle communautaire des aides publiques nationales*, Thèse Lyon III, 1999 ■ J.-P. Kepenne, *Guide des aides d'État en droit communautaire*, Bruylant, 1999 ■ Ph. Nicolaides et M. Kekelekis, *State Aid Olicy in The European Community The Hague*, London Kluwer Law International, 2005.

■ (197) CJCE, 5 oct. 2006, *Commission c. France*, aff. C-232/05, *Rec.* I-10071.

■ (198) CJUE, 11 mars 2010, *CELF*, aff. C-1/09, Rec. I-2099.

■ (199) CJCE, 18 juill. 2007, *Lucchini*, aff. C-119/05, *Rec.* I-6199, *RDUE* 3/2007, p. 732 ; CJUE, 22 déc. 2010, *Commission c. Slovaquie*, aff. C-507/08, NEPR.

■ (200) CJCE, 22 mars 2001, *Commission c. France*, aff. C-261/99, *Rec.* I-2537.

■ (201) *JOCE* C 156, 27 juin 1995, remplacée par la communication 2009/C 85/01, *JOUE* C 85, du 9 avr. 2009.

■ (202) *JOUE* C 272, 15 nov. 2007, *Europe* déc. 2007, p. 2, note D. Simon.

II. Articles, études et documents

D. Berlin (dir.), « Jurisprudence fiscale européenne », *RTDE* 1/2010, p. 167 ■ F. Berrod, « Aides (notion) », *Rép. Dalloz Droit communautaire*, vol. 1, 2008 ■ C. Blumann, « Jurisprudence récente en matière d'aide d'État », *RMC* 1992, p. 726 ■ C. Blumann, « Les aides locales aux entreprises et le droit communautaire », *in* J. Verges (dir.), *l'Union européenne et les collectivités locales*, Economica, 1997, p. 135 ■ C. Blumann, « L'émergence de l'exemption catégorielle en matière d'aides d'État : le règlement n° 994/98 du 7 mai 1998 », *RMCUE* 1999, p. 319-327 ■ Commission des communautés européennes, « Rapport annuel sur la politique de concurrence », *OPOCE*, Luxembourg ■ Commission des communautés européennes « Recueil des décisions en matière d'aides d'État », *OPOCE*, Luxembourg ■ E. Coulon et S. Cras, « Contentieux de la légalité dans le domaine des aides d'État : les récentes évolutions dans l'application des articles 173 et 175 du traité CE », *CDE* 1999, n° 1-2, p. 61-146 ■ V. Coussirat-Coustere, « Les aides locales aux entreprises face au droit communautaire », *AJDA* 1985, p. 171 ■ M. Dony-Bartholme, « La notion d'aide d'État », *CDE* 1993 p. 399 ■ F. Fines, « L'autonomie locale et régionale dans la jurisprudence communautaire : l'exemple du contentieux des aides publiques », *RMCUE* n° 533, décembre 2009, p. 645 et s. ■ T. Fouquet, « Chronique des aides publiques - 2008 », *RMCUE* n° 528, mai 2009, p. 326 et s. ■ T. Fouquet, « Chronique des aides publiques - 2009 », *RMCUE* n° 538, mai 2010, p. 331 et s. ■ T. Fouquet, « Chronique des aides publiques - 2010 », *RMCUE* n° 549, juin 2011, p. 403 et s. ■ F. Gencarelli, « La nouvelle politique communautaire en matière d'aides d'État en agriculture », *RDUE* 1-2008, p. 5 et s. ■ L. Grard « Aides d'État », *Juris-Classeur Europe*, fasc. 1530 et 1532 ■ L. Gyselen, « La transparence en matière d'aides d'État, les droits des tiers », *CDE* 1993, p. 417 ■ L. Idot, « Les aides aux entreprises en difficulté et le droit communautaire », *RTDE* 1998, p. 295 ■ Karpenschif, « La récupération des aides nationales versées en violation du droit communautaire, à l'aune du règlement n° 659/1999 : du mythe à la réalité », *RTDE* 2001, p. 551 ■ G. Karydis, « Le principe de l'opérateur économique privé critère de qualification des mesures étatiques, en tant qu'aides d'État, au sens de l'article 87 § 1 du traité CE », *RTDE* 3/2003, p. 389 ■ R. Kovar, « Droit communautaire et service public : esprit d'orthodoxie ou pensée laïcisée », *RTDE* 1996, p. 223 ■ T. Lübbig, « L'application de l'article 87 du traité de Rome aux aides fiscales : un coup d'État communautaire ? », *RMCUE* février 2003, n° 465, p. 124 et s. ■ S. Morson, « La récupération des aides octroyées par les États en violation du traité CEE », *RTDE* 1990, p. 409-440 ■ D. Muffat-Jeandet, « Le contrôle de la Commission des Communautés européennes sur les aides individuelles accordées par les États », *RTDE* 1983, p. 1-37 ■ C. Pourre, « Les cumuls d'aides », *AJDA* 1993, p. 444 ■ M.-L. Struys, « Questions choisies de procédure en matière d'aide d'État », *RTDE* 1993, p. 17 ■ J. Vandamme, « Commentaire de l'article 92 » *in Commentaire par article du traité CEE*, Economica, 1992, p. 493 ■ A. Wachsmann, « Les aides d'État doivent-elles encore avoir une origine étatique », *Europe* avril 1997 ■ L. Wagner, « Aides d'État : la Commission confrontée au risque systémique », *Europe* janvier 2009, p. 4 ■ J.A. Winter, « Supervision of state aids : article 93 in the Court of Justice », *CMLR* 1993, p. 311-330 ■ J. Wouters et B. Van Hees, « Les règles communautaires en matière d'aide d'État et la fiscalité directe : quelques observations critiques », *CDE* n° 5-6/2001, p. 647 et s.

N°s 1283 à 1294 réservés.

CHAPITRE 2
RÈGLES DE CONCURRENCE APPLICABLES AU SECTEUR PUBLIC

1295 Soucieux de réaliser un marché commun ouvert à la libre concurrence, le traité de Rome ne pouvait ignorer l'existence d'un secteur public – au demeurant quantitativement et qualitativement important dans les années cinquante. Celui-ci présente certains traits originaux – notamment sa dépendance par rapport à la puissance publique – qui font que les organismes qui le composent ne peuvent se comporter sur le marché comme des entreprises privées ordinaires.

Le traité CECA comme le traité CE se sont donc efforcés de résoudre cette délicate contradiction entre les exigences du marché et celles des prérogatives étatiques à des fins d'intérêt général. Nombre de leurs dispositions sont donc consacrées à l'État et par extension à l'ensemble des collectivités publiques, et surtout à leurs interventions en matière économique. En dehors des aides d'État et des monopoles nationaux de caractère commercial, les ex-articles 86 et 295 CE (devenus 106 et 345 TFUE) se détachent comme base du statut économique de la puissance publique eu égard aux règles de concurrence. Or, ces deux dispositions peuvent sembler contradictoires : alors que la première entend assujettir la puissance publique à la concurrence sous réserve de quelques ajustements, la seconde, qui réserve aux États membres la détermination du régime de la propriété, donne l'impression de leur laisser les coudées beaucoup plus franches.

1296 **Réserve de propriété**. *In concreto*, cette contradiction se résoudra par une nette prévalence de l'article 106 et un effacement corrélatif de l'article 345. Il est vrai que ce dernier, placé parmi les dispositions générales et finales du TFUE semble dépourvu de finalité précise. On l'interprète généralement comme préservant l'autonomie des États membres dans la sphère du droit civil et du droit de la propriété commerciale. Ou bien dans un sens plus économique, comme assurant la neutralité du traité au regard du régime de la propriété des entreprises, les États membres disposant donc du droit souverain de choisir un statut privé ou public. En clair, les États membres seraient libres de nationaliser ou inversement de privatiser les entreprises relevant de leur juridiction (1).

(1) Sur la question des actions spécifiques ou *golden shares* ; v. *supra*, n° 970 et s.

Mais même ainsi compris, la Commission comme la Cour de justice (2) ont donné de l'article 345 une interprétation encore plus minimaliste selon laquelle les règles du traité, en matière de libre circulation comme de concurrence devaient s'appliquer de manière égale aux entreprises publiques et privées. Dans ces conditions, les États peuvent bien nationaliser ou placer sous contrôle public autant d'entreprises qu'ils le souhaitent, dès lors qu'ils respectent intégralement les règles de concurrence (3). Mais quel peut être alors l'intérêt d'une telle opération, s'ils ne peuvent mener une politique économique un tant soit peu différente du modèle de base.

L'article 345 ainsi écarté, l'article 106 reste seul en lice. Son paragraphe premier impose aux États membres un certain nombre de contraintes de concurrence dans leurs rapports avec les entreprises relevant du secteur public (section I). Le paragraphe deux ébauche un statut spécifique plus souple au profit d'un autre cercle d'entreprises, notamment celles qui sont chargées de la gestion d'un service d'intérêt économique général (section II). Enfin, le paragraphe trois confère à la Commission des pouvoirs importants dans la gestion et la surveillance du régime particulier applicable au secteur public (section III). Contournant cette disposition, les traités récents viennent souligner l'importance des services publics et revaloriser leur position dans l'ordre juridique de l'Union (section IV).

SECTION I — RÈGLES OPPOSABLES AUX ÉTATS DANS LEURS RAPPORTS AVEC LES ENTREPRISES RELEVANT DE L'ARTICLE 106 § 1

1297 D'une manière générale, les règles de concurrence ont pour seuls destinataires les entreprises. Néanmoins, la Cour de justice a posé en principe, à de nombreuses reprises, que les États membres ne devaient pas prendre ou maintenir en vigueur des mesures susceptibles d'éliminer « l'effet utile » des règles de concurrence (4). Tel n'est pas le cas lorsque l'État se limite à rendre obligatoire un régime complémentaire de pension conclu entre employeurs et salariés d'un secteur considéré (5). L'article 106 § 1 ne fait que confirmer ce principe dans les rapports entre les États et les entreprises du secteur public, tout en lui conférant une force particulière.

(2) CJCE, 6 juill. 1982, *France, Italie, Royaume-Uni c. Commission*, aff. 188 à 190/80, *Rec.* 2545 ; 6 nov. 1984, *Fearon*, 182/83, *Rec.* 3677, point 7 ; 1er juin 1999, *Konle*, C-302/97, *Rec.* I-3099, point 38 ; du 4 juin 2002, *Commission/Portugal*, C-367/98, *Rec.* I-4756, point 48.

(3) TPI, 6 mars 2003, *Westdeutsche Landesbank Girozentrale*, aff. T-228 et 233/99, *Rec.* II-435 : « Il résulte de la jurisprudence de la Cour que si le régime de la propriété continue à relever de chaque État membre en vertu de l'article 295 CE, cette disposition n'a pas pour effet de faire échapper les régimes de propriété existant dans les États membres aux règles fondamentales du traité ».

(4) CJCE, 16 nov. 1977, *SA GB Inno BM c. Atab*, aff. 13/77, *Rec.* 2115 ; 10 janv. 1985, *Centres distributeurs Leclerc*, aff. 229/83, *Rec.* 1, note C. Gavalda, *RTDE* 1985, p. 174 ; 18 juin 1998, *Commission c. Italie* (expéditeurs en douane), aff. C-35/96, *Rec.* I-3851 ; 8 juin 2000, *Giovanni Cara e.a.*, aff. C-258/98, *Rec.* I-4217, (bureaux publics de placement).

(5) CJCE, 21 sept. 1999, *Albany*, aff. C-76/97, *Rec.* I-5751 ; CJUE, 3 mars 2011, *AG2R prévoyance*, aff. C-437/09, NEPR.

Encore faut-il déterminer les entreprises qui relèvent de son champ d'application (§ 1), et les règles qu'il incombe plus particulièrement aux États de respecter (§ 2).

§ 1. CHAMP D'APPLICATION DE L'ARTICLE 106 § 1

1298 Celui-ci s'adresse à deux catégories de destinataires : les entreprises publiques (A) et celles auxquelles les États accordent des droits spéciaux ou exclusifs (B). Ces notions ont suscité de nombreuses controverses, puisque le traité n'a pas pris soin – ce qui est au demeurant fort compréhensible – de les définir (6).

A. L'entreprise publique

1299 **Définition selon le droit de l'Union**. Il s'agit d'abord d'une entreprise selon l'acception générale du terme, à savoir une entité qui se livre à une activité de fabrication, de vente ou de distribution (7) ou mieux encore qui exerce une activité économique indépendamment de son statut juridique et de son mode de financement (8). La finalité économique permet d'écarter les organismes de sécurité sociale (9), à la condition toutefois qu'ils gèrent un régime obligatoire (10) et non pas complémentaire (11), de même que tous organismes exerçant des activités de puissance publique ou de réglementation (services non marchands) (12).

Le traité reste muet sur le caractère public de l'entreprise. Mais compte tenu de la pluralité de définitions dans les droits nationaux, compte tenu aussi de l'emploi formel de ce terme par le traité, cette notion ne peut s'interpréter que dans le cadre du droit de l'Union et par référence à celui-ci (13).

1300 **Directives « transparence »**. La Commission pour sa part, a grandement œuvré pour préciser la notion d'entreprise publique. S'avère primordiale l'influence exercée par

(6) Y. Houyet, « Les exigences du droit primaire concernant l'abolition des droits exclusifs ou spéciaux accordés aux entreprises assumant des services publics », *RTDE* 2/2007, p. 253.

(7) CJCE, 27 sept. 1988, *Ahlström Oiakeytiö et autres*, aff. 89/85 et 125/85, *Rec.* 5193 ; sur la notion d'entreprise v. *supra*, n°s 1073 et s.

(8) CJCE, 23 avr. 1991, *Höfner*, aff. C-41/90, *Rec.* I-1979 ; 23 mars 2006, *Erinisorse SpA*, aff. C-237/04, *Rec.* I-2843.

(9) Sur l'ensemble de la question : L. Idot, « Droit social et droit de la concurrence : confrontation ou cohabitation », *Europe* nov. 1999, chr. n° 11.

(10) CJCE, 17 févr. 1993, *Poucet*, aff. C-159 et 160/91, *Rec.* I-664.

(11) CJCE, 16 nov. 1995, *Fédération Française des sociétés d'assurances*, aff. C-244/94, *Rec.* I-4022 ; à propos de fonds de pension gérant à titre exclusif un régime de retraite complémentaire : CJCE, 21 sept. 1999, *Brentjens'Handelsonderneming BV*, aff. C-115 à 117/97, *Rec.* I-6025 ; un régime complémentaire français pour lequel la Cour renvoie à l'appréciation du juge national : CJUE, 3 mars 2011, *AG2R prévoyance*, aff. C-437/09, NEPR.

(12) CJCE, 19 janv. 1994, *Eurocontrol*, aff. C-364/92, *Rec.* I-43 ; un arrêt CJCE, (26 mars 2009, *Selex sistemi c. Commision et Eurocontrol*, aff. C-113/07, *Rec.* I-2207) précise parmi les activités d'Eurocontrol celles qui relèvent de la puissance publique et celles qui relèvent d'une activité d'entreprise ; L. Potvin-Solis, « Pour une conception communautaire cohérente de la puissance publique », *RMCUE* n° 530, juill.-août 2009, p. 464 et s.

(13) CJCE, 6 juill. 1982, *Commission c. France*, aff. 188-190/80, *Rec.* 2545.

l'État sur l'entreprise, soit par le biais de son statut, soit de sa participation financière directe ou indirecte. Cette influence peut conduire l'entreprise à un comportement non conforme aux exigences du marché intérieur ou du marché tout court, aussi bien dans le sens d'avantages concurrentiels que de pénalisations particulières. La Commission a présenté sa doctrine dans sa fameuse directive du 25 juin 1980 sur la transparence des relations financières entre les États membres et les entreprises publiques (14). Codifiée aujourd'hui, après de multiples modifications, par la directive n° 2006/111 du 16 novembre 2006 (15), l'entreprise publique est définie comme « toute entreprise sur laquelle les pouvoirs publics peuvent exercer directement ou indirectement une influence dominante du fait de la propriété, de la participation financière ou des règles qui la régissent ». Il indique ensuite que l'influence dominante est présumée lorsque les pouvoirs publics directement ou indirectement :

– détiennent la majorité du capital de l'entreprise ;

– disposent de la majorité des voix attachées aux parts émises par l'entreprise ;

– peuvent désigner plus de la moitié des membres de l'organe d'administration, de direction ou de surveillance de l'entreprise.

Depuis une directive du 26 juillet 2000 (16) l'obligation de transparence est étendue aux entreprises titulaires de droits exclusifs et spéciaux ainsi qu'aux services d'intérêt économique général. La transparence consiste notamment dans l'obligation faite à toutes les entreprises soumises à ce régime de tenir des comptes séparés faisant apparaître les produits et charges associés aux différentes activités ainsi que le détail de la méthode d'imputation ou de répartition de ces produits et charges entre les différentes activités (17).

1301 **Apport de la jurisprudence.** Pour sa part, le juge a apporté nombre de précisions en soulignant notamment que peu importait la nature juridique (18) ou la forme de l'entreprise (19), peu importait également la possession par l'organisme d'une personnalité juridique distincte de l'État ou de la collectivité publique de rattachement. Une régie non personnalisée, un simple service interne à une administration peut avoir la qualité d'entreprise publique, dès lors qu'il se livre à une activité économique de caractère industriel et commercial (20). Cette solution confirme l'approche fonctionnaliste du droit de l'Union, qui s'efforce de saisir la réalité économique sans tenir compte des formes et catégories juridiques du droit interne.

B. Entreprises dotées de droits exclusifs ou spéciaux

1302 **Droits exclusifs** (21). Les premières sont relativement faciles à saisir et correspondent à des monopoles concédés par des collectivités publiques à certaines entreprises

(14) *JOCE* L 195, 29 juill. 1980, complétée par la dir. du 14 juill. 1985, *JOCE* L 229, 28 août 1985.
(15) *JOUE* L 318, 17 nov. 2006.
(16) N° 2000/52, *JOCE* L 193, 29 juill. 2000.
(17) À propos des compensations de service public au profit des SIEG, v. *infra*, n°s 1324 et s.
(18) Ou les changements qu'elle peut subir : CJCE, 17 mai 2001, *Poste Italiane*, aff. C-340/99, *Rec.* I-109.
(19) CJCE, 16 juin 1987, *Commission c. Italie*, aff. 118/85, *Rec.* 2599.
(20) CJCE, 27 oct. 1993, *Decoster*, aff. C-69/91, *Rec.* I-5335.
(21) F. Berrod, « Monopoles publics », *Juris-Classeur Europe*, fasc. n° 1510, 3-2009.

privées, tels des concessionnaires de services publics (22) ou d'ouvrages publics (23). Plus précisément, on entend par droit exclusif, celui reconnu à une seule entreprise de fabriquer ou vendre un produit, ou d'offrir une prestation de service, dans une zone géographique déterminée. Cette exclusivité doit être consentie sur la base des règles du droit public, sans que cependant la nature juridique « interne » de l'organisme qui s'en voit chargé ait une quelconque influence à l'égard du droit de l'Union (24).

1303 **Droits spéciaux**. Plus difficiles à saisir s'avèrent les entreprises dotées de droits spéciaux. À la différence du droit exclusif, le droit spécial peut être accordé à plusieurs bénéficiaires sous forme d'autorisations, agréments, licences ou autres. Là encore, peu importe la forme juridique de l'entreprise, ce qui compte, c'est que les pouvoirs publics exercent une influence certaine sur leur comportement, et infléchissent leurs choix économiques. Mais la question essentielle est celle du nombre de bénéficiaires. Les droits spéciaux ne doivent-ils bénéficier qu'à un petit cercle d'entreprises ou peuvent-ils s'étendre à l'ensemble d'entre elles. La majorité de la doctrine opte pour une nette spécificité dans la détermination des destinataires ce qui présenterait l'avantage de bien délimiter les champs respectifs des articles 106 § 1 TFUE et 4 § 3 TUE, relatif pour ce dernier à l'obligation de coopération loyale. Dans le cas contraire, en effet, l'action de l'État sur les règles de concurrence pourrait se fonder indistinctement sur l'une ou l'autre de ces dispositions, entraînant une égalisation du traitement des entreprises privées ordinaires et des entreprises publiques.

Certains auteurs doutent cependant de cette interprétation et font valoir que l'influence exercée par la puissance publique sur les entreprises du secteur public peut se manifester à l'occasion d'une réglementation d'ordre général. Ainsi dans une décision du 24 juin 1985 (25) la Commission a-t-elle considéré qu'une législation nationale favorisant l'ensemble des entreprises publiques d'assurance d'un État membre était incompatible avec l'article 106 § 1. *A contrario*, on pourrait en déduire, qu'une mesure visant la généralité des entreprises et aboutissant à octroyer des droits spéciaux à certaines d'entre elles tomberait sous le coup de cette disposition (26). En réalité, cette différence d'approche concerne moins l'identification des entreprises susceptibles de bénéficier de droits spéciaux que la nature des mesures contraires à la libre concurrence que les États membres peuvent adopter sur la base de l'article 106 § 1.

Pour sa part, la directive n° 2006/111 du 16 novembre 2006 (27) relative à la transparence des relations financières entre les États membres et les entreprises publiques donne une définition plutôt restrictive de la notion de droits spéciaux : il s'agit de

(22) Pompes funèbres : CJCE, 4 mai 1988, *Bodson*, aff. 30/87, *Rec.* 2479.

(23) Occupation de dépendances du domaine public : CJCE, 14 juill. 1971, *Port de Mertet*, aff. 10/71, *Rec.* 723.

(24) Services postaux : CJCE, 10 févr. 2000, *Deutsche Post*, aff. C-147/97, *Rec.* I-825 ; services de traitement des déchets : CJCE, 23 mai 2000, *Kobenhavns Kommune*, aff. C-209/98, *Rec.* I-3743 ; services de placement de main-d'œuvre : CJCE, 8 juin 2000, *Giovanni Carra*, aff. C-258/98, *Rec.* I-4217 ; un fonds de pension complémentaire auquel l'affiliation est obligatoire CJCE, 12 sept. 2000, *Pavlov e.a.*, aff. C-180 à 184/98, *Rec.* I-6451 ; fourniture de services de télécommunications en Autriche : CJCE, 22 mai 2003, *Connect Austria Gesellschaft*, aff. C-462/99, *Rec.* I-197.

(25) *JOCE* L 162, 11 juin 1985.

(26) Une conception que le TPI semble partager : TPICE, 12 févr. 2008, *British United Provident Association*, aff. T-289/03, NEPR.

(27) *JOUE* L 318, 17 nov. 2006.

« droits accordés par un État membre à un *nombre limité d'entreprises* au moyen de tout instrument législatif, réglementaire et administratif qui, sur un territoire donné soit limite à deux ou plus le nombre de ces entreprises, autorisées à fournir un service ou à exercer une activité, selon des critères qui ne sont pas objectifs, proportionnels et non discriminatoires ; soit qui désigne, selon de tels critères, plusieurs entreprises concurrentes, comme autorisées à fournir un service ou à exercer une activité, ou bien encore qui confère à une ou plusieurs entreprises, selon de tels critères, des avantages légaux ou réglementaires qui affectent substantiellement la capacité de toute autre entreprise de fournir le même service ou de se livrer à la même activité sur le même territoire dans des conditions substantiellement équivalentes ».

§ 2. CONTRAINTES PESANT SUR LES ÉTATS

1304 **Non-discrimination**. Selon l'article 106 § 1 « Les États membres… n'édictent ni ne maintiennent aucune mesure contraire aux règles des traités, notamment celles prévues aux articles 18 et 101 à 109 inclus ». Ce texte s'avère particulièrement large et donc contraignant pour les États. Ainsi en va-t-il d'abord du terme « mesures » qui inclut aussi bien des actes législatifs, réglementaires, qu'individuels ou bien des recommandations ou instructions purement administratives de même que les comportements des pouvoirs publics au sein des conseils d'administration influençant l'activité d'une entreprise.

Sur le fond, l'État membre se voit assujetti d'abord au respect de l'article 18 TFUE, c'est-à-dire au principe de non-discrimination en fonction de la nationalité. Il s'agit en l'espèce de lutter contre les pratiques ou les tendances naturelles des entreprises publiques à favoriser les ressortissants ou les produits nationaux, par exemple dans le recrutement d'agents, dans l'acquisition de certains produits ou dans l'attribution de marchés publics ou bien encore de favoriser des compagnies nationales de transport aérien par une modulation des taxes de gestion aéroportuaire (28). Mais l'essentiel concerne le respect des articles 101 à 109, ce qui recouvre bien sûr outre les pratiques anti-concurrentielles y compris les concentrations (A), la lutte contre le dumping et les aides d'État (B).

A. Respect des règles de concurrence

1305 **Abus de position dominante**. *In concreto*, mis à part la condamnation sur la base de l'article 101 des accords conclus par des entreprises publiques et homologués par l'administration, visant à la fixation de prix ou de tarifs, notamment dans le secteur des transports (29) les points sensibles se situent en matière de monopoles, c'est-à-dire d'abus de position dominante au sens du traité.

Il s'agit, en effet, d'une situation dans laquelle les agissements étatiques peuvent assez facilement faire chuter l'entreprise publique. Cependant comme en droit com-

(28) CJCE, 29 mars 2001, *Portugal c. Commission*, aff. C-163/99, *Rec.* I-2613.
(29) CJCE, 11 avr. 1989, *Ahmed Saeed Flugreisen*, aff. 66/86, *Rec.* 803.

mun, la position dominante n'est pas condamnable en soi (30). Seul l'abus est répréhensible et celui-ci résulte notamment de l'imposition par l'entreprise publique de tarifs homologués par l'autorité publique et pouvant conduire à des abus, des situations anticoncurrentielles ou à des inégalités de traitement entre usagers (31). Dans la pratique néanmoins, la situation de monopole générée par les droits exclusifs conduit presque immanquablement l'organisme qui en est titulaire à tomber sous le coup de l'article 102 (32). Cette situation parfois qualifiée de théorie de « l'abus automatique » ou plus précisément de présomption d'abus de position dominante ne peut la plupart du temps être corrigée que par les missions d'intérêt général ou le service d'intérêt économique général dont se voit chargée l'entreprise en situation de monopole (33). Un lien presque consubstantiel s'établit alors entre les paragraphes 1er et 2 de l'article 106.

1306 **Pratique des institutions de l'Union**. Malgré une reconnaissance assez précoce de l'effet direct de l'article 106 § 1 (34) ce qui ne paraissait pas absolument évident compte tenu de l'élasticité de ses termes ainsi que du pouvoir « d'explicitation » reconnu à la Commission sur la base du paragraphe 3, le régime des entreprises publiques n'a commencé à sortir son plein effet qu'à partir d'une période relativement récente. Le tandem Commission-Cour de justice a engagé une importante offensive contre les monopoles publics en utilisant deux types d'instruments. En premier lieu, l'action ponctuelle, tendant notamment à condamner le droit de fourniture exclusive reconnu à l'opérateur public sur son marché (35) ou les pratiques abusives de prix. En second lieu, une action plus normative ou réglementaire fondée en particulier sur l'article 106 § 3 et se concrétisant dans des décisions ou directives de la Commission, telle la célèbre directive du 27 mai 1988 relative à la concurrence dans les marchés de terminaux de télécommunications (36).

B. Le régime des aides d'État

1307 La notion est particulièrement large et les États membres l'utilisent sous les formes les plus variées pour soutenir financièrement leurs entreprises publiques. La Commission a cherché à serrer au plus près la réalité en édictant, outre la directive précitée du 25 juin 1980, codifiée par celle du 16 novembre 2006 (37) plusieurs communications (38) et directives dont celle du 30 septembre 1993 (39). Sur le fond, ces textes

(30) CJCE, 30 avr. 1974, *Sacchi*, aff. 155/73, *Rec.* 409 ; 5 oct. 1994, *Centre d'insémination de la Crespelle*, aff. C-323/93, *Rec.* I-5077 ; 10 févr. 2000, *Deutsche Post AG*, aff. C-147/99, *Rec.* I-825 ; 23 mai 2000, *Kobenhavns Kommune*, aff. C-209/98, *Rec.* I-3743.

(31) CJCE, 10 déc. 1991, *Port de Gênes*, aff. C-179/90, *Rec.* I-4069 ; 17 mai 1994, *Corsica Ferries*, aff. C-18/93, *Rec.* I-1812.

(32) CJCE, 8 juin 2000, *Giovanni Carra*, aff. C-258/98, *Rec.* I-4217 ; pour une qualification difficile : CJCE, 22 mai 2003, *Connect Austria Gesellschaft*, aff. C-462/99, *Rec.* I-197.

(33) CJCE, 17 mai 2001, *Poste Italiane*, aff. C-340/99, *Rec.* I-4109.

(34) CJCE, *Sacchi*, *op. cit.*

(35) CJCE, 18 juin 1991, *Ert*, aff. C-260/89, *Rec.* I-1979.

(36) *JOCE* L 131, 27 mai 1988.

(37) Nº 2006/111, *JOUE* L 318, 17 nov. 2006.

(38) 17 sept. 1984 notamment, *Bull. CE* 1984, nº 3.5.1.

(39) *JOCE* L 254, 12 oct. 1993.

dressent une liste non exhaustive des concours financiers que les pouvoirs publics peuvent apporter aux entreprises publiques et qui doivent faire l'objet de notification à la Commission, de façon à assurer la transparence de leurs relations financières. Globalement, il apparaît que le régime des aides d'État s'applique pratiquement sans changement dans les rapports entre l'État et l'entreprise publique.

1308 **Participations en capital.** Un élément se détache cependant de l'ensemble. Il s'agit des transferts financiers, et plus spécifiquement des participations en capital que les États peuvent procurer aux entreprises publiques. Pendant longtemps, qu'il s'agisse d'entreprises privées (40) ou publiques d'ailleurs, les États membres ont dénié à ce type d'opération la qualification d'aide d'État, puisqu'il s'agit d'un procédé ordinaire de relations commerciales et financières entre entreprises, dans une économie de marché. Mais la Commission a très tôt débusqué dans ces agissements une volonté de tourner le principe d'incompatibilité des aides d'État, de l'article 107 § 1. Aussi, soutenue par la Cour de justice (41) a-t-elle posé le critère dit de « l'investisseur privé opérant dans les conditions normales de l'économie de marché » en vertu duquel, il importe de rechercher et de distinguer dans la prise de participation effectuée par l'État, si celui-ci se comporte comme un investisseur privé soucieux de réaliser des bénéfices, ou si au contraire il intervient au secours d'une entreprise publique en difficulté. Le juge voit dans ce critère une illustration du principe d'égalité entre secteur public et privé et il considère la condition comme remplie dès lors que l'apport de capitaux publics s'opère concomitamment avec un apport significatif de capitaux privés effectué dans des conditions comparables (42).

Or, là encore, si un tel critère se justifie dans l'optique d'un établissement financier ou d'un investisseur privé en général, on devine aisément que l'État et les collectivités publiques agissent en fonction de considérations assez différentes, qui les font tomber presque systématiquement dans le champ de l'interdiction de l'article 107. Dans la pratique cependant, ce critère permet à la Commission de négocier avec les États membres les conditions d'octroi par ceux-ci d'aides financières importantes aux entreprises publiques, et de les orienter avec plus ou moins de douceur vers des solutions de privatisation ou de désengagement financier (43).

(40) V. *supra*, nº 1235.

(41) CJCE, 10 juill. 1986, *Belgique c. Commission*, aff. 234/84 et 40/85, *Rec.* 2263 et 2321 ; 21 mars 1991, *Eni-Lanerossi*, aff. C-303/88, *Rec.* I-1433 ; TPI, 13 juin 2000, *EPAC*, aff. T-204/97 et T-207/97, *Rec.* II 2267 ; TPI, 29 juin 2000, *DSG Dradenauer*, aff. T-234/95, *Rec.* II-2603 ; TPI, 12 déc. 2000, *Alitalia*, aff. T-296/97, *Rec.* II-3871 ; CJCE, 3 juill. 2003, *Belgique c. Commission*, aff. C-457/00, *Rec.* I-6931 ; TPICE, 21 oct. 2004, *Lenzing AG c. Commission*, aff. T-36/99, *Rec.* II-3597 ; TPICE, 9 juill. 2008, *Alitalia*, aff. T-301/01, *Rec.* II-1753 ; 18 déc. 2008, *Component Oyl*, aff. T-455/05, *Rec.* II-336, somm. ; Trib. UE, 15 déc. 2009, *EDF*, aff. T-156/04, *Rec.* II-45036 ; Trib. UE, 13 sept. 2010, *République héllenique, Olympiakes Aerogrammes AE*, aff. T-415 et 416/05, *Rec.* II-45, somm. ; T. Fouquet, « Chronique des aides publiques -2010 », *RMCUE* nº 549, juin 2011, p. 403 et s.

(42) G. Karydis, « Le principe de l'opérateur économique privé critère de qualification des mesures étatiques, en tant qu'aides d'État, au sens de l'article 87 § 1 du traité CE », *RTDE* 3/2003, p. 389 ; M. Dony (dir.), « Contrôle des aides d'État », *Commentaire Mégret*, coord. L. Idot, Éditions de l'Université de Bruxelles, 3e éd., 2007, p. 93 et s.

(43) Décision de la Commission du 29 mars 1988 concernant les aides financières au groupe Renault, *JOCE* L 220, 11 août 1988.

SECTION II LE RÉGIME PARTICULIER DES ENTREPRISES VISÉES À L'ARTICLE 106 § 2

1309 Ce texte est bâti autour de trois propositions, dont chacune contredit la précédente. La première affirme la soumission « des entreprises chargées de la gestion de services d'intérêt économique général ou présentant le caractère d'un monopole fiscal » aux règles de concurrence. La seconde que cette soumission doit néanmoins plier devant « l'accomplissement en droit ou en fait de la mission particulière qui leur a été impartie ». Mais cette prévalence au demeurant purement dérogatoire des exigences du service public ne doit pas – troisième proposition – affecter « le développement des échanges… dans une mesure contraire à l'intérêt de l'Union ».

La mise en œuvre de l'article 106 § 2 suppose donc des arbitrages permanents. D'une manière générale, le choix s'effectue plutôt en faveur des règles de concurrence, non seulement en raison de l'idéologie dominante, mais aussi de l'interprétation nécessairement étroite de toute dérogation par rapport à un régime général (44). Cette orientation se reflète aussi bien dans la détermination des entreprises relevant de l'article précité (§ 1) que dans le régime auquel elles se voient assujetties (§ 2).

§ 1. ORGANISMES RELEVANT DE L'ARTICLE 106 § 2

A. Les monopoles fiscaux

1310 De l'avis général, cette catégorie ne pose guère de problèmes d'identification ni de définition. Le monopole fiscal est celui qui a pour objet même non exclusif, de procurer des recettes fiscales à l'État, par l'exploitation, elle exclusive, d'une activité déterminée (monopoles des tabacs en France et en Italie). Cette notion ne se recoupe pas totalement avec celle de monopoles nationaux de caractère commercial de l'article 37 TFUE. Le monopole fiscal peut maintenir certaines règles restrictives de concurrence pour accomplir sa mission de fournir des recettes à l'État. En revanche, l'obligation d'aménagement de l'article 37 s'impose à lui, le contraignant notamment à l'élimination de toute discrimination entre fournisseurs nationaux et européens.

B. Les services d'intérêt économique général

1311 **Notion.** La notion de service d'intérêt économique général (SIEG) soulève en revanche beaucoup plus de difficultés (45). Les termes utilisés par l'article 106 § 2 montrent à l'évidence que cette notion ne se recoupe pas avec celle d'entreprise publique. La mission de service public – bien que cette expression ne figurât pas dans

(44) CJCE, 21 mars 1974, *BRT c. Sabam*, aff. 127/73, *Rec.* 313.

(45) Sur l'ensemble de la question : J.-V. Louis et S. Rodrigues (dir.), *Les services d'intérêt économique général et l'Union européenne*, Bruylant, 2006, notamment M. Dony, p. 3 et s. ; F. Berrod, « Monopoles publics », *Juris-Classeur Europe*, fasc. n° 1510, 3-2009, spec. n° 73-87.

la disposition étudiée – est prédominante, ce qui explique au demeurant les dérogations dont peut profiter le service d'intérêt économique général, alors que toute entreprise publique ne gère pas nécessairement en totalité ou en partie un service public. De la même manière, on ne peut assimiler services d'intérêt économique général et services d'intérêt général. Ces derniers qui correspondent peu ou prou à des services publics administratifs au sens français du terme ne relèvent pas des règles du traité puisque ne constituant pas des activités marchandes ou économiques (46).

De la même manière et parce que l'intérêt général est en cause, les SIEG ont un statut complexe eu égard à la directive « services » adoptée le 12 décembre 2006 (47). Cette question avait soulevé des polémiques dès l'origine. Alors qu'il paraissait évident que les services non marchands ne pouvaient relever du champ d'application de la directive, en revanche le cas des SIEG paraissait plus problématique. On se souvient également que cette ambiguïté de la directive services dite Bolkestein avait nourri et pourri le débat référendaire français. *In fine*, l'article 17 de la directive écarte mais d'une manière peu explicite les SIEG de son domaine, puisqu'il indique que se voient exclus « *notamment* » les services postaux, ceux de l'électricité, ceux du gaz, de la fourniture d'eau, etc. L'interprétation du terme *notamment* pose problème. Ces services sont-ils cités expressément de manière illustrative ou seuls ceux figurant dans cette liste échappent-ils à la dérogation, les autres relevant alors du droit commun de la LPS (48). En réalité, la question apparaît plus théorique que pratique, car les secteurs formellement visés sont ceux qui se voient régis par des directives spécifiques (49). Or ces textes s'efforcent pour la plupart de rétablir les règles de libre circulation et de libre concurrence dans les secteurs concernés.

De la même manière, il serait profondément erroné d'assimiler SIEG et service public. Cette dernière notion, enracinée en droit français et plus largement dans la culture juridique de certains pays européens (50), est ignorée pour l'essentiel du traité de Rome où elle ne fait qu'une très fugitive apparition à l'article 93 TFUE en matière de transports (51). On ne peut non plus assimiler service d'intérêt économique général et service universel. Cette dernière notion plus propre au droit de l'Union ne vise que des prestations de base (téléphonie vocale) offertes au grand public dans des conditions financières avantageuses par un SIEG (52). Néanmoins, il n'est pas impossible de relever de nombreuses affinités entre la notion française et son homologue européenne. Le SIEG pourrait s'apparenter dans une certaine mesure au service public industriel

(46) Livre blanc de la Commission sur les services d'intérêt général 12 mai 2004, COM (2004) 374 final ; F. Chaltiel, « Les services d'intérêt général, développements récents », *RMCUE* déc. 2006, n° 503, p. 637.

(47) N° 2006/12, *JOUE* L 376, 27 déc. 2006 (sur la question des services en général v. *supra*, n° 155 et s.).

(48) S. D'Acunto, « Directive Services : radiographie juridique en dix points », *RDUE* 2/2007, p. 261 et s. Cet auteur penche pour une applicabilité de la dir. aux services non mentionnés ; Hatzopoulos, « Que reste-t-il de la dir. sur les services », *CDE* 3-4/2007, p. 299 et s. (cet auteur penche pour l'exclusion de l'ensemble des SIEG).

(49) Pour l'électricité et le gaz, dir. 2003/54 et 55 du 26 juin 2003, *JOUE* l 176, 15 juill. 2003.

(50) G.-J. Guglielmi et G. Koubi, *Droit du service public*, Précis Domat, Montchrestien, 2011, n°s 212 et s.

(51) Pour justifier des aides, contrepartie des servitudes de service public imposées aux entreprises de ce secteur, v. *supra*, n° 898.

(52) V. *infra*, n° 1317 ; v. aussi les définitions données par la Commission dans sa communication du 11 sept. 1996 sur les services d'intérêt général en Europe, *JOCE* C 281, 26 sept. 1996 et nouvelle communication du 20 sept. 2000 COM(2000) 582 final.

et commercial (53). Les éléments constitutifs du service public « à la française » semblent très présents : mission d'intérêt général, gestion par un organisme proche de la tutelle étatique, prérogatives de puissance publique.

1312 **Éléments constitutifs du SIEG.** Au vu de la pratique de la Commission et de la jurisprudence de la Cour de justice, il semble que la notion de service d'intérêt économique général recouvre quatre éléments : la qualité d'entreprise, la nature économique de l'activité, l'investiture étatique et enfin la mission d'intérêt général.

Les deux premiers ne présentent pas de difficulté majeure. Les critères dégagés pour l'entreprise publique eu égard à sa qualité *d'entreprise* sont transposables aux services d'intérêt économique général (54). Peu importent donc le caractère public ou privé de l'entreprise, son individualisation ou non par rapport à l'État, son degré d'autonomie réelle vis-à-vis des pouvoirs publics, etc. La nature *économique* de l'activité résulte des critères habituels. Il s'agit « d'activités de caractère industriel et commercial consistant à offrir des biens et des services sur le marché » (55). Sont donc exclues les activités de puissance publique (56) de même que les missions de solidarité (57). La Commission a d'ailleurs publié une communication spéciale sur les services sociaux d'intérêt général (58).

L'investiture étatique résulte d'un acte de puissance publique (59). Elle dépasse une simple autorisation d'exercer une activité ou l'existence d'un contrôle particulier sur cette activité. Il doit exister des liens spécifiques, « des rapports étroits » entre l'entreprise et les pouvoirs publics, qui se concrétisent dans un acte unilatéral ou bien dans une concession de service public (60). Sur cette base, la Commission a pu écarter l'application de l'article 106 § 2 à des régimes de gestion des droits d'auteur, au système Eurochèque ou bien encore à un système de navigation maritime.

La mission d'intérêt économique général incombant à l'entreprise doit présenter un caractère suffisamment spécifique par rapport aux activités d'une entreprise privée ordinaire (61). L'entreprise d'intérêt économique général procure aux usagers des prestations qui ne sauraient être fournies par un opérateur guidé par la seule recherche du profit. Ainsi en va-t-il d'activités comme la Poste (62) ou la distribution d'électricité.

(53) C. Blumann, « Quelques variations sur le thème du service public en droit de l'Union européenne », *in Mélanges en l'honneur de Jean-François Lachaume, Le droit administratif : permanence et convergences Dalloz*, 2007, p. 45 et s.

(54) TPI, 12 déc. 2000, *Aéroports de Paris*, aff. T-128/98, *Rec.* II-3929 ; confirmé par CJCE, 24 oct. 2002, *Aéroports de Paris*, aff. C-82/01, *Rec.* I-9297.

(55) CJCE, 16 juin 1987, *British Telecom*, aff. 118/85, *Rec.* 2619.

(56) Même exercées par un organisme de droit privé : CJCE, 18 mars 1997, *Diego Cali & Figli*, aff. C-343/95, *Rec.* I-1547 (surveillance antipollution dans un port maritime).

(57) Pour un système d'assurance obligatoire contre les accidents du travail : CJCE, 22 janv. 2002, *Cisal*, aff. C-218/00, Rec. I-691.

(58) COM(2006) 117 final, 26 avr. 2006 ; v. aussi la communication « services d'intérêt général, y compris les services sociaux d'intérêt général : un nouvel engagement européen », COM(2007) 725 final.

(59) CJCE, 21 mars 1974, *BRT*, aff. 127/73, *Rec.* 313.

(60) CJCE, 23 mai 2000, *Kobenhavns Kommune*, aff. C-209/98, *Rec.* I-3743 ; en sens contraire : TPICE, 12 févr. 2008, *British United Provident Association*, aff. T-289/03, NEPR, *Europe* avr. 2008, n° 123, note L. Driguez.

(61) CJCE, 10 déc. 1991, *Porto di Genova*, aff. C-179/90, *Rec.* I-5923 ; 10 févr. 2000, *Deutsche Post*, aff. C-147 et 148/97, *Rec.* I-825 (traitement transfrontière du courrier).

(62) A. Met Domestici, « La libéralisation des services postaux, les enjeux de l'ouverture totale à la concurrence », *RMCUE* n° 515, févr. 2008, p. 114 et s.

C'est la subordination de l'entreprise à un régime juridique exorbitant du droit commun qui constitue le « révélateur » de la nature d'intérêt général de l'activité. Au total, la mission d'intérêt économique général semble plus appréhendée par la délégation étatique ou les prérogatives de puissance publique que par sa nature même d'intérêt général.

1313 **Liberté relative des États membres.** La Commission comme le juge de l'Union ne souhaitent pas s'immiscer dans les débats théoriques sur le critère matériel du service public, d'autant qu'il y aurait là un risque d'ingérence dans le droit reconnu à chaque État membre de promouvoir au rang de service public les activités qu'il veut bien identifier comme telles. Les États disposent en effet à cet égard d'un pouvoir de libre appréciation qui trouve au moins sa source dans l'article 345 TFUE (63). Il ne semble pas exclu cependant que la Cour puisse exercer au moins le contrôle de l'erreur manifeste d'appréciation (64). Le débat s'avère cependant assez théorique puisque à défaut de pouvoir mettre en cause le libre choix par l'État des activités qu'il entend ériger au rang de service public ou de service d'intérêt général, le juge exerce un contrôle rigoureux sur les modalités d'exercice des missions qui lui sont confiées (65) au regard de l'article 106 § 2. Au total, il n'en reste pas moins que la Cour a reconnu la qualité de service d'intérêt économique général à un grand nombre d'activités, qui correspondent en substance à ce que les administrativistes français regroupent dans la catégorie des services publics industriels et commerciaux (gaz, électricité, distribution d'eau, certains services de transport, etc.).

§ 2. CONTENU DU RÉGIME PARTICULIER DES ENTREPRISES SOUMISES À L'ARTICLE 106 § 2

1314 La comparaison entre le droit de l'Union et le droit administratif s'estompe très vite. Car si en droit français, le service public jouit d'une véritable priorité en ce sens que tous les moyens juridiques – en particulier dérogatoires au droit commun – doivent lui être octroyés pour exercer sa mission, en revanche, en droit de l'Union, le service d'intérêt économique général fait figure de « gêneur », et ce n'est que parcimonieusement que des exceptions aux règles de concurrence lui sont consenties (C). Ainsi s'explique la rédaction très minimaliste de l'article 106 § 2. Les dérogations supposent une nette individualisation de la mission d'intérêt général de l'entreprise bénéficiaire (A). De plus, elles doivent s'avérer nécessaires « à l'accomplissement en droit ou en fait de la mission qui leur est impartie » (B).

(63) G.-J. Guglielmi et G. Koubi, *Droit du service public*, *op. cit.*, n° 724.

(64) V. en ce sens le paquet législatif relatif à la jurisprudence *Altmark*, *RDUE* 3/2005 p. 619 ; le Tribunal se prononce clairement en ce sens : TPICE, 15 juin 2005, *Olsen/Commission*, aff. T-17/02, *Rec.* II-203 ; TPICE, 12 févr. 2008, *British United Provident Association*, aff. T-289/03, *Rec.* II-81, *Europe* avr. 2008, n° 123, note L. Driguez ; 26 juin 2008, *SIC c. Commission*, aff. T-442/03, *Rec.* II-1161 ; CJUE, 20 avr. 2010, *Federutility*, aff. C-265/08, *Rec.* I-3377.

(65) CJCE, 19 mai 1993, *Corbeau*, aff. C-320/91, *Rec.* I-2563 ; 27 avr. 1994, *Commune d'Almelo*, aff. C-393/92, *Rec.* I-1508 ; 13 oct. 1997, *Franzen*, aff. C-189/95, *Rec.* I-5909.

A. L'individualisation de la mission d'intérêt général

1. Principe de séparation des activités

1315 **Fonctions d'autorité et fonctions de gestion.** Cette « inversion de la présomption » a pour première conséquence que le droit de l'Union invite à une nette dissociation entre les fonctions d'autorité qui relèvent de l'État et la gestion d'activités économiques qui incombe en principe au secteur privé. Il en résulte que l'État lui-même (en régie) ou les entreprises (publiques ou privées) auxquelles il confère la gestion de services d'intérêt économique général ne peuvent exercer à la fois des fonctions de réglementation ou de régulation et des activités de gestion économique. Dans le cas contraire, le cumul d'activités risque de procurer un avantage démesuré au profit de l'opérateur public, caractéristique d'un abus de position dominante au sens de l'article 102 TFUE.

Ce principe du non-cumul apparaît pour la première fois dans le secteur des télécommunications. Selon la Cour « Un système de concurrence non faussée tel que celui prévu par le traité ne peut être garanti que si l'égalité des chances entre les différents opérateurs économiques est assurée… Le maintien d'une concurrence effective et la garantie de transparence exigent que la formalisation de spécifications techniques… et l'agrément soient effectués par une entité indépendante des entreprises publiques ou privées offrant des biens et des services concurrents, dans le domaine de télécommunications » (66). Ultérieurement, la séparation des fonctions de régulateur et d'opérateur a été étendue à d'autres secteurs, tels l'énergie électrique ou les services postaux (67). Les télécommunications ont fait l'objet le 7 mars 2002 d'une nouvelle réglementation fondée sur une directive-cadre (68) et sept directives sectorielles parmi lesquelles trois d'entre elles occupent une place de tout premier plan : la directive « accès » (69), la directive « autorisation » (70) et la directive « service universel » (71). Il en va de même pour les services postaux dotés d'une nouvelle réglementation (72) conduisant à une banalisation de cette activité et à une réduction du périmètre du service universel (73).

1316 **Gestion de l'infrastructure et activité d'exploitation**. Les mêmes exigences de respect du droit de la concurrence conduisent à une seconde dissociation, à l'intérieur cette fois-ci des activités économiques d'une même entreprise, entre les activités de gestion de l'infrastructure et celles de prestation de biens ou de services. Ceci se vérifie notamment pour les transports, ou plus largement les services publics de réseau (74).

(66) 20 mars 1985, *British Telecom*, aff. 41/83, *Rec.* 873.

(67) Cette dissociation entraîne la mise en place au plan national d'organismes chargés spécifiquement des fonctions de régulation ou de réglementation. En France, il s'agit la plupart du temps d'autorités administratives indépendantes, telle l'autorité de régulation des télécommunications (ART) instituée par la loi n° 659 du 26 juill. 1996 ; sur l'ensemble de ces organismes au regard du droit communautaire : L. Idot, « Les autorités de contrôle et de régulation », *in La concurrence dans la société de l'information*, Journée nationale CEDECE de Paris II du 3 mai 2001, Éditions Panthéon-Assas 2002, p. 33 et s.

(68) N° 2002/21, *JOCE* L 108, 24 avr. 2002.

(69) N° 2002/19, *JOCE* L 108, 24 avr. 2002.

(70) N° 2002/20, mêmes références au *JO*.

(71) No 2002/22, *id*.

(72) Dir. 2008/6 du 20 févr. 2008, *JOUE* L 52, 27 févr. 2008.

(73) Sur ce texte, A. Friboulet, *RTDE* 2/2009, p. 381 et s.

(74) CJCE, 22 mai 2008, *Citiworks*, aff. C-4369/06, *Rec.* I-3913.

Cependant, le droit de l'Union ne condamne pas en soi cette seconde forme de cumul, mais on imagine que le seuil de l'abus de position dominante sera assez rapidement atteint. Pour l'éviter, la séparation au moins comptable de la gestion des deux formes d'activité (infrastructures, services) est fortement encouragée (75). Les États même les plus réservés l'ont bien compris, comme en témoigne le choix français eu égard à la réforme de la SNCF (76).

Mieux encore, dans certains secteurs, la dissociation ne peut plus s'en tenir aux seuls aspects matériels des activités, mais doit acquérir une dimension organique, en ce sens que la gestion d'une activité économique s'avère incompatible avec le rattachement aux pouvoirs publics. La formule de la régie devient alors impraticable *de facto*, nonobstant la réserve du libre choix de la propriété de l'article 345 TFUE et l'État se voit alors obligé de prévoir la création d'un organisme public autonome ou la privatisation d'une entreprise publique pour respecter les règles de concurrence. Là encore, le secteur des transports ferroviaires constitue un exemple très caractéristique.

2. Service universel

1317 **Éléments constitutifs.** La pratique la plus récente invite au demeurant à une troisième dissociation à l'intérieur cette fois-ci de l'organisme chargé d'un service d'intérêt économique général entre ses activités ordinaires et celles qui relèvent de sa mission fondamentale de fournir des prestations élémentaires aux usagers, à savoir le service universel (77). La pratique de la Commission et la jurisprudence de la Cour de justice ont permis de cerner peu à peu la notion de service universel ou service de base. La communication de la Commission du 20 septembre 2000 sur les services d'intérêt général en Europe (78) fait la synthèse de cette évolution et discerne quatre éléments dans le service universel. En premier lieu, il s'agit d'une prestation minimum de base à laquelle ont droit tous les usagers du service considéré (distribution quotidienne du courrier postal ordinaire d'un poids ne dépassant pas une certaine limite (79)). En second lieu, le service universel comporte toujours une composante territoriale. Il est assuré sur l'ensemble du territoire des États membres, y compris dans les régions les plus reculées, les moins accessibles ou les plus défavorisées (lignes régionales aériennes (80) ou ferroviaires (81)). Ensuite le service doit être assuré dans des conditions financières abordables pour l'ensemble des usagers et consommateurs (82). Enfin, le service universel comporte une composante culturelle dans la mesure où il s'insère dans les

(75) En matière de transport ferroviaire : dir. 2007/58 du 23 oct. 2007, *JOUE* L 315, 3 déc. 2007.

(76) Décret n° 95/666 du 9 mai 1995, *JORF* 10 mai 1995, p. 7732.

(77) C. Blumann, « Le service universel et son financement », *in* J. Dutheil de la Rochère (dir.) *La concurrence dans la société de l'information*, Éditions Panthéon-Assas, 2002, p. 49 et s.

(78) COM(2000) 580 final.

(79) Dir. n° 2002/39 du 10 juin 2002, *JOCE* L 176, 5 juill. 2002.

(80) A. Subremon, « Les obligations de service public dans les transports aériens », *RMCUE* oct. 1999, p. 606.

(81) Règlement n° 1893/91 du 20 juin 1991 relatif aux obligations de service public dans le domaine des transports par chemin de fer, par route et par voie navigable, *JOCE* L 169, 29 juin 1991.

(82) Pour l'exemple plus particulier des télécommunications v. *supra*, n°s 1033 et s. ; sur le service universel dans le secteur postal : A. Met Domestici, « La libéralisation des services postaux, Les enjeux de l'ouverture totale à la concurrence », *RMCUE* n° 515, févr. 2008, p. 119.

traditions politiques et sociales voire la mémoire collective de nombreux pays. Encore faut-il que l'État membre détermine précisément les activités de l'entreprise qui vont bénéficier du régime plus favorable propre au service universel (83).

1318 **Financement particulier.** Le service universel ne peut bénéficier d'un régime spécifique et plus tolérant à l'égard du droit de la concurrence que s'il fait l'objet d'une individualisation marquée à l'intérieur du service d'intérêt économique général. Ceci se vérifie en particulier sur le plan financier. La directive du 26 juillet 2000 (84) sur la transparence des relations financières entre l'État, les entreprises publiques et autres entreprises du secteur public invite à une différenciation comptable selon les diverses activités poursuivies. Pour cette même raison, le service universel peut bénéficier de financement spécifique, tenant par exemple à des compensations provenant d'activités plus rentables ou d'autres entreprises utilisant ses infrastructures (85). Se pose en particulier la question des subventions octroyées par les pouvoirs publics. S'agit-il d'aides au sens du traité ou simplement de la contrepartie de charges particulières résultant du service (86).

B. Le critère de la nécessité des dérogations à la concurrence

1319 **Rigueur initiale.** Il ne suffit pas de gérer un service d'intérêt économique général pour échapper aux règles de concurrence. L'opérateur doit démontrer – et c'est à lui ou à l'État membre concerné qu'incombe la charge de la preuve – que des dérogations sont indispensables pour « l'accomplissement en droit ou en fait de la mission particulière qui (lui) est impartie ». Ce critère de nécessité est entendu avec rigueur. La simple gêne, complication ou difficulté dans l'exécution du service, générée par les règles de concurrence ne permet pas de franchir la barre. Il faut que la mission d'intérêt général soit rendue totalement impossible (87).

Or, même si en droit strict, les dérogations aux règles de concurrence doivent rester d'interprétation étroite, il y a là malgré tout une appréhension très sévère de l'article 106 § 2, qui admet littéralement leur mise à l'écart, lorsqu'elles font échec à la mission de l'entreprise. Rien ne laisse présumer que cette formule implique l'impossibilité radicale d'exercer la mission de service public, d'autant que l'article précité évoque « l'accomplissement en droit ou *en fait* » de la mission, ce qui invite forcément dans cette seconde hypothèse à une certaine souplesse.

(83) CJCE, 6 déc. 2001, *Commission c. France*, aff. C-146/00, *Rec.* I-9767 ; 6 mars 2008, *Deutsche Post AG*, aff. C-287/06, *Rec.* I-1243.

(84) N° 2000/52, *JOCE* L 193, 29 juill. 2000.

(85) P. Marchessou, « Les modes de financement du service universel existants et retenus par le droit communautaire », *in* R. Kovar et D. Simon, *Service public et Communauté européenne : entre l'intérêt général et le marché*, Colloque CEDECE de Strasbourg, La Documentation française, 1998, tome II, p. 287 ; G. Eckert, « Les modes de financement du service public dans l'environnement concurrentiel », *in* R. Kovar et D. Simon, *Service public et Communauté européenne*, *op. cit.*, tome II, p. 429.

(86) V. *infra*, n°s 1324 et s.

(87) CJCE, 20 mars 1985, *British Telecom*, *op. cit.*

1320 **Assouplissements.** Ces considérations, ainsi que les craintes exprimées dans certains États membres face à une désagrégation des services publics expliquent certainement l'inflexion jurisprudentielle marquée par les arrêts *Corbeau* (88) et *Commune d'Almelo* (89). La Cour s'y montre plus compréhensive à l'égard du service public. Le changement est d'abord intellectuel, en ce sens que comme le fait remarquer l'avocat général Darmon, la Cour s'intéresse plus aux contraintes qui résultent de la mission d'intérêt économique général qu'aux limitations qu'elles engendrent pour la concurrence. Sur le fond, la Cour accepte que pour l'accomplissement de sa mission, l'opérateur public puisse prendre des libertés avec les règles de concurrence, quand bien même le respect de celles-ci n'en rendrait pas la réalisation radicalement impossible.

Dans l'affaire de la *Deutsche Post*, la Cour admet qu'un service comme celui de la distribution sur le territoire allemand d'envois déposés en grand nombre auprès de services postaux étrangers nécessite une compensation financière spécifique à défaut de laquelle l'accomplissement du service ne pourrait plus s'effectuer « dans des conditions économiquement équilibrées » (90). La Cour se montre plus pédagogique encore dans l'affaire de la *poste italienne* où, alors même que le service du courrier exprès en cause dans cette espèce ne relève pas du service universel, elle énonce fortement « qu'il n'est pas nécessaire pour que les conditions d'application de l'ex-article 90 § 2 CEE (106 § 2 actuel) soient remplies que l'équilibre financier ou la viabilité de l'entreprise chargée de la gestion d'un service économique général soit menacée. Il suffit qu'il soit fait échec à l'accomplissement des missions particulières imparties à l'entreprise... dans des conditions économiquement acceptables » (91).

Cette souplesse se vérifie en particulier sur le plan financier. L'opérateur public, en effet, lié par des obligations de service public, mais qui devrait, en outre, respecter toutes les règles de concurrence en matière de prix, d'accès au marché, de qualité des services se verrait rapidement dans une situation financière très difficile, par rapport à des concurrents exonérés des mêmes contraintes de service public. Il lui faudrait alors recourir massivement aux aides d'État, que la Commission comme la Cour de justice pourchassent par ailleurs. Il n'est donc d'autre solution que de lui faire bénéficier sur des activités rentables d'avantages concurrentiels, pour compenser les pertes qu'il subit sur des activités non rentables (92).

1321 **Évolution contrastée.** L'évolution de la Cour s'avère donc très intéressante. Elle demeure néanmoins très prudente, puisque le juge n'admet les atteintes à la concurrence qu'à la condition qu'elles soient strictement proportionnées dans leur intensité à l'objectif de service public poursuivi. Dans ce contexte, la monopolisation de l'activité par les pouvoirs publics ou des organismes publics doit se fonder sur des circonstances particulières. Ainsi l'octroi de droits exclusifs pour le placement de travailleurs à des bureaux publics ne peut se justifier dès lors que ces organismes ne sont pas en mesure de faire face aux besoins du marché du travail et que de nombreuses agences privées pourraient pallier ce

(88) CJCE, 19 mai 1993, aff. 320/91, *Rec.* I-2563.

(89) CJCE, 27 avr. 1994, *Rec.* I-1508.

(90) CJCE, 10 févr. 2000, *Deutsche Post AG*, aff. C-147 et 148/97, *Rec.* I-825.

(91) CJCE, 17 mai 2001, *Poste italiane,* aff. C-340/99, Rec. I-4109 ; S. RODRIGUES « Service public et droit communautaire en 2001 : De la régulation à l'évaluation », Europe févr. 2002, chr. p. 5.

(92) V. aussi à propos d'un service de transport d'urgence de malades : CJCE, 25 oct. 2001, *Ambulanz Glöckner*, aff. C-475/99, *Rec.* I-8089 ; S. RODRIGUES, chronique *op. cit.*, note n° 63 ; TPI, 20 mars 2002, *UPS Europe SA*, aff. T-175/99, *Rec.* II-1915.

genre de carence (93). Le secteur réservé, à savoir les activités rentables de l'entreprise, non soumises aux règles de concurrence dans le but d'assurer son équilibre financier doit être limité à ce qui est rigoureusement indispensable pour l'accomplissement de la mission d'intérêt général. Ce secteur réservé s'avère lui-même évolutif, en fonction de l'évolution générale des techniques et des réglementations tant européennes que nationales. En témoigne par exemple le secteur de la téléphonie vocale.

C. Étendue des dérogations aux règles de concurrence

1322 L'article 106 § 2 soumet les entreprises chargées d'un SIEG « aux règles des traités, notamment aux règles de concurrence, dans les limites où l'application de ces règles ne fait pas échec à l'accomplissement en droit ou en fait de la mission particulière qui leur a été impartie ». Il en résulte d'une part qu'en soi ces organismes n'échappent en rien à l'ensemble des dispositions des traités sur la circulation ou la concurrence, mais que réciproquement leur mission peut leur conférer un statut spécifique à l'égard de l'ensemble de ces règles (94). S'agissant des règles de concurrence, les SIEG peuvent donc se voir exempter du dispositif européen en matière d'entente, positions dominantes, concentrations et aides d'État. *In concreto* cependant, les difficultés se cristallisent essentiellement sur les abus de position dominante et sur les aides d'État.

1323 **Positions dominantes.** Par principe, le SIEG, titulaire de surcroît la plupart du temps de droits exclusifs, se trouve dans une situation de position dominante (95). Cependant comme en droit général de la concurrence, cette situation n'est pas en soi illicite. Elle ne le devient que dans l'hypothèse d'abus, lequel au demeurant comme la position dominante elle-même résulte de données objectives (96). Il est des cas cependant où le juge hésite sur l'existence même de la position dominante ou de l'abus. Ainsi l'octroi par une commune de droits exclusifs pour la gestion de déchets à quelques entreprises spécialisées n'est pas nécessairement constitutif d'abus, dès lors qu'il n'existe pas une autre entreprise capable d'effectuer le même travail sur une grande échelle et que l'exclusivité présente un caractère temporaire (97). La plupart du temps cependant le SIEG se trouve en situation d'abus et seul l'article 106 § 2 permet d'échapper à la condamnation (98).

1. La question des aides : l'évolution jurisprudentielle

1324 **Position initiale.** Le service d'intérêt économique général, outre les redevances qu'il tire des prestations qu'il accomplit, des tarifs qu'il peut fixer ou des profits qu'il peut se procurer du fait notamment des secteurs réservés, ne peut la plupart du temps fonctionner

(93) CJCE, 11 déc. 1997, *Job II*, aff. C-55/96, *Rec.* I-7119 ; 8 juin 2000, *Giovanni Carra e.a.*, aff. C-258/98, *Rec.* I-4217.

(94) L. Idot, « Concurrence et services d'intérêt général. Bref bilan des évolutions postérieures au traité d'Amsterdam », *in* J.-V. Louis et S. Rodrigues (dir.), *Les services d'intérêt économique général et l'Union européenne*, Bruylant, 2006, p. 39 et s.

(95) V. *supra*, n° 1305.

(96) TPI, 12 déc. 2000, *Aéroports de Paris*, aff. T-128/98, *Rec.* II-3929 ; confirmé par CJCE, 24 oct. 2002, *Aéroports de Paris*, aff. C-82/01, *Rec.* I-9297.

(97) CJCE, 23 mai 2000, *Kobenhavns Kommune*, aff. C-209/98, *Rec.* I-3743.

(98) CJCE, 10 févr. 2000, *Deutsche Post*, *op. cit.*

correctement qu'à partir des aides ou subventions qui lui sont octroyées par les pouvoirs publics. Ces aides sont-elles soumises partiellement ou intégralement aux contraintes des articles 107 à 109 TFUE ou bien y échappent-elles et dans quelle mesure ? La pratique de la Commission s'est avérée assez longtemps hésitante. Elle a pu considérer dans un premier temps que ces aides, bien que correspondant à la notion abstraite d'aide, ne tombaient pas sous le coup des articles précités car elles représentaient la contrepartie des obligations de service public imposées par les États aux services d'intérêt général (99).

Par la suite, on assiste à un certain raidissement et le juge de l'Union pour sa part penche plutôt pour la qualification d'aide d'État au sens de l'article 107 § 1er (100), étant entendu au demeurant que ces aides pourraient bénéficier d'une ou plusieurs des dérogations résultant des paragraphes 2 et 3 dudit article (101). Le choix entre les deux options : non-qualification d'aide ou aide compatible ne présente pas seulement un intérêt théorique. Une aide même licite doit se soumettre à l'ensemble du dispositif procédural de l'article 108 et notamment à l'obligation de notification et de non-mise en application des aides nouvelles, alors qu'un concours financier échappant à la qualification de l'article 107 § 1er se voit totalement dispensé des mêmes contraintes procédurales. La seconde thèse pourrait d'ailleurs s'appuyer sur la lettre même de l'article 107 § 1er qui subordonne l'applicabilité de la notion d'aide au sens du traité à ce qu'elle favorise « certaines entreprises ou certaines productions ». Or tel n'est pas le cas d'une aide qui se borne à compenser une servitude d'intérêt général.

1325 **Revirement jurisprudentiel.** Le débat sur la nature juridique des compensations octroyées aux services d'intérêt économique général a provoqué une importante réflexion au sein même de la Cour de justice. Fallait-il ou non s'aligner sur les solutions plutôt restrictives adoptées par le Tribunal de première instance ou bien innover en écartant la qualification d'aide ? Finalement la Cour de justice a décidé d'en prendre le contre-pied et de se prononcer en faveur de la thèse de la non-qualification d'aides au profit des aides ou subventions versées par les pouvoirs publics aux entreprises chargées d'un service d'intérêt économique général, dès lors du moins qu'il s'agit de compenser ces charges spécifiques. Le tournant de l'évolution réside dans l'arrêt *Ferring* du 22 novembre 2001 (102) où la Cour avait jugé qu'une exonération de taxe dont bénéficiaient uniquement des grossistes répartiteurs de médicaments ne constituait pas une aide en raison des obligations spécifiques de service public pesant sur ces derniers. Néanmoins la Cour était restée très évasive sur le régime juridique de ces compensations.

Les équivoques sont levées avec l'arrêt *Altmark* du 24 juillet 2003 (103). La Cour se prononce à propos d'un litige survenu entre plusieurs entreprises allemandes de

(99) J.-Y. Chérot, « Financement des obligations de service public et aides d'État », *Europe* mai 2000, chr. n° 5.

(100) TPI, 27 févr. 1997, *FFSA c. Commission*, aff. T-106/95, *Rec.* II-229.

(101) V. notamment la communication de la Commission du 20 sept. 2000 sur « les services d'intérêt général en Europe », COM(2000) 580 final, p. 14 et s.

(102) Aff. C-53/00, *Rec.* I-9067 ; S. Rodrigues, « Services public et droit communautaire en 2001 : de la régulation à l'évaluation » *Europe* févr. 2002, chr. p. 5 ; commentaire de l'arrêt *in* « Chronique de la CJCE, et du TPI », *RDUE* 4/2001, p. 1001 ; A. Alexis, « Services publics et aides d'État », *RDUE* 1/2002, p. 63 et s.

(103) Aff. C-280/00, *Rec.* I-7747 ; *Europe* oct. 2003, n° 330, note L. Idot ; J.-M. Thouvenin et M.-P. Lorieux, « L'arrêt de la CJCE, du 24 juill. 2003 *Altmark* », *RMCUE* n° 473, déc. 2003, p. 633 et s. ; *RDUE* 3-2003, Chronique de jurisprudence, p. 755 ; M. Merola et C. Medina, « De l'arrêt *Ferring* à l'arrêt *Altmark* : continuité ou revirement dans l'approche du financement des services publics », *CDE* 5-6/2003, p. 640 et s.

transport urbain par autobus. Celle qui obtient un marché de service public bénéficie en effet d'un certain nombre d'avantages financiers. La Cour confirme la jurisprudence *Ferring*, mais elle pose quatre conditions restrictives à la non-qualification d'aide. En premier lieu, l'entreprise bénéficiaire doit être effectivement chargée d'une mission de service public mais ses obligations en ce sens doivent être clairement définies. En deuxième lieu, les critères et paramètres permettant d'établir cette compensation doivent être préalablement établis de façon objective et transparente de façon à éviter un avantage économique par rapport aux entreprises concurrentes (104). Autrement dit encore, la compensation ne doit pas se transformer en aide de sauvetage ou en aide tout court. Les « surcompensations » de service public entrent automatiquement dans la catégorie des aides (105) et plus particulièrement des aides nouvelles, ce qui suppose une notification préalable à la Commission (106).

En troisième lieu, il doit y avoir une stricte proportionnalité entre le montant de la subvention et les charges de service public sans rejeter toutefois l'idée d'un bénéfice raisonnable que le SIEG peut tirer de l'exécution de ses obligations. Enfin, dans l'hypothèse où l'attribution de la mission de service public ne s'opérerait pas selon une procédure de marché public, le montant de la compensation doit être calculé sur la base de la moyenne des coûts qu'une entreprise correctement gérée devrait supporter pour remplir des missions analogues (107). En clair, il s'agit de ne pas avantager outrageusement des organismes de service public étroitement liés à la puissance publique voire fonctionnant en régie (108).

2. Codification de la jurisprudence

1326 Petite révolution, la jurisprudence de la Cour n'a connu à la vérité que peu d'applications. Les conditions sévères posées par la jurisprudence *Altmark* ne se sont pratiquement jamais trouvées réalisées (109). Toutefois le Tribunal de première instance accueille plus facilement la théorie des compensations (110). Il reste que pour sortir de l'imprécision, la Commission, se fondant notamment sur les pouvoirs qu'elle tient au titre de l'article 106 § 3, a adopté récemment un ensemble de textes permettant

(104) Conditions non remplies dans CJCE, 27 nov. 2003, *Enirisorse SpA*, aff. C-34 à 38/01, *Rec.* II-14243, *Europe* janv. 2004, n° 22, obs. L. Idot ; le Tribunal de première instance semble réticent : s'agissant de transports régionaux en commun par autobus, il rejette le régime particulier des aides de service public dans le secteur du transport (ex-art. 73 CE) et déclare inapplicable la jurisprudence *Altmark* au terme d'une analyse sommaire (TPI, 16 mars 2004, *Danske Busvognmaend*, aff. T-157/01, *Rec.* II-917) ; TPICE, 16 sept. 2004, *Valmont Nederland*, aff. T-274/01, *Rec.* I-3145.

(105) CJCE, 7 mai 2009, *Antrop*, aff. C-504/07, *Rec.* I-3867.

(106) TPICE, 20 juin 2007, *Tirrenia di Navigazione*, aff. T-246/99, *Rec.* II-65, somm.

(107) Sur l'étendue du contrôle juridictionnel exercé sur ces critères : TPICE, 12 févr. 2008, *British United Provident Association*, aff. T-289/03, NEPR, *Europe* avr. 2008, n° 123, note L. Driguez.

(108) Sur l'ensemble de la question des compensations de service public : M. Dony (dir.), sous la coordination de L. Idot, « Contrôle des aides d'État », *Commentaire Mégret*, 3e éd., Éditions de l'Université de Bruxelles, 2007, p. 144-191.

(109) À propos des aides publiques à France 2 et France 3 : décision n° 2004/838 de la Commission du 10 déc. 2003, *JOUE* L 361, 8 déc. 2004 ; CJUE, 10 juin 2010, *Fallimento Traghetti del Mediterraneo*, aff. C-140/09, NEPR.

(110) TPICE, 26 juin 2008, *SIC c. Commission*, aff. T-442/03, *Rec.* II-1161 (aides portugaises à une station de radio généraliste) ; 1er juill. 2008, *Deutsche Post AG*, aff. T-268/02, *Rec.* II-1233 (aides allemandes à la Poste).

de clarifier la situation. Le paquet législatif adopté le 28 novembre 2005 se compose d'une décision relative aux compensations de service public, d'un encadrement pour les aides ne remplissant pas les conditions de la jurisprudence *Altmark* et d'une directive relative à la transparence des relations financières entre les États membres et les entreprises publiques (111). Une révision du dispositif *Altmark* est d'ailleurs en cours de préparation (112).

1327 **Décision n° 2005/842.** Cette décision (113) concerne les compensations de service public, exemptées de l'obligation de notification de l'article 108 § 3. Ce régime favorable s'applique à des entreprises dont le chiffre d'affaires moyen annuel est inférieur à 100 millions d'euros. La compensation elle-même ne doit pas excéder 30 millions d'euros. Il s'agit donc d'entreprises de service public de petite taille, probablement locales. Un régime spécial s'applique aux hôpitaux et aux entreprises de logement social qui bénéficient de l'exemption quel que soit leur chiffre d'affaires ou le montant de la compensation. Des seuils spécifiques s'appliquent pour les services de transport aérien et maritime avec les îles, exemptés si le trafic moyen annuel n'atteint pas 300 000 passagers ainsi que pour les ports et aéroports dont le trafic annuel ne dépasse pas respectivement 300 000 et un million de passagers. Le transport terrestre devrait faire l'objet d'une décision spécifique.

La décision précise en particulier le premier critère de la jurisprudence Altmark. L'acte d'habilitation du SIEG doit indiquer la nature et la durée des obligations de service public, les territoires concernés, l'étendue des droits exclusifs ou spéciaux éventuellement octroyés. Est également précisé le critère de l'interdiction des surcompensations. Y échappent notamment les bénéfices raisonnables que l'entreprise peut tirer de son activité. En revanche, la compensation doit être strictement limitée aux charges générées par le service d'intérêt économique général.

1328 **Encadrement.** Celui-ci (114) concerne les autres compensations de services publics mais qui ne peuvent bénéficier du régime de la décision n° 2005/482. Le régime général des aides publiques a donc vocation à s'appliquer. Cependant comme dans de nombreux autres secteurs, la Commission indique à l'avance selon quels critères les aides publiques se verront examinées (115). Ces aides doivent couvrir les charges de service public des SIEG. Peu importe qu'elles proviennent de l'État ou d'autres collectivités publiques. L'aide doit se limiter aux sujétions résultant du service public. Au-delà, il s'agira d'une aide incompatible. Toute surcompensation doit être remboursée sauf si elle n'excède pas 10 % de la compensation annuelle, auquel cas elle pourra être reportée sur l'exercice suivant. La principale différence avec le régime de la décision tient à l'obligation de notification. Dans l'hypothèse de l'encadrement, l'aide doit être notifiée, même si elle toutes chances d'obtenir l'aval de la Commission dès lors qu'elle remplit les conditions fixées par le texte.

(111) *Europe* oct. 2005, n° 75, note L. Idot, *Europe* janv. 2006, n° 23 ; *RDUE* 3/2005, p. 619 et s.

(112) Communication de la Commission du 23 mars 2011, COM (2011) 146 final ; L. Idot, « Le "paquet" Altmark en cours de révision », *Europe* mai 2011, n° 33, p. 2.

(113) 28 nov. 2005, *JOUE* L 312, 29 nov. 2005.

(114) *JOUE* C 297, 29 nov. 2005.

(115) V. *supra*, n°s 1256 et s.

1329 **Directive transparence.** Cette directive (116) vient modifier à la marge la directive n° 80/723 sur la transparence des relations financières entre l'État et les collectivités publiques (117). Il s'agit simplement d'élargir aux compensations de service public l'obligation pesant sur les entreprises publiques de tenir des comptes séparés dans l'hypothèse de pluralité d'activités.

1330 **Transport public ferroviaire et routier.** Prolongeant le courant d'ouverture à l'égard des SIEG, le Parlement européen et le Conseil ont adopté le 23 octobre 2007 un règlement relatif aux services publics de transports de voyageurs par chemin de fer et par route (118) qui s'inscrit aussi dans le cadre du troisième paquet ferroviaire (119). Le principe selon lequel les compensations de service public ne constituent pas des aides d'État s'y voit confirmé. Ce règlement précise que les collectivités publiques sont libres d'administrer leurs services de transport collectifs comme elles le souhaitent : soit en le confiant au secteur privé, soit à des opérateurs internes (comme les régies en France) à condition de leur imposer un cantonnement géographique. Dans le cas de recours au secteur privé, des appels d'offres devront être organisés à partir de seuils fixés par le règlement, les petites collectivités publiques se voyant en tout état de cause exonérées. En cas de recours à un opérateur interne, ce dernier devra se concentrer sur son monopole et s'abstenir de candidater sur des marchés étrangers (hors du territoire de l'autorité compétente).

SECTION III — LES POUVOIRS DE LA COMMISSION

1331 **Gardienne des traités.** L'article 106 § 3 dispose que « La Commission veille à l'application des dispositions du présent article et adresse, en tant que de besoin, les directives ou décisions appropriées aux États membres ». Cette disposition d'ordre institutionnel et procédural a provoqué autant sinon plus de polémiques que le contenu normatif du même article. Il s'agit, en effet, de déterminer l'étendue des prérogatives de la Commission eu égard aux règles de concurrence applicables aux organismes publics : simple pouvoir de gardienne des traités, ne lui permettant que de contrôler les agissements étatiques ou base d'un pouvoir normatif de plein exercice (120).

Dans la pratique, la Commission comme la Cour de justice se sont très vite ralliées à une interprétation large de la disposition précitée. S'agissant d'abord de mesures individuelles, la Cour a reconnu à l'exécutif indépendant le droit de prendre position sur des situations particulières, de rappeler aux États leurs obligations ou de leur indiquer la marche à suivre pour remédier à d'éventuelles défaillances, voire

(116) N° 2005/81 du 28 nov. 2005, *JOUE* L 312, 29 nov. 2005.

(117) 25 juin 1980, *JOCE* L 195, 29 juill. 1980, devenue 2006/111 du 16 nov. 2006, *JOUE* L 318, 17 nov. 2006.

(118) N° 1370/2007, *JOUE* L 315, déc. 2007 ; M. Sousse, « Le règlement n° 1370/2007 relatif aux services publics de transport de voyageurs par chemin de fer et par route », *Europe* juin 2008, p. 4.

(119) V. *supra*, n° 922 et s.

(120) La Commission dispose en tout en état de cause d'un large pouvoir d'appréciation : TPI, 30 janv. 2002, *max.mobil Telekommunikation*, aff. T-54/99, *Rec.* II-313.

même de prendre des sanctions sans passer par l'intermédiaire du recours en manquement étatique (121). La Cour a même dû, dans le cadre de cette dernière prérogative, reconnaître l'application du principe général des droits de la défense (122) car l'article 106 § 3 TFUE ne comporte pas les garanties de procédure prévues aux articles 258-260 TFUE ou à l'article 108 en matière d'aides d'État.

1332 **Pouvoir normatif.** Quant à l'exercice d'un pouvoir normatif, la Cour l'a déduit de la possibilité d'édicter des directives. En ce sens peut-on citer les célèbres directives sur la transparence des relations financières entre États et entreprises publiques (123) ou sur la concurrence dans les marchés de terminaux de télécommunications (124). Saisie de recours contre ces deux textes, le juge a admis le bien-fondé de l'article 106 § 3 (125) non seulement parce qu'une directive peut servir de base à l'adoption de règles générales, mais aussi parce qu'un tel pouvoir expressément conféré à la Commission, ne fait pas double emploi, ni ne doit nécessairement s'effacer devant des compétences normatives plus générales que le Parlement européen et le Conseil peuvent exercer sur la base d'autres dispositions du traité, qu'il s'agisse bien sûr de l'article 114 TFUE relatif à l'harmonisation des législations dans le cadre du marché intérieur ou même de dispositions plus spécialisées, comme celles concernant le droit des transports (art. 100 TFUE) (126).

Il reste que ce pouvoir normatif nouveau attribué à la seule Commission suscite de vives protestations de la part de certains États, qui réclament une modification de l'article 106 § 3 dans le sens d'une limitation des compétences de la Commission aux seules mesures d'exécution de normes législatives édictées sur d'autres bases juridiques. La Commission ne semble pas complètement hermétique à ce message, comme en témoigne son intention de fonder les mesures de libéralisation de secteurs comme le gaz ou l'électricité sur l'article 114 TFUE (127). Cependant ni la communication de la Commission sur « les services d'intérêt général en Europe » de 1996 (128), ni les textes ultérieurs – tels la codification de la jurisprudence *Altmark* – n'apportent d'élément nouveau, ce qui peut se comprendre en définitive dans la mesure où le constituant de l'Union, soucieux d'améliorer la place des services publics dans l'Union européenne, a choisi d'autres voies pour aboutir à ce résultat.

SECTION IV REVALORISATION DU SERVICE PUBLIC ?

1333 **Pratique des institutions de l'Union.** D'une manière plus générale, on assiste à une évolution tant de la Commission que de la Cour de justice dans

(121) Décision de la Commission du 24 avr. 1985 relative à des systèmes d'assurance obligatoire en Grèce, *JOCE* L 152, 11 juin 1985 ; *CJCE*, 12 févr. 1992, *Pays-Bas c. Commission*, aff. C-48/90 et C-66/90 ; *Rec.* I-565.

(122) 14 févr. 1990, *France c. Commission*, aff. C-301/87, *Rec.* I-307.

(123) 25 juin 1980, *JOCE* L 195, 29 juill. 1980, v. *supra*, n° 1300.

(124) 16 mai 1988, *JOCE* L 131, 27 mai 1988.

(125) 6 juill. 1982, *France c. Commission*, aff. 188 à 190/80, *Rec.* 2545 ; 19 mars 1991, *France c. Commission*, aff. C-202/88, *Rec.* I-1259.

(126) CJCE, 29 mars 2001, *Portugal c. Commission*, aff. C-163/99, *Rec.* I-2613.

(127) Paquet législatif du 13 juill. 2009, *JOUE* L 211, 14 août 2009.

(128) COM(580) final.

le sens d'une meilleure reconnaissance par le droit de l'Union des activités d'intérêt général. La Cour a assoupli sa jurisprudence traditionnelle dans les fameux arrêts *Corbeau* (129) et Commune *d'Almelo* (130). La Commission de son côté a donné des signes forts d'évolution dans sa première communication du 11 septembre 1996 (131) sur les « services d'intérêt général en Europe » (132) puis dans la seconde du 20 septembre 2000 (133) ainsi que dans son livre blanc du 12 mai 2004 (134). Tous ces documents (135) mettent l'accent sur des notions assez nouvelles comme celle de service universel ou service de base qui correspondent peu ou prou à la conception française du service public et qui obéissent à un régime juridique qui n'est pas sans rappeler les célèbres lois de Rolland : universalité, continuité, égalité, prix abordables.

Les réflexions ultérieures ont confirmé la véracité de cette évolution. Dans la perspective du traité de Nice, le Conseil européen de décembre 2000 adoptait en annexe II de ses conclusions une déclaration sur les services d'intérêt économique général (136). Mais ce texte n'apporte pas d'élément significativement nouveau (137). De son côté, la charte des droits fondamentaux de l'Union européenne, rendue contraignante par le traité de Lisbonne (art. 6 § 1er TUE), consacre dans le cadre de son titre IV relatif aux droits de « solidarité » un article 36 à « l'accès aux services d'intérêt économique général » en soulignant en particulier le lien de ce droit avec la cohésion économique et sociale.

1334 **Amsterdam et l'ex-article 16 CE.** Après diverses péripéties, le traité d'Amsterdam introduit dans le traité CE un article 16 nouveau, selon lequel « Sans préjudice des articles 73, 86 et 87, et eu égard à la place qu'occupent les services d'intérêt économique général parmi les valeurs communes de l'Union ainsi qu'au rôle qu'ils jouent dans la promotion de la cohésion sociale et territoriale de l'Union, la Communauté et ses États membres, chacun dans les limites de leurs compétences respectives et dans les limites du champ d'application du présent traité, veillent à ce que ces services fonctionnent sur la base de principes et dans des conditions qui leur permettent d'accomplir leur mission » (138).

Ce nouveau texte, placé au demeurant dans la première partie du traité parmi les principes de la Communauté, même s'il ne rompt pas le cordon ombilical avec la concurrence, marque un pas en avant dans la promotion du service public puisqu'il

(129) 19 mai 1993, aff. C-320/91, *Rec.* I-2563.

(130) 27 avr. 1994, aff. C-393/92, *Rec.* I-1508.

(131) D. Simon et F. Lagondet, « La communication de la Commission sur les services d'intérêt général en Europe », *Europe* janv. 1997, chr. n° 1.

(132) *JOCE* C 281, 26 sept. 1996.

(133) COM(2000) 580 final.

(134) Livre blanc de la Commission sur les services d'intérêt général 12 mai 2004, COM (2004) 374 final ; F. Chaltiel, « Les services d'intérêt général, développements récents », *RMCUE* n° 503, déc. 2006, p. 637.

(135) V. aussi le Livre vert du 21 mai 2003 sur les services d'intérêt général, COM(2003) 270 final et la communication sur « les services sociaux d'intérêt général : un nouvel engagement européen », COM(2007) 725 final.

(136) *Bull. UE*, 12/2000 p. 25.

(137) F. Chaltiel, « La déclaration de Nice sur les services d'intérêt économique général », *RMCUE* févr. 2001, p. 89.

(138) L. Grard, « Les services d'intérêt économique général et le traité d'Amsterdam », *RAE-LEA* 2/1999, p. 197.

donne mission à l'Union comme aux États membres de veiller à ce que ces services puissent fonctionner « sur la base de principes et dans des conditions qui leur permettent d'accomplir leur mission ». Ce dernier membre de phrase fait manifestement écho à l'ex-article 86 § 2 qui évoquait déjà de manière explicite « l'accomplissement en droit ou en fait de la mission particulière qui leur a été impartie ». Dans le subtil équilibre entre service public et marché, l'ex-article 16 vient manifestement conforter le premier. Et ce n'est pas une simple clause de style lorsque l'on connaît la jurisprudence de la Cour de justice (139) relative aux principes et objectifs qui figurent dans les articles liminaires des traités, lesquels jouissent d'une certaine prévalence sur les règles matérielles énoncées dans le corps du traité. Néanmoins, cette disposition demeure incomplète dans la mesure où elle ne donne aucune compétence normative aux institutions de l'Union pour mettre en œuvre les préceptes qu'il entend promouvoir. Dans ces conditions, seul l'ex-article 86 CE, avec le primat naturel qu'il confère à la concurrence ou la procédure d'adaptation de l'ex-article 308 CE, mais qui suppose l'unanimité au Conseil, peut être activé.

1335 **Traité de Lisbonne**. La question des services publics a occupé le devant de la scène lors du débat référendaire français relatif au traité constitutionnel. Au même titre que la directive *Bolkestein*, la sauvegarde du service public a constitué un argument fort des « nonistes » et contribué à l'échec du 29 mai 2005. L'épisode n'est pas passé inaperçu dans la classe politique française et en vue de la préparation du futur du traité de Lisbonne, la France a obtenu que la concurrence ne figure pas à l'article 3 du traité sur l'Union parmi les buts qui lui sont assignés. Un protocole additionnel (no 27) précise en contrepartie que le marché intérieur, tel que défini à l'article 3, « comprend un système garantissant que la concurrence n'est pas faussée ». Dans la même veine, le service public bénéficie d'une amélioration de son statut. À cette fin, l'article 14 du TFUE reprend pour l'essentiel la substance de l'ex-article 16 CE mais lui donne une sorte de bras séculier en conférant au Parlement européen et au Conseil, statuant selon la procédure législative ordinaire et sous forme de règlement, compétence pour établir les principes et les conditions « notamment économiques et financières » (également ajout de l'article 14 TFUE) présidant au fonctionnement des SIEG. Le même article s'inspire néanmoins du principe de subsidiarité, en réaffirmant « la compétence des États membres pour fournir, faire exécuter et financer ces services ».

Le service d'intérêt économique général acquiert ainsi une réelle autonomie juridique en droit de l'Union. Celle-ci subit néanmoins deux limites. La première – innovation également de l'article 14 TFUE – en raison de la référence faite à l'article 4 du TUE, lequel expose les grands principes de l'Union, qui sont ceux de la compétence d'attribution, de l'égalité des États membres et de la coopération loyale, principes cependant qui ne devraient pas entraver l'action du législateur européen s'il en a vraiment le désir ; et surtout respect des articles 106 et 107 TFUE, ce qui pourrait considérablement gêner le législateur européen, puisque l'article 106 n'est autre que celui dont le service public voudrait s'émanciper et l'article 107 celui qui déclare incompatibles les aides d'État avec les traités. Or comment faire fonctionner le service public sans cet instrument de politique économique ? Au total, force est de constater que le constituant

(139) C. Blumann, « Objectifs et principes en droit communautaire », *in Le droit de l'Union européenne en principes, Liber Amicorum en l'honneur de Jean Raux*, Éditions Apogée, 2006, p. 39 et s.

européen s'est borné à faire coexister des règles potentiellement antagoniques, sans vraiment donner une clé pour résoudre les éventuels conflits. Pour l'heure, et faute de mise en œuvre législative de l'article 14 TFUE, la Commission comme la Cour de justice ne semblent pas désireuses de s'orienter vers de grands changements en ce qui concerne la place respective des règles de concurrence et des SIEG.

1336 **Protocole sur les services d'intérêt général.** Second apport du traité de Lisbonne, le protocole sur les services d'intérêt général (no 26) vient conforter l'article 14 TFUE. Ce texte, qui possède la même valeur juridique que les traités, prend acte des compétences des États en matière de services « non économiques » d'intérêt général (ce dont personne à ce jour ne doutait puisque, ne constituant pas des entreprises (140), ils échappent aux règles de concurrence), mais surtout il vient préciser les « valeurs communes » dont doivent s'inspirer les services d'intérêt économique général selon les termes de l'article 14 du TFUE : rôle essentiel des États en la matière, diversité des SIEG, prise en compte des situations et besoins locaux, niveau élevé de qualité et d'accès, constituent les points les plus saillants. Ce texte, devrait surtout revêtir une valeur symbolique, non seulement en raison de son caractère répétitif par rapport notamment à l'article 14, mais aussi parce qu'il entend se limiter à une portée interprétative. Il se situe dans le courant de scepticisme qui explique certaines dispositions du traité de Lisbonne, comme celles sur la régressivité possible des compétences de l'Union. Il vise surtout à donner aux États membres des garanties de non-immixtion contre les agissements des institutions de l'Union.

BIBLIOGRAPHIE

I. Ouvrages

J.-B. Blaise, J. Dutheil de la Rochère et C. Neme (dir.), *L'entreprise dans le marché unique européen*, Colloque CEDECE de Paris II, La Documentation française, 1995 ■ F. Borotra, *Faut-il défendre le service public*, Rapport de la délégation pour l'Union européenne de l'Assemblée nationale, n° 2260 du 6 octobre 1995 ■ S. Bracq, *L'article 90 CE*, Thèse Lille-II, 1999 ■ M. Dony (dir.), sous la coordination de L. Idot, *Contrôle des aides d'État, Commentaire Mégret*, 3e éd., Éditions de l'Université de Bruxelles, 2007, p. 144-191 ■ L. Grard, J. Vandamme et F. Van der Mensbrugghe, *Vers un service public européen*, coll. TEPSA ASPE, *Europe* 1996. G.-J. Guglielmi et G. Koubi, *Droit du service public*, Précis Domat, Montchrestien, 2011 ■ R. Kovar et D. Simon (dir.), *Service public et Communauté européenne*, Colloque CEDECE de Strasbourg, La Documentation française, 2 vol., 1998 ■ R. Kovar et D. Simon, *Service public et droit communautaire – Les grands textes*, coll. Travaux de la CEDECE, série textes et documents, La Documentation française, 1996 ■ J.-V. Louis et S. Rodrigues (dir.), *Les services d'intérêt économique général et l'Union européenne*, Bruylant, 2006.

■ (140) CJCE, 23 avr. 1991, *Höfner*, aff. C-41/90, *Rec.* I-1979.

II. Articles, études et documents

S. d'Acunto, « Directive Services : radiographie juridique en dix points », *RDUE* 2/2007, p. 261 et s. ■ A. Alexis, « Services publics et aides d'État », *RDUE* 1/2002, p. 63 et s. ■ F. Berrod, « Monopoles publics et droit communautaire », *Juris-Classeur Europe*, fasc. n° 1510, 3-2009 ■ C. Blumann, « La liberté de la concurrence est-elle effective ? Droit communautaire et droit français », *in* G. Drago et M. Lombard (dir.), *Les libertés économiques*, Éditions Panthéon-Assas, 2003, p. 105 ■ C. Blumann, « Le service universel et son financement », *in* J. Dutheil de la Rochère (dir.), *La concurrence dans la société de l'information*, Éditions Panthéon-Assas, 2002, p. 49 et s. ■ C. Blumann, « Quelques variations sur le thème du service public en droit de l'Union européenne », *in Mélanges en l'honneur de Jean-François Lachaume, Le droit administratif : permanence et convergences*, Dalloz, 2007, p. 45 et s. ■ F. Chaltiel, « Les services d'intérêt général, développements récents », *RMCUE* décembre 2006, n° 503, p. 637 ■ J.-Y. Chérot, « Financement des obligations de service public et aides d'État », *Europe* mai 2000, Chr. p. 5 ■ A. Decocq, « Les pouvoirs de la Commission selon l'article 90 § 3 du traité CE », *Mélanges* Drago, Economica, 1996, p. 203 ■ P. Dibout, « Commentaire de l'article 90 », *in* Kovar, Jacque, Constantinesco et Simon, *Commentaire par article du traité CEE*, Economica, 1992, p. 477 ■ P. Dibout, « Commentaire de l'article 222 », *in Commentaire par article du traité CEE*, Economica, 1992, p. 1389 ■ L. Dubouis (dir.), « Service public et droit communautaire », dossier à la *RFDA*, 1995, p. 291 ■ M. Durupty et J. Virole, « Entreprises publiques », *Rép. Dalloz Droit communautaire*, vol. 2, 1996 ■ D. Edward et M. Hoskins, « Article 90 : Deregulation and EC Law », *CMLR* 1995, p. 157-186 ■ C.-D. Ehlermann, « Les entreprises publiques et le contrôle des aides d'État », *RMC* 1992, p. 613 ■ C.-D. Ehlermann, « Telekommunikation in der EG und Europaïsches Wettbewerbsrecht », *EuR* 1993, p. 134-149 ■ L. Grard, « Les services d'intérêt économique général et le traité d'Amsterdam », *RAE-LEA* 2/1999, p. 197 ■ L. Gyselen, « Service public », *Rép. Dalloz droit communautaire*, vol. 4, 1998 ■ Hatzopoulos, « Que reste-t-il de la directive sur les services ? », *CDE* 3-4/2007, p. 299 et s. ■ Y. Houyet, « Les exigences du droit primaire concernant l'abolition des droits exclusifs ou spéciaux accordés aux entreprises assumant des services publics », *RTDE* 2/2007, p. 253 ■ L. Idot, « L'ouverture des transports ferroviaires à la concurrence », *CDE* 1995, p. 263 ■ L. Idot, « Les autorités de contrôle et de régulation », *in* J. Dutheil De La Rochère (dir.) « La concurrence dans la société de l'information », Éditions Panthéon-Assas, 2002, p. 33 et s. ■ R. Kovar, « Droit communautaire et service public : esprit d'orthodoxie ou pensée laïcisée », *RTDE* 1996, p. 215 et 493 ■ R. Kovar, « La peau de chagrin ou comment le droit communautaire opère la réduction des monopoles publics », *Europe* juillet 1992 ■ F. Melin-Soucramanien, « Les pouvoirs spéciaux conférés à la Commission en matière de concurrence par l'article 90 § 3 du traité de Rome », *RMC* 1994, p. 601-610 ■ C. Mestre, « L'accès aux infrastructures ferroviaires » *in Service public et Communauté européenne*, La Documentation française, 1998, p. 243 ■ A. Met Domestici, « La libéralisation des services postaux. Les enjeux de l'ouverture totale à la concurrence », *RMCUE* février 2008, n° 515, p. 114 et s. ■ E. Moavero Milanesi, « Les services d'intérêt économique général, les entreprises publiques et les privatisations », *RDUE* 1/2000, p. 117 ■ H. Oberdorff, « Signification de la notion de service public à la française », *in Service public et Communauté européenne*, La Documentation française, 1998, p. 89 ■ L.-M. Pais Antunes, « L'article 90 du traité CEE », *RTDE* 1991, p. 187-210 ■ L. Potvin-Solis, « Pour une conception communautaire cohérente de la puissance publique », *RMCUE* n° 530, juillet-août 2009, p. 464 et s. ■ S. Rodrigues, « Services public et droit communautaire en 2001 : de la régulation à l'évaluation », *Europe* février 2002, Chr. p. 5 ■ V. Rojanski, « L'Union européenne et les services d'intérêt général », *RDUE* 4/2002, p. 735 et s. ■ D. Simon, « Les mutations des services publics du fait des contraintes communautaires », *in Service public et Communauté européenne*, La Documentation française, 1998, p. 78 ■ D. Simon et F. Lagondet, « La communication de la Commission sur les services d'intérêt général en Europe », *Europe* janvier 1997.

N°s 1337 à 1349 réservés.

CHAPITRE 3
LES MONOPOLES NATIONAUX À CARACTÈRE COMMERCIAL

1350 L'article 37 TFUE (ex-31 CE) fait obligation aux États membres d'aménager les monopoles nationaux à caractère commercial. Cette disposition, localisée parmi les règles sur la libre circulation des marchandises, tend en effet à compléter le régime des taxes comme des mesures d'effet équivalent. L'union douanière n'aurait pu se réaliser si les États membres avaient pu maintenir des régimes monopolistiques d'importation, d'exportation ou de commercialisation, notamment dans leurs échanges mutuels.

Mais aujourd'hui, après plusieurs décennies d'aménagement des monopoles, leur réglementation concerne tout autant la libre circulation que la concurrence, d'autant que la notion de monopole s'avère en soi difficilement compatible avec celle de concurrence. Il reste que cette situation particulière, à la limite des deux piliers fondamentaux du marché intérieur conduit à s'interroger en premier lieu sur le champ d'application de l'article 37 (section I). Celui-ci commande en effet un régime juridique propre articulé autour de l'idée d'aménagement (section II).

SECTION I CHAMP D'APPLICATION DE L'ARTICLE 37 TFUE

1351 La notion même de monopole n'est pas facile à cerner, d'autant que l'article 106 § 2 TFUE évoque pour sa part les monopoles « fiscaux » et que l'article 106 § 1er, en abordant les cas des entreprises auxquelles les États membres accordent des droits exclusifs ou spéciaux, fait au moins implicitement référence à des situations de monopole (1). Mais une fois défini (§ 1), le monopole national de caractère commercial doit encore se positionner par rapport à de nombreuses autres notions voisines, relatives à la libre circulation ou à la concurrence (§ 2).

(1) F. Berrod, « Monopoles publics et droit communautaire », *Juris-Classeur Europe*, fasc. n° 1510, 3-2009.

§ 1. LA NOTION DE MONOPOLE NATIONAL DE CARACTÈRE COMMERCIAL

1352 Bien qu'on puisse douter à la lecture de l'article 37 § 1 alinéa 2 d'une véritable définition, celui-ci indique s'appliquer « à tout organisme par lequel un État membre, *de jure* ou *de facto*, dirige ou influence sensiblement, directement ou indirectement les importations ou les exportations entre les États membres. Ces dispositions s'appliquent également aux monopoles d'État délégués ». Cette approche à l'évidence très extensive conduit à englober de nombreuses situations dans la notion de monopole (A). Celle-ci n'est cependant pas extensible à l'infini (B).

A. Organismes inclus

1353 **Informalisme.** Comme toujours en droit de l'Union, les critères organiques ou formels passent au second plan. Peu importe donc la forme juridique de l'organisme. Compte avant tout la capacité de l'État à contrôler, diriger ou influencer les échanges commerciaux entre les États membres. Dès lors, le monopole public pourra aussi bien s'incarner dans une régie d'État (tabacs et allumettes autrefois en France), dans un établissement public, dans une société d'économie mixte, voire même dans des organismes purement privés, s'ils sont habilités par la puissance publique à exercer une position monopolistique (monopole de la distribution des hydrocarbures en France sur la base de la loi de 1928). Dans ce dernier cas, on se trouve en présence d'un monopole délégué au sens de l'article 37 § 1 alinéa 2.

Le caractère national n'infirme pas cette conception objective du monopole. La jurisprudence attribue, en effet, un sens territorial ou géographique à ce qualificatif. Le monopole doit donc déployer ses effets au plan national. En revanche, les monopoles créés par les collectivités territoriales ne tombent pas sous le coup de l'article 37, dès lors du moins qu'ils se trouvent réduits à une aire géographique restreinte (2). Cependant la détention par une entreprise ou un groupe d'entreprises d'un ensemble de monopoles locaux peut conduire à la constitution d'un monopole national (3).

1354 **Objet commercial.** La nature « commerciale » du monopole s'apprécie selon le sens général du traité, à savoir qu'il porte sur les échanges de marchandises, ce qui explique au demeurant la localisation de l'article 37 parmi les dispositions du traité relatives à la libre circulation des marchandises. Il en résulte qu'un monopole de services – tel celui portant sur la publicité télévisée – ne relève pas en principe de la disposition précitée, sauf si ses activités ont une incidence sur les échanges de marchandises entre les États membres (4) ou s'il provoque des discriminations entre produits nationaux et produits importés (5). À cet égard, la Cour a par ailleurs confirmé que les échanges d'électricité pouvaient relever de l'article 37 (6).

(2) CJCE, 28 juin 1983, *Amélioration de l'élevage*, aff. 271/81, *Rec.* 2057.
(3) CJCE, 4 mai 1988, *Bodson c. Pompes funèbres des régions libérées*, aff. 30/87, *Rec.* 2479.
(4) CJCE, *Bodson*, préc.
(5) CJCE, 27 oct. 1993, *Decoster*, aff. C-69/91, *Rec.* I-5335.
(6) 27 avr. 1994, *Commune d'Almelo*, aff. C-393/92, *Rec.* I-1477.

Ratione materiae, il y a monopole lorsque l'État possède la maîtrise « *de jure* ou *de facto* » des importations ou des exportations. Les échanges commerciaux intra-communautaires se trouvent directement visés, à la condition toutefois que les produits concernés jouent un « rôle effectif » dans ces échanges (7). Peu importe qu'il s'agisse de produits originaires de l'Union ou qui y ont été mis en libre pratique (8). Cependant, la maîtrise des exportations ou des importations n'implique pas un contrôle absolu. Le monopole peut se limiter à « influencer directement ou indirectement » les échanges commerciaux. Dans cette optique, la détention de droits d'importation ou d'exportation pour une part majoritaire des besoins du marché national suffit pour entrer dans le champ d'application de l'article 37 (9).

B. Organismes exclus

1355 **Exclusions explicites.** L'article 37 écarte lui-même deux situations. D'abord celle qui résulte d'accords internationaux « existants ». Cette clause vise à assurer la continuité d'engagements internationaux souscrits par les États membres vis-à-vis de pays tiers et on peut y voir aussi une illustration des principes posés à l'ex-article 307 CE (devenu 351 TFUE) relatifs à l'articulation du traité avec les engagements préexistants des États membres. Ainsi en allait-il d'un monopole consenti par l'Allemagne à une société suédoise et concernant les allumettes. Plus récemment à la suite de l'adhésion de la Grèce, cette dérogation – au demeurant abrogée par le traité d'Amsterdam – a trouvé matière à s'appliquer à propos du monopole public de l'opium résultant d'une convention de New York de 1961.

Ensuite, l'article 37 § 3 énonce une règle particulièrement elliptique relative à l'agriculture, selon laquelle, en présence d'un monopole « comportant une disposition destinée à faciliter l'écoulement ou la valorisation de produits agricoles », il convient, dans le cadre de l'obligation d'aménagement, « d'assurer des garanties équivalentes pour l'emploi et le niveau de vie des producteurs intéressés ». Cette disposition a suscité nombre de commentaires. On pouvait l'interpréter, à la lumière du principe de spécificité de l'agriculture, comme subordonnant l'aménagement des monopoles agricoles à l'adoption de mesures protectrices équivalentes au profit des producteurs. Mais la Cour ne l'a pas entendu ainsi, et compte tenu de la jurisprudence *Charmasson* (10) qui a accéléré le processus d'élimination des organisations nationales de marchés au profit d'organisations communes, elle a exigé un certain parallélisme entre l'aménagement des monopoles agricoles et l'édiction de mesures protectrices équivalentes (11). Mais une fois mise en place une organisation commune de marchés dans un secteur déterminé (12), la spécificité de l'agriculture reprend le dessus, et les États ne peuvent plus invoquer les dispositions de l'article 37 (13).

(7) CJCE, 15 juill. 1964, *Costa c. Enel*, aff. 6/64, *Rec.* 1141.
(8) CJCE, 13 mars 1979, *Peureux*, aff. 119/78, *Rec.* 975.
(9) CJCE, 13 déc. 1990, *Commission c. Grèce*, aff. C-347/88, *Rec.* I-4747.
(10) CJCE, 10 déc. 1974, aff. 48/74, *Rec.* 1383.
(11) CJCE, 17 févr. 1976, *Miritz*, aff. 91/75, *Rec.* 217.
(12) V. *supra*, n° 806.
(13) CJCE, 29 nov. 1978, *Pigs marketing board*, aff. 83/78, *Rec.* 2347.

1356 **Silence de l'article 37.** Cette disposition, en revanche, ignore deux situations délicates. En premier lieu, celle des monopoles d'importation et d'exportation concernant les pays tiers. Certes, l'article 37 ne s'applique qu'aux échanges intra-communautaires. Néanmoins les produits provenant de l'extérieur, mais mis en libre pratique, ne sauraient subir des atteintes à leur droit de libre circulation en raison de la présence de monopoles nationaux de caractère commercial (14). Se pose, en second lieu, la question des monopoles fiscaux de l'article 106 § 2. Les deux régimes se cumulent-ils ou au contraire s'excluent-ils ? Statuant comme toujours, en faveur d'une conception extensive du principe de libre circulation des marchandises, la Cour s'est prononcée en faveur du cumul (15). En conséquence, lorsqu'un monopole fiscal correspond aussi à un monopole national de caractère commercial, l'obligation d'aménagement s'impose également, du moins pour celles de ses activités qui rentrent dans le champ de l'article 37 et sous réserve que son rôle de pourvoyeur de recettes fiscales pour les pouvoirs publics ne soit pas mis en cause.

§ 2. LA PLACE DES MONOPOLES NATIONAUX PARMI LES MESURES RESTRICTIVES DES LIBERTÉS FONDAMENTALES

1357 **Problématique.** Les monopoles entretiennent des rapports complexes avec les autres mesures attentatoires aux libertés de circulation et de concurrence, notamment les mesures d'effet équivalent et les aides d'État. Initialement, la conciliation de ces différentes catégories de mesures paraissait aisée, car les termes mêmes de l'article 37 laissaient à penser qu'une fois la période transitoire achevée, les monopoles auraient été aménagés, et que ce régime spécial deviendrait sans objet. Leurs éventuels agissements répréhensibles auraient relevé du régime général des MEERQ.

Mais la Cour de Luxembourg n'en a pas jugé ainsi, et elle a statué au contraire en faveur de la survie de l'article 37 au-delà de la période transitoire, dès lors que subsistaient certains comportements discriminatoires ou restrictifs des monopoles (16) ce que confirme le traité d'Amsterdam en abrogeant dans l'ex-article 31 CE les stipulations destinées à s'appliquer durant la période de transition (§ 3, 5 et 6) et en maintenant les autres. Cette disposition s'est trouvée ainsi remise en selle et même confortée dans sa position de *lex specialis* par rapport aux autres notions restrictives, d'autant que parallèlement, la Cour reconnaissait l'effet direct à l'essentiel de l'article 37, compte tenu justement de l'expiration de la période de transition (17) alors qu'auparavant seule la clause de *standstill* du paragraphe 2 en avait bénéficié (18).

1358 **Monopoles et mesures d'effet équivalent.** Dans ces conditions, le problème de la conciliation avec l'ex-article 28 CE (devenu 34 TFUE) ne pouvait pas ne pas se poser ; et le juge a suivi en la matière une évolution en tout point conforme à l'inclinaison

(14) CJCE, 15 juin 1976, *EMI record*, aff. 51/75, *Rec.* 811.
(15) 7 juin 1983, *Commission c. Italie*, aff. 78/82, *Rec.* 1955.
(16) 13 mars 1979, *Hansen*, aff. 91/78, *Rec.* 935.
(17) 3 févr. 1976, *Manghera*, aff. 59/75, *Rec.* 91.
(18) CJCE, 15 juill. 1964, *Costa c. Enel*, *op. cit.*

naturelle de sa jurisprudence. En effet, après avoir donné la prévalence au régime des monopoles au nom de la *lex specialis* (19), il a admis le recours à la théorie du double fondement pour condamner certaines mesures restrictives (20). Il est vrai qu'en l'occurrence cette solution ne risque pas d'avoir des conséquences fâcheuses, puisque dans les deux cas, la seule sanction de l'infraction demeure le recours en manquement étatique. Mais plus récemment, la Cour n'a retenu que le seul fondement de l'article 34 pour condamner les monopoles en matière de terminaux de télécommunications (21). Cette solution remettrait en cause l'intérêt même de l'article 37, si elle ne semblait dictée par des raisons d'espèce et par la forme du recours introduit devant la Cour.

D'un arrêt *Franzen* (22), il semblait ressortir que la ligne de partage entre l'article 37 et l'article 34 dépendait de la nature des mesures en cause. Sont-elles liées à l'existence et au fonctionnement du monopole et l'article 37 s'applique, alors que les mesures détachables du monopole *stricto sensu* ayant des incidences sur la libre circulation relèvent de l'article 34. Cette distinction semble avoir été abandonnée dans un arrêt récent (23) concernant une loi suédoise relative au monopole de l'importation de boissons alcoolisées, où la Cour se fonde exclusivement sur l'article 34. Conséquence logique de l'applicabilité solitaire ou même cumulée du régime des MEERQ, les dérogations de l'article 36 ou les exigences impératives d'intérêt général, doivent pouvoir venir valider des mesures restrictives de la libre circulation (24).

1359 **Monopoles et charges pécuniaires.** La question des rapports des monopoles avec les notions de taxe d'effet équivalent ou d'imposition intérieure s'avère moins difficile à trancher, étant donné que ces dernières n'ont pas le même « rayonnement » que celle de mesure d'effet équivalent ni un champ d'application aussi vaste. Le critère d'applicabilité de ces différents régimes tient à l'intensité du lien de la mesure incriminée avec le monopole. Une mesure fiscale ou une redevance sans lien direct avec un monopole relèvera donc des articles 30 ou 110 TFUE (25). En revanche, une même mesure, mais qui dépend étroitement du fonctionnement d'un monopole, doit être appréciée au regard du seul article 37 (26). Dans la pratique toutefois, de telles distinctions paraissent assez casuistiques voire inutiles. En effet, le plus souvent, dans une affaire déterminée, les différents fondements condamnatoires sont invoqués par les requérants et examinés successivement par la Cour ; et il n'est pas rare que lorsque l'un d'entre eux se révèle défaillant pour aboutir à une condamnation de l'État, un autre plus efficace permette d'y parvenir (27).

(19) CJCE, 3 févr. 1976, *Manghera*, *op. cit.*

(20) CJCE, 13 mars 1979, *Peureux*, aff. 119/78, *Rec.* 975 ; 13 déc. 1990, *Commission c. Grèce*, aff. C-347/88, *Rec.* I-4747.

(21) 19 mars 1991, *France c. Commission*, aff. C-202/88, *Rec.* I-1223.

(22) CJCE, 23 oct. 1997, *Franzen*, aff. C-189/95, *Rec.* I-5909.

(23) CJCE, 5 juin 2007, *Rosengren*, aff. C-170/04, *Rec.* I-4071, *Europe* août-sept. 2007, n° 207, note E. Bernard.

(24) CJCE, 13 déc. 1990, *Commission c. Grèce*, aff. C-347/88, *Rec.* I-4747 ; 5 juin 2007, *Rosengren*, *op. cit.*

(25) CJCE, 10 oct. 1978, *Hansen*, aff. 148/77, *Rec.* 1787.

(26) CJCE, 17 févr. 1976, *Miritz*, aff. 91/75, *Rec.* 217.

(27) CJCE, 17 févr. 1976, *Rewe*, aff. 47/75, *Rec.* 181.

SECTION II CONTENU DE L'OBLIGATION D'AMÉNAGEMENT

1360 Selon l'article 37 § 1 dans sa version originaire, les États membres aménagent « progressivement » les monopoles nationaux de telle façon qu'à l'expiration de la période de transition ait disparu toute discrimination entre les ressortissants des États membres, dans les conditions d'approvisionnement et de débouchés. Initialement, l'aménagement, entendu donc comme suppression de toute discrimination, devait s'opérer durant la période de transition (§ 1). Le traité d'Amsterdam confirme que des obligations subsistent sur les États à l'expiration de cette période pourtant aujourd'hui révolue (§ 2).

§ 1. L'OBLIGATION D'AMÉNAGEMENT DURANT LA PÉRIODE DE TRANSITION

1361 Pèse en premier lieu sur les États une obligation de *standstill*, qui rappelle celle concernant tant les taxes que les mesures d'effet équivalent et à laquelle la Cour a reconnu très tôt l'effet direct. Mais l'essentiel réside dans une obligation d'aménagement qui consiste à éliminer toute discrimination dans les importations et exportations intra-communautaires de marchandises. Mais celle-ci demeure très vague quant à son rythme et à ses modalités. À la différence des taxes ou mesures d'effet équivalent, aucun calendrier précis ne figure à l'ex-article 37 CEE (version initiale), qui se borne à indiquer que ce rythme doit être « adapté à l'élimination des restrictions quantitatives pour les mêmes produits », et que l'aménagement doit s'opérer « progressivement ». Ce flou général quant aux obligations des États membres (28) explique au demeurant, que la Commission ne dispose que d'un pouvoir de recommandation pour ordonnancer le programme d'aménagement, alors qu'en matière de taxes ou de mesures d'effet équivalent, elle peut agir par voie de directive.

L'exécutif bruxellois, compte tenu de la passivité des États, ne manquera pas de recourir souvent à l'instrument de la recommandation. Une rafale de textes sera adressée durant les années soixante, principalement à la France, l'Allemagne et l'Italie, pour les nombreux monopoles que ces États possédaient dans des secteurs très voisins (tabacs, allumettes, alcools, produits énergétiques). Devant le relatif insuccès de ces mesures, la Commission a durci le ton ultérieurement, tant à l'égard des États fondateurs que des nouveaux adhérents, dont les traités d'élargissement contiennent des dispositions sensiblement plus précises sur les monopoles nationaux de caractère commercial que l'article 37 TFUE. La Commission a d'ailleurs souvent recouru ou menacé de recourir à l'action contentieuse contre les États défaillants et ce nonobstant le caractère non contraignant des recommandations.

(28) CJCE, 4 févr. 1965, *Albatros c. Sopeco*, aff. 20/64, *Rec.* 9.

§ 2. L'OBLIGATION D'AMÉNAGEMENT AU-DELÀ DE LA PÉRIODE DE TRANSITION

1362 L'échéance du 1er janvier 1970 représentait un moment crucial pour l'ex-article 37 CEE. Conçu en apparence pour ne s'appliquer que durant la période de transition, quel sort lui réserver ultérieurement ? L'adaptation n'ayant pu avoir lieu en temps utile, les droits exclusifs d'importation et d'exportation devenaient-ils automatiquement caducs car contraires aux principes de circulation et de concurrence, d'autant plus que l'ex-article 37 CEE se voyait conférer l'effet direct (29) et pouvait donc se voir invoqué par n'importe quel justiciable ? Ou bien, le texte ignorant l'idée de suppression pure et simple, devait-il être lu comme confirmant la seule obligation d'aménagement, tout en la rendant encore plus impérieuse que durant la période de transition ?

Pour répondre à cette question, la Cour se livra à une analyse serrée des différentes catégories de monopole et se prononça en fonction de leur plus ou moins grande nocivité à l'égard des principes de libre circulation et de concurrence.

A. Monopoles d'importation et d'exportation

1363 **Principe de suppression.** La solution fut radicalement négative pour les monopoles d'importation. Ceux-ci s'avèrent incompatibles avec le droit de l'Union (30). En effet, le droit exclusif d'importer constitue en soi une discrimination. Sa suppression s'impose, alors même que l'organisme en charge du monopole assure un traitement analogue aux produits nationaux et aux produits importés. Cette solution semble transposable aux monopoles d'exportation, compte tenu de l'identité de traitement que l'article 37 § 1 alinéa 2 réserve aux deux catégories, bien que l'on puisse considérer qu'un monopole d'exportation se révèle moins nocif pour les produits étrangers que celui d'importation.

Dans un cas comme dans l'autre, la Cour a estimé que les moyens de défense tirés de l'article 36 TFUE ou des exigences impératives d'intérêt général pourraient venir tempérer la rigueur de l'interdiction des droits exclusifs d'importer ou d'exporter (31). Des raisons tirées notamment de la protection de la sécurité publique, entendue comme sécurité des approvisionnements, pourraient être avancées pour justifier le maintien d'un monopole d'importation.

1364 **Liens avec l'article 106 § 2.** L'ensemble de ces données ont été revues au vu d'une série d'arrêts (32) rendus notamment à propos de monopoles d'importation et d'exportation, du type EDF-GDF en France. La Cour statue d'abord dans le sens de l'incompatibilité des monopoles d'exportation avec le traité. En revanche, l'article 36 TFUE ne peut venir au secours des monopoles, ce qui limite le jeu de cette disposition de même que des exigences impératives d'intérêt général, aux seuls rapports avec les

(29) CJCE, 3 févr. 1976, *Manghera*, aff. 59/75, *Rec.* 91.

(30) CJCE, *Manghera*, *op. cit.*

(31) CJCE, 21 mars 1972, *Ministère public Italien c. SAIL*, aff. 82/71, *Rec.* 119 ; 10 juill. 1984, *Campus Oil Limited*, aff. 72/83, *Rec.* 2727.

(32) Entre autres, CJCE, 23 oct. 1997, *Commission c. France*, aff. C-159/94, *Rec.* I-5815 ; 23 oct. 1997, *Franzen*, aff. C-189/95, *Rec.* I-5909 ; R. Kovar, « La fée électricité : plus de lumière sur les articles 37 et 90 du traité CE », *Europe* déc. 1997, chr. p. 3-6.

mesures d'effet équivalent des articles 34 et 35 TFUE. En revanche, et là réside un important élément nouveau, l'interdiction de l'article 37 pourrait se voir compensée par une justification au titre de l'article 106 § 2 TFUE. Un monopole d'importation ou d'exportation pourrait donc subsister, s'il présente en même temps la qualité de service d'intérêt économique général et si son maintien s'avère nécessaire pour « l'accomplissement en droit ou en fait de la mission particulière qui (lui) est impartie » (33). En réalité, le dispositif des monopoles nationaux de caractère commercial semble avoir atteint ses limites aussi bien dans le droit dérivé que dans la jurisprudence pour laisser place à des régimes plus performants, notamment ceux de mesures d'effet équivalent pour les atteintes à la libre circulation et de services d'intérêt économique général pour les règles de concurrence.

B. Monopoles de commercialisation et de fabrication

1365 **Commercialisation.** C'est à l'aune de ces considérations que l'on peut régler les problèmes posés par les monopoles de commercialisation. La doctrine est assez partagée sur leur maintien, du moins lorsqu'il s'agit du commerce de détail, considérant que l'interdiction des droits exclusifs d'importer ou d'exporter doit se prolonger, pour avoir un effet utile, jusqu'au stade du commerce de gros. En effet, une structure monopolistique, même animée des meilleures intentions du monde, ne pourrait pas, au stade de la distribution de gros, ne pas favoriser les produits nationaux au détriment des produits importés. La Commission pour sa part soutient la thèse de la suppression des droits exclusifs, y compris jusqu'au commerce de détail, ce qu'elle a mis en œuvre à propos des monopoles français et italien de la vente du tabac manufacturé ou à propos des terminaux de télécommunications (34).

La Cour de justice se montre plus nuancée. Elle a certes reconnu l'incompatibilité des droits exclusifs pour la vente au détail des terminaux de télécommunications, mais sur la base d'autres fondements que l'article 37 (35). Dans l'affaire du monopole grec des produits pétroliers, elle a critiqué les droits exclusifs de commercialisation, mais sans les condamner formellement (36). En outre, elle admet que les États conservent un pouvoir de réglementation du commerce intérieur, dès lors que celui-ci n'entraîne pas de discrimination entre produits nationaux et importés. Ainsi, dans l'affaire du monopole italien des tabacs manufacturés, elle avalise la fixation d'une marge commerciale uniforme pour tous les détaillants (37) alors qu'elle rejette la réglementation française permettant de fixer par arrêté ministériel le prix de vente au détail du tabac (38). En revanche, le monopole suédois de la vente au détail de médicaments est

(33) Suite à la dir. 96/92 du 19 déc. 1996, *JOCE* L 27, 30 janv. 1997, la France a adopté la loi de transposition n° 2000-108 relative à la modernisation et au développement du service public de l'électricité, *JORF* n° 35, 11 févr. 2000.

(34) Dir. n° 88/301 du 16 mai 1988, *JOCE* L 131 du 17 mai 1988.

(35) 19 mars 1991, *France c. Commission*, aff. C-202/88, *Rec.* I-1223.

(36) 13 déc. 1990, *Commission c. Grèce*, aff. C-347/88, *Rec.* I-4747.

(37) 7 juin 1983, *Commission c. Italie*, aff. 78/82, *Rec.* 1955.

(38) 21 juin 1983, *Commission c. France*, aff. 90/82, *Rec.* 2011.

acceptable dès lors qu'il remplit des conditions de neutralité et de libre concurrence entre les économies des États membres (39).

Cette jurisprudence très nuancée se voit peut-être infléchie par la série d'arrêts du 23 octobre 1997 sur les monopoles d'importation et d'exportation du gaz et de l'électricité. La solution retenue paraît transposable par analogie, et un monopole de commercialisation pourrait donc se voir justifié s'il possédait par ailleurs la qualité de service d'intérêt économique général au sens de l'article 106 § 2, et à la condition bien sûr que les conditions posées par cette disposition fussent réunies. Encore faudrait-il que des activités comme la distribution de tabac ou de produits pétroliers pussent être assimilées à des services d'intérêt économique général.

1366 **Fabrication.** La plupart des auteurs considèrent que les monopoles de fabrication échappent à la condamnation de l'article 37 car se situant en amont de l'importation et de l'exportation et car l'article 345 TFUE réserve aux États membres le régime de la propriété. La pérennité à long terme de cette dérogation ne paraît cependant pas assurée, compte tenu des liens forcément assez étroits entre production et commercialisation et de la conception assez minimaliste que se font les institutions de l'Union de l'article précité (40). D'ailleurs, dans sa jurisprudence de 1997 sur EDF-GDF, la Commission comme la Cour de justice ont pris bien soin de souligner que la solution retenue pour les monopoles d'importation et d'exportation ne couvrait pas nécessairement d'autres aspects du monopole détenu par cette ancienne grande entreprise nationale et notamment la production et le transport.

BIBLIOGRAPHIE

I. Ouvrages

R. de Beaumont, *L'aménagement des monopoles d'État français visés par l'article 37 du traité de Rome*, Bib. de Droit international, tome 51, LGDJ, 1969 ■ J.-E. De Cockborne, « Les monopoles nationaux de caractère commercial », *in Commentaire Mégret, Le droit de la CEE*, tome 1, 2e éd., Éditions de l'Université de Bruxelles, 1992, p. 307.

II. Articles, études et documents

R.-C. Béraud, « L'aménagement des monopoles nationaux prévu à l'article 37 du traité CEE », *RTDE* 1979, p. 573 ■ F. Berrod, « Monopoles publics et droit communautaire », *Juris-Classeur Europe*, fasc. nº 1510, 2009 ■ F. Berrod, « Les monopoles et le droit communautaire », *in* R. Kovar et D. Simon, *Service public et Communauté européenne*, Colloque CEDECE de Strasbourg, La Documentation française, 1998, tome 2, p. 411 ■ C.-A. Colliard, « L'obscure clarté de l'article 37 du traité CEE », *Dalloz* 1964, Chr. p. 263 ■ R. Kovar, « Monopoles publics », Encyclopédie *Dalloz droit*

(39) Conditions non remplies en l'espèce : CJCE, 31 mai 2005, *Krister Hanner*, aff. C-438/02, *Rec.* I-4551.
(40) V. *supra*, nº 1225.

communautaire, vol. 3, 2006 ■ A. PAPPALARDO, « Les monopoles nationaux à caractère commercial et le traité CEE », *CDE* 1973, p. 639 ■ G.-C. RODRIGUEZ IGLESIAS, « Les monopoles nationaux à caractère commercial », *CDE* 1976, p. 537 ■ P. WACHSMANN, « Commentaire de l'article 37 », *in* KOVAR, JACQUE, CONSTANTINESCO et SIMON, *Commentaire par article du traité CEE*, Economica, 1992, p. 199.

Nos 1367 à 1379 réservés.

CHAPITRE 4
LES MARCHÉS PUBLICS

1380 Les marchés publics sont les contrats portant sur la fourniture de biens ou de services que passent les personnes publiques ou les personnes contrôlées par les personnes publiques. Revêtant une importance économique considérable, puisque leur montant est évalué à environ 16 % du PIB de l'Union européenne, ils ne peuvent demeurer à l'écart du marché intérieur. Aussi bien, même si les traités ne contiennent guère de disposition les concernant directement (voir cependant CE, art. 163 § 2, devenu 179 § 2 TFUE ; CEEA, art. 93 et 97), les marchés publics doivent respecter les principes fondamentaux du marché intérieur tels que non-discrimination fondée sur la nationalité, libre circulation des marchandises (1), liberté d'établissement et libre prestation de services. Il est significatif que la Cour de justice se réfère de plus en plus souvent à ces principes pour en faire application non seulement aux contrats qui, comme la concession, demeurent en dehors du champ de la réglementation communautaire (2) mais également aux marchés régis par les directives communautaires (3).

Mais le marché communautaire se caractérise par une tradition de très fort cloisonnement national. Les marchés publics ont pu être qualifiés de « dernier rempart du protectionnisme des États » (A. Mattera). La préférence quasi systématique accordée aux entreprises nationales s'explique par le fait que les marchés constituent pour les autorités nationales un instrument d'intervention susceptible de favoriser la recherche, le développement économique, l'emploi, au détriment du respect de la concurrence et au prix d'un surcoût non négligeable. Cette situation imposait que le droit communautaire, à l'instar de ce que font les droits nationaux pour assurer le respect de la concurrence dans l'ordre interne, se dotât d'une réglementation qui préciserait les exigences découlant des traités et surtout instituerait des procédures de nature à en assurer le respect.

1381 L'élaboration de cette réglementation – dont les éléments essentiels semblent aujourd'hui en place, même si des adaptations et perfectionnements demeurent à

(1) CJCE, 22 sept. 1988, *Commission et Espagne c. Irlande*, 45/87, *Rec.* 1639.

(2) CJCE, 7 déc. 2000, *Telaustria Verlags GmbH*, 324/98, *Rec.* I-10745 ; 13 oct. 2005, *Parking Brixen GmbH*, C 458/03.

(3) CJCE, 20 oct. 2005, *Commission c. France*, C 264/03 ; 27 oct. 2005, *Commission c. Espagne,* C 158/03 ; 27 oct. 2005, *Contse SA e.a.*, C 234/03, *Europe* déc. 2005, n° 412, obs. E. Meisse.

envisager – a été tout sauf aisée. La première vague de directives était de portée limitée concernant essentiellement la passation des marchés de fournitures (directives n°s 70/32 du 17 décembre 1969 et 77/62 du 21 décembre 1976) et de travaux (directives n°s 71/304 et 71/305 du 26 juillet 1971). Devant leur échec, constaté dans le Livre blanc sur l'achèvement du marché intérieur, une relance s'est opérée qui a abouti à l'édiction entre 1988 et 1992 de six directives dont plusieurs feront l'objet d'une codification en 1993.

Encore faudra-t-il modifier les directives concernant les procédures de passation pour les mettre en harmonie avec les dispositions de l'Accord sur les marchés publics (AMP) signé à Marrakech le 15 avril 1994 dans le cadre de l'Uruguay Round et entré en vigueur le 1er janvier 1996 (4). En effet si l'AMP s'applique seulement aux relations entre la Communauté et les États tiers signataires, il contient certaines dispositions plus protectrices pour les entreprises que ne l'était la réglementation communautaire. Il convenait d'étendre le bénéfice de ces règles aux entreprises communautaires pour les mettre à égalité avec les entreprises des États tiers. En outre l'AMP fixe des seuils d'application en se référant à la valeur des DTS (droits de tirage spéciaux du FMI) et non à l'euro qui avait été retenu par les directives.

1382 **Directives de la deuxième génération.** Quatre directives concernent les procédures de passation, deux les recours.

– directive n° 93/36 portant coordination des procédures de passation des marchés publics de fournitures, du 14 juin 1993 (5) dite directive Fournitures ;

– directive n° 93/37 portant coordination des procédures de passation des marchés publics de travaux, 14 juin 1993 (6), dite directive Travaux ;

– directive n° 92/50 portant coordination des procédures de passation des marchés publics de services, 18 juin 1992 (7) dite directive Services.

Ces trois directives ont été modifiées pour tenir compte de l'AMP par la directive n° 97/52 du 13 octobre 1997 (8).

– directive n° 93/38 du 14 juin 1993 portant coordination des procédures de passation des marchés dans le secteur de l'eau, de l'énergie, des transports et des télécommunications (9). Longtemps cette directive a été appelée directive Secteurs exclus parce que les secteurs concernés avaient été exclus de la réglementation des marchés publics. Il est aujourd'hui plus judicieux de l'appeler directive Secteurs spéciaux (10).

La directive n° 93/38 a été modifiée par la directive n° 94/22 du 30 mai 1994 concernant l'exploitation des hydrocarbures et par la directive n° 98/4 du 16 février 1998 (11) pour l'adapter à l'AMP.

(4) V. M. KING et G. DE GRAAF, « L'Accord sur les marchés publics dans le cadre de l'Uruguay Round », *RMUE* 1994, 4, p. 67.
(5) *JOCE* L 199, 9 août 1993.
(6) *JOCE* L 199, 9 août 1993.
(7) *JOCE* L 209, 24 juill. 1992.
(8) *JOCE* L 328, 28 nov. 1997.
(9) *JOCE* L 199, 9 août 1993.
(10) En ce sens, A. MATTERA, « La politique communautaire des marchés publics : réalité ou souci de perfectionnisme », *RMUE* 1996, n° 4, p. 25 et les communications de la Commission citées *infra*, n° 1387.
(11) *JOCE* L 101, 1er avr. 1998.

– Deux directives dites Recours : directive n° 89/665 du 24 décembre 1989, relative aux marchés publics de fournitures et de travaux (12) et directive n° 92/13 du 25 février 1992 (13) relative aux marchés se rapportant aux Secteurs spéciaux.

Bien que chaque directive contienne des normes particulières au domaine qu'elle régit, il est possible de dégager de l'ensemble de ces textes un certain nombre de règles communes concernant le champ d'application de la réglementation communautaire, les procédures de passation des marchés et le contrôle du respect du droit de l'Union.

Il convient d'ajouter le règlement n° 2195/2002 du 5 novembre 2002 relatif au vocabulaire commun pour les marchés publics (CPV) (14).

1383 **Directives de la troisième génération.** La nouvelle réglementation comprend d'abord deux directives du 31 mars 2004 qui régissent les procédures de passation : la directive n° 2004/17 concerne les secteurs spéciaux, le secteur des télécommunications ayant été supprimé et remplacé par celui des services postaux et de téléphonie ; la directive n° 2004/18 refond les trois directives travaux, fournitures et services (15). Bien entendu les principes de base demeurent inchangés, mais les modalités de passation des marchés connaissent des modifications, notamment une modernisation grâce à l'introduction de procédures électroniques, qui seront signalées.

La refonte et le renforcement du système de recours sont intervenus plus tard avec la directive n° 2007/66 du 11 décembre 2007 (16), dont le délai de transposition expirait le 20 décembre 2009, qui modifie substantiellement les deux directives recours.

1384 **La directive marchés relatifs à la défense ou à la sécurité.** Postérieurement à ces directives a été adoptée une directive de portée plus limitée puisque relative aux marchés passés dans les domaines de la défense et de la sécurité, la directive n° 2009/81 du 13 juillet 2009 (17). La directive n° 2004/18 s'appliquait bien à ces marchés mais sous réserve de l'exception relative aux armes, munitions et matériels de guerre que consacre l'article 296 CE devenu 346 TFUE qui autorise les États à prendre les mesures qu'ils estiment nécessaires à la protection des intérêts essentiels de leur sécurité. Or, en dépit des invitations de la Commission et de la jurisprudence de la Cour qui s'efforçait d'empêcher une interprétation extensive de cet article – par exemple en excluant son application pour l'achat de matériels à double usage mais dont l'utilisation à des fins militaires s'avère peu probable comme ce fut le cas lors de l'achat d'hélicoptères destinés à couvrir les besoins de différents corps militaires et civils de l'État italien (18) –, les États ont en fait un usage fort abusif.

La directive n° 2009/81 s'applique aux marchés passés dans les domaines de la défense et de la sécurité qui ont pour objet la fourniture d'équipements militaires, de travaux et services destinés à des fins spécifiquement militaires ainsi qu'à la fourniture d'équipements sensibles, aux travaux et services sensibles définis comme étant destinés à des fins de sécurité et comportant des informations classifiées. Elle

(12) *JOCE* L 395, 30 déc. 1989.
(13) *JOUE* L 76, 23 mars 1992.
(14) *JOCE* L 340, 16 déc. 2002.
(15) *JOCE* L 134/1 et L 134/114 du 30 avr. 2004.
(16) *JOUE* L335, 20 déc. 2007.
(17) *JOUE* L 216, 20 juill. 2009.
(18) CJCE, 8 avr. 1988, *Commission c. Italie*, C 337/05, *Rec.* I-2173.

comporte cependant de nombreux cas d'exclusion : outre ceux du régime général (v. *infra*, n° 1392), les cas spécifiques des domaines de la défense et de la sécurité, tels que les marchés imposant de divulguer des informations que l'État estime contraires aux intérêts essentiels de sa sécurité, les marchés destinés aux activités de renseignements, les marchés passés par un gouvernement à un autre. De plus la directive n° 2009/81 prévoit un certain nombre de règles tenant compte de la spécificité des marchés qui concernent la défense ou la sécurité, notamment concernant la sécurité des informations et l'approvisionnement, les situations de crise ou d'urgence, le régime de la sous-traitance.

§ 1. CHAMP D'APPLICATION DE LA RÉGLEMENTATION

Le champ d'application de la règle de l'Union est déterminé par l'objet du marché, les parties au marché, le montant du marché et les exceptions prévues par les directives.

A. L'objet du marché

1385 **Les quatre catégories de marchés.** L'objet du marché permet de définir les quatre catégories de marchés régies par les directives, étant entendu qu'il s'agit de contrats conclus par écrit et à titre onéreux. Lorsqu'un contrat contient des éléments ayant trait à plusieurs types de marchés c'est l'objet principal qui détermine la catégorie dans laquelle il doit être rangé (19).

Les marchés de fournitures ont pour objet l'achat, le crédit-bail ou la location vente, avec ou sans option d'achat, de produits, la livraison des produits pouvant comporter, à titre accessoire, des travaux de pose ou d'installation.

Les marchés de travaux ont pour objet soit l'exécution, soit conjointement l'exécution et la conception, de travaux relatifs à une activité de construction ou d'aménagement d'un ouvrage, soit la réalisation par quelque moyen que ce soit d'un ouvrage.

Les marchés de services sont définis de façon négative comme étant les contrats qui n'entrent pas dans les catégories régies par les autres directives, non plus que dans les domaines – tels qu'acquisition ou location de terrains, radiodiffusion, arbitrage et conciliation, services financiers, emploi, recherche – qui échappent à son champ d'application.

La directive Secteurs spéciaux reprend ces définitions pour soumettre à un régime particulier les marchés passés dans les secteurs de l'eau, de l'énergie, des transports et des services postaux. En revanche, les marchés passés dans le secteur des télécommunications sont désormais exclus du champ d'application de la directive parce qu'ils sont considérés comme soumis à une concurrence effective. Et la directive prévoit que la Commission peut étendre cette exclusion aux activités directement exposées à la concurrence sur des marchés dont l'accès n'est pas limité (art. 30).

(19) CJCE, 19 avr. 1994, *Gestion Hotelera Internacconal,* C331/92, *Rec.* I-1329 ; 18 janv. 2007, *Auroux* e. a., C220/05, Rec. I-385.

Au cas de contrat mixte – par exemple contenant à la fois des éléments ayant trait à un marché public de travaux et d'autres ayant trait à un marché public de services – la qualification dépend de l'objet principal du contrat (20).

1386 **Objet du marché et objet sur lequel porte le marché.** De l'objet du marché il importe de distinguer l'objet sur lequel porte un marché particulier, et qui sera l'objet sur lequel porte la fourniture, le travail ou le service, par exemple fourniture de coton ou de latex. Le règlement n° 2195/2002 du 5 novembre 2002 relatif au vocabulaire commun pour les marchés publics (CPV) (21), précité, impose aux entités et pouvoirs adjudicateurs d'utiliser pour sa description la classification unique, comportant notamment un code alphanumérique (par exemple coton 01117110-4), valable pour toute l'Union, cela dans un souci de transparence. La mise à jour du CPV incombe à la Commission (22).

1387 **La concession.** Le régime juridique applicable à la concession a soulevé de nombreuses questions. Le droit français, pour sa part, excluait traditionnellement la concession de la catégorie des marchés publics. Après une longue période de maturation, marquée par des solutions partielles apportées par les directives ainsi que par les communications de la Commission (23), les directives du 31 mars 2004 apportent la solution qui s'est imposée.

Elles définissent la concession comme le contrat par lequel la contrepartie accordée au concessionnaire consiste soit uniquement dans le droit d'exploiter un ouvrage (concession de travaux publics) ou le service (concession de service), soit dans ce droit assorti d'un prix. Les concessions de service ne relèvent pas du champ d'application des directives. Les concessions de travaux non plus lorsqu'elles interviennent dans le domaine des secteurs spéciaux (directive n° 2004/17, considérant n° 18) ; dans les autres domaines elles tombent sous l'emprise de la directive n° 2004/18 lorsque le montant atteint 6 242 000 euros et sont soumises à un régime spécifique, « allégé » par rapport au régime général (24), les concessionnaires étant eux aussi soumis à la directive même s'ils n'ont pas la qualité de pouvoir adjudicateur.

En toute hypothèse, même les concessions qui ne relèvent pas des directives demeurent soumises aux règles du traité, à commencer par le principe de non-discrimination, transparence et libre concurrence (25).

1388 **Partenariats public-privé institutionnalisés (PPPI).** Dans une communication du 12 avril 2008 (26), la Commission indique quelles sont les modalités d'application des directives et des principes résultant du traité aux partenariats public-privé institutionnalisés (PPPI). Ces derniers consistent en une collaboration de longue durée entre personne publique et opérateur économique, par exemple au cas où une collectivité

(20) CJCE, 29 oct. 2000, *Commission c. Allemagne*, C 536/07, *Rec.* I-10355.

(21) *Common Procurement Vocabulary.*

(22) Par exemple, règlement n° 2151/2003 de la Commission du 16 déc. 2003, *JOCE* L 329, 17 déc. 2003.

(23) Les marchés publics dans l'Union européenne 11 mars 1998 ; communication interprétative sur les concessions en droit communautaire, 29 avr. 2000, *JOCE* CL 121, 29 avr. 2000.

(24) Dir. n° 2004/17, titre III.

(25) CJCE, 13 oct. 2005, *Parking Brixen GmbH*, C 458/03, *Rec.* I-8585 ; 6 avr. 2006, ANAV C410/04, *Rec.* I-3303 ; 15 oct. 2009, *Acoset Spa*, C 196/08, *Rec.* I-9913, *Europe* déc. 2009, n° 455, D. Simon ; 13 avr. 2010, *Wall AG*, C 91/08.

(26) *JOUE* 91, 12 avr. 2008.

publique passe contrat avec un partenaire privé pour établir une entité à capital mixte à laquelle sera attribuée un marché public ou une concession.

B. Les parties

1389 Selon la directive Fournitures, Travaux et Services, constitue un marché public un contrat conclu entre un ou plusieurs « opérateurs économiques » (entrepreneur, fournisseur, ou prestataire de services) et un ou plusieurs « pouvoirs adjudicateurs », étant précisé qu'une centrale d'achat qui passe des contrats destinés à des pouvoirs adjudicateurs a elle-même la qualité de pouvoir adjudicateur. La notion de pouvoir adjudicateur est d'autant plus large que la Cour de justice l'interprète dans un sens fonctionnel afin de ne pas se laisser arrêter par les constructions juridiques que pourraient imaginer les pouvoirs publics pour échapper à la réglementation communautaire (27).

Constituent des pouvoirs adjudicateurs :

1. L'État : la notion recouvre les organes exerçant les pouvoirs législatif, exécutif et judiciaire y compris au niveau des entités fédérées (attribution par le Parlement flamand du marché concernant la construction d'un bâtiment (28)).

2. Les collectivités territoriales.

3. Les organismes de droit public et les associations formées par des collectivités publiques ou des organismes de droit public. Les directives entendent par organisme de droit public tout organisme doté de la personnalité juridique, « créé pour satisfaire spécifiquement des besoins d'intérêt général ayant un caractère autre qu'industriel et commercial » et, soit financé majoritairement par une collectivité publique ou un organisme de droit public, soit contrôlé par eux dans sa gestion ou ses organes de décision.

La qualification d'organisme de droit public a généré un important contentieux, les États ayant tendance à la récuser pour se soustraire à l'application des directives, la Cour se ralliant à une interprétation large et fonctionnelle afin de préserver l'effet utile de celles-ci.

La condition relative au contrôle ou au financement pose parfois problème. Ainsi l'Université de Cambridge bénéficie-t-elle de sources très diverses de financement ; selon que ses ressources sont majoritairement ou non d'origine publique elle sera année après année qualifiée ou non d'entité adjudicatrice (29) : solution logique sinon simple !

Plus délicats et plus nombreux sont les litiges portant sur le concept central, celui d'« organisme... créé pour satisfaire spécifiquement des besoins d'intérêt général ayant un caractère autre qu'industriel et commercial », étant acquis qu'il importe peu que cet organisme soit une personne publique ou privée (par exemple une société commerciale régie par le droit privé (30)).

La notion de besoin d'intérêt général est une notion communautaire, même si dans son application aux cas concrets la Cour considère que le droit national n'est pas sans importance : tel est le cas des activités mortuaires et de pompes funèbres (31). Sont

(27) CJCE, 20 sept. 1998, *Beentjes*, 31/87, *Rec.* 4635 ; 17 déc. 1998, *Commune c. Irlande*, C 353/96, *Rec.* I-8565.

(28) CJCE, 17 sept. 1998, *Commission c. Belgique*, C 323/96, *Rec.* I-5063.

(29) CJCE, 3 nov. 2000, *The University of Cambridge*, C 380/98, *Rec.* I-8035.

(30) CJCE, 15 mai 2003, *Commission c. Espagne,* C 214/00.

(31) CJCE, 27 févr. 2003, *Adolf Truley GmbH*, C 373/00, *Rec.* I-1931.

reconnus en général comme étant des besoins d'intérêt général ayant un caractère autre qu'industriel ou commercial des « besoins qui, d'une part, sont satisfaits d'une manière autre que par l'offre de biens ou de services sur le marché et que, d'autre part, pour des raisons liées à l'intérêt général l'État choisit de satisfaire lui-même ou à l'égard desquels il entend conserver une influence déterminante » (32). L'existence d'une concurrence développée est l'indice que le besoin, fut-il d'intérêt général, a sans doute un caractère industriel et commercial (33), de même que le but lucratif poursuivi par l'organisme (34). Tels sont les critères que la Cour applique et invite les juridictions nationales à appliquer.

La directive Secteurs spéciaux se réfère à la notion « d'entité adjudicatrice » qui comprend, en plus des catégories retenues par les autres directives qu'elle qualifie de pouvoirs publics, les entreprises publiques. Pour définir cette dernière la directive se réfère à la conception classique en droit communautaire (v. *supra,* n° 1299). Elle entend par entreprise publique « toute entreprise sur laquelle les pouvoirs adjudicateurs peuvent exercer directement ou indirectement une influence dominante du fait de la propriété, de la participation financière ou des règles qui la régissent » et reprend les présomptions traditionnelles du contrôle par les pouvoirs publics (dir. n° 2004/17, art. 2).

Faisant application de la théorie dite de la « contagion », la Cour considère que lorsqu'une des activités d'un organisme relève du champ d'application de la directive n° 2004/18, directive générale, toutes les autres activités de cet organisme relèvent également de cette directive indépendamment de leur éventuel caractère industriel et commercial (35). Par contre ne relèvent de la directive n° 2004/18, Secteurs spéciaux, que les seules activités énumérées aux articles 3 à 7 de ce texte (36).

1390 **Contrat conclu entre autorités publiques**. En principe un contrat conclu entre un pouvoir adjudicateur et un entrepreneur, fournisseur ou prestataire de services relève des directives même si l'opérateur économique cocontractant est une personne publique. En effet, dans le prolongement des directives précédentes, la directive n° 2004/18 considère que ces termes désignent « toute personne physique ou morale ou entité publique ». Dans un arrêt de Grande Chambre (37), la Cour a cependant admis qu'il en allait autrement lorsque le contrat s'inscrit dans le cadre d'une coopération entre autorités publiques ayant pour unique but la poursuite d'objectifs d'intérêt public (en l'espèce, coopération intercommunale pour assurer l'élimination des déchets) sauf si ce contrat constitue un montage destiné à contourner les règles contenues dans les directives.

(32) CJCE, 10 nov. 1998, *BFI Holding*, C 360/96, *Rec.* I-6821 ; 10 mai 2001, *Agora Excelsior*, C 223 et 260/99, *Rec.* I-3605 ; 27 févr. 2003, *Adolf Truley GmbH*, préc.

(33) V. la jurisprudence citée à la note précédente.

(34) CJCE, 22 mai 2003, *Krhonen*, C 18/01, *Rec.* I-5321 ; 16 oct. 2003, *Commission c. Espagne*, C 283/00, *Europe* 2003, n° 394, obs. Pontgérard Payet.

(35) CJCE, 10 avr. 2008, *Ing. Aigner, Wasser-Warme-Umwelt*, C-393/06 confirmant l'arrêt *Mannesmann Anlagenbau e.a.*, C-44/96, *Rec.* I-73.

(36) CJCE, 10 avr. 2008, *Ing Aigner*, préc.

(37) CJCE, 9 juin 2009, *Commission c. Allemagne*, C 480/06, *Rec.* I-4749.

C. Le montant du marché

1391 Les seuils varient selon les marchés. Leur montant est indiqué hors TVA et exprimé en euros dans les directives du 31 mars 2004, régulièrement modifiées sur ce point. Depuis le 1er janvier 2010 il s'élève à :

– marchés de travaux, 4 845 000 euros,

– marchés de fournitures et de services, en principe 193 000 euros, ce chiffre étant abaissé a 125 000 euros pour les marchés passés par les autorités gouvernementales centrales et élevé à 387 000 euros pour les marchés relatifs aux secteurs spéciaux.

Bien entendu, les directives contiennent des dispositions déjouant le fractionnement des marchés par lots ou dans le temps. Dans un arrêt *Commission c. France* du 5 octobre 2000 (38), la Cour a considéré que distribution d'électricité et mise en place d'un réseau d'éclairage public dans le département de la Vendée pouvaient être dissociées mais a condamné la scission géographique opérée entre les réseaux d'électrification, ces derniers étant incontournables et assurant la même fonction. De même une modification substantielle, intervenant en cours d'exécution et, par exemple sur la personne du cocontractant ou le prix, ne saurait intervenir sans passation d'un nouveau contrat (39).

D. Les marchés exclus de la réglementation communautaire

1392 Bien qu'ils entrent dans les catégories définies par les directives, des marchés peuvent être exemptés de l'application de la réglementation communautaire. Certaines exemptions se retrouvent dans toutes les directives. Elles concernent les marchés régis par le droit international (accord international ou procédure spécifique d'une organisation internationale), les marchés déclarés secrets ou dont l'exécution doit s'accompagner de mesures particulières de sécurité, ce qui est, par exemple, le cas d'un marché portant sur la photographie aérienne des côtés belges afin d'assurer la sécurité des installations nationales et des institutions internationales établies sur ce territoire (40). D'autres exemptions sont propres à certaines catégories de marché, par exemple les marchés passés dans les domaines de la défense ou de la sécurité (v. *supra*, n° 1384).

1393 **Contrats *in house*.** À ces dérogations s'ajoute celle, jurisprudentielle, concernant les contrats dits *in house*, assimilés à des opérations parement internes. Il s'agit de contrats passés avec une entité qui, quoique juridiquement distincte du pouvoir adjudicateur, est soumise de la part de l'autorité publique adjudicatrice à un contrôle analogue à celui qu'elle exerce sur ses propres services et, de plus, réalise l'essentiel de son activité avec l'autorité publique concernée (41). La portée de cette exception est, toutefois, limitée par le fait que la Cour dénie la qualité de contrat in house lorsque le cocontractant

(38) CJCE, C 16/98, *Rec.* I-8315.

(39) CJCE, 19 juin 2008, *Nachrichtenagentur*, C 454/06, jugeant qu'en l'espèce il n'y avait pas modification substantielle.

(40) CJCE, 16 oct. 2003, *Commission c. Belgique*, C 252/01, *Europe* 2003, n° 393.

(41) CJCE, 18 nov. 1999, *Teckal*, C 107/98, *Rec.* I-8121. 11 mai 2006, *Carbotermo SPA et Consorzio Aliser*, C340/04, *Rec.* I-4137.

est une société au capital de laquelle une entreprise privée participe même de façon très minoritaire (42), sanctionne les manœuvres visant à dissimuler cette situation (43) et, en outre, considère que la détention par le pouvoir adjudicateur, seul ou avec d'autres pouvoirs publics, de la totalité du capital de la société contractante ne constitue qu'une simple présomption de contrôle (44).

§ 2. RÈGLES DE PASSATION DES MARCHÉS

1394 Les règles de passation instituent des garanties que peuvent invoquer non seulement les entreprises d'un autre État membre mais également les entreprises nationales qui s'estimeraient victimes d'une violation de la réglementation communautaire au bénéfice d'une autre entreprise y compris si cette dernière est une entreprise nationale.

L'ouverture des marchés publics à la concurrence communautaire implique que les critères d'attribution soient loyaux mais aussi que les opérations se déroulent dans la transparence d'où la publicité et la soumission à des procédures réglementées.

A. Publicité

1395 **Les avis.** La publicité s'effectue par voie d'avis destinés à permettre aux entreprises d'avoir connaissance des marchés et, plus tard, des conditions de leur attribution. Ces avis sont rédigés conformément à un modèle uniforme (44bis), adressés à la Commission de préférence par voie électronique, publiés par la Commission au *JOUE*, *in extenso* dans la langue officielle choisie par le pouvoir adjudicateur, en résumé dans les autres langues officielles. Ils doivent se référer au vocabulaire commun pour les marchés publics (CPV). Après, seulement, leur publication au *JOUE*, ils peuvent être publiés au niveau national.

La réglementation générale est celle qu'institue la directive n° 2004/18 pour les marchés de travaux fournitures et services. Elle prévoit trois types d'avis.

L'avis de préinformation est l'avis par lequel les pouvoirs adjudicateurs font connaître au début de leur exercice budgétaire les marchés qu'ils entendent passer au cours des douze mois à venir. Il est obligatoire en ce qui concerne les fournitures ou les services dès lors que le montant estimé des marchés est égal ou supérieur à 750 000 euros (mais peut être publié par l'intéressé sur son profil d'acheteur) et pour les marchés de travaux atteignant 5 278 000 euros. Il n'en est pas prévu pour la concession de travaux publics.

L'avis de marché contient les informations qui permettent aux opérateurs économiques de disposer des renseignements essentiels concernant les conditions du marché, notamment ses caractéristiques, les critères d'attribution y compris la pondération des critères de sélection des candidats, le type de procédure de passation et le calendrier.

(42) CJCE, 11 janv. 2005, *Stadt Halle*, C 26/03, *Rec.* I-1.

(43) CJCE, 10 nov. 2005, *Commission c. Autriche*, C 29/04, *Rec.* I-9705, préc., la commune qui détenait la totalité des parts de la société cocontractante avait, dès le contrat conclu, cédé 49 % de ces parts à une entreprise privée.

(44) CJCE, 11 mai 2006, *Carbotermo SPA et Consorzio Alisei*, C 340/04, 10 sept. 2009, *Sea*, C 573/07, *Rec.* I-8127.

(44bis) V. Règlement d'exécution de la Commision, 842/2011 du 19 août 2011, *JOUE* L 222, 27 août 2011.

Les marchés relatifs aux secteurs spéciaux connaissent des procédures d'avis quelque peu différentes (avis périodiques indicatifs et avis sur l'existence d'un système de qualification).

Une fois le marché attribué, le pouvoir adjudicateur doit, dans les quarante-huit jours, – deux mois pour les secteurs spéciaux – faire connaître le résultat de la procédure par un avis, dit avis d'attribution. La nouvelle directive recours n° 2007/66 fait de plus courir, à compter de la réception par les soumissionnaires et candidats concernés de la décision d'attribution, un délai de 10 jours pendant lequel la conclusion du contrat est suspendue, ce afin de permettre l'exercice de recours précontractuels (v. *infra*, § 3).

B. Procédure de passation

1396 **Les procédures classiques.** En principe, les marchés doivent être attribués au terme d'une procédure qui assure une mise en concurrence des entreprises. Par exception, l'autorité adjudicatrice peut recourir à la procédure négociée sans publication d'un avis de marché, donc sans mise en concurrence, au cas où une procédure normale a échoué faute d'offre appropriée ou encore si le marché ne peut, à raison de ses caractéristiques, être attribué qu'à une entreprise déterminée, au cas d'urgence impérieuse ne permettant pas le respect des délais, lorsque le marché porte sur des fournitures, services ou travaux complémentaires du projet initial. La même dérogation est autorisée pour les marchés de fournitures à des fins de recherche d'étude ou de développement et pour les marchés de services qui font suite à un concours. Le respect de ces conditions est l'objet d'un contrôle poussé de la part de la Commission et de la Cour (45).

Les directives laissent au pouvoir adjudicateur le choix entre les procédures nationales ouvertes, dans lesquelles toute entreprise intéressée peut présenter une offre, et les procédures nationales restreintes dans lesquelles seules les entreprises invitées peuvent présenter leur offre. En revanche, elles limitent le recours à la procédure négociée, dans laquelle il y a consultation des entreprises et négociation des conditions du marché, avec publicité préalable (ce qui la différencie de la procédure négociée sans mise en concurrence) au cas de dépôt d'offres irrégulières ou inacceptables lors d'une procédure normale ou lorsque la fixation globale et préalable du prix s'avère impossible ou pour les travaux à fin de recherche ou d'expérimentation.

1397 **Les nouvelles procédures.** La modernisation du droit des marchés publics opérée par les directives du 31 mars 2004 s'est traduite par la possibilité de recourir à de nouvelles procédures. Cette souplesse est bienvenue, même si elle accroît la complexité de la réglementation.

1) **Le dialogue compétitif**, dont la Commission avait souhaité qu'il soit érigé en procédure de droit commun, est une variété de procédure ouverte concernant les marchés particulièrement complexes dans laquelle le pouvoir adjudicateur, après publication d'un avis, définit par le dialogue avec les candidats les moyens propres à satisfaire au mieux ses besoins, donc le contenu de l'objet du marché. Cela fait, il invite les

(45) Par exemple, CJCE, 2 juin 2005, *Commission c. Grèce*, C 394/02 ; CJCE, 27 oct. 2005, *Commission c. Italie*, aff. C 187/04 et C 188/04.

participants à remettre leur offre finale. Le marché sera attribué sur la base de l'offre économiquement la plus avantageuse.

2) **L'accord cadre** est un contrat, faisant l'objet d'un avis de marché, qui établit les termes (quantités, prix...) régissant les marchés à passer au cours d'une période donnée, en principe d'une durée maximale de quatre ans. En principe les marchés fondés sur l'accord cadre seront ensuite attribués sans concurrence.

3) **Le système d'acquisition dynamique** est un processus d'acquisition entièrement électronique pour des achats d'usage courant. Valable pour la durée indiquée dans l'avis de marché, il permet à tout opérateur économique de présenter une offre indicative qui, si elle est acceptée, lui offrira la possibilité de soumissionner ensuite aux marchés spécifiques qui seront proposés par le pouvoir adjudicateur. Les délais de présentation des offres sont évidemment des délais réduits que le pouvoir adjudicateur détermine librement à condition qu'ils soient « suffisants ».

1398 **Délais.** Les procédures ont en commun d'offrir aux entreprises intéressées le droit d'obtenir communication des cahiers des charges ainsi que des informations complémentaires et de disposer d'un délai pour présenter leur offre. Ce délai, valable pour toutes les catégories de marchés, varie selon les procédures. Dans les procédures ouvertes le principe est un délai minimum de réception de 52 jours à compter de la date d'envoi de l'avis de marché, mais il peut être réduit à 36 et même 22 jours au cas de publication de l'avis de préinformation. Dans les procédures restreintes et les procédures négociées avec publicité, les délais respectifs sont de 40, 36 et 22 jours. Au cas d'urgence les pouvoirs adjudicateurs peuvent fixer un délai de réception des demandes de participation limité à 15 jours à compter de la date d'envoi de l'avis de marché et un délai de 10 jours pour la réception des offres. Ici encore la directive Secteurs spéciaux contient quelques dispositions spécifiques.

C. Attribution du marché

1399 Les directives prennent plusieurs séries de précautions pour que l'attribution du marché s'effectue de façon régulière. Elles réglementent les critères d'ordre financier, professionnel, ceux de conformité avec la législation fiscale et la législation de sécurité sociale, qui permettent d'exclure les entreprises de la participation au marché. En principe la liste des clauses d'exclusion présente un caractère exhaustif, les États ne pouvant y ajouter que des causes d'exclusion destinées à assurer le respect des principes d'égalité de traitement et de transparence (46). La Cour veille à l'impartialité de l'autorité chargée de se prononcer sur les exclusions (47).

De plus, les directives prémunissent les entreprises contre les discriminations qui pourraient résulter des spécifications techniques en imposant de définir ces dernières par référence aux normes européennes, lorsqu'elles existent et ont été transposées dans la législation nationale, à défaut par référence aux agréments techniques européens ou à des spécifications techniques communes, ou en l'absence de celles-ci, aux normes natio-

(46) CJCE, 16 déc. 2008, *Michaniki*, C 231/07, *Rec.* I-9999.

(47) CJUE, 15 juill. 2010, *Bâtiments et Ponts construction SA*, C 74/09, *Europe* oct. 2010, n° 315, comm. M. MEISTER.

nales reconnues conformes aux directives communautaires. Toute référence à des spécifications techniques discriminatoires à l'égard de certaines entreprises est prohibée.

Enfin, les directives déterminent deux critères d'attribution : le prix le plus bas, ou l'offre économiquement la plus avantageuse. Lorsque ce second critère est retenu, le pouvoir d'appréciation du pouvoir adjudicateur est limité par l'obligation de se fonder sur des éléments objectifs, indiqués et classés dans l'avis de marché, tels que prix, délai d'exécution, coût d'utilisation, rentabilité, qualité, service après vente (48), les critères mentionnés dans les directives pouvant être complétés par d'autres dès lors que ces derniers visent effectivement à identifier l'offre économiquement la plus avantageuse (49). La pondération attribuée à ces différents critères doit être indiquée soit dans l'avis de marché, soit dans le cahier des charges, de même que la ventilation d'un critère entre plusieurs sous critères (50).

L'admissibilité d'autres critères a été acceptée par la Cour. Dans l'arrêt *Commission c. France,* du 26 septembre 2000 (51), une condition relative à l'emploi, liée à la lutte contre le chômage, a été jugée licite. Dans l'arrêt *Concordia Bus Finland*, du 17 septembre 2002 (52) a été acceptée la prise en considération de critères écologiques, en l'occurrence le niveau d'émissions d'oxyde azotique et le niveau sonore pour le marché d'exploitation d'une ligne d'autobus. La validité de l'insertion de tels critères à un stade quelconque de la procédure est subordonnée à ce que les critères retenus soient liés à l'objet du marché, publiés dans l'avis de marché ou le cahier des charges, ne confèrent pas au pouvoir adjudicateur une liberté inconditionnée de choix et respectent le principe de non-discrimination. La protection de l'emploi ou de l'environnement ne saurait donc servir de paravent au favoritisme ou au nationalisme économique que trahit le manque de transparence et d'impartialité (53). Les directives du 31 mars 2004 se réfèrent à cette jurisprudence dans leur motivation et la Commission a publié des guides concernant la prise en considération des critères environnementaux (2005) et sociaux (2011).

1400 **Conditions d'exécution du marché**. Bien que se situant à un stade postérieur à la passation du marché, elles ne sauraient être sans lien avec cette dernière. Ainsi le pouvoir adjudicateur peut-il exiger des conditions particulières concernant l'exécution du marché, notamment des considérations environnementales, sociales (par exemple, emploi de personnes en chômage). Encore faut-il que ces conditions soient compatibles avec le droit de l'Union et soient indiquées dans l'avis de marché ou le cahier des charges.

La **sous-traitance** pose un problème particulier. La directive n° 2004/18 permet au pouvoir adjudicateur d'imposer au soumissionnaire d'indiquer la part du marché qu'il a l'intention de soustraiter ainsi que les sous-traitants proposés (art. 25) et, s'agissant de la concession de travaux publics, de lui imposer un pourcentage minimal de 30 % de sous-traitance (art. 60). La jurisprudence, quant à elle, autorise le pouvoir adjudicateur à s'opposer au recours à la sous-traitance pour l'exécution de parties essentielles du

(48) V. CJCE, 20 sept. 1998, *Beentjes*, BV, 31/87, *Rec.* 4635.
(49) CJCE, 18 oct. 2001, *SIAC Construction*, 19/00, *Rec.* I-7725 ; 19 juin 2003, *GAT*, préc.
(50) CJCE, 24 nov. 2005, *ATI EAC Srl*, C 331/04.
(51) CJCE, 26 sept. 2000, *Commission c. France*, préc., *Rec.* I-7445.
(52) C 513/319, p. 319, *Rec.* I-7213.
(53) V. CJCE, 10 avr. 2003, *Commission c. Allemagne*, C 20/01 et C 28/01, *Rec.* I-3609 ; 4 déc. 2003, *EVN AG*, C 448/01, *Europe* 2004, n° 40, F. BERROD.

marché lorsqu'il n'a pas été en mesure de vérifier les capacités techniques et économiques des sous-traitants lors de l'examen des offres (54).

La modification du contrat au cours de l'exécution est une pratique courante. Le risque est qu'elle donne naissance à un marché substantiellement différent de celui qui avait été proposé auquel les entreprises non retenues ne peuvent se porter candidates. Aussi la Cour impose en pareil cas une réouverture de la procédure d'attribution du marché, par exemple s'il y a changement de l'équilibre économique du contrat (55) ou, dans des cas exceptionnels, changement de sous-traitant (56).

§ 3. CONTRÔLE DU RESPECT DE LA RÉGLEMENTATION

La réglementation communautaire des marchés publics est marquée par la préoccupation d'assurer un contrôle efficace du respect de ses dispositions.

1401 **Information**. Le premier dispositif qui va concourir à la réalisation de ce but est l'information que les pouvoirs adjudicateurs et les États sont tenus de donner aux entreprises et à la Commission. Les entreprises qui ont candidaté mais qui n'ont pas été retenues, non seulement doivent être informées dans les moindres délais de la décision d'adjudication, mais en outre ont le droit d'obtenir, dans les quinze jours de leur demande, les motifs du rejet de leur candidature ou de leur offre ainsi que le nom de l'adjudicataire et les caractéristiques et avantages de l'offre qu'il a présentée. Ainsi les entreprises peuvent-elles évaluer le bien-fondé de la décision prise par l'autorité adjudicatrice et les chances de succès d'un recours. La Commission a le droit de demander le procès verbal de l'adjudication et les États sont tenus de lui communiquer un état statistique des marchés passés pendant l'année précédente au plus tard le 31 octobre de chaque année.

1402 **Recours. Le système initial**. Entreprises et Commission se retrouvent logiquement au cœur du dispositif particulier institué par les deux directives Recours, la directive n° 89/665 du 24 décembre 1989 et la directive n° 93/13 du 25 février 1992 relative aux recours concernant les marchés relatifs aux secteurs spéciaux.

Les États ont l'obligation de prévoir des recours nationaux efficaces et aussi rapides que possible au profit de toute personne qui a ou a eu intérêt à obtenir l'attribution d'un marché et se plaint d'une violation du droit communautaire, ce qui, sauf hypothèse particulière, restreint l'ouverture du recours aux personnes ayant participé à la procédure de passation (57). Ils peuvent imposer un délai de recours pourvu qu'il soit « raisonnable » (un délai de deux semaines a été jugé raisonnable dans l'arrêt *Universale Bon AG,* du 12 décembre 2002 précité), ou formulé de façon suffisamment précise et claire et ne commencant à courir qu'à partir du moment où le requérant a ou aurait dû avoir connaissance de la violation du droit de l'Union (58). L'instance de recours peut être soit une juridiction, soit une instance indépendante par rapport au

(54) CJCE, 18 mars 2004, *Siemens et ARGE Telekom*, C 314/01, *Rec.* I-2549.
(55) CJCE, 19 juin 2008, *Presse text Nachrichtenagenher GmbH*, C 454/06, *Rec.* I-4401.
(56) CJUE, 13 avr. 2010, *Wall AG*, C 91/08.
(57) CJCE, 12 févr. 2004, *Grossmann Air Service*, C 230/02, *Rec.* I-1829.
(58) CJUE, 28 janv. 2010, *Uniplex (UK)*, C 406/08, *Europe* mars 2010, comm. M. MEISTER.

pouvoir adjudicateur et soumise à contrôle juridictionnel. Elle doit disposer du pouvoir d'annuler les décisions illégales d'attribution du contrat et, ce, avant la conclusion de ce dernier (59), accorder des dommages-intérêts et prendre des mesures provisoires y compris la suspension de la procédure de passation (ce qui a favorisé l'introduction dans le contentieux administratif français du référé pré-contractuel). Si les actes purement préparatoires, telle une étude préliminaire, ne sont pas susceptibles de recours, ce dernier est recevable contre toute décision, que celle-ci ait été ou non adoptée dans le cadre de la procédure formelle de passation (60). Le juge peut soulever d'office une illégalité d'une décision du pouvoir adjudicateur non évoquée par le plaignant à condition de ne pas, ce faisant, priver ce dernier de la possibilité d'obtenir des dommages-intérêts (61). Bien évidemment, en ce domaine comme en tout autre, la liberté de déterminer les modalités des recours reconnue aux États dans le cadre de l'autonomie procédurale trouve sa limite dans les deux principes classiques d'effectivité et d'équivalence (équivalence avec les recours permettant de sanctionner la violation des règles nationales) (62).

La Commission souhaitait pouvoir introduire elle-même ce recours ou intervenir dans une procédure engagée. À défaut d'obtenir satisfaction, elle a reçu le droit de notifier à l'État et au pouvoir adjudicateur qu'elle considère qu'une procédure de passation de marché est entachée d'une « violation claire et manifeste des dispositions communautaires ». L'État doit répondre dans les vingt et un jours. Mais, au cas où elle n'obtient pas gain de cause, la Commission ne dispose d'autre ressource que d'intenter un recours en constatation de manquement dans lequel elle peut, il est vrai, demander à la Cour, par voie de référé, la suspension de la procédure ou de l'exécution du marché (affaire des bus wallons dans laquelle la Cour n'a pas ordonné la suspension de l'exécution du marché de fournitures pour une raison d'intérêt général tenant à la sécurité des voyageurs (63)).

La directive Recours secteurs spéciaux (no 92/13) reprend ce schéma. De plus elle institue un système d'attestation de conformité des procédures au droit communautaire, délivrée par des attestateurs indépendants désignés par l'État, et une procédure de conciliation. La procédure de conciliation est une procédure originale, visant à prévenir un contentieux, mais qui ne fait pas obstacle au recours aux autres procédures. Elle est déclenchée par une demande adressée à la Commission ou aux autorités nationales. La Commission et les parties proposent chacune un conciliateur choisi sur une liste dressée par la Commission. Les conciliateurs ont pour mission de chercher un accord entre les parties, dans les meilleurs délais, mais dans le respect du principe du contradictoire. Ces deux mécanismes, ayant rencontré peu de succès, sont supprimés par la nouvelle directive recours.

1403 **La nouvelle directive recours.** La directive n° 2007/66 ne se substitue pas aux deux directives Recours mais elle les modifie substantiellement de manière à rendre le dispositif plus efficace.

(59) CJCE, 28 oct. 1999, *Alcatel Aususa A.G.* ex. *a.*, C 81/98, *Rec.* I-7671.

(60) CJCE, 12 janv. 2005, *Stadt Halle*, C 26/03, préc., délibération ouvrant une procédure de négociation avec une société, sans mise en concurrence préalable.

(61) Sur cette affaire, tout à fait particulière, v. CJCE, 19 juin 2003, *GAT*, C 315/01, *Rec.* I-6351.

(62) CJUE, 30 sept. 2010, *Strabag e.a.*, C 314/09.

(63) CJCE, 22 avr. 1994, *Commission c. Belgique*, C 87/94 R, *Rec.* I-1395.

L'innovation majeure est l'introduction d'un délai de suspension entre la décision d'attribution du marché et la conclusion de ce marché. Elle vise à favoriser le développement du recours précontractuel plus efficace que le recours qui intervient après la signature du contrat car grâce au référé précontractuel, il permet d'obtenir du juge la suspension de la procédure de passation. La directive impose un délai minimum de 10 jours (délai dont les États peuvent augmenter la durée) à compter du lendemain du jour où la décision d'attribution du marché a été envoyée aux soumissionnaires et candidats concernés par télécopie ou moyen électronique, et si l'envoi se fait par d'autres moyens soit 15 jours à compter de l'envoi, soit 10 jours à compter du lendemain de la réception. Un droit de recours est ouvert pendant tout ce délai. Il peut être dérogé au délai de suspension pour les marchés dispensés de publication d'un avis au *JOUE*, ceux qui sont fondés sur un accord-cadre ou le système d'acquisition dynamique, et au cas où il n'y avait qu'un seul soumissionnaire.

S'agissant du recours post contractuel, la directive déclare qu'il doit être ouvert à toute personne ayant ou ayant eu un intérêt à obtenir un marché déterminé et ayant été ou risquant d'être lésé par une violation alléguée.

Et si le juge – ou une autre autorité indépendante – conserve le pouvoir de déterminer la nature des sanctions applicables au cas de violation du droit communautaire, la directive impose que la passation d'un marché sans avis préalable, ou la violation de la suspension de signature soient sanctionnées par « l'absence d'effets », notion dont le contenu doit être déterminé par le droit national.

La Commission estime que la clarification des règles, un certain assouplissement des procédures, le recours systématique aux techniques électroniques et le renforcement des recours pourront renforcer l'impact du droit communautaire d'où ses propositions qui ont abouti à la réforme de 2004. Le précédent des droits nationaux incline à penser que d'autres obstacles encore devront être surmontés.

BIBLIOGRAPHIE

I. Ouvrages

Les marchés publics européens, Colloque de l'Association pour le droit public de l'entreprise (ADPE), *RFDA*, n° spécial, 1989 ■ C. Bréchon-Moulènes *et autres*, *La concession de service public face au droit communautaire*, Sirey, Paris, 1992 ■ P. Brunelli, *Marchés publics et Union européenne – Nouvelles règles communautaires*, Continent Europe, 1995 ■ Commission européenne, *Guide sur les règles applicables aux procédures de passation des marchés publics de services, de travaux et de fournitures*, 1997, 3 vol ■ *Les marchés publics dans l'Union européenne,* communication du 11 mars 1998 ■ A.-L. Derviaux, *Logique de marché et marché public en droit communautaire*, Analyse critique d'un système, Bruxelles, Larcier 2006 ■ C. Hen et H. Labayle (dir.), *Les marchés publics et la Communauté européenne*, Colloque de la Commission pour l'étude des Communautés européennes (CEDECE), *RMC*, n° spécial, décembre 1989 ■ L. Richer, *L'Europe des marchés publics, Marchés publics et concessions en droit communautaire*, LGDJ, 2009.

II. Articles, études et documents

A. Bréville, « Les institutions communautaires dans la création et l'application du droit communautaire des marchés publics », *Marchés publics* 1995, n° 1, p. 25 ■ P. Cassia, « Contrats publics et principe communautaire d'égalité de traitement », *RTDE* 2002, p. 413 ■ D. Dero-Bugny, « Marchés publics. Recours », *Juris-Classeur Europe*, fasc. 1058 ■ F. Fines, « Marchés publics », *Joly Communautaire* ■ M.-A. et Ph. Flamme, « Vers l'Europe des marchés publics », *RMC* 1998, p. 455 ■ C. Fouassier, « Vers un véritable droit communautaire des concessions ? Audaces et imprécisions d'une communication interprétative », *RTDE* 2000, p. 675 ■ M. King et G. de Graaf, « L'accord sur les marchés publics dans le cadre de l'Uruguay Round », *RMUE* 1994, n° 4, p. 67 ■ O. Guézou, « Marché publics. Principes fondamentaux du traité », *Juris-Classeur Europe,* fasc. 1050 ■ F. Rolin, « Les étrangers dans la maison ou l'économie mixte exclue des contrats *in house* », *AJDA 2005*, p. 898 ■ A. Mattera, « Les marchés publics : dernier rempart du protectionnisme des États », *RMUE* 1993, n° 3, p. 5 ■ « La politique communautaire des marchés publics : nécessité ou souci de perfectionnisme », *RMUE* 1996, n° 4, p. 9 ; « La communication interprétative de la Commission sur les concessions de services d'utilité publique : un instrument de transparence et de libéralisme », *RDUE* 2000, p. 253 ; « Vers un Code européen des marchés publics », *RDUE* 2000 p. 523 ■ N. Michel, « La jurisprudence de la Cour de justice sur les marchés publics : instrument essentiel pour leur ouverture à la concurrence », *RMUE* 1994, n° 3, p. 135 ■ S. Rodrigues, « La directive sur les marchés publics dans les domaines de la défense et de la sécurité », *Europe* novembre 2009, p. 40 ■ M. Sousse, « Droit communautaire des marchés publics », *Juris-Classeur Europe*, fasc. 1052, 1056 ■ P. Terneyre, « Les concessions en droit communautaire des marchés publics (à propos de projets de communication interprétative de la Commission) », *BJCP* 1999/6, p. 560 ■ W. Zimmer, « Marchés publics », *Rép. Dalloz droit communautaire.*

III. Chroniques

S. Rodrigues, *Chronique des marchés publics dans la jurisprudence communautaire, RMCUE.*

Nos 1404 à 1414 réservés.

CINQUIÈME PARTIE
LES RELATIONS EXTÉRIEURES

1415 **Prolifération des relations extérieures.** Les relations extérieures ont toujours occupé une place importante dans le droit et les politiques de l'Union (1). Mais même centrées à l'origine sur les questions commerciales ou plus largement économiques, elles ne sont pas délimitées de manière précise. Les dispositions finales de l'ex-traité CE invitent certes la Communauté à établir des liaisons avec des organisations internationales comme l'OCDE, le Conseil de l'Europe voire même avec l'ONU et ses institutions spécialisées, mais il serait hasardeux d'y voir la base d'une compétence externe universelle.

L'analyse des accords relevant de la compétence de l'ex-Communauté ne permet guère de se faire une idée plus claire, car si la notion d'accord de commerce recouvre un contenu assez précis (ex-art. 133 CE) en revanche, celle d'accord d'association (ex-article 310 CE) englobe un éventail très large de relations avec les pays tiers. C'est d'ailleurs l'accord d'association qui permettra, au même titre que la procédure d'adaptation (2) (ex-article 308 CE, devenu 352 TFUE) à l'ex-Communauté de développer un champ très étendu de relations internationales.

Le traité de Maastricht codifiera en partie ces évolutions en consacrant une politique de coopération au développement distincte de la politique commerciale commune dans laquelle elle s'insérait jusqu'alors. Le même traité de Maastricht aura pour ambition d'élargir considérablement le champ des relations extérieures de l'Union européenne, en promouvant l'ancienne coopération politique européenne au rang de politique étrangère et de sécurité commune, même si celle-ci continue à s'inspirer du principe de la coopération intergouvernementale. Plus largement, l'Union européenne instituée par le même traité de Maastricht, même si elle ne disposait pas encore de la personnalité juridique a pour vocation première de se mouvoir dans le champ des relations

(1) J.-V. Louis et M. Dony, *Relations extérieures, Commentaire Mégret*, 2e éd., volume 12, Éditions de l'Université de Bruxelles, 2005 ; A. Fenet, J.-F. Akandji-Kombé, A.S. Lamblin-Gourdin, E. Mondielli, G. Proutiere-Maulion (dir.), *Droit des relations extérieures de l'Union européenne,* Objectif Droit cours, Litec, 2006 ; C. Flaesch-Mougin, J. Lebullenger et C. Schneider, « Chronique annuelle sur les relations extérieures de l'Union », *in* J. Andriantsimbasovina, C. Blumann, H. Gaudin, F. Picod (dir.), *Annuaire de droit européen (ADE) depuis l'année 2003*, vol. I à VI (2003-2008) Bruylant.

(2) J. Raux, « le recours à l'article 235 CEE en vue de la conclusion d'accords externes », *Mélanges P. H. Teitgen*, Pedone, 1984, p. 407.

extérieures et d'incarner l'entité européenne auprès des tiers. Le traité de Nice instaure au demeurant une nouvelle politique externe de l'Union : la coopération économique financière et technique avec les pays tiers (ex-art 181 A CE, devenu 212 TFUE) qui prend place entre la politique commerciale commune et la coopération au développement tout en s'adressant principalement à des pays que leurs revenus placent dans une catégorie supérieure à celle des PVD (3).

La jurisprudence contribuera également à renforcer la capacité externe de l'Union, en posant dans son célèbre arrêt *AETR* (4) le principe du parallélisme de la compétence interne et de la compétence externe. D'où il résulte, et ce nonobstant les limites qu'il subira ultérieurement (5), que l'ex- Communauté peut contracter dans tout le champ de ses nombreuses actions et politiques.

1416 **Traité de Lisbonne.** Le traité établissant une Constitution pour l'Europe souhaitait regrouper l'ensemble des relations extérieures de l'Union dans un titre V de la troisième partie du traité intitulé « l'action extérieure de l'Union ». Le traité de Lisbonne en conservant la structure originelle des deux traités distincts – bien que l'Union européenne acquît enfin la personnalité juridique et se substituât à l'ex-Communauté européenne (art. 47 TUE) - procède différemment du moins en la forme. La PESC et la Politique de sécurité et de défense commune (PESD, ou PSD ou PSDC – terminologie et acronyme encore flottants), présentées comme de grandes réussites de tout le processus réformiste entrepris depuis 2002 demeurent localisées dans le traité sur l'Union, dans un titre V (art. 21 à 46). Les modalités plus classiques des relations extérieures figurent toujours dans le traité sur le fonctionnement de l'Union européenne mais y occupent une place plus cohérente et visible au sein d'une cinquième partie intitulée « l'action extérieure de l'Union » (art. 205 à 222 TFUE). Celui-ci regroupe la politique commerciale commune et la coopération au développement, ainsi qu'une clause de solidarité, à la césure de la défense, de la sécurité et de l'entraide mutuelle. L'article 205 TFUE souligne cependant, par le renvoi effectué au titre V TUE, l'unité de la « politique extérieure » de l'Union.

1417 **Étendue du « droit matériel externe ».** Il importe en tout état de cause de distinguer les politiques de l'Union en général, qui ont certes toutes un volet externe (6), mais qui demeure cependant accessoire (7), des actions ou politiques, qui elles se situent de plain-pied dans les relations extérieures. Sous cet angle, et très schématiquement, compte tenu des développements précédents, trois grands axes se dégagent : la politique commerciale commune reste le pivot incontesté des relations extérieures de l'Union européenne. C'est autour d'elle que se tisse un réseau de plus en plus serré de relations multiples et diversifiées (titre I). Une fois franchies les limites de la politique commerciale, on pénètre dans des domaines beaucoup plus flous qu'on aurait pu

(3) J. Auvret-Finck, *in* J. Rideau (dir.), *Union européenne commentaire des traités modifiés par le traité de Nice du 26 févr. 2001*, LGDJ, 2001, p. 272 et s.

(4) CJCE, 31 mars 1971, *Commission c. Conseil*, aff. 22/70, *Rec.* 263.

(5) CJCE, 15 nov. 1994, avis 1/94, *Rec.* I-5267.

(6) Situation qui, comme dans l'ordre juridique interne de l'Union, soulève des problèmes de base juridique. Pour un exemple récent, CJCE, 30 janv. 2001, *Espagne c. Conseil de l'Union européenne*, aff. C-36/98, *Rec.* I-779.

(7) V. le cas échéant les différents chapitres du présent ouvrage.

regrouper dans le passé autour de la notion d'association. Mais celle-ci a perdu une grande part de sa spécificité (8) compte tenu de l'imbrication croissante des formes et instruments des relations extérieures de l'Union. Néanmoins, sous des habillages juridiques multiformes, l'Union européenne entretient des relations privilégiées ou spéciales avec un certain nombre de pays tiers (titre II).

1418 **« Matérialité » du droit de la PESC-PSDC.** Ces deux domaines relèvent traditionnellement de la coopération gouvernementale. Celle-ci obéit à ses règles propres (9). Le traité de Lisbonne en supprimant la structure en piliers et en reconnaissant la personnalité juridique à la seule Union européenne, qui se substitue ainsi à la Communauté européenne et à l'ancienne Union, dépourvue officiellement du moins de la personnalité juridique, pose en termes nouveaux la question d'un droit matériel de la PESC-PSDC. Jusqu'ici, il semblait douteux qu'il pût exister, qu'il existât même un droit matériel, issu du deuxième pilier de l'Union. Non seulement les actes juridiques sur lesquels il s'appuyait (actions, positions communes notamment) ne semblaient pas posséder les caractères suffisants attestant de leur juridicité (valeur obligatoire incertaine), mais de surcroît, il paraissait assez évident que ces actes ne donnaient pas naissance à des droits subjectifs au profit des particuliers, d'autant que la Cour de justice se voyait totalement exclue de toute compétence à l'égard de la PESC-PSDC.

La situation devrait changer avec le traité de Lisbonne. La PESC-PSDC se traduira dorénavant dans des *décisions* dont la valeur juridique – au moins formelle – n'est pas douteuse car s'inscrivant dans la nomenclature de l'article de l'article 288 TFUE. En revanche, il n'est pas certain que toutes ces décisions aient un caractère normatif suffisant pour donner naissance à un droit matériel. De plus si la Cour de justice reste en principe écartée de l'ex-deuxième pilier (art. 275 TFUE), elle pourra connaître des décisions de la PESC-PSDC « prévoyant des mesures restrictives à l'encontre des personnes physiques ou morales » (al. 2 art. 275 TFUE).

L'intégration de la PESC-PSDC dans le droit de l'Union européenne, version Lisbonne, devrait aussi avoir pour conséquence bénéfique de réduire les conflits de base juridique. Le rattachement d'une mesure à l'ex-pilier communautaire ou à la PESC soulève souvent des difficultés. En vertu de l'article 47 ancien du TUE, les domaines communautaires ne sauraient être affectés par les piliers intergouvernementaux. En vertu de l'article 46 point e ancien TUE, la Cour de justice est compétente pour tracer les limites de chacun des piliers. La frontière avec le troisième pilier a été tracée à diverses reprises (10). La Cour s'est plus récemment prononcée sur les territoires respectifs de la PESC et de la coopération au développement (11). Les critères habituels en matière de base juridique – notamment celui du centre de gravité de la mesure (12)

(8) M.-F. Christophe-Tchakaloff (dir.), *Le concept d'association dans les accords passés par la Communauté : essai de clarification*, Bruylant, 1999.

(9) J. Auvret-Finck, « La PESC », *Juris-Classeur Europe*, fasc. n° 2600 et 2610, 2006 ; A.-S. Lamblin-Gourdin, *in* A. Fenet, J.-F. Akandji-Kombe, A.-S. Lamblin-Gourdin, E. Mondielli, G. Proutiere-Maulion (dir.), *Droit des relations extérieures de l'Union européenne, op. cit.*, p. 255-304.

(10) Notamment dans l'emblématique affaire des sanctions pénales en matière de droit de l'environnement : CJCE, 13 sept. 2005, *Commission c. Conseil*, aff. C-173/03, *Rec.* I-7879.

(11) CJCE, 20 mai 2008, *Commission c. Conseil*, aff. C-91/05, *Rec.* I-3651, *Europe* juill. 2008, n° 217, note D. Simon.

(12) C. Blumann et L. Dubouis, *Droit institutionnel de l'Union européenne*, 4e éd., Litec, 2010, nos 550 et s.

– ont été invoqués. Mais il en ressort malgré tout une nette volonté de la Cour de donner le primat à la coopération au développement, qui, insérée dans l'ex-premier pilier dispose d'une justiciabilité supérieure. Dans l'avenir, la Cour devra néanmoins composer avec l'article 40 nouveau TUE qui semble vouloir placer sur un pied de stricte égalité l'ex-deuxième pilier et le droit commun du droit de l'Union.

1419 **Contentieux récents.** Avant même l'entrée en vigueur du traité de Lisbonne, la Cour et le Tribunal se sont engagés dans la voie d'un certain contrôle sur les mesures rattachées directement ou indirectement à la PESC-PSDC. Les affaires *Yusuf* et *Kadi*, relatives à des mesures restrictives prises par l'Union européenne dans le cadre de l'action anti-terroriste internationale ou dans le cadre d'actions de maintien de la paix des Nations Unies, ont ainsi acquis une notoriété allant bien au-delà des espèces en cause (13). Le Tribunal s'était déclaré incompétent pour contrôler la légalité de mesures européennes d'exécution des résolutions du conseil de sécurité de l'ONU. La Cour au contraire a reconnu sa compétence pour contrôler de telles mesures, qui, elles-mêmes, peuvent se fonder juridiquement sur les ex-articles 301 et 60 CE (devenus 215 et 75 TFUE) et qui, de plus, permettent de transposer dans l'ex-premier pilier des mesures adoptées dans leur principe au titre de l'ex-deuxième pilier. Avec la disparition de la barrière des piliers, on peut imaginer que des contentieux de ce type se développeront plus activement. Avec l'appui du juge de l'Union, un droit matériel de la PESC-PSDC prendra corps dont il est encore difficile de connaître aujourd'hui le domaine et de dire s'il se rattachera plutôt à la substance *ratione materiae* de l'espace de liberté, de sécurité et de justice ou plutôt aux droits fondamentaux (14).

(13) TPICE, 21 sept. 2005, *Yusuf*, aff. T-306/01, *Rec.* II-3533 et *Kadi*, aff. T-315/01, *Rec.* II-3649, D. SIMON et F. MARIATTE, « Le TPICE : Professeur de Droit international ? À propos des arrêts *Yusuf* et *Kadi* », *Europe* nov. 2005, chr. p. 6 ; CJCE, 3 sept. 2008, *Yassin Abdullah Kadi et Al Barakaat International Foundation c. Conseil et Commission*, aff. C-402/05 P et C-415/05 P, *Rec.* I-6351. La Cour casse l'arrêt du Tribunal et reconnaît la compétence du Conseil pour adopter les mesures en cause sur la base des articles 301 et 60 CE. Outre le fond, l'arrêt s'avère très intéressant sur les rapports de système entre le droit international et le droit communautaire.

(14) Ainsi observe-t-on un glissement progressif de la traditionnelle protection diplomatique et consulaire vers la reconnaissance d'un droit fondamental : TPICE, 21 juill. 2006, *Ayadi c. Conseil*, aff. T-253/02, *Rec.* II-2139 et *Hassan, aff.* T-49/04, *Rec.* II-52, somm. ; D. SIMON et F. MARIATTE, « Le "droit" à la protection diplomatique : droit fondamental en droit communautaire ? », *Europe* nov. 2006, chr. p. 4 ; v. aussi TPICE, 12 déc. 2006, *Organisation des Modjahedines du peuple d'Iran, aff.* T-228/02, *Rec.* II-4665, *Europe* févr. 2007, n° 45, note F. MARIATTE ; CJCE, 11 oct. 2007, *Möllendorf*, aff. C-117/06, *Rec.* I-8361 ; confirmé par l'arrêt du 3 sept. 2008 de la CJCE, (note n° 13).

TITRE I
LA POLITIQUE COMMERCIALE COMMUNE

1420 Elle constitue au même titre que la PAC ou la politique des transports une des grandes politiques communes originaires. Elle découle dans une large mesure de la nature d'union douanière de l'Union européenne et en constitue en quelque sorte le prolongement naturel (1). En effet, dès lors que les États membres ont renoncé au profit de l'Union à fixer librement leurs droits de douane vis-à-vis des pays tiers et compte tenu de la place décisive occupée par le tarif douanier dans une politique commerciale externe, l'ensemble des relations commerciales des États membres se trouve ainsi « communautarisé » *de facto*.

Reste que l'expression politique commerciale commune recouvre des réalités bien différentes (2). Les traités se montrent assez laconiques sur sa définition comme son contenu. Il importe donc de bien déterminer le domaine de la politique commerciale commune (chapitre 1). Cette démarche ne donne qu'une partie des clés de la réponse, car les relations commerciales de l'Union avec le reste du Monde s'avèrent particulièrement diversifiées (chapitre 2).

(1) V. *supra*, n° 443.

(2) O. Blin, « Europe et organisation mondiale du commerce aspects matériels », *Juris-Classeur Europe*, vol. 7 fasc. 2260, 2010 ; « Europe et OMC aspects institutionnels », *Juris-Classeur Europe*, vol. 7, fasc. 2261, 2010.

CHAPITRE 1
LE DOMAINE DE LA POLITIQUE COMMERCIALE COMMUNE

1421 **Notion d'accord de commerce.** Si par le préambule du TFUE les États membres se montrent « désireux de contribuer, grâce à une politique commerciale commune, à la suppression progressive des restrictions aux échanges internationaux », les ex-articles 131 à 134 CE (devenus 206 et 207 TFUE) ne prennent nullement soin de définir ce qu'il faut entendre par politique commerciale commune, ni même par commerce. Une certaine souplesse pouvait sembler nécessaire en la matière, d'autant qu'on observait déjà la grande malléabilité des formes du commerce international. Il reste que comme dans l'ordre interne tout accord de l'Union ayant un aspect commercial ne relève pas nécessairement de la politique commerciale commune, la Cour applique sa jurisprudence sur le but et l'objet principal de la meure pour se prononcer (1).

La notion d'accord de commerce parait donc avant tout revêtir un caractère fonctionnel voire même simplement institutionnel, en raison des procédures spécifiques de conclusion. Le domaine de la politique commerciale commune va se trouver en constante évolution en raison non seulement de la diversification des formes et instruments du commerce international mais aussi des hésitations sur la nature de la compétence de l'Union en ce domaine, telle qu'elle peut être conçue par les États membres, le constituant de l'Union et la jurisprudence de la Cour de justice (2). Globalement il s'agit d'un domaine en expansion constante que le traité de Lisbonne va au final s'efforcer de codifier et de stabiliser (section I). Mais ce traité va plus loin, et s'efforçant de mettre un terme à certaines querelles, il vient moderniser le cadre de la politique commerciale commune (section II).

(1) Dans les rapports avec l'environnement v. : CJCE, avis 2/00, 6 déc. 2001, *Protocole de Cartagena*, *Rec.* I-9713 ; CJCE, 12 déc. 2002, *Commission c. Conseil*, aff. 281/01, *Rec.* I-12049 ; E. Neframi, « Politique commerciale et politique de l'environnement : une approche instrumentale du contentieux de la base juridique… », *RMCUE* juill.-août 2003, n° 470, p. 461 et s.

(2) A. Thillier, « Politique commerciale commune. Délimitation, instruments, contrôle », *Juris-Classeur Europe,* vol. 7, fasc. 2300, 2007.

SECTION I UN DOMAINE EN CONSTANTE EXPANSION

1422 **Textes de base**. L'ex-article 133 § 1er CE (devenu 207 § 1er TFUE) dispose en premier lieu que « la politique commerciale commune est fondée sur des principes uniformes ». Il y a là incontestablement la reconnaissance du caractère exclusif de la compétence de l'Union en matière commerciale. En réalité, ce constat découle aussi de la nature des choses. En qualité d'union douanière, l'Union a nécessairement dépouillé les États membres de l'essentiel de leurs compétences en matière commerciale. La Cour de justice confirmera ce monopole (3), même s'il faudra attendre le terme de la période transitoire pour que la compétence de l'Union devienne effectivement exclusive. Le traité de Lisbonne dans son entreprise d'explicitation et de classification des compétences de l'Union confirme sans équivoque le classement de la politique commerciale commune parmi les compétences exclusives de l'Union (art. 3 § 1er point e TFUE). L'article 206 TFUE, pour sa part, confirme le lien de la politique commerciale avec l'union douanière et ajoute aux domaines traditionnels de la politique commerciale commune « les investissements directs étrangers ».

L'article 207 § 1er décrit le champ d'application de la politique commerciale qu'il concentre, dans son aspect codificateur, autour de cinq grands thèmes (§ 1). Cependant en utilisant le terme « notamment », le texte prend bien soin de préciser que ces cinq questions ne sont pas elles-mêmes exclusives et que la porte reste ouverte pour de nombreuses évolutions (§ 2).

§ 1. LE DOMAINE INITIAL

1423 Les cinq rubriques recouvrent à la fois des questions strictement tarifaires, et d'autres qui s'en éloignent (politique d'exportation). Le texte lui-même rend la distinction délicate, puisque dans son deuxième point, il évoque « la conclusion d'accords tarifaires et commerciaux ». Mais la principale difficulté résulte de la répartition des matières entre la libre circulation des marchandises (y compris l'union douanière) et la politique commerciale commune. Certes, on peut avancer que la première repose essentiellement sur des législations internes de l'Union, alors que la politique commerciale concerne les échanges commerciaux avec les pays tiers et se fonde sur des instruments conventionnels. Mais forcément la césure est assez ténue, même si pour des raisons purement didactiques, les développements relatifs à l'Union douanière font corps en général avec ceux consacrés aux marchandises.

Pour s'en tenir à l'article 207, on distingue traditionnellement les mesures concernant les importations (A) et celles relatives aux exportations (B).

A. Mesures relatives aux importations

1424 **Modifications tarifaires.** Si l'on admet le clivage entre union douanière et politique commerciale commune, il faut considérer que les modifications tarifaires envisagées

(3) Avis 1/75, arrangement OCDE du 11 nov. 1975, *Rec.* 1355 ; avis 1/78, *Caoutchouc naturel*, 4 oct. 1979, *Rec.* 2871.

à l'article 207 se distinguent des « modifications ou suspensions autonomes des droits du tarif douanier commun » mentionnées à l'ex-article 28 CEE dans sa version originaire. Les modifications tarifaires de l'article 207 TFUE revêtent le plus souvent un caractère conventionnel, à l'image des accords euro-américains sur les oléo-protéagineux conclus en 1962 et 1992. Néanmoins ces modifications arrêtées sur une base conventionnelle se répercutent ensuite quasi automatiquement sur le TDC.

1425 **Accords tarifaires et accords commerciaux.** Dans le même ordre d'idées, la distinction opérée par l'article 207 entre accords tarifaires et accords commerciaux, comme second volet de la compétence de l'Union, ne paraît pas des plus concluantes, tant les deux catégories paraissent étroitement liées. Apparemment, la pratique de l'accord tarifaire *stricto sensu* a prévalu durant la période de transition. En revanche, avec la période définitive, la technique de l'accord commercial étendu l'emporte. Ainsi outre les aspects tarifaires proprement dits, des accords commerciaux ont pu porter ou portent sur des mesures d'effet équivalent, sur des pratiques discriminatoires, sur le problème des investissements ou bien encore sur les services afférents aux échanges.

1426 **Mesures de libération.** De même, la notion d'accord commercial peut très bien englober les autres mesures de politique commerciale mentionnées à l'article 207. Ainsi en va-t-il tout particulièrement de « l'uniformisation des mesures de libération ». Cette disposition fait manifestement référence aux obstacles non tarifaires, dont les restrictions quantitatives constituaient l'exemple le plus caractéristique lors de l'institution du marché commun. Ces restrictions, au demeurant prohibées dans leurs principes par le GATT, ont été progressivement abolies y compris pour les produits agricoles.

Aujourd'hui, et à la suite de l'institution de l'Organisation mondiale du commerce, le « régime commun applicable aux importations » résulte d'un règlement du Conseil du 22 décembre 1994 (4). Ce texte confirme la liberté des importations mais toute restriction quantitative n'est pas exclue pour autant. En effet, une procédure de consultation et d'information peut aboutir à des mesures communautaires de surveillance et de sauvegarde, comprenant notamment l'instauration de contingentements, si des préjudices graves pour le marché européen risquent de survenir. Ce texte peut servir également de fondement à l'édiction de mesures d'autolimitation. Il permet aussi d'adopter des mesures restrictives fondées sur des motifs analogues à ceux de l'article 36 du TFUE (5).

1427 **Défense commerciale.** Dans le même ordre de considération, l'article 207 § 1er évoque « les mesures de défense commerciale, dont celles à prendre en cas de dumping et de subventions ». Ces deux pratiques sont juridiquement distinctes. La première, qui consiste pour un opérateur à vendre moins cher ses produits sur les marchés étrangers que sur les marchés nationaux, est d'origine privée, alors que les subventions résultent d'agissements étatiques (6). Toutefois assez souvent le dumping est rendu possible

(4) N° 3285/94, *JOCE* L 349, 31 déc. 1994

(5) Dans une jurisprudence assez déroutante, la Cour de justice admet l'idée qu'un produit mis en libre pratique dans la Communauté car ayant respecté toutes les conditions requises pour son introduction puisse cependant se heurter à des obstacles quant à sa libre circulation dans la Communauté en raison de règles propres de commercialisation de chaque État membre : CJCE, 30 mai 2002, *S. Carbone*, aff. C-296/00, *Rec.* I-4657, *Europe* juill. 2002, n° 242, obs. A. Rigaux.

(6) W. Müller, « Dumping en droit communautaire », *Juris-Classeur Europe*, vol. 7, fasc. 2310, 2001.

grâce à des subventions. Ces dernières lorsqu'elles présentent un caractère illicite, sont réprimées sur les bases d'un règlement du 22 décembre 1994 (7). Les mesures anti-dumping se fondent pour leur part sur un règlement du 22 décembre 1995 (8). La Commission dispose en la matière de pouvoirs importants pouvant aller jusqu'à l'imposition aux entreprises étrangères de droits compensateurs (9). Dans les affaires graves, le Conseil dispose également d'une capacité de réaction. Ainsi a-t-il adopté le 25 avril 2005 un règlement instituant des droits de douane supplémentaires sur certains produits originaires des États-Unis, en raison de la non-application par ces derniers d'un jugement de l'organe de règlement des différends de l'OMC condamnant une loi américaine qui imposait elle-même indûment des droits anti-dumpings sur nombre de produits importés aux États-Unis (10).

Le droit anti-dumping donne lieu à une activité législative particulièrement dense, notamment à l'encontre des nouveaux pays industrialisés qui pratiquent assez souvent cette forme d'agressivité commerciale (11). Les mesures adoptées par le Conseil ou la Commission suscitent également un très abondant contentieux devant le Tribunal de l'Union européenne, juge de premier ressort en la matière (12), tant sur le terrain de la légalité (13) que de la responsabilité (14). sans oublier également les questions préjudicielles (15). Les mesures anti-dumping ont également fortement contribué sur le plan du droit institutionnel de l'Union à préciser les droits de recours des « autres personnes physiques et morales » au sens de l'article 263 al. 4 TFUE.

Subventions et dumping ne constituent cependant que deux exemples de mesures illicites. L'Union entend lutter contre l'ensemble d'entre elles quelle qu'en soit la nature ou l'origine, et elle dispose à cette fin d'une large panoplie d'instruments protecteurs : suspension ou retrait de concessions commerciales consenties dans le cadre du GATT ou OMC, relèvement de droits de douane, imposition de restrictions quantitatives (16). La contrefaçon figure aussi en ligne de mire des pratiques condamnées (17).

B. Mesures relatives aux exportations

1428 **Politique d'exportation.** L'article 207 § 1er mentionne « la politique d'exportation » parmi les composantes de la politique commerciale commune. L'emploi du terme

(7) No 3284/94, *JOCE* L 349, 31 déc. 1994.

(8) No 384/96, du 22 déc. 1995, *JOCE* L 56, 6 mars 1996.

(9) CJCE, 28 févr. 2008, *AGST Draht und Biegetechnik GmbH*, aff. C-398/05, *Rec.* I-1057.

(10) *RMCUE* juill.-août 2005, no 490, p. 481.

(11) Par exemple à propos de la Chine : règlement no 1241/2010 du Conseil du 20 déc. 2010, *JOUE* L 338.

(12) Par exemple : TPI, 26 sept. 2000, *Starway CA c. Conseil*, aff. T-8097, *Rec.* II-3099 ; 24 oct. 2000, *Freshmarine Company SA c. Commission*, aff., T-178/98, *Rec.* II-3331 ; TPICE, 14 déc. 2004, *Fédération des industries condimentaires de France*, aff. T-317/02, *Rec.* II-4325 ; Trib. UE 13 sept. 2010, *Whirlpool Europe*, aff. T-314/06, NEPR.

(13) TPICE, 10 sept. 2008, *JSC Kirovo-Chepetsky Khimichesky Kombinat, aff.* T-348/05, *Rec.* II-155, somm. ; 24 sept. 2008, *Relaince Industries*, aff. T-45/06 *Rec.* II-2399 ; *Europe* nov. 2008, no 388, note V. Michel.

(14) TPICE, 9 juill. 2008, *Trubowest Handel GmbH*, aff. T-429/04, *Rec.* II-128, somm.

(15) CJUE, 29 juill. 2010, *Isaac Internationale*, aff. C-371/09, NEPR.

(16) Règlement no 3286/94 du 22 déc. 1994, *JOCE* L 349, 31 déc. 1994 ; D. Gadbin, « règlement sur les obstacles au commerce (ROC) », *Juris-Classeur Europe*, vol. 7, fasc. 2330, 2004.

(17) Règlement no 3295/94 du 22 déc. 1994, *JOCE* L 341, 30 déc. 1994.

politique pour cet élément – et lui seul – ne manque pas d'intérêt et entend souligner que si d'une manière générale, les mesures à l'importation relèvent d'une conception protectrice assez statique, en revanche l'exportation traduit des choix délibérés et coordonnés qui s'inscrivent dans une vision d'ensemble « volontariste ». La PAC a longtemps constitué un bon exemple de cette dichotomie, car si la protection du marché européen s'appuyait sur les célèbres « prélèvements agricoles » perçus automatiquement, les exportations elles, peuvent bénéficier de « restitutions » dont l'octroi demeure facultatif.

Cependant, et sous réserve justement des produits agricoles, le contenu de cette politique d'exportation demeure assez mince. En effet, des encouragements intempestifs aux produits européens pourraient s'analyser en mesures de dumping ou en subventions illicites réprimées par les pays tiers. Aussi, le « régime commun des exportations » fondé sur un règlement du 20 décembre 1969 (18) réside-t-il principalement dans l'affirmation du principe de liberté des exportations, sous réserve de certains produits et sous réserve également d'une procédure d'information et de consultation, en cas de difficultés pour le marché européen. De la même manière, et si besoin est, des mesures de sauvegarde consistant en restrictions quantitatives à l'exportation ou en régimes d'autorisations administratives peuvent être imposées par la Commission. De même, et à l'instar des importations, des mesures protectrices s'inspirant de l'article 36 TFUE peuvent être édictées, notamment s'il s'agit de faire respecter une politique d'embargo décrétée à l'égard de pays tiers (19).

1429 **Aides à l'exportation.** En liaison avec l'ex-article 133, l'ex-article 132 se penchait assez longuement sur la question des aides à l'exportation. Ces aides peuvent se révéler source de distorsions de concurrence entre entreprises de l'Union. Sans les interdire purement et simplement, comme c'est en principe le cas pour les aides à l'exportation jouant dans les échanges intra-communautaires, l'ex-article 132 invitait à leur harmonisation progressive, sous réserve cependant des engagements souscrits dans le cadre d'autres organisations internationales. Le traité de Lisbonne a abrogé cette disposition qui avait cependant conduit à l'adoption d'une police commune d'assurance-crédit à moyen et long terme d'une part (20), à court terme d'autre part (21) ou bien encore de lignes directrices pour l'octroi de certains crédits à l'exportation (22). Ces aides se verront donc soumises dans l'avenir au droit commun des aides d'État (art. 107 à 109 TFUE).

1430 **Biens à double usage**. Il s'agit de marchandises qui peuvent être affectées aussi bien à des utilisations civiles que militaires. Un système commun efficace de contrôle des exportations des biens à double usage est nécessaire pour assurer le respect des engagements et responsabilités de l'Union européenne, notamment en matière de non-prolifération, tout en garantissant des conditions de concurrence équitables pour les exportateurs de l'Union et en permettant la libre circulation. C'est ce à quoi s'emploie

(18) N° 2603/69, *JOCE* L 324, 27 déc. 1969.

(19) CJCE, 14 janv. 1997, *Centro-Com*, aff. C 124/95, *Rec.* I-81.

(20) Dir. n° 98/29 du 7 mai 1998, *JOCE* L 148, 19 mai 1998.

(21) Dir. 71/86 du 1er févr. 1971, *JOCE* L 36, 13 févr. 1971.

(22) Décision n° 97/173 du 3 mars 1997, *JOCE* L 69, 11 mars 1997 ; décision n° 2001/77 du 22 déc. 2000, *JOCE* L 32, 2 févr. 2001.

un récent règlement n° 428/2009 du 5 mai 2009 (23). Ce texte s'applique également à des logiciels et à certaines technologies. Sont également visés tous les biens qui peuvent être utilisés à des fins non explosives et entrer dans la fabrication d'armes nucléaires ou d'autres dispositifs nucléaires explosifs.

Toute exportation d'un bien à double usage depuis l'Union européenne vers un pays tiers requiert une autorisation d'exportation. L'annexe I du règlement répertorie les biens à double usage qui nécessitent cette autorisation. Une autorisation est également demandée pour l'exportation de biens à double usage qui ne figurent pas à l'annexe I si l'exportateur a été informé par les autorités compétentes du pays dans lequel il est établi du fait que les biens en question sont ou peuvent être destinés, en tout ou en partie à la fabrication ou à l'usage d'armes biologiques, chimiques ou nucléaires. Les autorisations sont également demandées pour les services de courtage de biens à double usage. Pour protéger les intérêts essentiels de sécurité, un État membre peut demander à l'un de ses partenaires de ne pas accorder une autorisation d'exportation ou, si l'autorisation a déjà été accordée, de l'annuler, de la suspendre, de la modifier ou de la révoquer.

§ 2. L'ÉLARGISSEMENT DU DOMAINE DE LA POLITIQUE COMMERCIALE COMMUNE

A. Tendance à l'expansion

1431 **Controverse doctrinale.** Ce domaine ne saurait rester statique, ne serait-ce qu'en raison de l'évolution des techniques du commerce international. L'ex-article 133 § 1er en admet le principe en soulignant le caractère non exhaustif des cinq questions qui y figurent. Reste alors à déterminer les limites de la politique commerciale. Cette question a donné lieu à controverse entre le Conseil et la Commission. Le premier, soutenu par une partie de la doctrine, a avancé la thèse dite finaliste, selon laquelle relève de la politique commerciale toute mesure visant à influencer le volume ou les courants d'échanges. La Commission, elle, a défendu la thèse dite instrumentale, selon laquelle le critère décisif est celui de l'instrument mis en œuvre. Un acte relèvera de l'ex-article 133 s'il met en œuvre un instrument spécifique qui réglemente le commerce international.

1432 **Jurisprudence.** La Cour n'a pas tranché cette controverse. Mais elle a œuvré au fil de sa jurisprudence en faveur d'une extension progressive du domaine de la politique commerciale. Ainsi dans son avis 1/75 du 22 novembre 1975 (24), elle n'a guère eu de difficultés à inclure un régime de financement d'aides locales à l'exportation dans la politique commerciale commune. En revanche, le problème de la conclusion par la Communauté ou ses États membres de l'accord international sur le caoutchouc naturel s'avérait plus complexe (25). En effet, ce type d'accord – dit de produits de base – s'il vise bien à long terme au développement des courants d'échanges, notamment au profit des pays en voie de développement, a pour objet premier la régularisation des cours des

(23) *JOUE* L 34, 29 mai 2009.
(24) *Rec.* 1355.
(25) Avis 1/78 du 4 oct. 1979, *Rec.* 2871.

matières premières. La Cour se prononcera néanmoins en faveur du rattachement à la politique commerciale commune, en partant du principe que les compétences communautaires ne sauraient demeurer définitivement figées et se limiter aux seules questions de droits de douane et de restrictions quantitatives. Une telle conception conduirait la politique commerciale à une lente asphyxie. Il lui faut au contraire s'adapter aux besoins et instruments nouveaux du commerce international. Les accords des produits de base qui visent à « une réglementation du marché mondial plutôt qu'à une simple libéralisation des échanges » font partie de ceux-ci.

Dans ces conditions, on comprend que la Cour n'ait pas non plus hésité à inclure dans la politique commerciale commune l'octroi par l'Union d'un système de préférences généralisées au profit des pays tiers moins développés (26). En l'occurrence, et bien que le développement des échanges constituât l'un de leurs objectifs principaux, ces préférences comportent nombre d'aspects peu orthodoxes : réductions unilatérales des droits de douane par l'Union, contingents d'importation octroyés de manière différenciée au profit des bénéficiaires, règles particulières d'origine des produits.

B. La question des services et de la propriété intellectuelle

1433 Une épineuse question s'est posée lors de la négociation des accords de Marrakech concluant le cycle de l'Uruguay. À la différence du GATT, ces accords y compris dans leurs aspects créateurs de l'Organisation mondiale du commerce (OMC) étendent le champ des échanges commerciaux internationaux au domaine des services (accord GATS) et de la propriété intellectuelle (accord TRIPS). Il importait de déterminer si ce type de question relevait de la politique commerciale au sens de l'ex-article 133 CE. La Cour de justice a tranché négativement, ce qui soulève nombre de difficultés dont les textes ultérieurs se font l'écho.

1434 **L'avis 1/94.** Saisie sur la base de l'ex-article 300 § 6 CE (devenu 218 § 11 TFUE), la Cour rendit un avis le 15 novembre 1994 (27). Il s'agit, selon l'expression consacrée, d'un jugement de Salomon. Elle distingue à l'intérieur des accords de Marrakech un volet politique commerciale commune, entendue largement au terme de sa jurisprudence antérieure, à savoir tout ce qui englobe les échanges de marchandises ou leur réglementation, qui relève classiquement de la compétence exclusive de l'Union. En revanche, elle rejette ce rattachement pour les services et la propriété intellectuelle. En effet, sous réserve des services transfrontaliers qui s'apparentent à un échange de marchandises, des services comme la propriété intellectuelle ne sauraient s'intégrer de plein droit dans la politique commerciale commune. Il s'agit d'un autre type d'échanges que ceux visés à l'ex-article 133 CE. En la matière les bases de la compétence de l'Union sont incertaines. Certes le traité reconnaît la libre prestation de services, mais exclusivement dans les relations intra-communautaires. Et quant à la propriété intellectuelle, elle ne peut être appréhendée par le droit de l'Union que par le biais de dispositions très générales comme les articles 114, 115 et 352 TFUE.

(26) 26 mars 1987, *Commission c. Conseil*, aff. 45/86, *Rec.* 1493.

(27) Avis 1/94, *Rec.* I-5267, J. Auvret-Finck, *RTDE* 1995, p. 322 ; J. Dutheil de la Rochère, *RMCUE* 1995, p. 461 ; D. Simon, *Europe* déc. 1994, chr. n° 9.

Ce faisant, la Cour écarte le précédent tiré du célèbre arrêt *AETR* (28) qui avait posé le principe du parallélisme de la compétence interne et externe. Dès lors que l'Union dispose d'un titre de compétence pour légiférer dans son ordre interne, elle doit pouvoir dans le même domaine conclure un accord externe avec un pays tiers. L'arrêt *Kramer* (29) avait même assoupli le jeu de ce principe, en éliminant l'exigence d'une législation interne préexistante comme condition à la conclusion d'un accord externe. Dans son avis 1/94, la Cour effectue un important retour en arrière. Si le principe du parallélisme n'est pas remis en cause, son application présuppose que l'Union ait au préalable activé ses compétences internes par l'adoption de législations (30).

Apparemment, c'est la plus ou moins grande intensité de l'exercice par l'Union de ses compétences internes, qui va conditionner la nature – exclusive ou partagée – de sa compétence externe. S'il s'agit en effet d'une matière qui aura été harmonisée exhaustivement ou à tout le moins pour une grande partie, la compétence externe de l'Union deviendra exclusive. En revanche, si la matière est peu « légiférée » la compétence externe de l'Union ne pourra s'exercer que dans ces seuls domaines, et elle demeurera globalement une compétence partagée (31). Or tel est bien selon le juge, le cas du GATS et du TRIPS. Ces deux instruments exigent donc une double conclusion. Plus récemment, la Cour de justice a semble-t-il tempéré la portée de l'avis n° 1/94 à propos des accords concernant le transport aérien et la desserte d'aéroports. L'Union peut disposer d'une compétence exclusive directe et inconditionnelle si celle-ci s'avère nécessaire pour réaliser les objectifs d'une politique commune et si la conclusion d'accords avec des pays tiers représente le préalable obligé à l'édiction ensuite de législations internes de l'Union (32). Le traité de Lisbonne consacre ces distinguos à l'article 3 § 2 du TFUE.

1435 **Apport du traité de Nice.** Le traité de Nice s'efforce de trouver une solution satisfaisante sur la question des services et de la propriété intellectuelle. Cependant la nouvelle version de l'ex-article 133 § 5 et suivants CE laisse perplexe par sa complexité et les contradictions qu'il recèle. *Ratione materiae* d'abord, le texte distingue entre la propriété intellectuelle en général et ses aspects commerciaux. Seuls les seconds relèvent de la politique commerciale commune. Ensuite, le texte proclame le rattachement des services et des aspects commerciaux de la propriété intellectuelle à la compétence exclusive de l'Union, ce qui donne l'impression d'un progrès mais qu'il faut immédiatement relativiser à la lumière des dispositions suivantes. En effet, si les accords envisagés portent sur des questions qui dans l'ordre interne de l'Union sont tranchées par le Conseil à l'unanimité ou bien sur des questions qui n'ont pas encore fait l'objet d'une législation préalable, ces accords ne pourront être approuvés par le Conseil que statuant à l'unanimité. De même, l'ex-article 133 § 5 al. 4 CE confirme le maintien de

(28) CJCE, 31 mars 1971, *Commission c. Conseil*, aff. 22/70, *Rec.* 262.

(29) CJCE, 14 juill. 1976, aff. 3/76, *Rec.* 1279.

(30) Confirmé par : CJCE, avis 2/92, 24 mars 1995, *Rec.* I-521.

(31) Pour une illustration indirecte en liaison avec la question de l'effet direct de l'accord TRIPS : CJCE, 14 déc. 2000, *Parfums Christian Dior, aff.* C-300/98 et C-392/98, *Rec.* I-11307.

(32) À propos des accords « ciel ouvert » : CJCE, 5 nov. 2002, *Commission c. Royaume-Uni, Suède, Finlande, Belgique, Luxembourg, Autriche, Allemagne, aff.* C-466 à 476/98, *Rec.* I p. 9427 et s., *Europe* janv. 2003, n°s 1 et 2, obs. F. MARIATTE ; L. GRARD, « La CJCE, et la dimension externe du marché unique des transports aériens », *CDE* n° 5-6/2002, p. 695 et s.

la compétence partagée puisque les États membres restent en droit de « maintenir et conclure » des accords avec les pays tiers « pour autant que lesdits accords respectent le droit communautaire et les autres accords internationaux pertinents ».

En définitive, le traité de Nice (33) se borne à entériner la situation antérieure en subordonnant toute avancée de la compétence exclusive de l'Union au double barrage de la nécessité d'une activation préalable de la compétence législative interne et de l'unanimité des États membres. À cela s'ajoute que dans des domaines voisins – mais particulièrement sensibles pour certains États membres – qui sont ceux des services culturels et audiovisuels, des services d'éducation ainsi que des services sociaux et de santé humaine, tout accord non seulement relève de la compétence partagée mais suppose le « commun accord des États membres » pour leur négociation.

SECTION II LA MODERNISATION DU CADRE DE LA POLITIQUE COMMERCIALE COMMUNE PAR LE TRAITÉ DE LISBONNE

1436 Le traité de Lisbonne fait globalement preuve de plus de sobriété que ses prédécesseurs dans la présentation de la politique commerciale commune. Dans le cadre de la réorganisation générale des relations extérieures qu'il opère, la politique commerciale figure dorénavant dans la cinquième partie du TFUE au titre II, aux articles 206 et 207, soit deux articles au lieu de quatre précédemment. Le nouveau texte se débarrasse de dispositions devenues obsolètes et tient compte aussi des décennies de pratique et de la jurisprudence de la Cour. Il souligne également que la politique commerciale commune « est menée dans le cadre des principes et objectifs de l'action extérieure de l'Union ».

§ 1. L'INCLUSION DES INVESTISSEMENTS ÉTRANGERS DIRECTS

1437 **Soumission à la compétence exclusive**. L'article 3 § 1er TFUE rattache bien la politique commerciale commune aux compétences exclusives, ce qui n'est pas nouveau. En revanche, il clarifie la question des domaines : l'article 206 est plutôt centré sur les objectifs de la PCC et l'article 207, dédié pour sa part aux compétences, étend la politique commerciale commune aux investissements étrangers directs. Il y a là une innovation importante (34). Une ambiguïté pesait antérieurement sur le sort des traités bilatéraux d'investissement, conclus par les États membres avec des pays tiers. Pendant longtemps on a pu estimer que ceux-ci, compte tenu du silence des traités,

(33) E. Neframi, « La politique commerciale commune selon le traité de Nice », *CDE* n° 5/6-2001, p. 605 et s. ; J. Auvret-Finck, *in* J. Rideau (dir.), *Union européenne commentaire du traité de Nice*, *op. cit.*, LGDJ, 2001, p. 223 et s.

(34) C. Kessedjian et C. Leben (dir.), « Le droit européen et l'investissement », éditions Panthéon-Assas, 2009 ; S. el Boudouhi, « L'avenir des traités bilatéraux d'investissement conclus par les États membres de l'Union européenne avec des États tiers », *RTDE* 1/2011, p. 85 et s.

relevaient des compétences réservées des États membres, au mieux d'une compétence partagée.

Cependant la Cour de justice a œuvré pour soumettre les accords conclus par les États membres à un étroit contrôle de l'Union. Se fondant en particulier sur les dispositions des traités relatives à la libre circulation des capitaux (35), sur l'effet utile des traités et sur l'obligation de coopération loyale (ex-art. 10 CE, devenu 4 § 3 TUE), la Cour a rendu en 2009 une série d'arrêts en manquement déclarant des accords bilatéraux d'investissements directs étrangers incompatibles avec les traités (36) en application de l'ex-article 307 CE (devenu 351 TFUE), ce qui doit conduire en principe à une renégociation de ces accords.

1438 **Limites.** L'innovation du traité de Lisbonne peut cependant être perçue comme relative, dans la mesure où depuis fort longtemps, la Commission plaidait non seulement pour un encadrement des pouvoirs des États en la matière mais aussi pour le développement d'une politique commune. Les articles 206 et 207 lui donnent donc assez largement satisfaction en rangeant les investissements étrangers directs dans le domaine des compétences exclusives de l'Union. Les commentateurs estiment cependant que l'étendue de la compétence de l'Union demeure encore incertaine. Non seulement en effet – ce qui peut paraître étonnant compte tenu de la pratique européenne et internationale en la matière – la notion d'investissement étranger direct ne fait pas l'objet d'une définition claire et indiscutée.

De même il convient de définir ce que recouvrent les restrictions aux investissements étrangers directs visées à l'article 206 TFUE. Ces restrictions sont-elles uniquement celles qui peuvent être établies lors de la négociation d'un accord d'investissement étranger ou recouvrent-elles également celles que les États membres peuvent arrêter une fois l'accord conclu et entré en vigueur ? Dans ce dernier cas, la limitation de la compétence des États membres serait considérable. Pour tourner ces difficultés, le recours à des accords mixtes de même que la mise en place d'une procédure de coopération entre les États membres et la Commission telle que celle-ci en a fait la proposition dans une communication du 7 juillet 2010 pourraient servir de moyens utiles (37). Une autre limite ressort de la formule ambiguë de l'article 207 § 6 qui établit une sorte de clause de non-affectation des compétences étatiques dont l'interprétation paraît on ne peut plus délicate mais qui n'est pas spécifique à la question des investissements étrangers directs (v. *infra*, n° 1440).

§ 2. DOMAINES TRADITIONNELS

1439 **Confirmations**. L'article 207 reprend les domaines traditionnels – accords tarifaires, restrictions aux échanges, défense commerciale, etc. – en ajoutant d'une manière incontestable les services et les aspects commerciaux de la propriété intellectuelle. La controverse semble donc définitivement close et les formules

(35) V. *supra*, n° 1440.

(36) CJCE, 3 mars 2009, *Commission c. Suède*, aff. C-249/06, *Rec.* I-1335 ; 3 mars 2009, *Commission c. Autriche*, aff. C-205/06 *Rec.* I-1301 ; 19 nov. 2009, *Commission c. Finlande*, aff. C-118/07, *Rec.* I-10889.

(37) COM (2010) 343 final.

alambiquées du traité de Nice abandonnées. Encore faut-il rappeler qu'en matière de propriété intellectuelle, la compétence de l'Union se limite aux aspects commerciaux – c'est-à-dire aux échanges avec les pays tiers – le reste – autrement dit la substance essentielle de la matière – demeurant appréhendé au niveau national.

L'article 207 innove cependant en instituant une compétence interne pour légiférer dans le champ de la politique commerciale commune. Selon l'article 207 § 2, en effet le Parlement européen et le Conseil, agissant selon la procédure législative ordinaire peuvent adopter des règlements « définissant le cadre dans lequel est mise en œuvre la politique commerciale commune ». Il y a là la confirmation de la pratique en vertu de laquelle, les accords externes bilatéraux ou multilatéraux n'épuisent pas l'ensemble de la matière relevant de la PCC, mais que des compléments en vue de la mise en œuvre interne de cette politique sont nécessaires. Ceci confirme également le lien entre politique commerciale commune et union douanière, lien déjà affirmé par l'article 206. Au demeurant, les dispositions nouvelles du traité de Lisbonne pourraient conforter les compétences relativement modestes que l'Union tient au titre de l'union douanière (art. 31 TFUE) qui se limitent textuellement à la fixation des droits du tarif douanier commun.

1440 **Persistance d'incertitudes**. Pour le reste, l'article 207, reconduit un certain nombre d'ambiguïtés de ses prédécesseurs en mêlant de manière complexe des problèmes de compétence et d'autres relevant des procédures décisionnelles. En effet, pour les accords concernant les services, les aspects commerciaux de la propriété intellectuelle et les investissements étrangers directs, la procédure normale de conclusion des accords en ces domaines qui se suffit de la majorité qualifiée au Conseil est écartée au profit de l'unanimité lorsque la matière sur laquelle portent ces accords relève dans l'ordre interne de l'Union d'un vote à l'unanimité. Il y a là bien sûr une application du principe du parallélisme entre la compétence interne et la compétence externe que la Cour avait initié dans l'affaire *AETR* (38) et confirmé dans l'avis 1/94 (39), mais qui en l'occurrence dépasse le stade des compétences pour s'appliquer au plan des procédures décisionnelles.

Dans le même ordre d'idées, sont reconduites les restrictions procédurales déjà mises en place dans le cadre du traité de Nice, concernant les accords dans le domaine du commerce des services culturels, lorsque ceux-ci risquent de porter atteinte à la diversité culturelle et linguistique de l'Union ou bien dans le domaine des services sociaux, d'éducation ou de santé lorsqu'ils risquent de « perturber gravement l'organisation de ces services au niveau national et de porter atteinte à la responsabilité des États membres dans la fourniture de ces services », et consistant là également dans une exigence de vote à l'unanimité au Conseil. Elles traduisaient la crainte de certains États membres et notamment de la France de voir, lors des négociations du cycle de l'Uruguay, des domaines échappant traditionnellement à la loi du marché dans l'obligation s'y soumettre pleinement.

Certes, on ne peut confondre la question des procédures décisionnelles et celle des compétences, mais il reste que l'unanimité des États membres limite assez considérablement l'attribution d'une compétence exclusive à l'Union. L'exercice de

(38) CJCE, 31 mars 1971, *Commission c. Conseil*, aff. 22/70, *Rec.* 262.
(39) CJCE, avis 1/94, 15 nov. 1994, *Rec.* I-5267.

celle-ci se voit *de facto* subordonné au bon vouloir des États membres, d'autant plus que les domaines considérés sont rédigés en termes relativement vagues. Pour ces questions, une formule de compétence partagée ou d'accords mixtes serait peut-être préférable, d'autant plus que certains de ces domaines (santé, éducation) dans l'ordre interne de l'Union ne relèvent même pas de la compétence partagée, mais des domaines d'appui, de coordination ou de complément (art. 6 TFUE).

1441 **Compétences étatiques résiduelles.** Les restrictions à la compétence exclusive de l'Union trouvent leur point d'orgue dans la clause de non-affectation des compétences des États membres qui ressort de l'article 207 § 6. Celle-ci représente une double protection pour les États membres. D'une part « l'exercice des compétences attribuées à l'Union dans le domaine de la PCC n'affecte pas la délimitation des compétences entre l'Union et les États membres ». Prise à la lettre, cette disposition pourrait réduire à néant le subtil équilibre instauré par les articles 206 et 207 et remettre en cause le principe même de la compétence exclusive pourtant affirmé par l'article 3 § 1er point e TFUE. On pourrait aussi estimer que la délimitation des compétences visée par cette stipulation ne concerne que les compétences internes de l'Union. Ainsi la PCC devrait s'incliner devant la répartition interne des compétences opérée par les traités. Mais on ne voit pas pourquoi *a priori* il faudrait limiter la clause au seul domaine des compétences internes de l'Union. Selon les règles classiques d'interprétation des textes, on ne distingue pas là où il n'y a pas lieu de distinguer. Le texte opère cependant une distinction entre l'exercice des compétences au titre de la PCC et la délimitation verticale des compétences. La délimitation est opérée par les traités eux-mêmes et acquiert donc une valeur constitutionnelle. En cette qualité, elle prime donc sur toute autre considération. De là peut-on déduire qu'en cas de conflit entre une mesure envisagée de politique commerciale commune et les délimitations de compétence tant internes qu'externes opérées par les traités les secondes devraient prévaloir. Mais une telle analyse demeure purement théorique car une mesure interne ou externe valablement édictée au titre de la PCC n'a aucune raison de s'effacer, dans la mesure où en principe toutes les dispositions des traités se trouvent sur un pied d'égalité. En conséquence, il faut surtout lire la clause de non-affectation des compétences étatiques de l'article 207 § 6 comme une disposition déclaratoire destinée à rassurer les États contre d'éventuels abus de compétence de l'Union, ce qui confirme l'orientation générale du traité de Lisbonne (40).

D'autre part et dans le même sens s'interprète la seconde protection imaginée par les États à l'article 207 § 6 selon laquelle l'exercice des compétences au titre de la PCC « n'entraîne pas une harmonisation des dispositions législatives ou réglementaires des États membres dans la mesure où les traités excluent une telle harmonisation ». Une telle clause n'est pas isolée dans les traités. On la retrouve notamment à l'article 6 TFUE pour tout ce qui a trait aux domaines d'appui, de complément et de coordination et à l'article 352 TFUE relativement à la procédure d'adaptation. Ce type de disposition vise à brider *a priori* des dépassements occultes de compétence de l'Union. La pérennité même de la procédure d'adaptation renommée clause de flexibilité par le traité constitutionnel avait fait l'objet de discussion en raison des dérives réelles ou supposées qu'elle pouvait provoquer. En l'espèce, elle pourrait se révéler paralysante pour les accords conclus dans le domaine de l'éducation, de la culture ou de la santé, pour lesquels de toute façon l'unanimité au Conseil est requise.

(40) C. Blumann et L. Dubouis, *Droit institutionnel de l'Union européenne*, Litec, 4e éd., 2010, n° 46.

Il reste que ce genre de dispositions restrictives résiste mal tant à la pratique de la Commission qu'à la jurisprudence de la Cour, qui, jouant habilement sur la théorie des bases juridiques, parvient à justifier des mesures d'harmonisation dans des domaines pourtant sanctuarisés. L'affaire de la publicité pour le tabac constitue à cet égard une référence (41).

N°s 1442 à 1454 réservés.

(41) CJCE, 10 déc. 2002, *British American Tobacco*, aff. C-491/01, *Rec.* I-11453.

CHAPITRE 2
L'UNION EUROPÉENNE DANS LES RELATIONS COMMERCIALES INTERNATIONALES

1455 **Densité des relations extérieures.** Dans la pratique, en raison de l'intensité des échanges commerciaux entre ses États membres, l'Union s'est trouvée très vite – et dès l'Europe des six – promue au rang de première puissance commerciale du monde. Aujourd'hui, en tant qu'entité, sa place dans le commerce mondial demeure de toute première importance nonobstant la vive concurrence de la Chine, du Japon et des États-Unis.

Les relations commerciales avec le reste du monde sont extrêmement diversifiées. En attestent au demeurant les très nombreux États étrangers (plus de cent cinquante) officiellement représentés auprès de l'Union de même que les cent soixante missions diplomatiques envoyées par la Commission auprès de pays tiers ou d'organisations internationales (1). À défaut de reconnaissance officielle, qui en principe n'existe pas pour les organisations internationales, l'établissement de relations diplomatiques constitue pour l'Union, le préalable à l'ouverture de relations commerciales.

Durant la période de la guerre froide, la société internationale donnait l'image d'un monde fermé, constitué de trois composantes : les pays occidentaux (pays développés à économie de marché), les pays socialistes (pays développés à économie centralisée) et les pays en voie de développement. Ces clivages ont disparu de nos jours. Les pays socialistes (européens) ont laissé place aux PECO (pays d'Europe centrale et orientale) dont le système économique demeure très fragile mais qui entretiennent des relations privilégiées avec l'Union européenne dont beaucoup aspirent à devenir membres (2) et le sont pour beaucoup déjà devenus. La vaste nébuleuse des pays en voie de développement a éclaté. Si la majeure partie d'entre eux restent très attardés et relèvent encore d'une politique d'aide au développement (3), certains ont franchi le seuil du décollage économique et sont entrés dans la catégorie des pays semi-industrialisés de plus en plus souvent dénommés pays émergents et qui pèsent de plus en plus lourds sur la scène internationale comme en témoigne l'élargissement du groupe des huit pays industrialisés (G 8) supplanté aujourd'hui par le G 20. En raison également de la

(1) Des précisions chiffrées sur : http://ec.europa.eu/external_relations/index.htm.

(2) V. *infra*, n° 1504.

(3) V. *infra*, n°s 1530 et s.

mondialisation, les critères économiques ne parviennent plus aujourd'hui à distinguer les États sur le plan commercial. En définitive, seuls des critères juridiques et institutionnels y parviennent encore. À cet égard, le cadre mondial ou à vocation mondiale, celui de l'Organisation mondiale du commerce s'avère une référence obligée (section I). Cependant, les difficultés de celui-ci conduisent à une certaine relance du bilatéralisme ou des accords régionaux (4). Les risques de fragmentation de la société internationale économique deviennent ainsi bien réels (section II).

SECTION I LE CADRE MONDIAL

1456 Celui-ci est l'héritier du GATT, constitué au lendemain de la Seconde Guerre mondiale après l'échec du projet d'organisation internationale du commerce (OIC), qui devait pourtant couvrir un domaine très large avec l'ambition de régir les principaux aspects des relations économiques internationales. Le GATT, simple accord international sans institutionnalisation à l'origine, s'est pour sa part limité aux seules relations commerciales internationales, ce qui ne l'a pas empêché d'acquérir une autorité et une influence considérables. Après avoir fonctionné de 1948 à 1994 et avoir vu sa composition s'élargir au fil des années, le GATT a laissé place à l'Organisation mondiale du commerce (OMC) instituée par les accords de Marrakech du 15 avril 1994, mettant formellement un terme aux négociations dites de l'Uruguay round (5). Comme son prédécesseur, l'OMC constitue avant tout un cadre de négociation de vastes accords multilatéraux, devant régir le commerce mondial pour plusieurs années ou une période indéterminée. Ces accords représentent l'incarnation la plus parfaite du multilatéralisme du commerce international puisqu'ils ont vocation à lier l'ensemble des États membres du GATT puis de l'OMC (6). Ils sont conclus au terme de négociations commerciales mondiales (NCM) entreprises périodiquement dans le cadre de l'organisation mondiale. Les derniers en date sont constitués par les accords de Marrakech du 15 avril 1994.

1457 Ces accords, de dimension gigantesque (7) (plus de 24 000 pages), ont été signés initialement par 119 États et sont entrés en vigueur le 1er janvier 1995. *Ratione materiae*, ils reposent sur une distinction fondamentale entre deux volets : les accords multilatéraux (§ 1er), étroitement liés à l'OMC elle-même, de sorte que la participation à cette dernière entraîne automatiquement soumission à ceux-ci, et les accords plurilatéraux (§ 2) qui « bien que accessoires à l'OMC ne constituent que des sous-systèmes parallèles ». La participation aux accords plurilatéraux demeure donc libre. Conclus en principe

(4) B. Richez-Baum, « La nouvelle politique commerciale de l'Union européenne : véritable choix ou simple conformisme », *RMCUE* déc. 2006, n° 503, p. 642 et s.

(5) Les aspects juridiques et institutionnels du GATT-OMC sont ici laissés de côté. V. D. Blin « Europe et OMC aspects institutionnels » *J. C. Europe* vol. 7, fasc. 2261, 2010.

(6) Sur les rapports du multilatéralisme et de la mondialisation : J. Bourrinet, « La politique commerciale commune de l'Union européenne et la mondialisation », *RMCUE* janv. 2005, n° 484, p. 19 et s.

(7) Ce qui ne suffit pas cependant pour leur conférer l'effet direct : CJCE, 23 nov. 1999, *Portugal c. Conseil, aff.* C-149/96, *Rec.* I-8395 ; jurisprudence classique et régulièrement confirmée : TPI, 12 juill. 2001, *T. Port GmbH & co*, aff. T-299, *Rec.* II-2093 ; sur l'effet direct des arguments invoqués devant l'ORD : CJCE, 1er mars 2005, *Van Parys*, aff. C-377/02, *Rec.* I-1465, obs. A. Masson, *RMCUE* mars 2006, n° 496, p. 189.

pour une période de dix ans, les accords de Marrakech auraient dû laisser place à une nouvelle génération d'accords, résultant d'un nouveau cycle de négociation, initié au début du troisième millénaire (Millenium round). Mais ceux-ci ne parviennent pas à voir le jour (§ 3).

§ 1. LES ACCORDS MULTILATÉRAUX

1458 Ils recouvrent, d'une part l'accord sur les marchandises, qui s'inscrit dans la lignée des apports successifs du GATT et d'autre part les deux innovations de l'Uruguay round formées de l'accord sur les services (GATS) et de l'accord sur la propriété intellectuelle (TRIPS).

1459 **Marchandises.** L'accord sur les marchandises (annexe 1 A de l'OMC) représente la partie la plus détaillée des accords de Marrakech et rejoint le « droit général » du GATT tel qu'élaboré depuis 1947. En ce qui concerne les produits industriels, les accords de Marrakech aboutissent à une nouvelle réduction du niveau moyen des droits de douane d'environ 33 %, qui se voient ainsi ramenés en moyenne de 6,8 % à 4,1 %. Ils sont même totalement supprimés dans huit secteurs (dont les produits pharmaceutiques et le matériel de construction). Ne subsistent d'une manière notable qu'un certain nombre de pics tarifaires, surtout au profit des États-Unis.

Outre les règles générales, l'accord sur les marchandises compte également un certain nombre de règles spécifiques qui s'inscrivent dans des accords particuliers au nombre de douze : cinq d'entre eux avaient déjà été adoptés au terme du Tokyo round de 1979, notamment les accords sur les obstacles techniques au commerce, l'accord sur la valeur en douane, ou bien encore l'accord sur les subventions et celui sur les mesures anti-dumping. Sept autres accords constituent des engagements nouveaux résultant des accords de Marrakech et ont plutôt un caractère sectoriel : sur l'agriculture, sur les mesures sanitaires et phytosanitaires ou encore sur les textiles.

Au fond, les accords de Marrakech apportent des avancées significatives – outre l'agriculture – dans trois domaines. D'abord, avec l'accord sur le textile et les vêtements qui vise à intégrer progressivement (10 ans) ce secteur au sein du GATT après des années d'échanges administrés par l'arrangement multifibre (AMF) de 1974. L'accord prévoit en particulier le renforcement de règles et des disciplines du GATT, en ce qui concerne l'accès au marché, le dumping, les subventions. Pour sa part, l'accord sur les obstacles techniques au commerce développe et précise celui de 1979. Il s'accompagne d'un code de bonne pratique et renforce la coopération en vue de l'élaboration de normes internationales et de l'échange d'informations entre les organismes de normalisation. Enfin, l'accord sur les subventions et les mesures compensatoires prolonge également l'œuvre de 1979, en précisant la notion de subventions et en distinguant plusieurs catégories parmi elles. Réciproquement, le nouvel accord sur les sauvegardes améliore l'efficacité de ces dernières en tant qu'instrument de politique commerciale, et élargit la gamme des situations légitimant l'adoption de mesures défensives.

1460 **Services et propriété intellectuelle.** Pour sa part, l'accord général sur le commerce des services (GATS) constitue un premier pas vers la libéralisation des échanges mondiaux dans ce domaine. Il s'agit d'un texte-cadre fixant des règles générales sur les échanges de services, mais qui comprend aussi des dispositions spécifiques pour des secteurs déterminés, ainsi que des listes nationales précisant les services ainsi que les activités que les États sont prêts à ouvrir à la concurrence. À cet égard, la France a obtenu la mise à l'écart du secteur audiovisuel au nom de « l'exception nationale culturelle » et ce, bien que la pression reste forte notamment des États-Unis et de certains membres de la Commission pour que ce secteur soit intégré dans les règles du commerce international. Plus récemment et sur les bases du GATS, des accords complémentaires ont pu être adoptés, notamment pour les services financiers le 12 décembre 1997, entre soixante-dix pays, dont les États-Unis très réticents au départ (8), ainsi qu'en matière de télécommunications le 15 février 1997 (9). En revanche, des désaccords subsistent pour les transports maritimes, la sidérurgie ou l'aéronautique (10).

Enfin l'accord relatif aux droits de propriété intellectuelle (TRIPS) concerne principalement les brevets, les droits d'auteur et les droits connexes, les dessins et modèles ainsi que les indications géographiques. Il prévoit notamment une protection renforcée des programmes d'ordinateurs, des marques de fabrique ou de commerce ainsi que des dessins et brevets. Le TRIPS peut être considéré comme un succès pour l'industrie européenne qui a longtemps souffert de contrefaçons vendues à bas prix ou de piratage pur et simple.

§ 2. LES ACCORDS PLURILATÉRAUX

1461 Au nombre de quatre, les accords plurilatéraux forment l'annexe 4 de l'accord sur l'OMC. Ils constituent le prolongement d'accords déjà conclus en 1979, au terme du Tokyo round. Deux d'entre eux entrent dans la catégorie des accords de produits de base – accord sur le secteur laitier et accord sur la viande bovine – formule qui avait connu un certain succès dans les années 1970, lors des discussions sur l'élaboration d'un nouvel ordre économique international mais qui s'est étiolée par la suite.

Pour sa part, l'accord sur le commerce des *aéronefs civils* prolonge celui de 1979, en prévoyant des règles particulières sur les subventions et mesures compensatoires dans le domaine de l'aéronautique civil, et en imposant des règles de preuve plus strictes pour les États qui se plaignent de subventions à l'aéronautique octroyées par leurs concurrents. Cependant l'essentiel demeure le différend américano-européen par le truchement des sociétés Airbus et Bœing portant sur la nature et l'étendue des aides directes ou indirectes que versent les deux entités à leurs constructeurs respectifs. Ce différend n'empêche cependant pas les deux entreprises d'entretenir de bonnes relations, comme en témoigne l'enquête ouverte en novembre 1998 par les services de la Commission, à l'encontre d'une éventuelle entente sur les prix qu'elles auraient conclue depuis plusieurs années.

Cependant, l'accord plurilatéral le plus important s'avère celui relatif aux *marchés publics*. Largement ouvert puisque y participent notamment la Communauté, les États-

(8) Rapport général sur l'activité de l'UE (1997), *OPOCE* 1998, n° 758, et entré en vigueur le 1er mars 1999, Rapport général 1999, *OPOCE* 2000, n° 678.

(9) Rapport général sur l'activité de l'UE (1997), *OPOCE* 1998, n° 759.

(10) B. Richez, « Un défi de taille pour le nouveau cycle de négociations de l'OMC : la réforme de l'accord GATS », *RMCUE* juill.-août 2003, n° 470, p. 442 et s.

Unis, le Japon ainsi qu'un certain nombre d'autres pays, il s'inspire fortement des règles européennes relatives aux marchés publics (11). Au fond, le « code » s'étend non seulement aux fournitures, mais également aux travaux et services ainsi qu'à l'ensemble des « secteurs exclus » au sens des directives de l'Union sur les marchés publics. Il appartient aux États participants de présenter des offres contenues dans des annexes à l'accord et qui indiquent tant les secteurs libéralisés que les entités assujetties (administration centrale, régionale, entreprises publiques). Dans ce cadre, l'accord sur les marchés publics prévoit l'ouverture à la concurrence internationale des marchés publics portant sur des volumes financiers de plus de 300 millions d'euros. S'applique ensuite la règle du traitement national selon laquelle les commissionnaires ou fournisseurs étrangers de biens ou de services, doivent être traités de la même manière que leurs homologues nationaux.

§ 3. LE NOUVEAU CYCLE DE NÉGOCIATION : LE CYCLE DE DOHA

1462 De nouvelles négociations commerciales mondiales ont été lancées en 1999. Le nouveau cycle dit « du millénaire » (millenium round) répond au souci des États-Unis de prolonger l'entreprise de libéralisation du commerce mondial dans des secteurs encore partiellement cloisonnés. Comme on s'en doute sont particulièrement visés l'agriculture et l'audiovisuel, qui avaient animé les derniers mois du cycle de l'Uruguay, la France mettant en avant « l'exception » puis la « spécificité » culturelle, pour s'opposer à une libéralisation excessive en la matière. Mais d'autres sujets figurent également à l'ordre du jour du nouveau round (vingt au total) comme la question des services notamment pour laquelle l'Union européenne paraît disposer d'avantages compétitifs importants. Mais une nouvelle fois, c'est sur l'agriculture que les négociations se sont focalisées.

1463 **Le volet agricole des accords de Marrakech.** Ces accords pour ce qui concerne l'agriculture n'étaient parvenus qu'à des résultats partiels tenant à une plus grande ouverture des marchés, avec notamment la clause dite *d'accès minimum* en vertu de laquelle, chaque participant devait ouvrir son marché à hauteur de 3 % puis de 5 % (à partir du 1er janvier 2000) de sa consommation aux produits en provenance de ses partenaires. De même l'Union avait accepté, pour ce qui la concerne, la transformation des anciens prélèvements agricoles très protecteurs en simples droits de douane. Symétriquement, des engagements réciproques avaient été pris par les membres du GATT/OMC relativement à la réduction programmée des subventions aux exportations. Enfin le principe d'une mesure globale de soutien (MGS) destinée à évaluer puis à réduire l'ensemble des aides accordées par les États à l'agriculture avait fait l'objet d'un consensus relatif. Les aides se voyaient ainsi classées en plusieurs catégories en fonction de leur dangerosité pour le commerce international. Celles de la « boîte jaune » correspondent à des aides de soutien des prix qui doivent absolument diminuer. Les aides dites de la « boîte bleue » représentent des aides au revenu agricole mais liées à des programmes de limitation de la production. Elles peuvent être maintenues

(11) V. *supra*, nos 1380 et s.

si elles ne dépassent pas certains plafonds. Enfin les aides de la « boîte verte » correspondent à des programmes sociaux ou de protection de l'environnement. Elles ne sont assujetties à aucune contrainte. Au total l'ensemble des aides relevant de la MGS devaient diminuer de 20 % jusqu'en 2004.

Si l'Union s'est acquittée scrupuleusement des ses engagements, les obstacles au commerce international de produits agricoles demeurent importants, tenant en particulier à un niveau relativement élevé des droits de douane et à des subventions aux exportations, certes réduites mais dont le GATT/OMC admet cependant la licéité dès lors qu'elles n'autorisent pas un État à s'accaparer plus d'une part du commerce mondial d'un produit considéré (12). Le cycle du millénaire a donc pour principal objet de poursuivre le mouvement de libéralisation des échanges internationaux de produits agricoles. Cependant, l'Union entend pour sa part mettre l'accent sur des problèmes plus qualitatifs. Elle souhaite préserver son « modèle social et rural européen ». Pour ce faire, elle plaide en faveur d'une agriculture « multifonctionnelle » qui embrasse outre les problèmes de production et de commercialisation ceux d'entretien des espaces naturels, de protection de l'environnement et de développement du milieu rural. Elle préconise aussi une révision du protocole sur les normes sanitaires et vétérinaires afin de le rendre plus efficace, notamment par une véritable consécration du principe de précaution (13).

1464 **Déroulement des négociations.** Dès les premières rencontres aux États-Unis à Seattle du 30 novembre au 3 décembre 1999 (14) les négociations se sont trouvées dans l'impasse, tant les positions des principaux partenaires du commerce mondial et notamment des deux géants transatlantiques paraissent opposées. Les États-Unis souhaitent circonscrire la négociation aux seuls problèmes de la libéralisation des différents marchés et notamment agricoles, alors que l'Union européenne plaide pour une approche plus globale qui intègre les questions d'investissement, de concurrence et de marchés publics. Une volonté générale de relance de la négociation s'est concrétisée lors de la réunion ministérielle de Doha (Qatar, 9-14 novembre 2001) et de fortes résolutions en faveur du règlement des litiges résiduels notamment sur l'agriculture et sur le statut propre des PVD ont été adoptées (15).

Une cinquième réunion ministérielle tenue à Cancun du 10 au 14 septembre 2003 n'a pas confirmé ces espoirs (16) en raison notamment de l'insuffisante prise en compte de la position d'un groupe nouveau dit des vingt (pays émergents) conduit notamment par le Brésil et l'Inde, qui entend peser sur les résultats des négociations et ne pas se limiter à jouer le rôle de témoins des différends euro-américains (17). Pour ces pays, la question agricole occupe aussi une place centrale, mais pour des raisons différentes. Il s'agit souvent de pénétrer les marchés dits « solvables » en raison d'un potentiel

(12) Sur tous ces points T. Flory, *L'Organisation mondiale du commerce : droit institutionnel et droit matériel*, Bruylant, 1999.

(13) G. Rochdi, « La politique agricole commune dans le commerce mondial des produits agro-alimentaires », *RTDE* 1-2005, p. 37 et s.

(14) Rapport général 1999, n° 676.

(15) Rapport général 2001, n° 876.

(16) J.-M. Paugam, « Après Cancun : la double crise de l'OMC », *RMCUE* avr. 2004, n° 477, p. 203 et s.

(17) *Bull. UE* 9/2003, n° 1.6.40 ; M. Laffineur, « La conférence de Cancun : un échec salutaire pour l'OMC », Rapport de la délégation de l'Assemblée nationale pour l'Union européenne, n° 1210, nov. 2003.

d'exportation très important, mais aussi de se protéger tant sur le plan agricole (préservation des cultures vivrières) que sur le plan industriel, pour ne pas nuire à des capacités naissantes en ce domaine.

Après plusieurs rencontres dans le courant 2004 et la désignation d'un nouveau directeur général de l'OMC, en la personne de Pascal Lamy, une importante réunion s'est tenue à Hong-Kong des 13 au 18 décembre 2005 (18). Les cent quarante-neuf membres de l'Organisation étaient présents. Comme à l'accoutumée, les discussions se sont cristallisées que les questions agricoles. Un accord de principe en gestation depuis des mois sur la suppression de toutes les aides et subventions à l'exportation de produits agricoles à l'horizon 2013 a pu être enregistré de même qu'un accord sur une réduction généralisée des droits de douane sur les produits agricoles. Restait à formaliser cet accord. Une nouvelle réunion, tenue à Bruxelles fin juin 2006, n'a pu aboutir en raison de dissensions entre les principaux groupes et aussi en raison des tensions sur l'étendue du mandat de négociation confié au négociateur de l'Union européenne.

1465 **Échec provisoire (?).** Une négociation dite de la dernière chance tenue fin juillet 2008 et portant sur un « paquet » proposé par le directeur général de l'OMC n'a pas permis d'aboutir. Comme à l'accoutumée, le débat s'est focalisé sur les questions agricoles (droits de douane et subventions à l'exportation) (19). Malgré les efforts du directeur général, soutenu en l'occurrence par le commissaire européen au commerce M. Peter Mandelson, les négociations ont échoué en raison du refus de tout compromis de certains pays sur l'ouverture de leurs marchés nationaux aux produits agricoles. Les divergences n'ont pas pu être surmontées sur la question du mécanisme de sauvegarde spéciale pour les pays en développement. Ce mécanisme aurait permis à ces pays de protéger leurs agriculteurs en relevant temporairement leurs droits de douane en cas de flambée des importations ou de baisse subite des prix. L'Inde se trouve formellement à l'origine de cet échec, bien que les États-Unis n'y soient pas totalement étrangers. La France, également réticente à un accord susceptible de nuire à l'agriculture française, se trouvait en porte-à-faux en raison de sa qualité de président du Conseil de l'Union. L'échec ne paraît cependant définitif et les négociations se poursuivent (20). Le directeur général de l'OMC espère une avancée lors de la huitième session de la conférence ministérielle qui doit se tenir à Genève en décembre 2011. La Commission pour sa part continue à miser sur l'OMC et les avantages du multilatéralisme, ce qui ressort de différents documents de travail sur la nouvelle politique commerciale de l'Union publiés en 2010 (21).

(18) H. Gherari et R. Chemain, « L'Union européenne et l'Organisation mondiale du commerce », Chronique, *RMCUE* déc. 2006, n° 503, p. 662 et s.

(19) L. Sant'ana Lima, *Les relations entre l'Union européenne et le Mercosur en matière d'échanges de produits agricoles,* Thèse, Paris II, 2008.

(20) V. les détails sur le site internet de l'OMC : http://www.wto.org.

(21) Communication du 9 nov. 2010, COM (2010) 612 final.

SECTION II LE CADRE BILATÉRAL, RÉGIONAL ET INTERRÉGIONAL

§ 1. LES RELATIONS BILATÉRALES

1466 Les accords relevant de cette rubrique visent le plus souvent à régler une situation particulière ou à mettre un terme à un différend commercial auquel l'Union européenne s'est trouvée confrontée.

Relève par exemple de la première orientation, l'accord conclu dès 1975 avec la Nouvelle Zélande, concernant l'importation par la Communauté d'une certaine quantité de beurre à un taux de prélèvement réduit. Il s'agissait en l'occurrence de permettre à la Grande-Bretagne de continuer à s'approvisionner auprès de ce pays, nonobstant son entrée dans la Communauté. Dans le même ordre d'idées, peut-on citer l'accord du 31 juillet 1991 (22) relatif aux importations d'automobiles japonaises dans la Communauté venu à expiration au 31 décembre 1999. Cependant, l'essentiel de ces relations bilatérales se déroule entre les deux géants du commerce mondial (A). Malgré les bonnes paroles les contentieux ont tendance à se multiplier (B).

A. Complexité des relations euro-américaines (23)

1467 **Domaine des accords bilatéraux.** Les accords bilatéraux avec les États-Unis se situent plutôt dans une perspective conflictuelle. Ceci se vérifie notamment en matière agricole avec l'accord sur les oléo-protéagineux (24) ou bien ceux conclus au terme des successifs élargissements de l'Union, qui permettent aux États-Unis de maintenir leurs exportations agro-alimentaires privilégiées (25). On rencontre également de tels accords en dehors du secteur agro-alimentaire, dans le domaine de la sidérurgie (26) ou de l'aéronautique.

1468 **Lois américaines à effet extraterritorial.** Entre accord et non accord, se situe le contentieux euro-américain relatif aux lois votées par les États-Unis en 1996, dites loi d'Amato-Kennedy et loi Helms-Burton, visant à sanctionner les entreprises étrangères, qui, pour le premier texte investiraient en Iran dans le secteur pétrolier et gazier et, pour le second, continueraient à commercer avec l'Iran (27). L'Union comme nombre d'autres pays tiers, s'insurgent contre cette prétention américaine à donner un effet extra-territorial à des lois internes aux justifications au demeurant imprécises.

(22) XXVe rapport général 1991, n° 1060.

(23) Sur l'ensemble de la question : Y. Petit, « L'agriculture, pomme de discorde entre l'Union européenne et les États-Unis », *RTDE* 4/2004, p. 599 et s. ; M.-F. Labouz, « Relations avec les pays industrialisés Union européenne et États-Unis », *Juris-Classeur Europe,* fasc. n° 2211.

(24) Accord dit de Blair House I du 20 nov. 1992.

(25) XXVe rapport général sur l'activité des CE 1991, *OPOCE* 1992, p. 313.

(26) XXVIe rapport général sur l'activité de l'UE 1992, *OPOCE* 1993, n° 1027.

(27) B. Stern, « Vers la mondialisation juridique ? Les lois Helms-Burton et D'Amato-Kennedy », *RGDIP* 1996, n° 4, p. 979.

Elle a réagi en adoptant un règlement du 22 novembre 1996 (28) l'autorisant à prendre des mesures de représailles et en introduisant un recours auprès de l'organe de règlement de l'OMC dont les États-Unis contestent par ailleurs la compétence en raison de la nature politique du différend. Une volonté commune d'apaisement a débouché sur un accord provisoire, lors du sommet transatlantique de Londres du 18 mai 1998 (29).

La volonté américaine de donner à certaines lois une portée extra-territoriale ne se limite pas à des sujets politiquement sensibles. Ainsi en va-t-il de l'article 211 d'une loi portant ouverture de crédits pour 1998 et concernant plus particulièrement les droits de propriété intellectuelle touchant au commerce. En partie condamnée par l'organe d'appel de l'OMC, cette loi pose nombre de problèmes en particulier au regard des règles et principes du droit international public (30).

1469 **Le projet d'accord de libre-échange.** Dans une tout autre perspective se situe le projet de vaste accord de libre échange transatlantique (NTM) que la Commission souhaiterait voir conclu avec les États-Unis. Cet accord viserait à instituer entre les deux principaux acteurs du commerce international une zone de libre échange dans laquelle l'essentiel des droits de douane et autres restrictions seraient progressivement éliminés. Son domaine s'étendrait à l'ensemble des secteurs et activités économiques, le cas de l'agriculture et celui de l'audiovisuel étant cependant réservé ou traité à part. Ce projet s'est heurté très rapidement à l'opposition de certains États membres, en particulier de la France, qui soutiennent le rôle central de l'OMC et du multilatéralisme pour l'organisation des échanges commerciaux internationaux. Un accord de libre-échange États-Unis Union européenne qui représentent ensemble les deux cinquièmes du commerce mondial risquerait en effet de désorganiser tout le système international. Le 27 avril 1998, le Conseil semble avoir mis un terme à ce projet (31) qui pourrait se transformer en simple « partenariat économique transatlantique » (32). En juin 2005 Washington et Bruxelles ont néanmoins lancé une « initiative économique transatlantique » cherchant à réduire les entraves aux échanges mais sur une base ponctuelle. Il s'agit notamment de mieux coopérer en matière de régulation, de contrôle de la concurrence, de normes ou d'échange de services (33).

B. Exacerbation des contentieux

1470 **Affaire de la banane.** La mise en place de l'Organisation mondiale du commerce et plus particulièrement de son organe de règlement des différends (ORD) ont entraîné paradoxalement une intensification des contentieux avec les États-Unis. Ceux-ci portent en particulier sur les produits agricoles ou agro-alimentaires (34). Les deux

(28) *JOCE* L 309 du 29 nov. 1996.

(29) *Bull. UE* 5/1998, n° 1er mars 93 et 1er mars 94.

(30) L. Lankarani, « Une autre loi d'application extraterritoriale… », *RTDE* 1/2006, p. 97 et s.

(31) *Bull. UE* 9/1998, n° 1.3.115.

(32) *Europe* déc. 1998, n° 414 ; v. aussi Rapport général d'activité de l'Union européenne 2000, n° 957.

(33) *Bull. UE* 6/2005, n° 1.16.

(34) Ceux-ci ne sont pas bien évidemment exclusifs. Ainsi en va-t-il du contentieux opposant l'UE au Brésil et à la Thaïlande à propos des « morceaux de poulet ». Le classement de ces produits dans telle ou telle catégorie de la nomenclature douanière a des incidences importantes sur le tarif douanier exigible par l'Union européenne ; H. Guerari et R. Chemain, « Chronique UE-OMC : règlement des différends », *RMCUE* déc. 2007, n° 513, p. 674 ; L. santana Lima, thèse, *op. cit.*, p. 340.

plus célèbres portent respectivement sur le commerce des bananes et l'utilisation des hormones dans l'élevage bovin. Ces deux affaires ont donné lieu à de nombreux rebondissements. Dans le premier cas, l'Union européenne a vu contester son système d'échanges préférentiels avec les départements et territoires d'outre-mer d'une part et avec les pays ACP d'autre part (35). Ces préférences porteraient préjudice aux pays d'Amérique centrale qui sont également de gros producteurs et exportateurs de bananes. Condamnée par l'ORD le 25 septembre 1997 et ayant dû subir des contre-mesures commerciales de la part des États-Unis, l'Union a dû adapter sa législation et limiter les avantages consentis à ses partenaires traditionnels (36).

Néanmoins, comme souvent pour les contentieux se déroulant devant l'ORD, l'exécution semble difficile et en décembre 2008 l'ORD rendait plusieurs rapports constatant que l'Union ne s'était pas entièrement mise en conformité avec les précédents jugements, ce qui a conduit l'Union à conclure un accord avec ses principaux adversaires latino-américains pour mettre un terme au contentieux (37).

1471 **Affaire des hormones bovines.** D'une plus grande ampleur encore se présente le contentieux euro-américain relatif à l'utilisation de substances hormonales dans l'élevage bovin. L'Union s'est dotée en la matière d'une législation très stricte (38), alors que les États-Unis se montrent beaucoup moins exigeants. L'ORD, saisie par ces derniers a rendu des sentences en partie équivoques. Si le panel saisi en première instance avait sévèrement condamné l'Union européenne, l'organe d'appel s'est montré plus sensible à l'argumentation européenne (janvier 1998), entièrement fondée sur le principe de précaution (39). À cet égard, l'ORD ne conteste pas le droit des États membres de l'OMC de fixer la barre de protection de la santé publique et des consommateurs à un niveau plus élevé que la moyenne. Encore faut-il cependant que les États concernés puissent apporter la preuve scientifique de la dangerosité des produits en cause. En l'espèce, l'Union européenne s'était vue fixer un délai de dix-huit mois pour apporter cette preuve. Mais elle n'a pu y parvenir, ce qui a autorisé les États-Unis, avec le consentement de l'ORD, à décider de mesures de représailles à l'encontre de produits européens (40).

Le fond du débat porte essentiellement sur la valeur juridique du principe de précaution (41). Ce principe, issu de la conférence des Nations Unies de Rio (1992) n'est pas inconnu des accords de Marrakech instituant l'OMC, mais il n'y occupe qu'une place réduite, son utilisation devant avoir un caractère purement provisoire et uniquement dans les situations d'urgence. Pour l'Union, il en va très différemment et le principe de précaution introduit par le traité de Maastricht figure en bonne place parmi

(35) P. Cassia et E. Saulnier, « L'imbroglio de la banane », *RMCUE* 1997, p. 527.

(36) C. Tiozzo et B. Morey, « La résolution du conflit de la banane opposant les États-Unis à la Communauté européenne par l'OMC – la guerre des bananes suite et fin », *RMCUE* 1999, p. 394.

(37) H. Gherari et R. Chemain, « Chronique UE-OMC : règlement des différends », *RMCUE* n° 543, déc. 2010, p. 683.

(38) V. *supra*, n° 864 et s.

(39) Rapport de l'organe d'appel de l'OMC WT/DS26/AB/R (1998), T. Douma, « The Beef Hormones Dispute and the Use of National Standards under WTO Law », *EELR* mai 1999, p. 137.

(40) O. Blin, « La Communauté européenne et l'OMC », *op. cit.*, nos 134 et s.

(41) N. de Sadeleer, « Le statut juridique du principe de précaution en droit communautaire : du slogan à la règle », *CDE* 1-2/2001, p. 91.

les principes directeurs en matière de protection de l'environnement (42). De plus, la Cour de justice dans des affaires récentes et retentissantes a confirmé la pleine valeur juridique du principe de précaution : non seulement dans l'affaire de l'embargo décrété en mars 1996 par la Commission à l'encontre de la viande bovine britannique (43), mais aussi en matière d'organismes génétiquement modifiés (44). Pour l'heure, la situation paraît figée puisque les États-Unis n'entendent pas renoncer aux contre-mesures et l'Union peut difficilement lâcher du lest sur la viande bovine en raison des nombreuses crises graves qui secouent cette production (45). C'est la raison pour laquelle l'Union dans la perspective du prochain cycle de négociations commerciales au sein du GATT/OMC préconise un renforcement du protocole sur les normes sanitaires et vétérinaires.

Dans l'attente, le contentieux devant l'OMC se poursuit dans la mesure où l'Union a estimé que les mesures préconisées par l'OMC dans les premières phases du contentieux avaient été appliquées ce qui devait alors selon l'Union entraîner la suspension automatique des mesures de rétorsion adoptées par les États-Unis. Mais elle n'a pas obtenu totale satisfaction et tant le panel de l'ORD, le 31 mars 2008, que l'organe d'appel, le 16 octobre 2008, ont estimé que les mesures européennes n'aboutissaient pas à une exécution complète et définitive des décisions rendues dans les précédentes phases du contentieux hormones mais ont reconnu à l'Union une marge de manœuvre plus importante notamment en ce qui concerne la validité de mesures de protection sanitaire (46). Un accord définitif avec les États-Unis ainsi qu'avec d'autres parties intéressées semblait en voie de conclusion dans le courant de l'année 2009 (47).

1472 **Affaire des FSC.** Se trouve en cause un régime américain de subventions aux exportations le « Foreign sales corporations act » (FSC) destinées à encourager les entreprises américaines à vendre sur le marché international. Pour échapper aux rigueurs des lois fiscales américaines et aux règles du commerce international, elles sont encouragées à ouvrir des filiales dans des paradis fiscaux (Iles Vierges, Barbades). Les produits des ventes effectuées à partir de ces pays, une fois rapatriés aux États-Unis, se voient ensuite exonérés d'une importante partie des impôts normalement dus. Il s'agit bien de subventions déguisées, qui portent selon les estimations de la Commission sur des sommes considérables, de l'ordre de 2,5 milliards de dollars par an, ce qui représenterait un quart des exportations totales des États-Unis.

Cette dernière a donc intenté une action devant l'organe de règlement des différends, et un panel d'arbitrage a condamné en première instance la loi américaine le

(42) Art. 191 § 2 TFUE.

(43) CJCE, 5 mai 1998, *Royaume-Uni c. Commission*, aff. C-180/96, *Rec.* I-2265.

(44) CJCE, 21 mars 2000, *Greenpeace France*, aff. C-6/99, *Rec.* I-1651 ; la Cour demeure réticente sur sa promotion en qualité de principe général du droit (CJCE, 13 déc. 2001, *France c. Commission, aff.* C-1/00, *Rec.* I-10029), mais le Tribunal est beaucoup plus explicite (TPI, 11 sept. 2002, *Pfizer animal Health*, aff. T-13/99, *Rec.* II-3305).

(45) Sur certains développements récents de cette affaire : S. Maljean-Dubois et E. Truilhe, « L'insertion du modèle européen dans le système commercial multilatéral », *in* Bourrinet et F. Snyder (dir.), *La sécurité alimentaire dans l'Union européenne*, Travaux du CERIC, Bruylant, 2003, p. 147 et s.

(46) A. Herve, « Le mécanisme de règlement des différends de l'OMC L'interminable contentieux transatlantique sur le bœuf aux hormones », *RMCUE* n° 527, avr. 2009, p. 246 et s.

(47) H. Gherari et R. Chemain, « Chronique UE-OMC : règlement des différends », *RMCUE* n° 543, déc. 2010, p. 682.

17 septembre 1999. Confirmée par l'organe d'appel le 24 février 2000, et ce malgré une tentative de replâtrage de dernière minute de cette législation, la sentence de L'ORD fait l'objet de négociations serrées entre les deux parties. En cas d'inexécution, l'Union européenne pourrait à son tour appliquer des mesures de représailles à l'encontre de produits américains. L'affaire pourrait acquérir un certain caractère de gravité, car les sommes en cause sont sans commune mesure avec celles évoquées dans les affaires de la banane (192 millions de dollars par an) ou des hormones (100 millions). Finalement, les États-Unis ont accepté d'abroger la loi litigieuse à compter du 1er janvier 2005. Néanmoins certaines mesures prises antérieurement subsistent ce qui conduit à une poursuite du contentieux sur le plan des mesures d'exécution (48).

1473 **Affaire des organismes génétiquement modifiés (OGM)** (49). Les États-Unis rejoints par le Canada et l'Argentine contestent le régime européen des OGM et notamment la nécessité d'obtenir des autorisations pour fabriquer et commercialiser ces produits dans l'Union (50). Il en va de même du moratoire appliqué de facto sur les OGM depuis 1998. Les États-Unis estiment à plus de trois cents millions de dollars le préjudice subi par leurs producteurs de soja et de maïs. Entre également en ligne de compte le protocole de Cartagena sur la biosécurité signé et conclu par l'Union européenne mais non par les États-Unis, qui permet aux pays importateurs d'exiger une traçabilité des produits entrant sur leur territoire.

Un groupe spécial a été mis en place le 4 mars 2004. Son rapport a été finalement rendu le 29 septembre 2006 et adopté par l'organe de règlement des différends le 21 novembre 2006. L'Union européenne s'est vue condamnée en particulier pour son moratoire ainsi que pour diverses mesures de sauvegarde prises par certains États membres à l'encontre de produits dûment approuvés. De l'avis général, cependant cette condamnation demeure assez platonique dans la mesure où le moratoire a été levé depuis août 2003 et que les mesures nationales sont largement dépassées par l'évolution de la législation européenne concernant les produits biotechnologiques. La politique de l'Union en matière d'OGM ne semble pas non plus mise en cause dans son principe. Des accords visant à mettre un terme au différend ont été conclus ou sont en cours de conclusion avec le Canada, l'Argentine et plus problématiquement avec les États-Unis (51).

1474 **Affaire *Airbus-Bœing*.** De la même manière, la querelle latente entre les États-Unis et l'Union européenne à propos des aides versées respectivement aux deux constructeurs aéronautiques, Airbus et Bœing a pris un tour contentieux plus accusé avec la saisine par les États-Unis le 31 mai 2005 de l'Organe de règlement des différends. D'un côté les États-Unis dénoncent les aides directes versées par l'Union européenne à Airbus alors que pour sa part l'Union européenne rétorque en invoquant les commandes

(48) Rapport général 2004, nº 572 ; H. Guerari et R. Chemain, « Chronique UE-OMC : règlement des différends », *RMCUE* déc. 2007, nº 513, p. 677.

(49) H. Guerari et R. Chemain, « L'Union européenne et l'Organisation mondiale du commerce 2004-2005 », *RMCUE* mai 2006, nº 498, p. 335 et s.

(50) Sur ce régime, v. *supra*, nº 391.

(51) H. Gherari, « Le conflit sur les produits biotechnologiques tranchés à l'OMC », *RMCUE* déc. 2006, nº 503, p. 655 ; H. Guerari et R. Chemain, « Chronique UE-OMC : règlement des différends », *RMCUE* déc. 2007, nº 513, p. 673 et s. ; *RMCUE* nº 543, déc. 2010, p. 681.

militaires préférentielles dont dispose Bœing en provenance du gouvernement fédéral américain (52). Le 4 septembre 2009, l'ORD a rendu un rapport préliminaire condamnant les aides européennes à Airbus, rapport confirmé le 23 mars 2010. Cependant l'avionneur européen estime que cette sentence ne donne que très partiellement satisfaction à Bœing dans la mesure où seules 30 % des aides européennes auraient été condamnées et par ailleurs les aides aux futurs projets européens (A 350) ne seraient pas mises en cause. De son côté, Airbus a obtenu le 18 mai 2011 la condamnation par l'OMC des aides indirectes versées par l'administration américaine à Bœing.

§ 2. LES ACCORDS RÉGIONAUX : L'ESPACE ÉCONOMIQUE EUROPÉEN (EEE)

1475 Ceux-ci conclus le plus souvent avec des organisations internationales tierces ou avec leurs États membres regroupés, prennent en général la forme de zones de libre échange ou d'unions douanières. Ils se doivent alors de respecter les disciplines posées par le GATT/OMC, et notamment la règle de l'essentiel des échanges commerciaux.

L'Union a dû affronter les critiques du GATT, car les accords souvent d'association conclus avec les pays tiers, notamment en voie de développement, s'affranchissaient des règles du commerce international, aussi bien au regard du principe de réciprocité dans l'élimination des barrières douanières, qu'en raison de l'exclusion de l'agriculture et d'autres secteurs de la libéralisation des échanges.

L'exclusion de la PAC constitue une constante dans la pratique conventionnelle de l'Union y compris lorsqu'elle conclut des accords de libre échange avec des pays économiquement proches de ses propres standards. L'espace économique européen représente un bon exemple de cette dernière catégorie. Signé à Porto le 2 mai 1992, avec les États membres de l'Association européenne de libre échange, l'espace économique européen est entré en vigueur le 1er janvier 1994. Il regroupait à l'origine, outre les douze de la CEE, les sept membres de l'AELE. Son objectif s'avère des plus ambitieux puisqu'il s'agit non seulement de créer une vaste zone de libre-échange, mais d'associer les sept de l'AELE déjà très liés économiquement l'Union, au marché unique.

1476 **Contenu de l'EEE.** L'accord reproduit donc une grande partie des règles fondamentales qui forment le marché intérieur : la libre circulation des marchandises, des personnes, des services et des capitaux. Ces grandes libertés traditionnelles subissent cependant un certain nombre de limites, dues tout à la fois à la nature de zone de libre-échange de l'EEE et à la moindre intégration qui règne en son sein. De même s'appliquent les règles sur la libre concurrence dans leur quadruple volet des ententes, des abus de position dominante, des concentrations et des aides d'État, avec néanmoins un certain nombre de spécificités, notamment sur le plan du contrôle assuré par une autorité de surveillance propre à l'EEE.

Les discussions ont été particulièrement vives sur l'intégration au marché unique. L'AELE désirait se voir associée de plein droit à l'élaboration des législations relatives

(52) Sur la genèse de ce contentieux et son déroulement : H. GHERARI « La relance du contentieux Airbus-Boeing : suite et fin ? », *RMCUE* n° 491, sept. 2005, p. 493

au marché unique, alors que l'Union n'entendait lui consentir qu'un droit de simple consultation. Ce dernier point de vue l'a emporté, de même que de son côté la Cour de justice, saisie par le biais de l'ex-article 300 CE (devenu 218 § 11 TFUE), a réussi à maintenir son monopole d'interprétation des règles du traité CE (53).

En outre, les pays membres de l'EEE participent à un certain nombre de politiques de l'Union regroupées en deux rubriques : les politiques horizontales (social, protection du consommateur, environnement) et « d'accompagnement » (recherche et développement technologique, éducation-formation, jeunesse, audiovisuel, etc.) (54). Les pays membres de l'EEE participent notamment à l'effort de solidarité en faveur des régions moins favorisées de l'Union. Un mécanisme financier représentant environ un milliard d'euros a été mis en place pour la période 2009-2014. Les nouveaux États membres de l'Union devraient en être les principaux bénéficiaires (55).

1477 En réalité, l'EEE n'a pas eu le succès escompté. Il ambitionnait, en effet, de réguler le processus d'élargissement de l'Union en servant d'antichambre aux États qui partageaient certes ses conceptions économiques, mais qui semblaient encore très loin d'en partager les visées politiques. Mais, les choses ont évolué bien différemment. Dès le 1er janvier 1995, trois participants adhéraient pleinement à l'Union européenne et pour sa part entre-temps la Suisse s'était désistée de l'EEE par référendum. L'espace économique européen subsiste donc aujourd'hui, mais réduit à un ensemble formé, outre les vingt-sept de la Norvège, de l'Islande et du Liechtenstein. Le cadre EEE pourrait cependant servir pour accueillir des États tiers pour lesquels la voie de l'adhésion semble semée d'embûches. Il pourrait constituer le volet économique de ce partenariat privilégié que l'Union européenne pourrait proposer à la Turquie en cas de non-aboutissement du processus d'admission.

1478 **Suisse**. Des accords bilatéraux ont été conclus avec la Suisse par l'Union, aboutissant à des situations assez voisines de celles de l'EEE. Il en va ainsi notamment d'accords conclus en 2002, dans le domaine du transport aérien et surtout d'un accord sur la libre circulation des personnes, qui transpose en Suisse une bonne partie de l'acquis de l'Union dans ce domaine si fondamental pour l'intégration européenne. Ces accords prévoient des clauses attributives de compétence à la juridiction de l'Union qui ont été activées récemment à l'occasion de plusieurs contentieux. Des arrêts rendus par le Tribunal (56) et la Cour de justice (57) confirment que si la Suisse se voit en effet liée par les dispositions relatives à la libre circulation des personnes, son statut est cependant moins favorable que celui des États membres de l'espace économique européen (58).

(53) Avis 1/91 du 14 déc. 1991, *Rec.* I-6102.

(54) *RMCUE* n° 491, sept. 2005, p. 546.

(55) I. Bosse-Platière et C. Flaesch-Mougin (dir.), « Action extérieure de l'Union européenne », *RTDE* 1/2011, chr. p. 252.

(56) Trib. UE, 9 sept. 2010, *Confédération Suisse c. Commission européenne*, aff. T-319/05, NEPR.

(57) CJUE, 15 juill. 2010, *Alexander Hengartner*, aff. C-70/09, NEPR.

(58) I. Bosse-Platière et C. Flaesch-Mougin (dir.), « Action extérieure de l'Union européenne », *RTDE* 1/2011, chr. p. 252.

§ 3. RELATIONS AVEC LES PAYS ÉMERGENTS

1479 **Spécificité du groupe des pays émergents.** Cette catégorie d'États, encore dénommés pays nouvellement industrialisés, mérite un traitement particulier puisqu'ils se situent à mi-chemin entre le sous-développement et le stade de l'industrialisation avancée. Les relations commerciales et plus largement économiques avec eux sont délicates, car ils ont effectué leur décollage économique mais ils demeurent tributaires d'une action d'aide au développement. Inversement, ils peuvent se révéler de redoutables concurrents, dans la mesure où, volontairement ou involontairement, ils pratiquent le dumping social, qui leur permet de fabriquer des produits à bas prix.

Le groupe des NPI demeure cependant très hétérogène et il paraît difficile d'en dresser une liste même approximative. Y figurent en particulier nombre de pays du sud-est asiatique, dont les « quatre dragons » : Hongkong, Singapour, Corée du Sud et Taiwan, mais également des pays comme la Thaïlande, les Philippines, la Malaisie. Comme dans d'autres parties du monde, on observe des regroupements en « marchés communs » ou organisations économiques régionales. L'Association des Nations du sud-est asiatique (Anase ou Asean) fondée en 1967 à Bangkok qui réunit dix pays de la sous-région, joue un rôle de fédérateur économique de plus en plus important. Les NPI s'épanouissent aussi sur le sous-continent latino-américain, où des États comme le Brésil ou l'Argentine constituent les chefs de file du développement. Ces États ont également une certaine pratique du regroupement régional, et l'Amérique latine a connu et connaît sur son sol un nombre significatif de marchés communs. (marché commun latino-américain, groupe Andin, Mercosur), qui ont rencontré des succès divers.

1480 **Accords bilatéraux et inter-régionaux.** L'Union européenne a conclu avec les NPI un grand nombre d'accords, qui sont pour la plupart des accords bilatéraux de « commerce et de coopération », mais parfois aussi inter-régionaux, notamment avec l'Anase et le Mercosur. Cette dernière organisation, instituée en 1991 regroupe le Brésil, l'Argentine, l'Uruguay et le Paraguay ainsi que le Chili, en qualité d'associé, depuis 1996. Le Mercosur se pose en creuset du développement économique en Amérique latine et l'Union européenne souhaite cultiver ses relations avec lui ; d'où la signature le 15 décembre 1995 de l'accord de « coopération économique et commerciale », qui vise également à faire pièce aux tentatives d'extension de l'Alena, jusqu'ici limitée aux trois puissances nord-américaines, à l'ensemble du continent américain (59).

Les pays du Mercosur regrettent cependant l'insuffisance des relations commerciales et économiques avec l'Europe. Ils souhaiteraient constituer avec elle une vaste zone de libre échange prenant la forme d'un accord d'association au sens de l'ex-article 310 CEE (devenu 217 TFUE). L'Union reste pour l'heure réticente et se borne à prôner l'établissement d'un véritable partenariat (60). Les perspectives d'un tel accord s'éloignent aujourd'hui, non seulement en raison des difficultés internes rencontrées par le Mercosur et qui tiennent notamment au profond déséquilibre entre les États membres et aux incertitudes quant à la possibilité juridique du Mercosur de pouvoir conclure en tant que tel un tel accord, mais aussi des réticences de l'Union européenne,

(59) Sur les rapports UE-ALENA, M.-F. LABOUZ *in* DORMOY (dir.), *L'UE et les organisations internationales,* Bruylant 1997.

(60) C. FLAESCH-MOUGIN, J. KASMI et J. LEBULLENGER, « Les relations de la CEE avec les PVD d'Amérique latine et d'Asie », *Juris-Classeur Europe,* fasc. n° 2230 et 2231.

qui craint la concurrence aiguë de pays comme le Brésil – en particulier sur le plan agricole – et qui subordonne la conclusion d'un tel accord interrégional à l'achèvement – de plus en plus problématique – du cycle de Doha (v. *supra*, n° 1464) (61).

1481 **Contenu des relations avec les pays émergents.** Concrètement les accords avec les NPI qui se fondent le plus souvent sur les ex-articles 133 CE (politique commerciale, devenu 207 TFUE) ou bien 300 (devenu 218 TFUE, procédure générale de conclusion des accords externes de l'Union) et 308 (devenu 352 TFUE, adaptation) comportent à la fois un volet commercial et un volet coopération, qui justifie au demeurant le recours à cette dernière disposition. Les *relations commerciales* reposent soit sur un traitement non préférentiel, lorsque le niveau économique du partenaire le permet, soit préférentiel lorsque ce dernier reste proche d'une situation de sous-développement (Malaisie, Bangladesh). Inversement, l'Union dans certains secteurs réclame parfois le bénéfice d'accords d'auto-limitation (textile, automobiles, sidérurgie).

Le volet *coopération* s'avère toujours très complet dans les relations avec les NPI. Il recouvre au minimum une coopération commerciale portant sur les techniques d'amélioration des flux commerciaux entre les partenaires. Allant plus loin, la coopération peut englober un certain nombre de secteurs économiques, tels l'agriculture, l'industrie, les transports, les services. Elle peut enfin revêtir un caractère général ou multisectoriel en couvrant l'ensemble des secteurs économiques, comme c'est le cas des accords dits de la « troisième génération » conclus avec un certain nombre de pays d'Amérique latine.

Sur un autre plan, la plupart de ces accords du moins dans leur version la plus récente, comportent une clause « politique » visant à développer le « *dialogue politique* » entre l'Union européenne et ses partenaires. Par ce biais, l'Union entend contribuer au règlement pacifique des différends dans des régions souvent troublées par des querelles frontalières ou par l'instabilité politique chronique qui sévit dans nombre d'États de la sous-région. L'Union a ainsi soutenu les efforts du groupe de Rio (11 États d'Amérique latine) pour apaiser les guerres intestines au Nicaragua, Honduras, Salvador. Le dialogue politique permet aussi de mener une action positive en faveur de la stabilisation démocratique et du respect des droits de l'homme. Les partenaires latino-américains acceptent volontiers ce dialogue politique, qui leur permet de desserrer quelque peu l'étroitesse des liens économiques et politiques avec les États-Unis (62). Ces accords sont souvent accompagnés d'une clause dite de conditionnalité démocratique visant à inciter les États cocontractants de l'Union à respecter des obligations minimum en matière de protection des droits de l'homme, parfois même en matière sociale ou environnementale. Le non-respect de cette clause peut entraîner des contre-mesures politiques voire une suspension partielle ou totale des relations conventionnelles entre les parties (63).

(61) Sur l'ensemble de la question : I. HANNEQUART (dir.), *Union européenne – Mercosul, Entre concurrence et solidarité,* L'Harmattan 2008 ; L. SANTANA LIMA, *Les relations entre l'Union européenne et le Mercosur en matière d'échanges de produits agricoles*, Thèse Paris II, 2008.

(62) Rapport général d'activité de l'Union européenne 2002, n°s 969 et s.

(63) E. MONDIELLI, *in* A. FENET, J.-F. AKANDJI-KOMBÉ, A.-S. LAMBLIN-GOURDIN, E. MONDIELLI, G. PROUTIERE-MAULION (dir.), *Droit des relations extérieures de l'Union européenne,* Objectif Droit cours, Litec 2006, p. 307 et s. ; D. DELAPLACE, « L'Union européenne et la conditionnalité de l'aide au développement », *RTDE* 3/2001, p. 609 et s.

1482 **Union-Asie**. Dans la perspective d'un dialogue politique, des rencontres Asie-Europe (ASEM) se développent depuis environ 1996. Elles réunissent aujourd'hui 46 États asiatiques (dont les membres de l'Anase, la Chine, le Japon, la République de Corée, le Pakistan) et européens (l'Union, les vingt-sept États membres ainsi que le Président de la Commission) (64). L'ASEM représente 60 % de la population mondiale et 60 % du commerce mondial. Il s'agit d'un vaste forum qui aborde des questions économiques et financières d'intérêt commun mais aussi politiques, telle la situation dans la péninsule coréenne (65). Le huitième sommet ASEM-UE a eu lieu à Bruxelles les 4 et 5 octobre 2010. Ce sommet a rassemblé 46 états représentant 60 % du PIB mondial et a accueilli lors de cette session trois nouveaux membres : l'Australie, la Nouvelle Zélande et la Russie. Ce sommet a été l'occasion d'échanges informels sur la gouvernance économique et financière mondiale, le développement durable incluant les aspects sociaux, les objectifs du millénaire pour le développement, la sécurité alimentaire, la protection de l'environnement ou la protection sociale, les questions globales comme la lutte contre la piraterie et les trafics et les crises régionales.

Avec l'Anase, le principe d'un accord de libre-échange a été posé lors d'une réunion des ministres des affaires étrangères de l'UE et de l'Anase à Nuremberg le 15 mars 2007. Un tel projet, qui inclurait selon le vœu de l'Union une clause démocratique, suppose la réalisation de nombreuses conditions préalables. Néanmoins le principe d'un accord birégional semble difficile à atteindre et la Commission privilégie actuellement la conclusion d'accords de libre-échange avec chacun des pays de la zone Asean (66). Dans ce contexte, un sommet commercial UE-Anase a eu lieu le 2 mai 2011 à Jakarta.

BIBLIOGRAPHIE (Chapitres 1 et 2)

I. Ouvrages

O. Blin, *La Communauté européenne, le GATT et l'Organisation mondiale du commerce. Contribution à l'étude des rapports institutionnels entre la Communauté européenne et les organisations internationales*, Ellipses, 1999 ■ J. Bourgeois, J.-L. Dewost et V. Nabhan (dir.), *La Communauté européenne et les accords mixtes. Quelles perspectives*, European Interuniversity Press, Bruxelles, 1997 ■ M.-F. Christophe-Tchakaloff (dir.), *Le concept d'association dans accords passés par la Communauté : essai de clarification* Bruylant, 1999 ■ P. Dormoy (dir.), *L'Union européenne et les organisations internationales*, Bruylant, 1997 ■ N. Emiliou et D. O'Keefe, *The european Union and World trade law after the GATT Uruguay round*, Chichester Wiley, 1996 ■ A. Fenet, J.-F. Akandji-Kombé, A.-S. Lamblin-Gourdin, E. Mondelli, G. Proutière-Maulion (dir.), *Droit des relations extérieures de l'Union européenne*, Objectif Droit cours, Litec, 2006 ■ C. Flaesch-Mougin, *Les accords externes de la CEE, essai d'une typologie*, Éditions de l'Université de Bruxelles, 1981 ■ C. Flaesch-

(64) Quatrième sommet tenu à Copenhague du 22 au 24 sept. 2002, Rapport général d'activité de l'Union européenne 2002, nº 945.

(65) Sur le cinquième sommet Asie-Europe, Rapport général 2004, nº 695.

(66) I. Bosse-Platière et C. Flaesch-Mougin (dir.), « Action extérieure de l'Union européenne », *RTDE* 1/2011, chr. p. 263

Mougin et J. Lebullenger (dir.), *Le partenariat entre l'Union européenne et les Amériques : le libre-échange en question*, Apogée, 1999 ■ T. Flory, *L'Organisation mondiale du commerce droit institutionnel et substantiel*, Bruylant, 1999 ■ T. Flory (dir.), *La Communauté européenne et le GATT*, Éditions Apogée, PUF, 1995 ■ I. Hannequart (dir.), *Union européenne – Mercosul, Entre concurrence et solidarité*, L'Harmattan, 2008 ■ Macleod, Hendry et Hyett, *The external relations of the European Communities*, Oxford University Press, 1996 ■ M. Maresceau (dir.), *European Community's commercial policy after 1992*, Dordrecht, Nijhoff, 1992 ■ J.-V. Louis et M. Dony (dir.), *Relations extérieures, Commentaire Mégret*, vol. 12, Éditions de l'Université de Bruxelles, 2005 ■ J. Molinier (dir.), *La dimension externe du marché unique européen*, Presses de l'Université des Sciences sociales de Toulouse, 1994 ■ L. Sant'ana Lima, *Les relations entre l'Union européenne et le Mercosur en matière d'échanges de produits agricoles*, Thèse Paris II, 2008.

II. Articles, études et documents

O. Blin, « L'article 113 après Amsterdam », *RMCUE* n° 420, 1998, p. 447 ■ O. Blin, « Europe et Organisation mondiale du commerce aspects matériels et aspects institutionnels », *Juris-Classeur Europe*, vol. 7, fasc. 2260 et 2261, 2010 ■ O. Blin, « L'apport de la Constitution européenne à la politique commerciale de l'Union », *RMCUE* février 2005, n° 485, p. 89 et s. ■ I. Bosse-Platière et C. Flaesch-Mougin (dir.), « Action extérieure de l'Union européenne », *RTDE* 1/2011, p. 252 ■ J. Boudant, « Politique commerciale », *Rép. Dalloz droit communautaire*, vol. 3, 2011 ■ J. Bourrinet, « La politique commerciale commune de l'Union européenne et la mondialisation », *RMCUE* janvier 2005, n° 484, p. 19 et s. ■ E. Canal-Forgues, « Le système de règlement des différends de l'OMC », *RGDIP* 1994, p. 689 ■ P. Cassia et E. Saulnier, « L'imbroglio de la banane », *RMCUE* 1997, n° 411, p. 527 ■ M. Cosnard, « Les lois Helms-Burton… », *AFDI* 1996, p. 33 ■ D. Delaplace, « L'Union européenne et la conditionnalité de l'aide au développement », *RTDE* 3/2001, p. 609 et s. ■ J. Dutheil de la Rochère, « L'ère des compétences partagées… », *RMCUE* 1995, p. 461 ■ C. Flaesch-Mougin, J. Kasmi et J. Lebullenger, « Les relations de la CEE avec les PVD d'Amérique latine et d'Asie », *Juris-Classeur Europe,* fasc. n° 2230 et 2231, 2005 ■ H. Gherari et R. Chemain, « Chronique UE-OMC : règlement des différends » *RMCUE* 2007, 2008, 2009, 2010 ■ A. Hervé, « Le mécanisme de règlement des différends de l'OMC L'interminable contentieux transatlantique sur le bœuf aux hormones », *RMCUE* n° 527, avril 2009, p. 246 et s. ■ M.L. Hoube, « L'espace économique européen », *Juris-Classeur Europe*, fasc. n° 2250, 1997 ■ J. Huber, « La réaction de l'UE face aux lois américaines Helms-Burton… », *RMCUE* 1997, n° 408, p. 301 ■ M.-F. Labouz, « Union européenne et États-Unis », *Juris-Classeur Europe*, fasc. n° 2211, 1997 ■ J. Lebullenger, « La Communauté européenne face au processus du système de règlement des différends de l'OMC », *RMCUE* 1998, n° 422, p. 629 ■ P. Mengozzi, « Le GATS : un accord sans importance pour la Communauté européenne ? », *RMUE* 2/1997, p. 19 ■ E. Neframi, « La politique commerciale commune selon le traité de Nice », *CDE* n° 5/6-2001, p. 605 et s. ■ Y. Petit, « Vers un marché transatlantique », *Europe* mai 1998 ■ Y. Petit, « L'agriculture, pomme de discorde entre l'Union européenne et les États-Unis », *RTDE* 4/2004, p. 599 et s. ■ J. Raux, « Le recours à l'article 235 en vue de la conclusion d'accords externes », *Mélanges Teitgen*, Pedone, 1984, p. 47 ■ J. Raux, « Relations extérieures », *Juris-Classeur Europe*, fasc. n° 2200 et 2204, 2002 ■ B. Richez-Baum, « La nouvelle politique commerciale de l'Union européenne : véritable choix ou simple conformisme », *RMCUE* décembre 2006, n° 503, p. 642 et s. ■ G. Rochdi, « La politique agricole commune dans le commerce mondial des produits agro-alimentaires », *RTDE* 1-2005, p. 37 et s. ■ B. Stern, « Vers la mondialisation juridique ? Les lois Helms-Burton et d'Amato-Kennedy », *RGDIP* 1996, p. 976 ■ A. Thillier, « Politique commerciale commune. Délimitation, instruments, contrôle », *Juris-Classeur Europe* vol. 7, fasc. 2300, 2007.

Nos 1483 à 1494 réservés.

TITRE II
LES RELATIONS SPÉCIALES ET PRIVILÉGIÉES

1495 Un tel regroupement ne manquera pas de surprendre, tant il peut paraître artificiel. Néanmoins, il n'est pas totalement incongru dans la mesure où il fait référence à des relations particulières que l'Union européenne entretient avec certains pays tiers auxquels elle se trouve liée pour des raisons historiques, économiques et politiques. Sont aussi visés les rapports de l'Union avec les nombreux pays qui souhaitent figurer parmi ses membres dans les prochaines années. À cet égard, le cercle des pays candidats ne fait que s'élargir, même s'il recouvre aujourd'hui principalement les pays d'Europe centrale et orientale (PECO). Ces pays jouissent d'un certain statut face à l'Union européenne.

Sur le plan juridique, l'accord d'association fait figure de trait commun. Nombre de pays tiers sont liés par ce type d'accord avec l'Union et c'est le cas aussi pour les PECO. Cependant le régime de l'association ne suffit pas pour épuiser la diversité et la richesse des relations privilégiées de l'Union européenne. D'abord, certains pays en voie de développement répudient cette formule (l'accord ACP est un accord de coopération) et de plus, ces relations revêtent souvent des formes juridiques et économiques qui ne sont pas réductibles à l'association. En définitive, ces relations spéciales et privilégiées concernent essentiellement les pays en voie de développement (Chapitre 2) et les pays candidats à l'Union européenne ou proches de celle-ci (Chapitre 1).

CHAPITRE 1
L'UNION ET SON ENVIRONNEMENT PROCHE

1496 L'Union européenne ne cesse de s'élargir, c'est une banalité. Son attractivité externe continue à l'emporter nonobstant le désenchantement que manifestent certains de ses États membres parmi les plus anciens. Le droit de l'élargissement s'est forgé au travers de nombreuses expériences qui ont fait passer l'Union européenne de six États membres originaires à vingt-sept aujourd'hui (section I). Néanmoins, si tous les États européens ont vocation à adhérer à l'Union, certains ne le peuvent encore ou ne le veulent pas. D'autres États sont proches géographiquement et culturellement de l'Europe. Il y a là une sorte de catégorie intermédiaire, avec laquelle se développe depuis 2003 une politique européenne de voisinage (section II).

SECTION I L'ÉLARGISSEMENT

1497 Prévu à l'article 49 du TUE, l'élargissement n'est pas seulement un processus destiné à faire entrer de nouveaux partenaires au sein du club européen (1). Outre les conditions de fond et de procédure qui y figurent, l'élargissement est source d'un droit matériel spécifique qui fait partie intégrante du droit de l'Union (2). L'expérience élaborée à partir des quatre principales vagues successives d'élargissement déjà réalisées montre que ce droit est formé de deux composantes : un droit « pré-adhésion » destiné à préparer les candidats à l'entrée dans l'Union et qui repose principalement sur les accords d'association précédemment conclus avec les candidats ainsi que certaines règles complémentaires élaborées durant la période de négociation (programmes d'aide

(1) Sur les aspects institutionnels de l'élargissement et procéduraux de l'adhésion : C. BLUMANN et L. DUBOUIS, « Droit institutionnel de l'Union européenne », 4e éd., Litec, 2010, n° 54 et s. ; sur le « nouveau critère » de la capacité d'absorption : Y. PETIT, « Quelques réflexions sur la capacité d'intégration de l'Union européenne », *RMCUE* n° 506, mars 2007, p. 153 et s.

(2) Sur l'ensemble de la question : J. ANDRIANTSIMBASOVINA et C. GESLOT (dir.), « Les Communautés et l'Union européennes face aux défis de l'élargissement », Colloque CEDECE de Besançon, coll. Travaux de la CEDECE, La Documentation française, 2005.

de mise à niveau) et d'autre part un droit « post-adhésion » qui résulte des traités d'élargissement et qui comprend le régime des périodes transitoires plus ou moins longues et denses qui vont permettre le raccordement des nouveaux adhérents aux exigences et politiques de l'Union.

Cependant s'il existe une grande continuité substantielle entre le droit « pré-adhésion » et le droit « post-adhésion », l'un et l'autre étant de surcroît conçu de concert, les deux dispositifs demeurent juridiquement très différents. Le droit post-adhésion fondé sur les traités d'adhésion, c'est-à-dire le droit primaire, relève du droit interne de l'Union, alors que le droit pré-adhésion se situe encore dans une perspective de relations extérieures. Ce constat invite à limiter les présents développements à cette seconde composante ; laquelle s'inscrit nécessairement dans le provisoire et le circonstanciel. À cet égard, le cinquième élargissement a marqué un tournant par son caractère massif. Il s'est caractérisé par la mise en place d'instruments revêtant un caractère quasi-permanent (§ 1) susceptible d'anticiper un processus qui semble devenu indéfini (§ 2).

§ 1. LES INSTRUMENTS JURIDIQUES DE PRÉ-ADHÉSION

A. Programmes initiaux

1498 **Programme PHARE.** Lancé à l'occasion du sommet des sept pays industrialisés de Paris de juillet 1989, le programme PHARE (Pologne, Hongrie, assistance à la restructuration des économies) (3) regroupe du côté des donateurs, vingt-quatre pays ou institutions internationales. La Commission alors au faîte de son influence, s'est vue désignée comme autorité d'animation et de coordination de l'ensemble du programme. Celui-ci a pour objet d'accorder des aides d'urgence aux bénéficiaires dans cinq domaines jugés prioritaires : l'aide alimentaire et la restructuration agricole, l'amélioration de l'accès au marché, l'encouragement aux investissements, la formation professionnelle et la coopération dans le domaine de l'environnement. Le programme dispose d'une enveloppe financière d'environ 1,2 milliard d'euros par an et s'est élevé à 1,698 milliard d'euros pour l'année 2002 (4).

Au lendemain de l'adhésion à l'Union européenne des huit PECO bénéficiaires, le Conseil a néanmoins décidé le 20 décembre 2004 de prolonger ce programme, de même que les programmes ISPA et Sapard, pour la Bulgarie et la Roumanie mais aussi de l'étendre à la Croatie. Pour 2004, le programme PHARE a mobilisé 765 millions d'euros (5). Le 6 novembre 2007 la Commission a adopté un rapport général sur l'application du programme PHARE et des autres instruments d'adhésion aux pays bénéficiaires (6).. Ce programme devait laisser place au nouvel instrument de pré-adhésion adopté en 2006 (v. *infra*, n° 1502).

(3) XXIIIe rapport général sur l'activité des Communautés européennes (1989), *OPOCE* 1990, n° 786.
(4) Rapport général d'activité de l'Union européenne 2002, *OPOCE* 2003, n°s 727 et 728.
(5) Rapport général 2004 n°s 34 à 36.
(6) COM(2007) 679 final ; v. aussi COM(2007) 692 final.

1499 **Programme Tacis.** La Communauté a par ailleurs lancé en 1991, le programme Tacis, programme d'assistance technique aux nouveaux États indépendants issus de l'ex-Union soviétique et à la Mongolie. Ce programme s'adressait initialement à treize PECO et son objet principal visait à soutenir la transition vers une économie de marché ainsi que le renforcement de la démocratie. Concrètement Tacis contribue à la réalisation de projets dans les secteurs des ressources humaines (formation, système social) de l'énergie, des transports, de la restructuration des entreprises ainsi que la distribution de produits agro-alimentaires.

Pour la période 2000-2006, Tacis a bénéficié d'un financement s'élevant à 3,138 milliards d'euros. Le programme Tacis s'est alors orienté vers des pays de l'Est européen mais non candidats à l'Union européenne. Il s'agit essentiellement des États membres de la Communauté des États indépendants (CEI), tels la Géorgie, l'Ukraine, l'Arménie ou la Russie ainsi que la Mongolie. Ce programme s'est également achevé au 31 décembre 2006 pour faire place au nouvel instrument de pré-adhésion.

1500 **Banque européenne pour la reconstruction et le développement.** Née en 1990, la BERD finance des actions d'amélioration structurelle dans les PECO. À l'origine, elle regroupait quarante-deux pays (soixante-trois aujourd'hui) et entités internationales, tant donateurs que bénéficiaires, avec en particulier la participation ès qualité de la Commission européenne et de la banque européenne d'investissement (BEI). Elle disposait initialement d'un capital porté en 1996 à vingt milliards d'euros, lui permettant de consentir aux bénéficiaires des prêts de longue durée et à faible taux d'intérêt ou bien des prises de participation en capital dans des sociétés mixtes, soit encore des garanties de prêts. La BERD oriente son action dans deux directions : le développement des infrastructures (énergie, transport, environnement) mais de plus en plus et dans une part croissante, la constitution et le développement d'un tissu de petites et moyennes entreprises. En 2006, la BERD a investi 4,9 milliards d'euros dans 301 projets différents ; elle a réalisé 2,4 milliards d'euros de bénéfices. Pour la période 2006-2015 ces sommes pourraient s'élever à 9 milliards d'euros. Le principe d'une extension des activités de la BERD vers les États d'Afrique du Nord et du Moyen-Orient a été entériné en mai 2011 à hauteur d'environ 2,5 à 3 milliards d'euros.

1501 **ISPA et Sapard.** Le programme ISPA (instrument structurel de pré-adhésion) repose sur un règlement du Conseil de 21 juin 1999 (7). Il s'agit de fournir aux PECO un soutien financier dans le domaine de la cohésion économique et sociale, et plus particulièrement de l'environnement et des transports, afin dans le premier cas de pouvoir se hisser au niveau des normes européennes. Ce programme a disparu en 2006. Il en va de même du programme Sapard (programme spécial d'adhésion pour l'agriculture et le développement rural) reposant pour sa part sur un règlement du 21 juin 1999 (8). Il s'agissait de faire face aux difficultés résultant du raccordement futurs États membres à la PAC, tenant notamment à des structures agricoles et rurales diversifiées mais aussi arriérées, à des niveaux de productivité insuffisants ou à des structures de commercialisation dépassées.

(7) N° 1267/1999 *JOCE* L 161, 26 juin 1999.
(8) N° 1268/1999, *JOCE* L 161, 26 juin 1999.

B. Instrument nouveau

1502 **Nouvel instrument d'aide de pré-adhésion (IAP).** L'ensemble des dispositifs pré-étudiés, sous réserve bien sûr de la BERD ont fait l'objet d'une révision en forme aussi de simplification au travers d'un instrument d'aide de pré-adhésion s'inscrivant dans le cadre de l'adoption des nouvelles perspectives financières de l'Union européenne 2007-2013 et reposant sur un règlement n° 1085/2006 du 17 juillet 2006 (9). Ce nouveau texte applicable à compter du 1er janvier 2007 a vocation à se substituer progressivement aux programmes Phare, Tacis, Ipsa et Sapard. Cet instrument, devant représenter 11,468 milliards d'euros sur la période précitée, s'adresse aux États officiellement candidats (Croatie, Turquie et Ancienne République yougoslave de Macédoine) ainsi qu'à ceux susceptibles de le devenir durant la période considérée (Albanie, Bosnie-et-Herzégovine, Monténégro, Serbie, y compris le Kosovo).

L'aide vise à fournir un soutien dans les domaines suivants : renforcement des institutions démocratiques ainsi que de l'État de droit, y compris le respect de celui-ci ; promotion et protection des droits de l'homme et des libertés fondamentales et meilleur respect des droits des minorités ; promotion de l'égalité entre les sexes et de la non-discrimination ; réforme de l'administration publique, y compris la mise en place d'un système permettant de décentraliser la gestion de l'aide en la confiant au pays bénéficiaire ; réformes économiques ; développement de la société civile ; inclusion sociale ; coopération régionale et transfrontalière. De plus les pays candidats pourront obtenir un soutien en vue de la reprise de l'acquis de l'Union et d'une adaptation à la PAC et à la cohésion.

L'aide est fournie par le biais de programmes pluriannuels ou annuels, établis par pays et par grand volet de coopération (développement régional, coopération transfrontalière). Les programmes précisent les objectifs poursuivis, les domaines d'intervention, les résultats escomptés, les procédures de gestion, ainsi que le montant total du financement prévu. Ils contiennent une description succincte des types d'opérations à financer, une indication des montants affectés à chaque type d'opération et un calendrier indicatif de leur mise en œuvre. Lorsque cela est opportun, ils présentent les enseignements tirés d'actions d'aide antérieures. Les objectifs sont spécifiques, pertinents et mesurables et comportent des indices de référence assortis d'échéances. La Commission, assistée d'un comité de l'IAP, adopte les programmes pluriannuels et annuels et leurs éventuelles révisions annuelles conformément à la procédure du comité de gestion (10).

§ 2. L'ACCÉLÉRATION DU PROCESSUS D'ADHÉSION

1503 Les relations avec les PECO ont connu en à peine dix ans une évolution spectaculaire qui les a fait passer de l'inexistence quasi absolue en raison du refus de l'URSS et des démocraties populaires de reconnaître officiellement les

(9) *JOUE* L, 31 juill. 2006.

(10) Pour une vue d'ensemble des résultats v. le rapport annuel 2008 présenté par la Commission le 31 déc. 2009, COM (2009) 699 final.

Communautés, à une position de pré-adhésion à l'Union européenne. En très peu de temps, la plupart des configurations conventionnelles que l'Union propose à ses partenaires ont été utilisées et très vite abandonnées : accords de commerce, accord de coopération commerciale, puis économique, accord d'association enfin. Ce cinquième élargissement, qui s'étendait aussi à Chypre et à Malte, a fait l'objet d'une intense préparation sur le plan politique et juridique. L'accord d'Athènes du 16 avril 2003, conforté ensuite par l'adhésion de la Roumanie et de la Bulgarie (A), n'a cependant pas mis un terme à l'engouement pour l'adhésion à l'Union (B).

A. Le cinquième élargissement

1504 **Spécificité du cinquième élargissement**. Les conditions fondamentales pour l'adhésion d'une douzaine de PECO, de Chypre et de Malte ainsi que de la Turquie ont été fixées dès 1993 par le conseil européen de Copenhague (11). Les fameux « critères de Copenhague » sont au nombre de trois : des institutions stables et un régime démocratique garantissant l'État de droit, les libertés fondamentales et le respect des minorités. Ensuite, une économie de marché viable, en mesure de faire face à la pression concurrentielle tant à l'intérieur qu'à l'extérieur. Enfin, la capacité des candidats à assumer les obligations découlant de la qualité de membre et notamment l'acceptation des objectifs de l'Union politique, économique et monétaire.

La stratégie de pré-adhésion mise en place par le Conseil européen d'Essen (1994) consistait principalement à identifier avec chaque candidat les difficultés que soulève l'adhésion (phase dite de *screening*) et à prévoir avec lui tant les méthodes que les législations qui seront nécessaires pour qu'il puisse se hisser aux normes européennes et reprendre à son compte l'ensemble de l'acquis de l'Union. Pour ce faire, la Commission a ouvert très exactement trente chapitres de négociation qui vont de la libre circulation des marchandises jusqu'aux institutions, en passant par les différentes politiques et actions de l'Union. L'état des négociations était régulièrement tenu à jour par la Commission au travers pour chaque candidat de rapports réguliers présentés en fin d'année (12).

1505 **Accord d'Athènes**. Malgré de nombreuses difficultés, les négociations ont été menées à un rythme soutenu, l'idée étant de lier le processus d'élargissement à celui de la constitutionnalisation de l'Union européenne. Un accord de principe a donc pu aboutir lors du Conseil européen de Copenhague des 12 et 13 décembre 2002. L'accord s'est réalisé avec dix des États candidats. Pologne, Hongrie, République tchèque, Slovénie, Slovaquie, les trois États baltes, et les deux États insulaires de la Méditerranée : Chypre et Malte. La Roumanie comme la Bulgarie ont été jugées insuffisamment préparées et la Turquie s'est vue maintenue comme candidat potentiel, sa situation devant être réexaminée lors d'un Conseil européen de la fin de l'année 2004. Formellement les accords d'adhésion ont été signés à Athènes le 16 avril 2003 (13).

(11) *Bull. CE* 6/1993, n° I.13.
(12) V. par exemple Rapport général d'activité de l'Union européenne 2002, p. 276.
(13) *JOCE*, L 236, 23 sept. 2003.

1506 **Résultats globaux**. Ceux-ci sont bien évidemment difficiles à établir (14). L'aspect financier a naturellement retenu toutes les attentions. Le coût pour l'Union européenne pour la période s'étendant du 12 mai 2004 au 31 décembre 2006 a été estimé à environ 41 milliards d'euros, ce qui s'avère au total relativement modeste (environ 25 euros par habitant voire simplement 15 euros selon d'autres estimations). L'affectation s'oriente principalement vers la PAC, les réformes structurelles, la cohésion et l'action en faveur de l'amélioration des structures administratives, financières, policières des futurs États membres. La Pologne en sa qualité de « gros » candidat devait percevoir environ la moitié de ces sommes.

Néanmoins, sur de nombreux points les candidats ont obtenu des dérogations, la résurgence de clauses de sauvegarde économiques qui semblaient appartenir à la préhistoire de l'Union européenne ou des périodes transitoires qui font que leur raccordement à l'Europe ne s'opérera que très progressivement. C'est le cas notamment en matière de libre circulation des personnes (période transitoire de sept ans, modulable cependant par les anciens États membres) ou sur le plan aussi de l'espace de liberté de sécurité et de justice. En effet, nombre de nouveaux États membres deviennent automatiquement les frontières extérieures de l'Union européenne, ce qui pose avec acuité le problème de leur contrôle et explique les efforts de la Commission pour mettre en place un corps commun d'inspecteurs européens ou à tout le moins pour faciliter une gestion en commun notamment sur le plan financier (15). Quant à l'euro, si aucun des futurs candidats n'a obtenu ni d'ailleurs demandé une dérogation sur le type de celles obtenues par le Royaume-Uni ou le Danemark, les critères de convergence exigés des États candidats ne sont pas remplis aisément. Nombre de spécialistes conseillent d'ailleurs aux nouveaux adhérents de faire preuve de prudence et d'éviter toute précipitation qui pourrait se révéler préjudiciable pour leur développement économique (16). Néanmoins, le processus d'adhésion à l'euro se poursuit avec la Slovénie à compter du 1er janvier 2007, Chypre et Malte à compter du 1er janvier 2008, puis la Slovaquie le 1er janvier 2009 et enfin l'Estonie est devenue le 1er janvier 2011 le dix-septième membre de l'euro.

1507 **Roumanie, Bulgarie**. L'entrée en vigueur de l'accord d'Athènes au 1er mai 2004 n'a pas mis un terme au cinquième élargissement. Restait en effet le cas de la Bulgarie et de la Roumanie. Associés à la préparation du cinquième élargissement, ces deux pays ont accumulé des retards sérieux dans la reprise de l'acquis de l'Union et le respect des conditions politiques et économiques de l'adhésion. Cependant après diverses vicissitudes et l'octroi d'une aide financière d'environ 9 milliards d'euros pour les trois premières années (2007-2009), l'accord d'adhésion de ces deux pays a pu être signé le 25 avril 2005 (17) et l'adhésion entrer en vigueur le 1er janvier 2007. Mais à toutes fins utiles, le traité d'adhésion de Luxembourg a prévu, outre des clauses de sauvegarde traditionnelles, un mécanisme de surveillance spécifique. Ce dernier permettait au Conseil statuant à l'unanimité, de retarder l'adhésion d'un an si les deux États ou l'un d'entre eux seulement n'étaient manifestement pas prêts à satisfaire aux exigences

(14) V. Vignes, « Un marathon danois pour le cinquième élargissement », *RMCUE* n° 464, janv. 2003, p. 5 et s. ; E. Lannon, « Le traité d'adhésion d'Athènes », *CDE* 2004, p. 15 et s.

(15) Création de l'agence Frontex, v. *supra*, n° 129 et s.

(16) M. Lefebvre, « L'élargissement à l'est : un risque ou une chance ? », *RMCUE* n° 467, avr. 2003, p. 216 et s.

(17) *JOUE* L 157, 21 juin 2006.

du traité dans un certain nombre de domaines importants (concurrence, sécurité et justice, environnement) (18). Après de longues hésitations, la date du 1er janvier 2007 a pu néanmoins se voir confirmée (19). Après l'adhésion et durant un délai de trois ans, des mesures de suspension de certains chapitres du traité peuvent être prises par la Commission en cas de manquement grave aux obligations souscrites (20).

B. Poursuite de la marche en avant

1508 **Turquie.** Selon l'expression consacrée, la Turquie représente le plus ancien pays candidat à l'Union européenne, puisque cette adhésion a été envisagée dès l'accord d'association d'Ankara conclu en 1963. Néanmoins cette candidature n'a pris son réel essor que dans la période récente et il a fallu attendre l'année 1987 pour que la Turquie se porte officiellement candidate. Des difficultés constantes jalonnent l'histoire de cette candidature. Elles tiennent pour la plupart aux problèmes politiques et économiques récurrents que traverse ce pays. La condition du respect des principes de l'État de droit et de la démocratie ne semble pas en effet toujours complètement respectée. Les souvenirs du génocide arménien demeurent bien présents, d'autant que certains États membres et le Parlement européen ont pris sur cette question une position radicale. Sur le plan de ses relations extérieures, la Turquie ne parvient pas à résoudre ses différends notamment avec la Grèce à propos de la mer territoriale et du plateau continental de la mer Égée. De plus, la question de la reconnaissance de Chypre se heurte toujours au mauvais vouloir des principaux pays concernés. S'agit-il bien par ailleurs d'un État européen au sens de l'article 49 TUE ?

Cependant, la Turquie obtient officiellement le statut d'État candidat en 1999. En décembre 2004, le Conseil européen estime que la Turquie satisfait suffisamment aux critères démocratiques et décide donc d'ouvrir les négociations avec elle (21). Les premières rencontres ont eu lieu à partir du 3 octobre 2005. De l'avis général, les pourparlers devraient s'étaler sur une période d'une dizaine d'années. Ils ont effectivement commencé le 12 juin 2006. Le premier des trente-cinq chapitres, celui de la science et de la recherche a pu être conclu à cette date.

Cependant, malgré l'ouverture officielle des négociations, la candidature turque continue à faire problème. Certains États membres ont manifesté leur réticence (Autriche, Allemagne, France) et plaident pour une formule dite de « partenariat privilégié ». Comme à l'accoutumée les plus fervents partisans de l'entrée de la Turquie sont en même temps les États les plus eurosceptiques. En Turquie, un combat à front renversé oppose les défenseurs de la laïcité et des valeurs du kémalisme en général, plutôt opposés à l'adhésion et les islamistes « modérés » actuellement au pouvoir. Ces der-

(18) I. Boev « Une adhésion en suspens ? L'état de préparation et les enjeux du prochain élargissement », *RMCUE* n° 499, juin 2006, p. 406 et s.

(19) Rapports sur les progrès de la Bulgarie et de la Roumanie concernant les mesures d'accompagnement suite à l'adhésion, COM(2007) 677 et COM(2007) 678 du 27 juin 2007.

(20) R. Yakemtchouk, « La Bulgarie et la Roumanie nouveaux États membres de l'Union européenne », *RMCUE* n° 503, déc. 2006, p. 646 et s.

(21) Parmi une abondante documentation consacrée à la candidature turque, on relève : E. Lannon et J. Lebullenger (dir.), *Les défis d'une adhésion de la Turquie à l'Union européenne*, coll. Rencontres européennes, Bruylant, 2006 ; D. Schmid, « La Turquie aux portes de l'Union : vers une négociation politique ? », *RMCUE* févr. 2005, p. 73.

niers soutiennent l'adhésion tout en mettant en cause certains acquis de la République laïque. Les négociations traînent en longueur et font douter de la réelle intention des deux parties. L'extension de l'accord de libre-échange euro-turc de 1987 aux dix nouveaux adhérents de 2004 a mis le feu aux poudres. La Turquie a refusé cette extension à la République de Chypre, refusant par là même de reconnaître cet État ou peut-être plutôt son gouvernement (car lors de la constitution en 1959-1960 de l'État chypriote, la Turquie signataire et garante des accords tripartites alors conclus n'a pas pu ne pas reconnaître le nouvel État). En conséquence de cette attitude négative, et sur proposition de la Commission (22), les vingt-cinq ont suspendu le 11 décembre 2006 les travaux de la conférence intergouvernementale sur les sept chapitres alors ouverts (23) Depuis lors, la situation semble piétiner (24). Les débats se focalisent sur la reconnaissance de Chypre. La Turquie, qui occupe plus du tiers du territoire de la République de Chypre depuis l'invasion militaire de 1974, y a fondé la RTCN (République turque de Chypre nord) en 1983, non reconnue par l'ensemble de la communauté internationale. Une solution pourrait consister dans l'acceptation de l'adhésion de la Turquie à l'Union moyennant la réunification de Chypre dans une république fédérale ou confédérale, reconnue par la Turquie. Cette solution se heurte cependant aux craintes des Chypriotes grecs et aux hésitations des principaux partenaires intéressés.

1509 **Croatie.** Ce pays a posé sa candidature à l'Union en 2003. Il s'agit également d'une candidature hautement symbolique puisque c'est le second État issu du démembrement de l'ex-Yougoslavie qui frappe aux portes de l'Europe. De plus, à la différence de la Slovénie, il a traversé très douloureusement les conflits meurtriers du début des années 1990. En avril 2004, la Commission a donné un avis favorable à la Croatie notamment sur le plan économique mais aussi sur le plan politique bien que ce pays connaisse les problèmes récurrents des PECO en matière de protection des minorités, de lutte contre la corruption, de réforme du système judiciaire. Un problème particulier se pose cependant : celui de la coopération avec le Tribunal pénal international pour l'ex-Yougoslavie, en raison de la présence sur le territoire croate de plusieurs criminels de guerre poursuivis par la justice internationale. Néanmoins, à la suite d'un avis favorable donné par le procureur auprès du Tribunal de l'ex-Yougoslavie, quant à la coopération de la Croatie avec celui-ci, le principe de l'ouverture des négociations a été admis lors du Conseil européen des 3-5 octobre 2005. Fortement appuyées par l'Autriche, les négociations avec la Croatie avancent régulièrement. Mais le pays doit encore accomplir des progrès supplémentaires concernant ses réformes judiciaire et administrative, les droits des minorités, le retour des réfugiés et la restructuration des industries lourdes. Des progrès ont été accomplis récemment, et aujourd'hui vingt-huit des trente-trois chapitres de la négociation ont été clos. La remise de certains criminels de guerre croates au tribunal pénal international pourrait hâter une conclusion favorable. Après un nouvel avis favorable de la Commission du 8 juin 2011, le traité d'adhésion devrait être signé à Varsovie le 9 décembre 2011.

(22) Communication du 29 nov. 2006 COM(2006) 773 final.

(23) R. Yakemtchouk, « La Turquie : l'adhésion à l'Union européenne en question », *RMCUE* n° 508, mai 2007, p. 294.

(24) Y. Doutriaux, « L'Union européenne et la Turquie d'ici 2020 : convergences ou divergences ? », *RMCUE* n° 542, oct.-nov. 2010, p. 582 et s. ; M.-H. Bayram, « La Turquie et l'Union européenne : une intégration par des étapes temporisées », *RMCUE* n° 545, févr. 2011, p. 129 et s.

1510 **Autres perspectives.** D'autres candidatures pourraient aussi émaner d'États de l'ex-Yougoslavie, pays dits aussi des Balkans occidentaux. La Macédoine a déjà fait un geste très clair en ce sens (2005). Elle a d'ailleurs obtenu le statut officiel de candidat. Se pose pour elle notamment le problème de sa dénomination officielle puisque la Grèce s'oppose fermement à l'utilisation du terme « Macédoine » qu'elle considère comme une composante historique de son patrimoine. Dans l'attente la dénomination d'ancienne république yougoslave de Macédoine (ARYM) est le plus souvent utilisée. Le Monténégro (25) souhaite aussi se porter candidat depuis la sécession avec la Serbie. L'instrument de pré-adhésion s'adresse aussi à des pays comme l'Albanie, ainsi qu'aux autres États issus du démembrement de l'ex-Yougoslavie : Bosnie-et-Herzégovine, Serbie, y compris le Kosovo. La Commission dans un « document de stratégie pour l'élargissement et principaux défis pour 2007-2008 » (26) estime que ces États ont vocation à terme à adhérer à l'Union. Ce sont des « candidats potentiels à l'adhésion » (27). Tel est d'ailleurs le sens du processus dit « de stabilisation et d'association » auquel ils sont conviés. Tous ces pays posent cependant à peu près les mêmes difficultés au regard de la conditionnalité démocratique, de la mise à niveau des structures administratives et judiciaires, de respect des minorités. Quant au Kosovo, il doit faire face à la question spécifique de sa reconnaissance internationale (28).. En Ukraine ou en Belarus, la perspective de l'adhésion constitue un enjeu de politique intérieure et l'épicentre d'un conflit entre mouvements pro-européens et pro-russes (29). L'intervention militaire de la Russie en Géorgie a conduit à s'interroger sur l'intégration de ce pays dans les structures du monde occidental (OTAN, UE). À aucun moment cependant la question de l'européanité de ces pays eu égard à l'article 49 TUE n'a véritablement été posée.

1511 **Islande**. Loin de cette partie de l'Europe, l'Islande fait preuve d'intérêt pour l'Union européenne, notamment depuis la crise financière mondiale qui l'a placée au bord de la faillite. Elle a posé officiellement sa candidature le 16 juillet 2009 (30). Le 24 février 2010, la Commission a donné un avis favorable à l'ouverture des négociations d'adhésion. Les négociations ont commencé en juillet 2010, mais au final l'opinion publique semble assez partagée, notamment à la lumière des problèmes économiques et financiers rencontrés par ce pays (31).

1512 **Capacité d'absorption de l'Union**. Se pose de plus en plus la question de la capacité d'absorption (32) de nouveaux États membres par l'Union européenne, qui a été examinée par le Conseil européen des 15-16 juin 2006. Cette capacité d'absorption,

(25) Avis favorable de la Commission : COM (2010) 680 final, 9 nov. 2010.

(26) COM (2007) 663 final.

(27) Rapport général 2007, p. 159.

(28) R. Yakemtchouk, « L'indépendance du Kosovo : quelles conséquences pour les Balkans et l'Europe ? », *RMCUE* n° 517, avr. 2008, p. 213 et s.

(29) Communication de la Commission au Conseil, 14 oct. 2009, *Stratégie d'élargissement et principaux enjeux 2009-2010* : Doc. COM (2009), 533 final. EurActiv.com, 25 août 2011.

(30) R. Yakemtchouk, « L'adhésion de l'Islande à l'Union européenne », *RMCUE* n° 533, déc. 2009, p. 653 et s.

(31) S.-B. Omarsdottir et J.-S. Elnardottir, « L'Islande et l'Union européenne », *RMCUE* n° 542, oct.-nov. 2010, p. 589 et s.

(32) Y. Petit, « Quelques réflexions sur la capacité d'intégration de l'Union européenne », *RMCUE* n° 506, mars 2007, p. 153 et s.

d'assimilation ou d'intégration devrait s'apprécier au travers de trois séries de considérations : institutionnelles, financières et politiques (33). La Commission, chargée à cette occasion de présenter un rapport sur la question, s'est acquittée de sa tâche le 8 novembre 2006. Soucieuse de minorer l'impact de ce nouveau critère, elle estime que la clé du problème se trouve dans le lien entre élargissement et approfondissement. Les nouveaux élargissements ne devraient pas constituer un frein à l'approfondissement du processus d'intégration politique et économique de l'Europe. L'échec du référendum irlandais du 13 juin 2008 sur le traité de Lisbonne a par ailleurs conduit certains États membres dont la France (en qualité de Président du Conseil de l'Union) et l'Allemagne à subordonner toute nouvelle admission à l'Union au déblocage de la crise institutionnelle, c'est-à-dire l'aboutissement du traité de Lisbonne. Cette position pourtant assez réaliste a provoqué de vives critiques de certains thuriféraires de l'élargissement à outrance, voire du commissaire européen chargé des négociations avec les pays candidats, ce qui peut sembler étonnant compte tenu de la prise de position officielle de la Commission sur la question de la capacité d'absorption.

Pour sa part, la France a décidé de poser des garde-fous. La révision constitutionnelle du 1er mars 2005 destinée à permettre l'introduction en droit français du traité établissant une Constitution pour l'Europe prévoit que dans l'avenir toute nouvelle adhésion à l'Union européenne devra faire l'objet d'un référendum en France (art. 88-5). Cette disposition devait s'appliquer à la Turquie mais non à la Croatie, dans la mesure où l'on estime, d'une manière au demeurant équivoque, que les négociations d'adhésion avec cet État étaient déjà ouvertes au moment de l'adoption de la loi constitutionnelle. La révision constitutionnelle du 23 juillet 2008 atténue l'automaticité de cette clause. Le référendum demeure en principe obligatoire, mais par un vote en termes identiques à la majorité des trois cinquièmes, l'Assemblée Nationale et le Sénat peuvent autoriser le président de la République à soumettre le traité d'adhésion au congrès se prononçant lui-même à la majorité des trois cinquièmes (art. 89 al. 3 de la Constitution) (34).

SECTION II — LA POLITIQUE EUROPÉENNE DE VOISINAGE (PEV)

1513 **Objectifs**. Lancée dans une communication du 11 mars 2003 (35), la politique européenne de voisinage a pour objectif de faire bénéficier les pays voisins de l'Union européenne de la stabilité, de la sécurité et de la prospérité de l'Union dans des conditions différentes de celles d'une adhésion à l'Union. Elle vise aussi à éviter de nouveaux clivages intra-européens en proposant une coopération politique (36),

(33) Sur la question des micro-États européens : G. BEAUVAIS, « L'intégration dans l'UE des micro-États tiers : du rapprochement à l'adhésion », *RMCUE* nº 538, mai 2010, p. 331 et s.

(34) D. BLANC, « L'adhésion de la Turquie à l'Union européenne L'hypothèque constitutionnelle française », *RMCUE* nº 549, juin 2011, p. 391.

(35) COM(2003) 104 final, *JOCE* C 76, 25 mars 2004.

(36) H. KADDOURI, « La valeur ajoutée de la Politique européenne de voisinage en matière de conditionnalité politique », *RMCUE* nº 525, févr. 2009, p. 107 et s.

économique, sécuritaire et culturelle renforcée. Elle se fonde sur les valeurs fondamentales de l'Union : démocratie, droits de l'homme, État de droit, bonne gestion des affaires publiques. Cette politique repose sur l'idée de « régionalisation périphérique », en ce sens que les pays membres n'ont pas vocation à participer au regroupement régional que représente l'Union européenne mais ils doivent bénéficier sur le plan économique et politique de l'effet d'entraînement provoqué par la montée en puissance internationale de l'Union (37). Il s'agit aussi selon la Commission de créer « un cercle d'amis ». Les principales préoccupations de cette nouvelle politique présentée par certains auteurs comme « modérément novatrice » (38) sont avant tout de permettre un meilleur contrôle des frontières externes de l'Union devenues de plus en plus éloignées et poreuses et de lutter contre l'immigration illégale. Il s'agit aussi d'éviter que les nombreux conflits qui secouent les pays du sud-est européen ne se répercutent dans l'Union européenne.

1514 **Participation**. Sont concernés les pays limitrophes qui se trouvent aux frontières terrestres et maritimes de l'Union. Cela recouvre des pays européens comme la Russie de même que les nouveaux pays indépendants issus de l'ex-URSS (Ukraine, Moldova, Belarus) mais aussi des pays du sud de la Méditerranée (pays du Maghreb et du Machrek). En 2004 cette liste a été étendue aux trois républiques du Caucase du sud (Arménie, Azerbaïdjan et Géorgie), soit au total seize États participants. L'ensemble de ces pays ne peuvent adhérer à l'Union soit parce que ne remplissant pas le critère de l'État européen, soit parce qu'appartenant à la sphère d'influence de la Russie pour qui l'adhésion à l'Union paraît problématique. S'inspirant de l'espace économique européen, la politique européenne de voisinage offre aux participants une perspective d'intégration au marché intérieur et notamment au régime des quatre libertés. Les liens avec l'espace de liberté, de sécurité et de justice (Schengen) se verraient aussi renforcés.

1515 **Instrument européen de voisinage et de partenariat.** Concrètement, la Commission propose des plans d'action individuels propres à chaque pays participant (39). Ces plans comportent des engagements d'actions en faveur des valeurs communes, des orientations communes sur le plan de la PESC-PSDC, des actions communes également en matière économique. Une première vague de ces plans a été approuvée par le Conseil courant 2005 (40). Tous les plans d'action ont été conclus à ce jour (41). La Commission se trouve aussi à l'origine d'un nouvel outil spécifique à la politique de voisinage : l'instrument européen de voisinage et de partenariat (IEVP) (42), qui s'est substitué depuis le 1er janvier 2007 aux programmes Tacis et Meda. Ce projet s'est concrétisé dans un règlement du 24 octobre 2006 (43) adopté dans le cadre des

(37) V. Denysyuk, « Politique de voisinage de l'Union européenne… », *RMCUE* nº 485, févr. 2005, p. 101 et s.

(38) L. Beurdeley, « L'Union européenne et ses périphéries : entre intégration et nouvelle politique de voisinage », *RMCUE* no 492, oct.-nov. 2005, p. 567 et s.

(39) Rapport général 2003, nº 1012.

(40) Rapport général 2005, p. 149.

(41) Rapport général 2007, p. 168 ; M. Lefebvre, « La politique de voisinage : nouveau départ pour une ambition géopolitique », *RMCUE* nº 504, janv. 2007, p. 22 et s.

(42) Rapport général 2004, nº 550.

(43) Nº 1638/2006, *JOUE* L 310, 9 nov. 2006.

perspectives financières pluriannuelles pour la période 2007-2013 et parallèlement au règlement du 17 juillet 2006 instituant le nouvel instrument de pré-adhésion (v. *supra*, n° 1502) (44). La vocation « transversale » du cadre financier pluriannuel de l'Union se voit ainsi consacrée.

Le 7 mars 2007, la Commission a adopté les documents de stratégie et les programmes indicatifs 2007-2010 pour les pays partenaires de l'IEVP (45) et la Russie. Ces plans visent tout particulièrement à favoriser le renforcement de la stabilité des institutions démocratiques, le respect de la liberté d'expression, la résolution de conflits transfrontaliers, la lutte contre la corruption, l'accès à l'OMC. La dimension sécuritaire est également omniprésente. Ces plans envisagent également des programmes de réforme économiques et sociales. La coopération transfrontalière et régionale figure aussi parmi les priorités. À cette fin, un montant total de 5,6 milliards d'euros est disponible pour la période 2007-2010 (46).

Pour des raisons économiques, stratégiques et énergétiques, le Caucase, la mer noire sont devenus des enjeux de première importance. En conséquence, la Commission a adopté le 11 avril 2007 une communication intitulée « la synergie de la mer noire – une nouvelle initiative de coopération régionale » (47). La coopération envisagée dans le cadre de cette région porterait principalement sur l'énergie, le transport et l'environnement. Le soutien à la société civile et la dimension sociale constitueraient aussi des objectifs prioritaires. L'IEVP pourrait servir de de cadre financier pour les actions éligibles. Une communication du 5 décembre 2007 intitulée « une politique de voisinage forte » (48) expose de manière synthétique les actions que doivent engager les États membres et la Commission pour l'année 2008.

1516 **Nouveaux développements**. Dans une communication du 25 mai 2011, la Commission et le Haut représentant de l'Union ont entendu définir une stratégie nouvelle à l'égard d'un voisinage en mutation (49). Selon ce document, « une nouvelle approche est nécessaire pour renforcer le partenariat entre l'UE et les pays et sociétés du voisinage, pour établir et consolider des démocraties saines, prendre des mesures en faveur d'une croissance économique durable et gérer des liens transfrontaliers ». La nouvelle approche doit être définie sur la base d'une responsabilité mutuelle et d'un attachement commun aux valeurs universelles des droits de l'homme, de la démocratie et de l'État de droit. Elle suppose un niveau de différenciation beaucoup plus élevé afin de permettre à chaque pays partenaire d'approfondir ses liens avec l'UE dans la mesure de ses propres aspirations, de ses besoins spécifiques et des capacités dont il dispose. À cette fin une enveloppe additionnelle d'environ 1,3 milliard d'euros pourrait être dégagée pour la période 2011-2013. Le Conseil a entériné ces conclusions lors d'une réunion du 20 juin 2011.

(44) N° 1085/2006, *JOUE* L 201, 3 juill. 2006.

(45) Algérie, Arménie, Azerbaïdjan, Belarus, Égypte, Géorgie, Israël, Jordanie, Liban, Maroc, Moldova, Syrie, Tunisie, Ukraine ; Rapport général 2007, p. 162.

(46) Sur un total de 11,2 milliards pour l'ensemble de la période 2007-2013.

(47) COM(2007 160 final, *JOUE* C 181, 3 août 2007.

(48) COM(2007) 774 final.

(49) COM (2011) 303 final

1517 **Traité de Lisbonne.** Le traité établissant une constitution pour l'Europe avait entendu consacrer cette nouvelle dimension de l'action externe de l'Union dans un titre VIII de la première partie entièrement dédié à « l'Union et son environnement proche ». Sur cette base l'article I-57 indiquait que « l'Union développe avec les pays de son voisinage des relations privilégiées, en vue d'établir un espace de prospérité et de bon voisinage fondé sur les valeurs de l'Union et caractérisé par des relations étroites et pacifiques reposant sur la coopération ». Le paragraphe 2 prévoyait la conclusion d'accords spécifiques avec les pays concernés, accords définis d'une manière très proche des classiques accords d'association : des droits et des obligations réciproques et la possibilité de conduire des actions en commun (ex-art. 310 CE, devenu 217 TFUE). Cet amalgame soulignait la difficulté qu'il y avait à spécifier la politique de voisinage par rapport à d'autres actions ou politiques externes de l'Union. Les rapports sont en effet très tenus avec la politique méditerranéenne ou les accords de stabilisation et d'association dans les Balkans par exemple (50).

Le traité de Lisbonne maintient sans aucun changement cette disposition, qui se trouve placée à l'article 8 TUE nouveau parmi les « dispositions communes » du titre I. Cette localisation peut sembler étrange, dans la mesure où ce titre ne comporte aucune disposition en relation directe avec les politiques externes de l'Union. L'article 8 lui-même n'opère aucun renvoi à des dispositions concernant de près ou de loin les relations extérieures. Il eût alors peut-être été plus logique de situer la PEV à proximité des dispositions concernant l'adhésion (art. 49 TUE) ou l'association (art. 217 TFUE), d'autant que cette politique peut s'apparenter à certains égards, pour certains États, à un préliminaire à l'adhésion ou pour d'autres États qui entendraient se retirer de l'Union, conformément à l'article 50 TUE, à une sorte de voie de repli. Inversement l'absence de toute référence à d'autres dispositions des traités ou politiques de l'Union peut s'interpréter comme une volonté des auteurs du traité de Lisbonne d'autonomiser intégralement la PEV, aussi bien dans ses objectifs « établir un espace de prospérité et de bon voisinage... » que dans ses instruments juridiques qui n'auraient alors avec les accords d'association de l'article 217 TFUE que des affinités purement formelles.

N°s 1518 à 1529 réservés.

(50) M.-F. Christophe-Tchakaloff, « Commentaire de l'article I-57 », *in* L. Burgorgue-Larsen, A. Levade, F. Picod (dir.), *Traité établissant une Constitution pour l'Europe. Commentaire article par article*, t. I, Bruylant, 2007, p. 705 et s.

CHAPITRE 2
LA POLITIQUE DE COOPÉRATION AU DÉVELOPPEMENT

1530 **PTOM.** L'aide au développement a toujours constitué une préoccupation majeure de l'Union européenne (1). Cela s'explique en partie par l'héritage colonial de quatre de ses six États membres originaires. D'où l'institution dans le traité de Rome d'une quatrième partie consacrée à l'association des pays et territoires d'outre-mer (PTOM). Censée régir les relations entre la Communauté et l'ensemble des territoires coloniaux des États membres, cette quatrième partie s'est réduite comme une peau de chagrin au fur et à mesure de l'accession à l'indépendance (2).

Aujourd'hui, les articles 198 à 204 TFUE (ex-182 à 188 CE) ne s'appliquent plus qu'à vingt et un territoires relevant de quatre États membres (pour la France, Mayotte, Nouvelle Calédonie par exemple). Le Conseil s'inspirant des dispositions relatives aux pays indépendants associés fixe à l'unanimité le régime particulier de ces PTOM, qui résulte aujourd'hui d'une décision du Conseil du 27 novembre 2001 (3). Sur cette base, les PTOM bénéficient dans le cadre du neuvième fonds européen de développement (4) d'une dotation de 175 millions d'euros. Les nouveaux textes et notamment le règlement d'application adopté par la Commission le 20 décembre 2002 (5) vise à simplifier les modalités de l'appui financier fourni par le FED en décentralisant les procédures de décision et en introduisant la possibilité d'un soutien au budget à côté de l'appui traditionnel aux projets et programmes.

1531 **Bases juridiques.** La quatrième partie, en tout état de cause, n'a plus vocation à régir les relations entre l'Union et l'ensemble des pays en développement devenus indépendants. Depuis la vague des indépendances africaines des années soixante, ces relations reposent sur leurs bases juridiques propres et notamment sur le régime de l'association de l'article 217 TFUE ou même sur la politique commerciale de l'article 206 TFUE. Le traité de Maastricht a d'ailleurs contribué à donner à l'aide au développement une

(1) F. Granell, « La coopération au développement », *Commentaire Mégret*, 2e éd., vol. 13, Éditions de l'Université de Bruxelles, 2005.

(2) Tout en s'étoffant par ailleurs avec l'inclusion dans la liste de territoires non autonomes appartenant à de nouveaux États membres sans oublier le Groënland à la suite de son « retrait » de l'Union européenne.

(3) No 2001/822, *JOCE* L 314, 30 nov. 2001.

(4) Règlement du 7 mars 2003, *JOCE* L 83, 1er avr. 2003.

(5) No 2304/2002, *JOCE* L 348, du 21 déc. 2002.

autonomie au sein du traité de Rome. L'ex-titre XX (articles 177 à 188 CE) devenu le chapitre 1 du titre III cinquième partie du TFUE (art. 208-211) promeut la « coopération au développement » au rang de véritable politique de l'Union. Ainsi devrait se dissiper le reproche de mercantilisme, parfois adressé à l'Union européenne dans ses relations avec les PVD. Celui-ci se nourrissait facilement de la nécessité pour elle de devoir justifier ses actions soit au regard de la politique commerciale, soit de la politique agricole (aide alimentaire).

1532 **Traité de Lisbonne**. L'affirmation de l'Union sur la scène internationale constituait un des objectifs majeurs du traité constitutionnel, notamment au travers du renforcement de la PESC-PSDC. Ceci se traduisait en termes juridiques par un regroupement de tous les instruments et volets de l'action extérieure (PESC-PSDC, politique commerciale, coopération au développement) de l'Union dans un seul titre (V) de la troisième partie de la Constitution. Le traité de Lisbonne conserve cette orientation (cinquième partie du TFUE) mais en maintenant pour des raisons tenant à la dualité des deux traités de base la PESC-PSDC dans le traité sur l'Union. Il range la coopération au développement parmi les compétences partagées de l'Union (art. 4 TFUE) tout en lui accordant un régime spécifique, voisin au demeurant de celui de la recherche et du développement technologique. L'article 4 § 4 prévoit en effet que dans le domaine de la coopération au développement et de l'aide humanitaire, l'Union « dispose d'une compétence pour mener des actions et une politique commune, sans que l'exercice de cette compétence ne puisse avoir pour effet d'empêcher les États membres d'exercer la leur ». Il s'agit donc d'une compétence partagée qui ne se soumettrait pas au principe de préemption des compétences et qui devrait conduire à des complications lorsque l'Union et les États membres interviennent dans le même domaine (6).

Sur le fond, s'agissant de la coopération au développement (art. 208 à 211) et de la coopération économique, financière et technique avec les pays tiers (art. 212-213), les changements sont modestes. Il s'agit surtout de souligner la cohérence des actions extérieures de l'Union quels qu'en soient les domaines et les modalités autour des principes et objectifs globaux qui inspirent l'Union dans ses relations avec le reste du monde (art. 208 TFUE). L'accent est mis néanmoins sur la lutte contre la pauvreté. Le principe de subsidiarité se voit réaffirmé avec force de même que la clause de transversalité (art. 208 § 1er TFUE).

1533 La coopération au développement constitue un domaine où les résolutions, programmes, plans d'action, et autres orientations sont légion (7). Il existe bien au demeurant une politique de développement de l'Union qui comporte une spécificité par rapport à celle de nombreux États tiers et par rapport à celle menée par les États membres (complémentarité qui peut cependant être une source de difficultés) (8) et qui doit aussi s'accorder avec les autres politiques internes et externes de l'Union (9)

(6) Sur l'aspect institutionnel de la question : C. Blumann et L. Dubouis, *Droit institutionnel de l'Union européenne*, Litec, 4e, éd., 2010, no 566.

(7) Rapport général 2007, p. 185.

(8) Sur l'ensemble de la question : C. Brodin, *L'harmonisation des politiques de coopération internationale et de développement de la France et de l'Union européenne*, thèse Paris II, 2010.

(9) C. Balleix, « Atouts et défis de la politique européenne de coopération au développement à l'horizon 2015 », *RMCUE* no 519, juin 2008, p. 376 et s.

en respectant notamment le principe de cohérence (art. 21 § 3 al. 2 TUE). L'Union européenne constitue le premier bailleur de fonds en matière d'aide publique au développement. Celle-ci s'élève à environ 6 milliards d'euros par an, s'ajoutant à environ 45 milliards émanant des États membres (10). L'action de l'Union s'inscrit de plus en plus dans le cadre des objectifs du millénaire pour le développement (OMD) adoptés en septembre 2005 par l'Organisation des Nations unies. Ces objectifs privilégient de plus en plus la lutte contre la pauvreté comme objectif principal (11). Pour s'en tenir autant que faire se peut à une approche de droit matériel, fondée principalement sur des actes et instruments juridiques, on constate que dans ses relations avec les PVD (ou PED), l'Union utilise aussi bien des instruments conventionnels (section II) que des instruments législatifs unilatéraux (section I).

SECTION I LES AVANTAGES UNILATÉRALEMENT CONSENTIS PAR L'UNION EUROPÉENNE

1534 Cette rubrique recouvre essentiellement l'aide alimentaire et humanitaire (§ 1er) et le système des préférences généralisées (§ 2). Ces deux régimes, bien que reposant sur des actes internes de l'Union, s'avèrent cependant très différents. L'aide alimentaire et humanitaire poursuit essentiellement des objectifs d'assistance, alors que le SPG vise à renforcer les courants d'échanges commerciaux des pays bénéficiaires.

§ 1. L'AIDE ALIMENTAIRE ET HUMANITAIRE DE L'UNION

A. L'aide alimentaire

1535 L'aide alimentaire s'insère principalement dans des programmes internationaux pilotés par des organisations telle la FAO dont l'Union est devenue membre à part entière depuis 1991, la CNUCED (Conférence de nations unies pour le commerce et le développement), la conférence mondiale pour l'alimentation ou le programme alimentaire mondial. Ces programmes font l'objet de véritables conventions internationales mises en œuvre ensuite par chacune des parties contractantes (12). Il s'agit traditionnellement d'une aide en céréales de loin la plus importante et en produits non céréaliers, comme le lait écrémé en poudre, le Butteroil, l'huile végétale et le sucre.

(10) http//europe.eu/pol/dev/index_fr.htm ; v. aussi rapport 2009 de la Commission sur les politiques de l'Union en matière d'aide au développement COM(2010) 335 final.

(11) Communication de la Commission du 7 oct. 2010 COM (2010) 132 final.

(12) L'actuelle convention a été conclue en 1999, *JOCE* L 222, 24 août 1999 ; rapport général d'activité de l'Union européenne 1999, n° 735.

1536 **Orientation de l'action de l'Union**. L'évolution de la politique européenne en matière d'aide alimentaire s'est opérée dans le double sens d'une meilleure intégration de cette action dans la politique générale en faveur du développement et d'une plus grande autonomie de la Commission dans la gestion de l'aide. C'est à elle qu'il incombe de fixer les quantités globales d'aide alimentaire allouées aux différents pays bénéficiaires tout en recueillant l'avis d'un comité d'aide alimentaire, proche d'un comité de gestion.

Le régime de l'Union repose aujourd'hui sur un règlement du 27 juin 1996 (13) révisé par un règlement du 23 juillet 2001 (14). Ces textes confirment la finalité de l'aide alimentaire comme instrument structurel de développement à long terme. Leur objectif est tout autant l'aide alimentaire que la sécurité alimentaire, en ce sens qu'il ne s'agit pas seulement de fournir des produits de première nécessité à des pays en situation difficile, mais également de contribuer à leur développement socio-économique global.

D'autres innovations caractérisent le règlement n° 1292/96. Sur le plan juridique, il regroupe en un texte unique tous les instruments juridiques existants. *Ratione personae*, il étend la liste des États potentiellement bénéficiaires en y incluant les nouveaux États indépendants de l'ancienne Union soviétique. Sur le fond, il crée un nouvel instrument : la facilité en devises destinée à permettre aux petits et moyens importateurs de denrées alimentaires d'avoir accès au marché international dans les pays où l'achat de devises leur est inaccessible. Enfin le texte prévoit des actions d'appui à la sécurité alimentaire (achats de semences, d'outils et d'intrants essentiels à la production vivrière, appui au crédit rural, au stockage) ainsi que des actions relatives à des systèmes d'alerte rapide. Le règlement du 23 juillet 2001 confirme ces orientations tout en soulignant la volonté de renforcer l'efficacité du dispositif et en cherchant une meilleure cohérence et complémentarité avec l'ensemble des politiques et programmes consacrés à l'aide au développement.

1537 **Concrétisation**. Les crédits disponibles au titre du budget 2002, pour les opérations d'aide alimentaire et de sécurité alimentaire en faveur des PVD, s'élevaient à 504 d'euros dont 266,6 millions pour l'achat de produits alimentaires, 81,1 millions pour les frais de logistique et 103,3 millions pour des facilités en devises (15). Comptabilisée par produit, l'aide s'élève à environ 371 939 tonnes de céréales, 8 375 tonnes d'huile végétale, 11 651 tonnes de sucre. Au titre des bénéficiaires, les pays d'Asie arrivent en tête suivis par l'Afrique et enfin par les nouveaux États indépendants (ex-URSS). Depuis 2004, l'aide alimentaire de l'UE évolue vers le concept plus large de *sécurité alimentaire* (16). Il s'agit d'appuyer de vastes stratégies de sécurité alimentaire aux niveaux national, régional et mondial, et non plus seulement de fournir une aide alimentaire. La sécurité alimentaire ne peut être atteinte qu'en traitant simultanément la disponibilité de produits alimentaires, l'accès à la nourriture, la qualité de la nutrition et la prévention des crises alimentaires. Il s'agit d'une approche globale.

(13) N° 1292/96, *JOCE* L 166, 5 juill. 1996.

(14) N° 1726/2001, *JOCE* L 234, 1er sept. 2001.

(15) Rapport général sur l'activité de l'Union européenne 2002, tableau 18, p. 341.

(16) Communication de la Commission au Conseil et au Parlement européen du 25 janv. 2006 *Une stratégie thématique en faveur de la sécurité alimentaire : faire progresser le programme de sécurité alimentaire pour atteindre les objectifs du Millénaire pour le développement*, COM(2006) 21 final.

Une seconde évolution en direction de l'aide humanitaire se développe. Depuis la communication de la Commission du février 2004 (17), l'aide alimentaire d'urgence s'intègre dans la politique d'aide humanitaire, laquelle revêt un caractère plus large (18). Ceci permet également de mieux coordonner l'action de sécurité alimentaire à court terme avec l'aide alimentaire générale, parfois qualifiée de programmable. Ainsi en 2006 un crédit de 220 millions a été affecté aux besoins alimentaires des populations les plus vulnérables (19).

Dans un arrêt du 13 avril 2011, le Tribunal de l'Union saisi par l'Allemagne avec le soutien de la Suède (20) a estimé que l'aide alimentaire jusque là fondée sur les crédits de la politique agricole commune à hauteur de 1 % des crédits de cette dernière, reposait sur un fondement juridique erroné. Ce fondement ne permettrait d'utiliser des stocks d'intervention qu'au profit d'organismes agricoles ou d'agriculteurs européens et ne saurait en effet financer des opérations de soutien alimentaire à des pays tiers. Cette décision, fortement critiquée par les organisations humanitaires, risque de voir les crédits de l'aide alimentaire divisés par cinq si d'autres sources de financement ne sont pas dégagées.

B. L'aide humanitaire

1538 **Le programme Echo.** Bien que celui-ci ne soit pas destiné exclusivement aux pays en voie de développement, ces derniers en restent les premiers bénéficiaires. Il s'agit d'une initiative de la Commission qui s'est concrétisée le 6 novembre 1991 avec la création d'un Office européen de l'aide humanitaire d'urgence (Echo) (21) afin à l'origine d'accroître l'efficacité et la visibilité de l'action de l'Union en matière d'assistance humanitaire. Cet office a notamment pour mission de renforcer la présence de l'Union sur le terrain, d'améliorer la coordination avec les États membres, les autres donateurs, les ONG et de faciliter également la mobilisation des ressources financières nécessaires. En fonction depuis le 1er avril 1992, Echo est notamment responsable de la mise en œuvre des décisions européennes au titre de l'aide humanitaire d'urgence en faveur des populations de tous les pays tiers victimes de catastrophe. Echo se voit notamment chargé d'assurer des besoins immédiats d'assistance en vivres, médicaments, abris et il s'efforce d'occuper une position centrale dans l'organisation et la mobilisation des ressources financières d'origine diverse.

L'exercice 1992 a été marqué par l'octroi d'aides d'urgence pour un montant total de 353 millions d'euros affectés principalement aux pays en voie de développement. Avec le temps Echo est devenu un des plus grands bailleurs de fonds humanitaires du monde et se porte au secours des populations les plus vulnérables. La stratégie d'intervention d'Echo s'est concrétisée dans un document-cadre intitulé « *Echo Aid strategy 2002* » adopté en consultation avec les États membres et de nombreux autres orga-

(17) *JOUE* C 98, 23 avr. 2004.

(18) Sur les distinctions à opérer entre ces diverses politiques et actions : A. Fenet (dir.), J.-F. Akandji-Kombé, A.-S. Lamblin-Gourdin, E. Mondielli, G. Proutière-Maulion, « Droit des relations extérieures de l'Union européenne », Objectif Droit cours, Litec, 2006, p. 329 et s.

(19) Rapport général 2007, p. 194.

(20) Trib. UE, 13 avr. 2011, *Allemagne c. Commission*, aff. T-576/08, NEPR.

(21) *Bull. CE* 11/1991, n° 1.3.70.

nismes internationaux tant intergouvernementaux que non-gouvernementaux (22). Ce document définit les objectifs et les indicateurs destinés à apprécier l'efficacité du programme. En 1999 avait été adopté un *contrat-cadre de partenariat* destiné à préparer une profonde révision des méthodes et des programmes d'action. Il s'agit principalement de prévoir un changement d'orientation pour accentuer davantage la planification des objectifs, des indicateurs et assurer un meilleur suivi et contrôle des programmes. Pour l'heure, les principales aires géographiques d'intervention sont constituées par l'Afghanistan, la Tchétchénie, le Moyen orient, l'Afrique australe et divers États défavorisés d'Afrique de l'Ouest et la Corée du Nord. En 2007, Echo a distribué un montant total d'aides s'élevant à 768,5 millions d'euros, dont 110 millions au Soudan afin de répondre aux besoins alimentaires et humanitaires de ce pays. Plus globalement l'Afrique a reçu environ 200 millions d'euros (23).

1539 **Traité de Lisbonne**. Le traité de Lisbonne donne une base constitutionnelle spécifique à l'aide humanitaire en lui dédiant le chapitre 3 du titre III (cinquième partie) du TFUE. L'article 214 TFUE souligne d'abord comme pour les autres volets de l'action extérieure de l'Union le chapeau des « principes et objectifs » qui en commandent la définition et la mise en œuvre. Il rappelle que des actions d'aide humanitaire peuvent faire face tant à des catastrophes naturelles que d'origine humaine (guerres, terrorisme). Le Parlement européen et le Conseil disposent en la matière d'une compétence normative s'exerçant selon la procédure législative ordinaire. Le pouvoir de conclure des accords est également reconnu à l'Union mais avec les réserves habituelles concernant la compétence des États membres pour négocier et conclure des accords en ce domaine. Si les principes de subsidiarité et de complémentarité de l'action de l'Union sont repris, la Commission n'en dispose pas moins d'un rôle de coordination des actions européennes et nationales (art. 214 § 6 TFUE).

Le principe de la création d'un corps volontaire européen d'aide humanitaire est posé à l'article 214 § 5. Des contributions de jeunes européens sont attendues à cette fin. Le Parlement européen et le Conseil statuant selon la procédure législative ordinaire fixent le statut et les modalités de fonctionnement de ce futur organisme.

§ 2. LE SYSTÈME DES PRÉFÉRENCES GÉNÉRALISÉES (SPG)

1540 Le SPG résulte d'initiatives visant à redéfinir les relations commerciales entre les pays industrialisés et les pays en voie de développement. L'objectif consiste à prendre en compte la situation d'inégalité économique prévalant entre le Nord et le Sud et à y porter remède en prévoyant des facilités commerciales particulières en faveur des PVD ; d'où le recours à « l'inégalité compensatrice » source d'un traitement juridique différencié au bénéfice des pays en développement.

(22) Rapport général d'activité de l'Union européenne 2002, n° 842.
(23) Rapport général 2007, p. 194 et tableau, p. 196.

A. Évolution du SPG

1541 **Premier SPG européen**. Il repose sur un règlement du Conseil du 1er juillet 1971. La base juridique retenue – l'ex-article 113 CEE relatif à la politique commerciale commune – a fait l'objet ultérieurement de contestation. Néanmoins, la Cour de justice l'a admise (24) en voyant dans le SPG « une nouvelle conception des relations commerciales internationales ». De nos jours, l'article 208 TFUE (ex-art. 177 CE) pourrait constituer la base juridique appropriée d'autant que s'y applique la procédure législative ordinaire. Néanmoins le nouveau SPG européen de 2005 reste fondé sur l'ex-article 133 CE.

Le schéma proposé par la Communauté en 1971 s'avérait plutôt large et généreux par rapport à ceux d'autres pays industrialisés. Les pays bénéficiaires étaient classés en quatre catégories : le « groupe des 77 » constitué à la CNUCED en 1964, soit l'ensemble des pays en développement d'Afrique, d'Asie et d'Amérique latine (130 États environ actuellement) ; les territoires européens administrés par les États membres (DOM et TOM français) ; quelques pays moins développés appartenant à l'OCDE (Portugal) ; certains pays socialistes européens (Bulgarie, Roumanie à l'origine).

Il en va de même des produits concernés : l'Union a en effet décidé d'admettre au bénéfice du système, non seulement les produits manufacturés et semi-finis comme le réclamait la CNUCED, mais également certains produits agricoles en nombre sans cesse croissant (146 en 1971, 312 en 1980, plus de 400 en 1993). Dans l'intérêt même des PVD, des butoirs sont institués afin qu'un ou plusieurs d'entre eux, plus compétitifs, ne s'arrogent la totalité d'un marché.

1542 **Deuxième SPG.** Prévu pour dix ans, le SPG européen devait arriver à expiration en 1980. Si les résultats de cette première expérience se sont révélés globalement positifs (augmentation par 12-13 environ des exportations de produits industriels en provenance des bénéficiaires), certaines lacunes sont apparues, notamment la mainmise des PVD les plus avancés et l'insuffisante utilisation des contingents offerts par les bénéficiaires potentiels. Le deuxième SPG européen adopté le 16 décembre 1980 (25) par le Conseil, y remédie en partie. Les principales innovations en sont : l'inclusion de nouveaux produits agricoles, l'abandon des plafonds et butoirs globaux puisque désormais, chaque bénéficiaire se voit attribuer un quota individuel sur la base des résultats des années antérieures, et la prise en compte des besoins spécifiques des pays les moins avancés (PMA), au nombre d'une quarantaine.

1543 **Troisième SPG.** Il résulte d'un règlement du 10 décembre 2001 (26) et s'inspire du triple constat que le dispositif a surtout profité aux États les plus économiquement avancés des PVD, que globalement il n'a pas eu un effet considérable d'accélération des échanges au profit des bénéficiaires et qu'enfin la préférence douanière a perdu une grande partie de son attrait en raison de la politique générale de désarmement douanier menée au sein du GATT puis de l'OMC. Il s'adresse à un nombre croissant d'États de tous les continents (Asie, Amérique latine, Océanie) où sévit le sous-développement mais aussi à un certain nombre d'États européens (Moldavie), anciennes républiques

(24) 26 mars 1987, *Commission c. Conseil*, aff. 45/86, *Rec.* 1-493.
(25) *JOCE* L 354, 29 déc. 1980.
(26) N° 2501/2001, *JOCE* L 346, 31 déc. 2001.

fédérées de l'ex-Union soviétique (Ukraine) voire à la Russie elle-même, ainsi qu'à un nombre élevé de pays ou territoires non autonomes ou qui se trouvent dans une situation de dépendance politique. Au total le troisième SPG bénéficie à 179 États ou territoires non autonomes (27).

Le règlement de 2001 fait preuve de grande simplification par rapport à ses prédécesseurs. Il reprend le thème de la différenciation déjà posé par les textes antérieurs mais le pousse encore plus loin aussi bien en ce qui concerne les produits bénéficiaires que les régimes juridiques. Le règlement opère une distinction entre un régime général de franchises douanières et des régimes particuliers d'encouragement. Le régime général repose toujours sur l'idée d'une diminution de la protection douanière de l'Union européenne. Pour ce faire les produits concernés dont la liste figure à l'annexe IV du règlement n° 2501 sont regroupés en produits sensibles et produits non sensibles. Il importe également de relever une clause dite de graduation en vertu de laquelle la franchise douanière peut être supprimée pour certains pays qui connaissent un rythme de développement très rapide et qui dans un secteur déterminé s'accaparent à aux seuls plus de 25 % de toutes les importations du produit considéré (art. 12 du règlement n° 2501).

B. Contenu du régime actuel

1544 Le nouveau SPG résulte d'un règlement du 27 juin 2005 (28). Il devrait s'appliquer jusqu'au 31 décembre 2008. Il tient assez largement compte des critiques qui s'étaient manifestées au sein de l'Organisation mondiale du commerce à l'égard des préférences européennes qui pour certaines revêtent un caractère spécial (Accords préférentiels) et d'autres un caractère général (SPG). Ces critiques se sont cristallisées dans un contentieux devant l'ORD opposant l'Inde (demanderesse) à l'Union européenne (29). Les préférences accordées par l'Union ont fait l'objet de jugement très réservé de la part de l'ORD, conduisant l'Union européenne à demander le bénéfice d'une dérogation au titre de l'article XXV de l'Accord général OMC pour en assurer la validité durant le temps de leur application.

Comme son prédécesseur, le nouveau SPG s'adresse à 178 pays bénéficiaires dont la liste figure en annexe 1 du règlement de base. Comme dans le précédent régime, des possibilités d'exclusion existent dans des hypothèses de violation grave de certaines conventions internationales du travail, de déficiences graves du système douanier ou de pratiques commerciales déloyales. Un mécanisme de graduation permet aussi d'écarter un certain nombre d'États bénéficiaires dont le niveau de développement augmente sensiblement. Il est calculé en fonction d'une comparaison avec l'État membre de l'Union dont le PIB par habitant est le plus bas mais tient compte aussi de la spécialisation des exportations sur un certain nombre de produits qui peut être un signe de richesse temporaire mais en réalité de dépendance économique très accusée.

(27) Liste exhaustive en annexe I du règlement n° 2501/2001.

(28) N° 980/2005, *JOUE* L 169, 30 juin 2005 ; M.-F. Valette, « Le nouveau schéma européen de préférences tarifaires généralisées : sous le signe du développement durable et de la bonne gouvernance », *RMCUE* n° 506, mars 2007, p. 163 et s.

(29) Rapport du groupe spécial, 1er déc. 2003, WT/DS246/R et de l'organe d'appel, 7 avr. 2004, WT/DS246/AB/R ; H. Gherari et R. Chemain, « Chronique : l'UE et l'OMC 2004-2005 », *RMCUE* n° 498, mai 2006, p. 335.

Selon la Commission, le nouveau régime devrait permettre à une gamme de 7 200 produits d'entrer dans l'Union en franchise de tout droit de douane, ce qui représente une augmentation de 300 produits, qui profite surtout au secteur de l'agriculture et de la pêche.

1545 **Régime général**. Quant au régime préférentiel lui-même, il reprend la distinction opérée par le schéma de 2001 entre un régime général et des régimes spéciaux. Le régime général repose à nouveau sur la distinction entre produits sensibles et produits non sensibles. Les produits non sensibles bénéficient en principe d'une suspension totale de tout droit de douane (pour éviter des détournements de trafic, des règles d'origine spécifiques sont prévues par le règlement). Quant aux produits sensibles, qui continuent à comprendre de nombreux produits agricoles ou de la pêche, la franchise douanière n'est que partielle. Elle consiste en réductions de droits de douane d'environ 3,5 % mais pouvant aller dans certains cas jusqu'à 20 %. Cependant comme par le passé, l'Union européenne peut alléguer certaines clauses de sauvegarde pour lutter contre les abus ou protéger son marché. Des règles particulières s'appliquent pour les produits textiles et pour les produits qui bénéficiaient déjà dans les régimes antérieurs d'un traitement plus favorable. Quant aux produits agricoles, ils bénéficient d'une réduction de droits de douane de 30 %, ce qui s'explique par le niveau élevé des droits de douane pour ces produits.

1546 **Régimes spéciaux**. Au nombre de quatre dans le règlement de 2001, ils ont été ramenés à deux même si la substance demeure globalement identique. Le premier bénéficie aux pays les moins avancés, dont la liste se veut maintenant complètement alignée sur les normes et critères de l'Organisation des Nations Unies. Les PMA bénéficient d'une franchise douanière totale, qu'il s'agisse de produits non sensibles ou sensibles, à l'exception des armes (initiative « tout sauf les armes »). Cependant une certaine progressivité dans l'élimination des droits de douane est prévue pour un certain nombre de produits. Le second régime spécial concerne l'encouragement en faveur du développement durable et de la bonne gouvernance. Il prévoit la suppression totale des droits de douane sur les importations originaires de quinze pays qui ont ratifié et effectivement mis en œuvre seize conventions internationales relatives à la protection des droits de l'homme et des travailleurs ainsi qu'au moins sept conventions relatives à l'environnement et à la bonne gouvernance. Pour bénéficier de ce régime spécial, un pays doit prendre l'engagement de maintenir la mise en œuvre de ces conventions et il faut également conserver la qualité de pays vulnérable (pays à revenu non élevé selon les critères de la Banque mondiale). La liste des quinze pays concernés est dressée par le règlement n° 980/2005.

1547 **Nouveaux développements**. La Commission a exposé sa doctrine pour la décennie 2006-2015 (30). Le premier objectif est de maintenir l'offre sur le plan tarifaire. Mais compte tenu de la suppression dans le cadre de l'OMC des droits de douane sur de nombreux produits et de la multiplication des accords de libre-échange aboutissant à un résultat identique, ce maintien implique l'extension de la réduction douanière à de nouveaux produits ou le déclassement de produits sensibles en produits non-sensibles. Ensuite, il importe de concentrer les préférences sur les États qui en ont le plus besoin, à savoir principalement les pays les moins avancés et les PVD les plus vulnérables. Il

(30) COM(2004) 461 final.

s'agirait aussi de simplifier le système en réduisant le nombre de régimes particuliers existants, de suspendre la préférence lorsque les produits bénéficiaires sont devenus compétitifs sur le marché européen. Il conviendrait aussi d'élargir les conditionnalités liées au développement durable et à la bonne gouvernance et de prévoir en la matière des critères objectifs applicables sans discrimination.

Dans cet esprit, un règlement n° 732/2008 du Conseil du 22 juillet 2008 (31) reconduit le SPG européen pour la période 2009-2011. Par rapport à la précédente période, les préférences qui avaient été supprimées sont rétablies pour certains pays et marchandises (par exemple : Inde – pierres et métaux précieux –, Indonésie – bois et produits du bois –, Russie – chimie et métaux). En revanche, les préférences pour le Vietnam, en ce qui concerne les chaussures, sont supprimées en raison du mécanisme de graduation. Un accord particulier pour les 50 pays les moins développés (PMD), dénommé « *Tout sauf les armes* » (TSA), fournit à ceux-ci le traitement le plus favorable, en leur accordant un accès en franchise de droits et de contingents au marché de l'Union européenne. En 2007, les pays en développement ont exporté pour 57 milliards d'euros de marchandises dans le cadre du SPG (en augmentation de 12 % par rapport à 2006), avec une perte nominale de droits de 2,5 milliards d'euros.

La liste des 176 pays en développement qui bénéficient actuellement du système des préférences généralisées pourrait être réduite de moitié à partir de 2014. La Commission européenne dans une proposition du 10 mai 2011 envisage de réduire à 90 le nombre de pays bénéficiaires. Seraient ainsi éliminés des pays comme la Chine, l'Inde, l'Indonésie ou le Maroc aujourd'hui classés par la Banque mondiale comme des pays à revenu intermédiaire (PRI) ainsi que pays avec lesquels l'Union a maintenant conclu des accords de libre-échange.

SECTION II LES RELATIONS CONVENTIONNELLES

1548 La technique de l'accord demeure l'instrument privilégié du droit international, y compris dans les rapports avec les PVD. À cet égard, les relations que l'Union européenne entretient avec les pays dits ACP constituent un modèle de relations nord-sud et même un modèle de développement, même si un nombre important des originalités établies par les premières conventions de Lomé n'a pas résisté à l'usure du temps ni au climat de libéralisme qui marque les relations économiques internationales du début du troisième millénaire (§ 1er). Face au droit de Lomé qui fait de l'ensemble UE/ACP un bloc d'États représentant plus de la moitié de la communauté internationale dans son ensemble, les relations avec les pays méditerranéens paraissent plus décousues et difficiles à cerner. La Méditerranée constitue cependant un des horizons traditionnels de l'Union européenne (§ 2).

(31) *JOUE* L 211, 6 août 2008.

§ 1. LES RELATIONS AVEC LES PAYS ACP

A. Le droit de Lomé

1549 **Premières expériences**. Héritière des deux conventions de Yaoundé de 1963 et 1969 qui liaient à la Communauté dix-huit États africains et malgache, pour la plupart anciennes possessions françaises, la convention de Lomé prend acte de l'adhésion britannique à la Communauté et de la nécessité d'instaurer des relations avec les pays en développement anglophones. Initialement conclue le 28 février 1975, la première convention de Lomé regroupe autour de la Communauté quarante-trois pays d'Afrique, des Caraïbes et du Pacifique (ACP). Un second accord, conclu à Lomé le 31 octobre 1979, reprend et améliore les dispositions de sa devancière. Après celle de Lomé III signée en 1984, la convention de Lomé IV, entrée en vigueur en 1990 (32), regroupait soixante et onze pays ACP depuis l'adhésion de l'Érythrée et de l'Afrique du Sud. Souscrite pour une période de dix ans (au lieu de cinq ans antérieurement) la convention de Lomé IV se dissociait dans une certaine mesure du protocole financier qui lui était annexé, établi lui pour une durée de cinq ans et qui avait fait l'objet d'une renégociation en 1995. L'Union avait par ailleurs notablement accru son aide financière, portée à 12 milliards d'écus pour les cinq premières années.

S'agissant du développement, la dimension régionale et autocentrée reste à l'ordre du jour, de même que l'effort en faveur de la transformation locale des produits de base. D'autre part, une place nouvelle est faite à la protection de l'environnement, tandis que l'on assiste à un renforcement des dispositions relatives au respect des droits de l'homme.

1550 **Principales articulations**. *Ratione materiae,* les conventions de Lomé comportaient quatre volets principaux :

– Le *traitement commercial préférentiel* bénéficie à la totalité des produits en provenance des ACP, qui peuvent entrer en franchise de tout droit – de douane ou autre – dans la Communauté, sous réserve d'une clause de sauvegarde en cas de risque de perturbation grave du marché européen. Les produits agricoles ont longtemps relevé d'un régime un peu plus strict pour éviter la concurrence avec les productions européennes excédentaires. Cependant, progressivement, un nombre croissant de produits agricoles des ACP a bénéficié de la franchise douanière totale, et la révision à mi-parcours de la convention de Lomé IV a complètement aligné les produits agricoles sur les produits industriels.

– *Garantie des recettes d'exportation.* Les conventions de Lomé ont fait œuvre d'innovation sur ce terrain particulièrement sensible pour les PVD, dont le degré de dépendance par rapport à leurs ventes sur le marché international s'avère très élevé. Le *Stabex*, considéré comme le plus beau fleuron des conventions de Lomé, avait pour but de stabiliser les recettes d'exportation des pays ACP. Sans agir directement sur les cours des matières premières, il s'employait à garantir les bénéficiaires d'une chute des cours, par le jeu de subventions compensatoires. Le Stabex couvrait les seuls produits

(32) *JOCE* L 229, 17 août 1991.

agricoles car les produits miniers bénéficiaient, avec le Sysmin, d'un régime voisin depuis Lomé II.

Au fil du temps, le Stabex s'est vu régulièrement amélioré grâce notamment à l'allongement de la liste des produits éligibles et à l'abaissement des seuils de dépendance et de fluctuation. L'effort financier a suivi une ascension analogue. Doté de 1,5 milliard d'écus, contre 925 millions sous Lomé III, le Stabex de Lomé IV enregistrait une augmentation de 62 %. Mais après avoir correctement fonctionné pendant plusieurs années, le Stabex a enregistré de graves difficultés à partir de 1980. Le Sysmin visait à préserver le potentiel minier des pays ACP, mais sans assurer la garantie de recettes. Il consistait dans l'octroi de prêts spéciaux de longue durée (quarante ans) et à faible taux d'intérêt (1 %) pour permettre aux pays touchés par une chute des cours sur le marché international de poursuivre l'exploitation de leurs gisements. Les principaux minerais exportés (fer, étain, bauxite, aluminium, etc.) bénéficiaient du Sysmin.

– En vertu du *protocole sucre* conclu dès Lomé I, l'Union s'engageait à acheter chaque année aux dix-neuf pays ACP producteurs une certaine quantité de sucre (1,3 million de tonnes actuellement) à des prix garantis, alignés sur ceux pratiqués en Europe. Mais ici encore des difficultés ont surgi. Certains ACP se sont trouvés dans l'impossibilité de livrer leurs quotas et de son côté, l'Union, originairement déficitaire, connaît aujourd'hui une situation de surproduction. Cette circonstance explique que l'adhésion de Saint-Domingue à Lomé IV ait été assortie d'une renonciation au protocole sucre.

– *La coopération UE-ACP* portait sur les secteurs les plus variés : l'industrie figure au premier rang des préoccupations avec en particulier le souci de voir se développer un réel secteur privé. Mais la coopération financière et technique occupe bien évidemment une place importante. Elle consiste pour l'Union à soutenir des projets dans le domaine du développement rural, de l'industrialisation, de l'utilisation des ressources humaines, de l'artisanat, des transports et télécommunications. Enfin la coopération régionale vise à inciter les ACP à intensifier leurs relations collectives, au travers des organisations régionales ou sous-régionales dont ils sont membres.

B. Le nouveau partenariat UE-ACP : l'accord de Cotonou

1551 **Bilan et nouvelles perspectives**. Les conventions de Lomé n'ont pu donner tous les résultats escomptés. Conçues dans les années soixante-dix comme un véritable laboratoire et un authentique modèle de relations entre pays développés et pays en voie de développement, elles ont mal résisté à l'usure du temps. Les changements profonds de la société internationale dus à l'effondrement du bloc communiste, l'accroissement endémique des situations de pauvreté, l'insuffisance de mécanismes comme le Stabex ou le Sysmin ont conduit à repenser les relations Nord-Sud atour de nouveaux concepts. Il est apparu en particulier que le système des préférences commerciales, héritage du principe de l'inégalité compensatrice, devait fortement s'adapter ne serait-ce qu'en raison du jugement rendu par l'organe de règlement des différends de l'OMC dans l'affaire des bananes (33) comme plus directement encore dans l'affaire des préférences commerciales ayant opposé l'Inde à l'Union européenne (v. *supra*, n° 1544). Ces contentieux aboutissent en fait à une condamnation implicite de ce type de relations Nord-Sud, marqué de l'idéologie du nouvel ordre économique international des années 1970 et 1980. L'idée d'un nouveau rapport entre pays développés et pays en développement prenant plus largement en compte la dimension politique et faisant la part plus belle à une contribution active des bénéficiaires et dont la notion – même sujette à discussion – de partenariat (34) se fait l'écho, rallie des suffrages grandissants.

Après plusieurs mois d'intenses négociations, les soixante-dix-sept ACP, l'Union européenne et ses quinze États membres (35) sont parvenus les 2 et 3 février 2000 à Bruxelles à un accord sur une nouvelle convention de partenariat, officiellement signée à Cotonou le 23 juin 2000 (36). Accord très ambitieux, conclu pour une durée de vingt ans avec des clauses de révision tous les cinq ans, le nouvel accord se fonde sur les principes d'égalité, d'appropriation, de dialogue, de participation et de différenciation. Il devrait de plus disposer de ressources financières très importantes : 13,8 milliards d'euros auxquels s'ajoutent dix milliards de ressources non engagées précédemment soit au total environ 24 milliards sur une période de sept ans. Sur le fond, le nouvel accord repose sur trois piliers essentiels : renforcement de la dimension politique, commerce, coopération au développement. Après de longues années d'hésitation et la nécessité de ratification par tous les ACP, les États membres de l'Union et l'Union elle-même, la convention de Cotonou est entrée en vigueur le 1er avril 2003 (37). Une révision de l'accord ACP a eu lieu en juin 2005. Elle vise à renforcer la dimension politique de l'accord, à élaborer des stratégies de développement dans de nouveaux secteurs (technologies de l'information et de la communication) et à améliorer les procédures de gestion.

1552 **Seconde révision**. Une seconde révision a eu lieu le 22 juin 2010 à Ouagadougou, lors de la trente-cinquième session du Conseil des ministres UE-ACP. L'accent est mis à nouveau sur la dimension politique ainsi que sur la nécessité d'atteindre les objectifs du millénaire pour le développement (OMD, v. *supra*, n° 1533). Il en va de même pour la sécurité alimentaire, la lutte contre le sida, la protection des ressources halieutiques. Pour la première fois, l'Union et les pays ACP reconnaissent que le défi mondial du changement climatique est un aspect important de leur partenariat. Les parties s'engagent à mettre davantage l'accent sur ce problème dans leur coopération

(33) V. *supra*, n° 1470.

(34) M.-F. Labouz, « Le partenariat de l'Union européenne avec les pays tiers : conflits et convergences », Bruylant 2000 ; v. aussi C. Flaesch-Mougin et J. Lebullenger (dir.), « Le partenariat entre l'Union européenne et les Amériques : le libre-échange en question », Éditions Apogée, 1999 ; M.-F. Christophe-Tchakaloff, « Le concept d'association dans les accords passés par la Communauté : essai de clarification », Bruylant, 1999.

(35) Les conventions de Lomé ont toujours constitué des accords mixtes.

(36) B. Petit, « Le nouvel accord de partenariat ACP-UE », *RMCUE* avr. 2000, p. 215 ; D. Perrot (dir.), « Les relations ACP/UE après le modèle de Lomé : quel partenariat ? », coll. Rencontres européennes, Bruylant, 2007.

(37) P. Vincent, « L'entrée en vigueur de la convention de Cotonou », *CDE* n° 1-2/2003, p. 157 ; v. aussi J. Raux, « Afrique, Caraïbes, Pacifique », *Rép. Dalloz droit communautaire*, vol. 1er, sept. 2003.

au développement et à soutenir les efforts des pays ACP pour atténuer les effets du changement climatique et s'adapter à ceux-ci.

Un budget de 22,7 milliards est dégagé au titre du dixième FED (fonds européen de développement) pour la période 2008-2013.

1553 **Dimension politique**. Le volet politique représente l'aboutissement de l'effort entrepris par les conventions antérieures pour encourager les pays ACP à mettre en œuvre les grands idéaux de respect des droits fondamentaux et d'adhésion aux principes démocratiques. L'Union européenne souhaitait même aller plus loin en ce sens en prévoyant une sorte de conditionnalité politique généralisée pour toutes les actions entreprises dans le cadre de la convention (38). Ceci s'avérait cependant difficilement acceptable pour les partenaires ACP et en définitive la convention de Cotonou se rallie à des formules moins contraignantes mais non négligeables qui reposent dans une subtile distinction entre trois éléments essentiels et un élément fondamental. Les trois éléments essentiels sont le respect des droits de l'homme et des libertés fondamentales (y compris les droits sociaux), le respect des principes démocratiques et de l'État de droit. Néanmoins la convention reconnaît à chaque État membre le droit et le soin de développer sa propre culture démocratique. En tout état de cause, la violation de ces éléments essentiels peut entraîner conformément aux règles du droit international des mesures de rétorsion pouvant aller dans les cas les plus graves jusqu'à la suspension de l'accord. La gestion transparente et responsable des affaires publiques, la bonne gouvernance ne constitue qu'un élément fondamental du partenariat. Sa violation n'entraîne donc pas de sanction systématique, mais uniquement dans l'hypothèse de cas grave de corruption. Dans un ordre d'idées voisin, on peut évoquer aussi l'insistance mise par la convention de Cotonou sur le respect par les pays ACP des normes internationales en matière de protection des travailleurs et aussi les exigences de protection de l'environnement.

1554 **Échanges commerciaux**. Le volet commercial représente la grande innovation de la convention de Cotonou. Les préférences dont bénéficiaient les ACP, même si elles se situaient au sommet de l'échelle de ce genre de mécanisme, s'étaient profondément érodées avec le temps. Les ACP avaient même perdu ces dernières années certaines parts de marché. Aussi la nouvelle convention entend-elle tourner la page et abandonner ce système de relations commerciales jugé aujourd'hui déséquilibré et dépassé et implicitement condamné par l'organe de règlement des différends de l'OMC dans l'affaire des bananes (39). Cependant un critère de progressivité est introduit de façon à ménager les transitions. Le système actuel pourra perdurer, en fonction des circonstances, durant une dizaine d'années et ce n'est qu'en 2020 que le nouveau dispositif entrera complètement en vigueur. De plus le système de préférences tarifaires absolues pourra continuer à bénéficier aux pays les moins avancés (au nombre de 39 soit plus de la moitié des ACP) sauf pour quelques produits jugés particulièrement sensibles (bananes, riz, sucre).

(38) G. Godiveau, « La conditionnalité démocratique dans le partenariat ACP-CE – Nouvelle voie et nouvelles interrogations », *RMCUE* n° 515, févr. 2008, p. 87 et s. ; J.-L. Capitolin, « L'enjeu de la conditionnalité démocratique », *in* D. Perrot (dir.), « Les relations ACP/UE après le modèle de Lomé : quel partenariat ? », coll. Rencontres européennes, Bruylant, 2007, p. 371 et s.

(39) V. *supra*, n° 1470.

Ce nouveau dispositif repose sur des *accords de partenariat économique* qui seront conclus entre l'Union européenne et les pays ACP. Ces accords viseront à la libéralisation progressive des échanges commerciaux avec à terme la perspective de l'institution de véritables zones de libre-échange. Une incertitude pèse néanmoins sur la qualité des parties à ces accords. Il semble en effet que s'ils peuvent être conclus avec les ACP pris individuellement, la convention encourage très fortement au regroupement et à l'intégration régionale. Les futurs accords de partenariat économique pourraient donc revêtir un caractère inter-régional. En la matière, la difficulté pourrait tenir à la faiblesse voire même à l'inexistence des structures régionales réunissant des pays ACP. Le champ d'application de ces accords pourra être très large et se prolonger au-delà des seuls échanges de marchandises pour englober également les services. Ces accords obéiront aussi à une sorte de principe de différenciation en ce sens que le calendrier du désarmement douanier ne sera pas nécessairement identique pour ce qui concerne l'Union européenne et les différents pays ACP concernés et en ce sens également qu'on peut très bien concevoir que certains accords seront plus avantageux que d'autres.

1555 **Conclusion des APE.** La négociation de ces accords a commencé en 2002. Les estimations initiales prévoyaient leur entrée en vigueur possible à partir de 2008 (40). Les choses ne se sont pas déroulées comme prévu ou espéré. Les négociations ont traîné en longueur et les pays ACP concernés ont émis des doutes sur le bien-fondé du principe même de ces accords de partenariat économique. La conférence de la dernière chance tenue en décembre 2007 s'est soldée par un échec risquant de désorganiser tout le système des échanges entre l'UE et ses partenaires ACP (41). Pourrait donc subsister provisoirement le système classique des préférences commerciales, qui avait justifié une autorisation particulière de l'OMC valable jusqu'en 2008 et octroyée lors de la réunion ministérielle de Doha (novembre 2001). Cette autorisation devrait alors être renouvelée, ce qui ne pourra se faire sans difficultés politiques et juridiques car l'OMC pose le principe, s'agissant de l'établissement de zones de libre-échange ou d'union douanière, d'un « délai raisonnable ». Or celui-ci semble dépassé depuis longtemps (42).. Un certain nombre d'APE ont cependant pu être conclus courant 2007 et 2008 (43). La seconde révision de l'accord de Cotonou du 22 juin 2010 confirme également la nécessité de ces APE.

1556 **Coopération.** Sur le terrain de la coopération (44), un besoin de profond renouvellement se fait sentir. Les mécanismes comme le Stabex ou le Sysmin disparaîtront dans les prochaines années au profit d'instruments nouveaux regroupés autour de deux enveloppes : la première pour assurer le développement à long terme et permettant donc de couvrir financièrement les réformes macro-économiques, les programmes secto-

(40) Rapport général 2005, p. 170.

(41) C. Vadcar, « Suspension des accords de partenariat économique... », *RMCUE* n° 515, févr. 2008, p. 80 et s.

(42) H. Gherari et R. Chemain, « Chronique UE-OMC : les accords de partenariat économique, entre réalisme et solidarité », *RMCUE* n° 512, oct.-nov. 2007, p. 585.

(43) Sur l'ensemble de la question : J. Lebullenger et S. Perrin, « Les accords de partenariat économique Un nouveau modèle pour les relations commerciales avec les ACP », *RMCUE* n° 522, oct.-nov. 2008, p. 605 et s.

(44) N. Desrumeaux, « ACP – Accords de Cotonou coopération financière au développement », *Juris-Classeur Europe,* vol. 7, fasc. 2242, 2007.

riels, les conséquences dommageables des pertes de recettes d'exportation ; la seconde consistant dans une facilité d'investissement, gérée par la Banque européenne d'investissement (BEI) et destinée surtout à accompagner le développement du secteur privé. De plus, un principe général de *programmation* voit le jour destiné à assurer une plus grande *flexibilité* dans l'allocation des ressources aux différents partenaires en fonction des évolutions constatées dans chaque pays et en fonction aussi de ses performances économiques (45). Enfin la nouvelle convention envisage à terme le remplacement du financement individuel actuel des différents projets de développement par des aides budgétaires plus globales, ce qui permettrait en outre une meilleure décentralisation ou déconcentration des responsabilités (46).

§ 2. LES RELATIONS AVEC LES PAYS TIERS MÉDITERRANÉENS (PTM)

A. Les accords

1557 **Accords de coopération**. Après avoir envisagé d'établir avec les pays riverains de la Méditerranée une « approche globale méditerranéenne » lors de la Conférence de Paris de 1972, la Communauté a finalement opté pour la conclusion d'accords particuliers – fondés sur l'ex-article 310 CE mais sans retenir systématiquement le terme d'association – avec le Maghreb (Algérie, Tunisie, Maroc) en 1976 et le Machrek (Syrie, Jordanie, Égypte et Liban) en 1977. L'application de ces accords a soulevé diverses difficultés, dues en particulier à l'accroissement du déficit commercial des partenaires de la CE, à l'érosion des préférences consenties par la Communauté en raison de la généralisation de ce type d'avantage et à l'impact de l'élargissement vers le sud de la Communauté, en particulier pour des produits comme les fruits et légumes ou l'huile d'olive. D'où des renouvellements périodiques et même assez fréquents de ces accords pour une durée qui a d'ailleurs vocation à devenir illimitée. Ainsi peut-on citer dans la période récente l'accord euro-méditerranéen d'association avec l'Égypte conclu le 25 juin 2001 (47), l'accord avec l'Algérie entré en vigueur le 1er septembre 2005 (48), un accord identique avec la Jordanie conclu le 25 mars 2002 (49) et un accord euro-méditerranéen d'association avec le Liban le 14 février 2006 (50).

D'une manière générale, ces accords évoluent en s'inspirant des principes nouveaux des relations économiques internationales parmi lesquelles on relève un recul très sensible de l'idée de préférence commerciale au profit de celle de partenariat au travers de la mise en place de zones de libre-échange. La libre circulation des marchandises, des personnes, des services et des capitaux figure donc parmi les objectifs affichés même si

(45) S. Bracq, « ACP-Accord de Cotonou coopération économique et commerciale », *Juris-Classeur Europe,* vol. 7, fasc. 2241, 2005.

(46) Sur l'ensemble de la convention de Cotonou : E. Jos et D. Perrot (dir.), « Les relations ACP-UE après le modèle de Lomé – Quel partenariat » coll. Rencontres européennes, Bruylant, 2007 ; J.-C. Martin, « Partenariat avec les États ACP Accords de Cotonou », *Juris-Classeur Europe*, vol. 7, fasc. 2240, 2010.

(47) Rapport général 2001, nº 1004.

(48) *JOUE* L 265, 10 oct. 2005.

(49) *JOCE* L 129, 15 mai 2002.

(50) Rapport général 2006, p. 164.

la réalisation n'est pas aisée. D'une manière générale cependant l'agriculture continue à bénéficier d'un régime particulier et plus favorable à la protection des intérêts de l'Union. De même est-il fait une place plus ou moins importante au dialogue politique, ce qui souligne au passage la volonté de l'Union européenne de dépasser les approches économiques classiques et souligne aussi le lien avec la politique étrangère et de sécurité commune dans le sens d'une seule et globale politique extérieure de l'Union. Les droits de l'homme et les principes démocratiques sont également mis en avant comme des objectifs centraux de la coopération. La coopération dans de nombreux domaines (industriel, services, agriculture, transports, etc.) forme également un volet important de ces accords qui comportent tous en annexe un protocole financier (prévu pour des périodes de cinq ou dix ans) prévoyant l'effort financier que l'Union est prête à consentir à ses partenaires.

B. Le dépassement du cadre conventionnel

1558 **Politique méditerranéenne**. Au seuil des années 1990, l'idée d'un renforcement d'une politique méditerranéenne prend corps (51). Il s'agit, entre autres, de faire face à la montée de l'islamisme dans nombre de pays arabes, de répondre à la pression migratoire en provenance de ces pays, mais aussi de compenser l'ouverture à l'est de l'Union et d'accompagner la naissance du « processus de paix » dans la région (52).

Sur le plan commercial, une série de règlements vient matérialiser ces ambitions en 1992 (53). Ils prévoient la suppression des droits de douane sur certains produits agricoles au 1er janvier 1993 (au lieu du 1er janvier 1996). Cette mesure couvre la quasi-totalité des exportations agricoles des pays considérés. Régulièrement des contingents tarifaires sont ainsi ouverts ou renouvelés au profit de certains pays partenaires méditerranéens. À propos de l'huile d'olive, on peut évoquer des règlements concernant par exemple la Turquie (54), l'Algérie et le Maroc (55).

À partir de 1994, se profile l'idée d'un « partenariat euro-méditerranéen » avec comme perspective la création d'une zone de libre-échange et l'octroi d'une importante aide financière européenne. En juin 1995, se tient à Barcelone une première conférence euro-méditerranéenne (56) et en juillet 1996 le Programme MEDA voit le jour (57). Celui-ci organise le partenariat entre l'Union européenne et douze pays ou territoires proches ou riverains de la Méditerranée orientale (les pays du Maghreb et du Machrek, ainsi qu'Israël, Chypre, Malte, la Turquie et l'autorité palestinienne). Une enveloppe financière de 4,7 milliards d'écus pour la période 1995-1999 se voit affectée par l'Union à la mise en place de la future zone de libre-échange, à la sta-

(51) D. Schmid, « Le partenariat euro-méditerranéen, une politique étrangère libérale », Thèse Paris II, 2008.

(52) Action commune nº 2000/298, PESC du 13 avr. 2000, relative à un programme d'assistance à l'Autorité palestinienne dans ses efforts de lutte contre les actions terroristes, *JOCE* L 97, 19 avr. 2000.

(53) *JOCE* L 181, 1er juill. 1992.

(54) Règlement nº 2008/97 du 9 oct. 1997, *JOCE* L 284, 16 oct. 1997.

(55) Règlement nº 148 et 152/98 du 22 janv. 1998, *JOCE* L 48, 23 janv. 1998.

(56) Quatrième conférence en nov. 2000, Rapport général 2000, nº 914.

(57) Règlement nº 1488/96 du 23 juill. 1996, *JOCE* L 189, 30 juill. 1996.

bilisation de la démocratie dans la région et à une coopération économique, sociale et culturelle. L'enveloppe financière de MEDA II a été fixée à 5,35 milliards d'euros pour la période 2000-2006 (58). En 2002, un montant de l'ordre de 585 millions d'euros a été distribué au profit des plans de financement nationaux de l'ensemble des pays bénéficiaires. Les opérations en Palestine sont tout particulièrement soutenues (220 millions d'euros environ). En septembre 2002 a été instituée une facilité d'investissement au sein de la BEI. Celle-ci a notamment pour mission de promouvoir le développement du secteur privé et de contribuer au financement d'infrastructures. La Commission a engagé pour cette action un crédit de 255 millions d'euros pour la période 2003-2006 (59). Dans le cadre de la politique européenne de voisinage (v. *supra*, n° 1513 et s.), le programme MEDA a été remplacé en 2006 par l'instrument européen de voisinage et de partenariat (60) doté pour la période 2007-2013 d'un financement de 12 milliards d'euros.

1559 **Développement du partenariat euro-méditerranéen**. Dans le cadre du processus de Barcelone, une nouvelle conférence euro-méditerranéenne a eu lieu à Luxembourg les 30 et 31 mai 2005. L'année 2005 a d'ailleurs été proclamée « année de la Méditerranée ». À cette occasion a été arrêté un programme de travail pour les cinq années à venir. Y figurent notamment des initiatives relatives à un code de conduite sur la lutte contre le terrorisme, une réponse globale au problème des migrations, l'objectif de création d'une zone de libre-échange à l'horizon 2010. En 2005 a eu lieu également la première session de l'assemblée parlementaire euro-méditerranéenne (61). En 2006 un sommet euro-méditerranéen s'est tenu à Tampére (Finlande). La lutte contre la pollution de la Méditerranée s'est trouvée au centre des réflexions au travers d'une initiative dénommée « horizons 2020 ». Le projet de zone de libre-échange euro-méditerranéenne, visant notamment à renforcer les relations commerciales entre les deux rives de la Méditerranée, pourrait devenir effectif dans un avenir proche.

1560 **Union pour la Méditerranée (UPM)**. Il s'agit d'une initiative du nouveau président français visant à relancer les relations entre les deux rives de la Méditerranée, en allant plus loin que le processus de Barcelone, dont souvent les insuffisances sont dénoncées (62). Initialement, ce projet devait se limiter aux seuls États riverains de la Méditerranée, mais face à l'hostilité des autres partenaires européens, le projet s'est élargi côté européen aux vingt-sept États membres de l'UE. Le contenu même du projet reste en partie incertain surtout lorsqu'il faut le caler par rapport à l'actuel partenariat euro-méditerranéen. Néanmoins, les têtes de chapitre, outre les questions d'immigration, porteraient sur la dépollution de la Méditerranée, sur l'énergie, la lutte contre les catastrophes naturelles, le développement des petites et moyennes entreprises et la coopération en matière scolaire et universitaire. Au final, une conférence réunissant

(58) Règlement n° 2698/2000 26 nov. 2000, *JOCE* L 311, 12 déc. 2000.

(59) Rapport général d'activité 2002, n° 902.

(60) Règlement n° 1638/2006 du 24 oct. 2006, *JOUE* L 310, 9 nov. 2006.

(61) Rapport général 2005, p. 150.

(62) H. KADDOURI, « Vers une nouvelle politique euro-méditerranéenne : le projet d'union de la Méditérranée comme piste de réflexion », *RMCUE* n° 514, janv. 2008, p. 14 et s. ; N. JARZA BANDARRA, « Quelle union pour la Méditerranée », *RMCUE* n° 519, juin 2008, p. 370 et s.

43 participants s'est tenue à Paris les 12 et 13 juillet 2008. Elle était placée sous la co-présidence de la France et de l'Égypte Le principe d'un secrétariat permanent a été retenu. La déclaration commune adoptée par la conférence au sommet le 13 juillet 2008 met l'accent sur six projets mobilisateurs : la dépollution de la Méditerranée, les autoroutes maritimes et terrestres, la protection civile pour répondre aux catastrophes naturelles, une université euro-méditerranéenne, l'énergie solaire et une « initiative méditerranéenne de développement des affaires ». L'omission de toute référence à la démocratie et aux droits de l'homme dans la déclaration marque cependant une régression par rapport aux objectifs du processus de Barcelone.

Après diverses vicissitudes, le projet s'est progressivement institutionnalisé. Le secrétariat permanent a été installé à Barcelone soulignant ainsi la continuité avec le processus de Barcelone et le retour en force des institutions de l'Union dans l'UPM. Un nouveau secrétaire général – le Marocain Youssef Amrani – a pu être désigné en mai 2011. Parmi les projets prioritaires se dégagent le plan solaire méditerranéen, des réseaux d'aide aux PME, très importants dans le développement économique des pays du Sud. La protection civile, les projets d'Erasmus méditerranéen ou d'office méditerranéen de la jeunesse, le projet de chaîne euro-méditerranéenne sont également pointés.

BIBLIOGRAPHIE (Chapitres 1 et 2)

I. Ouvrages

J. Andriantsimbasovina et C. Geslot (dir.), *Les Communautés et l'Union européennes face aux défis de l'élargissement*, coll. Travaux de la CEDECE, La Documentation française, 2005 ■ K. Ant, *La conditionnalité politique dans le cadre de l'adhésion de la Turquie à l'Union européenne,* Thèse Grenoble, 2008 ■ M.-F. Christophe-Tchakaloff (dir.), *Le concept d'association dans les accords passés par la Communauté : essai de clarification*, Bruylant, 1999 ■ A. Fenet (dir.), J.-F. Akandji-Kombé, A.-S. Lamblin-Gourdin, E. Mondielli, G. Proutière-Maulion, *Droit des relations extérieures de l'Union européenne,* Objectif Droit cours, Litec, 2006 ■ J.-C. Gautron (dir.), *Les relations Communauté européenne Europe de l'Est*, colloque, CEDECE de Bordeaux, Economica, 1991 ■ F. Granell, *La coopération au développement*, *Commentaire Mégret*, 2e éd., vol. 13, Éditions de l'Université de Bruxelles, 2005 ■ C. Flaesch-Mougin et J. Lebullenger (dir.), *Le partenariat entre l'Union européenne et les Amériques : le libre-échange en question*, Apogée, 1999 ■ M.-F. Labouz (dir.), *Le partenariat de l'Union européenne avec les pays tiers : conflits et convergences*, Bruylant, 2000 ■ E. Lannon et J. Lebullenger (dir.), *Les défis d'une adhésion de la Turquie à l'Union européenne,* coll. Rencontres européennes, Bruylant, 2006 ■ J.-V. Louis et M. Dony, « Relations extérieures », *Commentaire Mégret*, 2e éd., volume 12, Éditions de l'Université de Bruxelles, 2005 ■ C. Lycourgos, *L'association avec l'union douanière : un mode de relations entre la CEE et les États tiers*, PUF, 1994 ■ D. Perrot (dir.), *Les relations ACP-UE après le modèle de Lomé - Quel partenariat ?*, Bruylant, coll. Rencontres européennes, 2007 ■ Schmid, *Le partenariat euro-méditerranéen une politique étrangère libérale*, Thèse Paris II, 2008 ■ D. Vignes, « Communautés européennes et pays en voie de développement », *RCADI*, vol. 210, 1988, III.

II. Articles, études et documents

C. Balleix, « Atouts et défis de la politique européenne de coopération au développement à l'horizon 2015 », *RMCUE* nº 519, juin 2008, p. 376 et s. ■ M.-H. Bayram, « La Turquie et l'Union européenne : une intégration par des étapes temporisées », *RMCUE* nº 545, février 2011, p. 129 et s. ■ G. Beauvais, « L'intégration dans l'UE des micro-États tiers : du rapprochement à l'adhésion », *RMCUE* nº 538, mai 2010, p. 331 et s. ■ L. Beurdeley, « L'Union européenne et ses périphéries : entre intégration et nouvelle politique de voisinage », *RMCUE* nº 492, octobre-novembre 2005, p. 567 et s. ■ D. Blanc, « L'adhésion de la Turquie à l'Union européenne. L'hypothèque constitutionnelle française », *RMCUE* nº 549, juin 2011, p. 391 ■ S. Bracq, « ACP-Accord de Cotonou coopération économique et commerciale », *Juris-Classeur Europe*, fasc. 2241 ■ I. Omarjee, « Association, départements et territoires associés », *Rép. Dalloz droit communautaire,* vol. 1, 2003 ■ N. Desrumeaux, « ACP – Accords de Cotonou coopération financière au développement », *Juris-Classeur Europe,* vol. 7, fasc. 2242, 2007 ■ Y. Doutriaux, « L'Union européenne et la Turquie d'ici 2020 : convergences ou divergences ? », *RMCUE* nº 542, oct.-nov. 2010, p. 582 et s. ■ D. Dunnett, « The European Bank for Reconstruction and Development » *CMLR* 1991, p. 571 ■ C. Flaesch-Mougin et J. Lebullenger, « Les relations de la CEE avec les pays d'Amérique latine et d'Asie », *Juris-Classeur Europe*, fasc. 2230 ■ G. Godiveau, « La conditionnalité démocratique dans le partenariat ACP-CE – Nouvelle voie et nouvelles interrogations », *RMCUE* nº 515, février 2008, p. 87 et s. ■ H. Kaddouri, « La valeur ajoutée de la Politique européenne de voisinage en matière de conditionnalité politique », *RMCUE* nº 525, février 2009, p. 107 et s. ■ J. Lebullenger, « La rénovation de la politique communautaire de développement », *RTDE* 1994, p. 631 ■ J. Lebullenger et S. Perrin, « Les accords de partenariat économique. Un nouveau modèle pour les relations commerciales avec les ACP », *RMCUE* nº 522, oct.-nov. 2008, p. 605 et s. ■ M. Lefebvre, « La politique de voisinage : nouveau départ pour une ambition géopolitique », *RMCUE* nº 504, janvier 2007, p. 22 et s. ■ J.-C. Martin, « Partenariat avec les États ACP Accords de Cotonou », *Juris-Classeur Europe,* vol. 7 fasc. 2240, 2010 ■ S.-B. Omarsdottir et J.-S. Elnardottir, « L'Islande et l'Union européenne », *RMCUE* nº 542, oct.-nov. 2010, p. 589 et s. ■ Y. Petit, « Le nouvel accord de partenariat ACP-UE », *RMCUE* avril 2000, p. 215 ■ Y. Petit, « Quelques réflexions sur la capacité d'intégration de l'Union européenne », *RMCUE* nº 506, mars 2007, p. 153 et s. ■ J. Raux, « Afrique, Caraïbes et Pacifique », *Rép. Dalloz droit communautaire,* vol. I, 2003 ■ J. Raux et E. Lannon, « Relations avec les pays tiers méditerranéens », *Juris-Classeur Europe,* fasc. nº 2233, 1995 ■ D. Schmid, « La Turquie aux portes de l'Union : vers une négociation politique ? », *RMCUE*, février 2005, p. 73 J. Touscoz et P. Saulnier, « La BERD (Banque européenne pour la reconstruction et le développement) », *RMCUE* 1992, p. 22 ■ C. Vadcar, « Suspension des accords de partenariat économique… », *RMCUE* nº 515, février 2008, p. 80 et s. ■ M.-F. Valette, « Le nouveau schéma européen de préférences tarifaires généralisées : sous le signe du développement durable et de la bonne gouvernance », *RMCUE* nº 506, mars 2007, p. 163 et s. ■ P. Vincent, « L'entrée en vigueur de la convention de Cotonou », *CDE* nº 1-2/2003, p. 157 ■ P. Vincent, « Le nouveau système communautaire des préférences généralisées », *CDE* 5/6-2005, p. 683 et s. ■ R. Yakemtchouk, « La Bulgarie et la Roumanie nouveaux États membres de l'Union européenne », *RMCUE* nº 503, décembre 2006, p. 646 et s. ■ R. Yakemtchouk, « La Turquie : l'adhésion à l'Union européenne en question », *RMCUE* nº 508, mai 2007, p. 294.

INDEX ANALYTIQUE

(les chiffres renvoient aux numéros des paragraphes)

A

B

C

D

F

G

H

I

J

L

M

N

Q

R

S

T

U

V

Z

TABLE DES MATIÈRES

COLLECTION DOMAT

DROIT PRIVÉ

Jean-Bernard AUBY, Hugues PÉRINET-MARQUET et Rozen NOGUELLOU	**DROIT DE L'URBANISME ET DE LA CONSTRUCTION** ■ (8e éd.).
Jean BART	**HISTOIRE DU DROIT PRIVÉ** de la chute de l'Empire romain au XIXe siècle. ■ (2e éd.).
Bernard BEIGNIER	**DROIT DES ASSURANCES**
Alain BÉNABENT	**DROIT CIVIL** Les obligations ■ (12e éd.).
Alain BÉNABENT	**DROIT CIVIL** Les contrats spéciaux civils et commerciaux ■ (9e éd.).
Alain BÉNABENT	**DROIT CIVIL** La famille.
Thierry BONNEAU	**DROIT BANCAIRE** ■ (9e éd.).
Rémy CABRILLAC	**DROIT DES RÉGIMES MATRIMONIAUX** ■ (7e éd.).
Gérard CORNU	**DROIT CIVIL** Introduction au droit ■ (13e éd.).
Gérard CORNU	**DROIT CIVIL** Les biens ■ (13e éd.).
Gérard CORNU	**DROIT CIVIL** Les personnes ■ (13e éd.).
Gérard CORNU	**DROIT CIVIL** La famille ■ (9e éd.).
Gérard CORNU	**LINGUISTIQUE JURIDIQUE** ■ (3e éd.).
Françoise DEKEUWER-DÉFOSSEZ et Édith BLARY-CLÉMENT	**DROIT COMMERCIAL** Activités commerciales ■ Commerçants ■ Fonds de commerce ■ Concurrence ■ Consommation ■ (10e éd.).
Jean DEVÈZE et Philippe PÉTEL	**DROIT COMMERCIAL** Instruments de paiement et de crédit.
Michel FROMONT	**DROIT ALLEMAND DES AFFAIRES**

	Droit des obligations et des biens ■ Droit commercial et du travail.
Jean GAUDEMET et Emmanuelle CHEVREAU	**DROIT PRIVÉ ROMAIN** ■ (3e éd.).
Daniel GUTMANN	**DROIT FISCAL DES AFFAIRES** ■ (2e éd.)
Jacques HÉRON et Thierry LE BARS	**DROIT JUDICIAIRE PRIVÉ** ■ (4e éd.).
Emmanuel JEULAND	**DROIT PROCESSUEL** ■ (2e éd.)
Christian JUBAULT	**DROIT CIVIL** Les successions ■ Les libéralités ■ (2e éd.).
Paul LE CANNU et Bruno DONDERO	**DROIT DES SOCIÉTÉS** ■ (4e éd.).
Pierre MAYER et Vincent HEUZÉ	**DROIT INTERNATIONAL PRIVÉ** ■ (10e éd.).
Antoine MAZEAUD	**DROIT DU TRAVAIL** ■ (7e éd.).
Michel MENJUCQ	**DROIT INTERNATIONAL ET EUROPÉEN DES SOCIÉTÉS** ■ (3e éd.).
Roger PERROT	**INSTITUTIONS JUDICIAIRES** ■ (14e éd.).
Frédéric POLLAUD-DULIAN	**DROIT DE LA PROPRIÉTÉ INDUSTRIELLE** ■ (2e éd.).
Corinne SAINT-ALARY-HOUIN	**DROIT DES ENTREPRISES EN DIFFICULTÉ** ■ (6e éd.).
Romuald SZRAMKIEWICZ	**HISTOIRE DU DROIT DES AFFAIRES**

DROIT PUBLIC

Pierre AVRIL et Jean GICQUEL	**DROIT PARLEMENTAIRE** ■ (4e éd.).
Michel BORGETTO et Robert LAFORE	**DROIT DE L'AIDE ET DE L'ACTION SOCIALES** ■ (7e éd.).
Jean BOULOUIS	**DROIT INSTITUTIONNEL DE L'UNION EUROPÉENNE** ■ (6e éd.).
François BURDEAU	**HISTOIRE DE L'ADMINISTRATION FRANÇAISE** XVIIIe-XXe siècles ■ (2e éd.).
René CHAPUS	**DROIT ADMINISTRATIF GÉNÉRAL** **T. 1** (15e éd.) Service public ■ Police ■ Responsabilité ■ Actes ■ Organisation et justice administratives ■ Séparation des autorités administratives et judiciaires ■ Conflits d'attribution. **T. 2** (15e éd.) Fonction publique ■ Domaine public ■ Travaux publics ■ Expropriation.
René CHAPUS	**DROIT DU CONTENTIEUX ADMINISTRATIF** ■ (13e éd.).

Jean COMBACAU et Serge SUR	**DROIT INTERNATIONAL PUBLIC** ■ (9e éd.).
Louis DUBOUIS et Claude BLUMANN	**DROIT MATÉRIEL DE L'UNION EUROPÉENNE** ■ (6e éd.).
Pierre-Laurent FRIER et Jacques PETIT	**PRÉCIS DE DROIT ADMINISTRATIF** ■ (6e éd.).
Jean GAUDEMET	**LES INSTITUTIONS DE L'ANTIQUITÉ** ■ (7e éd.).
Jean GAUDEMET et Jean PETIT	**LES NAISSANCES DU DROIT** Le temps, le pouvoir et la science au service du droit ■ (4e éd.).
Jean GAUDEMET	**SOCIOLOGIE HISTORIQUE** Les Maîtres du Pouvoir.
Paul-Marie GAUDEMET et Joël MOLINIER	**FINANCES PUBLIQUES** **T. 1** (7e éd.) Politique financière ■ Budget et Trésor. **T. 2** (6e éd.) Fiscalité.
Jean GICQUEL et Jean-Éric GICQUEL	**DROIT CONSTITUTIONNEL ET INSTITUTIONS POLITIQUES** ■ (25e éd.).
Gilles J. GUGLIELMI, Geneviève KOUBI et la collab. de Gilles DUMONT	**DROIT DU SERVICE PUBLIC** ■ (3e éd.).
Marcel MORABITO	**HISTOIRE CONSTITUTIONNELLE DE LA FRANCE, 1789-1958** ■ (11e éd.).
Sophie NICINSKI	**DROIT PUBLIC DES AFFAIRES** ■ (2e éd.).
Jacques ROBERT et Jean DUFFAR	**DROITS DE L'HOMME ET LIBERTÉS FONDAMENTALES** ■ (8e éd.).
Raphaël ROMI	**DROIT DE L'ENVIRONNEMENT** ■ (7e éd.).
Raphaël ROMI, Gaëlle BOSSIS et Sandrine ROUSSEAUX	**DROIT INTERNATIONAL ET EUROPÉEN DE L'ENVIRONNEMENT**
Dominique ROUSSEAU	**DROIT DU CONTENTIEUX CONSTITUTIONNEL** ■ (9e éd.).
François SAINT-BONNET et Yves SASSIER	**HISTOIRE DES INSTITUTIONS AVANT 1789** ■ (4e éd.).
Carlos SANTULLI	**DROIT DU CONTENTIEUX INTERNATIONAL**
Jacques ZILLER	**ADMINISTRATIONS COMPARÉES** ■ (2e éd.). Les systèmes politico-administratifs de l'Europe des Douze.

POLITIQUE

Francis BALLE	**MÉDIAS ET SOCIÉTÉS** ■ (15e éd.).
Philippe BRAUD et François BURDEAU	**HISTOIRE DES IDÉES POLITIQUES DEPUIS LA RÉVOLUTION** ■ (2e éd.).

Yves MÉNY et Yves SUREL	**POLITIQUE COMPARÉE** Les démocraties (Allemagne, États-Unis, France, Grande-Bretagne, Italie) ■ (8e éd.).
Roger-Gérard SCHWARTZENBERG	**SOCIOLOGIE POLITIQUE** ■ (5e éd.).
Serge SUR	**RELATIONS INTERNATIONALES** ■ (6e éd.).

GESTION

Jérôme CABY, Alain COURET et Gérard HIRIGOYEN	**INITIATION À LA GESTION** Connaissance de l'entreprise à partir de ses principaux documents obligatoires ■ (3e éd.).

Cet ouvrage a été achevé d'imprimer en janvier 2012
dans les ateliers de Normandie Roto Impression s.a.s.,
61250 Lonrai
N° d'impression : 12-0226

Montchrestien - Lextenso éditions
33, rue de Mail, 75081 Paris Cedex 02
Dépôt légal : Janvier 2012
Imprimé en France